5th
edition

경제학 들어가기

5th
edition

경제학 들어가기

이준구 · 이창용

INTRODUCTORY ECONOMICS

문우사
MoonWoo

저자 약력

이준구(李俊求) 교수는 1972년 서울대학교 경제학과를 나와 미국 Princeton대학교에서 경제학 석사, 박사 학위를 받았다. New York 주립대학교(Albany) 경제학과에서 가르친 바 있으며, 1984년 서울대학교 경제학부에 교수로 부임한 후 뛰어난 제자들을 길러내는 즐거움 속에서 살았다. 2015년 명예교수가 된 그는 『소득분배의 이론과 현실』, 『경제학원론』(공저), 『미시경제학』, 『재정학』(공저), 『시장과 정부』, 『쿠오바디스 한국경제』, 『미국의 신자유주의 실험』, 『이준구 교수의 인간의 경제학』 등 여러 권의 책을 썼다. 계절을 가리지 않고 코트에 나갈 정도로 테니스를 좋아하며, 꽃 가꾸는 일도 즐기는 일 중 하나다. 사진 촬영도 좋아해 어디에 가든 카메라를 짊어지고 나가는 것이 거의 버릇처럼 되었다.

이창용(李昌鏞) 박사는 1984년 서울대학교 경제학과를 나와 미국 Harvard대학교에서 경제학 석사, 박사 학위를 받았다. Rochester 대학교 경제학과에서 가르친 바 있으며, 1994년부터 2009년까지 서울대학교 경제학부에서 경제학원론, 거시경제학, 금융이론 등을 가르쳤다. 현실의 경제 문제에 남다른 관심을 갖고 있는 이 박사는 *Quarterly Journal of Economics*에 게재된 논문을 비롯해 그동안 여러 편의 논문을 발표한 바 있다. 상아탑을 떠나 현실 경제에 뛰어든 그는 금융위원회 부위원장과 아시아개발은행의 Chief Economist, 국제통화기금(International Monetary Fund)의 아태국장을 역임하고, 현재 한국은행 총재로 활약하고 있다. 190cm의 장신을 자랑하는 그는 농구, 테니스, 배구 등 여러 가지 운동을 두루 좋아한다.

제 5 판 머리말

코로나 팬데믹으로 인한 엄청난 고통은 2년이 지난 지금도 여전히 현재진행형으로 계속되고 있다. 유례없이 빠른 속도로 백신과 치료약이 개발되어 겨우 한숨 돌리나 했더니, 이제는 새로운 변이종이 속속 등장해 우리를 두려움에 몰아넣고 있다. 세계 경제는 글로벌 금융위기에 이은 코로나 팬데믹의 원투펀치를 맞고 심하게 비틀거리고 있다. 그나마 각국 정부의 적극적인 대응에 힘입어 심각한 위기국면으로 치닫지 않는 것이 다행이라고 말할 수 있다.

이처럼 급변하는 세계 경제의 상황이 경제학 입문서를 새로 써야 하는 압력으로 작용한다고 생각하지는 않는다. 그러나 기존의 이론틀을 그대로 유지하되, 그와 같은 상황의 변화를 어떤 형식으로든 반영해야 충분한 업데이트가 될 수 있다고 본다. 이번 개정작업은 바로 이런 관점에서 진행되었다. 이 책을 다 읽고 나면 시대의 흐름을 비교적 충실하게 반영하는 책이라는 느낌을 받을 것으로 기대한다.

네 번에 걸친 개정작업을 통해 이제는 경제학 입문서로서 어느 정도 틀을 갖추게 되었다고 생각한다. 이 책을 처음 쓸 때 가장 신경을 썼던 것은 『경제학원론』과 어느 정도의 차별성을 갖게 만드느냐였다. 난이도나 포괄범위에서 한 단계 더 낮아야 한다는 사실은 분명했지만, 구체적으로 어느 정도까지 가야 하느냐는 쉽게 선택할 수 있는 문제가 아니었다. 그래서 처음 책을 냈을 때는 이 점에 대한 불안함이 없지 않았으나, 이제는 어느 정도 마음을 놓아도 된다는 느낌이다.

내가 교과서를 쓰거나 개정할 때 늘 도움을 아끼지 않아 왔던 정지영 교수가 이번에도 귀중한 도움을 주었다. 깐깐한 안목으로 여기저기 틀린 곳을 짚어준 덕분에 책이 훨씬 더 좋아질 수 있었다고 느낀다. 언제나처럼 예쁜 표지를 디자인해 준 신비아 양, 그리고 통계자료 정리를 맡아 수고를 아끼지 않은 허수경 박사에게도 너무나 고맙다는 말을 하고 싶다. 마지막으로 이런저런 도움을 아끼지 않은 문우사의 김영훈 사장과 전영완 차장에게도 깊은 감사의 뜻을 표한다.

2022년 2월

이준구

머리말

우리가 『경제학원론』을 쓸 때 가장 큰 역점을 두었던 것은 독자들로 하여금 경제학에 쉽게 다가갈 수 있게 만들자는 것이었다. 그러나 경제학을 전공하려는 사람의 입문서로 생각하고 그 책을 썼기 때문에, 아무리 쉽게 풀어 쓰려 해도 한계가 있을 수밖에 없었다. 누구나 잘 알고 있듯, 경제학은 소설 읽듯 가벼운 마음으로 접근할 수 있는 학문이 결코 아니다.

그렇기 때문에 어떤 사람의 입장에서 보면 『경제학원론』도 상당히 어려운 책이 될 수 있다. 특히 경제학을 전공하지 않는 사람에게는 이 책의 수준이 너무 높다는 느낌을 주었을 것으로 생각한다. 사실 이들에게는 경제학에 자주 등장하는 자질구레한 기술적 논의가 별 도움이 되지 않는다. 기본개념 위주로 설명해 줌으로써 경제학이 과연 어떤 학문인지 이해할 수 있도록 도와주는 쪽이 훨씬 더 바람직할 것이라고 믿는다.

바로 이런 생각에서, 기술적 측면을 과감하게 솎아내고 경제학의 핵심 개념만 알기 쉽게 설명해 준다는 각도에서 이 책을 썼다. 이 책을 쓸 때 우리는 새로운 기록에 도전하는 운동선수 같은 긴장감을 맛보았다. 경제학의 본질을 잃지 않으면서 가능한 한 쉽게 풀어쓴다면 과연 어디까지 갈 수 있는지 스스로 시험해 보고 싶은 마음이 있었기 때문이다. 이번 작업만으로 만족스런 성과를 거둘 수 없는 것이어서, 앞으로도 이 과제에 끊임없이 도전해 보려고 한다.

이 책은 이미 나온 『경제학원론』에 기초해 쓰여졌기 때문에, 두 책의 내용에서 비슷한 부분을 많이 발견할 수 있다. 그러나 단순히 오려내고 붙이는 과정을 통해 이 책을 만든 것은 결코 아니다. 똑같은 개념을 설명한다 해도 독자들이 좀 더 쉽게 이해할 수 있도록 설명 방식을 과감하게 바꾼 사례가 무척 많다. 나아가 우리 주변의 예를 풍부하게 들어 설명함으로써, 경제학이 우리 생활과 밀접한 관련을 갖는 학문임을 생생하게 보여주려고 노력했다.

경제학에 많은 관심을 갖고 있으나 너무 어려워 접근해 볼 생각도 하지 않는다고 말하는 사람들이 많다. 이 책이 그런 사람들을 경제학의 멋진 세계로 안내해 주는 좋은 길잡이가 될 수 있기를 기대한다. 경제학자들이 즐겨 쓰는 어려운 용어나 수식들이 일반 사람들에게는 마치 지뢰와도 같은 위험한 존재다. 이 책에서는 그런 걸림돌을 최대한 제거해 독자들이 경제학의 세계에 마음 놓고 발을 들여놓을 수 있도록 만들려고 노력했다.

이 책을 만드는 과정에서 여러 사람들의 도움을 받았다. 무엇보다 우선 경제의 역사에 관한 장의 기초를 잡아준 이철희 교수께 심심한 감사의 뜻을 전하고 싶다. 그의 도움은 경제의 역사에 대해 거의 문외한인 우리에게 무척 큰 힘이 되어 주었다. 또한 자료 정리, 교정 등의 일로 열심히 도와준 세 제자(김선형, 심승규, 오수현)들에게도 고마운 마음 그지없다. 마지막으로 이 책이 만들어져 나오기까지 여러 가지로 수고를 마다하지 않은 법문사의 여러분들께도 감사의 뜻을 전하려 한다.

2003년 1월

이준구 · 이창용

차 례

저자 약력 v
제5판 머리말 vi
머리말 vii

제 1 편 경제학의 기초

제 1 장 경제학이란? 3

1.1 경제학의 기본 성격 • 4
경제학의 의미 4 | 경제학 – 선택의 학문 4

1.2 합리적 선택의 기초 • 6
합리성의 의미 6 | 기회비용과 매몰비용 8

1.3 경제적 자원과 생산가능곡선 • 13
경제적 자원 13 | 생산가능곡선 15

1.4 국민경제의 기본 골격 • 16
세 경제주체 17 | 세 주요 과제 18

1.5 시장과 가격 • 20
시장과 교환의 이득 20 | 시장경제 22
가격기구 24

요약 29 | 중요개념 29 | 연습문제 30

- 가정의 경제학 7
- 그것까지 상품이라니! 14
- 호모 이코노미쿠스의 승리 23
- 장기 매매의 경제학 26
- 애덤 스미스(Adam Smith, 1723~1790) 28

제 2 장 경제학 연구의 방법 31

2.1 경제이론이란? • 32
이론의 의미 32 | 인간 행동의 예측 가능성 33

2.2 경제모형 • 34
경제모형의 기본 골격 34 | 상관관계와 인과관계 36

2.3 경제이론의 구분 • 39
미시경제이론과 거시경제이론 39
실증경제이론과 규범경제이론 40

2.4 경제학적 사고의 기초 • 42

요약 50 | 중요개념 50 | 연습문제 50

- 코카콜라지수 38
- 말로만 환경보호? 44
- 자선의 경제학 46
- 경제학 교육의 효과 48

제 3 장 **수요, 공급 그리고 시장의 균형** ········ 53

3.1 수 요 • 54
수요곡선의 도출 54
수요곡선 위의 운동과 수요곡선의 이동 56
시장의 수요 60

3.2 수요의 탄력성 • 61
가격탄력성 61 소득탄력성 66

3.3 공 급 • 68
시장의 공급 70

3.4 공급의 탄력성 • 71

3.5 시장의 균형 • 73
균형의 의미 73 균형의 변화 75
균형분석의 응용 : 가격규제의 효과 78

3.6 소비자잉여와 생산자잉여 • 81
소비자잉여 81 생산자잉여와 순사회편익 82

요약 85 | 중요개념 86 | 연습문제 86

- 비쌀수록 잘 팔린다? 59
- 담배, 비싸면 끊을까? 65
- 스타벅스의 굴욕 67
- 벌들의 부활 77
- 로마제국의 가격상한제 79
- 앨프리드 마셜(Alfred Marshall, 1842~1924) 84

■ **제 2 편 소비자와 생산자**

제 4 장 **소비자의 선택** ········ 91

4.1 소비자의 선택과 수요 • 92
소비자의 선택행위 92 효용이란? 93

4.2 소비자의 최적선택 • 97
소비자의 예산제약 97
최적선택의 내용 98
최적선택의 조건 99

4.3 가격 변화의 효과 • 102
가격 변화에 따른 수요량의 변화 102
대체효과와 소득효과 104

4.4 수요의 네트워크효과 • 108
개별 소비자의 수요곡선과 시장수요곡선 108
네트워크효과 108

요약 112 | 중요개념 112 | 연습문제 112

- 많을수록 더 좋다? 95
- 미국 사람들은 왜 뚱뚱해졌는가? 103
- 기픈의 역설 106
- 왜 책 사재기가 없어지지 않을까? 111

제 5 장 기업의 생산활동 115

5.1 기업이란? • 116
기업의 존재 의의 116
기업의 선택행위 119

5.2 생산기술 • 120
생산요소 120
총생산곡선 121

5.3 생산비용 • 123
회계비용과 기회비용 123
여러 가지 생산비용의 개념 126

5.4 규모의 경제와 범위의 경제 • 131
규모의 경제 131
범위의 경제 132

5.5 기업의 선택 • 134
생산요소 결합비율의 선택 134
이윤극대화 생산량의 선택 136
다른 방법에 의한 도출 139

5.6 기업은 정말로 이윤극대화를 추구하는가? • 141

요약 144 | 중요개념 144 | 연습문제 144

- 세계에서 가장 긴 역사를 가진 기업 118
- 약품의 경제학 130
- 기업의 사회적 책임 142

제 3 편 상품시장과 경쟁

제 6 장 완전경쟁시장 ········ 149

6.1 시장의 형태 • 150
시장형태의 유형 150 / 시장형태의 특성 150

6.2 완전경쟁시장의 요건 • 153

6.3 단기에서의 이윤극대화와 공급곡선 • 154
기업의 이윤극대화 154 / 공급곡선의 도출 157

6.4 장기균형 • 159
장기조정 과정 159 / 장기균형 160

6.5 완전경쟁시장은 어떤 점에서 바람직한가? • 162

요약 165 | 중요개념 166 | 연습문제 166

- 종교와 경쟁 158
- 완전경쟁시장 흉내 내기 164

제 7 장 불완전경쟁시장 ········ 167

7.1 배경 설명 • 168
불완전경쟁이 일어나는 이유 168

7.2 독점시장 • 171
독점시장의 성격 171 / 독점시장의 균형 172

7.3 독점의 경제적 효과 • 175
비효율적 자원배분 : 후생삼각형 175
비효율성의 또 다른 원인 177
독점에 대한 정부의 정책 177

7.4 가격차별 • 180
가격차별의 의미 180 / 현실에서의 가격차별 182

7.5 과점시장 • 184
과점시장의 성격 184 / 과점시장이론의 세 가지 범주 185

7.6 독점경쟁시장 • 188
독점경쟁시장의 성격 188 / 자원배분의 특징 190

요약 192 | 중요개념 192 | 연습문제 193

- 통큰 치킨? 170
- 마이크로소프트 사건 179
- 어느 시골 의사의 이야기 181
- 영화관 매점의 간식 가격이 모두 똑같은 이유 187
- 공정거래위원회 191

제 8 장 **게임과 전략** ······ 195

8.1 게임의 기본 골격 · *196*

8.2 용의자의 딜레마 게임 · *198*
게임의 성격 *198* 게임의 균형 *200*
용의자 딜레마 게임의 응용사례 *201*

8.3 경쟁전략의 실례 · *206*
앞선 자의 이득 *206* 가격파괴의 허실 *207*
몫 나누기 게임 *208*

8.4 경매의 이론 · *211*
경매의 의미 *211* 경매의 여러 방식 *212*
승자의 불행 *214*

요약 217 | 중요개념 217 | 연습문제 217

- 오페라 「토스카」와 용의자의 딜레마 205
- 어루만져 주면 신뢰가 커진다? 210
- 프로 스포츠의 자유계약선수 215

제 4 편 생산요소시장과 소득분배

제 9 장 **생산요소시장의 이론** ······ 221

9.1 생산요소에 대한 수요와 공급의 결정과정 · *222*
생산요소시장의 특성 *222*
생산요소에 대한 수요의 결정과정 *222*
생산요소 공급의 결정과정 *225*

9.2 생산요소시장의 균형 · *228*
가격과 고용량의 결정 *228* 지대와 경제적 지대 *230*

9.3 노동시장 · *232*
우리나라의 노동시장 *232* 임금격차가 존재하는 이유 *235*
인적투자 *237* 노동시장에서의 차별 *238*

9.4 자본의 개념 · *242*
자본의 여러 모습 *242* 자본축적의 의미 *243*
자본의 구체적 형태 *244* 자본재와 자본서비스 *245*

9.5 이자율의 결정 · *246*
대부가능자금의 수요와 공급 *246*
이자율의 결정 *248*

9.6 이 윤 • 249
이윤의 원천 249 이윤의 역할 250
요약 252 | 중요개념 252 | 연습문제 253
■ 부자들은 왜 일을 더 많이 하는가? 227
■ 위미노믹스(womenomics)의 시대가 열린다 236
■ 우리 사회의 여성차별 241
■ 이자를 받으면 안 된다? 247
■ 구글의 신화 251

제10장 소득분배의 현실 255

10.1 배경 설명 • 256
공평한 분배의 문제 256
기능별 소득분배와 계층별 소득분배 257
우리나라의 소득분배 259

10.2 불평등도의 측정 • 260
평등성의 의미 260 로렌츠곡선 263
지니계수 265

10.3 빈곤의 문제 • 268
빈곤의 정의 268 빈곤도의 측정 270

10.4 재분배정책 • 273
재분배정책의 실례 273 재분배정책의 문제점 276
요약 279 | 중요개념 279 | 연습문제 280
■ 피케티의 『21세기의 자본』 258
■ 슈퍼스타의 경제학 261
■ 누가 중산층인가? 264
■ 도금시대의 '악덕 자본가'들 267
■ 1달러로 하루를 산다? 271
■ 국민기초생활보장제도 278

제 5 편 미시경제이론의 여러 문제

제11장 정보경제이론 283

11.1 불완전한 정보와 탐색행위 • 284

11.2 비대칭정보 • 286
두 가지 유형의 비대칭정보 286 감추어진 특성 287
감추어진 행동 287

11.3 개살구시장과 역선택 • *288*
상품시장에서의 역선택 *288* 보험시장에서의 역선택 *289*

11.4 신호발송과 선별 • *291*
상품시장에서의 신호발송과 선별 *291*
노동시장에서의 신호발송과 선별 *293*

11.5 개살구시장과 관련된 유인의 문제 • *295*
계약에 의한 해결책 *295* 평판에 의한 해결책 *296*

11.6 본인-대리인의 관계와 도덕적 해이 • *297*
도덕적 해이의 의미 *298*
보험시장에서의 도덕적 해이 *298*

11.7 도덕적 해이와 관련된 유인의 문제 • *300*
실적에 비례한 보수 지급 *300* 효율임금의 지급 *301*
작업감독제도 *302*

요약 305 | 중요개념 305 | 연습문제 305

- 좋은 음식점 고르는 방법 292
- 익은 벼는 고개를 숙인다 294
- 스미스의 눈에 비친 전문경영인의 도덕적 해이 299
- 각자 알아서 일하게 놓아두는 것이 최선의 방책이다? 303

제12장 **시장과 정부** 307

12.1 배경 설명 • *308*

12.2 시장과 효율성 • *310*
효율성의 의미 *310* 시장의 실패 *311*

12.3 정부의 역할 • *314*
정부 개입의 구체적 유형 *315* 정부실패의 원인 *316*
정부실패의 치유책 *318*

12.4 공공재의 문제 • *320*

12.5 환경의 문제 • *322*
공유지의 비극 *322* 경제발전과 환경문제 *322*
문제 해결의 방안 *324*

요약 330 | 중요개념 330 | 연습문제 331

- 천재 물리학자 아인슈타인의 장밋빛 전망 309
- 꿀벌들의 우화 313
- 소리 없는 봄 323
- 대악취 사건과 대스모그 사건 325
- 날로 심각해지는 기후변화의 위협 328

제 6 편 거시경제이론 입문

제13장 거시경제이론의 기초 ········ 335

13.1 거시경제이론의 기본 개념 • 336
국민소득 336 물가와 인플레이션 342
국제수지와 환율 346

13.2 총수요와 총공급 • 348

요약 352 | 중요개념 352 | 연습문제 353

- 비공식적 경기변동의 지표들 343
- 지난 100년 동안의 인플레이션 345
- 미시경제이론과 거시경제이론 350

제14장 거시경제이론의 주요 변수 ········ 355

14.1 국내총생산 • 356
국내총생산의 정의 356 중간재와 부가가치 357
명목국내총생산과 실질국내총생산 359

14.2 국내총생산의 여러 측면 • 363
국내총생산을 측정하는 여러 방법 363
해외부문의 도입 364 국민총생산 365

14.3 국민총소득과 처분가능소득 • 368
국민총소득 368 구매력평가 환율 국민총소득 370
처분가능소득 371

14.4 한국의 국민계정 • 373
국내총생산의 지출과 분배 374
생산, 지출, 분배국민소득의 구성 374

14.5 국내총생산의 개념이 갖는 한계 • 376

14.6 물가지수 • 380
물가지수의 의미 380 소비자물가지수 381
GDP디플레이터 384

요약 387 | 중요개념 388 | 연습문제 388

- 국내총생산의 경계문제 361
- 자연재해의 경제학 367
- NEW와 녹색 GDP 378
- 지하경제 379
- 소비자 물가 – 어떻게 조사하나? 382
- 장바구니 물가지수 383

제 7 편 국민소득의 결정

제15장 소비, 투자, 정부지출, 순수출 ······ 393

15.1 총수요의 구성요소들 • 394

15.2 소비지출 • 395
처분가능소득과 소비지출 395 소비지출을 결정하는 다른 요인들 398

15.3 투자지출 • 402
투자지출의 성격 402 투자 여부의 결정기준 403
투자의 결정요인 405

15.4 정부지출과 순수출 • 407
정부지출 407 순수출 408

요약 412 | 중요개념 413 | 연습문제 413

- 재산효과의 크기는 얼마나 될까? 399
- 가계 저축률이 왜 급격히 떨어졌나? 401
- 우리나라의 투자지출 404
- 1997년의 외환위기와 2008년의 금융위기 411

제16장 소득 – 지출분석과 케인즈의 유효수요이론 ······ 415

16.1 소득 – 지출분석의 기본 골격 • 416
배경 설명 416 총지출곡선의 도출 416
국민경제의 균형조건 418

16.2 균형국민소득의 도출 • 420
그림을 통한 도출 420 수식을 통한 계산 422
소득–지출분석에서의 균형국민소득의 개념 422

16.3 승수효과 • 424
정부지출승수 424 투자승수와 조세승수 426
균형재정승수 429

16.4 케인즈의 유효수요이론 • 430

16.5 완전고용국민소득 • 433

16.6 수요 부족 현상이 발생하는 이유 • 437
누출과 주입 437 저축의 역설 441

16.7 승수효과와 재정정책 • 443

부록 재정수지와 국가부채 • 446
재정수지 446 국가부채 447

요약 448 | 중요개념 449 | 연습문제 449

■ 깡통따개가 있다고 가정하자 419
■ 마른 펌프에 물 붓기 428
■ 일본 경제의 잃어버린 30년 431
■ 대공황의 교훈 436
■ 불황산업 440
■ 불황과 공황의 차이는? 441
■ 존 메이너드 케인즈(John Maynard Keynes, 1883~1946) 445

제17장 **국민소득과 물가 : 총수요-총공급모형** ······ 451

17.1 총수요곡선 • *452*
총수요곡선의 도출 *452* 총수요곡선의 이동 *455*

17.2 총공급곡선 • *457*
총공급곡선의 도출 *457* 총공급곡선의 이동 *459*

17.3 국민경제의 균형 • *461*
균형국민소득과 균형물가 *462* 경기침체갭과 인플레이션갭 *463*

17.4 경제의 자동조정기능 • *466*

17.5 모형의 응용 : 원유가격 상승의 효과 • *468*

요약 472 | 중요개념 472 | 연습문제 472

■ 놀아야 경기가 살아난다 456
■ 불황의 진단과 예측 465
■ 시카고학파 467
■ 전염병의 경제학 471

제 8 편 화폐와 국민경제

제18장 **화폐와 은행제도** ······ 477

18.1 화폐의 성격 • *478*
화폐의 의미 *478* 화폐의 세 가지 기능 *478*
화폐의 간략한 역사 *480*

18.2 통화량의 측정 • *483*
주요 통화지표 *483* 통화지표 선택의 기준 *485*

18.3 화폐의 수요와 공급 • *487*
화폐에 대한 수요 *488* 화폐수요곡선 *489*
화폐공급곡선 *490* 화폐시장의 균형 *491*

18.4 은행제도의 발전 • *495*

은행의 기원 *495* 은행의 기능 *496*

18.5 예금창조와 통화승수 • *498*

예금창조 *498* 통화승수 *499*

본원통화와 통화량 *500*

요약 503 | 중요개념 503 | 연습문제 504

- 얍섬의 돈 이야기 481
- 아타왈파의 복수 482
- 비트코인 486
- 돈의 의미 493
- 뱅크런과 예금보험제도 497
- 전자화폐가 중앙은행을 몰아내게 될까? 502

제 9 편 경제안정의 문제

제19장 **실업과 인플레이션** ······ 507

19.1 국민경제의 두 가지 숙제 • *508*

19.2 실업의 정의와 측정 • *509*

실업의 정의 *511* 실업률의 측정 *512*

19.3 실업의 성격 • *515*

실업의 기본 유형 *515* 자연실업 *516*

비자발적 실업 *519*

19.4 인플레이션의 사회적 비용 • *522*

예상된 인플레이션의 경우 *522*

예상되지 못한 인플레이션의 경우 *525*

인플레이션의 사회적 편익 *527*

19.5 인플레이션의 발생 원인 • *529*

단기 인플레이션 *529* 장기 인플레이션 *532*

요약 535 | 중요개념 535 | 연습문제 536

- 고용 없는 성장 513
- 우리나라의 실업 통계 517
- 기술진보가 일자리를 사라지게 만들까? 520
- 인플레이션과 실업－어느 쪽이 더 심각한 문제인가? 524
- 애그플레이션 528
- 안정된 물가란 무엇을 뜻하는 것일까? 531
- 초인플레이션의 역사 533

제20장 경제안정정책 ······ 537

20.1 경제안정정책의 성격 ● 538

20.2 재정정책 ● 539

정부지출 증가의 효과 539 구축효과 541

20.3 통화정책 ● 544

통화정책의 전달경로 544 통화정책의 효율성 546

20.4 통화정책과 관련된 몇 가지 문제 ● 547

중앙은행의 통화관리방식 547

이자율이 우선이냐, 통화량이 우선이냐? 551

20.5 재정정책이냐, 통화정책이냐? ● 554

통화정책의 전달경로에 대한 견해차 554

정책시차에 대한 견해차 555

20.6 미세조정의 시도는 바람직한가? ● 556

필립스곡선과 경기의 미세조정 557

통화주의자의 등장 558

합리적기대이론과 경제안정정책의 무력성 559

부록 자동안정장치 ● 563

요약 564 | 중요개념 565 | 연습문제 565

- 불황을 너무 무서워할 필요는 없다 542
- 중앙은행의 역사 549
- 금융통화위원회 550
- 우리나라의 통화정책 553
- 공급중시 경제학 561

제10편 경제성장의 문제

제21장 경제성장과 발전 ······ 569

21.1 배경 설명 ● 570

산업혁명과 경제성장 570 남북문제 571

21.2 지속적 경제성장의 문제 ● 574

21.3 성장회계 : 양적 성장과 질적 성장 ● 576

21.4 개발도상국의 경제발전 ● 580

왜 나라마다 발전의 정도가 다른가? 580

경제발전의 장애요인 583 발전전략의 문제 585

요약 590 | 중요개념 590 | 연습문제 590

- 이스털린의 역설 572
- 우울한 학문 575
- 빨리 먹어야 성장률이 높아진다? 579
- 수렴 – 어렵고도 먼 길 582
- 라이베리아의 비극 584
- 자원의 저주 589

제11편 국제경제

제22장 국제무역의 이론 595

22.1 국제무역의 현실 • *596*

22.2 교역의 이득과 비교우위이론 • *598*
교역의 이득 *598* 비교우위이론의 의미 *600*

22.3 비교우위와 국제무역 • *602*
비교우위의 실례 *602* 비교우위의 결정요인 *603*

22.4 무역에서 나오는 이득 • *606*
무역을 통한 소비가능성의 증대 *606*
무역에서 나오는 추가적 이득 *609*

22.5 보호무역론의 근거 • *611*

22.6 무역규제의 구체적 방식 • *617*
관세 부과 *617* 수입할당제 *619*
수출자율규제 *620* 비관세 무역장벽 *620*

22.7 자유로운 무역을 추구하는 움직임 • *622*
지역적 차원에서의 자유무역 *622*
범세계적 차원에서의 자유무역 *623*

요약 625 | 중요개념 626 | 연습문제 626

- 수출 6,000억 달러 시대의 도래 599
- 데이빗 리카도(David Ricardo, 1772~1823) 605
- 세계화는 소득분배 양극화를 가져오는가? 607
- 2021년의 요소수 대란 613
- 농산물시장 개방의 문제 615
- 양초 제조업자의 청원서 618
- 세계무역기구의 위기 624

제23장 국제수지와 환율 ······ 629

23.1 국제수지표와 국제수지 • 630
국제수지표 작성의 원칙 630 국제수지의 의미 632
저축, 투자와 경상수지 634

23.2 환 율 • 638
환율의 의미 638 환율의 결정과정 640
환율의 변화 641

23.3 환율과 경상수지 • 643
마셜-러너조건 643 J-곡선효과 645

23.4 환율에 관한 여러 가지 이론 • 646
구매력평가설 646 이자율평가설 647

23.5 변동환율제도와 고정환율제도 • 650
금본위제도와 브레튼우즈체제 650
변동환율제도와 고정환율제도의 장단점 651

요약 655 | 중요개념 655 | 연습문제 656

- 외환보유액이 클수록 좋을까? 633
- 우리나라의 외환위기 637
- 빅맥지수(Big Mac index) 649
- 날 위해 울지 마세요, 아르헨티나(Don't cry for me, Argentina) 653

제12편 세계경제의 현황

제24장 위기의 경제학 ······ 659

24.1 배경 설명 • 660

24.2 글로벌 금융위기의 발생과 전개 과정 • 661
위기 발생 이전의 상황-대안정의 시대 661
거품의 붕괴-서브프라임 위기의 발생 663

24.3 유로존의 재정위기 • 667
각국의 재정위기 발생원인 668
위기의 확산을 가져온 제도적, 정치적 제약 669

24.4 글로벌 금융위기에 대한 정책대응 • 670
재정정책 671 통화정책-양적완화 정책 672
양적완화 정책의 문제점 674

24.5 코로나19의 대유행 • 678
코로나19 팬데믹의 경제적 충격 678
각국의 정책 대응 680

요약 683 | 중요개념 683 | 연습문제 684

- 자산가격 거품과 금융위기 664
- 우리 경제를 강타한 글로벌 금융위기의 충격 666
- 헬리콥터 벤 675
- 일본의 장기불황과 아베노믹스 677
- 1918년의 스페인 독감 682

제13편 경제의 역사

제25장 **인간의 경제생활이 발전해 온 발자취** ········· 687

25.1 고대사회의 경제 • *688*

25.2 중세 봉건사회의 경제 • *690*

25.3 유럽의 팽창과 중상주의 정책 • *692*

25.4 산업혁명과 세계자본주의의 발전 • *695*

25.5 1930년대의 세계 대공황 • *699*

25.6 세계경제의 재건과 성장 • *700*

25.7 불확실성의 시대 • *702*

요약 706 | 중요개념 707 | 연습문제 707

- 몽골의 평화 691
- 경도 이야기 694
- 부의 탄생 697
- 브렉시트의 충격 705

연습문제 해답 ········· 708

찾아보기 ········· 721

인명 찾아보기 ········· 729

제 1 편

경제학의 기초

| 제 1 장 |
경제학이란?

| 제 2 장 |
경제학 연구의 방법

| 제 3 장 |
수요, 공급 그리고 시장의 균형

제 1 장

경제학이란?

1.1 경제학의 기본 성격

1.2 합리적 선택의 기초

1.3 경제적 자원과 생산가능곡선

1.4 국민경제의 기본 골격

1.5 시장과 가격

경제학이라는 말을 자주 들어 매우 익숙한 학문분야인 것 같아도 그것이 어떤 학문인지 정확하게 설명할 수 있는 사람은 그리 많지 않다. 경제문제를 연구하는 학문이 바로 경제학이라고 쉽게 말할 수 있겠지만, 그것보다는 좀 더 구체적인 설명이 필요하리라고 생각한다. 이 장에서는 경제학이 어떤 학문이며 무엇을 연구하는 학문인지를 여러 각도에서 살펴보려고 한다.

1.1 경제학의 기본 성격

경제학의 의미

신문을 펴 보면 언제나 "물가가 불안하다." 혹은 "청년실업이 크게 늘어나고 있다."는 등 경제와 관련된 소식들로 가득 차 있다. 우리 삶에서 돈이 최고의 가치가 될 수 없지만, 이를 완전히 무시하고 살 수도 없는 일이다. 그렇기 때문에 경제문제에 대한 사람들의 관심은 자연히 클 수밖에 없다. **경제학**(economics)은 실업이나 인플레이션은 물론, 경제성장, 빈곤, 환율, 노사관계, 시장에서의 경쟁, 환경오염, 조세 등 우리의 관심을 끄는 모든 경제문제를 연구 대상으로 삼고 있다.

이제는 보통 사람들도 인플레이션이나 국제수지라는 말을 거의 일상용어처럼 쓰는 세상이 되었다. 이런 용어를 모르는 사람은 교양 있는 사람들의 대화에 끼어들기조차 힘들어졌을 정도다. 경제학의 기본 지식이 어느새 현대사회를 사는 사람이 갖추어야 할 최소한의 요건이 된 셈이다. 뿐만 아니라 경제문제를 이해할 수 있는 능력은 사회생활에서 성공을 거두기 위한 수단으로서도 그 가치가 크다고 말할 수 있다.

경제학은 사회과학(social science)의 한 분야로, 사회 전체의 관점에서 본 경제문제의 해명에 관심의 초점을 맞추는 학문이다. 예컨대 경영학에서 기업의 이윤을 더 크게 만들기 위해 필요한 지식을 논의할 때는 사회보다 개인적인 관점이 상대적으로 더 중요한 위치를 차지한다. 그러나 경제학에서는 개인의 선택 문제를 분석할 때조차도 사회적 관점에서 그 문제를 본다는 특성이 있다.

수없이 많은 경제 관련 신문과 잡지들

경제분야의 문제를 전문적으로 다루는 신문이나 잡지는 그 종류가 엄청나게 많다. 이를 보면 경제문제에 대한 사람들의 관심이 매우 크다는 것을 잘 알 수 있다.

경제학 – 선택의 학문

맛있는 음식, 멋진 옷, 안락한 집, 그리고 즐거운 휴가를 싫어하는 사람은 아무도 없다. 물질에 대한 사람들의 욕망은 끝이 없을 정도로 큰 것이 사실이다. 그렇지만 경제적 자원이 한정되어 있기 때문에 원하는 대로 무한정 많은 상품을 생산, 소비할 수 없다. 우리들이 활용할 수 있는 토지, 자연자원, 그리고 노동력을 갖고는 한정된 양의 상품만을 생산할 수 있다. 그렇기 때문에 사람들의 물질적 욕망은 언제나 충분하게 채워지지 못한 상태로 남게 된다.

경제학은 우리가 활용할 수 있는 경제적 자

원이 한정되어 있다는 현실을 그 출발점으로 삼는다. 바닷물이나 사막의 모래처럼 거의 무진장으로 존재하고 있는 것이라면 구태여 아껴 써야 할 이유가 없다. 그러나 경제적 자원은 그 공급이 한정되어 있는 경우가 거의 대부분이고, 따라서 이를 적절하게 활용하는 일이 무엇보다 중요한 과제가 된다. 이 과제가 핵심적인 연구 대상이 된다는 뜻에서 경제학을 다음과 같이 정의할 수 있다.

> **경제학 :** 경제학은 인간의 물질적 욕구를 충족시키기 위해 희소한 자원을 어떻게 활용할 것인가를 연구하는 학문이다.

욕망은 무한한데 그것을 충족시켜 주는 수단이 되는 경제적 자원은 제한되어 있기 때문에 우리는 **선택**(choice)의 문제에 직면하게 된다. 경제적 자원이 제한되어 있는 상황에서 적절한 선택이 이루어져야만 물질적 욕망을 최대한으로 충족시킬 수 있기 때문이다. 선택의 문제로 고심하는 과정이 바로 '경제하는' 과정이라고 말할 수 있으며, 경제학은 바로 이 선택의 문제를 주요한 연구 대상으로 삼는다.[1)]

그런데 경제학자들의 관심이 선택행위 그 자체를 분석하는 데에만 국한되어 있는 것은 아니다. 경제학에서의 또 다른 중요한 관심사는 사회적, 개인적 차원에서 이루어지는 선택행위가 경제와 사회에 미치는 영향이다. 이와 같은 영향을 분석하는 일이 경제학 연구의 중요한 부분을 구성하고 있다. 바로 이 점이 사회과학의 한 분야로서 경제학의 특징을 이룬다.

경제학이란 말을 들으면 많은 사람들이 '돈'(money)을 연상한다. 다시 말해 경제학이 돈과 밀접한 관련을 갖는 학문이라는 인식이 널리 퍼져 있다는 뜻이다. 물론 경제학에서 돈이라는 말이 자주 등장하고 모든 것을 돈의 가치로 따지는 경향이 있는 것은 사실이다. 그렇다고 해서 돈이 경제학자들의 핵심적인 관심 대상이 되는 것은 아니다. 경제학자들이 가장 큰 관심을 갖고 있는 것은 돈이 아니라 바로 선택의 문제이며, 돈과 직접적 관련이 없는 선택의 문제도 경제학자의 좋은 연구 대상이 될 수 있다.

전통적으로 경제학은 상품의 생산, 교환, 소비와 관련된 문제를 연구하는 학문으로 인식되어 왔다. 그런데 요즈음은 경제학이 그 전통적 영역을 훨씬 벗어나는 현상에까지 관심의 대상을 넓혀가고 있는 것을 볼 수 있다. 그 결과 가정의 경제학, 범죄와 처벌의 경제학, 예술의 경제학, 스포츠의 경제학 등 갖가지 이름의 경제학 분야가 생겨나게 되었다. 선택의 문제에 워낙 많은 관심을 갖다 보니, 오늘날의 경제학은 이와 관련된 것이면 무엇이든 연구의 대상으로 삼으려는 경향을 보이는 것이다.

1) 그래서 어떤 사람은 경제학을 '선택의 학문'이라고 부르기도 한다.

1.2 합리적 선택의 기초

합리성의 의미

경제학에서는 모든 경제주체가 합리적이라는 기본 가정을 채택하고 있다. 경제학에서 설정하고 있는 전형적 인간형인 '경제인'(*homo economicus*)의 특징을 바로 이 합리성에서 찾아볼 수 있다. **합리성**(rationality)은 경제학에서 추구하는 올바른 선택의 전제조건이다. 물론 현실에서 모든 사람들이 완벽한 합리성을 갖추고 있는 것은 아니며, 기본적으로는 합리적인 사람이 때때로 비합리적인 반응을 보일 수도 있다. 경제학자라고 해서 이런 현실을 모를 리 없다. 다만 사회 전체로 놓고 볼 때는 사람들이 합리적이라고 가정해도 무방하다는 생각을 갖고 있을 따름이다.

그런데 여기서 말하는 합리성은 수단(means)의 합리성을 뜻하는 것일 뿐, 목표 그 자체의 합리성 혹은 윤리성과는 별 관련이 없다. 다시 말해 어떤 목표가 주어졌다고 할 때 어떻게 하면 이를 가장 효율적으로 달성할 수 있는지와 관련된 합리성이라는 뜻이다. 어떤 목표에 대해 "그와 같은 목표를 추구하는 것이 과연 합리적인가?"라고 의문을 제기하는 것은 경제학과 거리가 멀다.

그렇다면 사람들이 합리적 선택을 한다고 할 때, 구체적으로 어떤 고려 과정을 거치게 될까? 대학에 진학할 것인지의 여부를 결정하려는 어떤 사람(최군)의 예를 생각해 보기로 하자. 그는 우선 대학에 진학함으로써 얻을 수 있는 이득, 즉 편익(benefit)이 얼마인지 계산할 것이다. 대학을 졸업하면 얼마나 더 많은 소득을 얻게 되며, 사회적 지위는 어느 정도 올라갈지 등을 생각해 본다는 말이다. 그다음에는 대학에 진학하는 데 드는 비용(cost)이 얼마인지 계산해 본다.

최군은 이처럼 대학 진학과 관련된 편익과 비용을 계산한 다음, 이 둘을 비교한 결과에 기초해 대학 진학 여부를 결정하게 된다. 구체적으로 말해 편익이 비용보다 더 크다고 판단하면 대학에 진학하기로 결정하는 것이다. 이처럼 어떤 대안이 주어져 있을 때 그것과 관련된 편익과 비용을 비교해 그것의 채택 여부를 결정하는 것을 가리켜 **비용-편익분석**(cost-benefit analysis)이라고 부른다. 여러 대안 중에서 최선의 대안을 선택해야 하는 상황의 경우에도 이 비용-편익분석을 활용할 수 있다.[2)]

의식적으로든 무의식적으로든 사람들은 모든 선택의 상황에서 이와 비슷한 고려 과정을 거쳐 어떤 행동을 할지의 여부를 결정하게 된다. 극단적으로 충동적인 사람이라면 아무런 생각도 하지 않고 어떤 일을 하기로 결정할 수 있을지 모른다. 그러나 보통 사람이라면 편익과 비용을 비교해 보고 편익이 더 크다고 생각할 때에 한해 그 일을

2) 어떤 대안의 편익에서 비용을 뺀 나머지를 순편익(net benefit)이라고 부른다. 여러 대안이 있을 때 순편익이 가장 큰 대안을 선택하면 된다.

가정의 경제학

사람의 일생에서 결혼은 가장 중요한 선택행위 중의 하나다. 결혼을 할 것인지, 누구와 결혼할 것인지의 결정은 일생을 좌우할 만큼 중요한 선택이다. 결혼해 가정을 이루게 되면 또 다른 중요한 선택들이 그 뒤를 잇는다. 부부 사이에서 돈 버는 일과 가사를 돌보는 일을 분담하는 것과 관련된 선택, 자식을 몇 명이나 낳을 것인지의 선택 등 끝없는 선택이 계속된다.

'가정의 경제학'(economics of family)이라고 부르는 경제학의 한 분야는 바로 이와 같은 선택들을 주요한 분석 대상으로 삼는다. 경제학자들이 가정과 관련된 선택행위에 많은 관심을 갖는 이유가 단순히 호기심의 충족에만 있는 것은 아니다. 그와 같은 선택행위는 현실의 경제 상황에 매우 큰 영향을 미치기 때문에 정책의 측면에서도 상당한 중요성을 갖는다.

최근 우리 사회에서 출산율의 급격한 저하가 심각한 문제로 등장하고 있다. 인구를 현 수준에서 유지하기 위해서는 여성 한 사람이 2명 정도의 자식을 낳아야 한다. 그런데 최근 통계에 따르면, 2020년 현재 우리나라 여성 한 사람이 낳는 자식의 수는 0.84명밖에 안 된다고 한다. 이런 추세가 계속된다면 우리나라 인구는 머지않은 장래에 줄어들기 시작할 것이다. 과거에는 적극적인 산아제한 정책을 폈는데, 상황이 급격하게 변화하면서 출산 장려로 정책기조가 바뀌었다.

출산율 저하는 바로 인구의 고령화로 이어지기 때문에 경제와 사회에 여러 가지 문제를 일으키게 된다. 인구의 고령화는 생산활동에 참여하는 사람들의 비율을 줄임으로써 경제의 활력을 떨어뜨리는 요인이 된다. 또한 고령화는 국민연금제도의 운영에도 매우 큰 어려움을 가져다준다. 국민연금제도는 기본적으로 현재 일하고 있는 젊은 사람들이 은퇴상태에 있는 사람들을 부양하는 제도다. 부양을 받아야 하는 사람은 늘어나는데 그 부담을 짊어질 사람은 줄어드니 국민연금제도의 운영에 문제가 생길 수밖에 없다.

요즈음의 젊은 부부들은 자식을 아예 낳지 않는 경우도 있고, 낳는다 해도 하나만 낳는 경향이 강하다. 그런데 가정 경제학의 관점에서 보면, 이들이 그런 선택을 할 만한 충분한 이유가 있다. 시간은 가정의 중요한 경제적 자원인데, 자식을 낳고 키우는 데 엄청나게 많은 시간이 소요된다. 그런데 맞벌이가 보편화되어 가고 여가의 중요성이 점차 높아지면서 시간의 제약은 더욱 중요한 고려사항이 된다. 이런 상황에서의 합리적 선택은 자식을 적게 낳는 것이 된다.

가정 경제학의 대가 베커(G. Becker) 교수는 사람들이 자식의 양(quantity)과 질(quality) 사이에서 선택을 한다고 설명한다. 최근 평균적인 자식 수가 줄어드는 현상이 보편적으로 관찰되고 있는데, 이는 양보다 질을 선택한 결과라고 볼 수 있다. 즉 적게 낳아 집중적인 투자를 하는 방식을 선택한 것이며, 그 배경에는 시간이란 요인이 핵심적 역할을 한다고 볼 수 있다. 그의 설명은 최근 우리 사회의 출산율 저하 현상에도 그대로 적용될 수 있으리라고 생각한다.

사실 출산율 저하는 우리 사회에서만 일어나고 있는 현상이 아니다. 문제는 다른 나라들에 비해 우리 사회의 출산율 저하가 너무 빠른 속도로 진행되고 있다는 데 있다. 정부는 출산 장려를 위한 정책 대응에 고심하고 있지만, 실제로 얼마나 큰 효과를 거둘지는 아직 미지수라고 할 수 있다.

1970년대 거리를 걷다 보면 "딸 아들 구별 말고 둘만 낳아 잘 기르자."라고 쓰인 현수막을 심심치 않게 볼 수 있었다.[3] 그런데 요즈음은 "엄마, 저도 동생을 갖고 싶어요."라는 것으로 구호가 바뀐 것을 보면 세상이 많이 달라졌다는 느낌을 받는다.

하기로 결정한다. 독자 자신이 중요한 결정을 내려야 할 상황에서 과연 어떤 과정을 거쳐 최종적인 결정을 내리는지 곰곰이 생각해 보기 바란다. 바로 앞에서 설명한 것과

3) 1960년대에는 이보다 한층 더 원색적인 구호, 즉 "덮어놓고 낳다 보면 거지꼴을 못 면한다."라는 구호까지 등장했던 적도 있다.

크게 다르지 않다는 것을 발견할 수 있으리라고 생각한다.

선택의 상황에 직면해 있는 사람들은 이처럼 편익과 비용을 비교하는 과정을 통해 최선의 대안을 찾아내려고 노력한다. 이와 같이 최선의 대안을 찾아내려 하는 노력을 **최적화**(optimization) 행위라고 부른다. 현실 생활에서 우리가 선택한 것은 바로 이 최적화 행위의 결과라고 볼 수 있다. 예를 들어 어떤 소비자가 쇠고기 1kg을 사기로 결정한 것이나, 어떤 기업이 핸드폰 5만 개를 생산하기로 결정한 것 등을 모두 최적화 행위의 결과로 볼 수 있다는 말이다. 이 점에서 본다면 최적화 행위는 우리의 경제 현실에서 가장 보편적으로 관찰할 수 있는 현상 중 하나라고 말할 수 있다.

기회비용과 매몰비용

합리적 선택의 핵심은 어떤 일과 관련된 편익과 비용을 정확하게 평가하는 일이다. 특히 비용을 정확하게 평가하는 일이 중요한데, 이를 제대로 하지 못해 합리적 선택에 이르지 못하는 경우가 많다. 비용이라고 할 때 우리가 흔히 생각하는 것은 주머니에서 직접 나가는 돈이다. 예를 들어 대학 다니는 데 드는 비용이라고 하면 등록금이나 책값, 교통비 같은 것만을 생각하는 것이 보통이다. 그러나 곧 보게 되겠지만, 대학에 다니기 위해서는 그렇게 주머니에서 직접 나가는 돈 이상의 비용이 들게 된다.

어떤 기업의 회계장부를 보면 인건비, 원자재 구입비, 임대료 등 실제로 지출된 갖가지 명목의 비용들이 기록되어 있다. 이것이 바로 상식적인 차원에서 생각하는 비용인데, 이를 **회계비용**(accounting cost)이라고 부른다. 이 회계비용은 주머니에서 직접 나가는 돈이라 눈에 보이는 비용이라는 성격을 갖고 있다. 개인이나 기업이 이처럼 눈에 보이는 것만을 비용으로 인식하면서 합리적 선택에 이를 수 있을까? 그럴 수 없다는 것이 그 질문에 대한 경제학자의 답변이다. 개인이든 기업이든 비용을 정확하게 평가하지 못하면 결코 합리적 선택에 이를 수 없다.

회계비용
실제로 지출된 갖가지 명목의 비용

다음과 같은 예를 들어 왜 그런 결과가 나오는지 그 이유를 자세히 설명해 보기로 하자. 샹그릴라호텔의 이탈리아 요리부 주방에서 일하는 박씨는 현재 5백만원의 월급을 받고 있다. 그는 이 직장을 그만두고 자신의 레스토랑을 여는 것이 어떨까 하는 생각에서 수입과 비용을 예측해 보았다. 그가 예상한 1년 동안의 수입과 비용의 자세한 내용은 〈표 1-1〉에서 보는 것과 같다고 한다. 표에 나타난 그의 예측에 따르면 자신이 레스토랑을 열 경우 연간 5천만원의 이윤을 얻을 수 있게 된다. 그가 이와 같은 이윤을 기대하고 지금 다니던 직장을 그만둔다면 그의 선택은 과연 합리적인 것일까?

결론부터 말한다면, 박씨가 레스토랑을 열기 위해 직장을 그만두는 것은 합리적 선택이 아니다. 그는 중요한 비용 한 가지를 고려하지 않았고, 이 때문에 이윤이 실제보다 부풀려지는 결과가 빚어졌다. 그는 다니던 직장을 그만둠으로써 연간 6천만원의 소득을 포기해야만 하는데, 비록 실제로 지출된 것은 아니지만 이것도 당연히 비용의

수입		비용	
음식판매수입	3억원	재료값	7천만원
		인건비	8천만원
		이자	3천 4백만원
		임대료	3천 6백만원
		전기, 가스, 수도료	1천만원
		제세공과금	2천만원
수입 합계	3억원	비용 합계	2억 5천만원

표 1-1
레스토랑 운영에서 예상되는 수입과 비용

일부로 포함되어야 한다. 이것까지 비용으로 포함시켜 다시 계산해 보면 총비용은 3억 1천만원이 되고, 그렇다면 레스토랑을 운영함으로써 1천만원의 손해를 보게 된다는 결론이 나온다.

이 예에서 보는 것처럼 실제로 지출해 눈에 보이는 비용, 즉 회계비용만을 비용으로 생각해 의사결정을 하면 합리적 선택에 이를 수 없다. 직장을 그만둠으로 말미암아 포기해야 하는 소득은 실제로 지출한 비용이 아니지만, 합리적 선택을 위해서는 이것까지 비용의 일부로 포함시켜 생각해야 한다. 즉 실제로 지출했는지의 여부와 상관없이 비용의 성격을 갖고 있으면 모두 비용에 포함시켜 고려해야 한다는 것이다. 이렇게 정의된 비용을 **기회비용**(opportunity cost)이라고 부르는데, 이것이 바로 엄밀한 의미에서의 비용이다. 만약 박씨가 레스토랑을 운영하는 데 드는 기회비용이 3억 1천만원이라는 사실을 제대로 파악한다면 섣불리 직장을 그만두는 실수를 저지르지 않을 것이다.

기회비용
실제로 지출하지 않았다 해도 비용의 성격을 갖고 있으면 모두 포함시키는 포괄적 비용의 개념

대학에 진학할지의 여부를 고려하고 있는 최군의 경우에도 비용을 정확하게 파악하지 못하면 합리적인 결정을 내릴 수 없다. 대학 진학의 비용에는 등록금이나 책값처럼 눈에 보이는 비용뿐 아니라 그 이외의 눈에 보이지 않는 비용도 포함되어야 한다. 만약 그가 대학에 가지 않았다면 직장을 얻어 돈을 벌었을 텐데, 대학을 다님으로써 그 소득을 포기한 셈이 된다. 바로 이 포기된 소득이 눈에 보이지 않는 비용으로서 대학 다니는 데 드는 기회비용에 포함되어야 하는 것이다.

일반적으로 말해 어떤 행위와 관련된 기회비용은 그것을 함으로 인해 포기해야 하는 행위의 가치로 측정할 수 있다. 앞에서 본 박씨의 예에서 자신의 레스토랑을 열면 다니던 호텔의 일자리를 그만두어야 한다. 이에 따라 호텔에서 받던 연간 6천만원의 소득을 포기해야 하므로, 바로 이것이 레스토랑 개업의 기회비용에 포함되어 계산되어야 하는 것이다.

독자는 지금 이 책을 읽기 위해 다른 많은 일을 포기하고 있을 것이다. 만약 이 책을 읽는 데 쓰고 있는 시간을 다른 데에 쓴다면 무슨 일들을 할 수 있을까? 밀린 일을 할

수도 있겠고, 텔레비전을 볼 수도 있을 것이며, 읽다 만 소설을 계속 읽을 수도 있을 것이다.[4] 결국 이 책을 읽기 위해 그런 일들을 하지 못했고, 따라서 그 일들에서 얻을 수 있는 가치를 포기한 셈이다.

이 책을 3시간 동안 읽기 위해 포기해야 하는 여러 가지 일들이 독자에게 갖는 가치를 화폐 단위로 표시하면 〈표 1-2〉에서 보는 바와 같다고 하자. 이 표를 보면 독자는 이 여러 가지 일 중 특히 친구와 만나지 못한 것을 가장 아쉬워하는 것으로 나타나 있다. 친구와 만나면서 느끼는 즐거움의 가치가 8만원인 것을 볼 수 있는데, 그렇다면 이 책을 읽는 데 드는 기회비용은 8만원이 된다. 즉 이 책을 읽기 위해 포기해야 하는 행위 중 가장 가치 있는 행위인 친구와의 만남이 갖는 가치인 8만원이 이 책을 읽는 데 드는 기회비용이 되는 것이다. 이 점을 좀 더 명확히 밝혀 기회비용을 다음과 같이 정의할 수 있다.

기회비용 : 어떤 행위의 기회비용은 이를 선택함으로 인해 포기해야 하는 여러 행위 중 가장 큰 가치를 갖는 행위의 가치로 측정할 수 있다.

어떤 행위와 관련된 비용을 기회비용의 관점에서 평가한다는 것은 눈에 보이지 않는 비용까지 포함시킨다는 것을 뜻한다. 그런데 어떤 사람은 이 점을 오해하여 눈에 보이지 않는 비용만이 기회비용에 포함되는 것으로 착각하기도 한다. 우리가 보통 생각하는 비용, 즉 눈에 보이는 비용은 당연히 기회비용의 일부가 된다는 점을 잊어서는 안 된다. 기회비용이란 개념의 특징은 눈

표 1-2

책을 읽기 위해 포기해야 하는 여러 행위의 가치

행 위	가 치
밀린 일 처리	3만 5천원
TV 시청	5만원
소설 읽기	6만원
운동	4만 7천원
친구와의 만남	8만원

4) 지금 말한 것 말고도 그 시간에 할 수 있는 일들은 셀 수 없을 정도로 많을 것이다.

에 보이는 비용만이 아니라 눈에 보이지 않는 비용까지 포함시킨다는 데 있다. 이 점에 대해 잘못 생각하고 있는 사람이 너무나 많으므로 각별한 주의를 기울이기 바란다.

기회비용은 과연?

이렇게 열심히 책을 읽고 있는 학생들은 과연 얼마만큼의 기회비용을 지불하고 있을까?

기회비용과 더불어 합리적 선택의 과정에서 중요한 역할을 하는 또 다른 비용의 개념으로 **매몰비용**(sunk cost)이 있다. 매몰비용이란 것은 일단 지출된 뒤에는 어떤 선택을 하든 다시 회수할 수 없는 성격의 비용을 뜻한다. 어떤 행위를 할 것인지의 여부를 결정할 때는 이미 지출된 매몰비용을 고려 대상으로 삼지 말아야 합리적 선택을 할 수 있다. 이미 지출했고 어떻게 하든 다시 회수할 수 없는 비용이기 때문에 앞으로의 선택에 영향을 주어서는 안 되기 때문이다.

매몰비용

일단 지출된 뒤에는 어떤 선택을 하든 다시 회수할 수 없는 비용

그런데도 들인 돈이 아까워 의사결정 과정에서 매몰비용을 고려 대상으로 삼음으로써 판단을 그르치는 경우가 꽤 많다. 우리말에 "본전을 뽑아야 한다."는 표현이 있는데, 이는 비합리적인 태도의 전형이라고 할 수 있다. 비싼 돈을 내고 음악회에 간 사람이 연주가 무척 시시하다고 느끼면서도 자리를 뜨지 않는 것이 그 좋은 예다. 시시한 연주를 참고 듣느니 집에 가서 TV나 보는 것이 더 낫다고 생각하면서도 본전을 뽑기 위해 그대로 앉아 있는 것은 결코 합리적인 행동이 아니다. 이 예에서 보는 것처럼 매몰비용은 고려 대상으로 삼지 않는 것이 합리적 의사결정의 요령이다.

우리의 삶에서 매몰비용에 연연한 나머지 나중에 후회하게 될 결정을 내리는 경우가 많다. 흥미로운 것은 개인뿐 아니라 정부도 매몰비용에 연연해 잘못된 결정을 내리는 경우가 적지 않다는 사실이다. 그 대표적 사례를 영국과 프랑스가 합작해 만든 콩코드(Concorde) 초음속 여객기 개발 과정에서 찾아볼 수 있다. 1969년부터 2003년까지 고작 34년 동안만 하늘을 날았던 이 초음속 여객기는 개발 과정에서 이미 경제성이 없다는 판정을 받고 있었다.

그러나 두 나라 정부는 이미 많은 돈이 투입되었다는 이유로 개발을 강행했고, 그 결과 더 큰 손해를 보게 되었다. 사후적으로 평가해 보면, 경제성이 없다는 판단이 내려진 시점에서 개발을 중단해 그때까지 지출한 비용만 손해를 보기로 하는 것이 훨씬 더 현명한 결정이었다. 경제성이 없음을 뻔히 알면서도 들인 돈이 아깝다는 이유로 개발을 강행한 결과 더 큰 손실을 입게 되었기 때문이다. 이처럼 콩코드 초음속 여객기 개발 과정에서 매몰비용과 관련해 비합리적 선택을 했다는 뜻에서 이 현상을 **콩코드의 오류**(Concorde fallacy)라고 부른다.

경제학은 우리에게 최선의 선택에 이를 수 있는 방법을 가르쳐 줌으로써 우리 삶에 실질적 이득을 가져다주기도 한다. 경제학이 가르쳐 주는 합리적 선택의 기본 원

칙은 무엇보다 우선 어떤 일과 관련된 비용을 정확하게 파악해야 한다는 것이다. 이 일에서 기회비용과 매몰비용의 개념이 매우 중요한 역할을 수행한다. 기회비용의 개념은 어떤 일의 비용을 계산할 때 눈에 보이지 않는 비용까지 포함시켜 생각해야 한다고 가르친다. 반면에 매몰비용의 개념은 이미 지출된 비용이라도 경우에 따라서는 아예 잊어버리는 것이 바람직하다고 가르친다. 이 두 비용의 개념을 정확하게 이해하는 것만으로도 우리는 합리적 선택의 첫 관문을 무사히 통과한 셈이 된다.

생각해 봅시다

기회비용이나 매몰비용의 관점에서 다시 생각해 보면 우리가 일상생활에서 비합리적인 행동을 할 때가 상당히 많다는 것을 발견할 수 있다. 그 예로 영수의 다음과 같은 행동을 들 수 있는데, 어떤 이유에서 그의 행동이 비합리적이라고 말할 수 있는지 생각해 보자.

영수는 최근 비싼 돈을 주고 자신의 핸드폰을 최신형으로 바꿨다. 그는 이 최신형의 핸드폰이 여러 가지 측면에서 획기적인 성능 향상이 이루어진 것을 발견했다. 특히 그래픽 기능이 눈부시게 좋아져서 똑같은 게임인데도 이것으로 하면 종전과는 전혀 다른 느낌이었다. 평소에도 모바일 게임을 즐겨 하던 그인지라 마치 새로운 세계가 열리는 듯한 기분이었다.

횡단보도 위에서도 휴대폰만 뚫어져라

단기적 관점에서 보면 이득이 될지 몰라도 장기적 관점에서 보면 합리적 선택이 아니다.

영수는 이왕 비싼 돈을 들여 새 휴대폰을 샀으니 이 장점을 최대한 살려야 한다고 생각했다. 그는 많은 게임 애플리케이션을 구입해 본격적으로 게임의 세계에 빠져들게 되었다. 그런데 너무 많은 시간을 게임을 하는 데 쓰다 보니 다른 일에 지장이 생기기 시작했다. 무엇보다 우선 공부에 쓰는 시간이 줄어들어 시험 때마다 당일치기로 근근이 때우는 일이 많아졌다. 뿐만 아니라 게임에 너무 빠지다 보니 용돈을 벌기 위해 아르바이트로 일하는 시간을 줄여야만 하는 일까지 벌어졌다.

시간에 쪼들리게 된 영수는 이제 길을 걸어가면서 게임을 즐기는 버릇을 갖게 되었다. 심지어는 횡단보도를 걸으면서도 휴대폰에서 눈을 떼지 않을 정도가 되었다. 그는 이런 행동을 하는 것이 자기 혼자만은 아니라는 사실을 발견하고 마음의 위안을 얻었다. 주변을 돌아보면 그처럼 휴대폰을 들여다보며 횡단보도를 건너는 수많은 젊은이들이 눈에 띄었기 때문이다.

생각해 보기

(1) 새 휴대폰을 사기 위해 들인 돈의 크기가 얼마나 많은 시간을 게임에 쓸 것인지의 결정에 영향을 주는 것이 합리적일까?

(2) 단기적 관점에서 볼 때 횡단보도를 건너면서 게임을 하는 것은 게임을 하는 데 드는 비용을 줄이는 결과를 가져올 수 있다. 왜 그렇게 말할 수 있는지 그 이유를 생각해 보자.

(3) 그러나 장기적 관점에서 보면 그것은 결코 합리적 선택이 되지 못한다. 왜 그렇게 말할 수 있는지 그 이유를 생각해 보자.

경제적 자원과 생산가능곡선 1.3

경제적 자원

경제적 자원
우리가 아껴 써야 하는 모든 것

넓은 의미에서의 **경제적 자원**(economic resources)이란 우리가 아껴 써야 하는 모든 것을 뜻한다. 즉 그 공급이 제한되어 있으며 쓸모 있다고 생각되는 것들을 모두 포함하는 개념으로 경제적 자원을 이해하면 된다. 이에 비해 좁은 의미에서의 경제적 자원은 노동이나 자본처럼 생산과정에 투입되어 우리가 소비하는 상품으로 변화될 수 있는 **생산요소**(factors of production)를 뜻한다.

좁은 의미에서의 자원은 노동, 자본, 토지의 세 가지 그룹으로 구분할 수 있다. 노동은 일을 하려는 사람들에 의해 공급되는 서비스를 뜻하며, 자본은 상품을 생산하는 과정에서 사용되는 건물, 기계, 설비, 공구 등이 제공하는 서비스를 가리킨다. 그리고 토지는 땅뿐 아니라 모든 자연자원을 포괄하는 개념으로 사용되는 것이 일반적이다.

최근에는 '기업가적 노력'(entrepreneurial efforts)이라는 또 다른 종류의 경제적 자원을 중시하는 경향이 나타나고 있다. 기업가는 새로운 아이디어를 만들어 내고 위험을 부담하는 등의 행위를 통해 이윤을 창출하는 능력을 가진 사람을 뜻하는데, 이들이 제공하는 노력을 기업가적 노력이라고 부르는 것이다. 기업가적 노력은 생산과정에서 노동이나 자본 못지않게 중요한 역할을 수행한다. 특히 수많은 기업들이 생존을 위한 무한경쟁체제에 돌입해 있는 현대 경제에서 기업가적 노력의 중요성은 더욱 커져가고 있다.

상품
사람들이 소비하기를 원해 시장에서 사고파는 모든 것으로, 재화와 서비스의 두 종류로 나눌 수 있음

이 경제적 자원은 생산과정을 거쳐 **상품**(commodities)으로 변화한다. 상품은 사람들이 소비하기를 원해 시장에서 사고파는 모든 것을 뜻한다. 상품에는 눈에 보이는 **재화**(goods)와 보이지 않는 **서비스**(services)의 두 종류가 포함되어 있다. 쌀이나 옷, 자동차, TV, 디지털카메라처럼 우리 주위에서 보는 수없이 많은 물건들이 모두 재화의 범주에 속한다. 상품으로 매매되는 서비스도 이발서비스, 보험서비스, 법률서비스, 의료서비스 등 그 종류가 무척 많다.

어떤 물건의 경우에는 쓸모가 있는데도 너무나 흔해 거래의 대상이 되지 않는다. 공기나 흙 같은 것이 그 좋은 예로, 이런 성질의 물건을 **자유재**(free goods)라고 부른다. 공급이 한정되어 있어 거래의 대상이 되는 것은 **경제재**(economic goods)라고 부르는데, 우리가 보는 대부분의 물건들이 이 범주에 속해 있다.[5] 당연한 말이지만, 경제학에서 주요한 관심의 대상이 되는 것은 바로 이 경제재의 성격을 갖는 물건들이다.

5) 그러나 요즈음은 깨끗한 공기라든가 특정한 용도로 쓰이는 흙이 상품으로 거래의 대상이 되기도 한다. 경제 상황이 변화함에 따라 자유재였던 것이 경제재로 바뀌는 일이 생길 수 있는 것이다.

그것까지 상품이라니!

1993년 미국의 시카고 선물거래소(Chicago Board of Trade)에서 '오염물질 배출권'이라는 매우 이례적인 상품이 거래되기 시작했다. 1995년부터 발효하게 되는 이 배출권의 소유자는 1장당 1톤의 아황산가스(SO_2)를 배출할 수 있는 권리를 갖게 된다. 화력발전을 위해 석탄을 대량으로 사용하는 전력회사가 이 배출권의 주요 수요자였다고 한다. 첫날에는 팔려고 내놓은 27만 5천 장 중 15만 장만이 거래되어 기대치를 약간 밑돌았지만 시간이 지남에 따라 거래가 점차 활발해졌다고 한다.

EU 여러 나라들은 2005년부터 기업들이 탄소 배출권을 사고팔 수 있는 제도를 출범시켰다. 이 제도하에서 각 기업은 정부로부터 일정한 수준의 이산화탄소(CO_2) 배출 한도를 배정받는다. 실제 배출량이 이 한도보다 작은 기업에게는 바로 그 차이에 해당하는 이산화탄소 배출 권리가 부여된다. 기업은 그 권리를 다른 기업에 팔 수 있는데, 당초에 배정받은 배출 한도를 초과해야 할 사정이 있는 기업이 이를 사게 된다. 우리나라도 2015년 1월 탄소 배출권 거래제도를 출범시켜 온실가스 배출 저감 노력에 동참하고 있다.

이제는 연기도 상품이 될 수 있다

대기오염의 원인이 되는 이 연기도 상품으로 거래의 대상이 될 수 있다.

상품이라고 하면 으레 쌀이나 옷, 혹은 자동차 같은 것들을 연상하게 된다. 그런데 이 오염물질 배출권은 정부 규제의 산물로서 생겨났다는 점에서 보통 생각하는 상품과 다르다. 사람들에게 더욱 이상스럽게 느껴질 수 있는 것은, 만족감을 주는 것이 아니라 오히려 고통을 주는 오염물질이 상품으로 거래의 대상이 되고 있다는 사실이다.

물론 오염물질 그 자체가 실제 거래의 대상이 되는 것은 아니나, 오염물질 배출권의 거래가 실질적으로는 오염물질의 거래를 의미한다. 이처럼 그 본질상 바람직하지 않은 것이라 할지라도 사람들이 이에 대한 거래를 원하는 이상 상품이 되는 데는 아무 문제가 없다.

이제는 경제학을 배우지 않은 사람도 시장에서 상품을 자유롭게 사고팔 수 있을 때 경제가 효율적으로 움직이게 된다는 것을 알고 있다. 우리의 대기를 오염할 수 있는 권리를 상품으로 자유롭게 사고파는 것을 허용함으로써 좀 더 효율적으로 환경을 관리할 수 있다. 시장의 이점을 살림으로써 효율적인 환경 관리를 할 수 있게 되었다는 뜻이다.

그러나 한편으로 이제는 누구라도 돈만 내면 아무 거리낌 없이 환경을 오염시켜도 좋게 되었다고 개탄하는 소리가 들리기도 한다. 오염물질 배출권의 자유로운 거래가 환경을 오염시키는 행위에 도덕적 면죄부를 주는 결과를 가져오는 데 대해 눈살을 찌푸리는 것이다.

시장의 힘이 제아무리 강해진다 해도 모든 것이 상품화될 수 없고 또한 되어서도 안 된다. 오늘날 너무나 많은 것들이 상품화되어 있고, 그래서 우리 생활이 나날이 더 피폐해지고 있다는 우려는 분명히 일리가 있다. 그렇다고 해서 상품화는 곧 비인간화를 의미하기 때문에 전적으로 배격되어야 한다고 주장하는 것은 별 설득력이 없다.

어떤 것을 시장의 테두리 안으로 끌어들일 때 잃는 것도 있겠지만 얻는 것이 훨씬 더 클 수도 있다. 인간적임만을 내세우고 모든 경제논리를 거부하는 사회에 사는 사람들이 과연 가장 행복한 사람들일지 잘 생각해 보아야 한다.

자료 : 『이준구 교수의 열린경제학』, 문우사, 2017

생산가능곡선

한 경제에 주어져 있는 경제적 자원 혹은 생산자원을 모두 활용하면 얼마만큼의 상품들을 생산할 수 있을까? 이 물음에 대한 답을 얻어야 그 경제 안에 살고 있는 사람들이 얼마만큼의 상품들을 소비할 수 있는지 알 수 있다. 다른 나라와 무역을 하고 있기 때문에 생산한 것과 소비한 것 사이에 약간의 차이가 생길 수 있지만, 기본적으로는 그 경제 안에서 생산된 것을 소비하게 된다.

한 경제에서 최대한으로 생산해낼 수 있는 상품들의 조합을 **생산가능곡선**(production possibilities frontier)이라고 불리는 곡선으로 나타낼 수 있다. [그림 1-1]에서 보는 푸른색의 곡선은 주어진 생산자원을 갖고 쌀과 옷을 생산하는 한 경제의 생산가능곡선을 보여주고 있다.[6] 이 곡선 위의 점들은 그 경제가 최대한으로 생산할 수 있는 쌀과 옷의 조합을 나타내고 있다. 다시 말해 생산활동이 효율적으로 이루어졌을 때 얻을 수 있는 쌀과 옷의 조합이라는 뜻이다.

생산가능곡선
한 경제에서 최대한으로 생산해낼 수 있는 상품의 조합을 나타내는 곡선

그 경제 안의 사람들은 이 생산가능곡선 위의 점들 중 어느 한 점을 선택하는데, 이는 쌀과 옷의 특정한 조합을 생산하기로 결정한다는 것을 뜻한다. 무역이 이루어지지 않는다고 가정하면, 그 경제 안의 사람들은 이 특정한 쌀과 옷의 조합을 생산하고 동시에 이를 소비하게 된다. 예를 들어 A점을 선택했다면 쌀 700단위와 옷 300단위를 생산해서 소비하기로 결정했다는 것을 뜻한다.

따라서 생산가능곡선 위의 어느 점이 선택될 것인지는 쌀과 옷에 대한 사람들의 선

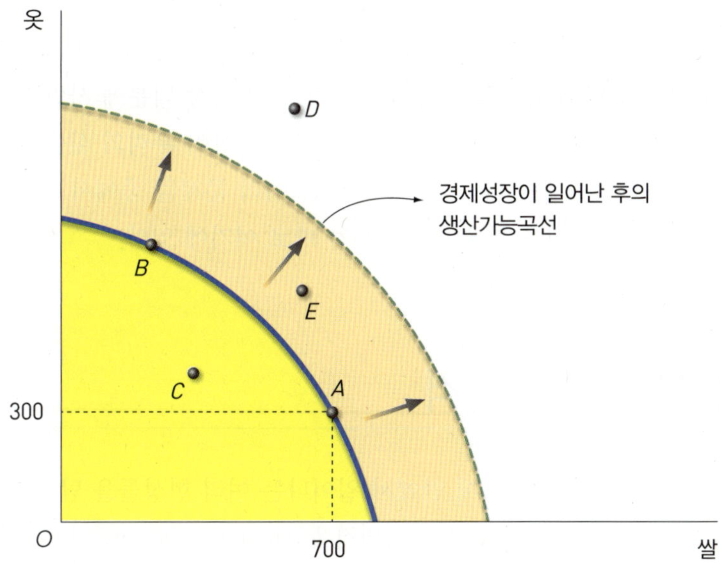

그림 1-1
생산가능곡선
이 곡선 위의 점들은 주어진 생산자원을 갖고 최대한으로 생산할 수 있는 쌀과 옷의 조합들을 나타내고 있다.

6) 지금 우리는 이 세상에 오직 쌀과 옷 두 가지 상품만 존재할 뿐 그 이외의 상품은 존재하지 않는다는 가정을 세워 놓고 있다. 조금 극단적인 가정처럼 보일 수 있지만, 경제학에서는 분석의 편의를 위해 이런 가정을 자주 사용하고 있다.

호에 의해 결정된다. 예컨대 사람들이 입을 것보다 먹을 것을 상대적으로 더 좋아하면 *A*점처럼 비교적 많은 양의 쌀과 적은 양의 옷으로 구성된 조합을 선택하게 된다. 반면에 사람들이 먹을 것보다 입을 것을 상대적으로 더 좋아하면 옷이 상대적으로 더 많이 포함되어 있는 *B*점을 선택할 것이라고 예상할 수 있다.

그런데 사람들이 생산가능곡선 위의 한 점만을 선택할 수 있는 것은 아니다. 사실 이 곡선 위의 점뿐 아니라 그 아래 노란색으로 표시한 구역 안의 어느 점도 선택할 수 있다. 그러나 *C*점같이 곡선 아래에 위치해 있는 점은 생산활동이 비효율적으로 이루어지는 것을 뜻한다. 따라서 합리적인 선택을 한다면, 의도적으로 이런 점을 선택하는 일은 일어나지 않는다. 한편 *D*점처럼 생산가능곡선 밖에 위치해 있는 점은 생산이 불가능한, 따라서 선택할 수 없는 쌀과 옷의 조합을 나타낸다.

한 시점에서 보면 생산기술이 주어져 있고 사용 가능한 생산자원의 양도 고정되어 있다. 지금 보는 생산가능곡선은 바로 이 전제하에서 도출한 것이다. 그런데 시간이 흐름에 따라 생산기술이 개선되기도 하고 사용 가능한 생산자원의 양이 늘어나기도 한다. 이와 같은 변화가 일어나면 최대한으로 생산할 수 있는 쌀과 옷의 양이 늘어나는데, 이것이 바로 **경제성장**(economic growth)이라고 부르는 과정이다. 경제성장이 일어나면 생산가능곡선은 원점에서 한층 더 멀리 떨어진 위치로 이동해 간다. 그림에서 초록색 점선으로 그려진 곡선은 경제성장이 이루어진 후의 생산가능곡선을 나타내고 있다.

이렇게 경제성장이 이루어져 생산가능곡선이 원점에서 더 멀리 떨어진 위치로 이동해 가면, 예전에는 선택할 수 없었던 쌀과 옷의 조합이 이제는 선택할 수 있는 조합으로 바뀐다. *E*점이 그 좋은 예인데, 이 점뿐 아니라 원래의 생산가능곡선과 초록색 생산가능곡선 사이의 옅은 주황색으로 표시한 구역에 있는 점들이 모두 새로이 선택할 수 있게 된 쌀과 옷의 조합들을 나타내고 있다. 경제성장 덕분에 사람들이 더 많은 쌀과 옷을 소비할 수 있게 된다는 말인데, 이는 경제성장이 우리의 삶을 한층 더 풍요롭게 만들어 준다는 것을 뜻한다. 경제와 관련된 여러 문제들 중에서 우리가 유독 경제성장에 특별히 많은 관심을 기울이는 이유가 바로 여기에 있다.

1.4 국민경제의 기본 골격

우리는 앞으로 한 나라의 경제 안에서 일어나는 여러 현상들을 탐구 대상으로 삼게 될 것이다. 한 나라의 경제를 가리켜 **국민경제**(national economy)라고 부르는데, 이것이 어떤 기본 골격을 갖고 있는지 잘 알아둘 필요가 있다. 국민경제의 기본 골격은 이를 구성하는 세 **경제주체**(economic agent)와 이것이 갖는 세 주요 과제로 요약해 나타낼 수 있다. 경제주체란 경제적 선택을 하는 주체를 뜻하며, 개인뿐 아니라 기업이나 정부 같은 조직도 경제주체가 될 수 있다.

생각해 봅시다

자연자원의 측면에서 보면 우리나라는 그다지 복 받은 나라라고 보기 힘들다. 별로 넓지 않은 국토는 대부분이 산지여서 결국 손바닥만한 땅에서 농사를 지을 수밖에 없다. 외국처럼 지평선이 보이는 드넓은 농장에서 대형 트랙터로 곡식을 수확하는 광경은 꿈도 꿀 수 없는 형편이다. 게다가 광물자원도 풍부한 편이 못 되어, 주요한 광물들을 대부분 수입에 의존해야 하는 실정이다. 이렇게 자연자원의 측면에서만 본다면 우리나라는 '자원 빈국'임이 분명하다.

그러나 우리가 경제적 자원이라고 부르는 것에는 자연자원뿐 아니라 다른 것들도 많이 포함되어 있다. 그중 가장 중요한 것이 인적 자원(human resources)인데, 사실 현대 경제에서 인적 자원은 자연자원보다 훨씬 더 큰 중요성을 갖는다. 풍부한 자연자원을 활용해 선진국의 대열에 합류할 수 있었던 나라의 수는 무척 적다. 오히려 자연자원이 풍부한 나라들은 대부분 후진성을 면치 못하고 있는 실정이다. 일반적으로 선진국들은 인적 자원의 측면에서 강점을 갖고 있는 것을 볼 수 있다.

단순히 사람의 숫자가 많다고 해서 인적 자원이 풍부하다고 말할 수는 없다. 좋은 교육과 훈련을 받아 높은 생산성을 발휘할 수 있어야 비로소 자원으로서의 가치를 가질 수 있다. 인적 자원의 측면에서 볼 때 우리나라는 세계 어느 나라에도 뒤지지 않을 만큼 풍부한 자원을 갖고 있는 나라다. 이 점을 생각한다면, 실제로 우리나라는 '자원 빈국'이 아니라 '자원 부국'이라고 말해야 옳을 것이다.

여기에는 한 가지 역설적인 점이 있는데, 때때로 심각한 사회문제를 일으키기도 하는 교육열이 인적 자원 확충에 기여한 바 크다는 사실이 바로 그것이다.

생각해 보기

(1) 사람마다 생산성이 서로 다른 주요한 이유는 무엇인가?

(2) 우리나라의 교육열이 인적 자원의 양성에 좀 더 적극적으로 기여하기 위해서는 이것이 어떤 방향으로 구체화되어 나타나야 할까?

세 경제주체

개인이 경제활동을 영위하는 기본 단위가 된다는 사실에는 의문의 여지가 없다. 그러나 각 개인을 직접 분석의 대상으로 삼을 수는 없기 때문에 몇 개의 추상적인 집단으로 나누어 볼 필요가 있다. 우리는 국민경제를 **가계**(household), **기업**(firm), **정부**(government)의 세 부문으로 나누고, 각 부문이 어떤 경제적 역할을 수행하고 있는지 살펴볼 수 있다. 다시 말해 이 세 부문이 각각 하나의 경제주체가 되어 경제적 활동을 하는 것으로 국민경제를 파악할 수 있다는 뜻이다.

한 국민경제 안에서 일어나는 경제적 활동은 상품을 생산하고, 교환하며, 소비하는 행위로 요약될 수 있다. 앞에서 설명한 세 경제주체 중 가계는 소비행위를 주로 담당한다. 상품 소비자로서 가계가 갖는 중요성 때문에 '가계'라는 말과 '소비자'라는 말을 섞어서 쓰는 경우도 많다. 나아가 가계는 노동이나 자본 같은 생산요소를 기업에 공급함으로써 상품을 구입하는 데 쓸 수 있는 소득을 얻는다. 여기에서 가계의 두 번째 역

그림 1-2

가계와 기업

가계는 노동이나 자본 같은 생산요소를 기업에 공급함으로써 상품의 구입에 필요한 소득을 얻는다.

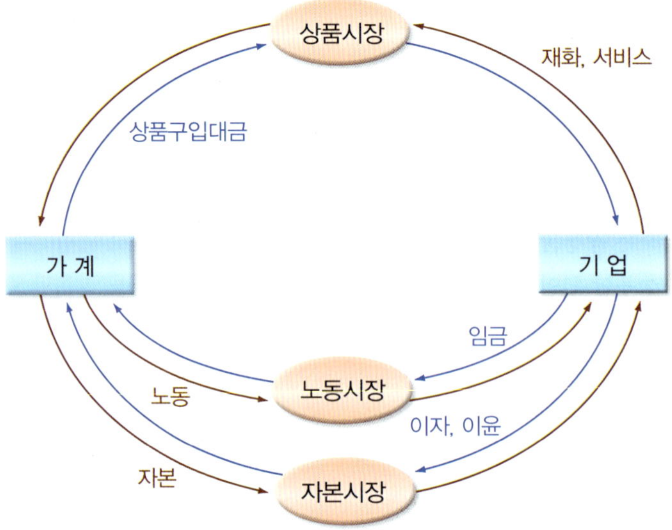

할, 즉 생산요소 공급자로서의 역할이 나오는 것이다.

한편 기업은 상품을 생산하는 역할을 주로 담당한다. 현대 경제에서 거의 모든 생산활동이 기업에 의해 수행되고 있기 때문에, 한 국민경제에서 무엇을 어떻게 생산할 것인지는 실질적으로 기업에 의해 결정된다고 말할 수 있다. 기업은 가계로부터 상품을 생산하는 데 필요한 생산요소를 구입한다. 이와 같이 기업과 가계는 생산요소와 상품을 주고받는 관계를 맺는데, [그림 1-2]는 이 두 경제주체 사이에서 상품과 생산요소가 움직여 가는 흐름을 보여주고 있다.

그림에 나타나 있지 않지만, 정부라는 제3의 경제주체는 국민으로부터 세금을 거둬들여 각종 사업을 수행하는 역할을 한다. 현대사회에서는 정부의 경제적 역할이 점차 커지는 경향이 뚜렷하게 나타나고 있다. 국방이나 치안같이 전통적으로 정부의 책임이라고 여겨져 온 분야 이외에도, 교육, 복지, 환경 보전, 사회간접자본 등 여러 분야에서 그 활동반경을 넓혀가고 있기 때문이다. 정부는 각종 사업을 수행하는 과정에서 재화나 서비스를 생산하기도 하고 소비하기도 하여 상품의 생산자와 소비자 역할을 겸하고 있다.

세 주요 과제

그렇다면 한 국민경제에 맡겨진 경제적 과제는 무엇이라고 말할 수 있을까? 한마디로 말해 그것은 국민경제가 갖고 있는 경제적 자원을 적절하게 활용해 그 안에 살고 있는 사람들이 최대한의 경제적 복지를 누릴 수 있도록 만드는 일이다. 어떤 나라는 풍부한 자원을 갖고 있으면서도 거의 모든 국민이 궁핍한 상태를 벗어나지 못하고 있다. 이는 그 나라의 국민경제가 이 과제를 제대로 수행하지 못한 데서 온 결과라고 말할 수 있다.

좀 더 구체적으로 말해 그 과제는 무엇을(what) 어떻게(how) 생산하며, 생산된 것을 누구에게(for whom) 배분할 것인가의 문제로 구성되어 있다. 바로 이 세 가지 문제를 얼마나 성공적으로 풀어냈느냐에 따라 한 국민경제의 경제적 성과가 결정되는 것이다. 경제학에서는 **'자원배분'**(resource allocation)이라는 말이 자주 등장하는데, 자원배분 과정이란 바로 이 세 가지 문제를 풀어가는 과정을 뜻한다고 이해하면 된다.

(1) 무엇을 생산할 것인가?

무엇을 생산할 것인가의 문제를 좀 더 구체적으로 말한다면, 주어진 생산자원으로 어떤 재화와 서비스를 생산할 것인지를 선택하는 문제다. 앞에서 한 경제가 최대한으로 생산해낼 수 있는 상품의 조합들을 생산가능곡선으로 나타낼 수 있으며, 그 경제에 살고 있는 사람들은 그 곡선 위의 한 점을 선택하게 된다고 설명한 바 있다. 생산가능곡선 위의 한 점을 선택한다는 것은 어떤 상품의 조합을 생산할 것인지 선택한다는 뜻이다.

예를 들어 [그림 1-1]에서 본 것처럼, 쌀이 비교적 많이 포함된 A점을 선택할 수도 있고 옷이 비교적 많이 포함된 B점을 선택할 수도 있다. 이처럼 주어진 생산자원으로 어떤 재화와 서비스를 생산할 것인지는 모든 국민경제가 우선적으로 해결해야 할 중요한 과제가 된다.

(2) 어떤 방법으로 생산할 것인가?

또한 생산하기로 결정된 재화나 서비스를 어떤 방법으로 생산할 것인지도 중요한 문제가 된다. 예컨대 자본보다 노동을 더 많이 투입하는 방식으로 생산할 것인지, 아니면 그 반대로 자본을 더 많이 투입하는 방식으로 생산할 것인지 선택해야 한다. 각 국민경제는 나름대로 특성을 갖고 있기 때문에 자신에게 적합한 생산 방식을 선택해야 한다. 예를 들어 노동력을 풍부하게 갖고 있는 국민경제라면 노동을 집중적으로 활용하는 생산 방식을 선택하는 것이 효율적이다. 이런 데서 극도로 자동화된 생산 방식을 선택하는 것은 어리석은 일일 수밖에 없다.

어떤 방법으로 생산할 것인지의 문제를 제대로 풀지 못하면 자원배분이 비효율적으로 이루어지게 되는데, 이 경우 우리는 [그림 1-1]의 C점처럼 생산가능곡선 안쪽에 있는 한 점을 선택하게 된다. 주어진 생산자원으로 달성 가능한 최대한의 쌀과 옷을 생산하지 못하는 결과가 빚어지는 것이다.

(3) 생산한 상품을 누구에게 배분할 것인가?

앞의 두 문제와 더불어, 생산된 재화와 서비스를 누구에게 배분해 줄 것인지도 중요한 문제다. 어떤 사람은 먹을 것이 제일이라고 생각해 옷차림에는 별 신경을 쓰지 않는다. 반면에 몇 끼를 굶어도 좋으니 옷장이 가득 찼으면 하고 바라는 사람도 있다.

배불리 먹는 것을 원하는 사람에게는 많은 음식을, 그리고 옷장이 가득 차기를 바라는 사람에게는 많은 옷을 배분해 주는 것이 효율적임은 두말할 나위도 없다. 이처럼 사람들의 다양한 선호를 고려해 생산된 상품을 적절하게 배분하는 일은 국민경제의 또 다른 중요 과제가 된다.

1.5 시장과 가격

시장과 교환의 이득

시장(market)이라는 말을 들으면 대부분의 사람들이 서울의 남대문시장이나 성남의 모란시장 혹은 정선 5일장같이 수많은 물건과 사람들로 북적대는 곳을 연상한다. 그러나 시장이 반드시 그런 구체적인 장소를 지칭하는 말로 쓰이는 것만은 아니다. 눈에 보이는 장소가 아니더라도 상품을 사려는 사람들과 팔려는 사람들 사이에 접촉이 이루어질 수 있는 상황이 존재하면 이를 가리켜 시장이라고 부를 수 있다. 한 걸음 더 나아가, 상품을 사려고 하는 사람들과 팔려고 하는 사람들의 모임 그 자체를 시장이라고 부르기도 한다.

우리는 시장에서의 교환을 통해 좀 더 풍요로운 경제생활을 누릴 수 있다. 교환은 이에 참여하는 모든 사람에게 이득을 가져다준다는 특성을 갖고 있다. 무인도에서 홀로 생활하던 로빈슨 크루소(Robinson Crusoe)에게 어느 날 프라이데이(Friday)가 찾아왔고, 이 둘은 각자 생산한 딸기와 물고기를 교환하기로 약속을 했다고 한다. 이와 같은 교환이 이루어지기 시작함에 따라 두 사람의 경제생활에 어떤 변화가 일어나게 될지 생각해 보기로 하자.

재래시장의 부산스러운 모습과 구인광고

시장이라 하면 으레 가게들이 많이 모여 있고 사람들이 시끄럽게 떠들어 대는 곳을 연상하게 된다. 그러나 시장이 이와 전혀 다른 모습을 갖고 있는 경우도 있다. 예를 들어 사람을 구한다는 광고를 붙여 놓은 이 업소도 노동시장의 일부를 구성하고 있다.

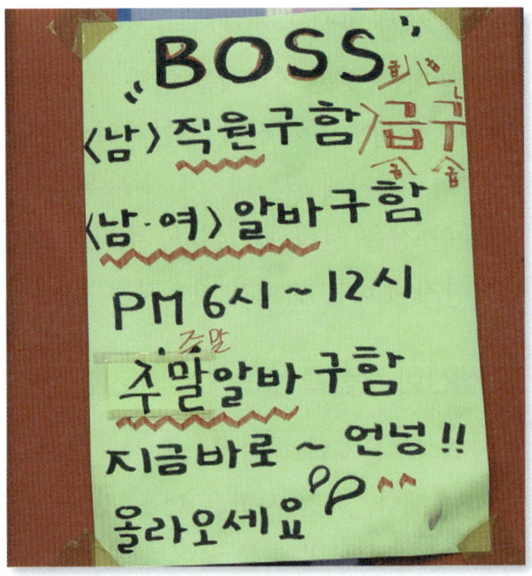

표 1-3
노동 1시간당 생산량

	딸 기	물고기
크루소	1그릇	2마리
프라이데이	3그릇	1마리

표 1-4
두 생산활동에 각각 150시간씩 사용하는 경우

	딸 기	물고기
크루소	150그릇	300마리
프라이데이	450그릇	150마리

이 두 사람은 1시간의 노동을 통해 〈표 1-3〉에서 보는 것과 같은 물고기와 딸기를 생산할 수 있다고 한다. 그리고 이들은 한 달 동안 각각 300시간을 일할 수 있다고 한다. 교환이 이루어지기 전에는 각자가 150시간을 딸기 따는 데, 그리고 나머지 150시간을 물고기 잡는 데 썼다고 하자. 이렇게 시간을 배분했을 때 얻을 수 있는 딸기와 물고기의 양은 〈표 1-4〉에서 보는 바와 같다. 둘 사이에 교환이 이루어지지 않는 상황이기 때문에 바로 이것이 각자 소비할 수 있는 딸기와 물고기의 양이 된다.

어느 날 이 두 사람이 만나 교환을 시작했는데, 물고기 1마리 대 딸기 1그릇의 비율로 교환하기로 합의했다고 한다. 교환이 일어나기 시작하면서 이 두 사람은 모든 가용시간을 자신이 상대적으로 더 잘할 수 있는 생산활동에 투입하게 될 것이라고 예측할 수 있다.[7] 그렇게 하는 것이 효율적이기 때문인데, 다음과 같은 예를 보면 이 말이 무엇을 뜻하는지 바로 알 수 있다.

〈표 1-3〉을 보면, 상대적인 관점에서 볼 때 크루소는 물고기를 잡는 데 더 소질이 있다는 것을 알 수 있다. 이 상황에서 그가 딸기를 따는 데 시간을 쓰는 것은 바람직하지 못하다. 예를 들어 그가 딸기 따는 데 3시간을 쓰면 3그릇을 딸 수 있는데, 그 시간에 물고기 6마리를 잡아 딸기와 교환하면 6그릇을 얻을 수 있기 때문이다.

그렇다면 크루소가 자신의 시간을 가장 효율적으로 활용할 수 있는 방법은 물고기를 잡는 데 모두 쓰는 것이다. 한편 프라이데이의 경우에는 자신의 시간을 모두 딸기 따는 데 쓰는 것이 효율적이다. 교환이 이루어지기 시작하면서 각자가 모든 가용시간을 자신이 상대적으로 더 잘할 수 있는 생산활동에 투입하게 될 것이라고 예측할 수 있는 근거가 바로 여기에 있다.

교환이 이루어지기 시작하면서 각자가 이렇게 상대적으로 더 소질이 있는 생산활동에 모든 시간을 쓴다고 하자. 즉 크루소는 한 달 내내 물고기만 잡아 600마리를 잡고, 프라이데이는 딸기만 따 900그릇을 딴다는 말이다. 그리고 이 두 사람이 미리 약속된

7) 이렇게 한 생산활동에 전념하는 것을 가리켜 '비교우위(comparative advantage)를 살려 특화(specialization)를 한다'고 표현하는데, 그렇게 함으로써 자신의 소비가능성이 최대한으로 커지기 때문이다. 뒤의 제22장에서 국제무역에 관해 논의할 때 비교우위와 특화에 대해 자세하게 설명할 것이다.

표 1-5
교환이 이루어진 후의 소비량

	딸 기	물고기
크루소	200그릇	400마리
프라이데이	700그릇	200마리

날 한자리에 모여 물고기 200마리와 딸기 200그릇을 주고받았다고 하자. 이와 같은 교환이 이루어진 후 각자가 한 달 동안 소비할 수 있는 딸기와 물고기 양은 〈표 1-5〉에서 보는 것으로 변화하게 된다.

이 표에 나와 있는 숫자를 앞서 본 〈표 1-4〉의 숫자와 비교해 보면, 두 사람 모두 교환을 통해 더 많은 딸기와 물고기를 소비할 수 있게 된다는 것을 알 수 있다. 지금 보는 예에서 일어난 오직 한 가지 변화는 교환이 이루어지기 시작했다는 것뿐이다. 두 사람의 생산성이나 그 밖의 조건에는 아무런 변화도 생기지 않았다.

그런데도 단지 교환이 이루어지기 시작한 것 하나만으로 모두가 더 많은 딸기와 물고기를 소비할 수 있는 결과가 빚어졌다. 교환이 예전보다 더욱 풍족한 소비생활을 누릴 수 있는 이득을 가져다준 셈이다. 이것이 바로 **교환의 이득**(gains from exchange)인데, 교환에 참여하는 모든 사람이 이를 얻을 수 있다.

교환의 이득
단지 교환이 이루어진다는 것 하나만으로 두 사람 모두 더욱 풍족한 소비생활을 누릴 수 있음

시장경제

우리의 거의 모든 경제생활은 시장이라는 무대 위에서 이루어지고 있다. 일터에 나가 돈을 벌고, 그렇게 번 돈으로 필요한 물건들을 사는 행위들이 모두 시장을 통해 이루어지는 것이다. 우리는 이렇게 시장이 모든 경제활동의 중심이 되는 **시장경제**(market economy) 안에서 살고 있다. 좀 더 엄밀하게 말하자면, 시장경제는 앞에서 설명한 국민경제의 여러 과제들을 시장의 힘에 의해 해결해 나가는 체제를 뜻한다. 이 시장경제는 모든 상품들의 가격이 시장에서 자유로이 결정된다는 것을 가장 중요한 특징으로 갖고 있다.

시장경제
시장이 모든 경제활동의 중심이 되는 경제체제

시장경제와 달리, 정부의 통제가 중요한 역할을 하는 체제를 **통제경제**(command economy)라고 부른다. 이 체제하에서는 가격이 계획당국에 의해 인위적으로 결정된다는 점에서 시장경제와 대조를 이루고 있다. 또한 통제경제에서는 모든 경제주체가 계획당국의 엄격한 통제하에 있기 때문에 시장경제에서 보는 것 같은 자유로운 경쟁을 볼 수 없다. 요즈음은 통제경제체제를 채택하고 있는 나라의 수가 크게 줄어드는 추세를 보이고 있다. 많은 나라들이 통제경제의 한계를 인식하고 시장경제로 전환해 가고 있기 때문이다.

통제경제
경제가 주로 정부의 통제에 의해 움직이는 체제

그런데 모든 일을 시장에 내맡기는 것도 문제가 있기 때문에 순수한 시장경제를 선택하는 경우는 매우 드물다. 겉으로는 시장경제를 표방하고 있지만, 실제로는 정부도

호모 이코노미쿠스의 승리

현생인류와 아주 가까운 종인 네안데르탈인은 약 20만 년 전에 출현해 3만 년 전쯤 지구상에서 사라졌다. 4만여 년 전 인류의 조상이 유럽대륙에 처음 진출했을 때 그곳은 네안데르탈인의 세상이었다. 그 이후 이 두 집단은 1만 년 정도를 함께 살았는데, 어떤 이유에서인지 갑작스럽게 절멸의 길을 걷게 되었다. 그들이 왜 절멸의 길을 걷게 되었는지는 아직까지도 학계의 미스터리로 남아 있다.

우리가 그림에서 보는 털북숭이 네안데르탈인은 전형적인 원시인의 얼굴을 하고 있다. 우락부락한 모습에 툭 튀어나온 눈이 지성과는 거리가 먼 것처럼 보이는 것이 사실이다. 그러나 이들의 뇌 용량이 현대인과 거의 비슷하거나 약간 더 컸다는 사실을 생각하면 인류의 조상에 비해 지능이 그다지 떨어지지 않았을 것이라는 짐작이 간다. 그들은 불을 사용할 줄 알았을 뿐 아니라, 간단한 석기와 무기를 만들 줄 알았고, 매장의 풍습까지 갖고 있었다.

이런 네안데르탈인이 왜 인류와의 경쟁에 패배해 도태의 운명을 맞게 되었는지는 큰 수수께끼가 아닐 수 없다. 어떤 사람은 인류가 우월한 도구를 갖고 있어 사냥이나 싸움에서 우위를 점한 것이 승리의 주된 이유라고 말한다. 두 집단이 사용한 무기를 비교해 보면 확실히 인류의 것이 더 우월했던 것을 볼 수 있다. 또한 인류가 추상적 사고를 할 줄 알아 조직적 협동방식을 개발할 수 있었던 점 때문에 경쟁에서 이길 수 있었다고 말하는 사람도 있다.

네안데르탈인들
무엇이 이들의 갑작스러운 절멸을 가져왔을까?

심지어 인류가 네안데르탈인을 잡아먹었기 때문에 그들이 멸종의 길을 걷게 되었다는 주장도 있다. 프랑스 남서부 레루아 동굴에서 발견된 네안데르탈인의 턱뼈 화석에서 인류가 그들을 잡아먹었던 흔적이 발견되었다고 한다. 그 턱뼈는 여러 조각으로 절단되어 있었고 조각마다 칼자국 흔적이 남아 있었다. 예리한 석기 연장으로 살을 발라 먹는 과정에서 남은 흔적으로 짐작되는데, 이는 인류가 네안데르탈인을 공격해 죽인 뒤 동굴로 가져가 먹었다는 뜻이다.

최근 어떤 인류학자는 '경제적 동물'로서의 인류가 승리의 비결이었다는 흥미로운 가설을 제기했다. 인류가 네안데르탈인에 비해 상대적으로 더 효율적인 경제체제를 갖고 있었기 때문에 경쟁에서 이길 수 있었다는 가설이다. 좀 더 구체적으로 말해, 교환과 분업을 통해 효율성을 높일 수 있었기 때문에 경쟁상의 우위를 점할 수 있다는 것이 그의 설명이다.

고고학적 증거를 보면 당시의 인류는 활발한 교역활동을 하고 있었던 것으로 드러난다. 어떤 지역에서 발굴된 석기들 중 그곳에서 전혀 생산되지 않는 것이 포함되어 있는 경우가 종종 있다. 또한 내륙지방의 주거 유적에서 조개껍질 장식 같은 것이 발견되는 사례도 상당히 많다. 만약 교역이 이루어지지 않았다면 그와 같은 사례들을 관찰할 수 없었을 것이다. 따라서 그런 사례들은 당시에 활발한 교역활동이 이루어졌다는 고고학적 증거가 될 수 있다.

교환은 분업과 전문화로 이어지고, 이에 따라 인류는 효율적인 경제체제를 구축할 수 있었다. 반면에 네안데르탈인의 경우에는 서로 간에 교환을 했다는 흔적을 찾기 어렵다. 자급자족을 해야 했던 그들에 비해 인류의 경제생활이 훨씬 더 효율적이었을 것임은 두말할 나위도 없다. 식량을 구하기가 어려웠던 당시의 상황에서 이와 같은 상대적 우위는 생존과 도태의 갈림길이 되었을 가능성이 크다.

교환이 존재했는지의 여부가 얼마나 중요한 역할을 했는

지 검증하기 위해 그 인류학자는 컴퓨터 시뮬레이션 모형을 만들어 보았다. 그는 인류와 네안데르탈인이 능력이나 특성의 측면에서 비슷하며 유일한 차이는 교환과 분업을 했는지의 여부뿐이라고 가정했다. 이 시뮬레이션의 목적은 그와 같은 차이가 먹을 수 있는 고기의 양에 어떤 차이를 가져오는지 알아보는 데 있었다.

시뮬레이션의 결과는 인류가 더 많은 고기를 먹을 수 있게 되는 것으로 드러났다. 두 집단이 똑같은 사냥터에서 활동하고 있었기 때문에 인류가 더 많은 고기를 먹게 된다는 것은 네안데르탈인에게 돌아갈 고기가 그만큼 줄어든다는 것을 뜻한다. 영양을 충분히 섭취할 수 있는 인류와 달리, 네안데르탈인은 영양 부족에 시달리게 되고 그 결과 출산율이 점차 떨어지기 시작한다. 바로 이것이 시뮬레이션 결과가 시사하는 네안데르탈인의 도태 과정이었다.

또 다른 연구에 따르면, 남녀 사이의 분업이 인류가 경쟁상의 우위를 점하게 된 주요한 이유였다고 한다. 우리가 잘 알고 있듯, 인류의 경우 남자들은 큰 동물을 사냥하는 일을 주로 하고 있었다. 반면에 여자들은 식물을 채집하고 옷이나 도구를 만드는 일에 대부분의 시간을 썼다. 이에 비해 네안데르탈인들이 살던 곳을 발굴해 보면 그런 분업의 흔적이 거의 발견되지 않는다. 바로 이 분업의 존재 여부가 두 집단 사이의 승패를 가르는 요인으로 작용했다고 한다.

이런 연구 결과에 어느 정도의 신빙성이 있는지는 자신 있게 말하기 힘들다. 네안데르탈인이 도태의 길을 걷게 된 데는 경제적 이유 아닌 다른 이유가 있었을 수 있다. 그러나 고고학적 증거가 말해주고 있는 경제적 효율성의 격차가 중요한 역할을 했으리라는 것은 충분히 짐작이 가는 일이다. 그렇다면 네안데르탈인에 대한 인류의 승리는 결국 호모 이코노미쿠스의 승리였다고 말할 수 있다. 어느 쪽이 경제적 동물로 먼저 탈바꿈했는지가 두 집단 사이의 승패를 가른 셈이다.

자료 : *The Economist* 지, 2005년 4월 9일 자

혼합경제
시장과 정부가 모두 중요한 역할을 수행하는 경제체제

중요한 역할을 하는 **혼합경제**(mixed economy)의 성격을 갖는 경우가 거의 대부분이라고 말할 수 있다. 지금 우리가 채택하고 있는 체제를 시장경제라고 부르는 경우가 많지만, 엄밀하게 말하면 혼합경제라고 해야 더욱 적합한 표현이라고 할 수 있다.

가격기구

가격기구
가격이 경제 안에서 여러 가지 기능을 수행하는 하나의 기구와 같다는 것을 뜻하는 말

효율성의 측면에서만 본다면 시장경제를 능가할 체제가 없다고 해도 과언이 아니다. 그렇다면 시장경제가 갖는 효율성은 과연 어디에서 나오는 것일까? 그 효율성의 원천은 가격이 시장경제의 자원배분 과정에서 핵심적인 역할을 한다는 데서 찾을 수 있다. 즉 **가격기구**(price mechanism)에 의해 무엇을, 어떻게, 그리고 누구를 위해서 생산하느냐의 문제를 풀어가는 과정에서 효율성이 나온다고 말할 수 있는 것이다.[8] 이 가격기구라는 말은 가격이 경제 안에서 여러 가지 기능을 수행하는 하나의 기구와 같은 역할을 한다는 데서 나왔다.

스미스(A. Smith)는 가격기구의 그와 같은 역할을 '보이지 않는 손'(invisible hand)에 비유했다. 사람들이 이기적으로 행동해도 시장의 보이지 않은 손이 이를 공공의 이익으로 이끌어 준다는 것이다. 그가 지은 경제학 최고의 고전 『국부론』(*The Wealth of*

8) 이 가격기구라는 말을 시장기구(market mechanism)란 말로 바꿔 쓰는 경우도 있다. 시장에서 가격이 핵심적인 역할을 하기 때문에 두 말이 같은 뜻으로 사용되고 있는 것이다.

Nations)에 등장하는 다음과 같은 구절은 시장의 보이지 않는 손이 수행하는 역할에 대한 고전적인 설명으로 널리 인용되고 있다.

> "푸줏간 주인, 양조장 주인 혹은 빵집 주인의 자비심에서 우리 저녁이 나오는 것은 아니다. 우리 저녁은 자신의 이익에 대한 그들의 관심에서 나온다."(It is not from the benevolence of the butcher, the brewer, or the baker that we expect our dinner, but from their regard to their own self-interest.)

그렇다면 가격기구는 시장경제에서 구체적으로 어떤 역할을 함으로써 효율적인 자원배분에 기여하는 것일까? 시장경제에서 가격기구가 수행하는 주요한 역할은 구체적으로 다음과 같은 두 가지로 요약할 수 있다.

(1) 신호의 전달

가격이 수행하는 역할 중 가장 중요한 것은 경제주체들 사이에 신호(signal)를 전달해 주는 일이다. 가격의 높고 낮음은 소비자가 그 상품을 얼마나 원하고 있는지, 또는 생산자가 그 상품을 생산하는 데 얼마나 많은 비용이 드는지에 관한 정보를 제공해 주는 역할을 한다. 이와 같은 정보는 합리적인 경제적 선택의 기초가 된다는 점에서 중요한 의미를 갖는다.

(2) 유인의 제공

어떤 상품의 가격이 오른다는 것은 그것을 더 많이 생산할 유인(incentive)을 준다. 가격이 오르면 그것을 생산하는 기업의 이윤이 더 커지기 때문이다. 시장경제 안의 기업들은 바로 이 유인을 좇아 열심히 생산활동을 하게 된다. 또한 특정한 기능을 보유한 사람에게 지불되는 높은 가격, 즉 높은 임금은 사람들로 하여금 그와 같은 기능을 습득하게끔 만드는 유인이 된다.

앞에서 무엇을 어떻게 생산하고 그것을 누구에게 배분해 주는가의 문제를 통틀어 자원배분의 문제라고 부른다는 설명을 한 바 있다. 이 세 가지 문제를 성공적으로 풀어냈을 때 우리는 **효율적 자원배분**(efficient allocation of resources)이 이루어졌다고 말한다. 제12장에서 이 문제에 대해 자세히 논의하겠지만, 효율적 자원배분이란 쉽게 말해 적절한 상품의 조합이 적절한 방법으로 생산되어 사람들에게 적절하게 배분되는 것을 뜻한다.

예를 들어 사람들이 입을 것보다 먹을 것을 더 좋아하면 쌀을 더 많이 생산하는 것이 효율적이다. 또한 노동이 풍부한 경제에서는 노동을 많이 쓰는 방식으로, 자본이 풍부한 경제에서는 자본을 많이 쓰는 방식으로 생산하는 것이 효율적인 생산방식이다. 나아가 먹을 것을 좋아하는 사람에게는 쌀을 더 많이 배분하고, 입을 것을 좋아하는 사람

장기 매매의 경제학

시장을 통한 거래가 아무리 보편화되어 있다 하더라도, 모든 것을 거래의 대상으로 삼을 수는 없다. 대부분의 사람들이 그것까지 사고팔아서는 안 된다고 생각하는 경우에는 시장이 형성될 수 없기 때문이다. 예컨대 사람을 어떻게 거래 대상으로 삼느냐고 생각하는 사람이 많아짐에 따라 노예를 사고파는 제도는 자취를 감추게 되었다. 의학의 발달로 장기이식 수술이 성행하고 있지만, 아직도 사람의 장기를 공공연히 사고팔지는 않는다.

그러나 시대가 바뀌면서 이 문제에 대한 사람들의 인식이 달라지는 사례가 결코 적지 않다. 생명보험이 그 좋은 예인데, 얼마 전까지만 하더라도 이것이 상품으로 사고팔리는 데 대한 거부감이 컸다. 19세기 중반까지만 하더라도 생명보험을 사고파는 것은 신성모독에 해당한다는 것이 사회의 지배적 분위기였다고 한다. 당시의 한 유명한 사회학자는 생명보험이 죽음이라는 신성한 사건을 저속한 상품으로 전환시키는 결과를 가져온다고 비난을 퍼부었다.

어떤 것이 상품으로 거래되는 것에 대한 인식이 바뀌는 데는 사회·경제적 상황의 변화가 중요한 역할을 하고 있다. 예전에는 친척이나 이웃집 어린이를 돌보아 주는 것이 하나의 도덕적 의무처럼 인식되고 있었다. 이웃집 어린이를 돌보아 주고 그 대가를 받는다면 몰인정한 사람으로 몰리기 십상이었던 것이다. 그러나 여성들의 사회 진출이 활발한 현대사회에서 보육서비스 시장은 가장 성장세가 두드러진 시장의 하나로 자리 잡고 있다.

그렇다면 현재의 상황에 비추어 볼 때 사람의 장기 역시 사고파는 것이 가능하다는 것으로 사회적 인식이 바뀔 수 있지 않을까? 특히 장기에 대한 수요에 비해 공급이 엄청나게 부족한 현실에서 공급량을 획기적으로 늘릴 수 있는 뾰족한 방법이 없다는 점을 무시하기 힘들다. 미국 한 나라에서만 해마다 3천 5백 명에 이르는 사람들이 신장 이식을 기다리다 죽음을 맞는다고 한다.

금전적 유인을 제공함으로써 장기의 공급이 획기적으로 늘어나게 만드는 것이 바람직하다는 주장이 조심스럽게 제기되고 있다. 장기 매매 합법화를 통해 장기 이식을 기다리는 사람의 불필요한 고통을 덜어주어야 한다는 것이다. 어떤 사람은 장기 거래가 합법화됨에 따라 이식 수술에 드는 비용이 엄청나게 늘어나는 것을 걱정한다. 그러나 한 전문가의 추산에 따르면 합법화 후의 이식 수술 비용의 상승폭은 12%를 넘지 않을 것이라고 한다.

사람의 장기를 거래 대상으로 삼는다는 것이 무언가 꺼림칙한 것은 사실이다. 장기 매매를 합법화해야 한다고 주장하는 경제학자들에게 곱지 않은 시선을 보내는 것은 충분히 이해가 가는 일이다. 그러나 수많은 사람이 장기를 얻지 못해 죽어가는 현실에서 인정과 선의에만 의존한다는 것은 너무나 답답한 것 또한 사실이다. 이 문제에 대한 사회적 인식이 어떻게 변화하게 될지 지켜보는 것은 매우 흥미로운 일이 될 것이다.

자료 : S. Dubner and S. Levitt, "Freakonomics : Flesh Trade," *The New York Times*, 2006년 7월 9일 자

에게는 옷을 더 많이 배분하는 것이 효율적이다. 가격기구는 신호를 전달해 주고 유인을 제공하는 기능을 통해 이 세 가지 문제의 성공적 해결에 결정적인 기여를 한다.

지금까지 살펴본 것처럼, 시장경제체제는 효율적인 자원배분의 측면에서 다른 체제보다 월등한 우위에 있다. 그렇다고 해서 시장경제가 우리에게 낙원을 가져다주는 것은 아니다. 시장경제체제를 채택하고 있는 모든 나라들이 이런저런 문제로 골머리를 앓고 있다는 것은 우리 모두가 잘 알고 있는 사실이다.[9] 시장경제에 너무 많은 것을

9) 시장경제체제가 갖고 있는 본질적인 문제점에 대해서는 제12장에서 좀 더 자세하게 설명하려고 한다.

생각해 봅시다

시장경제에서는 모든 상품들의 가격이 시장에서 자유로이 결정되고, 이렇게 결정된 가격은 자원을 효율적으로 배분하는 데 중요한 역할을 한다. 반면에 통제경제에서는 가격이 계획당국에 의해 인위적으로 결정되는데, 불합리하게 결정된 가격체계가 비효율성을 일으키는 원인이 되기도 한다. 이 세상에 존재하는 수많은 상품들의 가격을 일일이 합리적인 수준으로 결정한다는 것은 보통 어려운 일이 아니다. 경우에 따라서는 계획당국이 의도적으로 어떤 상품의 가격을 아주 높거나 낮은 가격에 책정함으로써 문제를 일으키기도 한다.

이집트에는 아직도 이 통제경제의 유물이 남아있는데, 서민들의 주식인 발라디(baladi)라는 빵 가격을 의도적으로 낮은 수준에 책정한 것이 그 좋은 예다. 정부는 서민들의 생계를 보호한다는 명분으로 정부의 보조를 받아 생산된 빵 한 개의 가격을 4원 정도의 수준으로 묶어놓았다.[10] 이와 같이 비현실적으로 낮은 수준의 빵 가격은 지난 몇십 년 동안 유지되어 왔다. 이런 비정상적인 가격으로 인해 여러 가지 심각한 부작용이 발생하고 있는 것은 두말할 나위가 없다.

이집트 서민들의 주식인 발라디 빵

이 빵 한 개의 가격이 4원 정도에 지나지 않는다.

값싼 빵을 서로 먼저 사려는 다툼이 때로는 폭력을 불러일으키기도 하고 심지어 살인사건까지 발생했다고 한다. 이집트 정부는 안정을 되찾기 위해 빵을 만들고 배급하는 과정에 군대를 동원하기도 했다. 가축을 기르는 사람들이 사료 대신 이 싼 빵을 사서 가축에게 먹이는 어처구니없는 일까지 벌어졌다. 1977년 참다못한 이집트 정부는 빵 가격의 현실화를 추진하기로 했는데, 이에 분노한 시민들이 거리로 뛰쳐나와 폭동을 일으키는 사건이 터졌다.

그 후 44년 동안 발라디 한 개의 가격은 줄곧 4원 정도의 수준에 묶여 있었다. 원료인 밀의 국제가격은 계속 올라가 원가 상승의 압박이 심했지만, 빵 가격에는 감히 손을 댈 엄두를 내지 못했다. 2021년 8월 엘시시(A. F. el-Sisi) 대통령은 담배 한 가치의 가격에도 못 미치는 빵 가격을 더 이상 유지할 수 없다고 선언했다. 그렇지만 코로나19의 확산으로 인해 시민들의 삶이 더욱 어려워진 상황에서 빵 가격 인상 시도는 강한 반발에 직면하게 될 가능성이 크다.

생각해 보기

(1) 가난한 사람이 주로 소비하는 상품의 가격을 비현실적으로 낮게 책정하는 것이 정말로 가난한 사람들에게 도움이 될 수 있을까?

(2) 통제경제에서 생필품 부족 현상이 보편적으로 나타났던 주요한 이유는 무엇이었을까?

(3) 계산능력이 엄청나게 뛰어난 슈퍼컴퓨터가 통제경제체제의 구원자로 등장할 가능성이 있을까? 통제경제체제가 안고 있는 합리적인 가격 결정이라는 문제를 해결하는 데 슈퍼컴퓨터가 얼마나 큰 도움을 줄 수 있을지 생각해 보자.

기대할 수 없다는 점을 잊어서는 안 된다.

시장경제가 갖고 있는 장점은 효율적 자원배분의 측면에 한정된다. 그런데 효율적

10) 정확한 발라디의 가격에 대한 우리 언론의 보도는 통일되어 있지 못한 것을 볼 수 있다. 빵 한 개의 가격이 4원 정도라는 보도가 있는가 하면, 빵 20개 묶음의 가격이 그 수준이라는 보도도 있기 때문이다.

애덤 스미스(Adam Smith, 1723~1790)

●● 경제학의 할아버지

스미스는 근대적 의미에서의 경제학을 처음으로 체계화한 사람이라 해서 '경제학의 할아버지'로 불리고 있다. 『국부론』으로 널리 알려져 있지만 원래는 *An Inquiry into the Nature and Causes of the Wealth of Nations*라는 긴 제목을 달고 있는 그의 책에서 오늘날 우리가 배우는 거의 모든 경제적 개념의 씨앗을 발견할 수 있다. 모든 길이 로마로 통하듯, 모든 경제적 논리가 이 한 권의 책에 그 뿌리를 두고 있다고 해도 과언이 아니다.

그가 등장하기 이전의 경제학자, 그러니까 제1세대의 경제학자라고 할 수 있는 사람들은 대체로 신학자나 철학자들이었다. 이들은 당시의 급변하는 사회적 상황 속에서 새로운 경제질서의 윤리를 정립할 필요를 강하게 느꼈다. 시장경제가 본격적으로 등장하면서 사람들의 가치관에 커다란 혼란이 일어나게 되었기 때문이다. 그 이전의 사회에서는 권리나 의무 같은 것이 가치체계의 핵심을 구성하고 있었다. 그러나 시장경제의 등장과 더불어 물질적 성공도 중요한 일이라는 생각이 서서히 고개를 들게 되었다.

그렇다고 해서 모든 것을 제치고 물질적 성공만을 추구할 용기도 없었기 때문에 그들은 심각한 갈등을 느낄 수밖에 없었다. 그들은 아직도 영혼의 구원을 갈망하고 있었으며, 이것과 세속적 성공이 양립하기 힘들다는 생각에 어쩔 줄 몰라 했다. 이와 같은 딜레마에 확실하게 마침표를 찍었다는 데 경제사상가로서 스미스가 갖는 위대함이 있다.

스미스는 시장을 '보이지 않는 손'에 비유했다. 각 개인이 사사로운 이익만을 위해 일해도 시장의 보이지 않는 손은 이를 모든 사람에게 이득이 되는 결과로 이끌어 준다는 내용의 비유였다. 그는 사람들에게 남을 위해 일해야 한다는 설교를 늘어놓지 않았다. 그저 자기 자신의 이득을 위해 일하기만 하면 된다고 말했다. 나머지 부분은 시장의 보이지 않는 손이 알아서 해결해 주니 걱정할 필요가 없다는 것이었다.

그렇지만 우리는 스미스가 말한 '사리(self-interest)의 추구'라는 말을 조심해서 해석해야 한다. 그 말은 경제생활을 할 때 남을 위한다는 생각에서 행동하는 것이 아니라, 자신의 이득을 얻기 위해서 행동한다는 의미에서 사용되고 있다. 그런데 여기에는 사사로운 이득을 추구하되 정당한 방법으로 추구해야 한다는 보이지 않는 단서가 붙어 있다. 온갖 수단을 다 써가며 돈을 끌어모으기에 바쁜 불쌍한 인간까지 스미스에게서 마음의 위안을 찾으려 해서는 안 된다.

스미스는 별로 잘생기지 못한 용모에 가끔 정신없는 행동을 일삼았던 사람으로 알려져 있다. 어느 일요일 아침 그는 잠옷 차림으로 정원을 산책하다 생각에 잠겨 무심코 집 밖으로 걸어 나왔다. 생각에 빠져버린 그는 정처 없이 길을 걷기 시작했는데, 한참만에야 교회의 종소리를 듣고 제정신으로 돌아왔다고 한다. 그런데 잠옷 차림의 자신을 발견한 장소는 자신의 마을에서 15마일(약 24km)이나 떨어진 먼 곳이었다니, 정말 정신이 없어도 이만저만 없었던 것이 아니다.

스미스는 교수직을 맡고 있던 시절 한 번도 경제학 강의를 해 본 적이 없었다. 그는 주로 윤리학을 가르쳤는데, 사실 이것은 그리 이상한 일이 아니었다. 당시만 해도 지금처럼 독립된 교과목으로서의 경제학이 존재하지 않았고, 경제문제는 철학에서 주로 다루고 있었기 때문이다. 40세에 이르러서는 교수직을 잠시 그만두고 어떤 부유한 귀족 자제의 가정교사로서 일해 꽤 괜찮은 수입을 올리기도 했다. 또한 말년에는 세관장으로 일하기도 하는 등, 요즈음의 전형적인 경제학자와는 달리 비교적 다양한 삶을 경험하였다. 하기야 스스로 '경제학자'라고 생각해 본 적은 한 번도 없었던 그였을 테니 그런 삶이 당연한 것이었을지도 모른다.

자원배분이 이루어졌다고 해서 사회가 바람직한 상태에 이르렀다고 말할 수 있는 것은 아니다. 바람직한 사회가 되기 위해서는 효율성과 더불어 공평성(equity)의 조건도 함께 충족되어야 하는데, 가격기구가 이 조건까지 충족시켜 준다는 보장이 없다. 그렇기 때문에 시장경제가 우리에게 낙원을 가져다주는 것은 아니라고 말하는 것이다.

뿐만 아니라 시장경제라고 해서 언제나 가격기구가 제대로 기능하는 것은 아니라는 점에도 주의해야 한다. 상황에 따라 가격이 아닌 배급(rationing)에 의해 자원이 배분되는 경우도 있다. 특히 전쟁이나 천재지변 같은 외부적 요인 때문에 가격에 의한 수급조절이 힘들 때 배급이란 방식에 의존하게 될 가능성이 크다. 구체적으로는 선착순이나 제비뽑기, 혹은 배급표 등의 방식에 의해 경제적 자원의 배분이 이루어지게 된다. 이와 같은 경우에는 가격기구를 활용할 수 없는 데서 오는 어느 정도의 비효율성을 감수할 수밖에 없다.

요약

1. 경제학은 인간의 물질적 욕구를 충족시키기 위해 희소한 자원을 어떻게 활용할 것인가를 연구하는 학문이다. 욕망은 무한한 반면 그것을 충족시켜 주는 수단이 제한되어 있어 선택의 문제에 직면하게 되는데, 경제학은 바로 이 선택의 문제를 주요한 연구 대상으로 삼고 있다.

2. 경제학에서는 모든 경제주체가 합리적이라는 기본 가정을 채택하고 있다.

3. 경제학적으로 타당한 비용의 개념은 기회비용인데, 이는 어떤 행위를 함으로 인해 포기해야 하는 행위 중 가장 큰 가치를 갖는 행위의 가치로 정의된다. 기회비용은 실제로 지불되는 비용뿐 아니라 지불되지 않았어도 내용상 비용의 성격을 갖고 있는 것을 모두 포함하는 포괄적 개념이다.

4. 생산가능곡선은 한 경제에 주어져 있는 생산자원을 모두 활용하여 생산했을 때 얻을 수 있는 최대한의 상품의 조합들을 대표하는 곡선이다.

5. 국민경제는 가계, 기업, 정부의 세 부문으로 구성되어 있다. 그리고 국민경제가 안고 있는 과제는 무엇을, 어떻게, 그리고 누구를 위해 생산할 것인가의 세 가지 문제로 이루어져 있다.

6. 자유로운 교환은 이에 참여하는 모든 사람에게 이득을 가져다준다.

7. 시장경제의 효율성은 가격기구의 역할에서 나오며, 그 역할의 구체적 내용은 신호의 전달과 유인의 제공으로 요약할 수 있다.

중요개념

선택	합리성	비용-편익분석	최적화
상품	재화	서비스	자유재
경제재	회계비용	기회비용	매몰비용

경제적 자원	시장	생산가능곡선	국민경제
가계	기업	정부	가격기구
시장경제	통제경제	혼합경제	

연습문제

01. 우리의 경제생활에서 합리적 선택이 왜 중요한 문제가 되는지, 그리고 어떤 방법을 통해 합리적 선택에 이를 수 있는지 설명하라.

02. 예전에는 자유재의 성격을 갖고 있었으나 이제는 경제재로 그 성격이 변한 것의 예를 몇 가지 들어 보라.

03. 독자가 4년간의 대학교육을 받기 위해 지출해야 하는 기회비용을 항목별로 열거하고 그 대략의 크기를 계산해 보라.

04. 강 교수는 자신의 대학에 있는 멋진 테니스 코트를 자랑도 할 겸해서 이번 토요일에 동창들을 불러 테니스 모임을 갖기로 계획을 세웠다. 준비성 많은 그는 혹시 비가 내릴지 모른다고 생각해 대학 근처의 실내 코트를 예약해 두었다. (예약할 때 사용료 12만원을 선불해 놓았는데 환불해 주지는 않는다고 한다.) 그런데 막상 그날 아침에 일어나 보니 날씨가 비할 데 없이 맑고 화창했다. 이날 강 교수와 그의 친구들은 어디에서 테니스를 치는 것이 좋을까? 그리고 그 이유는?

05. 대식국에 사는 사람들은 노동을 사용해 빵과 모자를 생산하고 있다. 이 나라에서 빵 1kg을 생산하는 데는 1시간의 노동이 투입되어야 하며, 모자 한 개를 생산하는 데는 2시간의 노동이 투입되어야 한다. 이 나라에서 한 해 동안 활용할 수 있는 노동의 총량이 5만 시간이라 가정하고 생산가능곡선을 도출하라.

06. 어떤 경제가 생산가능곡선 안쪽에 있는 한 점이 뜻하는 상품의 조합을 선택할 수밖에 없었다고 한다. 왜 그렇게 되었는지 그 이유를 설명하라.

07. 국민경제가 안고 있는 세 가지 주요 과제가 무엇인지 설명하라.

08. 국민경제에서 가계라는 경제주체가 주로 수행하는 경제적 역할이 무엇인지 설명하라.

09. 교환이 이에 참여하는 모든 당사자에게 이득을 가져다주지 못할 수 있다. 어느 경우에 그런 결과가 나타나게 될까?

10. 최근에는 대부분의 나라들이 혼합경제체제를 추구하고 있는데, 그 이유가 무엇인지 설명하라.

11. 시장경제에서 가격기구가 어떤 역할을 하기 때문에 효율성을 가져다줄 수 있는지 설명하라.

제 2 장

경제학 연구의 방법

2.1 경제이론이란?

2.2 경제모형

2.3 경제이론의 구분

2.4 경제학적 사고의 기초

어떤 방법으로 경제에 관한 연구를 수행할 것인지의 문제, 즉 경제학 연구의 방법론은 매우 큰 중요성을 갖는다. 각 학문은 나름대로 특성을 갖고 있어 모든 학문에 보편적으로 타당한 연구의 방법을 찾기는 힘들다. 예컨대 역사를 연구하는 데 적합한 방법과 물리 현상을 연구하는 데 적합한 방법은 서로 차이가 날 수밖에 없다. 그렇지만 과학의 범주에 속하는 학문들은 대개 비슷한 방법론의 기본 골격을 공유하고 있다. 이 장에서 설명하게 되는 경제학의 연구방법 역시 일반적인 과학의 연구방법과 크게 다르지 않다.

2.1 경제이론이란?

이론의 의미

우리는 일상의 대화에서 '이론'이라는 말을 자주 쓴다. 예컨대 "그 사람은 참 이론에 밝아."라든지, "넌 어떤 이론에 근거해 그런 얘기를 하는 거야?"라는 등의 말이 오고 갈 때가 많다. 이런 대화에서 사람들이 엄밀하게 정의된 개념으로 이론이라는 말을 쓰고 있지는 않을 것이다. 그저 논리 혹은 논리적 근거 정도의 의미로 그 말을 사용하는 게 분명하다. 그렇지만 과학에서 말하는 **이론**(theory)은 이렇게 적당히 의미를 부여해 쓰는 말로서의 이론과 매우 다르다.

그렇다면 과학에서 말하는 이론이란 과연 무엇을 뜻하는가? 과학에서의 이론은 현실에 존재하는 여러 변수들 사이의 관계를 의도적으로 **단순화**(simplification)시켜 놓은 것을 뜻한다. 이처럼 현실의 관계를 의도적으로 단순화하는 것은, 그래야만 현실을 체계적으로 이해할 수 있기 때문이다. 관찰되는 그대로의 현상들은 너무나 복잡해 이해하기가 무척 힘든 경우가 많다. 그러므로 현실을 제대로 이해하기 위해서는 중요한 측면만을 추려 단순화하는 작업이 먼저 이루어져야 한다.

현실의 중요한 측면만을 추려 단순화한다는 것은 비교적 덜 중요한 측면을 고려 대상에서 제외하는 것을 말한다. 이것은 피카소나 몬드리안 같은 추상화가가 그림을 그릴 때 취하는 태도와 비슷하다고 할 수 있다. 그들은 있는 그대로의 모습을 그리지 않고 그 속에 존재하는 본질적인 모습만을 재현하려고 노력한다. 피카소가 그린 소녀의 얼굴에는 뺨 위의 점이나 눈가의 작은 흉터 같은 의미 없는 부분들이 모두 생략되어 있다. 그러므로 단순화한다는 것을 다른 말로 바꾸어 표현하면 **추상화**(abstraction)한다는 것이 된다.

피카소(P. Picasso)의 「책 읽는 소녀」(1934)

피카소가 그린 이 소녀의 모습은 극도로 추상화되어 표현되고 있다. 경제이론도 때로는 이 정도까지의 추상화가 필요할 수 있다.

그렇다면 우리가 이론을 추구하는 목적은 어디에 있을까? 그것은 두말할 나위도 없이 이를 통해 현실에서 일어나는 현상을 체계적으로 이해하고자 하는 데 있다. 이론화의 작업을 통해 우리는 현실에서 보는 복잡한 현상의 배후에 숨어 있는 규칙성을 발견할 수 있다. 그와 같은 규칙성의 발견을 통해 현실에서 일어나는 일의 원인과 전개과정, 그리고 결과를 체계적으로 이해할 수 있는 능력을 갖추게 된다.

뿐만 아니라 성공적인 이론이라면 앞으로 일어날 일에 대한 예측까지 가능하게 해준다. 과학적 이론이 이미 일어난 일에 대한 사후적 설명만을 제공해 준다면 그것에서 별 의미를 찾을 수 없다. 의미 있는 이론이 되기 위해서는 앞으로 일어날 일에 대해 예측할 수 있는 능력까지 제공해 줄 수 있어야 하는 것이다.[1)]

1) 그러나 아무리 정밀한 이론이라 하더라도 미래의 일을 한 치의 틀림도 없이 예측할 수는 없다. 실제의 자연현상이나 사회현상은 이론에서 상정한 것처럼 단순하게 움직여 가지 않는다. 따라서 미처 예기치 못한 상황이 발생할 수 있고, 그렇게 되면 이론의 예측은 빗나가게 된다.

인간 행동의 예측 가능성

자연현상의 경우에는 이에서 어떤 규칙성을 발견하고 이에 기초해 앞으로 일어날 일을 예측한다는 것이 크게 어려운 문제가 아니다. 그러나 사람들의 행동을 이해하는 것이나 그들이 앞으로 어떤 행동을 할지 예측하는 것은 그리 쉬운 일이 아니다. 사람처럼 복잡한 존재가 보이는 반응은 자연현상이 보이는 반응과 질적으로 다를 수밖에 없기 때문이다. 사람의 행동에서 안정적인 반응을 기대하기 힘들다는 사실은 사회과학을 하는 사람에게 큰 어려움을 주고 있다.

경제학도 사회과학의 한 분야이기 때문에 이 문제를 심각하게 생각하지 않을 수 없다. 경제학은 개인의 행동과 집단의 행동 사이에 질적인 차이가 있다는 사실에서 문제 해결의 실마리를 찾고 있다. 즉 특정한 개인은 뜻밖의 반응을 보이더라도 집단의 반응은 상당히 안정적일 수 있다는 점을 믿는 것이다. 만약 이것이 사실이라면 개인의 행동에 대한 구체적인 지식이 없어도 집단의 행동을 비교적 정확하게 예측할 수 있게 된다.

개인의 반응에 비해 집단의 반응이 상대적으로 안정되어 있음을 기대할 수 있는 이론적 근거가 마련되어 있다. 통계학에는 **대수의 법칙**(law of large numbers)이라고 불리는 잘 알려진 법칙이 존재하고 있다. 이 대수의 법칙은 많은 개인으로 구성된 전체 집단을 놓고 볼 때, 각 개인의 반응에서 나타나는 우연적인 측면이 상쇄되어 버린다는 내용을 담고 있다. 즉 개인의 행동에서 관찰될 수 있는 불규칙성이 상쇄되어 집단 전

대수의 법칙
많은 개인으로 구성된 전체 집단을 놓고 볼 때, 각 개인의 반응에서 나타나는 우연적인 측면이 상쇄되어 버리는 현상이 나타난다는 것을 의미

생각해 봅시다

코로나19 팬데믹으로 인해 어려움을 겪는 사람들이 많아지자 정부가 모든 국민에게 백만원씩의 돈을 나눠 주었다고 하자. 그 돈을 주로 음식 사 먹는 데 쓰는 사람도 있을 것이고, 옷을 사는 데 쓰는 사람도 있을 테고, 빚을 갚는 데 쓰는 사람도 있을 것이다. 아니면 한 푼도 쓰지 않고 받은 돈을 모두 저축해 두는 사람도 있을 것이다. 이렇게 사람마다 모두 다른 반응을 보일 것이 분명한데, 그렇다고 해서 경제 전체에서 어떤 변화가 일어날지 전혀 예측할 수 없는 것은 아니다.

이 돈을 전혀 쓰지 않고 저축하는 사람이 있을 테지만, 그 수는 그리 많지 않을 것이다. 대부분의 사람들이 어떤 상품이든 소비를 늘리는 데 그 돈의 일부 혹은 전부를 쓸 것이라고 짐작할 수 있다. 따라서 우리는 정부가 그 돈을 나눠 준 결과 국민의 소비지출이 전반적으로 커질 것이라는 예측을 할 수 있다. 이와 같은 예측이 실제와 부합되는지의 여부는 통계자료에 의해 엄밀하게 검증될 수 있다. 이렇게 사람들의 반응을 예측하고 통계적 검증의 절차를 거치는 것이 바로 경제이론을 만드는 과정이다.

생각해 보기

(1) 정부가 나눠 준 돈을 모두 저축하는 사람이 있을 수 있는데도 국민의 소비지출이 전반적으로 커지리라고 예측할 수 있는 근거는 무엇인가?

(2) 이와 같은 예측에 근거해 사람들의 소득과 소비 수준 사이에는 어떤 관계가 존재한다고 말할 수 있을까?

체로 볼 때는 규칙성이 드러나게 된다는 뜻이다.

어찌 되었든 경제학에서 자연과학에 버금갈 정도의 엄밀한 예측을 기대할 수는 없는 일이다. 감정에 좌우되는 인간이 이루고 있는 사회에 대한 예측이 자연현상에 대한 예측처럼 정확하게 맞아 들어갈 리 없기 때문이다. 그동안 경제학이 발전해 오면서 엄밀한 분석방법을 개발해 사회과학의 여러 분야 가운데 가장 높은 수준의 과학성을 이루어낼 수 있었다. 그러나 인간의 사회를 다루는 경제학의 과학성에는 본질적인 한계가 있을 수밖에 없다.

2.2 경제모형

경제모형

현실 경제를 단순화해 축소시켜 놓음으로써 경제가 어떻게 움직여 가는지 이해하기 쉽게 만들어 놓은 것

경제이론은 **경제모형**(economic model)이라는 구체적 형태로 표현되는 것이 보통이다. 경제모형은 현실 경제를 단순화해 축소시켜 놓음으로써 경제가 어떻게 움직여 가는지 이해하기 쉽게 만들어 놓은 것을 뜻한다. 우리가 어떤 공장을 방문하면 안내하는 사람은 으레 공장의 모형이 만들어져 있는 곳으로 데려가 설명을 시작한다. 이 모형을 보면 공장이 어떻게 돌아가고 있는지 한눈에 알 수 있다. 경제모형도 바로 이와 같은 의도에서 만드는 것이라고 보면 된다.

경제모형은 수식, 그림, 말 중 어떤 형태로 표현해도 되나, 대개 수식의 형태로 표현되는 경우가 많다. 말로 풀어 쓰면 몇 페이지가 될 분량의 내용을 단 몇 줄의 수식으로 간결하게 표현할 수 있는 편리함이 있기 때문이다. 또한 수학의 엄밀한 논리를 적용해 논리를 전개할 수 있다는 점에서도 수식에 의한 표현이 장점을 갖는다. 수식을 그림으로 바꿔 표현하는 경우도 있는데, 그림은 누구나 쉽게 이해할 수 있어 이 방법이 자주 활용되고 있다. 앞으로 이 책을 읽으면서 수없이 많은 그림을 보게 될 텐데, 경제학에서 그림이 얼마나 유용하게 활용되고 있는지를 실감할 수 있을 것이다.

경제모형의 기본 골격

경제모형은 그 내용에 따라 매우 다른 모습을 보이게 된다. 수백 개의 방정식으로 구성되어 있는 모형이 있는가 하면, 단 두 개의 간단한 방정식만 포함되어 있는 모형도 있을 수 있다. 미분방정식처럼 복잡한 형태의 방정식이 포함되어 있을 경우도 있고, $y = ax + b$ 같은 지극히 단순한 형태의 방정식도 포함되어 있을 수 있다. 그러나 어떤 경제모형이라 할지라도 다음과 같은 몇 가지 요소들을 공통적으로 포함하고 있다.

(1) 변 수

변수

여러 가지 다른 값을 취할 수 있는 수

잘 알다시피 **변수**(variable)는 여러 가지 다른 값을 취할 수 있는 수를 뜻한다. 가격

(P), 거래량(Q), 이자율(r), 국민소득(Y) 같은 것이 경제모형에 등장하는 변수의 대표적인 예다. 변수는 경제모형을 구성하는 가장 기본적인 요소이므로, 경제모형을 만들 때는 우선 모든 변수들을 분명하게 정의해 놓는 일부터 시작해야 한다.

(2) 가 정

경제학자들은 **가정**(assumption)을 특히 좋아한다는 말을 종종 듣는데, 이는 경제이론들이 많은 가정들을 포함하고 있는 데서 나온 말이다. 현실의 경제는 너무나도 복잡해 있는 그대로의 상황을 분석해 이론을 만드는 것은 거의 불가능에 가까운 일이다. 그렇기 때문에 적절한 가정들을 선택해 분석하기 쉬운 상태로 단순화하는 과정을 반드시 거쳐야 한다.

가정
어떤 것에 대해 분명하게 잘 모를 때 이러이러할 것이라고 일단 인정하는 것을 의미

일반적으로 경제모형은 우리가 관심을 갖는 변수들의 행태 혹은 경제주체의 동기 등에 대한 일련의 가정으로부터 출발한다.[2] 경제학자들이 특별히 즐겨 쓰는 가정이 하나 있는데, 그것은 '다른 조건들이 일정하다면'(if other things remain equal)이라는 가정이다. 별로 중요하지 않은 일들까지 고려해야 하는 번거로움을 피하기 위해 이 가정을 자주 활용하고 있다. 이 가정은 라틴어로 '*ceteris paribus*'라고 표현되는데, 경제학자들이 마치 보물단지처럼 소중하게 생각하는 가정이라고 말할 수 있다.

적절한 가정을 선택함으로써 경제이론을 만드는 과정에서 큰 도움을 얻을 수 있다. 그런데 너무 많은 가정을 도입하면 모형에서 도출되어 나온 결론이 별 의미를 갖지 못하는 결과가 빚어질 수 있다. 가정이 결론을 좌우하는 상황이 빚어져 그 결론이 현실을 설명하는 데 별로 도움이 되지 못할 수 있기 때문이다. 따라서 경제모형을 만들 때는 꼭 필요한 가정만을 최소한으로 도입하도록 노력해야 한다.

(3) 가 설

가설(hypothesis)은 분석의 결과로서 얻어지는 명제를 뜻하는데, 이론적으로 도출된 결론이라는 성격을 갖는다. 가설은 여러 가지 형태로 표현될 수 있으나, 조건부적인 예측의 형태를 가질 경우가 많다. 다시 말해 어떤 일이 일어나면 어떤 결과가 나타날 것이라는 형식으로 표현될 때가 많다는 뜻이다. 예를 들어 가설은 "소비자의 소득이 올라가면 쌀 수요량이 더 커질 것이다."라든지 "화폐 공급량이 늘어나면 이자율이 떨어져 투자가 늘어날 것이다."라는 등의 형식으로 표현되는 것을 자주 볼 수 있다.

가설
분석의 결과로서 얻어지는 명제를 뜻하며, 조건부적인 예측의 형태를 갖는 경우가 많음

어떤 경제모형이 좋은 것인지 아니면 나쁜 것인지는 이로부터 도출된 가설이 현실의 데이터와 얼마나 부합되느냐에 의해 판가름 나게 된다. 따라서 일단 어떤 가설이 도출되면 과연 이것이 현실의 데이터와 일관되는지의 여부에 대한 검증을 받아야만 한다. 검증 결과 어떤 가설이 현실과 매우 부합되는 것으로 드러나면 그 가설은 신빙

2) 예를 들어 제4장에서 배우게 될 소비자의 선택행위에 관한 모형은 그가 효용극대화를 추구한다는 가정에서 출발하고 있다.

성이 있다는 인정을 받게 된다. 이 검증 과정에서 통계학적 기법이 핵심적인 역할을 하기 때문에 경제학자는 통계학에 대해서도 상당한 지식을 갖고 있어야 한다.

쉽게 말해 좋은 경제모형이란 것은 거기서 도출된 가설의 예측력이 뛰어나다는 것을 뜻한다. 그러나 이 예측은 평균적인 경향에 관한 것일 뿐, 세세한 모든 사항에 대한 예측을 뜻하는 것이 아니다. 어떤 경제모형이 갖가지의 특수한 상황에 대해서까지 모두 정확한 예측을 할 수 있기를 기대할 수는 없는 일이다.

상관관계와 인과관계

통계자료를 관찰해 보면 한 변수와 다른 변수 사이에 어떤 관련이 있는 것을 발견할 때가 있다.[3] 다시 말해 한 변수의 값이 달라지면 다른 변수의 값도 함께 달라지는 경향을 관찰할 수 있는 것이다. 이런 경우 우리는 두 변수 사이에 **상관관계**(correlation)가 있다고 말한다. 만약 두 변수가 같은 방향으로 움직이면 우리는 양자 사이에 '양(+)의 상관관계'(positive correlation)가 있다고 말한다. 사람들의 소득이 커지고 작아지면서 그들의 소비도 함께 늘어나고 줄어드는 것이 그 좋은 예다.

상관관계

두 변수 사이에 성격은 분명하지 않아도 어떤 관계가 존재하는 것을 의미

이와 대조적으로 한 변수의 값이 커지면 다른 변수의 값이 줄어드는 방식으로 양자 사이에 상관관계가 존재할 수도 있다. 이때 우리는 양자 사이에 '음(−)의 상관관계'(negative correlation)가 존재한다고 말하는데, 어떤 사람의 교육수준과 그가 실업을 경험할 확률 사이의 관계를 그 예로 들 수 있다. 물론 두 변수 사이에 아무런 상관관계가 존재하지 않는 경우도 많은데, 사실 여러 변수들 사이에 존재하는 관계의 거의 대부분이 이 경우에 속한다.

변수들 사이에 상관관계가 있다는 것은 무엇인지 몰라도 그들이 어떤 관계를 맺고 있다는 것을 뜻한다. 그렇지만 변수들 사이에 상관관계가 존재한다고 해서 그들이 반드시 **인과관계**(causation)로 맺어져 있으리라고 속단해서는 안 된다. 인과관계란 한 변수에 생긴 변화가 다른 변수의 변화를 유발하는 원인과 결과의 관계를 뜻한다.[4] 두 변수가 어떤 관계를 맺고 있다 해서 그것이 반드시 원인과 결과의 관계일 필요는 없는 것이다.

인과관계

한 변수에 생긴 변화가 다른 변수의 변화를 유발하는 원인과 결과의 관계

두 변수 사이에 밀접한 상관관계가 존재하기는 하지만 그 어떤 인과관계도 존재하지 않는 경우가 상당히 많다. 예를 들어 선풍기 판매량과 청량음료 판매량 사이에서 거의 완벽한 상관관계를 발견할 수 있다. 날씨가 더워지고 추워짐에 따라 선풍기 판매

3) 두 변수의 값이 함께 커지고 작아지는 경향을 보일 때가 있는 한편, 두 변수의 값이 일관되게 서로 반대 방향으로 움직여 가는 경우도 있다.

4) 석유파동이 에너지 가격의 상승을 가져오고, 그 결과 생산이 위축되고 물가상승이 일어나는 것을 인과관계의 예로 들 수 있다. 어떤 사람이 더 많은 교육과 훈련을 받음으로써 생산성이 높아지고 결국 그가 받는 임금이 올라가는 것 역시 인과관계의 좋은 예가 된다.

량과 청량음료 판매량이 거의 똑같은 양상으로 늘어나고 줄어들 것이기 때문이다. 그렇지만 선풍기가 많이 팔리기 때문에 청량음료가 더 많이 팔리거나, 혹은 청량음료가 더 많이 팔리니까 선풍기가 더 많이 팔리는 것은 결코 아니다. 그러므로 이 둘 사이에는 단순히 상관관계만 존재할 뿐 인과관계는 전혀 존재하지 않는 것이다.

그런데 현실 경제에서 변수들 사이에 단순한 상관관계만 있는지 아니면 인과관계가 있는지를 판단하는 것이 말처럼 쉬운 일은 아니다. 바로 앞에서 든 선풍기와 청량음료 사이의 예처럼 비교적 명확하게 둘 사이의 관계를 알아낼 수 있는 경우가 그리 많지

생각해 봅시다

어떤 두 변수 사이의 관계가 단순한 상관관계인지 아니면 인과관계인지 구별하기 어렵다는 것을 보여주는 하나의 예를 살펴보기로 하자. 2011년 미국 컬럼비아대학 지구연구소의 과학자들이 과학전문지 *Nature*에 발표한 논문에 따르면, 엘니뇨(El Niño) 현상이 열대지방 국가들의 내전 발생 위험성을 높이는 결과를 가져온다고 한다. 1950년에서 2004년에 걸친 기간 동안 175개국에서 발생한 내전 관련 데이터를 분석해 그와 같은 결과를 도출했다고 한다.

아프리카 내전의 현장

1983년의 수단 내전과 1997년의 콩고 내전이 엘니뇨 현상과 깊은 관련을 갖는다는 분석 결과가 있다.

그들은 엘니뇨로 인한 농작물의 수확 감소와 허리케인 피해 증가가 내전 발생과 어떤 관계를 갖는다고 추정한다. 즉 이로 인한 재산 피해의 발생이 경제적 불평등을 심화시켜 시민들의 분노를 촉발하는 원인이 된다고 본 것이다. 그들은 엘니뇨 현상으로 인해 가뭄이 지속되고 대규모 기근이 일어난 소말리아를 그 대표적 사례로 꼽고 있다. 이 나라는 아직도 내전 상태에서 벗어나지 못할 정도로 긴 내전에 시달리고 있다. 뿐만 아니라 1983년의 수단 내전과 1997년의 콩고 내전도 엘니뇨 현상과 깊은 관련을 갖는다고 말한다.

고명한 과학자들이라 해서 정치적 현상에 대해서도 일가견을 갖고 있으리라는 보장은 없다. 그들은 내전 발생과 엘니뇨 현상 사이에 밀접한 상관관계가 있음을 발견하고 나름대로 인과관계를 짐작해 보았을 것이다. 그러나 양자 사이의 관계는 단순한 상관관계에 그칠 뿐 아무런 인과관계가 존재하지 않을 수도 있다. 단순한 상관관계를 넘어선 인과관계의 존재를 입증하기 위해서는 좀 더 정밀한 분석이 이루어져야만 한다.

생각해 보기

(1) 엘니뇨 현상이 일어났을 때 우리나라에서는 어떤 특이한 일들이 일어났는지 조사해 보자.
(2) 내전이 일어난 나라의 사례를 살펴보고 내전의 주된 원인을 뿌리 깊은 종족 간 혹은 계급 간 갈등에서 찾을 수 있는지 아니면 단기적인 경제상황의 변화에서 찾을 수 있는지 생각해 보자.
(3) 지구온난화로 인해 세계 여러 나라에서 기상이변이 속출하고 있다. 이와 같은 기상이변이 어떤 나라의 정치적 정세에 어느 형태로든 영향을 줄 것이라고 짐작할 수 있을까?

않기 때문이다. 또한 둘 사이에 인과관계가 있다고 할 때, 무엇이 원인이고 무엇이 결과인지를 판단하는 것조차 어려울 수 있다. 예컨대 A가 B의 원인이 되고 있는지 아니면 그 반대로 B가 A의 원인이 되고 있는지에 대해서 분명히 알 수 없는 경우도 있다는 말이다. 좋은 경제이론을 만들기 위해서는 무엇보다도 우선 여러 변수들 사이의 관계를 올바로 정립해 놓아야 한다.

코카콜라지수

1997년 12월 20일 자 *The Economist*지에는 그림까지 곁들인 아주 재미있는 기사가 하나 올라와 있었다. 이 기사는 구체적인 통계자료까지 제시하며 콜라 소비가 많은 나라의 국민이 상대적으로 더 부유할 뿐 아니라 더 좋은 삶의 질을 누리는 경향이 있음을 설명하고 있다. 더욱 놀라운 것은 콜라 소비가 많은 나라의 국민이 더 많은 정치적 자유도 누리고 있다는 사실이다. 비록 자세한 통계자료가 제시된 것은 아니지만, 그 신빙성은 전혀 의심의 여지가 없어 보인다.

이것이 사실이라면 '코카콜라지수'(Coca-Cola index)라는 것을 만들어 볼 수 있을지 모른다. 각 나라 국민이 얼마나 많은 콜라를 소비했는지를 수치화해 삶의 질과 정치적 자유에 어떤 변화가 생겼는지 살펴볼 수 있을 것이라는 말이다.

콜라를 많이 마실수록 더 부유해진다고?

콜라를 많이 마시기 때문에 부유해지고 자유로워지는 것이 아니라, 부유하고 자유로운 나라의 국민이 콜라를 많이 마시는 경향을 보인다는 것이 올바른 해석이다.

콜라를 많이 마실수록 더 건강하고, 더 많은 교육을 받고, 더 부유해지는 것은 물론, 더 많은 정치적 자유까지 누릴 수 있다고? 아마 이 말을 곧이곧대로 믿는 사람은 하나도 없을 것이다. 그렇다면 통계자료가 틀렸다는 말인가? 이 기사에 인용된 통계자료는 UN, Freedom House 등 권위 있는 기관에서 발표한 것이기 때문에 잘못되어 있을 가능성은 매우 희박하다. 문제의 핵심은 통계자료 그 자체에 있는 것이 아니라 이것의 해석이 잘못되었다는 데 있다.

상식적으로 생각해 볼 때, 콜라를 많이 마시기 때문에 삶의 질이 더 높아지고 정치적 자유도 더 커졌다는 것은 말이 되지 않는다. *The Economist*지가 적절하게 지적하고 있듯, 삶의 질이 높고 정치적으로도 자유로운 나라의 국민이 콜라를 많이 마시는 경향이 있다는 것이 올바른 해석이라는 데 의문의 여지가 없다. 콜라 소비량과 삶의 질 혹은 정치적 자유 사이에는 단순한 상관관계만이 존재할 뿐이다. 이것을 인과관계로 잘못 해석하면 방금 전에 본 것과 같은 어처구니없는 주장을 하게 된다.

어떤 개발도상국의 지도자가 국민을 모아놓고 선진국이 되려면 우리도 콜라를 많이 마셔야 한다고 연설하는 광경을 상상해 보기 바란다. 물론 우리 사회의 지도층 인사들 중 그렇게 우스꽝스러운 주장을 하는 사람은 없을 것이다. 그러나 따지고 보면 그와 비슷한 우를 범하는 경우가 의외로 많을 것이라고 생각한다. 지도층을 자처하는 사람들 중에서 "선진국에서는 이렇게 하더라."라는 말을 유독 즐겨 쓰는 사람이 바로 그런 경우에 속할 가능성이 크다.

경제이론의 구분 2.3

미시경제이론과 거시경제이론

어떤 숲을 보는 데는 두 가지 방법이 있다. 하나는 그 숲속에 들어가 나무 한 그루, 풀 한 포기씩 세밀하게 들여다보는 방법이고, 다른 하나는 먼 데서 숲 전체를 바라보는 방법이다. 한 나라의 국민경제를 커다란 숲에 비유할 수 있는데, 국민경제도 숲과 마찬가지로 두 가지 다른 방법에 의해 관찰할 수 있다. 하나는 국민경제의 미세한 부문에 관심의 초점을 맞추는 것이며, 다른 하나는 국민경제의 전반적 움직임에 관심의 초점을 맞추는 방법이다.

경제이론은 이 두 가지 관점 중 어떤 것을 선택하느냐에 따라 **미시경제이론**(microeconomics)과 **거시경제이론**(macroeconomics)으로 구분된다. 미시경제이론은 국민경제를 구성하는 개별 경제주체의 선택과 개별 시장의 움직임에 관심의 초점을 맞춘다. 따라서 개별적인 상품과 생산요소에 대한 수요와 공급이 어떻게 결정되며, 이것들의 가격과 거래량이 어떤 수준에서 결정되는지가 주요한 관심사가 된다. 이에 비해 거시경제이론은 경제 전반의 움직임에 관심을 갖고 있기 때문에 총 생산량, 총 고용량, 물가수준, 국제수지 등 경제 전반에 관한 지표가 주요한 논의 대상이 된다.

미시경제이론과 거시경제이론
미시경제이론은 개별 경제주체의 선택과 개별 시장의 움직임에 관심의 초점을 맞추는 반면, 거시경제이론은 경제 전반의 움직임에 관심을 가짐

먼 데서도 보고 가까운 데서도 보아야 숲을 제대로 알 수 있는 것처럼, 국민경제를 제대로 이해하기 위해서는 이 두 가지 이론이 모두 필요하다. 이 점에서 볼 때 둘 사이의 관계는 상호보완적인 것이라고 말할 수 있다. 그런데 이 두 이론은 단지 보는 각도에서만 차이가 있을 뿐, 그 성격이 기본적으로 다른 것은 아니다. 그리고 두 이론 사이에는 유기적인 관계가 존재하고 있기 때문에 하나를 잘 알아야만 다른 것도 잘 알 수 있게 된다.

숲을 보는 두 가지 방법
하나는 먼 데서 숲 전체를 조망하는 방법이고 다른 하나는 그 속에 들어가 나무 한 그루 풀 한 포기씩 세밀하게 관찰하는 방법이다. 경제도 이와 같이 전반적 움직임에 관심의 초점을 맞출 수도 있고, 미세한 부분에 관심의 초점을 맞출 수도 있다.

실증경제이론과 규범경제이론

실증경제이론과 규범경제이론

실증경제이론은 있는 그대로의 현실을 분석하는 데 주안점을 두는 반면, 규범경제이론은 어떻게 하는 것이 바람직한지의 차원에서 경제문제를 논의

경제이론은 또 다른 관점에서 **실증경제이론**(positive economics)과 **규범경제이론**(normative economics)으로 나눌 수도 있는데, 이는 경제문제를 어떤 각도에서 다루느냐에 따른 구분이다. 다시 말해 있는 그대로의 경제 현실을 분석하는가, 아니면 가치판단을 도입해 어떤 것이 바람직한지 아닌지의 관점에서 문제를 보는가에 따라 구분한다는 뜻이다.

실증경제이론은 있는 그대로의 현실을 객관적으로 분석하는 데 주안점을 둔다는 특징을 갖는다. 예를 들어 국제수지에 적자가 발생했다고 할 때, 그것이 바람직한지 아닌지를 따지는 것은 실증경제이론의 관심사가 아니다. 실증경제이론은 그것이 어떤 이유로 발생했으며 경제에 어떤 영향을 미치게 될지를 분석하는 데만 관심을 갖는다. 이와 같은 실증경제이론은 현실의 데이터에 기초해 그것이 옳고 그른지를 검증할 수 있다는 특징을 갖는다.

반면에 규범경제이론은 어떻게 하는 것이 바람직한지의 차원에서 경제문제를 논의하는 특징을 갖고 있다. 실증경제이론과 대조적으로 규범경제이론에서는 객관적 사실보다 주관적 판단이 더욱 중요한 역할을 하게 된다. 그렇기 때문에 규범경제이론은 개인적 특성이나 선호 혹은 의견의 영향에서 자유로울 수 없다. 이처럼 주관적 판단이 중요한 역할을 하는 이론이기 때문에 현실의 데이터에 의해 그것의 옳고 그름을 따질 수 없다.

간단히 말해 실증경제이론이 현실 그 자체를 중시한다면, 규범경제이론은 어떻게 하는 것이 바람직한지의 당위를 중시한다는 차이가 있다. 달리 표현하면 실증경제이론은 사람들이 실제로 무엇을 하고 있는지를 묘사하는 이론인 반면, 규범경제이론은 사람들에게 어떻게 하는 것이 바람직한지를 조언해 주는 이론이라는 차이가 있다고 말할 수도 있다.

앞으로 우리가 이 책에서 배우게 될 경제이론은 대부분이 실증경제이론의 성격을 갖고 있다. 경제학을 공부하려면 일단 경제가 어떻게 움직여 가는지 그 기본 원리부터 배워야 하기 때문이다. 경제학자들이 수행하는 대부분의 연구도 실증경제이론의 영역에서 이루어지고 있다. 현실의 경제에서 어떤 일이 일어나고 있는지를 밝혀내는 것이 그들의 주요 관심사이기 때문이다. 이에 비해 사회적 관점에서 볼 때 어떤 정책이 바람직한지의 여부를 평가할 때는 규범경제이론의 영역으로 들어가게 된다.

이 세상에 모든 사람들에게 이득을 가져다주는 정책은 거의 존재하지 않는다. 어떤 사람들에게는 이득을 가져다주지만, 다른 사람들에게는 손해를 가져다주는 성격의 정책이 대부분이다. 그런 정책이 사회적 관점에서 볼 때 바람직한지의 여부를 평가하려면 그 이득과 손실을 비교해 보아야만 한다. 그러나 서로 다른 사람에게 발생하는 이득과 손실을 1 : 1로 비교할 수는 없는 일이다.[5] 따라서 이런 경우에는 부득이 어떤 가

5) 예를 들어 어떤 정책이 부자에게 1억원의 이득을 가져다주는 한편, 가난한 사람에게는 5천만원의 손실을 가져다준다고 하자. 이 경우 그 이득과 손실을 1 : 1로 비교해 그 정책이 바람직하다고 판단할 수 있을까?

치판단을 도입하고 이에 기초해 이득과 손실을 비교할 수밖에 없다. 이 비교의 결과 그 정책이 바람직한지의 여부에 대한 평가를 내릴 수 있는데, 바로 이것이 규범경제이론의 접근방법이다.

그런데 현실의 경제현상을 해석하는 것이나 정책을 처방하는 일을 둘러싸고 경제학자들이 견해를 달리하는 경우가 많다. 예를 들어 물가가 계속 올라가는 것을 보고 어떤 경제학자는 정부가 돈을 너무 많이 푼 것이 주된 원인이라고 보는 반면, 다른 경제학자는 임금 상승에 의한 압력이 더 큰 역할을 하는 것으로 해석한다. 이렇게 현실을 다르게 해석할 때 처방도 다르게 나오리라는 것은 두말할 나위도 없다.

생각해 봅시다

아래의 신문기사를 보면, 그 기사가 나온 2002년 4월 우리 사회에서는 경제를 어느 방향으로 이끌어 가야 하는지에 대해 열띤 논쟁이 벌어지고 있었음을 알 수 있다. 비단 이 경우뿐 아니라 불황이 끝나가고 회복의 조짐이 보이기 시작할 때는 으레 이와 비슷한 논쟁이 벌어지기 마련이다.

"불붙은 경기 과열 논쟁"

경기 논쟁이 불붙기 시작했다. 논쟁의 중심축은 재계와 통화당국인 한국은행. 한국은행은 최근 잇따라 '통화량 과잉공급', '경기 과열 우려' 등을 제기하며 금리인상 가능성을 제기하고 있고, 재계는 "선제적 금리인상은 경기회복에 찬물을 끼얹을 수 있다."며 맞불을 놓고 있다. 현 경기 국면에 대한 인식 차이와 거시경제적 기조 전환 논쟁은 결국 금리인상 시기의 문제로 귀착되는 분위기다.

한국은행은 최근 올해 경제성장률 전망치를 정부·민간연구소보다 훨씬 높은 5.7%로 내놓고, '유동성(돈) 과잉'을 공개적으로 걱정하고 나섰다. 한은은 현재 수출설비투자 등 실물경제 측면에서는 과열 조짐이 없으나 금융시장에서는 단기 유동성 과잉과 이로 인한 부동산, 주식 등 자산시장 과열 조짐이 나타나고 있고 금융시장 안정이 위협받을 가능성이 있다고 보고 있다.

재계의 현 경기 국면에 대한 진단은 "회복단계에 진입하기는 했지만 과열은 분명 아니다."라는 것으로 요약된다. 소비 증가세나 경기회복을 대변하고 있는 부동산 경기 과열이나 가계대출 급증 현상이 경기 과열 우려를 부추기고 있기는 하지만, 수출이나 기업 설비투자는 아직 본격 회복 국면에 들어서지 않았기 때문이라는 설명이다.

(『한국일보』, 2002년 4월 18일 자)

생각해 보기

(1) 한국은행과 재계가 경제 현실에 대해 서로 다른 진단을 내리고 있는 이유는 어디에 있을까?
(2) 재계는 한국은행이 자신의 판단에 따라 정책을 취할 경우 어떤 결과가 나올 것이라고 우려하고 있는가?
(3) 이 예를 보면서 실증경제이론과 규범경제이론 사이에 어떤 관계가 존재하는지 생각해 보자.

이와 같은 견해차는 지식의 불완전성 때문일 수도 있고, 가치판단의 차이에서 나올 수도 있다. 무엇이 진실인지 서로 잘 모르고 있는 상황에서는 저마다 자기 생각이 옳다고 고집해 의견의 일치를 보기 힘들다. 설사 경제의 움직임에 대해 완전한 지식을 갖고 있다 하더라도 가치판단의 차이 때문에 의견의 충돌이 생길 수 있다.

지식의 불완전성 때문에 생긴 견해차는 이론의 발전에 따라 점차 해소될 수 있지만, 가치판단의 차이에 의한 견해차인 경우에는 문제가 다르다. 모든 사람에게 똑같은 가치판단을 강요할 수는 없는 일이기 때문에 가치판단의 차이에 의한 견해차는 어찌할 도리가 없다. 어떤 정책이 바람직한지에 대해 모든 경제학자들의 입에서 똑같은 말이 나오기를 기대하는 것은 '나무에 올라 물고기를 구하는 일'이나 마찬가지라고 할 수 있다.

2.4 경제학적 사고의 기초

우리가 경제학을 배우는 목적은 크게 보아 두 가지로 요약할 수 있다. 하나는 현실의 경제가 어떻게 움직이고 있는지를 체계적으로 이해할 수 있는 안목을 기르는 것이다. 경제학의 지식이 있어야만 다양한 경제현상과 관련된 인과관계를 제대로 이해할 수 있다. 경제학의 지식이 없는 사람은 경제가 어떻게 움직이고 있는지를 체계적으로 이해할 수 없다. 경제학을 배우는 또 다른 목적은 합리적 선택의 기본 원리를 배우는 데 있다. 경제적 논리는 합리적 선택에 이르는 길을 제시해 준다는 점에서 중요한 의미를 갖는다.

경제적 논리를 배운다는 것은 결국 경제학적으로 생각하는 방법을 배운다는 것을 뜻한다. 경제학적인 사고가 과연 무엇을 뜻하는지 한마디로 요약해 정의하기는 힘들다. 쉽게 말해 경제학자들과 비슷한 시각에서 경제현상을 보는 것을 뜻한다고 할 수 있는데, 여기에는 다음과 같은 특징이 있다. 즉 경제가 다음과 같은 몇 가지 기본 원칙에 의해 움직이고 있다는 믿음을 갖고, 그 원칙들에 기초해 모든 경제현상을 이해하려고 하는 태도가 바로 경제학적 사고의 특징인 것이다.

이 책으로 공부해 가는 과정에서 이런 경제학적 사고를 하나둘씩 배워 몸에 익히게 될 것이다. 앞으로 배우게 될 여러 가지 경제이론의 밑바탕에는 바로 이 경제학적 사고가 깔려 있다는 사실을 잊지 말기 바란다. 경제학적 사고 혹은 경제적 논리의 습득이 경제학을 공부하는 가장 중요한 목표라고 말할 수 있다.

(1) 선택은 경제활동의 핵심이다

제1장에서 설명했던 것처럼, 물질에 대한 사람들의 욕망은 끝이 없을 정도로 크지만 활용할 수 있는 경제적 자원은 한정되어 있다. 우리들이 활용할 수 있는 노동력이나 토지 혹은 자연자원으로는 한정된 양의 상품만을 생산할 수 있을 뿐이며, 따라서

우리가 원하는 대로 무한정 많은 상품을 생산, 소비할 수 없다. 그렇기 때문에 사람들의 물질적 욕망은 언제나 충분하게 채워지지 못한 채로 남게 된다.

제한된 경제적 자원이라는 제약하에서 우리의 물질적 욕망을 최대한으로 충족시키려면 자원을 효율적으로 활용해야만 한다. 자원의 효율적 활용을 위해서는 여러 가지 선택 가능성 사이에서 적절한 선택이 이루어져야만 한다. 따라서 우리 인간의 경제활동은 선택의 문제와 떼려야 뗄 수 없는 밀접한 관계를 갖는다. 그리고 경제학은 바로 이 선택의 문제를 주요한 연구의 대상으로 삼고 있는 것이다. 경제학을 '선택의 학문'이라고 부르는 사람이 있는데, 이는 우리 경제활동의 핵심이 선택에 있음을 뜻하고 있다.

예외 없는 법칙은 없다?

대학의 봉사동아리가 축제를 맞이해 학우들에게 따뜻한 차를 무료로 나눠 주고 있다. 당연한 말이지만, 이런 봉사활동의 영역에서는 "이 세상에 공짜는 없다."라는 말이 적용될 수 없다.

(2) 이 세상에 공짜는 없다

반드시 경제학자가 아니더라도 모든 일에 대가가 따른다는 것을 알고 있다. 활용할 수 있는 경제적 자원이 한정된 상황에서 하나를 선택하면 반드시 다른 어떤 것을 포기해야 한다. 이렇게 다른 것을 반드시 포기해야 한다는 뜻에서 "이 세상에 공짜는 없다."고 말하는 것이다. 모든 일에 대가가 따른다는 것을 바꿔 표현하면, 어떤 일이든 비용이 들기 마련이라는 것이 된다. 그런데도 사람들이 이 점과 관련해 종종 오해를 하는 것은, 그 비용이 눈에 잘 띄지 않는 경우가 많기 때문이다.

대부분의 사람들이 주머니에서 직접 돈이 나간 경우에만 비용을 지불한 것으로 인식한다. 실질적 의미에서 보면 비용을 지불한 셈인데도, 주머니에서 돈이 나가지 않으면 아무 비용도 들지 않은 것으로 생각한다는 말이다. 이 점에서 볼 때, 앞 장에서 설명한 기회비용의 개념은 매우 중요한 의미를 갖는다. 기회비용의 개념은 눈에 보이지 않는 것까지 비용에 포함시킬 것을 요구하고 있기 때문이다. 기회비용의 관점에서 파악하면 모든 일에 대가가 따른다는 사실을 명확하게 인식할 수 있다.

(3) 교환은 모두에게 이득이 된다

앞 장에서 크루소와 프라이데이의 예를 들어 교환은 이에 참여하는 모든 사람에게 이득을 가져다준다는 사실을 설명한 바 있다. 시장에서의 교환을 통해 모두가 좀 더 풍요로운 경제생활을 누릴 수 있음을 보인 것이다. 교환에서 이득을 얻을 수 있는 것은 개인들에 국한된 현상이 아니다. 나라와 나라 사이에서 이루어지는 교환, 즉 국제무역도 이에 참여하는 모든 나라에게 이득을 가져다준다.

물론 모두가 자발적으로 교환에 참여하는 경우에만 그와 같은 결과가 나올 수 있다. 어느 한쪽의 강압에 의해 교환이 이루어지는 경우라면, 한쪽만 이득을 보고 다른 쪽은 손해를 보는 결과가 나타날 수 있다. 그러나 시장에서 이루어지는 교환은 모두가 자발적으로 이루어지는 것이며, 그렇다면 어느 한쪽이 손해를 보는 일은 일어나지 않는다. 개인 사이의 교환이든, 나라 사이의 교환이든, 자발적으로 이에 참여하는 경제주체는 언제나 이로부터 이득을 얻게 된다.

(4) 수요와 공급의 힘을 거스르기는 힘들다

물은 그것이 없으면 살 수 없을 정도로 귀중한 것인데도 가격이 별로 높지 않다. 반면에 고작해야 허영심을 만족시키는 데나 쓸모가 있는 다이아몬드는 그 가격이 엄청나게 높다. 물은 수요에 비해 공급이 매우 큰 반면, 다이아몬드는 그 반대의 상황에 있기 때문에 그런 현상이 나타나는 것이다. 어떤 물건의 쓸모와는 상관없이 단지 수요와 공급의 상황에 따라 그것의 가격이 결정되는 것이 시장경제의 기본 원리다.

그런데 이 기본 원리를 이해하지 못하는 듯한 태도를 보이는 사람들이 상당히 많다. 어떤 상품의 가격이 너무 높거나 낮다고 불평하며, 정부가 이에 대해 어떤 조치를 취해야 한다고 요구하는 사람이 그 좋은 예다. 이런 요구에 굴복해 정부가 가격상한

말로만 환경보호?

2005년 9월 British Airways라는 영국의 항공사는 승객들로 하여금 환경보호에 동참할 기회를 준다는 의도에서 어떤 한 프로그램을 도입했다. 비행기표를 살 때 몇 파운드를 더 내면 그것을 탄산가스 배출량 억제에 사용하겠다는 것이 그 프로그램의 내용이었다. 그러나 그 프로그램을 실시해 본 결과, 기꺼이 몇 파운드를 더 내겠다고 나선 승객의 비율이 0.5%에도 미치지 못했다고 한다.

또한 EDF Energy라는 영국의 에너지 회사는 '녹색요금'(green tariff)이라는 요금제도를 도입해 소비자들이 환경보호에 동참할 기회를 제공했다. 이 요금제도를 선택한 소비자는 탄산가스를 배출하지 않는 방식으로 만들어진 에너지, 즉 청정에너지에 더 높은 요금을 내도록 되어 있었다. 이 프로그램에 대한 소비자들의 반응 역시 시들한 것으로 드러났는데, 몇백만 명이나 되는 소비자 중 이 프로그램에 참여한 사람은 고작 10만여 명에 지나지 않았다.

흥미로운 점은 또 다른 에너지 회사인 Npower사의 청정에너지 프로그램에 대한 소비자들의 반응이 매우 뜨거웠다는 사실이다. 그런데 이 회사의 경우에는 소비자가 청정에너지든 아니든 언제나 똑같은 요금을 내도록 되어 있었다. 따라서 청정에너지를 선택하는 소비자에게도 추가적인 요금 부담이 없는 셈이었는데, 이 회사의 경우에는 대부분의 소비자들이 청정에너지를 선호하는 것으로 드러났다.

이 예들을 보면 사람들의 말과 실제의 행동에 상당한 차이가 있음을 알 수 있다. 입으로는 언제나 '환경보호'를 외치지만, 실제로는 환경보호를 위해 불과 몇 파운드의 비용 부담조차 꺼리는 것이 현실이다. "말은 쉽다."(Talk is cheap.)라는 격언이 있듯, 말로는 무엇이든 할 것같이 떠들다가 막상 비용을 지불해야 하는 것이 드러나면 바로 꼬리를 빼는 것이 보통이다.

이런 현상은 영국에서뿐 아니라, 우리나라를 위시한 세계 모든 나라에서 관찰할 수 있을 것이다. 환경보호라는 것은 결코 공짜로 얻어질 수 있는 것이 아니다. 이에 드는 비용을 내가 내지 않으면 남도 내지 않고, 결국 환경보호도 이루어질 수 없다. 그런데도 많은 사람들이 환경보호가 공짜로 얻어질 수 있는 것이라는 착각을 하고 있다. "이 세상에 공짜는 없다."라는 평범한 진리를 제대로 이해하는 사람이 그리 많지 않은 것이다.

자료 : *The Economist*지, 2005년 10월 29일 자

제나 가격하한제 같은 조치를 통해 가격을 통제하려 하는 경우가 있다. 그러나 제3장에서 설명하겠지만, 이런 시도는 오히려 더 큰 부작용을 가져올 가능성이 크다. 무모하게 수요와 공급의 힘을 거스르려 하면 오히려 문제를 더욱 키우는 결과를 가져올 수 있는 것이다.

(5) 마지막 하나가 어떤 영향을 미치는지 보아야 한다

경제적 선택은 무엇을 가능한 한 가장 크게 만들거나 작게 만드는 것과 관련을 갖는 경우가 많다. 예를 들어 소비자는 효용을 극대화하려 하는 한편, 기업은 이윤을 극대화하려고 노력한다. 반면에 비용처럼 작을수록 바람직한 경우에는 이를 극소화하기 위해 노력한다. 앞에서 이런 극대화 혹은 극소화의 노력을 최적화의 문제라고 부른다는 것을 설명한 바 있다.

이 최적화의 문제와 관련해 경제학자들은 해답을 찾는 독특한 방법을 제시한다. 즉 마지막 하나가 어떤 영향을 미치는지 살펴보는 방법을 통해 해답을 찾아낼 수 있다는 것이다. 예컨대 마지막 한 단위의 상품이 이윤에 어떤 영향을 미치는지를 평가함으로써 이윤이 극대화되는 생산량을 알아낼 수 있다고 설명한다. 마지막 한 단위의 상품이 이윤을 더 크게 만든다면 생산량을 더 늘리는 한편, 그 반대라면 생산량을 줄인다. 기업은 이런 방법을 통해 이윤이 극대화되는 생산량을 찾는다는 것이 경제학자의 설명이다.

명확하게 인식하지 못해서 그렇지, 우리도 어떤 선택을 할 때 이와 같은 방식으로 답을 찾는 경우가 많다. 예컨대 몇 시간을 일하고 몇 시간을 여가로 쓸 것인지 선택하려 할 때 한 시간을 더 일할 경우 자신에게 어떤 영향이 오는지를 보고 결정을 내린다. 한 시간을 더 일함으로써 얼마나 더 많은 소득을 얻는 반면, 여가를 즐기는 데서 오는 즐거움이 얼마나 줄어드는지 생각해 본다. 만약 소득이 늘어나는 데서 오는 효용의 증가가 여가가 줄어드는 데서 오는 효용의 감소보다 더 크다는 생각이 들면 더 많이 일하기로 결정한다. 경제학은 사람들이 바로 이와 같은 사고의 과정을 거쳐 합리적 선택에 이르게 된다고 설명한다.

(6) 사람들은 유인에 민감한 반응을 보인다

이해타산이 밝아 보이는 사람은 주위 사람들로부터 별로 좋은 평가를 얻지 못한다. 그렇지만 현실에서 어떤 행동이 자신에게 무슨 결과를 가져올지 전혀 생각하지 않고 이를 실천에 옮기는 사람은 거의 없다. 그 행동이 자신에게 가져다주는 혜택과 이에 드는 비용을 계산해 보고 혜택이 비용보다 더 크다는 판단이 설 때만 그 행동을 하는 것이 보통이다. 그렇기 때문에 어떤 행동에서 나오는 혜택이 더 커지거나 이에 드는 비용이 더 작아지면 그런 행동이 한층 더 자주 나타날 것이라고 예상할 수 있다.

어떤 일에 따르는 이득이나 비용을 변화시키는 방식으로 유인(incentive)을 주면 사

자선의 경제학

'투자의 귀재'로 알려진 워런 버핏(Warren Buffett)이 2006년 6월 전 세계를 깜짝 놀라게 할 뉴스를 발표했다. 자기 재산의 85%를 자선단체에 기부하겠다는 의사를 밝혔던 것이다. 당시 세계 2위의 부자인지라 그 재산이 엄청나, 그가 기부하게 될 금액은 374억 달러(약 43조원)에 이르는 것으로 알려져 있다. 인류 역사상 가장 큰 규모의 기부 행위로 기네스북에 오를 것이 분명한데, 이 기록은 앞으로 상당 기간 동안 깨지지 않을 것이다.

흥미로운 점은 버핏이 기부하기로 약속한 금액의 거의 대부분을 차지하는 310억 달러를 '빌 & 멜린다 게이츠 재단'에 기부하려고 했다는 사실이다. 자신이 만든 자선재단이 버젓이 있음에도 불구하고 남의 재단에 그 많은 돈을 맡긴 그의 배포에 다시 한번 감탄을 금치 못한다. 그는 게이츠 재단이 효율적으로 자선사업을 하는 데 감명을 받았기 때문이라고 그와 같은 결정의 동기를 밝히고 있다. 얼마 안 되는 돈을 기부하고서도 새로 짓는 빌딩에 자기 이름을 새겨 넣어야 한다는 조건을 다는 세태에서 이런 버핏의 태도는 신선한 느낌을 준다.

워런 버핏 – 자선사업계의 큰손

버핏은 자기 재산의 85%인 374억 달러를 자선사업에 기부하겠다고 발표해 전 세계를 깜짝 놀라게 만들었다.

버핏이 어떤 인물인지 잘 모르는 사람은 그를 돈만 밝히는 노인 정도로 여긴다. 그가 이 놀라운 뉴스를 발표한 후에도 그를 헐뜯으려 하는 사람들은 상속세를 회피하기 위해 그런 결정을 내렸다는 등의 입방아를 찧고 있다. 상속세를 제대로 낸다 하더라도 그 기부금액에 훨씬 못 미칠 것을 잘 알면서도 그런 말을 하는 저의가 심히 의심스럽다. 더구나 대부분의 재산을 자선사업에 흔쾌히 기부한 사람을 그런 식으로 깎아내리는 것은 매우 점잖지 못한 일이다.

그렇지만 설사 그 말이 사실이라 할지라도 이로 인해 버핏을 깎아내려야 할 이유가 전혀 없다. 상속세 부담을 피하기 위해 부자들이 어떤 일들을 하고 있는지를 보면, 자선사업에 기부하는 행위가 그중 가장 고상한 것이라는 결론에 이르게 되기 때문이다. 나라 안팎에서 때로는 법을 어겨가며, 때로는 법을 교묘하게 피해 변칙 상속을 일삼는 사례가 수없이 많다. 이런 상황에서 상속세 부담을 회피하기 위해 자선사업에 기부하겠다고 나서는 사람은 정말로 훌륭한 사람이 아닐 수 없다.

사실 상속세 부담을 무겁게 만든 데는 기부행위를 북돋고자 하는 정책 의도가 어느 정도 개입되어 있다. 다시 말해 상속세에는 부자들로 하여금 자신의 재산을 자발적으로 사회에 환원하도록 만드는 유인을 제공하자는 취지가 담겨 있는 것이다. 상속세 부담을 회피하기 위해 자선단체에 기부한다는 것은 사회적 관점에서 볼 때 매우 바람직한 일이다. 결과만 놓고 본다면 아무 사심 없이 진정한 선의에서 나온 기부 행위와 아무런 차이가 없기 때문이다.

미국 사회에서는 상속세 폐지 문제를 둘러싸고 많은 논란이 벌어지고 있다. 세계에서 가장 부유한 사람들, 즉 빌 게이츠(Bill Gates)와 버핏이 상속세 폐지를 앞장서 반대하고 있다는 것은 무척 흥미로운 일이다. 상속세 폐지로 가장 많은 이득을 얻게 될 사람은 바로 그들이 아닌가? 이들이 반대의 근거로 내세우고 있는 이유 중 하나는 기부행위가 줄어들 것이라는 점이다. 세금 한 푼 내지 않고 자식에게 전 재산을 물려줄 수 있게 될 때 기부행위에 어떤 영향이 올 것인지는 구태여 말할 필요조차 없다.

람들은 이에 민감한 반응을 보이게 된다. 정부는 이를 이용해 사람들의 행동을 바람직한 방향으로 이끌어 나갈 수 있다. 쓰레기를 버릴 때 종량제 봉투를 사용하게 만드는 것은 비용을 높임으로써 그 행위를 억제하는 정책의 한 예다. 그리고 자선단체에 기부하는 사람에게 세금 혜택을 주는 것은 비용을 낮춰 줌으로써 그 행위를 촉진시키려는 정책의 예가 된다. 사람들이 유인에 민감한 반응을 보인다는 사실은 현실의 정책에 매우 유용하게 활용될 수 있다.

(7) 시장은 효율적이지만 완벽하지 않다

경제학자들 사이에서 '보이지 않는 손'에 대한 믿음은 거의 종교에 가까운 수준이라고 말할 수 있다. 자원을 효율적으로 배분한다는 측면에서 볼 때 시장기구가 최선의 수단이라는 사실에는 의문의 여지가 없다. 그렇지만 시장기구가 다른 측면에서 여러 가지 문제점을 안고 있는 것도 사실이다. 이런 문제점에도 불구하고 전반적으로 시장경제보다 더 나은 체제를 찾을 수 없다는 것이 경제학자들의 믿음이다.

모든 것을 시장에 내맡기는 자유방임(laissez-faire)체제하에서는 여러 가지 바람직하지 못한 현상이 나타난다. 독과점기업들이 소비자의 이익을 해치는 행위를 한다든가, 너무 많은 오염물질이 방출되어 환경이 파괴된다든가 하는 것이 그 좋은 예다. 뿐만 아니라 국방이나 치안 같은 중요한 공공서비스가 제대로 공급되지 못하는 결과가 빚어질 수도 있다. 자유방임체제하에서 심각한 소득과 부의 편중 현상이 나타나는 것도 문제점으로 지적할 수 있다.

대부분의 경제학자들은 이와 같은 시장기구의 한계를 솔직히 인정하고 개선책을 찾아보려고 노력한다. 시장의 힘을 결코 무시해서는 안 되지만, 너무 믿어서도 안 된다고 생각하는 것이다.

(8) 정부가 유용한 역할을 할 수 있지만 문제를 더 악화시키기도 한다

시장기구가 나름대로 한계를 갖고 있다는 사실은 정부가 어떤 유용한 역할을 할 수 있음을 시사해 준다. 적절한 방식으로 개입한다는 것을 전제한다면, 정부 개입을 통해 국민의 경제적 복지가 한층 더 높은 수준으로 올라갈 수 있다. 그러나 현실은 이와 다를 수 있기 때문에 정부 개입에 대해 매우 조심스러운 태도를 취할 필요가 있다. 현실에서는 정부 개입이 상황을 한층 더 악화시키는 방향으로 몰고 가는 경우가 종종 있다.

정부 개입이 상황을 더 악화시키는 결과를 가져오는 이유에는 여러 가지가 있다. 경제에 대한 지식이나 정보가 부족한 것 외에도, 정부를 움직이는 정치인과 관료들에 문제가 있는 것 등 여러 이유를 생각해 볼 수 있다. 어떤 일과 관련해 큰소리로 정부 개입을 외치다가, 막상 개입이 이루어진 후의 상황을 보고 더 큰 실망에 빠져들게 되는 경우가 상당히 많다. 경제학자들은 정부가 좀 더 유용한 역할을 할 수 있도록 만드는 방법을 찾는 데 많은 관심을 갖고 있다.

경제학 교육의 효과

앞에서 말한 것처럼, 경제학을 배우는 주요한 목적은 합리적 선택의 기본 원리를 배우는 데 있다. 합리적 선택을 한다는 것과 타산적이거나 이기적으로 행동하는 것 사이에는 명백한 차이가 있다. 그러나 합리적 선택을 추구하는 행동이 자칫하면 이기적인 행동으로 변질될 가능성이 큰 것은 사실이다. 합리적 선택이란 쉽게 말해 여러 선택가능성 중 자신에게 가장 유리한 쪽을 선택하는 것을 뜻한다. 자신에게 유리한 것을 찾는 데 너무 집착한 나머지 자신의 이득만을 앞세우는 태도가 나타날 수 있는 것이다.

경제학을 가르치는 사람의 입장에서 보면 바로 이 점이 큰 걱정거리가 아닐 수 없다. 즉 경제학 교육에서 강조하는 합리적 선택이 자칫 이기적인 행동을 부추기는 부작용을 가져올지 모른다는 점을 걱정하고 있는 것이다. 이 걱정이 단지 기우에 불과한지 아니면 나름대로 근거가 있는 것인지를 확인하기 위해 경제학 강의를 듣는 학생들을 대상으로 몇 가지 실험을 해본 적이 있다. 그러나 실험마다 결과가 다르게 나와, 아직 어느 한쪽으로 명백한 결론을 내기는 힘든 형편이다.

어떤 경제학 교수는 두 사람씩 짝이 되어 일정한 금액의 돈을 나누어 갖는 게임의 형식으로 실험을 해보았다. 예를 들어 짝이 된 두 사람에게 10만원을 주고 다음과 같은 절차를 통해 둘 사이에서 나눠 갖게 만든다. 둘 중 어느 한 사람이 어떤 비율로 나눌 것을 제의하면 다른 사람은 그 제의를 받아들이거나 거부할 수 있다. 그 제의를 받아들이면 그 제의 내용에 따라 나눠 갖는 한편, 거부하면 둘 다 아무것도 얻지 못한 채 게임이 끝난다.[6]

제의를 하는 사람 입장에서 본 합리적 선택은 거의 다 자신이 갖겠다고 제의하는 것이다. 예컨대 자신이 9만원, 상대방은 1만원으로 나누어 갖자고 제의하는 것이 합리적이란 말이다. 상대방이 그 제의를 거부하면 아무것도 얻지 못하기 때문에 울며 겨자 먹기로 받아들일 것이라고 예상할 수 있기 때문이다.[7] 이런 제의가 합리적이기는 하지만, 동시에 이기적인 성격을 갖는 것 또한 사실이다.

이 실험을 실시한 경제학 교수는 제의를 하는 사람이 경제학 전공자일 때와 비전공자일 때 어떤 차이가 있는지에 관심의 초점을 맞췄다. 그런데 실험 결과는 불행히도 경제학 교육이 사람을 좀 더 이기적으로 만든다는 쪽으로 드러났다. 비전공자들은 대개 그 금액을 반반씩 나누자고 제의한 반면, 경제학 전공자들은 자기가 훨씬 더 많이 갖는 쪽으로 제의한 것으로 나타났기 때문이다. 이 결과만 놓고 보면 경제학 교육이 사람을 이기적으로 만든다는 주장이 맞는 셈이다.

다른 경제학 교수는 강의실에 일정액의 돈이 든 봉투를 몇 개 떨어뜨려 놓고 그것을 정직하게 되돌려 주는 학생의 비율이 얼마나 되는지 알아보는 방식으로 실험을 실시했다. 그는 경제학 강의가 진행된 교실과 다른 과목의 강의가 진행된 교실 사이에 정직성의 차이가 있는지를 관찰해 보았다. 이 실험의 결과는 경제학 강의가 진행된 교실에서 정직하게 되돌려 주는 학생의 비율이 더 높았던 것으로 드러났다. 이는 경제학 교육이 사람을 이기적으로 만드는 것이 아니라 오히려 그 반대의 효과를 갖는다는 뜻이다.

합리적 선택을 하라고 가르치는 것이 모든 일에서 주판알을 튀겨보는 식으로 각박하게 살라고 가르치는 것은 결코 아니다. 슈바이처 박사나 테레사 수녀처럼 남을 위해 일생을 바친 사람도 나름대로 합리적 선택의 결과로 그런 삶을 살게 된 것이라고 볼 수 있다. 자기의 가치체계에서 남에 대한 봉사가 절대적 위치를 차지한다면 자신이 가진 모든 자원을 봉사생활에 쏟아붓는 것이 합리적 선택임은 두말할 나위도 없다. 이기적인 행동을 하면서 그것을 경제학 교육의 탓으로 돌리는 것은 그다지 설득력이 없다.

---

6) 이런 방식으로 진행되는 게임을 '최후통첩게임'(ultimatum game)이라고 부른다.

7) 예컨대 상대방이 1만원만 가지라는 제의에 감정이 상해 판을 깨버리는 행동을 취할 가능성이 있다. 그러나 합리적인 사람이라면 1만원이라도 얻기 위해 그 제의를 받아들일 것이다.

(9) 한꺼번에 효율성과 공평성의 두 마리 토끼를 쫓기는 어렵다

효율적으로 움직여 가는 경제가 바람직한 것임은 두말할 나위도 없다. 그러나 효율성이 최고의 수준에 오른다 해서 그것만으로 바람직한 상태가 이루어지는 것은 아니다. 사람들 사이에서 소득과 재산이 불공평하게 분배되어 있다면 결코 바람직한 상태라고 말할 수 없기 때문이다. 따라서 우리가 추구하는 목표는 자원이 효율적으로 배분될 뿐 아니라 소득과 재산이 공평하게 분배되는 경제를 만들어 가는 것이다.

그런데 현실적인 여건 때문에 효율성과 공평성의 두 마리 토끼를 한꺼번에 쫓기는 힘들다. 예컨대 경제가 효율성 위주로 운영되다 보면 공평성의 문제가 일어날 가능성이 커진다. 또한 공평성을 너무 강력하게 추구하다 보면 효율성의 문제가 일어날 수도 있다. 한쪽을 추구하면 다른 쪽은 반드시 포기해야 하는 식으로 이 둘이 완전히 양립 불가능한 것은 아니다. 그러나 두 가지 목표가 서로 충돌할 수 있기 때문에 적절한 타협을 해야 하는 경우가 상당히 많다. 결국 이 둘 사이에서 어떻게 균형을 잡느냐가 문제인데, 이를 얼마나 성공적으로 해결했느냐에 따라 한 경제의 성패가 갈리게 된다.

(10) 물가 안정과 고용 안정을 동시에 달성하기는 매우 어렵다

우리는 물가가 안정되고 고용도 안정되어 있는 상태를 원하지만, 경제가 그렇지 못한 상태에 있을 때가 많다. 어떤 때는 운이 좋아 둘 다 안정된 상태가 상당히 오랫동안 지속되기도 하지만, 이런저런 이유로 둘 중 하나 혹은 모두가 불안정한 상태로 빠져들기 일쑤다. 예를 들어 중동의 정치적 불안으로 인해 국제석유가격이 오르면 물가가 불안해지는 것은 물론 실업도 늘어나게 된다.

그런데 물가 안정과 고용 안정을 동시에 달성하는 것은 매우 어려운 일이다. 예를 들어 고용 안정을 위한 정책을 쓰면 물가가 불안해질 가능성이 크고, 물가 안정을 위한 정책을 쓰면 고용이 불안해질 가능성이 크기 때문이다. 이렇게 물가 안정과 고용 안정을 동시에 달성하기가 매우 어렵다는 사실은 경제안정정책을 수행하는 데 기본적인 제약으로 작용하고 있다. 결국 이 두 목표 중 어느 한쪽에 우선순위를 두고 정책을 운영할 수밖에 없는데, 어느 쪽에 우선순위를 두어야 하는지는 쉽게 답할 수 있는 문제가 아니다.

요약

1. 과학에서의 이론이란 현실에 존재하는 여러 변수들 사이의 관계를 의도적으로 단순화시켜 놓은 것을 뜻한다. 관찰되는 그대로의 현상들은 너무나 복잡해 그 자체로는 이해하기가 힘들기 때문에 단순화의 작업이 필요한 것이다.

2. 경제이론은 경제모형이라는 구체적인 형태로 표현되는 것이 보통이다. 경제모형은 현실 경제를 단순화해 축소시켜 놓음으로써 경제가 어떻게 움직여 가는지 이해하기 쉽게 만들어 놓은 것을 뜻한다. 경제모형을 구성하는 기본 요소로는 변수, 가정, 가설을 들 수 있다.

3. 변수들 사이에 상관관계가 존재한다 해서 그들이 반드시 인과관계로 맺어져 있는 것은 아니다. 경제분석은 여러 변수들 사이에 존재하는 인과관계를 밝혀내는 일을 중요한 목표로 삼고 있다.

4. 경제학은 국민경제를 어떤 관점에서 보느냐에 따라 미시경제이론과 거시경제이론으로 구분할 수 있으며, 가치판단이 개입되는지의 여부에 따라 실증경제이론과 규범경제이론으로 구분할 수 있다.

중요개념

추상화	경제모형	변수	가정
가설	상관관계	인과관계	미시경제이론
거시경제이론	실증경제이론	규범경제이론	

연습문제

01. 과학에서 말하는 이론이 무엇이며, 우리가 이론을 추구하는 목적은 무엇인지 설명하라.

02. 경제학을 위시한 사회과학은 인간의 행동을 예측할 수 있다는 기본 전제로부터 출발하고 있다. 그렇지만 사람들은 똑같은 자극에 대해서도 상황에 따라 각기 다른 반응을 보이는 것이 보통이다. 사회과학은 이 문제를 어떻게 해결하고 있는가?

03. 경제학자들은 어떤 이유에서 '다른 조건들이 일정하다면'이라는 가정을 즐겨 쓰는가?

04. 두 변수 사이에 밀접한 상관관계가 있지만 그렇다고 해서 인과관계가 있다고는 볼 수 없는 사례를 세 가지만 들어 보라.

05. 다음과 같은 경제적 현상은 미시경제이론의 영역에 속하는가 아니면 거시경제이론의 영역에 속하는가?

(1) 커피 가격이 크게 올라 사람들이 녹차를 더 많이 찾게 되었다.

(2) 수출의 호조로 인해 우리나라의 금년도 경제성장률이 5%에 이르는 높은 수준을 기록했다.

(3) 물가 불안에 대한 염려 때문에 정부는 통화량을 줄여 나가기 시작했다.

(4) 서울의 대기오염 문제가 심각해지자 자동차의 배기가스에 대한 규제를 강화해야 한다는 목소리가 점차 강해지고 있다.

(5) 철강산업의 가격동향을 조사해 본 결과 모 회사가 가격 상승을 주도해 온 것으로 드러났다.

06. 다음과 같은 경제적 문제는 실증경제이론의 영역에 속하는가 아니면 규범경제이론의 영역에 속하는가?

(1) 석유파동이 국내의 고용수준과 물가에 어떤 영향을 주었는지 분석해 보려고 한다.
(2) 가난한 사람들을 돕는 정책에 더 많은 예산을 배정하는 것이 바람직한지에 대해 논쟁을 벌이고 있다.
(3) 노동조합의 결성이 비조합원의 임금도 상승시키는 효과를 가져왔다는 주장이 제기되고 있다.
(4) 지금 단계에서 고용기회 증대를 우선적으로 추구해야 한다는 의견과 물가 안정을 우선적으로 추구해야 한다는 의견이 엇갈려 있다.
(5) 수질오염 문제를 해결하기 위한 정책수단들을 찾아내고 이들의 장단점을 파악하려 하고 있다.

07. 적절한 예를 들어 '규범경제이론의 문제를 제대로 풀려면 충분한 실증경제이론의 지식이 뒷받침되어야 한다'는 논리를 옹호해 보라.

08. 적절한 예를 들어 "이 세상에 공짜는 없다."라는 평범한 진리를 무시함으로써 저지를 수 있는 실수에 대해 설명해 보라.

09. 당일치기로 시험공부를 하느라 극도로 바쁜 학생이라 할지라도 어떤 시점에서는 잠자리에 들어야 한다. 어떤 과정을 통해 이와 같은 결정에 이르게 될지 설명해 보라.

10. '나 홀로 차'로 인해 귀중한 에너지가 낭비되고 있을 뿐 아니라, 교통체증이 심화되는 결과가 빚어진다는 지적이 있다. 그런데도 왜 나 홀로 차들이 줄어들지 않는지 그 이유를 설명해 보라.

11. 사람들이 환경을 오염시키는 행위를 하지 못하도록 유도하려면 어떤 방법을 쓸 수 있는지 설명해 보라.

12. 모든 것을 시장에 내맡기는 자유방임체제는 어떤 문제점을 갖고 있을까?

제 3 장

수요, 공급 그리고 시장의 균형

3.1 수 요

3.2 수요의 탄력성

3.3 공 급

3.4 공급의 탄력성

3.5 시장의 균형

3.6 소비자잉여와 생산자잉여

시장경제에서 모든 상품의 가격은 수요와 공급의 상호작용에 의해 결정된다. 이 점에서 본다면 수요와 공급은 시장경제를 움직여 나가는 기본적인 힘이라고 말할 수 있다. 그러므로 현실 경제에서 일어나는 현상을 제대로 이해하기 위해서는 수요와 공급의 성격에 대해 자세히 알아둘 필요가 있다. 이 장에서는 수요와 공급의 성격에 대해 살펴본 다음, 이 두 힘이 균형을 이룬 상태에서 상품의 가격과 거래량이 결정되는 과정을 분석해 보려고 한다.

3.1 수 요

수요곡선의 도출

대학생인 김군의 한 달 용돈은 30만원인데, 아이스크림을 아주 좋아해 이것을 사먹는 데 많은 돈을 쓴다고 한다. 〈표 3-1〉은 그가 각 가격에서 사먹으려고 하는 아이스크림의 양을 보여 주고 있다. 이 표를 보면 1kg이 들어 있는 아이스크림 한 통의 값이 2만 5천원일 때 그는 한 달 동안 8통의 아이스크림을 사먹으려고 하는 것을 알 수 있다. 값이 2만원으로 떨어지면 그 양은 12통으로 늘어나고, 1만 5천원으로 다시 떨어지면 16통으로 늘어나는 등, 가격이 변화해 감에 따라 수요량이 어떻게 변화하는지가 모두 이 표에 나타나 있다.

이 표를 수요표(demand schedule)라고 부르는데, 여기에 나타난 수치들을 그림으로 옮긴 것이 [그림 3-1]에서 보는 **수요곡선**(demand curve)이다. 이 수요곡선은 오른쪽으로 가면서 아래로 내려가는 모양, 즉 우하향하는 모양을 갖고 있는데, 이는 가격이 내려감에 따라 수요량이 늘어난다는 것을 뜻한다. 어떤 상품의 가격이 떨어짐에 따라 더 많은 양을 수요하는 것은 흔히 볼 수 있는 현상으로, 이를 **수요의 법칙**(law of demand)이라고 부른다.[1] 그러나 모든 경우에 이 수요의 법칙이 성립하는 것은 아니고, 예외적 상황이 있을 수 있다.

수요의 법칙

어떤 상품의 가격이 떨어짐에 따라 소비자가 더 많은 양을 수요하는 현상이 나타나는 것을 의미

우리는 수요곡선을 지금까지 설명해 온 것과 약간 다른 각도에서 해석해 볼 수 있다. 즉 이 곡선의 높이가 마지막 단위의 아이스크림을 사기 위해 김군이 (최대한으로) 지불할 용의가 있는 금액을 나타낸다고 해석할 수 있는 것이다. 예를 들어 그림의 *A*점은 아이스크림 가격이 2만원일 때 김군이 수요하는 아이스크림의 양이 12통임을 뜻하는 동시에, 그가 12번째 통의 아이스크림에 대해 지불할 용의가 있는 금액이 바로 2만원임을 뜻하기도 한다는 말이다.

표 3-1

김군의 아이스크림에 대한 수요

가격(천원)	수요량(통/월)
25	8
20	12
15	16
10	22
5	29

1) 앞으로 이 책을 읽으면서 '법칙'(law)이란 말을 자주 접하게 될 것이다. 다른 학문에서도 비슷하지만, 경제학에서의 법칙이란 것은 현실 세계에서 그와 같은 현상을 자주 발견할 수 있다는 말이지 언제나 그와 같은 현상이 나타난다는 뜻이 아니다.

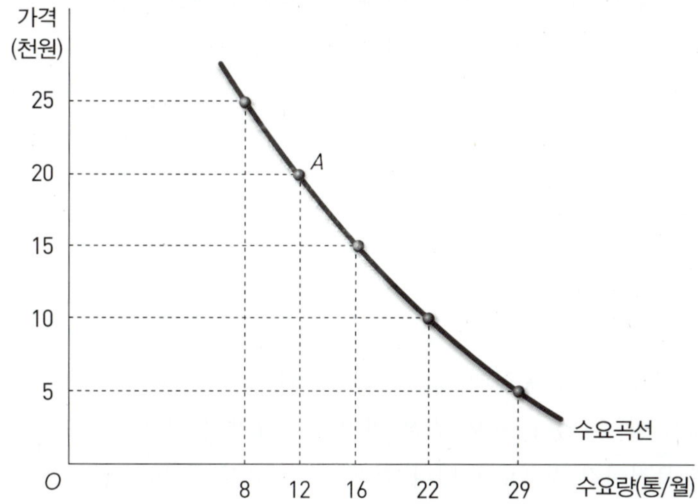

그림 3-1

김군의 수요곡선

수요곡선은 각 가격에서 소비자가 얼마만큼의 상품을 수요하려 하는지 보여주고 있으며, 일반적으로 우하향하는 모양을 갖는다.

그렇다면 김군은 왜 12번째 통의 아이스크림에 대해 2만원을 지불할 용의를 갖는 것일까? 그것은 12번째 통의 아이스크림을 사먹음으로써 그가 얻을 수 있는 만족감의 크기, 즉 **한계편익**(marginal benefit)이 2만원어치에 해당하기 때문이다. 경제학에서 편익이라는 말은 이득이나 만족감을 뜻하는 말로 쓰이고 있는데, 여기에 한계라는 말이 붙으면 마지막 한 단위에서 나오는 만족감을 뜻하게 된다.[2]

한계편익

어떤 상품의 마지막 단위를 소비함으로써 얻는 만족감의 크기

소비자가 어떤 상품을 살 때, 그것을 소비함으로써 얻는 만족감 이상의 금액을 지불하려 하지는 않는다. 따라서 김군이 그 12번째 통의 아이스크림에 대해 최대한 2만원을 지불할 용의를 갖는다는 것은 그것을 소비함으로써 얻는 만족감, 즉 한계편익이 2만원어치에 해당한다는 뜻이다. 그런데 이 2만원이란 금액은 수요곡선 위에 있는 A점의 높이와 같다. 바로 이와 같은 근거에서 수요곡선의 높이가 그 상품의 소비에서 나오는 한계편익을 나타낸다고 해석할 수 있다.

수요곡선이 우하향하는 모양을 갖는다는 것은 상품의 소비량이 늘어남에 따라 지불할 용의가 있는 금액이 점차 작아진다는 것을 뜻한다. 이는 소비량이 늘어남에 따라 한계편익이 점차 작아지기 때문이라고 해석할 수 있다. 예를 들어 목이 마를 때 콜라 한 잔을 마시면 만족감이 매우 크지만, 두 잔째나 세 잔째에 가면서 점차 만족감이 떨어지게 마련이다. 이렇게 상품의 소비량이 늘어남에 따라 한계편익이 작아지기 때문에 지불할 용의가 있는 금액도 점차 작아지는 것이다.

앞으로 이 책을 읽으면서 '한계'(marginal)라는 표현을 자주 접하게 될 텐데, 마지막 한 단위와 관련된 맥락에서 이 표현이 등장하게 된다. 제2장에서 경제학적 사고의 기본 원칙 중 하나가 "마지막 하나가 어떤 영향을 미치는지 보아야 한다."라는 점을 설

2) 앞으로 곧 알게 되겠지만, 경제학을 공부하다 보면 한계편익이란 표현 이외에도 한계효용, 한계비용, 한계수입 등 '한계'(marginal)라는 말이 붙은 용어를 볼 때가 많다. 여기에서 한계라는 말은 마지막 한 단위에 대해 정의된 개념이라는 것을 뜻한다.

명한 바 있다. 여기서 마지막 하나의 영향은 반드시 한계라는 말이 붙여져 표현된다는 점을 잊지 말기 바란다. 그렇기 때문에 경제학을 공부할 때 한계라는 표현을 자주 보게 되는 것이다.

수요곡선 위의 운동과 수요곡선의 이동

[그림 3-2]에서 '원래의 수요곡선'이라는 이름이 붙은 곡선은 앞에서 본 [그림 3-1]의 수요곡선을 그대로 옮겨 그린 것이다. 이 곡선을 보면 아이스크림 한 통의 값이 2만원일 때의 수요량이 12통인데, 값이 1만 5천원으로 떨어지면 수요량은 16통으로 늘어난다는 것을 알 수 있다. 이와 같은 가격과 수요량의 변화는 수요곡선 위의 *A*점에서 *A'*점으로 움직여간 것으로 나타나 있다. 이는 고려 대상이 되는 상품, 즉 아이스크림의 가격이 변화할 때 이에 대한 수요량의 반응이 '수요곡선 위의 움직임'으로 나타난다는 것을 뜻한다.

그런데 아이스크림 수요량이 그것의 가격에 의해서만 결정되는 것은 아니고, 다른 요인에도 영향을 받는다. 예컨대 다른 군것질거리의 값, 입맛이나 유행, 혹은 용돈의 크기 등도 아이스크림에 대한 수요에 영향을 미치고 있다. 그렇지만 이들을 모두 고려하기는 어렵기 때문에, 지금까지는 편의상 아이스크림 가격이 그것의 수요량을 결정하는 유일한 변수인 것처럼 설명해 왔던 것이다.

앞에서 본 수요곡선의 배후에는 아이스크림에 대한 수요에 영향을 주는 (아이스크림 가격 이외의) 다른 변수들의 값이 현재의 수준에서 변화하지 않는다는 가정이 깔려 있다. 이 가정을 통해 아이스크림 가격과 수요량 사이의 관계에 관심의 초점을 맞출 수 있게 된 것이다. 그렇지만 현실에서 이 변수들의 값이 정말로 변화하지 않는 것은 아니다. 엄밀하게 말해 우리가 채택하고 있는 가정은 이들의 값이 '일시적으로 고정되어' 있다는 것임에 주의해야 한다.

무슨 맛을 먹을까?

아이스크림에 대한 수요는 아이스크림의 값뿐 아니라, 다른 군것질거리의 값, 입맛이나 유행, 용돈의 크기 등에도 영향을 받는다.

만약 아이스크림 가격 이외의 다른 변수에 변화가 생겼다면 그림이 어떻게 달라질까? 빙수의 가격이 지금의 두 배로 오른 경우를 예로 들어 어떤 변화가 생길지 생각해 보기로 하자. 이 경우 김군은 빙수 소비를 줄이고 그 대신 더 많은 아이스크림으로 시원하고 단 것에 대한 욕구를 채우려 할 것이다. 그 결과 아이스크림 수요량이 늘어나게 되는데, 좀 더 구체적으로 말하면 각 가격에서의 아이스크림 수요량이 종전에 비해 모두 더 커진다.

예컨대 빙수 가격 상승으로 인해 아이스크림 한 통 값이 2만원일 때의 수요량이 종전의 12통에서 18통으로,

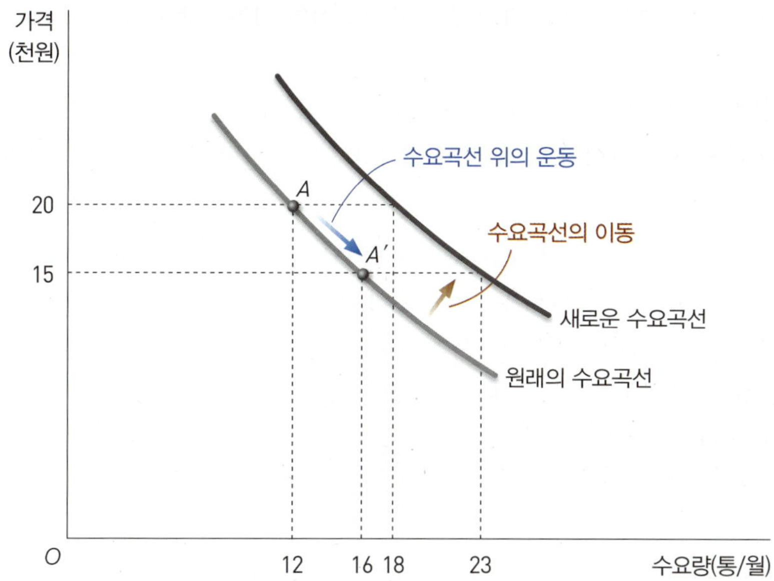

그림 3-2

수요곡선 위의 운동과 수요곡선의 이동

아이스크림의 가격이 2만원에서 1만 5천원으로 떨어진 결과 수요량이 12통에서 16통으로 늘어난 것은 원래의 수요곡선 위의 *A* 점에서 *A′* 점으로 움직인 것으로 나타난다. 반면에 빙수 가격이 두 배로 오른 경우에는 아이스크림 가격이 2만원일 때의 수요량이 18통으로 늘어나는 동시에 1만 5천원일 때의 수요량도 23통으로 늘어나는 등 모든 가격에서의 수요량이 더 커지게 된다. 이것은 수요곡선이 오른쪽으로 이동해 간다는 것을 뜻한다.

그리고 1만 5천원일 때의 수요량은 16통에서 23통으로 늘어난다고 하자. 이는 [그림 3-2]에서 보는 것처럼, 수요곡선이 오른쪽으로 이동해 '새로운 수요곡선'의 위치로 온다는 것을 뜻한다. 이와 같이 아이스크림과 대체관계에 있는 상품의 가격이 올라갈 경우에는 아이스크림에 대한 수요를 나타내는 곡선이 오른쪽으로 이동하는 결과가 나타난다.

아이스크림 가격 이외의 변수에 변화가 생긴 또 다른 예로 김군의 용돈이 늘어나는 경우를 생각해 볼 수 있다. 예를 들어 그가 아르바이트를 시작해 한 달 동안 쓸 수 있는 돈이 30만원에서 50만원으로 늘어났다고 하자. 이 경우에도 그의 아이스크림 수요량이 늘어날 것으로 예상할 수 있는데, 앞에서의 예와 마찬가지로 각 가격에서의 아이스크림 수요량이 더 커지는 결과가 나타난다. 이는 용돈, 즉 소득이 늘어나는 경우에도 수요곡선이 오른쪽으로 이동하는 결과가 빚어진다는 것을 뜻한다.[3] 그 밖에도 다른 변수에 변화가 생긴 것의 예로 아이스크림에 대한 소비자의 취향이 달라진다든가 소비자의 숫자가 변화하는 것 등을 들 수 있다.

지금까지 설명한 것을 다시 한번 요약해 보면 다음과 같다. 고려 대상이 되는 상품 그 자체의 가격이 변화할 경우에는 원래 주어진 수요곡선 위로 움직이면서 수요량이 변화하게 된다. 이 경우 우리는 **수요곡선 위의 운동**(movement along the demand curve)이 일어났다고 말한다. 반면에 일정하다고 가정된 그 이외의 변수, 즉 다른 상품의 가격, 소비자의 소득이나 기호 등에 변화가 일어나면 수요곡선 그 자체가 좌우로

수요곡선 위의 운동과 수요곡선의 이동

고려 대상이 되는 상품 그 자체의 가격이 변화해 원래 주어진 수요곡선 위로 움직이면서 수요량이 변화하는 것을 수요곡선 위의 운동이라고 부름. 반면에 일정하다고 가정된 변수에 변화가 생겨 수요곡선이 움직이는 것을 수요곡선의 이동이라고 부름

3) 여기서는 수요곡선이 오른쪽으로 이동하는 예만을 설명하고 있지만, 왼쪽으로 이동하는 경우도 있을 수 있다. 예를 들어 빙수의 가격이 떨어지거나 용돈이 줄어들면 수요곡선이 왼쪽으로 이동하는 결과가 빚어진다.

이동해 가는 결과가 나타난다. 다시 말해 **수요곡선의 이동**(shift of the demand curve)이 생기는 것이다.

고려 대상이 되는 상품, 즉 아이스크림의 가격이 떨어진 결과 아이스크림을 더 많이 사먹게 되는 것을 가리켜 '수요량'이 늘어난다고 말한다. 그러나 빙수 가격이 올랐거나 용돈이 더 커져 아이스크림을 더 많이 사먹게 되는 경우라면 이에 대한 '수요'가 늘어난다고 표현해야 한다. 다시 말해 수요량이란 말과 수요라는 말을 구별해 써야 한다는 것이다. 수요가 늘어난다 혹은 줄어든다는 표현은 수요곡선의 이동이 생겼을 때에 한해서 써야 한다. [그림 3-2]에서 보는 것처럼 수요곡선이 오른쪽으로 이동한 경우에는 "수요가 늘어났다."고 말하는 한편, 왼쪽으로 이동한 경우에는 "수요가 줄어들었다."고 말한다.

생각해 봅시다

중동지역의 정치적 상황이 악화되어 원유가격이 배럴당 50달러나 되는 폭으로 뛰어올랐다고 한다. 이에 따라 국내의 휘발유 가격도 리터당 6백원 올랐고, 가격 상승에 충격을 받은 시민들은 자동차를 집에 놓아두고 대중교통을 대거 이용하기 시작했다. 자가용 운행이 급격하게 줄어들면서 전국의 주유소는 눈에 띄게 한산해졌다. 바로 얼마 전까지만 해도 주유하려는 자동차들이 긴 줄을 이루어 기다리던 주유소조차 손님이 없어 파리만 날릴 지경이었다.

이 현상이 사람들의 이목을 끌자 신문들은 앞다투어 관련 기사를 써 올렸는데, 어느 한 신문은 다음과 같은 제목 아래 장문의 기사를 실었다.

"휘발유 가격 폭등으로 인해 수요 격감 - 전국의 주유소들 파리 날려"

이 제목을 얼핏 보면 아무런 문제가 없는 것처럼 보인다. 그러나 곰곰이 생각해 보면 휘발유 가격이 폭등하면 휘발유의 수요량이 줄어드는 것이지 수요가 줄어드는 것은 아니다. 따라서 이 제목은 잘못 달린 것이라고 말할 수 있다.

문제는 우리의 일상생활에서 수요와 수요량이란 말을 엄격하게 구분해 쓰지 않는 경우가 많다는 데 있다. 그렇기 때문에 그 신문의 기자도 아무 생각 없이 잘못된 표현을 썼을 것으로 짐작한다. 그러나 경제학을 배우는 우리로서는 그런 잘못된 표현이 용납되지 않는다. 언제나 수요라는 말과 수요량이라는 말을 상황에 맞게 엄밀히 구분해 써야만 한다.

생각해 보기

(1) 휘발유에 대한 수요를 감소시키는 요인들에 무엇이 있을지 생각해 보자.
(2) 바이오디젤유를 만드는 원료가 되는 옥수수의 흉작이 휘발유에 대한 수요에 어떤 영향을 미칠지 생각해 보자.

비쌀수록 잘 팔린다?

소위 '명품'이라고 불리는 유명 브랜드의 상품들은 주로 유럽연합(EU) 여러 나라에서 수입되고 있다. 따라서 우리나라와 유럽연합 사이에 체결된 자유무역협정은 이들의 국내가격을 전반적으로 떨어뜨리는 효과를 가져왔어야 마땅한 일이다. 과거에 내던 관세만큼의 원가가 절감될 수 있기 때문에 가격을 내릴 수 있는 여건이 조성되었기 때문이다. 그러나 자유무역협정이 체결된 후 이 상품들의 국내가격이 떨어지기는커녕 오히려 더 뛰어오른 것을 볼 수 있었다.

얼핏 보면 유명 브랜드 공급업체가 경제논리에 반하는 가격정책을 쓴 것처럼 보일 수도 있다. 그러나 그들이 추구한 가격정책은 자신의 입장에서 볼 때 철저하게 합리적인 것이었다고 말할 수 있다. 왜냐하면 우리나라 시장에서 자신의 상품은 비쌀수록 더 잘 팔리는 경향이 있다는 사실을 꿰뚫어 보고 있었기에 그런 가격정책을 추구한 것이기 때문이다. 원가 하락 요인이 발생했든 말든 그들의 입장에서 봤을 때는 가격을 올리고 보는 것이 최상의 전략이었던 셈이다.

유명 브랜드 공급업체가 가격을 인상하면서 내세우는 이유는 주로 환율의 변화를 반영하겠다는 것이다. 예를 들어 우리나라 사람에게 가장 인기 있는 브랜드 중 하나인 C사는 글로벌 금융위기가 일어난 2008년 환율 상승을 이유로 여러 차례에 걸쳐 거의 50%대에 이르는 가격 인상을 단행했다. 2011년 5월에는 다시 25%의 가격 인상을 단행했는데, 이와 같은 가격 인상폭이 환율의 상승폭을 크게 웃도는 것이었음은 두말할 나위도 없다.

뉴욕 맨해튼의 화려한 상점

여기서 파는 상품들은 비싼 가격표를 붙여 놓아야 오히려 더 잘 팔린다.

C사가 가격 인상을 아예 마케팅 전략으로 사용하고 있음은 다음과 같은 예에서도 잘 드러난다. 다른 브랜드의 경우에는 가격 인상을 미리 고지하지 않고 갑작스럽게 단행하는 데 비해 C사는 한두 달 전에 미리 가격 인상을 예고하는 전략을 쓰고 있다. 업계 관계자의 말에 따르면 이와 같은 가격 인상의 예고가 미리 사두려는 심리를 자극해 매출 증가로 이어지는 효과를 낸다고 한다. 실제로 2011년 5월에 가격을 올릴 것을 예고하자 4월의 매출액은 전년 동기 대비 43.2%나 증가했다고 한다.

유명 브랜드 공급업체의 가격 인상 전략에서 흥미로운 점은 가격 인상폭이 클수록 매출액 증가가 더 큰 폭으로 일어난다는 사실이다. 대표적 브랜드인 C사, L사, G사의 2011년 상반기 매출액 증가폭을 비교해 보면 가격 인상폭과 비례하고 있는 것으로 나타난다. 가격 인상폭이 가장 컸던 C사의 매출액 증가폭이 54.8%에 이르러 가장 컸던 반면, 가격을 인상하지 않았던 G사의 매출액 증가폭은 가장 작았다고 한다.

우리나라 사람들의 소위 '명품'에 대한 열망은 유독 강한 측면이 있다. 이런 특성을 꿰뚫어 보고 있는 유명 브랜드 공급업체가 우리나라 시장에서 톡톡히 재미를 보고 있을 것은 두말할 나위도 없다. 그런데 기본적으로 과시적 소비의 성격을 갖는 상품의 경우에는 이처럼 비쌀수록 더 잘 팔리는 현상이 나타나는 데 나름대로 이유가 있다.

유명 브랜드 상품과 일반 상품 사이의 품질 격차가 가격의 차이만큼 클 가능성은 매우 희박하다. 소위 명품이라고 불리는 상품이 갖는 핵심적 의미는 품질과 상관없이 가격이 높다는 사실에 있다. 품질에 큰 차이가 없는데도 터무니없이 높은 가격을 지불한다는 것은 돈을 낭비한다는 뜻이 된다. 자신은 부유하기 때문에 그렇게 돈을 낭비해도 된다는 사실을 남에게 과시하는 것이 명품 소비의 진정한 의미다. 그렇기 때문에 비쌀수록 더 잘 팔리는 얼핏 보면 역설적인 현상이 나타날 수 있는 것이다.

자료 : 『한국일보』, 2011년 7월 7일 자

시장의 수요

지금까지는 김군이라는 개인의 수요에 대해 설명해 왔다. 그런데 상품의 가격과 거래량은 시장에서의 수요와 공급에 의해서 결정된다. 그러므로 우리가 궁극적으로 관심을 갖는 것은 개인의 수요가 아니라 시장 전체의 수요다. 만약 각 소비자에 대해 수요곡선이 도출되어 있다면, 이로부터 시장의 수요곡선을 도출하는 것은 비교적 간단한 일이다. 각 가격에서 개별 소비자가 수요하는 양을 모두 더하면 시장 전체의 수요량을 쉽게 구할 수 있기 때문이다. 이는 각 개인의 수요곡선이 주어졌을 때 이들을 수평 방향으로 더함으로써 시장 전체의 수요곡선을 구할 수 있음을 뜻한다.

[그림 3-3]의 왼쪽에는 아이스크림에 대한 김군, 이군, 박군의 수요곡선이 각각 보라색, 분홍색, 연두색의 우하향하는 곡선으로 그려져 있다. 이를 보면 아이스크림 가격이 1만 5천원일 때 이 세 사람의 (월) 수요량은 각각 10통, 7통, 6통인 것으로 나타나 있다. 고려 대상이 되는 경제에 이 세 사람만 존재한다면 아이스크림 가격이 1만 5천원일 때 시장 전체의 수요량은 23통이 된다.

다른 가격에서도 이와 똑같은 방법으로 세 사람의 수요량을 더해 시장 전체의 수요량을 구할 수 있다. 이것은 개별 소비자의 수요곡선을 수평 방향으로 더해 시장수요곡선을 도출할 수 있다는 것을 뜻한다. 그림의 오른쪽에서 보는 시장수요곡선은 바로 이와 같은 방법을 통해 구한 것이다. 그러나 이런 방법으로 시장수요곡선을 도출하는 것은 각 개인의 수요가 다른 사람의 수요에 영향을 받지 않는다는 전제하에서만 허용될 수 있다.

그림 3-3

시장 전체의 수요곡선

각 소비자의 수요곡선을 수평 방향으로 더함으로써 시장 전체의 수요곡선을 구할 수 있다.

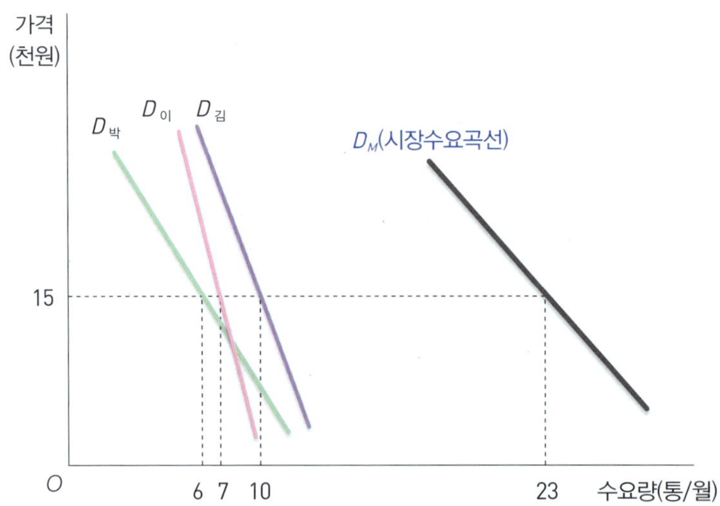

수요의 탄력성 3.2

예를 들어 아이스크림 가격이 올라갈 때 수요량이 크게 줄어들 수도 있고 별로 줄어들지 않을 수도 있다. 또한 용돈의 크기가 늘어난 경우에도 수요량이 크게 늘어날 수도 있고 그렇지 않을 수도 있다. 이렇게 수요량을 결정하는 여러 요인에 변화가 생겼을 때 수요량이 얼마나 민감한 반응을 보일지가 관심의 대상이 될 수 있다. 이 민감성의 정도를 하나의 수치로 나타내 보이는 것이 **탄력성**(elasticity)인데, 곧 보게 되듯 어떤 수요량의 결정요인에 대해 그것을 재느냐에 따라 여러 가지 다른 탄력성을 구할 수 있다.

가격탄력성

(1) 가격탄력성의 의미

수요의 가격탄력성(price elasticity of demand; ε_p)은 어떤 상품의 가격에 생긴 작은 변화가 그 상품의 수요량에 얼마만큼의 변화를 가져오는지 재기 위해 고안된 개념이다. 소금 같은 상품은 가격이 웬만큼 변화해도 수요량에 거의 변화가 생기지 않는다. 생활필수품의 성격을 갖고 있기 때문인데, 이 경우 우리는 수요의 가격탄력성이 매우 작다고 말한다. 반면에 작은 폭의 가격 변화에도 수요량이 상당히 민감하게 반응하는 상품의 경우에는 수요의 가격탄력성이 크다고 말한다.

수요의 가격탄력성

어떤 상품의 가격에 생긴 작은 변화가 그 상품의 수요량에 얼마만큼의 변화를 가져오는지를 나타내는 수치

구체적으로 말해 수요의 가격탄력성은 다음 식에서 보는 것처럼 가격의 변화비율을 분모에 넣고 수요량의 변화비율을 분자에 넣어 구한 값과 같다.[4] 이 분수의 값은 가격의 변화에 대해 수요량이 얼마나 민감하게 반응하는지를 나타낸다.

$$\varepsilon_p = -\frac{\text{수요량의 변화비율}}{\text{가격의 변화비율}} = -\frac{\Delta Q_d/Q_d}{\Delta P/P} \tag{3.1}$$

여기에서 Δ는 아주 작은 변화를 뜻하는 기호인데, 이렇게 구한 탄력성은 단위가 전혀 붙지 않은 순수한 수가 된다. 식 맨 앞에 $-$부호를 붙인 것은 편의상 탄력성이 양(+)의 값을 갖도록 만들기 위해서다. 수요의 법칙이 성립하는 한 가격과 수요량은 언제나 반대 방향으로 움직인다. 따라서 양자의 변화비율을 각각 분모와 분자에 넣고 구한 수치 그 자체는 반드시 음의 값을 갖게 된다. 식 맨 앞에 $-$부호를 붙임으로써 탄력성이 양의 값을 갖는 수치로 표현될 수 있다.

예를 들어 아이스크림의 가격이 1% 오른 결과 수요량이 2%만큼 줄어들었다고 하

4) 가격탄력성의 식을 $-\frac{\Delta Q_d}{\Delta P}\frac{P}{Q_d}$라고 다시 쓸 수 있는데, 이것의 왼쪽 부분, 즉 $\frac{\Delta Q_d}{\Delta P}$는 수요곡선 기울기의 역수를 뜻한다. 일반적으로 가격탄력성은 수요곡선 위의 한 점에서 재게 되는데, 이 점에서의 기울기, 가격(P), 수요량(Q_d)을 알면 가격탄력성을 바로 구할 수 있다.

자. 이때 수요량의 변화비율을 가격의 변화비율로 나눈 것은 −2의 값을 갖는다. 이 값을 양으로 바꾼 것, 즉 2가 아이스크림에 대한 수요의 가격탄력성 값이 되는 것이다. 이와 같이 어떤 상품에 대한 수요의 가격탄력성은 수요량의 변화비율을 가격의 변화비율로 나눈 다음, 그 값을 양으로 바꿈으로써 쉽게 구할 수 있다.

(2) 수요곡선과 가격탄력성

일반적으로 한 수요곡선 위의 어떤 점에서 가격탄력성을 재느냐에 따라 그 크기가 달라진다. 그렇지만 [그림 3-4]에서 보는 세 가지 예외적 경우에서는 수요곡선 위의 어느 점에서나 가격탄력성이 똑같은 값을 갖는다. 그림 (i)에는 수요곡선이 수직선으로 나타나 있는데, 이 경우에는 가격이 아무리 변화해도 수요량에 전혀 변화가 일어나지 않는다. 이는 식 (3.1)의 분자가 언제나 0의 값을 갖는다는 뜻이고, 따라서 이 경우의 가격탄력성은 수요곡선 위의 어느 점에서 재든 0의 값을 갖는다. 중독성이 아주 강해 아무리 비싸다 해도 꼭 사용해야 한다고 느끼는 마약이 이 경우에 해당하리라고 짐작할 수 있다.

한편 그림 (ii)에서 보는 수평선의 경우에는 수요곡선 위의 어느 점에서 재든 가격탄력성이 무한대(∞)의 값을 갖는다. 수요곡선이 거의 수평선에 가까울 정도로 완만한 기울기를 가질 때는 아주 작은 가격의 변화가 매우 큰 수요량의 변화를 가져오게 된다. 극단적으로 완전한 수평선의 모양을 가질 때는 아주 작은 가격 변화에 대한 수요량의 변화폭이 무한대가 된다. 그렇기 때문에 이 경우에는 수요의 가격탄력성이 언제나 무한대의 값을 갖는다고 말할 수 있다.

현실에서 이렇게 수요곡선이 수평선의 모양을 가져 가격탄력성이 무한대로 큰 상품의 예를 찾기는 힘들다. 단지 이론적으로 생각해볼 수 있는 하나의 극단적 예라고 말할 수 있다. 다만 제6장에서 보게 되듯, 완전경쟁시장 안의 개별기업이 직면해 있는 수요곡선은 예외적으로 수평선의 모양을 갖는다. 그 기업은 시장에서 결정된 가격을 그대로 받아들여야 하는데, 이 때문에 그 기업이 직면한 수요곡선은 수평선의 모양을 갖는 것이다.

그림 3-4

예외적인 세 가지 경우

여기에서 보는 세 가지 예외적 경우에서만 수요곡선 위의 모든 점에서 수요의 가격탄력성이 일정한 값을 갖는다.

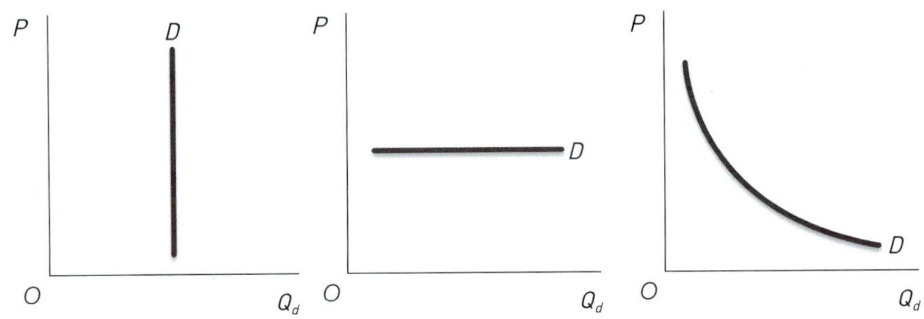

(i) $\varepsilon_p = 0$ (ii) $\varepsilon_p = \infty$ (iii) $\varepsilon_p = 1$

수요곡선이 수직선인 경우에는 수요의 가격탄력성이 0의 값을 갖는 반면 수평선인 경우에는 무한대의 값을 갖는 것을 보고 기울기가 완만한 수요곡선일수록 가격탄력성이 더 큰 값을 갖는다고 생각하기 쉽다. 그러나 이것은 아주 잘못된 생각이다. 수요곡선이 수직선이나 수평선이라는 극단적인 모양을 갖고 있지 않은 한, 기울기만을 보고 두 개의 수요곡선이 갖는 가격탄력성의 값을 비교할 수 없음을 잊어서는 안 된다.

일반적인 수요곡선의 경우에는 그 위의 어느 점에서 가격탄력성을 재느냐에 따라 그 값이 달라진다. 따라서 똑같은 수요곡선이라 해도 어느 점에서 가격탄력성을 재느냐에 따라 0에서부터 무한대에 이르는 다양한 값을 가질 수 있다. 그렇기 때문에 상대적으로 더 완만한 기울기를 갖는 수요곡선 위의 한 점에서 잰 가격탄력성이 더 가파른 기울기를 갖는 수요곡선 위의 한 점에서 잰 가격탄력성보다 더 작은 값을 갖는 경우가 얼마든지 생길 수 있다.

그림 (iii)은 수요곡선이 쌍곡선의 모양을 하고 있는 경우인데, 이때 가격탄력성은 수요곡선 위의 어느 점에서나 1의 값을 갖는다. 일반적으로 $xy=k$(상수)의 형태를 갖는 함수를 그림으로 옮기면 쌍곡선의 모양을 갖는다. 따라서 여기서는 가격과 수요량의 곱이 일정한 값을 가질 때, 즉 $P \cdot Q_d=k$(상수)의 관계가 성립할 때 수요곡선이 쌍곡선의 모양을 갖는다. 이때 수요의 가격탄력성이 언제나 1의 값을 갖는다는 것을 보이는 과정은 조금 복잡하므로 생략하기로 한다.

(3) 가격탄력성과 판매수입

가격탄력성이 1보다 더 크면 '탄력적'(elastic), 그리고 더 작으면 '비탄력적'(inelastic)이라고 말한다. 수요가 탄력적이라는 것, 즉 가격탄력성이 1보다 더 크다는 것은 가격의 변화비율보다 수요량의 변화비율이 상대적으로 더 크다는 것을 뜻한다. 예컨대 가격이 1% 올라갈 때 수요량이 1%를 넘는 더 큰 비율로 줄어든다는 말이다. 상품을 판매해서 얻은 수입은 가격에 수요량을 곱한 것이므로, 수요가 탄력적이면 가격이 올라갈 때 판매수입은 줄어들게 된다.

반면에 수요의 가격탄력성이 1보다 작은 경우에는 가격이 1% 올라갈 때 수요량이 1%보다 더 작은 비율로 줄어든다. 따라서 이렇게 수요가 비탄력적일 때는 가격이 올라갈 때 판매수입이 늘어나는 결과가 나타난다. 한편 가격탄력성이 1의 값을 갖는다는 것은 가격이 올라갈 때 수요량이 똑같은 비율로 줄어든다는 것을 뜻한다. 따라서 가격이 변화해도 총수입에는 아무 변화도 생기지 않는데, $P \cdot Q_d=k$(상수)의 관계가 성립할 때 수요의 가격탄력성이 1의 값을 갖는다는 사실을 생각하면 바로 알 수 있는 일이다.

상품 판매수입을 더 크게 만들고 싶은 생산자는 수요의 가격탄력성과 판매수입 사이에 이런 관계가 성립한다는 것을 고려해 가격을 올려야 할지 아니면 내려야 할지를 결정한다. 예를 들어 자신의 상품에 대한 수요의 가격탄력성이 0.3이라는 것을 안다

생각해 봅시다

농사짓는 사람 치고 풍년 드는 것을 싫어할 사람은 없다. 그러나 풍년이 든 해에 농사짓는 사람의 생활이 더욱 어려워지는 역설적인 현상이 나타날 수 있다. 예를 들어 어떤 한 해의 마늘 농사가 아주 잘되어 수확량이 예년의 1.5배 수준에 이르렀다고 하자. 그렇게 되면 마늘 가격이 크게 떨어질 텐데, 가격이 정확하게 예년의 절반 수준으로 떨어졌다고 한다. 이 경우 마늘을 심은 농민들이 벌어들이는 수입은 예년보다 더 작아진다.

예년의 마늘 수확량이 Q이고 가격이 P라고 할 때, 마늘을 팔아 얻는 수입은 PQ가 된다. 그런데 풍년이 든 해는 수확량이 $1.5Q$가 되고 가격은 $0.5P$ 수준으로 떨어졌으므로 마늘을 팔아 얻는 수입이 $0.75PQ$로 줄어든다. 풍년이 든 해의 수입이 예년에 비해 25%나 줄어든 것이다. 이 예를 보면 농사짓는 사람이 풍년 들었다고 좋아만 할 수 없는 사정을 이해할 수 있다.

그렇다고 해서 흉년이 들었을 때 농사짓는 사람의 생활이 더 나아지지도 않는다. 흉년이 들어 마늘 가격이 오를 기색이 보이면 정부는 재빠르게 외국에서 마늘을 수입해 오기 때문이다. 마늘이든 고추든 정부는 늘 이런 방식으로 대응해 가격이 뛰어오르는 것을 막고 있다. 그러니 우리 농민은 풍년이 들어도 시름, 흉년이 들어도 시름일 수밖에 없다.

생각해 보기

(1) 마늘 수확량이 그리 크게 늘어나지 않았는데도 가격이 큰 폭으로 떨어지는 경우가 많다. 왜 그런 결과가 나오는 것인지 그 이유를 짐작해 보라.

(2) 마늘 같은 농산물의 경우에는 기후 변화 같은 요인이 없더라도 가격의 널뛰기가 심한 편이다. 그렇게 가격 변동이 심한 이유가 무엇인지 생각해 보자.

면 그는 안심하고 가격을 올리기로 결정할 것이다. 가격을 1% 올려도 수요량은 0.3%밖에 줄어들지 않을 것이므로 이를 통해 판매수입을 더 크게 만들 수 있기 때문이다. 반면에 수요의 가격탄력성이 1보다 큰 경우에는 가격을 내려야 판매수입을 더 크게 만들 수 있다.

(4) 가격탄력성의 결정요인

수요의 가격탄력성을 결정하는 요인에는 다음과 같은 여러 가지가 있다. 우선 상품의 성격을 들 수 있는데, 생활에 꼭 필요한 상품은 가격탄력성이 작은 반면, 꼭 필요하지 않은 상품은 가격탄력성이 큰 경향이 있다. 쌀이나 소금 같은 필수적 상품의 경우에는 값이 싸든 비싸든 거의 일정한 양을 소비하게 된다. 예컨대 소금 값이 두 배로 뛰어오른다 해도 갑자기 소금 수요량을 줄일 수는 없는 일이다. 따라서 이런 성격의 상품은 가격탄력성이 작을 수밖에 없다.

또한 고려 대상이 되는 상품을 대체할 수 있는 상품, 즉 대체재의 존재 여부가 수요의 가격탄력성에 영향을 줄 수도 있는데, 좋은 대체재가 될 수 있는 상품이 많이 존재하는 경우에는 가격탄력성이 큰 값을 갖는다. 예를 들어 홍차의 경우에는 커피나 녹차처럼 좋은 대체재가 될 수 있는 것들이 많다. 따라서 홍차의 값이 조금만 올라도 이것의 소비가 비교적 큰 폭으로 줄어들 것인데, 이는 홍차에 대한 수요의 가격탄력성이 크리라는 것을 뜻한다.

나아가 고려 대상이 되는 상품이 소비자의 전체 지출에서 차지하는 비중도 수요의 가격탄력성과 관련을 갖는다. 예를 들어 손수건이나 바늘처럼 그 상품에 대한 지출이 전체 지출에서 아주 작은 비중밖에 차지하지 않는다면, 가격탄력성은 상당히 작은 값

담배, 비싸면 끊을까?

건강 관련 연구들에서 속속 밝혀지고 있지만, 흡연은 거의 모든 질병의 원인이라 해도 좋을 만큼 건강에 해로운 것이 사실이다. 사회적 관점에서 볼 때 흡연율을 낮추는 것이 바람직하다는 데는 의문의 여지가 없으나, 문제는 과연 어떤 방법을 통해 사람들을 그런 방향으로 이끌어 가야 하느냐에 있다.

현재 가장 많이 사용되고 있는 방법은 금연구역을 확대해 담배 피우는 것을 어렵게 만들거나, 유해 경고문을 통해 담배를 끊게끔 유도하는 것 등이다. 이런 방법만으로 한계가 있다고 생각하는 사람들은 좀 더 강력한 조처가 필요하다고 주장하는데, 그 한 예가 담배에 부과되는 세금을 대폭 올리자는 것이다. 어떤 상품의 가격이 오르면 수요량이 떨어지듯, 담뱃값이 오르면 흡연율이 자연히 떨어질 것이라고 말한다.

담뱃값이 오름에 따라 사람들이 담배를 더 적게 피울 것이라는 점에는 의문의 여지가 없다. 다만 문제 되는 것은 과연 그 감소폭이 어느 정도나 될 것이냐에 있다. 담뱃값 인상에 반대하는 사람들은 그렇게 해 보았자 흡연율은 별로 떨어지지 않으면서 부작용만 생길 것이라고 주장한다. 그 부작용이란 물가상승을 유발하고, 저소득층의 경제적 부담이 더 커지게 만든다는 것을 뜻한다.

이 문제를 둘러싼 정부 부처 간의 이견도 매우 심각한 양상을 보이고 있다. 그동안 보건복지부는 담뱃값 인상을 통해 흡연율 하락을 유도하는 정책을 계속 추진해 왔다. 보건복지부는 여러 가지 통계자료를 제시하며 담뱃값 인상이 상당한 효과를 거둘 수 있음을 강조하고 있다. 반면에 기획재정부는 그와 같은 정책이 갖는 효과에 대해 매우 회의적인 태도를 버리지 않고 있다.

우리가 담배 수요 가격탄력성의 정확한 값을 알고 있다면 담뱃값 인상의 효과를 둘러싸고 논란을 벌일 이유가 없다. 문제는 현재 나온 연구 결과만 가지고는 그 정확한 값이 무엇인지 결론을 내리기가 어렵다는 데 있다. 미국의 경우 담배 수요의 가격탄력성이 0.5에서 1의 사이에 있는 한 값이라는 것이 정설로 되어 있다. 즉 담뱃값이 1% 오를 때 담배 수요량은 0.5%에서 1% 사이의 한 비율로 줄어든다는 데 대체로 의견의 일치를 보고 있다는 말이다.

이에 비해 우리나라에서 구한 가격탄력성은 연구자마다 매우 큰 차이를 보이고 있다. 예를 들어 한 연구자에 따르면 우리나라 사람들의 가격탄력성이 0.058로 매우 작은 값을 갖는다고 한다. 반면에 다른 연구자는 일반 사람들의 가격탄력성이 0.4, 그리고 12살에서 17살에 이르는 청소년들의 가격탄력성은 1.4나 되는 큰 값을 갖는다는 분석 결과를 내놓고 있다. 분석 결과들이 이와 같이 큰 차이를 보이고 있는 상황에서는 이렇다 할 결론을 내기가 힘들다.

그렇기 때문에 담배를 덜 피우도록 유도하려는 의도에서 담배에 대한 세금을 무겁게 만들려는 시도는 언제나 치열한 논란을 불러올 수밖에 없다. 현실 경제에 대한 지식의 부족이 중요한 사회적 이슈에 관한 해답을 찾기 어렵게 만드는 요인이 되고 있는 것이다. 우리나라 경제학자들이 좀 더 분발해야 할 또 하나의 이유를 바로 여기에서 찾을 수 있다.

을 가질 것이다. 마지막으로는 고려되는 기간의 길이에 따라 가격탄력성이 달라질 수도 있는데, 똑같은 상품이라 하더라도 장기에서 수요의 가격탄력성이 한층 더 커지는 경향이 있다. 장기에서는 소비자가 적응할 수 있는 여유를 가질 수 있기 때문에 자연히 가격탄력성이 더 커지게 된다.

소득탄력성

우리는 소비자의 소득이 변화할 때 수요가 이에 대해 얼마나 민감하게 반응하는지에 대해서도 관심을 갖고 있다. 예를 들어 김군의 용돈이 1% 늘어났을 때 아이스크림 수요량이 얼마나 큰 폭으로 늘어나는지 알고 싶은 것이다. 어떤 상품의 경우에는 소득이 늘어남에 따라 수요량이 오히려 줄어들 수도 있는데, 이때도 얼마나 큰 폭으로 줄어드는지가 관심의 대상이 된다.

소득의 (작은) 변화에 대해 수요량이 얼마나 민감하게 반응하느냐의 정도를 재는 데 **수요의 소득탄력성**(income elasticity of demand; ε_m)이란 개념이 사용된다. 소득탄력성은 다음과 같은 산식에 의해 구할 수 있다.

수요의 소득탄력성

소비자의 소득에 생긴 작은 변화가 어떤 상품의 수요(량)에 얼마만큼의 변화를 가져오는지를 나타내는 수치

$$\varepsilon_m = \frac{\text{수요(량)의 변화비율}}{\text{소득의 변화비율}} = \frac{\Delta Q_d / Q_d}{\Delta M / M} \qquad (3.2)$$

이처럼 소득의 변화비율을 분모에, 그리고 수요(량)의 변화비율을 분자에 넣고 계산한 값에 의해 소득탄력성을 구한다.[5] 예컨대 김군의 용돈이 1% 늘어났을 때 아이스크림 수요(량)이 2% 늘어났다면 수요의 소득탄력성은 2의 값을 갖는다. 한 가지 주의할 것은 가격탄력성의 경우와 달리 소득탄력성을 구할 때는 분수 앞에 −부호를 붙이지 않는다는 점이다. 소득탄력성의 경우에는 그것이 양의 값을 갖는지 아니면 음의 값을 갖는지가 중요한 사항이 되기 때문이다.

시민의 발－버스

소득수준이 전반적으로 올라감에 따라 대중교통을 이용하는 사람들의 숫자가 점차 줄어들고 있다. 이는 대중교통 서비스가 열등재의 성격을 갖는다는 뜻이다.

일반적으로 소비자의 소득이 올라가면 그것에 대한 수요도 따라서 늘고, 이에 따라 소득탄력성이 양(+)의 값을 갖는다. 그러나 어떤 상품의 경우에는 소득이 올라갈 때 수요가 종전보다 더 작아질 수도 있다. 예를 들어 소득이 늘어 자가용을 보유하게 된 사람은 대중교통 서비스에 대한 수요를 줄인다. 이 경우 소득탄력성은 음(−)

5) 앞에서 설명한 것처럼 소득의 변화가 생기면 '수요량'이 아닌 '수요'의 변화가 생긴다. 그렇지만 소득탄력성을 구할 때는 수요의 양을 측정해 그 변화비율을 구해야 하므로 '수요(량)'이란 표현을 쓰고 있다.

스타벅스의 굴욕

전 세계에 점포 4만 곳을 열겠다는 야심찬 계획을 자랑하던 스타벅스는 2009년 미국 경제의 침체로 인해 큰 타격을 받았다. 2006년 중반 39.63달러를 기록했던 스타벅스의 주가는 2009년 3월 8.56달러 수준으로 내려앉았다. 2008년도의 수입은 그 전해에 비해 절반 수준으로 떨어졌고, 매장 600여 개가 문을 닫고 직원 1만 2천 명을 감원했다. 2009년에도 매장 300개와 직원 6천여 명을 줄이려는 계획을 세워놓고 있다.

당황한 스타벅스사는 그때까지 지켜오던 고가 브랜드 이미지를 내던질 태세까지 보였다. 2009년 3월부터 종전 커피 한 잔 값에 아침용 샌드위치나 케이크 혹은 오트밀을 곁들여 주는 커피세트를 팔기 시작했다. 또한 1달러짜리 인스턴트커피 '비아'(Via)라는 신상품을 고객에게 선보이기도 했다. 상황이 어려워지자 격조 있는 커피숍이라는 이미지를 고수하기 힘들다고 느꼈기 때문이었을 것이다.

그 당시 이와 같은 '스타벅스의 굴욕'과 대조적으로 맥도날드는 승승장구하는 모습을 보였다. 5년째 매출 증가를 기록하고 있던 맥도날드의 주가는 극심한 경기침체 상황에서도 계속 최고 기록을 갈아치웠다. 2008년 경기침체가 가시화될 전망이 보이자 재빠르게 1달러짜리 '더블치즈버거'를 포함해 다양한 1달러 이하의 메뉴를 개발한 것이 톡톡히 효과를 냈다. 그 결과 2009년 1월의 매출은 7%나 증가했다고 한다.

스타벅스와 맥도날드

호황과 불황의 국면에서 수요의 소득탄력성에 따라 기업의 운명이 엇갈린다.

지금 보는 것처럼 경기침체가 비슷한 업종에서 영업하고 있는 두 기업에 상반된 영향을 주는 이유는 무엇일까? 이 의문에 대한 답은 수요의 소득탄력성에서 찾을 수 있다. 불황은 수요의 소득탄력성이 큰 상품을 생산하는 기업에게 특히 불리하게 작용한다. 사람들의 소득이 떨어지면서 수요가 급격하게 줄어들기 때문이다. 반면에 수요의 소득탄력성이 작은 상품을 생산하는 기업은 불황의 영향을 상대적으로 덜 받게 된다.

고품격 커피숍을 지향해 오던 스타벅스의 커피에 대한 수요의 소득탄력성은 비교적 크다고 볼 수 있다. 사람들의 소득이 늘어가면서 싸구려 커피 대신에 고급 커피를 더 많이 마시게 되는 것은 자연스러운 현상이다. 그렇기 때문에 수요의 소득탄력성이 큰 값을 가질 수밖에 없다. 반면에 중하위 소득계층이 주요 수요자인 햄버거의 경우에는 수요의 소득탄력성이 아주 작다. 심지어 음(−)의 값을 가질 가능성까지 있다.

불황으로 인해 소득이 줄어든 사람들의 커피와 햄버거 소비에 어떤 변화가 올지 짐작해 보자. 경기가 좋았을 때는 고급 커피를 사먹었지만 이제는 부담이 된다고 느낀다. 그래서 인스턴트커피 한 통을 사다 놓고 매일 그것을 타서 마시는 것으로 만족한다. 또한 주머니 사정이 빡빡해지면서 값싼 햄버거로 끼니를 때우는 사람이 크게 늘어난다.

이런 분위기에서 스타벅스의 경영자가 아무리 발버둥을 쳐본들 수익성이 크게 나아질 리 없다. 그 당시 미국의 경기침체가 심각한 상황으로 치달으면서 스타벅스의 굴욕은 이미 예견된 것이었다. 하여튼 호황과 불황의 국면에서 수요의 소득탄력성에 따라 기업의 운명이 엇갈린다는 것은 매우 흥미로운 사실이다. 주식에 투자하는 사람은 이 사실을 중요하게 고려해야 할 것이다.

자료 : 『한겨레』, 2009년 3월 3일 자; 『문화일보』, 2009년 3월 7일 자

표 3-2
수요의 소득탄력성에 의한 상품의 구분

소득탄력성	상품의 구분	
$\varepsilon_m<0$	열등재	
$0<\varepsilon_m<1$	필수재	정상재
$1<\varepsilon_m$	사치재	

열등재와 정상재

수요의 소득탄력성이 0보다 더 작은 상품은 열등재, 0보다 더 큰 상품은 정상재라 부름

의 값을 갖는데, 이런 상품을 **열등재**(inferior goods)라고 부른다.[6]

한편 소득탄력성이 양의 값을 갖는 일반적인 상품은 **정상재**(normal goods)라고 부른다. 어떤 상품의 소득탄력성이 크다는 것은 소득이 커짐에 따라 그 상품에 대한 수요가 더 큰 폭으로 늘어난다는 것을 뜻한다. 우리는 1이라는 소득탄력성을 기준으로 하여 그보다 더 큰 소득탄력성을 갖는 상품을 **사치재**(luxuries), 더 작은 소득탄력성을 갖는 상품을 **필수재**(necessities)로 구분한다. 지금까지 설명한 소득탄력성에 의한 상품의 구분을 정리해 보면 〈표 3-2〉에서 보는 바와 같다.

예컨대 김군의 아이스크림에 대한 수요의 소득탄력성이 2의 값을 갖는다는 것은 이것이 김군에게 사치재의 성격을 갖는다는 것을 뜻한다. 일상의 대화에서 사치품이란 말은 '분수에 지나친 사치스러운 물품'이라는 뜻으로 사용된다. 이에 비해 경제학에서 말하는 사치재는 수요의 소득탄력성이 1보다 더 큰 상품을 가리킨다. 즉 소득이 증가하는 속도보다 그 상품에 대한 수요가 증가하는 속도가 더 빠르면 사치재라고 구분하는 것이다.

3.3 공 급

이번에는 아이스크림이 공급되는 과정에 대해 살펴보기로 하자. '어르미'라는 이름의 기업이 각 가격에서 공급하려는 아이스크림의 양이 [그림 3-5]에서 보는 것과 같다고 한다. 이렇게 생산자가 각 가격에서 공급하려는 상품의 양을 보여주는 곡선을 **공급곡선**(supply curve)이라고 부른다. 이 곡선을 보면 예컨대 아이스크림 1kg짜리 한 통의 가격이 5천원이면 한 달 동안 7만 통을 공급하려고 하다가, 1만원이 되면 11만 통을 공급하려 할 것임을 알 수 있다.

공급의 법칙

어떤 상품의 가격이 올라가면 생산자가 더 많은 양을 공급하려는 현상이 나타나는 것을 의미

일반적으로 공급곡선은 그림에서 보는 것처럼 오른쪽으로 가면서 올라가는 모양, 즉 우상향하는 모양을 갖는다. 이는 가격이 올라가면 생산자가 더 많은 양을 공급하려 한다는 것을 뜻하는데, 이를 **공급의 법칙**(law of supply)이라고 부른다. 앞에서 수요의 법칙에 예외가 있을 수 있다고 설명한 바 있다. 지금 보고 있는 공급의 법칙에도 예외

6) 열등재의 성격을 갖는 상품은 대중교통 서비스 이외에도 값싼 옷이나 음식 등 여러 가지가 있다.

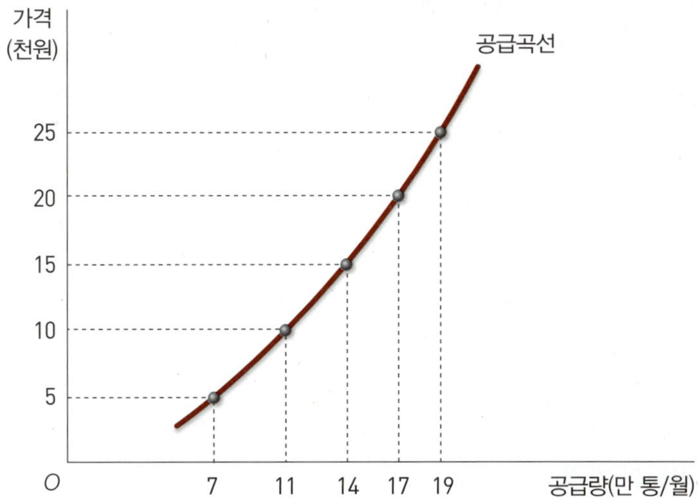

그림 3-5

'어르미'사의 공급곡선

공급곡선은 각 가격에서 생산자가 얼마만큼의 상품을 공급하려 하는지를 보여주고 있으며, 일반적으로 우상향하는 모양을 갖는다.

가 있을 수 있다.

우리는 공급곡선을 지금과 약간 다른 각도에서 해석할 수 있다. 즉 생산자는 각 단위의 아이스크림에 대해 최소한 얼마를 받아야 이를 공급하겠다는 생각을 갖고 있을 텐데, 이 곡선의 높이가 바로 그 금액을 나타낸다고 해석할 수 있는 것이다. 예를 들어 아이스크림 가격이 1만 5천원일 때의 공급량이 14만 통이라는 사실은 최소한 1만 5천원을 받아야 14만 번째 통의 아이스크림을 공급하겠다는 뜻으로 해석할 수 있다.

이와 같은 방식으로 공급곡선을 해석할 때, 이 곡선이 우상향하는 모양을 갖는 이유를 다음과 같이 설명할 수 있다. 공급량을 늘리기 위해서는 우선 생산량을 늘려야 하는데, 생산량을 늘릴 때 추가적으로 드는 비용, 즉 **한계비용**(marginal cost)은 점차 더 커지는 것이 보통이다.[7] 이에 따라 최소한 받아야 하겠다는 금액도 함께 커지므로 공급곡선이 우상향하는 모양을 갖게 된다고 해석할 수 있는 것이다.

어떤 상품의 공급량을 결정하는 데 가장 중요한 요인은 바로 그 상품의 가격이다. 또한 그 이외에도 투입요소의 가격, 생산기술, 산업 안의 기업 수, 미래에 대한 기대 등 여러 요인들이 공급량의 결정에 영향을 미친다. 그러나 이들을 모두 동시에 고려한다는 것은 어려운 일이므로, 상품의 가격과 공급량 사이의 관계에만 관심의 초점을 맞추어 공급곡선을 그리게 된다. 따라서 공급곡선의 경우에도 어떤 요인에 변화가 생겨 상품 공급량에 변화가 오느냐에 따라 똑같은 공급곡선 위에서의 움직임이 나타날 수 있고 공급곡선 자체의 이동이 나타날 수도 있다.

고려되는 상품 그 자체의 가격이 변화하면 공급곡선 위의 운동이 나타나는데, 이때 '공급량'의 변화가 일어난다고 말한다. 반면에 다른 요인들에 변화가 생길 경우에는 공급곡선의 이동이 일어난다. 예컨대 기술진보가 일어나면 똑같은 양의 원자재를 투

7) 생산량이 늘어날 때 한계비용이 점차 커지는 이유는 제5장에서 자세히 설명하게 될 것이다.

입해도 예전보다 더 많은 상품을 생산해낼 수 있고, 따라서 생산자는 주어진 가격에서 예전보다 더 많은 양을 공급하려 한다. 이에 따라 공급곡선이 오른쪽으로 이동할 텐데, 이를 가리켜 '공급'이 늘어났다고 말한다.[8] 한편 원자재 가격의 상승 등으로 생산비용이 올라가게 되면 공급이 줄어들어 공급곡선이 왼쪽으로 이동하는 결과가 나타난다.

시장의 공급

어떤 상품을 생산하는 개인 혹은 기업의 공급곡선이 도출되었다면, 이에 기초해 시장의 공급곡선을 구할 수 있다. [그림 3-6]에서 보듯 세 기업(어르미, 팔라치오, 사르르)이 1만 5천원의 가격에서 각각 14만, 12만, 17만 통의 아이스크림을 공급하려 하기 때문에 시장 전체의 공급량은 43만 통이 된다. 이것은 수요곡선의 경우와 마찬가지로 각 기업의 개별적인 공급곡선을 수평 방향으로 더함으로써 시장의 공급곡선을 구할 수 있음을 뜻한다.

그런데 언제나 이런 방법으로 시장의 공급곡선을 도출할 수 있는 것은 아니다. 이와 같은 방법을 쓸 수 있는 것은 모든 생산자가 동시에 생산량을 증가시켜도 투입요소 가격이 변화하지 않는 경우에만 국한된다.[9] 현실에서는 모든 생산자가 동시에 생산량을 증가시킬 때 투입요소의 가격이 올라가는 것이 보통이다. 예를 들어 건설 붐이 일

그림 3-6

시장 전체의 공급곡선

일정한 조건이 충족되었을 때 각 생산자의 공급곡선을 수평 방향으로 더함으로써 시장 전체의 공급곡선을 구할 수 있다.

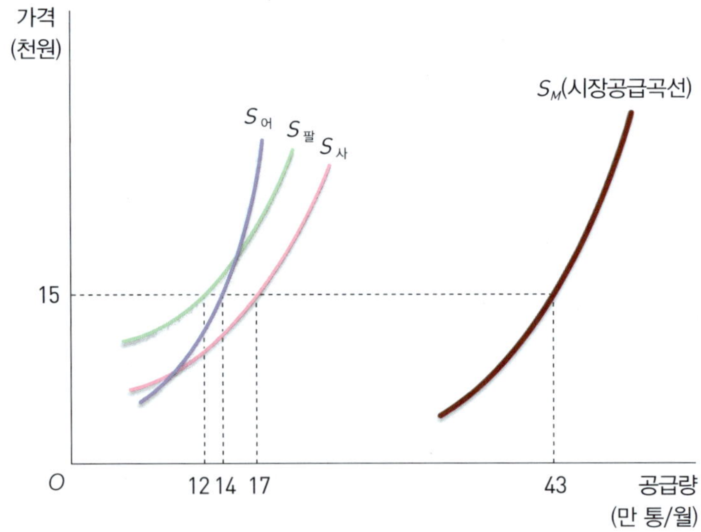

8) 공급곡선은 우상향하는 모양을 갖고 있으므로 오른쪽으로 이동한다는 것은 아래쪽으로 이동한다는 것이나 마찬가지다. 독자 스스로 그림을 그려 확인하기 바란다.

9) 제5장에서 자세히 설명하겠지만, 투입요소란 생산과정에서 사용되는 노동, 자본, 원자재 등을 통틀어서 부르는 말이다.

어나면 건설기술자들의 임금이 올라가고 모래나 시멘트 같은 원자재의 가격도 올라가게 마련이다. 만약 이것이 사실이라면 이와는 다른 방법으로 시장의 공급곡선을 구해야 한다.

공급의 탄력성 3.4

수요의 경우와 마찬가지로, 탄력성의 개념을 이용해 공급량을 결정하는 요인들에 변화가 생겼을 때 공급량이 얼마나 민감하게 반응하는지 알아볼 수 있다. 여러 결정요인들에 대해 각각 다른 탄력성을 정의해 사용할 수 있지만, 공급의 경우에는 주로 가격탄력성에만 관심을 갖는 것이 보통이다. 다시 말해 고려 대상이 되는 상품의 가격이 변화할 때 공급량이 얼마나 민감하게 반응하는지에만 관심을 집중한다는 말이다. 따라서 엄밀히 말하면 '공급의 가격탄력성'이라고 표현해야 할 것을 줄여서 '공급의 탄력성'이라고 표현하는 경우가 흔하다.

공급의 가격탄력성(e_p)은 다음과 같은 산식에 의해 그 값을 구할 수 있다.

$$e_p = \frac{\text{공급량의 변화비율}}{\text{가격의 변화비율}} = \frac{\Delta Q_S/Q_S}{\Delta P/P} \tag{3.3}$$

수요의 경우와 마찬가지로, 가격의 변화비율을 분모에 넣고 공급량의 변화비율을 분자에 넣어 구한 값이 바로 공급의 가격탄력성이 되는 것이다. 예를 들어 가격이 1% 올랐을 때 공급량이 2% 늘어나면 공급의 가격탄력성은 2의 값을 갖는다는 말이다.

공급곡선의 모양만 보고 바로 가격탄력성을 알아낼 수 있는 두 가지 특별한 경우를 [그림 3-7]에서 볼 수 있다. 그림 (i)에 수평선으로 그려진 공급곡선의 경우에는, 아주 작은 가격의 변화라도 엄청나게 큰 공급량의 변화를 가져오기 때문에 가격탄력성

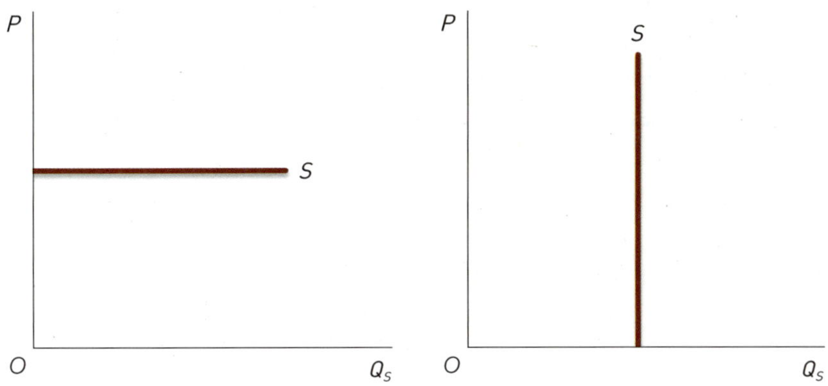

(i) $e_p = \infty$ (ii) $e_p = 0$

그림 3-7

예외적인 두 가지 경우

공급곡선이 수평선의 모양을 가질 경우 가격탄력성이 무한대의 값을 갖는 반면, 수직선의 모양을 가질 경우에는 가격탄력성이 0의 값을 갖는다.

은 무한대(∞)의 값을 갖는다. 예를 들어 우리가 해외에서 쌀을 수입하는 경우를 생각해 보기로 하자. 해외의 쌀 공급자들은 국제적으로 결정된 가격에서 우리에게 무한히 많은 양의 쌀을 공급할 용의를 갖는다고 볼 수 있다. 그렇기 때문에 이 경우에서의 쌀 공급곡선은 수평선의 모양을 갖고 가격탄력성은 무한대의 크기를 갖게 되는 것이다.

반면에 그림 (ii)에서와 같이 공급곡선이 수직선의 모양을 갖는 것은 공급이 일정한 양에 고정되어 있다는 뜻이다. 따라서 가격이 아무리 변화해도 공급량이 전혀 반응을 보이지 않기 때문에 가격탄력성은 0의 값을 갖게 된다. 예술 작품이나 골동품, 토지 같은 것이 바로 이와 같은 경우에 해당한다고 말할 수 있다. 또 다른 어떤 경우에서 공급곡선이 수평선 혹은 수직선의 모양을 갖는지 독자 스스로 생각해 보기 바란다.

이 두 가지 극단적인 경우가 아닌 보통의 모양을 갖는 공급곡선이 주어진 경우에는 위의 산식에 따라 가격탄력성을 일일이 구해야 한다. 그러나 가격의 변화비율과 이에 따른 공급량의 변화비율만 알아내면 가격탄력성을 곧바로 구할 수 있다. 다만 공급곡선이 원점에서 출발하는 반직선의 모양을 가질 경우에는 그 위의 어느 점에서 재든 가격탄력성이 항상 1의 값을 갖는다는 점을 기억하기 바란다. 이 경우 공급곡선의 기울기와 상관없이 그리고 그 위의 어느 점에서 재느냐와 상관없이 가격탄력성이 항상 1의 값을 갖는다.

공급의 가격탄력성은 다음과 같은 요인들에 영향을 받는다. 우선 생산량을 증가시키려 할 때 시설용량의 확장이나 추가적 투입요소 구입 등의 측면에서 별 어려움이 없으면 가격탄력성이 큰 값을 갖는다. 이 경우에는 생산이 증가될 때 추가적으로 소요되

생각해 봅시다

일반적으로 농산품의 공급탄력성은 작은 값을 갖는 데 비해 공산품의 공급탄력성은 상대적으로 더 큰 값을 갖는다. 예를 들어 쌀값이 두 배로 뛰어오른다 해서 갑자기 쌀 공급량이 큰 폭으로 늘어나기는 힘들다. 쌀을 경작하는 데 적합한 땅이 제한되어 있는 데다가 벼를 심어 쌀을 수확하는 데 긴 시간이 걸리기 때문이다. 특히 단기적 관점에서 보면 국내에서 생산된 농산물의 공급탄력성은 거의 0에 가까운 값을 갖는다.

이에 비해 공산품의 경우에는 가격이 오를 경우 유휴시설을 활용해 생산량을 큰 폭으로 늘릴 수 있다. 반대로 가격이 떨어질 경우에는 유휴시설을 늘리는 선택을 통해 생산량을 큰 폭으로 줄일 수 있다. 공산품의 경우에는 이렇게 유휴시설을 통한 생산량의 조절이 비교적 자유롭기 때문에 공급탄력성이 상대적으로 더 큰 값을 갖는 것이다.

생각해 보기

(1) 쌀과 상추 중 어느 쪽의 공급탄력성이 상대적으로 더 클 것으로 짐작할 수 있으며 그 근거는 무엇인지 생각해 보자.

(2) 공산품의 경우에는 농산품에 비해 가격이 상대적으로 더 안정된 추세를 보이는 것이 보통이다. 왜 그런지 그 이유를 생각해 보자.

는 비용이 그다지 빠르게 상승하지 않을 것이기 때문이다. 또한 어떤 기업이 한 상품의 생산으로부터 다른 상품의 생산으로 쉽게 전환할 수 있을 경우에도 가격탄력성이 클 것이다. 마지막으로는, 고려 대상이 되는 기간이 장기로 갈수록 가격탄력성이 커지는 경향이 있다고 말할 수 있다. 장기로 갈수록 생산과정에서 가격의 변화에 적응할 기회가 커져 공급량을 쉽게 조절할 수 있게 되기 때문이다.

시장의 균형 3.5

균형의 의미

지금까지는 수요와 공급을 따로 떼어서 독립적으로 설명해 왔지만, 실제로 수요와 공급은 시장에서 상호작용을 하면서 시장의 상황을 결정한다. 바로 이 수요와 공급의 상호작용에 의해 상품의 가격과 거래량이 결정된다. 그렇다면 수많은 수요자와 공급자가 존재하는 시장에서 어떤 상품의 가격과 거래량은 어느 수준에서 결정될까? 우리는 **균형**(equilibrium)이란 개념을 통해 이 의문에 대한 답을 얻을 수 있다.

균형
상반된 힘이 맞아떨어진 상태를 뜻하며, 다른 교란요인이 없는 한 그 상태가 그대로 유지되려는 경향이 나타남

경제학에서 균형이란 용어처럼 자주 쓰이는 것은 그 예를 찾기 힘들 정도다. 그런데도 경제학을 배우는 사람들 중에는 이것의 개념을 정확하게 파악하지 못해 애를 먹는 사람들이 많다. 경제학에 대한 완전한 이해에 도달하기 위해서는 우선 균형의 개념을 정확하게 파악하고 있어야 한다는 점을 강조하고 싶다.

균형이란 말은 경제학뿐 아니라 다른 학문에서도 자주 등장하는데, 일반적으로 상반된 힘이 맞아떨어진 상태를 뜻한다. 예를 들어 줄다리기를 할 때 오른쪽으로 끄는 힘과 왼쪽으로 끄는 힘이 맞아떨어지면 균형이 이루어진다. 그러므로 일단 균형이 이루어지면 다른 교란요인이 없는 한 그 상태를 그대로 유지하려는 경향이 나타난다. 바로 이것이 균형이 갖는 중요한 특성이다.

우리 편, 이겨라!
줄다리기를 할 때 오른쪽으로 끄는 힘과 왼쪽으로 끄는 힘이 맞아떨어지면 균형이 이루어진다.

줄다리기에서 오른쪽으로 끄는 힘과 왼쪽으로 끄는 힘이 맞아떨어져 균형이 이루어지면 줄 한가운데 매어 놓은 리본은 같은 자리에 그대로 머물러 있게 된다. 그런데 어떤 사람이 오른쪽 편에 가담해 줄을 잡아당기기 시작하면 균형은 깨지고 그 리본은 오른쪽으로 움직이기 시작한다. 여기에서 다른 교란요인이란 바로 그 사람의 추가된 힘을 뜻한다.

경제학에서도 이와 같은 의미에서 균형이란 표현을 쓴다. 지금 설명하려고 하는 상품시장에서의 균형은 수요측의 힘과 공급측의 힘이 맞아떨어진 상태를 뜻한다. 이

그림 3-8

시장의 균형

아이스크림 가격이 1만 5천원일 때 수요량과 공급량이 43만 통씩으로 딱 맞아떨어져 균형이 이루어진다. 이보다 더 높은 가격에서는 초과공급의 상태가 나타나는 반면, 더 낮은 가격에서는 초과수요의 상태가 나타난다.

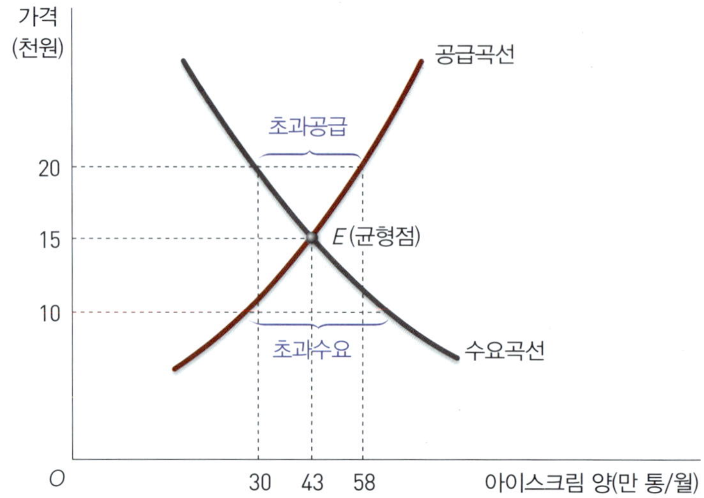

균형가격과 균형거래량

균형이 이루어지게 만드는 가격을 균형가격, 균형상태에서의 거래량을 균형거래량이라고 부름

렇게 균형이 이루어지게 만드는 가격을 **균형가격**(equilibrium price)이라고 부르는데, 우리의 특별한 관심의 대상이 된다. [그림 3-8]을 보면 아이스크림 가격이 1만 5천원일 때 수요량과 공급량이 43만 통으로 딱 맞아떨어져 균형이 이루어진다는 것을 알 수 있다. 이 균형상태에서의 43만 통이라는 거래량을 **균형거래량**(equilibrium quantity)이라고 부른다.

어떤 상품의 가격이 이 균형가격의 수준으로 결정되면 가격은 그 수준에서 안정되는 양상을 보인다. 즉 이 상황에 어떤 변화가 생기지 않는 한 가격은 균형가격의 수준에 그대로 머물러 있게 된다는 말이다. 그 가격에서 수요량과 공급량이 정확하게 맞아떨어져서 가격이 변화해야 할 이유가 없기 때문이다. 반면에 상품의 가격이 균형가격과 다른 수준으로 결정되면 수요량과 공급량 중 하나가 더 큰 상황이 발생하고, 따라서 그 가격이 그대로 유지될 수 없다.

만약 아이스크림 가격이 균형가격보다 더 높은 수준에 있으면 수요량보다 공급량이 더 큰 초과공급(excess supply)의 상태, 즉 시장에서 아이스크림이 넘쳐나는 현상이 생긴다. 그림을 보면 아이스크림 가격이 2만원일 때에는 공급량이 58만 통인데 수요량은 30만 통밖에 되지 않아 초과공급되는 양이 28만 통에 이른다는 것을 알 수 있다. 반면에 가격이 너무 낮으면 수요량이 공급량보다 더 큰 초과수요(excess demand)의 상태, 즉 시장에서 아이스크림이 부족한 현상이 생긴다. 균형가격보다 더 높거나 낮은 가격에서는 수요량과 공급량이 균형을 이루지 못하는 결과가 빚어진다.

이렇게 초과공급이나 초과수요가 생기기 때문에 균형가격보다 더 높거나 낮은 가격은 그 수준에서 안정되지 못한다. 예를 들어 균형가격보다 더 높아 초과공급이 생기면 가격은 떨어지기 시작할 것이다. 살 사람이 없어 팔리지 않는 아이스크림이 점차 쌓여가는 상황에서는 가격이 떨어질 수밖에 없기 때문이다. 반면에 균형가격보다 더 낮아 초과수요가 생기면 가격은 올라가기 시작한다. 아이스크림의 공급이 부족한데 사람들이 앞다투어 사려고 하면 가격은 자연히 올라갈 것이기 때문이다.

그렇기 때문에 균형가격보다 더 높거나 낮은 가격이 일시적으로 형성되었다 해도 그 상태가 오래 지속되지 못한다. 따라서 우리가 시장에서 관찰하는 상품의 가격은 균형가격의 성격을 갖고 있을 가능성이 매우 크다. 예컨대 65인치 TV 한 대의 가격이 3백만원이라고 할 때, 그 가격이 바로 수요량과 공급량이 맞아떨어지는 수준에서 결정된 것으로 보아도 좋다는 말이다. 다른 모든 상품의 경우에도 이와 똑같은 말을 할 수 있음은 두말할 나위도 없다.

경제문제에 관한 우리의 의문 중 가장 핵심적인 것 중의 하나는 상품의 가격이 어떤 수준에서 결정되느냐이다. 이와 같은 의문에 답을 줄 수 있다는 점에서 균형이란 개념은 중요한 의미를 갖는다. 바로 앞에서 본 것처럼, 수요측의 힘과 공급측의 힘이 맞아떨어지는 수준, 즉 균형이 이루어지는 수준에서 그 상품의 가격이 결정된다고 말할 수 있는 것이다. 균형이라는 개념을 통하지 않고서는 상품의 가격이 어떤 수준에서 결정되는지를 만족스럽게 설명할 수 없다. 이제 경제학에서 균형의 개념이 왜 그렇게 큰 중요성을 갖는지 그 이유를 어느 정도 짐작할 수 있게 되었으리라고 믿는다.

균형의 변화

어떤 상품의 시장에서 일단 균형이 이루어지면 다른 교란요인이 없는 한 그 가격과 거래량이 그대로 유지된다. 교란요인이란 그 상품의 수요나 공급에 변화를 가져오게 만드는 요인을 말한다. 다시 말해 수요곡선이나 공급곡선의 이동을 가져오게 만드는 요인들을 통틀어 교란요인이라고 부르는 것이다.

예를 들어 소비자들의 소득이 늘어 아이스크림에 대한 수요가 늘어난다면, 바로 그 소득의 증가가 교란요인의 일종이 된다. 또한 우유 등 원자재 가격이 올라 아이스크림 공급이 줄어든다면, 이 원자재 가격 상승이 또 다른 교란요인이 되는 것이다. 수요와 공급에 영향을 주는 변수들 중 어떤 것에 변화가 생기든, 그것을 모두 교란요인이라고 부를 수 있다.

만약 어떤 교란요인에 의해 수요나 공급에 변화가 오면 새로운 균형점으로 이동하는 과정에서 가격과 거래량이 변화하게 된다. 바로 앞에서 예로 든 것처럼, 소득의 증가에 따라 아이스크림에 대한 수요가 늘어났다고 하자. [그림 3-9]의 (i)이 바로 이 상황을 보여주고 있는데, 수요곡선이 D'으로 이동해간 결과 균형점이 E'으로 바뀐 것을 볼 수 있다. 이에 따라 아이스크림 가격이 1만 8천원으로 올라가고 거래량도 52만 통으로 늘어나는 결과가 나타나게 된다.

이렇게 수요곡선이 오른쪽으로 이동했다는 사실을 생각하지 않고 시장에서 나타난 변화만을 피상적으로 관찰할 때 우리는 수수께끼와 같은 현상에 직면하게 된다. 즉 아이스크림 가격이 올랐는데 사람들이 더 많은 아이스크림을 사먹는 이해하기 힘든 현

그림 3-9
균형의 변화

그림 (i)에서 보는 것처럼 아이스크림에 대한 수요가 늘어나면 가격이 올라가고 거래량도 늘어난다. 반면에 그림 (ii)에서 보는 것처럼 공급이 줄어들면 가격이 오르는 한편 거래량은 줄어들게 된다.

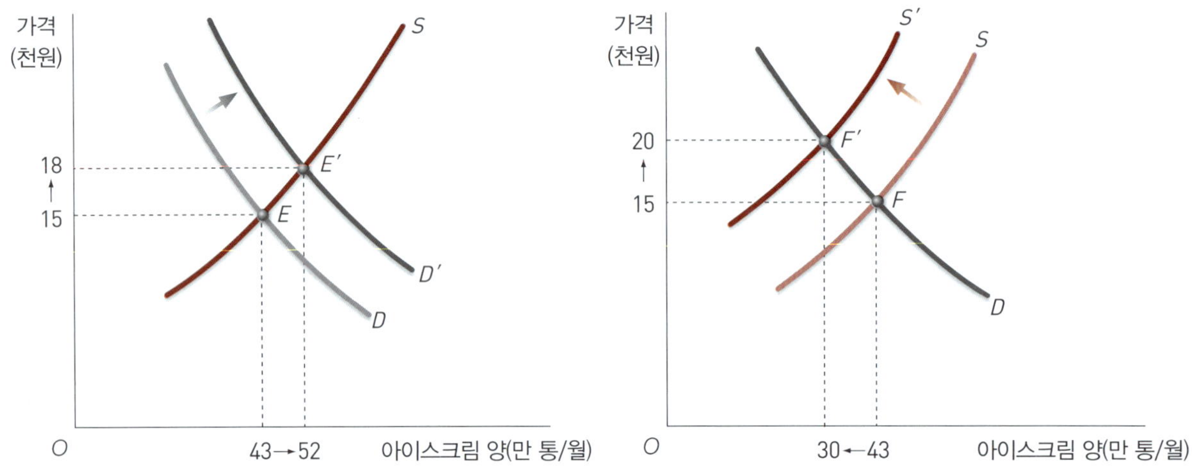

(i) 수요의 증가

(ii) 공급의 감소

상을 보게 된다는 말이다. 이 수수께끼 같은 현상은 수요곡선이 오른쪽으로 이동했다는 사실을 통해 쉽게 설명될 수 있다. 아이스크림에 대한 수요가 더 커졌기 때문에 그 가격이 올라가고 사람들이 더 많은 아이스크림을 사먹게 되었다는 설명이 가능해지는 것이다.

그림 (ii)는 아이스크림의 공급이 줄어든 경우 시장에 어떤 변화가 오는지 보여주고 있다. 아이스크림을 만드는 데 사용되는 원자재 가격이 올라 아이스크림 공급이 줄어든 결과 공급곡선이 *S′*으로 이동했다고 하자. 이에 따라 균형점은 *F′*으로 이동해 가는데, 아이스크림 가격이 2만원으로 오르는 한편 거래량은 30만 통으로 줄어든다는 것을 알 수 있다. 지금까지 배운 것을 모두 이해했는지 확인해 보는 의미에서, 수요가 줄어들거나 공급이 늘어날 경우에는 어떤 결과가 생길지 독자 스스로 따져보기 바란다.

이 균형의 변화와 관련된 분석은 우리가 경제의 움직임을 이해하는 데 많은 도움을 줄 수 있다. 예를 들어 원유가격 폭등 같은 사건이 경제에 어떤 영향을 주게 될지를 예측하는 데 이 분석 방법이 유용하게 활용될 수 있는 것이다. 원유가격 폭등은 석유를 원자재로 사용하는 산업에서의 비용을 더 크게 만들어 공급이 줄어들게 만드는 결과를 가져온다. 바로 앞에서 본 것처럼, 공급이 줄어들면 상품의 가격이 올라가고 거래량이 줄어들게 된다. 경제 전반에 걸쳐 이런 현상이 나타나면 물가가 불안해지고 생산활동이 위축되는 문제가 발생할 것이다. 우리가 경제학을 배우는 이유는 바로 이와 같은 예측을 할 수 있는 능력을 기르는 데 있다는 점을 잊지 말기 바란다.

벌들의 부활

세계 각국에서 뚜렷한 이유 없이 꿀벌의 개체수가 갑자기 줄어들어 농업에 큰 타격이 예상된다는 외신 보도를 종종 보게 된다. 미국에서 그런 현상이 특히 잦다고 하는데, 겨울이 지나고 나면 꿀벌 개체수가 30%에서 50%의 폭으로 급격히 줄어드는 일이 빈번하게 일어난다고 한다. 군체붕괴증상(colony collapse disorder)으로 알려져 있는 이 현상의 원인을 두고 학자들 사이에 많은 논란이 있었다.

환경오염이 주요 원인이라고 주장하는 학자가 있는 한편, 유전자변형 작물의 확산에서 그 원인을 찾는 학자도 있다. 심지어는 휴대폰에서 나오는 전자파가 꿀벌들의 죽음을 가져온다는 주장도 있다. 유력한 학설 중 하나는 꿀벌에 기생하는 바이러스 때문이라는 것인데, 그것이 급격하게 확산된 2006년에 군체붕괴증상이 본격적으로 나타났다는 점에서 신빙성을 인정받고 있다.

그런데 한 가지 흥미로운 점은 미국 캘리포니아주에서 꿀벌 부족 상황이 2009년에는 과잉 상황으로 반전되는 현상이 나타났다는 사실이다. 꿀벌이 제공해 주는 수분(pollination) 서비스의 최대 수요자는 캘리포니아주의 아몬드 과수원이다. 한때 아몬드 과수원 주변에 꿀벌 통을 놓아주려는 양봉업자를 찾기가 힘들었다고 한다. 이에 따라 수분서비스를 받기 위해 양봉업자에게 지불하는 수수료도 상당히 높은 수준으로 올라갔다.

꿀벌의 부지런한 날갯짓

꿀벌의 경우에도 경제의 기본 법칙이 그대로 적용된다.

이런 상황이 돌연 꿀벌의 과잉 상황으로 반전되었다니 놀랍지 않을 수 없다. 그렇지만 그 내용을 자세히 들여다보면 그럴 만한 이유가 있었다는 것을 알 수 있다. 우리로서 더욱 흥미로운 것은 그와 같은 상황 반전의 배경에 수요와 공급의 변화라는 경제적 역학관계가 깔려 있다는 점이다. 즉 꿀벌의 과잉은 수요의 감소와 공급의 증가가 합작해 빚어낸 결과였던 것이다.

우선 꿀벌의 수분서비스에 대한 수요 감소는 아몬드에 대한 수요 감소에서 그 직접적 이유를 찾을 수 있다. 미국 경제가 극심한 불황을 겪으면서 2008년 말에는 아몬드에 대한 수요도 30% 정도 대폭 줄어들었다고 한다. 이에 따라 아몬드 생산자들은 비용을 절감하기 위해 수분서비스의 사용량을 줄였다. 많이 생산해 보았자 잘 팔리지도 않으니 구태여 꿀벌의 수분서비스를 받을 필요를 느끼지 않았다는 말이다.

한편 꿀벌의 공급이 늘어난 것은 수분서비스의 수수료가 높은 수준으로 오른 것과 관계를 갖는 것으로 해석되고 있다. 그동안 꿀벌 개체수가 감소해 온 주요 원인은 여러 가지 질병이었다는 것이 정설이다. 그렇다면 근래에 질병에 대한 꿀벌의 취약성이 특히 커진 이유는 과연 무엇일까? 많은 학자들은 꿀벌이 충분한 영양을 섭취하지 못해 면역력이 약해진 것이 가장 큰 이유라고 말한다.

사람과 마찬가지로 꿀벌도 다양한 영양분을 고루 섭취해야 건강해지고 면역력도 강해진다. 그러나 개발로 인해 초원지대가 점차 줄어드는 데다가 단일 경작(monoculture)의 확대까지 겹쳐 균형 잡힌 영양분을 섭취하기가 점차 어려워지고 있다. 꿀벌들의 건강에 필수적인 아미노산의 결핍이 특히 심각한 문제라고 한다. 부족한 영양분을 꿀벌들에게 공급해 주면 건강이 크게 좋아진다는 사실이 발견되었다.

그러나 영양분 공급에 비용이 들기 때문에 양봉업자들이 꿀벌들을 그대로 방치하는 경우가 많았다고 한다. 이런 상황은 수분서비스의 수수료가 높은 수준으로 올라가면서 바뀌게 되었다. 수수료 상승으로 인해 영양분을 공급해 주는 쪽이 더 수지맞는 장사가 되었기 때문이다. 양봉업자들이 부족한 영양분을 보충해 주기 시작하자 꿀벌들의 건강이 크게 좋아졌고, 그 결과 꿀벌의 공급이 큰 폭으로 늘어났다.

꿀벌 부족 상황이 갑자기 꿀벌 과잉 상황으로 바뀐 데는 이와 같은 수요 감소와 공급 증가가 그 배경에 깔려 있다. 여기에도 경제의 기본 법칙이 그대로 적용되고 있다는 사실이 흥미롭다. 만약 최근의 꿀벌 과잉이 수분서비스 수수료의 하락을 가져온다면 앞서 말한 군체붕괴증상이 또다시 나타나게 될지 모른다. 양봉업자가 꿀벌들에게 영양분을 보충해 주는 일을 그만둘 것이기 때문이다.

자료 : *The Economist*지, 2009년 3월 7일 자

균형분석의 응용 : 가격규제의 효과

원자재 가격의 상승으로 인한 공급 감소 때문에 아이스크림 1kg 한 통의 가격이 2만원으로 치솟자 아이스크림 애호가들 사이에서 불평의 소리가 높아지기 시작했다고 하자. 네티즌들의 불같은 항의에 당황한 정부는 긴급회의를 열어 아이스크림 시장 대책을 논의하기 시작했다. 격론을 벌인 끝에 **가격상한제**(price ceiling) 이외의 다른 대안은 없다는 결론을 내리고, 아이스크림 가격을 1만 6천원 이하로 통제하기로 결정했다고 한다. 이 가격상한제가 실시된 후 시장에서 과연 어떤 일들이 일어날지 살펴보기로 하자.

가격상한제

어떤 상품의 가격이 정부가 고시한 수준 이상으로 올라가지 못하게 만든 제도

가격상한제가 실시된 후 시장에서는 아이스크림이 갑자기 귀해져 사려야 살 수 없는 품귀현상이 일어나게 된다. [그림 3-10]은 앞에서 본 [그림 3-9]의 (ii)를 약간 손질해 옮겨 그린 것으로, 아이스크림의 균형가격은 2만원인데 정부가 1만 6천원에 상한가격을 설정했기 때문에 초과수요가 발생한 것을 볼 수 있다. 아이스크림 가격이

그림 3-10

가격상한제의 효과

아이스크림의 균형가격이 2만원인데 정부가 1만 6천원에 상한가격을 설정하면 초과수요가 발생해 극심한 품귀현상이 나타난다.

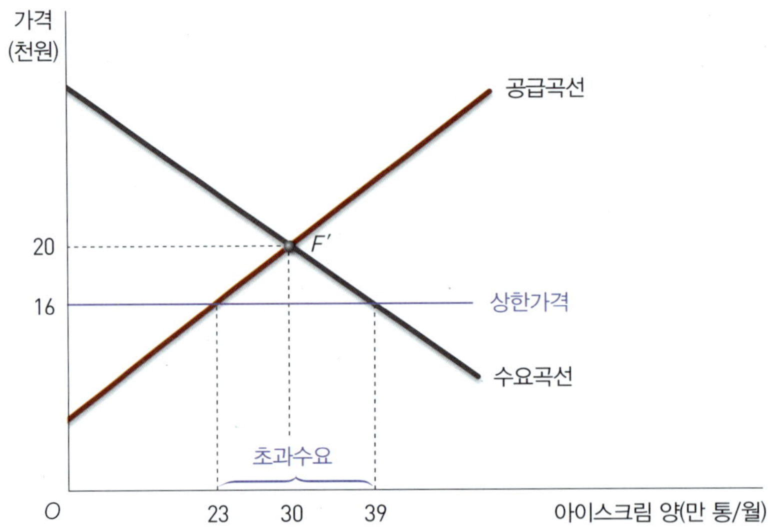

1만 6천원일 때의 수요량은 39만 통인 반면 공급량은 23만 통밖에 되지 않아 가격상한제의 실시와 더불어 극심한 품귀현상이 나타나게 된다.

이와 같은 품귀현상이 지속되면 시장에서는 여러 가지 부작용들이 나타나기 시작한다. 예컨대 아이스크림을 사려고 전날 밤부터 줄을 서야 하는 일이 생길 수 있는가 하면, 아는 사람들끼리만 사고파는 일도 생길 것이다. 심지어는 아이스크림이 아예 시장에서 자취를 감추고 모두 암시장에서만 거래되는 결과까지 생길 수 있다. 그렇게 되면 정부가 고시한 가격만 1만 6천원일 뿐, 암시장에서 실제로 형성된 가격은 몇만원이나 되는 수준으로 치솟을 수 있다. 전쟁 때처럼 국민 모두가 비상조치의 필요성을 절감하고 있는 예외적인 상황이 아니라면, 시장의 힘을 거스르려는 정부의 시도는 혼란만을 가중시키는 결과를 낳을 가능성이 높다.

로마제국의 가격상한제

가격상한제는 언제 어디에서나 흔히 마주칠 수 있는 아주 흔한 규제 중 하나다. 이 가격상한제의 역사는 4세기 초의 로마제국 시대까지 거슬러 올라간다. 당시의 로마제국은 전쟁 준비와 토목공사 수행을 위해 주화를 남발했고, 이로 인해 물가가 엄청나게 빠른 속도로 치솟기 시작했다. 그런데도 디오클레티아누스(Diocletianus, 245~312) 황제는 상인들의 탐욕 때문에 인플레이션이 발생했다고 그 책임을 돌렸다.

Foro Romano – 옛 로마제국의 유적

사람들이 이 거리를 돌아다녔던 때 이미 가격상한제가 실시된 바 있다.

문제가 걷잡을 수 없이 심각한 상황으로 치닫자 디오클레티아누스 황제는 301년 칙령을 내려 가격을 동결하는 조처를 취했다. 현재 수준 이상으로 가격을 올려 받는 상인에게는 사형 선고를 내릴 만큼 강력한 가격상한제를 실시하기 시작했던 것이다. 흥미로운 점은 그 이상의 가격을 지불하는 사람에게도 벌칙이 가해졌다는 사실이다.

가격상한제는 단기적으로 물가상승에 제동을 걸었지만, 장기적으로는 더 큰 재앙을 불러왔다. 상인들은 물건 팔기를 거부했고, 정부는 물건을 숨겨두고 팔지 않는다는 죄목으로 그들을 처벌했다. 엄청난 인플레이션으로 인해 화폐 가치가 시시각각 떨어지는 판국인데, 정부에서 정한 낮은 가격에 물건을 팔려 하는 사람이 없는 것은 당연한 이치였다.

이런 상황이 계속되자 사람들이 물건을 만들고 파는 행위 그 자체를 하려 들지 않는 현상이 나타나기 시작했다. 황제는 이에 대해 모든 사람이 아버지의 직업을 계승해서 일을 해야 한다는 법령으로 맞섰다. 아버지의 직업을 버리는 사람은 전장을 떠나는 군인과 마찬가지라는 논리에 근거한 조치였다. 당시의 사회가 얼마나 혼란했는지는 구태여 말할 필요조차 없으리라 생각한다.

자료 : T. Watkins, "Episodes of Hyperinflation"(강의 자료)

가격하한제

어떤 상품의 가격이 정부가 고시한 수준 이하로 내려가지 못하게 만든 제도

가격에 대한 정부의 통제는 어떤 수준 이하로 내려가서는 안 된다는 **가격하한제**(price floor)의 형태를 띨 수도 있다. 우리나라에서도 실시되고 있는 최저임금제가 바로 그 좋은 예다.[10] 이 경우에는 가격이 균형가격보다 더 높은 수준으로 올라감에 따라 초과공급의 문제가 발생할 수 있다. 최저임금 이상의 임금을 주어야 한다는 규정 때문에 기업들은 미숙련 근로자의 고용을 꺼리게 되는 반면, 이 임금에 끌려 노동을 공급하려는 사람은 더 늘어나기 때문이다.

따라서 이론적으로만 말하면, 최저임금제도는 미숙련 근로자의 실업문제를 더욱 심각하게 만드는 부정적인 효과를 낼 수 있다. 그러나 이론과 현실이 다를 수 있어, 실제로 최저임금제도를 실시한 결과 미숙련 근로자의 대량실업이 발생했다는 증거를 찾기는 힘들다. 세계 각국에서의 최저임금제도 실시의 경험을 토대로 한 실증분석 결과를 보면, 미숙련 근로자의 고용에 그리 큰 영향을 주지 않았다는 결론을 내고 있는 경우가 많다.

생각해 봅시다

엄청나게 높은 사채이자율 때문에 서민들의 피해가 점차 커지자 정부는 대부업법을 제정해 일정 수준 이상의 이자를 받지 못하도록 통제하기 시작했다. 이와 같은 조치는 앞에서 본 가격상한제의 일종이라고 볼 수 있는데, 법률이 발효되기 전부터 벌써 부작용이 나타나기 시작했다. 다음과 같은 신문기사를 보면 가격상한제로부터 예상될 수 있는 부작용이 현실에서 그대로 나타나고 있음을 알 수 있다.

"대부업법 역풍 - 고리사채 극성"

한국대부자연합회가 372개 회원사를 대상으로 조사한 결과, 7월 연 105%(월 8.8%) 수준이었던 사채금리가 대부업법 제정 후인 이달 들어(8월 1~21일) 연 209%로 치솟아 한 달 만에 배로 올랐다. 8월 중 금융감독원 사채피해신고센터에 접수된 사채이자도 평균 211.6%로 나타났다.

이 같은 현상은 사채금리 상한이 66%로 묶이게 되자 영업을 포기하려는 사채업자들이 마구잡이로 채권회수에 나선 데서 비롯됐다. 채무상환 압박에 몰린 서민들이 돈을 갚기 위해 또 다른 사채에 의존, 사금융 수요가 급격히 늘어났다는 것이다.

(『한국일보』, 2002년 8월 31일 자)

생각해 보기

(1) 그림을 그려 대부업법이 곧 발효된다는 예상으로 인해 사채시장에 어떤 변화가 일어났는지 분석해 보자.
(2) 대부업법이 발효되기 시작한 이후 사채시장에서 무슨 일이 일어날지 짐작해 보자.
(3) 대부업법이 불가피하게 사채시장에 의존해야 하는 서민들에게 실질적인 도움을 줄 수 있을까?

10) 우리나라의 2022년도 최저임금은 시간급 9,160원, 일급(하루 8시간 기준) 7만 3,280원으로 결정되어 있다.

소비자잉여와 생산자잉여 3.6

사람들이 재화나 서비스의 교환에 기꺼이 응하는 것은 그것으로부터 이득을 얻을 수 있다고 생각하기 때문이다. 제1장에서 이미 설명한 바 있지만, 교환은 이에 참여하는 양 당사자 모두에게 이득을 가져다줄 수 있다. 즉 상품을 구입하는 소비자에게도 이득이 생길 뿐 아니라 이를 파는 생산자에게도 이득이 생기는 것이다. 이 절에서는 상품의 거래에서 소비자와 생산자가 얻게 되는 이득의 실체가 과연 무엇인지를 설명해 보기로 하겠다.

소비자잉여

제1절에서 설명한 것처럼, 수요곡선의 높이는 그 상품의 마지막 단위를 얻기 위해 소비자가 (최대한으로) 지불할 용의가 있는 금액이라는 의미를 갖는다. [그림 3-11]의 (i)을 보면 볼펜 한 개의 가격이 8백원씩일 때 소비자는 10개를 구입하려 한다는 것을 알 수 있다. 그렇다면 그 소비자가 10번째의 볼펜에 대해 지불할 용의가 있는 금액이 바로 8백원이라고 말할 수 있다. 이에 비해 첫 번째 볼펜을 사기 위해 지불할 용의가 있는 금액은 1천 7백원이나 되는 것으로 그림에 나타나 있다.

소비자가 각 단위의 볼펜에 대해 지불할 용의가 있는 금액은 주황색 막대의 높이와

그림 3-11
소비자잉여

소비자가 볼펜을 구입하기 위해 지불할 용의가 있는 금액은 수요곡선 아래로 만들어진 사다리꼴의 면적과 같다. 한편 소비자가 실제로 지불한 금액은 가격을 나타내는 수평선 아래로 만들어진 (빗금 친) 직사각형의 면적으로 나타나 있는데, 소비자는 볼펜을 구입함으로써 이 둘 사이의 차이에 해당하는 이득을 얻는다는 뜻에서 이를 소비자잉여라고 부른다.

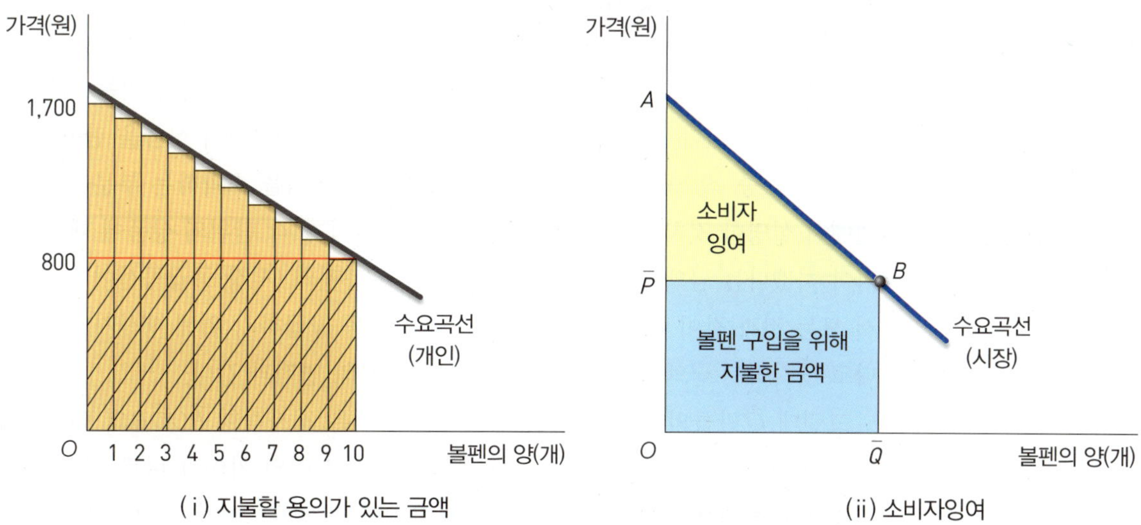

같다. 따라서 그가 볼펜 10개를 사기 위해 지불할 용의가 있는 금액은 주황색 막대의 높이를 모두 더한 것과 같아진다. 주황색 막대의 수평축상 길이가 모두 1이므로 그가 지불할 용의가 있는 금액은 이 막대들의 면적을 모두 합친 것으로 나타낼 수도 있다. 그가 볼펜 10개를 사기 위해 이 금액을 지불할 용의가 있다는 것은 그것들을 소비함으로써 얻는 총편익의 크기가 바로 그 금액과 같다는 것을 뜻한다.

한편 소비자가 볼펜 10개를 사기 위해 실제로 지불한 금액(= 8천원)은 수직축에 8백원이라고 표시된 부분에서 그은 붉은색의 선분 아래로 만들어지는 (빗금 친) 직사각형의 면적과 같다. 그림을 보면 주황색 막대의 면적을 모두 더한 것이 이 직사각형의 면적보다 분명히 더 큰 것을 알 수 있다. 이는 소비자가 10개의 볼펜을 소비함으로써 얻는 총편익이 이를 사기 위해 지불한 금액보다 더 크다는 것을 뜻한다.

소비자는 시장에서 8천원을 지불하고 볼펜 10개를 손에 넣었다. 그런데 이 10개의 볼펜을 소비함으로써 얻는 총편익이 8천원보다 더 크다는 것은 그가 이 교환에서 그 초과분만큼의 이득을 얻었다는 뜻이다. 자기가 지불한 금액 이상의 만족감을 얻었다는 뜻에서 이득을 얻었다고 말할 수 있는데, 이처럼 소비자가 교환으로부터 얻는 이득을 **소비자잉여**(consumer surplus)라고 부른다.

소비자잉여

소비자가 어떤 상품을 구입하기 위해 지불할 용의가 있는 금액에서 실제로 지불한 금액을 뺀 나머지로 계산되며, 소비자가 그와 같은 교환에서 얻는 이득을 의미

[그림 3-11]의 (ii)는 우리가 흔히 보는 시장수요곡선을 보여주고 있는데, 이 경우 우리는 다음과 같은 방법으로 소비자잉여를 구할 수 있다. 소비자들이 $\bar{Q}$만큼의 볼펜을 샀다고 할 때, 그만큼의 볼펜을 사기 위해 지불할 용의가 있는 금액은 수요곡선 아래로 만들어진 사다리꼴 $AO\bar{Q}B$의 면적과 같다. 그런데 실제로 지불한 금액은 하늘색으로 표시한 직사각형 $\bar{P}O\bar{Q}B$의 면적과 같으므로 그 위에 있는 노란색 삼각형 $A\bar{P}B$의 면적이 바로 소비자잉여를 뜻하게 된다. 이와 같이 수요곡선과 가격을 나타내는 수평선 사이에 만들어진 삼각형의 면적으로 소비자잉여를 나타낼 수 있다.

생산자잉여와 순사회편익

지금까지 살펴본 소비자잉여와 대응되는 개념으로서 생산자가 얻는 이득의 개념도 생각해 볼 수 있다. **생산자잉여**(producer surplus)는 생산자가 상품을 판매하고 실제로 받은 금액 중 최소한 받아야 하겠다고 생각하는 금액을 초과하는 부분을 뜻한다. 제3절에서 설명한 것처럼, 공급곡선의 높이는 생산자가 각 단위의 상품에 대해 최소한 받아야 하겠다는 금액을 나타내고 있다. 따라서 볼펜의 (시장)공급곡선이 [그림 3-12]에서 보는 것과 같이 주어진 경우 $\hat{Q}$만큼의 볼펜을 공급하기 위해 생산자가 받아야 하겠다고 생각하는 금액은 분홍색 사다리꼴 $AO\hat{Q}B$의 면적과 같다.

생산자잉여

생산자가 어떤 상품을 공급하면서 실제로 받은 금액에서 최소한 받아야 하겠다고 생각한 금액을 뺀 나머지로 계산되며, 생산자가 그와 같은 교환에서 얻는 이득을 의미

그런데 $\hat{Q}$만큼의 볼펜을 공급하고 받는 금액은 직사각형 $\hat{P}O\hat{Q}B$의 면적과 같아 최소한 받아야 하겠다는 금액보다 더 크다. 이 둘 사이의 차이가 바로 생산자잉여인데, 그것은 하늘색으로 표시한 삼각형 $\hat{P}AB$의 면적과 같다. 이처럼 생산자잉여는 공급곡

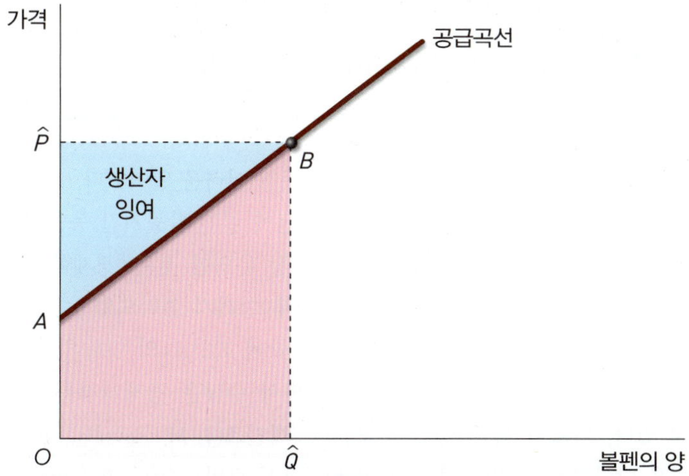

그림 3-12

생산자잉여

어떤 상품을 생산, 공급하는 사람이 얻는 생산자잉여는 가격을 나타내는 수평선과 공급곡선 사이에 만들어진 하늘색 삼각형의 면적과 같다.

선과 가격을 나타내는 수평선 사이에 만들어지는 삼각형의 면적으로 나타낼 수 있다.

지금까지 살펴본 소비자잉여와 생산자잉여의 합이 교환에서 나오는 **순사회편익**(net social benefit)을 뜻한다고 말할 수 있다. 앞서 [그림 3-10]에서 본 아이스크림 시장의 예를 들어 교환에서 나오는 순사회편익이 어떤 크기를 갖는지 살펴보기로 하자. [그림 3-13]에서 보는 수요곡선과 공급곡선은 [그림 3-10]에서 본 것과 똑같게 그려져 있다. 만약 시장에서 아이스크림이 자유롭게 교환된다면 F'점에서 균형이 이루어져 2만 원의 가격에 30만 통의 아이스크림이 거래되는 것을 보게 된다. 이때 소비자와 생산자가 교환에서 얻는 잉여의 총합, 즉 순사회편익은 수요곡선과 공급곡선 사이에 만들어진 삼각형 ABF'(보라색)의 면적과 같게 된다.

이렇게 자유로운 교환이 허용될 때 이에서 나오는 순사회편익이 극대화될 수 있다.

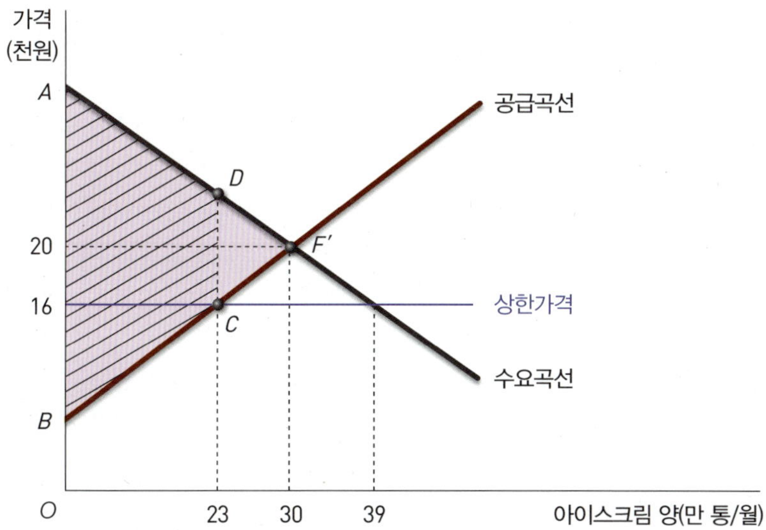

그림 3-13

순사회편익

교환에서 나오는 순사회편익은 생산자잉여와 소비자잉여를 합친 것과 같은데, 이는 자유로운 교환이 이루어질 때 극대화될 수 있다. 가격상한제를 실시할 경우의 순사회편익은 빗금친 사다리꼴 $ABCD$의 면적이 되어 자유로운 교환이 이루어질 때에 비해 삼각형 DCF'의 면적만큼 더 작아진다.

앨프리드 마셜(Alfred Marshall, 1842~1924)

●● 차가운 머리와 따뜻한 가슴을 요구한 사람

경제학자의 아버지 중에서 가장 극성이었던 사람을 고르라면 누구나 밀(J. S. Mill)의 아버지를 든다. 그러나 마셜의 아버지도 그에 못지않은 극성이었던 것으로 알려져 있다. 아들이 똑똑하다는 사실을 알아차린 그의 아버지는 어릴 때부터 엄청난 양의 공부를 강요했다. 공부에 찌든 그는 언제나 창백하고 피곤한 모습을 하고 있었기 때문에 '양초'(tallow candle)라는 별명을 얻었다.

은행원인 그의 아버지는 그가 옥스퍼드 대학으로 진학해 목사가 되었으면 하는 희망을 가졌다. 그러나 그는 옥스퍼드의 장학금 제의를 뿌리치고 부유한 아저씨의 도움을 받아 케임브리지 대학으로 진학하였다. 대학 시절의 그는 수학을 특히 즐겨 공부했으며, 우등상을 받을 정도로 열심인 학생이었다. 그는 수학에서 두 가지 의미를 찾았다고 한다. 하나는 수학을 공부하지 못하도록 말린 그의 아버지에 대한 반항이었고, 또 다른 하나는 동급생에게 수학 개인교습을 해주고 얻을 수 있던 다소간의 용돈이었다.

이처럼 수학에 남다른 재능을 갖고 있던 그가 막상 책을 쓸 때는 수학의 사용을 극도로 자제했다. 그는 모든 수학적 표현을 각주와 부록에 몰아넣고 본문은 거의 말과 그림으로 채우는 원칙을 고수했다. 그는 경제학에서 수학이 갖는 의미가 단지 그것이 주는 편리함에 있을 뿐이라고 생각했다. 경제학에서 정말로 중요한 것은 경제학적 직관이지 결코 수학이 아니라는 것이다.

마셜은 시장에서의 균형현상, 즉 수요와 공급의 힘이 맞아떨어져 일어나는 현상에 대해 특히 많은 관심을 가졌다. 이렇게 수요와 공급의 힘이 맞아떨어질 때 상품의 가격과 거래량이 일정한 수준으로 계속 유지될 수 있게 된다. 요즈음에는 경제학을 처음 배우는 사람도 수요곡선과 공급곡선의 교차점에서 균형이 성립한다는 사실을 알고 있다. 그러나 마셜의 시대에는 균형의 개념을 체계적으로 이해하는 것만 하더라도 무척 어려운 일이었다.

마셜은 50여 년에 걸친 활동기간 동안 수많은 글을 써냈다. 그중에서 가장 유명한 것은 『경제학원리』(*Principles of Economics*)로, 제9판까지 출판되었을 정도로 인기가 높았다. 그러나 경제학에 끼친 그의 영향은 케임브리지 대학의 교수로 재직하면서 수많은 경제학자를 길러낸 점에서 더 컸는지 모른다. 케인즈(J. M. Keynes), 피구(A. Pigou), 로빈슨(J. Robinson), 로버트슨(D. Robertson) 등 그의 기라성 같은 제자들이 영국의 경제학 인명사전을 거의 독점하고 있을 정도였다. 그와 그의 제자들에 의해 형성된 케임브리지학파는 상당히 오랜 기간 동안 세계 경제학계의 흐름을 주도했다.

마셜의 수제자라고 할 수 있는 케인즈는 그를 가리켜 '위대한 경제학자'라고 불렀다. 단지 경제학에만 정통했던 것이 아니라, 수학, 역사학, 철학에 이르는 폭넓은 식견을 갖추고 있던 그를 위대한 경제학자의 반열에 올려놓는 것은 너무나도 당연한 일이었다. 흥미로운 것은 이와 같은 만능선수로서의 자질을 케인즈 자신이 그대로 물려받았다는 사실이다. 이 스승과 제자는 영국 경제학의 전성기를 화려하게 수놓은 스타들이었다.

전형적인 영국신사라고 할 수 있는 부드러운 풍모의 마셜이었지만 사회개혁의 문제에 대해서는 매우 열정적인 태도를 갖고 있었다. 그는 학생들에게 경제학이 사람들의 경제적 복지를 향상시키는 데 도움을 줄 수 있어야 한다고 누누이 강조했다. 그는 당시의 영국 사회에 아직도 빈곤이 남아 있다는 사실을 개탄해 마지않았다. 그러나 감정에만 사로잡혀서는 이 문제뿐 아니라 다른 어떤 문제도 해결할 수 없다는 사실을 잘 알고 있었다.

바로 이 인식에서 '차가운 머리와 따뜻한 가슴'(cool head, warm heart)이라는 그 유명한 경제 기사도의 원칙이 만들어져 나온 것이다. 약자를 외면하지 않는 따뜻한 마음과 문제의 본질을 꿰뚫어 볼 수 있는 날카로운 지성을 모두 갖춘 경제학자가 될 것을 요구하는 이 말에서 우리는 깊은 감동을 느끼게 된다.

그런데 앞 절에서 본 바 있는 가격상한제가 실시될 경우에는 순사회편익이 이보다 더 작아진다. 그림을 보면 아이스크림 가격에 1만 6천원의 상한선을 설정해 실제로 생산되어 거래되는 아이스크림 양이 23만 통으로 줄어들 경우, 교환에서 나오는 순사회편익이 빗금친 사다리꼴 $ABCD$의 면적으로 줄어드는 것을 알 수 있다. 이는 가격상한제의 실시로 인해 순사회편익이 자유로운 교환이 허용될 경우보다 삼각형 DCF'의 면적만큼 더 작아진다는 것을 뜻한다.

시장에서 자유로운 교환이 허용될 때 이에서 나오는 순사회편익이 극대화된다는 사실은 우리에게 매우 큰 중요성을 갖는다. 이를 통해 제1장에서 설명한 바 있는 스미스(A. Smith)의 '보이지 않는 손'이 갖는 의미를 이해할 수 있기 때문이다. [그림 3-13]에 묘사된 상황에서 어떤 전지전능한 존재가 있어 의도적으로 순사회편익이 극대화되는 가격과 거래량을 선택한다면 2만원의 가격과 30만 통의 거래량을 선택하게 될 것이다. 그러나 이런 전지전능한 존재의 개입이 없어도 시장에서 자유로운 교환이 이루어지면 바로 그 가격과 거래량이 선택되는 결과가 나타나게 된다. 시장의 보이지 않는 손이 우리에게 이런 바람직한 결과를 가져다준 셈이다.

요약

1. 어떤 상품에 대한 수요량의 결정에 가장 중요한 역할을 하는 것은 바로 그 상품의 가격이다. 그 밖에도 다른 상품의 가격, 소비자의 소득, 그리고 기호 같은 것들도 수요량에 영향을 준다.

2. 어떤 상품의 가격이 변화해 갈 때 수요량이 어떻게 변화하는지를 그림으로 보여주는 것이 수요곡선이다. 수요곡선은 대개 우하향하는 모양을 갖고 있는데 이는 수요의 법칙이 성립한다는 것을 뜻한다.

3. 고려 대상이 되는 바로 그 상품의 가격이 변화할 때는 수요곡선 위의 운동이 일어나게 된다. 반면에 다른 변수에 변화가 생기면 수요곡선의 이동이 생긴다.

4. 수요량을 결정하는 요인에 변화가 생겼을 때 수요량이 얼마나 민감하게 반응하는지를 하나의 수치로 나타내 보이는 것이 바로 수요탄력성이다. 수요량의 여러 결정요인 중 어느 것이 변화하는지에 따라 가격탄력성, 소득탄력성 등 여러 가지 수요탄력성의 개념을 정의할 수 있다.

5. 어떤 상품의 공급량을 결정하는 데 가장 중요한 요인은 바로 그 상품의 가격이다. 공급곡선은 우상향하는 모양을 갖는 것이 일반적인데 이는 공급의 법칙이 성립함을 뜻한다. 공급곡선의 경우에도 곡선 위의 운동과 곡선 그 자체의 이동을 구별할 필요가 있다.

6. 공급탄력성은 공급량을 결정하는 여러 요인들에 생긴 변화에 대해 공급량이 얼마나 민감하게 반응하는지를 수치로 보여 준다.

7. 일반적으로 상반된 힘이 맞아떨어진 상태를 균형이라고 부르는데, 시장의 균형은 수요측의 힘과 공급측의 힘이 맞아떨어진 상태를 의미한다. 수요와 공급의 힘이 균형을 이루게 만드는 가격을 균형가격이라 하며, 이때의 거래량을 균형거래량이라고 부른다.

8. 어떤 상품을 구입하기 위해 지불할 용의가 있는 금액이 실제로 지불한 금액을 초과하는 부분을 소비자잉여라고 부르는데, 이는 소비자가 교환에서 얻는 이득을 뜻한다.

9. 생산자가 상품을 판매하고 실제로 받은 금액이 최소한 받아야 하겠다고 생각하는 금액을 초과한 부분을 생산자잉여라고 부른다. 소비자잉여와 생산자잉여의 합을 교환에서 나오는 순사회편익으로 볼 수 있는데, 자유로운 교환이 허용될 때 순사회편익이 극대화된다.

중요개념

수요	수요곡선	수요의 법칙	수요곡선 위의 운동
수요곡선의 이동	수요의 가격탄력성	수요의 소득탄력성	열등재
정상재	사치재	필수재	공급
공급의 법칙	공급의 가격탄력성	균형	균형가격
균형거래량	가격상한제	가격하한제	소비자잉여
생산자잉여	순사회편익		

연습문제

01. 다음과 같은 변화 중 어떤 것이 사과에 대한 수요를 변화시키고, 어떤 것이 그 수요량을 변화시키는지 구분해 보라.

(1) 소비자의 소득이 30% 커졌다.

(2) 배 가격이 종전의 반으로 떨어졌다.

(3) 사과 가격이 300원 올랐다.

02. 어떤 상품을 생산하는 데 드는 단위비용은 생산수준이 올라도 변화하지 않는다고 한다. 이 경우 공급곡선은 어떤 모양을 갖게 되며 그 이유는 무엇일까?

03. 다음의 표는 사과시장을 예로 들어 각 가격에서의 수요량과 공급량을 보여 주고 있다.

사과 가격(원)	공급량(만kg)	수요량(만kg)
1,300	670	340
1,100	580	430
900	500	500
700	430	580
500	350	690

(1) 사과 가격이 700원일 때 시장에서는 어떤 현상이 일어날까?

(2) 사과의 균형가격과 균형거래량을 구해 보라.

04. 트랙터에 대한 수요곡선과 이의 공급곡선을 다음과 같은 함수로 대표할 수 있다고 하자.

$$Q_d = -\frac{1}{2}P + 200$$

$$Q_s = P - 100$$

(Q_d = 수요량, Q_s = 공급량, P = 백만원 단위로 표시한 트랙터 가격)

트랙터의 균형가격과 균형거래량을 계산하라.

05. 균형임금은 시간당 5천원인데 정부가 최저임금제도를 도입해 고용주들에게 최소한 시간당 7천원의 임금을 지급하라고 요구했다고 한다. 이 제도의 실시와 더불어 어떤 현상들이 일어날 것인지 예측해 보라.

06. 외국의 유명 연예인이 우리나라를 방문해 공연을 할 때 새벽부터 줄을 서야 간신히 표를 살 수 있는 이유

는 무엇일까? 순수하게 경제학적 의미에서만 본다고 할 때, 정가의 몇 배씩 받고 몰래 표를 파는 암표상의 행위를 어떻게 보아야 할까?

07. 다음과 같은 상황의 변화가 생겼을 때 자동차시장의 균형가격과 균형거래량에 어떤 변화가 올 것인지 예측해 보라.

(1) 대도시의 지하철이 대폭 확장, 개선되고 전국 각 도시를 잇는 철도망도 눈부시게 개선되었다.

(2) 서울시를 위시한 전국의 주요 도시에서 엄청나게 높은 혼잡통행료를 부과하기 시작했다.

(3) 엔고 때문에 일본으로부터 수입되는 자동차 부품의 값이 갑자기 뛰어올랐다.

08. '3−3−3'이란 말이 있는데, 그것은 유명 대학의 부속 병원에서 진찰을 받으려면 석 달 전에 예약을 해두고, 예약한 당일 그곳에 가 3시간을 기다리면 겨우 3분간의 진료를 받을 수 있는 개탄스러운 현실을 빗대어 하는 말이다. 왜 이와 같은 현상이 나타나고 있는지 설명해 보라.

09. 어떤 소비자의 월 소득이 200만원에서 204만원으로 늘어난 결과 쇠고기에 대한 수요량이 월 20kg에서 21kg으로 늘어났다. 이 소비자의 쇠고기에 대한 수요의 소득탄력성을 계산하라.

10. 자전거의 공급곡선이 다음과 같은 함수로 대표된다고 하자.

$$Q_s = 5P - 25$$

(Q_s = 공급량, P = 만원 단위로 표시한 자전거 가격)

공급곡선이 이렇게 주어졌을 때 $Q_s = 100$인 점을 찾아 그 점에서의 공급탄력성을 구하라. 그리고 $Q_s = 200$인 점을 찾아 그 점에서의 공급탄력성을 구해 앞에서 얻은 결과와 비교해 보라. (도움말 : 주어진 공급곡선하에서 $\Delta P = 1$이면 $\Delta Q_s = 5$가 된다는 사실을 활용할 것)

11. 정부가 최저임금제를 실시할 경우 노동의 공급자와 수요자가 얻는 순사회편익이 어떻게 변화할지 그림을 그려 설명하라.

12. 정부가 영업용 택시의 면허 수를 제한한 결과 택시 서비스 이용자와 공급자가 얻는 잉여가 각각 어떻게 변화하게 될지 설명해 보라.

제 2 편

소비자와 생산자

| 제 4 장 |

소비자의 선택

| 제 5 장 |

기업의 생산활동

제 4 장

소비자의 선택

4.1 소비자의 선택과 수요

4.2 소비자의 최적선택

4.3 가격 변화의 효과

4.4 수요의 네트워크효과

각 소비자는 주어진 소득의 범위 안에서 적절한 상품의 조합을 선택해 소비하게 된다. 이 장에서는 그와 같은 소비자의 선택행위에 대해 관심의 초점을 맞추려고 한다. 이 선택행위를 그 자체로 분석하는 일도 중요하지만, 결국 이를 통해 수요곡선을 도출하는 데 더 큰 목적을 두고 있다는 점을 염두에 두기 바란다. 즉 상품에 대한 수요가 어떤 과정을 통해 형성되며, 가격이나 소득의 변화가 수요에 어떤 영향을 주게 되는지 이해하려는 의도에서 소비자의 선택행위를 분석하려고 하는 것이다.

4.1 소비자의 선택과 수요

소비자의 선택행위

앞 장에서 김군의 아이스크림에 대한 수요에 대해 살펴본 바 있다. 그렇다면 그는 어떤 과정을 통해 아이스크림에 대한 수요를 결정하고 있을까? 좀 더 구체적으로 말해 아이스크림의 통당 가격이 2만원일 때 12통을 수요하다가 1만 5천원으로 떨어지면 16통으로 수요량을 늘리려고 하는 이유가 과연 무엇일까? 앞에서는 그와 같은 현상이 당연히 나타나는 것처럼 설명했지만, 사실은 좀 더 구체적인 근거를 대서 그런 현상이 나타나는 이유를 설명했어야 했다.

이 의문에 대한 답을 얻기 위해서는 **소비자**(consumer)로서의 김군이 어떤 선택을 하는지를 자세히 들여다보아야 한다. 그는 한정된 용돈으로 소비생활을 해야 하기 때문에 어떤 상품을 얼마만큼 구입해 소비할 것인지를 신중하게 결정하게 된다. 이 과정에서 그가 추구하는 목표는 한정된 용돈으로 상품 소비에서 얻는 만족감을 가능한 한 크게 만드는 것이다. 이렇게 자신의 만족감을 극대화하는 과정에서 그가 각 가격에서 얼마만큼의 아이스크림을 수요하려는지의 결정이 이루어진다.

결국 김군의 아이스크림에 대한 수요는 만족감을 극대화하려는 관점에서 이루어진 그의 선택, 즉 최적선택의 결과라고 볼 수 있다. 따라서 소비자의 선택이 이루어지는 과정을 살펴봄으로써 그의 수요가 어떻게 결정되는지를 이해할 수 있게 된다. 예를 들어 그의 수요곡선이 우하향하는 모양을 갖는 이유도 그의 최적선택 행위에 대한 분석을 통해 알아낼 수 있다.

소비자의 최적선택 행위를 분석하기 위해서는 다음과 같은 세 가지 측면에 대한 정보가 있어야 한다. 첫 번째로 필요한 것은 어떤 상품을 소비함으로써 그가 얼마나 큰 만족감을 얻느냐에 대한 정보다. 이 만족감을 **효용**(utility)이라는 말로 바꿔 표현할 수도 있는데, 소비자가 어떤 선택을 할 것인지를 예측하기 위해서는 무엇보다 우선 이 효용에 대한 정보가 있어야 한다. 다시 말해 소비자가 어떤 상품을 일정한 양만큼 소비할 때 얼마나 큰 효용을 얻는지를 알아야 그가 그 상품을 얼마나 많이 구입해 소비할지를 예측할 수 있다는 뜻이다.

> 효용
> 소비자가 어떤 상품 또는 상품묶음을 소비함으로써 얻는 만족감

두 번째로 필요한 것은 소비자가 상품 구입에 쓸 수 있는 **소득**(income)이 얼마나 되느냐에 대한 정보다. 모든 소비자는 주어진 소득의 범위 안에서만 상품을 구입할 수 있다는 제약에 직면해 있다. 따라서 그는 이렇게 주어진 소득의 범위 안에서 구입할 수 있는 상품들만을 선택 대상으로 삼을 수 있다. 소득이 한정되어 있기 때문에 어떤 상품을 더 많이 구입하려면 다른 상품의 구입량을 반드시 줄여야 한다. 이와 같은 교환관계(trade-off)는 소비자의 선택에서 불가피하게 나타나는 현상이다.

마지막으로는 소비자가 구입하는 상품들의 **가격**(price)에 대한 정보가 필요하다. 소비자가 구입하는 상품들의 가격이 모두 두 배로 오르면 실질적으로는 소득이 절반으로 떨어진 것과 똑같은 효과가 나타난다. 주어진 소득으로 구입할 수 있는 상품의 양이 종전에 비해 절반 수준으로 줄어들기 때문이다. 또한 한 상품의 가격은 그대로 있는데 다른 상품의 가격에 변화가 생기면 두 상품 사이의 상대가격(relative price)에 변화가 온다. 즉 한 상품이 다른 상품에 비해 상대적으로 더 비싸지거나 싸지는 변화가 발생한다는 뜻이다. 그리고 이와 같은 변화는 소비자의 선택에 당연히 영향을 미치게 된다. 구체적으로 말해 한정된 소득의 범위 안에서 효용을 극대화하려는 소비자는 상대적으로 더 싸진 상품의 소비를 늘리는 방향으로 반응할 것이라고 예측할 수 있다.

우리는 앞으로 이 세 가지 측면을 차례로 살펴봄으로써 소비자의 최적선택이 어떻게 이루어지는지에 대한 답을 얻게 된다. 이와 같은 소비자의 최적선택에 대한 분석을 통해 어떤 상품에 대한 수요가 어떻게 결정되는지에 대한 답을 얻을 수 있다. 예를 들어 아이스크림 가격이 2만원에서 1만 5천원으로 떨어졌을 때 아이스크림 수요량이 12통에서 16통으로 늘어나는 이유가 과연 무엇인지를 알아낼 수 있게 된다는 말이다.

효용이란?

늘 갖고 싶었던 운동화를 사서 신기 시작할 때 우리는 뛰어오를 듯 신나는 기분이 된다. 춥고 배고플 때 따뜻한 국수 한 그릇만 먹어도 기분이 크게 달라지는 것을 느낀다. 또한 그동안 말로만 듣던 새 모델의 휴대폰을 손에 넣게 된 순간 이 세상이 모두 내 것 같은 생각이 든다. 이와 같이 우리가 어떤 상품을 소비할 때, 이에서 자신의 욕구가 충족되는 만족감, 즉 효용을 얻게 된다.

그렇다면 어떤 상품의 소비량과 효용 수준 사이에 어떤 관계가 있는 것일까? 〈표 4-1〉은 아이스크림 소비량이 변화할 때 김군의 효용이 어떻게 변화하는지를 보여주고 있다. 아이스크림 소비량이 한 통씩 증가할 때 효용이 표의 두 번째 열(총효용이라고 표시한 열)에서 보는 것과 같이 변해 가는 것을 보여주고 있는 것이다. 이 표를 보면 아이스크림 3통을 소비할 때 김군이 느끼는 만족감의 크기, 즉 **총효용**(total utility)이 57유틸임을 알 수 있다. 여기서 유틸이라는 것은 효용의 크기를 재는 단위를 뜻한다.[1]

총효용
어떤 상품을 일정한 양만큼 소비했을 때 느끼는 만족감의 크기

이 표의 세 번째 열에는 아이스크림 소비량이 한 통씩 증가할 때 (총)효용이 몇 유틸이나 늘어나는지 계산되어 있다. 즉 아이스크림 소비량이 0에서 1통으로 늘 때 효용이 20유틸 늘어나고, 1통에서 2통으로 늘 때는 19유틸, 2통에서 3통으로 늘 때는 18유틸이 늘어난다는 식으로 각 단계에서의 효용 증가폭이 계산되어 있는 것이다.

1) 사실 상품을 소비할 때 느끼는 만족감을 이와 같이 구체적인 단위로 측정, 표현하는 것은 불가능한 일이다. 여기에서는 편의상 그렇게 할 수 있다고 가정하는 것이니 오해가 없기를 바란다.

표 4-1

총효용과 한계효용

아이스크림 소비량(통)	총효용(유틸)	한계효용(유틸)
0	0	
		20
1	20	
		19
2	39	
		18
3	57	
		17
4	74	
		16
5	90	
		15
6	105	

이렇게 아이스크림 소비량이 한 단위 늘어날 때마다 효용이 얼마만큼씩 커지는지 나타낸 것을 **한계효용**(marginal utility)이라고 부른다. 표를 보면 아이스크림 소비량이 늘어남에 따라 한계효용이 점차 작아지는 것을 볼 수 있는데, 이는 **한계효용체감의 법칙**(law of diminishing marginal utility)이 성립한다는 것을 뜻한다.

한계효용

어떤 상품의 소비량을 한 단위 늘렸을 때 (총)효용이 얼마만큼 증가하는지를 나타냄

예외적인 경우가 있을 수 있으나, 일반적으로 어떤 상품의 소비량을 늘려 나갈 때 추가적 소비에서 오는 만족감은 점차 줄어드는 경향이 있다. 예를 들어 목이 마를 때 첫 번째 잔의 생수는 매우 큰 만족감을 주게 마련이다. 그런데 똑같은 생수인데도 두 번째, 세 번째 잔으로 가면서 마실 때의 만족감은 점차 줄어들게 된다. 계속 물을 마시다 보면 추가적인 한 잔의 물이 만족감은커녕 불쾌감을 주는 단계에까지 이를 수 있다. '물린다'라는 표현을 생각해 보면 쉽게 짐작할 수 있는 일인데, 한계효용체감의 법칙은 바로 이와 같은 경향을 반영하고 있다.

만약 김군이 아이스크림 이외의 또 다른 상품, 예를 들어 책을 소비의 대상으로 삼고 있다면 책에 대해서도 〈표 4-1〉과 비슷한 표를 만들 수 있다. 즉 책 소비량이 한 단위씩 늘어날 때마다 김군의 총효용과 한계효용이 어떻게 변화해 가는지를 표로 정리해 보여줄 수 있는 것이다. 아이스크림과 책뿐 아니라 다른 어떤 상품에 대해서도 이와 같은 표를 만들 수 있음은 두말할 나위도 없다.

한 가지 주의할 점이 있는데, 〈표 4-1〉을 만들 때 아이스크림 이외의 상품 소비량은 일정한 수준에서 변화하지 않는다고 가정한다는 사실이 바로 그것이다. 다른 상품

많을수록 더 좋다?

한계효용체감의 법칙은 궁극적으로 어떤 상품에서 나오는 한계효용이 음(−)의 값을 갖는 수준까지 떨어질 수 있음을 시사하고 있다. 아무리 콜라를 좋아하는 사람이라도 한 컵, 두 컵 마시다 보면 더 이상 마시기 싫어지는 상태에 도달하게 된다. 이때부터는 콜라에서 나오는 한계효용이 음의 값을 갖기 시작한다. 콜라뿐 아니라 어느 상품의 경우에도 이와 비슷한 현상이 나타나리라고 기대할 수 있다.

오래전에 나온 「탈옥」이라는 영화를 보면, 죄수들이 무료함을 달래기 위해 편을 갈라 내기를 하는 장면이 나온다.

"이걸 다 어떻게 먹어 치우지?"

산처럼 쌓인 음식을 보며 고민하는 이 사람의 입장에서 보면 "많을수록 더 좋다."라는 것은 전혀 말이 되지 않는다.

주인공이 삶은 달걀 50개를 먹을 수 있다고 장담을 하자, 그렇게 할 수 있다고 생각하는 사람들과 그렇게 할 수 없다는 사람들이 내기를 하게 된 것이다.

처음 30여 개를 먹는 데는 별 어려움이 없었지만, 40개에 가까워지면서 괴로움이 시작된다. 48개째가 되면 씹을 힘조차 없어져 동료 죄수가 턱을 움직여 주는 지경에까지 이른다. 결국 그는 50개를 다 먹게 되지만, 삶은 달걀의 한계효용이 음의 값 수준으로 떨어진 것은 두말할 나위도 없다.

그런데 'the more, the better'라는 영어의 표현이 있듯, 많을수록 더 좋다고 말하는 경우를 종종 목격하게 된다. 경제학 교과서를 읽어보면 은연중에 많을수록 더 좋다는 식으로 서술되어 있는 경우를 자주 발견할 수 있다. 한계효용이 음의 값으로 떨어질 수 있다는 것을 안다면 그렇게 욕심을 부리지 않을 텐데, 하여튼 약간 이해하기 힘든 태도가 아닐 수 없다.

이 의문에 대한 해답은 경제학에서 채택되고 있는 하나의 기본 가정에서 찾을 수 있다. 그것은 원하지 않는 물건을 갖고 있는 경우 아무 비용도 들이지 않고 이를 자유로이 처분할 수 있다는 가정이다. 원하지 않는 것을 자유롭게 처분할 수 있는 한 더 많은 것을 마다할 이유가 전혀 없다.

위의 예에서는 그것을 반드시 먹어야 했기 때문에 많을수록 더 좋을 수 없는 상황이었던 것이다. 경제학자들이 많을수록 더 좋다고 말할 때는 원하지 않는 물건을 자유롭게 처분할 수 있다는 가정하에서 그런 말을 한다는 것을 알아두기 바란다.

의 소비량은 일정한 수준에 머문 상태에서 아이스크림의 소비량만을 변화시키면서 총효용과 한계효용이 어떻게 변화하는지를 측정한 결과를 정리한 것이 바로 그 표에 나타나 있는 숫자라는 말이다.

이 세상에는 수없이 많은 상품이 존재하고 있어 김군이 선택 대상으로 삼을 수 있는 상품의 가짓수도 엄청나게 많을 수밖에 없다. 그러나 이렇게 많은 상품을 모두 고려해 소비자의 선택행위를 분석하는 것은 어려운 일이므로, 우리는 김군이 오직 아이스크림(X)과 책(Y) 두 가지 상품만을 선택 대상으로 삼는다고 가정하기로 한다. 말하

자면 분석의 편의를 위해 이 세상에는 아이스크림과 책 두 가지 상품만 존재한다고 가정하려는 것이다.[2)]

상품묶음

여러 상품을 일정한 양만큼씩 묶어 놓은 것

이 두 상품을 일정한 양만큼씩 묶어 놓은 것을 생각할 수 있는데, 이를 **상품묶음**(commodity bundle)이라고 부른다. 예를 들어 아이스크림 12통과 책 9권을 묶어 놓은 상품묶음을 생각할 수 있는 한편, 아이스크림 8통과 책 13권을 묶어 놓은 상품묶음도 생각할 수 있다. 이와 같이 수많은 상품묶음들을 생각할 수 있는데, 각 상품묶음은 김군에게 각기 다른 크기의 효용을 주게 된다. 김군이 아이스크림과 책 소비에서 얻는 효용이 〈표 4-2〉에서 보는 바와 같다고 하자. 우리는 이 표에 기초해 특정한 상품묶음이 주는 효용의 크기를 쉽게 계산해낼 수 있다.

표 4-2

아이스크림과 책에서 얻는 효용의 크기

소비량(통 혹은 권)	총효용(유틸)	
	아이스크림	책
1	20	30
2	39	58
3	57	84
4	74	108
5	90	130
6	105	150
7	119	168
8	132	184
9	144	198
10	155	210
11	165	220
12	174	228
13	182	234
14	189	238
15	195	240

2) 앞으로 보게 되겠지만, 경제학에서는 이처럼 분석의 편의를 위해서 비현실적이라고 생각될 만큼 과감한 가정을 하는 경우가 많다.

소비자의 최적선택 4.2

소비자의 예산제약

소비자로서의 김군은 소비생활에서 나오는 효용을 가능한 한 크게 만들기를 원한다. 상품 소비량이 많아질수록 효용이 더 커지므로, 그는 이런저런 상품을 무한정 많이 소비하고 싶어 할 것이다. 그렇지만 그가 구입해 소비할 수 있는 상품의 양은 그의 재정능력이 허용하는 범위를 넘을 수 없다. 다시 말해 주어진 용돈 혹은 소득의 범위 안에서 상품을 구입해 소비해야 하는 **예산제약**(budget constraint)에 직면해 있는 것이다. 소비자의 선택행위를 분석할 때는 이 예산제약의 범위 안에서 효용극대화를 추구한다는 사실이 중요하게 고려되어야 한다.

김군이 최적선택을 한다는 것은 그의 용돈으로 구입할 수 있는 상품묶음들 중에서 가장 큰 효용을 주는 것을 선택한다는 뜻이다. 그가 어떤 특정한 상품묶음을 선택한다는 것은 아이스크림을 얼마만큼, 그리고 책을 얼마만큼 구입할지 결정한다는 것을 뜻한다. 바로 이 과정에서 아이스크림과 책에 대한 그의 수요가 결정된다. 우리는 일단 그의 한정된 용돈으로 구입해 소비할 수 있는 상품묶음들이 어떤 것인지 살펴볼 필요가 있다.

예를 들어 김군의 한 달 용돈이 30만원인데, 아이스크림 한 통의 값이 1만 5천원이고 책 한 권의 값은 3만원이라고 하자. 이 용돈으로 살 수 있는 아이스크림과 책의 조합, 즉 상품묶음들에는 어떤 것들이 있을까? 김군이 살 수 있는 아이스크림과 책의 조합들을 〈표 4-3〉에 정리해 보았다. 이 표를 보면 김군은 아이스크림 14통과 책 3권으로 구성된 상품묶음(D)을 살 수도 있고, 아이스크림 10통과 책 5권으로 구성된 상품묶음(F)을 살 수도 있음을 알 수 있다. 이 외에도 그가 살 수 있는 상품묶음이 여럿 있다는 것을 눈여겨보기 바란다.

〈표 4-3〉을 통해 김군은 이제 자신의 한 달 용돈 30만원으로 구입할 수 있는 아이스크림과 책의 조합들이 어떤 것인지를 알아낸 셈이다. 그런데 아이스크림과 책을 작은 단위로 나누어 구입할 수 있다면 30만원으로 구입할 수 있는 아이스크림과 책의 조합은 무한히 많을 수 있다. 분석의 편의를 위해 그렇게 할 수 없다고 가정해 이 표를 만들었다. 그는 이 표에서 보는 조합들 중 하나를 선택하게 되는데, 이것이 바로 소비자로서 그가 직면하고 있는 예산제약의 내용이다.

먹음직스러운 과일들

예를 들어 주머니에 2만원을 갖고 있는 사람이 살 수 있는 과일들의 조합이 무엇인지 생각해 보자. 그런 조합들, 즉 상품묶음들은 그 수가 상당히 많을 것이다.

표 4-3
30만원의 용돈으로 살 수 있는 상품묶음들

상품묶음	아이스크림(통)	책(권)
A	20	0
B	18	1
C	16	2
D	14	3
E	12	4
F	10	5
G	8	6
H	6	7
I	4	8
J	2	9
K	0	10

최적선택의 내용

소비자는 예산제약이 허용하는 범위 안에서 효용을 가능한 한 크게 하려는 의도에서 특정한 상품묶음을 선택한다. 어떤 상품에 대한 소비자의 수요는 이와 같은 선택행위의 결과로 표출되어 나오는 것이다. 소비자는 선택이 가능한 여러 상품묶음 중 가장 큰 효용을 주는 것을 선택하게 된다. 각 상품묶음에서 소비자가 얻는 효용의 크기를 알아내기 위해서는 우선 각 상품을 소비함으로써 얼마나 큰 효용을 얻는지를 알아야 한다.

앞에서 본 〈표 4-2〉는 김군이 아이스크림 혹은 책을 소비함으로써 얻는 효용의 크기를 보여주고 있다. 이 표에 제시된 자료에 기초해 각 상품묶음으로부터 얻을 수 있는 효용의 크기를 계산해낼 수 있다. 예를 들어 아이스크림 14통과 책 3권으로 구성된 상품묶음(*D*)에서 김군은 273유틸에 해당하는 효용을 얻는다. 표를 보면 아이스크림 14통이 189유틸, 그리고 책 3권이 84유틸의 효용을 각각 준다는 것을 알 수 있다. 이 둘을 합친 값 273유틸이 바로 앞에서 예로 든 상품묶음에서 얻는 효용의 크기가 되는 것이다. 이런 방법으로 각 상품묶음이 주는 효용의 크기를 계산해낼 수 있다. 30만원의 용돈으로 선택할 수 있는 상품묶음들 중 몇 개를 골라, 그것들이 주는 효용의 크기를 계산해 놓은 것을 〈표 4-4〉에 정리해 보았다.

이 표를 보면 아이스크림 10통과 책 5권으로 구성된 상품묶음(*F*)을 선택할 때 김군의 효용이 285유틸로 가장 큰 것으로 나타나 있다. 따라서 우리는 김군이 바로 이 상품묶음을 선택하리라고 예측할 수 있다. 소비자로서의 최적선택이란 이렇게 예산제약이 허용하는 범위 안에서 자신의 효용을 가장 크게 만드는 상품묶음을 선택한다는 것

표 4-4
각 상품묶음이 주는 효용의 크기

상품묶음	효용의 크기(유틸)
D (14통+3권)	273
E (12통+4권)	282
F (10통+5권)	285
G (8통+6권)	282
H (6통+7권)	273
I (4통+8권)	258

을 뜻한다. 그리고 김군이 이와 같은 최적선택을 했다는 것은 그가 시장에서 아이스크림 10통과 책 5권을 수요하게 되리라는 것을 뜻한다.

그런데 바로 앞에서 한 것처럼 각 상품묶음이 주는 효용의 크기를 일일이 계산하지 않고서도 효용이 극대화되는 상품묶음을 찾을 수는 없을까? 다시 말해 효용이 극대화되는 상품묶음을 찾을 수 있는 좀 더 간단한 방법이 없느냐는 뜻이다. 소비자의 효용이 극대화되기 위해 충족되어야 하는 조건이 무엇인지 알아내고, 바로 그 조건을 충족시키는 상품묶음을 찾으면 훨씬 쉽게 최적선택이 무엇인지 알아낼 수 있다.

최적선택의 조건

최적선택의 조건을 도출하기 위해 김군이 아이스크림 10통과 책 5권을 선택했다는 사실 뒤에 숨겨진 의미를 찾아보기로 하자. 〈표 4-2〉에서 우리는 10통째의 아이스크림이 주는 한계효용이 11유틸인 한편, 5권째의 책이 주는 한계효용은 22유틸이라는 사실을 알아낼 수 있다. 9통과 10통의 아이스크림을 소비할 때의 총효용이 각각 144유틸과 155유틸이므로 10통째의 아이스크림이 주는 한계효용은 11유틸이다. 또한 책 4권과 5권을 소비할 때의 총효용이 각각 108유틸과 130유틸이므로 5권째의 책이 주는 한계효용은 22유틸이다.

이처럼 김군이 최적선택을 한 상황에서 아이스크림과 책의 한계효용 사이에는 1 : 2의 관계가 성립한다. 그런데 이 1 : 2라는 비율은 아이스크림과 책 사이의 가격비율(1만 5천원 : 3만원)과 일치하고 있는 것을 알 수 있다. 지금 보는 것처럼 한계효용의 비율과 가격의 비율이 일치하는 것은 우연히 나타난 결과가 아니다. 이것은 소비자의 효용이 극대화되는 최적선택이 이루어지기 위해서 충족되어야 하는 조건의 의미를 갖는다. 다시 말해 아래에서 보는 관계는 최적선택의 조건을 나타낸다고 말할 수 있는 것이다.

$$\frac{11}{22} = \frac{\text{1만 5천원}}{\text{3만원}} \qquad (4.1)$$

그렇다면 소비자의 효용이 극대화되기 위해 이 조건이 충족되어야 하는 직관적 이유는 과연 무엇일까? 이 조건이 갖는 직관적 의미를 좀 더 잘 이해하기 위해 분자와 분모의 숫자들을 이동시켜 앞에서 본 등식관계를 아래와 같은 방식으로 표현해 보기로 하자.

$$\frac{11}{\text{1만 5천원}} = \frac{22}{\text{3만원}} \qquad (4.2)$$

위 식의 좌변은 아이스크림의 한계효용을 그것의 가격으로 나눈 값이므로 아이스크림 사는 데 쓴 돈 1원당의 한계효용이라는 뜻을 갖는다. 한편 우변은 책 사는 데 쓴 돈 1원당의 한계효용이란 뜻을 갖는다. 이를 통해 효용이 극대화되기 위해서는 각 상품을 사기 위해 쓴 돈 1원당의 한계효용이 서로 같도록 소득을 두 상품에 배분해야 한다는 것을 알 수 있다. 이 조건을 약간 다르게 표현하면, 각 상품을 사기 위해 쓴 마지막 1원에서 나오는 한계효용이 서로 같아져야 한다는 것이 된다. 이와 같은 해석을 활용해 식 (4.2)에서 제시된 최적선택의 조건을 다시 써보면 다음과 같다.

아이스크림 사는 데 쓴 돈 1원의 한계효용＝책 사는 데 쓴 돈 1원의 한계효용 (4.3)

이 조건이 충족되지 못한 상태에서 김군의 효용이 극대화될 수 있을까? 이 물음에 대한 답을 얻기 위해 다음과 같은 상황을 생각해 보기로 하자. 예컨대 아이스크림 사는 데 쓴 1원의 한계효용이 α, 그리고 책 사는 데 쓴 1원의 한계효용이 β라고 하자. 그런데 아이스크림과 책을 특정한 조합으로 선택한 상황에서 α가 0.5유틸, 그리고 β가 0.3 유틸로 드러났다고 한다. 이렇게 두 값이 서로 다른 상황에서는 김군의 효용이 극대화되지 못한다는 것을 다음과 같이 보일 수 있다.

장 보려고 나온 사람들

주머니에 갖고 있는 돈이 한정되어 있는데 사고 싶은 것은 많기 때문에 잘 생각해서 시장바구니를 채워야 한다. 바로 이것이 지금 우리가 배우고 있는 효용극대화의 과정이다.

예컨대 이 상황에서 김군이 책 사는 데 쓴 돈 1원을 줄이고 그것을 아이스크림 사는 데 썼다고 하자. 이와 같은 변화로 인해 그의 효용에 어떤 변화가 오게 될까? 아이스크림 사는 데 1원을 더 씀으로써 효용이 0.5 유틸만큼 늘어나는 한편, 책 사는 데 1원을 덜 씀으로써 효용이 0.3 유틸만큼 줄어드는 변화가 생길 것이다. 따라서 김군은 이처럼 소득을 두 상품에 배분하는 방식을 변화시킴으로써 효용을 0.2 유틸만큼 더 크게 만들 수 있다.[3] 이는 원래의 상황에서 김군의 효용이 극대화되지 못하고 있었다는 것을 뜻한다.

아이스크림 사는 데 쓴 1원의 한계효용과 책 사는 데 쓴 1원의 한계효용이 서로 다른 한 이처럼 한 상품에 쓴 돈 1

3) 여기에서는 논의의 편의를 위해 조금 전과 달리 아이스크림과 책을 아주 작은 단위로 나누어서 살 수 있다는 가정을 하고 있다. 비현실적이기는 하지만, 경제학에서 흔히 채택하고 있는 가정이다.

원을 줄이고 그것을 다른 상품을 사는 데 씀으로써 효용을 증가시킬 수 있는 방법을 찾을 수 있다. 따라서 그런 상황에서는 효용이 결코 극대화될 수 없다. 소비자의 효용이 극대화되기 위해서는 식 (4.3)에 제시된 조건, 즉 각 상품을 사기 위해 쓴 마지막 1원에서 나오는 한계효용이 서로 같다는 조건이 충족되어야 한다. 이것은 소비자의 효용이 극대화되려면 식 (4.1)에서 보는 조건이 충족되어야 한다는 것을 뜻한다.

최적선택의 조건을 이렇게 표현하면 그것이 갖는 직관적 의미가 좀 더 분명해질 수 있다. 제2장에서 합리적 선택을 하기 위해서는 마지막 하나가 어떤 영향을 미치는지 알아보아야 한다고 설명한 바 있다. 지금 보는 김군의 경우에도 아이스크림을 사기 위해 쓴 마지막 1원과 책을 사기 위해 쓴 마지막 1원이 자신의 효용에 어떤 영향을 주는지 알아보는 것을 통해 합리적 선택에 이르고 있다.

스스로 인식하지 못해서 그렇지, 우리가 시장에서 여러 가지 상품을 구입할 때 바로 이런 방식으로 의사결정을 하게 된다. 우리가 아이스크림을 좋아한다고 해서 용돈을 전부 이것을 사먹는 데 쓰지 않고 어느 선에서 그치는 이유가 무엇일까? 그 돈을 다른 데 씀으로써 자신의 효용이 더 커질 수 있다고 느끼는 순간 "이제 아이스크림은 그만 먹자."라고 스스로를 타이르게 되지 않을까? 바로 앞에서 설명한 효용극대화의 조건은 바로 이와 같은 사고의 과정을 이론적인 틀에 담아 설명한 것에 지나지 않는다. 경제이론이 현실과 동떨어진 것처럼 보여도, 실제로 그 안에 담겨진 내용은 우리의 일상생활과 밀접한 관련을 갖고 있는 것이다.

생각해 봅시다

시험 준비를 전혀 하지 않고 있다가 시험이 바로 내일로 닥치자 밤을 샌다고 난리 법석을 떠는 어느 학생이 있다. 저녁 식사를 마치자마자 그는 우선 졸음을 쫓기 위해 아메리카노 세 잔을 연거푸 마셨다. 그러고는 내일 시험을 보기로 되어 있는 영어와 과학 참고서를 찾아 책상에 가득 쌓아 놓았다. 그는 평소부터 과학에 취미를 갖고 있어 비록 시험 준비는 하지 않았어도 조금만 책을 보면 상당한 점수를 얻을 수 있다는 생각을 갖고 있다. 반면에 영어와는 아예 담을 쌓고 살아왔기 때문에 공부를 웬만큼 많이 하지 않고서는 좋은 점수를 얻지 못하는 상황이다.

그런데 이 학교 선생님들은 시험 문제를 출제할 때 독특한 방법을 쓴다고 한다. 즉 아주 쉬운 문제를 많이 출제해 공부를 조금만 하더라도 상당한 점수를 얻을 수 있도록 해 준다는 것이다. 학생들이 공부를 아예 포기해 버리지 않고 최소한의 관심을 갖도록 유도한다는 취지에서 그런 출제방식을 채택하는 것으로 알려져 있다. 지금 당일치기를 준비하는 문제의 학생도 이 사실을 잘 알고 있으며, 이를 고려해 최대한의 점수를 얻으려는 작전을 세우고 있다.

생각해 보기

(1) 이 학생은 과학에 많은 시간을 투입할 것으로 예상할 수 있다. 방금 배운 소비자 선택 이론을 활용해 왜 그런 선택을 할 것인지 생각해 보자. (도움말 : 점수를 효용이라고 생각할 것)

(2) 그렇지만 영어를 완전히 포기하지는 않고 어느 정도의 시간을 투입할 텐데, 왜 그렇게 하는지 그 이유를 생각해 보라.

4.3 가격 변화의 효과

가격 변화에 따른 수요량의 변화

현재 김군은 효용을 극대화하기 위해 필요한 조건을 충족시켜 최적선택에 이르렀다고 한다. 그런데 다른 조건에는 아무 변화가 없고 아이스크림 가격만 (통당) 1만 5천원에서 1만원으로 떨어지는 변화가 생겼다고 한다. 이와 같은 가격 변화가 김군의 최적선택에 어떤 변화를 가져올 것인지 생각해 보기로 하자. 좀 더 구체적으로 말해 그의 아이스크림 수요량은 더 커질까 아니면 작아질까? 만약 아이스크림 수요량이 더 커진다면, 어떤 이유에서 그런 결과가 나타나는 것일까?

우선 아이스크림 가격이 떨어지면 앞에서 본 효용극대화 조건, 즉 식 (4.2)에 어떤 변화가 생기는지 따져 보자. 아이스크림 가격의 변화에 따라 이 식 좌변에서 보는 분수의 분모가 1만원으로 작아지게 된다. 다른 조건들에는 아무 변화가 없으므로 이와 같은 변화로 인해 좌변의 값이 우변의 값보다 더 커지는 결과가 빚어진다. 효용이 극대화되려면 등식관계가 회복되어야 하는데, 그렇게 되려면 좌변의 값이 작아지면서 동시에 우변의 값이 커져야 한다.

좌변의 값이 더 작아지기 위해서는 분자의 값, 즉 아이스크림의 한계효용이 더 작아지는 방향으로 아이스크림 소비량이 조정되어야 한다. 그리고 우변의 값이 더 커지기 위해서는 책의 한계효용이 더 커지는 방향으로 책 소비량이 조정되어야 한다.[4] 여기서 중요한 점은 아이스크림의 한계효용이 더 작아져야 한다는 사실인데, 그렇게 되려면 아이스크림 소비량을 늘려야 한다. 한계효용체감의 법칙이 성립하는 상황에서, 아이스크림 소비량이 늘어나야 그것의 한계효용이 떨어지기 때문이다.

지금까지 논의한 것을 정리해 다음과 같은 결론을 낼 수 있다. 다른 조건에 아무 변화가 없고 아이스크림 가격만 떨어진 경우, 효용을 극대화하기 위해서는 아이스크림 소비량을 더 늘려야 한다. 바꾸어 말하면, 효용극대화를 추구하는 소비자는 아이스크림 가격 하락에 대해 이것의 소비량, 즉 수요량을 늘리는 반응을 보일 것이라는 뜻이다. 이는 아이스크림에 대한 그 소비자의 수요곡선이 우하향하는 모양을 가질 것임을 뜻한다. 이와 같이 소비자의 최적선택 과정을 분석함으로써 우하향하는 모양을 갖는 수요곡선을 도출할 수 있게 되었다. 우리가 바로 앞 장에서 본 김군의 수요곡선([그림 3-1])의 배후에는 바로 이와 같은 소비자로서의 최적선택 과정이 깔려 있다는 사실에 주의하기 바란다.

4) 아이스크림과 책의 가격이 각각 1만원과 3만원으로 주어져 있으므로, 등식관계가 회복되려면 아이스크림과 책의 한계효용이 변화해야 한다.

미국 사람들은 왜 뚱뚱해졌는가?

지난 40년 동안 미국의 비만 인구는 13%에서 27%로 두 배 이상 늘어났다고 한다. 과체중 혹은 비만에 속하는 사람의 비율도 45%에서 61%로 늘어났다. 이제 미국 사람들 중 정상 체중을 가진 사람의 비율은 고작 39%에 지나지 않는다는 말이다. 이와 비슷한 현상은 다른 나라에서도 나타나고 있지만, 미국처럼 그 정도가 심한 나라는 찾아볼 수 없다.

경제학적 관점에서 미국 사람들이 왜 뚱뚱해졌는지 그 이유를 찾으려는 시도가 있어 우리의 관심을 끈다. 커틀러 등(D. Cutler *et al.*)은 비만 인구 증가의 근본적 원인을 식품 소비와 관련된 시간 비용의 감소에서 찾고 있다. 그들이 조사한 바에 따르면, 1980년대 이래 미국 사람들의 에너지 섭취량은 크게 늘어난 반면 그 소비량에는 별 변화가 없었다고 한다. 에너지 섭취량과 소비량의 격차가 점차 커진 것이 비만화의 주요 원인이었다는 것이 그들의 해석이다.

그렇다면 미국 사람들의 에너지 섭취량이 크게 늘어난 이유는 과연 무엇일까? 그들은 식품 소비와 관련된 시간 비용의 감소가 중요한 역할을 했다는 경제학적 해석을 제시하고 있다. 과거에는 미국 사람들이 먹는 대부분의 식품이 가정에서 만든 것이었다. 그러나 이제는 식품의 대량 생산체제가 갖춰짐에 따라 사서 먹는 식품의 비중이 아주 커졌다. 그 결과 식품 소비와 관련된 시간 비용이 대폭 줄어들게 되었다는 것이 그들의 해석이다.

갖가지 인스턴트식품들

특별히 요리를 하지 않고 바로 먹을 수 있는 인스턴트식품의 확산이 비만 인구 증가의 주요 원인이다.

1965년에는 가정주부가 식사를 준비하고 설거지를 하는 데 하루 평균 2시간 이상을 썼다고 한다. 이에 비해 1995년에는 그런 데 쓰는 시간이 1시간 정도로 줄어들었다. 이와 같은 식품 소비와 관련된 시간 비용의 감소가 미국 사람들로 하여금 종전보다 더 많이 먹게 만든 핵심 요인이라는 것이 그들의 결론이다. 가격이 떨어지면 수요량이 늘어나는 현상이 여기서도 나타났다는 말이다.

일반적으로 어떤 상품의 가격이 떨어지면 소비자의 효용은 증가하게 된다. 식품 소비와 관련된 시간 비용의 하락도 이와 비슷한 효과를 낸다. 그러나 사람들의 자제력에 문제가 있어 먹는 양을 스스로 통제하지 못하는 경우에는 그와 같은 시간 비용의 하락이 반가운 일만은 아니다. 미국에서 1년 동안 다이어트와 관련해 지출하는 비용이 4백억 달러에서 1천억 달러에 이른다는 사실이 바로 그 점을 잘 말해주고 있다.

식품의 생산, 배달과 관련된 기술이 발전함에 따라 비만의 문제가 좀 더 심각한 양상을 띨 수 있다. 식품의 생산, 배달의 측면에서 미국은 다른 어떤 나라보다 더 우월한 기술을 갖고 있다. 이 때문에 미국의 비만 인구가 다른 나라보다 훨씬 더 많을 가능성이 크다. 식품산업에 대한 규제를 통해 이들의 생산성을 낮추면 비만 문제가 어느 정도 줄어들지 모른다.

비만 인구의 증가가 가장 현저하게 나타나는 집단이 바로 기혼 여성이라는 점도 식품의 생산, 배달 기술의 발전과 관련이 있다. 일반적으로 독신자들에 비해 기혼 여성은 식사 준비에 훨씬 더 많은 시간을 쓴다. 따라서 그와 같은 기술 발전은 기혼 여성의 시간 비용을 훨씬 더 큰 폭으로 줄여주는 효과를 가져왔다. 반면에 독신자들이 식사 준비에 쓰는 시간에는 별로 큰 영향을 주지 않는다. 그렇기 때문에 기혼 여성들의 식사량이 상대적으로 더 크게 늘어났던 것이라고 볼 수 있다.

자료 : D. Cutler *et al.*, "Why Have Americans Become More Obese?," *Journal of Economic Perspectives*, 2003

대체효과와 소득효과

그렇다면 아이스크림 가격이 떨어질 때 김군이 수요량을 늘리는 구체적 이유는 무엇일까? 이 물음에 대한 답을 얻기 위해서는 아이스크림 가격의 하락이 김군에게 두 가지 의미를 갖는다는 사실에 주목해야 한다. 하나는 아이스크림이 책에 비해 상대적으로 더 싸지는 결과가 나타난다는 것이다. 아이스크림 가격이 1만 5천원일 때는 책 한 권을 살 돈으로 아이스크림 2통을 살 수 있었다. 그런데 아이스크림 가격이 1만원으로 내린 다음에는 그 돈으로 아이스크림 3통을 살 수 있게 된다. 바로 이런 뜻에서 아이스크림이 상대적으로 더 싸지는 결과가 나타난다고 말하는 것이다.

또 다른 하나는 김군의 실질적인 소득이 종전보다 더 커진다는 것이다. 아이스크림 가격이 내려가면 김군은 예전과 똑같은 용돈만 갖고도 더 많은 아이스크림과 책을 살 수 있게 된다. 예컨대 아이스크림 가격이 1만 5천원이었을 때는 30만원의 용돈으로 아이스크림 10통과 책 5권을 살 수 있었다. 아이스크림 가격이 1만원으로 내린 다음에는 바로 그 돈으로 아이스크림 12통과 책 6권을 살 수 있게 된다. 따라서 김군은 예전보다 좀 더 풍부한 소비생활을 즐길 수 있다고 느낄 텐데, 이는 그의 실질적 소득이 더 커졌다는 것을 뜻한다.

다른 조건이 똑같다면, 책에 비해 아이스크림이 상대적으로 더 싸진 것의 효과는 아이스크림 수요량의 증가로 나타날 것이라고 예상할 수 있다. 일정하게 주어진 용돈으로 가장 높은 효용을 얻으려고 노력하는 김군의 입장에서 보면 상대적으로 더 싸진 아이스크림 소비량을 늘리는 것이 바람직하다. 책 소비량을 줄이고 거기서 나온 돈을 상대적으로 더 싸진 아이스크림 소비량을 늘리는 데 쓰면 효용이 더 커질 수 있기 때문이다.

대체효과

어떤 상품이 다른 상품에 비해 상대적으로 더 싸졌기 때문에 이것의 소비량이 늘어나는 것을 의미

이와 같이 아이스크림이 상대적으로 더 싸졌기 때문에 이것의 수요량을 늘리는 것을 가리켜 **대체효과**(substitution effect)라고 부른다.[5] 김군이 상대적으로 더 비싸진 책을 상대적으로 더 싸진 아이스크림으로 대체하는 결과가 빚어졌다는 뜻에서 이런 이름이 붙었다. 이 대체효과를 통해 아이스크림 가격이 떨어지면 그것에 대한 수요량이 더 커지는 한 가지 이유를 밝혀낸 셈이다.

그렇다면 아이스크림 가격이 떨어져 김군의 실질적 소득이 증가한 것의 효과는 어떻게 나타날까? 앞 장에서 소득 변화에 대해 상품의 수요가 어느 방향으로 반응하느냐에 따라 정상재와 열등재로 구분할 수 있음을 설명한 바 있다. 소득이 늘어날 때 수요량이 더 커지면 정상재, 줄어들면 열등재로 구분한다는 것을 기억하리라고 믿는다. 우선 아이스크림이 정상재라는 가정하에서 김군의 실질적 소득이 증가한 것의 효과를 논의해 보기로 하자.

5) 아이스크림 가격이 오르는 경우에는 대체효과가 아이스크림 수요량을 줄이는 방향으로 작용한다.

아이스크림 가격이 떨어져 실질소득이 늘어나면 김군은 (정상재인) 아이스크림 수요량을 늘릴 것이라고 예상할 수 있다. 이에 따라 아이스크림 수요량이 더 커지게 되는데, 이렇게 어떤 상품의 가격 변화가 소비자의 실질적 소득 변화를 통해 수요량에 영향을 주는 것을 가리켜 **소득효과**(income effect)라고 부른다. 이 소득효과는 아이스크림 가격이 떨어지면 그것에 대한 수요량이 더 커지는 또 다른 이유가 될 수 있다. 그러나 이렇게 말할 수 있는 것은 아이스크림이 정상재라는 전제하에서만 가능하다는 사실을 잊어서는 안 된다.

소득효과
상품 가격의 변화는 소비자의 실질소득에 변화를 가져오게 되는데, 이로 인해 수요량이 변화하는 것을 소득효과라고 부름

만약 아이스크림이 열등재라면 소득효과가 지금 본 것과 정반대 방향으로 나타나게 된다. 즉 아이스크림 가격이 떨어져 실질적 소득이 더 커지면, 이로 인해 아이스크림 수요량이 줄어드는 결과가 빚어진다는 말이다. 따라서 아이스크림이 열등재인 경우에는 대체효과와 소득효과가 서로 반대 방향으로 작용하는 것을 보게 된다. 아이스크림 가격이 떨어질 때 대체효과는 그것의 수요량을 늘리는 방향으로 작용하지만, 소득효과는 오히려 수요량을 줄이는 방향으로 작용할 것이기 때문이다.

지금 보는 것처럼, 고려 대상이 되는 상품이 정상재인지 아니면 열등재인지에 따라 대체효과와 소득효과가 같은 방향으로 작용할 수도 있고 반대 방향으로 작용할 수도 있다. 바로 앞에서 예로 든 아이스크림의 경우에는 정상재의 성격을 갖기 때문에 대체효과와 소득효과가 모두 수요량을 늘리는 방향으로 작용한다. 그러므로 어떤 상품이 정상재의 성격을 갖는 경우에는 수요곡선이 당연히 우하향하는 모양을 갖게 된다.

그러나 고려 대상이 되는 상품이 열등재의 성격을 갖는 경우에는 대체효과와 소득효과가 반대 방향으로 작용하기 때문에 상황이 조금 복잡해진다. 만약 대체효과의 절대적 크기가 소득효과의 절대적 크기보다 더 크다면 수요곡선은 보통의 경우와 다름없이 우하향하는 모양을 갖는다. 즉 그 상품의 가격이 떨어질 때 수요량이 증가한다는 점에서 보통의 상품과 다를 바 없다는 말이다. 열등재의 성격을 갖는 대부분의 상품이 이 범주에 속한다고 말할 수 있다.

그러나 아주 예외적으로 소득효과가 너무 커 그 절대적 크기가 대체효과보다 더 큰 경우가 있을 수 있다. 이런 상품의 경우에는 가격이 떨어질 때 수요량이 줄어드는 예외적인 현상이 나타나게 된다. 다시 말해 수요곡선이 우상향하는 모양을 갖는다는 것인데, 이와 같은 성격을 갖는 상품을 **기픈재**(Giffen goods)라고 부른다.[6] 기픈재는 가격이 떨어질 때 수요량이 오히려 줄어든다는 점에서 수요의 법칙에 어긋나는 성격을 갖는다. 그런데 현실에서 열등재이면서 그 소득효과가 아주 큰 상품은 무척 드물기 때문에 기픈재의 예를 찾기는 매우 힘들다.

기픈재
열등재로서의 소득효과가 너무 큰 나머지 가격이 떨어질 때 수요량이 오히려 줄어들게 되는 상품

6) 다른 교과서들을 보면 '기픈재'를 '기펜재'라고 표현하는 경우를 많이 볼 수 있다. 심지어 표준국어대사전에도 '기펜재'가 표준적인 외래어 표기라고 나와 있을 정도다. 그러나 기픈재라는 말이 영국 경제학자 R. Giffen의 이름에서 나온 것임을 생각하면 기펜재라는 표현은 적절치 못하다. 독일어가 아닌 한 그렇게 발음할 리가 없는데, 아마도 일본의 표기방법을 그대로 따와 그렇게 표현한 것 같다.

기픈의 역설

영국 경제학자 기픈(R. Giffen)은 아일랜드 사람들의 소비패턴을 조사하는 과정에서 매우 이상한 현상을 발견했다. 그의 관찰 결과에 따르면, 감자의 가격이 떨어짐에 따라 그것에 대한 수요량이 늘어나야 할 텐데, 오히려 줄어드는 반응이 나타났다. 다시 말해 그 당시 아일랜드 사람들이 주식으로 삼던 감자의 경우에는 수요의 법칙이 성립하지 않는다는 사실이 드러난 것이다.

사람들은 이런 역설적인 현상을 **기픈의 역설**(Giffen's paradox)이라고 불렀는데, 이 현상이 나타나는 이유는 과연 무엇이었을까? 우선 당시의 아일랜드 사람들에게 감자가 어떤 의미를 갖고 있었는지에 주목할 필요가 있다. 중요한 점은 그들이 무척 가난했기 때문에 빵 대신 감자를 주식으로 삼고 있었다는 사실이다. 감자를 특히 좋아해서가 아니라, 경제적 여유가 없어 할 수 없이 감자를 주식으로 삼을 수밖에 없었다는 말이다. 이는 감자가 열등재의 성격을 갖는다는 것을 뜻한다.

뉴욕의 세인트 패트릭스 데이 퍼레이드(아일랜드인 축제)

아일랜드계 사람들은 궁핍했던 시절 신대륙으로 대거 이민해 옴에 따라 미국 사회의 주축을 이루게 되었다. (사진 제공 : Nick Leahy)

이런 상황에서 감자 가격이 내려간다고 해보자. 그렇게 되면 가난한 살림살이에 약간의 여유가 생기게 되고, 이에 따라 평소 먹고 싶던 빵을 조금이나마 사먹을 수 있게 된다. 빵으로 배를 불린 사람들은 이제 감자를 예전만큼 많이 먹지 않아도 된다. 많은 사람들이 이런 방식으로 소비패턴을 변화시키면, 감자 가격이 내려감에 따라 그 수요량이 줄어드는 것을 관찰할 수 있게 된다.

엥겔(E. Engel)이 지적했듯, 가난한 사람일수록 식료품에 대한 지출의 비중이 더 큰 법이다. 당시의 아일랜드 사람은 매우 가난했기 때문에 거의 감자로 연명하다시피 했을 것이고, 따라서 소득의 대부분을 감자 사는 데 썼을 것이다. 그렇기 때문에 감자 가격 하락에서 오는 소득효과가 특히 컸을 것이라고 짐작할 수 있다. 이렇게 소득효과가 아주 큰 경우에만 수요의 법칙에 위배되는 반응을 관찰할 수 있게 된다.

영국의 통치하에 있던 시절의 아일랜드 사람들은 무척 궁핍한 살림에 쪼들리고 있었다. 아일랜드의 '3P'라는 말이 있었는데, 많은 인구(population), 극도의 빈곤(poverty), 주식인 감자(potato)를 일컫는 것이었다. 그러나 이제 아일랜드는 유럽에서 제일 잘사는 나라 중 하나가 되었다. 1인당 국민소득이 영국의 수준을 뛰어넘은 것은 이미 꽤 오래된 일이다. 아일랜드라고 하면 빈곤과 감자를 연상하는 것은 이제 먼 옛날의 일이 되고 말았다.

우리도 아주 가난했던 시절이 있었고, 그때는 쌀을 살 돈이 없어 보리밥을 먹는 가정이 무척 많았다. 요즈음은 건강에 좋다고 일부러 보리밥을 찾는 사람도 있지만, 그때는 먹기 싫은데도 돈이 없어 억지로 보리밥을 먹어야 하는 처지였다. 단 한 번만이라도 흰쌀밥을 배불리 먹는 것이 소원이라고 말하는 사람들까지 볼 수 있었다. 따라서 그때의 보리는 아일랜드 사람들의 감자와 비슷한 성격을 가졌을 것으로 짐작할 수 있다.

생각해 봅시다

예를 들어 양말이나 손수건의 값이 절반 이하의 수준으로 떨어진다 해도 소비자는 실질적인 소득이 크게 늘어났다고 인식하지 않을 것이다. 그가 구입하는 양말이나 손수건의 양이 얼마 되지 않아 값이 크게 떨어져도 절약되는 돈이 얼마 되지 않는 것으로 느껴질 것이기 때문이다. 다음과 같은 예를 생각해 보면 이 말이 무슨 뜻인지 바로 이해가 될 것이다.

양말 한 켤레의 값이 6천원인데, 박씨는 일년에 다섯 켤레를 산다고 하자. 그렇다면 양말을 사기 위한 연간 지출이 3만원이 되는데, 양말 값이 2천원으로 크게 떨어지면 그 지출액은 1만원으로 줄어든다. 이와 같이 1년 동안 지출하는 금액이 고작 2만원 줄었다고 해서 크게 여유가 생겼다고 느낄 사람은 없다. 따라서 이 경우에는 소득효과의 크기가 아주 미미할 것이라고 짐작할 수 있다.

그러나 쌀이나 채소처럼 소비자가 많이 구입해 소비하는 상품이라면 경우가 다르다. 이런 경우에는 가격이 조금만 떨어져도 소비자는 한결 여유가 생긴 것으로 인식하게 된다. 이렇게 상품마다 가격 변화로 인한 소득효과의 크기가 달라지는데, 그 크기는 구입량이 커질수록 더욱 커진다. 따라서 소비자는 구입량이 큰 상품의 가격 변화에 대해 특히 민감한 반응을 보이게 된다.

생각해 보기

(1) 독자의 입장에서 볼 때, 어떤 것의 가격이 변화할 때 소득효과가 특히 클 것인지 생각해 보자.

(2) 구두를 신고 싶지만 돈이 없어 값싼 운동화를 신고 다니는 사람이 있다고 하자. 값싼 운동화가 열등재인 셈인데, 이것이 기픈재의 성격도 가질 수 있을까?

어떤 상품의 가격 변화에 따른 소득효과가 크려면 그 상품에 대한 지출이 많아야 한다. 소비자의 관점에서 볼 때 어떤 상품의 가격이 떨어지는 것이 특히 반가울지 생각해 보기 바란다. 자신이 많은 돈을 지출하고 있는 상품의 가격이 떨어지는 것이 특히 반가울 텐데, 이는 그 경우의 소득효과가 크다는 것을 뜻한다. 그렇다면 그것에 대한 지출이 아주 많으면서 열등재의 성격을 갖는 상품이어야 기픈재의 성격을 갖는다는 말인데, 우리 주위에서 그런 상품의 예를 쉽게 찾을 수 있을까? 기픈재는 이론적 관점에서 볼 때만 흥미로울 수 있을 뿐 현실적 의미는 거의 없는 상품이라고 말할 수 있다.

대체효과와 소득효과에 대해 한 가지 더 설명해 둘 점이 있다. 소득효과는 고려 대상이 되는 상품의 성격에 따라 작용의 방향이 달라지지만, 대체효과의 경우에는 상품의 성격과 관계없이 언제나 똑같은 방향으로 작용한다는 사실이 바로 그것이다. 고려 대상이 되는 상품이 열등재의 성격을 갖는다 할지라도, 이것의 가격이 떨어지면 대체효과는 그것에 대한 수요량을 늘리는 방향으로 작용한다. 열등재라고 해서 대체효과가 작용하는 방향이 달라지는 경우는 없으니 이 점을 잊지 말기 바란다.

4.4 수요의 네트워크효과

개별 소비자의 수요곡선과 시장수요곡선

바로 앞 절에서의 논의를 다시 한번 정리해 보기로 하자. 어떤 상품의 가격이 떨어지면 (효용을 극대화하려고 노력하는) 소비자는 그것에 대한 수요량을 늘리는 반응을 보이게 된다. 어떤 상품의 가격이 떨어진 결과 그 상품에 대한 수요량이 늘어난다는 것은 수요곡선이 우하향하는 모양을 갖는다는 것을 뜻한다. 우리는 소비자의 최적선택 과정으로부터 출발하여 우하향하는 모양을 갖는 수요곡선에까지 이르게 되었다. 이것은 최적선택 과정을 분석함으로써 수요곡선을 도출할 수 있다는 의미를 갖는다.

그런데 지금 말하고 있는 수요곡선은 개별 소비자의 수요곡선으로, 시장의 수요곡선과는 구별되어야 한다. 물론 이 둘 사이에 아무런 관계가 없는 것은 아니고, 개별 소비자의 수요곡선이 모여 시장수요곡선을 만든다는 점에서 아주 밀접한 관련을 갖는다. 좀 더 구체적으로 말한다면, 앞에서 설명한 과정을 거쳐 개별 소비자들의 수요곡선을 도출한 다음, 이것들을 수평 방향으로 더하면 시장의 수요곡선을 얻을 수 있다.

제3장의 [그림 3-3]을 통해 우리는 김군, 이군, 박군의 수요곡선이 주어져 있을 때 이들을 수평 방향으로 더함으로써 시장수요곡선을 도출할 수 있음을 본 바 있다. 그런데 이런 방법으로 시장수요곡선을 도출하는 것은 각 개인의 수요가 다른 사람들의 수요에 영향을 받지 않는다는 전제하에서만 허용될 수 있다는 단서를 달았다. 만약 그 세 사람의 수요가 어떤 방식으로든 서로 영향을 주고받는다면 그 방법으로 시장수요곡선을 도출하는 것이 허용되지 않는다는 뜻이다.

그런데 현실에서는 어떤 사람의 수요가 다른 사람들의 수요에 영향을 받는 경우가 종종 있다. 예를 들어 주위의 많은 사람들이 어떤 물건을 사서 일종의 유행이 되면 자기도 그것을 사고 싶은 충동을 느끼는 경우가 종종 있다. 반대로 그런 유행에 따른다는 것은 자존심이 상하는 일이라는 생각에서 오히려 그 상품을 사지 않으려는 태도를 보이는 경우도 있다. 이와 같이 사람들의 수요가 서로 영향을 주고받는 경우가 그리 드물지 않다. 다음 소절에서 이와 같은 상황을 좀 더 자세하게 설명해 보기로 하겠다.

네트워크효과

네트워크효과

어떤 사람의 수요가 다른 사람들의 수요에 의해 영향을 받는 것을 가리킴

어떤 사람의 수요가 다른 사람들의 수요에 의해 영향을 받을 때 **네트워크효과**(network effects)가 존재한다고 말한다. 그 상품을 쓰는 사람들이 일종의 네트워크를 형성해 다른 사람의 수요에 영향을 준다는 뜻에서 이런 이름이 붙었다. 네트워크효과가 존재할 경우에는 시장수요곡선이 개별 소비자의 수요곡선을 수평 방향으로 더한 것과

다르게 된다. 네트워크효과의 구체적 사례로 다음에 설명할 유행효과와 속물효과를 들 수 있다.

유행효과의 산 증거

미국에서 온 햄버거 체인이 우리나라에서 처음 문을 열었을 때 이런 엄청난 유행효과가 나타났다.

(1) 유행효과

어느 마을에 서커스단이 들어오면, 자신의 존재를 알리기 위해 멋진 퍼레이드부터 벌이고 본다. 이 퍼레이드의 제일 선두에는 으레 나팔 불고 북을 치는 사람들이 탄 악대차(bandwagon)가 서고, 그 뒤에 줄타기하는 사람, 어릿광대, 차력사, 그리고 갖가지 동물들이 줄을 지어 행진한다. 그것을 구경하는 사람 눈에는 뒤에 있는 사람과 동물들이 선두에 선 악대차를 따라다니는 것으로 비치게 된다.

사람들이 수요를 결정하는 과정에서도 이렇게 다른 사람들을 좇아가는 것과 같은 현상이 나타날 수 있다. 이와 같이 유행에 따라 어떤 물건을 사게 되는 것을 가리켜 **유행효과**(bandwagon effect)라고 부른다. 예를 들어 주위 아이들이 어떤 게임기를 갖고 있는 것을 보고 자기에게도 그것을 사달라고 떼쓰는 아이들이 많은데, 바로 이 유행효과에 의해 그 게임기에 대한 수요가 생겨난 경우다. 이 유행효과 때문에 어떤 상품에 대한 수요가 갑자기 폭발적으로 증가하는 현상이 나타날 수 있다.

유행효과가 존재하는 경우에는 어떤 상품에 대한 사람들의 수요가 상승작용을 일으키는 결과가 나타난다. 네가 사니까 내가 사고, 내가 사니까 네가 사는 것 같은 현상이 나타난다는 말이다. 따라서 각 개인의 수요량이 더 커질 때 시장 전체의 수요량 증가폭은 각 개인의 수요량 증가폭을 합친 것보다 더 커진다. 이것은 시장수요곡선이 개인의 수요곡선을 수평 방향으로 합친 것보다 더욱 완만한 기울기를 가질 것임을 뜻한다.

(2) 속물효과

유명 브랜드의 로고만 보면 넋을 잃어버리는 '명품족'이 점차 늘어난다고 한다. 이들이 엄청나게 비싼 값을 주어가며 유명 브랜드의 옷을 사 입는 이유는 과연 무엇일까? 한마디로 말해 그것을 사 입을 수 있는 사람이 적기 때문이다. 유명 브랜드 옷을 만들어 파는 사람들은 이를 알기 때문에 일부러 엄청나게 높은 가격을 매긴다. 솔직히 말해 유명 브랜드 옷의 인기 비결은 보통 사람들이 감히 사 입을 생각조차 하지 못하도록 높은 가격을 매기는 데 있다. 특히 속물근성이 강한 사람일수록 남들이 감히 사지 못하는 값비싼 유명 브랜드에 집착하는 경향을 보인다.

이와 같이 어떤 상품을 원하는 배경에 남들이 사지 못하는 것을 자기만 살 수 있다는 심리가 깔려 있는 경우가 있다. 이런 경우에는 사회 전체의 소비량이 늘어난다는

속물효과 때문에 산다?

이 가게에서 파는 구두는 대개 이백만 원이 넘는 가격표가 붙어 있다. 서민들은 도저히 지불할 수 없는 높은 가격이 이 구두의 매력일 것이다.

사실이 그 상품에 대한 수요를 줄이도록 만드는 원인으로 작용할 수 있다. 이 사람 저 사람 모두 소비하는 상황에서는 자기만 그것을 소비할 수 있다는 속물적 욕구를 충족시키기가 힘들어지기 때문이다.

이렇게 사회 전체의 소비량이 더 커짐에 따라 어떤 상품에 대한 수요가 줄어드는 효과를 가리켜 **속물효과**(snob effect)라고 부른다. 속물효과가 존재하는 경우에는 각 개인의 수요량이 더 커질 때 시장 전체의 수요량 증가폭은 각 개인의 수요량 증가폭을 합친 것보다 더 작아진다. 다른 사람들의 수요량이 더 커지는 것이 어떤 한 사람의 수요를 줄이는 요인으로 작용하기 때문이다. 이것은 시장수요곡선이 개인의 수요곡선을 수평 방향으로 합친 것보다 더욱 가파른 기울기를 가질 것임을 뜻한다.

생각해 봅시다

두 회사가 거의 똑같은 기능을 갖는 컴퓨터 소프트웨어를 동시에 시장에 내어놓았다고 한다. 시간이 점차 흐르면서 그 둘 중 하나는 자연스럽게 도태되고 나머지 하나만이 살아남을 가능성이 크다. 처음에는 두 개의 소프트웨어가 비슷한 시장점유율을 가진 상태에서 경쟁이 시작되더라도 어느 단계에 이르면 소비자들이 한쪽으로 몰리는 현상이 나타나기 때문이다.

소비자 입장에서 보면 자신이 쓰는 것과 똑같은 소프트웨어를 쓰는 사람이 많을수록 편리함이 크다. 호환성 문제 때문에 골치를 썩일 가능성이 그만큼 작아지기 때문이다. 따라서 어떤 소프트웨어를 처음 쓰는 사람이라면 현재 더 많은 사람들이 쓰고 있는 쪽을 선택할 가능성이 크다. 또한 현재 쓰고 있는 소프트웨어의 사용자가 점차 줄어 불편함이 커지면 다른 것으로 바꾸는 결단을 내리기도 한다.

그렇기 때문에 소프트웨어의 경우에는 유행효과가 극단적으로 크게 나타나게 된다. 다른 사람들이 모두 특정한 소프트웨어를 쓰고 있으면 자신도 거기에 따라갈 수밖에 없는 상황이 되어 버린다. 어떤 소프트웨어 그 자체가 갖는 장점보다 현재 얼마나 많은 사람들이 그것을 쓰고 있는지가 더 중요한 선택의 기준이 될 수 있을 정도다.

생각해 보기

(1) 무료견본(free sample)이라든가 한정판매(introductory offer) 등의 명목을 붙여 새로 만든 소프트웨어를 아주 싼 가격에 판매하는 이유가 무엇일까?

(2) 새로운 상품이 나왔을 때 유행효과가 그것의 성공 여부에 결정적인 열쇠가 될 상품의 예로 소프트웨어 이외에 또 무엇이 있을까?

왜 책 사재기가 없어지지 않을까?

지금은 많이 줄었다고 하지만, 어떤 책을 펴낸 출판사가 그 책을 대량으로 사들여 베스트셀러 리스트에 올려놓는 경우가 있다. '사재기'로 불리는 이 관행이 사라지지 않는 것은 나름대로 효과적인 홍보전략이기 때문이다. 비용 대비 효과가 가장 큰 홍보전략이라는 것이 출판업계의 정설이다. 처벌받을 위험을 무릅쓰고 암암리에 사재기를 하는 것을 보면 이것의 매력이 얼마나 큰지 알 수 있다.

사재기를 통해 어떤 책을 일단 베스트셀러 리스트에 올려놓으면 이제는 독자들이 몰려들어 책 판매가 늘어나기 시작한다. 독자들 입장에서 보면 매일 쏟아져 나오는 수없이 많은 책들을 제목만 보고 평가하기가 무척 어렵다. 서점에 가서 책을 펴들고 몇 페이지 읽어본다 해도 정말로 읽을 만한 책인지 판단하기 어려운 것은 마찬가지다. 이 상황에서 많은 사람들이 베스트셀러 리스트에 오른 책을 고르는 전략을 선택한다.

어떤 책이 베스트셀러 리스트에 올랐다는 것은 많은 사람들이 그 책을 읽을 만하다고 평가한다는 것을 뜻한다. 따라서 자신도 안심하고 그 책을 살 수 있다. 베스트셀러 리스트에 오르면서 상승작용에 의해 수요가 더욱 커질 수 있는 이유가 바로 여기에 있다. 말하자면 베스트셀러 리스트가 유행효과를 만들어내는 역할을 하고 있는 셈이다. 사재기 전략의 목표는 바로 이 유행효과를 촉발하는 데 있다.

사재기를 해서라도 베스트셀러 리스트에 올라야 한다

어떤 책이 베스트셀러 리스트에 오르면서 상승작용에 의해 더욱 많이 팔리는 결과가 나타난다.

심리학자들은 이 유행효과의 배후에 '군집지능'(swarm intelligence)이 있다고 말한다. 군집지능이란 개미나 벌 같은 사회적 동물이 집단에서 행동하는 방식을 가리키는 말이다. 인간 역시 사회적 동물이기 때문에 이 군집지능에 따라 행동하고 있음이 분명하다. 군집지능에 따라 행동한다는 것은 다른 사람들이 어떤 행동을 하면 본능적으로 그 행동을 따라 한다는 것을 뜻한다.

일부 유통체인이 실험하고 있는 '스마트카트'(SmartCart) 기술은 바로 이 군집지능을 활용해 판매량을 늘리려는 목적을 갖고 있다. 이 기술은 다음과 같은 원리에 의해 작동하고 있다. 우선 슈퍼마켓 측은 선반에 진열되어 있는 모든 물건에 라디오 신호를 보내는 작은 장치를 달아 놓는다. 고객이 끌고 다니는 카트에는 스캐너가 달려 있어 어떤 물건을 그 안에 집어넣는 순간 그 물건을 샀다는 정보가 중앙 컴퓨터로 전송된다.

이렇게 모아진 구매 정보는 각 상품이 진열된 선반에 붙어 있는 스크린에 게시된다. 고객들은 그것을 보고 각 상품이 얼마나 인기가 있는지를 판단하게 된다. 어떤 상품을 집어 들고 그것을 살까 말까 망설이고 있는 사람에게는 그 정보가 결정적인 역할을 할 수 있다. 고객들에게 인기 있는 상품으로 드러나면 안심하고 그것을 사기로 결정한다. 반면에 아무도 사지 않은 상품이라면 주저하지 않고 선반 위로 돌려놓는다.

결국 광고라는 것은 유행효과를 만들어내는 데 그 궁극적 목적이 있다고 말할 수 있다. 소비자에게 다른 사람들이 쓰는데 나만 빠질 수 없다는 절박감을 심어주는 효과를 노리고 있는 것이다. 내가 좋아하는 스타가 그 상품을 쓰고 있다는 사실을 알게 되는 순간 그 절박감은 한층 더 커진다. 엄청난 돈을 지불하고 유명 연예인을 광고에 출연시키는 이유가 다른 데 있는 것이 아니다.

요약

1. 소비자가 상품을 소비함으로써 얻는 만족감을 효용이라고 부른다. 다른 상품의 소비량이 일정한 수준으로 유지된 상태에서 어떤 상품 1단위를 더 소비할 때 얻는 효용의 증가분을 한계효용이라고 부른다. 한계효용체감의 법칙은 한 상품의 소비량이 점차 늘어감에 따라 한계효용이 떨어지는 현상을 뜻한다.
2. 소비자는 주어진 예산제약하에서 그의 효용을 가장 크게 만드는 상품의 조합을 선택한다.
3. 효용이 극대화되기 위해서는 두 상품 사이의 한계효용 비율이 가격 비율과 같다는 조건이 충족되어야 한다.
4. 어떤 상품의 가격이 변화하게 되면 상품 사이의 상대가격이 변화하는 동시에 소비자의 실질적 소득에 변화가 온다. 상대가격이 변화하기 때문에 상품 수요량에 변화가 오는 것을 대체효과라고 하며, 실질적 소득이 변화하기 때문에 수요량에 변화가 오는 것을 소득효과라고 부른다.
5. 효용극대화 과정을 분석한 결과에 기초해 어떤 상품에 대한 수요곡선을 도출할 수 있다.
6. 어떤 사람의 수요가 다른 사람들의 수요에 의해 영향을 받는 것을 가리켜 네트워크효과라고 부른다.

중요개념

효용	상품묶음	한계효용	한계효용체감의 법칙
예산제약	대체효과	소득효과	기픈재
네트워크효과	유행효과	속물효과	

연습문제

01. 한계효용체감의 법칙이 성립하지 않는 예외적 상황이 있다고 생각하면, 예를 들어 설명해 보라.

02. 천씨는 월 2백만원의 소득을 얻는데, 이를 갖고 자루당 가격이 5만원인 콩과 켤레당 가격이 10만원인 구두를 구입해 소비한다고 한다. 그가 선택할 수 있는 콩과 구두의 조합들을 그림으로 보이라. (콩과 구두는 매우 작은 단위로 나누어 구입할 수 있다고 가정하라.)

03. 천씨가 콩과 구두를 특정한 조합으로 선택했는데, 두 상품이 똑같은 한계효용을 갖는 것으로 드러났다고 한다. 그는 이와 같은 선택을 통해 효용을 극대화할 수 있을까? 예, 아니요로 대답하고 그 이유를 설명하라.

04. 천씨의 소득이 4백만원으로 늘었는데, 콩 가격과 구두 가격이 각각 10만원과 20만원으로 올라갔다고 한다. 그의 콩 수요량에는 어떤 변화가 생길까?

05. 어떤 상품의 가격이 변화함으로써 발생하는 대체효과가 그 상품의 성격에 따라 작용하는 방향이 서로 반대일 수 있을까? 만약 그렇다면 적절한 예를 들어 그런 결과가 나올 수 있음을 설명해 보라.

06. 대중교통수단은 열등재의 성격을 갖는다고 한다. 대중교통수단을 이용하는 데 지불하는 요금이 떨어질 때 소득효과는 어떤 방향으로 작용하게 될까?

07. 열등재의 경우에는 수요곡선이 어떤 모양을 갖게 될까?

08. 어떤 중견 경영자는 자신이 회사에 처음 들어왔을 때보다 요즈음 들어서 양주를 훨씬 더 많이 마신다고 말했다. 그 말을 하면서 그는 예전에 비하면 양주 값이 근래에 들어 매우 비싸졌다는 말을 덧붙였다. 그의 양주에 대한 수요곡선은 우상향하는 모양을 갖는 셈인가? 그의 선택행위에 대한 그럴듯한 해석을 제시하라.

09. 기픈재의 성격을 갖고 있는 상품에 대한 수요의 가격탄력성과 소득탄력성은 어떤 범위의 값을 가질 수 있을까?

10. 유행효과가 있을 경우 시장수요곡선은 개별 소비자의 수요곡선을 수평으로 더한 것보다 더욱 가파르게 될까 아니면 그 반대일까? 그리고 그 직관적 이유는 무엇일까?

11. 백화점의 세일기간 동안에도 유명 브랜드 상품의 경우에는 좀처럼 가격 할인을 해주지 않는데, 그 주된 이유가 무엇일까?

제 5 장

기업의 생산활동

5.1 기업이란?

5.2 생산기술

5.3 생산비용

5.4 규모의 경제와 범위의 경제

5.5 기업의 선택

5.6 기업은 정말로 이윤극대화를 추구하는가?

기업이란 여러 가지 생산요소를 사용해 상품을 만든 다음 이를 소비자에게 판매하는 것을 주요한 목적으로 만들어진 조직을 뜻한다. 우리는 기업이 생산요소를 어떤 방식으로 결합하며, 또한 얼마나 많은 양의 상품을 만들려고 하는지, 그 선택에 대해 알아보려고 한다. 이윤극대화를 추구하는 기업은 생산량이 달라짐에 따라 수입과 비용이 어떻게 변화하는지 관찰한 다음 어느 수준에서 생산할 것인가를 결정한다. 이와 같은 결정이 각 가격에서 얼마만큼의 상품을 공급할 것인지의 결정과 밀접한 관계를 갖는다는 것은 두말할 나위도 없다.

5.1 기업이란?

옛날에는 개인들이 곡식, 물고기, 옷감 등 우리가 필요로 하는 모든 물건들을 도맡아 생산했다. 인류 역사에서 사람들이 **기업**(firm)이란 조직을 통해 생산활동을 하기 시작한 것은 그리 오래전의 일이 아니다. 그러나 기업에 의한 생산은 짧은 기간 안에 급속히 확산되어, 이제는 거의 모든 생산활동이 기업들에 의해 이루어지게 되었다. 독자가 소비하고 있는 여러 가지 상품들을 누가 만들었는지 생각해 보기 바란다. 농수산물을 제외하고는 거의 모두가 기업에 의해 생산되었다는 것을 알 수 있을 것이다.

현대 경제에서는 기업이 생산활동의 주역을 담당하고 있기 때문에, 경제에서 이것이 차지하는 비중은 매우 클 수밖에 없다. 기업들이 얼마나 활발하게 활동하느냐에 따라 한 나라의 경제적 상황이 좌우된다고 말할 수 있을 정도다. 따라서 경제의 움직임을 제대로 이해하기 위해서는 기업에 대한 정확한 이해가 필수적이라고 말할 수 있다. 우리는 기업이 어떤 성격을 갖는 조직이며, 어떤 목적을 위해 어떤 선택을 하고 있는지 잘 알아둘 필요가 있다.

기업의 존재 의의

기업은 생산요소를 결합해 상품을 생산하고 이를 시장에 판매하기 위해 만들어진 조직이다. 따라서 기업의 존재 의의는 개인이 생산활동을 하는 것보다 기업이라는 조직이 생산활동의 주체가 되는 것이 더욱 효율적이라는 데서 찾을 수 있다. 생산활동의 주체로서 기업은 다음과 같은 측면에서 개인에 비해 상대적으로 유리한 입장에 있다.

기업들이 밀집해 있는 서울 도심의 거리

기업이 생산활동의 주체가 될 때 생산이 더욱 효율적으로 이루어질 수 있다는 데서 기업의 존재 의의를 찾을 수 있다.

(1) 거래비용의 절감

기업의 존재 의의는 무엇보다도 우선 **거래비용**(transaction costs)을 줄이는 역할을 한다는 데서 찾을 수 있다. 모든 거래는 그것을 성사시키는 데 따르는 거래비용을 수반하게 된다. 예를 들어 거래할 상대자를 찾고, 가격이나 지불 방법 등 거래 조건에 대해 합의하고, 이 합의사항이 준수되도록 노력하는 것과 관련해 비용이 든다. 시간이나 노력이라는 형태의 비용뿐 아니라, 변호사를 고용해 계약 내용을 점검하게 만드는 데 드는 비용 등 여러 가지 형태의 비용이 들게 되는 것이다. 다른 유형의 비용과 마찬가지로 이것이 적게 들수록 더 바람직하다는 것은 두말할 나위도 없다.

기업의 존재는 사람들이 시장에서의 거래에 의존해야 할 필요성을 줄임으로써 거래비용을 절감시켜 준다. 예를 들어 컴퓨터가 한 대 필요하다고 느끼는 어떤 사람이 있다고 하자. 만약 컴퓨터를 만들어 파는 기업이 존재하지 않는다면, 그는 부속품과 소프트웨어를 만들어 파는 수많은 사람들을 일일이 찾아가 거래를 해야 한다. 이와 같이 수많은 사람들을 만나 가격과 판매조건 등을 협상하는 과정에서 그는 엄청난 거래비용을 지불하게 된다. 그러나 컴퓨터를 만들어 파는 기업이 존재하면 그렇게 수없이 많은 거래를 해야 할 필요가 없어진다. 이 예를 보면 기업의 존재가 거래비용의 획기적인 절감을 가능하게 해 준다는 사실을 잘 알 수 있다.

(2) 규모의 경제

오늘날의 생산기술하에서는 대량생산의 이점이 나타나는 경우가 아주 흔하다. 뒤에서 자세히 설명하겠지만, 이처럼 대량생산의 이점이 있어 생산수준이 높아짐에 따라 생산단가가 떨어질 때 **규모의 경제**(economies of scale)가 있다고 말한다. 텔레비전이나 자동차 같은 상품을 대규모로 생산함으로써 그 생산단가를 현저히 낮출 수 있다는 것은 누구나 잘 아는 사실이다.

기업이라는 조직이 존재하지 않고 개인들이 모든 상품을 소규모로 생산하는 체제에서는 대량생산의 이점을 제대로 활용할 수 없게 된다. 어떤 사람이 수많은 부품들을 짜맞춰 자동차를 만드는 경우라면 생산단가가 엄청나게 높을 것이다. 기업 같은 조직화된 생산활동의 주체가 대규모로 상품을 생산하는 체제를 갖춰야 규모의 경제를 충분히 활용할 수 있는 길이 열릴 수 있다. 이처럼 규모의 경제를 활용해 생산단가를 낮출 수 있다는 점에서도 기업의 우위가 두드러지게 된다.

(3) 팀에 의한 생산의 이점

각 개인이 따로 떨어져 있는 것이 아니라 하나의 집단을 형성하여 공동으로 작업하는 것을 '팀에 의한 생산'(team production)이라고 부른다. 팀에 의한 생산은 분업에 의한 전문화를 가능하게 만들어 효율성 향상에 기여할 수 있다. 기업이 개인과 기본적으로 다른 점은 그 조직 속의 사람들이 팀을 이루어 생산활동에 종사한다는 것이다. 기업은 팀에 의한 생산을 가능하게 함으로써 생산의 효율성을 높여주는 역할을 한다.

(4) 생산에 필요한 재원의 조달

어떤 상품을 생산할 체제를 갖추기 위해서는 공장 부지를 확보하고 기계를 설치하는 등 대규모의 투자를 해야 하고, 따라서 막대한 자금을 필요로 하게 된다. 아무리 부유하다 해도 개인이 보유하고 있는 자금으로 이렇게 큰 규모의 투자를 수행한다는 것은 현실적으로 거의 불가능한 일이다. 자신이 갖고 있는 자금만으로 충분치 못해 남에게 빌려서 투자를 하려 하는 경우에도 개인의 신용만으로는 빌릴 수 있는 자금의 규모에 한계가 있을 수밖에 없다.

대규모 투자에 필요한 자금을 마련하려면 기업이 주식이나 회사채를 발행해 자본시장의 돈을 끌어오거나 금융기관에서 대출을 받아야만 한다. 따라서 기업이 생산활동의 주체가 되어야만 투자에 필요한 재원을 비교적 쉽게 조달할 수 있는 길이 열리게 된다.

세계에서 가장 긴 역사를 가진 기업

현존하는 기업 중 아마도 가장 긴 역사를 가진 것은 영국의 보험회사 로이드(Lloyd's)일 것이다. 1600년대 런던에서는 로이드(E. Lloyd)라는 사람이 운영하는 커피하우스가 신대륙과 무역을 하는 사람들의 사교장 역할을 하고 있었다. 해상무역에는 많은 위험이 따르는 것이 보통이기 때문에 그곳에 모인 사람들의 대화에서도 위험이 주제가 되는 경우가 많았다.

신대륙에서 값비싼 물건을 잔뜩 싣고 입항한 사람들은 큰돈을 벌 수 있다. 그러나 항해 도중 악천후를 만나 좌초할 수도 있고, 선상반란이 일어날 수도 있고, 해적을 만날 수도 있어 큰 고민이다. 이때 어떤 돈 많은 사람이 나타나 사고가 나면 보상을 해줄 테니 무역에서 얻은 이익의 일부를 나눠 달라는 제의를 했다고 하자. 이와 같은 거래가 양측 모두에게 이득이 될 것이기 때문에 그들은 흔쾌히 악수를 나누고 계약서에 서명을 했을 것이다. 실제로 그들은 보험계약을 체결한 셈이고, 이와 같은 과정을 통해 자연발생적으로 보험업이 태동하게 된 것이다. 이런 연원을 갖는 로이드 보험회사는 3백 년 이상의 역사를 갖고 있는 셈이다.

일본의 대표적 사찰 호류지

세계에서 가장 긴 역사를 갖고 있는 콘고구미는 일본의 대표적 사찰인 호류지의 개축공사에도 참여했다고 한다.

그런데 이보다 훨씬 더 긴 역사를 갖고 있는 기업이 있다. 무려 1428년에 이르는 긴 역사를 갖고 있는 일본의 콘고구미(金剛組)가 바로 그것이다. 사찰 건축에 주로 종사하는 이 건설회사는 578년 콘고 시게미쓰(金剛重光)라는 사람이 처음 만들었는데, 그는 백제에서 일본으로 건너간 사람이었다. 당대의 권력자 쇼토쿠 태자가 오사카 지역의 시텐노지라는 절을 건립하기 위해 백제의 건축장인 3명을 초대했는데, 콘고가 그중의 한 명이었던 것이다.

16세기에 들어오면서 콘고구미는 전성기를 구가해 오사카 성 건설과 호류지의 개축에 참여했다고 한다. 콘고의 후손들이 40대에 걸쳐 계속 당주 자리를 이어오던 콘고구미는 1955년 주식회사로 전환되었는데, 제2차 세계대전 이후의 재건과정에서 일어난 건설 붐의 혜택을 보았다고 한다. 그리고 사찰 건축에 전통적 공법과 철근 콘크리트를 쓰는 공법을 조화시킨 새로운 접근법을 개발해 각광을 받기도 했다.

그러나 천 년 이상의 긴 전통을 갖고 있는 콘고구미 역시 일본경제를 강타한 극심한 불황의 덫에 걸리고 말았다. 엄청난 부채에 시달리던 콘고구미가 2006년 파산의 운명을 맞게 된 것이다. 이로 인해 콘고구미는 독립 기업으로서의 간판을 내리고 다카미쓰건설이란 기업의 한 부서로 재편되기에 이르렀다. 백제인의 후예들이 천 년 이상의 자랑스러운 전통을 이어오던 유서 깊은 기업이 불황의 덫을 피하지 못하고 청산되는 운명을 맞게 된 것이다.

기업의 선택행위

바로 앞 장에서 소비자의 선택행위에 대해 자세하게 살펴본 바 있는데, 그 목적은 수요가 어떻게 결정되는지를 알아내는 데 있었다. 앞에서 말한 것처럼 현대 경제에서는 거의 모든 생산활동이 기업에 의해 이루어지고 있다. 따라서 상품의 공급이 어떻게 결정되는지를 알아내기 위해서는 기업의 선택행위를 자세하게 살펴볼 필요가 있다. 어떤 상품을 생산하는 기업이 주어진 가격하에서 얼마만큼 생산할 것인지를 결정함으로써 공급에 대한 결정을 내리는 것이기 때문이다.

기업이 생산활동을 통해 추구하는 목표가 무엇인지 정확하게 알아내는 것은 결코 쉽지 않다. 기업을 경영하는 사람에게 어떤 목표를 추구하는지 직접 물어본다 하더라도 진실한 대답을 듣기 힘들다. 실제로 추구하는 목표보다 좀 더 고상하게 포장된 목표를 내세우는 경우가 많기 때문이다. 예를 들어 국가 경제에 기여하는 것을 목표로 삼는다거나, 소비자의 후생 증진을 목표로 삼는다는 등의 그럴듯한 말로 포장해 대답할 가능성이 높은 것이다.

기업을 경영하는 사람들이 어떻게 대답하든 한 가지 분명한 것은 **이윤**(profit)의 획득이 다른 어떤 목표에 못지않은 중요성을 갖는다는 사실이다. 이윤의 획득이 유일한 목표라고 단정하기는 힘들지 몰라도 가장 핵심적인 목표라는 사실은 부정하기 힘들다. 따라서 앞으로 우리는 기업이 이윤극대화를 추구한다는 가정하에서 기업의 선택행위를 분석하게 된다.

이윤은 상품을 판매한 수입(revenue)에서 상품생산에 소요된 비용(cost)을 뺀 나머지를 뜻한다. 따라서 기업은 자신의 선택이 수입과 비용에 어떤 영향을 주게 될지를 염두에 두고 구체적인 행동을 선택하게 된다. 이 과정에서 기업이 결정해야 할 사항은 하나둘이 아니다. 예컨대 어떤 상품을 얼마나 많이 생산하며, 어떤 생산요소를 얼마나 많이 고용해야 하고, 어떤 생산기술을 사용해야 하는지 등 수많은 문제들에 대해 결정을 내려야 하는 것이다.

만약 기업의 이윤에 영향을 주게 될 어떤 변화가 생기면 이윤극대화를 추구하는 기업은 이에 대해 즉각 반응을 보이게 된다. 예를 들어 상품의 가격이 변화하거나 노동이나 자본의 가격이 변화하면, 기업은 이 상황의 변화에 맞춰 생산량이나 생산방식을 변화시킬 것이다. 이런 상황 변화에 대해 어떻게 반응할 것인지에 대한 결정이 바로 상품의 공급에 대한 결정이라고 말할 수 있다. 우리가 이 장에서 자세하게 살펴보려고 하는 것은 바로 그와 같은 기업의 의사결정 과정이다.

5.2 생산기술

앞에서 소비자의 선택행위를 분석할 때, 소비자의 선호가 어떤 성격을 가졌는지 살펴보는 데서 논의가 시작된 것을 기억하리라고 생각한다. 다시 말해 어떤 상품을 소비함으로써 얻는 효용에 관한 논의로부터 시작해 소비자의 선택행위를 분석했던 것이다. 기업의 경우에는 그 선택행위를 분석하기 위해 우선 기업이 보유하고 있는 생산기술이 어떤 특성을 갖는지부터 알아보아야 한다. 이 절에서는 생산기술의 여러 측면에 대해 논의해 보기로 한다.

생산요소

아이스크림을 만들어 파는 어떤 한 기업이 있다고 하자. 이 기업은 본격적으로 일을 시작하기 전에 우선 공장을 짓고, 아이스크림을 만드는 데 필요한 기계들을 갖추어 놓는다. 다음에는 일할 사람들을 고용하고, 우유나 설탕, 향료 같은 원자재를 구입해 아이스크림을 만들 채비를 갖추게 된다. 이와 같은 공장, 기계, 노동력, 원자재 등이 생산과정에 투입되어 아이스크림이 만들어져 나온다. 이 과정에 투입되는 모든 것들을 통틀어서 **생산요소**(factors of production) 혹은 **투입요소**(inputs)라고 부른다. 앞으로 **생산**(production)이란 말에 자주 접하게 될 텐데, 생산이란 이런 여러 가지 생산요소를 상품으로 전환하는 과정을 뜻하는 말이다.

생산요소
공장, 기계, 노동력, 원자재 등 생산과정에 투입되는 모든 것들을 통틀어 생산요소 혹은 투입요소라고 부름

생산요소 중 어떤 것은 아이스크림의 생산량에 따라 그 투입량이 달라져야 하지만, 어떤 것은 생산량과 관계없이 투입량이 일정한 수준에 유지된다. 예를 들어 노동력이나 원자재 같은 것들은 아이스크림 생산량이 늘어날 때 그 투입량도 따라서 늘어나게 되는데, 이런 것을 **가변투입요소**(variable input)라고 부른다. 반면에 공장이나 기계 같은 것은 일단 그 규모가 정해지면 아이스크림 생산량이 변화한다 해서 곧바로 규모를 늘리거나 줄일 수 없다. 말하자면 아이스크림의 생산량과 관계없이 언제나 일정한 수준으로 투입해야 하는 셈인데, 이와 같은 성격 때문에 **고정투입요소**(fixed input)라고 부른다.

그런데 어떤 것이 고정투입요소의 성격을 갖는다고 해서 언제나 그 성격이 그대로 유지되는 것은 아니다. 예컨대 한두 달 만에 아이스크림 공장의 규모를 바꿀 수 없다는 점에서 보면 공장은 고정투입요소의 성격을 갖는다. 그러나 2, 3년의 여유가 있다면 공장의 규모를 바꿀 수 있고, 그렇다면 공장도 가변투입요소의 성격을 갖게 되는 것이다. 충분한 시간적 여유가 있는 경우에는 모든 투입요소가 가변적인 성격을 갖게 된다. 이처럼 똑같은 투입요소가 고려 대상이 되는 기간에 따라 고정투입요소도 될 수 있고 가변투입요소도 될 수 있다.

따라서 우리가 어떤 기간을 고려 대상으로 삼는지가 중요해지는데, 개념적으로 이를 **단기**(short-run)와 **장기**(long-run)로 구분할 수 있다. 몇 달 혹은 몇 년이 넘으면 장기이고 그렇지 않으면 단기라는 식으로 장단기를 구분하는 기준이 미리 정해져 있는 것은 아니다. 장단기를 구분하는 기준이 되는 것은 고정투입요소가 존재하느냐의 여부다. 단기는 고정투입요소가 하나 이상 존재하는 기간을 뜻하는 반면, 장기는 모든 투입요소가 가변적인 기간을 뜻한다.

거리의 아이스크림 제조 기업

소프트아이스크림을 만드는 기계가 고정투입요소, 그리고 이를 작동시키는 사람과 원재료는 가변투입요소의 성격을 갖는다.

따라서 구체적으로 어떤 길이의 시간이 장단기 구분의 기준이 되는가는 산업에 따라 달라진다. 어떤 산업에서 짧은 시간 안에 공장이나 설비의 규모를 변경하는 것이 가능하다면 그 산업의 관점에서 본 '단기'는 매우 짧은 기간이 된다. 식품산업이나 의류산업이 그 좋은 예가 되리라고 생각한다. 반면에 자동차산업이나 조선산업처럼 공장이나 설비의 규모를 바꾸는 데 많은 시간이 걸리는 산업의 경우에는 실제로는 상당히 긴 기간인데도 단기가 될 수 있다.

총생산곡선

어떤 상품의 생산량은 생산과정에 투입된 생산요소들의 양과 이 생산요소들을 결합해 상품으로 변화시키는 기술의 상태에 의해 결정된다. 생산기술이 주어졌다고 한다면, 가변투입요소를 얼마만큼씩 투입했느냐에 따라 상품의 생산량이 정해지게 된다. 앞에서 예로 든 아이스크림 제조회사의 경우, 생산설비가 주어진 상황에서 노동 투입량이 변화함에 따라 아이스크림 생산량이 〈표 5-1〉의 두 번째 열에서 보는 것과 같이 변화한다고 하자. 이를 그림으로 나타낸 것이 [그림 5-1]에서 보는 **총생산곡선**(total product curve)이다.

〈표 5-1〉의 세 번째 열에 제시되어 있는 숫자들은 노동 투입량을 한 단위씩 증가시킬 때 아이스크림 생산량이 얼마만큼씩 증가하는지 보여주고 있다. 예를 들어 노동 투입량이 3단위에서 4단위로 늘면 아이스크림 생산량은 7단위가 늘어나는 것으로 나타나 있다. 이렇게 노동을 한 단위 더 늘려 투입한 결과 얻을 수 있는 아이스크림 생산량의 증가분을 **한계생산**(marginal product)이라고 부른다.

한계생산

가변투입요소를 한 단위 더 늘려 투입한 결과 얻을 수 있는 상품 생산량의 증가분

표에 제시되어 있는 한계생산의 수치들을 보면 처음에는 점차 커지다가 나중에는 작아지기 시작하는 것을 알 수 있다. 햄버거 가게를 예로 들어 노동 투입량이 낮은 수준에 있을 때 한계생산이 점차 커지는 것을 이렇게 설명할 수 있다. 일하는 사람이 아주 적을 때는 한 사람이 이런저런 일을 도맡아 해야 한다. 예컨대 한 사람이 햄버거 패티 굽는 일과 감자 튀기는 일, 그리고 청소하는 일을 한꺼번에 해야 한다는 말이다.

표 5-1

노동 투입량과 상품 생산량

노동 투입량	총생산	한계생산
0	0	
		5
1	5	
		7
2	12	
		8
3	20	
		7
4	27	
		5
5	32	
		3
6	35	
		1
7	36	
		0
8	36	

그림 5-1

총생산곡선

총생산곡선은 노동 투입량이 변화함에 따라 총생산이 어떻게 변화해 가는지를 보여주고 있다. 이 곡선을 따라 만들어진 주황색 직사각형들의 높이는 노동 투입량이 1단위씩 늘어날 때 총생산이 얼마만큼의 크기로 변화하는지를 보여준다. 즉 이 직사각형들은 각 노동 투입량 수준에서의 한계생산을 나타내고 있다.

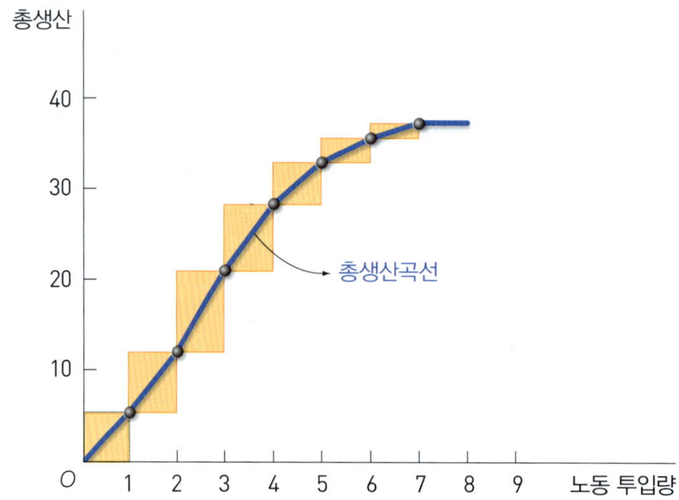

이 상황에서 일하는 사람이 하나둘씩 늘어가기 시작하면 각각 다른 사람이 햄버거 패티 굽는 일, 감자 튀기는 일, 청소하는 일을 전담하는 **특화**(specialization)가 가능해진다. 이와 같은 특화를 통해 각 사람은 자신이 하는 일에 능숙해지고 그 과정에서 작업의 능률이 올라가게 된다. 노동 투입량이 비교적 낮은 수준에 있을 때는 추가적인 노동의 투입이 이렇게 작업의 능률을 높이는 결과를 가져오기 때문에 노동의 한계생산이 점차 더 커진다고 해석할 수 있다.

그런데 노동 투입량을 더욱 늘려 아주 높은 수준에 이르면, 일하는 사람이 늘어난 것의 긍정적 효과보다 부정적 효과가 더 커진다. 햄버거 가게의 규모는 그대로인데 너무 많은 사람이 일하게 되면 어느 단계에 가서는 혼잡이 일어나 문제가 생기게 마련이다. 예컨대 감자 튀기는 기구 앞에서 여러 사람이 어깨를 부딪치며 일해야 하는 상황이 벌어진다면 작업의 능률은 떨어질 수밖에 없다. 그렇기 때문에 노동 투입량이 어느 수준에 도달하면 그때부터는 한계생산이 줄어들기 시작하는 현상이 나타나게 된다.[1)]

이와 같은 현상을 **한계생산체감의 법칙**(law of decreasing marginal product) 혹은 **수확체감의 법칙**(law of diminishing returns)이라고 부른다.[2)] 그렇지만 이 법칙이 물리학적 혹은 생물학적인 이유에서 반드시 일어나야 하는 현상은 아니며, 단지 경험을 일반화해서 얻은 명제에 불과하다는 점에 주의하기 바란다. 다시 말해 경험에 비추어 볼 때 그런 현상이 나타날 가능성이 매우 크다는 것이지, 언제나 그런 현상이 나타날 것이라는 뜻은 아니다. 가변투입요소의 투입량이 점차 늘어나는 과정에서 한계생산이 계속 커지는 예외적인 현상을 관찰하게 되는 경우도 있을 수 있다.

한계생산체감의 법칙

가변투입요소의 투입량을 계속 늘려 나가면 어느 단계에 가서는 한계생산이 줄어들기 시작하는 현상이 나타난다는 것을 의미

생산비용 5.3

회계비용과 기회비용

어떤 상품을 생산하기 위해 기업이 지출한 돈을 가리켜 **비용**(cost)이라고 부른다는 것을 모르는 사람은 없으리라고 생각한다. 그런데 경제학에서 말하는 비용은 우리가 상식적으로 생각하고 있는 비용의 개념과 다르다. 회사의 장부에는 인건비, 물건비, 임대료, 지급이자 등 실제로 경비가 지출된 것만이 비용으로 처리되어 있는 것을 보게 된다. 우리가 상식적으로 생각하는 비용이 이와 비슷하다고 할 수 있는데, 이렇게 실

1) 노동 투입량이 아주 높은 수준으로 올라갔을 때 추가적인 노동의 투입이 생산량의 감소를 가져오는 결과가 나타날 수도 있다. 즉 극단적인 경우 노동의 한계생산이 음(−)의 값을 갖는 결과까지 나타날 수 있다는 말이다.

2) 한계생산체감의 법칙은 처음부터 노동의 한계생산이 체감한다는 뜻이 아니고, 노동 투입량이 어느 수준에 이를 때부터 체감하기 시작한다는 것을 뜻한다.

생각해 봅시다

맬서스(T. Malthus, 1766~1834)는 『인구론』이란 책에서 시간이 흘러도 인간의 삶은 결코 개선될 수 없다는 우울한 전망을 제시했다. 그는 인구가 매우 빠른 속도로 증가하는 데 비해, 식량 생산량의 증가는 매우 더디다는 사실에 주목했다. 그렇기 때문에 전쟁이나 질병 같은 악덕에 의해 인구 증가의 추세가 둔화되지 않는 한 식량 부족으로 인해 굶어 죽는 사람들이 속출할 것이라고 예언했다.

그는 식량 생산이 빠른 속도로 증가될 수 없는 이유로 '수확체감의 법칙'을 제시했다. 일정한 토지에 노동 투입량을 늘려 가면 추가로 얻을 수 있는 식량이 점차 줄어든다는 것이 바로 수확체감의 법칙이다. 당시의 경제는 농업이 주축을 이루고 있었기 때문에 이 수확체감의 법칙은 현실을 상당히 잘 설명해 주고 있는 것처럼 보였다. 그렇기 때문에 맬서스의 우울한 전망에 공감하는 사람이 상당히 많았던 것이다.

그러나 그 이후의 역사는 맬서스의 우울한 전망과 사뭇 다른 방향으로 진전되었다. 인간이 최저한의 생활수준에서 결코 벗어나지 못하리라던 그의 예언은 여지없이 빗나가고 말았던 것이다. 세계 도처에 아직도 굶주림에 허덕이고 있는 사람들이 많이 남아 있지만, 그동안 평균적인 생활수준이 엄청나게 향상된 것만은 분명한 사실이다. 절대적인 수준에서만 비교한다면, 오늘날의 중산층조차도 맬서스가 살던 시대의 최상류층보다 훨씬 더 풍족한 생활을 누린다고 말할 수 있다.

생각해 보기

(1) 제조업의 경우에도 수확체감의 법칙이 적용된다고 말할 수 있을까?
(2) 맬서스의 예언이 빗나가게 된 여러 가지 이유를 생각해 보자.
(3) 모든 인류가 빈곤에서 벗어난 상태라고 말할 수 있을까?

회계비용
실제로 경비가 지출된 것만을 포함하는 비용의 개념

제로 지출된 것만이 포함된 것을 **회계비용**(accounting cost)이라고 부른다.

이처럼 눈에 보이는 것만을 비용으로 처리하는 방식이 상식과 부합되는지 몰라도 비용의 본질을 정확하게 파악하는 데는 적합하지 않다. 제1장에서 본 바 있는 기회비용(opportunity cost)의 관점에서 볼 때에야 비로소 진정한 비용의 개념에 한 걸음 더 가까이 갈 수 있는 것이다. 기업이 활동하는 과정에서 발생한 기회비용에는 실질적인 의미에서 발생했다고 볼 수 있는 비용이 모두 포함되어 계산된다. 다시 말해 눈에 보이는 비용, 즉 회계비용뿐 아니라 눈에 보이지 않는 비용까지 포함시켜 기회비용을 계산하게 된다.

눈에 보이지 않는 비용을 암묵적 비용(implicit cost)이라 부르는데, 기업이 스스로 소유하고 있는 자원을 사용함으로써 발생하는 비용이 그 좋은 예가 된다. 예컨대 자신이 소유하고 있는 자금을 사용할 때 어느 누구에게 이자를 지급하는 것은 아니다. 또한 자신 소유의 자본설비나 건물 등을 사용할 때 그것의 사용료를 내는 것도 아니다. 그러나 남에게 빌려주면 받을 수 있는 이자나 사용료를 포기해야 하므로, 이를 스스로 사용할 때 실질적으로는 (기회)비용이 발생한 셈이다.

비용의 경우와 비슷하게 기업이 얻는 이윤도 **회계상 이윤**(accounting profit)과 **경제**

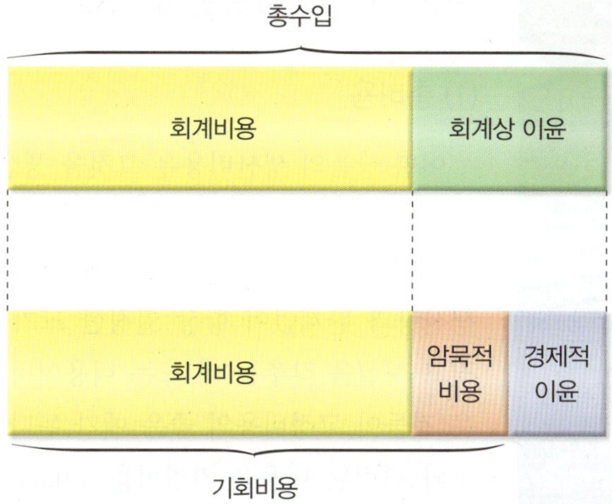

그림 5-2

회계상 이윤과 경제적 이윤

수입에서 실제로 지출된 것만을 뜻하는 회계비용을 뺀 나머지를 회계상 이윤이라고 부른다. 한편 경제적 이윤은 수입에서 기회비용을 뺀 나머지를 뜻하므로 회계상 이윤과 이것 사이에는 암묵적 비용만큼의 차이가 생긴다.

적 이윤(economic profit)으로 구분할 수 있다. 기업의 장부에 나타나 있는 이윤처럼 수입에서 회계비용만을 뺀 나머지를 회계상 이윤이라고 부른다. 반면에 경제적 이윤은 수입에서 기회비용을 빼서 구한 것인데, 이를 순수이윤(pure profit)이라고 부르기도 한다. [그림 5-2]에서 보는 것처럼 경제적 이윤과 회계상 이윤 사이의 차이는 암묵적 비용까지 고려해 이윤을 계산하는지의 여부에 있다. 우리가 앞으로의 분석에서 사용하게 될 이윤의 개념은 바로 경제적 이윤이란 점을 잘 기억해 두기 바란다.

회계상 이윤과 경제적 이윤

수입에서 회계비용만을 뺀 나머지를 회계상 이윤, 기회비용을 뺀 나머지를 경제적 이윤이라고 부름

생각해 봅시다

지리산 국립공원 입구에 나란히 붙은 산채정식 식당을 운영하는 천씨와 문씨라는 두 사람이 있다. 이 두 사람은 식당을 열기 위해 각각 5억원씩 자본금을 투자했는데, 천씨는 예금을 찾아 이를 충당한 반면, 문씨는 은행에서 빌린 돈으로 이를 충당했다고 한다. 따라서 천씨는 이자 부담이 없는데, 문씨는 매년 2천만원의 이자를 지급해야 한다.

이 두 사람은 식당을 운영하는 인력을 충당하는 방법에서도 차이를 보이고 있다. 천씨는 가족들을 모두 동원해 식당을 운영하고 있으며, 그들에게 별도로 임금을 지급하지 않는다. 반면에 문씨는 가족들이 모두 외지로 나가 있기 때문에 이웃사람들을 고용해 식당을 운영하고 있다. 그가 1년 동안 임금으로 지급하는 금액은 모두 8천만원이라고 한다.

2021년의 운영실적을 보니, 두 식당이 이자와 임금을 제외한 다른 측면에서 똑같은 것으로 드러났다고 한다. 즉 수입도 똑같았고, 이자와 임금을 제외하면 똑같은 비용을 지출한 것으로 나타났다는 뜻이다.

생각해 보기

(1) 이 두 식당의 회계상 이윤에 어떤 차이가 날지 예상해 보라.
(2) 회계상 이윤으로 두 식당의 운영 성과를 비교하는 것은 정당한 평가가 될 수 있을까?

어느 공장의 기계 설비

예를 들어 이런 기계 설비를 갖추는 데 지출한 비용이 바로 고정비용이다.

여러 가지 생산비용의 개념

(1) 총비용

어떤 상품의 생산비용은 그것을 생산하기 위해 사용되는 생산요소 구입에 드는 비용을 뜻한다. 고정투입요소와 관련된 비용이 **고정비용**(fixed cost; *FC*)인데, 이것은 생산량과 관계없이 항상 일정한 크기를 갖는다. 공장을 짓고 시설을 갖추는 데 드는 비용이나 경영진의 보수 같은 것들이 고정비용의 좋은 예가 된다. 한편 가변투입요소와 관련된 비용은 **가변비용**(variable cost; *VC*)이라고 부르는데, 이것은 생산량이 늘어남에 따라 함께 늘어나게 된다.

어떤 양의 상품을 생산하는 데 드는 **총비용**(total cost; *TC*)은 이 두 가지 비용, 즉 고정비용과 가변비용을 합친 것이 된다.

$$TC = FC + VC \tag{5.1}$$

아이스크림을 생산하는 어떤 기업이 있는데, 생산에 소요되는 고정비용과 가변비용이 〈표 5-2〉에서 보는 것처럼 주어져 있다고 하자. 이 표를 보면 아이스크림을 5단위 생산하는 데 300만원의 고정비용과 270만원의 가변비용이 들어 총비용은 570만원이 된다는 것을 알 수 있다. 우리는 이 표에 담긴 내용을 [그림 5-3]에서 보는 것 같은 비용곡선들로 나타낼 수 있다.

고정비용곡선은 예상할 수 있는 대로 300만원의 수준에서 수평선으로 나타나 있다.

고정비용

고정투입요소와 관련된 비용을 뜻하며, 생산량과 관계없이 항상 일정한 크기를 유지

가변비용

가변투입요소와 관련된 비용을 뜻하며, 생산량이 커짐에 따라 함께 커짐

총비용

고정비용과 가변비용을 합친 것

표 5-2

아이스크림 생산에 소요되는 비용(단위 : 만원)

아이스크림 생산량	고정비용	가변비용	총비용
0	300	0	300
1	300	60	360
2	300	110	410
3	300	150	450
4	300	200	500
5	300	270	570
6	300	360	660
7	300	480	780
8	300	630	930
9	300	830	1,130

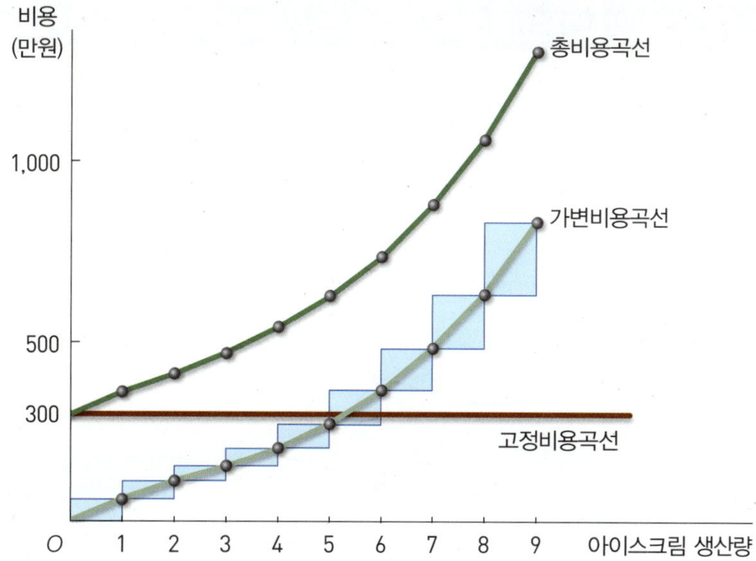

그림 5-3

총비용곡선

고정비용곡선은 수평선의 모양을 갖는 반면, 가변비용곡선은 아이스크림 산출량이 증가함에 따라 함께 증가하는 모습을 보여주고 있다. 고정비용과 가변비용을 합친 것이 총비용이므로 가변비용곡선을 고정비용에 해당하는 300만원만큼 들어올리면 총비용곡선이 된다. 가변비용곡선을 따라 만들어진 하늘색 직사각형들의 높이는 아이스크림 산출량이 1단위씩 늘어날 때 가변비용(총비용)이 얼마만큼씩 늘어나는지를 나타내고 있다.

가변비용곡선과 총비용곡선은 수직축 위의 절편에만 차이가 있을 뿐 모양에 아무 차이가 없다는 점을 눈여겨보기 바란다. 가변비용곡선을 고정비용에 해당하는 300만원만큼 위쪽으로 들어올린 것이 바로 총비용곡선이기 때문에 이 둘은 똑같은 모양을 가질 수밖에 없다.

(2) 한계비용과 평균비용

한계비용(marginal cost; *MC*)은 상품 생산량을 1단위 증가시키는 데 추가적으로 드는 비용을 뜻한다. 그러므로 〈표 5-2〉에서 아이스크림 생산량을 1단위씩 늘려 나갈 때 총비용이 얼마만큼 증가하는지를 보면 한계비용을 알아낼 수 있다. 이 계산 결과를 〈표 5-3〉에 정리해 놓았는데, 이 표를 자세히 보면 한계비용이 고정비용과 아무 관계도 갖지 않고 오직 가변비용과만 관계를 갖고 있음이 드러난다. [그림 5-3]에서 하늘색으로 그린 직사각형의 높이가 각 생산수준에서의 한계비용을 나타내고 있다.

한계비용
상품 생산량을 1단위 증가시키는 데 추가적으로 드는 비용

한편 **평균비용**(average cost; *AC*)은 말 그대로 상품 1단위당의 평균적인 생산비용을 가리키는 말이다. 평균비용이 계산되어 있는 〈표 5-3〉을 보면 아이스크림이 5단위 생산될 때의 단위당 평균비용은 114만원이라는 것을 알게 된다. 이때의 총비용 570만원을 생산량인 5로 나누어 쉽게 이 결과를 얻을 수 있다. 한계비용의 경우와 달리, 평균비용의 경우에는 가변비용뿐 아니라 고정비용으로부터도 영향을 받게 된다.

평균비용
상품 1단위당의 생산비용

〈표 5-3〉에 제시된 자료에서 한계비용곡선과 평균비용곡선을 도출해 [그림 5-4]로 옮겨 놓았다. 이 그림에서 우선 눈에 띄는 것은 평균비용곡선과 한계비용곡선이 모두 U자 모양을 갖고 있다는 사실이다. 한계비용곡선이 U자 모양을 갖는 것은 바로 앞 절에서 본 노동의 한계생산이 변화하는 양상과 밀접한 관련을 갖고 있다. 그때 노동 투

표 5-3
아이스크림 생산의 한계비용과 평균비용

아이스크림 생산량	총비용	한계비용	평균비용
0	300		–
		60	
1	360		360
		50	
2	410		205
		40	
3	450		150
		50	
4	500		125
		70	
5	570		114
		90	
6	660		110
		120	
7	780		111
		150	
8	930		116
		200	
9	1,130		126

입량이 늘어갈 때 처음에는 한계생산이 점차 커지다가 어느 단계에 이르면 점차 작아지기 시작하는 현상이 나타난다고 설명한 바 있다.

노동의 한계생산이 점차 커진다는 것은 상품 생산량을 1단위 증가시키는 데 필요한 추가적인 노동의 양이 점차 작아진다는 것을 뜻한다. 그리고 상품 생산량을 1단위 증가시키는 데 필요한 추가적인 노동의 양이 점차 작아진다는 것은 한계비용이 점차 작아진다는 것을 뜻한다.[3] 반면에 노동의 한계생산이 점차 작아진다는 것은 상품 생산량을 1단위 증가시키는 데 필요한 추가적인 노동의 양이 점차 커진다는 것을 뜻하고, 이는 다시 한계비용이 점차 커진다는 것을 뜻한다. 그렇기 때문에 한계비용이 처음에는 점차 작아지다가 나중에는 점차 커져 한계비용곡선은 U자 모양을 갖게 된다.

3) 상품 생산량 1단위를 증가시키기 위해 추가적으로 생산과정에 투입해야 하는 노동과 관련된 비용이 바로 한계비용임에 주의하기 바란다.

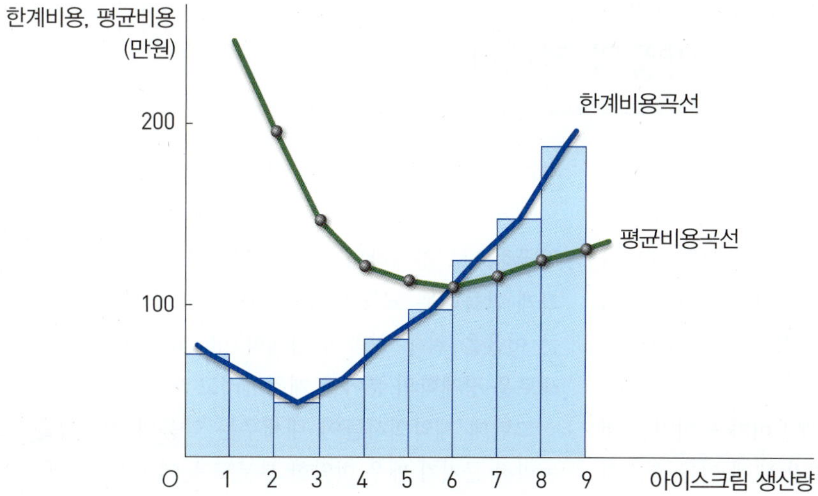

그림 5-4

한계비용곡선과 평균비용곡선

〈표 5-3〉에 제시된 자료에서 한계비용곡선과 평균비용곡선을 도출할 수 있는데, 두 곡선 모두 U자 모양을 갖는 것을 볼 수 있다. 한계비용곡선이 평균비용곡선의 최저점을 아래에서 위로 지나가고 있는 것을 눈여겨보기 바란다.

평균비용곡선도 U자 모양을 갖고 있는데, 처음에는 생산량이 늘어감에 따라 평균비용이 점차 줄어들다가, 어느 단계에 가서는 평균비용이 점차 커지기 시작한다는 뜻이다. 생산량이 낮은 수준에 있을 때 평균비용이 점차 줄어드는 것은 고정비용과 깊은 관계를 갖는다. 생산량이 늘어남에 따라 상품 1단위당의 평균 고정비용이 떨어지는 효과가 현저하게 나타나기 때문에 평균비용이 점차 줄어드는 현상이 나타나는 것이다.

그러나 생산량이 어느 수준까지 오르면 평균 고정비용이 떨어지는 효과는 점차 그 크기가 작아지게 된다. 그 대신 생산량이 늘어남에 따라 가변비용이 빠른 속도로 늘어나는 효과가 상대적으로 더 중요해짐에 따라 평균비용이 점차 커지는 것이다. 이와 같은 이유로 인해 평균비용곡선도 U자 모양을 갖게 되는 것이다.

[그림 5-4]에서 또 하나 눈에 띄는 것은 한계비용곡선이 평균비용곡선의 최저점을 아래에서 위로 지나가고 있다는 사실이다. 이 그림에서 보는 것처럼 한계비용곡선은 언제나 평균비용곡선의 최저점을 아래에서 위로 뚫고 지나가는 모습을 보인다. 다음과 같은 예를 생각해 보면 두 곡선 사이에 그와 같은 관계가 성립하는 것을 쉽게 이해할 수 있다.

지금까지 독자가 수강해 온 과목들의 평균학점이 4.0인데, 이번 학기에 미시경제이론을 들었다고 하자. 이 과목의 학점이 4.0보다 높은지의 여부에 따라 평균학점이 올라갈 수도 있고 내려갈 수도 있다. 예컨대 그 과목의 학점이 4.3이라면 평균학점이 올라갈 테지만, 3.7이라면 내려가게 된다는 말이다. 미시경제이론에서 얻은 학점은 추가적인 과목에서 얻은 학점이라는 뜻에서 '한계학점'이라고 부를 수 있다.

요약해 말하자면, 한계학점이 평균학점보다 낮을 때 평균학점이 내려가는 한편, 그 반대의 관계가 존재하면 평균학점이 올라간다. 이와 같은 한계와 평균 사이의 관계를 생각해 보면 한계비용곡선이 언제나 평균비용곡선의 최저점을 지나게 되는 이유를 이해할 수 있다. [그림 5-4]를 보면 생산량이 6단위일 때 평균비용곡선이 최저점에 이른

약품의 경제학

최근의 추세를 보면 약품 가격의 상승속도는 일반적인 물가의 상승속도를 훨씬 뛰어넘는 것으로 나타나 있다. 그렇지만 약품의 적정 가격이 어느 수준인가는 선뜻 대답하기 힘든 문제다. 제약업계의 특성상 보통의 상품처럼 단지 수요와 공급이 맞아떨어지는 수준이 적정한 가격이라고 말하기 힘든 측면이 있기 때문이다.

새로운 약품의 개발에는 많은 연구개발비가 들어가는 것이 보통이고 약품의 가격은 일정한 기간 내에 이를 회수할 수 있는 수준이 되어야 한다. 바로 이 점이 약품의 적정가격이 무엇인지 알기 힘들게 만드는 요인이라고 말할 수 있다. 제약회사들은 바로 이 점을 이용해 새로 개발된 약품에 엄청나게 높은 가격을 매길 수 있다. 그 결과 제약회사들은 다른 산업의 기업보다 월등하게 더 큰 이윤을 얻고 있다.

미국의 제약협회가 신약의 가격책정 기준이 되는 연구개발비를 산출한 과정에서 상당히 흥미로운 점을 발견할 수 있다. 새로운 약품을 개발하기 위해 실제로 연구와 개발 노력에 직접 투입한 비용은 약 한 가지에 1억 1천 4백만 달러였다. 그런데 제약협회가 산출한 연구개발비용의 규모는 이것의 두 배가 넘는 2억 3천 1백만 달러에 이르렀다.

그렇다면 제약협회는 과연 어떤 방법으로 이렇게 연구개발비용을 부풀려 산출할 수 있었을까? 그 비결은 연구개발투자에 투입한 돈의 이자를 계산해 비용에 포함시킨 데 있었다. 예컨대 어떤 금액을 제약회사가 연구개발투자에 쏟아붓지 않고 은행에 예금했다면 10년에서 12년에 걸치는 기간 동안 얻을 수 있는 이자수입이 있을 것이다. 그 금액을 1억 1천 7백만 달러로 계산해, 이를 포함한 2억 3천 1백만 달러를 연구개발비용으로 산출했던 것이다.

경제학적 관점에서 볼 때, 이런 방식으로 연구개발비용을 산출하는 것에 논리적 허점은 없다. 연구개발투자에 투입한 돈의 이자는 경제학에서 말하는 기회비용의 개념에 해당되는 것이기 때문이다. 문제는 이와 같은 비용 산출의 방식을 다른 산업에서는 거의 찾아볼 수 없다는 데 있다. 제3자의 입장에서 보면 제약회사들이 연구개발비용을 일부러 부풀려서 발표한다는 의구심을 갖기 십상이다.

세계 굴지의 제약회사들은 여기에서 그치지 않고 좀 더 적극적으로 경제학의 이론을 활용하여 자신의 이익을 더 크게 만들려는 노력을 기울이고 있다. 말하자면 그들은 더 큰 이윤을 위해 '약품의 경제학'(pharmoeconomics)이라는 새로운 경제학의 분야를 개척하려고 노력하는 셈이다.

그런데 제약회사들이 내세우는 약품의 경제학을 보면, 논리적 근거가 매우 박약한 부분도 눈에 뜨인다. 예를 들어 그들은 새로운 약품의 가격을 정당화시키는 근거로 앞에서 말한 연구개발비 이외에도 고통 감소의 가치라든지 환자에게 주는 행복감의 가치 같은 것까지 들고 있다. 그러나 이와 같은 것들은 환자가 약품을 사용함으로써 얻는 편익으로 비용과 엄격히 구분되어야 한다. 그들이 표방하는 소위 '약품의 경제학'이란 것이 실상은 자신의 이익을 챙기기 위한 아전인수의 논리에 지나지 않을지 모른다.

일부 제약회사들은 오래전에 개발되어 연구개발비용과 아무 관련이 없는 약품까지 엄청나게 높은 가격을 받아 비난의 대상이 되기도 한다. 그 한 예로 미국의 한 제약회사는 이미 특허기간이 지난 에이즈 치료약의 가격을 무려 5,556%나 올려 소비자들의 원성을 샀다. 그와 같은 천문학적 가격 인상을 정당화할 하등의 근거도 없었다는 점이 소비자들을 더욱 분노하게 만들었다.

미국은 다른 나라들에 비해 의료비가 특히 비싼 것으로 널리 알려져 있는데, 비싼 약품 가격이 그것의 핵심 원인 중 하나다. 그리고 약품 가격이 높은 이유로는 제약회사들이 마음대로 가격을 올려 받는 행위를 규제하는 장치가 거의 없다는 점이 자주 지적되고 있다. 뿐만 아니라 비싼 약품을 처방하는 의사가 더욱 많은 이득을 얻게 만드는 제약회사들의 영리한 영업전략이 약품 가격 상승을 부추기고 있다. 미국 정계에서 제약업계에 대한 강력한 규제의 필요성이 자주 거론되는 것은 이상한 일이 아니다.

자료 : *The Economist*지, 2016년 9월 3일 자

다는 것을 알 수 있다. 그 왼쪽에서는 한계비용이 평균비용보다 더 작은 것을 볼 수 있는데, 그렇기 때문에 평균비용은 계속 줄어들게 된다. 반면에 최저점의 오른쪽에서는 한계비용이 평균비용보다 더 크고, 이에 따라 평균비용은 계속 늘어나게 되는 것이다.

규모의 경제와 범위의 경제 5.4

생산기술의 성격상 대규모로 생산하는 것이 비용의 측면에서 유리한 산업, 즉 규모의 경제가 있는 산업을 많이 발견할 수 있다. 드물기는 하지만 소규모로 생산하는 것이 오히려 더 유리한 산업도 있을 수 있다. 한편 생산활동의 범위가 넓어짐에 따라 비용이 절감되는 특성을 가진 산업도 있는데, 이때 '범위의 경제'가 존재한다고 말한다. 이 절에서는 규모의 경제와 범위의 경제에 대해 좀 더 자세하게 살펴보기로 한다.

규모의 경제

생산의 규모가 커질수록 생산단가, 즉 평균비용이 낮아질 때 생산기술에 **규모의 경제**(economies of scale)의 특성이 있다고 말한다. 예를 들어 자동차나 반도체 같은 상품을 작은 규모의 공장에서 만든다면 생산단가가 무척 높을 것이다. 이런 상품들은 대규모로 생산해야 생산단가가 낮아진다는 뜻에서 규모의 경제가 존재한다고 말할 수 있다. 반면에 악기나 도자기처럼 소규모로 생산하는 편이 오히려 유리한 경우도 있는데, 이처럼 규모가 커짐에 따라 생산단가가 높아지는 경우에는 **규모의 불경제**(diseconomies of scale)가 있다고 말한다.

규모의 경제
생산의 규모가 커질수록 생산단가가 낮아질 때 규모의 경제가 있다고 말함

경제학자들은 많은 산업에서 규모의 경제가 존재할 것이라고 생각하는데, 그렇게 생각할 만한 충분한 근거가 있다. 우선 생산규모의 증가는 분업에 의한 전문화를 가능하게 만들어 생산성을 높일 수 있다. 또한 기술적 요인에 의해 생산규모가 커질수록 비용상으로 더욱 유리한 결과가 나타날 수도 있다.

반면에 생산규모가 커지면서 생산단가가 한층 더 높아질 수 있는 측면도 있다. 기업의 조직이 거대해지면 상호 의사전달이 어려워질 뿐 아니라 작업 상황을 감시하는 데 드는 비용도 더 커지는 것이 그 좋은 예다. 요즈음 기업의 몸집 불리기가 유행하고 있는데, 그와 같은 전략이 모든 측면에서 바람직한 것은 아니다. 과도한 몸집 불리기로 공룡처럼 된 기업이 경쟁력을 잃게 되는 사례가 그리 드물지 않다.

비행기를 조립하고 있는 모습
항공기산업은 워낙 규모의 경제가 현저해, 전 세계에서 불과 두세 개의 기업만 살아남을 수 있을 정도다.

시장에서의 경쟁이란 측면에서 볼 때 규모의 경제가 존재한다는 사실은 약간 껄끄러운 일이 될 수 있다. 제7장에서 설명하겠지만, 규모의 경제가 현저히 나타나는 산업의 경우에는 자연스럽게 독점화되는 경향이 나타나게 된다. 생산의 규모가 클수록 비용상의 이점이 더 커지는 상황에서는 한 기업이 덩치를 키워 생산단가를 낮춤으로써 경쟁자들을 시장에서 도태시킬 수 있기 때문이다. 따라서 규모의 경제가 현저한 산업에서는 경쟁체제의 성립이 본질적으로 어렵다는 문제가 발생할 수 있다.

범위의 경제

범위의 경제

한 기업이 여러 상품을 동시에 생산함으로써 비용상의 이점이 생길 때 범위의 경제가 있다고 말함

예컨대 승용차와 트럭을 각각 다른 기업이 생산하는 것보다 한 기업이 이 두 상품을 동시에 생산하는 것이 비용의 측면에서 더욱 유리할 수 있다. 또한 두부와 두유를 각각 다른 기업이 생산하는 것보다 한 기업이 동시에 생산하는 것이 비용의 측면에서 더욱 유리한 경우도 있을 수 있다. 이렇게 한 기업이 여러 상품을 동시에 생산함으로써 비용상의 이점이 생길 때 생산기술에 **범위의 경제**(economies of scope)의 특성이 있다고 말한다.[4]

예를 들어 미래자동차라는 기업이 승용차 5천 대를 생산하는 데 5백억원의 비용이 들고, 새턴모터스라는 기업이 트럭 2천 대를 생산하는 데 3백억원이 든다고 한다. 그런데 이 중 어느 한 기업, 예컨대 미래자동차가 승용차 5천 대와 트럭 2천 대를 동시에 생산할 경우의 비용은 7백억원이라고 한다. 이 예를 보면 한 기업이 두 상품을 동시에 생산할 경우 비용이 더 낮아진다는 것을 알 수 있다. 이렇게 한 기업의 생산 범위가 넓어짐에 따라 비용상의 이득이 생길 때 범위의 경제가 존재한다고 말한다.

범위의 경제가 나타날 수 있는 대표적 예가 **결합생산물**(joint products)이 존재하는 경우다. 어떤 종류의 상품들은 그 성격상 한 기업에 의해 함께 생산되는 경우가 자연스러운데, 이런 상품들을 결합생산물이라고 부른다. 예를 들어 구두와 핸드백, 두부와 두유, 닭고기와 계란 등이 결합생산물이 될 수 있다. 이런 결합생산물의 경우에는 그 성격상 당연히 범위의 경제가 나타날 것이라고 기대할 수 있다.

또한 생산시설이나 유통망을 여러 가지 다른 상품을 생산·판매하는 데 공동으로 사용할 수 있는 경우에도 범위의 경제가 생길 수 있다. 승용차와 트럭을 함께 생산할 경우 여러 가지 생산시설을 두 공정에서 함께 사용함으로써 비용을 절약할 수 있는 것이 그 좋은 예가 될 수 있다. 때로는 한 상품의 생산과정에서 가치 있는 부산물이 생기기 때문에 범위의 경제가 나타나는 경우도 있다. 예를 들어 쇠고기를 생산하는 과정에서 가죽이라든가 기름 같은 부산품을 얻을 수 있어 범위의 경제가 생길 수 있는 것이다.

4) 이와 반대로 생산활동의 범위가 넓어짐에 따라 비용상의 불이익이 발생하는 '범위의 불경제'가 나타날 수도 있다.

여러 가지 생산라인을 갖고 있는 거대기업을 여러 개의 독립된 기업으로 분할시켜야 하는지 여부의 문제에서 이 범위의 경제는 중요한 고려사항이 될 수 있다. 만약 범위의 경제가 현저하게 존재하고 있다면 인위적으로 여러 개의 독립된 기업으로 분할하는 것은 비효율성을 유발할 수 있다. 이와 같은 경우라면 하나의 기업으로 남게 해 범위의 경제를 충분히 활용할 수 있도록 만들어 주는 것이 바람직하다.

생각해 봅시다

생산기술에 규모의 경제나 범위의 경제가 있는 경우라면, 기업의 덩치가 커지는 것이 바람직하다고 말할 수 있다. 현대 생산기술의 특성상 단 한 가지 상품을 소규모로 생산하는 체제가 더욱 효율적인 경우는 찾아보기가 그리 쉽지 않다. 최근 기업들이 인수·합병(M&A)을 통해 몸집 불리기를 시도하는 사례가 늘고 있는 것은 우연한 현상이 아니다.

세계 유수의 기업에 비해 우리 기업들의 규모가 작아 경쟁력이 떨어진다는 지적이 나오고 있다. 사실 우리나라에서 큰소리를 치는 기업이 세계시장에서는 송사리 정도의 규모밖에 되지 않는 사례가 많다. 재벌그룹 전체로는 그 자산이나 매출액 규모가 별로 작지 않을지 모르지만, 그룹에 속해 있는 개별 기업을 놓고 보면 규모가 매우 작은 것이 사실이다.

항공기산업이 그 대표적 사례지만, 규모의 경제가 현저한 경우에는 세계적으로도 불과 몇 개의 기업만 살아남을 수 있다. 자동차산업의 경우에도 전 세계에서 5, 6개의 대규모 기업만이 살아남을 수 있으리라는 전망이 나오고 있다. 이런 현실을 감안하면, 우리 기업의 덩치를 키워야 한다는 논리에 나름대로 일리가 있음을 인정해 줄 수 있다.

그러나 이 논리가 재벌 규제에 대한 반대의 근거로 자주 사용되고 있는데, 이것은 결코 설득력 있는 주장이 아니다. 우리 사회에서 문제 되고 있는 재벌에 의한 경제력 집중은 전혀 별개의 문제이기 때문이다. 재벌 규제의 본질은 규모의 경제나 범위의 경제와 관련을 갖지 않는 '문어발식 확장'을 억제한다는 데 있다.

생각해 보기

(1) 현재의 재벌체제가 규모의 경제를 활용한다는 측면에서 어떤 이점을 가질 수 있는지 생각해 보자.
(2) 대부분의 전문가들이 문어발식 확장에 부정적인 견해를 갖고 있는 이유가 무엇인지 생각해 보자.
(3) 진정한 의미에서 범위의 경제를 추구하기 위해 수행된 기업의 인수·합병 사례를 국내외에서 찾아 보자.

5.5 기업의 선택

이윤극대화를 추구하는 기업은 상품의 생산과 관련해 구체적으로 어떤 선택을 하고 있는 것일까? 기업의 선택은 크게 두 가지로 나누어 볼 수 있는데, 한 가지는 생산요소의 결합 비율에 관한 선택이며 다른 한 가지는 상품 생산량에 관한 선택이다. 기업은 우선 여러 가지 생산요소를 어떤 비율로 투입하여 생산활동을 할 것인지를 선택해야 한다. 이 선택은 생산비용의 크기와 관련을 갖기 때문에, 비용을 가능한 한 가장 작게 만든다는 관점에서 선택이 이루어진다. 두 번째의 선택, 즉 생산량에 대한 선택은 생산량의 수준에 따라 이윤의 크기가 달라진다는 점을 고려해 이루어진다.

생산요소 결합비율의 선택

노동과 자본 두 가지 가변투입요소를 사용해 과자를 생산하는 기업의 예를 생각해 보기로 하자.[5] 이 기업이 두 생산요소를 어떤 비율로 결합해 투입하느냐에 따라 생산비용이 달라진다. 앞에서 설명한 바 있지만, 생산과정에 투입되는 생산요소를 구입하는 데 지출한 금액이 바로 상품 생산에 드는 비용이 되기 때문이다. 그 기업은 주어진 생산량의 목표를 가능한 한 최소의 비용으로 달성한다는 관점에서 생산요소의 결합비율을 선택한다. 이윤은 수입에서 비용을 뺀 것과 같으므로, 이윤이 극대화되기 위해서는 우선 비용이 극소화되어야 하기 때문이다.

일정한 생산량의 목표가 주어져 있을 때, 이를 실현하는 가변투입요소의 조합은 여러 가지가 있을 수 있다. 〈표 5-4〉는 과자 20단위를 생산할 수 있게 만드는 노동과 자본의 조합들을 보여주고 있다. 과자 20단위를 생산할 수 있게 만드는 노동과 자본의 조합은 이 표에서 보는 것 이외에도 수많은 것이 있을 수 있다. 그러나 편의를 위해

표 5-4
과자 20단위를 생산할 수 있게 만드는 노동과 자본의 조합

노동과 자본의 조합	노동	자본
A	2	13
B	3	11
C	7	7
D	9	4
E	12	3
F	14	2

5) 여기에서 우리는 편의상 고정투입요소가 존재하지 않고 따라서 고정비용은 0이라는 가정을 채택하고 있다. 그리고 우유나 설탕 등 다른 가변투입요소들도 생산과정에 투입되어야 하지만, 분석의 단순화를 위해 고려 대상에서 제외하기로 한다.

표 5-5
각 노동과 자본의 조합이 의미하는 생산비용

노동과 자본의 조합	생산비용(만원)
A	430
B	390
C	350
D	300
E	330
F	340

여기서는 이 여섯 가지만 존재한다고 가정하기로 한다.

과자 20단위를 생산하려는 목표를 갖는다고 할 때, 기업은 이들 중 가장 비용이 적게 드는 노동과 자본의 조합을 선택하게 된다. 노동의 단위당 가격이 20만원, 그리고 자본의 단위당 가격이 30만원이라고 할 때 이 각 노동과 자본의 조합이 의미하는 생산비용을 계산해 보면 〈표 5-5〉에서 보는 바와 같다. 이 표를 보면 *D*로 표현된 조합, 즉 노동 9단위와 자본 4단위의 조합이 300만원으로 가장 적은 생산비용을 요구하는 것으로 나타나 있다.[6] 따라서 이 기업은 바로 그와 같은 양의 노동과 자본을 투입해 20단위의 과자를 생산할 것이라고 예측할 수 있다.

이렇게 특수한 경우가 아니라 일반적인 상황에서 노동과 자본의 최적 결합비율을 선택하는 과정은 약간 복잡하기 때문에 구체적인 설명은 하지 않으려 한다. 도출과정을 생략하고 결론만을 말해 본다면, 생산요소의 최적 결합비율을 선택하기 위해서는 다음의 조건을 충족시켜야 한다.

노동 구입에 쓴 돈 1원의 한계생산 = 자본 구입에 쓴 돈 1원의 한계생산 (5.2)

최적 결합비율을 선택하기 위해 이 조건이 필요한 이유를 직관적으로 이해하는 것은 그리 어렵지 않다. 이 식은 앞 장에서 본 식 (4.3)과 매우 비슷하게 표현되어 있음을 볼 수 있다. 식 (4.3)이 충족되어야 주어진 용돈에서 소비자의 효용이 극대화될 수 있는 것처럼, 식 (5.2)가 충족되어야 주어진 생산비용에서 기업의 생산량이 극대화될 수 있다. 주어진 생산비용에서 생산량이 극대화된다는 것은 주어진 생산량을 최소한의 비용으로 달성할 수 있다는 것과 똑같은 의미를 갖는다.

예를 들어 현재 상황에서 노동 구입에 쓴 돈 1원의 한계생산이 과자 0.3단위인데, 자본 구입에 쓴 돈 1원의 한계생산은 0.2단위라고 하자. 이 경우 자본 구입에 쓰는 돈을 1원 줄이고 그 대신 노동 구입에 쓰는 돈을 1원 늘리면 과자 생산량은 0.1단위가

6) 지금 보고 있는 비용의 수치는 편의상 이 부분의 설명만을 위해 예로 든 것임에 주의하기 바란다. 따라서 이 수치는 앞서 본 〈표 5-3〉에 제시된 비용의 수치와 아무런 관련을 갖지 않는다.

더 커질 수 있다. 똑같은 생산비용으로 생산량이 더 커질 수 있다는 뜻인데, 이는 현재 상황에서 비용이 극소화되지 못했다는 것을 뜻한다. 결론적으로 말해 식 (5.2)의 등식관계가 충족되지 못하는 생산요소의 결합비율은 최적의 선택이 될 수 없다.

이윤극대화 생산량의 선택

기업이 갖고 있는 두 번째 과제는 이윤이 극대화되도록 적절한 수준의 생산량을 선택하는 일이다. 따라서 기업이 어떤 생산량 수준을 선택할 것인지를 알아내기 위해서는 생산량과 이윤 사이의 관계를 자세히 살펴보아야 한다. 이윤은 상품을 판매해 얻은 수입에서 생산하는 데 든 비용을 뺀 차이와 같은데, 생산량이 변화함에 따라 수입이 어떻게 변화하는지는 아직 논의한 바 없다. 따라서 본격적인 논의에 들어가기 전에 우선 생산량이 변화함에 따라 판매 수입이 어떻게 변화하는지 살펴보기로 한다.

(1) 판매 수입

예를 들어 아이스크림 1단위의 가격이 150만원인데 이 가격에 5단위를 팔았다면 **총수입**(total revenue; *TR*)은 750만원이 된다. 일반적으로 총수입은 가격에 판매량을 곱해서 구할 수 있다. 그런데 아이스크림 판매량을 6단위로 늘리면 가격이 130만원으로 바뀌어 총수입이 780만원으로 늘어난다고 한다. 그렇다면 6단위째의 아이스크림을 팔아 추가적으로 얻는 수입은 30만원이라는 뜻이 된다. 이와 같이 상품 1단위를 더 팔았을 때 추가로 발생하는 수입을 **한계수입**(marginal revenue; *MR*)이라고 부른다.

한계수입
상품 1단위를 더 팔았을 때 추가로 발생하는 수입

기업이 상품을 팔아 얻는 수입은 그 상품에 대한 수요와 밀접한 관계를 갖고 있다. 가격이 P이고 판매량이 Q일 때 수요곡선의 식이 $P=250-20Q$로 주어졌다면, 우리는 간단한 절차를 거쳐 총수입과 한계수입을 계산해낼 수 있다. 예를 들어 아이스크림 판매량이 3단위일 경우에는 이 수요곡선의 식에 $Q=3$을 대입해 $P=190$이란 결과를 얻을 수 있다. 이 두 값을 곱한 것이 총수입인데 〈표 5-6〉에서 보는 것처럼 그 값은 570만원이 된다.

다른 판매량 수준에 대해서도 똑같은 방법으로 총수입을 구할 수 있는데, 그 결과를 표의 세 번째 열에 정리해 놓았다. 한계수입은 총수입의 변화분과 같으므로 일단 총수입이 구해지면 이를 계산하는 것은 매우 쉬운 일이다. 세 번째 열의 총수입 수치를 보고 독자 스스로 한계수입을 구해 본 다음, 네 번째 열에 정리한 한계수입의 수치와 비교해 보기 바란다.[7]

7) 〈표 5-6〉에 제시된 수치들을 보고 한계수입을 모두 더하면 총수입과 같아진다는 사실도 확인해 보기 바란다.

표 5-6
아이스크림 판매로부터 나오는 수입(단위 : 만원)

아이스크림 판매량	가격(= 평균수입)	총수입	한계수입
0	–	–	
			230
1	230	230	
			190
2	210	420	
			150
3	190	570	
			110
4	170	680	
			70
5	150	750	
			30
6	130	780	
			– 10
7	110	770	
			– 50
8	90	720	
			– 90
9	70	630	

이 표에 제시되어 있는 수치들을 그림으로 옮기면 [그림 5-5]의 (i)에서 보는 총수입곡선을 얻는다. 총수입곡선을 따라 그려진 직사각형들은 그 높이가 바로 한계수입을 나타내고 있는데, 이것들을 그림 (ii)로 옮겨 한계수입곡선을 만들어 보았다. 한계수입곡선은 수요곡선보다 아래쪽에 위치해 있으며 기울기가 더욱 가파르다는 점을 눈여겨보기 바란다.

(2) 이윤극대화 생산량의 도출

이윤(π)은 다음에서 보는 것처럼 상품을 팔아 얻은 총수입(TR)에서 그것을 만드는데 든 총비용(TC)을 뺀 것과 같다.

$$\pi = TR - TC \tag{5.3}$$

그림 5-5

총수입곡선과 한계수입곡선

〈표 5-6〉은 아이스크림 판매량이 늘어감에 따라 총수입이 어떻게 변화하게 되는지를 보여주고 있다. 이를 그림으로 옮긴 것이 위쪽에서 보는 총수입곡선이다. 이 곡선을 따라 만들어진 직사각형들의 높이는 아이스크림 판매량이 1단위씩 늘어날 때 (총)수입이 어떤 크기로 변화하는지를 나타내고 있다. 이 직사각형들을 나란히 배열한 것으로부터 한계수입곡선을 도출할 수 있다.

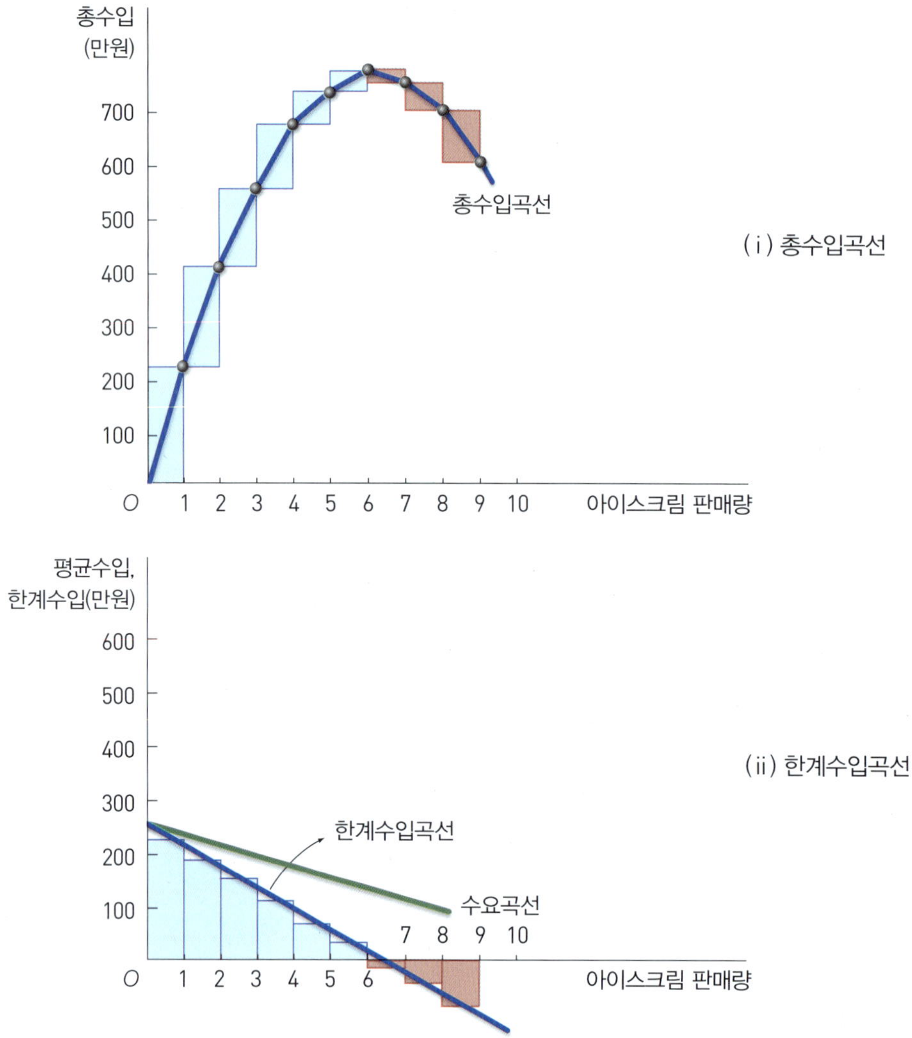

그러므로 각 생산수준에서의 총수입과 총비용을 비교해 보면 어디에서 이윤이 극대화되는지 쉽게 알아낼 수 있다. 앞의 〈표 5-3〉과 〈표 5-6〉에 제시되어 있던 아이스크림 만드는 기업의 비용과 수입의 수치들을 한데 모아 〈표 5-7〉을 만들어 보았다.

이 표를 보면 이윤이 극대화되는 생산량은 4단위 혹은 5단위로서 이때의 이윤은 180만원이 된다는 것을 알 수 있다.[8] 이와 같은 사실은 그림에 의해서도 확인할 수 있다. [그림 5-6]을 보면 총수입곡선과 총비용곡선이 나란히 그려져 있는데, 총수입곡선이 총비용곡선보다 위쪽에 위치한 구간에서 두 곡선의 차이가 제일 넓게 벌어지는 곳은 4단위 혹은 5단위의 생산량임을 알 수 있다.

8) 이렇게 이윤이 극대화되는 생산량이 두 가지로 나오는 것은 아이스크림의 단위를 크게 잡은 상황에서 이윤의 크기를 재고 있기 때문이다. 여기서 말하는 아이스크림 1단위라는 것이 사실은 상당히 많은 양의 아이스크림을 뜻하고 있는 것이다. 아이스크림을 아주 작은 단위로 정의하게 되면 이윤이 극대화되는 생산량이 하나로 나올 수 있다.

표 5-7
아이스크림 판매로부터 나오는 이윤(단위 : 만원)

아이스크림 양	총비용	한계비용	총수입	한계수입	이윤
0	300		–		–
		60		230	
1	360		230		− 130
		50		190	
2	410		420		10
		40		150	
3	450		570		120
		50		110	
4	500		680		180
		70		70	
5	570		750		180
		90		30	
6	660		780		120
		120		− 10	
7	780		770		− 10
		150		− 50	
8	930		720		− 210
		200		− 90	
9	1,130		630		− 500

그림의 아래쪽에는 이 두 곡선 사이의 수직거리를 재어 별도로 이윤곡선을 만들어 보았다. 이 그림에서도 역시 4단위 혹은 5단위의 생산량에서 이윤이 극대화되는 것으로 나타나 있다. 이를 통해 앞에서의 결론이 맞는다는 것을 다시 한번 확인할 수 있다.

다른 방법에 의한 도출

〈표 5-7〉에 제시한 수치예를 보면 아이스크림 생산량이 4단위에서 5단위로 증가하는 부분에서 한계수입(*MR*)과 한계비용(*MC*)이 모두 70만원으로 서로 같은 것을 볼 수 있다. 앞에서 찾아낸 이윤극대화 생산량이 바로 여기에서 나타나는 것은 결코 우연이 아니다. 곧 보게 되겠지만, 한계수입이 한계비용과 같다는 것이 바로 이윤극대화의 조건이 되기 때문이다.

우리는 간단한 수치예를 통해 이 조건이 충족되지 않으면 이윤이 극대화될 수 없음

그림 5-6

이윤극대화 생산량의 도출

이윤은 상품을 팔아 얻은 총수입에서 그것을 만드는 데 든 총비용을 뺀 것과 같다. 따라서 총수입곡선과 총비용곡선 사이의 수직거리가 가장 커지는 생산량의 수준에서 이윤이 극대화되는데, 그림에는 이것이 4단위 혹은 5단위로 나타나 있다. 아래쪽의 그림은 두 곡선 사이의 수직거리를 재어 별도로 만든 이윤곡선을 보여주고 있다.

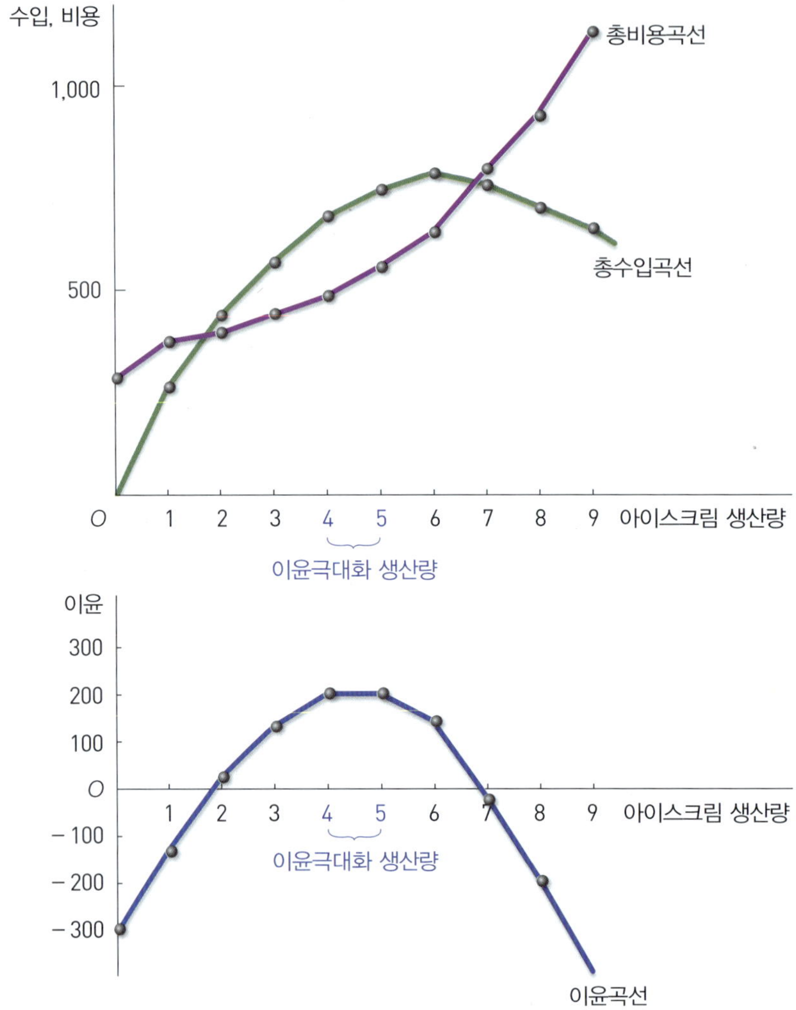

을 쉽게 보일 수 있다. 예를 들어 현재의 생산수준에서 한계수입이 110만원인데 한계비용은 50만원이라고 하자.[9] 이 경우 생산량을 한 단위 늘리려면 비용이 50만원 더 드는데 수입은 110만원이 증가한다. 따라서 상품 생산을 한 단위 증가시키면 이윤이 60만원만큼 증가할 텐데, 이는 현재의 생산수준에서 이윤이 극대화되지 못하고 있다는 것을 뜻한다.

이상의 논의를 정리해 보면 이윤극대화를 위해서는 한계수입이 한계비용과 같아져야 한다는 결론을 얻을 수 있다. 따라서 이윤극대화의 조건을 아래와 같이 표현할 수 있다.

$$\text{한계수입}(MR) = \text{한계비용}(MC) \quad (5.4)$$

9) 〈표 5-6〉을 보면 생산량이 3단위에서 4단위로 늘어날 때 한계수입과 한계비용이 바로 이 값들을 갖는다는 것을 알 수 있다.

그런데 엄밀하게 말해 이 조건은 이윤극대화를 위한 제1계 필요조건에 해당한다. 따라서 이 조건이 충족되었는데 사실은 이윤이 극대화되는 것이 아니라 극소화된 경우도 생길 수 있다. 정말로 이윤이 극대화되는지 확신을 갖기 위해서는 제2계 조건이 충족되는지의 여부를 확인해야 한다.[10)]

이윤극대화를 추구하는 기업의 선택에 대한 설명을 마치면서 한 가지 말해 두어야 할 것이 있다. 이 장의 첫 부분에서 상품의 공급이 어떻게 결정되는지를 알아내기 위해 기업의 선택을 자세히 살펴볼 필요가 있다고 말한 바 있다. 그러나 기업의 선택행위에 대한 분석이 모두 끝난 지금 이 단계에서도 공급이 어떻게 결정되는지에 대한 설명은 나오지 않았다. 문제는 시장에서 어떤 형태의 경쟁이 이루어지는지에 대한 논의가 추가되어야만 공급곡선을 도출할 수 있다는 데 있다. 즉 이 장에서 본 것 같은 기업의 선택행위에 대한 분석만으로 공급곡선을 도출할 수 없다는 말이다.

다음 두 장에서 보게 되겠지만 공급곡선을 도출할 수 있는 경우는 시장에서 완전경쟁이 이루어지고 있는 상황에 국한된다. 독점이나 과점 같은 불완전경쟁이 이루어지고 있는 경우에는 공급곡선이 아예 존재하지 않거나 도출할 수 없다. 따라서 공급곡선을 도출하는 일은 완전경쟁시장에 대해 논의하는 다음 장으로 미룰 수밖에 없다. 이 점에서 볼 때 공급 측면에 대한 분석은 소비자의 선택행위에 대한 분석만으로 바로 수요곡선을 도출할 수 있었던 것과 약간 다른 상황이다.

기업은 정말로 이윤극대화를 추구하는가? 5.6

지금까지 우리는 기업의 목표가 이윤극대화에 있다는 기본 가정 아래 기업의 선택행위를 분석해 왔다. 그러나 현실에서의 기업이 언제나 이윤극대화를 추구한다고 말하기는 힘들지 모른다. 현실에 나타나는 기업의 행동을 보면 이윤을 극대화하려는 목표를 추구하고 있지 않은 듯한 인상을 줄 때가 종종 있다. 기업을 경영하는 사람들에게 직접 물어보아도 이윤을 극대화하는 것이 주요한 목표라는 대답을 듣기는 무척 힘든 것이 사실이다.

특히 현대의 기업처럼 소유와 경영이 분리되어 있는 경우에는 이윤극대화만을 유일한 목표로 삼고 있을 가능성이 한층 더 희박하다. 기업의 주주들은 당연히 이윤에 관심이 클 수밖에 없다. 그렇지만 기업을 실제로 움직여 나가는 전문경영인은 이윤에만 관심을 갖는 것이 아니라, 매출액이라든가 시장점유율 혹은 앞으로의 성장가능성 등 다양한 목표에 관심을 갖는다. 주주에 의해 고용되어 있다고 볼 수 있는 전문경영인으

10) 여기에서 그 이유를 자세하게 설명할 수는 없지만, $MR = MC$가 성립하는 생산수준에서 한계비용곡선이 한계수입곡선을 아래에서 위로 뚫고 지나가면 제2계 조건이 충족된다.

기업의 사회적 책임

최근 들어 '기업의 사회적 책임'(corporate social responsibility)이 기업 경영의 주요한 화두로 등장하고 있다. 기업을 경영할 때 이윤에만 관심을 쏟을 것이 아니라 사회적 책임까지 함께 고려해야 마땅하다는 이념이다. 말하자면 기업이 이윤만을 추구하는 조직으로서가 아니라 모범적인 시민으로서의 자세를 보이는 것이 중요하다는 뜻이다.

전통적인 견해에 따르면 주주의 이익을 극대화하는 방향으로 기업을 경영하는 사람이 좋은 경영자다. 바꿔 말해 이윤의 극대화를 추구하는 것이 최선의 경영 방식이라고 보는 것이다. 그러나 기업의 사회적 책임이란 관점에서 보면 주주뿐 아니라 기업의 다른 이해당사자(stakeholder)들, 즉 근로자나 소비자의 이익도 함께 고려해야 한다. 나아가 사회 전체 그리고 미래세대에 미칠 영향까지 고려해 기업을 경영하는 것이 바람직하다.

일반적으로 기업의 경영 성과는 오직 얼마만큼의 이윤을 만들어냈느냐에 의해서만 평가된다. 그러나 기업의 사회적 책임을 주장하는 사람들은 기업이 환경 보호나 사회정의 실현에 얼마나 기여했는지도 평가 대상에 함께 포함되어야 한다고 말한다. 이런 사회적 이슈에는 아랑곳하지 않고 오직 이윤을 크게 만드는 데만 집착하는 기업은 결코 좋은 기업이라고 말할 수 없다는 것이다.

기업의 사회적 책임이라는 이념이 점차 보편화되어 가는 것은 사실이지만, 이에 대한 반론도 만만치 않다. 프리드먼(M. Friedman)은 이 문제와 관련해 "기업이 해야 할 일은 사업이다."(Business of business is business.)라는 유명한 말을 남겼다. 사회적 책임이니 뭐니 떠들어댈 것이 아니라, 사업을 잘해 이윤을 많이 만들어내는 것이 기업의 본분이라는 뜻이다.

경영자가 주주의 가치를 극대화하는 방향으로 기업을 경영해야 한다는 말이 틀린 것은 아니다. 그러나 오늘날의 환경은 이윤만을 추구하는 근시안적 경영 방식이 결과적으로 이윤을 가장 크게 만들지 못하는 것으로 바뀌었다. 근로자나 소비자의 이익도 함께 고려해야 장기적으로 이윤이 더 커질 수 있는 상황으로 바뀌었다는 말이다.

포터-크레이머(M. Porter and M. Kramer)는 사회적 책임의 추구가 기업으로 하여금 경쟁상의 우위를 점할 수 있게 해준다고 말해 주목을 끌고 있다. '좋은 일을 함으로써 경영 성과가 좋아질 수 있다'(doing well by doing good)는 말인데, 그렇다면 경영자는 더욱 열정적으로 사회적 책임을 추구할 유인을 갖게 된다. 최근에는 사회적 책임을 기업 유전자(corporate DNA)의 일부로 만들어 모든 의사결정에 이를 반영하도록 만들어야 한다는 말까지 나오고 있다.

경영 컨설턴트 데이비스(I. Davis)는 기업의 사회적 책임을 기업과 사회 사이에 맺어진 암묵적인 사회적 계약의 관점에서 이해해야 한다고 말한다. 이 사회적 계약은 기업과 사회가 모두 이익을 얻을 수 있는 윈-윈전략(win-win strategy)의 성격을 갖는다는 것이 그의 지적이다.

데이비스에 따르면 사회적 책임의 적극적 추구가 소비자 만족도를 높이고 근로자들의 사기를 높여줌으로써 이윤 창출에 도움이 된다고 한다. 또한 공공정책이나 규제라는 관점에서 볼 때도 사회적 책임을 추구하는 기업이 이득을 볼 수 있다고 한다. 그는 새로 개발한 에이즈 치료제에 높은 가격을 매긴 제약회사에 대해 정부가 규제 강화로 대응한 사례를 들고 있다.

요즈음 기업들은 앞다투어 자기네들이 얼마나 많은 사회적 기여를 하고 있는지 선전하고 있다. 이런 선전을 통해 이윤만을 추구하는 기업이라는 이미지를 벗어던지려고 노력하는 것을 볼 수 있다. 이제는 기업의 사회적 책임과 관련된 전문 컨설팅 회사마저 등장하는 단계에까지 이르렀다. 기업의 입장에서 볼 때 모범적인 시민이 되라는 사회적 압력을 무시할 수 없는 상황이 되었기 때문이다.

그러나 기업의 사회적 책임을 맹목적으로 강조하는 것은 그리 바람직한 일이 아니다. 사회적 책임을 중요하게 생각하는 것은 바람직하지만, 그것이 기업의 가장 중요한 목표가 될 수는 없기 때문이다. 사회봉사를 목적으로 만들어진 단체라면 모를까, 영리를 추구하는 기업이라면 이윤이 가장 중요한 목표가 될 수밖에 없다. 이윤과 사회적 책임 사이에서 적절한 조화가 필요하다는 것은 두말할 나위도 없다.

로서 주주가 바라는 바를 완전히 무시할 수는 없다. 그렇지만 자신의 이해관계가 주주의 그것과 다를 경우 자신의 이익에 더 높은 우선순위를 부여할 가능성이 있다. 특히 주주가 경영인의 행동을 일일이 감시하고 통제하기 힘든 경우 그 가능성은 한층 더 커지게 된다.

불야성을 이루고 있는 맨해튼의 빌딩들

기업들은 과연 무엇을 추구하길래 이렇게 밤 늦게까지 불을 밝히면서 일을 하고 있을까?

전문경영인이 자신의 이익을 더욱 중시한다면 기업의 규모를 가능한 한 크게 만드는 데 더 큰 관심을 가질지 모른다. 경영하는 기업의 규모가 클수록 경영인으로서의 보수나 위신, 혹은 영향력이 더 커지기 때문이다. 예를 들어 이윤이 많이 나는 소규모 화장품회사의 사장보다 이윤은 적지만 규모가 큰 자동차회사의 사장이 훨씬 더 높은 보수와 지위를 누릴 수 있다. 기업의 규모라는 것은 결국 매출액(sales)과 직결되는 것이므로, 전문경영인은 매출액을 가능한 한 크게 만들려고 노력할 가능성이 크다. 기업이 매출액의 극대화를 추구한다는 기본 가정 위에 서 있는 이론을 **매출액극대화**(sales maximization)**모형**이라고 부른다.

매출액극대화모형

기업이 매출액의 극대화를 추구한다는 기본 가정 위에 서 있는 모형

이 모형 말고도 여러 가지 모형이 이윤극대화모형의 대체가설로 제시된 바 있다. 그렇지만 기업의 행위를 설명해 줄 수 있는 능력의 측면에서 이윤극대화모형이 오히려 이들보다 더 낫다는 느낌을 지울 수 없다. 많은 사람들이 이윤극대화모형의 문제점을 지적한 바 있지만, 이 책을 위시한 거의 모든 교과서들이 이 모형에 기초해 기업의 행동을 설명하고 있다. 이는 아직도 많은 사람들이 이 모형을 신뢰하고 있다는 좋은 증거가 되리라고 생각한다.

요약

1. 기업이란 조직은 생산요소를 적절히 결합해 상품을 생산하고 이를 시장에 판매하는 것을 주요한 목표로 삼고 있다. 생산활동에서 기업이 갖는 유리함은 거래비용의 절감, 규모의 경제, 팀에 의한 생산의 이점, 재원 조달상의 이점을 들 수 있다.

2. 상품을 생산하는 데 사용되는 생산요소는 가변투입요소와 고정투입요소로 나누어진다. 총생산곡선은 가변투입요소의 투입량이 변화함에 따라 상품의 (총)생산량이 어떻게 변화하는가를 그림으로 보여준다.

3. 일정한 양의 상품을 생산하는 데 드는 총비용은 고정비용과 가변비용을 합친 것이 된다. 한계비용은 상품의 생산을 1단위 증가시키는 데 추가적으로 드는 비용을 뜻하며, 평균비용은 상품 1단위당 생산비용을 뜻한다.

4. 생산의 규모가 커질수록 생산단가가 낮아질 때 규모의 경제가 있다고 말하며, 각 상품을 서로 다른 기업이 생산하는 것보다 한 기업이 여러 가지 상품을 동시에 생산하는 것이 비용의 측면에서 유리할 때 범위의 경제가 존재한다고 말한다.

5. 이윤극대화 생산량은 총수입곡선과 총비용곡선의 수직거리가 가장 큰 지점에서 찾을 수도 있고, 한계수입과 한계비용이 서로 같아지는 지점에서도 찾을 수 있다.

6. 현실에서의 기업이 정말로 이윤극대화를 추구하는지에 대해 의문을 제기하는 사람들이 있다. 기업이 이윤극대화를 추구하는 것이 아니라 매출액, 즉 수입을 극대화하는 것을 추구한다는 가설이 제기되기도 한다.

중요개념

기업	거래비용	투입요소	가변투입요소
고정투입요소	단기	장기	총생산곡선
기회비용	회계비용	경제적 이윤	총비용
고정비용	가변비용	한계비용	평균비용
규모의 경제	범위의 경제	총수입	한계수입
이윤극대화	매출액극대화		

연습문제

01. 기업이란 조직을 통해 생산활동을 하는 것이 효율적일 수 있는 이유를 간략하게 설명하라.

02. 다음의 여러 가지 투입요소가 가변투입요소인지 아니면 고정투입요소인지 구분해 보라.

(1) 노동력　(2) 원자재　(3) 공장
(4) 설비　(5) 에너지

03. 기업이 취한 다음과 같은 행동이 단기적 결정인지 아니면 장기적 결정인지 구분해 보라.

(1) 철강회사인 A기업은 새로운 용광로를 지어 제철능력을 종전보다 30% 상승시켰다.
(2) 의류업체인 B기업은 추석 수요에 맞추어 옷을 생산하기 위해 근로자 다섯 명을 추가로 고용했다.

(3) 기업의 형태로 영농을 하는 C기업은 종전에 비해 비료를 15% 줄여 투입하기로 결정했다.

(4) 자동차회사인 D기업은 새로운 차종의 개발을 위해 전담팀을 발족시켰다.

04. 단기라고 부르는 기간은 모든 산업에서 똑같은 시간적 길이를 갖고 있는가? 만약 그렇지 않다면 어느 산업에서 비교적 길고, 어느 산업에서 비교적 짧을지 몇 가지 예를 들어 보라.

05. 이 책을 읽고 공부하는 것이 일종의 생산활동이라 할 때, 투입요소는 무엇이며 이를 통해 생산되는 것은 무엇인가?

06. 자동차회사가 지출한 다음의 여러 가지 비용 중 매몰비용의 성격을 갖는 것을 골라내라.

(1) 타이어 구입에 지출한 비용

(2) 기업 이미지를 좋게 만들기 위해 기부금으로 낸 돈

(3) 공장부지 구입에 지출한 비용

(4) 공장의 간판을 만드는 데 든 비용

07. 위의 여러 가지 비용 중 고정비용의 성격을 갖는 것을 골라내라.

08. 어떤 기업의 총비용을 나타내는 함수가 다음과 같이 주어져 있다.

$$C = 150Q + 500$$

(Q = 생산량, C = 만원 단위로 표시된 총비용)

(1) 이 기업의 고정비용은 얼마인가?

(2) 이 기업의 한계비용곡선과 평균비용곡선을 그려라.

09. 다음의 여러 가지 변화가 한계비용곡선과 평균비용곡선 중 어느 것을 이동시키는지 생각해 보라. (동시에 두 곡선을 이동시킬 수도 있음)

(1) 전기요금의 하락

(2) 법인세율의 상승(법인세는 기업이 얻는 이윤의 일정 비율을 세금으로 거두어 감)

(3) 근로자의 임금 상승

(4) 공장 건물에 대해 가입한 화재보험료의 상승

10. 수치예를 사용하여 한계수입과 한계비용이 같을 때 이윤이 극대화됨을 보이라.

11. 가나다사는 이윤극대화를 유일한 목표로 삼고 기업활동을 하고 있다. 그런데 정부가 기업이 얻는 이윤에 95%의 과세를 하기로 결정했다. 이와 같은 이윤 과세가 기업의 산출량 선택에 어떤 영향을 미칠 것인가?

12. 어떤 기업의 전문경영인은 수입극대화를 추구하려는 생각을 갖고 있지만, 주주총회에서 주주들이 제시한 최소한의 이윤을 달성해야 하는 제약을 갖고 있다. 그런데 그 이윤의 제약이란 그 기업의 극대화된 이윤의 절반 수준이며, 그것은 수입이 극대화되는 생산수준에서의 이윤보다는 더 크다고 한다. 이와 같은 제약하에서 수입극대화를 추구하는 전문경영인이 선택한 상품 생산량은 어떤 수준일지 생산량과 이윤 사이의 관계를 보이는 그림을 그려 설명해 보라.

제3편

상품시장과 경쟁

| 제 6 장 |
완전경쟁시장

| 제 7 장 |
불완전경쟁시장

| 제 8 장 |
게임과 전략

제 6 장

완전경쟁시장

6.1 시장의 형태

6.2 완전경쟁시장의 요건

6.3 단기에서의 이윤극대화와 공급곡선

6.4 장기균형

6.5 완전경쟁시장은 어떤 점에서 바람직한가?

완전경쟁시장이 가져야 할 조건을 모두 갖추고 있는 시장의 예를 현실에서 찾아보기는 매우 어렵다. 그렇지만 시장의 형태에 관한 논의는 완전경쟁시장으로부터 시작되는 것이 보통이다. 완전경쟁시장은 그것이 현실에 흔하게 존재하는 시장의 형태라서가 아니라, 하나의 이상적인 시장형태가 될 수 있다는 의미에서 사람들의 많은 관심을 끌고 있다. 이 장에서는 완전경쟁시장에서 달성된 장·단기균형의 특성을 분석하고, 나아가 이 시장형태가 어떤 점에서 바람직하다고 생각할 수 있는지 그 근거에 대해 살펴보려고 한다. 이와 동시에 기업의 공급곡선을 도출하는 일도 함께 하게 된다.

6.1 시장의 형태

시장형태의 유형

이 세상에 존재하는 시장은 무척 다양해 제각기 다른 모습을 보이고 있다. 공급자의 수만 보아도 단 하나밖에 없는 시장에서부터 무수히 많은 시장까지 다양한 형태의 시장이 존재한다. 그렇다고 해서 개별적인 시장을 하나씩 따로 떼어 분석의 대상으로 삼을 수는 없다. 시장의 성격을 체계적으로 파악하기 위해서는 비슷한 성격을 가졌다고 생각할 수 있는 시장들을 한데 묶어 이들의 공통점이 무엇인지를 찾아내야 한다. 그러므로 다음과 같이 시장의 형태를 분류하고 각 시장형태의 특징이 무엇인지 살펴보기로 한다.

(i) 완전경쟁(perfect competition)
(ii) 독점(monopoly)
(iii) 과점(oligopoly)
(iv) 독점경쟁(monopolistic competition)

우리는 앞으로 두 장에 걸쳐 이 네 가지 시장 형태에 대해 차례로 살펴보게 될 것이다. 시장의 형태에 따라 자원의 배분이 어떻게 달라지며 사람들의 후생에는 어떤 영향이 오는지가 우리의 주요한 관심사가 된다. 시장의 형태에 따라 자원 배분의 양상이 달라진다는 것은 구체적으로 말해 상품의 생산량과 가격이 달라진다는 것을 뜻한다. 다른 측면에서의 차이도 나타날 수 있지만, 우리가 가장 큰 관심을 갖는 것은 바로 이 생산량과 가격에서의 차이다. 왜냐하면 생산량과 가격은 사람들의 후생에 가장 많은 영향을 미치는 요인이라고 말할 수 있기 때문이다.

곧 보겠지만, 이 네 가지 시장형태 중 가장 이상적이라고 할 수 있는 것은 완전경쟁이다. 따라서 완전경쟁시장은 다른 형태의 시장을 평가하는 하나의 잣대 역할을 하게 된다.

시장형태의 특성

그렇다면 이 네 가지 시장형태는 어떤 구체적 특성들을 갖고 있는 것일까? 각 시장형태의 특성이 무엇인지 알아내기 위해 다음 몇 가지 기준에서 이들을 평가해 보기로 하자.

(1) 판매자 수

한 시장에 존재하는 공급자, 즉 상품을 생산해 판매하는 기업의 숫자는 시장형태를 구분하는 가장 중요한 기준이 된다. 완전경쟁시장에는 다수의 판매자(seller)가 존재하며, 그 반대의 극단이라고 할 수 있는 독점시장에는 오직 하나의 판매자만이 존재한다. 과점시장은 소수의 기업이 상품을 공급한다는 점에서 완전경쟁시장과 독점시장의 중간에 위치한다고 말할 수 있다. 독점경쟁시장의 경우 판매자의 숫자가 많다는 점에서는 완전경쟁시장과 비슷한데, 다른 측면에서의 차이 때문에 서로 다른 형태의 시장이 된다.

위에서와 같이 시장형태를 구분할 때 구매자(buyer)의 숫자는 충분히 크다고 전제하는 것이 보통이다. 그러나 구매자가 소수인 시장이 현실에서 존재하고 있을 뿐 아니라, 이런 시장도 나름대로 재미있는 특성을 갖고 있는 것이 사실이다. 이런 의미에서 수요자가 단 하나인 시장, 즉 수요독점(monopsony)시장도 우리의 관심 대상이 될 수 있다.[1)]

(2) 개별 기업이 가격에 영향을 미칠 수 있는 능력

완전경쟁시장에서는 워낙 많은 수의 기업이 상품을 공급하고 있어 개별 기업이 가격에 영향을 미칠 가능성은 전혀 없다. 반면에 상품의 유일한 공급자인 독점기업은 가격에 상당한 영향력을 행사할 수 있다. 과점시장 안의 기업들도 가격에 어느 정도의 영향력을 갖고 있는데, 이에 비하면 독점경쟁시장 안의 기업들이 갖는 영향력은 훨씬 더 작다고 말할 수 있다.

(3) 상품의 동질성 여부

다음에 보게 되겠지만, 완전경쟁시장이 되기 위해서는 그 안에서 거래되는 모든 상품이 완전히 동질적이라는 조건이 충족되어야 한다. 이 점에서 완전경쟁시장과 좋은 대조를 이루는 것이 독점경쟁시장이다. 이 시장의 가장 큰 특징은 같은 상품이라도 어떤 기업이 만들었느냐에 따라 약간의 차이가 있는 **상품차별화**(product differentiation) 현상이 나타난다는 점이다. 두 시장이 공급자의 수가 많다는 점에서는 서로 같으나, 이 상품차별화 현상이 존재하느냐의 여부에서 차이를 보이는 것이다. 한편 과점시장의 경우에는 그 안에서 거래되는 상품들이 동질적일 수도 있고 차별화 현상이 나타날 수도 있다.

(4) 진입장벽의 존재

완전경쟁시장이 되기 위한 또 하나의 조건은 일체의 **진입장벽**(entry barrier)이 존재하지 않는 것이다. 독점경쟁시장에서도 진입장벽은 존재하지 않는 것이 보통이다. 그

1) 상품의 경우는 수요독점시장에서 거래되는 예가 지극히 드물다. 수요독점시장은 주로 생산요소시장, 특히 노동시장에서 발견할 수 있다.

비가격경쟁의 현장

이렇게 휘황찬란한 광고판을 내걸고 있는 것은 안전하게 경쟁하는 방법을 선택한 결과라고 말할 수 있다.

러나 독점시장에서는 진입의 기회가 거의 완벽하게 봉쇄되어 있다. 만약 진입을 시도하는 기업을 억제할 진입장벽이 없다면 독점시장의 존립 그 자체가 불가능해진다. 과점시장에서는 진입장벽이 상당한 정도로 존재한다고 말할 수 있다. 어느 정도의 진입장벽이 없다면 장기간에 걸쳐 소수의 기업들이 공급을 장악하는 체제를 유지하기 힘들 것이 분명하다.

(5) 비가격경쟁의 존재

비가격경쟁(non-price competition)이란 가격 이외의 수단, 예를 들어 상품의 질, 서비스, 광고 등을 통해 기업들이 경쟁을 벌이는 것을 뜻한다. 완전경쟁시장에서는 비가격경쟁이 거의 존재하지 않으리라고 예상할 수 있다. 모든 기업이 동질적이고 이들이 생산하는 상품도 동질적이기 때문에 비가격경쟁이 일어날 가능성은 무척 작다. 그렇지만 상품의 차별화를 특징으로 하는 독점경쟁시장에서는 비가격경쟁이 매우 흔하게 일어난다.

소수의 기업만이 존재하는 과점시장에서 가격을 통해 경쟁하는 것은 매우 위험스러운 일이다. 한 기업이 가격을 낮추면 다른 기업들도 이에 질세라 앞다투어 가격을 낮춤으로써 서로에게 손해가 되는 가격전쟁으로까지 번질 수 있다. 따라서 과점시장 안에서의 기업은 가격 이외의 수단을 통해 경쟁하는 안전한 방법을 택할 가능성이 크다. 일반적으로 과점시장의 기업들은 광고에 많은 돈을 쏟아붓는데, 이는 안전하게 경쟁하는 방법을 선택한 결과라고 말할 수 있다.

지금까지 설명한 시장형태의 특성을 각 기준별로 정리하면 〈표 6-1〉에서 보는 바와 같다. 이 표를 위에서 아래로 내려 읽으면 각 시장형태가 갖는 특성이 무엇인지를 한눈에 알아볼 수 있다.

표 6-1
각 시장형태의 특징

구 분	독 점	과 점	독점경쟁	완전경쟁
시장 안의 기업 수	1	소 수	다 수	다 수
가격에 대한 통제력	있 음	있 음	약간 있음	없 음
상품의 동질성	–	동질적 혹은 차별화	차별화	동질적
진입장벽	매우 높음	상당히 높음	거의 없음	없 음
비가격경쟁의 존재	–	있 음	있 음	없 음

완전경쟁시장의 요건 6.2

이 장에서는 완벽한 경쟁이 이루어진다고 보는 시장, 즉 완전경쟁시장에서 대해 논의해 보려고 한다. 어떤 시장에서 완전경쟁이 이루어진다고 말할 수 있기 위해서는 다음과 같은 조건들이 모두 갖추어져야 한다.

(i) 많은 수의 판매자와 구매자가 있어, 모두가 가격을 주어진 것으로 받아들이고 있어야 한다.
(ii) 이 시장에서 거래되는 모든 상품이 동질적이어야 한다.
(iii) 자원의 완전한 이동성(mobility)이 보장되어 있어야 한다. 바꾸어 말해 이 시장으로 진입하는 것과 이로부터 이탈하는 것이 완전히 자유로워야 한다.
(iv) 이 시장에 참여하는 모든 경제주체가 완전한 정보를 갖고 있어야 한다.

첫 번째 조건에서 중요한 점은 판매자와 구매자가 다수라는 사실이 아니라 모두가 가격을 주어진 것으로 받아들이고 있다는 사실이다. 다시 말해 판매자와 구매자 어느 누구도 가격에 영향을 줄 수 없고, 단지 시장에서 형성된 가격을 그대로 받아들일 수밖에 없다는 점이 중요하다는 것이다. 판매자와 구매자의 수가 많다 하더라도 어느 누군가가 가격에 영향을 미칠 수 있으면 이 조건은 충족되지 못한 셈이다.

두 번째 조건은 시장에서 거래되는 상품이 모든 측면에서 완전히 똑같아야 한다는 것인데, 현실에서 이 조건이 충족되는 시장의 예를 찾기는 무척 힘들다. 쌀이나 콩 같은 농산물이 이 조건을 충족시킨다고 생각하는 사람이 있을지 모른다. 그러나 요즈음처럼 쌀이나 콩도 브랜드로 팔리고 있는 상황에서는 시장에서 거래되는 모든 쌀이나 콩이 동질적이라고 생각하기 어렵다.

세 번째 조건을 달리 표현하면 시장에 **진입**(entry)과 **이탈**(exit)을 방해하는 일체의 장벽이 존재하지 않아야 한다는 것이 된다. 어떤 시장에서 보통 수준보다 더 큰 이윤이 만들어지고 있는 것이 드러나면 그 시장에 진입하려고 시도하는 기업들이 많이 생길 수 있다. 그렇지만 진입장벽에 가로막혀 그 뜻을 이루지 못하는 경우가 생길 수 있는데, 그런 진입장벽이 존재하지 않아야 완전경쟁이 이루어질 수 있는 것이다. 마지막 조건은 추가적인 설명이 필요 없으리라고 생각하는데, 이 조건 역시 현실에서 충족되기가 무척 어렵다.

이 네 가지 조건을 모두 구비하고 있는 시장의 예를 현

다양한 브랜드의 쌀들

쌀을 생산하는 사람과 소비하는 사람의 숫자는 엄청나게 많지만, 엄밀하게 말해 쌀 시장은 완전경쟁시장이 아니다. 이 다양한 브랜드가 말해주고 있듯, 시장에서 거래되는 모든 쌀의 품질이 똑같지 않기 때문이다.

생각해 봅시다

설악산이나 속리산 같은 유명 관광지에 가보면 똑같은 기념품들을 파는 가게들이 즐비하게 늘어서 있다. 관광자원이 워낙 빈약한지라, 그들이 진열해 놓고 있는 상품들은 천편일률적으로 똑같은 것을 발견할 수 있다. 어쨌든 이들은 서로 치열하게 경쟁하고 있을 테고, 따라서 완전경쟁시장의 상황에 가까울 것이라고 짐작할 수 있다. 무엇보다 우선, 바로 이웃하고 있는 두 가게가 똑같은 상품을 다른 가격에 파는 일은 벌어지지 않으리라고 예상할 수 있다.

그러나 막상 그런 데 가서 물건을 사보면, 이 예상은 여지없이 빗나가고 만다. 가게마다 부르는 가격이 다를 뿐 아니라, 턱없이 높게 부르는 경우도 매우 흔하기 때문이다. 한마디로 말해 완전경쟁시장이라고 부르는 시장과는 매우 거리가 먼 상황을 발견하게 된다. 만약 관광객들이 모든 기념품 가게를 속속들이 뒤지고 다닌다면 그런 일은 벌어지지 않을 것이다. 어느 가게에서 얼마의 가격에 파는지 뻔히 아는 상황에서 다른 가게들보다 조금이라도 더 비싼 가격을 받을 수 없기 때문이다.

기념품 가게 주인들은 경험을 통해 관광객들이 모든 가게를 돌아다니면서 가격을 비교해 보지는 않는다는 것을 안다. 그렇기 때문에 주변에 많은 경쟁자들이 존재하는데도 그들이 각각의 상품에 대해 어떤 가격을 매겨놓고 있는지에 그다지 신경을 쓰지 않는다. 경우에 따라서는 의도적으로 일부 상품에 대해 턱없이 높은 가격을 부르기도 한다. 관광 여행을 많이 다녀본 사람은 어디에선가 바가지를 썼던 경험을 한두 번 정도는 갖고 있을 것이다. 크게 바가지를 쓴 것이 아니라면 그것조차도 좋은 추억거리로 남을지 모른다.

생각해 보기

(1) 지금 예로 든 기념품 시장이 완전경쟁시장이 될 수 없는 것은 어떤 요건이 충족되지 못했기 때문인가?
(2) 관광객들이 모든 기념품 가게를 돌아다니지 않는 이유는 무엇인가?

실에서 찾는다는 것은 거의 불가능에 가까운 일이다. 그렇다면 경제학자들은 어떤 이유로 이렇게 비현실적인 시장형태에 대해 그토록 많은 관심을 기울이는 것일까? 무엇 때문에 물리학자들이 현실에서는 거의 존재하지 않는 진공상태의 물리 현상에 많은 관심을 기울이는지를 생각해 보면 이 의문에 대한 답을 얻을 수 있을 것이다. 즉 완전경쟁시장은 이상적인 시장형태로서 하나의 기준이 될 수 있다고 보기 때문이다. 현실에 존재하는 시장형태를 평가하는 잣대의 역할을 한다는 의미에서 완전경쟁시장에 많은 관심을 갖는다고 말할 수 있다.

6.3 단기에서의 이윤극대화와 공급곡선

기업의 이윤극대화

완전경쟁이 이루어지고 있는 시장에서 가격이 어떤 수준($\hat{P}$)으로 결정되었다고 하자. 완전경쟁시장 안의 개별 기업은 이렇게 시장에서 결정된 가격을 주어진 것으로 받

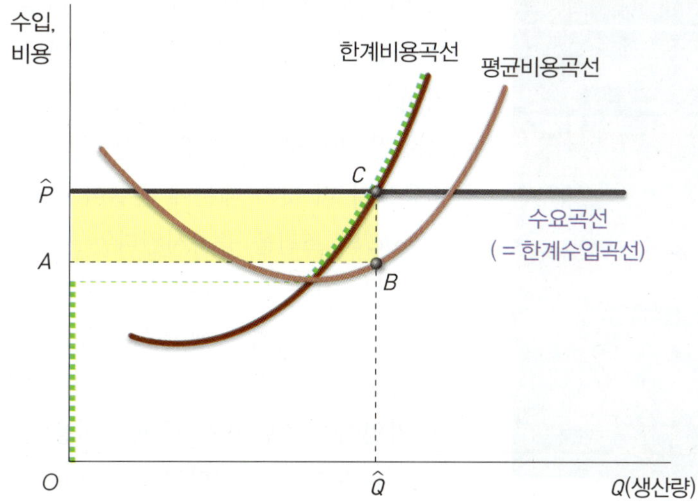

그림 6-1

단기에서의 이윤극대화

완전경쟁시장에서 개별 기업은 시장에서 형성된 가격을 그대로 받아들이기 때문에 수평선의 모양을 갖는 수요곡선에 직면하게 된다. 이 수평선은 한계수입곡선을 뜻하기도 하므로, 이것과 한계비용곡선이 교차하는 점에서 이윤이 극대화된다. 그림을 보면 생산수준이 $\hat{Q}$일 때 이윤이 극대화되는 것으로 나타나 있는데, 그 이윤의 크기는 노란색으로 표시한 직사각형의 면적과 같다.

아들일 수밖에 없다. 따라서 기업이 직면하게 되는 수요곡선은 [그림 6-1]에서 보는 것처럼 그 가격의 수준에서 그은 수평선이 된다. 바로 그 가격에서 얼마든지 많은 양의 상품을 팔 수 있지만, 그보다 단 1원이라도 더 높은 가격을 받을 수 없고 더 낮은 가격을 받을 필요도 없다는 것은 수요곡선이 수평선의 모양을 갖는다는 것을 뜻한다. 시장 전체의 수요곡선은 우하향하는 모양을 갖더라도, 개별 기업의 수요곡선은 수평선이 된다는 점에 주의하기 바란다.

그런데 이 수평선은 그 높이가 가격을 뜻하는 동시에 한계수입(*MR*)을 뜻하기도 한다. 앞 장에서 설명한 바 있지만, 한계수입이란 상품 한 단위를 더 팔았을 때 추가적으로 얻는 수입을 뜻한다. 예를 들어 시계를 얼마나 많이 만들어 팔든 언제나 개당 3만원이란 고정된 가격에 팔아야 한다고 하자. 그렇다면 기업이 시계 하나를 더 만들어 팔아 생기는 추가적 수입, 즉 한계수입 역시 3만원이 된다. 따라서 이 수평선은 수요곡선이자 동시에 한계수입곡선이 된다고 말할 수 있다.

앞 장에서 본 것처럼, 이윤극대화를 위해서는 한계수입과 한계비용(*MC*)이 서로 같아야 한다는 조건, 즉 $MR = MC$의 조건이 충족되어야 한다. 이 조건은 완전경쟁시장이든 독점시장이든 시장의 형태와 관계없이 언제나 충족되어야 하는 조건이다. 그러므로 [그림 6-1]에서 보는 것처럼 이윤극대화를 추구하는 기업은 한계수입곡선(수평선)과 한계비용곡선이 교차하는 $\hat{Q}$의 생산수준을 선택하게 된다.

이 생산수준에서 기업이 얻는 이윤은 노란색으로 표시된 사각형 $\hat{P}ABC$의 면적과 같다. 선분 $C\hat{Q}$의 길이가 상품 한 단위당 받을 수 있는 가격을 뜻하고 선분 $B\hat{Q}$의 길이가 한 단위당 생산비용을 뜻하므로 상품 한 단위를 팔면 선분 CB의 길이에 해당하는 이윤을 얻는다. 이렇게 구한 상품 한 단위당 이윤에 그것의 판매량을 곱해 얻은 값이 바로 기업의 이윤이 된다. 따라서 이 기업이 $\hat{Q}$만큼의 상품을 만들어 팔아 얻는 이윤은 바로 사각형 $\hat{P}ABC$의 면적과 같아지는 것이다.

제철소의 기계들

이런 기계들을 설치하는 데 드는 비용, 즉 고정비용의 일부 혹은 전부가 매몰비용의 성격을 가질 수 있다.

그런데 시장에서 형성된 가격이 너무나도 낮은 경우에는 지금 보는 것과 다른 결과가 나타난다. 만약 주어진 가격이 평균비용곡선의 최저점보다도 낮으면, 그 가격에 상품을 판매하는 기업은 손실을 보게 된다. 가격이 평균비용보다 더 낮기 때문에 손실이 불가피한데, 이 경우 $MR = MC$의 조건을 충족시킨다는 것은 단지 손실이 극소화된다는 것을 뜻할 뿐이다. 어떻게 해도 이윤을 낼 수 없는 경우라면 기업은 생산을 계속할 것인지 아니면 중단해 버릴지의 여부를 신중하게 결정해야 한다.

이 기업이 지출한 비용 중 매몰비용(sunk cost)의 성격을 갖는 부분이 전혀 없다고 가정하자. 앞에서 설명한 것처럼, 매몰비용이란 일단 지출하면 어떻게 하든 다시 회수할 수 없는 비용을 뜻한다. 예컨대 기업이 생산을 중단할 경우 사용하던 기계나 설비 등을 다른 기업에 팔지 못하고 버릴 수밖에 없다고 하자. 이 경우 그 기계나 설비를 사는 데 든 비용은 전혀 회수할 수 없어 그 전체가 매몰비용의 성격을 갖게 된다. 반면에 매몰비용의 성격을 갖는 부분이 전혀 없다는 것은 원하기만 하면 기계나 설비 등을 팔 수 있어 이를 사는 데 든 비용을 모두 회수할 수 있다는 것을 뜻한다.

지출한 비용 중 매몰비용의 성격을 갖는 부분이 전혀 없는 경우라면 손실을 보면서도 생산을 계속할 이유가 없다. 매몰비용의 성격을 갖는 부분이 전혀 없다는 것은 생산을 중단할 경우 손실이 0으로 줄어든다는 것을 뜻한다. 이미 지출한 비용을 모두 회수할 수 있기 때문에 생산을 중단하면 수입과 비용이 모두 0이 될 것이기 때문이다. 따라서 이 경우에는 생산을 함으로써 손실을 보는 것보다는 생산을 중단해 손실을 0으로 줄이는 것이 더 낫게 된다.

(시장에서 주어진) 가격이 평균비용곡선의 최저점보다 더 낮아 생산을 계속하는 한 손실이 불가피하다고 하자. 이런 상황에서 기업은 생산을 중단해 손실을 0으로 줄이는 선택을 하게 된다.[2] 이처럼 생산이 중단되는지의 여부를 결정하는 기준이 되는 가격을 **생산중단가격**(shutdown price)이라고 부른다. 지금 보는 경우에는 평균비용곡선의 최저점과 같은 수준의 가격이 바로 생산중단가격이 되는데, 기업은 가격이 이 생산중단가격보다 더 높을 때에 한해 생산활동을 계속하게 된다.

2) 기업이 이미 지출한 비용에 매몰비용의 성격을 갖는 것이 포함되어 있으면 지금과 다른 결론이 나온다. 관심이 있는 사람은 우리가 지은 『경제학원론』의 제7장을 읽어보기 바란다.

생각해 봅시다

기업이 지출한 비용 중 어떤 부분이 매몰비용의 성격을 갖게 될까? 우선 말할 수 있는 것은 고정비용의 일부 혹은 전부가 매몰비용의 성격을 가질 것이라는 점이다. 가변비용은 생산량에 따라 달라지는 비용이기 때문에 생산량이 0으로 떨어지면 이것도 0으로 떨어진다. 따라서 고정비용처럼 일단 지출해 놓고 나중에 회수 여부를 생각하는 그런 성격의 비용이 아니다.

어지럽게 걸려 있는 간판들

이 간판들을 만들어 붙이는 데 든 비용은 전형적인 매몰비용의 성격을 갖는다.

매몰비용의 가장 좋은 예로 들 수 있는 것은 광고를 하는 데 든 비용이다. 어떤 기업이 TV와 신문에 광고를 하기 위해 3억원을 지출했다고 하자. 일단 광고가 나온 다음에는 이 중 단 1원이라도 회수할 수 있는 방법이 없고, 따라서 그 3억원은 고스란히 매몰비용이 된다. 또 다른 예로 들 수 있는 것은 능력 있는 경영자를 스카우트해 오기 위해 지출한 비용이다. 이런 성격의 비용도 일단 지출한 다음에는 어떤 방법을 쓰든 전혀 회수할 수 없다.

매몰비용의 또 다른 예로는 그 기업에만 쓸모가 있는 생산시설을 갖추는 데 든 비용을 들 수 있다. 예를 들어 어떤 광석을 채취하는 데 사용되는 독특한 장비가 있다고 하자. 한 기업이 이 장비를 사들여 광석을 채취해 왔는데, 광물자원이 고갈되어 더 이상 그 장비를 사용할 수 없게 되었다고 한다. 다른 어떤 기업도 그 장비를 인수하겠다고 나서지 않는다면 그것을 고철로 처리할 수밖에 없을 것이다. 따라서 그 장비를 사는 데 든 비용은 거의 전부가 매몰비용의 성격을 갖는다.

생각해 보기

(1) 손실이 발생했을 때 매몰비용을 얼마나 많이 지출했는지가 기업의 선택에 어떤 영향을 미치게 될까?

(2) 광고에 많은 비용을 지출했기 때문에 상품의 가격을 그만큼 더 올려야 한다고 주장하는 임원이 있다고 한다. 그의 주장에 어느 정도의 타당성이 있을까?

공급곡선의 도출

지금까지의 논의를 통해 우리는 완전경쟁시장에서 개별 기업이 각 가격에서 얼마만큼의 상품을 생산해 공급할 것인지 알게 되었다. 그것을 다시 정리해 개별 기업의 공급곡선을 도출하는 과정을 설명해 보면 다음과 같다. 우선 가격이 평균비용곡선의 최저점보다 더 낮으면 기업이 생산을 중단해 버릴 것이므로 공급량은 0일 것이다. 따라서 가격이 이 구간에 있을 때의 공급곡선은 수직축을 따라 올라가는 선분의 모양을 갖는다. [그림 6-1]에 원점 위의 점선으로 표시한 초록색의 수직선이 바로 그것이다.

만약 가격이 평균비용곡선의 최저점보다 높으면 기업은 이윤이 극대화되는 생산량

종교와 경쟁

경쟁은 경제적 측면에서뿐 아니라 사회의 다른 측면에서도 중요한 역할을 한다. 경쟁은 심지어 종교의 영역에서도 중요한 의미를 갖는다는 주장이 제기되어 우리의 관심을 끈다. 노벨경제학상 수상자인 베커(G. Becker) 교수는 여러 종교가 경쟁하는 사회에서 종교가 훨씬 더 번성할 수 있다고 말한다.

한 종교가 지배하는 사회에서는 교단이 사람들의 영적 요구에 세심한 주의를 기울이지 않는다. 그러므로 사람들은 종교에 대해 그다지 큰 기대를 걸지 않고 자연히 냉담한 태도를 갖게 된다. 그러나 여러 가지 종교가 경쟁하고 있는 사회에서는 각 종교가 서로 많은 신도를 확보하기 위해 최대한의 노력을 기울인다. 그 결과 사람들이 종교에 갖는 관심도 따라서 커지게 된다는 것이다.

베커 교수 자신도 인정하고 있듯, 경쟁이 있어야 종교가 번성할 수 있음을 지적한 것은 그가 처음이 아니다. 이미 200여 년 전에 스미스(A. Smith)는 독점적인 지위를 누리고 있는 종교가 크게 번성하지 못한다는 사실을 지적한 바 있다. 그는 정부의 비호를 받는 영국국교회가 국민의 영적 요구에 전혀 부응하지 못하고 있음을 날카롭게 비판했다. 교회 지도자의 무관심과 무성의에 종지부를 찍기 위해서는 특권적 지위를 박탈해 다른 종교들과 자유롭게 경쟁하는 분위기를 만들어야 한다는 것이 그의 주장이었다.

한 동네에 몇 개씩이나 있는 교회들

이렇게 많은 종교단체들이 활발하게 경쟁하는 풍토에서 종교가 더욱 번성할 수 있다.

단 하나의 종교가 지배하는 사회보다는 여러 종교가 경쟁적인 풍토를 조성하고 있는 사회에서 종교가 더욱 번성한다는 증거를 여러 곳에서 발견할 수 있다. 예를 들어 전통적으로 루터파 교회가 특권적인 지위를 누려오고 있는 스칸디나비아제국에서 종교에 특별한 관심을 갖고 있는 사람의 수는 지극히 적은 것으로 알려져 있다. 반면에 셀 수조차 없이 많은 종파가 신도들을 얻기 위해 치열한 경쟁을 벌이는 우리 사회에서 사람들이 종교에 대해 갖는 관심은 그 어느 곳보다도 높은 것을 볼 수 있다.

어떤 사회에서 한 종교가 오랫동안 독점적인 지위를 누리다가 결국 쇠퇴의 길을 걷게 되는 사례는 수없이 많다. 고려시대에 온 사회를 풍미할 정도로 크게 번성했던 불교가 바로 그와 같은 길을 걸었던 것을 우리 모두가 잘 알고 있다. 중세 유럽 사회에서 독점적 지위를 누리고 있던 가톨릭교회가 점차 부패해져 결국 종교개혁이란 위기를 자초한 것도 잘 알려진 역사적 사실이다. 최근에는 전통적으로 가톨릭교회가 지배해 왔던 라틴 아메리카 여러 나라에서 가톨릭교회 신도가 점차 줄어들고 그 대신 개신교 신도가 급격히 늘어나는 추세를 보이고 있다고 한다.

자료 : *Business Week*지, 1996년 1월 15일 자

을 선택한다. 이 생산량은 그 높이가 가격(과 한계수입)을 나타내는 수평선이 한계비용곡선과 교차하는 곳에서 찾을 수 있다. 예를 들어 [그림 6-1]에서 보는 것처럼 가격이 $\hat{P}$으로 주어진 경우에는 C점에서의 생산량, 즉 $\hat{Q}$을 생산, 공급하기로 결정하게 된다. 가격이 다른 수준으로 주어진 경우에도 이와 비슷한 방법으로 기업의 상품 공급량을 알아낼 수 있다.

그 높이가 가격(과 한계수입)을 나타내는 수평선이 한계비용곡선과 교차하는 곳이란 것이 사실은 한계비용곡선 위의 점을 뜻한다. 따라서 가격이 한계비용곡선 위의 한 점의 높이로 주어졌을 때 공급량은 바로 그 점의 수평축상의 거리와 같아진다.[3] 이는 한계비용곡선이 바로 그 기업의 공급곡선이 된다는 것을 뜻한다. 지금까지의 논의를 정리하면, 가격이 평균비용곡선의 최저점보다 더 높은 구간에서는 한계비용곡선이 공급곡선의 한 부분을 구성하게 된다는 것이 된다. [그림 6-1]에서 초록색 점선으로 표시한 한계비용곡선의 구간이 바로 그 부분이다.

이와 같은 방법으로 각 기업의 공급곡선을 모두 구할 수 있다. 이렇게 개별 기업의 공급곡선을 알아내면, 이들을 합쳐 시장 전체의 공급곡선을 도출할 수 있다. 제3장에서 설명한 바 있지만, 산업 전체의 생산량이 늘어나도 그 산업에서 사용하는 투입요소들의 가격이 불변으로 유지될 경우에는, 개별 기업의 공급곡선을 수평으로 더함으로써 시장 전체의 공급곡선을 구할 수 있다.

장기균형 6.4

장기조정 과정

앞 절에서 본 것처럼, 단기에서 완전경쟁시장 안의 기업들이 양(+)의 이윤을 얻는다고 하자. 이 시장 밖에서 활동하고 있는 기업들은 이 이윤에 끌려 그 시장 안으로 진입하게 된다. 새로운 기업들이 진입하게 되면 산업 전체의 공급이 증가해 가격이 내려가기 시작한다. 이와 같은 변화를 **장기조정**(long-run adjustment)이라고 부르는데, 이는 [그림 6-2]에서 보는 것과 같은 장기균형 상태가 이루어질 때까지 계속된다.

반면에 단기균형 상태에서 그 시장 안의 기업들이 이윤을 얻지 못하고 있다면 시간이 흐름에 따라 문을 닫고 이탈해 나가기 시작할 것이다. 일반적으로 경영실적이 매우 나빠 가격이 조금이라도 떨어지면 이윤이 곧 음(−)으로 바뀌게 되는 기업들, 즉 한계기업(marginal firm)들이 우선적으로 이탈해 나갈 것으로 예상할 수 있다. 이렇게 기업들의 이탈이 일어나면 산업 전체의 공급이 줄어 가격은 올라가기 시작한다. 이런 장기조정 역시 [그림 6-2]에서 보는 장기균형 상태가 이루어질 때까지 계속된다.

완전경쟁시장 안의 기업들이 얻는 이윤이 양의 값을 갖거나 음의 값을 갖는 상황에서는 지속적인 진입과 이탈이 일어난다. 이렇게 기업들의 진입과 이탈이 일어나고 있는 한 시장은 균형상태에 이를 수 없다. 앞에서 설명한 바 있지만, 균형은 다른 교란요인이

3) 바로 앞에서 본 C점의 예를 생각해 보면 이 말이 무엇을 뜻하는지 바로 알 수 있을 것이다. $\hat{P}$이란 가격은 한계비용곡선 위의 점인 C점의 높이와 같으며, $\hat{Q}$이란 생산량은 그 점의 수평축상 거리와 같다.

그림 6-2
완전경쟁시장의 장기균형

완전경쟁시장의 장기균형에서는 가격이 장기평균비용곡선의 최저점의 높이와 같아져 개별 기업의 (극대화된) 이윤은 0이 된다. 그렇기 때문에 더 이상의 진입과 이탈이 일어나지 않게 되는 것이다.

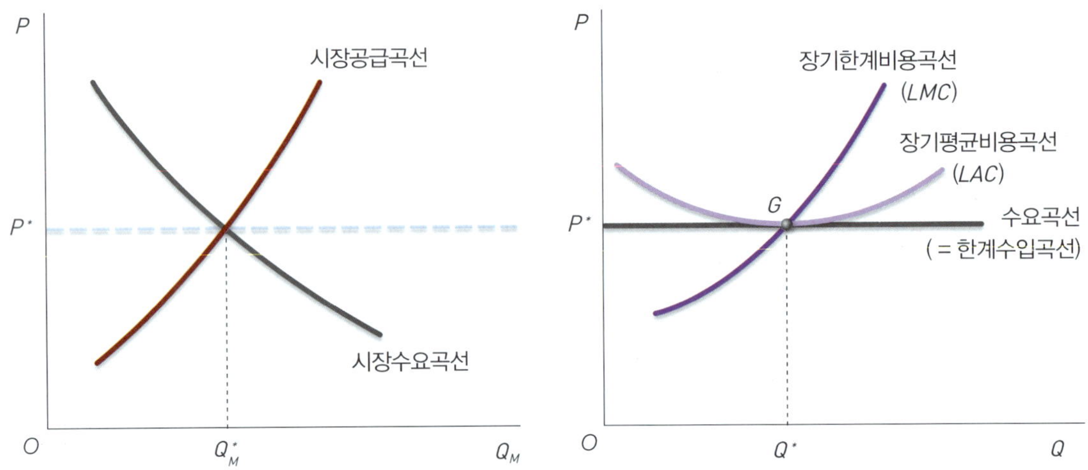

(i) 시장균형　　(ii) 개별 기업의 이윤극대화

없는 한 현재의 상태가 그대로 유지되려는 경향이 있는 상황을 뜻한다. 기업들이 들어가고 나가는 변화가 지속되는 상황이 균형상태가 될 수 없음은 두말할 나위도 없다.

그런데 더 이상의 진입과 이탈이 일어나지 않으려면 완전경쟁시장 안의 모든 기업들이 0의 이윤만을 얻고 있어야 한다. 시장이 그런 상황에 이를 때까지는 지금 보고 있는 장기조정 과정이 계속될 것이라고 예상할 수 있다.

장기균형

장기에서 완전경쟁시장이 균형을 이루게 된다면 그것은 어떤 상황이 될 것인가? 또한 장기에서 균형을 이루기 위해서는 어떤 조건들이 충족되어야 하는가? 어떤 시장이 균형을 이룬다는 것은 다른 교란요인이 없는 한 현재의 상태가 그대로 유지될 수 있음을 뜻한다. 따라서 완전경쟁시장이 장기간에 걸쳐 그대로 머물러 있으려 하는 바로 그 상태가 **장기균형**(long-run equilibrium)의 상태라고 말할 수 있다.

> **완전경쟁시장의 장기균형**
> 시장 안의 모든 기업들이 0의 이윤만을 얻고 있어 더 이상의 진입이나 이탈이 일어나지 않는 상태

시장이 어느 한 상태에 그대로 머물러 있기 위해서는 무엇보다 우선 그 시장에 참여하는 경제주체들이 자신의 선택을 다른 것으로 바꾸려 하지 말아야 한다. 예컨대 현재의 상태에서 이윤이 극대화되지 않은 기업이 있으면 이윤을 더 크게 만들기 위해 선택을 바꾸게 될 텐데, 이런 기업이 존재하는 상황은 장기균형이 될 수 없다. 따라서 장기균형이 이루어지기 위해서는 우선 각 기업의 이윤이 극대화되어 있어야 한다. 이와 더불어 기업들의 진입과 이탈이 일어나지 않아야 하므로, 극대화된 이윤이 0이어

야 한다는 조건까지 충족되어야 한다. 마지막으로는 시장 전체에서 수요량과 공급량이 맞아떨어져 균형이 이루어진다는 조건이 충족되어야 한다.

지금까지의 논의를 정리해 장기균형이 성립되기 위한 조건을 제시해 보면 다음과 같다.

(i) 각 기업의 이윤이 극대화되어 있어야 한다.
(ii) 그 이윤이 0이어야 한다.
(iii) (시장 전체의) 수요량과 공급량이 서로 같아야 한다.

각 기업의 이윤이 극대화되어 있어야 한다는 첫 번째 조건이 충족되기 위해서는 가격이 (장기)한계비용(*LMC*)과 같아져야 한다. 앞에서 강조한 바 있지만, 어느 경우에서나 이윤이 극대화되려면 한계수입과 한계비용이 서로 같다는 조건이 충족되어야 한다. 그런데 완전경쟁시장에서는 가격과 한계수입이 서로 같기 때문에, 이윤극대화 조건을 가격이 한계비용과 같아야 한다는 것으로 바꿔 쓸 수 있다. 결론적으로 말해 각 기업의 이윤이 극대화되어 있어야 한다는 것은 $P=LMC$의 관계를 만족하는 생산수준을 선택하고 있다는 뜻이다.

각 기업의 극대화된 이윤이 0이어야 한다는 두 번째 조건이 충족되기 위해서는 가격과 (장기)평균비용(*LAC*)이 서로 같아야 한다. 이는 각 기업이 $P=LAC$의 관계를 만족하는 생산수준을 선택하고 있어야 한다는 것을 뜻한다. 수요량과 공급량이 서로 같아야 한다는 마지막 조건은 어떤 시장에서든 충족되어야 하는 매우 일반적인 균형의 조건이라고 말할 수 있다.

[그림 6-2]를 보면 시장에서 형성된 균형가격 P^*가 바로 장기평균비용곡선의 최저점(G점)의 높이와 같을 때 이 세 조건이 모두 충족되어 장기균형이 이루어진다는 것을 알 수 있다. 시장에서 수요량과 공급량이 서로 같아지는 P^*의 수준에서 가격이 결정되었다고 하자. 개별 기업은 이 높이에서 그은 수평선을 수요곡선으로 보고 장기한계비용곡선과 교차하는 점을 찾아 Q^*의 생산량을 선택한다. 바로 이 생산량에서 이윤이 극대화되기 때문인데, 그림을 보면 이때 가격은 (장기)평균비용과도 같아 기업의 극대화된 이윤이 0이라는 것을 알 수 있다. 이로서 장기균형이 이루어지기 위해 필요한 세 가지 조건이 모두 충족되고 있음을 확인한 셈이다.

우리는 완전경쟁시장의 장기균형 상태에서 기업들이 0의 이윤을 얻고 있다는 것의 의미를 정확하게 이해해야 한다. 상식적으로 생각할 때, 계속해서 이윤을 전혀 얻지 못하는 기업이라면 머지않아 도태되고 말아야 한다. 그런데 완전경쟁시장의 장기균형은 수많은 기업들이 아무 이윤도 얻지 못하면서 도태되지 않은 채 계속 활동하고 있는 상태를 뜻한다. 그렇다면 이와 같은 역설적 현상이 일어날 수 있는 이유는 과연 무엇일까?

생각해 봅시다

완전경쟁시장의 장기균형에서 모든 기업이 정확하게 0의 경제적 이윤만을 얻고 있을까? 만약 모든 기업의 비용곡선이 정확하게 일치한다면 이와 같은 현상이 나타날 것이다. 그러나 현실에서 모든 기업의 비용곡선들이 정확하게 일치하기를 기대하기는 힘들다. 어떤 기업은 다른 기업보다 더 능력 있는 경영진, 더 열심히 일하는 종업원, 그리고 더 품질 좋은 원자재의 공급원을 갖고 있을 수 있다. 이런 기업이라면 다른 기업들보다 더 낮은 비용으로 생산하는 것이 가능하고, 따라서 장기균형 상태에서도 0보다 더 큰 이윤을 얻고 있을 가능성이 크다.

그러나 현실에서 이런 현상이 관찰되었다고 해서 이론이 틀렸다고 단정해서는 안 된다. 엄밀한 의미에서 보면, 이 현상이 장기균형에서 개별 기업의 이윤은 0이 되어야 한다는 요구와 모순되지 않기 때문이다. 어떤 기업이 장기균형에서 0보다 더 큰 이윤을 얻는 것처럼 보여도, 엄밀하게 따져 보면 0의 이윤밖에 얻지 못한다는 것을 발견할 수 있다. 좋은 투입요소를 확보하고 있는 기업의 생산비용이 더 낮다는 것은 무엇을 뜻하는 것일까? 이 말의 진정한 의미가 무엇인지를 생각해 보면 왜 그런 일이 일어나는지 알 수 있다.

생각해 보기

(1) 좋은 투입요소를 확보하고 있는 기업의 생산비용이 더 낮다고 말할 때 우리는 어떤 비용의 개념을 사용하고 있을까?
(2) 0보다 더 큰 이윤을 얻는 것 같아도 엄밀하게 따져 보면 이윤이 0이라는 것은 어떤 근거에서 그렇게 말하는 것일까?

우리가 '이윤'이라는 말을 어떤 의미로 사용하고 있는지를 이해하면 이 의문은 바로 해소될 수 있다. 여기서 말하고 있는 이윤은 수입에서 기회비용을 뺀 경제적 이윤(economic profit)이다. 그리고 투하된 자본에 대한 정상적인 수익은 기회비용의 일부로 포함되어 있는 상황이다. 투하된 자본에 대한 정상적인 수익은 '정상이윤'이라고 불리기도 하는데, 경제 전체에서 사용되는 자본의 평균적 수익률을 뜻한다. 따라서 이윤이 0이라는 말은 기업이 정상이윤만을 얻고 그 이상의 추가적인 이윤은 얻지 못한다는 것을 뜻한다. 정상이윤을 얻는 기업들이 도태되어야 할 하등의 이유도 없다는 것은 너무나도 당연한 일이다.

6.5 완전경쟁시장은 어떤 점에서 바람직한가?

경제학자들은 여러 가지 시장형태 중에서 완전경쟁시장이 가장 바람직한 것이라고 생각한다. 그와 같은 생각은 자원을 효율적으로 배분해 준다는 측면에서 이 시장을 따를 만한 것이 없다는 믿음에 주로 근거하고 있다. 그렇다면 완전경쟁시장의 어떤 특징 때문에 자원이 효율적으로 배분될 수 있는 것일까?

무엇보다도 우선 경쟁의 압력 때문에 이 시장 안의 모든 기업들이 최대한의 효율성을 추구하지 않으면 안 되는 분위기가 조성된다는 점을 들 수 있다. 경쟁의 대열에서 뒤떨어지는 기업은 가차 없이 도태되고 마는 분위기하에서 비효율성의 요인들을 그대로 방치해 두는 기업은 없을 것이다. 각 기업은 누가 시키지 않아도 효율성을 최대한으로 높일 수 있는 방법을 찾으려고 노력할 것이 분명하다. 치열한 경쟁에서 살아남기 위해 각 기업이 자발적으로 효율성을 극대화해야 하는 것이 바로 완전경쟁시장의 특성이다.

완전경쟁시장에서 자원이 효율적으로 배분될 수 있는 이유를 좀 더 체계적으로 설명할 수 있다. 지금까지의 논의를 종합해 보면, 이 시장에서는 언제나 가격이 한계비용과 같아지는 결과가 나타난다는 사실을 알 수 있다. 앞에서 본 [그림 6-1]이나 [그림 6-2] 어느 것을 보아도 완전경쟁시장에서는 언제나 $P=MC$의 관계가 성립하는 것을 관찰할 수 있다. 곧 보게 되듯, 완전경쟁시장에서 자원이 효율적으로 배분되는 이유는 바로 이 관계와 밀접한 관련을 갖고 있다.

수요자는 상품의 소비에서 나오는 한계편익(marginal benefit; MB)이 그것의 가격과 일치하는 수준에서 그 상품의 수요량을 결정한다.[4] 이와 같은 수요자의 태도 때문에 $MB=P$의 관계가 성립하는데, 완전경쟁시장에서는 $P=MC$의 관계가 성립하고 있으므로 결국 $MB=MC$라는 관계가 성립하게 된다. 다시 말해 완전경쟁시장에서는 어떤 상품에서 나오는 한계편익이 그것을 생산하는 데 드는 한계비용과 같아지는 결과가 나타난다는 뜻이다. 이렇게 상품의 한계편익과 한계비용이 서로 같을 때 효율적 자원배분이 이루어지는데, 다음과 같은 예를 보면 왜 그렇게 되는지 쉽게 이해할 수 있다.

예를 들어 현재의 생산수준에서 사과의 한계편익이 9백원인데 한계비용은 7백원이라고 하자. 이는 사과를 한 개 더 생산하는 데 7백원만 드는 한편, 이를 먹음으로써 소비자가 얻는 편익은 9백원어치나 된다는 뜻이다. 따라서 사과 한 개를 더 생산하면 그 사회는 2백원에 해당하는 순편익을 추가로 얻을 수 있고, 이는 현재의 사과 생산수준이 비효율적임을 뜻한다. 한계편익이 한계비용보다 더 작은 경우에도 이와 비슷한 방법으로 비효율적임을 입증할 수 있다. 결론적으로 말해 한계편익과 한계비용이 서로 같아야 효율적인 자원배분이 이루어질 수 있는 것이다.

또한 [그림 6-2]에서 본 것처럼 완전경쟁시장의 장기균형 상태에서 각 기업은 장기비용곡선의 최저점(G점)에서 생산하게 된다는 점도 효율성의 한 증거로 들 수 있다. 장기비용곡선의 최저점에서 생산이 이루어진다는 것은 가장 낮은 생산단가에서 그 상품을 생산하게 됨을 뜻한다. 가능한 한 가장 낮은 평균비용에서 생산하는 것이 효율적이라는 사실은 별도의 설명을 필요로 하지 않는다.

그러나 완전경쟁시장이라 해서 모든 측면에서 이상적이라고는 말할 수 없고, 나름대로 한계를 갖고 있는 것이 사실이다. 우선 생각해 보아야 할 점은 일련의 전제조건이

4) 제3장에서 수요곡선의 성격에 대해 설명할 때 이 점에 대해 자세하게 설명한 바 있다.

완전경쟁시장 흉내 내기

앞에서 설명한 것처럼, 현실에서 완전경쟁시장이 성립하기 위한 조건들을 모두 충족시키는 시장의 예를 찾기는 무척 힘들다. 다른 조건은 고사하고, 무엇보다도 우선 한 산업 안에 여러 개의 기업이 경쟁하고 있는 경우를 발견하기 힘든 상황이다. 어느 나라든 대부분의 산업에서 불과 몇 안 되는 기업들이 독과점체제를 구축하고 있는 것이 일반적인 현상이다. 모든 상품이 동질적이어야 한다든가 완전한 정보를 갖고 있어야 한다는 조건이 충족되는 것도 마찬가지로 어렵다.

얼마 전까지만 해도 독과점에 대한 정부의 정책은 경쟁기업의 수를 늘리는 데 초점이 맞추어져 있었다. 그러나 강제적인 방법을 동원해 기업을 분할하는 것은 실천에 옮기기도 어려울 뿐 아니라 바람직하지도 않다. 분할 대상이 된 기업이 정부를 상대로 치열한 법정투쟁을 벌일 것이 분명하기 때문에 분할에 성공할 가능성이 지극히 낮다. 또한 규모의 경제나 범위의 경제라는 측면에서 볼 때 여러 개의 작은 기업으로 분할하는 것이 바람직하지 않을 수도 있다.

출발을 기다리고 있는 비행기들

경합시장의 성격을 현저하게 갖고 있는 산업의 예로 항공운송산업을 드는 경우가 많다. 항공운송산업은 그 특성상 진입과 이탈의 장벽이 비교적 낮은 편이다.

독과점 문제의 핵심은 이로 인해 효율적인 자원배분이 이루어지지 못한다는 데 있다. 어떤 산업 안의 경쟁기업 수가 적더라도 자원이 효율적으로 배분되기만 한다면 별로 문제될 것이 없다. 따라서 최근에는 어떤 시장에서의 표면적 경쟁형태가 무엇이든 상관하지 않고, 효율적인 자원배분이 이루어질 수 있는지에만 관심의 초점을 맞추는 경향이 나타나고 있다. 비유적으로 말해, 완전경쟁시장이 되지는 못해도 이를 흉내 낼 수 있으면 된다는 식으로 인식이 바뀌어 가고 있는 것이다.

경합시장(contestable market)**의 이론**이라고 불리는 이론에 따르면, 기업의 수가 아무리 적어도 진입과 이탈의 장벽만 없다면 효율적인 자원배분이 이루어질 수 있다고 한다. 경합시장이란 진입과 이탈의 장벽이 존재하지 않는 시장을 뜻한다.[5)]

따라서 이 시장 안의 기업은 잠재적인 진입의 위협에 노출되어 있고, 이 때문에 가격을 한계비용 이상의 수준으로 올리지 못한다. 경합시장의 이론은 이와 같은 근거에서 진입과 이탈의 장벽만 제거하면 완전경쟁시장에서와 같은 효율적 자원배분이 이루어질 수 있다고 말한다. 이렇게 진입과 이탈의 장벽을 제거하는 정책이 '완전경쟁시장 흉내 내기'의 좋은 예라고 말할 수 있다.

경합시장 이론의 영향을 받아 최근 공정거래 정책을 운영하는 방식에 상당한 변화가 일어난 것을 볼 수 있다. 즉 공정거래 정책의 초점이 경쟁기업의 수를 늘리는 것에서 진입과 이탈의 장벽을 제거하는 것으로 바뀌어 가는 추세를 보이고 있는 것이다. 이론을 현실에 접목시킴으로써 경제를 좀 더 효율적으로 만들 수 있는 생생한 사례를 바로 여기에서 발견할 수 있다.

5) 초기에 생산시설을 갖추는 데 많은 비용이 드는 경우에는 손해를 본다 하더라도 쉽게 문을 닫고 이탈해 나가기 어렵게 된다. 이렇게 기업이 마음대로 문을 닫고 그 산업에서 빠져나가기 힘들게 만든다는 점에서 큰 초기투자비용은 이탈장벽의 역할을 한다.

충족된 다음에야 완전경쟁시장에서의 자원배분이 효율적으로 이루어질 수 있다는 사실이다. 만약 현실에서 이 조건들 중 어떤 것이 충족되지 못하면 완전경쟁이 이루어지고 있다 하더라도 자원배분은 비효율적이 되고 만다. 이 점에 대해서는 제11장에서 좀 더 자세히 설명하게 될 것이다.

그뿐 아니라 공평한 분배라는 측면에서 완전경쟁시장이 한계를 갖고 있다는 점도 지적해야 한다.[6] 완전경쟁시장의 강점은 오직 효율적인 자원배분에 있으며, 공평한 분배라는 점에서는 별 기대를 걸 수 없다. 수많은 판매자와 구매자가 치열한 경쟁을 벌이고 있다는 사실과 이 시장에서 결정된 소득의 분배가 공평하다는 것 사이에는 아무런 논리적 연관이 없기 때문이다. 완전경쟁시장이 모든 측면에서 이상적인 시장형태라는 근거 없는 믿음은 매우 위험한 결과를 초래할 수 있다. 이 시장이 바람직하다는 생각은 다른 형태의 시장과 비교했을 때의 상대적 관점에서 나온 것임에 주의하기 바란다.

요약

1. 시장의 형태는 완전경쟁, 독점, 과점, 독점경쟁으로 구분할 수 있다. 이들은 판매자의 수, 개별 기업이 가격에 영향을 미칠 수 있는 능력, 상품의 동질성 여부, 진입장벽의 존재, 비가격경쟁의 존재 등에서 차이를 보인다.

2. 완전경쟁이 이루어지기 위해서는 판매자와 구매자가 모두 가격을 주어진 것으로 받아들여야 하며, 모든 상품이 동질적이고, 자원의 완전한 이동성이 보장되어 있어야 할 뿐 아니라, 모든 경제주체가 완전한 정보를 갖고 있어야 한다는 조건들이 충족되어야 한다.

3. 단기에서 완전경쟁시장 안의 개별 기업은 주어진 가격과 한계비용이 같아지는 수준까지 상품을 생산해 이윤을 극대화한다. 그런데 주어진 가격이 너무 낮으면 기업은 아예 생산을 중단해 버린다.

4. 완전경쟁시장에서 개별 기업의 단기 공급곡선은 평균비용곡선의 최저점 위에 위치한 한계비용곡선과 일치하게 된다.

5. 완전경쟁시장의 단기균형에서 어떤 기업은 양(+)의 이윤을 얻을 수 있다.

6. 단기에서 완전경쟁시장 안의 기업들이 양(+)의 이윤을 얻고 있으면 새로운 기업들의 진입이 일어나게 된다. 한편 이윤을 얻지 못하는 기업들은 문을 닫고 시장에서 이탈해 나간다. 이와 같은 장기조정 과정을 거쳐 장기균형 상태에 이르게 되는데, 이 상황에서는 모든 기업들이 0의 이윤밖에 얻지 못한다.

7. 완전경쟁시장이 효율적인 자원배분을 가져온다는 측면에서는 바람직하나 그렇다고 해서 모든 측면에서 이상적이라고는 말할 수 없다. 그 한 예로, 완전경쟁시장이라 해서 공평한 분배까지 보장해 줄 수 있는 것은 아니다.

6) 그렇다고 해서 불완전경쟁시장에서 결정된 소득의 분배가 더욱 공평할 것이라고 말하는 것은 결코 아니다. 상대적인 관점에서 본다면 완전경쟁시장에 의해 결정된 소득분배가 더 나을 가능성이 크다.

중요개념

완전경쟁	독점	과점	독점경쟁
진입장벽	생산중단가격	장기조정 과정	장기균형

연습문제

01. 완전경쟁이 이루어질 수 있기 위해 충족되어야 하는 조건들을 설명해 보라.

02. 어떤 기업이 손실을 보면서도 상품을 생산, 공급하는 현상이 나타나는 이유는 무엇일까?

03. 우리나라에서 브로콜리를 경작하는 사람은 모두 100명이라고 한다. 브로콜리 시장 전체에 대해 수요의 가격탄력성을 측정했더니 3이라는 결과를 얻었다고 한다. 한 사람의 경작자에 대해 수요의 가격탄력성을 측정하면 어떤 크기가 될까?

04. 사이버스란 컴퓨터 조립업체의 하루당 생산비용은 다음과 같다고 한다.

컴퓨터 생산량(대/일)	총비용(만원)
0	50
1	59
2	74
3	93
4	128
5	175
6	234

우리나라에는 컴퓨터 조립업체가 무수히 많아 완전경쟁적인 시장을 형성하고 있음을 가정하고 다음의 물음에 답하라.

(1) 컴퓨터 가격이 대당 35만원이면 이 기업은 하루에 컴퓨터 몇 대를 조립할 것이며 그때의 이윤은 얼마인가?

(2) 고정비용이 모두 회수 가능한 비용이라면, 즉 매몰비용이 아니라면 생산중단가격은 얼마일까?

(3) 위의 가정을 그대로 유지하고 이 기업의 공급곡선을 도출하라.

05. 완전경쟁시장의 단기균형에서 개별 기업의 이윤이 양(+)의 값을 가질 수 있는 이유는 무엇일까?

06. 완전경쟁시장의 장기균형이 이루어지기 위해 충족되어야 하는 조건을 열거하라.

07. 장기균형 상태에 도달한 완전경쟁시장에 갑자기 그 상품에 대한 수요가 감소하는 교란이 일어나게 되었다. 이 시장이 어떤 조정 과정을 거쳐 새로운 장기균형 상태에 도달하게 될 것인지 설명하라.

08. 완전경쟁시장의 장기균형에서 이윤이 0이 되는데도 기업들이 계속 활동할 수 있는 이유는 무엇인가?

09. 완전경쟁시장이 효율적인 자원배분을 가져다준다고 믿을 수 있는 근거는 무엇이며 이 시장은 어떤 한계를 갖고 있는지 설명해 보라.

제 7 장

불완전경쟁시장

7.1 배경 설명

7.2 독점시장

7.3 독점의 경제적 효과

7.4 가격차별

7.5 과점시장

7.6 독점경쟁시장

전체 시장을 오직 하나의 기업이 독점하고 있는 경우를 간혹 발견할 수 있다. 이 독점시장은 앞 장에서 배운 완전경쟁시장의 반대쪽 극단에 위치한 시장이라고 말할 수 있다. 그런데 현실에서는 완전경쟁시장이나 독점시장의 예를 찾아보기 힘들다. 이보다 더욱 흔하게 관찰할 수 있는 것은 과점시장과 독점경쟁시장이다. 과점시장은 이름 그대로 소수의 기업이 경쟁하고 있는 시장이며, 대부분의 공산품 시장이 이 형태를 띠고 있다. 독점경쟁시장은 각 기업마다 상품의 질을 약간씩 달리하는 상품차별화가 일어난다는 점에서 독특한 성격을 갖고 있다.

7.1 배경 설명

불완전경쟁이 일어나는 이유

시장에서 경쟁이 불완전한 것은 결국 새로운 기업이 시장으로 들어오는 것을 막는 장애물, 즉 진입장벽이 존재하기 때문이라고 말할 수 있다. 이 진입장벽은 기술상의 이유 때문에 자연발생적으로 만들어진 것도 있고 인위적으로 만들어진 것도 있다. 진입장벽이 생겨나게 되는 원인을 구체적으로 들어보면 다음과 같다.

(1) 규모의 경제

산업의 기술적 특성 그리고 이에 따른 비용구조의 특성은 그 산업에 얼마나 많은 수의 기업이 활동할 수 있는가를 결정짓게 된다. 예를 들어 어떤 산업에서 규모의 경제가 현저해 시장 전체의 수요를 충분히 채울 수 있는 생산수준에서도 평균비용이 계속 떨어진다고 하자. 이런 경우라면 한 시장 안에 두 개 이상의 기업이 살아남기 힘든 상황이 된다. 어떤 한 기업이 생산량을 크게 늘림으로써 경쟁기업들에 비해 더 낮은 평균비용으로 상품을 생산할 수 있게 되고, 이 비용상의 이점을 통해 경쟁기업들을 모두 도태시킬 수 있기 때문이다.

자연독점

규모의 경제가 현저해 두 개 이상의 기업이 살아남기 힘들기 때문에 자연스럽게 형성된 독점체제

최소효율규모

평균비용곡선의 최저점이 나타나는 생산수준

이와 같이 규모의 경제가 현저하게 존재하는 경우 시장은 자연스럽게 독점체제로 변해 버린다. 이런 이유로 형성되는 독점을 **자연독점**(natural monopoly)이라고 부른다. 우리가 현실에서 보는 독점시장 중에는 이 자연독점의 성격을 갖는 시장이 상당히 많다. 현대 산업기술의 특성상 규모의 경제가 존재하는 경우가 매우 흔하기 때문이다.

경쟁체제가 성립되기 위해서는 전체 시장의 규모에 비해 매우 낮은 생산수준에서 평균비용곡선의 최저점이 나타나야 한다. 그래야만 한 기업이 생산량을 크게 늘려 경쟁기업들을 도태시킬 수 있는 기회를 갖지 못하게 된다. 평균비용곡선의 최저점이 나타나는 생산수준을 **최소효율규모**(minimum efficient scale)라고 부른다. 어떤 시장에서 경쟁체제가 성립되기 위해서는 시장의 크기에 비해 최소효율규모가 아주 작다는 조건이 충족되어야 한다.

한국고속철도(KTX)

철도서비스산업은 최소효율규모가 상당히 크기 때문에 경쟁체제의 성립이 어렵다.

(2) 정부의 정책

정부는 발명을 촉진하기 위해 특허권(patent)을 부여해 발명자로 하여금 일정한 기간 동안 독점적인 지위를 누릴 수 있게 만든다. 혹은 어떤 기업에 독점적 판매권, 즉 전매권을 주어 경쟁자의 진입을 막을 수도 있다. 우리나라에서 KT&G가 담배를 독점적으로 생산, 판매할 권리

를 부여받은 것이 그 좋은 예다. 이렇게 정부가 부여한 특허권이나 전매권이 진입장벽의 역할을 할 수 있다.

(3) 경쟁전략

기업의 경쟁전략 때문에 진입장벽이 만들어지는 경우도 있다. 진입장벽의 구축에 기여할 수 있는 경쟁전략의 구체적인 사례는 아래와 같다.

(i) **공격적인 광고** : 기존의 기업이 많은 돈을 들여 공격적인 광고를 하면 진입하려는 기업은 이에서 큰 부담을 느끼게 된다. 새로 사업을 시작하려는 기업의 입장에서는 기존 기업처럼 많은 돈을 광고활동에 쏟아붓기가 힘들기 때문이다. 따라서 공격적인 광고는 진입을 시도하려는 기업이 스스로 포기하게 만드는 효과를 냄으로써 진입장벽의 역할을 할 수 있다.

(ii) **차별화된 상품** : 기업들이 차별화된 상품을 만들어 파는 상황이 잠재적 진입자에게 경쟁하기 힘든 분위기를 조성하기도 한다. 기존 기업들이 차별화된 상품을 통해 독자적인 수요자층을 확보하고 있는 상황에서는 새로운 기업이 뚫고 들어갈 틈새를 찾기가 매우 힘들기 때문이다.

(iii) **부당염매행위** : 기업의 경쟁전략에 의해 진입장벽이 만들어지는 경우의 세 번째 예는 부당염매행위(predatory pricing)라는 가격전략에서 찾을 수 있다. 이것은 일시적인 출혈을 감수하면서까지 가격을 낮춤으로써 경쟁기업을 몰아내려는 전략을 뜻한다. 대부분의 나라가 이와 같은 목적으로 가격을 낮추는 것을 불공정행위로 규정하고 있다. 그렇지만 어떤 기업이 가격을 낮춘 배경에 실제로 이런 의도가 있었는지를 판별해내는 것은 매우 어려운 일이다.

현실의 경제를 자세히 관찰해 보면, 이상에서 설명한 요인 말고도 진입장벽이 만들어지는 데 한몫을 하는 요인들이 상당히 많다. 그 한 예로 투입요소에 대한 접근가능성이 진입장벽으로 작용하는 경우를 들 수 있다. 원자재, 인력, 혹은 자본설비 등에 대한 접근이 불가능하다면 진입 그 자체가 불가능해진다. 또한 진입에 너무 많은 비용이 소요되어 진입을 하지 못하는 경우도 있다. 그 산업의 특성상 진입 초기에 많은 고정비용을 지출해야 하는 경우도 있고, 상표권 같은 무형자산에 대해 투자를 해야 하기 때문에 진입을 시도할 때 많은 비용이 들 수도 있다.

어떤 이유에 의해 형성된 것이든 진입장벽이 완벽하게 작용하게 되면 그 산업은 독점화될 수밖에 없다. 그러나 현실에서 진입장벽이 완벽하게 작용하는 경우는 극히 드물다. 어떤 진입장벽에 가로막히면 그것을 우회하는 방법을 고안해낼 수 있는 것이 보통이기 때문이다. 예컨대 새로운 발명을 통해 특허권을 무력화시킬 수 있으며, 새로운 대체물질을 개발하여 원자재 공급을 확보한다든지 하는 방법을 쓸 수도 있다.

통큰 치킨?

어떤 물건을 너무 비싸게 팔면 "양심이 없다." 혹은 "소비자를 우롱한다."는 등의 비난이 쏟아진다. 소비자들 입장에서 보면 비싼 값을 주고 사는 게 결코 반가울 리 없어 그런 비난을 퍼부을 만하다. 정부의 독과점 규제도 독점력을 이용해 가격을 너무 높이는 행위를 방지하는 데 역점을 두고 있다.

그런데 때로는 물건을 너무 싸게 팔아 문제가 되기도 하는데, 어떤 연유로 그것이 문제가 되는지 의아해하는 사람이 많다. 이 사람들은 낮은 가격으로 인해 소비자가 이득을 보게 될 텐데 왜 정부가 가로막고 나서느냐고 의문을 제기한다. 그런데 문제는 장기적인 관점에서 보면 그 낮은 가격이 소비자에게 반드시 이득이 되지 않는다는 데 있다.

이 세상의 3대 거짓말 중 하나가 "이거 밑지고 파는 겁니다."라는 상인의 말이라는 우스갯소리가 있다. 순수하게 소비자를 위하는 마음 하나에서 가격을 파격적으로 낮추는

'통큰 치킨' 광고

이렇게 싼 가격이 소비자에게 이득이 될까?

기업은 거의 없다. 어떤 형태로든 이를 통해 자신이 이득을 얻을 수 있기 때문에 그렇게 하는 것이 분명하다. 겉으로는 소비자를 위하는 척하면서 속으로는 자신의 이익을 챙기려는 의도가 숨어 있는 것이 보통이다.

가격을 낮춤으로써 이득을 볼 수 있는 이유는 이를 통해 경쟁자들을 몰아내고 독점적 지위를 구축할 수 있기 때문이다. 그렇게 되면 경쟁자들도 따라서 가격을 내려야 할 텐데, 자금력이 풍부하지 못한 기업은 수익성 악화를 견디지 못하고 문을 닫을 수밖에 없게 된다.

이렇게 해서 일단 경쟁자들을 몰아내 독점적 지위를 확보한 다음에는 가격을 예전보다 더 높은 수준으로 올리게 된다. 물론 이렇게 함으로써 얻는 이득은 일시적으로 가격을 낮춰 얻은 손실을 상쇄하고도 남을 만큼 크다. 그렇기 때문에 장기적인 관점에서 보면 이와 같은 '부당염매행위'가 소비자에게 이득이 되지 않는다고 말하는 것이다.

2010년 12월 대형유통업체 L마트가 '통큰 치킨'이라는 이름 아래 시중에서 1만 5천원 정도에 팔리는 닭튀김을 5천원이라는 싼 가격에 팔기 시작해 사회적 물의를 일으켰다. 통큰 치킨은 당연히 소비자들의 폭발적 반응을 불러일으켰으나 영세상인의 생존권을 침해한다는 비판 여론에 밀려 7일천하로 끝나고 말았다. 그러나 소비자의 이익이 우선되어야 하느냐 아니면 영세상인의 생존권이 우선되어야 하느냐를 둘러싼 열띤 논쟁은 그 뒤로도 끊이지 않고 이어졌다.

이 논쟁에서 소비자의 이익이 우선되어야 한다고 주장하는 사람들이 잊지 말아야 할 한 가지 중요한 사실이 있다. 그것은 그렇게 낮은 가격이 언제까지나 계속된다는 보장이 없다는 사실이다. 대형유통업체가 자선사업을 하려는 것이 아닌 한 원가에도 미치지 못하는 가격으로 계속 팔 이유가 없기 때문이다. 언젠가는 가격이 예전 수준으로 오를 것이 분명한데, 그 과정에서 소비자의 이익이 침해되는 결과가 빚어질 수 있다. 즉 닭튀김을 파는 영세업체들이 모두 문을 닫고 대형유통업체가 독점체제를 구축한다면 장기적으로는 소비자에게 불리한 상황이 조성될 수 있는 것이다.

생각해 봅시다

우리 정부는 공정거래질서를 확립한다는 차원에서 매년 독과점기업을 선정해 집중 관리하고 있다. 시장지배적 사업자라고 불리는 이 독과점기업들은 여러 가지 측면에서 정부의 규제를 받게 된다. 시장지배적 사업자 명단에 독점으로 분류되어 있는 산업들을 보면 교과서에서 말하는 것처럼 오직 하나의 기업만 존재하는 경우는 상당히 드물다. 한 시장에 여러 기업들이 존재해도 그중 한 기업의 시장점유율이 워낙 높으면 독점으로 분류하기 때문이다.

독점으로 분류된 산업의 예를 들어보면 담배, 화학섬유, 판유리, 평판디스플레이, 마그네틱 및 광학매체, 항공기용 엔진 및 부품 제조업 등이다. 이들의 경우에는 독점으로 분류된 것이 어느 정도 이해가 간다. 그러나 설탕, 발효주, 가정용 전기기기, 악기 제조업 등도 독점으로 분류된 것은 약간 의외라고 할 수 있다. 이 산업들의 경우에는 우리가 생각하는 전형적인 독점시장과 거리가 있기 때문이다.

생각해 보기

(1) 위에서 본 독점시장의 예에서 각 시장이 어떤 이유로 독점화되기에 이르렀는지 생각해 보자.
(2) 이 예에서 자연독점의 성격을 갖는 우편, 철도, 전기, 수도사업 등을 찾아볼 수 없는 이유가 무엇인지 생각해 보자.
(3) 공정거래질서를 확립한다는 차원에서 독과점기업에 대해 규제를 한다면 주로 어떤 측면에서 규제를 가하게 될지 짐작해 보라.

독점시장 7.2

독점시장의 성격

오직 한 기업이 상품을 생산해 공급하는 시장형태를 **독점**(monopoly)이라고 부르는 것은 거의 상식에 속한다. 그렇다면 이 독점시장은 구체적으로 어떤 특징들을 갖고 있는 것일까? 일반적으로 독점시장이 갖는 특징을 다음과 같이 정리해 볼 수 있다.

(i) **단 하나의 공급자** : 무엇보다 중요한 특징은 상품의 공급자가 단 하나밖에 없다는 사실이다. 독점시장에서는 기업(firm)이 바로 산업(industry)을 구성하게 될 것이고, 따라서 양자 사이에 아무런 차이가 없게 된다.

(ii) **대체재가 존재하지 않음** : 독점자의 상품에 좋은 대체재가 될 수 있는 상품이 존재하지 않는다. 만약 좋은 대체재가 존재한다면 수요가 쉽게 옮아갈 수 있어 시장을 독점하기 힘들어진다.

(iii) **완벽한 진입장벽** : 독점시장은 그 안에 완벽한 진입장벽이 존재한다는 특징을 갖는다. 진입장벽이 완벽하게 작용하지 않는다면 새로운 경쟁기업이 나타나 독점체제는 곧 무너지게 된다.

독점시장의 균형

이제는 독점시장에서 어떤 일이 일어나게 되는지 살펴볼 차례가 되었다. 독점시장이 균형을 이루었을 때 상품의 가격은 어떤 수준이며 얼마만큼의 상품이 생산, 판매될 것인지 분석해 보기로 하자. 독점시장이 균형을 이루었다는 것은 독점기업이 이윤을 극대화하고 있음을 뜻한다. 만약 이윤을 극대화하지 못하고 있다면 더 많은 이윤을 얻기 위해 생산량과 가격을 변화시킬 것이기 때문에 그 상태에서 균형이 이루어질 수 없게 된다.

[그림 7-1]에는 독점기업이 직면하고 있는 수요곡선이 우하향하는 모양을 갖는 것으로 나타나 있다. 바로 앞 장에서 본 완전경쟁시장의 경우에는 개별 기업이 수평선의 모양을 갖는 수요곡선에 직면하고 있었다. 개별 기업은 시장에서 결정된 가격을 그대로 받아들일 수밖에 없기 때문에 그 가격과 같은 높이를 갖는 수평선이 바로 수요곡선의 역할을 하고 있었던 것이다. 그러나 지금 보는 독점시장에서는 기업이 바로 산업을 의미하므로, 시장에서 관찰할 수 있는 우하향하는 모양의 수요곡선이 바로 그 독점기업의 수요곡선이 된다.

우리는 제5장의 제5절에서 기업이 이윤을 극대화하는 생산량을 선택하는 과정에 대해 살펴본 바 있다. 그때 수요곡선의 식이 $P=250-20Q$로 주어졌다는 가정하에서 이윤극대화의 문제를 풀었던 것을 기억할 것이다. 이렇게 수요곡선이 우하향하는 모양을 갖는다는 것은 고려 대상이 된 기업이 독점기업의 성격을 갖는다는 것을 뜻한다. 따라서 그 상황에서 이윤극대화 산출량이 선택되는 과정은 바로 독점시장에서의 이윤극대화 과정과 똑같다고 볼 수 있다.

우리는 주어진 수요곡선의 식에서 총수입과 한계수입을 구하고, 여기에 총비용과 한계비용에 관한 수치를 더해 〈표 5-7〉을 만들었다. 독자들의 편의를 위해 여기에서

그림 7-1

독점시장의 균형

독점기업이 직면하는 수요곡선은 우하향하는 모양을 갖고 있으며, 이로부터 한계수입곡선을 구하면 기울기가 한층 더 가파른 모양이 된다. 이윤극대화를 추구하는 독점기업은 $MR=MC$의 조건이 충족되는 생산수준을 선택하는데, 이 균형상태에서 가격이 한계비용보다 더 높은 결과가 나타난다.

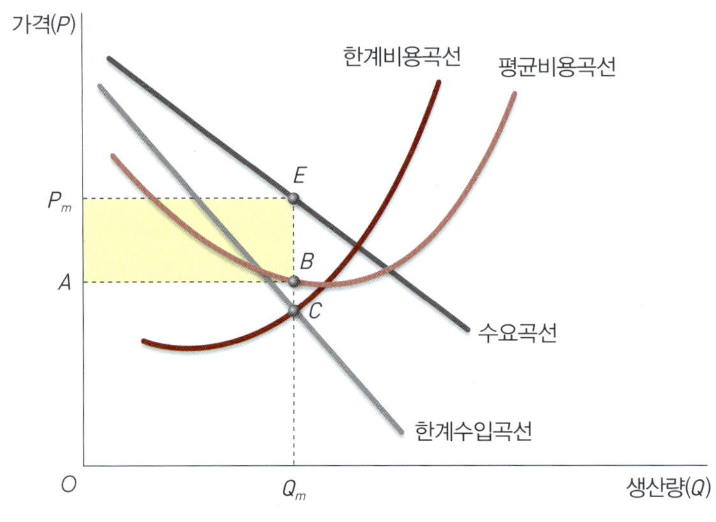

표 5-7
아이스크림 판매로부터 나오는 이윤(단위 : 만원)

아이스크림 양	총비용	한계비용	총수입	한계수입	이윤
0	300		–		–
		60		230	
1	360		230		– 130
		50		190	
2	410		420		10
		40		150	
3	450		570		120
		50		110	
4	500		680		180
		70		70	
5	570		750		180
		90		30	
6	660		780		120
		120		– 10	
7	780		770		– 10
		150		– 50	
8	930		720		– 210
		200		– 90	
9	1,130		630		– 500

그 표를 다시 한번 보여주기로 하겠다. 표를 보면 아이스크림 생산량이 4단위 혹은 5단위일 때 이윤이 극대화되는 것으로 나타나 있다. 이것이 바로 독점시장의 균형을 뜻한다고 말할 수 있다. 이와 같은 이윤극대화 생산량의 수준에서 한계수입(MR)과 한계비용(MC)이 서로 같아지는 것을 볼 수 있는데, 이것을 이윤극대화의 조건으로 볼 수 있음을 설명한 바 있다.

이 사실을 이용해 수치예를 사용하지 않고도 [그림 7-1]을 통해 바로 독점시장의 균형을 찾아낼 수 있다. 제5장 제5절에서 본 것처럼 우하향하는 모양의 수요곡선에서 도출된 한계수입곡선은 역시 우하향하는 모양을 가지며 더 가파른 기울기를 갖는다. 그림에서 보는 한계수입곡선은 바로 이 사실을 반영하고 있다. 여기에 이미 구해 놓은 평균비용곡선과 한계비용곡선을 추가적으로 그려 넣어 만든 것이 바로 [그림 7-1]이다.

독점기업의 이윤은 $MR = MC$의 조건이 충족되는 생산량에서 극대화된다. 그림을 보면 Q_m의 생산수준에서 이 조건이 충족되며, 따라서 수요곡선 위의 E점이 바로 독점시장의 균형을 뜻한다는 것을 알 수 있다. 앞에서 설명한 것처럼, 균형은 다른 교란요인이 없는 한 현재의 상태가 그대로 유지되는 경향이 있는 상태를 뜻한다. 독점기업의 이윤이 극대화되어 있어야 현재의 상태를 그대로 유지할 것이므로, 균형이 이루어지기 위해서는 이윤이 극대화되어 있어야 한다. Q_m만큼의 상품을 생산해서 팔 경우 기업이 받을 수 있는 가격은 E점의 높이, 즉 P_m이 된다.

이 생산수준에서의 한계비용은 C점의 높이로 나타나고 있는데, 이를 보면 독점시장에서는 가격이 한계비용보다 더 높다는 사실을 알게 된다. 앞 장에서 본 완전경쟁시장의 경우에는 양자가 서로 같았고, 그렇기 때문에 자원이 효율적으로 배분된다고 말할 수 있었다. 그런데 독점시장에서는 $P > MC$의 관계가 성립하고 있어, 그와 같은 효율적 배분의 조건이 충족되지 못한다.

가격(P)은 한계편익(MB)과 같으므로, $P > MC$의 관계가 성립한다는 것은 현재의 상황에서 한계편익이 한계비용보다 더 크다는 것, 즉 $MB > MC$의 관계가 성립한다는 것을 뜻한다. 예를 들어 독점시장에서 생산, 공급되는 어떤 상품의 한계편익이 5만원의 값을 갖는데 한계비용은 3만원이라고 하자. 그렇다면 독점기업이 그 상품을 한 단위 더 생산, 공급함으로써 2만원에 해당하는 사회적 순편익의 증가가 일어날 수 있다. 이는 현재의 생산량에서 사회적 순편익이 극대화되지 못했다는 것으로, 자원배분이 효율적으로 이루어지지 못했음을 뜻한다.[1)]

균형상태에서 독점기업이 얻는 이윤은 그림에 노란색으로 표시한 사각형 P_mABE의 면적과 같다. 상품의 가격에서 평균비용을 뺀 것이 한 단위당 이윤인데, 이는 선분 EB의 길이와 같다. 따라서 이것에 상품 생산량을 곱해 얻는 이윤은 바로 그 사각형의 면적과 같게 된다. 완전경쟁시장과 달리 이 양(+)의 이윤은 장기에서도 없어지지 않는다는 특징이 있다. 독점시장은 진입장벽에 의해 보호되고 있는 만큼 경쟁자가 진입해 이윤을 나눠 갖는 현상이 일어나지 못하기 때문이다.

독점시장에서는 공급곡선이란 것이 아예 존재하지 않는다는 점에 주의하기 바란다. 공급곡선이란 것은 각각의 가격에서 공급자가 얼마만큼의 상품을 생산, 공급할 것인지를 보여주는 곡선이다. 그런데 독점시장에서 균형을 찾아낸 과정을 자세히 검토해 보면 그런 성질을 갖는 곡선이 존재하지 않음을 발견할 수 있다. 독점기업은 사전에 각 가격에서 얼마만큼의 상품을 생산해 공급할 의향을 갖고 있는 것이 아니다. 수요곡선이 주어지면 그것을 보고 비로소 어떤 생산수준을 선택할 것인지를 결정하게 된다는 특징이 있다. 따라서 공급곡선이 아예 존재하지 않는 것이다.

1) 그 상품을 한 단위 더 생산, 공급함으로써 사회적 순편익이 커질 수 있다는 것은 독점시장의 균형에서 선택된 생산량이 사회적 관점에서 볼 때 최적인 수준보다 더 낮은 수준에 있다는 뜻이다.

독점의 경제적 효과 7.3

비효율적 자원배분 : 후생삼각형

독점의 경제적 효과는 완전경쟁시장과 비교해 봄으로써 뚜렷하게 드러날 수 있다. 똑같은 상품을 생산하는 여러 개의 공장이 있는데 각 공장이 하나의 기업을 이루어 완전경쟁체제를 이룰 수도 있고, 아니면 한 기업이 모든 공장을 소유해 독점체제를 이룰 수도 있다고 하자. [그림 7-2]에서 보는 우상향하는 모양의 붉은색 곡선은 개별 공장의 한계비용곡선을 수평 방향으로 더한 것이라고 생각하면 된다.

만약 이 시장에서 완전경쟁이 이루어지고 있다면 이 곡선이 바로 시장 전체의 공급곡선이 된다. 완전경쟁시장에서 개별 기업의 공급곡선은 한계비용곡선과 일치하며 이 개별 기업의 공급곡선을 수평으로 더하면 시장 전체의 공급곡선이 된다는 것을 앞에서 설명한 바 있다. 이 붉은색 곡선은 개별 공장의 한계비용곡선을 수평 방향으로 더해 구한 것이므로, 바로 이것을 시장 전체의 공급곡선이라고 볼 수 있는 것이다.

완전경쟁시장에서의 균형은 수요곡선과 공급곡선이 교차하는 점에서 이루어진다. 그림을 보면 두 곡선이 교차하는 F점에서 균형이 이루어지게 된다는 것을 알 수 있다. 그리고 이때의 생산량과 가격은 각각 Q_c와 P_c가 될 것이다. 만약 개별 공장이 각각 하나의 기업이 되어 완전경쟁체제를 이룬다면 바로 이와 같은 생산량과 가격을 관찰할 수 있게 된다.

반면에 이 시장이 독점화되어 있다면 E점에서 균형이 이루어진다. 바로 앞 절에서 본 것처럼, 이윤극대화를 추구하는 독점기업은 $MR=MC$의 조건이 충족되는 생산수준을 선택할 것이기 때문이다. 이 경우 우상향하는 붉은색 곡선은 공급곡선이 아니고,

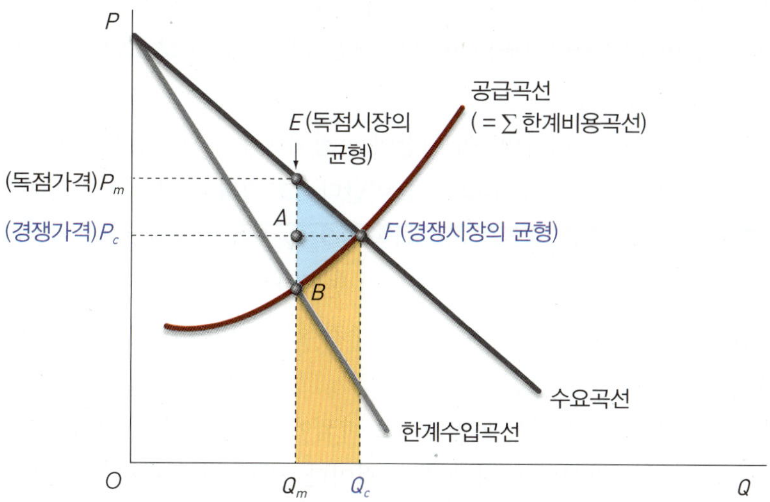

그림 7-2

경쟁시장과 독점시장

완전경쟁체제와 비교해 볼 때, 독점체제하의 생산량은 더 작고 가격은 더 높은 것을 볼 수 있다. 독점으로 인한 사회후생의 손실은 하늘색 삼각형 EBF의 면적으로 나타낼 수 있다.

독점기업의 한계비용곡선임에 주의해야 한다. 그림을 보면 독점체제하의 생산량과 가격은 각각 Q_m, P_m이 될 것임을 알 수 있는데, 완전경쟁체제와 비교하면 생산량은 더 작고 가격은 더 높아진다는 것을 뜻한다.

이 시장이 독점화되었을 때, 가격(E점의 높이)은 한계비용(B점의 높이)보다 더 큰 결과가 빚어진다. 이는 독점시장에서 자원이 비효율적으로 배분된다는 것을 뜻하는데, 구체적으로 말해 독점에 의한 사회후생의 손실은 [그림 7-2]에서 하늘색으로 표시한 삼각형 EBF의 면적으로 나타낼 수 있다. 이 삼각형을 **후생삼각형**(welfare triangle)이라고 부르며, 이처럼 독점이나 그 밖의 다른 이유로 발생하는 사회후생의 손실을 **자중손실**(deadweight loss)이라고 부른다. 그렇다면 과연 어떤 근거에서 삼각형 EBF의 면적이 독점에 의한 사회후생의 손실을 뜻한다고 말할 수 있을까?

후생삼각형

독점에 의한 사회후생의 손실을 삼각형의 면적으로 나타낼 수 있는데, 이를 후생삼각형이라 부름

자중손실

독점이나 그 밖의 이유로 발생하는 사회후생의 손실

만약 이 시장이 독점체제에서 완전경쟁체제로 바뀐다면 상품 생산량은 Q_m에서 Q_c로 늘어나게 된다. 이와 같은 상품 생산량의 증가를 사회후생의 측면에서 평가하면 다음과 같다. 생산량이 증가하면 우선 상품의 소비에서 나오는 편익이 종전보다 더 커지는데, 이 편익의 증가분은 수요곡선 아래로 만들어진 사다리꼴 EQ_mQ_cF의 면적으로 잴 수 있다.

제3장에서 소비자잉여를 설명할 때 소비자가 일정한 양의 상품을 사기 위해 지불할 용의가 있는 금액은 바로 수요곡선 아래의 면적과 같다는 점을 밝힌 바 있다. 소비자가 일정한 금액을 지불할 용의를 갖는다는 것은 그 상품의 소비에서 바로 그만큼의 편익을 얻는다는 것을 뜻한다. 따라서 상품 소비량이 Q_m에서 Q_c로 늘어나는 것에 따른 편익의 증가분은 바로 그 구간에서의 수요곡선 아래의 면적, 즉 사다리꼴 EQ_mQ_cF의 면적으로 잴 수 있는 것이다.

한편 상품을 이만큼 추가로 생산하는 데 드는 기회비용은 한계비용곡선 아래쪽에 만들어진 주황색 사다리꼴 BQ_mQ_cF의 면적과 같다. 한계비용은 생산량을 1단위 늘리는 데 드는 추가적 비용을 뜻하므로, Q_m에서 Q_c에 이르는 구간에서 한계비용곡선 아래쪽으로 만들어지는 사다리꼴의 면적은 상품 생산량을 바로 그만큼 늘리는 데 드는 추가적 비용을 뜻하게 된다.

지금까지의 논의를 정리하면, 이 시장이 독점체제에서 완전경쟁체제로 바뀜에 따라 상품의 생산, 소비량이 Q_m에서 Q_c로 늘어난다. 그 결과 편익이 사다리꼴 EQ_mQ_cF의 면적만큼 더 커지는 한편 비용은 사다리꼴 BQ_mQ_cF의 면적만큼 더 커진다. 이 두 면적을 비교해 보면 편익 쪽이 삼각형 EBF의 면적만큼 더 큰 것을 볼 수 있는데, 이 면적은 완전경쟁체제로 바뀜에 따라 사회가 추가적으로 얻는 순편익의 크기라고 해석할 수 있다.

그렇다면 완전경쟁체제에서 독점체제로 바뀜에 따라 사회후생이 줄어들 것인데, 그 감소폭은 바로 이 삼각형의 면적과 같을 것이다. 바로 이런 뜻에서 삼각형 EBF의 면적이 독점으로 인한 사회후생의 손실을 나타낸다고 말하는 것이다.

비효율성의 또 다른 원인

경쟁에서 살아남는다는 것 자체가 어려운 완전경쟁시장이라면 기업들이 자발적으로 최대한의 효율성을 추구하게 된다. 그렇지만 충분한 이윤이 보장되어 있는 독점기업의 경우에는 경영자나 노동자 어느 누구도 구태여 열심히 일해야 할 필요를 느끼지 못할 것이다. 따라서 독점체제가 실제로 유발하게 되는 비효율성의 정도는 앞에서 본 후생삼각형의 면적보다 더 클 가능성이 높다.

또한 독점체제를 유지하려는 목적으로 진입장벽을 쌓는 데 쏟아붓는 막대한 자금도 비효율성의 원인이 되고 있다. 독점기업은 새로운 기업의 진입을 막기 위해 광고에 엄청난 돈을 쓰기도 하고, 관료들에 대한 로비활동에 많은 돈을 쓰기도 한다. 이와 같은 지출이 생산성에 아무 도움이 되지 못하는 낭비임은 두말할 나위도 없다. 만약 독점기업이 이 자원을 기술개발투자 같은 유용한 목적에 쓴다면 명백히 더 큰 효율성을 달성할 수 있었을 것이다.

그런데 기술진보 같은 동적 의미의 효율성이란 측면에서 독점체제를 어떻게 평가해야 할지는 분명하지 않다. 독점체제가 기술진보를 촉진한다고 볼 수도 있고 이를 저해한다고 볼 수도 있기 때문이다. 예컨대 슘페터(J. Schumpeter)에 따르면 독점체제가 기술혁신을 촉진시켜 주는 역할을 한다. 사람들이 기술혁신을 위해 노력하는 이유는 바로 독점이윤의 매력 때문이라는 것이 그의 주장이다.

반면에 이미 독점적 지위를 확보하고 있는 기업이라면 현재의 상황이 깨지는 것을 원치 않을 것이기 때문에 기술혁신에 적대적인 입장을 취할 가능성이 크다. 동적 효율성의 측면에서는 독점체제가 긍정적인 측면과 부정적인 측면을 모두 갖는다고 말할 수 있다.

독점에 대한 정부의 정책

지금까지 본 것처럼 독점체제가 사회후생의 측면에서 부정적인 효과를 낳기 때문에 정부는 이에 대해 어떤 조처를 취하려고 노력하게 된다. 독점에 대해 정부가 할 수 있는 일 중의 하나는 아예 이를 국유화(nationalization)해 버리는 것이다. 또 한 가지는 독점기업의 행위에 규제(regulation)를 가하는 것인데, 주로 가격을 규제하는 방식으로 수행하게 된다. 마지막으로는 경쟁을 촉진하는 정책을 통해서 독점 문제의 해결을 시도할 수도 있다.

(1) 국유화

많은 나라에서 철도, 지하철, 전기, 혹은 가스처럼 국민의 생활과 밀접한 관련을 갖는 업종은 국유화된 형태로 운영되고 있다. 그런데 이 일을 맡고 있는 공기업(public

파리의 지하철 풍경

많은 나라들에서 공기업들이 지하철 사업을 수행하고 있다.

enterprise)은 근본적으로 효율성의 문제를 안고 있어 국유화가 반드시 좋은 대응책은 아니라는 말이 나오기도 한다. 공기업을 운영하는 사람은 아무리 비효율적인 운영을 해도 결코 도산할 우려가 없음을 알기 때문에 열심히 일할 유인을 갖지 못한다. 따라서 국유화를 통해 독점의 문제를 해결하려는 시도는 별로 좋은 성과를 내지 못할 가능성이 크다.

(2) 가격규제

독점기업을 그대로 민간기업으로 남아 있게 하면서 규제를 통해 문제의 해결을 시도할 수도 있다. 독점기업에 대한 규제는 여러 가지 형태로 적용될 수 있지만, 그중 가장 흔하게 쓰이는 것이 **가격규제**(price regulation)다. 가격규제는 독점기업이 마음대로 가격을 매기지 못하도록 규제함으로써 독점력의 남용을 방지하려는 의도에서 실시된다.

생각해 봅시다

민간부문의 기업에 비해 공기업의 효율성이 상대적으로 떨어진다는 것은 세계 어디에서나 공통적으로 발견되는 현상이다. 우리나라도 이에서 예외가 아니어서, 우리 공기업의 경우에도 비효율성의 문제가 상당히 심각한 상황이다. 한 민간 연구소가 펴낸 보고서를 보면, 공기업이 노동생산성, 자본생산성, 기술적 효율성 등 거의 모든 측면에서 문제를 안고 있는 것으로 드러나 있다.

이 보고서는 1996년에서 2000년에 이르는 4년 동안 55개 공기업과 2천여 개 민간기업의 생산성과 효율성을 비교하고 있다. 이 보고서의 분석 결과에 따르면, 우선 1인당 매출액을 기준으로 계산한 노동생산성은 민간기업의 66% 수준에 불과하다고 한다. 자본 1단위당 생산액을 따지는 자본생산성의 경우에는 격차가 한층 더 심해, 민간기업의 20% 수준밖에 되지 않는 것으로 나타나 있다. 나아가 기술의 효과적 활용 여부를 따지는 기술적 효율성의 측면에서도 공기업이 뒤떨어져 있다고 한다.

사실 우리 공기업이 효율성의 측면에서 심각한 문제를 안고 있다는 것은 새삼스러운 소식이 아니다. 각계각층의 거센 반대에도 불구하고 공기업의 민영화를 추진할 수밖에 없는 이유가 바로 여기에 있다. 그러나 우리 경제의 특수한 여건 때문에 민영화에 따르는 부작용이 만만치 않으리라는 지적은 신중하게 고려되어야 한다. 현실적으로 민영화는 경제력 집중의 문제를 더욱 심화시키는 부작용을 가져올 가능성이 크다. 민영화의 작업을 현명하게 수행하지 못한다면, 이를 통해 얻는 득보다 실이 더 큰 결과를 빚게 될 것이다.

생각해 보기

(1) 애당초 전기, 철도, 전화 등의 사업이 공기업 형태로 운영되기 시작한 배경에는 어떤 이유가 있었는지 생각해 보자.

(2) 민영화에 따르는 경제력 집중의 문제를 회피하기 위해 공기업의 주식을 일반 대중에게 널리 파는 방법을 쓸 수도 있다. 이 방법을 채택할 때는 어떤 문제점이 나타나게 될지 예상해 보자.

그러나 가격규제를 실행에 옮겼을 때 여러 가지 문제가 발생하게 된다. 무엇보다 우선 규제의 기준이 될 적절한 수준의 가격을 선택하는 일이 어려운 문제로 떠오른다. 또한 가격규제의 적용을 받는 기업이 구태여 비용을 절감할 유인을 갖지 못한다는 점도 지적할 수 있다. 많은 경우에 가격규제는 독점기업의 이윤을 0의 수준으로 묶어 놓는데, 이 상황에서는 비용 절감을 해도 기업에 돌아오는 추가적 이득이 아무것도 없

마이크로소프트 사건

빌 게이츠(Bill Gates)가 1974년 창업한 마이크로소프트(Microsoft)는 얼마 지나지 않아 전 세계 컴퓨터 운영체제 소프트웨어 시장을 완전 장악하기에 이른다. 윈도 시리즈의 대성공에 힘입어 운영체제뿐 아니라 다른 소프트웨어 시장에서도 절대강자로 군림하게 되었다. 1997년 10월 순풍에 돛 단 듯 성장을 지속하던 마이크로소프트에 뜻하지 않은 시련이 닥쳐왔다. 미국연방정부 법무부와 20개 주의 검찰청이 이 회사를 상대로 반독점소송을 제기했기 때문이다.

미국 정부가 이 소송을 제기한 근거가 된 법률은 독점방지를 위해 1890년에 제정된 「셔먼반독점법」(Sherman Antitrust Act)이었다. 마이크로소프트가 운영체제 소프트웨어인 윈도에 웹브라우저인 인터넷 익스플로러를 끼워서 판매함으로써 독점력을 남용한 것이 법률 위반에 해당한다는 것이었다. 그와 같은 끼워팔기(tying)의 결과 웹브라우저 시장에서 경쟁자인 넷스케이프(Netscape)를 몰아낼 수 있었다는 것이 미국 정부의 시각이었다. 마이크로소프트는 그 밖에도 여러 가지 수법을 동원해 웹브라우저 시장에서 경쟁을 저해하는 행위를 했다는 의심을 받고 있었다.

1998년 5월 개시된 재판에서 잭슨(T. Jackson) 판사는 마이크로소프트가 운영체제 시장에서 독점적 지위를 구축했으며, 그 지위에 대한 위협을 제거하기 위한 행동을 했다고 보았다. 이에 따라 마이크로소프트가 셔먼반독점법 제1조와 제2조를 위반했다는 판결을 내렸다. 잭슨 판사는 그 구제방법(remedy)으로서 마이크로소프트를 두 개의 독립된 사업주체로 나눌 것을 명령했다. 즉 운영체제를 생산하는 기업과 기타의 소프트웨어를 생산하는 기업으로 나누라는 명령을 내린 것이다.

이 판결에 대해 마이크로소프트는 즉각 항소를 제기했고, 2001년 6월 연방항소법원은 제1심의 회사분할 명령을 기각했다. 이로써 마이크로소프트는 회사분할이라는 최악의 상황을 모면할 수 있었다. 그즈음 미국의 정치적 상황도 마이크로소프트에게 유리한 방향으로 돌아가고 있었다. 친기업 성향이 강한 부시(G. Bush) 행정부의 등장과 함께 소송의 당사자인 법무부의 분위기가 달라지고 있었기 때문이다. 그 소송을 지휘했던 법무부 반독점국장이 교체된 데 이어, 법무장관마저 시장 불간섭주의자로 알려진 사람으로 교체되었던 것이다.

이렇게 달라진 분위기를 반영하듯, 2001년 11월 법무부는 마이크로소프트와 합의안을 작성하기에 이른다. 그 합의안에는 마이크로소프트의 위법행위를 금지하고 장래에 이와 비슷한 행위의 발생을 금지하는 등의 조항들이 포함되어 있었지만, 마이크로소프트에 미치는 부정적 영향은 극도로 제한적이었다. 그 소송이 종결된 후에도 여전히 예전과 비슷한 정도의 독점적 지위를 누리고 있는 현실을 보면 잘 알 수 있는 일이다.

이 소송과 관련해 한 가지 흥미로운 에피소드가 있다. 이 소송에 많은 경제학자들이 전문가로서 증언한 바 있는데, 그 대표적 사례가 MIT 경제학과의 피셔(F. Fisher) 교수와 같은 대학 경영대학원의 슈말렌지(R. Schmalensee) 교수였다. 피셔 교수는 슈말렌지 교수가 박사논문을 쓸 때의 지도교수였는데, 스승과 제자가 각각 다른 편에 서서 증언을 한 해프닝이 일어났다. 피셔 교수는 정부측에 서서 증언한 반면, 슈말렌지 교수는 마이크로소프트측에 서서 증언했던 것이다.

다. 나아가 가격규제가 독점기업으로 하여금 기술혁신이나 신제품 개발에 미온적인 태도를 보이게 만든다는 것도 또 다른 문제점이 될 수 있다.

(3) 경쟁촉진정책

독점화된 산업의 성격을 면밀하게 관찰해 몇 개의 독립된 영업 분야로 나눈 다음, 그중 일부분에서 제한적으로 경쟁을 유도하는 정책을 쓸 수도 있다. 예를 들어 전기산업의 경우 이를 발전부문과 송배전부문으로 구분하여 발전부문만이라도 경쟁체제가 도입되도록 유도하는 정책을 쓸 수 있는 것이다. 소규모의 수력이나 화력발전도 어느 정도 경쟁력을 가질 수 있기 때문에 이 부문에서는 경쟁체제가 이루어질 수 있다. 이는 하나의 거대 독점기업이 산업 전체를 좌우하도록 방치하는 것보다는 비록 제한적이나마 경쟁체제를 도입하는 편이 더 나을 것이라는 생각에 그 기초를 두고 있다.

가격차별

독점기업이 이윤을 더 크게 만들기 위해 똑같은 상품에 대해 몇 가지 다른 가격을 받는 행위

7.4 가격차별

가격차별의 의미

똑같은 상품인데 소비자가 누구인지에 따라 서로 다른 가격이 적용되는 경우를 발견할 때가 있다. 예컨대 영화관에서 학생 할인을 해준다거나, 패밀리 레스토랑에서 65세 이상의 고객에게 특별 할인을 해주는 것이 그런 경우에 속한다. 영화관과 레스토랑의 경영자들이 학생이나 노인 계층을 특별히 좋아하기 때문에 그들에게 가격을 깎아주는 선심을 베풀고 있는 것일까? 이것이 사실이라고 생각하는 순진한 사람은 아무도 없으리라고 믿는다. 기업이 본질적으로 이윤극대화를 추구하는 조직이라는 점을 생각하면, 이윤이 더 커지기 때문에 그렇게 하고 있을 것이라는 데 의심의 여지가 없다.

이처럼 소비자가 누구인지에 따라 서로 다른 가격을 매기는 것을 가리켜 **가격차별**(price discrimination)이라고 부른다. 완전경쟁시장을 제외하면 어떤 형태의 시장에서든 이와 같은 가격차별이 이루어질 수 있지만, 특히 독점시장에서 그 사례를 자주 발견할 수 있다. 이와 같은 가격차별이 이루어지고 있는 독점시장을 차별독점(discriminating monopoly)이라고 불러, 가격차별이 전혀 존재하지 않는 독점시장을 뜻하는 순수독점(pure monopoly)과 구분하고 있다.

그런데 현실에서의 가격차별은 각 소비자마다 서로 다른 가격을 매기는 방식으로 이루어지지 않는다. 소비자의 특성에 따라 몇 개의 집단으로 나누고 각 집단마다 다른 가격을 매기는 형태로 이루어지는 것이 보통이다. 그렇다면 상품 판매자는 소비자들을 어떤 기준에 의해 구분하게 되는 것일까? 소비자들을 구분하는 기준의 핵심은 상품에 대해 지불할 용의가 있는 금액의 많고 적음이다. 다시 말해 높은 가격을 지불할 용의를 갖는 소비자들과 낮은 가격만 지불할 용의를 갖는 소비자들로 구분하는 것이 가격차별의 핵심이라는 뜻이다.

이제 문제 되는 것은 각 집단에 어떤 가격을 매기느냐, 즉 구체적으로 어떻게 가격차별을 하느냐는 것이다. 이 의문에 대한 답은 의외로 단순한데, 높은 가격을 지불할

어느 시골 의사의 이야기

시골의 어떤 한 마을에 오랫동안 그곳에서 진료를 해 오고 있는 한 의사가 있다. 그는 환자의 경제적 능력에 따라 진료비를 달리 받는 독특한 점을 갖고 있다. 즉 같은 종류의 치료를 해주고서도 부자에게는 높은 진료비를 받는 한편, 가난한 사람에게는 낮은 진료비만 받는다.

이렇게 환자의 경제적 능력에 따라 진료비를 달리 받기 때문에 마을 사람들은 그를 더욱 좋아하고 있다. 가난한 사람의 형편을 생각해 주어 적은 치료비만을 받는 것은 인술을 펴는 그의 자세를 더욱 돋보이게 한다는 게 마을 사람들의 중론이다.

한 가지 재미있는 점은 모든 사람에게 똑같은 진료비를 받는 경우보다 차등을 두는 경우에서 그의 수입이 더 커질 수도 있다는 사실이다. 지금의 중간 정도 수준에서 모든 환자에게 똑같은 진료비를 받기로 하여, 결과적으로 가난한 사람에게는 더 높은 진료비를 요구한다고 해 보자. 이들은 비싸진 진료비 때문에 웬만한 아픔은 스스로 참고 좀처럼 병원 문을 두드리지 않으려 할 것이다.

한편 부유한 사람은 진료비를 조금 낮춰 준다고 해서 눈에 띄게 더 자주 찾아오지도 않는다. 종전에 진료비가 너무 부담이 되어 아픈데도 찾아오지 못했던 것이 아니기 때문이다. 그러므로 모든 사람에게 똑같은 진료비를 받기로 하면 환자의 방문이 줄어들 것이고, 따라서 그의 수입도 예전보다 더 작아질 가능성이 크다.

이 의사가 정말로 수입을 늘리려는 의도로 진료비에 그와 같은 차등을 두었다고 생각하기는 힘들다. 아마 마을 사람들이 믿고 싶어 하는 대로, 인술을 펴는 사람으로서의 부드러운 마음에서 그런 생각이 나왔을지 모른다. 언제나 웃는 얼굴로 병원을 찾은 마을 사람을 맞이하는 그의 태도를 보면 그런 짐작이 맞을 가능성이 크다.

그러나 그가 쓰고 있는 진료비 차등 징수의 방법은 독점자가 이윤을 늘리기 위해 사용하는 가격정책의 특성을 그대로 갖고 있다. 다시 말해 소비자를 몇 개의 그룹으로 나누고 그룹마다 다른 가격을 매기는 정책, 즉 가격차별을 통해 이윤극대화를 추구하는 정책과 전혀 다를 바 없다.

부유한 사람과 가난한 사람 중에서 높은 진료비를 낼 용의를 갖는 쪽은 당연히 부유한 사람일 것이다. 반면에 먹고 살기조차 힘든 가난한 사람은 높은 진료비를 낼 용의가 없을 것이 분명하다. 따라서 수입을 극대화하기 위해서는 가난한 사람에게 더 낮은 진료비를 받아야 한다.

이런 관점에서 본다면 가난한 사람에게 더 낮은 진료비를 받는 것이 이윤극대화를 위한 가격차별의 교과서적인 예라고 말할 수 있다. 원래의 동기가 어찌 되었든 간에, 그 의사는 자신의 이익도 잘 챙기면서 마을 사람들의 존경까지 한 몸에 받는 행운을 누리고 있는 셈이다.

자료 : 『이준구 교수의 열린경제학』, 문우사, 2017

용의를 갖는 소비자들의 집단에는 높은 가격을, 그리고 낮은 가격만 지불할 용의를 갖는 소비자들의 집단에는 낮은 가격을 매기는 것이 가격차별의 요령이다. 앞에서 든 영화관과 레스토랑의 예에서 학생과 노인들은 낮은 가격만 지불할 용의를 갖는 소비자들로 간주되어 낮은 가격을 적용받게 된 것이다.

일반적으로 수요의 가격탄력성이 작은 소비자일수록 더 높은 가격을 낼 용의를 갖는다고 말할 수 있다. 가격탄력성이 작다는 것은 가격이 올라가도 수요량을 별로 줄이지 않는다는 것을 뜻한다. 반면에 가격탄력성이 크다는 것은 가격이 조금만 올라도 수요량이 큰 폭으로 줄어든다는 것을 뜻한다. 따라서 가격탄력성이 큰 소비자는 높은 가격을 낼 용의를 갖지 않은 사람이라고 말할 수 있다. 판매자는 이 점을 이용해 가격탄력성이 상대적으로 높은 소비자의 집단에 대해 할인을 해주는 형태로 가격차별을 하는 경우가 많다.

그런데 판매자가 원한다 해서 언제나 가격차별을 할 수 있는 것은 아니다. 예컨대 모든 소비자들이 동질적이라면 가격차별을 하려 해도 할 수가 없다. 그러므로 소비자를 그 특성에 따라 두 개 이상의 다른 집단으로 나눌 수 있어야 한다는 조건이 우선 충족되어야 한다. 다시 말해 높은 가격을 낼 용의가 있는 소비자들과 낮은 가격만 지불할 용의를 갖는 소비자들의 집단으로 나누어져 있어야만 가격차별이 가능해진다는 뜻이다.

다음에는 독점기업이 각 소비자의 특성을 쉽게 알아낼 수 있어야 한다는 조건도 충족되어야 한다. 소비자들이 특성을 달리하는 집단으로 나누어져 있다 해도 누가 어느 집단에 속하는지 알아낼 수 없다면 효과적인 가격차별을 할 수 없기 때문이다. 마지막으로는 소비자가 가격이 낮은 시장에서 상품을 구입해 가격이 높은 시장으로 가서 되파는 행위를 막을 수 있어야 한다. 만약 그와 같은 재판매가 가능하다면 가격이 높게 매겨져 있는 시장에서는 상품이 전혀 팔리지 않는 결과가 빚어진다.[2)]

현실에서의 가격차별

앞에서 든 영화관이나 레스토랑에서 특정 계층에 속하는 소비자들에게 할인을 해주는 것은 명백하게 가격차별을 실시하는 경우에 해당한다. 따라서 조금만 신경을 쓰면 그와 같은 할인 정책에 가격차별의 의미가 담겨 있는 것을 바로 알아낼 수 있다. 그러나 현실에서 행해지고 있는 다양한 형태의 가격차별은 특별히 관심을 갖고 뜯어보지 않는 한 그것의 진정한 의미를 알기 힘들 때가 많다. 그 결과 소비자들이 가격차별을 당하고 있으면서도 이를 인식하지 못하는 경우가 많다.

겉으로는 가격차별이 아닌 것같이 보여도 실제로는 가격차별의 효과를 내는 판매 전략의 예로 영화관의 심야할인, 백화점의 세일, 혹은 특정 상품의 쿠폰 같은 것들을

2) 전화서비스나 전기같이 사자마자 소비해야 하고 따라서 재판매가 불가능한 상품의 경우에서 가격차별이 많이 행해지고 있는 것은 결코 우연이 아니다.

들 수 있다. 싼 입장료에 끌려 한밤중임에도 불구하고 영화를 보러 가는 사람은 애당초 높은 가격을 낼 용의가 없는 사람이다. 반면에 심야할인을 마다하고 보통 때 영화를 보는 사람은 상대적으로 더 높은 가격을 낼 용의를 갖는 사람이다. 심야할인 제도는 이렇게 높은 가격을 낼 용의가 있는 사람과 그렇지 않은 사람을 구분해 각기 다른 가격을 지불하게 만든다는 점에서 가격차별의 일종이라고 말할 수 있다.

백화점에서 일 년에 몇 번씩 실시하는 세일행사도 알고 보면 가격차별을 한다는 의미를 갖고 있다. 예를 들어 며칠만 더 기다리면 20% 더 낮은 값에 운동화를 살 수 있는데도 기다리지 않고 사는 사람은 높은 가격을 낼 용의를 갖고 있는 사람이다. 반면에 세일행사가 시작될 때까지 참고 있다 사는 사람은 높은 가격을 낼 용의가 없는 사람이다. 세일행사는 이 두 부류의 소비자들이 가격할인의 비율만큼 다른 가격을 내게 만드는 결과를 가져온다.

요즈음 신문이나 잡지에 자주 등장하는 쿠폰도 가격차별을 하는 수단이 될 수 있다. 신문에서 쿠폰을 오려 가면 라면 한 박스를 살 때 5백원을 깎아 준다고 하자. 이것을 오려 가는 것이 그리 힘든 일도 아닌데, 어떤 사람은 쿠폰을 보고서도 그냥 지나친다. 그렇게 하는 데는 오려 가는 것이 귀찮아서 아니면 체면상 그렇게 하기 싫어서 등 여러 가지 이유가 있을 것이다. 그러나 한 가지 분명한 것은, 그런 사람이라면 5백원이란 가격의 차이를 그다지 대수롭지 않게 여길 것이라는 사실이다. 쿠폰은 그런 사람에게 다른 사람들보다 5백원 더 높은 가격을 내도록 만드는 결과를 가져온다.

우리 주위를 잘 살펴보면 가격차별이 생각 밖으로 널리 행해지고 있음을 발견하게 된다. 이상에서 예로 든 것 이외에도 가격차별의 효과를 내는 것들이 상당히 많은데, 흥미로운 점은 겉모양만 보아서는 가격차별과 전혀 관련이 없는 것같이 보인다는 사실이다. 다시 말해 그 자체로 그럴듯한 이유에서 가격에 차등을 두는데, 실제로는 가격차별의 효과를 거두고 있는 경우가 있다는 뜻이다. 다음과 같은 현실의 예를 보면 이 말이 무엇을 뜻하는지 잘 알 수 있다.

어떤 개인이 운영하는 제주도의 한 공원은 그 지역의 주민에게 입장료를 할인해 주는 혜택을 제공해 주고 있다. 겉으로만 보면 이와 같은 할인 혜택은 지역 주민에 대한 배려에서 나온 것이라는 인상을 받는다. 그러나 잘 생각해 보면 그와 같은 할인 혜택을 통해 이윤이 더 커질 수 있음을 알 수 있다. 그 지역 주민은 그 공원에 이미 여러 번 갔을 테고 따라서 높은 입장료를 내고 들어가지는 않을 사람들이다. 지금까지 설명한 가격차별의 논리에 따르면 이들에 대한 할인 혜택은 이윤극대화를 위한 당연한

서가에 꽂혀 있는 미국 교과서들

이 교과서들의 미국 국내가격은 20만원이 넘지만 우리나라에서는 4, 5만원 정도의 낮은 가격에 팔리고 있다. '국제학생판'이라는 명목으로 미국 국내가격보다 훨씬 더 낮은 가격을 붙인 것인데, 이것은 가격차별의 전형적 예라고 할 수 있다.

International Student Edition
Not for Sale in the United States

어떤 미국 교과서의 뒤표지에 써 있는 문구

구태여 왜 이런 문구를 책 표지에 써넣었을지 생각해 보자.

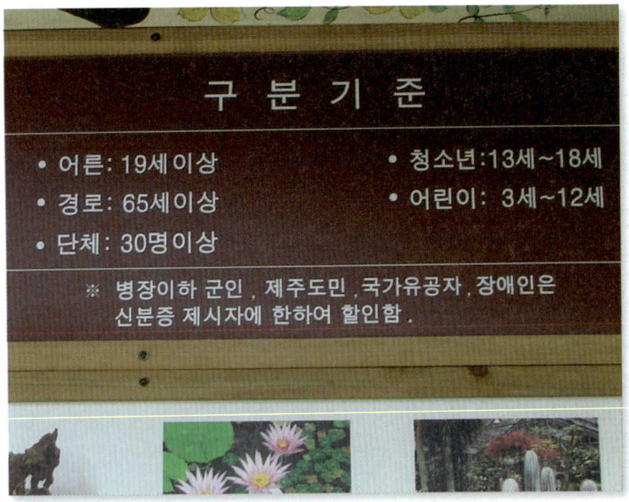

제주에 있는 어느 식물원의 입장료 간판

왜 병장 이하의 군인이나 제주도민 등에게는 입장료 할인 혜택을 제공하고 있을까?

조치라고 말할 수 있다.

가격차별을 가장 효과적으로 활용하는 산업 중 하나로 항공운수산업을 꼽을 수 있다. 비행기표를 사본 사람은 알겠지만, 똑같은 구간을 똑같은 비행기로 가는데도 조건에 따라 요금이 천차만별인 것을 볼 수 있다. 심지어 편도 요금이 왕복 요금보다 더 비싼 경우까지 있다. 이와 같은 복잡한 요금구조에 가격차별의 의미가 담겨 있는 것임은 두말할 나위도 없다. 탑승객들의 여행 목적과 소득수준이 매우 다양하기 때문에 지불할 용의를 갖는 금액이 크게 다르다는 점을 최대한으로 이용하려는 의도에서 그런 요금구조를 고안했음이 분명하다.

7.5 과점시장

과점시장의 성격

우리가 많이 소비하는 휴대폰, TV, 아이스크림, 운동화, 자동차, 휘발유 등과 같은 상품들이 거래되는 시장을 살펴보자. 거의 모두가 소수의 기업들이 상품을 생산, 공급하는 **과점**(oligopoly)의 형태를 갖는다는 것을 관찰할 수 있다. 우리나라뿐 아니라 다른 나라에서도 이와 같은 현상을 발견할 수 있어, 과점시장은 현대 경제의 가장 중요한 시장형태라고 말할 수 있다. 따라서 과점시장에 대한 우리의 관심은 자연히 클 수밖에 없다.

일반적으로 과점시장에는 상당한 정도의 진입장벽이 존재하고 있다. 독점시장만큼 강력한 진입장벽은 아니라 할지라도, 어느 정도 효과를 발휘할 수 있는 진입장벽이 존재하기 때문에 과점체제의 유지가 가능하게 된다. 진입장벽이 만들어지는 이유는 독점시장의 경우와 비슷하다고 생각하면 된다.

과점시장은 소수의 기업들이 경쟁하는 체제이기 때문에 각 기업은 상대방의 반응에 많은 신경을 써야 한다. 예를 들어 어떤 기업이 상품 가격을 내릴 것인지 고려할 때는 경쟁 상대가 어떻게 반응할 것인지를 반드시 생각하게 된다. 과점시장에는 이렇게 상대방의 반응을 고려해 자신의 행동을 결정해야 하는 **전략적 상황**(strategic situation)이 존재하기 때문에 이론화하기에 특히 어려움이 많다. 과점시장의 특성을 설명해줄 이렇다 할 이론이 존재하지 않고 잡다한 모형들이 존재하는 이유가 바로 여기에 있다.

전략적 상황

경쟁 상대가 어떤 반응을 보이는지에 따라 결과가 달라지기 때문에 그의 반응을 고려해 자신의 행동을 결정해야 하는 상황과점시장에서는 한 기업이 취한 행동이 경쟁기업의 민감한 반응을 불러일으켜 급기야 심각한 상황으로 치달을 수 있다. 예를 들어 한 기업의 일방적인 가격 인하로 인해 시장 전체가 걷잡을 수 없는 가격전쟁에 빠져들 가능성이 상당히 크다. 이와 같은 상황에서는 경쟁기업들이 일방적인 행동을 삼가고 서로에게 위협이 될 수 있는 일을 애써 피하려고 노력하는 분위기가 형성된다. 다시 말해 과점시장에는 기업들 사이에 **담합**(collusion)이 이루어지기 좋은 상황이 조성되어 있다.

소비자의 눈길을 끌려고 노력하는 가전제품들

가전제품 시장은 과점시장의 전형적인 예라고 말할 수 있다.

과점시장이론의 세 가지 범주

그렇다고 해서 과점시장 안의 기업들이 언제나 담합을 할 것이라고 예측할 수 있는 것은 아니다. 담합이 일어나기 좋은 조건이라 할지라도 각 기업이 독자적인 행동을 하기로 결정할 수 있다. 실제로 기업들 사이에서 담합이 이루어지는지 그렇지 않은지에 따라 과점시장 내 기업들의 행태가 달라질 것이다. 따라서 담합이 이루어진다고 볼 때의 과점시장 이론과 이루어지지 않는다고 볼 때의 과점시장 이론은 그 내용이 서로 다를 수밖에 없다.

과점시장에 관한 이론들은 담합이 이루어진다고 보는지의 여부에 따라 다음과 같은 세 가지 범주로 나누어질 수 있다.

(i) 각 기업이 독자적인 행동을 한다고 보는 모형
(ii) 암묵적인 담합체제를 형성한다고 보는 모형
(iii) 완전한 담합을 이룬다고 보는 모형

기업들이 담합하지 않고 독자적으로 행동한다는 가정하에서 과점시장의 행태를 분석하는 모형의 예로 **쿠르노모형**(Cournot model), **베르트랑모형**(Bertrand model), **굴절수요곡선의 모형**(kinked demand curve model) 등을 들 수 있다. 이 모형들은 각 기업이 자신의 행동에 대한 경쟁기업의 반응을 추측하고 이에 입각해 어떤 행동을 취할 것인지 결정한다고 보는 점에서 공통된 특징을 갖고 있다. 그런데 모형마다 경쟁기업의 반응에 대한 추측의 내용이 다르고, 바로 이 차이에서 분석 결과의 차이가 나오게 된다.

예를 들어 쿠르노모형에서의 추측 내용은 경쟁기업이 현재의 생산량을 그대로 유지하리라는 것이 된다. 이는 과점시장 안의 기업들이 상품 생산량을 경쟁수단으로 삼는다고 보는 것을 뜻한다. 이에 비해 베르트랑모형과 굴절수요곡선의 모형은 가격을 주요 경쟁수단으로 삼는 과점시장을 상정하고 있다. 그러나 이 두 모형은 경쟁기업이 가격을 어떻게 조정할 것인지에 대한 추측의 내용에서 차이를 보이고 있다.

베르트랑모형은 각 기업이 경쟁기업은 현재의 가격을 그대로 유지하리라고 추측한다는 가정이 모형의 핵심을 이루고 있다. 반면에 굴절수요곡선의 모형은 가격을 올릴 때와 내릴 때 경쟁기업의 반응이 달라질 것이라고 추측한다는 가정에 기초해 있다. 구체적으로 말해 자신이 가격을 올리면 경쟁기업은 현재의 가격을 그대로 유지하는 한편, 가격을 내리면 경쟁기업도 따라서 내릴 것으로 추측한다는 것이다. 그렇기 때문에 과점시장 안의 기업은 굴절이 있는, 즉 꺾어진 모양의 수요곡선에 직면해 있다고 보는 것이 이 모형의 특징이다. 바로 이 이유에서 굴절수요곡선의 모형이란 이름이 붙었다.

쿠르노모형, 베르트랑모형, 그리고 굴절수요곡선의 모형이 과점시장의 행태에 대해 각각 어떤 이론적 결론을 내리고 있는지에 대해서는 구체적인 설명을 하지 않으려고 한다. 너무 기술적인 측면이 강해 경제학을 처음 접하는 사람에게 불필요한 부담을 줄 것이라고 생각하기 때문이다. 이 모형들이 과점시장 안의 기업들이 독자적인 행동을 한다는 가정에서 출발하는 이론의 범주에 속한다는 사실을 아는 것만으로 충분하리라고 믿는다.

가격선도의 모형

과점시장 안의 한 기업이 가격을 설정해 놓으면 다른 기업들이 이에 따르는 형태로 암묵적인 담합체제가 이루어진다고 보는 모형

두 번째 범주에 속하는 모형, 즉 과점시장 안의 기업들이 암묵적인 담합체제를 형성한다고 보는 모형으로는 **가격선도의 모형**(price leadership model)이 있다. 이 모형은 과점시장 안의 한 기업이 가격을 설정해 놓으면 다른 기업들이 이에 따르는 형태로 암묵적인 담합이 이루어진다고 설명한다. 주도적 역할을 하는 기업이 선도자의 역할을 맡아 시장을 평화스럽게 이끌어 나가자는 무언의 약속을 맺는다고 보는 것이 이 모형의 특징이다.

카르텔

과점시장 안의 기업들이 완전한 담합을 이루어 마치 하나의 거대한 독점기업처럼 된 것을 의미

세 번째 범주에 속하는 모형의 예로 **카르텔**(cartel)의 모형을 들 수 있는데, 이것은 과점시장 안의 기업들이 완전한 담합을 이루어 마치 거대한 독점기업처럼 행동한다고 본다.[3] 카르텔은 독점기업과 거의 비슷한 방법으로 카르텔 전체의 이윤극대화를 시도하게 된다. 그런데 카르텔 전체의 생산 목표량을 결정한 다음에는, 이를 가맹기업들 사이에서 어떻게 배분할 것인지를 결정해야 한다. 즉 어떤 기업이 얼마만큼씩 생산하도록 할당할 것인지에 대해 합의를 보아야 하는데, 이 문제를 둘러싸고 가맹기업들 사이에 갈등이 발생할 수 있다.

또한 어떤 기업이 카르텔협정을 무시하고 몰래 가격을 내려 할당량 이상으로 더 많은 상품을 판매하려 들 수 있다. 이렇게 함으로써 카르텔협정을 충실히 지킬 때보다 더 큰 이윤을 얻을 수 있기 때문이다. 그러므로 카르텔에는 가맹기업들의 이기적 행위에 의해 와해될 수 있는 원천적 취약성이 존재하고 있다. 카르텔이 원천적 취약성을 갖는다는 것은 그동안 수없이 많은 카르텔이 형성되었다가 얼마 되지 않아 사라져 버린 역사가 생생하게 증언하고 있다.

3) 많은 나라에서 과점시장에서의 카르텔 결성이 불법화되어 있는 상황이다. 여기에서 설명하고 있는 것은 카르텔 결성이 합법화되었다는 가상적 상황하에서의 분석이다.

영화관 매점의 간식 가격이 모두 똑같은 이유

한국소비자단체가 조사한 바에 따르면 3대 멀티플렉스 영화관인 CGV, 롯데시네마, 그리고 메가박스의 매점에서 파는 간식의 가격이 너무나도 똑같은 현상을 볼 수 있다고 한다. 〈표 7-1〉에서 보는 것처럼 팝콘과 탄산음료의 값이 세 극장 모두에서 똑같을 뿐 아니라, 이 둘을 묶어서 파는 콤보상품의 값까지 놀라울 정도로 똑같은 것으로 드러난다. 이 표에 나오지 않는 다른 상품들, 예를 들어 나초, 핫도그, 오징어의 가격까지 똑같은 것을 발견했다고 한다.

이 조사결과를 본 한국소비자단체는 시장점유율이 93.6%에 이르는 영화관 3사가 담합을 하지 않았다면 이런 현상이 나타날 리 없으므로 공정거래위원회가 철저히 조사해 담합했는지의 여부를 밝혀야 한다고 주장했다. 매점 상품 가격은 물론 영화 관람료까지 동일한 가격대에 형성되어 있는 가격경쟁 결여의 상황이 소비자의 이익을 침해하는 결과를 가져올 수 있다는 것이 그 단체의 주장이다.

이와 같은 지적에 대해 관련 업계는 절대로 담합이 없었다고 강력히 부인했다. 매점 상품의 가격은 원가와 유통비 등 다양한 요소를 고려해 정한 것이지 다른 영화관과 연합해 가격을 결정한 적은 없다는 것이 그들의 주장이다. 설사 담합을 했더라도 당연히 부정했을 것이고 보면, 관련 업계의 주장을 액면 그대로 믿기는 힘든 것이 사실이다. 그렇지만 그들이 담합을 했다는 확실한 증거가 없는 이상 정황 증거만을 갖고 실제로 담합행위가 있었다고 주장할 수도 없는 상황이다.

표 7-1 3대 멀티플렉스 영화관 매점의 간식 가격(단위 : 원)

구 분		CGV	롯데시네마	메가박스
팝콘(일반)	대(L)	5,000	5,000	5,000
	중(R)	4,500	4,500	4,500
탄산음료	대(L)	2,500	2,500	2,500
	중(R)	2,000	2,000	2,000
팝콘(L)1 + 음료(R)2		8,500	8,500	8,500

자료 : 한국소비자단체협의회

아직까지 이 문제에 대한 공식적인 입장 정리가 이루어진 바는 없으나, 가장 그럴듯한 시나리오는 영화관들 사이에서 암묵적인 담합이 이루어졌으리라는 것이다. 어느 영화관이 선도자가 되었는지는 잘 몰라도, 서로의 가격을 보고 베끼는 일이 이루어졌을 가능성이 크다.

그런데 영화관 측은 담합을 하지 않았다는 근거로 다음과 같은 말을 하고 있다. "담합을 했다면 3사의 가격책정 시기가 비슷해야 할 텐데, 그 시기가 모두 다르다." 만약 영화관마다 가격책정 시기가 서로 다르다는 주장이 사실이라면 그들이 암묵적인 담합을 했다는 강력한 증거가 될 수 있다는 점이 흥미로운 대목이다. 암묵적 담합이 이루어지는 가격선도체제하에서는 시차를 두고 가격이 똑같아지는 현상이 나타날 것이기 때문이다.

또한 매점 상품의 가격이 주로 원가와 유통비에 기초해 결정된다는 영화관 측의 주장도 별로 믿을 것이 못 된다. 영화관에 들어갈 때 외부에서 산 간식을 갖고 들어가다가 제지를 당한 경험을 갖고 있는 독자가 많으리라고 생각한다. 영화관 측에서는 왜 외부에서의 간식 반입을 그토록 강력하게 제지하고 있을까? 그리고 관람객들은 왜 제지를 받으면서도 한사코 간식을 반입하려 할까? 매점에서 파는 간식의 가격이 터무니없이 높기 때문이라는 것은 삼척동자도 다 아는 사실이다. 매점 상품의 가격이 원가와 유통비에 의해서가 아니라 영화관 측에서 얼마의 마진을 원하느냐에 의해 결정된다는 것은 부정하기 힘든 사실이다.

자료 : 『동아일보』, 2014년 6월 3일 자

7.6 독점경쟁시장

독점경쟁시장의 성격

1930년대 이전까지만 하더라도 경제학자들이 알고 있는 시장의 형태는 완전경쟁과 독점 두 가지뿐이었다. 한편으로는 경쟁이 완전하게 이루어지고 다른 한편으로는 경쟁이 전혀 이루어지지 않는 두 극단적인 경우만을 알고 있었던 것이다. 불완전한 경쟁이 이루어지고 있는 시장이 실제로 존재할 수 있다는 것은 미처 생각하지 못하고 있었다. 이와 같은 상황은 1930년대에 들어오면서 '불완전경쟁의 혁명'(revolution of imperfect competition)에 의해 크게 뒤바뀌게 되었다.

이 혁명의 선두에 섰던 사람들은 영국의 여성 경제학자 로빈슨(J. Robinson)과 미국의 경제학자 챔벌린(E. Chamberlin)이었다. 그런데 로빈슨이 일반적인 불완전경쟁의 문제를 다루었던 데 비해, 챔벌린은 **독점경쟁**(monopolistic competition)이라는 특정한 형태를 가진 불완전경쟁시장에 관심의 초점을 맞췄다. 우리가 이 절에서 살펴보려는 독점경쟁시장의 모형은 그가 거의 혼자 힘으로 개발해낸 이론이라고 말할 수 있다.

독점경쟁시장은 다수의 공급자가 존재하고 진입의 자유가 보장되어 있다는 점 등 여러 측면에서 완전경쟁시장과 비슷한 성격을 갖고 있다. 이 시장이 완전경쟁시장과 결정적으로 다른 점은 기업마다 조금씩 다른 상품을 만들어 파는 현상, 즉 **상품차별화**(product differentiation) 현상이 나타난다는 것이다. 완전경쟁시장이 성립되기 위해서는 모든 상품이 동질적이어야 하기 때문에 상품차별화가 이루어지고 있는 시장에서는 질적으로 다른 경쟁이 나타나게 된다.

상품차별화

하나의 상품을 기업마다 조금씩 다르게 만들어 차별을 두려고 노력하는 현상

독점경쟁시장에서 기업들이 상품차별화를 하는 구체적인 방식에는 여러 가지가 있다. 그중 현실에서 가장 많이 발견할 수 있는 차별화의 구체적 방식은 물리적 특성상의 차별화라고 할 수 있다. 상품을 만들 때 독특한 재료를 사용한다거나, 겉모양의 디자인을 달리하는 등의 방법으로 자신의 상품을 다른 회사의 상품과 다르게 만들 수 있다.

상품차별화의 현장

여기에서 보는 비누들은 어느 기업이 만들었느냐에 따라 조금씩 차이가 난다.

예를 들어 같은 비누라 할지라도 어떤 것은 냄새를 좋게 만드는 데 주안점을 두는 반면, 어떤 것은 피부를 부드럽게 만드는 약용성분을 강조해 만들기도 한다. 뿐만 아니라 어떻게 품질보증을 해주는가, 얼마 동안 사후수리 서비스를 제공하는가, 혹은 어떤 방식으로 상품을 배달해 주는가 등 여러 가지 다른 측면에서도 차별화가 이루어질 수 있다.

차별화된 상품을 생산하는 기업들은 각각 자신의 상품에 대해 어느 정도의 독점력을 보유하게 된다. 소비자 중

에는 어떤 상품을 사든 특정한 종류만을 고집하는 사람이 상당히 많다. 예컨대 비누를 고를 때 반드시 약용성분이 들어 있는 것만을 선택하는 사람이 있는데, 이런 사람은 모든 비누가 똑같은 상품이라고 인식하지 않는다. 그러므로 차별화된 각 기업의 상품은 어느 정도 독자적인 시장을 형성하게 되는 결과가 나타난다.

차별화된 상품들이 하나씩의 독자적인 시장을 형성하게 되면 개별 기업이 직면한 수요곡선은 우하향하는 모양을 갖는다. 완전경쟁시장 안의 개별 기업이 직면한 수요곡선이 수평선인 점과 대조적이며, 이 점에서는 오히려 독점시장과 비슷하다고 말할 수 있다. 따라서 독점경쟁시장에서의 균형은 독점시장의 경우와 비슷한 방법으로 구할 수 있다.

단 한 가지 독점시장과 차이를 갖고 있는 것은, 장기에서 각 기업의 이윤이 0으로 떨어지게 된다는 점이다. 독점경쟁시장의 경우에는 진입장벽이 없기 때문에, 이 시장 안의 기업들이 양(+)의 이윤을 얻고 있으면 다른 기업들이 이 시장으로 진입해 들어오기 시작한다. 그 결과 장기균형 상태에서 각 기업의 이윤은 0으로 떨어지게 되는데,

생각해 봅시다

앞 장에서 설명한 것처럼, 단지 많은 수의 기업들이 경쟁하고 있다 해서 완전경쟁시장이 될 수 있는 것은 아니다. 각 기업이 조금씩 다른 상품을 생산하고 있다면 지금 보고 있는 독점경쟁시장의 성격을 갖게 되는 것이다. 그런데 현실을 보면 모든 기업이 완전히 동질적인 상품을 생산하고 있는 경우는 무척 드물다. 이는 현실에 적용한다는 관점에서 볼 때 완전경쟁시장의 이론보다 독점경쟁시장의 이론이 더 낫다는 뜻이 될 수도 있다.

그러나 어떤 경제학 교과서를 보더라도 완전경쟁시장보다 독점경쟁시장을 더 비중 있게 다루는 경우는 없다. 이 책도 마찬가지지만, 완전경쟁시장은 여러 측면을 자세하게 논의하는 반면, 독점경쟁시장의 경우에는 요점만을 설명하고 넘어가는 것이 보통이다. 몇십 년 전에 나온 경제학 교과서를 보면 독점경쟁시장을 꽤 비중 있게 다루고 있었으나, 지금은 상황이 많이 달라져 있는 것이다. 이와 같은 현실은 완전경쟁시장의 이론이 더욱 유용하다고 보는 경제학자들의 생각을 반영하는 것이라고 볼 수 있다.

사실 현실에서 가장 흔하게 관찰할 수 있는 시장의 형태는 과점시장이다. 특히 자동차나 가전제품 같은 주요 공산품의 경우에는 거의 대부분이 과점시장의 성격을 갖고 있는 것을 볼 수 있다. 그러나 앞에서 말한 것처럼, 다른 시장형태에 비해 과점시장의 경우에는 이론적인 정리가 매우 미흡한 편이다. 이와 같이 경쟁의 현실과 이론 사이에는 상당한 차이가 있는 것이 사실이다.

생각해 보기

(1) 많은 수의 공급자들이 존재해 완전경쟁시장처럼 보이지만 실제로는 독점경쟁시장의 성격을 갖고 있는 시장의 예로 무엇을 들 수 있을까?

(2) 앞에서 과점시장에는 상대방의 반응을 고려해 자신의 행동을 결정해야 하는 전략적 상황이 존재하기 때문에 이론화하기 어렵다고 설명한 바 있다. 전략적 상황의 존재가 이론화를 어렵게 만드는 이유가 구체적으로 무엇인지 생각해 보자.

(3) 우리나라에서 과점시장의 성격을 갖는 산업들이 전체 시장의 몇 퍼센트나 되는 비중을 갖고 있을까?

이 점에서는 완전경쟁시장과 비슷한 성격을 가졌다고 말할 수 있다. 이처럼 독점시장과 완전경쟁시장의 성격을 모두 갖고 있다는 점에서 '독점경쟁시장'이라는 이름이 붙여졌다.

자원배분의 특징

독점경쟁시장에서는 광고나 상품의 차별화를 통한 비가격경쟁(non-price competition)이 일어날 가능성이 매우 크다. 모든 상품이 동질적이라면 가격이 좋은 경쟁의 수단이 되겠지만, 차별화가 이루어져 있으면 가격 아닌 다른 수단에 의해 경쟁을 하게 될 가능성이 커진다. 앞다투어 독특한 상품을 개발하려고 노력하는 동시에, 이 사실을 소비자들에게 알리기 위해 많은 돈을 들여 대대적인 선전을 하는 것이 독점경쟁시장의 전형적인 경쟁풍토일 것이다.

이와 같은 상품차별화가 소비자의 후생에 어떤 영향을 미치는지는 한마디로 잘라 말하기 힘들다. 차별화를 통해 소비자의 다양한 기호에 부합하는 갖가지 상품이 생산될 수 있다는 것은 분명 좋은 일이다. 오직 한 가지 라면이나 비누만이 존재하는 세상이라면 우리 소비생활은 단조롭기 짝이 없을 것이다. 해물맛 라면을 좋아하는 사람이 있는가 하면, 곰탕맛 라면을 좋아하는 사람도 있다. 그런데 우리가 살 수 있는 것이 오직 닭고기맛 라면 한 가지라면, 이것은 결코 바람직한 일이 아니다.

그렇다고 해서 차별화가 긍정적인 효과만을 가져온다고 말하는 것은 아니다. 현실을 보면 다른 기업의 상품과 다른 점이라고는 기껏해야 포장이 다른 정도인데도 마치 큰 차이가 있는 듯 선전하는 기업들을 흔하게 본다. 또한 사소한 차이를 과장해 광고함으로써 소비자들에게 충동구매를 부추기는 경우도 많다. 이와 같은 유형의 차별화는 공연히 자원을 낭비하는 결과만을 가져올 뿐 소비자의 후생에 전혀 기여하는 바가 없다. 결론적으로 말해 독점경쟁시장에서의 상품차별화는 긍정적인 측면과 부정적인 측면을 모두 갖고 있는 것이다.

공정거래위원회

어떤 기업이 독과점적 지위를 악용해 공정한 경쟁을 저해하는 거래행위를 할 때 '불공정거래'를 했다고 말한다. 신문에서 어떤 기업이 허위과장 광고로 소비자를 현혹시킨다거나, 시장지배력을 앞세워 하도급업체에게 각종 비용을 떠넘겼다는 내용의 기사를 자주 볼 수 있다. 바로 이와 같은 경우가 불공정거래의 대표적인 예라고 말할 수 있다.

시장경제체제에서는 기업들 사이에 공정한 경쟁이 이루어질 때 사회후생이 극대화될 수 있다. 이에 따라 세계 각국 정부들은 공정거래법을 제정하여 불공정거래 행위를 규제해 왔다. 우리나라도 지난 1980년부터 「독점규제 및 공정거래에 관한 법률」(이하 공정거래법)을 통해 불공정거래 행위를 규제해 왔는데, 이 공정거래법의 집행을 담당하는 기관이 바로 공정거래위원회다.

공정거래위원회는 공정거래법이 제정·공포된 직후인 1981년 4월 그 첫발을 내딛게 되었다. 공정거래위원회는 의사결정기구인 위원회와 실무기구인 사무처로 구성되어 있는데, 위원회는 위원장, 1명의 부위원장, 3명의 상임위원 그리고 변호사와 경제학자로 구성된 4명의 비상임위원 등 총 9명으로 이루어져 있다. 공정거래위원회가 수행하는 역할을 구체적으로 살펴보면, 다음과 같은 네 가지 분야로 요약될 수 있다.

1. 경쟁촉진

공정거래법에서는 독과점 기업을 '시장지배적 사업자'라고 부르는데, 매년 공정거래위원회가 이 범주에 포함될 사업자를 선정, 발표하고 있다. 선정기준은 1개사의 시장점유율이 50%를 넘거나, 상위 3개 기업의 점유율이 75% 이상인 업체로 규정되어 있다. 일단 시장지배적 사업자로 지정되면, 가격 및 물량 조절, 타 사업자 영업 방해, 신규참여 방해, 독과점 지위를 이용한 부당행위 등에 대해 별도의 규제를 받게 된다.

2. 소비자 주권 확립

소비자에게 일방적으로 불리하게 만들어진 약관조항을 시정하고, 표준 약관을 보급함으로써 불공정 약관으로 인한 소비자 피해를 방지하기 위한 노력을 뜻한다. 또한 허위 과장 광고를 시정하고 소비자 선택에 필요한 중요 정보를 공개하도록 함으로써 소비자가 정확한 정보를 바탕으로 합리적인 선택을 할 수 있도록 도와준다.

3. 중소 하도급업체 경쟁기반 확보

'하도급'이란 경제적 또는 기술적으로 하위에 있는 중소기업이 대기업으로부터 주문을 받아 생산하는 행위를 가리킨다. 그런데 이 하도급 체제하에서 상대적으로 우위에 있는 대기업이 중소기업에게 횡포를 저지를 가능성이 있다. 예를 들어 결제대금을 몇 달이나 주지 않거나, 자기 물건을 구매하도록 강요하는 등의 행위를 할 수 있는 것이다. 중소기업이 이에 대항하기 힘든 현실을 감안해 공정거래법에서는 하도급 거래에서의 불공정거래 행위를 강력히 규제하고 있다.

4. 경제력 집중 억제

재벌그룹이 여러 사업 분야에 진출하려고 하는 데에는 나름대로의 이유가 있을 테지만, 이에 따른 사회적 비용이 결코 작지 않다는 문제점이 있다. 소수의 기업들에 의해 국가 경제가 좌우될 수 있을 뿐 아니라, 시장이 독과점화되어 여러 가지 부작용을 빚을 수 있다. 따라서 공정거래위원회는 재벌그룹의 문어발식 확장경영을 규제, 감시하고 있다.

한마디로 말해, 공정거래위원회는 시장의 질서를 유지하는 경찰의 역할을 수행한다. 규제 대상이 되는 기업들은 그리 달갑게 생각하지 않을지 몰라도, 공정한 시장 질서의 확립은 효율적인 시장경제체제의 확립을 위한 전제조건이다. 다만 과도한 개입으로 인해 공정거래 규제가 경제의 발목을 잡는 일이 일어나지 않도록 주의할 필요가 있다. 나아가 급변하는 경제적 상황에 맞춰 규제의 방향과 내용을 조정해 가는 것도 매우 중요한 과제라고 말할 수 있다.

요약

1. 시장에서 경쟁이 불완전한 것은 결국 진입의 장벽이 존재하기 때문이라고 할 수 있다. 진입장벽이 생겨나게 만드는 원인이 되는 것으로는 규모의 경제, 정부의 정책, 경쟁전략을 들 수 있다.

2. 독점시장에는 단 하나의 공급자만 있고, 대체재가 존재하지 않으며, 완벽한 진입장벽이 존재한다는 특징이 있다.

3. 독점기업은 한계수입곡선이 한계비용곡선과 교차하는 점이 의미하는 생산수준에서 이윤을 극대화하여 균형에 이르게 된다. 독점시장의 균형에서 가격은 한계비용보다 더 높은 수준에서 결정된다.

4. 독점은 비효율적 자원배분을 가져오게 되는데, 독점으로 인한 사회후생의 손실은 후생삼각형의 면적으로 나타낼 수 있다. 뿐만 아니라 독점은 진입장벽을 유지하는 데 자원이 낭비된다는 측면에서도 비효율적이라고 말할 수 있다.

5. 독점에 대한 정부의 정책으로는 국유화를 하는 것 이외에도 규제를 가하는 것과 경쟁촉진정책을 사용하는 것이 있다.

6. 적절한 조건이 충족되면 독점기업은 소비자의 유형에 따라 몇 가지 다른 가격을 받는 가격차별을 통해 이윤극대화를 추구하게 된다.

7. 과점시장에는 상대방의 반응을 고려해 자신의 행동을 결정해야 하는 전략적 상황이 존재하기 때문에 이론화의 작업이 매우 어렵다. 과점시장 안의 기업 사이에 담합이 이루어진다고 보는지의 여부에 따라, 독자적 행동의 모형, 암묵적 담합체제의 모형, 카르텔의 모형으로 대별될 수 있다.

8. 독점경쟁시장은 다수의 공급자가 존재하고 진입의 자유가 보장되어 있는 등 여러 측면에서 완전경쟁시장과 비슷하나, 상품차별화가 일어나고 있다는 점에서 차이를 갖고 있다.

중요개념

자연독점	경쟁전략	후생삼각형	자중손실
국유화	규제	경쟁촉진정책	가격차별
과점시장	전략적 상황	담합	독자적 행동
쿠르노모형	베르트랑모형	굴절수요곡선의 모형	가격선도의 모형
카르텔	독점경쟁	상품차별화	비가격경쟁

연습문제

01. 규모의 경제가 현저한 산업에서는 왜 경쟁체제의 성립이 힘들어지게 되는가?

02. 귀염애견센터는 완전 자동화된 애완견 목욕서비스를 제공하는데 우리나라에 이런 서비스를 제공하는 다른 업소는 없다고 한다. 이 서비스에 대한 수요와 비용의 조건이 다음 표와 같이 주어졌다고 한다.

수요조건		비용조건	
가격 (만원)	수요량 (마리/일)	서비스 양 (마리/일)	총비용 (만원)
15	1	0	10
13	2	1	15
11	3	2	21
9	4	3	28
7	5	4	38

(1) 이 애견센터가 직면한 수요곡선을 그리고 한계수입곡선과 한계비용곡선도 도출하라.

(2) 하루에 몇 마리를 목욕시킬 때 이윤이 극대화되는가?

03. 어떤 상품은 독점시장에서 거래되고 있는데 이 시장에서의 한계수입곡선은 다음과 같은 함수로 대표할 수 있다고 한다.

$$MR = -\frac{2}{3}Q + 40$$

그리고 이 상품을 생산하는 데 드는 한계비용은 언제나 10으로 일정하게 주어졌다고 한다. 독점기업이 이윤을 극대화할 수 있는 생산량을 구하라.

04. 독점시장에서는 공급곡선이 존재하지 않는다. 왜 그렇게 말할 수 있는지 직관적으로 설명해 보라.

05. 독점으로 인한 사회후생의 손실을 의미하는 후생삼각형을 도출해 보라.

06. 어떤 독점기업은 소비자를 A, B 두 그룹으로 나누어 서로 다른 가격을 매김으로써 이윤이 극대화될 수 있음을 발견했다. 그런데 A그룹과 B그룹에서의 수요의 가격탄력성은 각각 3과 5인 것으로 밝혀졌다고 한다. 이 독점기업이 어느 그룹의 소비자들에게 더 높은 가격을 매길 것이며 그 이유는 무엇인지 설명해 보라.

07. 겉으로 보기에는 가격차별을 하는 것 같지 않아도 실제로는 가격차별의 효과를 내는 현실의 예를 몇 가지 들어 보라.

08. 정부가 독점기업에 대해 생산한 상품 1단위당 α원의 세금을 부과하기 시작했다고 한다. 이와 같은 조처가 독점기업의 생산량과 가격에 어떤 영향을 가져올지 예측해 보라.

09. 이번에는 독점기업이 얻는 이윤의 일정한 비율을 세금으로 거두기 시작했다고 하자. 이와 같은 조처가 독점기업의 생산량과 가격에 어떤 영향을 가져올지 예측해 보라.

10. 스미스(A. Smith)의 『국부론』에는 "같은 업종에 있는 사업가들이 함께 모이는 일은 드물지만 그럴 경우 일반 대중에게 해로운 일이 일어난다."라는 구절이 있다. 이 말이 무엇을 의미하는지 설명해 보라.

11. 과점시장에 대한 이론을 세우기가 어려운 이유는 무엇인지 설명하라.

12. 카르텔이 오랫동안 존속되는 것이 어려운 이유는 무엇일까?

13. 독점경쟁시장이 독점시장과 닮아 있으면서 완전경쟁시장과도 닮아 있다고 말할 수 있는 근거에 대해 간략하게 설명하라.

14. 독점경쟁시장의 특징인 상품차별화가 소비자의 후생에 긍정적인 효과를 미치는지의 여부에 대해 평가해 보라.

제 8 장

게임과 전략

8.1 게임의 기본 골격

8.2 용의자의 딜레마 게임

8.3 경쟁전략의 실례

8.4 경매의 이론

바둑을 둘 때 우리는 상대방이 어떤 수로 대응할 것인지 미리 짐작하고 어디에 돌을 놓을지를 결정한다. 아무리 머리가 잘 돌아가는 사람이라 할지라도 상대방의 대응을 전혀 고려하지 않고 바둑을 두면 단 한 번도 이길 수 없다. 이처럼 바둑 같은 게임에 참여하는 사람은 상대방이 어떤 행동을 취할 것인지 짐작하고 자신의 행동을 결정해야 하는 전략적 상황에 처하게 된다. 게임이론은 전략적 상황에 처한 경제주체들의 행위를 체계적으로 분석해 보려는 의도에서 개발된 이론이다. 최근 게임이론은 과점시장의 분석 등 경제학의 여러 분야에서 점차 그 적용범위를 넓혀 가고 있다.

8.1 게임의 기본 골격

앞 장에서 과점시장 안의 기업은 경쟁기업이 어떻게 행동할 것인지를 항상 염두에 두고 자신의 행동을 결정해야 하는 전략적 상황에 처해 있다고 설명한 바 있다. 예를 들어 수입 밀가루 가격이 올라 자신이 만든 라면의 가격도 올려야 한다고 생각하는 기업이 있다고 하자. 만약 경쟁기업들도 가격을 따라서 올린다면 가격을 올려도 무방할지 모른다. 그러나 경쟁기업들이 모두 현재의 가격을 고수한다면 홀로 가격을 올리는 것이 매우 위험스러운 전략일 수 있다. 이런 상황에서 경쟁기업이 어떻게 대응할 것인지를 고려하지 않고 일방적으로 가격 인상 여부에 대한 결정을 내리는 것은 아주 무모한 일이다.

이런 전략적 상황에 처한 경제주체의 행동을 분석하기 위한 수단으로 개발된 **게임이론**(game theory)이 최근 경제학에서 매우 큰 관심의 대상으로 떠오르고 있다. 현재 가장 활발한 연구가 이루어지고 있는 경제학 분야 몇 개를 꼽으라고 하면 누구든 선뜻이 게임이론을 꼽을 것이다. 게임이론이 기존의 경제이론에 접목되면서 경제분석의 내용이 한층 더 풍부해질 수 있는 계기를 맞게 되었다.

운동경기가 그 대표적 예지만, 게임의 핵심은 내가 어떻게 하느냐뿐 아니라 상대방이 어떻게 하느냐에 따라 그 결과가 달라진다는 데 있다. 다시 말해 내가 취한 행동이 어떤 결과를 가져올지는 상대방이 어떤 행동을 취하느냐에 따라 크게 달라지는 것이 게임의 본질이다. 그렇기 때문에 게임에 참여하는 사람은 상대방이 어떤 행동을 취할지 예측하고 이에 적절하게 대응하는 방법을 찾아야 한다. 게임이론은 이와 같은 상황에서 경제주체들이 어떤 선택을 할 것이며, 이에 따라 어떤 결과가 나오게 될 것인지에 관심의 초점을 맞추고 있다.

우리 주위에서 벌어지는 게임은 운동경기 말고도 여러 가지가 있다. 건전하지는 못하지만, 화투나 카드를 가지고 하는 노름이 우리가 가장 흔하게 볼 수 있는 게임의 예다. 같은 산업 안에 있는 기업들은 서로 큰 시장점유율을 확보하기 위해 치열한 경쟁을 벌이는데, 이것 역시 게임의 좋은 예가 될 수 있다. 또한 다음 데이트 장소는 어디로 할 것인지를 두고 신경전을 벌이는 두 연인도 일종의 게임을 하는 셈이 된다. 뿐만 아니라 나라들 사이에서 게임이 벌어지는 경우도 있다. 예를 들어 이스라엘과 팔레스타인 사이에서 일어나는 크고 작은 충돌은 (생존을 위한) 게임의 성격을 강하게 갖는 것을 볼 수 있다.

드 라 투르(G. de La Tour)의 「다이아몬드 에이스를 쥔 속임수꾼」(1620~1640)

카드 게임은 우리 주위에서 가장 흔하게 볼 수 있는 게임의 한 예다.

게임의 구체적인 형태는 각양각색이지만, 모든 게임은 똑같은 기본 골격을 갖고 있다. 그 기본 골격을 구성하는 요소에는 다음과 같은 것들이 있다.

(1) 경기자

게임에 참여하는 경제주체를 **경기자**(player)라고 부르는데, 반드시 개인만이 경기자가 되는 것은 아니고 기업이나 국가도 경기자가 될 수 있다. 게임마다 경기자의 수가 각각 다를 수 있는데, 둘인 경우를 가장 흔하게 볼 수 있다.

(2) 전 략

경기자는 자신이 어떤 행동을 취할 것인가에 대한 계획을 갖고 있어야 한다. 이와 같은 계획을 **전략**(strategy)이라고 부르는데 각 경기자가 어떤 전략을 선택하느냐에 따라 게임의 결과가 달라진다.

(3) 보 수

예를 들어 어떤 신상품을 개발할 것인지의 문제를 둘러싸고 신경전을 벌이는 두 기업이 있다고 하자. 각 기업이 어떤 신상품 개발전략을 채택하느냐에 따라 이윤이 달라질 텐데, 바로 이 이윤이 게임에서 나오는 **보수**(payoff)라고 말할 수 있다. 좀 더 추상적으로 말하자면, 각 경기자에게 귀속되는 게임의 결과를 보수라고 부른다.[1)]

게임이라고 하면 딴 사람의 이득과 잃은 사람의 손실의 합, 즉 각 경기자가 얻는 보수의 합이 0인 **영합게임**(zero-sum game)을 연상하는 사람이 많다. 게임의 전형이라고 할 수 있는 노름이 바로 그와 같은 성격을 갖고 있기 때문일 것이다. 노름과 같은 영합게임의 경우에는 돈을 딴 사람이 있으면 반드시 잃은 사람이 생기게 마련이다. 따라서 이런 게임에 임하는 경기자들이 협조적인 자세로 게임을 운영해 나가기를 기대하기는 힘들다.

그러나 우리의 경제생활은 각 경기자가 얻는 보수의 합이 0보다 더 큰 게임의 성격에 더욱 가까울지 모른다. 예를 들어 판매자와 구매자가 만나 어떤 조건에 상품을 사고팔지를 흥정하는 것도 게임의 일종이라면, 이로부터 나오는 보수의 합은 분명 0보다 더 크다. 교환에 참여하는 모든 경제주체가 그것으로부터 이득을 얻을 수 있기 때문이다.

그 반대의 경우도 있을 수 있는데, 너무 오래 끌어 모두가 피해를 보는 노사분규의 경우에는 보수의 합이 0보다 더 작게 된다. 또한 기업 사이의 경쟁이 과열된 나머지 서로 손해를 입히는 양상으로 전개될 수 있는데, 이 경우에도 보수의 합이 0보다 더 작은 것으로 귀결될 가능성이 크다. 이렇게 보수의 합이 0보다 더 크거나 작은 경우에는 영합게임에 비해 경기자들이 협조적인 자세를 보일 가능성이 상대적으로 더 크다.

---

1) '보수'라는 표현에서 게임으로부터 나오는 긍정적 결과를 연상하기 쉽다. 그러나 보수라는 말은 긍정적 결과뿐 아니라 부정적 결과까지 포괄하는 중립적인 개념이다. 곧 보게 되겠지만 게임의 보수가 형벌과 같은 부정적 결과를 뜻하는 경우도 있을 수 있다.

8.2 용의자의 딜레마 게임

지금 설명하려고 하는 **용의자의 딜레마**(prisoner's dilemma) 게임은 게임이론에서 가장 자주 등장하는 게임 유형 중의 하나다.[2] 이 게임에는 이러지도 저러지도 못하는 난처한 처지에 빠진 사람들이 등장하고 있는데, 이들이 과연 어떤 선택을 하게 될지 자못 큰 흥미를 자아낸다. 우리가 현실에서 접하는 여러 경제문제가 이 게임과 비슷한 구조를 갖고 있어, 그 분석 결과의 활용범위가 무척 넓다고 말할 수 있다.

게임의 성격

어떤 범죄를 함께 저질렀으리라고 생각되는 두 용의자(김씨와 박씨)가 검거되어 검사의 심문을 받게 되었다. 검사는 두 사람의 자백을 끌어내기 위해 독특한 방식으로 그들을 심문하고 있다. 두 사람을 함께 심문하면 서로 눈짓을 주고받아 범행을 부인할 가능성이 높으므로, 따로 떼어놓아 독방에 가둔 다음 한 사람씩 불러 심문을 진행한다. 심문할 때 검사는 자백을 유도하기 위해 각 용의자에게 다음과 같은 제의를 한다.

> "나는 당신들이 그 범죄를 저질렀다는 강한 심증을 갖고 있소. 어차피 진상이 밝혀질 테니 순순히 자백하는 것이 좋을 거요. 당신 친구가 순순히 자백했는데 당신은 범행을 부인하고 끝내 버틴다면 당신에게 법정최고형인 15년을 구형하겠소. 그 대신 당신의 친구는 수사에 협조한 공을 인정해 방면해 주려 하오. 반면에 당신의 친구가 범행을 부인하고 버티는데 당신이 자백한다면 그는 15년형, 당신은 방면이오. 당신들이 죄를 뉘우치고 둘 다 자백한다면 법정최저형인 5년을 구형하게 될 거요. 만약 두 사람 모두 부인하고 버틴다면 이번 일로 벌을 줄 수 없겠지만, 얼마 전에 당신들이 저지른 게 분명한 범죄를 다시 수사해 1년형을 받도록 만들겠소."[3]

보수행렬

보수는 각 경기자에게 귀속되는 게임의 결과를 뜻하는데, 이와 같은 보수를 모아 정리해 놓은 것을 보수행렬이라고 부름

이와 같은 검사의 제의를 다시 정리해 보면 〈표 8-1〉에서 보는 바와 같다. 이와 같이 게임의 보수를 정리해 놓은 것을 **보수행렬**(payoff matrix)이라고 부르는데, 그 안에는 게임의 결과에 대한 모든 정보가 요약되어 있다. 독자는 여기에서 잠시 읽기를 중단하고 자신이 이 처지에 놓였다면 어떻게 행동할 것인지 생각해 보기 바란다. 이러지도 저러지도 못할 난처한 지경에 빠져 있다는 것을 금방 알아차릴 수 있을 것이다.

2) 이 게임의 이름에 나오는 'prisoner'라는 말을 그대로 우리말로 바꿔 '죄수'의 딜레마로 번역하는 사람이 많다. 그러나 이 게임의 경기자는 아직 유죄가 확정되지 않은 용의자 신분으로 검사의 심문을 받고 있다. "유죄가 확정되기까지는 무죄다."라는 말이 있듯, 이 사람들을 죄수라고 부르는 것은 적절치 못한 일이다.

3) 실제로 그들이 받게 되는 형벌은 검사의 구형량과 같다고 가정한다.

		김씨	
		부 인	자 백
박 씨	부 인	둘 다 1년형	박씨 – 15년형, 김씨 – 방면
	자 백	박씨 – 방면, 김씨 – 15년형	둘 다 5년형

표 8-1
용의자의 딜레마 게임

우리가 김씨의 입장이 되어 어떻게 해야 좋을지 생각해 보기로 하자. 우선 그의 머릿속에는 "우리 둘 다 범행을 부인하고 버틸 수 있으면 좋을 텐데, 박씨도 같은 생각일 테니 한번 버텨볼까?"라는 생각이 얼핏 떠오를 것이다. 그러나 만의 하나 박씨가 자기만 살자고 자백을 해버린다면 자신은 15년형을 받는 끔찍한 처지가 된다. 아예 자백을 해버릴까 하는 생각이 들지만 둘 다 자백하면 5년형을 받을 테니, 둘 다 부인함으로써 1년형을 받을 수 있는 기회를 놓쳐 버리는 것이 몹시 아깝다는 생각이 든다.

지금 김씨와 박씨는 어떻게 행동해야 좋을지 도무지 갈피를 잡을 수 없는 처지에 놓여 있는 듯이 보인다. 그렇기 때문에 이 게임의 이름에 '딜레마'라는 표현이 등장하는 것이다. 그러나 곰곰이 생각해 보면 각자 어떤 전략을 선택해야 할지가 분명히 드러나고, 따라서 망설일 필요가 전혀 없는 상황이다. 상대방이 어떤 전략을 선택하든 간에 어떤 한 가지 전략이 자신에게 더욱 유리한 결과를 가져온다는 사실을 알게 될 것이기 때문이다.

우선 박씨가 자백했다고 가정하고, 이 경우 김씨의 입장에 서서 그가 어떻게 하는 것이 좋을지 생각해 보자. 박씨가 자백했는데 김씨가 부인하고 버틴다면 15년형을 받게 되므로 함께 자백해 5년형을 받는 것이 더 낫다. 따라서 박씨가 자백한 경우에는 김씨의 입장에서 볼 때 자백하는 것이 더욱 유리한 전략이 된다. 이번에는 박씨가 범행을 부인하며 버틴다고 가정해 보자. 이 경우에도 역시 김씨로 보아서는 자백하는 쪽이 더욱 유리하다. 부인하면 1년형을 받게 되는데 자백하면 방면되는 행운을 안게 되기 때문이다.

이상의 논의를 종합해 보면 박씨가 어떤 전략을 선택하든 간에 김씨로 보아서는 언제나 자백하는 전략을 선택하는 것이 더욱 유리하다는 결론이 나온다. 이와 같이 상대방의 전략과 관계없이 자신에게 언제나 더 유리한 결과를 가져다주는 전략을 **우월전략**(dominant strategy)이라고 부른다. 그런데 김씨뿐 아니라 박씨의 입장에서 볼 때도 역시 자백하는 것이 우월전략이다. 김씨가 어떤 전략을 선택하든 박씨로 보아서는 자백하는 쪽이 더 유리하기 때문이다.

우월전략
상대방이 어떤 전략을 선택하느냐에 관계없이 자신에게 언제나 더 유리한 결과를 가져다주는 전략

게임의 균형

지금까지의 논의에 비추어 보면 김씨와 박씨는 당연히 우월전략을 선택하게 되고, 따라서 이 게임은 둘 다 자백하고 마는 것으로 귀결될 가능성이 매우 크다. 게임의 균형(equilibrium)은 실현될 가능성이 높은 결과를 뜻하는데, 바로 이렇게 두 사람 모두 자백하고 마는 것이 용의자 딜레마 게임의 균형이 된다. 이것은 각 경기자가 우월전략을 선택한 결과로서 나타난 균형이라는 뜻에서 **우월전략균형**(dominant strategy equilibrium)이라고 부른다.[4)]

그런데 이렇게 모두 자백해 5년형을 받는 것은 두 사람이 공동으로 달성할 수 있는 최선의 결과가 아니다. 이들 사이에 무언의 협조만 이루어진다면 둘이 모두 범행을 부인하고 1년형을 받을 수 있다. 그렇지만 완전히 격리되어 심문을 받기 때문에 서로 입을 맞출 수 없어 그와 같은 결과가 나오게 되는 것이다. 용의자의 딜레마 게임에서 중요한 사실은 협조가 이루어질 수 없는 상황이 조성되어 있다는 점이다. 만약 협조가 이루어질 수 있는 상황으로 바뀐다면 게임은 아주 다른 양상으로 전개될 수 있다.

또한 게임이 단 한 번만 이루어진다는 사실도 중요한 의미를 갖는다. 이 게임에서 부인하는 전략은 함께 잘되어 보자는 (협조적) 전략임에 비해, 자백하는 전략은 자기만 잘되자는 (비협조적) 전략이다. 이런 게임이 단 한 번만 이루어질 경우에는 상대방의 보복을 신경 쓰지 않고 마음대로 이기적 전략을 선택할 수 있다. 나만 잘되자고 자백하는 이기적 전략을 선택한다 해도 상대방이 나에게 보복할 수 있는 방법이 전혀 없기 때문이다.

그러나 게임을 여러 번 거듭한다면 상대방이 어떤 전략을 쓰는지 본 다음 자신의 전략을 수정할 수 있다. 예컨대 상대방도 부인하리라 믿고 범행을 부인했는데 막상 상대방은 자백하는 이기적 전략을 선택한 사실을 발견했다고 하자. 그렇다면 다음번 게임에서 자신도 자백하는 전략을 선택해 상대방에게 보복을 가할 수 있다. 소위 '눈에는 눈, 이에는 이'(tit-for-tat) 전략을 써서 상대방의 이기적 행동에 보복할 수 있는 여지가 있는 것이다.

반복게임
여러 번에 걸쳐 행해지는 게임

그러므로 용의자의 딜레마 게임이라 할지라도 여러 번에 걸쳐 하게 되면, 즉 **반복게임**(repeated game)의 성격을 갖게 되면 서로 협조하는 태도가 형성될 수 있다. 게임이 여러 번 진행되는 과정에서 이기적 전략의 선택이 자신에게 이득이 되지 않는다는 사실을 깨닫게 되기 때문이다. 반면에 단 한 번만 하게 되면 자백하는 전략을 선택해도 상대방이 이에 대해 보복할 방법이 없기 때문에 우월전략을 쓸 유인이 커진다.

4) 이 우월전략균형 이외에도 내쉬균형(Nash equilibrium) 같은 다른 균형의 개념을 생각해 볼 수 있다. 그러나 이 책의 범위를 넘는 것이어서 더 이상의 구체적 설명은 하지 않기로 한다.

용의자 딜레마 게임의 응용사례

지금까지 살펴본 용의자의 딜레마 게임은 현실의 여러 상황을 분석하는 데 유용하게 활용될 수 있다. 그 한 예로 카르텔을 용의자 딜레마 게임의 틀에 넣어 분석해 보면 이것이 본질적인 불안정성을 갖는 이유를 쉽게 알아낼 수 있다. 또한 사교육을 뿌리 뽑기 어려운 이유, 그리고 도로나 공원처럼 모두가 함께 소비하는 시설을 생산하는 데 사람들이 비협조적 태도를 보이는 이유를 설명하는 데도 용의자의 딜레마 게임을 활용할 수 있다.

(1) 카르텔의 경우

카르텔에 속해 있는 기업은 카르텔 협정을 준수하는 전략과 위반하는 전략 두 가지 중 하나를 선택할 수 있다. 카르텔 협정을 위반한다는 것은 혼자만 몰래 가격을 낮추어 손님을 끌려는 행동을 취한다는 뜻이다. 곰곰이 생각해 보면 카르텔을 둘러싼 상황이 바로 용의자의 딜레마 게임에 해당한다는 사실을 깨달을 수 있다. 예를 들어 다른 기업들은 협정을 준수하는데 자신만 위반하면 이윤이 매우 커지고 상대방의 이윤은 아주 작아진다거나, 모두 위반할 때에 비해 모두 준수할 때의 이윤이 더 크다는 점 등에서 용의자 딜레마 게임의 성격을 그대로 갖고 있다.

예를 들어 두 기업(가나다사와 ABC사)이 카르텔을 구성하고 있는 상황에서 각 기업이 어떤 전략을 채택하느냐에 따라 〈표 8-2〉에서 보는 것과 같은 결과가 나온다고 하자. 이 표에 나와 있는 괄호 안의 숫자들은 억원 단위로 나타낸 각 기업의 이윤인데, 첫 번째 숫자가 가나다사의 이윤, 그리고 두 번째 숫자가 ABC사의 이윤을 나타내고 있다. 이 표를 보면 카르텔 협정을 위반하는 것이 우월전략임을 알 수 있다.[5] 두 기업이 모두 우월전략을 채택하게 되면 머지않아 카르텔 그 자체가 와해될 것인데, 이처럼 용의자 딜레마 게임의 틀을 빌려 카르텔의 본질적 취약성을 설명할 수 있다.

그런데 현실을 보면 카르텔이 비교적 오랜 기간 동안 유지되는 사례도 꽤 많다. 앞에서 용의자의 딜레마 게임도 반복해서 행해지면 협조하는 분위기가 형성될 수 있다고 말한 바 있는데, 바로 이 이유 때문에 카르텔이 상당 기간 유지될 수 있는 것으로

		ABC사	
		협정 준수	협정 위반
가나다사	협정 준수	(8, 8)	(1, 10)
	협정 위반	(10, 1)	(4, 4)

표 8-2
카르텔을 둘러싼 게임
(단위 : 억원)

5) 협정을 위반하고 몰래 가격을 낮추는 전략은 자신의 이익만을 생각하는 전략으로, 원래의 용의자 딜레마 게임에서 자백하는 전략에 해당한다.

해석할 수 있다.

기업은 계속해서 영업을 해야 하므로 카르텔에 속한 기업들은 일종의 반복게임을 하고 있는 셈이다. 따라서 카르텔 협정을 위반해 일시적으로 이득을 얻을 수 있다 하더라도 곧 다른 기업의 보복을 받아 더 큰 손해를 입을 수 있다. 바로 이와 같은 이유 때문에 각 기업이 카르텔 협정을 자발적으로 준수하는 태도가 나올 수 있는 것이다.

(2) 사교육의 경우

우리 교육에서 가장 고질적인 병폐 중 하나가 사교육의 범람이다. 학부모들이 공교육만으로는 마음이 놓이지 않아 자녀들에게 이런저런 사교육을 시키기 때문에 여러

생각해 봅시다

제2차 세계대전 중 미국 정부는 그것이 얼마나 위험스러운 일인지 뻔히 알면서도 핵무기 개발을 서둘렀다. 그 배경에는 조금이라도 지체하면 독일이 먼저 핵무기를 개발할 테고, 그렇게 되면 전쟁에서 이길 수 없다는 논리가 깔려 있었다. 그런데 전쟁이 끝난 뒤에도 핵무기 개발을 포기하지 않고 원자폭탄보다 더 무서운 파괴력을 가진 수소폭탄까지 만들어 내기에 이르렀다. 구 소련도 이에 질세라 수소폭탄 개발에 성공해, 이 두 나라가 보유한 핵무기는 지구를 몇 번이나 파괴하고도 남을 만큼 되었다.

사실 미국이나 구 소련이 핵무기 개발을 통해 얻은 실질적 이득은 그리 크지 않았다. 자신만 핵무기를 보유하고 있다면 모를까, 상대방도 핵무기를 보유하고 있는 상황에서 그것을 사용하겠다고 위협하기도 쉽지 않다. 이렇게 별 쓸모도 없는 일에 그 막대한 돈을 쏟아부었다는 것은 낭비의 극치가 아닐 수 없다. 그러나 문제는 두 나라가 이 사실을 뻔히 알면서도 핵무기를 개발할 수밖에 없는 처지에 있었다는 데 있다.

잘 생각해 보면 핵무기 개발을 둘러싼 상황은 전형적인 용의자 딜레마 게임의 상황임을 알 수 있다. 그리고 이 게임에서 핵무기를 개발하는 것이 우월전략이 된다. 그렇기 때문에 두 나라 모두 핵무기를 개발하는 전략을 선택해 '공포의 균형'(balance of terror)을 이루게 된 것이다. 구 소련이 몰락할 때까지 바로 이 공포의 균형 위에 위태롭게 자리 잡은 냉전체제가 세계질서를 지배하고 있었다.

공포의 버섯구름

남태평양의 한 섬에서 이루어진 핵실험으로 인해 발생한 공포의 버섯구름. 만약 이런 핵폭탄이 실제로 사용된다면 얼마나 끔찍한 일이 벌어질까?

생각해 보기

(1) 좀 더 구체적인 수치를 예로 들어 핵무기 개발을 둘러싼 상황이 전형적인 용의자 딜레마 게임의 상황임을 보이라.

(2) 1960년대 말 미국과 구 소련의 지도자가 직접 통화할 수 있는 핫라인(hot line)이 개설되었다. 이 핫라인의 개설이 공포의 균형상태에 어떤 변화를 가져올 수 있었는지 생각해 보자.

가지 사회적 문제들이 발생하고 있다. 사교육의 범람은 무엇보다 우선 가계의 생계비 압박을 크게 만들어 그렇지 않아도 쪼들리는 살림을 더욱 어렵게 만든다. 우리 사회의 출산율이 급격히 떨어지고 있는 원인 중 하나가 자녀들의 교육비 부담에 대한 두려움이라는 말까지 나올 정도다.

뿐만 아니라 어린 학생이 이런저런 사교육으로 시달리고 있다는 것은 어떤 면으로 보나 바람직하지 않은 일이다. 성장하는 과정에서 운동도 해야 하고 취미생활도 해야 하는데, 사교육으로 인해 이런 데 쓸 시간이 별로 없다면 건전한 성장이 이루어질 수 없다. 학교가 끝난 후 이 학원 저 학원을 돌며 공부한 다음 파김치가 되어 밤늦게 돌아오는 어린 학생들의 삶은 행복과 거리가 멀다. OECD 국가들을 대상으로 어린 세대의 행복감을 조사한 결과에 따르면, 우리 사회의 어린 세대가 느끼는 행복감의 수준이 꼴찌라고 한다. 이것이 과도한 사교육의 결과일 것임을 짐작하는 것은 그리 어려운 일이 아니다.

사교육은 그 본질상 남들과의 경쟁에서 이기려는 목적의 '군비경쟁'(arms race)이라는 성격을 갖는다. 오직 입시에서의 성공만을 추구할 뿐, 좋은 인성을 배양하고 참된 지식을 전수하는 것과는 거리가 멀다. 그런데 입시에서 성공을 거둘 확률은 모두가 사교육을 받는 경우와 모두가 사교육을 받지 않는 경우 사이에서 별 차이가 없다. 모두가 똑같은 질의 사교육을 받는다고 할 때, 사교육을 받는다고 해서 남들보다 더 유리한 고지에 올라설 수 없기 때문이다. 사교육을 받음으로써 남들보다 상대적으로 더 유리한 고지에 올라설 수 있는 것은 다른 사람들이 사교육을 받지 않는 경우에 한정된다.

어느 날 학부모들이 한자리에 모여 "우리 이제부터는 자녀들에게 사교육을 시키지 맙시다."라고 합의한다면 어떨까? 이런 일이 일어날 가능성은 무척 희박하지만, 만약 일어난다면 모두가 행복해지는 결과가 나타날 것이 분명하다. 모든 학생이 사교육을 받는 상황과 비교해 볼 때, 입시에 성공할 확률은 똑같은데 사교육비 부담이 줄어들고 학생들은 더 행복해질 것이기 때문이다.

문제는 현실에서 이와 같은 합의가 이루어지기가 무척 어렵다는 데 있다. 그 이유는 본질적으로 이 사교육의 문제가 바로 앞에서 본 용의자의 딜레마 게임의 성격을 갖고 있기 때문이다. 최씨와 정씨 두 사람의 학부모가 자녀에게 사교육을 시킬지의 여부를 둘러싸고 눈치싸움을 벌이고 있는 상황을 생각해 보면 이 말이 무엇을 뜻하는지 알 수 있다.

이 두 학부모에게 제일 좋은 결과는 상대방은 사교육을 시키지 않고 자기만 사교육을 시키는 경우다. 반면에 상대방은 사교육을 시키는데 자기만 사교육을 시키지 않는 경우가 제일 나쁜 결과를 가져온다. 사교육이 입시에서의 성공에 실질적인 도움을 준다고 가정하면, 사교육을 시키는 학부모의 자녀만 합격하는 결과가 빚어질 것이기 때문이다.

모두 사교육을 시키는 경우와 모두 사교육을 시키지 않는 경우의 결과는 이 두 극단적 결과 사이에 있을 것으로 짐작할 수 있다. 그런데 둘 다 사교육을 시키는 경우에 비하면 둘 다 사교육을 시키지 않는 경우가 상대적으로 더 낫다. 입시에서의 성공 확률은 똑같은데 사교육을 시키지 않음으로써 사교육비 부담도 덜어지고 학생도 행복해지기 때문이다.

지금까지의 설명을 곰곰이 생각해 보면 문제의 기본 구도가 바로 앞에서 본 카르텔 협정의 경우와 매우 비슷하다는 사실을 발견할 수 있다. 가나다사와 ABC사를 최씨와 정씨로 바꾸고, 협정 준수를 사교육을 받지 않는 전략으로, 그리고 협정 위반을 사교육을 받는 전략으로 바꿔 보기로 하자. 이렇게 바꿔 놓으면 앞에서 본 〈표 8-2〉를 지금 보는 사교육을 둘러싼 게임의 상황을 분석하는 데 그대로 사용할 수 있게 된다. 이는 사교육을 둘러싼 두 학부모의 눈치싸움이 전형적인 용의자 딜레마 게임의 성격을 갖는다는 것을 뜻한다.

이 게임에서 각 학부모의 우월전략은 사교육을 시키는 전략이다. 상대방이 사교육을 시키든 시키지 않든 자신은 사교육을 시킴으로써 상대적으로 더 유리한 고지에 올라설 수 있다. 그렇기 때문에 이 게임은 모두가 사교육을 시키는 것으로 귀결될 수밖에 없는 것이다. 상대방도 사교육을 시키지 않을 것이라는 확신이 없는 한 모두가 사교육을 시키는 불행한 결과가 필연적으로 나타나게 된다.

(3) 공공재의 경우

공공재

모든 사람이 함께 소비할 수 있는 재화나 서비스

도로나 공원에서 나오는 혜택은 모든 사람이 함께 누릴 수 있다는 점에서 여느 재화나 서비스와 그 성격이 다르다. 이처럼 모든 사람이 함께 소비할 수 있는 재화나 서비스를 **공공재**(public goods)라고 부른다. 제12장에서 이에 대해 자세히 설명하게 되겠지만, 사람들이 공공재 생산에 비협조적 태도를 보여 결국 이것이 제대로 생산되지 못하는 결과를 빚을 때가 많다. 이 경우에도 용의자 딜레마 게임의 틀에 넣어 생각해 보면 사람들이 왜 이런 태도를 보이는지 쉽게 이해할 수 있다.

한 마을에 살고 있는 두 사람(홍씨와 임씨)이 함께 이용할 수 있는 공원을 만드는 문제를 놓고 논의하는 상황을 생각해 보기로 하자. 각자는 공원을 만드는 데 드는 비용을 1천만원씩 부담하거나 전혀 부담하지 않는 두 가지 전략을 갖고 있다. 두 사람이 각각 1천만원씩 부담해 멋진 공원을 만들었을 때 각자에게 1천 5백만원에 해당하는 혜택이 돌아간다고 한다. 만약 그들 중 한 사람만 1천만원을 부담해 그저 그런 공원을 만들면 각자에게 돌아가는 혜택은 7백 5십만원으로 줄어든다고 한다. 그리고 둘 다 비용을 부담하지 않아 공원을 만들지 못하는 경우 각자에게 돌아가는 혜택은 물론 0이 된다.

따라서 두 사람이 모두 비용을 부담해 공원을 만들 경우에는 각자가 5백만원씩의 순편익을 얻게 된다. 한 사람만 비용을 부담하는 경우라면, 비용을 부담하지 않은 사람의 순편익이 7백 5십만원인 반면 비용을 부담한 사람의 순편익은 −2백 5십만원이 된다. 공원 같은 공공재는 비용을 부담하지 않은 사람이라 해서 그것을 소비하지 못하

오페라 「토스카」와 용의자의 딜레마

용의자의 딜레마에 해당하는 상황은 유명한 푸치니의 오페라 「토스카」(Tosca)에서도 찾아볼 수 있다.[6] 이 오페라의 남자 주인공 카바라도시(Cavaradossi)는 어느 날 저녁 성당으로 숨어든 탈옥 정치범 안젤로티를 숨겨준다. 안젤로티의 뒤를 쫓던 비밀경찰 국장 스카르피아(Scarpia)는 카바라도시를 체포하고 사형을 선고한다. 그런데 스카르피아는 평소부터 카바라도시의 애인인 토스카에게 욕정을 품어오고 있었다.

스카르피아는 이 기회를 틈타 토스카를 차지하려는 마음에서 만약 그녀가 자기에게 몸을 허락하면 카바라도시를 살려 주겠다고 제의한다. 빈 총탄을 장전한 사수들을 배치하여 총살하는 척만 하고 살려주겠다는 제의였다. 토스카는 그 말을 믿을 수 없으니 카바라도시가 국외로 탈출할 수 있도록 허가증을 써 주어야 몸을 허락하겠다고 버틴다. 스카르피아가 허가증을 다 쓴 순간 토스카는 식탁 위의 칼을 들어 스카르피아를 찌른다.

허가증을 손에 쥔 토스카가 카바라도시에게 달려가나, 요란한 총성과 함께 카바라도시는 내동댕이쳐지듯 그 자리에 쓰러진다. 약속을 어기고 실탄이 장전된 총으로 사격을 하도록 명령해 놓았던 것이다. 토스카는 울부짖으며 카바라도시를 껴안는데, 스카르피아가 살해된 것을 발견한 그의 부하들이 그녀를 잡으려 달려든다. 결국 그녀는 성벽 아래로 몸을 던져 스스로 목숨을 끊는다.

오페라 「토스카」의 한 장면

용의자의 딜레마와 비슷한 상황에 처해 있는 주인공들의 비극적 삶이 이를 오페라의 고전으로 만들었다.

이 오페라에서 스카르피아와 토스카는 일종의 게임을 하고 있다. 스카르피아는 토스카가 몸을 허락하면 카바라도시를 살려 주겠다고 약속했지만 반드시 그 약속을 지킨다는 보장이 없다. 스카르피아는 약속을 지켜 카바라도시를 살려 주는 전략과 이를 어기고 죽여 버리는 전략 중 하나를 선택할 수 있다. 한편 토스카는 약속한 대로 순순히 몸을 허락하는 전략과 약속을 어기고 스카르피아를 처치해 버리는 전략 중 하나를 선택할 수 있다. 만약 토스카가 약속을 어기려 한다면 스카르피아를 죽여 버릴 수밖에 없다. 그렇게 하는 것이 약속을 어기면서 카바라도시를 살릴 수 있는 유일한 길이기 때문이다.

이 두 사람이 처해 있는 상황은 전형적인 용의자의 딜레마 상황이라고 할 수 있다. 두 사람이 모두 약속한 대로 행동했다고 하자. 그렇게 되면 카바라도시는 살아서 국외로 도망갈 수 있지만, 토스카는 스카르피아에게 몸을 뺏기는 수모를 당한다. 오직 토스카만 약속을 지키는 경우, 스카르피아는 토스카의 몸을 뺏는 데 그치는 것이 아니라 연적인 카바라도시를 제거하는 이득까지 얻을 수 있다. 반면에 토스카는 카바라도시를 살리지도 못하면서 몸만 빼앗기는 손해를 보게 된다. 스카르피아로서는 이것이 최선의 결과인 데 비해, 토스카에게는 최악의 결과라고 할 수 있다.

일어날 가능성이 매우 작기는 하지만, 스카르피아만이 약속을 지키는 경우도 생각해 볼 수 있다. 즉 빈 총탄으로 사격을 하라고 명령했는데, 토스카가 스카르피아를 죽여버리는 상황도 일어날 수 있다. 이 경우 토스카는 몸을 지키고 사랑하는 카바라도시와 국외로 탈출할 수 있는 최선의 결과를 얻게 된다. 반면에 스카르피아는 공연히 이들에게 좋은 일만 시켜주고 목숨을 잃는 최악의 상황을 맞는다.

두 사람 다 약속을 지키지 않을 경우 어떤 일이 일어날지는 독자 스스로 상상해 보기 바란다. 사실은 구태여 상상해 볼 필요가 없는데, 이 오페라의 비극적 결말이 바로 이에 해당하기 때문이다. 약속을 지키지 않는 것이 우월전략이라 애당초 지켜질 가능성이 적었지만, 약속은 산산조각이 나고 결국 주인공 세 사람이 모두 죽음을 맞는 짙은 비극성이 이 오페라의 흥미를 더해 주는 것이다.

표 8-3
공공재를 둘러싼 게임
(단위 : 만원)

		임 씨	
		부 담	부담 않음
홍 씨	부 담	(500, 500)	(−250, 750)
	부담 않음	(750, −250)	(0, 0)

도록 막을 방법이 없다. 그렇기 때문에 비용을 부담하지 않은 사람이 7백 5십만원이나 되는 큰 이득을 보는 결과가 나타나는 것이다.

지금까지 논의한 것을 〈표 8-3〉에 정리해 놓았는데, 이를 자세히 살펴보면 전형적인 용의자 딜레마 게임의 성격을 발견할 수 있다. 괄호 안의 숫자 중 첫 번째 것은 홍씨의 순편익, 그리고 두 번째 것은 임씨의 순편익을 뜻한다. 이 게임에서 각 사람은 우월전략, 즉 비용을 부담하지 않는 전략을 선택할 것이고, 따라서 공원이 만들어지지 못하는 결과가 빚어진다. 두 사람이 모두 비용을 부담해 공원을 만드는 것이 최선의 상태임에도 불구하고 이를 실현하지 못한다는 말이다.

비단 여기에서 예로 들고 있는 공원뿐 아니라 모든 공공재의 경우에 이와 비슷한 결과가 빚어지게 된다. 그렇기 때문에 현실에서 정부가 공공재를 생산, 공급하는 일을 떠맡는 경우가 많은 것이다.

8.3 경쟁전략의 실례

앞선 자의 이득

두 화장품회사가 신상품 개발 문제를 두고 신경전을 벌이는 상황을 생각해 보기로 하자. 남성용보다 여성용 화장품시장이 훨씬 더 크기 때문에 각 기업은 서로 이쪽의 신상품을 내고 싶어 한다. 그렇지만 두 기업이 모두 여성용 화장품시장 쪽으로 몰리면 치열한 경쟁이 벌어질 것이 분명해 큰일일 테니 상대방의 눈치를 잘 살펴야 한다. 상대방이 여성용을 개발할 것이 분명하다면 자기 회사는 아예 남성용을 개발하는 편이 더 낫다. 문제는 상대방이 어떤 선택을 할지 모르는 상태에서 자신의 거취를 결정해야 한다는 데 있다. 만약 독자가 한 회사의 최고경영자라면 과연 어떤 쪽을 개발하기로 결정할 것인지 생각해 보기 바란다.

이와 같은 상황에서 각 기업은 자신만 여성용 화장품을 개발하고 상대방은 남성용

6) 오페라 토스카에 용의자의 딜레마와 흡사한 상황이 존재하고 있음은 W. Poundstone이 쓴 책 *Prisoner's Dilemma*에서 이미 지적된 바 있다.

화장품을 개발해 주기를 바란다. 이때 어떤 한 기업이 선수를 쳐서 여성용 화장품 개발에 먼저 착수한다면 다른 기업은 울며 겨자 먹기로 남성용 화장품을 개발하게 될 것이다. 이렇게 경쟁자보다 한발 앞서 유리한 고지를 점령하는 데서 나오는 이득을 **앞선 자의 이득**(first-mover advantage)이라고 부른다.

앞선 자의 이득

전략적 상황에서 경쟁자보다 한발 앞서 유리한 고지를 점하는 것으로부터 나오는 이득

앞선 자의 이득을 누리기 위해서는 여성용 화장품을 개발하려 하는 자신의 의지가 강하다는 사실을 상대방에게 납득시켜야 한다. 여성용 화장품을 개발하겠다는 의지를 보였음에도 불구하고 상대방이 여성용 화장품시장으로 밀고 들어온다면 앞선 자의 이득을 얻을 수 없다. 상대방으로 하여금 여성용 화장품 개발을 포기하게 만들 수 있어야만 앞선 자의 이득을 얻을 수 있는 것이다. 그렇게 만들기 위해서는 여성용 화장품을 개발한다는 결정을 결코 번복하지 않을 것이라는 점을 분명히 밝혀야 하는데, 이와 같은 의지의 표현을 **공약**(commitment)이라고 부른다.

여성용 화장품을 개발하겠다는 굳은 의지를 표현하는 방법에는 여러 가지가 있다. 예를 들어 많은 돈을 들여 새로 내놓을 여성용 화장품에 대한 광고를 하는 방법이 있다. 이 광고비는 일단 지출되면 다시 회수할 수 없는 매몰비용의 성격을 갖기 때문에 상대방에게 더욱 큰 설득력을 가질 수 있다. 다시 회수할 수 없는 비용을 지출함으로써 이제는 돌아올 수 없는 다리를 건넜다는 사실을 상대방에게 알리는 효과를 갖기 때문이다. 또한 여성용 화장품의 제조에 필요한 원자재를 대량으로 구입해 놓는다거나, 심지어는 아직 생산이 시작되지도 않은 여성용 화장품의 주문을 받아 놓는 방법도 있다.

이와 같은 행동들은 한 가지 중요한 공통점을 갖고 있다. 그것은 자신이 여성용 화장품 개발을 포기할 경우 엄청난 손실을 입게 된다는 것을 상대방에게 알리는 효과를 갖는다는 점이다. 그렇기 때문에 포기하고 싶어도 포기할 수 없는 상황에 있다는 사실을 상대방이 믿게끔 만들 수 있는 것이다. 지금까지의 논의를 통해 앞선 자의 이득을 얻기 위해서는 적절한 공약의 뒷받침이 있어야 한다는 사실을 알 수 있다.

가격파괴의 허실

벤츠사의 자동차를 수입해 판매하는 서너 개의 회사가 치열한 경쟁을 벌이고 있다. 이들이 경쟁적으로 자동차 가격을 내리는 바람에 지난 한 해만도 가격이 전년도에 비해 10%나 떨어졌다고 한다. 이 치열한 싸움의 와중에서 한 회사(진양벤츠사)가 주요 일간신문에 다음과 같은 광고를 실어 최후의 승부수를 띄운다고 소리를 높였다.

> "벤츠자동차에 관한 한 저희 회사는 어느 경쟁회사보다 더 싼 가격에 여러분을 모실 자신이 있습니다. 저희들에게서 차를 산 후 다른 회사가 더 싼 가격에 파는 것을 발견하더라도 실망하지 마십시오. 그 회사의 가격이 적혀 있는 광고지를 저희들에게 가져오시면 그 차액의 두 배를 환불해 드리겠습니다."

이 광고 문안을 보면 엄청난 가격파괴가 일어나고 있다는 느낌을 받는데, 과연 이것이 사실일까? 예를 들어 진양벤츠사가 3천cc짜리 승용차에 9천만원의 가격을 붙였다고 하자. 이것을 보고 경쟁회사인 벤츠코리아사가 8천 5백만원의 가격표를 붙인다면 고객들이 모두 그리로 몰릴까? 이 상황에서 합리적인 소비자라면 벤츠코리아사를 찾지 않고 진양벤츠사에서 차를 구입할 것이다. 일단 진양벤츠사에서 9천만원에 구입한 다음 차액의 두 배인 1천만원을 환불받으면 8천만원에 구입한 셈이 되기 때문이다. 결국 벤츠코리아사는 파리만 날리는 신세가 될 것이 뻔하다.

그러므로 이런 상황에서는 어떤 경쟁회사라 할지라도 9천만원보다 더 낮은 가격표를 붙이지 않을 것이다. 실제로 진양벤츠사는 이 전략을 통해 경쟁회사로 하여금 자신이 정하는 가격을 그대로 따라오게끔 만든 것임을 알 수 있다. 물론 이 회사는 이윤이 충분히 날 수 있는 수준에서 가격을 결정했을 것이고, 따라서 이 시장 안의 모든 기업들은 짭짤한 이윤을 얻게 된다. 가격파괴의 절정같이 보이던 광고가 사실은 서로 협조하여 잘해보자는 암묵적 담합의 초대장이었던 것이다.

몫 나누기 게임

주어진 금액(100만원)의 돈을 두 경기자(정씨와 심씨)가 합의하여 나누어 갖는 게임을 생각해 보자. 이 중 한 경기자, 예컨대 정씨가 이 돈을 어떤 비율로 나누자고 제의한다. 만약 심씨가 이 제의를 받아들이면 게임은 바로 여기에서 끝나고 두 사람은 그 비율로 돈을 나누어 갖게 된다. 예를 들어 정씨 자신이 60만원, 그리고 심씨는 40만원의 비율로 나누자고 제의했을 때 심씨가 이에 동의하면 바로 그 비율로 돈을 나누게 된다.

만약 심씨가 정씨의 제의를 거부하면 이번에는 심씨가 어떤 비율로 나눌지를 제의하여 게임은 제2라운드로 접어들게 된다. 그런데 이제는 둘이 나누어 가질 수 있는 총액이 50만원으로 줄어든다. 다시 말해 심씨는 종전의 반으로 줄어든 50만원을 어떤 비율로 나눌지 제의하는 것이다. 정씨가 이 제의를 받아들이면 게임은 끝나고 바로 이 비율로 돈을 나누어 갖는다.

그런데 정씨가 이 제의를 거부하면 게임은 마지막 제3라운드로 들어간다. 여기에서는 정씨가 마지막 제안을 하게 되는데, 둘이 나누어 가질 수 있는 금액은 다시 25만원으로 줄어든다. 이 게임은 제3라운드로 끝나게 되어 있기 때문에 정씨의 제의는 '최후통첩'(ultimatum)의 성격을 갖게 된다. 즉 이제는 심씨의 의사와 관계없이 정씨가 제의한 대로 그 돈을 나누어야 한다.

독자가 바로 정씨라고 가정하여 어떤 전략으로 이 게임에 임할 것인지 생각해 보기 바란다. 만약 첫 라운드에서 게임을 끝내고자 한다면 독자는 어떤 비율로 나누자고 제의해야 할까? 물론 독자가 차지할 수 있는 몫이 가능한 한 크게 되도록 만든다는 견지에서 그 답을 내야 한다.

답을 찾기 위해서는 게임의 마지막 라운드로 가서 생각해 보는 것이 필요하다. 여기에서 독자가 최후통첩을 내게 되는데, 주저할 필요 없이 25만원을 전부 갖겠다고 말하면 된다. 그렇게 되면 심씨의 몫은 하나도 남지 않을 것이기 때문에 그는 제2라운드에서 게임을 끝내고 싶어 한다. 심씨가 제2라운드에서 게임을 끝내려면 독자에게 25만원보다 단 1원이라도 더 주겠다고 제의해야 한다. 따라서 그는 독자가 25만 1원을 갖고 자신이 24만 9,999원을 갖는 방식으로 나누자고 제의한다.

생각해 봅시다

입학하자마자 캠퍼스 커플이 된 정수와 지원은 다른 면에서 아무 문제가 없는데, 오직 한 가지 점에서만은 아직도 상대방을 이해하지 못한다. 문제는 취미가 서로 다른 것에 있는데, 이 때문에 한동안 사이가 나빠져 전화조차 하지 않고 몇 주일을 보내는 경우도 있다고 한다.

정수는 열렬한 격투기팬이어서 유명 선수의 시합이 열리면 빼놓지 않고 관람하는 버릇을 갖고 있다. 사랑하는 사람은 취미도 같아야 한다고 믿는 정수는 지원에게 몇 번 같이 가기를 청했으나 번번이 퇴짜를 맞았다. 단순히 거절하는데 그치는 것이 아니라, 격투기를 즐겨 보는 사람은 잔인한 성격의 소유자일 것이라고 쏘아붙이기까지 했다.

내 펀치 맛이 어때?

정수는 이런 장면을 보고 싶은데 지원은 질색이라 문제가 생긴다.

한편 지원은 현대 무용이란 타이틀이 붙은 공연은 하나도 놓치지 않는 열렬한 무용 팬이다. 지원 역시 몇 번인가 정수를 무용 공연장으로 이끌려고 했지만 막무가내였다. 사내 녀석이 그까짓 무용이나 보아야 하겠냐고 화를 내는 바람에 둘 사이에 큰 싸움이 붙은 적도 몇 번인가 있었다.

최근 두 사람은 이 문제 때문에 또다시 싸움이 벌어지지 않도록 무척 조심한다고 한다. 그렇지만 사랑하는 사람과 함께 자기가 좋아하는 경기나 공연에 갈 수 있으면 좋겠다는 희망은 결코 버리지 않고 있다. 그런데 다음 주말 각 사람으로 보아서는 도저히 놓칠 수 없는 두 가지 이벤트(월드 챔피온십, 뉴욕 현대무용단 공연)가 동시에 기다리고 있어 눈치싸움이 또다시 시작되었다.

각자 자신이 좋아하는 곳에 상대방을 데려가고 싶어 하는 것은 두말할 나위도 없다. 그러나 어쩔 수 없다면 상대방이 원하는 곳에 따라가는 것이 차선책이라고 생각한다. 두 사람 모두 가장 나쁜 상황으로 여기는 것은 따로 떨어져 제각기 자신이 좋아하는 곳으로 향하는 것이다. 과연 이 '사랑싸움'은 어떻게 결말이 날 것인가 자못 궁금하지 않을 수 없다.

생각해 보기

(1) 이 둘 중 어느 한 사람이 선수를 침으로써 상대방을 자신이 좋아하는 곳으로 가게 만들 수 있다. 그 선수란 것이 구체적으로 무엇을 뜻하는가?

(2) 이렇게 선수를 치려고 할 때, 그 효과를 한층 더 높일 수 있는 방법이 있다. 그것이 무엇일지 생각해 보라.

어루만져 주면 신뢰가 커진다?

우리는 사람들과 만나는 자리에서 단지 말만 하는 것이 아니라 몸을 접촉하는 행위를 자주 한다. 악수를 한다든지, 어깨를 툭툭 친다든지, 입맞춤을 한다든지, 포옹을 하는 등 여러 가지 행위가 그 좋은 예다. 이와 같은 신체적 접촉이 사람들 사이의 신뢰를 두텁게 해 서로 협조하려는 태도를 북돋는다는 흥미로운 연구 결과가 나와 관심을 끌고 있다.

모헨 등(V. Morhenn *et al.*)은 약간 변형된 신뢰게임(trust game)의 실험을 통해 신체적 접촉이 사람 사이의 신뢰에 어떤 영향을 미치는지를 분석해 보았다. 신뢰게임이라는 유형의 게임은 서로 전혀 모르는 두 사람에게 각각 일정 금액의 돈을 주고 다음과 같은 절차에 따라 돈을 주고받는 것을 그 내용으로 하고 있다.

두 사람에게 각각 2만원씩 주고 제비를 뽑아 A와 B라고 표시된 두 방 중 하나에 들어가게 했다고 하자. 게임의 첫 번째 단계에서 A에 들어간 사람은 받은 돈 2만원 중에서 얼마만큼을 B에 들어간 사람에게 건네줄지를 결정한다. 상대방에게 건네주고 남은 돈은 자신의 차지가 된다. 만약 상대방에게 단 한 푼도 건네주지 않으면 2만원을 모두 가질 수 있다.

그런데 흥미로운 점은 건네주는 금액의 세 배를 상대방이 받게 된다는 사실이다. 예를 들어 A에 들어간 사람이 3천원을 건네주면 B에 들어간 사람은 9천원을 받게 된다. B에 들어간 사람은 이렇게 돈을 건네받은 다음, 두 번째 단계에서 상대방에게 얼마의 돈을 건네줄지를 결정한다. 이와 같이 돈을 주고받은 후 각자 자신의 몫을 챙겨 그 자리를 떠나는 것으로 게임이 끝난다.

이 게임의 특징은 상대방에 대한 신뢰를 통해 서로에게 이득이 되는 결과를 추구할 수 있다는 데 있다. A에 들어간 사람이 상대방을 믿고 2만원을 모두 건네줄 때 두 사람이 나눠가질 수 있는 금액이 가장 커질 수 있다. 상대방을 믿는다는 것은 그가 적절한 금액을 되돌려 주리라고 기대한다는 것을 뜻한다. 바로 이런 특징 때문에 이 게임을 신뢰게임이라고 부르는 것이다.

모헨 등은 신뢰게임의 피실험자 중 일부는 마사지를 받게 하고 일부는 받지 않게 만든 다음, 이 두 집단 사이에 태도의 차이가 있는지 여부를 관찰해 보았다. UCLA의 대학생 96명을 대상으로 행한 이 실험에서 마사지를 받은 집단은 더 많은 금액을 상대방에게 건네주는 것으로 나타났다. 다시 말해 마사지를 받은 집단이 상대방에게 더 많은 신뢰를 보냈고 상대방의 호의에 대한 보답도 더 후했다는 뜻이다.

좀 더 구체적으로 말해, A에 들어간 사람이 상대방에게 건네주는 평균 금액은 마사지를 받은 집단이 받지 않은 집단에 비해 26% 더 큰 것으로 나타났다. 한편 B에 들어간 사람이 되돌려 주는 금액은 마사지를 받은 집단이 받지 않은 집단에 비해 무려 243%나 더 컸다. 단지 마사지를 받은 것만으로도 상대방에 대한 신뢰가 커졌고 이에 대한 보답 역시 무척 후해졌다는 뜻이다.

한 가지 흥미로운 점은 이와 같은 태도의 변화가 호르몬의 변화와 밀접한 관련을 갖는다는 사실이다. 즉 마사지를 받으면 옥시토신(oxytocin)이라는 호르몬의 혈중 농도가 높아지는데, 바로 이와 같은 생리적 변화가 상대방에 대한 신뢰와 보답 수준의 상승과 동시에 나타났던 것이다. 뇌에서 작용하는 이 호르몬은 여러 가지 사회적 교류 활동과 깊은 관계를 갖는 것으로 알려져 있다.

약간의 신체적 접촉이 사람과 사람 사이의 관계를 부드럽게 만들어주는 윤활유 역할을 한다는 사실은 널리 알려져 있다. 예를 들어 식당에서 종업원과 신체적 접촉이 있었으면 서비스의 질과 관련 없이 더 많은 팁을 놓게 된다고 한다. 또한 도서관에서 책을 빌릴 때 신체적 접촉이 있었던 경우에는 직원의 친절성에 대한 평가에서 더 높은 점수를 준다고 한다.

예전에 서울 거리에서 "나를 안아 주세요."(Hug me.)라고 쓰인 뱃지를 가슴에 달고 낯선 사람 안아주기 캠페인을 벌인 사람들이 있었다. 지금까지 살펴본 연구 결과는 이런 캠페인이 우리 사회를 좀 더 밝고 활기차게 만드는 데 도움을 줄 수 있음을 시사하고 있다. 가볍게 안아주는 작은 행동이 주위 사람에 대한 믿음을 더 크게 만들어주는 윤활유의 역할을 해줄 것이기 때문이다.

자료 : V. Morhenn *et al.*, "Monetary Sacrifice among Strangers Is Mediated by Endogenous Oxytocin Release after Physical Contact," *Evolution and Human Behavior*, 2008

이 사실을 염두에 둔 상태에서, 만약 독자가 첫 라운드에서 게임을 끝내고 싶으면 심씨에게 얼마를 주겠다고 제의해야 하는지 생각해 보자. 제2라운드에서 심씨가 얻을 수 있는 돈이 24만 9,999원이므로 첫 라운드에서 25만원을 나눠 주겠다고 제의하면 이를 받아들일 것이다. 이상의 논의를 종합해 보면, 독자가 첫 라운드에서 심씨가 25만원, 그리고 자신은 75만원을 갖는 방식으로 나누자고 제의할 경우 게임이 그것으로 끝날 것임을 알 수 있다. 그것이 바로 독자가 취할 최적전략인 셈인데 게임의 끝 라운드로부터 실마리를 풀어 이 답을 찾았다는 점이 특이하다.[7)]

이 게임의 독특한 점은 라운드를 거듭할수록 둘 사이에 나누어 가질 수 있는 돈의 크기가 줄어든다는 데 있다. 두 사람이 합의를 보지 못하고 시간을 지연시키면 공동으로 손해를 보도록 게임의 규칙을 만든 것이다. 노동조합과 사용자가 내년도 임금을 놓고 협상하는 과정에서 이와 비슷한 일이 일어날 수 있다. 빨리 합의를 보지 못하고 시간을 끌면 생산에 차질이 와 두 측이 모두 손해를 보게 된다. 우리가 단지 호기심에서 이와 같은 문제를 다루는 것은 아니라는 점을 납득할 수 있으리라고 생각한다.

경매의 이론 8.4

경매의 의미

최근 들어 경제학자들 사이에서 **경매이론**(auction theory)에 대한 관심이 부쩍 커지고 있는 것을 볼 수 있다. 이와 같은 현상은 현실 경제에서 경매라는 거래방식이 점차 더 널리 활용되고 있는 추세와 밀접한 관련을 갖고 있다. 특히 미국과 영국 등 여러 나라 정부가 이동통신 사업권을 경매에 붙임으로써 막대한 재정수입을 올린 사실이 경매이론에 대한 관심을 한층 더 높이는 계기가 되었다. 경매의 절차를 어떻게 설계하느냐에 따라 경매 수입이 크게 달라진다는 사실이 알려지면서 경매이론을 전공하는 경제학자들의 몸값이 치솟는 재미있는 현상이 나타났다.

우리 주위에서 농수산물, 주식, 골동품, 예술작품을 위시한 수많은 상품들이 경매에 의해서 교환되고 있는 것을 본다. 경매를 통해 거래할 때는 미리 정해진 가격을 붙이는 것이 아니라 경매가 이루어지는 현장에서 가격이 결정된다. 그렇다면 어떤 경우에 보통의 거래방식 대신 이런 거래방식을 사용하게 되는 것일까?

우선 들 수 있는 것은 거래 대상이 되는 상품에 표준적인 가치(standard value)가 존재하지 않는 경우다. 예를 들어 어느 날 잡은 생선은 그 당시의 특정한 수급조건에 의해 그 가격이 결정될 수밖에 없다. 골동품이나 예술작품의 경우에도 그 본질상 표준적

7) 이와 같은 논리의 전개방식을 역진귀납(backward induction)이라고 부른다.

다빈치(L. da Vinci)의 「살바토르 문디」(Salvator Mundi), 1500년 경

이 그림은 2017년 11월 뉴욕 크리스티 경매에서 무려 4억 5천만 달러라는 사상 최고의 금액에 낙찰되었다. 1958년 처음 경매에 등장했을 때는 고작 45파운드의 가격에 낙찰되었으나, 2011년 다빈치의 작품으로 인정받은 후 그 가치가 천문학적 단위로 급상승했다. 한때 위작 시비에 휘말리기도 했지만, 거장 다빈치의 작품이 워낙 희귀한지라 그런 어마어마한 가격이 붙게 되었다.

인 가치라는 것이 존재할 수 없다. 이런 경우에는 경매를 통해 거래가 이루어지는 것이 합리적이라고 할 수 있다. 둘째로는 정부의 사업과 관련된 거래처럼 그 본질상 경매제도를 이용하는 것이 적절한 경우를 들 수 있다. 예를 들어 정부의 구매사업, 각종 권리의 배분과 같은 일에서는 말썽의 소지를 없애기 위해서라도 경매제도에 의존할 수밖에 없다.

사전을 보면 경매라는 단어가 '가장 높은 가격을 부르는 사람에게 물건을 판매하는 공개판매 방식'이라는 의미를 갖는다고 설명되어 있다. 우리가 상식적으로 생각하는 경매가 바로 이런 뜻을 갖고 있으리라고 생각한다. 그러나 물건을 팔 때만 경매가 이루어지는 것이 아니라, 물건을 살 때에도 이루어질 수 있다. 물건을 살 때라면 가장 낮은 가격을 부르는 사람에게 사게 될 것이다.

이론으로서의 경매이론은 정보가 완전히 갖춰지지 못한 상태에서의 전략적 행위에 대한 연구의 한 분야라는 의미를 갖고 있다. 경매에 참여하는 사람은 다른 사람들이 경매 대상 물건에 대해 어떤 가치를 부여하고 있는지 잘 모르고 있다.[8] 그렇기 때문에 경매에 참여하는 사람들 사이에서 치열한 눈치싸움이 벌어질 수밖에 없다. 바로 이 눈치싸움이 경매이론의 핵심을 구성한다고 말할 수 있으며, 이 점에서 볼 때 경매이론은 바로 앞에서 본 게임이론과 밀접한 관계를 갖는다.

경매의 여러 방식

현실에는 수없이 많은 종류의 경매방식이 존재하고 있는데, 이들은 크게 보아 다음과 같은 두 가지 유형으로 나누어진다. 하나는 **공개경매**(open-outcry bidding) 방식인데, 크리스티(Christie's)나 소더비(Sotheby's) 같은 곳에서 예술품을 경매할 때처럼 모두가 모인 자리에서 공개적으로 경매가 진행되는 경우가 그 좋은 예다. 우리가 보통 생각하는 경매방식은 바로 이런 것이라고 말할 수 있다. 두 번째 유형은 **입찰제**(sealed bid) 방식인데, 각 경매 참가자가 자신이 낼 용의가 있는 금액을 봉함된 상태로 제출한다는 데 이 방식의 특징이 있다.

공개경매 방식은 부르는 가격을 점차 올려가느냐 아니면 내려가느냐에 따라 다시 영국식 경매와 네덜란드식 경매로 나누어진다. **영국식 경매**(English auction)는 부르는 가격을 계속 올려가다가 더 이상 높은 가격을 부르는 사람이 없으면 그 가격에서 거래

8) 여기서 '경매에 참여하는 사람'이라는 표현을 쓰고 있으나 엄밀하게 말하면 '경매에 참여하는 경제주체'라고 표현해야 할 것이다. 개인뿐 아니라 기업 혹은 다른 단체들도 경매에 참여할 수 있기 때문이다.

생각해 봅시다

이동통신 등에 사용되는 주파수 사용권을 경매방식에 의해 민간기업에 판매하는 사례가 점차 늘고 있다. 경매방식을 채택할 경우 수의계약방식에 따르는 여러 가지 문제들을 피할 수 있을 뿐 아니라, 이를 통해 재정수입을 올릴 수 있는 매력까지 있다. 각국 정부는 앞다투어 이 방식을 채택했고, 미국과 영국 정부는 이로부터 상당한 재정수입을 올린 것으로 알려져 있다.

정부가 보유하고 있는 권리를 경매방식에 의해 판매하는 사례가 늘면서 게임이론가에 대한 수요가 갑자기 커지게 되었다. 여기저기서 게임이론을 전공하는 경제학자들의 자문을 구하는 바람에 하루아침에 '귀하신 몸'이 되어 버린 것이다. 정부는 수입을 가장 크게 만들 수 있는 경매방식을 찾기 위해 게임이론가의 도움을 필요로 한다. 한편 경매에 참여하는 기업들은 가장 적게 써내면서 이기는 방법을 찾기 위해 게임이론가의 도움을 구한다.

생각해 보기

(1) 주파수 사용권을 경매방식에 의해 민간기업에 판매하는 경우에 어떤 문제점이 발생할 수 있을지 생각해 보자.

(2) 그렇다면 경매방식을 포기하고 아예 수의계약방식에 의해 주파수 사용권을 판매하는 것이 더 나을까? 두 가지 방식의 장단점에 대해 생각해 보자.

가 이루어지는 방식으로, 가장 전형적인 경매방식이라고 말할 수 있다.[9] 경매라고 하면 이 영국식 경매를 마음속에 두고 그 말을 쓰는 것이 보통이다.

영국식 경매와는 반대로 가장 높은 가격으로부터 시작해 차츰 가격이 내려가는 방식으로 진행되는 경매방식도 있다. **네덜란드식 경매**(Dutch auction)가 바로 그것인데, 가장 높은 가격에서 경매를 시작해 가격이 내려가는 도중 어떤 가격에 살 사람이 나서면 경매는 거기에서 끝나고 거래가 이루어진다. 실제로는 시계처럼 생긴 기계를 이용해 경매를 실시하는 경우가 많은데, 바늘이 돌아가면서 가격이 내려가는 도중 누군가가 사겠다고 나서면 순간적으로 바늘이 그 자리에서 멈추게 된다. 그렇기 때문에 짧은 시간 안에 경매가 끝날 수 있어 신선도 유지가 중요한 꽃(우리나라, 네덜란드)이나 생선(이스라엘)의 거래에 이 방식이 자주 사용되고 있다.

경매의 두 번째 유형인 입찰제는 경매에서 이긴 사람이 내는 가격이 무엇에 의해 결정되느냐에 따라 최고가격입찰제와 제2가격입찰제로 나누어진다. **최고가격입찰제**(first-price sealed-bid auction)하에서는 가장 높은 가격을 써내는 사람이 경매에서 이기게 되는데, 그는 자신이 써낸 금액을 지불해야 한다. **제2가격입찰제**(second-price sealed-bid auction)의 경우 다른 점에서는 최고가격입찰제와 똑같으나, 한 가지 결정적인 차이점을 갖고 있다. 그것은 경매에서 이긴 사람이 자신이 써낸 금액을 지불하는 것이 아니라 그다음으로 높이 써낸 금액을 지불한다는 점이다.

9) 이 방식은 골동품이나 예술작품의 거래 등 여러 상황에서 널리 사용되고 있다.

예를 들어 어떤 골동품이 경매에 붙여졌을 때 가장 높이 써낸 금액이 7천만원이고, 그다음으로 높게 써낸 금액이 6천만원이라고 하자. 최고가격입찰제하에서는 7천만원을 써낸 사람이 바로 그 금액을 지불하고 골동품의 주인이 된다. 반면에 제2가격입찰제하에서는 7천만원이라고 써낸 사람이 6천만원을 지불하고 그 골동품을 갖게 된다는 차이점이 있다. 이런 독특한 경매방식을 사용하는 이유는 바로 뒤에서 설명하게 될 것이다.

한 가지 흥미로운 점은 일정한 조건이 충족된다는 것을 전제로 할 때 이 네 가지 경매방식이 가져다주는 수입이 평균적으로 똑같을 것이라는 이론적 결과가 도출되어 있다는 사실이다. 여기서 특히 주의해야 할 점은 경매 수입이 '평균적으로' 똑같을 것이라고 예측할 수 있다는 사실이다. 즉 여러 번 반복해서 경매를 실시했을 때 수입이 똑같아지는 경향이 나타날 것이라는 말이다. 따라서 개별적인 경매의 상황에서는 어떤 방식을 채택하느냐에 따라 수입이 달라지는 결과가 얼마든지 발생할 수 있다.

승자의 불행

강원도의 어떤 곳에 희귀한 광물자원이 매장되어 있는 것으로 추정되는 국가 소유의 야산이 하나 있다고 한다. 정부는 이를 처분하기 위해 최고가격입찰제를 통한 경매를 실시했고, 천씨라는 사람이 가장 높은 가격 50억원을 써냈다고 한다. 그 야산의 주인이 된 천씨는 승리의 미소를 짓고 있겠지만, 사실은 울어야 할 처지에 빠져 있을 가능성이 크다. 이런 역설적 현상을 가리켜 **승자의 불행**(winner's curse)이라고 부르는데, 구체적인 예를 들어 왜 그런 현상이 나타나게 되는지 그 이유를 설명해 보기로 하자.

경매에 참여하는 사람은 아무도 그 야산의 정확한 가치를 모르기 때문에 자기 나름대로 추측한 결과에 입각해 자신이 써낼 가격을 결정한다. 사람들 중에는 그것의 가치를 실제보다 더 높게 평가하는 사람도 있을 것이고, 더 낮게 평가하는 사람도 있을 것이다. 이 사람들이 모두 낙관적인 사람들이거나 혹은 비관적인 사람들은 아니고 거의 반반 정도로 섞여 있는 것이 현실적이라 한다면, 이들이 평가한 가치의 평균치는 야산의 진정한 가치에 매우 근접하리라고 예상할 수 있다.

모든 경매 참가자들이 자신의 평가액을 그대로 써넣는다고 가정할 때, 어떤 사람이 이 경매에서 이겼다는 것은 야산의 가치를 과대평가해 가장 높은 금액을 써냈다는 뜻이 된다. 따라서 그가 평가한 야산의 가치는 진정한 가치를 많이 초과하고 있을 것이어서, 실제로 개발을 시작해 보면 손해를 보게 될 가능성이 매우 높다. 상황이 바로 이렇기 때문에 사실은 그가 울어야 할 처지에 빠졌다고 말하는 것이다.

승자의 불행 현상은 단지 이론적으로 가능한 결과에 그치는 것이 아니다. 실제로 미국에서 1960년대에 행해진 유전개발가능지역의 경매에서 이와 비슷한 현상이 종종

프로 스포츠의 자유계약선수

자유계약선수(free agent)가 되면서 돈방석에 앉게 된 프로 스포츠 스타들의 이야기를 자주 듣는다. 큰돈이 걸려 있기 때문에 곧 자유계약선수의 지위를 얻게 될 선수들은 좋은 성적을 올리려고 혼신의 힘을 다해 그라운드를 누빈다. 그런데 거액을 받고 스카우트된 자유계약선수가 기대만큼 훌륭한 성적을 거두지 못하는 경우가 많다. 우리가 흔히 쓰는 '먹튀'라는 말은 바로 이런 경우를 가리키고 있다.

우리 속담에 "화장실 가기 전과 가고 난 후의 태도가 다르다."라는 말이 있다. 자유계약선수가 되기 전에는 높은 계약금을 바라고 열심히 노력하지만, 일단 계약을 맺은 후에는 열심히 노력할 유인이 없어지는 것이 사실이다. 아무리 진지하고 성실한 사람이라 할지라도 이런 유인구조에서 완벽하게 자유롭기는 어렵다. 거액의 계약금이 마음의 부담으로 남기는 하겠지만, 아무래도 계약을 맺기 전만큼 열심히 노력해야 할 절박한 필요성을 느끼기는 힘들 것이다.

그렇다면 먹튀로 판명된 자유계약선수의 경우를 이와 같은 유인구조의 문제로 만족스럽게 설명할 수 있을까? 부분적인 설명은 될 수 있지만, 그것만으로는 설득력이 떨어진다. 이 상황을 좀 더 만족스럽게 설명할 수 있는 다른 요인을 찾을 수 있는데, 그것은 바로 '승자의 불행'이다. 계약을 맺은 후 노력을 덜 해서 기대 이하의 성적을 내는 것이 아니라, 애당초 그 선수에게 너무 큰 기대를 걸었다는 데 문제가 있었다는 말이다.

경기에 열중하고 있는 선수들

자유계약제도로 인해 승자의 불행을 맛보는 구단이 생길 수 있다.
(사진 제공 : LG트윈스 구단)

야구를 예로 들자면, 어떤 선수의 가치를 평가하는 데 타율, 타점, 장타율, 홈런 수, 도루율, 수비율 등 수많은 변수들을 고려해야 한다. 어떤 선수는 공격은 좋은데 수비가 나쁘고, 타율은 높은데 장타율이 떨어지는 등 갖가지 복잡한 상황에서 선수의 가치를 매겨야 한다. 뿐만 아니라 그 선수의 나이나 (잘 모르는) 건강상태까지 고려해야 하기 때문에 얼마를 주어야 적절한지 알아내는 것은 정말로 어려운 일이다. 심지어는 앞으로 선수들의 평균적 보수가 얼마나 될지에 대한 예상도 그 선수의 가치 평가에 반영되어야 한다.

그렇기 때문에 자유계약선수 시장에 나온 특정한 선수에 대한 가치 평가는 어림짐작 이상의 것이 되기 어렵다. 각 구단은 나름대로의 기준에 따라 얼마의 가치가 있다고 평가할 텐데, 그 평가가 정확할 것이라는 보장이 없다. 그 선수를 과대평가한 구단이 그를 데려갈 가능성이 크고, 결국 계약을 맺은 후 실망을 할 가능성도 그만큼 크다. 그렇기 때문에 자유계약선수들 중 먹튀라고 비난을 받는 사람이 많은 것은 지극히 자연스러운 현상이다.

반드시 자유계약선수가 아니라 할지라도 거액을 들여 유망 신인 선수나 타 구단의 스타를 스카우트하는 경우에도 이와 비슷한 승자의 불행 현상이 나타날 수 있다. 구단들이 시행착오를 거쳐 각 선수의 가치를 좀 더 정확하게 평가하는 방법을 배워나갈 수 있겠지만, 한계가 있을 수밖에 없다. 따라서 거액을 들여 스카우트해 왔는데 몸값을 제대로 못한다는 불평은 사라지지 않을 것이다.

일어난 것으로 알려져 있다. 사람들은 이를 알고 자신이 평가한 금액보다 더 낮은 금액을 써낼 텐데, 문제는 얼마나 낮춘 금액을 써낼 것인지 잘 모른다는 데 있다. 너무 적게 낮추면 승자의 불행이란 덫을 피하지 못하는 반면, 너무 많이 낮추면 경매에서 질 우려가 있기 때문이다.

경매에 참여하는 사람들이 모두 값을 낮추어 써내면 경매를 통해 얻을 수 있는 수입이 줄어든다. 따라서 경매를 실시하는 측은 값을 낮추어 써내지 않도록 유도하려고 할 것이다. 바로 이런 관점에서 고안된 것이 앞에서 본 제2가격입찰제라는 독특한 경매방식이다. 이 방식하에서는 경매에 이긴 사람이 자신이 써낸 금액을 지불하지 않아도 되기 때문에, 일부러 값을 낮추어 써낼 유인이 줄어들게 된다.

앞에서 본 천씨가 제2가격입찰제하에서 어떤 태도로 경매에 임하게 될지 생각해 보기로 하자. 다른 사람들의 눈치를 보니, 그들이 기껏 써내 보았자 45억원 정도에 지나지 않을 것 같은 느낌이다. 따라서 자신의 평가액 50억원을 그대로 써내면 그 야산의 주인이 될 것이라고 생각하는데, 승자의 불행이란 덫에 빠질 것이 마음에 걸린다. 그래서 값을 얼마간 낮추어 써낼까 생각 중인데, 그렇게 하는 데서 오는 이득이 있을지의 여부가 문제다.

천씨가 예측한 대로 다른 사람들이 써낸 금액 중 가장 높은 것이 45억원이었다고 하자. 그렇다면 그가 45억원과 50억원 사이의 어떤 금액을 써넣어도 지불해야 하는 금액은 언제나 45억원으로 똑같다. 따라서 지금 보는 예에서처럼 조금만 낮추어 써내는 경우, 그가 얻을 수 있는 이득은 아무것도 없다.

그렇다면 매우 큰 폭으로 낮추어 써내는 경우는 어떨까? 예컨대 40억원으로 낮추어 써낸다면 45억원을 써낸 사람이 그 야산의 주인이 될 것이므로, 천씨는 그것을 개발해 이득을 얻을 수 있는 기회를 잃게 된다. 자신의 평가액을 조금 낮추어 써내 보았자 아무 이득도 없고, 크게 낮추어 써내는 경우에는 손해를 볼 수도 있는 것이다. 결론적으로 말해 제2가격입찰제하에서는 일부러 값을 낮추어 써냄으로써 얻는 이득이 없다는 뜻이다.

요약

1. 게임이론은 전략적 상황에 처한 경제주체들의 행위를 체계적으로 분석해 보려는 의도에서 개발된 이론이다. 게임의 기본 골격을 구성하는 요소로는 경기자, 전략, 보수를 들 수 있다.

2. 용의자의 딜레마 게임에는 상대방이 어떤 전략을 선택하든 자신은 자백을 함으로써 더욱 유리한 결과를 얻을 수 있다는 의미에서 우월전략이 존재한다. 각 경기자가 이 우월전략을 채택하게 될 것이므로 게임은 둘 다 자백하고 마는 쪽으로 귀결될 가능성이 크다. 게임이 이렇게 귀착될 때 우월전략균형이 이루어졌다고 말한다.

3. 용의자의 딜레마 게임은 카르텔의 분석이나 공공재 문제의 분석 등 여러 경제문제를 분석하는 데 적용될 수 있다.

4. 경매이론은 정보가 완전히 갖춰지지 못한 상태에서의 전략적 행위에 대한 연구의 한 분야로 많은 관심의 대상이 된다.

5. 경매를 진행하는 방식에 따라 영국식 경매, 네덜란드식 경매, 최고가격입찰제, 제2가격입찰제 등으로 구분할 수 있다.

중요개념

게임	경기자	전략	보수
용의자의 딜레마 게임	게임의 균형	우월전략	우월전략균형
앞선 자의 이득	경매	영국식 경매	네덜란드식 경매
최고가격입찰제	제2가격입찰제	승자의 불행	

연습문제

01. 게임의 기본 골격을 구성하는 요소가 무엇인지 간략하게 설명하라.

02. 게임의 균형이 무엇을 뜻하는지 설명하고, 이것의 좋은 예를 하나만 들어 보라.

03. 용의자의 딜레마 게임에서 공동으로 달성할 수 있는 최선의 결과(둘 다 부인해 가벼운 형벌만을 받고 자유의 몸이 되는 것)를 놓치게 되는 핵심적인 이유는 무엇인가?

04. 과거 미국과 소련은 경쟁적으로 핵무기를 개발해 결과적으로 아까운 자원을 낭비해 버리는 결과를 빚었다. 그런데 게임이론의 논리에 따르면 이런 바람직하지 않은 결과가 나올 만한 충분한 이유가 있다. 왜 그렇게 말할 수 있는지 그 이유를 설명해 보라.

05. 우리나라의 특수강시장을 양분하고 있는 강우사와 스펙스틸사는 불필요한 경쟁을 자제하고 공동의 이익을 추구하기로 담합하고 있다. 만약 두 기업이 모두 합의사항을 충실히 이행하면 각각 150억원씩의 이윤을 얻을 수 있다. 그런데 어느 한 기업이 이를 몰래 위반할 경우 200억원의 이윤을 얻게 되고, 다른 기업은 50억원의 이윤밖에 얻지 못한다. 만약 두 기업이 모두 위반하면 각각 80억원의 이윤을 얻는다고 한다.

(1) 이 상황을 하나의 게임으로 보고 보수행렬을 만들어 보라.

(2) 이것이 단 한 번만 이루어지는 게임이라면 어떤 결과가 나올지 예측해 보라.

06. 정부가 대부분의 공공재를 생산, 공급하는 일을 맡고 있는 주요한 이유가 무엇인지 간략하게 설명해 보라.

07. 어떤 마을에 사는 주민들은 대부분 여러 대에 걸쳐 함께 살아온 사람들이고 앞으로도 계속 함께 살 가능성이 높다고 한다. 이런 마을이라면 주민들이 공공재의 성격을 갖는 재화나 서비스를 생산하는 일에 어떤 태도를 보일 것인지 짐작해 보라.

08. 남성전자란 회사의 구매담당 과장으로 일하는 박민진 씨는 그래픽 카드를 납품하는 회사와 그것의 납품가격을 놓고 협상을 벌이고 있다. 박씨는 개당 5만원 이상을 요구하면 납품을 받지 않겠다고 위협하고 있는데, 그 위협이 신빙성을 갖게 하기 위해 그가 취할 수 있는 행동에는 어떤 것이 있을까?

09. 영수와 지연이는 일년 전 미팅에서 만나 지금은 자주 만나는 사이가 되었다. 그런데 다음 토요일을 어떻게 보낼지 의논하던 중 의견의 충돌이 일어났다. 영수는 야구 구경을 한 뒤 신나게 한잔 하기를 원하는 반면, 지연이는 분위기 있는 레스토랑에서 저녁을 먹은 뒤 음악회에 가기를 원하기 때문이었다. 이 중 한 사람이 꾀를 쓰면 자기가 원하는 쪽으로 계획을 짤 수 있다. 어떻게 하면 되는지 생각해 보라.

10. 11세기 영국을 정복한 노르망디 출신의 윌리엄 왕은 영국에 상륙하자마자 타고 온 배들을 모조리 불살라 버렸다고 한다. 그는 왜 그런 무모한 일을 했을까?

11. 보통의 거래방식 대신 경매라는 거래방식을 사용하는 이유는 무엇일까?

12. '제2가격입찰제'에서 볼 수 있는 독특한 경매방식을 사용하는 이유는 무엇일까?

제 4 편

생산요소시장과 소득분배

| 제 9 장 |

생산요소시장의 이론

| 제10장 |

소득분배의 현실

제 9 장

생산요소시장의 이론

9.1 생산요소에 대한 수요와 공급의 결정과정

9.2 생산요소시장의 균형

9.3 노동시장

9.4 자본의 개념

9.5 이자율의 결정

9.6 이 윤

상품의 경우와 마찬가지로 생산요소의 가격도 수요와 공급의 상호작용에 의해 결정된다. 그렇지만 생산요소의 수요와 공급이 결정되는 과정은 상품의 경우와 뚜렷한 차이가 있다. 생산요소는 기업에 의해 그 수요가 결정되므로 배후에 이윤극대화의 동기가 존재한다. 이 장에서는 생산요소에 대한 수요와 공급이 어떻게 결정되는지 살펴보고, 이어서 가격과 고용량이 결정되는 과정에 대해서도 알아보려고 한다. 나아가 노동시장의 여러 측면들에 대해 살펴보고, 자본과 관련된 소득이라고 할 수 있는 이자와 이윤에 대해서도 살펴보려고 한다.

9.1 생산요소에 대한 수요와 공급의 결정과정

생산요소시장의 특성

지금까지는 아이스크림이나 자동차 같은 상품이 거래되는 시장에 대해 논의해 왔다. 그런데 현실 경제에서는 상품뿐 아니라 노동이나 자본 같은 생산요소들이 거래되는 시장도 존재하고 있다. 이 생산요소시장이 움직여 가는 원리가 상품시장의 경우와 크게 다르지는 않지만, 그렇다고 아무 차이도 없는 것은 아니다. 그렇기 때문에 생산요소시장을 독립적으로 논의해야 할 필요성이 생기는 것이다.

생산요소시장에서는 가계(소비자)가 공급자가 되는 한편 기업은 수요자가 된다. 상품시장의 경우와 비교해 보면 이 두 시장에서 가계와 기업의 역할이 정반대로 바뀐다는 것을 알 수 있다. 그렇기 때문에 수요와 공급이 결정되는 과정이 두 시장에서 서로 다를 수밖에 없다. 예컨대 생산요소를 공급하는 가계는 효용을 극대화한다는 관점에서 공급에 관한 결정을 내린다. 이는 기업이 이윤을 극대화한다는 관점에서 공급에 관한 결정을 내리는 상품시장의 경우와 매우 대조적이다.

상품시장이 갖는 또 하나의 특성은 여기서 결정된 생산요소의 가격이 소득의 분배와 밀접한 관련을 갖는다는 점이다. 예를 들어 노동을 공급한 사람에게 지급되는 임금은 바로 그 사람의 소득이 된다. 따라서 노동의 가격, 즉 임금률이 어느 수준에서 결정되느냐에 따라 그가 얼마나 많은 소득을 얻게 되느냐가 결정된다. 또한 임금률이 자본의 가격에 비해 어떤 수준에 있느냐에 따라 노동자와 자본가 사이의 소득 분배가 영향을 받게 된다.

파생수요

생산요소에 대한 수요는 상품에 대한 수요에서 파생되는 셈이라 하여 파생수요라고 부름

생산요소에 대한 수요의 결정과정

상품이 팔리지 않는다면 기업은 그것을 생산하는 데 사용되는 노동이나 자본 같은 생산요소를 고용하려고 하지 않을 것이다. 소비자들이 상품을 수요하기 때문에 이를 만드는 기업이 생산요소를 수요한다고 볼 수 있다. 결국 생산요소에 대한 수요는 상품에 대한 수요에서 파생되어 나오는 셈이다. 이 때문에 생산요소에 대한 수요는 **파생수요**(derived demand)의 성격을 갖는다고 말한다.

봄을 재촉하는 예쁜 옷들

이 옷들에 대한 수요가 있어야 이들을 만드는 데 투입되는 근로자와 기계에 대한 수요가 생겨날 수 있다.

기업이 어떤 생산요소를 얼마만큼 고용할 것인지 고려할 때 이윤극대화라는 틀 안에서 결정을 내리게 된다. 즉 이윤이 극대화될 수 있는 수준에서 생산요소를 고용하려고 한다는 말이다. 따라서 어떤 생산요소 1단위를 추가로 고용하려 할 때, 이를 통해 이윤이 늘어나는지를 보고

노동 투입량	노동의 한계생산	노동의 한계생산가치
1	5	10
2	7	14
3	8	16
4	7	14
5	5	10
6	3	6
7	1	2
8	0	0

표 9-1
노동의 한계생산가치

고용 여부를 결정하게 된다. 쉽게 말해 그것을 고용함으로써 이윤이 더 커질 수 있다는 판단이 설 때만 고용하기로 결정하는 것이다.

제5장에서 아이스크림 생산과정에 노동 투입량을 1단위씩 증가시킬 때 아이스크림 생산량이 얼마나 늘어나는지를 가리켜 노동의 한계생산이라고 부른다고 설명한 바 있다. 그리고 〈표 5-1〉을 통해 각 노동 투입량 수준에서 노동의 한계생산이 얼마인지를 보여 주었다. 이 표를 보면 노동 투입량이 6단위일 때의 한계생산이 아이스크림 3통으로 나타나 있는 것을 알 수 있다. 만약 아이스크림 1통의 값이 2만원이라면, 노동 1단위를 더 고용함으로써 추가로 얻을 수 있는 수입은 이 둘의 곱인 6만원이 된다.[1)]

이처럼 노동 1단위를 더 고용함으로써 추가로 얻는 수입을 노동의 **한계생산가치**(value of marginal product)라고 부른다.[2)] 〈표 5-1〉에 제시된 노동의 한계생산에 기초해 한계생산가치를 계산한 결과를 〈표 9-1〉에 정리해 놓았다. 이 표에 나타나 있는 한계생산가치의 수치는 각 노동 투입량 수준에서 노동을 1단위 더 투입했을 때 기업의 수입이 어떻게 변화하는지를 보여주고 있다.

한계생산가치
어떤 생산요소 1단위를 더 고용함으로써 추가로 얻을 수 있는 수입

그런데 노동 1단위를 더 고용하려면 노동의 가격에 해당하는 만큼 임금을 추가로 지급해야 한다. 이윤극대화를 추구하는 기업의 입장에서 볼 때 이 6번째 단위의 노동을 고용할 것인지의 결정은 한계생산가치와 노동의 가격을 비교해 이루어진다. 예를 들어 노동의 가격, 즉 임금률(wage rate)이 5만원이라면 그 6번째의 노동을 고용함으로써 이윤이 1만원만큼 늘어난다. 한계생산가치에서 임금률을 뺀 나머지가 추가적으로 얻을 수 있는 이윤을 뜻하기 때문이다. 그런데 7번째 단위의 노동과 관련된 한계생산가치는 2만원으로 임금률보다 더 낮은 것을 볼 수 있다. 이는 그 7번째 단위의 노동을 고용함으로써 3만원의 손실을 보게 된다는 것을 뜻하므로 기업은 그것을 고용하지 않기로 결정하게 된다.

1) 아이스크림 시장은 완전경쟁적이어서 통당 가격이 2만원 수준에 계속 유지된다고 가정한다.

2) 한계생산은 생산물의 단위로 표현되는 데 비해 지금 보고 있는 한계생산가치는 화폐의 단위로 표현되는 차이가 있다.

이와 같이 노동 1단위를 추가로 고용할 때의 수입이 이에 드는 비용보다 더 큰 한 기업은 고용을 계속 늘려갈 것이다. 기업은 더 이상 이윤이 늘어나지 않을 것이라고 판단하는 수준까지 노동의 고용량을 늘리게 된다. 다시 말해 노동의 한계생산가치가 임금률과 같아지는 수준에서 노동 고용량을 결정할 것이라는 뜻이다.

노동의 한계생산가치를 VMP_L, 그리고 임금률을 w로 나타낸다면, 이 둘 사이에 다음의 관계가 성립하는 수준에서 노동의 고용량이 결정된다.[3]

$$VMP_L = w \tag{9.1}$$

위의 등식관계가 성립하도록 노동을 고용한다는 것은 노동의 한계생산가치를 나타내는 곡선이 바로 노동에 대한 수요를 나타내는 곡선이 된다는 것을 뜻한다.

[그림 9-1]에 노동의 한계생산가치곡선이 그려져 있는데, 바로 이 곡선이 노동에 대한 수요곡선이 된다. 예를 들어 임금률이 $\bar{w}$로 주어져 있을 때 기업은 $\bar{L}$만큼의 노동을 고용할 것임을 알 수 있다. 이 곡선은 우하향하는 모양을 갖는 것으로 그려져 있는데, 이것은 한계생산체감의 법칙을 가정하고 있기 때문에 생긴 결과다.[4] 상품의 가격이 일정한 수준으로 주어져 있는 상황에서 한계생산이 떨어지면 한계생산가치도 함께 떨어지고, 그 결과 한계생산가치곡선은 우하향하는 모양을 갖게 된다.

그림 9-1

노동에 대한 수요곡선

노동의 한계생산가치곡선이 바로 노동에 대한 수요곡선이 되는데, 한계생산체감의 법칙을 반영해 우하향하는 모양으로 그려져 있다.

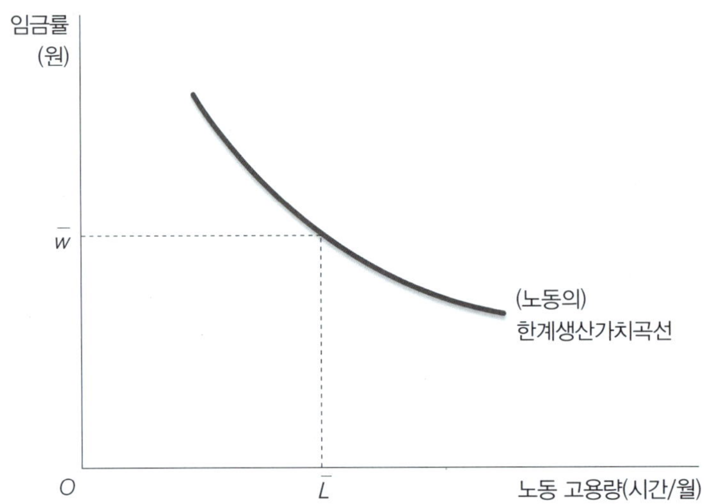

3) 자본이라는 또 다른 투입요소가 있다면, 그 경우에도 이와 비슷한 과정을 거쳐 고용량을 결정하게 된다.

4) 〈표 9-1〉을 보면 노동 투입량이 3단위에 이르렀을 때 한계생산체감의 법칙이 나타나기 시작하는 것을 볼 수 있다. [그림 9-1]은 노동 투입량이 3단위 이상임을 가정하고 그린 노동에 대한 수요곡선이라고 말할 수 있다.

생산요소 공급의 결정과정

지금까지 본 것처럼, 생산요소에 대한 수요의 결정과정은 어떤 생산요소인지에 관계없이 똑같은 틀 안에서 논의할 수 있다. 반면에 공급의 경우에는 생산요소에 따라 그 결정과정이 다르기 때문에 각 시장을 따로 떼어 논의해야 한다. 그러나 모든 생산요소시장에 대해 설명할 수는 없어, 이 절에서는 이론적 관점에서 볼 때 가장 흥미롭다고 말할 수 있는 노동 공급의 결정과정만 살펴보기로 하겠다.

노동의 공급은 기본적으로 소비자가 주어진 시간을 어떻게 쓸 것인지 선택한 결과를 반영한다. 예컨대 하루 24시간 중 10시간은 잠을 자거나 밥을 먹는 데 사용해야 하기 때문에 따로 떼어 놓아야 한다고 하자. 그렇다면 나머지 14시간을 여가와 일하는 시간으로 적절하게 나누어 쓰게 된다. 이렇게 가용시간을 여가로 쓸 것인지 아니면 일하는 데 쓸 것인지 선택한 결과가 바로 노동의 공급에 대한 결정을 뜻한다.

이와 같은 노동 공급의 결정과정은 제4장에서 본 바 있는 소비자의 선택과정과 매우 비슷하다는 사실을 관찰할 수 있다. 노동을 공급하는 소비자는 효용을 극대화한다는 관점에서 자신의 가용시간을 여가와 일하는 시간으로 배분한다. 즉 여가를 하나의 상품으로, 그리고 일함으로써 얻는 소득을 또 다른 상품으로 보고, 자신의 효용을 가장 크게 만드는 이 둘 사이의 어떤 조합을 선택한다는 뜻이다. 이와 같은 결정과정은 효용을 극대화한다는 관점에서 어떤 상품들을 선택할 것인지를 결정하는 과정과 다를 바 없다. 그렇기 때문에 소비자 선택과정의 분석에서 도출한 결과를 노동 공급 결정과정의 분석에 활용할 수 있다.

[그림 9-2]는 어떤 사람의 노동공급곡선을 보여주고 있는데, 처음에는 우상향하다가 나중에는 왼쪽으로 휘어지는 모양을 갖고 있음을 발견할 수 있다. 즉 임금률의 상승이 어느 부분에서는 노동 공급량을 늘리는 역할을 하지만 다른 부분에 가서는 줄이는 역할을 하고 있는 것이다. 일반적으로 가격이 올라가면 공급량이 늘어나는 것이 보통인데, 노동의 경우에는 그와 반대되는 현상이 나타날 수 있다는 말이다. 그렇다면 왜 이와 같은 현상이 나타날 수 있는 것일까?

열심히 일하고 있는 아르바이트 학생들

이들이 받는 시간당 보수가 지금의 두 배 수준으로 오른다면 더 많이 일하게 될까 아니면 더 적게 일하게 될까?

이 의문은 임금률의 상승과 관련된 대체효과와 소득효과를 생각해 보면 쉽게 풀릴 수 있다. 제4장에서 어떤 상품의 가격 변화가 수요량에 미치는 효과를 대체효과와 소득효과의 틀에 의해 설명했던 것을 기억할 것이다. 임금률의 변화는 여가의 가격이 변화한 것을 뜻하기 때문에, 지금 보는 경우에서도 대체효과와 소득효과의 틀에 의해 임금률 상승의 효과를 설명할 수 있다.

우선 임금률의 상승은 여가의 기회비용을 상대적으

그림 9-2

노동공급곡선

대체효과와 소득효과가 서로 반대 방향으로 작용하기 때문에 임금률 상승의 결과 노동 공급량이 늘어날 수도 있고 줄어들 수도 있다. 이 그림에서 노동공급곡선이 왼쪽으로 휘어진 부분을 볼 수 있는데, 여기에서는 임금률의 상승이 노동 공급량을 줄이는 결과를 가져온다.

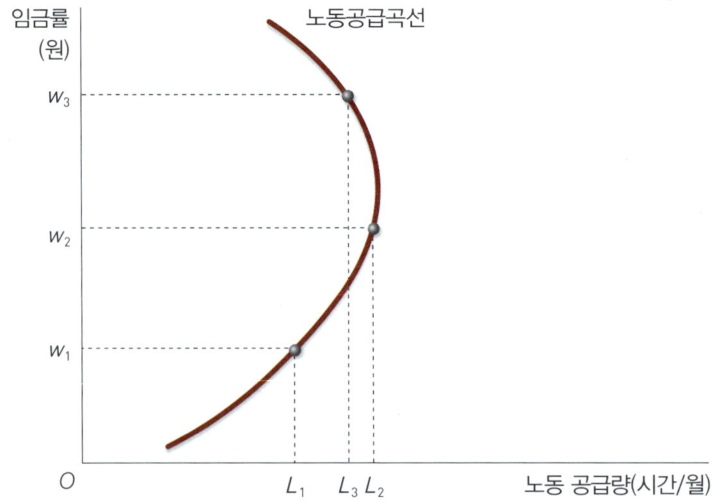

로 높이는 결과를 가져온다는 점에 주목할 필요가 있다. 시간당 임금률이 2만원일 때 6시간 동안 낚시를 즐기는 데 드는 기회비용이 12만원이지만, 임금률이 3만원으로 오르면 기회비용은 18만원으로 커진다. 즉 임금률의 상승에 따라 여가가 더 비싸졌다는 뜻인데, 대체효과는 더 비싸진 상품을 더 적게 수요하는 쪽으로 작용한다. 따라서 대체효과는 비싸진 여가의 소비를 줄이고 그 대신 노동의 공급량을 더 크게 만드는 결과를 가져온다.

이와 동시에 임금률의 상승은 소비자의 실질소득을 높여 소득효과가 발생하게 된다. 여가는 정상재의 일종이므로, 소득효과는 여가의 소비를 늘리고 노동 공급량을 줄이는 방향으로 작용한다. 이렇게 소득효과가 대체효과와 엇갈린 방향으로 작용하고 있기 때문에 어느 쪽이 더 강한지에 따라 임금률 상승에 대한 노동 공급량의 반응이 다르게 나올 수 있다.

만약 대체효과가 더 강하면 임금률의 상승에 따라 노동 공급량이 늘어나 노동공급곡선은 보통의 경우처럼 우상향하는 모양을 가질 것이다. 반면에 소득효과가 더 강하면 노동 공급량은 줄어들 것이기 때문에 노동공급곡선은 위로 가면서 왼쪽으로 휘어지는 모양을 갖게 된다. [그림 9-2]에서 보는 노동공급곡선은 임금률이 w_1일 때 우상향하는 모양을 갖는데, 이는 대체효과가 상대적으로 더 강하다는 것을 뜻한다. 반면에 임금률이 w_3일 때 반대 방향으로 꺾인 모습을 보이는 것은 소득효과가 상대적으로 더 강하기 때문인 것으로 해석할 수 있다.

그러나 모든 사람의 노동공급곡선이 이 그림에서 보는 것과 같은 모양을 갖는 것은 아니다. 이것은 단지 하나의 예시로서 보여준 것에 불과하다는 점에 주의하기 바란다. 어떤 사람의 노동공급곡선은 보통의 공급곡선처럼 계속 우상향하는 모양을 가질 수 있다.

부자들은 왜 일을 더 많이 하는가?

20세기 초 영국 상류사회를 그린 「Downtown Abbey」라는 연극에는 '주말'(weekend)이라는 용어를 들어본 적이 없는 한 귀족이 등장한다고 한다. 그는 매일 여가를 즐기고 살았기 때문에 특별히 주말을 의식할 필요가 없기 때문이란다. 반면에 전통적으로 가난한 사람들은 여가를 별로 즐기지 못하고 살아왔다. 한 경제사학자의 연구에 따르면 1800년대 영국의 평균적인 근로자는 한 주에 64시간을 일했다고 한다. 오늘날의 주당 40시간의 노동과는 천양지판으로 다른 상황이었던 것이다.

그러나 현대사회에서는 상황이 크게 달라졌다. 전반적으로 평균적인 노동시간이 현저히 줄어드는 추세하에서 부유한 사람들이 점차 노동시간을 늘리는 경향을 관찰할 수 있다. 1965년만 하더라도 대학을 졸업한 부유층이 (고등학교 졸업자에 비해) 약간 더 긴 여가를 즐겼지만, 2005년에 오면 그들의 여가시간이 오히려 더 짧아지는 역전 현상이 나타났다는 것이다. 부유층은 더 이상 유한계급이 아니라는 말이다.

이와 같은 현상이 나타나는 이유로서 첫 번째로 꼽을 수 있는 것은 높은 임금에 의한 대체효과다. 소득효과보다 대체효과가 상대적으로 더 강하기 때문에 이런 결과가 나왔다고 해석할 수 있는 것이다. 특히 최근 들어 나타나고 있는 승자독식(winner-take-all)의 경제질서하에서는 대체효과가 상대적으로 더 강하게 작용하게 된다. 이 질서하에서는 경쟁자보다 한 발 더 앞섰을 때 얻는 이득이 엄청나게 커진다. 따라서 경쟁자에게 앞서기 위해 여가를 줄이는 일을 서슴지 않게 되는 것이다.

흥미로운 점은 시간이 흐르면서 노동과 여가가 갖는 의미가 점차 변화해 간다는 사실이다. 베블렌(T. Veblen)은 『유한계급이론』(*The Theory of Leisure Class*)에서 (부유층이 누리는) 여가는 명예의 상징이라고 말한다. 시시하고 더러운 일은 남에게 시키고 자신은 저술활동, 자선행위, 혹은 토론 같은 도전적이며 창조적인 일에 전념할 수 있기 때문이라고 한다. 베블렌의 시대에는 부유층에게 여가가 일종의 사치재 노릇을 했던 셈이다.

그러나 최근의 연구에 따르면, 노동이 점차 지적이며 지식집약적인 성격을 띠어 가면서 노동에 대한 전통적 인식, 즉 그것은 지루하고 따분한 고역이라는 인식에 큰 변화가 생겼다고 한다. 일에 대한 흥미가 커지면서 과거 여가를 즐기면서 얻던 즐거움을 일자리에서 얻을 수 있는 상황이 되었다는 것이다. 자신의 일이 매우 흥미롭다고 느끼는 경우에는 가정에 있는 것보다 직장에 나와 있는 것을 더 좋아하기까지 하는 현상까지 생겼다.[5] 이 상황에서 과거에는 높은 신분의 상징이던 여가가 이제는 실업과 쓸모없음의 상징으로 여겨지게 되었다고 한다.

부유한 사람들이 지루하고 따분한 반복적 작업에 종사할 가능성은 아주 작다. 따라서 이들은 일 그 자체에서 즐거움을 느낄 가능성이 크기 때문에 자발적으로 노동시간을 늘리려고 하는 경향이 나타날 수 있다. 앞에서 말한 대체효과에 이런 효과까지 가세하기 때문에 부유층의 노동시간이 늘어나는 현상이 자주 관찰될 수 있는 것이다. 과거에는 부유층만이 누릴 수 있었던 여가가 이제는 오히려 가난한 계층에서 더 많이 소비되고 있는 것은 더 이상 수수께끼가 아니다.

자료 : *The Economist*지, 2014년 4월 19일 자

또한 지금까지의 설명이 하나의 중요한 가정, 즉 소비자가 자신의 노동시간을 마음대로 선택할 수 있다는 가정을 전제로 한다는 점도 주의를 요한다. 현실을 보면 대부분의 사람들이 아침에 출근해 저녁 때 퇴근하는 직장을 갖고 있어, 자유롭게 노동시간을 선택할 수 있는 사람은 극히 소수에 지나지 않는다. 이렇게 비현실적인 가정을 전

5) 심지어 "나는 긴장을 풀려고 직장에 나왔다."(I come to work to relax.)라고 말하는 사람까지 있다고 한다.

생각해 봅시다

어느 나라든 조세제도 개혁 얘기가 나올 때마다 항상 단골로 등장하는 것은 소득세율을 크게 낮춰야 한다는 주장이다. 이런 주장을 하는 사람들은 너무 높은 소득세율이 일하려고 하는 의욕에 나쁜 영향을 준다는 점을 지적한다. 한때 미국의 최고 소득세율은 90%를 넘는 수준이었는데, 예컨대 100만원을 더 벌어도 자기 주머니에 남는 돈은 10만원이 채 되지 않았다는 뜻이다. 이렇게 높은 소득세율이 일하려고 하는 의욕에 나쁜 영향을 주리라는 것은 충분히 짐작할 수 있는 일이다.

현재 우리나라의 최고 소득세율은 40% 정도 수준으로 결정되어 있다. 따라서 소득세의 존재가 일하고자 하는 의욕에 명백하게 나쁜 영향을 미친다고 단정 짓기는 힘든 형편이다. 만약 소득세율을 낮추는 것이 바람직하다면, 그 이유를 다른 데서 찾아야 할 것이다. "봉급생활자만 봉이다."라는 말이 있듯, 우리 사회에서는 조세정의가 제대로 확립되지 못해 심각한 갈등이 종종 빚어지고 있다. 만약 고소득자들의 탈세를 막을 수 있다면 소득세율을 낮출 수 있는 여유가 생길 것이다. 이와 같이 탈세를 막는 동시에 소득세율을 낮춰가야 한다는 주장은 매우 큰 설득력을 갖는다.

생각해 보기

(1) 일하려고 하는 의욕을 부추긴다는 것은 노동 공급량을 늘리는 결과를 가져온다는 뜻이다. 소득세율을 낮춰 주어도 노동 공급량이 분명하게 늘어나리라고 예측할 수 없는 이유는 무엇인가?

(2) 앞에서 본 노동공급곡선([그림 9-2])을 그리고, 소득세를 내기 전의 임금률이 어떤 범위 안에 있을 때 소득세율 인하가 노동 공급량의 증가를 가져오게 될지 알아내 보라.

제로 하고 있다는 점에서 지금 설명한 모형은 명백한 한계를 갖는다. 뿐만 아니라 실제의 노동 공급 결정에는 여러 가지 복잡한 요인이 영향을 미치고 있다는 사실도 염두에 두어야 한다.

9.2 생산요소시장의 균형

가격과 고용량의 결정

상품의 경우와 마찬가지로 생산요소도 수요곡선과 공급곡선이 교차하는 점에서 그 가격과 고용량이 결정된다. 앞에서 노동의 수요곡선과 공급곡선을 모두 도출했으니 이제는 이 두 곡선이 교차하는 점을 찾는 일만 남은 셈이다. [그림 9-3]은 노동시장의 균형을 나타내고 있는데, 제3장에서 본 바 있는 [그림 3-8]과 기본적으로 똑같은 그림이다. 그림을 보면 균형임금률은 w^*, 그리고 균형고용량은 L^*임을 알 수 있다.

제3장에서 본 것처럼, 상품시장에서 가격 이외의 다른 요인에 생긴 변화는 수요곡선 혹은 공급곡선의 이동을 가져오게 된다. 그리고 이와 같은 수요곡선과 공급곡선의

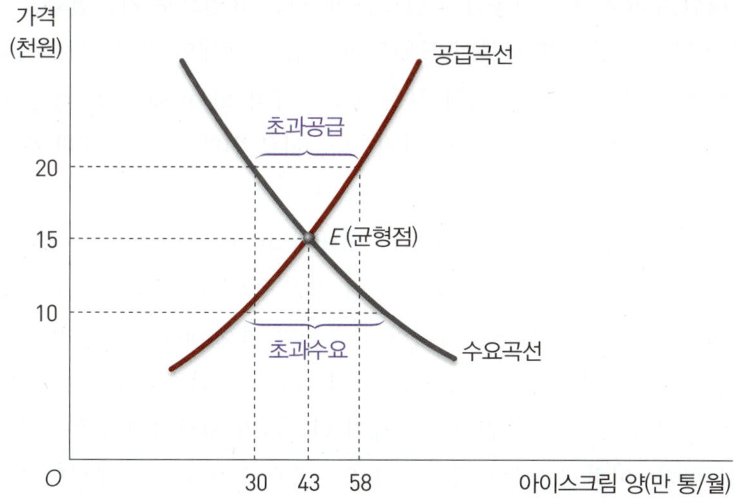

그림 3-8

상품시장의 균형

아이스크림 가격이 1만 5천원일 때 수요량과 공급량이 43만 통씩으로 딱 맞아떨어져 균형이 이루어진다. 이보다 더 높은 가격에서는 초과공급의 상태가 나타나는 반면, 더 낮은 가격에서는 초과수요의 상태가 나타난다.

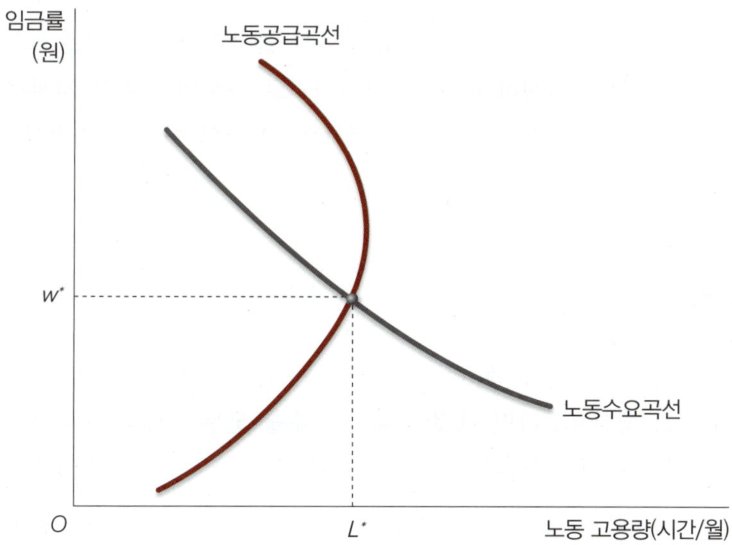

그림 9-3

노동시장의 균형

수요곡선과 공급곡선이 교차하는 점에서 균형이 이루어진다는 점에서 보면 노동시장은 보통의 상품시장과 전혀 다를 바 없다.

이동은 균형가격과 균형거래량의 변화를 가져오게 된다. 이와 같은 현상은 생산요소시장에서도 똑같이 나타난다. 즉 여기서 보는 노동시장에서도 임금률 이외의 요인에 변화가 생기면 수요곡선 혹은 공급곡선이 이동하고, 그 결과 균형임금률과 균형고용량에 변화가 생긴다는 말이다.

노동에 대한 수요곡선이 이동하게 만드는 요인으로 우선 생각할 수 있는 것은 상품가격의 변화다. 예를 들어 다른 조건에는 변화가 없는데 아이스크림 가격이 올라갔다고 하자. 그렇다면 한계생산가치도 따라서 커질 것이고, 그 결과 노동에 대한 수요곡선은 오른쪽으로 이동하게 된다. 이와 같은 수요곡선의 우측이동은 균형임금률의 상승과 균형고용량의 증가를 가져온다. 따로 그림을 그려서 보여주지 않더라도 독자 스스로 이를 이해하는 데 별 어려움이 없으리라고 믿는다.

노동에 대한 수요곡선을 이동하게 만드는 또 다른 요인으로 기술변화를 들 수 있다. 예를 들어 어떤 생산공정에 로봇이 도입되어 노동을 대체한 결과 근로자들은 이제 단순작업만 하게 되었다고 하자. 이와 같은 노동절약적(labor-saving) 기술의 도입은 노동의 한계생산가치를 줄이는 결과를 가져온다. 이로 인해 노동에 대한 수요곡선이 왼쪽으로 이동하고, 균형임금률이 떨어지면서 균형고용량이 줄어드는 결과를 가져온다.

한편 노동공급곡선의 이동을 가져오는 대표적 요인으로는 인구의 변화를 꼽을 수 있다. 인구가 늘어남에 따라 노동 공급이 더 커질 것이고, 따라서 노동공급곡선은 오른쪽으로 이동하게 된다. 인구뿐 아니라 사람들의 선호(preference)에 변화가 생겨도 노동공급곡선이 이동하게 된다. 예를 들어 과거에는 전업주부의 역할에 만족하던 여성들이 직장을 갖고 일하기를 원하는 추세가 나타나기 시작하면 노동공급곡선은 오른쪽으로 이동한다. 이렇게 노동공급곡선이 오른쪽으로 이동하면 균형임금률이 내려가고 균형고용량은 늘어나는 결과가 나타난다.

생산요소시장이 갖는 하나의 특징은 여기에서 결정된 가격이 그 생산요소를 공급하는 소비자들의 소득과 직결된다는 사실이다. 예를 들어 노동의 가격은 노동을 공급하는 사람의 (근로)소득을 결정하게 된다. 마찬가지로 자본의 가격은 자본을 공급하는 사람의 소득을 결정한다. 이 이유 때문에 생산요소시장의 이론을 '소득분배이론'이라고 부르기도 한다.

지대와 경제적 지대

지대
원래 토지서비스의 가격을 뜻하나, 좀 더 일반화시켜 공급이 고정된 생산요소에 대한 보수를 뜻하는 말로도 사용 가능

경제적 지대
지대의 개념을 일반화해 어떤 생산요소의 공급이 비탄력적이기 때문에 추가로 지급되는 보수를 뜻하는 것으로 경제적 지대를 정의할 수 있음

전용수입
생산요소의 공급자가 받아야 하겠다는 최소한의 금액을 뜻하며, 그 생산요소를 현재의 고용상태에 묶어둠으로써 발생하는 기회비용으로 해석 가능

토지 사용에 대한 대가를 **지대**(rent)라고 부르는데, 반드시 토지가 아니더라도 공급이 고정되어 있는 생산요소라면 그것에 대한 보수를 모두 지대라고 부를 수 있다. 이에서 한 걸음 더 나아가, 공급이 완전히 고정되어 있지는 않은 생산요소에도 적용될 수 있도록 지대의 개념을 한층 더 일반화할 수 있다. 어떤 생산요소의 공급이 고정되어 있다는 것은 아무런 보수를 지급하지 않아도 다른 곳에 고용되기 위해 옮겨갈 수 없음을 뜻한다. 바로 이 사실에 착안해 지대의 개념을 일반화한 **경제적 지대**(economic rent)를 정의할 수 있는 것이다.

현재 노동을 일정한 양만큼 고용하고 그것을 공급한 사람들에게 a원의 보수를 지급한다고 하자. 그런데 이 보수는 이들을 현재의 고용상태에 묶어두기 위해 최소한으로 지급해야 하는 금액을 초과하는 것이 일반적이다. 현재의 고용상태에 묶어두기 위해 최소한으로 지급해야 하는 금액을 **전용수입**(transfer earnings)이라고 부르는데, 이것의 크기가 b원이라고 하자.

그렇다면 노동 공급자들에게 지급한 보수 a원 중 전용수입 b원을 초과하는 부분은 반드시 지급해야 할 필요가 없는 부분이라고 볼 수 있다. 이와 같이 전용수입을 초과해 지급되는 금액, 즉 $(a-b)$원을 경제적 지대라고 부른다. 그런데 어떤 생산요소의

공급자가 받는 보수 중 경제적 지대가 차지하는 비중은 그 생산요소의 공급 탄력성과 밀접한 관련을 갖고 있다.

예컨대 공급 탄력성이 무한대로 커서 지급하는 보수가 현재의 수준에서 조금만 떨어져도 공급량이 0으로 줄어드는 경우에는 실제로 지급되는 보수 전체가 전용수입의 성격을 갖는다. 조금이라도 더 적은 보수가 지급되면 그 생산요소의 공급량이 0으로 줄어든다는 것은 현재 지급하는 보수 전체가 전용수입의 성격을 갖는다는 것을 뜻하기 때문이다.

반면에 공급 탄력성이 0인 경우에는 현재 지급하는 보수 중 전용수입의 성격을 갖는 부분이 전혀 없게 된다. 보수를 아무리 줄여도 공급량에 변화가 없을 것인데, 이는 전용수입의 성격을 갖는 부분이 전혀 없고 보수 전체가 경제적 지대에 해당한다는 뜻이다. 지금 보는 두 가지 극단적인 경우를 일반화시켜, 생산요소의 공급 탄력성이 작을수록 보수 중 경제적 지대가 차지하는 비중이 더 커진다고 말할 수 있다.

변호사의 수가 두 배로 늘어난다면?

변호사들이 얻는 소득 중 대부분이 경제적 지대의 성격을 갖는다. 변호사시험 합격자 수가 급격히 늘어나면 그들이 얻는 경제적 지대도 크게 줄어들 것이다.

우리 사회의 연예인이나 운동선수들 중 꽤 높은 소득을 얻는 사람들이 몇몇 있다. 이들이 얻는 소득은 대부분이 경제적 지대로 구성되어 있음을 쉽게 짐작할 수 있다. 예컨대 일년에 몇십 억원씩의 수입을 올리는 인기 탤런트가 다른 직업으로 옮기면 과연 얼마나 벌 수 있을까? 기업의 평범한 사원으로 연간 소득이 고작해야 4, 5천만원에 지나지 않을 것이 뻔하다. 다시 말해 그들이 얻는 몇십 억원의 소득 중 전용수입의 성격을 갖는 부분은 잘해야 5천만원을 넘지 못한다는 말이다.

한창 잘나가는 연예인이나 운동선수같이 탁월한 예술적, 신체적 재능을 가진 사람들은 지극히 드물다. 그런 사람들의 공급이 매우 비탄력적인 셈인데, 이 때문에 그들이 얻는 소득 중 대부분이 경제적 지대의 성격을 갖게 되는 것이다. 그들뿐 아니라 변호사나 의사 같은 또 다른 고소득계층이 얻는 소득도 대부분이 경제적 지대의 성격을 갖는다. 그들의 경우에는 시험이나 교육과정 등을 통해 공급을 인위적으로 통제함으로써 비탄력적이 되도록 만들었다고 볼 수 있다. 의사나 변호사 수를 늘리자는 논의가 나올 때마다 누가 제일 먼저 반대하고 나서는지를 보면 잘 알 수 있는 일이다.

9.3 노동시장

우리나라의 노동시장

앞 절에서 본 것처럼 시장에서 결정된 임금은 노동의 한계생산가치와 같다. 그러므로 임금은 대략 노동의 생산성과 비슷한 추이를 보이며 변화해 갈 것이라고 예상할 수 있다. 노동의 생산성이란 생산과정에 투입된 노동 1단위당의 생산량을 뜻하는데, 경제 전체의 노동생산성은 국내총생산을 노동 투입량으로 나눔으로써 간단하게 구할 수 있다. [그림 9-4]는 우리나라의 전체 산업에서 지난 50여 년 동안 노동생산성과 실질임금이 어떻게 변화해 왔는지 보여 주고 있다.

이 그림에 나타난 1970년부터 2020년에 이르는 기간 동안의 노동생산성 증가율과 임금 상승률의 변화 추이를 보면, 양자 사이에 매우 밀접한 상관관계가 존재한다는 사실을 발견할 수 있다. 두 곡선 중 하나가 올라가면 다른 것도 올라가고, 내려갈 때도 함께 내려가는 등 이들이 상당히 비슷한 움직임을 보여 온 것이 뚜렷이 나타나 있다. 전반적으로 임금 상승률은 노동생산성 증가율과 비슷한 수준에 유지되어 왔지만, 1970년대 중반과 1980년대 후반에는 임금 상승률이 유달리 높아 노동생산성 증가율보다 훨씬 더 높았던 것을 관찰할 수 있다.

그림 9-4
노동생산성 증가율과 임금 상승률

이 그림을 보면 노동생산성 증가율과 임금 상승률 사이에 상당히 큰 상관관계가 존재한다는 사실을 알 수 있다.

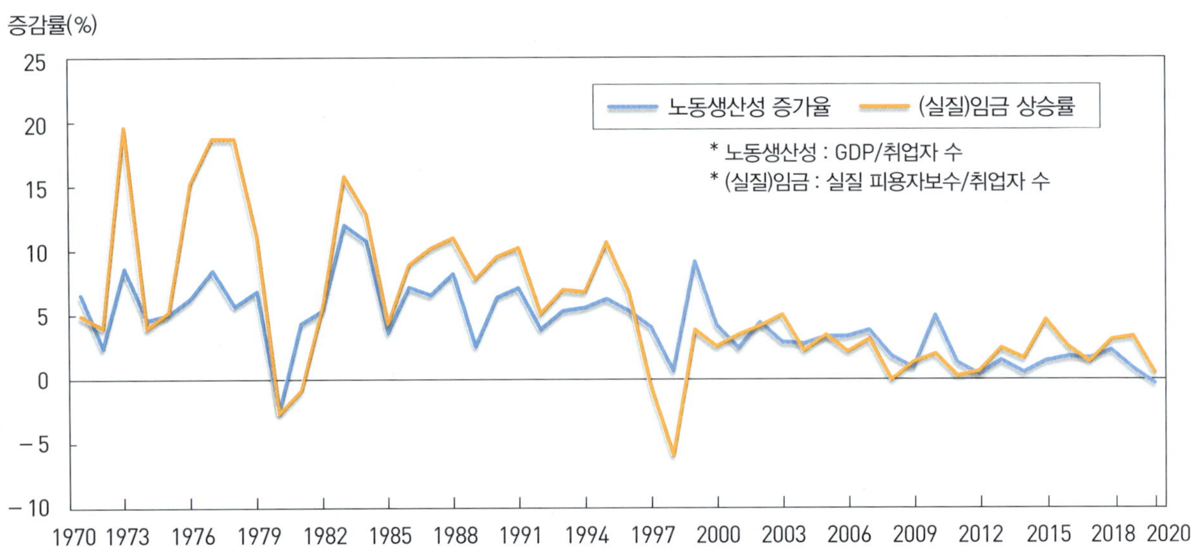

자료 : 한국은행, 「경제통계시스템」; 통계청, 「국가통계포털」

1970년대 중반에 임금 상승률이 예외적으로 높았던 것은 중동건설 붐과 중화학공업 육성정책 등으로 인해 노동에 대한 수요가 급격히 증가한 데 그 이유가 있었다. 한편 1980년대 후반의 경우에는 사회의 민주화와 더불어 노동운동이 급격하게 활성화됨에 따라 실질임금이 큰 폭으로 상승하는 결과가 빚어졌다. 그림에서 발견할 수 있는 또 하나의 특징적 현상은 1997년경 두 곡선이 급격한 하락추세를 보이고 있는 것인데, 이를 보면 당시 우리 경제를 엄습한 외환위기의 영향이 얼마나 컸는지를 능히 짐작할 수 있다. 2008년쯤에도 그 폭이 작기는 하지만 이와 비슷한 일이 일어났는데, 이것은 글로벌 금융위기의 여파가 우리 경제에까지 미친 것으로 해석할 수 있다.

각 근로자들의 개별적인 임금 역시 그의 생산성에 의해 결정되므로, 근로자의 학력과 경력에 따라 임금에 상당한 차이가 날 것으로 예상할 수 있다. 좀 더 구체적으로 말해, 교육수준이 높거나 현장에서의 경험이 더 긴 근로자일수록 더 높은 임금을 받는 경향이 나타나게 될 것이다. 남성 근로자의 학력별, 경력별 월급여액의 분포를 보여주고 있는 〈표 9-2〉를 보면 우리나라 노동시장에서 이와 같은 예상이 그대로 들어맞고 있음을 확인할 수 있다.

우리나라 노동시장에서 발견할 수 있는 또 하나의 특징은 여성 근로자들이 상당한 푸대접을 받고 있다는 사실이다. 〈표 9-3〉은 여성 근로자의 학력별, 경력별 월급여액 분포를 보여주고 있는데, 이를 〈표 9-2〉와 비교해 보면 여성이 얼마나 심하게 차별대

표 9-2
남성 근로자의 학력별, 경력별 월급여액(2019년) (단위 : 천원)

학력	전 경력	1년 미만	1~3년 미만	3~5년 미만	5~10년 미만	10년 이상
전 학력	3,686	2,572	2,826	3,070	3,515	4,515
중졸 이하	2,634	2,039	2,175	2,250	2,441	3,141
고졸	2,995	2,241	2,453	2,620	2,887	3,618
전문대졸	3,376	2,434	2,673	2,879	3,202	4,068
대졸	4,374	3,035	3,269	3,551	4,052	5,351

자료 : 통계청, 「고용형태별근로실태조사」, 2020

표 9-3
여성 근로자의 학력별, 경력별 월급여액(2019년) (단위 : 천원)

학력	전 경력	1년 미만	1~3년 미만	3~5년 미만	5~10년 미만	10년 이상
전 학력	2,574	1,987	2,182	2,322	2,643	3,334
중졸 이하	1,756	1,528	1,533	1,676	1,787	2,070
고졸	2,156	1,744	1,906	2,008	2,216	2,697
전문대졸	2,445	1,968	2,086	2,226	2,489	3,135
대졸	3,132	2,323	2,593	2,751	3,199	4,113

자료 : 통계청, 「고용형태별근로실태조사」, 2020

그림 9-5
성별 임금격차의 국제비교 (2018년 기준)

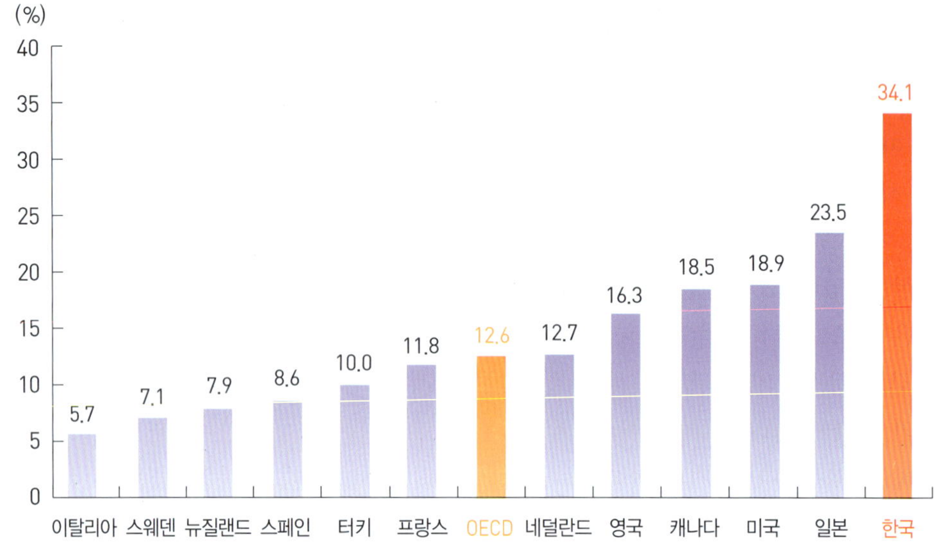

자료 : OECD Demography and Population Database
* 남녀 중위임금의 격차를 남성 중위임금으로 나눈 비율

우를 받고 있는지 잘 알 수 있다. 남성 근로자의 평균 월급여액이 369만원인 데 비해 여성 근로자의 평균 월급여액은 그것의 70% 수준인 257만원에 지나지 않는다. 여성 근로자가 동등한 학력과 경력의 남성 근로자보다 현저하게 더 낮은 임금을 받는 현상은 모든 학력 집단에서 공통적으로 나타나고 있다.

OECD 회원국들의 성별 임금격차를 비교해 놓은 [그림 9-5]는 또 다른 각도에서 우리나라 여성 근로자들이 받고 있는 푸대접의 정도를 보여 주고 있다. 우리나라의 성별 임금격차는 비교 대상이 된 12개 국가 중 가장 높은 수준이며, OECD 회원국 평균치의 무려 두 배가 넘는 것으로 나타나 있다. 막연하게 여성의 경제활동 참여율을 높여야 한다고 부르짖을 것이 아니라, 무엇보다 우선 여성 근로자에 대한 푸대접을 시정하는 일부터 시작해야 마땅한 일이다.

그렇다면 우리나라 근로자들이 얻고 있는 임금은 얼마나 고른 분포를 보이고 있을까? 다시 말해 다른 나라들과 비교해 높은 임금과 낮은 임금 사이의 격차가 어느 정도로 벌어져 있다고 말할 수 있을까? [그림 9-6]은 OECD 회원국들 사이에서 근로소득 분배의 불평등성이 어느 정도인지를 비교한 결과를 보여주고 있다. 수직축에서 보는 숫자는 정규직 근로자 중 소득이 중위값(median earnings)의 $\frac{2}{3}$보다 더 적은 저임금 근로자의 비율을 보여주고 있다. 따라서 이 숫자가 클수록 근로소득 분배가 상대적으로 더 불평등하다는 것을 뜻한다.

이 국제비교의 결과를 보면, 우리나라 근로소득 분배의 불평등성을 상당히 높은 편에 속한다는 사실을 알 수 있다. 비교 대상이 된 여러 나라들 중 우리나라보다 불평

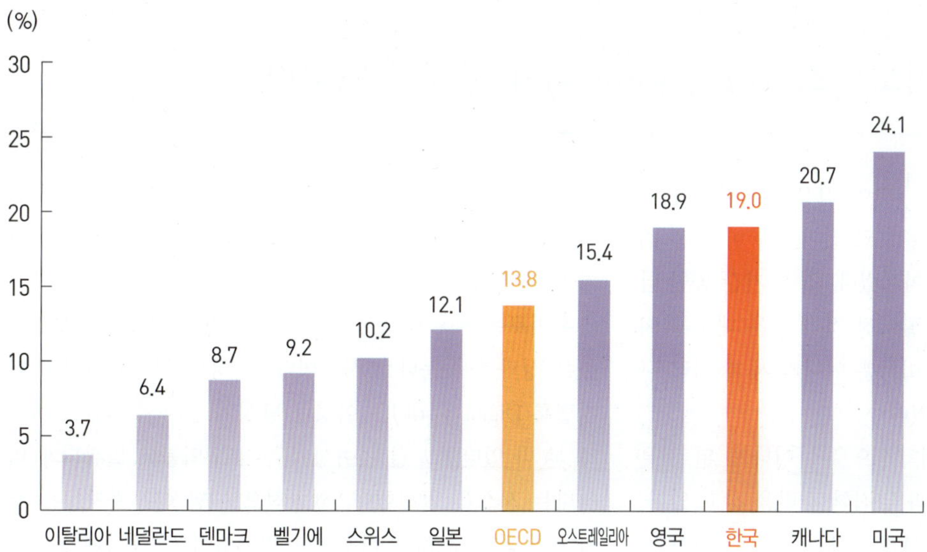

그림 9-6

OECD 회원국의 근로소득 분배 불평등성 (2018년 기준)

자료 : OECD Social Protection and Well-being Database

* 정규직 근로자 중 소득이 중위소득의 $\frac{2}{3}$ 이하인 사람의 비율

등성의 정도가 더 높은 나라는 미국, 캐나다 그리고 영국 세 나라 정도에 지나지 않는다. 비정규직 근로자들까지 포함시켜 임금 격차를 측정할 경우 우리나라의 상황이 한층 더 나쁜 것으로 나타날 가능성이 크다.

임금격차가 존재하는 이유

생산요소시장에서 수요곡선과 공급곡선이 교차하는 점에서 가격이 결정된다는 말은 생산요소의 가격이 일정한 수준으로 정해진다는 것을 뜻한다. 그러나 현실을 보면 같은 생산요소라 할지라도 그 가격이 서로 다른 경우를 많이 보게 된다. 이와 같은 현상은 특히 노동시장에서 더 심해 사람들 사이에 상당한 정도의 임금격차가 존재하는 것이 보통이다. 그렇다면 현실에서 이처럼 상당한 정도의 임금격차가 계속 유지되는 이유는 과연 무엇일까?

이처럼 똑같은 노동인데도 그 가격이 서로 다른 현상이 나타나는 이유로 우선 생산성의 격차를 들 수 있다. 근로자들 중에는 일을 잘하는 사람도 있고 못하는 사람도 있는데, 일을 잘하는 사람일수록 더 많은 임금을 받는 것은 당연한 일이다. 이와 같은 생산성의 격차를 가져오는 가장 중요한 원인으로 **인적투자**(human investment)의 차이를 들 수 있다. 바로 뒤에 자세하게 설명하겠지만, 교육이나 현장실습을 통해 노동의 생산성이 높아질 수 있다. 많은 인적투자를 했고 그 결과 높은 생산성을 가진 근로자가 더 높은 임금을 받는 것은 당연한 일이다.

위미노믹스(womenomics)의 시대가 열린다

1950년대에는 미국 여성의 $\frac{1}{3}$만이 직장에서 일하고 있었다. 오늘날 그 비율은 $\frac{2}{3}$ 수준으로 뛰어올라 미국 총 취업자의 거의 반을 차지하기에 이르렀다. 같은 기간 동안 남성의 취업률이 12% 포인트나 떨어진 것과 좋은 대조를 이룬다. 이와 같은 추세는 비단 미국뿐 아니라 세계 여러 나라에서 공통적으로 관찰되고 있다.

여성의 노동시장 진출이 비약적으로 늘어나게 된 것은 서비스산업의 비중이 커진 것과 밀접한 관련을 갖고 있다. 제조업의 경우에는 여성이 남성에 비해 일자리 얻기가 상대적으로 더 어렵다. 반면에 서비스산업의 경우에는 여성의 핸디캡이 없을 뿐 아니라 오히려 유리한 점도 많다. 따라서 경제의 중심축이 서비스산업으로 옮겨가면서 여성의 노동시장 진출이 크게 늘어나게 되었다.

여성은 근로자로서뿐 아니라 소비자, 기업가, 경영자, 투자자로서도 활약의 폭을 넓혀가고 있다. 전통적으로 가사와 관련된 지출의 결정은 주로 여성이 내렸다. 그런데 이제는 여성 자신의 구매력까지 커져 소비자로서의 영향력이 더 커진 상태다. 여론조사 결과를 보면 소비자의 구매 결정 중 80%가 여성에 의해 내려진다고 한다. 여성에게 잘 보여야 장사를 잘할 수 있는 시대가 온 것이다.

골드만삭스 도쿄 지점은 여성의 구매력 증대로 덕을 볼 만한 115개의 기업을 선택해 이들의 주식가격 동향을 관찰해 왔다. 금융서비스, 온라인 소매, 화장품, 의류, 가공식품업 등이 이에 포함되어 있는데, 이 기업들의 주식가격이 다른 기업들에 비해 훨씬 더 큰 폭으로 오른 것으로 나타났다. 조사시점까지의 10년 동안 니케이지수는 13% 올랐는데, 그 기업들 주식가격의 평균 상승률은 무려 96% 수준에 이르렀다.

여성이 경영자로서도 탁월한 능력을 발휘하고 있다는 통계자료가 제시되어 있다. 캐털리스트(Catalyst)라는 컨설팅 회사가 조사한 바에 따르면, 임원급에 여성이 많이 포진되어 있는 기업의 수익률이 더 높은 경향을 보인다고 한다. 팀을 구성하는 능력과 의사 전달 능력은 경영자로서 갖춰야 할 덕목 중 아주 중요한 것에 속한다. 이런 능력의 측면에서 여성이 남성에 비해 상대적 우위에 있다는 연구 결과가 나와 있다.

흥미로운 점은 여성이 재테크의 측면에서도 남성보다 더 좋은 성과를 거둔다는 사실이다. 영국의 금융웹사이트 디지털룩(Digital Look)은 여성과 남성의 투자 수익률을 비교해 본 바 있다. 그 결과 여성의 투자 수익률이 일관되게 더 높다는 사실을 발견했다. 일반적으로 남성 투자자들은 투자 종목을 너무 자주 바꾸거나 위험성이 큰 종목에 올인함으로써 수익률을 떨어뜨리는 경향이 있다. 이 점에서 여성 투자자들이 상대적인 우위에 있다는 것이다.

그럼에도 불구하고 아직까지는 여성이 가진 잠재력이 충분히 활용되지 못하고 있는 실정이다. 아직도 많은 여성들이 일자리를 찾지 못하고 있을 뿐 아니라, 자신의 능력을 충분히 발휘하지 못하고 있다. 여성의 취업률을 높이는 것은 인구 감소와 고령화에 대한 대응책으로서도 적극 추진할 필요가 있다. 일본 여성의 취업률이 미국 수준으로 높아지기만 해도 앞으로 20년 동안 연간 성장률이 0.3% 포인트 더 높아질 것이라고 말하는 사람이 있다.

개발도상국에서는 교육에서도 성차별이 있어 여아들이 제대로 교육을 받지 못하고 있다. 전 세계 문맹자들 중 $\frac{2}{3}$가 여성이라는 사실은 교육의 기회가 얼마나 불평등하게 분배되고 있는지를 잘 말해 주고 있다. 여성에게도 공평한 교육의 기회를 제공하는 것은 그 자체로 바람직할 뿐 아니라 경제발전의 속도를 빠르게 만드는 이득도 가져다준다.

남성이 홀로 경제를 주도하는 시대는 이미 지나갔다. 언젠가는 여성이 세계경제를 이끌어가는 새로운 세력으로 등장할지 모른다. 여성(women)과 경제학(economics)의 합성어인 '위미노믹스'라는 말은 이 새로운 질서를 뜻하고 있다. 이 말이 자주 등장하는 것은 그 새로운 질서를 보게 될 날이 얼마 남지 않았음을 예고해 주고 있다.

자료 : *The Economist*지, 2006년 4월 15일 자

두 번째로 들 수 있는 이유는 일의 쾌적성이나 위험의 정도에서의 차이다. 예를 들어 비슷한 정도의 스펙을 요구하는 두 가지 종류의 일이 있는데, 한쪽의 일은 유달리 작업환경이 열악하고 힘이 많이 든다고 하자. 그런데도 이 두 가지 일에 대해 똑같은 임금을 지급한다면 모두가 쾌적하고 편한 쪽의 일을 선호할 것이 분명하다. 따라서 사람들로 하여금 불쾌하고 어려운 일을 선뜻 하도록 만들려면 더 높은 임금을 지급해야만 한다. 위험한 일의 경우에도 마찬가지로 더 높은 임금을 지급하지 않으면 아무도 이를 하려 들지 않게 된다. 이렇게 쾌적성이나 위험성의 정도에 대한 조정의 의미로 임금에 차이가 생기는 것을 가리켜 **보상격차**(compensating differential)라고 부른다.

그 밖에도 시장에 일시적 불균형이 발생했다든가, 정보가 불완전하다든가, 혹은 차별이 행해지고 있다는 등의 이유들도 생각해 볼 수 있다. 이 중에서 우리의 관심을 가장 크게 끄는 것은 차별인데, 그 중요성을 고려해 바로 뒤에서 자세히 논의해 보려고 한다.

인적투자

근로자들은 저마다 다른 숙련의 정도를 갖고 있다. 정밀기계의 제작에 필요한 고도의 기술을 갖추고 있는 근로자가 있는가 하면, 기껏해야 옷에 단추를 달 수 있는 정도의 기술밖에 갖지 못한 근로자도 있다. 현실에서 숙련의 정도는 광범한 차이를 보일 것이지만, 편의상 숙련노동(skilled labor)과 미숙련노동(unskilled labor)의 두 종류로 구분할 때가 많다.

미숙련노동자는 교육과 현장실습(on-the-job training)을 통해 숙련노동자로 바뀔 수 있다. 이처럼 노동의 생산성을 높이기 위해 교육이나 현장실습을 받는 행위를 **인적투자**라고 부른다. 우리가 보통 쓰는 투자라는 말은 기계나 설비 같은 자본재를 구입하는 행위를 뜻하는데, 엄밀히 말해 물적투자(physical investment)를 한다는 것이 더욱 정확한 표현이다. 이와 대조적으로 교육이나 현장훈련을 받는 행위는 물건이 아닌 사람에게 투자를 한다는 뜻에서 인적투자라고 부른다.

인적투자

노동의 생산성을 높이기 위해 교육이나 현장실습을 받는 행위

인적투자를 하기 위해서는 당연히 비용이 들게 된다. 예를 들어 교육이라는 인적투자를 위해서는 등록금, 책값 등 직접 지출해야 하는 비용과 더불어 희생된 소득의 형태로 비용이 든다. 대학을 다니지 않고 직장에 다녔으면 벌었을 소득이 바로 희생된 소득의 예인데, 실질적으로는 이것이 교육에 따르는 기회비용 중 대부분을 차지한다. 이렇게 비용을 써가면서 인적투자를 하는 이유는 이를 통해 더 높은 임금을 받을 수 있기 때문이다. 어느 사회를

인적투자의 현장

이 대학생들은 앞으로 더 높은 소득을 얻기 위해 지금 직장을 얻어 일할 수 있는 기회를 포기한 셈이다.

막론하고 근로자의 학력이 높을수록 임금이 더 높은 현상이 일반적으로 나타난다.

지금 설명하고 있는 내용은 **인적자본이론**(human capital theory)에 따른 것인데, 이 이론을 믿는 사람들은 경제가 발전하는 데 인적자본의 축적이 물적자본의 축적 못지않게 중요하다는 점을 강조한다. 사실 우리나라가 지난 몇십 년에 걸쳐 발전해 온 과정을 보아도, 질 좋은 인력자원을 풍부하게 활용할 수 있었던 것이 큰 강점으로 작용했음을 알 수 있다. 지나친 교육열이 때때로 부작용을 낳기도 하지만, 그것이 없었다면 '한강의 기적'은 일어나지 못했을지 모른다.

노동시장에서의 차별

차별

특정한 집단에 속한 근로자에게 정당한 이유도 없이 나쁜 대우를 하는 행위

어느 사회든 특정한 집단에 속한 근로자에게 정당한 이유도 없이 나쁜 대우를 하는 **차별**(discrimination)이 존재하고 있다. 이 차별대우는 사회에 따라 여러 가지 다른 기준에 의해 행해지고 있다. 청소년이나 노년층에 대한 차별처럼 나이에 의해 차별을 하는 것은 어떤 사회에서든 흔히 볼 수 있는 현상이다. 또한 여성에 대한 차별처럼 성별이 차별의 기준이 되는 경우도 있다. 개발도상국에서 온 근로자들이나 소수민족 출신 근로자들에 대한 차별처럼 인종에 따른 차별을 하기도 한다.

비슷한 능력을 갖고 있는데도 임금을 낮게 주는 경우가 차별대우의 대표적인 사례다. 이와 더불어 좋은 직장을 얻을 기회를 제약하는 형태로 차별을 하는 경우도 있다. 그런데 이 두 가지 형태의 차별이 사실은 서로 긴밀하게 관련되어 있다. 구체적으로 말해 취업의 기회를 제한하는 차별은 임금을 더 낮추는 형태의 차별을 부추길 수 있다. 차별의 대상이 되는 집단에 속한 사람들이 취업을 하지 못해 아주 낮은 임금을 받고서도 취업할 수밖에 없는 처지에 몰리기 때문이다.

천진난만하게 뛰어노는 어린이들

우리 사회에 존재하는 여러 가지 종류의 차별은 이 천진난만한 어린이들에게도 나쁜 영향을 미칠 수 있다.

사회에서 차별이 행해지는 이유로 우선 꼽을 수 있는 것은 편견(prejudice)이다. 어떤 그룹에 속한 근로자는 게으르다든지 혹은 정직하지 못하다든지 등의 근거 없는 편견에 의해 차별이 이루어지는 경우가 흔하다. 또는 어떤 부류의 사람들과는 함께 일하기 싫다는 생각에서 그 집단에 속하는 사람에 대해 차별을 하는 경우도 있다.

우리 주위에서 아무런 합리적 이유 없이 특정 지역이나 학교 출신은 고용하지 않겠다고 고집하는 사람들을 종종 보는데, 그와 같은 차별이 바로 앞에서 본 유형에 속한다는 것은 두말할 나위도 없다. 이와 같은 차별의 근저에는 연줄에 대한 끈질긴 집착이 자리 잡고 있을 수도 있다. 우리 사회 특유의 지역감정 혹은 학벌주의 때문에 자기가 속한 집단에 대한 애착심이 너무 강한 나머지 다른 집단에 속하는 사람을 차별하는 경우를 종종 볼 수 있

는 것이다.

둘째로는 정보가 부족하기 때문에 차별이 생길 수도 있다. 정보가 부족해 각 개인의 생산성을 파악할 수 없는 상황에서 기업은 근로자가 어떤 집단에 속해 있는지를 보고 그의 생산성을 판단할 가능성이 있다. 그 결과 어떤 근로자가 특정한 집단에 속해 있다는 이유만으로 그의 생산성이 낮을 것이라고 판단하는 **통계적 차별**(statistical discrimination)이 행해질 수 있다. 소수민족 혹은 여성 근로자에 대한 차별이 바로 이 통계적 차별의 좋은 예가 된다.

첫 번째 유형의 차별을 행하는 고용주는 자신의 편견을 고수하기 위해 이윤의 희생을 감수한다고 말할 수 있다. 아무런 합리적 근거 없이 단지 자기 마음에 들지 않는다고 생산성이 높은 사람을 고용하지 않는다면 어느 정도의 이윤 손실을 감수할 수밖에 없기 때문이다. 생산성이 높은 사람에게 낮은 임금만 주는 차별도 이윤에 도움이 되지 않는다. 그가 낮은 임금에 불만을 품고 다른 직장으로 가버릴 수 있기 때문이다.

반면에 통계적 차별을 하는 고용주는 이윤을 좀 더 크게 만든다는 목적에서 그와 같은 차별을 실시한다는 차이가 있다. 어떤 근로자의 생산성에 대한 자세한 정보가 부족한 상황에서 고용주가 얻을 수 있는 유일한 정보가 어떤 집단에 속해 있는 근로자인

생각해 봅시다

경제적 논리에 따르면 경쟁시장의 압력에 의해 차별은 자연히 자취를 감추게 된다. 다시 말해 여러 기업들이 치열하게 경쟁하는 상황에서 차별을 행하는 기업은 시장에서 도태되는 결과가 빚어질 것이라는 뜻이다. 만약 이런 일이 실제로 일어난다면 차별이 더 이상 사회적 문제가 되지 않을 텐데, 우리가 잘 알다시피 현실에서 차별은 끈질기게 살아남는 속성을 보이고 있다.

그렇다면 경쟁시장의 압력에 의해 차별이 자연히 자취를 감추리라는 말의 논리적 근거는 무엇인가? 차별적인 고용정책을 쓰는 기업은 생산성이 높은 사람을 배제하고 생산성이 낮은 사람을 고용하게 된다. 아무리 생산성이 높더라도 단지 여성이라는 이유로 혹은 피부색이 다르다는 이유로 배제해 버리는 행위가 바로 차별인 것이다. 따라서 차별을 하는 기업은 하지 않는 기업에 비해 상대적으로 손해를 볼 수밖에 없다. 다른 조건이 똑같다면 차별을 하는 기업은 수익성이 그만큼 나쁠 테고, 따라서 도태될 확률도 더 높아진다.

그러나 이것은 어디까지나 이론일 뿐이고, 현실은 이와 크게 다르다. 차별적인 고용정책을 쓰는 기업이 도태되기는커녕 오히려 더욱 번성하는 것처럼 보이는 경우가 많다. 어느 사회든 차별이 일종의 고질병처럼 되어 쉽게 자취를 감추지 않는 것이 보편적 현상이다.

생각해 보기

(1) 현실적 여건 때문에 실제로는 차별을 행하는 기업이 별로 손해를 보지 않을 가능성이 있다. 그 주요한 이유가 무엇일지 짐작해 보자.

(2) 설사 차별을 행함으로써 다소간의 손해를 본다 할지라도 고용정책을 쉽사리 바꾸려 하지 않는 이유에는 어떤 것들이 있을까?

지에 국한되어 있는 상황을 생각해 보자. 이 상황에서 고용주는 바로 그 정보에 의존해 고용 여부의 결정을 내리기 십상인데, 그 자신의 관점에서 볼 때 어느 정도의 합리성이 있음을 인정해줄 수 있다. 그렇다고 해서 통계적 차별이 언제나 이윤을 더 크게 만들어주는 것은 아니며, 이런 차별이 정당화될 수 있는 것도 결코 아니다.

차별이란 측면에서 우리 사회는 어떤 편일까? 우리는 단일민족이기 때문에 차별의 문제가 그리 심각하지 않다고 생각하는 사람이 있을 것이다. 그런 사람에게는 눈을 크게 뜨고 주위를 돌아보라고 권하고 싶다. 최근 심심치 않게 발생하는 외국인 근로자에 대한 차별대우 사례만 보아도 우리 사회의 실상이 어떤지를 능히 짐작할 수 있다. 뿐만 아니라 단지 여성이라는 이유 때문에 좌절을 느껴야 되는 사람이 전 인구의 반이나 된다. 그 밖에도 출신학교나 출신지역에 얽힌 차별 등 일일이 들 수 없을 만큼 많은 차별의 실례를 발견할 수 있으리라고 생각한다.

어떤 계층에 대한 차별이 그들의 경제적 지위를 현저히 떨어뜨리는 결과를 가져온다는 것은 두말할 나위도 없다. 차별과 관련해 한 가지 역설적인 점이 있는데, 그것은 차별이 오래 계속되면 나중에는 차별 그 자체의 필요성이 없어진다는 사실이다. 처음에는 능력이 있더라도 차별을 함으로써 낮은 임금을 받게 만들지만, 나중에는 구태여 차별을 하지 않더라도 낮은 임금밖에 받을 수 없는 처지가 되어 버린다는 말이다. 차별이 오래 계속되면 차별을 받는 계층에 속한 사람들은 생산성을 높이기 위한 교육이나 훈련을 받아도 아무 이득이 없다는 사실을 발견한다. 이 단계에 오면 차별을 받아서가 아니라 실제로 능력이 떨어지기 때문에 열악한 대우를 받아야 하는 처지가 된다.

차별이 만연한 사회는 결코 정당하고 건강한 사회가 될 수 없다. 차별의 피해자가 감수해야 하는 물질적, 정신적 피해는 어떤 이유로도 정당화될 수 없다. 차별은 어린 나이의 사람들이 성취동기를 잃게 만든다는 측면에서도 심각한 문제를 일으키고 있다. 더군다나 차별은 생산성이 높은 사람으로부터 취업의 기회를 빼앗는 결과를 가져오기 때문에 경제발전에 걸림돌이 될 수도 있다. 때늦은 느낌이 없지는 않으나 우리 사회가 고용평등법을 도입하는 등 제도적 차원에서 차별을 철폐하려는 움직임을 보이기 시작한 것은 매우 다행스러운 일이라고 생각한다.

6) 여성에 대한 차별을 무조건 유교의 영향 탓으로 돌리기는 힘들 것이다. 같은 유교문화권이라 할지라도 중국이나 일본에서의 여성에 대한 차별은 우리나라만큼 심하지 않은 것으로 알려져 있다.

우리 사회의 여성차별

우리나라는 유교문화의 영향을 받아서 그런지 여성에 대한 차별이 상당히 심한 편이다.[6] 최근에는 달라졌지만, 아들을 딸보다 더 중시하는 태도는 대부분의 가정에 깊이 뿌리를 내리고 있다. 가정에서 시작된 차별은 사회로도 이어져, 여성에 대해 갖가지 측면에서 차별이 행해지고 있다. 차별은 은근한 형태로 이루어지는 것이 보통이지만, 드러내 놓고 차별을 하는 경우도 드물지 않다.

세계경제포럼(World Economic Forum)은 매년 각국의 성격차를 계량화한 '양성평등지수'(gender gap index)라는 것을 계산해 발표하고 있다. 2021년도 양성평등지수의 국제비교에서 우리나라는 하위권에 속하는 102위를 차지하고 있어 우리 사회에서 여성들이 얼마나 심한 박대를 받고 있는지 잘 알 수 있다. 이는 조사 대상 156개국 중 하위권에 속하는 순위이며, OECD 여러 나라들 중 거의 꼴찌에 해당한다.

이 지수는 경제적 참여와 기회, 교육수준, 건강과 수명, 그리고 정치적 권한의 네 부문에 대한 평가를 종합한 것이다. 우리나라의 평점은 0.687로 1위를 차지한 아이슬란드의 0.892에 비해 엄청나게 낮은 수준이다. 2006년도에 92위였던 우리나라의 순위는 해마다 몇 등씩 떨어져 2015년에는 결국 115위까지 추락하게 되었다. 2021년에는 102위로 올라 더 이상의 추락을 면했다는 게 그나마 다행이다.

표 9-4 양성평등지수의 국별 순위(2021년도)

순위	국명	총점
1	아이슬란드	0.892
2	핀란드	0.861
5	스웨덴	0.823
12	니카라과	0.796
16	프랑스	0.794
23	영국	0.775
30	미국	0.763
50	오스트레일리아	0.731
65	방글라데시	0.719
79	태국	0.710
87	베트남	0.701
102	한국	0.687
107	중국	0.682
120	일본	0.656
153	파키스탄	0.556

자료 : World Economic Forum, *The Global Gender Gap Report*, 2021

우리보다 경제발전이 더딘 나라들보다도 훨씬 더 낮은 순위라는 점도 우리를 부끄럽게 만든다. 〈표 9-4〉에서 볼 수 있듯, 여성의 지위라는 점에서 본다면 니카라과(12위)나 방글라데시(65위)보다도 엄청나게 뒤떨어져 있는 형편이다. 우리가 곧 선진국 대열에 끼게 된다고 떠들어대지만, 사회발전의 측면에서는 아직도 형편없는 후진국 수준에 머물고 있는 셈이다.

표에는 나와 있지 않지만, 우리나라가 특히 낮은 점수를 받은 부문은 여성의 정치적 권한이다. 남성이 행정, 입법, 사법부의 고위직을 거의 독점하다시피 하고 있는 현실에 비추어 볼 때 당연한 평가 결과라고 말할 수 있다. 우리 사회의 여성들은 경제적 참여와 기회의 측면에서도 심각한 불평등을 겪는 것으로 나타났다. 지위나 임금의 측면에서 다른 나라에 비해 매우 열악한 상황에 처해 있는 것으로 평가되고 있다.

*The Economist*지는 2014년부터 매년 각 나라에서 여성들이 어떤 대우를 받고 있는지를 나타내는 '유리천장지수'(glass ceiling index)를 만들어 발표하고 있다. 여성들이 차별대우를 받기 때문에 어느 단계 이상으로는 승진이 어려운 현상은 어느 나라에서든 존재하는 보편적 현상이다. '유리천장'이라는 것은 여성의 승진을 가로막는 보이지 않는 장벽이라는 비유적 의미로 널리 사용되는 용어다.

유리천장지수는 여성의 고등교육 이수 수준, 노동시장 참여율, 육아비용, 모성권, 경영대학원 지원율, 그리고 고위직 점유비율 등을 고려해 산출된다. 각 나라의 유리천장지수를 구한 결과가 [그림 9-7]에 정리되어 있는데, 우리나라는 여기에서 불명예스럽게 꼴찌를 기록하고 있다. 예상대로 스칸디나비아의 여러 나라들이 상위권에 포진해 있는데, 그 나라들에 비하면 우리나라의 유리천장지수값은 $\frac{1}{3}$에도 못 미치는 수준이다.

지금 소개한 두 지수 모두에서 우리나라의 여성차별이 매우 심각한 수준에 있다는 것이 의심의 여지없이 명백하게 드러난다. 여성에 대한 차별의 철폐는 여성의 권익 보호라는 측면뿐 아니라, 경제의 효율성을 높인다는 측면에서도 시급히 해결해야 할 문제다. 지금 우리 사회에서는 차별 때문에 능력 있는 많은 여성들이 자신의 잠재력을 충분히 발휘하지 못하고 있다. 경제의 효율성을 극대화하기 위해서는 여성들의 잠재력을 최대한으로 활용할 수 있는 방안이 마련되어야 할 것이다.

그림 9-7 유리천장지수의 국제 비교(2021년도, 최대값 = 100)

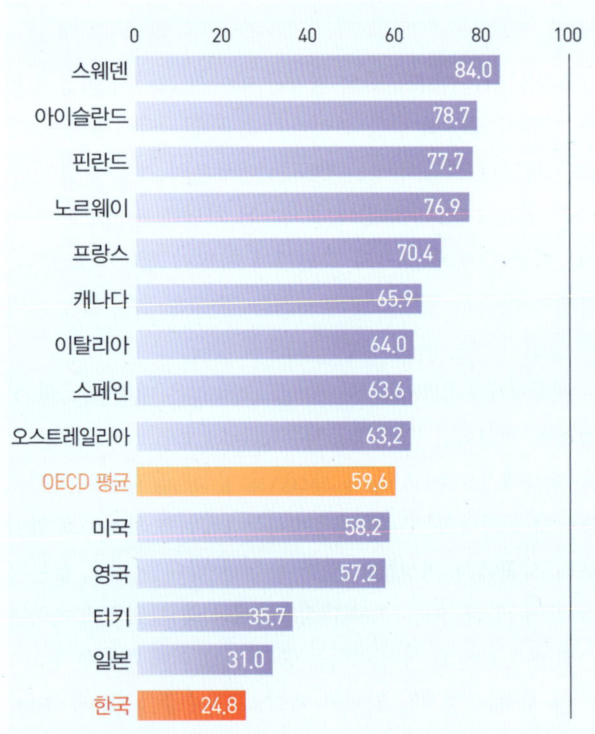

자료 : *The Economist*지, 2021년 3월 4일 자

9.4 자본의 개념

자본의 여러 모습

경제학에서 사용되는 용어 중 **자본**(capital)이라는 말처럼 그 정확한 뜻을 파악하기 어려운 것은 그리 많지 않다. 세 사람이 똑같이 자본이라는 말을 쓰고 있어도 그 속에 담긴 뜻은 모두 다른 경우가 매우 흔하다. 이렇게 자본이란 말이 종종 혼란을 불러일으키는 이유는 그 말이 우리의 일상생활과 경제학에서 여러 가지 다른 의미로 사용되고 있기 때문이다.

일상의 대화에서 자본이라고 말할 때 순수한 우리말 표현의 '밑천'이라는 의미에서 사용하는 경우가 가장 흔하다. 예컨대 어떤 사람이 신세를 한탄하면서 "원, 조그만 구멍가게나 하나 차려볼까 해도 자본이 있어야지."라고 혼잣말을 할 때, 그가 뜻하는 자본은 바로 밑천이다. 또한 자본은 어떤 기업이 갖고 있는 자본금을 뜻하는 말로 사용되는 경우도 흔하다. 이런 경우의 자본은 돈 혹은 재산을 의미하는 것인데, 이는 경제학에서 말하는 자본과 매우 다른 의미다.

그렇다면 경제학에서 사용되는 자본이라는 개념은 어떤 의미를 갖는 것일까? 경제학에서 말하는 자본은 생산과정에 사용되는 건물, 기계, 도구, 재고품 등을 통틀어 일컫는 것이다. 따라서 경제학에서의 자본은 돈이 아니라 물건을 뜻하는데, 이 점을 좀 더 명확히 하기 위해 '자본재'(capital goods)라는 표현을 쓰기도 한다. 물론 앞에서 말한 밑천 혹은 자본금이 이와 같은 자본재를 구입하는 데 사용된다는 의미에서 서로 밀접한 관련을 갖지만, 하나는 돈을 뜻하고 다른 하나는 물건을 뜻한다는 점에서 분명한 차이가 있다.

형태를 갖춰가고 있는 선박

여기에서 보는 기중기와 여러 가지 기계들이 자본재의 대표적 예라고 할 수 있다.

자본축적의 의미

노동과 토지는 별도의 생산과정을 거치지 않아도 바로 사용할 수 있다는 의미에서 본원적(primary) 생산요소라고 부른다. 이에 비해 자본은 생산과정을 거쳐야 한다는 의미에서 '생산된'(produced) 생산요소라고 부를 수 있다. 자본, 정확히 말해 자본재는 오랜 기간 동안 사용될 수 있다는 의미에서 내구성이 있으며, 산출물이자 동시에 투입물이 된다는 점에서 독특한 성격을 갖는다. 보통의 상품은 소비자들에 의해 직접 소비되지만, 자본재는 다른 기업이 사들여 생산과정에서 사용한다는 특징이 있다.[7)]

좀 더 근본적인 관점에서 본다면, 자본을 축적한다는 것은 미래의 더 큰 소비 가능성을 위해 현재의 소비를 희생하는 것을 뜻한다. 그렇기 때문에 자본이라는 개념은 저축(savings)과 밀접한 관련을 맺게 된다. 즉 현재 소비할 수 있는 것을 소비하지 않고 저축해 둠으로써 자본이 축적되는 것이다.

예를 들어 로빈슨 크루소(Robinson Crusoe)는 손만을 써서 하루 동안 2마리의 물고기를 잡을 수 있는데, 어느 날 물고기를 전혀 잡지 않고 그물을 만드는 데 하루를 모두 썼다고 하자. 이 행위가 바로 자본을 축적하는 일에 해당하는데, 장래 그 그물을 사용해 더 많은 물고기를 잡을 수 있기를 기대하고 그날 하루에 잡을 수 있는 물고기 2마리의 소비를 희생한 것이기 때문이다.

자본을 축적한다는 것은 쉽게 말해 자본재를 생산해 그 양을 늘려간다는 것을 의미한다. 자본재를 생산해 생산과정에 투입하는 행위를 투자행위라고 부를 수 있는데, 투

7) 자본재를 생산재라고 불러 소비자들이 직접 소비하는 소비재와 구별하기도 한다.

그림 9-8

투자행위가 소비수준에 미치는 영향

t_0시점에서 투자가 이루어진 직후 소비수준이 일단 떨어지지만, 투자가 결실을 맺음에 따라 점차 회복되어 나중에는 투자를 하지 않았을 때에 비해 소비수준이 한층 더 높아지게 된다.

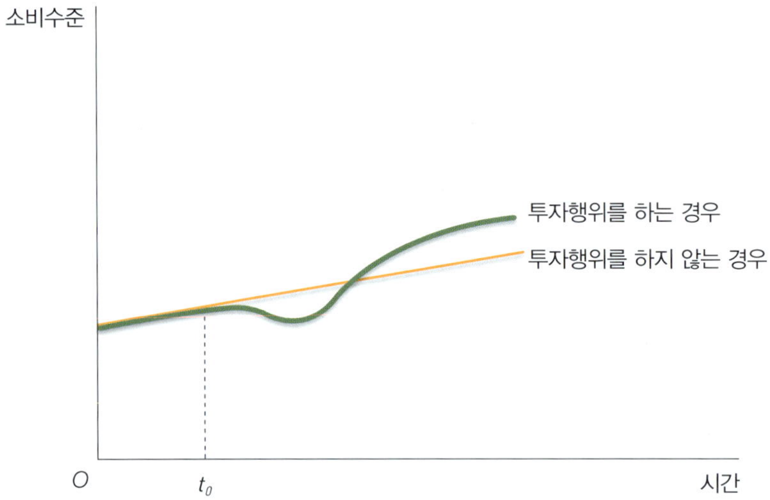

자행위를 하는지의 여부에 따라 현재와 미래의 소비 가능성이 달라진다.[8] [그림 9-8]을 보면 투자행위를 할 때와 하지 않을 때 소비의 시간경로(time path)가 어떻게 달라지는지 알 수 있다.[9]

투자행위를 하지 않을 때 소비의 시간경로는 주황색으로 나타나 있으며, 투자행위를 할 때의 시간경로는 초록색으로 나타나 있다. t_0시점에서 투자가 이루어지면 소비수준은 투자를 하지 않았을 때에 비해 일단 떨어지지만, 시간이 경과하면 투자가 결실을 맺어 투자를 하지 않았을 경우보다 소비수준이 한층 더 높아지게 된다. 투자행위는 이와 같이 미래의 소비가능성을 높이기 위한 목적으로 행해지는 것이다.

그런데 자본 축적을 통해 미래의 소비가능성이 더 커진다 해서 자본 축적이 많으면 많을수록 더 좋다고 말할 수는 없다. 자본재의 생산을 늘리려면, 즉 자본을 축적하려면 현재의 소비를 줄여야만 한다. 예컨대 미래에 사용할 수 있는 기계를 만들려면 당장 쓸 수 있는 쌀, 옷, 그리고 장난감의 생산을 줄일 수밖에 없다. 미래에 풍부한 생활을 할 수 있다는 희망 하나로 지금 헐벗고 굶주린 생활을 견뎌낸다는 것은 별 의미가 없다. 그렇다면 자본 축적은 적당한 선까지만 이루어지는 것이 합리적이라고 말할 수 있다.

자본의 구체적 형태

자본스톡

한 나라 안에 존재하는 자본재의 총량

한 나라 안에 존재하는 자본재의 총량을 **자본스톡**(capital stock)이라고 부른다. 생산된 상품 중 소비자에 의해 직접 소비되지 않고 다른 상품의 생산에 사용되는 모든 것

8) 뒤에서 보게 되겠지만, 기업이 자본재를 구입하는 행위를 투자행위라고 부르는 경우가 더 많다. 여기서는 편의상 개인 혹은 기업들이 자본재를 직접 생산해 자신의 생산과정에 투입한다고 가정하기 때문에 자본재를 생산하는 행위를 투자행위로 볼 수 있는 것이다.

9) 소비의 시간경로란 시간이 경과함에 따라 소비수준이 변화해 가는 움직임을 뜻한다.

이 이 자본스톡에 포함된다. 구체적으로 말해 자본재는 공장, 기계, 공구, 자동차, 컴퓨터, 도로, 다리 등 여러 가지 형태를 갖고 있다. 우리는 이 다양한 형태의 자본재를 다음과 같은 세 부류로 나눌 수 있다.

(i) **구조물**(structure) : 공장이나 집, 다리 등 한곳에 붙박여 있는 구조물이 자본재의 한 부류를 이룬다.
(ii) **설비**(equipment) : 기계, 공구, 자동차, 컴퓨터 등 생산과정에서 활용될 수 있는 물건들이 또 한 부류의 자본재가 된다.
(iii) **재고**(inventory) : 기업은 투입물이나 산출물의 재고를 가지고 있는 것이 보통인데, 이것들도 자본재의 일종이라고 볼 수 있다.

엄밀하게 말해 생산과정에서 사용되는 것은 자본재 그 자체가 아니라 그것에서 나오는 서비스다. 예를 들어 가구를 생산하는 데 목재나 페인트가 사용된다는 것은 그것들을 써 없앤다는 것을 뜻한다. 그러나 굴삭기나 망치를 사용한다는 것은 다만 그것들의 서비스를 사용하는 것이라는 점에서 차이를 갖는다. 자본재 그 자체와 주어진 기간 동안 그것을 사용함으로써 얻는 서비스의 흐름을 구분할 필요가 있다.

자본재는 사용과 더불어 그 가치가 떨어진다는, 즉 **감가상각**(depreciation)이 일어난다는 또 하나의 특징을 갖고 있다. 감가상각이 일어나는 원인에는 여러 가지가 있다. 가장 쉽게 생각할 수 있는 원인은 자본재를 오래 사용하다 보면 성능이 떨어져 생산성이 낮아지기 때문에 그 가치가 떨어진다는 것이다. 또한 오래된 자본재는 남아 있는 수명이 얼마 되지 않아 그 가치가 떨어진다는 점도 들 수 있다. 마지막으로 들 수 있는 것은 자본재 속에 담겨진 기술이 '낡아져'(obsolete) 가치가 떨어지는 것이다. 오래된 기계는 그만큼 오래전에 개발된 기술을 그 안에 담고 있다. 오래된 기술일수록 가치가 떨어질 것이므로 기계의 가치도 나이와 함께 떨어지게 된다.

감가상각
시간이 지남에 따라 자본재의 가치가 떨어지는 것을 의미

자본재와 자본서비스

제5장에서 배운 것처럼, 어떤 생산요소를 한 단위 더 투입한 결과 얻을 수 있는 상품 생산량의 증가분을 한계생산이라고 부른다. 노동 같은 생산요소의 경우에는 한 단위 더 투입한다는 말이 무엇을 뜻하는지 바로 알 수 있다. 그런데 공장이나 기계 같은 자본의 경우에는 한 단위를 더 투입한다는 것이 과연 무엇을 뜻하는지 알기 힘들다. 예를 들어 공장의 규모를 아주 작은 크기로 늘려 생산과정에 투입한다는 것을 뜻하는 것일까? 그것은 현실적으로 불가능한 일이 아닐 수 없다.

엄밀하게 말해 자본을 한 단위 더 투입한다는 것은 그것에서 나오는 서비스를 한 단위 더 투입한다는 뜻이다. 즉 공장이나 기계 같은 자본재를 사용하는 시간을 아주

작은 폭으로 늘린다는 뜻이다. 그렇기 때문에 기업이 자본을 어느 수준까지 고용할 것인지의 결정도 엄밀하게 말하면 자본서비스를 어느 수준까지 고용할 것인지의 결정을 뜻한다. 예를 들어 기업은 자본서비스의 한계생산가치를 계산하고 그것이 자본서비스의 가격과 똑같아지는 수준까지 고용할 것이라는 말이다.

그렇다면 자본의 가격이라는 말도 자본서비스의 가격이라는 말로 바꿔야 엄밀한 표현이 된다. 자본서비스의 가격은 공장이나 기계 같은 자본재를 일정 기간 동안 사용하는 데 대해 지불하는 금액을 뜻한다. 자본재 사용에 대한 대가를 **임대가격**(rental price)이라고 부를 수 있는데, 바로 이 임대가격이 자본서비스의 가격을 뜻한다. 현실에서는 많은 기업이 공장이나 기계 같은 자본재를 임대해 사용하는 것이 아니라 스스로 보유하고 있는 것을 볼 수 있다. 이 경우에는 스스로 보유해 사용하는 자본재와 관련한 기회비용으로 이 임대가격을 해석하면 된다.

9.5 이자율의 결정

기업이 투자를 하기 위해서는 우선 자금을 마련해 놓고 있어야 한다. 스스로 갖고 있는 자금으로 투자를 하는 경우도 있지만 대부분의 경우 남에게서 빌린 자금으로 투자를 하는 것이 보통이다. 기업이 자금의 주요 수요자라면, 자금의 주요한 공급원은 소비자들에 의한 저축이다. 이렇게 자금을 빌려주고 빌리는 것과 관련된 가격이 바로 **이자율**(interest rate)인데, 여느 가격과 마찬가지로 수요와 공급의 상호작용에 의해 그 수준이 결정된다.

이자율
자금을 빌려주고 빌리는 것과 관련된 가격

대부가능자금의 수요와 공급

대부가능자금
남에게 빌려줄 수 있는 돈

남에게 빌려줄 수 있는 돈을 **대부가능자금**(loanable funds)이라 부른다. 이 대부가능자금에 대한 수요와 공급의 상호작용에 의해 그것의 가격이 결정되는데, 바로 이 가격을 이자율이라고 부른다. 대부가능자금에 대한 수요의 대부분을 구성하는 것은 기업의 투자와 관련된 수요다. 일반적으로 기업은 이자율이 오르면 투자를 줄이고, 이자율이 낮아지면 투자를 늘린다. 그러므로 자금에 대한 수요량 역시 이자율과 역의 관계에 있게 된다. 즉 이자율이 올라가면 자금에 대한 수요량이 줄어들고 이자율이 떨어지면 자금에 대한 수요량이 늘어나는 것이다. 따라서 대부가능자금에 대한 수요를 나타내는 곡선은 [그림 9-9]에서 보는 것처럼 우하향하는 모양을 갖는다.

한편 대부가능자금의 공급은 주로 소비자들의 저축에서 나온다. 소비자는 일반적으로 미래의 소비보다 현재의 소비를 더욱 선호한다. 그럼에도 불구하고 현재의 소비를

이자를 받으면 안 된다?

'고리대금업'(usury)이라는 말은 마치 탐욕의 대명사와도 같은 의미로 쓰이고 있다. 생활이 어려워 돈을 빌리러 온 불쌍한 사람에게 엄청나게 높은 이자를 요구한다는 것은 결코 인간적이라고 할 수 없다. 요즈음 우리 사회에서도 급히 돈을 쓰려고 하는 사람들에게 연간 몇백 퍼센트나 되는 이자를 요구하는 사례가 많아 큰 물의를 일으키고 있다.

엄밀하게 말해 고리대금이라는 것은 정당하다고 인정되는 이자 이상을 요구하는 경우를 말한다. 그러나 중세 유럽에서는 이자를 요구하는 것 그 자체가 고리대금을 뜻하는 것으로 간주되었다. 따라서 남에게 돈을 빌려주고 이자를 받는 행위는 교회의 율법뿐 아니라 세속의 법률에 의해서도 엄격하게 금지되었다.

성경을 보면 이자를 받는 행위를 비난하는 구절이 간간이 등장한다. 당시의 사회에서는 종교의 영향이 절대적이었기 때문에, 성경에 그렇게 쓰여 있다는 것만으로도 이자를 불법화할 충분한 이유가 되었다. 당시의 학자들은 그 이외에도 이자를 주고받는 행위가 정당하지 못하다는 여러 가지 이유를 찾아 놓고 있었다. 예컨대 돈은 아무것도 생산하지 못하기 때문에 이자도 만들어낼 수 없다든가, 이자는 시간에 대한 대가인데 돈을 빌려준 사람이 시간의 소유권을 갖는 것은 아니라는 등의 논리가 그것이다.

경제활동이 활발하지 않았던 중세 초기에는 돈을 빌리려는 목적이 주로 생계자금의 융통에 있었다. 따라서 고리대금의 피해가 상당했을 것이고, 이자를 주고받지 못하게 금지한 규정은 그런대로 의미를 가졌을 것이라고 짐작할 수 있다. 그러나 경제활동이 점차 활발해지고 이와 관련해 돈을 빌리는 사례가 많아짐에 따라 이자를 주고받지 못하도록 금지하는 규정은 점차 의미를 잃게 되었다.

그 당시 경제활동에 종사하는 사람들은 여러 가지 예외적인 상황을 만들어 공공연하게 이자를 주고받았다고 한다. 돈을 갚지 않을 경우 이자를 받아도 좋다는 예외규정이 있는 것을 이용해, 대출기간을 아주 짧게 정하고 그동안에 갚지 않은 것으로 만들어 이자를 받는 것이 그 한 예다. 또한 돈을 빌려주고 빌리는 사람이 조합을 만드는 형식을 취해 사업에서 나오는 이윤을 나누어 갖는다는 명목으로 이자를 받기도 했다.

셰익스피어의 희곡 「베니스의 상인」에는 유태인 고리대금업자 샤일록(Shylock)이 등장한다. 그가 정말로 나쁜 사람이었는지는 다시 평가해 볼 필요가 있지만, 하여튼 대금업에 종사하는 유태인이 많았던 것은 사실이다. 당시 유럽 사회에서 유태인 박해가 심해 이런 일이라도 하지 않으면 생계를 유지할 수 없었을뿐더러, 종교적으로도 이를 꺼릴 이유가 없었기 때문이라고 한다. 세계 금융업계에서 유태인 자본이 막강한 영향력을 행사하는 배경에는 바로 이런 역사적 뿌리가 있는 것이다.

이슬람권에서는 현대에 이르러서도 이자를 받는 것이 비윤리적이라는 입장이 견지되고 있다. 주류 이슬람 경제학자들은 현대 경제처럼 금융업이 고도로 발달된 상황에서도 이자라는 것이 결코 불가피한 존재가 될 수 없다고 주장한다. 이슬람의 정신에 충실하기 위해서는 은행이 대출해준 돈에 대해서도 이자를 받지 말아야 한다는 주장까지 제기되고 있다. 1999년 파키스탄 대법원은 어떤 이유에서든 이자를 주고받는 것은 코란의 가르침에 위배된다는 판결을 내린 바 있다.

충분히 예상할 수 있는 일이지만, 그것은 어디까지나 원칙이고 현실은 이와 큰 차이를 보이고 있다. 중세 유럽에서 사용되었던 것과 같은 여러 가지 편법을 통해, 이자가 아닌 것처럼 하면서 이자를 주고받는 것이 이슬람권의 현실이라고 한다.

영화 「베니스의 상인」에 등장하는 고리대금업자 샤일록(Shylock)

셰익스피어의 희곡을 각색한 영화 '베니스의 상인'에는 매정하기 짝이 없는 고리대금업자 샤일록이 등장한다.

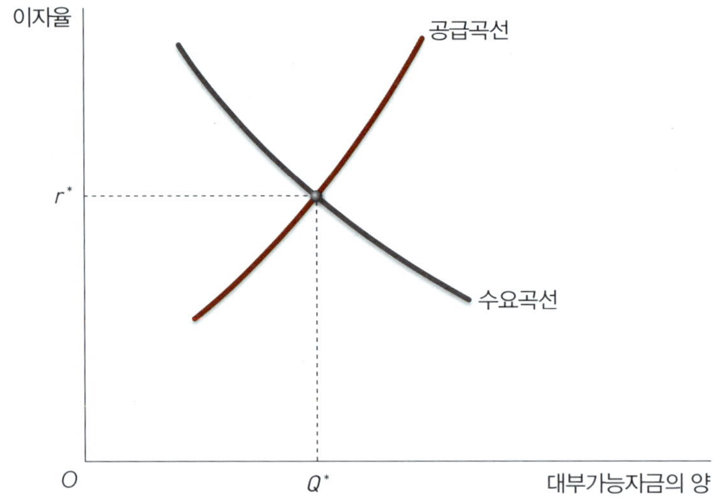

그림 9-9

이자율의 결정과정

보통 상품의 경우와 마찬가지로 이자율도 대부가능자금의 수요와 공급에 의해 결정된다. 그림에서는 이자율이 대부가능자금의 수요량과 공급량이 서로 같아지는 r^*의 수준에서 결정되는 것으로 나타나 있다.

자제하고 저축하는 것은 여기에 이자가 붙어 미래에 더 큰 금액을 소비할 수 있음을 기대하기 때문이다. 자금의 공급에 소비자의 저축 다음으로 중요성을 갖는 것은 기업의 저축, 즉 이윤 중 일부를 기업 안에 남겨 놓는 형태로 행한 저축이다. 또한 자금의 중개기능을 담당하는 은행 같은 금융기관이 자금의 공급에 영향을 미칠 수도 있다.

순수하게 이론적인 관점에서 본다면, 이자율이 올라갈 때 소비자의 저축이 반드시 늘어난다는 보장은 없다. 기업의 저축도 이자율과 어떤 관계를 갖는지 명백하지 않다. 그러나 일반적으로 이자율이 올라가면 남에게 빌려주려는 자금의 공급량이 늘어나기 마련이다. 특히 금융기관은 이자율이 올라갈 때 더 많은 자금을 공급하는 반응을 보일 가능성이 크다. 따라서 대부가능자금의 공급곡선은 [그림 9-9]에서 보는 것처럼 우상향하는 모양을 갖게 된다.

이자율의 결정

보통 상품의 경우와 마찬가지로 이자율도 대부가능자금에 대한 수요와 공급에 의해 결정된다. [그림 9-9]를 보면 이자율은 대부가능자금의 수요량과 공급량이 서로 같아지는 r^*의 수준에서 결정된다는 것을 알 수 있다. 그런데 자금의 수요자와 공급자가 직접 만나는 경우는 드물고, 대개 은행 같은 금융기관의 중개에 의해 자금을 빌려주고 받는 형식을 취한다. 금융기관은 자금의 공급자와 수요자를 연결시켜 주는 중개자의 역할을 주요한 업무로 삼고 있다.

그런데 이자에 대해 불로소득이라는 등의 이유로 부정적인 시각에서 보는 경우가 종종 있다. 그러나 이자도 하나의 가격으로서 자금의 수급을 조절해 주는 중요한 역할을 수행한다는 점을 생각하면 그렇게 부정적으로만 볼 것이 아님을 알 수 있다. 만약 이자라는 것이 존재하지 않으면 자원배분의 효율성이 크게 저하될 것이 분명하다. 예컨대 수익성이 매우 낮은 투자계획이 다른 투자계획에 앞서 실행에 옮겨지게 되는 것 같은 비효율성이 발생할 수 있는 것이다.[10)]

이 윤 9.6

이윤의 원천

임금이 노동에 대한 보수이며 지대가 토지에 대한 보수인 것처럼, 이윤은 **기업가적 노력**(entrepreneurial efforts)이라는 생산요소에 대한 보수라고 생각할 수 있다. 진정한 의미에서의 기업가(entrepreneur)는 우리가 보통 생각하는 사업가(businessman)와 다르다. 단순히 기업을 경영한다고 해서 기업가가 되는 것은 아니고, 특별한 자질을 갖추고 있어야 비로소 기업가라고 부를 수 있는 것이다. 진정한 기업가는 사업에 새로운 아이디어를 도입할 수 있는 비전이나 창의성 혹은 용기를 가진 사람이다. 다시 말해 새로운 사업, 새로운 상품, 새로운 생산방법을 도입할 능력을 갖춘 사람이 바로 기업가다.

기업가적 노력
사업에 새로운 아이디어를 도입할 수 있는 비전, 창의성, 용기를 갖춘 사람이 기울이는 노력

기업가적 노력은 구체적으로 혁신(innovation), 위험부담(risk bearing)과 관련한 노력으로 요약될 수 있다. 그러므로 기업가가 얻는 이윤은 바로 이 혁신과 위험부담에 대해 지급되는 대가라는 의미로 해석될 수 있다.

(1) 혁 신

혁신이라고 부르는 것에는 새로운 발명품을 만들어내는 일뿐 아니라, 이를 신상품으로 만들어 시장에 소개하는 일, 비용을 획기적으로 절약하는 생산방법을 고안해내는 일 등도 포함된다. 생산에 기여하는 모든 생산요소에 대해 보수가 지급되어야 하듯, 혁신을 통해 생산에 기여하는 사람에게도 당연히 그 기여에 대한 보수가 지급되어야 한다. 슘페터(J. Schumpeter)는 이윤이란 것이 바로 혁신을 하는 사람에게 주어지는 보수라고 주장했다.

실리콘 밸리의 한 벤처기업
벤처기업은 혁신과 위험부담을 통해 높은 경제적 이윤을 추구하고 있다.

(2) 위험부담

기업 활동은 본질적으로 위험성을 수반한다. 새로운 기계에 투자할 때, 혹은 신상품을 개발해 시장에 내어놓

10) 아무 대가도 지불하지 않고 떡을 먹게 만들면 떡을 별로 좋아하지 않는 사람이 먼저 집어가는 결과가 생길 수 있는 것이나 마찬가지다.

을 때, 과연 성공을 거둘지 모르는 상태에서 위험부담을 하게 되는 것이다. 만약 그와 같은 시도가 실패로 돌아갈 경우에는 막대한 손실을 입는 위험을 감수해야 하기 때문이다. 위험부담 행위를 하게 만들기 위해서는 어떤 프리미엄이 제공되어야만 하는데, 이윤 중 일부는 바로 그 위험프리미엄에 해당된다고 해석할 수 있다.

현실의 세계에서 이윤의 원천을 또 하나 찾아볼 수 있는데, 그것은 바로 독점력(monopoly power)이다. 제7장에서 본 바 있지만 독점력이 존재하면 장기에서도 정상적인 수익률 이상의 이윤을 획득할 수 있다. 어떤 기업 혹은 개인이 독점력을 갖게 되는 이유가 여러 가지 있는데, 앞에서 말한 혁신의 결과로 그렇게 될 가능성도 작지 않다. 그렇지만 혁신과 관련 없이 독점력이 발생하는 경우도 있는데, 이런 성격의 독점력에 의해 생긴 이윤은 사회적인 관점에서 볼 때 그다지 바람직하지 않다. 생산량을 줄여 가격을 높인 결과 발생한 이윤이므로 비효율적인 자원배분이란 대가가 따르게 되기 때문이다.

이윤의 역할

이윤은 자본주의경제를 움직이게 하는 기본적 원동력이라고 할 수 있다. 끊임없는 혁신은 경제성장의 엔진이라고 말할 수 있는데, 혁신을 하려는 의욕은 바로 이 이윤에 대한 기대에 그 원천이 있다. 이윤의 매력이 전혀 존재하지 않는 사회에서는 혁신을 하려는 노력이 자취를 감출 것이기 때문에 정체상태를 면할 수 없다.

또한 적절한 정도의 위험부담도 경제성장을 위한 필수적 요소 중 하나다. 모든 사람과 기업들이 '땅 짚고 헤엄치기'식의 돈벌이만을 추구하는 경제에서는 건전한 성장이 이루어질 수 없다. 앞날의 전망이 확실하지 않다는 이유로 기업들이 투자를 주저하면 성장이 제대로 이루어지기 힘들다. 불확실한 상황에서도 과감하게 투자하는 용기가 필요한데, 이윤은 바로 그런 용기를 불러일으키는 역할을 한다.

이윤은 생산자원이 여러 용도 사이에서 배분되는 것과 관련한 효율성을 제고하는 역할도 수행한다. 어떤 산업에서 많은 이윤이 생긴다는 것은 그 산업의 규모가 확장되는 것이 바람직하다는 뜻이다. 이윤은 새로운 기업들이 그 산업으로 진입하게 만드는 유인으로 작용한다. 뿐만 아니라 이미 그 산업 안에서 활동하고 있는 기업은 축적된 이윤을 통해 생산능력을 확장할 수 있는 여유를 얻게 된다. 이에 따라 이윤이 많이 나는 산업은 자동적으로 그 규모가 확대되는 결과가 나타난다.

정부의 정책이 기업가적 노력에 찬물을 끼얹는 결과를 가져오지 않도록 배려할 필요가 있다. 조세정책이나 금융정책을 통해 기업가적 노력을 적극적으로 부추길 필요까지 있다. 그러나 이것은 '진정한' 기업가적 노력의 경우에만 적용될 수 있는 말이다. 단지 이권의 추구에 불과한 기업의 노력을 부추기기 위해 아까운 국민의 세금을 쏟아 붓는다면 그것은 엄청난 사회적 낭비가 아닐 수 없다.

구글의 신화

하버드 대학교를 중퇴한 게이츠(B. Gates)가 1975년 마이크로소프트(Microsoft)를 처음 만들었을 때 이것이 그렇게 짧은 기간 안에 세계 굴지의 기업으로 성장할 것을 예측한 사람은 그리 많지 않았다. IBM PC의 운영체제 MS-DOS를 개발해 성장의 기반을 닦은 마이크로소프트는 *Windows*를 통해 IBM을 제치고 일약 컴퓨터업계의 최강자로 부상하게 되었다. PC시대의 도래를 정확하게 예측한 게이츠의 치열한 기업가 정신이 일구어낸 승리였던 것이다.

그 후 IT업계에는 게이츠의 뒤를 잇고자 하는 수많은 예비 스타들이 등장해 춘추전국시대로 돌입하게 되었다. 이 과정에서 많은 벤처기업들이 혜성처럼 등장해 한순간에 굴지의 기업으로 성장하기도 하고 그대로 사라지기도 했다. 뿐만 아니라 굴지의 기업으로 성장한 기업이 하루아침에 우리의 시야에서 사라지는 일도 빈번하게 일어났다.

이 춘추전국시대의 새로운 패자로 등장한 것이 바로 브린(S. Brin)과 페이지(L. Page) 두 젊은이에 의해 만들어진 구글(Google)이다. 1998년 9월 이 두 사람이 친구의 차고를 빌려 출범한 이 회사는 불과 6년 만에 자본규모가 230억 달러나 되는 거대기업으로 성장했다. 2004년 8월 이 회사의 주식이 최초로 상장되면서 브린과 페이지는 물론 이 회사의 창업과정에 참여했던 많은 사람들이 순식간에 백만장자의 반열에 오르게 되었다.

구글의 첫 출발점은 1996년 스탠퍼드 대학교의 컴퓨터공학과 대학원생이었던 브린과 페이지가 시작한 연구계획에서 찾을 수 있다. 이들은 웹사이트 사이의 관계를 분석, 활용한 검색엔진이 기존의 검색엔진에 비해 훨씬 더 효율적일 것이라는 아이디어를 냈다. 바로 이 아이디어 하나가 구글을 순식간에 검색엔진 시장의 70%를 차지하는 절대강자의 위치에 올려놓은 비결이었던 것이다.

캘리포니아주 멘로파크의 한 허름한 차고에서 출범한 회사가 오늘의 구글로 성장하기까지의 역사를 보면 마치 한 편의 드라마와도 같다. 바이즈(D. A. Vise)와 맬시드(M. Malseed)가 쓴 *The Google Story*라는 책은 한번 손에 들면 놓기 싫을 정도로 흥미진진한 얘기들로 가득 차 있다. 이 책에서 그리고 있는 브린과 페이지는 머리만 좋은 공부벌레가 아니다. 20대의 젊은 나이에 억만장자가 된 그들은 멋진 유머센스를 갖고 있을 뿐 아니라, 주변 사람들에 대한 배려도 중요하다고 생각하는 휴머니스트다.

Google이란 이름을 지은 과정에서도 그들의 탁월한 유머센스를 엿볼 수 있다. 이 이름은 'googol'이란 단어에서 나왔다고 하는데, 이것은 10의 100승이라는 엄청나게 큰 수를 의미한다. 페이지는 학생들과의 대화에서 원래 이 단어로 회사 이름을 지으려고 했지만 정확한 철자를 몰라 Google로 쓴 것이라고 고백했다. 이 말을 곧이곧대로 믿는 사람은 아마 없을 것이다. 자기들은 철자 하나 제대로 알지 못한다는 익살이 담긴 이름임이 분명하기 때문이다.

구글이 온라인 문화에 미친 영향은 옥스퍼드 영어사전에 'google'이란 단어가 등재되어 있다는 사실에서도 찾아볼 수 있다. 이 단어의 뜻은 '인터넷상에서 정보를 얻기 위해 구글 검색엔진을 사용한다'라고 하는데, 이를 보면 이제 구글이 검색의 대명사로 통용될 정도로 그 영향력이 커진 것을 알 수 있다. 변화가 극심한 IT산업의 특성상, 어느 날 또 다른 강자가 혜성처럼 나타나 구글의 위치를 위협하게 될지도 모른다. 그러나 어찌 되었든 구글의 눈부신 성장사는 기업의 역사에서 하나의 신화로 남을 것이 분명하다.[11]

한마디로 말해 구글은 브린과 페이지의 천재성, 그리고 이들의 천재성을 일찍 알아본 벤처 투자가들의 혜안이 만들어낸 멋진 작품이었다. 바로 이 천재성과 혜안이 우리가 기업가 정신이라고 말하는 것의 좋은 예라고 말할 수 있다. 지금의 우리 경제에서 가장 부족하고 따라서 가장 절실하게 필요로 하는 것이 바로 이와 같은 치열한 기업가 정신이다. 이런 의미에서 구글의 신화는 우리에게 특별한 의미로 다가오는 것이다.

11) 2015년 브린과 페이지는 지주회사인 알파벳사(Alphabet Inc.)를 설립하고 구글을 이것의 자회사로 편입시켰다.

요약

1. 생산요소에 대한 수요는 상품에 대한 수요에서 파생되어 나온다는 의미에서 파생수요의 성격을 갖고 있다.

2. 기업은 이윤극대화를 염두에 두고 생산요소에 대한 수요를 결정하기 때문에 각 생산요소의 가격이 그것의 한계생산가치와 같아지는 수준까지 고용하게 된다. 따라서 한계생산가치를 나타내는 곡선이 그 생산요소에 대한 수요곡선이 된다.

3. 상품의 경우와 마찬가지로 생산요소도 수요곡선과 공급곡선이 교차하는 점에서 그 가격과 고용량이 결정된다.

4. 지대는 토지 사용에 대한 대가뿐 아니라 그 공급이 고정되어 있는 생산요소에 대해 지급하는 보수 모두를 가리키는 말로 일반화시켜 사용할 수 있다. 지대의 개념을 한층 더 일반화하면 경제적 지대가 되는데, 이것은 생산요소의 공급이 비탄력적이기 때문에 추가로 지급되는 보수라는 성격을 갖는다.

5. 미숙련노동자는 교육과 현장실습 같은 인적투자를 통해 숙련노동자로 바뀔 수 있다.

6. 어느 사회든 특정한 집단에 속한 근로자에게 정당한 이유도 없이 나쁜 대우를 하는 차별이 존재하고 있다. 차별이 발생하는 이유로는 편견, 정보의 부족, 연줄에 대한 집착 등을 들 수 있다.

7. 자본을 축적한다는 것은 미래의 더 큰 소비 가능성을 위해 현재의 소비를 희생하는 것을 뜻한다.

8. 자본재는 구조물, 설비, 재고의 세 가지 부류로 대별할 수 있는데, 사용과 더불어 그 가치가 떨어지는 현상, 즉 감가상각이 일어난다는 특징을 갖고 있다.

9. 이자율은 자금을 빌려주고 빌리는 것과 관련된 가격이라고 말할 수 있는데, 여느 가격과 마찬가지로 대부가능자금의 수요와 공급에 의해 결정된다.

10. 이윤은 기업가적 노력에 대한 보수라고 생각할 수 있다. 기업가적 노력은 구체적으로 혁신, 위험부담과 관련한 노력으로 요약될 수 있다.

중요개념

파생수요	한계생산가치	지대	경제적 지대
전용수입	숙련노동	미숙련노동	인적투자
인적자본이론	차별	자본축적	자본재
자본스톡	감가상각	대부가능자금	이자율
이윤	기업가적 노력	혁신	위험부담

연습문제

01. 천주민 씨는 사람을 써서 원예업을 하고 있는데, 일용 근로자 한 사람을 하루 고용하는 데 5만원이 든다고 한다. 그런데 경영컨설팅회사에 의뢰해 근로자의 생산성을 조사하게 했더니 한계생산가치가 7만원이란 평가결과가 나왔다. 5만원을 주고 고용한 근로자가 7만원이나 되는 수입을 벌어들였다는 말이다. 그는 이 결과를 보고 자신의 경영능력에 대해 매우 큰 자부심을 느꼈다. 그의 경영능력에 대한 독자의 평가를 말해 보라.

02. 운동화를 만들어 완전경쟁적인 시장에서 판매하는 기업이 있는데, 최근 운동화 가격이 3만원에서 2만원으로 떨어졌으나 근로자들에게 지급되는 월급은 150만원 수준을 유지하고 있다. 다음의 물음에 답하라.

    (1) 이와 같은 변화가 노동의 한계생산에 즉각적으로 어떤 영향을 미칠까?
    (2) 노동의 한계생산가치에는 어떤 영향을 미칠까?
    (3) 그 결과 이 기업이 고용하는 노동의 양에 어떤 영향을 미칠까?

03. 다음과 같은 일이 일어날 때 생산요소의 가격에는 어떤 영향을 미치게 될까?

    (1) 그 생산요소를 사용해서 만든 상품에 대한 수요의 감소
    (2) 그 생산요소를 대체할 수 있는 다른 생산요소의 공급 증가

04. 사람들이 좀 더 많은 노동을 공급하게 만들기 위해 근로소득세를 경감해 주면 실제로는 어떤 결과가 나타날까? 이론적으로 가능한 결과가 무엇인지 설명하라.

05. 일반적으로 높은 소득을 올리는 사람들은 상당한 경제적 지대를 얻고 있다. 우리 사회를 예로 들어 그들이 어떤 이유에서 많은 경제적 지대를 누릴 수 있는지 그 이유들을 설명해 보라.

06. 유명 연예인이 얻는 소득 중에는 경제적 지대가 상당히 큰 비중을 차지하고 있다. 정부가 연예인의 소득에서 경제적 지대의 성격을 갖는 부분만을 가려내 높은 세율을 부과하는 방침을 세웠다고 한다. 이와 같은 경제적 지대에 대한 중과가 연예인이 공급하는 서비스의 양에 어떤 영향을 줄 것인지 예측해 보라.

07. 어떤 사회에서 각 생산요소가 생산에 공헌한 만큼의 보수를 받을 때 그 결과로 나타나는 소득분배는 공평한 것일까?

08. 우리나라의 노동시장에 존재하는 차별의 예를 들고 그 원인과 귀결이 무엇인지 간략하게 논의하라.

09. 남성과 여성 근로자들을 비교해 보면 실제로 여성 근로자의 생산성이 더 낮은 것으로 나타난다. 이 점을 들어 여성 근로자들이 낮은 임금을 받고 있는 것은 낮은 생산성 때문이지 결코 차별 때문이 아니라고 말하는 사람이 있다. 이 주장의 타당성에 대해 논의하라.

10. 노동시장에서의 차별이 스스로 소멸의 길을 걸을 것이라는 주장의 근거를 제시하고, 이 주장이 현실성을 갖는지에 대한 간략한 평가를 제시하라.

11. 자본을 어느 수준으로 축적해야 적절하다고 말할 수 있는지 그 평가기준을 설명해 보라.

12. 자본재의 감가상각이 일어나는 이유는 무엇인가?

13. 지난 몇십 년간의 성장과정에서 우리나라 정부는 이자율을 매우 낮은 수준으로 억제해 왔다. 그와 같은 정책이 우리 경제에 어떤 영향을 미쳤을지 생각해 보라.

14. 이윤은 어떤 원천에서 나오고 있으며 자본주의 경제의 발전에 어떤 역할을 하고 있는지 간략하게 설명하라.

제 10 장

소득분배의 현실

10.1 배경 설명

10.2 불평등도의 측정

10.3 빈곤의 문제

10.4 재분배정책

이 장에서는 소득의 분배와 관련된 여러 가지 문제에 대해 논의해 보려고 한다. 분배의 문제를 다룬다고 할 때 반드시 '소득'의 분배에만 관심을 가질 이유는 없다. 궁극적으로 중요한 것은 경제적 복지의 분배이며, 따라서 소득뿐 아니라 소비수준이나 재산같이 경제적 복지와 관련이 있는 모든 것의 분배상태에도 관심을 가져야 한다. 단지 객관적으로 측정하기 쉽고 경제적 복지와 매우 밀접한 관계를 가졌다는 의미에서 소득분배에 관심을 갖는다는 점을 이해해 둘 필요가 있다.

10.1 배경 설명

공평한 분배의 문제

한 경제에 주어진 자원을 활용해 최대한의 경제적 복지를 누릴 수 있기 위해서는 우선 그 자원이 효율적으로 배분되어야 한다. 그러나 자원이 효율적으로 배분되었다고 해서 모든 문제가 해결되는 것은 아니다. 생산된 것들이 사람들 사이에서 불공평하게 나누어져 기본적인 의식주마저 해결하기 힘든 사람들이 생기는 것은 결코 바람직한 일이 아니다. 따라서 공평한 분배(equitable distribution)가 효율적인 배분 못지않게 중요한 문제로 등장하게 되는 것이다.

그렇다면 공평한 분배라는 것이 과연 무엇을 뜻하는 것일까? 다시 말해 어떻게 분배된 상태가 공평하다고 말할 수 있는 것일까? 모든 사람들에게 똑같은 몫을 나누어 주는 것이 공평한 분배일까? 사람마다 능력이 다를 뿐 아니라 얼마나 열심히 일하는지의 정도에도 차이가 있는데도? 만약 사람들 사이에 차등을 둔다면 어떤 기준에 의해 어느 정도로 차등을 두는 것이 공평할까? 공평한 분배에 관한 우리의 의문은 끝없이 이어질 수 있다.

공평한 분배가 무엇인지를 한마디로 잘라 말하는 것은 불가능한 일이다. 또한 사람마다 무엇이 공평한 분배를 뜻하는지에 대한 생각이 다를 수 있다. 공평성의 문제는 가치판단(value judgement)과 밀접한 관련을 갖고 있기 때문에 사람마다 다른 생각을 갖는 것은 당연한 일인지 모른다. 그렇기 때문에 공평한 분배를 실현해야 한다는 점에 대해서는 합의를 이루었다 할지라도, 구체적으로 이를 어떻게 실현해야 할지에 대해서는 합의를 보기 힘든 상황이 조성되는 것이다.

현대의 경제학에서 주로 논의되는 것은 효율적인 자원배분의 문제다. 이에 비해 공평한 분배의 문제에 대해 보이는 관심은 초라하기 짝이 없을 정도다. 이와 같은 상황이 바람직한 것은 아니지만, 그렇게 된 데는 나름대로 이유가 있다. 바로 앞에서 말한 것처럼 공평성의 문제는 가치판단과 밀접한 관련을 갖고 있기 때문에 객관적인 논의가 불가능하다는 어려움이 있다. 가치판단의 문제를 다루는 데 익숙하지 못한 경제학자들로서는 공평성의 문제가 껄끄럽게 느껴질 수밖에 없다.

그렇다고 해서 공평한 분배의 문제를 언제나 관심의 사각지대에 그대로 놓아둘 수는 없다. 무관심의 상태로 놓아두기에는 분배의 문제가 너무나 큰 중요성을 갖고 있기 때문이다. 공평한 분배를 실현하는 것이 불가능하다 할지라도, 인간다운 생활을 할 수 있는 최소한의 자원마저 갖지 못한 사람들이 생기는 것만은 막아야 한다. 바로 이런 시각에서 분배의 문제에 대해 조심스럽게 접근해 보려고 하는 것이다.

기능별 소득분배와 계층별 소득분배

분배라는 말이 나오면 사람들은 으레 '소득분배'를 생각한다. 사실 정말로 중요한 것은 소득 그 자체의 분배상태가 아니라 경제적 복지의 분배상태다. 그러나 경제적 복지의 수준은 객관적인 측정이 어렵기 때문에, 소득의 분배상태를 보고 경제적 복지의 분배상태를 간접적으로 평가하는 편법을 쓰고 있는 것이다. 우리가 소득의 분배에 관심의 초점을 맞추는 배경에는 바로 이와 같은 생각이 깔려 있다는 것을 알아두기 바란다.

그런데 어떤 사람이 누리는 경제적 복지의 수준은 그의 소득뿐 아니라 재산과도 밀접한 관련을 갖는다. 소득은 얼마 되지 않아도 많은 재산을 갖고 있는 사람이라면 그 재산을 조금씩 처분해 아주 풍족한 생활을 누릴 수 있다. 이것만 보아도 재산이 경제적 복지 수준에 소득 못지않게 큰 영향을 미친다는 것을 알 수 있다. 그러나 어떤 사람이 갖고 있는 재산을 정확하게 파악하는 일은 매우 어렵다. 재산을 여러 가지 다른 형태로 보유하고 있는 것이 일반적이기 때문이다. 이런 문제가 있기 때문에 재산 대신 소득의 분배를 통해 분배의 문제에 접근하는 방식을 채택하고 있다.

한 경제의 소득분배는 **기능별 소득분배**(functional distribution of income)와 **계층별 소득분배**(size distribution of income)라는 두 가지 각도에서 살펴볼 수 있다. 기능별 소득분배란 경제 전체의 소득이 각 생산요소 사이에서 어떻게 나누어지는지의 관점에서 분배를 파악하는 것을 뜻한다. 예컨대 국민소득이 임금, 이자, 이윤, 지대 등으로 나누어지는 몫이 각각 얼마인지를 보는 것이 바로 기능별 소득분배다.

> **기능별 소득분배**
> 경제 전체의 소득이 각 생산요소 사이에서 어떻게 나누어지는지의 관점에서 분배를 파악하는 방식
>
> **계층별 소득분배**
> 소득이 가장 큰 사람부터 배열했을 때 각 소득계층에 돌아가는 소득이 얼마나 되는지를 보는 방식

특히 많은 관심의 대상이 되는 것은 국민소득 중에서 임금소득이 차지하는 비율, 즉 노동소득분배율이다. 우리나라의 경우 1980년대 전반까지만 해도 노동소득분배율이 50% 수준을 간신히 넘는 정도였다. 그 후 노동소득분배율은 꾸준히 높아져 2020년에는 67.5%의 수준으로 오른 것을 볼 수 있다.

가난한 노동자들이 임금소득을 얻고 부유층은 주로 이자나 이윤 같은 자본소득을 얻는 상황에서 기능별 소득분배는 중요한 의미를 갖는다. 그러나 현대의 복잡한 경제에서는 이와 같은 도식적 구분이 점차 의미를 잃어가고 있다. 예를 들어 대기업의 임원이 받는 연봉은 임금소득임이 분명하지만 그들이 가난한 사람들이라고 말할 수는 없다. 또한 요즈음처럼 주식 소유가 광범하게 분산된 상황에서는 별로 부유하지 않은 사람도 자본소득의 일종인 배당금을 받는 경우가 그리 드물지 않다.

계층별 소득분배는 소득이 가장 큰 사람부터 차례로 배열했을 때 각 소득계층에 돌아가는 소득의 몫이 얼마나 되는지를 보는 방식이다. 예를 들어 가장 부유한 10%의 사람들이 전체 소득의 몇 퍼센트를 차지하고, 그다음 10%의 사람들은 몇 퍼센트를 차지하느냐를 보는 방식으로 분배상태를 파악한다. 쉽게 말해 가난하고 부유한 사람들 사이에서 소득이 어떤 비율로 나누어지는가를 보는 방식이다. 우리가 소득분배라고 할 때 흔히 생각하는 것은 바로 이 계층별 소득분배다.

피케티의 『21세기의 자본』

교과서를 빼놓는다면 경제학 서적으로서 수십만 권이나 팔려 베스트셀러 반열에 오르는 경우를 찾기 힘든 것이 사실이다. 그런데 프랑스의 천재 경제학자 피케티(T. Piketty)가 쓴 『21세기의 자본』(*Capital in the Twenty-First Century*)은 인터넷 서점 아마존(Amazon)의 베스트셀러 리스트에서 당당 1위를 차지할 정도로 높은 인기를 누렸다. 2013년에 프랑스어로 출판된 이 책의 영어판이 나온 지 2달이 채 안 되는 시점에서 8만 부나 팔려나가 이런 폭발적 인기를 예상치 못한 출판사가 허겁지겁 추가 생산에 나섰다는 말도 들린다.

온통 수식으로 가득찬 여느 경제학 서적과 달리, 이 책에는 초등학교 수학책에나 등장할 정도로 지극히 간단한 세 개의 수식만이 등장한다. 그는 이 세 개의 수식을 통해 현대 자본주의 사회 안에 소득분배의 불평등성이 점차 커지는 경향이 내재되어 있다는 결론을 도출했다. 미국이 그 대표적 예지만, 세계 여러 나라에서 최근 들어 소득분배의 불평등성이 점차 커지는 현상이 관찰되고 있다. 그렇기 때문에 불평등성에 대한 관심이 그 어느 때보다 더 높아진 시점에서 이 책이 등장해 폭발적인 관심의 대상이 되었던 것이다.

이 책에서 피케티가 내리고 있는 결론은 자본의 수익률 (r)이 경제성장률(g)보다 더 높은 한 국민소득에서 자본이 차지하는 몫은 더욱 커지고, 자본의 몫이 커짐에 따라 소득분배의 불평등성은 점차 더 커진다는 것이다. 그는 자본주의의 긴 역사를 보면 $r > g$라는 조건이 충족되기에 알맞은 상황이 지속되었음을 알 수 있다고 말한다. 그리고 세계경제가 저성장기조에 들어가게 된 현재 시점에서도 이 조건이 충족될 가능성이 크다고 덧붙인다.

프랑스의 천재 경제학자 피케티

피케티가 쓴 『21세기의 자본』은 출판되어 나오자마자 베스트셀러 반열에 올라섰다. 이는 최근 들어 소득분배 문제에 대한 사람들의 관심이 얼마나 커졌는지를 잘 말해 주고 있다.

이처럼 자본의 몫이 점차 커짐에 따라 현대 자본주의 사회는 세습자본주의(patrimonial capitalism)의 상황으로 치닫게 되리라는 것이 그의 우울한 전망이다. 세습자본주의 하에서는 누가 얼마나 좋은 능력을 가졌는지 혹은 얼마나 열심히 노력했는지가 경제적 성공의 요인으로서 별로 중요하지 않다. 그보다는 어떤 가정에서 태어났느냐가 훨씬 더 중요한 경제적 성공의 요인이다. 극소수의 부유층을 제외한다면 이런 세습자본주의의 등장을 반길 사람은 별로 없을 것이 분명하다.

피케티는 나날이 더 심화되어 가는 소득과 재산의 집중을 막기 위해 전 세계적 차원에서의 자본과세를 주장했다. 이를 통해 자본의 (세후) 수익률을 낮춰야만 집중 현상에 제동을 걸 수 있다는 이유에서다. 일반적으로 자본과세는 자본의 이동성 때문에 원래 의도한 효과를 거두기 힘든 것으로 알려져 있다. 즉 자본이 다른 나라로 빠져나감에 따라 자본의 수익률을 낮추려는 목표를 달성하기도 어려울뿐더러 경제도 어렵게 되는 문제가 있다는 말이다. 그는 세계 여러 나라가 공조체제를 구축함으로써 이 문제를 해결할 수 있다고 말한다.

이 책이 출판되자마자 세계 여러 나라 지식인들의 찬사가 쏟아졌다. 예를 들어 크루그먼(P. Krugman)은 이 책이 '불평등성에 대한 훌륭하고 철저한 고찰'(magnificent, sweeping meditation on inequality)이라고 칭찬했다. 그리고 이 책은 그해의 가장 중요한 책일뿐더러 아마도 향후 10년에도 이런 중요한 책은 다시 보기 힘들 것이라는 말까지 덧붙였다. 그러나 불평등성에 대해 다른 견해를 갖고 있는 보수진영의 비판도 만만치 않아 이런저런 문제점을 지적하는 수많은 글들이 쏟아져 나온 것도 사실이다.

이 책이 갖는 중요성은 그동안 관심의 사각지대에 놓여 있던 소득분배의 문제를 논의의 중심으로 끌어냈다는 데 있다. 이 책을 둘러싼 열띤 논쟁은 결론이 어떤 방향으로 나든 간에 그 자체로 바람직하다고 말할 수 있다. 지식인들과 경제학자들이 이제야 분배문제가 갖는 중요성에 눈뜨게 되었다고 볼 수 있기 때문이다. 전 세계에 불고 있는 '피케티 열풍'은 효율성만을 맹신해 온 경제학계에 일대 혁신을 가져오는 계기가 되었다는 점에서 박수갈채를 받을 만하다.

자료 : Thomas Piketty, *Capital in the Twenty-First Century*, Belknap, 2014

그러나 문제는 소득분배를 이와 같은 방식에 의해 체계적으로 분석할 수 있는 이론적인 틀이 없다는 데 있다. 앞에서 본 기능별 소득분배의 경우에는 다양한 이론적 분석이 가능한 반면, 계층별 소득분배는 이론적인 처리가 매우 어렵다. 분배문제에 관한 이론적 모형을 보면 대부분이 기능별 소득분배에 관한 것임을 발견하게 되는데 이것은 결코 우연이 아니다. 그렇지만 이론적 처리가 힘들다고 해서 계층별로 분배의 상황을 파악하려는 노력을 포기할 필요는 없다. 실증연구를 통해 이론으로 분석하지 못하는 부분을 상당한 정도로 보완할 수 있기 때문이다.

우리나라의 소득분배

〈표 10-1〉에 제시되어 있는 2019년도 소득 10분위별 소득분포는 계층별 소득분배의 관점에서 우리나라 도시가계의 분배상태를 요약해 보여 주고 있다. 소득 10분위(income decile)란 것은 가장 가난한 10%의 사람으로부터 가장 부유한 10%의 사람까

표 10-1
우리나라 도시가계의 소득 10분위별 점유비율(2019년)
(단위 : %)

소득분위	소득점유율	누적비율
1분위	2.1	2.1
2분위	4.3	6.4
3분위	5.8	12.3
4분위	7.1	19.4
5분위	8.3	27.8
6분위	9.7	37.5
7분위	11.2	48.7
8분위	12.8	61.5
9분위	15.5	77.0
10분위	23.0	100.0

자료 : 통계청, 「가구동향조사」, 2021

캘커타의 과일시장

인도의 1인당 국민소득이 매우 낮은 것은 사실이지만, 그것만이라도 공평하게 분배된다면 이들의 삶은 훨씬 더 개선될 수 있을 것이다.

지 각기 10%씩의 사람들로 구성된 소득계층을 의미한다. 표에서 제1분위는 가장 가난한 10%의 사람을 뜻하는데, 이들이 우리나라 전체 소득의 2.1%를 점하고 있는 것을 볼 수 있다. 반면에 가장 부유한 10%를 뜻하는 제10분위는 무려 23.0%나 되는 소득을 차지하고 있는 것으로 나타나 있다.

외환위기가 일어난 1997년까지만 해도 우리나라의 분배상태는 조금씩 평등화되는 추세를 보여 왔다. 그러나 1998년 이후에는 평등화의 추세에 제동이 걸려 불평등성의 정도가 갑자기 더 커지게 되었다. 바로 앞에서 가장 가난한 10%의 사람이 차지하는 소득의 몫이 2.1%라고 했는데, 1996년에는 3.2%였던 것이 지금 보고 있는 수준으로 떨어진 것이다.

표에 나타난 자료에 따르면, 가장 못사는 40%의 사람들이 차지하는 소득의 비율은 19.4%에 지나지 않는다. 반면에 가장 잘사는 20%의 사람들이 차지하는 소득의 비율은 38.5%나 된다. 가장 못사는 40%의 사람들이 차지하는 소득의 비율을 가장 잘사는 20%의 사람들이 차지하는 소득의 비율로 나누어 그 값을 구해 보면 0.5가 된다. 이 값을 **십분위분배율**(decile distribution ratio)이라고 부르는데, 한 사회의 소득분배가 얼마나 불평등한지를 나타내는 지표가 된다.

십분위분배율

가장 못사는 40%의 사람들이 차지하는 소득의 비율을 가장 잘사는 20%의 사람들이 차지하는 소득의 비율로 나누어 구해지는 값으로, 이것이 작을수록 더욱 불평등한 분배를 의미

십분위분배율의 값이 더 작을수록 더욱 불평등한 분배를 의미한다는 것은 두말할 나위도 없다. 우리 사회의 10분위분배율의 값이 0.5라는 것은 가장 못사는 40%의 사람들이 얻는 소득을 모두 합쳐도 가장 잘사는 20%의 사람들이 얻는 소득의 절반 정도에 지나지 않음을 뜻한다. 십분위분배율 말고도 분배가 불평등한 정도를 재는 지표가 여럿 있는데, 이들에 대해서는 다음 절에서 자세하게 설명하려고 한다.

10.2 불평등도의 측정

이 절에서는 어떤 사회의 분배상태가 얼마나 불평등한지 객관적으로 측정하는 방법에 대해 설명하려고 한다. 구체적인 측정의 방법에는 여러 가지가 있는데, 이들에 대해 설명하기 전에 우선 '평등하다'는 것의 의미부터 살펴볼 필요가 있다.

평등성의 의미

앞에서 말한 것처럼, 우리가 궁극적으로 관심을 갖는 것은 과연 소득이 공평하게 분배되어 있는지의 여부다. 그러나 **공평성**(equity)은 여러 가지 측면을 모두 감안해 정

슈퍼스타의 경제학

정보화 사회의 한 특징은 누구나 쉽게 세계에서 제일가는 운동선수, 성악가, 가수, 소설가, 배우와 접할 수 있는 기회를 가질 수 있다는 점이다. 예전엔 미국에 사는 사람이 아니고서는 베이브 루스가 홈런을 펑펑 날리던 광경을 볼 수 없었다. 그러나 지금은 아프리카의 오지에 사는 사람도 슈퍼스타 메시와 호날두가 맞대결을 벌이는 멋진 경기 모습을 볼 수 있다.

이와 같은 현상의 경제적 귀결은 각 방면에서 아주 뛰어난 실력을 발휘하는 사람, 즉 슈퍼스타가 판을 독차지하는 결과가 나타난다는 것이다. 단지 인기뿐 아니라 소득의 측면에서도 슈퍼스타와 바로 그 아래 급 스타 사이에는 엄청나게 큰 차이가 나게 된다. 슈퍼스타에 거의 필적하는 실력을 갖고 있어도 그보다 약간만 떨어지면 훨씬 못한 대우를 감수해야 한다.

우리는 스포츠, 영화, 대중가요, 텔레비전 등 여러 분야에서 수많은 슈퍼스타들을 볼 수 있다. 이렇게 슈퍼스타가 존재하기 위해서는 몇 가지 조건이 충족되어야 한다. 첫 번째 조건은 많은 사람이 그들의 서비스를 소비할 수 있어야 한다는 것이다. 영화나 텔레비전에는 슈퍼스타가 많은데, 연극에는 그렇게 불릴 만한 사람이 거의 없는 이유는 무엇일까? 연극을 즐기는 사람의 수가 별로 많지 않은 데다가, 공연장에 가야만 제대로 즐길 수 있다는 점도 또 다른 이유가 될 수 있을 것이다.

슈퍼스타 호날두의 경기 장면

이제는 세계 어느 곳에서든 슈퍼스타 메시와 호날두가 맞대결을 벌이는 멋진 경기 모습을 볼 수 있다.

두 번째 조건은 평범한 재주의 사람 여럿이 비범한 재주를 가진 한 사람을 당해 낼 수 없어야 한다는 것이다. 손재주가 좋아 같은 시간 안에 다른 사람보다 두 배나 더 많은 구두를 만들어내는 사람이 있다 하자. 그가 엄청나게 좋은 손재주를 가진 것은 분명하나 보통 사람 셋이 힘을 합치면 그를 능가할 수 있다. 그러나 연예계나 스포츠계의 평범한 스타 세 사람은 슈퍼스타 한 사람을 능가하지 못한다. 예컨대 무하마드 알리의 전성기에는 두 체급의 세계 챔피언전을 한꺼번에 연다 해서 알리 한 사람의 논타이틀전보다 더 많은 TV중계 시청자를 모을 수 없었다.

소수의 슈퍼스타가 판을 독점하는 현상은 오락산업에서 많이 나타나고 있다. 그런데 이와 같은 현상은 다른 직종에도 점차 파급되어 가고 있다. 예를 들어 의사, 변호사, 경영자 중에서도 가장 유능하다고 알려진 사람과 그보다 약간 못한 사람들 사이의 소득격차가 점차 커지고 있다. 우리는 이런 성격의 직종을 가리켜 '승자가 판을 독차지하는'(winner-take-all) 직종이라고 부를 수 있다. 이 직종의 공통된 특성은 절대적 성과가 아닌 상대적 성과가 보수를 결정하는 요인이 된다는 점이다. 즉 같은 직종에 종사하는 다른 사람에 비해 얼마나 더 뛰어난 실력을 발휘하는지가 보수의 결정에 중요한 역할을 하는 것이다.

이런 성격의 직종이 점차 늘어가게 되면서 소득의 편중이 점차 심화되는 결과가 나타난다. 절대적 성과가 보수를 결정하는 체제하에서는 다른 사람에 비해 능력이 부족할 경우 바로 그 차이만큼만 더 적은 소득을 얻게 된다. 그러나 승자가 판을 독차지하는 직종에서는 약간의 능력 차이가 엄청나게 큰 소득의 격차로 이어지게 된다. 정보화의 진전은 슈퍼스타의 출현을 촉진시키는 역할을 하고 궁극적으로는 소득의 불평등을 심화시키는 결과를 가져오는 것이다. 우리 사회에서도 머지않아 이와 같은 현상이 여러 부문에서 현저하게 나타날 것으로 예상할 수 있다.

의해야 하는 복합적 개념이기 때문에 한마디로 정의를 내릴 수 없다. 공평성이란 말을 평등성으로 바꾸어 표현하면 조금은 더 객관적인 정의가 가능할지 모른다. 그렇지만 평등성 역시 모든 사람의 소득이 균등하게 분배되었다는 것 이상의 의미를 함축하고 있기 때문에 아직도 문제는 남는다.

이 절에서 보게 될 **불평등도지수**(inequality index)는 어떤 분배의 상태가 공평하다든가 혹은 평등하다든가에 대해서 말해 주는 바가 별로 없다. 불평등도지수가 암묵적으로 가장 이상적인 분배상태라고 상정하는 것은 모든 사람이 균등한 몫을 차지하는 상태다. 다시 말해 '균등성'이 바로 평등성 혹은 공평성을 의미한다는 전제하에서 현실의 분배상태를 측정하고 있는 것이다.

불평등도지수는 균등한 분배를 출발점으로 하여 현실의 분배상태가 이에서 얼마나 멀리 떨어져 있는지를 재게 된다. 결국 공평성이나 평등성을 구성하는 여러 차원 중의 하나인 균등성에만 관심의 초점을 맞추는 것이라고 말할 수 있다. 이 점을 감안한다면 불평등도지수라는 말보다 '불균등도지수'라는 말이 더 적합할지 모른다. 하여튼 지금 우리가 살펴보고자 하는 불평등도지수에는 이와 같은 명백한 한계가 있다는 점을 미리 이해해 두기 바란다.

지금까지의 논의를 종합해 불평등도지수를 다음과 같이 정의할 수 있다.

불평등도지수 : 불평등도지수는 현실의 분배상태가 균등한 분배상태에서 얼마나 멀리 떨어져 있는지를 객관적인 수치로 나타내 주는 지표다.

생각해 봅시다

소득이나 재산이 사회 구성원 각자에게 똑같은 몫으로 나누어진 상태가 가장 바람직한 것일까? 지금 우리가 살펴보고 있는 불평등도지수의 경우에는 이 물음에 "그렇다."는 답을 하고 있는 셈이다. 그러나 균등하게 분배된 상태가 바람직하지 않은 것은 아니지만, 가장 바람직한 것이라고 말하기도 어렵다. 가장 바람직한 분배의 상태는 균등하지 않은 것일 가능성이 크다.

예를 들어 어떤 사람은 몹시 게을러 일을 하려 들지 않을 뿐 아니라, 저축이라는 것을 모르고 산다고 하자. 반면에 다른 사람은 부지런하기 짝이 없고 조금만 여유가 생겨도 저축하는 습관을 갖고 있다. 이 두 사람이 똑같은 소득을 얻는다면 이것은 무언가 잘못된 것이지, 이를 두고 공평한 분배가 이루어졌다고 할 사람은 없을 것이다.

물론 소득의 격차가 너무 심한 것은 어떤 이유에서든 바람직하다고 말하기 힘들다. 아무리 능력이 없는 사람이라 할지라도 기본적인 의식주마저 어려울 정도로 쪼들리는 것은 결코 바람직하지 않다. 이런 의미에서 분배가 어느 정도 균등해질 필요가 있지만, 그렇다고 해서 완전히 균등한 분배의 상태까지 도달해야 하는 것은 아니다.

생각해 보기

(1) 어떤 사람에게 더 많은 소득을 분배하는 것이 바람직하다면, 그 사람은 어떤 조건을 갖춘 사람일지 생각해 보자.

(2) 균등한 분배가 가장 이상적인 것이 아니라면, 정부가 빈부격차를 줄이기 위해 노력하는 것은 적절하지 못한 일인가?

로렌츠곡선

어떤 사회의 분배상태를 나타내는 수단으로 가장 흔하게 사용되는 것은 **로렌츠곡선**(Lorenz curve)이다. 앞에서 본 〈표 10-1〉에 제시되어 있는 우리나라 도시가계의 소득분포에 기초해 다음과 같은 로렌츠곡선을 도출할 수 있다. [그림 10-1]에서 보는 정사각형의 수평축은 사람의 비율을 퍼센트로 나타내는 한편, 수직축은 전체 소득 중의 점유비율을 퍼센트로 나타내고 있다. 그런데 수평축에 나타나 있는 사람의 비율은 가장 가난한 사람으로부터 순서대로 배열했을 때의 비율을 뜻한다. 예컨대 20%를 나타내는 지점은 가장 소득이 낮은 20%의 사람들을 뜻하는 것이다.

로렌츠곡선
가장 가난한 몇 퍼센트의 사람들이 전체 소득 중 몇 퍼센트를 차지하고 있는지를 나타내는 점들을 이어 만든 곡선

〈표 10-1〉을 보면 최하위 10%(제1분위)의 사람들이 전체 소득의 2.1%를 점유하는 것으로 나타나 있다. 수평축상에서 10%, 그리고 수직축상에서 2.1%가 되는 점을 그림에서 찾아 보면 *a*점이 된다. 그다음에는 최하위 20%의 사람들이 차지하는 소득의 점유비율을 구하게 되는데, 제1분위와 제2분위의 소득점유비율을 더해 6.4%라는 수치를 얻을 수 있다. 이와 같이 최하위 20%의 사람들이 6.4%의 소득을 점유하고 있다는 사실은 그림에서 *b*점으로 대표될 수 있다. 이런 방식으로 최하위 몇 퍼센트의 사람들이 몇 퍼센트의 소득을 점유하는지를 계속 찾아 점으로 나타낸 다음 이들을 이으면 그림에서 보는 푸른색의 곡선이 된다. 이렇게 얻은 곡선이 바로 로렌츠곡선이다.

만약 모든 사람들이 똑같은 소득을 얻고 있으면 로렌츠곡선은 대각선과 일치하게 된다. 최하위 10%의 사람들이 전체 소득의 10%를 차지하고, 최하위 20%의 사람들은 전체 소득의 20%를 차지하는 것처럼, 사람들의 비율과 소득점유비율이 계속 같을 것이기 때문이다. 반면에 오직 한 사람이 모든 소득을 독점하고 나머지 사람들은 한 푼의 소득도 얻지 못하는 극단적인 불평등을 나타내는 로렌츠곡선은 자주색으로 나타낸

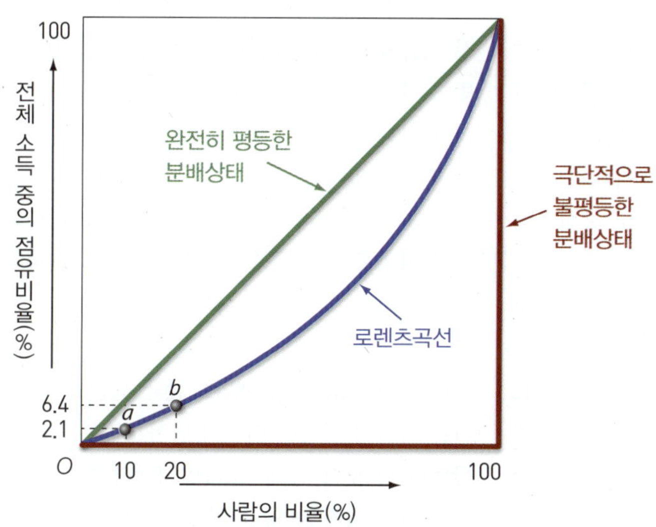

그림 10-1

로렌츠곡선

최하위 10%의 사람들이 전체 소득의 2.1%를 차지한다는 사실은 *a*점, 그리고 최하위 20%의 사람들이 전체 소득의 6.4%를 차지한다는 사실은 *b*점으로 나타나 있다. 이런 방식으로 최하위 몇 퍼센트의 사람들이 몇 퍼센트의 소득을 점유하는지를 계속 찾아 점으로 나타낸 다음 이들을 이은 것이 바로 로렌츠곡선이다.

누가 중산층인가?

우리 사회에서 중산층이 점차 줄어들고 있다는 신문 보도를 자주 접하게 된다. 그렇다면 우리가 중산층이라고 부르는 계층은 과연 누구일까? 대충 말해 우리 사회에서 중간 정도의 생활수준을 갖고 있는 사람을 중산층이라고 부를 수 있다. 그러나 정확하게 소득이 어떤 범위에 있는 사람을 중산층이라고 부를 수 있느냐는 질문을 받으면 답하기가 그리 쉽지 않다.

사실 경제학자들 사이에서도 누구를 중산층으로 분류할 수 있느냐에 대해 의견 통일이 이루어지지 못한 상태다. 중산층을 정의하는 방법에는 크게 보아 두 가지가 있다. 하나는 상대적인 맥락을 중시해 한 사회의 여러 소득계층 중 중간에 속한 계층을 중산층으로 분류하는 접근방법이다. 다른 하나는 절대적으로 어떤 소득의 범위를 정해 그 범위에 드는 사람을 중산층으로 보는 접근방법이다.

첫 번째 접근방법의 구체적인 예로 다음과 같은 것을 들 수 있다. 우선 한 사회의 중위소득(median income)을 구하고 그것의 75%에서 125%에 이르는 범위 안의 소득을 얻는 사람을 중산층으로 보는 방법이 있다. 예를 들어 어떤 나라의 연간 중위소득이 1만 달러라면, 연간 소득이 7천 5백 달러에서 1만 2천 5백 달러 사이인 사람이 중산층으로 분류되는 것이다.

또한 소득계층 최상위 20%를 부유층으로 보고, 최하위 20%를 빈곤층으로 본 다음, 그 중간에 있는 60%의 사람들을 중산층으로 보는 방법도 있다. 이처럼 상대적 접근방법으로 중산층을 정의하면 중산층에 속하는 사람들의 소득 범위가 나라마다 다르게 된다. 예를 들어 방글라데시의 중산층에 속하는 사람의 소득으로는 미국에서 결코 중산층이 될 수 없는 일이 벌어질 수 있다.

두 번째 접근방법은 절대적인 관점에서 중산층의 소득 하한선과 상한선을 구하는 것이 그 핵심이다. 어떤 경제학자는 하루 소득 12달러와 50달러를 각각 그 답으로 찾았다. 12달러는 브라질 국민의 평균 소득인 한편, 50달러는 이탈리아 국민의 평균 소득이다. 어느 나라에서든 소득이 이 범위 안에 드는 사람을 대략 중산층으로 볼 수 있다는 뜻이다.

이와 같은 중산층의 정의에 따르면 중국이나 인도에는 중산층이 많지 않다는 결론이 나온다. 인구 대부분의 하루 소득이 12달러에 이르지 못하기 때문이다. 사실 개발도상국의 빈곤층은 하루 소득 2달러 미만의 사람들로 정의되는 것이 보통이다. 하루 소득이 최소한 12달러가 되어야 중산층으로 볼 수 있다는 것은 비현실적인 판단일 수 있다.

이 점을 감안해 하루 소득이 2달러에서 13달러에 이르는 범위에 있는 사람을 중산층으로 정의한 경제학자도 있다. 중산층 소득의 하한선을 2달러로 잡은 것은 그 미만을 빈곤층으로 보기 때문이다. 한편 상한선인 13달러라는 수치는 미국에서 하루 소득이 13달러 미만의 사람을 빈곤층으로 보는 데서 나왔다. 개발도상국의 관점에서는 그 정도의 소득이면 중산층으로 볼 수 있다는 생각을 한 것이다.

중산층을 이렇게 정의하면 최근 개발도상국에서 중산층이 엄청나게 빠른 속도로 늘어나고 있다는 결론이 나온다. 전 세계적으로 소득이 이 범주에 속하는 사람들의 숫자는 1990년에서 2005년에 이르는 기간 동안 14억 명에서 26억 명으로 커졌기 때문이다. 이와 같은 증가의 대부분이 개발도상국에서 일어났다는 것은 두말할 필요조차 없다. 중국만 하더라도 그런 사람의 숫자가 1억 7천 4백만 명에서 8억 6백만 명으로 늘어났다.

지금까지 본 여러 가지 중산층의 정의 중 어느 것이 가장 적합할까? 이에 대한 명백한 답을 얻기는 어렵다. 각 방법이 나름대로 장단점을 갖기 때문이다. 중산층에 관한 논의를 하는 목적이 무엇이냐에 따라 적절한 것을 선택해 쓰는 수밖에 없다.

예를 들어 우리 사회의 중산층이 줄어들고 있는지의 여부를 따져보려는 목적이라면 첫 번째 설명한 방법이 가장 좋을 것이다. 즉 중위소득의 75%에서 125%에 이르는 사람의 비율에 어떤 변화가 있었는지를 보면 바로 답이 나올 것이라는 말이다. 만약 개발도상국 사람들 중 빈곤에서 벗어나는 사람이 얼마나 되는지 알아보려는 목적이라면 마지막 방법이 더 낫다. 하루 소득이 2달러 이상으로 커진 사람들의 숫자로 쉽게 그 답을 얻을 수 있기 때문이다.

꺾어진 선분이 된다. 한 사람을 제외한 모든 사람의 소득점유율이 0%이기 때문에 수평선을 따라 가다가 그 사람이 추가되는 순간 소득점유율이 100%가 되기 때문에 수직선으로 꺾이게 되는 것이다.

소득이 평등하게 분배되어 있을수록 로렌츠곡선이 대각선에 더욱 가까이 위치하게 된다. 우리는 이 사실을 이용해 서로 다른 두 사회의 분배상태를 비교할 수 있다. 예를 들어 한국의 분배상태를 대표하는 로렌츠곡선이 미국의 분배상태를 대표하는 로렌츠곡선보다 상대적으로 더 대각선에 가깝게 위치해 있는 것으로 나타났다고 하자. 이것을 보고 한국에서 소득이 더욱 평등하게 분배되었다는 평가를 할 수 있다.

그런데 이와 같이 두 로렌츠곡선의 위치를 비교해 분배상태를 평가하는 것은 두 곡선이 서로 교차하지 않을 때에 한해 허용된다는 점에 유의해야 한다. 여기서 그 이유를 자세하게 설명할 수 없지만, 만약 두 곡선이 서로 교차하는 것으로 드러나면 아무런 판단도 내릴 수 없기 때문이다. 현실에서는 로렌츠곡선이 서로 교차하기 때문에 분배상태를 비교할 수 없는 경우가 자주 발생한다. 이런 경우의 분배상태를 비교하려면 로렌츠곡선 이외의 다른 방법을 쓸 수밖에 없는데, 다음에 설명할 지니계수가 바로 그 다른 방법 중의 하나다.

지니계수

[그림 10-2]에서 보듯 대각선 아래의 삼각형은 로렌츠곡선에 의해 α(푸른색)와 β(붉은색)의 두 구역으로 나누어지고 있다. **지니계수**(Gini coefficient)는 아래 식에서 보는 것과 같이 α의 넓이를 α와 β를 합친 구역의 넓이로 나눈 비율과 같은 값을 갖는다. 즉 대각선과 로렌츠곡선 사이에 만들어진 초승달 모양의 넓이를 대각선 아래 삼각형의 넓이로 나눈 비율이 바로 지니계수의 값이 된다.

지니계수
소득분배가 불평등한 정도를 나타내는 지수 중 하나로, 대각선과 로렌츠곡선 사이의 초승달 모양의 넓이를 대각선 아래 삼각형의 넓이로 나눈 것과 그 값이 같음

$$\text{지니계수} = \frac{\alpha}{\alpha+\beta} \quad (10.1)$$

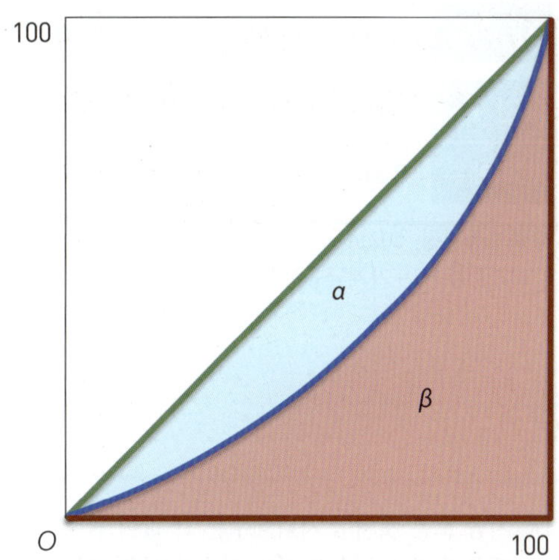

그림 10-2

로렌츠곡선과 지니계수

지니계수는 대각선과 로렌츠곡선 사이로 만들어진 초승달 모양의 면적(α)을 대각선 아래의 삼각형 면적($\alpha+\beta$)으로 나눈 비율과 그 값이 같다.

만약 로렌츠곡선이 대각선과 일치한다면 α의 넓이는 0이 될 것이고 따라서 지니계수도 0의 값을 갖는다. 반면에 로렌츠곡선이 자주색의 꺾어진 선분과 일치한다면 β의 넓이가 0이 되어 지니계수는 1의 값을 갖게 된다. 이와 같이 지니계수는 0에서 1 사이의 값을 가지며, 그 값이 클수록 더욱 불평등한 분배상태를 뜻한다.[1] 앞에서 본 〈표 10-1〉에 제시된 분배상태에 대해 지니계수를 구해보면 0.339라는 값이 나온다.

〈표 10-2〉는 지난 20년 동안 우리 사회의 소득분배 상태를 나타내 주는 지니계수가 변화해 온 추이를 보여주고 있다. 이를 보면 앞 절에서 말한 것처럼 외환위기를 계기로 분배상태의 추이에 눈에 띄는 변화가 생겼다는 사실을 다시 확인할 수 있다. 1997년 0.264의 값을 갖던 지니계수가 그다음 해에는 0.293으로 급격하게 커진 것으로 나타난다. 그리고 2006년 이후로는 지니계수의 값이 줄곧 0.3을 넘는 수준에서 맴돌고 있는 것을 볼 수 있다.

분배의 상태를 평가하는 지표로 가장 많이 사용되는 것이 바로 이 지니계수다. 그러나 지니계수는 현실에 존재하는 불평등의 정도를 재는 지표로서 명백한 한계를 갖고 있다. 앞에서 지적했듯이 우리가 이상으로 추구하는 공평한 분배라는 것은 여러 가지 측면을 포괄하는 복잡한 개념이다. 말하자면 누가, 어떤 방법으로, 얼마나 많은 소득을 얻고 있느냐를 모두 고려해야 되는 복합적인 개념인 것이다. 그러나 지니계수는 소득이 얼마나 균등하게 분배되었느냐라는 하나의 차원에서만 평가하고 있을 뿐, 다른 차원의 문제는 완전히 무시하고 있다. 그렇기 때문에 지니계수에 의한 분배상태의 평가는 우리가 피부로 느끼는 것과 상당히 다를 수 있다.

표 10-2
우리나라 지니계수의 변동 추이

연도	1990	1991	1992	1993	1994	1995	1996	1997	1998	1999
지니계수	0.266	0.259	0.254	0.256	0.255	0.259	0.266	0.264	0.293	0.298
연도	2000	2001	2002	2003	2004	2005	2006	2007	2008	2009
지니계수	0.279	0.290	0.293	0.283	0.293	0.298	0.305	0.316	0.319	0.320
연도	2010	2011	2012	2013	2014	2015	2016	2017	2018	2019
지니계수	0.315	0.313	0.310	0.307	0.308	0.305	0.355	0.354	0.345	0.339

자료 : 통계청, 2021
* 2016년부터는 가계금융복지조사 결과를 이용하여 최근 OECD 작성기준(Wave7)에 따라 작성

1) 지금 보는 것처럼 지니계수는 그 값이 클수록 더욱 불평등한 상태를 뜻하지만, 앞 절에서 본 십분위분배율의 경우에는 그 값이 클수록 더욱 평등한 분배상태를 뜻한다는 데 주의하기 바란다.

도금시대의 '악덕 자본가'들

19세기 말 미국 경제는 산업의 눈부신 발전에 힘입어 전례 없는 번영을 구가하고 있었다. 또한 이민자의 대규모 유입과 지속적인 영토 확장을 통해 미국의 국력은 하루가 다르게 커나가고 있었다. 산업화 과정에서 엄청난 부를 축적한 계층이 등장하게 되었으나, 일반 대중들의 삶에는 그리 큰 변화가 없었다. 그 결과 빈부격차가 점차 더 커지고, 이에 따라 많은 사회적 문제가 발생하게 되었다.

유명 작가 마크 트웨인(Mark Twain)은 당시의 미국 사회가 겉으로만 화려했을 뿐 그 속은 보잘 것 없었다는 뜻에서 '도금시대'(Gilded Age)라는 말을 만들어 냈다. 미국 사회가 마치 속은 싸구려 금속이면서 겉만 금칠을 입힌 조각상과 같다는 의미로 만들어낸 말이었다. 트웨인은 겉과 속이 모두 찬란한 '황금시대'(Golden Age)와 대비되는 뜻을 가진 도금시대라는 말로 당시의 상황을 풍자하려고 했다.

이 도금시대의 눈부신 경제성장을 주도한 자본가 계층은 '악덕 자본가'(robber baron)라는 그리 달갑지 않은 별명을 얻게 되었다. 이 robber baron이란 용어는 독일어의 Raubritter라는 말에서 나왔는데, 12세기경 라인 강변에 검문소를 만들고 지나가는 배들에게 강제적으로 통행료를 징수한 영주들을 가리키는 말이었다. 마치 노상강도와도 같은 행위를 하는 귀족이라는 뜻에서 이런 별명을 붙였던 것이다.

미국 경제의 비약적 성장을 이끌었던 자본가들에게 이런 명예롭지 못한 별명을 붙인 데는 나름대로 이유가 있었다. 그들은 법을 넘나들면서 갖가지 수단을 모두 동원해 돈을 끌어모았는데, 그들의 행태를 보면 그런 말이 나올 법도 했기 때문이다. 조셉슨(M. Josephson)이란 사람이 쓴 *The Robber Barons*라는 책에는 그들이 사용했던 여러 가지 수법들이 자세히 묘사되어 있다. 그것을 보면 그들이 돈 모으기에 혈안이 되어 윤리와 도덕을 헌신짝처럼 내버렸다는 사실을 잘 알 수 있다.

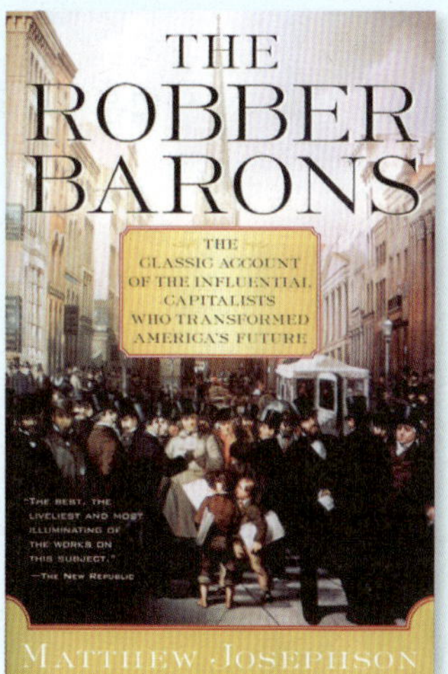

조셉슨(M. Josephson)의 *The Robber Barons* 표지

이 책에는 19세기 말 미국의 악덕 자본가들이 얼마나 탐욕스럽게 돈을 끌어모았는지가 생생하게 묘사되어 있다.

이 악덕 자본가의 명단을 보면 우리에게 아주 낯익은 이름들을 많이 찾아볼 수 있다. 록펠러(J. Rockefeller), 포드(H. Ford), 밴더빌트(C. Vanderbilt), 스탠퍼드(L. Stanford), 모건(J. P. Morgan) 등 이름만 들어도 누구인지 잘 알 수 있는 사람들이 수두룩한 것이다. 흥미로운 점은 세계 최고의 명문대학으로 꼽히는 스탠퍼드 대학교의 설립자인 스탠퍼드도 이 악덕 자본가의 명단에 그 이름을 올리고 있다는 사실이다. 그는 병에 걸려 어린 나이에 세상을 떠난 외아들을 추억하는 의미에서 이 대학을 설립했는데, 그가 부를 축적한 과정을 보면 악덕 자본가라는 말이 한 치의 틀림도 없이 그대로 들어맞는다는 느낌을 받는다.

사실 그 당시에 활약하던 거의 모든 자본가들이 이 악덕 자본가의 범주를 벗어나기 힘들 것이라고 생각한다. 수단과 방법을 가리지 않고 이윤을 추구하는 것이 당연한 일이라는 믿음이 팽배했던 시절이었기 때문이다. 악덕 자본가라는 호칭은 진보적인 역사학자들이 붙인 별명이고, 보수적인 역사학자들은 그들을 미국의 눈부신 산업화를 이끌어 간 영웅이라고 부른다.

그렇지만 오늘날 이들을 경멸하거나 미워하는 미국 사람들은 거의 찾아볼 수 없다. 오히려 그들의 이름이 사회봉사의 대명사로 인식되어 지극한 존경의 대상이 되는 경우가 더 많다. 비록 부의 창출과정에 문제가 있었을지 몰라도, 그 후의 헌신적인 사회봉사를 통해 부정적 이미지를 거의 완벽하게 털어낼 수 있었기 때문이다. 한 예로 록펠러 가문은 몇 대에 걸쳐 사회봉사에 힘써 왔고, 그 결과 미국 최고의 존경스러운 가문으로 인정받기에 이르렀다. 우리말에 "개처럼 벌어 정승처럼 쓴다."라는 표현이 있다. 19세기 말을 화려하게 수놓았던 미국의 산업자본가들에게 딱 어울리는 표현이라 생각한다.

10.3 빈곤의 문제

분배의 불평등이 가져오는 가장 심각한 문제는 사회의 일각에 의식주마저 제대로 해결하지 못하는 빈곤한 사람들이 많이 만들어진다는 사실이다. **빈곤**(poverty)은 언제 어디서든 존재하는 보편적인 현상이지만, 소득이 불평등하게 분배될 때 그 심각성이 특히 커지게 된다. 이 절에서는 빈곤이란 현상의 여러 측면에 대해 살펴보기로 한다.

빈곤의 정의

빈곤이란 인간다운 생활을 하기에 충분한 소득을 얻지 못하는 상황을 가리킨다. 그러나 정확하게 빈곤이 무엇인지에 대해, 즉 어떤 생활이 빈곤한 사람의 생활인지에 대해서는 사람마다 생각이 다를 수 있다. 더군다나 빈곤에 대한 인식은 사회에 따라 달라질 수밖에 없어 문제가 더욱 어려워진다. 예를 들어 미국에서 아주 가난한 생활을 하고 있는 사람이라도 소말리아의 기준으로 보면 상당히 넉넉한 사람으로 평가될 수 있을지 모른다.

그렇다면 어느 정도의 소득을 얻는 사람을 빈곤한 사람으로 볼 수 있을까? 최저한의 생활을 하기 위해 필요한 소득을 계산한 다음, 소득이 이보다 더 낮은 사람을 빈곤한 사람으로 규정하는 것이 일반적인 관행이다. 이렇게 빈곤한 사람과 그렇지 않은 사람을 구분하는 기준이 되는 소득수준을 빈곤선(poverty line)이라고 부른다.

빈곤선 : 빈곤한 사람과 그렇지 않은 사람을 구분하는 기준이 되는 소득수준

수도권의 한 가난한 동네

정확하게 어느 정도의 소득을 얻는 사람을 빈곤한 사람으로 볼 수 있는지는 대답하기가 매우 어려운 문제다.

어떤 한 사회에서 빈곤선이 구체적으로 어느 수준인지를 알아내는 것은 무척 어려운 일이다. 객관적인 방법으로 최저생계비를 산출하는 일이 매우 어렵기 때문인데, 현실에서는 다음과 같은 여러 가지 방식으로 최저생계비를 구하고 있다.

(1) 라운트리방식

라운트리(S. Rowntree)는 1899년 영국 York지역의 주민을 대상으로 최저한의 생활을 하는 데 필요한 소득의 수준이 얼마인지를 조사했다. 그의 계산결과에 따르면, 한 주일당 음식물을 위한 지출 12실링 9펜스, 옷을 위한

지출 2실링 3펜스, 연료비 1실링 10펜스, 그리고 잡다한 지출 10펜스에다 따로 계산된 주택임대료를 합친 금액이 최저한의 생활을 위한 지출이었다고 한다. 오늘날에도 이와 같은 방식으로 최저생계비를 구하는 사례가 많은데, 그의 이름을 따 **라운트리방식**이라고 부른다.

라운트리방식
최저한의 생활을 하는 데 필요한 상품들을 구입하는 데 드는 비용이 얼마인지 조사한 결과에 기초해 최저생계비를 산정하는 방식

라이덴방식
사람들에게 설문조사를 한 결과에 의거해 최저생계비를 산정하는 방식

이 방식은 생존에 필요한 최소한의 소비가 무엇인지 그 절대적 수준을 알아내는 데 중점을 두고 있다. 그러나 생존에 요구되는 최소한의 소비가 무엇을 의미하는지는 분명치 않다. 무엇보다 우선 생존을 위해서 무엇을 얼마만큼 먹어야 하며 옷은 얼마나 필요한지 등의 문제가 생각만큼 간단하지 않다.

더군다나 사회적인 측면까지 포함시켜 최소한의 소비를 생각할 경우 문제는 더욱 어려워진다. 신문도 보고 친척들의 경조사에도 찾아가야 사회적 생존이 가능한 것이라면, 이와 같은 일에 필요한 지출도 최저생계비에 포함되어야 마땅하다. 그렇지만 사회적 생존을 위해 무엇을 얼마만큼 지출해야 하는지를 알아내는 것은 생물적 생존의 경우보다 훨씬 더 어렵다.

(2) 라이덴방식

사람들에게 설문조사를 한 결과에 의거해 빈곤선을 결정할 수도 있다. 예를 들어 "당신의 처지에서 최소한 얼마의 소득이 있어야 생활이 가능합니까?"라는 질문을 던지고, 이에 대한 사람들의 응답을 통계적으로 처리해 최저생계비를 산출할 수 있는 것이다. 이를 **라이덴**(Leyden)**방식**이라고 부르는데, 사람들의 주관적인 평가에 의존해 빈곤선을 산출한다는 점에서 앞서 설명한 라운트리방식의 객관적 평가방법과 대조를 이룬다.

(3) 평균소득이나 중위소득의 일정비율로서의 빈곤선

라운트리방식과 라이덴방식은 절대적인 관점에서 빈곤선을 산출한다는 성격을 공유하고 있다. 즉 최소한의 생존에 필요한 자원의 절대적 필요량이 얼마인지를 직접 계산해 내거나 아니면 설문조사에 의해 알아내고 있다. 이와 대조적으로 상대적인 관점에서 빈곤선을 찾아낼 수도 있다. 즉 평균소득(average income)이나 중위소득(median income)의 일정한 비율, 예컨대 50% 수준을 빈곤선으로 잡을 수 있다.[2)]

이와 같은 빈곤선의 결정방식은 빈곤에 상대적인 성격이 있

2) 구체적으로 몇 퍼센트 선에서 빈곤선을 설정해야 하느냐에 대한 객관적 기준은 없다.

그림 10-3

OECD 회원국들의 상대적 빈곤율(2018년 기준)

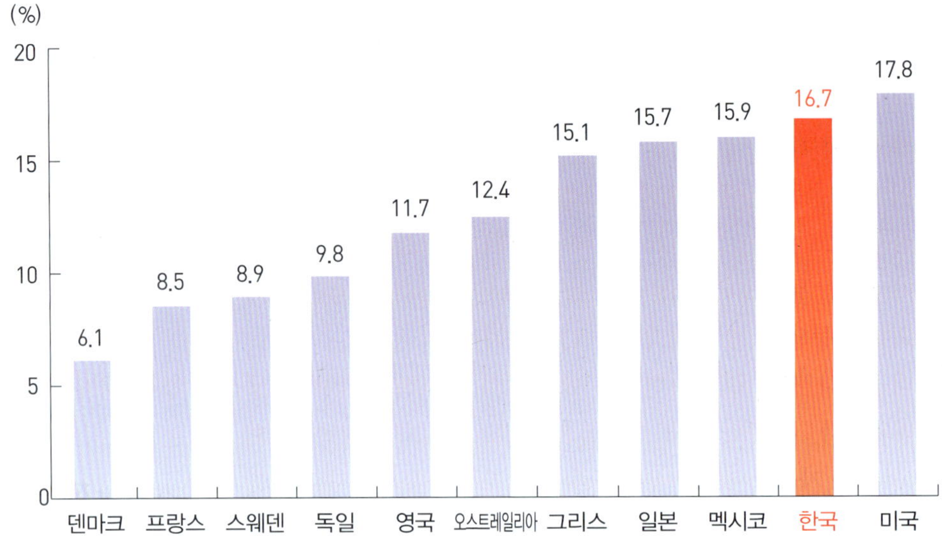

자료 : OECD Income Distribution and Poverty Database

* 상대적 빈곤율은 중위소득 절반 이하의 처분가능소득을 갖는 사람의 비율을 의미

음을 반영할 수 있다는 장점을 갖는다. 기본적인 의식주에는 문제가 없다고 하더라도, 주위 사람들이 모두 잘사는데 혼자만 어렵게 산다면 그는 분명히 빈곤한 사람이다. 이것은 빈곤의 개념에 상대적인 성격이 분명히 내포되어 있음을 뜻한다. 그렇다면 어떤 사람의 소득이 최소한 평균적 소득수준의 어느 비율 정도는 되어야 빈곤을 면할 수 있다고 생각할 여지가 있다. 평균소득이나 중위소득의 일정한 비율을 빈곤선으로 설정하는 방식은 바로 이와 같은 생각에 기초하고 있다.

[그림 10-3]은 OECD 회원국들의 상대적 빈곤율을 비교한 결과를 보여주고 있다. 수직축의 숫자는 전체 인구 중 중위소득의 $\frac{1}{2}$도 못 되는 처분가능소득을 얻고 있는 사람의 비율을 뜻한다. 바로 그 수준의 소득을 빈곤선으로 보아 각 나라의 상대적 빈곤율을 측정하고 있는 것이다. 이 그림을 보면 우리나라의 상대적 빈곤율이 비교적 높은 편인 것을 알 수 있는데, 다만 미국의 상대적 빈곤율이 우리나라보다 더 높다는 것은 약간 의외라는 느낌을 준다.

그런데 미국의 상대적 빈곤율이 이렇게 높은 것은 실상 그렇게 놀랄 만한 일이 아니다. 미국은 1980년대 이래 강력하게 추진되어 온 신자유주의적 정책의 여파로 인해 소득분배의 불평등이 매우 심각한 양상으로 치닫게 되었다. 그 결과 주요국들 중 미국만큼 양극화의 정도가 큰 나라를 찾기 힘들 정도가 되었는데, 높은 상대적 빈곤율은 바로 이와 같은 양극화의 추세와 밀접한 관련을 갖고 있다.

빈곤도의 측정

어떤 사회에 존재하는 빈곤의 정도가 얼마나 되는지 객관적으로 측정해 볼 필요가

1달러로 하루를 산다?

아르헨티나 돈 6페소는 공식환율로 1달러 30센트에 해당하는 한편, 암시장 환율로는 불과 1달러에 불과한 금액이다. 이 돈으로는 커피와 곁들여 먹는 비스킷의 일종인 알파호(alfajor) 한 조각 정도를 살 수 있다고 한다. 문제는 아르헨티나 정부의 통계청(INDEC)이 2012년 8월 바로 이 금액에 해당하는 (1인당) 하루 소득이 공식빈곤선(official poverty line)이라고 발표한 데 있었다. 공식빈곤선이란 정부가 대빈곤정책을 수행할 때 빈곤한 사람과 그렇지 않은 사람을 가르는 기준으로 사용하는 수치를 뜻한다.

날로 뛰어오르는 물가 때문에 고통을 겪고 있는 아르헨티나 사람들에게 이 정도의 적은 소득으로 하루를 산다는 것은 상상조차 할 수 없는 일이다. 화가 난 시민들은 정부의 인색함을 비웃기 위해 손톱만한 크기의 피자 사진이 들어있는 광고를 실었다. 또한 해커들이 통계청의 웹사이트를 다운시킨 다음 "이젠 웹사이트를 복구하기 위해 당신의 그 6페소를 써야 하겠소."라는 글귀를 남기기도 했다.

부에노스아이레스 도심의 한 거리

여기에 사는 사람은 1달러로 하루를 살 수 있다는 것이 아르헨티나 정부의 주장이다.

아르헨티나의 수도 부에노스아이레스에서 가난한 사람들에게 무상급식을 해주는 기관의 말에 따르면 한 끼 식사에만 최소한 6페소가 든다고 한다. 무상급식 한 끼를 간신히 만들 수 있는 돈으로 하루를 살아야만 한다는 말이다. 길거리에서 구걸하는 한 걸인에게 6페소로 하루를 살 수 있느냐고 물어보았더니 껄껄 웃으며 다음과 같이 대답했다고 한다. "그게 사실이라면 난 부자인 셈이요."

부에노스아이레스 대학이 수행한 한 연구에 따르면, 한 사람이 건강한 식사를 하기 위해 필요한 최소한의 지출은 24페소로 공식빈곤선의 4배에 이른다고 한다. 최저생계비에는 건강한 식사에 필요한 지출 말고도 다른 종류의 지출이 당연히 포함되어야 한다. 그렇다면 하루 6페소라는 최저생계비 수치는 엄청나게 비현실적인 것이 아닐 수 없다.

그런데 아르헨티나 정부가 투표자와 투자자들을 속이기 위해 통계수치를 조작한 사례는 이 경우에 한정되지 않는다고 한다. 물가상승률을 실제보다 더 낮은 수준으로 왜곡해 발표하는 경우가 너무나 많다는 것이다. 2012년 2월에는 독립기관에서 측정한 물가상승률이 정부가 발표한 물가상승률보다 두 배나 더 높은 사태가 벌어졌다고 한다. 신뢰성에 문제가 있다고 판단한 *The Economist*지는 통계청이 발표한 물가상승률 통계를 더 이상 싣지 않기로 결정했다고 한다.

자료 : *The Economist*지, 2012년 9월 8일 자

있다고 하자. 우선 생각할 수 있는 것은 그 사회에 존재하는 빈곤한 사람의 수를 전체 인구로 나눈 비율(headcount ratio)에 의해 그 사회에 존재하는 빈곤의 정도를 짐작하는 방법이다. 즉 빈곤한 사람의 비율이 클수록 빈곤의 정도가 더 큰 것으로 판단하는 방법이다.

그런데 이 방법은 얼마나 더 가난하고 덜 가난하고에 상관없이 빈곤한 사람을 모두

똑같이 취급한다는 문제점을 갖고 있다. 예를 들어 어떤 사회에 빈곤한 사람의 수는 많아도 그들의 소득이 빈곤선에서 그다지 크게 떨어져 있지 않다고 하자. 반면에 다른 사회에는 빈곤한 사람의 수가 비교적 적지만 그들의 소득은 빈곤선에 비해 형편없이 낮다고 한다. 이 두 사회 중 어느 쪽이 더 심각한 빈곤의 문제를 안고 있는 것일까? 단지 빈곤한 사람의 비율만을 보고 이 두 사회에 존재하는 빈곤의 정도를 비교해서는 안 된다는 점을 구태여 강조할 필요가 없으리라고 생각한다.

빈곤한 사람들의 실제 소득이 빈곤선보다 얼마나 더 적은지 계산해 이를 모두 더한 것을 빈곤격차(poverty gap)라고 부르는데, 이를 통해 빈곤의 정도를 측정할 수도 있다. 예를 들어 4인 가족의 빈곤선이 월 150만원이라고 하자. 어떤 가족의 월 소득이 120만원밖에 되지 않는다면 그 가족의 소득은 빈곤선에서 30만원만큼 떨어지는 수준이다. 이렇게 모든 빈곤한 사람에 대해 빈곤선과 실제 소득 사이의 차이를 계산한 후 이들을 모두 더한 것이 빈곤격차다. 이 빈곤격차라는 지표는 빈곤한 사람들이 과연 얼마나 빈곤한 상태에 있는지를 보여 준다는 장점을 갖고 있다.

그러나 지금 설명한 이 두 방식은 너무 단순해 빈곤의 복합적인 성격을 제대로 반영하지 못한다는 한계를 갖고 있다. 이들보다는 좀 더 체계적인 방법으로 빈곤의 정도를 측정하기 위하여 제시된 지표가 바로 **빈곤지수**(poverty index)인데, 그중 대표적인 것이 센지수(Sen index)다. 인도 출신의 경제학자 센(A. Sen)의 이름을 딴 지수인데, 이 책의 범위를 넘을 것 같아 자세한 설명은 하지 않으려고 한다.

빈곤지수
한 사회에 존재하는 빈곤의 정도를 나타내는 지표로서, 전체 인구 중 빈곤한 사람의 비율, 실제 소득과 빈곤선 사이의 차이 등 여러 가지 요인을 감안해 구해짐

생각해 봅시다

전 세계에서 하루 2달러도 못 되는 지출로 살아가야 하는 사람들의 숫자가 수억 명이 넘는다. 2달러라면 우리 돈으로 2천원 남짓한 금액인데, 그것으로는 세끼 밥을 마련하기조차 힘든 것이 사실이다. 이 적은 돈으로 굶어 죽지 않고 살아남는 것이 거의 기적처럼 느껴질 정도다. 대부분의 국민이 이런 수준에서 살고 있는 나라라면 하루에 1만원의 생활비를 지출하는 사람이 부자 대접을 받을지도 모른다. 하루 1만원의 지출이라면 한 달 생활비가 고작 30만원에 지나지 않는다는 뜻인데도 말이다.

미국에서는 빈곤층에 속하는 사람이라 할지라도 낡은 자동차와 TV 정도는 갖고 있는 경우가 많다. 그렇지만 소말리아나 아이티 같은 나라에서 자동차와 TV를 갖고 있는 집이라면 결코 빈곤층으로 분류될 리 없다. 이처럼 부유한 나라에서 빈곤층에 속하는 사람들과 가난한 나라에서 빈곤층에 속하는 사람들의 삶에는 엄청난 차이가 존재하고 있다. 그렇기 때문에 어떤 사람이 빈곤층에 속하는지 아닌지를 구분하는 기준 그 자체가 사회에 따라 달라질 수밖에 없는 것이다.

생각해 보기

(1) 아주 가난한 나라의 어떤 사람이 하루 2천원 남짓한 생활비로도 생존할 수 있는 비결이 무엇인지 짐작해 보자.
(2) 지금 우리의 관점에서 조선시대 사대부 집안의 평균적인 생활수준을 평가한다면 그 결과가 어떨지 생각해 보자. 절대적인 소비수준만을 비교한다고 할 때 그들이 현재의 기초생활수급자보다 더 풍요로운 생활을 했다고 평가할 수 있을까?

재분배정책 10.4

완전히 평등한 사회를 건설한다는 것은 이루어지지 못할 꿈에 지나지 않는다. 그렇지만 부유한 사람과 가난한 사람들 사이의 격차를 가능한 한 줄여 나가려고 노력할 필요는 있다. 현대의 정부는 여러 가지 재분배정책을 통해 분배상의 격차를 줄이려고 노력한다. 재분배정책의 구체적인 내용은 무엇이며, 실제로 수행되는 과정에서 어떤 문제점을 갖고 있는지에 대해 살펴보기로 하자.

재분배정책의 실례

(1) 누진세제와 부의 소득세제

누진성
부유한 사람일수록 소득의 더 큰 비율을 세금으로 납부하게 되는 것을 가리킴

부유한 사람일수록 소득의 더 큰 비율을 세금으로 납부하게 되어 있을 때 **누진성**(progressivity)이 있다고 말한다. 누진성이 있는 일반적인 조세제도를 넓은 의미의 재분배정책에 포함시킬 수 있다. 조세 부담이 누진적이면 조세를 납부하기 전의 소득격차보다 납부한 후의 소득격차가 더 작아지는 결과가 나타날 것이기 때문이다. 그렇지만 가난한 사람들의 소득을 더 크게 만들어 주지는 못한다는 한계가 있어 현저한 재분배효과를 기대하기는 힘들다.

더군다나 현실의 조세제도가 갖는 누진성은 우리가 생각하는 것만큼 크지 못하다. 여러 가지 조세 중 누진적인 성격을 갖는 것은 소득세 등 지극히 소수에 그친다. 부가가치세 같은 것은 오히려 소득이 낮을수록 상대적으로 부담이 더 무거워지는 역진성(regressivity)을 갖고 있다. 뿐만 아니라 우리나라같이 탈세가 광범하게 이루어지고 있는 여건에서는 조세제도의 실질적인 누진성이 지극히 작을 수밖에 없다.[3]

누진세제의 논리적 연장으로 볼 수 있는 **부의 소득세**(negative income tax)제도를 도입하면 조세제도는 명백한 재분배효과를 가질 수 있다. 누진세제라는 것은 소득이 높아질수록 세율이 높아지는 것을 뜻하는데, 이와 같은 논리를 연장하면 소득이 낮아질 때 세율이 점차 낮아지다가 나중에는 음(−)의 값을 가질 수도 있다는 말이 된다. 아주 가난한 사람에게 음의 세율을 적용해야 한다는 것은 이들에게서 세금을 걷는 것이 아니라 오히려 정부가 이들에게 돈을 건네주어야 한다는 것을 뜻한다. 부의 소득세제는 바로 이와 같은 논리적 근거 위에서 가난한 사람들에 대한 소득보조를 정당화하고 있다.

정부가 가난한 사람들에게 보장하는 최소한의 소득이 월 50만원이라면 자신이 번 소득이 하나도 없는 사람에게는 월 50만원의 보조금이 지급된다. 그리고 자신이 번 소득이 늘어남에 따라 보조금을 일정한 비율로 점차 줄여 가게 된다. 예를 들어 1만원을

3) 탈세가 주로 고소득층에서 이루어지고 있기 때문에 실질적인 누진성이 그리 크지 않은 것이다.

그림 10-4

부의 소득세제

한 달 동안 스스로 번 돈이 125만원을 넘지 못하는 사람들은 부의 소득세제의 혜택을 받게 되므로 처분가능소득이 스스로 번 돈보다 더 크게 된다.

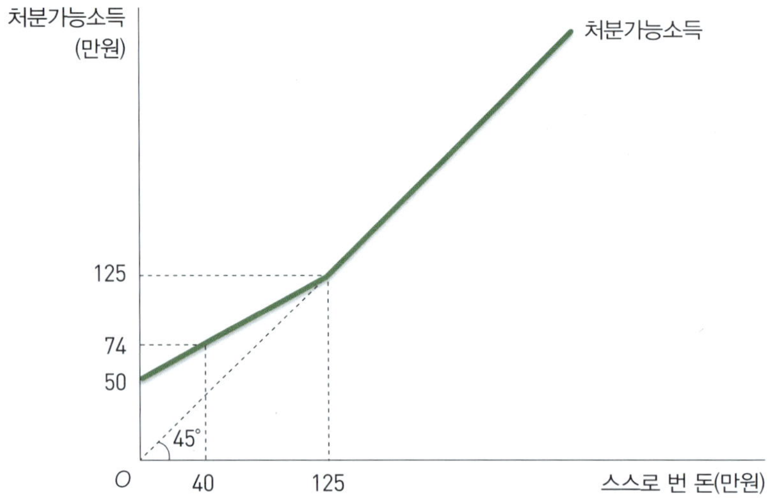

더 벌 때마다 보조금을 4천원씩 줄여 간다고 하면 스스로 번 소득이 40만원인 사람은 정부로부터 34만원을 받게 된다. 따라서 그가 쓸 수 있는 금액, 즉 처분가능소득은 월 74만원이 된다.

이런 추세로 나아가게 되면 스스로 번 소득이 월 125만원에 이를 때 정부의 보조가 끊기게 된다. 즉 부의 소득세제는 스스로 번 소득이 월 125만원 이하인 사람에게만 적용되는 셈이 된다. 스스로 번 소득과 처분가능소득, 즉 정부 보조금을 합친 소득 사이의 관계를 그림으로 나타내면 [그림 10-4]에서 보는 것처럼 꺾어진 반직선이 된다.[4)]

이와 같은 부의 소득세제는 정부의 보조를 받는 사람이 떳떳하게 이를 받을 수 있게 만든다는 장점을 갖는다. 누진세제의 논리에 따르면 소득이 높을수록 더 많은 세금을 내야 하는 것처럼, 부의 소득세제하에서는 소득이 낮을수록 더 많은 보조금을 받을 권리가 생긴다고 말할 수 있기 때문이다. 그러나 이 제도를 본격적으로 시행하려면 많은 비용이 소요된다는 문제점이 있다. 나아가 이 제도가 가난의 원인을 근본적으로 치유해 주는 것이 아니라 단순히 빈곤의 증상만을 완화해 주는 데 그치고 만다는 문제점도 있다.

(2) 사회복지제도

넓은 의미에서의 사회복지제도에는 국민연금제도, 건강보험제도, 고용보험제도 등의 **사회보험**(social insurance)**제도**와 빈곤한 사람들에 대한 도움을 의미하는 **공공부조**(public assistance)**정책**의 두 가지가 포함되어 있다. 그런데 사회보험제도의 경우에는 보험의 성격이 강해 재분배효과가 그다지 크지 않다. 예를 들어 국민연금제도는 노후

사회보험제도

국민연금제도, 건강보험제도, 고용보험제도 등 사회 전체를 대상으로 실시하는 보험의 성격을 갖는 제도

공공부조정책

정부가 가난한 사람들의 생계를 돕기 위해 보조금을 지급하는 프로그램

4) 스스로 번 월 소득이 125만원을 넘는 사람은 정상적인 소득세를 낸다. 그러나 그림에는 이 점이 반영되어 있지 않은데, 부의 소득세제의 효과에 초점을 맞추기 위해 일부러 그렇게 만든 것이다.

의 생활을 안정시킨다는 데 주요한 목적을 두고 있을 뿐, 소득을 재분배해 주는 것을 주요한 목적으로 삼지 않는다. 일반적으로 사회보험제도는 기껏해야 부수적인 재분배효과밖에 내지 못한다.

좁은 의미에서의 사회복지제도는 공공부조정책을 가리킨다. 공공부조정책은 가난한 사람들의 생계를 돕기 위해 보조금을 지급하는 것을 목적으로 하고 있기 때문에 뚜렷한 재분배효과를 갖는다. 현재 우리나라에서 시행되고 있는 국민기초생활보장제도가 공공부조정책의 좋은 예가 된다.

그런데 세계 각국에서 실시되고 있는 공공부조정책은 빈곤한 사람들로 하여금 정부의 도움에 계속 의존하게 만든다는 점에서 비판을 받고 있다. 사실 애써 일하지 않아도 정부가 모두 먹여주고 입혀준다면 구태여 열심히 일할 마음이 생기지 않을지 모른다. 가난한 사람을 돕는 정책이 좋은 효과를 거두기 위해서는 바로 이 점에 대해 적절한 대응책이 마련되어야 한다.

우리나라의 사회복지 프로그램은 다른 나라들과 비교해 얼마나 충실한 편일까? 가장 단순한 비교의 기준은 (정부를 포함한) 공공부문의 사회복지 관련 지출의 규모인데, [그림 10-5]가 OECD 회원국들의 사회복지 관련 지출을 비교한 결과를 정리해 보여주고 있다. 이 그림을 보면 우리나라 공공부문의 사회복지 관련 지출의 대 GDP 비중이 10%대에 머물고 있어 매우 낮은 수준임을 알 수 있다. 멕시코를 제외한 모든 나라들이 우리나라보다 훨씬 더 높은 사회복지 관련 지출을 하고 있는 것으로 나타나 있다. 우리나라 사회복지 관련 지출의 대 GDP 비중은 OECD 평균의 절반 정도에 그치고 있어, 사회복지 프로그램의 충실성을 선진국 수준으로 높이려면 앞으로 많은 투자가 이루어져야만 한다.

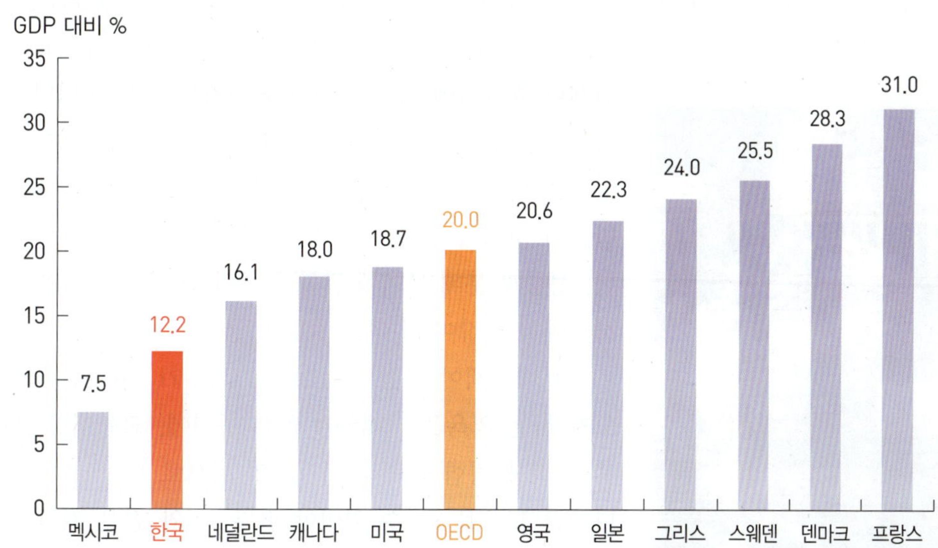

자료 : OECD Social Expenditure Database

그림 10-5

OECD 회원국들의 공공부문 사회복지 관련 지출 (2019년 기준)

재분배정책의 문제점

이상에서 설명한 재분배정책은 그 어느 것이라도 빈곤의 근본적 퇴치에 이르지 못한다는 한계를 갖는다. 우리는 이 정책들로부터 단순히 빈곤에서 나오는 고통을 줄여주는 효과 정도밖에 기대할 수 없다. 물론 빈곤에서 나오는 고통을 줄여주는 것 그 자체가 매우 중요한 일일 수 있다. 그러나 이것만으로 만족해서는 안 되며, 가난한 사람들이 빈곤의 굴레에서 벗어나는 데 적극적인 도움을 줄 수 있어야 한다. 이 점에서 만족스러운 성과를 거두고 있는 재분배정책의 실례를 찾기는 무척 힘든 것이 사실이다.

또한 재분배정책의 시행으로 인해 경제의 전반적 효율성이 떨어지는 문제가 발생한다고 지적하는 사람도 있다. 단기적 관점에서 볼 때 효율성과 평등성이 서로 충돌하는 경향이 있는 것은 사실이다. 즉 평등성을 추구하는 정책이 효율성의 측면에서는 나쁜 영향을 줄 수 있는 여지가 있다. 비유를 들어 말하면 떡을 평등하게 나누려고 하는 노력이 떡 그 자체의 크기를 더 작게 만들 수 있다. 따라서 비율로 보면 어떤 사람의 몫이 더 커졌는데, 실제로 그에게 돌아가는 떡의 절대적 크기는 종전보다 더 작아지는 결과가 빚어질지 모른다. 예컨대 절대적인 크기를 보면 작은 떡의 30%가 큰 떡의 20%보다 더 작을 수 있기 때문이다. 만약 이것이 사실이라면 평등성을 높이려는 노력이 가난한 사람의 실제 생활수준을 높이는 데 아무런 도움이 되지 못하는 셈이 된다.

가난한 사람들이 사회복지제도에 계속 의존하려는 성향을 보이는 것을 가리켜 '복지병'(welfare disease)이라고 부른다. 복지병이 널리 만연된 상황에서는 충분히 일할 수 있는 사람들이 빈둥거리며 놀 수 있게 만드는 데 아까운 세금이 낭비된다는 비판이 당연히 제기될 수 있다. 보수적 견해의 소유자들은 이런 일이 벌어질 수 있음을 지적하며 재분배정책에 반대하는 입장을 취하고 있다. 그러나 평등성을 높이려는 노력이 언제나 효율성에 해로운 영향을 미치는 것은 아니다. 장기적인 관점에서 보면 효율성과 평등성이 상호보완적인 성격을 보일 수도 있다. 즉 평등한 분배가 안정된 사회를 만들어 경제의 장기적 성장에 도움을 줄 수도 있는 것이다. 성장과 분배 문제에 관한 최근의 연구 결과는 평등한 사회에서 성장이 더 빠른 경향이 있음을 보여주고 있다.

참을 수 없는 달콤함의 유혹

이 케이크들을 모두 10조각씩으로 자른다고 하자. 이때 절대적 크기로만 보면 큰 케이크 두 조각이 작은 케이크 세 조각보다 더 클 수 있다.

재분배정책이 진정으로 성과를 거두기 위해서는 일하고자 하는 의욕을 저해하지 않는 동시에, 교육이나 훈련 혹은 직장 경험을 통해 스스로의 힘으로 빈곤에서 벗어나게끔 도움을 줄 수 있어야 한다. 이와 같은 적극적인 노력만이 이들을 빈곤의 늪에서 건져내 사회의 정상적인

흐름으로 다시 돌아올 수 있게 만들 수 있다. 재분배정책이 궁극적으로 지향해야 할 목표가 바로 여기에 있는 것이다.

생각해 봅시다

정부가 소득의 재분배를 위해 노력하는 것이 바람직하다는 견해를 가진 사람이 많다. 그렇다고 해서 모든 사람이 이에 흔쾌히 동의하는 것은 아니다. 비록 그 수는 그리 많지 않지만, 정부의 재분배정책에 대해 극단적인 반대의견을 가진 사람도 있다. 그렇다면 그들은 왜 재분배정책이 바람직하지 않다고 생각하는 것일까?

그 이유로 우선 들 수 있는 것은 재분배정책이 개인의 정당한 권리를 침해할 소지가 있기 때문이라는 것이다. 이들은 부유한 사람에게 돈을 거두는 것이 그의 재산권을 침해하는 결과를 가져온다고 지적한다. 비록 정부라 할지라도 어떤 사람이 정당하게 얻은 재산의 일부를 거둬 갈 권리를 갖지 못한다는 것이 그들의 입장이다.

또한 재분배정책이 경제의 효율성에 나쁜 영향을 미친다는 점이 재분배정책을 반대하는 이유가 되기도 한다. 재분배정책이 효율성에 문제를 일으킨다는 사실은 강력한 재분배정책을 실시해 온 나라들의 경험에서 어느 정도 확인되었다고 볼 수 있다. 스웨덴이 그 좋은 예지만, 한때 열정적으로 재분배정책을 추진해 온 나라들이 최근 들어 다른 방향으로 선회하는 사례를 많이 볼 수 있다. 이 사실은 효율성의 문제를 들어 재분배정책을 반대하는 사람의 입지를 강화시켜 주고 있다.

이런 반대의견에도 불구하고 재분배정책은 현대 정부에게 맡겨진 중요한 임무 중의 하나로 널리 인정되고 있다. 특히 빈곤한 사람을 위해 사회적 안전망(safety net)을 제공하는 것은 게을리해서는 안 될 중요한 과제로 인식되고 있다. 기본적으로 재분배정책에 반대하는 사람도 이런 정책이 필요하다는 점에는 이의를 제기하지 않는다. 다만 거기서 나오는 부작용이 최소화되도록 노력할 필요가 있다는 점을 강조하는 정도에 그치고 있다.

생각해 보기

(1) 극단적으로 말하면 누진세제도 부유한 사람의 재산권을 침해할 소지를 갖는다고 할 수 있다. 이와 같은 견해에 동의할 수 있는가?

(2) 편견과 차별대우에 의해 소득이 불공평하게 분배되는 경우도 있다. 이를 바로잡는 방식으로 재분배정책을 수행하는 경우에도 효율성에 나쁜 영향을 미치게 될까?

(3) 재분배정책으로 인한 효율성의 문제를 최소화시킬 수 있는 방안으로 어떤 것을 생각할 수 있을까?

(4) 재분배정책은 사회적 안전망을 제공함으로써 일종의 보험과 같은 역할을 수행한다는 점을 들어 그것이 바람직함을 주장하는 사람이 있다. 이 주장에 동의할 수 있는가?

국민기초생활보장제도

우리나라의 공공부조정책은 2000년 10월 1일 국민기초생활보장제도의 출범과 더불어 일대 전환기를 맞게 되었다. 종전에는 생활보호제도가 공공부조정책의 핵심을 이루고 있었는데, 그 제도는 국가의 보호를 필요로 하는 사람에게 생계지원을 해준다는 성격을 갖고 있었다. 물론 예산상의 제약 때문에 그런 것이지만, 그 생계지원의 규모는 최저생활을 보장하기에 매우 미흡한 수준이었다.

이에 비해 새로 출범한 국민기초생활보장제도는 모든 국민의 기본적인 생활을 제도적으로 보장하는 것을 목적으로 하고 있다. 따라서 어떤 사람의 소득이 최저생계비보다 작을 경우 정부가 그 차액을 지급해 준다는 데 이 제도의 주요한 특징이 있다. 2022년을 기준으로 할 때, 4인 가족의 기준소득은 153만 6,324원으로 책정되어 있어 실제 소득이 이보다 더 작으면 그 차액을 지급하게 된다.

또한 이 제도는 근로능력이 있는 사람에게 자활에 필요한 서비스를 제공함으로써 그들의 궁극적 자립을 유도하는 데 주안점을 두고 있다. 빈곤층이 정부의 도움에만 의존하는 태도를 갖게 만드는 것은 모든 공공부조정책이 공통적으로 안고 있는 문제다. 근로능력을 충분히 갖고 있는데도 일시적으로 빈곤상태에 빠진 경우라면 가능한 한 빠른 시간 안에 다시 자립할 수 있도록 도와주는 데 정책의 초점을 맞춰야 한다.

어느 시장의 채소가게

최소한 얼마의 돈이 있어야 여기서 하루치의 먹거리를 살 수 있을까?

제도의 내용 그 자체만으로 볼 때, 국민기초생활보장제도가 그 이전의 생활보호제도에 비해 크게 개선된 것임은 두말할 나위가 없다. 모든 국민의 기본적인 생활을 보호해 주면서 효율성의 상실을 극소화한다는 기본 취지는 전혀 나무랄 데가 없다. 사회복지정책의 역사가 훨씬 더 긴 선진국에서 시행되고 있는 제도에 비해서도 뒤떨어지지 않는 좋은 제도라고까지 말할 수 있다.

그러나 이 제도가 실제로는 사람들의 일하고자 하는 의욕에 나쁜 영향을 미칠 수 있다는 문제점을 갖고 있다. 문제는 기준소득과 실제 소득 사이의 차이를 전액 보상해 준다는 데서 나온다. 이 제도의 수혜자가 좀 더 열심히 일해 소득이 약간 올라가면 정부의 지급액이 바로 그만큼 줄어들게 된다. 이런 상황에서 스스로 소득을 늘리려고 노력할 사람은 별로 없을 것이 분명하다.

그러나 이보다 더 큰 문제는 우리 사회가 과연 이런 제도를 수용할 수 있는 여건을 갖추고 있느냐에 있다. 아무리 이상적인 제도라도 그것을 수용할 준비가 되어 있지 못하면 원래의 취지를 제대로 살릴 수 없다. 솔직히 말해 우리 사회의 현실에서 정부가 모든 국민의 기본적 생활을 보장해 준다는 것은 아직 하나의 구호에 지나지 않는다.

그 단적인 예가 이 제도의 출범에도 불구하고 복지 관련 예산의 규모는 별로 늘지 않았다는 사실이다. 이런 빈약한 예산으로 모든 국민의 기본적 생활을 보장해 줄 수 없음은 당연한 일이다. 정부가 지급하는 최저생계비는 실제로 최저한의 생활을 하기에 턱없이 부족한 실정이다.

어떤 시민단체는 과연 정부가 지급한 최저생계비만으로 생활을 꾸려 나갈 수 있는지를 실험해 본 바 있다. 5가구가 이 실험에 참가했는데, 아끼고 아껴 써도 그 돈만으로는 도저히 살림을 꾸릴 수 없음이 드러났다고 한다. 예를 들어 4명으로 구성된 한 가족은 최저생계비를 45%나 초과한 금액을 썼으며, 모든 가족이 최저생계비 이상의 금액을 썼다고 한다. 이를 보면 정부의 지원이 실질적인 최저생계 보장에 크게 못 미친다는 사실을 잘 알 수 있다.

요약

1. 분배의 상황을 파악하려 할 때, 기능별 소득분배의 관점에서 볼 수도 있고 계층별 소득분배의 관점에서 볼 수도 있다. 기능별 소득분배란 경제 전체의 소득이 각 생산요소 사이에서 어떻게 나누어지는지의 관점에서 분배를 파악하는 것을 뜻한다. 한편 계층별 소득분배는 소득이 가장 큰 사람부터 차례로 배열했을 때 각 소득계층에 돌아가는 소득의 몫이 얼마나 되는지를 보는 방식이다.

2. 불평등도지수는 균등한 분배를 출발점으로 하여 현실의 분배상태가 이에서 얼마나 멀리 떨어져 있는가를 측정한다. 분배상태를 평가하는 수단으로 가장 흔하게 사용하는 것은 로렌츠곡선으로, 이 곡선이 대각선에서 얼마나 멀리 떨어져 있는가를 보고 불평등의 정도를 평가한다. 가장 흔히 사용되는 불평등도지수 중 하나인 지니계수는 0에서 1까지의 값을 갖는데, 1에 가까울수록 더욱 불평등한 분배를 뜻하게 된다.

3. 어떤 사람이 빈곤한지의 여부를 판단하는 기준이 되는 소득수준을 빈곤선이라고 부른다. 일반적으로 한 가족의 최저생계비를 도출하고 이것을 빈곤선으로 잡는 방법을 많이 쓴다.

4. 한 사회에 존재하는 빈곤의 정도는 빈곤한 사람의 비율이나 빈곤격차를 구해서 파악할 수 있지만, 두 방법 모두 빈곤의 복합적인 성격을 제대로 반영하지 못한다는 한계를 갖는다. 좀 더 체계적인 방법으로 빈곤의 정도를 측정하기 위해 만든 지표가 바로 빈곤지수다.

5. 재분배정책의 실례로 부의 소득세제와 사회복지제도를 들 수 있다. 넓은 의미에서의 사회복지제도에는 사회보험제도와 빈곤한 사람들에 대한 도움을 의미하는 공공부조정책의 두 가지가 포함되어 있다.

6. 현실에서 사용되는 재분배정책은 빈곤의 근본적 퇴치에 이르지 못한다는 한계 이외에도 효율성의 상실을 초래할 수 있다는 문제점을 갖고 있다.

중요개념

기능별 소득분배	계층별 소득분배	십분위분배율	불평등도지수
로렌츠곡선	지니계수	빈곤선	라운트리방식
라이덴방식	빈곤격차	빈곤지수	누진성
부의 소득세	사회복지제도	사회보험제도	공공부조정책
복지병			

연습문제

01. 기능별 소득분배와 계층별 소득분배가 어떤 관점의 차이를 갖고 있는지 설명하라.

02. 불평등도지수에서 출발점으로 삼는 '평등성'이란 것은 엄밀하게 말해 어떤 의미를 갖고 있는가?

03. 어떤 나라 국민의 소득과 재산이 다음과 같은 분배상태를 보이고 있다.

	소득점유비율(%)	재산점유비율(%)
최하위 20%	4	1
두번째 20%	11	3
세번째 20%	18	6
네번째 20%	25	13
최상위 20%	42	77

(1) 이 나라 소득분배의 십분위분배율을 구하라.

(2) 소득과 재산의 분배상태를 나타내는 로렌츠곡선을 그려 보아라. 그리고 이 그림에 기초하여 어느 쪽이 더 편중되게 분배되었는지 판단하라.

04. 최저생계비를 구하는 방법 중 하나인 라운트리방식이 갖는 특징을 간략하게 설명하라.

05. 한 사회에 존재하는 빈곤한 사람의 수를 전체 인구로 나눈 비율로 그 사회에 존재하는 빈곤의 정도를 잴 때 어떤 문제가 생길 수 있는가?

06. 미국과 독일의 소득분배 상태를 나타내 주는 로렌츠곡선이 다음 그림과 같이 도출되어 있다. 이 두 나라의 소득분배 상태를 비교할 때, 로렌츠곡선에 의한 평가와 지니계수에 의한 평가는 각각 어떻게 내려질까?

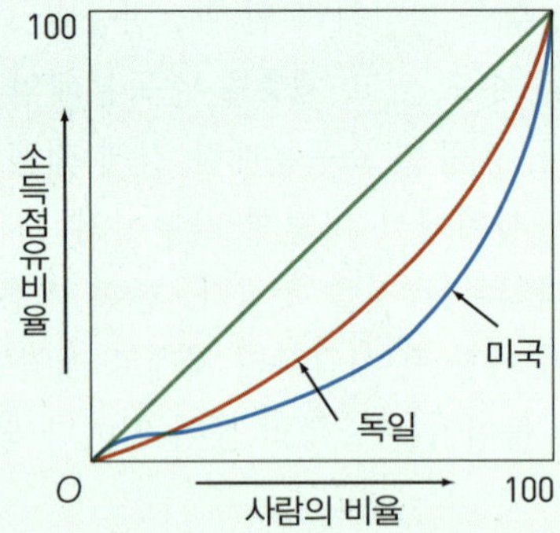

07. 빈곤한 사람들의 실제 소득이 빈곤선보다 얼마나 더 적은지 계산하여 이를 모든 사람에 대해 더한 것을 가지고 빈곤의 정도를 재려 한다. 이 방법에 의해 빈곤의 정도를 잴 때는 어떤 문제가 생길 수 있는가?

08. 넓은 의미에서의 사회복지제도와 좁은 의미에서의 사회복지제도가 서로 어떻게 다른지 그 차이를 설명하라.

09. 모든 사람에게 최소한 월 50만원의 보조금을 지급하고 자신이 번 소득이 1만원 늘어날 때마다 보조금을 2천원씩 줄여가는 부의 소득세제가 도입되었다고 한다. 이 제도하에서 어떤 개인이 스스로 번 돈과 처분가능소득은 어떤 관계에 있을지 그림으로 보여라.

10. 현재 각 나라에서 채택되고 있는 거의 모든 재분배정책이 공통적으로 안고 있는 문제점들이 무엇인지 설명해 보라.

11. 재분배정책에서 나오는 효율성의 상실을 최소화하기 위한 보완책에는 어떤 것들이 있을까?

12. 우리나라의 국민기초생활보장제도가 갖고 있는 문제점이 무엇인지 논의해 보라.

제5편

미시경제이론의 여러 문제

| 제11장 |

정보경제이론

| 제12장 |

시장과 정부

제 11 장

정보경제이론

11.1 불완전한 정보와 탐색행위

11.2 비대칭정보

11.3 개살구시장과 역선택

11.4 신호발송과 선별

11.5 개살구시장과 관련된 유인의 문제

11.6 본인-대리인의 관계와 도덕적 해이

11.7 도덕적 해이와 관련된 유인의 문제

정보경제이론은 이름 그대로 정보가 갖는 경제적 의미를 분석하는 것을 주요한 내용으로 하는 경제학의 한 분야다. 경제학의 여러 분야 중 최근 들어 가장 활발한 이론적 발전이 이루어진 분야가 바로 이 정보경제이론이라고 말할 수 있다. 이 이론의 빛으로 조명하게 되면 우리가 평소에 그냥 지나쳐 버리던 경제현상도 아주 새로운 느낌을 줄 수 있다. 어쨌든 정보경제이론은 독자들이 매우 큰 흥미를 가지고 공부할 수 있는 주제라고 생각한다.

11.1 불완전한 정보와 탐색행위

지금까지는 모든 거래당사자가 완전한 정보를 갖는다는 것을 전제로 해 논의를 전개해 왔다. 그렇지만 현실을 보면 경제주체들이 불완전한 정보만을 갖고 있는 경우가 매우 흔하다. 예를 들어 시장에서 어떤 상품을 살 때 과연 그 상품이 믿을 만한 것인지 잘 모르는 상태에서 살 때가 많다. 또한 기업이 신입사원을 뽑을 때 어떤 사람이 과연 능력 있는 사람인지의 여부를 잘 모르면서 고용하는 사례도 많다. 이와 비슷한 예들을 수없이 많이 생각해낼 수 있을 것이라고 생각한다.

정보가 불완전한 상황에서 사람들은 여러 가지 방법으로 필요한 정보를 얻으려고 노력한다. 그 대표적 사례가 지금 설명하려고 하는 **탐색행위**(search activities)다. 대도시의 거리를 걸어보면 거의 한 동네에 하나꼴로 무수히 많은 (똑같은 회사의) 가전제품 대리점들이 눈에 들어온다. 이렇게 많은 대리점들이 경쟁하고 있기 때문에 가전제품 소매업은 거의 완전경쟁에 가까운 성격을 보일 것이라고 예상할 수 있다.

탐색행위

상품의 가격에 대한 정보를 충분히 갖지 못한 소비자가 좀 더 낮은 가격을 부르는 곳을 찾으려고 노력하는 행위

그럼에도 불구하고 이 가전제품 소매시장에서는 완전경쟁시장에서 보기 힘든 현상이 나타나고 있다. 즉 똑같은 상품의 가격이 가게마다 상당한 차이를 보이는 현상을 관찰할 수 있는 것이다. 이 상황을 자세히 들여다보면 정보의 불완전성이 중요한 역할을 하고 있는 것을 발견할 수 있다. 다시 말해 소비자가 가격의 분포에 대해 완전한 정보를 갖지 못하기 때문에 그와 같은 가격 격차가 존재할 수 있다는 뜻이다.

이와 같은 상황에서 소비자는 탐색행위를 통해 가격의 분포에 대한 정보를 얻으려고 노력하게 된다. 그런데 탐색행위를 통해 좀 더 낮은 가격에 상품을 살 수 있는 이득이 생기지만, 시간이나 노력이란 형태로 비용이 든다. 소비자는 탐색행위에서 나오는 이득과 이에 드는 비용을 비교해 어떤 수준까지 탐색행위를 할 것인지 결정하게 된다. 이것은 앞에서 설명한 합리적 선택의 전형적인 예라고 말할 수 있다. [그림 11-1]을 보면서 소비자가 탐색행위에 얼마만큼의 시간을 쏟아부을 것인지 분석해 보기로 하자.

정말로 그럴까?

이 시장을 모두 뒤지고 다녀 보면 더 싼 가격에 가방을 살 수 있을지 모른다.

처음에는 더 낮은 가격을 부르는 가게를 비교적 쉽게 찾을 수 있지만, 여러 곳을 다녀 본 뒤에는 그런 가게를 찾기가 점차 어려워지게 된다. 이것은 다녀 본 가게의 수가 늘어날수록 한 가게를 더 다녀 봄으로써 기대할 수 있는 추가적 이득이 줄어든다는 것을 뜻한다. 바꾸어 말하면 탐색행위의 수준이 높아질수록 이로부터 나오는 한계편익이 줄어든다는 것인데, 이를 반영해 한계편익곡선이 우하향하는 모양으로 그려져 있다. 한편 수평선의 모양을 갖는 한계비용곡선은 탐색행위에 소요되는 한계비용이 일정한 수준에 유지된다는 가정을 반영하고 있다.

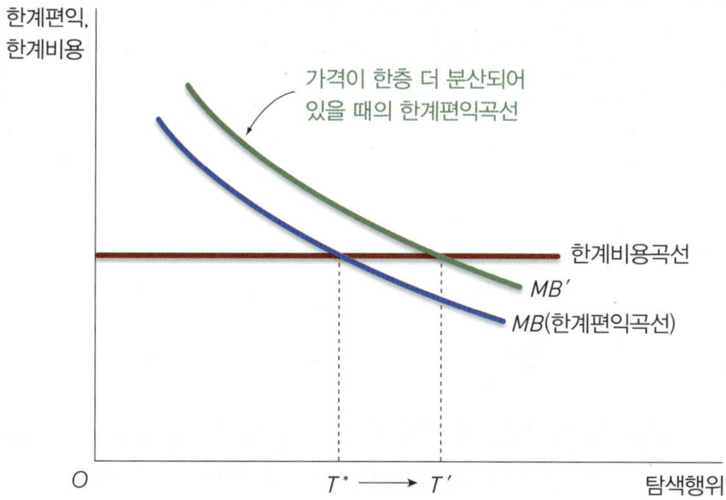

그림 11-1

최적탐색행위

탐색행위와 관련한 한계편익곡선과 한계비용곡선이 교차하는 점으로부터 T^*의 최적탐색행위 수준을 찾을 수 있다. 가게들이 부르는 가격이 더욱 분산되어 있는 경우에는 탐색행위에서 나오는 한계편익이 한층 더 커져 최적탐색행위 수준이 T'으로 상승하게 된다.

그림을 보면 한계편익곡선과 한계비용곡선이 교차하는 곳인 T^*가 최적탐색행위 수준이 된다는 것을 알 수 있다. 이보다 더 낮은 탐색행위 수준에서는 한계편익이 한계비용보다 더 크기 때문에 탐색행위 수준을 한층 더 높이는 것이 바람직하다. 예를 들어 한 가게를 더 방문함으로써 기대할 수 있는 한계편익이 5천원인데 이에 드는 한계비용은 3천원이라면, 한 가게를 더 방문함으로써 2천원에 해당하는 순편익을 얻을 수 있다. 이렇게 한계편익이 한계비용보다 더 클 경우에는 탐색행위 수준을 높여야 한다.

반면에 T^*보다 더 높은 탐색행위 수준에서는 한계편익이 한계비용보다 더 작아 탐색행위 수준을 낮추는 것이 바람직해진다. 이 경우에는 탐색행위의 수준을 낮출 때 순편익이 생긴다는 것을 쉽게 보일 수 있다. 결국 한계편익과 한계비용이 일치하는 T^*가 최적탐색행위의 수준이 된다고 말할 수 있다.

가게들이 부르는 가격이 더욱 분산되어 있을수록 탐색행위를 함으로써 얻을 수 있는 가격하락의 폭이 더 커진다. 다시 말해 부르는 가격이 제각각일수록 탐색행위에서 나오는 한계편익이 더 커진다는 뜻이다. 그러므로 가격이 분산되어 있는 정도가 더 커지면 한계편익곡선은 위쪽으로 이동해 초록색으로 나타낸 곡선(MB')이 된다. 다른 조건이 동일하다면 이와 같은 변화의 결과 소비자는 더 많은 탐색행위를 하게 되리라고 예상할 수 있다. 그림을 보면 최적탐색행위의 수준이 T^*에서 T'으로 늘어난다는 것을 알 수 있다.[1)]

탐색행위에 드는 비용 중 가장 중요한 것은 시간과 관련된 기회비용이다. 따라서 높은 시간당 임금률을 갖는 사람은 한계비용이 높아 탐색행위에 그다지 열심이지 않을 것으로 예상할 수 있다. 예컨대 한 시간에 몇십만원씩 버는 변호사라면 운동화를

1) 이 밖에도 탐색행위에서 나오는 이득을 더 크게 만드는 요인들이 더 있다. 예를 들어 원하는 상품 구입량이 많을수록, 그리고 탐색행위로부터 얻은 정보가 유효한 기간이 길수록 이득이 더욱 커진다. 이와 같은 경우에도 소비자가 선택하는 탐색행위의 수준은 한층 더 높아지게 된다.

몇천원 더 싸게 사기 위해 발이 부르트도록 재래시장을 뒤지고 다니지 않을 것이다. 반면에 직장이 없어 집에서 쉬는 사람은 양말 한 켤레를 사더라도 가장 싸게 파는 가게를 찾기 위해 이리저리 발품을 팔며 돌아다닐 것이 분명하다.

11.2 비대칭정보

두 가지 유형의 비대칭정보

어떤 상품을 파는 사람과 사는 사람이 있다고 할 때, 두 측이 모두 그 상품에 대해 완전한 정보를 갖고 있는 경우는 그리 많지 않다. 대부분의 경우 상품을 파는 사람은 그 상품이 어떤 품질의 것인지 정확하게 알고 있는 반면 사는 사람은 대략적인 정보만 갖고 있는 상황에서 거래가 이루어진다. 이처럼 정보가 한쪽에만 있고 다른 쪽에는 없는 상황을 가리켜 **비대칭정보**(asymmetric information)라고 부른다. 이때 정보를 갖고 있는 측은 상대방이 갖지 못한 **사적정보**(private information)를 갖는다고 말한다.

현실 경제에서 관찰할 수 있는 비대칭정보의 상황은 다음과 같은 두 가지 유형으로 구분될 수 있다. 하나는 거래의 한 당사자가 상대방의 유형 혹은 특성에 대한 정보를 갖지 못하고 있는 경우다. 이때 우리는 정보의 비대칭성이 **감추어진 특성**(hidden characteristics)의 형태로 존재한다고 말한다. 다른 하나는 거래의 한 당사자가 상대방의 행동에 대한 정보를 갖지 못하고 있는 경우다. 이 경우에는 정보의 비대칭성이 **감추어진 행동**(hidden actions)의 형태로 존재하는 셈이다.

이 두 가지 유형의 비대칭정보는 모두 시장에 상당한 영향을 미친다. 그런데 사회적 관점에서 볼 때 그 영향은 부정적인 경우가 일반적이다. 곧 보게 되겠지만, 감추어진 특성이 문제되는 경우에는 어떤 거래가 이루어지는 것이 바람직한데도 정보의 비대칭성 때문에 거래가 이루어지지 못하는 결과가 생길 수 있다. 심지어 정보의 격차가 매우 큰 경우에는 시장 그 자체가 와해되는 결과까지 나타날 수 있다.

감추어진 행동이 문제되는 경우에도 이로 인해 비효율적인 결과가 나타날 수 있다. 기업이 직원들의 행동을 일일이 감시하지 못하는 것을 틈타 적당히 꾀를 부리는 일이 나타나는 것이 그 대표적 예다. 또한 보험에 가입했다고 위험한 행동을 서슴지 않는 것도 감추어진 행동이 빚어내는 문제 중 하나다.

이와 같은 문제에 대해 시장은 나름대로 대비책을 마련해 놓고 있는 경우가 많다. 그러나 그 대비책이 정보의 비대칭성을 완벽하게 해소해주지 못하는 한 문제의 완전한 해결은 불가능하다. 지금 우리가 공부하고 있는 정보경제이론은 이와 같은 정보의 비대칭성이 현실 경제에서 어떤 문제를 일으키고 있으며, 이에 대한 대비책에는 어떤 것이 있는지를 알아내는 데 주안점을 두고 있다.

감추어진 특성

중고차를 사려고 할 때 겉만 보고서는 그 차가 과연 얼마나 좋은 것인지 판단하기가 매우 어렵다. 어떤 중고차에 대해 우리가 확실하게 얻을 수 있는 정보는 몇 년도에 만들어진 어느 차종이라는 것 정도에 불과하다. 운전석의 주행거리계(odometer)를 들여다보면 얼마나 많이 운행된 차인지 알 수 있겠지만, 조작하는 사례가 드물지 않아 이것도 믿을 만하지 못하다. 설사 시험주행을 해본다 해도 불과 몇 킬로미터 정도 운전해 보는 것으로는 차의 성능을 제대로 파악하기 힘들다.

어떤 중고차의 외관이 별 상처 없이 깨끗한 것도 오히려 불안감을 더 크게 만드는 요인이 될 수 있다. 왜냐하면 연식에 비해 외관이 의외로 깨끗한 차는 과거에 사고의 전력이 있는 차일 가능성이 크기 때문이다. 사고의 전력이 있는 차는 내부에 눈에 잘 띄지 않는 문제점을 많이 갖고 있어 가능하면 피하는 게 좋다는 것이 상식이다. 깨끗한 외관에 끌려 선뜻 샀는데 나중에 알고 보니 사고의 전력이 있어 속으로 골병이 든 차였다면 이건 큰 낭패가 아닌가?

이처럼 중고차를 사려는 사람은 차에 대한 정확한 정보를 갖지 못한 상태에서 구입 여부의 결정을 내려야 한다. 우리말에 '빛 좋은 개살구'라는 것이 있는데, 자기가 지금 사려고 하는 차가 바로 그 빛 좋은 개살구인지 아닌지 몰라 망설이게 되는 것이다.[2] 그에게는 중고차의 질이 바로 감추어진 특성이 되는 것이다. 감추어진 특성과 관련된 정보의 비대칭성을 설명할 때 중고차시장을 예로 드는 경우가 아주 많다.

감추어진 특성이 문제되는 또 다른 예로 노동시장을 들 수 있다. 기업이 신입사원을 뽑으려 할 때 그 사람의 능력에 대해 자세한 정보를 갖지 못하는 것이 보통이다. 지원서에서 제공된 단편적인 정보와 몇십 분 정도의 면접을 통해 얻은 인상 정도가 고작일 뿐이다. 기업의 입장에서는 능력 있는 사람을 뽑고 싶지만 "나는 능력이 있는 사람입니다."라는 지원자의 말만을 믿고 선발할 수 없는 일이다.

기업이 신입사원을 뽑을 때 학력이나 대학 때 성적을 보지 말고 능력 위주의 선발을 해야 한다는 주장이 자주 제기되고 있다. 지원자의 능력에 대한 정보를 충분히 갖추고 있다면 기업도 당연히 그와 같은 방식으로 선발하고 싶어 할 것이다. 그러나 지원자의 능력이 감추어진 특성이 되기 때문에 부득이 학력이나 성적을 참고할 수밖에 없다. 그런 방법을 통해 능력에 대한 간접적인 정보라도 얻고 싶기 때문이다.

감추어진 행동

9시에 출근해 6시에 퇴근하는 어떤 직장인이 있다고 하자. 점심시간 1시간을 뺀 8

2) 영어에서는 이런 물건을 'lemon'이라고 부르는데, 이것은 맛이 아주 신 과일과는 다른 맥락에서 사용되는 용어다.

시간을 근무하는 셈인데, 그가 그 8시간을 구체적으로 어떻게 쓰는지는 그 자신만 알고 있을 뿐이다. 그 8시간을 어느 누구에게도 부끄럽지 않을 정도로 성실하고 알차게 보내는 사람이 많을 것이다. 반면에 일한다고 책상머리에 앉아 있기는 하지만, 백일몽에 빠져 실제로는 아무 일을 하지 않는 사람도 있을 수 있다.

기업의 입장에서는 당연히 모든 직원들이 성실하게 일해 주기를 원한다. 그러나 직원들이 일과 중에 무슨 일을 하는지 샅샅이 알아내는 것은 불가능한 일이다. 그렇게 할 수 있는 방법도 없거니와 개인의 사생활 침해라는 문제도 발생할 수 있기 때문이다. 따라서 직원들의 바로 이 감추어진 행동이라는 문제에 직면해 있는 기업은 어떻게 하면 그들로 하여금 자발적으로 열심히 일하게 만들 수 있는지 고심하게 된다. 곧 보게 되겠지만 성과급이나 효율임금이라는 것은 바로 그 고심의 산물이라고 말할 수 있다.

감추어진 행동이 문제되는 경우는 보험산업의 경우에서도 자주 찾아볼 수 있다. 완벽한 보험이 제공되어 어떤 종류의 손실이라도 아무 조건 없이 전액 보상된다고 가정해 보자. 이때 보험가입자는 스스로 사고 발생의 확률을 낮추려는 노력을 할 유인을 갖지 못한다. 사고가 발생해도 자신은 아무런 비용을 부담하지 않는데 귀찮음을 무릅쓰고 사고예방 노력을 기울일 이유가 없다고 느끼기 때문이다.

11.3 개살구시장과 역선택

상품시장에서의 역선택

거래관계를 맺고 싶은 상대방이 있는가 하면 가능한 한 피하고 싶은 상대방이 있게 마련이다. 상대방이 어떤 유형인지 잘 알 수 있는 경우에는 거래관계를 맺고 싶은 상대방만 골라서 거래하면 된다. 그런데 정보 부족으로 인해 상대방의 유형을 잘 모를 때 어떤 유형의 상대방을 만나 거래하게 될 가능성이 높을까? 이 절에서 설명할 역선택의 논리는 가능한 한 피하고 싶은 상대방과 만나 거래할 가능성이 높음을 시사하고 있다.

전혀 들어보지도 못한 회사가 만든 물건을 싼값에 이끌려 써보고는 이내 후회하게 되는 것을 자주 경험한다. 마치 '머피의 법칙'(Murphy's law)을 연상케 하는 듯한 결과다. 비록 이름은 없지만 알고 보니 좋은 품질의 상품을 싸게 공급하는 회사를 만날 수도 있는 일이다. 그런데 왜 하필이면 엉터리 상품을 마구 만들어내는 회사가 걸리게 될까?

비관적인 성격의 사람이라면 "왜 나는 언제나 이렇게 재수가 없는 것일까?"라고 한탄을 할지도 모른다. 그러나 이런 일이 일어나는 것은 재수가 없어서 그런 게 아니라, 그렇게 될 수밖에 없는 이유가 있기 때문이다. 거래 상대방에 대한 정보가 없을 때 바람직하지 못한 상대방을 만날 가능성이 높아지는 데는 어느 정도 불가피한 측면이 있다는 말이다. 재수 탓을 할 것이 아니라, 그런 일이 일어날 가능성이 높다는 논리의 근거를 이해하려고 노력해야 마땅한 일이다.

그릇을 만들어 파는 최씨와 김씨 두 사람이 있는데 겉보기에는 똑같은 그릇을 생산해 판매한다고 하자. 최씨는 많은 시간과 비용을 들여 질이 좋은 그릇을 생산하는데, 김씨는 비용을 아끼기 위해 겉만 그럴듯하고 실제로 질은 별로 좋지 않은 그릇을 생산하고 있다. 김씨가 만들어내는 그릇은 겉만 그럴듯하므로 '빛 좋은 개살구'에 비유할 수 있다. 최씨는 자신이 만든 그릇 한 개당 최소한 2천 7백원을 받으려 하는 한편, 김씨는 자신의 그릇에 대해 최소한 1천 6백원을 받으려 한다.

소비자들이 시장에서 그릇을 보기만 해서는 그것이 어떤 사람에 의해 만들어진 것인지 전혀 모른다. 그러나 최씨가 만든 것과 김씨가 만든 것이 반반씩 섞여 있다는 사실만은 알고 있는 것으로 가정한다. 질이 좋은 그릇의 경우에는 소비자들이 3천원까지 낼 용의가 있지만, 나쁜 질의 그릇에 대해서는 2천원만 내려 한다고 하자. 두 종류의 그릇이 반반씩 섞여 있다는 것은 아는데 어떤 특정한 그릇이 좋은 것인지 나쁜 것인지 모르는 상황에서 소비자들은 이 둘의 평균치인 2천 5백원 정도를 내고 그 그릇을 사려 할 것이다.

질이 좋은 그릇을 생산하는 최씨는 이 가격이 만족스럽지 않다고 생각해 그릇을 팔려고 하지 않는다. 반면에 김씨는 이 가격이 만족스럽기 때문에 오히려 종전보다 더 많은 그릇을 만들어 팔려고 한다. 시간이 흐르게 되면 최씨와 같은 생산자는 모두 사라지고 김씨와 같은 생산자만 남게 된다. 그릇을 구입한 소비자는 제발 그것이 김씨와 같은 사람이 만든 그릇이 아니었으면 하고 바라지만, 실제로는 그런 사람이 만든 그릇을 살 가능성이 무척 높다.

이처럼 거래 상대방에 대한 정보가 부족할 때, 막상 거래를 하게 되는 것은 바람직하지 않은 상대방일 가능성이 높은 현상을 가리켜 **역선택**(adverse selection)이라고 부른다. 또한 겉보기에만 그럴듯한 상품들이 주로 거래된다는 뜻에서 이런 시장을 **개살구시장**(market for lemon)이라고 부른다.[3] 역선택과 개살구시장이란 말이 생소하게 들릴지 모르지만, 경제학에서 자주 등장하는 개념이기 때문에 그것들이 무엇을 뜻하는지 잘 알아둘 필요가 있다.

보험시장에서의 역선택

보험회사는 가입을 원하는 사람들 중 사고의 위험성이 낮은 사람만 받아들이고 높은 사람은 배제하고 싶어 한다. 만약 가입을 원하는 사람이 어느 유형의 사람인지 판

3) 지금 보는 '개살구시장'이라는 용어는 영어로 'market for lemon'이라고 표현된 것을 우리말로 옮긴 것이다.

별할 수 있다면 별 문제가 생기지 않는다. 사고의 위험성이 큰 사람에게 높은 보험료를 요구해 아예 가입을 포기하게 만들 수 있기 때문이다. 그런데 가입을 원하는 사람이 어느 유형인지 판별할 수 없다면 사고의 위험성이 높은 사람들이 주로 가입하는 역선택 현상이 나타날 수 있다.

가입을 원하는 사람의 유형을 알지 못할 경우, 보험회사는 평균적인 사고의 확률에 기초해 산출된 하나의 보험료를 모든 가입자에게 적용하게 된다. 사고의 위험성이 작은 사람은 그 보험료가 너무 높다고 생각하기 때문에 가입을 꺼리지만, 사고의 위험성이 큰 사람은 유리하다고 생각해 기꺼이 그 보험에 가입하려고 한다. 그렇기 때문에 사고의 위험성이 큰 사람들이 주로 가입하려 드는 현상이 나타날 수 있는 것이다.

예를 들어 어떤 보험회사가 연간 2천만원의 보험료를 내는 조건으로 가입하면 사망시 3억원의 보험금을 지급하는 보험상품을 판매하고 있다 하자. 어느 누구라도 이 보험에 가입할 수 있으며, 사망의 원인에 관계없이 보험금을 지급한다는 약속까지 곁들여

생각해 봅시다

미국의 대학가에서는 중고 자동차 거래가 매우 활발하게 이루어진다. 자동차가 필요한데 학생 신분으로 새 차를 사기도 힘들어 중고 자동차를 사려는 사람이 많기 때문이다. 대학 캠퍼스에서는 폐차하기 직전의 아주 낡은 자동차들이 활보하는 모습을 심심치 않게 볼 수 있다. 여유 있는 가정 출신이면서도 부모에게 의존하기 싫어 그런 자동차에 만족하고 사는 학생들도 많다.

중고 자동차를 사려고 하는 사람들과 팔려는 사람들은 학교 캠퍼스 이곳저곳의 게시판에 붙어 있는 광고와 지역 신문의 광고를 통해 서로에 대해 알게 된다. 그런데 게시판의 광고든 신문의 광고든 중고 자동차를 사려는 사람이 그것을 통해 얻을 수 있는 정보는 자동차의 모델과 제작연도, 그리고 받으려 하는 가격 정도에 그친다.

그런 정보만으로 생전 처음 보는 낯선 사람에게 중고 자동차를 사기로 결심할 수 있을까? 사려고 결심하려면 그보다 훨씬 더 구체적인 정보가 필요한데, 이를 위해서는 팔려고 하는 사람을 만나 그 자동차를 보여 달라고 하는 수밖에 없다. 그런데 단지 자동차를 살펴보는 데 그쳐서는 안 되고, 팔려는 사람의 허락을 얻고 직접 운전해 봄으로써 상태가 얼마나 좋은지까지 점검해야 한다.

그렇지만 이런 과정을 거쳐 결정을 내린다 해도 좋은 중고 자동차를 산다는 보장이 없다. 큰 기대를 걸고 산 자동차가 애물단지로 전락하는 경우가 너무나 많다. 본질적으로 중고 자동차는 언제 어느 곳에서 고장이 일어날지 예측하기 힘들다. 따라서 시운전을 해볼 때는 멀쩡하던 자동차가 산 지 얼마 안 가서 고장을 일으키기도 한다. 공부에 써야 할 아까운 시간을 자동차 수리에 쏟아부어야 한다면 이것처럼 큰 낭패가 없다.

생각해 보기

(1) 졸업을 해서 떠나는 학생이 팔려고 내놓은 중고 자동차는 상대적으로 더 인기가 있는 편이다. 그 이유가 무엇일까?

(2) 새 자동차를 사자마자 중고차로 팔려 할 때 엄청나게 낮은 가격을 감수해야 하는 것이 일반적이다. 왜 그런 일이 일어나는지 그 이유를 짐작해 보자.

(3) 중고 자동차 시장이 전형적인 개살구시장의 성격을 갖는다고 말할 수 있는 이유가 무엇일까?

가입자를 끌려 하고 있다. 보험회사는 내심 20대의 건강한 남녀가 주로 가입해 주면 좋겠다고 생각할 것이 틀림없다. 그렇지만 이들로서는 그 보험에 가입할 이유가 별로 없다. 반면에 시한부 인생을 사는 사람이라면 주저하지 않고 그 보험에 가입할 것이다. 이 보험상품과 관련해 역선택현상이 일어날 것이라는 사실에 의심의 여지가 없다.

보험회사가 이와 같은 역선택현상이 나타날 수 있다는 사실을 모르고 있을 리 없다. 보험회사는 이에 대해 나름대로 대비책을 마련해 놓고 있는 것이 보통이다. 예를 들어 신체검사를 요구해 사망의 확률이 높은 사람은 가입하지 못하게 만들 수 있다. 통계적으로 보아 사고가 날 확률이 높은 그룹에 속한 사람에게 더 비싼 보험료를 요구하는 관행도 역선택을 막아 보려는 대비책의 하나가 된다.

신호발송과 선별 11.4

감추어진 특성이 문제되는 상황에서 정보를 갖고 있지 못한 경제주체는 간접적인 방법을 통해서라도 상대방에 관한 정보를 얻으려고 노력한다. 이와 같은 노력을 **선별**(screening)이라고 부른다. 또한 정보를 갖고 있는 측도 자신의 이익에 도움이 된다면 어떤 방법으로든 정보를 전달하려고 노력하게 된다. 앞서 언급한 그릇 만드는 사람들의 예에서 최씨는 자신이 만든 물건의 질이 좋다는 사실을 소비자들에게 알리려고 노력할 것이다. 바로 이와 같은 행동을 가리켜 **신호발송**(signaling)이라고 부른다.

선별
상대방에 대한 정보를 갖지 못한 경제주체가 간접적인 방법을 통해 상대방에 관한 정보를 얻으려고 노력하는 행위

신호발송
정보를 갖고 있는 경제주체가 자신에 관한 정보를 상대방에게 전달하려고 노력하는 행위

상품시장에서의 신호발송과 선별

만약 최씨가 자신이 만든 그릇의 질에 대해 자신이 있다면 소비자에게 품질보증(warranty)을 제공해 줄 수 있을 것이다. 품질보증을 제공하는 것은 상품의 질에 대한 신호를 보내는 역할을 할 수 있다. 품질보증이 딸린 상품이 잘 팔리면 아무나 품질보증을 제공하게 되고, 한두 번 속은 경험이 있는 소비자들은 이 신호를 믿으려 들지 않을지도 모른다. 그렇지만 '개살구'를 만들어 파는 사람이라면 결코 품질보증을 제공하지 않을 것이 분명하다. 물건을 팔아 당장은 이득을 얻을 수 있을지 몰라도 얼마 되지 않아 곧 보상을 요구받게 되어 더 큰 손해를 입게 되기 때문이다.

정보가 불완전한 시장에서는 가격이 신호를 전달하고 선별하는 수단이 되기도 한다. 우리 주위에서 소비자들이 상품의 가격을 통해 그 물건의 질을 짐작하는 경우를 종종 보게 된다. 이것은 그들이 가격을 하나의 선별 수단으로 사용한다는 것을 뜻한다. 우리가 흔히 쓰는 '싼 게 비지떡'이라는 말을 생각해 보면 잘 알 수 있는 일이다.

이 사실을 아는 생산자는 가격을 일부러 높게 붙여 좋은 질의 상품이라는 신호를 보내고 싶어 한다. 이와 같은 상황에서는 시장에 초과공급이 존재해도 생산자가 선뜻

좋은 음식점 고르는 방법

외국을 여행하는 사람에게는 세끼 식사를 해결하는 일이 즐거움이자 동시에 괴로움이다. 아무 데나 들어갔다가 혹시 바가지를 쓰지나 않을까, 먹을 수도 없는 음식을 시키게 되지나 않을까 걱정이 앞서기 때문이다. 뉴욕이나 파리 같은 도시에 가면 음식점 앞에 진열되어 있는 메뉴표를 유심히 들여다보는 여행자들을 자주 목격할 수 있다. 고작 요리에 관한 간단한 설명이나 가격 정도의 정보를 얻을 수 있을 뿐이지만, 아무것도 모르고 들어갈 수는 없다고 생각해 열심히 들여다보고 있는 것이다.

도쿄에 여행 온 서양 사람들은 독특한 방법으로 음식점을 선택하는 것으로 알려져 있다. 우리나라에서도 종종 볼 수 있지만, 일본의 음식점들은 문 옆에 플라스틱으로 만든 음식 모형을 진열해 놓는 경우가 많다. 여행자들은 바로 이 플라스틱 모형이 정교하게 만들어졌는지의 여부로 음식점의 질이 어떨지 짐작하는 방법을 쓴다고 한다. 즉 음식점에 관한 정보가 전혀 없을 때는 정교한 모형을 진열해 놓은 곳의 음식이 좋다고 판단해 그런 집을 선택한다는 것이다. 이것이 사실이라면, 진열해 놓은 모형이 정교하다는 것은 그 집에서 실제로 먹게 될 음식의 질이 좋을 것이라는 신호를 전달해 주고 있는 셈이다.

파리의 생미셸 먹자골목

파리를 찾은 관광객으로서는 이 거리의 수많은 레스토랑 중 어디를 찾아 저녁을 먹느냐가 큰 즐거움이자 괴로움이다.

그렇다면 어떤 이유에서 플라스틱으로 만든 음식 모형이 신호 전달의 역할을 하게 되는 것일까? 이 의문에 대한 해답을 얻기 위해서는, 정교한 모형이 매우 비싸기 때문에 이것을 구입하여 진열해 놓으려면 큰 비용이 든다는 사실에 착안해야 한다. 그리고 음식 모형을 구입하는 데 드는 비용은 솜씨 좋은 주방장을 고용하거나 좋은 재료를 사기 위해 지출하는 비용과 달리 이윤 획득에 아무런 직접적 도움이 되지 않는다는 사실도 중요하다. 음식 모형을 구입하는 데 드는 비용은 겉으로 보기에 낭비되는 비용처럼 보이는데, 바로 이 특징 때문에 신호 전달의 역할을 할 수 있게 되는 것이다.

어떤 음식점이 싸구려 재료를 써서 음식을 만드는데도 플라스틱 모형만은 비싼 것을 사다가 진열해 놓았다고 하자. 그 플라스틱 모형에 끌려 이곳을 찾은 사람이라도 막상 음식을 먹어보고 질이 나쁘다는 것을 알면 다시는 찾지 않게 된다. 앞에서 말한 바와 같이 플라스틱 모형을 구입하는 데 드는 비용은 이윤을 얻는 데 직접 도움이 되지 않는 낭비적 지출의 일종이다. 그런데 음식의 질이 나빠 손님이 별로 없는 음식점이라면 손님 한 사람당의 낭비적 지출이 상대적으로 더 크게 된다. 그런 집이라면 아무렇게나 만든 싸구려 모형을 사다가 진열해 놓는 편이 더 낫다.

우리나라 음식점들은 조금 우스꽝스러운 방법으로 자신의 음식이 훌륭하다는 신호를 보내고 있다. 경기도 포천군의 이동이란 곳에 가면 자신이 '원조' 이동갈비집임을 자처하는 간판이 줄지어 늘어선 것을 볼 수 있다. 어느 것에든 원조라는 것은 하나뿐이어야 하는 평범한 진리가 무색해지는 광경이다.

어느 일간지 혹은 방송에 소개된 적이 있다고 크게 써 붙여 놓은 광경도 우스꽝스럽기는 마찬가지다. 상식이 있는 사람이면 우리나라 언론의 생리로 보아 음식의 질을 객관적으로 평가해 보도하지 않을 때가 많다는 사실을 잘 안다. 그러니 자기네가 원조라든가 혹은 어디에 소개된 적이 있다든가 하는 신호는 아예 무시해 버리는 것이 합리적 선택의 요령일지도 모른다.

가격을 내리려 하지 않는 현상이 나타날 수 있다. 가격을 내리면 품질이 저하되었다는 신호를 전달하게 될 것을 우려하기 때문이다. 늘 사던 상품이 별 이유 없이 갑자기 싼 값에 팔리고 있는 것을 보면 사람들은 어떤 생각을 하게 될까? 값싼 재료를 써서 품질이 나빠졌기 때문에 그럴 것이라고 의심하는 사람이 많을 게 분명하다.

광고(advertising)도 자신의 상품이 질 좋은 것이라는 신호를 보내는 수단의 하나가 된다. 어떤 생산자가 많은 돈을 들여 광고를 하는 행동에서 소비자는 생산자가 자신의 상품에 대해 자신을 갖고 있다는 암시를 받는다. 즉 광고는 자신의 상품을 한번 써 보면 곧 다시 찾을 것이라고 자신한다는 메시지를 전달하는 기능을 수행한다. 한번 써 보고 다시 찾지 않을 상품을 만들어 파는 기업으로서는 구태여 비싼 돈을 들여 광고를 할 필요를 느끼지 않을 것이다. 정보의 부족과 관련해 광고는 우리가 보통 생각하는 것과 약간 다른 기능을 수행하게 되는 것이다.

노동시장에서의 신호발송과 선별

개인의 능력에 대한 직접적인 정보를 얻기 힘들 때, 어떤 사람이 받은 교육의 수준이 능력에 관한 신호를 전달해 주는 역할을 할 수 있다. 교육의 특성상 능력 있는 사람일수록 높은 교육수준을 성취하는 경향이 있다. 높은 수준의 교육을 받으려면 지적 능력은 물론 근면성이나 참을성 같은 것도 갖추고 있어야 한다.[4] 그렇기 때문에 교육수준의 높고 낮음에 의해 사람들의 능력을 평가하는 것이 어느 정도 정당화될 수 있는 여지가 있다.

실제로 고용주들이 교육수준을 능력에 대한 선별의 수단으로 삼아 대학을 졸업한 사람에게 더 높은 임금을 지불하는 사례를 흔히 볼 수 있다. 교육수준이 선별 수단으로서 제대로 기능하기 위해서는 능력 없는 사람일수록 교육을 받는 데 더 큰 비용이 든다는 조건이 충족되어야 한다. 그래야만 능력 없는 사람이 스스로 교육을 받지 않는 쪽을 선택하게 되기 때문이다.[5] 만약 그렇지 않으면 아무나 교육을 받는 현상이 나타나 그와 같은 선별 수단은 의미가 없어질 것이 분명하다.

앞에서 소개한 인적자본의 이론에 따르면 교육은 그것을 받는 사람의 생산성을 높여 더 높은 임금을 받을 수 있게 만든다. 그런데 지금 보는 것처럼 교육이 오직 능력 유무를 선별하는 수단에 지나지 않는다면, 생산성을 높이지도 못하면서 소득분배만 불평등하게 만드는 역할을 하게 된다. 교육이라는 수단을 통해 능력 있는 사람과 없는 사람을 구분할 수 없다면 모두가 평균적인 능력에 해당하는 임금을 받을 수 있다. 그런데 교육이 선별의 도구로 쓰이면서 사람들의 소득에 격차가 발생하기 시작하는 것이다.

4) 집이 가난해 교육을 못 받은 사람은 예외적인 경우로 보아 고려하지 않기로 한다.

5) 능력 없는 사람이 교육을 받는 데 많은 비용이 들 경우에는 높은 임금을 받아 보았자 별 이득이 되지 않는다고 생각해 스스로 포기하게 된다.

익은 벼는 고개를 숙인다

주위 사람들에게 자신의 존재를 부각시키기 위해 잘난 체를 하는 사람들을 종종 보게 된다. 물론 그렇게 하는 사람들이 그리 환영을 받는 것은 아니다. 친구들 중 그런 사람을 보게 되면, "저 애는 왜 그러지?" 하고 혀를 차게 마련이다. 잘난 체의 정도가 너무 심하다고 느끼면 그 사람을 아예 '왕따'시켜 버리는 경우까지 있다.

정보가 비대칭적으로 존재하는 상황에서 능력 있는 사람이 자신에 대한 정보를 상대방에게 알릴 필요가 있는 것은 사실이다. 실제로는 능력 있는 사람인데도 무능력한 사람으로 오인을 받는 것이 결코 유쾌할 리 없다. 단지 체면이 깎이는 데 그치지 않고, 실질적인 불이익을 당할 수도 있다. 능력 없는 사람으로 오인되어 낮은 보수를 받게 되는 것이 그 좋은 예다.

그런데 현실을 보면, 능력 있는 사람이라 해서 모두가 자신의 능력에 대한 신호를 보내지는 않는다. 심지어 능력이 출중한 사람은 오히려 자신의 능력에 관한 신호를 전혀 보내지 않는 역설적 현상까지 관찰할 수 있다. "익은 벼는 고개를 숙인다."는 속담을 생각하게 만드는 사람들이 심심치 않게 눈에 띈다는 말이다.

어떤 대학의 경제학 강의

교수가 학생들을 향해 질문을 던질 때 어느 유형의 사람들이 가장 먼저 손을 들어 대답하려 할까?

정말로 능력이 출중한 사람은 겸손함까지 갖추기 마련이기 때문에 그런 현상이 나타나는 것일까? 벼에 관한 속담이 함축하고 있는 의미는 바로 그것이라고 볼 수 있다. 그러나 현실은 이와 매우 다를 가능성이 크다. 다시 말해 겸손함 때문이 아니라, 그렇게 하는 것이 자신에게 더욱 유리하다는 무의식적 판단에서 그런 행동을 할 가능성이 크다는 뜻이다.

세 가지 수준의 능력을 가진 사람들이 섞여 있는 한 사회를 예로 들어 보기로 하자. 즉 높은 능력, 중간 정도의 능력, 그리고 낮은 능력의 사람들로 구성된 어떤 사회를 생각해 보려고 하는 것이다. 이 사회에는 정보가 비대칭적으로 분포되어 있기 때문에 사람들의 능력은 자신만 알 뿐 남들은 잘 모른다고 가정하기로 한다.

이런 비대칭 정보의 상황에서는 자신의 능력에 관한 신호를 보내려고 노력하는 사람들이 생기게 된다. 그렇다면 과연 어떤 부류에 속해 있는 사람들이 가장 열심히 신호를 보내려고 노력하게 될까? 우선 답부터 말한다면, '중간 정도의 능력'을 가진 사람들이다. 반면에 낮은 능력과 높은 능력의 소유자는 아무런 신호를 보내지 않을 것으로 예상할 수 있다.

낮은 능력의 소유자가 자신의 능력에 대한 신호를 보내지 않으려고 할 것은 너무나도 당연한 일이다. 조금 이해하기 힘든 것은 높은 능력의 소유자가 자신의 능력에 관한 신호를 보내지 않으려 한다는 점이다. 중간 정도의 능력을 가진 사람도 열심히 신호를 보내는데, 왜 그는 더 높은 능력을 가졌으면서도 침묵으로 일관하는 것일까?

중간 정도의 능력을 가진 사람이 열심히 신호를 보내는 이유는 그렇게 하지 않으면 낮은 능력의 소유자로 오해받을 가능성이 있기 때문이다. 그러나 높은 능력의 소유자는 아무런 신호를 보내지 않아도 무능력한 사람으로 오해받을 염려가 전혀 없다. 어떤 신호를 보낸다면 오히려 중간 정도의 능력을 가진 사람으로 오해받을 가능성이 있다.[6)]

6) 신호가 항상 정확하게 전달되는 것은 아니기 때문에, 가장 높은 능력의 소유자라는 신호를 보내도 상대방은 중간 정도의 능력을 가진 것으로 오해할 수 있다.

이런 상황에서 높은 능력의 소유자에게 가장 합리적인 선택은 아무런 신호를 보내지 않는 것이다. 그로서 가장 중요한 일은 중간 정도 능력의 소유자와 구별되는 것인데, 이 목적은 아무런 신호를 보내지 않음으로써 달성할 수 있다. 아무 신호도 보내지 않음으로써 중간 정도 능력의 보유자들과 확실하게 선을 그을 수 있기 때문이다.

이 글을 읽고 있는 독자들도 학교에 다니면서 이와 비슷한 예를 직접 목격한 바 있으리라고 생각한다. 선생님이 어떤 것을 아는 사람은 손을 들어 보라고 했을 때 누가 가장 열렬한 몸짓으로 "저요, 저요!"를 외쳤는지 기억을 되살려 보기 바란다. 그 반에서 공부를 제일 잘하는 축에 속하는 학생은 오히려 미소만 짓고 있었을 가능성이 크다. 익은 벼가 고개를 숙이는 것은 자연의 법칙이지만, 높은 능력의 소유자가 미소만 짓는 것은 뛰어난 처세술의 결과일지 모른다.

교육에 이런 측면이 있다는 것은 분명한 사실이다. 우리 사회에서도 사람을 평가하는 잣대로 교육을 활용하는 사례가 많은데, 소위 일류 학교라는 데를 가려고 난리를 치는 이유가 바로 여기에 있음을 쉽게 짐작할 수 있다. 어느 학교를 다녔는지를 보지 않고도 사람의 능력을 정확하게 평가할 수 있는 방법이 개발된다면 대학입시를 둘러싼 소모적인 경쟁은 크게 줄어들 것이다. 사교육을 없앤다고 대학입시제도를 뜯어고치는 데만 주력할 것이 아니라, 출신 학교를 보지 않고서도 능력을 평가하는 방법을 개발하는 데 더 많은 노력을 기울여야 하지 않을까?

개살구시장과 관련된 유인의 문제 11.5

정보가 부족한 상황을 틈타 개살구를 만들어 파는 기업들이 생겨날 수 있다. 어떻게 하면 기업으로 하여금 좋은 품질의 상품을 만들 수 있도록 유인(incentive)을 줄 수 있을까? 결국 나쁜 품질의 상품을 만드는 기업에게 벌을 주고 좋은 품질의 상품을 만드는 기업에게는 상을 주는 방식을 통해 유인의 문제를 해결할 수 있을 것이다. 그러나 문제의 특성상 시장의 힘만으로 이를 해결하기는 힘들기 때문에 특별한 노력이 필요하게 된다.

계약에 의한 해결책

소비자가 상품을 써보고 마음에 들지 않으면 얼마 이내의 기간에 한해서 현금으로 교환해 준다든가, 어떤 종류의 수리를 무상으로 해준다든가 하는 조건부 계약을 통해 역선택의 문제를 해결할 수 있다. 겉보기에만 그럴듯한 상품을 만들어 팔 경우 곧 이와 같은 현금 교환이나 무상 수리 요구를 받을 것이므로, 감히 그런 상품을 만들어 팔 생각을 하지 못할 것이기 때문이다. 품질보증을 해주는 것이 계약을 통해 역선택 문제를 해결하는 하나의 예가 될 수 있다.

그러나 일어날 수 있는 모든 경우를 생각해 내기도 힘들뿐더러, 설사 그것이 가능하다 해도 이를 모두 감안한 계약을 맺기는 무척 힘든 것이 사실이다. 또한 아무리 합리적인 계약을 체결했다 해도 그 안에 어느 정도의 모호함이 있게 마련이어서 한쪽이 이를 악용할 수도 있고 분쟁이 일어날 수도 있다.

이처럼 계약은 불완전할 수밖에 없기 때문에 유인의 문제를 계약에 의해 해결하는 것은 완벽한 해결책이 될 수 없다. 더군다나 계약의 이행과 관련해 상당한 비용이 요구된다는 사실은 계약에 의해 유인의 문제를 해결하는 것을 더욱 어렵게 만든다. 예를 들어 계약서를 작성하는 과정에서 법률적 자문을 얻기 위해 적지 않은 비용이 소요된다. 이와 같은 이유 때문에 계약의 활용을 통해 유인문제를 부분적으로 해결할 수 있어도 완전한 해결에는 이르지 못한다.

평판에 의한 해결책

앞에서 든 그릇 만드는 사람의 예에서, 질이 나쁜 그릇을 만드는 김씨는 일시적으로 이득을 볼지 몰라도 나쁜 평판이 돌기 시작하면 궁극적으로 손해를 보게 마련이다. 평판이 유인문제의 해결책으로 효과를 발휘할 수 있는 이유는 좋은 평판을 누림으로써 '평판지대'(reputation rent)를 얻을 수 있기 때문이다.[7] 바로 이 평판지대의 존재가 기업으로 하여금 스스로 좋은 질의 상품을 만들어 팔도록 하는 유인으로 작용할 수 있다.

비싼 값에도 불구하고 굳이 좋은 상표만을 찾는 사람이 많다. 특히 어떤 기업이 만들었느냐에 따라 품질의 차이가 큰 상품일수록, 그리고 겉보기만으로는 품질을 정확히 알기가 힘든 상품일수록 그런 경향이 더 강한 것을 볼 수 있다. 그렇기 때문에 기업의 입장에서 보면 좋은 평판을 유지하는 것이 매우 중요한 일이 될 수밖에 없다. 상품의 질을 떨어뜨려 비용을 절감할 수 있겠지만, 평판지대를 잃게 됨으로써 더 큰 손실이 발생할 수 있다. 따라서 기업은 좋은 평판을 유지하기 위해 자발적으로 좋은 질의 상품을 만들려고 노력할 것이다.

앞에서 여러 번 강조한 바 있지만, 완전경쟁시장에서는 가격이 한계비용과 같아지는 결과가 나타난다. 그런데 정보의 불완전성과 관련된 평판지대가 존재하는 시장에서는 경쟁의 압력이 심하다 해도 가격이 한계비용보다 더 높은 수준에 머물러 있을 수 있다. 기업이 가격을 낮추려 해도 이것이 불리한 신호로 작용하게 될 것을 두려워해 낮추기를 꺼리는 현상이 나타나기 때문이다. 기업이 가격을 낮추면 소비자는 상품의 품질이 떨어졌기 때문에 그렇게 했을 것이라고 해석할 가능성이 있다. 따라서 기업은 평판이 나빠지는 것을 두려워해 가격을 낮출 수 있어도 낮추려 하지 않는 것이다.

7) 평판지대라는 것은 평판이 좋기 때문에 추가로 얻을 수 있는 이득을 뜻한다.

생각해 봅시다

거리에서 마술이나 차력으로 사람들을 끌어모아 자칭 '만병통치약'을 팔고 다니는 사람들이 있다. 그들의 설명에 따르면 이 세상에 아픈 사람이 왜 있는가 싶을 정도로 신통한 약이다. 그런데 막상 사서 써보면 아무런 효능이 없기가 일쑤다. 그저 아무 해나 끼치지 않으면 다행이라고 생각해야 할 정도다. 엉터리 재료를 섞어 만들어 심각한 부작용을 일으키는 사례도 적지 않다.

그런데도 공연이 끝나고 약을 사라고 권하면 그것을 사는 사람이 반드시 몇은 있게 마련이다. 그런 가격에 만병통치약을 살 수 없을 것이 뻔하고, 이 세상에 만병통치약이란 게 있을 리 만무한데도 사겠다고 나서는 사람이 있는 것이다. 더군다나 전국 방방곡곡을 유랑하는 떠돌이 약장수의 속성상 그들이 파는 약이 제대로 된 것일 리 없음이 분명하다. 그들은 마술이나 차력 쇼를 본 대가 정도로 생각하고 약을 사는지도 모른다.

영화 「길」(La Strada)의 떠돌이 차력사

떠돌이 차력사 잠파노는 투박하기 짝이 없는 사내지만, 젤소미나는 거의 노예처럼 그를 따른다. 어두움 속에서도 빛을 잃지 않는 젤소미나의 순정이 이 영화를 불멸의 명화 반열에 올려놓았다.

생각해 보기

(1) 떠돌이 약장수의 속성상 제대로 된 약을 팔 리가 없다고 말하는 근거는 무엇인가?

(2) 떠돌이 약장수 중에도 정말로 좋은 약을 파는 사람이 있을 수 있다. 그러나 그런 사람은 곧 도태되고 말 것이 분명하다. 왜 그런지 그 이유를 생각해 보자.

(3) 어떤 약장수 그룹이 마을에 상설 공연장을 설치하고 계속 영업을 하기로 결정한다면 여기에서 어떤 효과가 날 수 있을까?

본인-대리인의 관계와 도덕적 해이 11.6

어떤 일을 본인이 직접 하기에는 능력이 없거나 혹은 시간이 없어 대리인을 선정해 그에게 일 처리를 맡기는 경우가 종종 있다. 즉 대리계약을 맺어 남에게 일을 대신 처리해 달라고 부탁하는 사례가 흔히 있는 것이다. 일을 맡기는 사람을 본인(principal), 그리고 일 처리를 부탁받은 사람을 대리인(agent)이라고 부르는데, 이 둘 사이에는 **본인-대리인의 관계**(principal-agent relationship)가 성립하게 된다. 이 절에서는 바로 이 관계에서 나타나는 독특한 현상인 도덕적 해이의 문제에 대해 살펴보기로 한다.

본인-대리인의 관계
어떤 일을 본인이 직접하기에는 능력이 없거나 시간이 없어 대리인을 선정해 그에게 일 처리를 맡길 때 이 두 측 사이에 성립하는 관계

도덕적 해이의 의미

주주와 전문경영인 사이의 관계가 본인-대리인 관계의 좋은 예라고 말할 수 있다. 주주들이 기업의 소유자라고 할 수 있지만 이들이 기업을 직접 경영하는 것은 그리 바람직하지 않다. 기업 경영에 투입할 시간도 별로 없을 뿐 아니라 능력이나 전문지식이 부족해 좋은 성과를 거두기도 힘들기 때문이다. 따라서 주주는 전문경영인에게 기업의 경영을 내맡기는 것이 보통이다. 그 밖에도 지주와 소작인, 소송의뢰인과 변호사, 혹은 가수와 매니저의 사이 등에서 이와 비슷한 본인-대리인의 관계를 발견할 수 있다.

기업 경영을 위임받은 전문경영인은 주주의 이익을 극대화하도록 노력하겠다는 암묵적 약속을 하고 있다. 주주의 이익을 극대화하려면 기업은 이윤이 극대화되는 방향으로 경영되어야 한다. 그래야 주주들이 배당금을 많이 받고 주식가격이 상승하는 혜택도 누릴 수 있기 때문이다. 그러나 전문경영인 자신의 입장에서 보면 이윤보다 매출액, 즉 거래규모가 더 커지는 것이 유리하게 된다. 제5장에서 설명한 바 있지만, 경영자로서의 위신이나 영향력, 보수가 거래규모에 비례하는 경우가 많기 때문이다.

만약 주주가 전문경영인의 모든 행동을 일일이 관찰하고 감시할 수 있다면, 전문경영인은 매출액을 극대화하는 방향으로 기업을 경영하고 싶어도 감히 그렇게 하지 못한다. 그 사실이 주주에게 알려지는 즉시 자리를 잃게 될 것이 뻔하기 때문이다. 그러나 현실에서는 주주가 전문경영인의 행동을 완벽하게 감시할 수 없고, 따라서 대리인인 전문경영인이 어떤 행동을 하는지에 대한 정확한 정보를 얻기가 힘들다. 이를 아는 전문경영인은 자신의 이익을 좇아 가능한 한 매출액을 크게 만드는 방향으로 회사를 경영할 가능성이 높다.

지금 보는 것처럼 대리인의 감추어진 행동 때문에 본인의 이익에 해가 되는 결과가 빚어질 수 있다. 이와 같은 대리인의 행동에서 **도덕적 해이**(moral hazard)가 발생한다고 말하는데, 이것은 감추어진 행동과 관련된 정보의 비대칭성이 존재하는 모든 본인-대리인의 관계에서 나타날 소지가 있다. 이와 같은 상황에서 발생하는 문제를 **본인-대리인의 문제**(principal-agent problem)라고 부른다.

도덕적 해이

본인이 대리인의 행동을 일일이 감시하지 못하는 상황을 이용해 대리인이 자신의 이익을 좇아 행동하는 현상이 나타나는 것을 가리킴

보험시장에서의 도덕적 해이

앞에서 보험시장에서는 역선택 현상이 나타날 가능성이 크다는 점을 설명한 바 있다. 보험시장에서는 역선택뿐 아니라 지금 보는 도덕적 해이 현상도 자주 나타날 수 있다. 보험에 드는 사람은 가입 당시 사고 예방을 위해 최선의 노력을 하겠다는 암묵적 약속을 한다. 그러나 일단 가입한 다음에는 그 약속을 지킬 유인이 없어진다. 사고 예방을 위한 노력에는 비용이 드는데, 사고가 나도 어차피 보상을 해주기 때문에 그 노력에서 얻을 수 있는 이득이 없기 때문이다.

보험 가입자가 사고 예방을 위해 최대한의 노력을 기울이지 않는 것도 도덕적 해이의 한 사례가 될 수 있다. 이와 같은 도덕적 해이가 나타날 수 있는 것은 보험회사가 보험 가입자의 행동에 대해 완벽한 정보를 가질 수 없기 때문이다. 보험회사가 가입자의 일거일동을 소상하게 파악할 수 있으며 사고 예방 노력을 하지 않은 경우 보험금을 지급하지 않는다면, 가입자는 스스로 사고 예방을 위해 최대한의 노력을 기울일 것이다.

현실에서 보험 가입자의 도덕적 해이는 보험에 의한 피해 보상이 완벽할 때 특히 심하게 나타날 것으로 예상할 수 있다. 예를 들어 화재가 나도 모든 피해에 대해 완벽하게 보상을 받을 수 있다면 구태여 화재를 예방하기 위해 노력하지 않을 것이 뻔하다. 공연히 돈을 들여가며 화재경보기를 설치할 필요도 없거니와, 신경을 써서 가스불이 잘 꺼졌나 확인할 필요도 없다.

그러므로 보험회사 측에서는 사고가 났을 때 피해액을 전부 보상해 주는 보험의 제

스미스의 눈에 비친 전문경영인의 도덕적 해이

정보경제이론이 처음 등장한 것이 1970년대이기 때문에 '도덕적 해이'라는 용어가 사용된 역사도 그만큼 짧다. 경제학에서 사용되고 있는 용어 중 가장 최근에 등장한 것 중 하나라고 해도 과언이 아닐 정도다. 그러나 스미스(A. Smith)의 『국부론』을 읽어 보면, 도덕적 해이라는 명백한 표현을 쓰지 않았을 뿐이지 그와 같은 현상이 나타날 수 있는 가능성은 이미 알고 있었음을 깨닫게 된다.

스미스는 주식회사(joint stock company)가 오늘날의 전문경영인에 해당하는 이사들에 의해 경영되는데, 이들이 도덕적 해이를 보일 가능성이 크다는 점을 지적하고 있다. 다음과 같은 구절을 보면 그가 도덕적 해이라는 말을 쓰지 않았을 뿐 머릿속에 들어있는 개념은 이와 정확하게 일치하고 있음을 알 수 있다.

"그런 회사의 이사들은 자신의 돈이 아닌 남의 돈을 관리하고 있기 때문에, 합명회사의 조합원들이 자신의 돈을 관리할 때 보이는 것과 똑같은 정도의 조심성을 갖고 관리하기를 기대하기 힘들다. .... 따라서 그런 회사의 경영에서 언제나 태만과 낭비가 나타날 수밖에 없다."

(The directors of such companies, however, being the managers rather of other people's money than of their own, it cannot well be expected, that they should watch over it with the same anxious vigilance with which the partners in a private copartnery watch over their own. .... Negligence and profusion, therefore, must always prevail, more or less, in the management of the affairs of such a company.)

스미스가 『국부론』을 출판한 것은 1776년이었고, 당시에는 경제학이란 학문분야 그 자체가 존재하지 않았다. 현대 경제학에서 정보경제이론이 등장하고 도덕적 해이라는 개념이 알려지게 된 것보다 2백 년 이상이나 거슬러 올라간 시점에서 이미 그 개념을 이해하고 있었다는 것은 놀라운 통찰력이 아닐 수 없다. 『국부론』의 여기저기서 그와 같은 스미스의 놀라운 통찰력을 발견할 수 있기 때문에 어느 누구든 이 책을 주저하지 않고 경제학계 최고의 고전으로 꼽고 있는 것이다.

공을 꺼리게 된다. 가입자가 피해액의 일부를 부담해야만 도덕적 해이를 어느 정도 막을 수 있기 때문이다. 사고 피해액 중 처음 얼마는 가입자의 부담으로 하고 나머지만을 보상해 주는 기초공제(initial deduction)제도를 만들어 두는 이유가 바로 여기에 있다. 사고 피해액의 일정 비율을 가입자가 부담하고 나머지만을 보상해 주는 공동보험(co-insurance)제도의 경우도 마찬가지다. 보험가입자의 도덕적 해이가 나타날 가능성이 있기 때문에 보험회사는 손해를 완전하게 보상해 주는 보험 상품을 제공하려 하지 않는 것이다.

11.7 도덕적 해이와 관련된 유인의 문제

근로자들이 자발적으로 열심히 일하지 않으려 하는 것도 도덕적 해이의 일종으로 볼 수 있다. 기업이 얻는 이윤은 근로자들이 얼마나 열심히 일하는지에 따라 크게 달라진다. 따라서 기업으로서는 근로자들의 도덕적 해이를 막을 수 있는 방법에 대해 큰 관심을 갖지 않을 수 없다. 근로자들로 하여금 자발적으로 열심히 일하도록 만들기 위해서는 적절한 유인을 제공해야 한다. 열심히 일하는 것이 근로자 자신에게도 유리한 결과를 가져오게 만든다면 누가 옆에서 지켜보지 않아도 스스로 열심히 일하려 할 것이다. 이와 같은 유인을 제공할 수 있는 방법에는 다음과 같은 것들이 있다.

실적에 비례한 보수 지급

언제나 일정한 보수를 받게 되어 있는 근로자라면 구태여 열심히 일하려 하지 않을 것이다. 열심히 일해 기업의 이윤이 올라가도 그의 보수에는 아무 변화가 없을 것이기 때문이다. 근로자에게 열심히 일할 유인을 주기 위해서는 작업 실적에 따라 그의 보수가 달라지게끔 만들어야 한다. 그렇지만 실적이 나쁘다고 해서 아무런 보수를 주지 않을 수도 없는 일이다. 따라서 현실적으로는 기본급을 아주 낮게 책정하고 나머지 부분의 보수는 작업 실적에 비례하도록 만드는 방법을 많이 쓴다.

그런데 여러 사람이 팀을 이루어 공동으로 작업하는 경우에는 이와 같은 보수 지급 방법을 쓰더라도 그리 큰 효과를 거두기 힘들다. 작업성과가 전체의 노력에 의해 결정되므로 자기 혼자만 열심히 일해 보았자 자신에게 돌아오는 이득이 별로 없기 때문이다.[8] 이와 같은 방법이 성과를 거두기 위해서는 각 개인의 작업성과가 비교적 명백하게 드러날 수 있어야 한다. 예를 들어 서비스업체 종업원이나 택시기사 등의 직종이

8) 대부분의 기업은 전체 근로자의 성과에 따른 보너스를 지급함으로써 열심히 일할 유인을 주고 있다. 그렇지만 집단의 성과에 따라 보너스의 크기가 결정되므로 열심히 일할 유인이 그리 크지는 않다.

이에 해당한다고 할 수 있다. 실제로 이런 직종에서는 그와 같은 보수 지급방법을 쓰고 있는 사례를 많이 발견할 수 있다.

일반적으로 오늘날의 생산방식하에서는 개인의 작업성과를 정확히 평가하기가 쉽지 않기 때문에 성과에 따른 보수 지급방식이 채택되기 어렵다. 더군다나 이와 같은 보수 지급방식이 채택될 때, 선임자가 후임자를 훈련시키는 등의 중요한 일을 소홀히 하려는 태도가 생기기 쉽다. 자신의 작업성과에 들어가지 않는 일을 구태여 할 필요가 없다고 느끼기 때문이다. 또한 실적에 비례한 보수를 지급할 경우에는 근로자의 소득이 불안정해지는 문제도 생긴다. 하여튼 성과에 따른 보수의 지급을 통해 도덕적 해이를 어느 정도 막을 수는 있겠으나, 완벽한 대책은 되지 못한다.

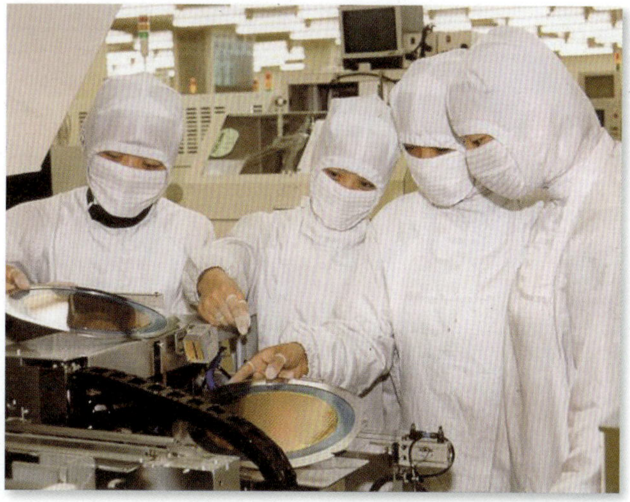

어떤 공장의 작업 장면

이렇게 여러 사람들이 함께 일하는 경우에는 각 개인의 작업성과가 명백하게 드러나지 않는다. 따라서 성과에 따른 보수의 지급도 도덕적 해이 문제에 대한 완전한 해결책이 되지 못한다.

효율임금의 지급

어떤 음식점에 가면 종업원들이 퉁명스럽기 짝이 없는 태도로 손님을 대하는 반면, 모두가 웃는 얼굴로 친절한 서비스를 제공하는 음식점도 있다. 이 두 음식점 종업원들의 태도가 그렇게 다른 이유는 무엇일까? 주인이 종업원을 다루는 방식에도 차이가 있겠지만 무엇보다도 중요한 것은 임금의 차이일 것이다. 높은 임금을 주는 곳에서는 그렇게 좋은 보수를 주는 직장을 잃으면 안 된다고 생각하기 때문에 알아서 열심히 일하게 된다. 반면에 낮은 임금을 주는 곳에서는 이까짓 직장 어디 간들 또 구하지 못할까라는 생각에 마음대로 행동하는 것이다.

전통적 이론에 따르면 근로자의 생산성이 임금의 크기를 결정하는 요인이 된다. 그러나 **효율임금이론**(efficiency wage theory)은 이와 반대로 임금의 크기가 생산성의 결정요인이 된다고 본다. 즉 임금이 높으면 자발적으로 열심히 일하려는 유인이 생긴다고 보는 것이다. 이 점에 착안해 기업이 일부러 균형임금보다 더 높은 임금을 지급함으로써 열심히 일하게끔 만드는 사례가 있다. 이와 같은 의도에서 지급되는 임금을 효율임금이라고 부른다.

효율임금이론

임금의 크기가 근로자의 생산성을 결정하기 때문에 기업은 일부러 균형임금보다 더 높은 임금을 주어 그들로 하여금 열심히 일하게끔 만든다고 보는 이론

일반적으로 지급되는 임금보다 더 높은 임금을 받는다는 것을 아는 사람은 일을 태만히 할 수 없다. 일을 태만히 하다가 발각될 경우 이렇게 높은 임금을 얻는 기회를 박탈당할 수 있기 때문에 자발적으로 열심히 일하게 된다. 효율임금이론에 따르면, 어떤 기업이 다른 기업들보다 더 높은 임금을 지급하는 배경에 바로 이와 같은 동기 부여의 의도가 깔려 있는 경우가 많다고 한다.

현실을 보면 조그만 태만이 큰 손실을 입힐 수 있는 종류의 작업에 종사하는 사람

고객의 생일을 축하해 주는 외식업체 직원들

이들이 짓는 미소의 강도는 이들이 받는 보수와 비례할 가능성이 크다.

들에게 비교적 높은 임금을 지급하는 경향이 있다. 이들에게는 높은 임금을 지급해 태만히 일할 여지를 아예 없애버리는 것이 바람직하다고 생각하기 때문이다. 또한 작업성과의 측정이 매우 힘든 직종에 근무하는 사람에게도 이와 같은 견지에서 높은 임금을 지급하는 사례가 종종 있다. 이는 작업성과를 측정하기 힘든 것을 틈타 일을 태만히 하는 행동이 나타나지 못하도록 막기 위한 조치라고 할 수 있다.

포드(H. Ford)는 1914년 자신의 자동차공장에서 일하는 근로자의 하루 최소임금을 5달러로 크게 올려 사람들을 놀라게 만들었다. 이것은 당시의 근로자들이 받고 있던 평균임금의 두 배가 넘는 수준이었던 것이다. 이와 같은 임금의 대폭 인상에 대해 포드는 이렇게 말했던 것으로 전해진다. "자선의 의미가 담겨져 있는 것은 전혀 아니었다. ...... 하루 8시간을 노동하는 근로자들에게 5달러의 일당을 지급한 것은 비용을 가장 크게 절감하는 효과를 가져온 행동이었다."

이와 같은 포드의 발언은 그 5달러의 최소임금이 바로 효율임금의 성격을 가졌다는 것을 암시하고 있다. 근로자들을 위해서가 아니라 기업을 위해서 그렇게 높은 임금을 지급했다고 밝히고 있기 때문이다. 그것이 효율임금의 성격을 가졌다는 것은 엄밀한 학술적 분석에 의해서도 밝혀진 바 있다. 예를 들어 래프-서머즈(D. Raff and L. Summers)는 「헨리 포드가 효율임금을 지급했을까?」(Did Henry Ford Pay Efficiency Wages?)라는 논문에서 이것이 사실이었다는 결론을 내리고 있는 것을 볼 수 있다.[9)]

작업감독제도

본인이 대리인의 행동을 직접 감독하는 것에는 적지 않은 비용이 들 뿐 아니라 완벽하게 감독한다는 것도 불가능하다. 더군다나 요즈음처럼 일관작업의 성격이 강한 생산체제하에서는 개별 노동자의 작업성과를 구별해내기 힘들다. 따라서 작업반장(foreman)으로 하여금 가까운 거리에서 감독하게 만드는 경우가 많다.

최근에는 팀생산체제의 도입이 활발하게 일어나고 있다. 그 배후에는 팀의 성과에 따라 임금을 변화하게 만들어 모두 함께 열심히 일하자는 분위기를 만들려는 의도가 깔려 있다. 이 체제하에서 팀의 구성원은 서로가 상대방의 작업을 감독하게 된다. 나아가 각자가 맡은 작업을 서로 바꾸어 가면서 수행함으로써 지루하게 느끼지 않고 일할 수 있게 만든다는 것도 추가적인 장점이라고 할 수 있다.

9) D. Raff and L. Summers, "Did Henry Ford Pay Efficiency Wages?" *Journal of Labor Economics*, 5, 1987

각자 알아서 일하게 놓아두는 것이 최선의 방책이다?

기업의 입장에서 각 근로자가 얼마나 열심히 일하고 있는지를 정확하게 파악하는 것은 거의 불가능에 가까운 일이다. 기업 전체의 산출량이 얼마인지는 알 수 있지만, 각 근로자가 그것에 얼마나 기여했는지를 알아낼 방법은 없기 때문이다. 이런 상황에서 기업은 근로자들로 하여금 열심히 일하도록 유도하는 방안을 찾아보려고 노력하지만 그것이 말처럼 쉬운 일은 아니다.

작업감독을 통해 상과 벌을 줌으로써 더 열심히 일하도록 부추기는 방법은 오히려 역효과를 내는 경우도 많다. 사람들은 단지 돈만을 위해 열심히 일하는 것이 아니고 거기에 다른 동기가 있을 수 있다. 예를 들어 어떤 일을 잘해내고 싶다는 바람 같은 본질적 동기(intrinsic motive)가 작용할 수 있다는 말이다. 한 심리학자의 실험 결과에 따르면, 이 본질적 동기의 존재 때문에 금전적 보상이 열심히 일하려는 자세에 오히려 나쁜 영향을 줄 수도 있다고 한다.

이 실험은 3D 퍼즐을 풀어 어떤 도형을 만들게 하는 것을 그 내용으로 하고 있었다. 이 작업은 재미있을뿐더러 머리를 많이 써야 하기 때문에 본질적 동기가 작용할 가능성이 컸다. 피실험자의 한 집단에 대해 도형을 하나씩 만들 때마다 1달러의 상금을 지급하다가 나중에는 지급을 중단하고 어떤 반응을 보이는지 관찰해 보았다. 지급이 중단되자 그들은 퍼즐 푸는 일보다 다른 일, 예컨대 잡지를 보는 일 같은 것에 더 열중하는 모습이 관찰되었다. 이는 상금의 지급이 그들의 본질적 동기를 죽여 버리는 결과를 가져왔음을 뜻한다.

엄중한 작업감독이 역효과를 낼 수 있는 또 다른 이유는 사람들이 공정성(fairness)을 중시하는 태도를 갖는다는 데서 찾을 수 있다. 공정성에 대한 실험 결과를 보면, 상대방으로부터 부당한 대우를 받았다고 인식하는 경우에는 자신에게 돌아오는 손해를 감수하고서라도 상대방에게 보복을 가하는 경향이 있다고 한다. 따라서 상급자의 감독이 부당하다고 생각하면 자신에게 손해가 오더라도 일부러 일을 소홀히 해서 보복하려는 태도가 나올 수 있는 것이다.

결론적으로 말해 열심히 일하게 만들려는 동기에서 행해지는 작업감독에는 이득과 더불어 비용이 따르게 마련이다. 따라서 이 둘 사이의 관계를 고려해 적절한 감독의 수준을 찾아내는 일이 중요한 과제가 된다. 이 문제와 관련된 실험을 해본 결과 다음과 같은 흥미로운 결론이 도출되었다. 즉 이왕 감독을 할 바에야 철저히 하는 것이 좋고, 느슨하게 감독하는 것은 아예 하지 않는 것보다도 더 나쁜 결과를 가져온다는 것이다.

그 실험에서 사람들은 동전을 종류에 따라 분류하는 일을 했는데, 작업에 대한 감독 여부와 그 강도에 따라 세 개의 집단으로 나뉘어 진행되었다. 이 실험에서 바람직하지 않은 행동은 구체적으로 분류를 잘못하거나, 너무 많은 시간이 걸리거나, 동전을 훔치는 것으로 나타난다. 통제집단은 아무런 감독 없이 자유로이 일하고 일이 끝나면 결과와 관련 없이 바로 20유로를 받게 된다. 실험집단은 다시 둘로 나눠지는데, 한 집단은 작업상의 실수에 대해 가벼운 벌칙이 가해지는 한편 다른 집단은 매우 무거운 벌칙이 가해지는 차이를 갖고 있다.

실험 결과를 보면 가장 많은 실수를 저지른 집단은 가벼운 벌칙이 적용된 집단이었다. 뿐만 아니라 일을 끝내는 시간도 더 늦어지는 경향이 있는 것으로 드러났다. 전반적으로 보아 아예 감독을 하지 않은 통제집단에 비해 작업 성과가 더 나쁘게 나타났다. 이 실험 결과로부터 우리가 얻을 수 있는 교훈은 이왕 감독을 하려면 철저히 하는 것이 바람직하다는 것이다. 느슨한 감독은 일하는 사람을 짜증나게 만들어 오히려 더 나쁜 결과로 이어질 수 있다.

일반적으로 여러 가지 선택가능성이 있을 때 중간적인 성격을 갖는 것이 가장 좋은 대안인 경우가 많다. 그러나 지금 우리가 살펴보고 있는 작업감독의 경우에는 그렇지 않다는 것이 흥미로운 점이다. 중간적인 성격을 갖는 것은 느슨하게 감독하는 것인데, 앞에서 본 실험 결과는 이것이 최악의 대안임을 보여주고 있다. 아예 감독을 하지 않고 본인이 자발적으로 일하도록 만드는 것이 더 나은 대안일 수도 있는 것이다.

자료 : *The Economist*지, 2013년 5월 25일 자

또한 의사결정 과정에 근로자를 참여시켜 자발적으로 열심히 일할 동기를 부여할 수도 있다. 언제나 명령만 받고 일하는 사람은 결코 능동적인 자세를 보일 수 없다. 자신이 중요한 의사결정 과정에 참여하고 있다는 자부심이 있어야 맡은 바 일을 열심히 수행하는 능동적인 태도가 나오게 된다. 누가 감시하지 않아도 스스로 알아서 열심히 일하려는 태도가 우러나오도록 만드는 것이 도덕적 해이를 막는 최선의 방책임은 두말할 나위도 없다.

생각해 봅시다

택시를 운전하는 사람이 일과 중에 어떤 행동을 하는지는 자신만 안다. 회사가 운행기록을 보고 판단할 수 있는 범위는 실질적으로 무척 제한되어 있기 때문이다. 이와 같은 비대칭 정보의 상황으로 인해 도덕적 해이가 일어나기에 알맞은 여건이 조성되어 있다고 볼 수 있다. 그렇기 때문에 회사 측으로 보아서는 도덕적 해이를 막는 것이 매우 중요한 과제가 될 수밖에 없다.

대부분의 택시회사들은 도덕적 해이를 막는 장치로 소위 '사납금'이라는 제도를 활용하고 있다. 사납금의 정식 명칭은 '운송수입금 기준액'인데, 운전기사가 택시회사에 의무적으로 입금해야 하는 금액을 뜻한다. 예컨대 하루 사납금이 9만원이라면 운전기사는 그날 수입이 얼마든 간에 9만원을 회사에 입금해야 한다. 이를 통해 회사는 사납금이 의미하는 일정 수준의 성과가 보장되는 효과를 누릴 수 있게 된다.

잠시 휴식을 취하고 있는 택시들

이 택시들이 여기에서 얼마 동안 머물며 휴식을 취하고 있는지는 운전을 하는 사람만 알고 있다.

당연한 일인지 모르지만, 택시근로자들은 이 사납금제를 아주 싫어한다. 그들의 말을 들어 보면 사납금을 채우기 위해 엄청난 과로를 견뎌내야 한다는 것이다. 손님이 유달리 없는 날도 많은데, 그런 날에도 어김없이 사납금을 채워야 하는 것은 무척 큰 부담이라고 불평한다. 그렇지만 사납금을 낮춰 준다고 해서 모든 불평이 사라질 것 같지는 않다. 완전한 월급제의 채택을 중요 현안과제로 내세우는 것을 보면 사납금제 그 자체를 싫어한다는 것을 알 수 있다.

그러나 회사 측은 사납금제를 완전한 월급제로 바꿀 기색을 전혀 보이지 않고 있다. 사실 사납금 제도를 절대 포기할 수 없다는 회사 측의 입장에 전혀 일리가 없는 것은 아니다. 택시업계의 특성상 완전한 월급제로 가기는 힘든 것이 사실이기 때문이다. 여러 가지 상황을 고려할 때, 빠른 시일 안에 이 문제가 만족스럽게 해결될 전망은 그리 커 보이지 않는다.

생각해 보기

(1) 사납금을 대폭 낮춰주는 대신 그것을 초과한 수입의 일정 부분을 회사가 갖도록 만드는 것이 만족스러운 해결책이 될 수 있을까?

(2) 택시업계의 노사 모두에게 받아들여질 수 있는 제3의 보수 지급방법은 없는지 생각해 보자.

(3) 택시업 이외에도 그 업계의 특성상 보수 지급방법이 노사 간의 대립요인이 될 수 있는 예가 있는지 생각해 보자.

요약

1. 정보경제이론은 정보가 갖는 경제적 의미를 분석하는 것을 주요한 내용으로 하는 경제학의 한 분야다.

2. 정보 부족에 대한 대응책 중의 하나가 탐색행위다. 정보를 갖고 있지 못한 경제주체는 탐색행위를 통해 좀 더 나은 조건을 제시하는 거래 상대방을 찾으려 하는데, 이로부터 나오는 한계편익이 이에 소요되는 한계비용과 같아지는 수준까지 탐색행위를 하게 된다.

3. 거래 상대방에 대한 정보가 부족할 때 바람직하지 않은 상대방과 거래할 가능성이 높은 현상을 역선택이라고 부른다. 이와 같은 현상은 노동시장이나 보험시장 등에서 광범하게 발생하고 있다.

4. 정보를 갖고 있지 못한 경제주체는 간접적인 방법을 통해서라도 상대방에 관한 정보를 얻으려고 노력하는데, 이와 같은 노력을 선별이라고 부른다. 또한 정보를 갖고 있는 측도 자신의 이익에 도움이 된다면 어떤 방법으로든 정보를 전달하려고 노력한다. 이와 같은 행동을 가리켜 신호의 발송이라고 부른다.

5. 정보가 부족한 상황을 틈타 개살구를 만들어 파는 기업들이 생겨나는 것을 막기 위해서는 적절한 유인을 줄 필요가 있다. 예를 들어 품질이 나쁘면 책임을 지게 하는 조건부 계약을 맺는다든가, 나쁜 평판을 두려워해 좋은 품질의 상품을 만들도록 압력을 가하는 방법 등이 있다.

6. 대리계약을 맺어 남에게 일을 대신 처리해 달라고 부탁함으로써 본인-대리인의 관계가 맺어진다. 이 관계에서는 대리인이 정보 부족을 틈타 자신의 이득을 추구하는 도덕적 해이의 문제가 발생하는 경우가 많다. 보험시장에서 도덕적 해이의 사례를 특히 자주 관찰할 수 있다.

7. 정보가 부족한 상황에서도 적절한 유인을 제공하면 대리인의 도덕적 해이를 어느 정도 막을 수 있다. 실적에 비례한 보수를 지급하는 방법이 그 대표적 사례가 될 수 있다.

중요개념

탐색행위	비대칭정보	사적정보	감추어진 특성
감추어진 행동	개살구시장	역선택	선별
신호발송	유인	평판지대	본인-대리인 관계
도덕적 해이	본인-대리인의 문제	효율임금	

연습문제

01. 다른 조건은 모두 똑같은 두 주부가 있는데 한 사람은 가사에만 전념하고 다른 사람은 직장을 갖는 차이만을 갖고 있다. 이 둘 중 누가 더 활발하게 탐색활동을 할 것이며 그 이유는 무엇인지 설명하라.

02. 비교적 싼 비용에 정보를 얻을 수 있는 경우에는 공급자가 요구하는 가격 사이의 격차가 비교적 작다. 그 이유가 무엇이라고 생각하는가?

03. 어떤 시장에서 개살구시장의 특성이 나타나기 위해서 충족되어야 하는 조건 중 가장 핵심적인 것은 무엇인가?

04. 간단한 혈액검사 하나만으로 각종 암에 걸렸는지의 여부를 완벽하게 판단할 수 있는 방법이 개발되었다고 하자. 보험회사는 이 방법에 대해 큰 관심을 가질 것이 분명한데, 무슨 이유로 그런 것인지 설명하고 이것이 어떤 사회 문제를 가져오게 될지 짐작해 보라.

05. 정보가 불완전한 상황에서는 다른 기업에 비해 가격을 낮게 매기는 것이 매우 위험스러운 경쟁전략이 될 수 있는 이유를 설명하라.

06. 중고 자동차를 사고파는 사람들은 개살구시장의 문제를 해결하기 위해 나름대로 선별과 신호발송 행위를 하고 있다. 그 예로 들 수 있는 것은 무엇이 있을까?

07. 미국의 어떤 주에서는 외과의사의 수술실적에 관한 성적표를 만들어 발표하고 있다. 즉 최근의 수술실적을 조사하여, 몇 차례에 걸친 수술에서 몇 번 성공하고, 몇 번 실패했다는 성적표를 만들어 발표하고 있는 것이다. 이 정책이 의도하는 바가 무엇이며, 뜻하지 않게 어떤 부작용을 가져올 수 있는지 생각해 보라.

08. K구단은 이번에 자유계약선수가 된 박재동 선수에 큰 관심을 갖고 있다. 그런데 문제는 나이 30을 넘긴 그가 앞으로 얼마나 긴 선수생명을 갖고 있느냐에 있다. 구단은 이 점에 대한 정보를 얻으려고 다음의 두 안을 제시했는데 박 선수는 이 중에서 A안을 선택했다고 한다.

A안 : 계약금 10억원 + 연봉 1억원

B안 : 계약금 5억원 + 연봉 2억 5천만원

구단은 박 선수의 선택에서 어떤 정보를 얻었을까?

09. 태기준 교수는 자신이 갖고 있는 특허권을 활용하기 위해 한 벤처기업을 창립하였다. 자신은 교수직에 전념해야 하기 때문에 전문경영인을 고용하기로 마음먹고 신문에 사람을 찾는 광고를 냈다. 그는 지원자들을 인터뷰하면서 다음과 같은 보수 지급방법 중 하나를 고르라고 제의했다. 하나는 현금으로 월 8백만원씩을 받는 것이며, 다른 하나는 지급 시의 시가로 따질 때 월 9백만원어치의 그 회사 주식을 받는 것이었다. (그 회사의 주식은 투자가들에게 큰 인기를 끌고 있어 현금화하는 데 아무 문제가 없다고 한다.)

(1) 그 교수가 주식으로 지급할 경우 더 높은 금액을 주겠다고 제의한 배경에는 어떤 생각이 있었을지 짐작해 보라.

(2) 그 교수는 현금 쪽을 택한 지원자로부터 어떤 신호를 전달받게 되는가?

10. 지원자의 능력에 관한 정보가 없는 상황에서 어떤 기업은 대학 졸업장을 갖고 있는지의 여부를 선별의 수단으로 삼는다고 한다. 즉 졸업장을 갖고 있는 사람은 능력이 큰 사람으로 간주해 고용하고 있는 기간 동안 총 5억원의 보수를 지급하는 한편, 졸업장이 없는 사람은 능력이 작은 사람으로 간주해 총 4억원의 보수를 지급하는 것이다. 그런데 이런 상황에서 능력이 없는 사람이라도 졸업장을 따서 자신은 능력이 있는 사람이라는 신호를 보낼 수 있다. 이런 신호를 보내도 자신에게 이득이 되지 않는 결과가 나타날 수 있는데, 그 조건이 무엇인지 설명해 보라.

11. 변호사의 성공보수금제도는 의뢰인이 승소했을 경우 변호사에게 특별한 사례금을 지급하기로 약속하는 제도다. 설사 정부가 이 제도를 금지한다 해도 음성적으로 이 제도와 비슷한 효과를 갖는 약속이 맺어질 가능성이 큰데, 그 이유가 무엇인지 설명해 보라.

12. 근로자의 도덕적 해이를 막기 위한 보수 지급방법은 어떤 특징을 갖고 있으며, 이런 보수 지급방법은 어떤 문제점을 갖는지 설명하라.

13. 근로자의 임금과 생산성 사이의 관계에 대한 전통적 이론과 효율임금이론 사이의 견해차에 대해 설명하라.

제12장

시장과 정부

12.1 배경 설명

12.2 시장과 효율성

12.3 정부의 역할

12.4 공공재의 문제

12.5 환경의 문제

정부는 가계, 기업과 더불어 국민경제를 구성하는 3대 경제주체 중의 하나이며, 특히 현대의 혼합경제체제에서 정부가 차지하는 비중은 점차 커지고 있다. 따라서 소비자나 기업의 선택행위에 대한 관심 못지않게 정부의 선택행위에 대한 관심도 클 수밖에 없다. 이 장에서는 시장경제에서 정부가 수행하는 역할에 대해 살펴본 후, 공공정책의 두 중요한 문제, 즉 공공재와 환경의 문제에 대해 논의해 보려고 한다.

12.1 배경 설명

지금까지 사람이 만들어낸 제도 중 가장 위대한 것은 과연 무엇일까? 여러 가지를 꼽을 수 있겠지만, 절대로 빼놓아서는 안 될 것이 하나 있다면 그것은 바로 시장이다. 그 흔하디흔한 시장을 사람들이 만들어낸 가장 위대한 제도 중 하나로 꼽는 데 의문을 품는 사람도 있을 것이다. 그러나 시장이 우리의 삶에 무엇을 가져다주었는지를 곰곰이 생각해 보면 그와 같은 의문은 눈 녹듯 사라져 버릴 것이 분명하다. 우리가 오늘날의 물질적 번영을 누릴 수 있게 된 것은 전적으로 그 시장의 덕분이었다고 말할 수 있다.

시장이 존재하지 않아 모두가 자신이 딴 열매, 자신이 잡은 짐승만을 소비하는 생활이 계속되어 왔다고 상상해 보자. 이런 상태가 계속되어 왔다면 인류는 아직도 하루 세끼를 해결하기에 급급한 생활에서 벗어나지 못했을 것이다. 더위와 추위를 막을 수 있는 옷과 집은 물론, 지금 우리가 즐기고 있는 모든 편리한 물건들을 감히 꿈꿀 수조차 없었으리라는 말이다. 인류의 역사에서 시장이란 제도가 등장하는 순간 오늘날의 놀라운 물질적 번영이 예비되어 있었던 셈이다.

제1장에서 설명한 것처럼, 시장이 모든 경제생활에서 핵심적 위치를 차지하고 있는 체제를 시장경제라고 부른다. 지금까지 실험된 그 어느 체제도 시장경제에 필적할 만한 효율성을 보여주지 못했다. 그러나 시장경제는 결코 완벽하지 않으며, 나름대로 많은 문제점을 안고 있다. 예컨대 시장경제는 공평한 소득분배를 보장해 주지 못할 뿐 아니라, 경제를 언제나 안정된 상태로 유지시켜 주지도 못한다. 곧 보게 되겠지만, 효율성의 측면에서도 완벽하지 못해 종종 문제를 빚기도 한다.

시장경제는 이와 같은 한계를 갖고 있기 때문에, 기본적으로 시장경제체제를 채택한다 하더라도 모든 일을 시장에 내맡기는 경우는 매우 드물다. 시장이 갖는 한계와 관련해, 정부로 하여금 시장의 부족한 부분을 메워주는 역할을 하게 만드는 것이 필요할 수 있다. 현대의 정부는 여러 가지 측면에서 개입의 범위를 넓혀 왔고, 그 결과 정부가 시장 못지않게 중요한 경제적 기능을 수행하기에 이르렀다.

시장–사람이 만들어낸 위대한 제도

이 소박한 모습의 시장이 우리에게 무엇을 가져다주었는지 곰곰이 생각해 보자.

시장의 부족한 부분을 메우기 위해 정부가 개입한다는 것은 시장과 정부의 장점만을 취하려 한다는 것을 뜻한다. 그러나 현실은 오히려 그 반대일 수도 있다. 다시 말해 정부의 개입이 시장과 정부의 단점만 나타나게 만드는 원인이 될 수도 있는 것이다. 시장이 한계를 갖고 있음을 인정하면서도 정부 개입에 대해 반대하는 입장을 취하는 사람들이 상당히 많다. 그들은 현실에서 바로 그와 같은 결과가 나타날 가능성이 있음을 우려하고 있다.

결국 문제의 핵심은 시장과 정부의 역할을 어떻게 조화시켜 나가느냐에 있다. 이들 사이에 건전한 조화를 가

천재 물리학자 아인슈타인의 장밋빛 전망

천재 물리학자로 유명한 아인슈타인(A. Einstein)은 자기의 전공영역을 벗어난 사회적 문제에 대해서도 활발하게 견해를 표명했다. 그는 1949년 *Monthly Review* 창간호에 사회주의적 계획경제를 찬양하는 "Why Socialism"이란 글을 실었다. 이 글에서 그는 시장경제체제가 불안정성, 위기, 그리고 빈곤을 가져온다고 비판했다. "내 생각으로는 오늘날 존재하는 자본주의 사회에서 볼 수 있는 경제적 무정부상태가 진정한 악의 근원이다."라는 말은 그가 시장경제를 얼마나 불신하고 있었는지를 잘 말해주고 있다.

아인슈타인은 사회가 모든 생산수단을 소유하는 사회주의체제의 확립만이 그 악을 제거하는 유일한 방법이라고 주장했다. 사회주의적 계획경제에 의해 생산이 공동체의 요구에 맞도록 조정되고, 일할 수 있는 모든 사람에게 일거리가 나누어지며, 모든 사람의 생계가 보장될 수 있다는 것이 그의 주장이었다. 한마디로 계획경제에 의해 일종의 유토피아가 건설될 수 있다는 장밋빛 전망이었다.

당시에 그런 생각을 갖고 있었던 사람이 비단 아인슈타인 한 사람에 그친 것은 결코 아니었다. 많은 지식인들이 아직 본격적인 실험을 거치지 않은 단계에 있었던 계획경제체제에 대해 그와 같은 환상을 갖고 있었다. 그러나 소련을 위시한 동유럽의 사회주의체제 몰락과 함께 계획경제의 실험이 실패로 끝났다는 사실이 분명해졌다. 모든 사람들에게 풍요로운 삶이 보장되기는커녕, 기본적인 생활필수품마저 부족한 상황에 시달렸다. 상점의 진열대는 텅텅 비기가 일쑤였고 그나마 진열된 상품은 조악하기 짝이 없는 것들이 대부분이었다.

계획경제의 실패는 기본적으로 정보의 부족에서 발생한 문제였다. 경제를 효율적으로 운영하려면 계획당국은 무엇보다 우선 사람들이 무엇을 얼마만큼 원하는지를 알아야 한다. 시장경제에서는 가격이 아무 비용도 들이지 않고 이 정보를 효과적으로 전달해 주는 역할을 한다. 그러나 계획경제하에서는 가격이 그런 역할을 수행해 주기를 기대할 수 없다. 계획당국이 임의로 결정한 가격은 사람들이 무엇을 얼마나 원하는지에 대해 말해주는 바가 전혀 없기 때문이다.

아인슈타인의 장밋빛 전망은 완전히 틀린 것으로 드러났다. 사회주의적 계획경제는 비효율적인 자원배분으로 인해 몰락의 길을 걸을 수밖에 없었다. 그런데 사회주의체제 몰락과 더불어 우리가 알게 된 새로운 사실은 이 체제가 공평한 분배의 문제마저 제대로 해결하지 못하고 있었다는 사실이다. 소수 특권층이 부와 권력을 독점하고 있는 불공평한 상황이 사회주의체제 몰락의 주요한 원인 중 하나였음이 드러났던 것이다.

자료 : J. McMillan, *Reinventing the Bazzar : A Natural History of Markets*, 2003

져오기 위해서는 정부가 개입의 범위와 방식을 적절하게 선택하는 것이 가장 중요하다. 무엇보다 우선 정부는 반드시 개입해야 할 필요가 있는 일에 한해 개입하는 자세를 가져야 한다. 정부가 시장을 제쳐두고 모든 일을 떠맡으려 하는 과욕을 부릴 때 정부 개입이 결코 좋은 결과를 가져올 수 없다.

나아가 정부가 어떤 방식으로 개입하느냐를 선택하는 문제도 그 중요성이 매우 크다. 정부의 개입은 시장과 조화를 이루는 방향으로 이루어지는 경우도 있고, 그렇지 않은 경우도 있다. 그렇지 않은 경우란 직접통제 방식처럼 시장을 제쳐두고 정부가 직접적인 개입을 시도하는 것을 가리킨다. 예외적인 경우도 있을 수 있지만, 일반적으로 시장과 조화를 이루는 방식으로 개입하는 쪽이 더욱 바람직하다고 말할 수 있다. 직접통제 방식은 유연성이나 신축성의 측면에서 문제를 갖는 것이 보통이다.

12.2 시장과 효율성

효율성의 의미

우리는 일상의 대화에서 별 생각 없이 "어떤 것이 효율적이다."라는 표현을 자주 쓰고 있다. 자원배분이 아주 잘되어 조금의 낭비도 없는 상태를 일컫는 것이라고 말할 수 있겠지만, 이보다는 좀 더 엄밀하게 효율성이라는 개념을 정의할 필요가 있다. 경제학에서 효율적이라는 말을 쓸 때는 다음과 같이 정의되는 파레토효율성(Pareto efficiency)을 의미하는 것이 보통이다.

파레토효율성 : 하나의 자원배분상태가 주어져 있다고 하자. 아무에게도 손해가 가지 않으면서 어떤 사람에게 이득을 가져다주는 새로운 배분상태로 이를 변화시키는 것이 불가능하면 그 배분상태는 파레토효율적이다.

어떤 자원배분상태로부터 '누이 좋고 매부 좋은' 새로운 배분상태를 찾아낼 수 있다면 원래의 배분상태는 파레토효율적이 아니다. 이득을 보는 사람이 있으면 반드시 손해를 보는 사람도 있는 변화만이 가능할 때, 그 배분상태를 파레토효율적이라고 말할 수 있다. 이와 같은 설명은 조금 추상적이어서 이해하기 힘들어하는 독자가 있을지 모른다. 이들의 이해를 돕기 위해 다음과 같은 구체적인 예를 들어보기로 하겠다.

어떤 경제에 쌀 15kg과 옷 10벌이 존재하고 있는데, 일단 이씨가 쌀 12kg과 옷 2벌, 그리고 박씨가 쌀 3kg과 옷 8벌을 갖기로 했다고 한다. 그런데 이씨는 내심 옷을 더 가졌으면 하고 바라는 반면, 박씨는 쌀을 더 많이 소비할 수 있었으면 좋을 것이라고 생각한다. 이 상황에서 두 사람이 적당한 비율로 쌀과 옷을 교환함으로써 모두가 더 큰 만족감을 얻을 수 있다고 하자. 만약 이것이 사실이라면, 위에서의 정의에 따를 때 현재의 배분상태는 파레토효율적이 아니다.

예컨대 이씨가 박씨에게 쌀 4kg을 주고 그 대신 옷 2벌을 얻는 교환을 통해 두 사람이 모두 더 높은 효용을 얻을 수 있다고 하자. 교환이 이루어진 후 이씨는 쌀 8kg과 옷 4벌, 그리고 박씨는 쌀 7kg과 옷 6벌을 갖게 되는데, 그 교환을 통해 새로운 배분상태로 변화함으로써 두 사람 모두가 더 높은 효용을 누리는 이득을 얻게 되었다는 것이다. 이렇게 두 사람이 모두 이득을 보는 새로운 배분상태를 찾아낼 수 있다면, 원래의 배분상태는 파레토효율적이 아니었다는 말이다.

그런데 바로 그 교환이 이루어진 후 두 사람이 추가적인 교환을 통해 모두가 더 높은 효용을 누릴 수 있는지 그 가능성을 찾아보았더니 그 답이 "아니요."로 나왔다고 하자. 즉 어느 방식으로 교환을 하든, 두 사람 모두가 더 높은 효용을 누리는 이득을 얻을 수는 없는 것으로 드러났다는 말이다. 추가적 교환을 통해 한 사람이 더 높은 효용을 누리게 되면 다른 사람은 반드시 더 낮은 효용을 누릴 수밖에 없다는 뜻이다. 그렇다면 이씨가 박씨에게 쌀 4kg을 주고 그 대신 옷 2벌을 얻는 교환이 이루어진 후의 배분상태는 파레토효율적이라고 말할 수 있다.

일정한 조건이 충족될 때, 완전경쟁시장에서 효율적인 자원배분이 이루어질 수 있음이 입증되어 있다. 완전경쟁시장에서는 효율적 자원배분을 위한 조건들이 자동적으로 충족되는 것을 보일 수 있다는 말이다. 이 사실은 자원배분의 기능을 시장에 내맡기면 저절로 효율적인 배분이 달성될 것임을 시사해 주고 있다. 스미스(A. Smith)가 시장의 힘을 '보이지 않는 손'(invisible hand)에 비유한 것은 바로 이 사실에 근거를 두고 있다.

시장의 실패

그런데 경우에 따라서는 시장이 효율적인 자원배분을 가져다주지 못할 수 있다. 바로 앞에서 '일정한 조건이 충족될 때' 완전경쟁시장이 효율적인 자원배분을 가져다준다고 말한 점에 주목할 필요가 있다. 그 조건들이 충족되지 못하면 설사 완전경쟁이 이루어진다 하더라도 자원배분이 비효율적으로 되는 결과가 나타난다. 이를 가리켜 시장이 실패했다고 말하는데, **시장의 실패**(market failure)가 일어나게 만드는 요인들을 몇 가지만 들어보면 다음과 같다.

> **시장의 실패**
> 시장이 효율적인 자원배분을 가져다주지 못하는 것을 가리키는 말로, 이것의 주요한 원인으로는 불완전경쟁, 공공재, 외부성 등을 들 수 있음

(1) 불완전경쟁

시장의 힘이 효율적인 자원배분을 가져다준다는 것은 완전경쟁을 전제로 할 때만 타당성을 갖는다. 이 전제조건이 충족되지 못할 때 시장이 실패하게 되는 것은 너무나도 당연한 일이다. 독점이나 과점시장에서 자원배분이 비효율적으로 이루어진다는 것은 앞에서 이미 자세하게 배운 바 있다. 현실을 보면 완전경쟁이 이루어지는 사례가 지극히 드물고 대부분의 시장이 독과점화되어 있는 상황이다. 불완전한 경쟁으로 인해 시장의 실패가 일어날 가능성이 높은 상황에서는 모든 일을 안심하고 시장에 내맡기기 어려운 것이 사실이다.

(2) 공공재

공공재(public goods)란 국방서비스, 공원, 혹은 도로처럼 여러 사람이 공동으로 소비하기 위해 생산된 재화나 서비스를 말한다. 공공재는 다음과 같은 두 가지 특성 때문에 시장의 실패를 일으킨다. 첫 번째 특성은 소비에서의 **비경합성**(non-rivalry)인데, 한 사람이 그것을 소비한다 해서 다른 사람이 소비할 수 있는 기회가 줄어들지 않는다는 말이다. 두 번째 특성은 **배제불가능성**(non-excludability)으로, 대가를 치르지 않은

> **공공재**
> 여러 사람의 공동 소비를 위해 생산된 재화나 서비스로, 비경합성과 배제불가능성의 특성을 갖고 있음

사람이라도 소비에서 배제할 수 없다는 성격이다.[1]

공공재가 갖는 이 두 성격 때문에 이에 대해 양(+)의 가격을 매기는 것이 가능하지도 않고 바람직하지도 않게 된다. 시장기능은 가격을 통해서만 발휘될 수 있기 때문에 이와 같은 상황은 시장의 실패를 가져오는 원인이 된다. 공공재에 비경합성이 있음을 생각하면, 아무 대가도 지불하지 않고 자유로이 소비할 수 있게 만드는 것이 바람직하다는 결론에 이른다. 비경합성은 소비자 수가 늘어나도 아무런 추가적 비용이 발생하지 않는다는 것을 뜻하기 때문이다. 설사 공공재에 대한 대가를 받고 싶어도, 배제불가능성 때문에 이를 실천에 옮길 수도 없다.

(3) 외부성

어떤 사람의 행동이 제3자에게 의도하지 않은 혜택이나 손해를 가져다주면서 이에 대해 대가를 받지도 지불하지도 않을 때 **외부성**(externalities)이 생긴다고 말한다. 차를 운전하고 다니는 사람이 나쁜 가스를 배출해 주위 사람들에게 의도하지 않은 손해를 끼치는 것이 그 좋은 예다. 대가를 주고받지 않으므로 시장의 테두리 밖에서 일어난다고 보아 외부성이라는 이름을 붙였다. 외부성은 생산과정에서 일어날 수도 있고 소비과정에서 일어날 수도 있으며, 해로운 것뿐 아니라 이로운 것도 있을 수 있다.

외부성
어떤 사람의 행동이 제3자에게 의도하지 않은 혜택이나 손해를 가져다주면서 이에 대해 대가를 받지도 지불하지도 않을 때 외부성이 발생했다고 말함

외부성이 존재하기 때문에 자원배분이 비효율적으로 되는 대표적인 사례가 바로 환경오염 문제다. 오염물질을 배출하는 사람이나 기업은 남에게 손해를 끼치면서도 이에 대해 아무런 대가를 지불하지 않는다. 따라서 오염물질을 배출하는 측의 관점에서 보면 그와 같은 행위에 아무런 비용이 따르지 않는 것처럼 보이게 된다. 그렇기 때문에 공기나 물을 오염시키는 물질을 마구 내버리는 현상이 일어나는 것이다. 만약 그들이 오염물질을 배출하는 행위에 대해 어떤 대가를 치러야 한다면 훨씬 더 조심해서 내버리게 될 것이 분명하다.

실험에 몰두하고 있는 대학생들
대학이나 연구소에서 행해지는 기초 연구는 이로운 외부성을 만들어 내는 행위의 대표적 사례로 꼽을 수 있다. 이 연구를 통해 사회에 의도하지 않은 혜택을 가져다주면서 이에 대한 대가를 받지 않기 때문이다.

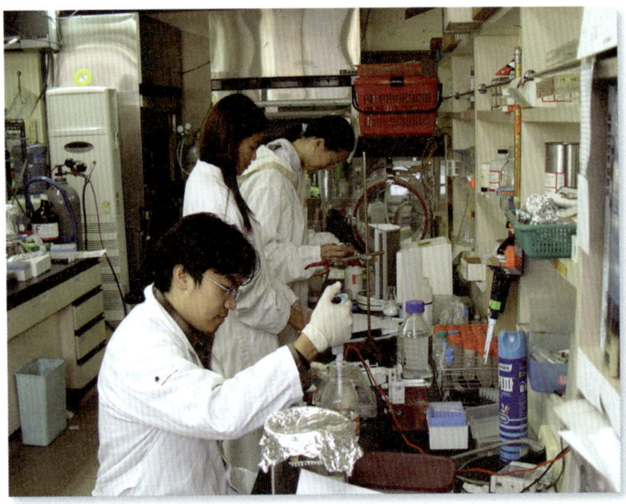

외부성은 해로운 것만 있는 것이 아니고 이로운 것도 있다. 이로운 외부성의 예로 기초학문의 연구와 교육이 사회에 미치는 좋은 영향을 들 수 있다. 과학자가 수행하는 연구는 기본적으로 자신을 위한 것이지만, 다른 사람들이 그 연구 성과를 사업에 활용할 수 있는 등의 이득을 사회에 가져다줄 수 있다. 이렇게 제3자에게 의도하지 않은 혜택을 가져다준다는 점에서 이로운 외부성이 만들어졌다고 말하는 것이다.

환경오염 문제가 그 대표적 사례지만, 해로운 외부성의 경우에는 사회적 관점에서 볼 때 바람직한 수준보다

1) 우리가 흔히 보는 상품, 즉 사용재(private goods)는 소비에 경합성이 있을 뿐 아니라 대가를 치르지 않은 사람을 소비에서 배제할 수 있어 공공재와 대조적인 성격을 갖는다.

더 많이 만들어지는 것이 시장실패의 원인이 된다. 반면에 이로운 외부성의 경우에는 사회적 관점에서 볼 때 바람직한 수준보다 더 적게 만들어지는 것이 문제다. 정부가 일절 간여하지 않고 기초학문의 연구와 교육을 시장에 완전히 내맡긴다고 해보자. 대학은 돈이 되는 학문에만 관심을 가질 것이고 그 결과 기초학문의 연구와 교육이 위축되는 결과가 빚어질 것은 불을 보듯 뻔한 일이다.

꿀벌들의 우화

외부성으로 인해 문제가 되는 대표적 사례로 환경오염 문제를 드는 경우가 많기 때문에 외부성이라고 하면 해로운 것을 연상하는 사람들이 많다. 그러나 남에게 의도하지 않은 혜택을 주면서 대가를 받지 않아 생긴 이로운 외부성도 존재하고 있다. 우리 주위를 돌아보면 이로운 외부성이 만들어지는 경우를 의외로 많이 발견할 수 있다.

경제학 교과서를 보면 이로운 외부성의 사례로 과수원 주인과 꿀벌을 치는 사람 사이의 관계가 가끔 등장하고 있다. 과수원이 여럿 모여 있는 지역에 들어와 꿀벌을 치는 사람이 있다고 하자. 그가 벌통을 놓은 곳 바로 옆에 있는 과수원은 꿀벌들의 활동 덕분에 과일 수확량이 늘어나는 혜택을 얻게 된다. 그러나 꿀벌을 치는 사람은 그 과수원 주인으로부터 고맙다는 인사를 듣는 데 그치고 만다.

이 예를 보면 의도하지 않은 혜택을 가져다주고 그에 대한 대가를 받지 않았기 때문에 이로운 외부성이 만들어진 것이 분명하다. 그런데 현실에서 과수원 주인과 꿀벌을 치는 사람 사이의 관계가 이 예에서 본 것과 똑같은지에 대해 의문을 품은 경제학자가 있었다. 그는 두 사람 사이의 관계가 단지 고맙다는 인사에만 그치는지, 아니면 어떤 대가가 오가고 있는지를 조사해볼 필요가 있다고 느꼈다.

탐스럽게 익어가는 사과들

이 사과들이 달리게 만들려고 꿀벌을 치는 사람에게 얼마를 지불했을까?

그 경제학자는 과수원이 많기로 유명한 미국 워싱턴주를 조사 대상으로 삼아 이 문제를 둘러싸고 과연 어떤 일이 벌어지고 있는지 살펴보았다. 그 결과 재미있는 사실을 발견했는데, 실제로는 과수원 주인이 꿀벌을 치는 사람에게 벌통을 옆에 놓아준 데 대한 대가를 지불하고 있다는 것이다. 그저 고맙다는 말 한마디 건네는 것으로 끝나는 관계가 절대로 아니라는 말이다.

더욱 흥미로운 점은 어떤 과일 나무를 기르는 과수원인지에 따라 지불하는 금액이 달라진다는 사실이다. 예를 들어 복숭아 과수원과 사과 과수원이 내는 금액이 서로 다르다는 것이다. 이 금액의 많고 적음은 과일 나무가 얼마나 많은 꿀을 내느냐에 의해서 결정된다고 한다. 꿀을 적게 내는 과일 나무일수록 더 많은 금액을 낸다는 것인데, 이를 보면 양자 사이의 관계에 시장의 원리가 그대로 반영되어 있음을 알 수 있다.

그 경제학자가 조사한 바가 사실이라면 과수원 주인과 꿀벌을 치는 사람 사이의 관계를 이로운 외부성이 생기는 경우의 예로 써서는 안 된다. 이렇게 대가를 주고받는 경우에는 외부성이 내부화되어 더 이상 외부성의 범주에 포함될 수 없기 때문이다. 그가 쓴 논문의 제목이 「꿀벌들의 우화」(The Fable of the Bees)였는데, 꿀벌들로부터 외부성과 관련된 우리의 상식이 틀렸음을 배울 수 있다는 뜻으로 그런 제목을 달았을 것이라고 생각한다.

생각해 봅시다

요즈음 세계 도처에서 민영화의 바람이 세차게 불어 종전에는 정부가 생산, 공급하던 서비스를 민간기업이 맡게 된 사례가 점차 많아지고 있다. 전기, 철도, 수도에 이어 이제는 우편서비스까지 민영화해야 한다는 말이 나오고 있다. 그러나 아직까지 국방서비스의 생산, 공급을 민간기업에게 맡겨야 한다는 주장은 들어본 적이 없다. 전형적인 공공재인 국방서비스의 경우에는 그 속성상 민간기업이 도저히 맡을 수 없는 측면이 있기 때문이다.

매우 가상적인 상황을 설정해, '한국국방주식회사'라는 민간기업이 국방서비스의 생산, 공급을 맡는 경우를 생각해 보기로 하자. 이 회사는 우선 군인으로 근무할 사람들을 뽑아 군사훈련을 시키는 일부터 시작할 것이다. 그다음으로는 소총, 대포, 전투기, 전함 등 각종 무기를 구입해 본격적인 방위태세를 갖추게 된다. 이제 마지막 단계의 일이 남아 있는데, 그것은 이 국방서비스를 구매할 사람들을 찾는 일이다.

한국국방주식회사는 소비자를 끌기 위해 연일 신문이나 TV를 동원해 국방서비스의 선전에 나설 것이다. 한 사람당 연간 3백만원만 내면 철통같은 방위력의 혜택을 볼 수 있다고 대대적인 선전을 하게 된다. 나중에는 단돈 3백만원을 절약하려고 외적의 침입을 두려워하며 밤잠을 설치느냐는 협박조의 선전까지 등장하게 된다. 만약 이 사업의 수익성이 높은 것으로 드러나면 또 다른 경쟁업체까지 등장하게 될지 모른다. 물론 그렇게 될 가능성은 지극히 희박하지만 말이다.

생각해 보기

(1) 3백만원이 아까워 국방서비스를 구입하지 않으면 밤잠을 설치게 될 것이라는 위협에 신빙성이 있을까?
(2) 이 한국국방주식회사가 어떤 운명에 처하게 될지 예측해 보자.
(3) 경찰서비스를 민간기업이 생산·공급하는 체제가 어느 정도 자생력을 가질 수 있을지 생각해 보자.

12.3 정부의 역할

시장의 실패가 나타날 때 정부가 개입해야 할 필요성이 생길 수 있다. 그러나 시장실패의 존재가 정부 개입을 자동적으로 정당화해 주지는 않는다는 점에 유의해야 한다. 시장의 실패로 인해 생긴 비효율성을 시정한다는 명목으로 정부가 개입했을 때 언제나 더 좋은 결과를 얻을 수 있다는 보장이 없기 때문이다. 따라서 정부의 개입은 이로 인해 더욱 효율적인 결과를 얻을 수 있을 경우에 한해 그 정당성을 인정받을 수 있다.

정부의 실패
정부 개입이 더 나쁜 결과를 초래하는 것을 가리키는 말

시장의 실패만 나타나는 것이 아니라 **정부의 실패**(government failure)도 나타날 수 있다는 사실을 염두에 두어야 한다. 정부의 개입 그 자체가 비효율성을 가져오는 원인이 될 수 있을 뿐 아니라, 개입의 효과가 엉뚱한 방향으로 나타날 수도 있다. 뒤에 더욱 자세하게 설명하겠지만, 정부를 움직이는 정치가나 관료들도 사람인 이상 자신의 이해관계에 따라 정부를 움직여 나갈 것이 분명하다. 그렇기 때문에 정부가 언제나 올바른 방향으로 시장에 개입하리라고 기대할 수 없는 일이다.

정부 개입의 구체적 유형

정부가 어떤 행동을 취해야 한다고 느낄 때 다음과 같은 세 가지 중 하나의 개입방식을 선택하게 된다. 각 방법은 나름대로 장단점을 갖고 있어 상황에 따라 적절히 선택하는 것이 바람직하다.

(1) 직접적 행동

정부가 직접적 행동을 통해 개입하는 것의 가장 좋은 예는 특정한 재화나 서비스를 생산해 국민에게 공급하는 일이다. 그렇게 하는 이유는 그 재화나 서비스가 특별한 성격을 갖고 있기 때문이다. 국방서비스, 경찰서비스, 도로, 공원같이 공공재의 성격을 갖기 때문에 직접 생산, 공급하는 경우가 가장 흔하다. 앞에서 설명한 것처럼 민간부문의 시장은 공공재의 성격을 갖는 재화나 서비스를 효율적으로 배분하지 못하기 때문에 정부가 직접 행동해야 할 필요성을 느낀다고 볼 수 있다.

그렇다고 해서 정부가 생산, 공급하는 모든 것들이 공공재의 성격을 갖는 것은 아니다. 공공재가 아니라 명백하게 사용재의 성격을 갖는 것을 공급하는 경우도 꽤 많다. 정부가 공급하는 사용재 중에는 **가치재**(merit goods)의 성격을 갖고 있는 것들이 많다. 가치재란 정부가 생각하기에 모든 사람이 그것을 충분하게 소비하는 것이 바람직하다 하여 소비를 권장하는 재화나 서비스를 말한다. 예를 들어 정부가 무주택자들에게 주택서비스를 제공한다든가 초등학교 아동들에게 무료급식을 제공하는 것들이 모두 가치재라는 이유에서 정부가 개입하게 되는 사례라고 할 수 있다.

가치재

정부가 생각하기에 국민이 그것을 충분하게 소비하는 것이 바람직하다 하여 소비를 권장하는 재화나 서비스

(2) 유인의 제공

정부가 직접 행동하는 것이 아니라 민간부문에 단지 유인(incentive)만을 제공해 원하는 방향으로 이끌어 가는 개입방식도 있다. 투자 촉진을 위해 조세나 금융상의 혜택을 제공하는 것이 그 좋은 예다. 투자에 든 비용 중 일부를 세액공제(tax credit)란 형태로 돌려주면 기업은 그만큼 적은 비용으로 투자를 할 수 있다고 느껴 투자규모를 늘릴 수 있다.[2] 그뿐 아니라 금융기관으로 하여금 투자를 원하는 기업에게 낮은 이자율로 자금을 꾸어주도록 유도함으로써 투자 촉진을 꾀하기도 한다. 에너지 절약이나 환경보호를 위해 휘발유나 경유에 높은 세금을 부과하는 것도 유인을 제공하는 방식으로 개입하는 예에

즐거운 점심시간

초등학교의 무료급식은 가치재의 성격을 가졌기 때문에 정부가 개입하는 경우의 대표적 사례라고 말할 수 있다.

2) 예를 들어 투자액의 10%를 세액공제해 준다고 하자. 이 경우 20억원어치의 투자를 한 기업은 그 투자 행위로 인해 법인세가 2억원 줄어드는 혜택을 받는다.

속한다.

이와 같은 개입방식은 기본적으로 시장기구에 의존해 정책효과를 거두려 한다는 의미에서 바람직한 성격을 갖는다. 단지 유인만을 제공하고 나머지는 시장기구에 내맡김으로써 직접적 개입에서 불가피하게 발생하는 자원배분상의 왜곡을 막을 수 있다. 그러므로 유인의 제공을 통해 문제의 해결을 기대할 수 있는 영역에서는 이 방법을 우선적으로 사용하는 것이 바람직하다.

(3) 민간부문의 행동을 규제

정부가 개인이나 기업의 행동에 일정한 제약을 가하는 방식으로 **규제**(regulation)를 실시하기도 한다. 규제의 목적으로는 소득재분배, 소비자 보호, 환경 보호, 국민건강 보호, 공정거래질서 유지 등 다양한 것이 있다. 그런데 정부의 규제는 기본적으로 경직성을 갖는 데다가 자의성을 띠는 경우도 많아 적지 않은 비용을 초래할 가능성이 있다. 어떤 규제가 실시된 후 상황의 변화로 인해 그 규제가 부적합해지거나 불필요해지는 결과가 나타날 수 있다. 그렇지만 규제당국이 상황의 변화에 신축적으로 대응할 수 있는 능력을 갖추고 있는 경우는 지극히 드물다.

또한 정치적 여건에 따라 규제의 실제 효과가 원래 의도와 다르게 나올 수 있는 여지도 있다. 예컨대 규제가 실제로는 정치적 영향력을 가진 소수의 이익에 봉사하는 결과가 나타날 수 있는 것이다. 우리나라도 여기서 예외가 아니지만, 정부가 과열경쟁을 막는다는 이유로 신규기업의 진입을 억제하는 규제를 실시하는 것을 종종 보게 된다. 정부의 진정한 의도가 어디에 있든 간에, 이와 같은 규제는 기존 기업의 이익에 봉사하게 되는 결과를 빚기 쉽다.

지대추구행위

한 사회 안에서 주인 없이 떠도는 이권을 지대라고 부르는데, 이것을 서로 먼저 차지하려고 노력하는 것을 가리켜 지대추구행위라고 부름

나아가 정부규제의 남발은 **지대추구행위**(rent seeking activities)를 성행하게 만드는 점에서 문제가 있다. 여기서 말하는 지대란 한 사회 안에서 주인 없이 떠도는 이권을 뜻하며, 이것을 서로 먼저 차지하기 위해 노력하는 것을 지대추구행위라고 부른다. 지대를 얻기 위해서는 관료들의 협조가 필요하기 때문에 지대추구행위는 필연적으로 관료의 부패를 가져오게 된다. 규제가 많을수록 지대추구행위가 한층 더 성행하게 되고, 이에 따라 관료들의 부패문제도 더욱 심각해진다. 바로 이와 같은 점 때문에 정부규제의 남발을 특히 경계하는 자세가 필요하다.

정부실패의 원인

시장이 실패할 수 있는 것처럼 정부도 실패할 가능성이 있다. 정부가 선의를 가지고 개입하는 경우에도 그 결과가 반드시 좋게 나온다는 보장이 없다. 시장의 실패보다 정부의 실패가 더욱 심각한 문제라고 보는 사람까지 있을 정도다. 현실에서 정부의 실패가 나타날 때, 그 배후에 다음과 같은 원인들이 있는 것을 발견할 수 있다.

(1) 제한된 정보와 지식

정부가 갖고 있는 정보와 지식의 제약 때문에 어떤 정책을 실행에 옮기려 할 때 그것의 귀결을 완벽하게 예견할 수 없는 경우가 있다. 예컨대 조세를 감면해 주는 정책이 경제의 각 부문에 어떤 결과를 가져올지 정확하게 예측하는 것은 매우 어려운 일이다. 심지어 경제학자들 사이에서도 이 문제에 대해 의견의 일치를 보기 힘든 상황이다. 이런 상황에서 정부의 정책이 원래 의도한 성과를 거두기는 무척 힘들 것이 분명하다.

(2) 민간부문 반응의 통제 불가능성

정부는 민간부문이 특정한 반응을 보일 것이라는 기대 아래 정책을 수행하게 된다. 그러나 정책이 실천에 옮겨진 다음에 나타나는 민간부문의 반응은 기대한 바와 판이하게 다를 수 있다. 말을 물가로 데리고 갈 수 있지만 물을 먹게 만들 수는 없듯, 사람들의 반응을 정부가 원하는 방향으로 이끌어 간다는 것이 말처럼 쉬운 일은 아니다. 예를 들어 저축이나 근로의욕을 촉진시키려는 목적으로 소득세율을 과감하게 낮추는 정책을 썼으나, 사람들이 기대한 바와 다르게 반응하는 바람에 원했던 효과가 나타나지 않을 수 있다.

(3) 정치적 과정에서의 제약

모든 정책은 정치적 과정을 거쳐 구체적인 골격이 갖추어지게 된다. 그런데 상반된 이해관계를 갖고 있는 집단들이 정치적으로 타협을 모색하는 과정에서 정책이 엉뚱한 방향으로 변질될 가능성이 있다. 환경을 보호하자는 취지의 정책이 자원을 개발하는 데 더 관심이 많은 집단의 영향 때문에 오히려 환경을 파괴하는 정책으로 변질되는 것이 그 좋은 예다. 또한 교육을 바로잡자는 의도에서 만들어진 정책이 교육을 이윤추구의 대상으로 삼는 집단의 입김 때문에 오히려 그 반대의 효과를 갖는 정책으로 변질되는 경우도 있다.

(4) 관료조직의 문제

관료들은 '공복'(public servant)이란 말이 의미하듯 국민의 종으로서 국민의 이익을 위해 열심히 일해야 하는 도덕적 의무를 갖고 있다. 그러나 관료들도 사람인지라 공익보다 자신의 이익을 먼저 챙기려고 노력할 가능성이 있다. 바로 앞 장에서 대리인의 도덕적 해이가 나타날 수 있는 가능성에 대해 살펴본 바 있는데, 관료들의 도덕적 해이도 심각한 문제가 될 수 있다. 관료들이 이와 같은 태도를 보일 때 정부의 정책이 기대한 성과를 거둘 수 없음은 두말할 나위도 없다.

지금까지 설명한 정부실패의 원인은 정부의 기능이 정치가와 관료의 부패(corruption)로 인해 왜곡되는 일은 없다는 전제하에서 생각할 수 있는 것들이다. 그런데 현실에서는 정치가와 관료들이 부패에 물들 가능성이 있고, 이렇게 되면 아무리 좋은 제도적 뒷받침이 있더라도 정부의 실패는 필연적으로 일어나게 된다. 부패한 정치가와 관료는 공익을 뒷전으로 밀어둔 채 자신의 사사로운 이익을 추구하는 데만 혈안이 되어 있을 가능성이 크다. 이들에 의해 움직여지는 정부가 효율적이며 공평하게 운영된다면 오히려 그것이 이상한 일이 될 것이다.

정부실패의 치유책

그동안의 경험이 분명히 말해주듯, 정부부문을 근본적으로 개혁한다는 것은 엄청나게 어려운 일이다. 기업의 경우에는 이윤을 내지 못할 때 곧바로 도태되고 마는 엄격한 경쟁풍토 때문에 스스로 개혁해 나가려는 의지가 상대적으로 강하다. 그러나 경쟁의 무풍지대에 살고 있는 정치인과 관료는 자신의 이익에 반하는 개혁을 한사코 거부하는 특성을 갖고 있다. 비록 실현가능성이 그리 크지는 않지만, 정부를 개혁해 좀 더 효율적으로 운영될 수 있게 만들기 위한 방책으로 다음과 같은 것을 생각해 볼 수 있다.

(1) 제도 개혁

현실을 보면 제도상의 결함이 비효율성을 낳는 원인이 되는 사례가 상당히 많다. 예를 들어 관료조직의 비대화, 역할분담의 불명확성, 상호견제기능의 미비 등 제도적인 측면에서의 문제 때문에 비효율성이 초래되는 경우를 자주 본다. 이 경우라면 제도의 개혁을 통해 획기적인 개선을 기대해 볼 수 있다. 그러나 현실에서는 여러 이해당사자들의 개입으로 인해 제도 개혁이라는 것이 말처럼 쉽게 이루어질 수 없는 경우가 많다. 우리나라에서도 정부가 바뀔 때마다 거창한 제도 개혁을 들고 나오지만, 용두사미로 끝나는 경우가 거의 대부분이다.

(2) 적절한 유인의 제공

기업의 영업성과를 평가하는 데는 이윤이라는 뚜렷한 기준이 있다. 성과가 좋아 이윤을 많이 내는 경영자는 승진이나 보너스 같은 푸짐한 상을 받는다. 반면에 정부부문의 경우에는 성과를 평가할 수 있는 명백한 기준이 존재하지 않아 효율적인 운영이 어렵다. 관료들이 어떤 뚜렷한 목표의식을 갖고 행정업무에 종사하는 것이 아니기 때문에 효율성을 발휘하기 힘든 것이다. 또한 각 관료의 성과를 개별적으로 평가하기 힘들어 열심히 일하더라도 돌아오는 보상이 별로 크지 않다는 문제도 있다.

관료사회에서는 승진이나 보수 등의 처우가 매우 경직적으로 운영되고 있는데, 이것이 비효율성의 원인이 되는 경우가 많다. 주로 나이나 경력에 의해 기계적으로 승진이 이루어지고 보수가 결정되면, 구태여 열심히 일해 좋은 성과를 올릴 필요를 느끼지 못한다. 일을 잘해 보았자 별다른 보상이 없고 잘못될 경우 호되게 당하는 유인구조하에서는 모두가 무사안일을 추구하게 된다. 관료들이 자발적으로 열심히 일하게끔 유도하기 위해서는 열성적인 노력에 대해 후한 상을 주고 태만한 자세를 가차 없이 벌하는 유인구조를 도입해야 한다.

생각해 봅시다

날로 늘어가는 국민의 허리 사이즈를 줄이기 위해 패스트푸드에 세금을 물리는 방안이 추진되고 있다. 미국 디트로이트시는 햄버거나 피자를 사먹는 사람에게 2%의 패스트푸드세를 부과한다는 법안을 구상 중에 있다고 말했다. 말하자면 '비만세'(obesity tax)를 부과하겠다는 것인데, 과연 정부가 국민을 날씬하게 만드는 데까지 관여해야 하느냐는 의문이 제기되고 있다. 더군다나 상대적으로 빈곤한 사람들이 패스트푸드를 많이 사먹는다는 사실을 생각하면 문제가 더 복잡해질 수 있다.

디트로이트시가 패스트푸드세를 고려하게 된 이유는 이 지역이 '비만도시'라는 달갑지 않은 별명을 갖고 있기 때문이다. 통계수치를 보아도 디트로이트시가 미국에서 비만 인구 비율이 가장 높은 도시임이 분명하게 드러난다. 디트로이트시는 이렇게 걷힌 세금으로 각종 건강 프로그램을 운영할 계획이라고 한다.

정부가 비만 문제를 하나의 사회적 이슈로 보는 데는 나름대로 이유가 있다. 비만한 사람일수록 건강에 문제가 더 많고, 따라서 건강 문제로 인한 사회적 부담을 더 크게 만들 가능성이 있기 때문이다. 그러나 정책을 담당하고 있는 사람들이 이 문제와 관련해 마치 부모라도 되는 것과 같은 태도를 취하고 있다는 점도 부정하기 힘들다. 일반 사람들은 비만이 얼마나 해로운 것인지 잘 모르니 정부가 그것을 가르쳐 주어야 한다는 식의 사고방식이 그 밑에 깔려 있기 때문이다.

비만이 개인의 자유로운 선택이며 권리임을 주장하는 사람들은 패스트푸드세가 개인의 자유를 침해하는 결과를 가져온다고 비판한다. 정부가 무엇을 먹어야 하느냐의 문제에까지 간섭하려 들어서는 안 된다는 주장인 것이다. 사실 어느 누구도 비만을 공중 보건의 문제로 보아야 하느냐 아니면 사생활의 영역에 있는 문제로 보아야 하느냐는 데 대해 자신 있는 대답을 내놓기 힘들다. 정부의 활동 영역이 점차 넓어짐에 따라 이와 비슷한 논란은 꼬리를 물고 이어질 전망이다.

생각해 보기

(1) 건강 관리라는 사적인 선택의 영역에서 정부가 합리적으로 선택할 수 있는 개입의 유형에는 어떤 것들이 있는지 생각해 보자.

(2) 정부가 사람들로 하여금 담배를 덜 피우도록 유도하기 위해 담배에 대한 세금을 대폭 인상하는 정책을 쓰는 것이 과연 바람직할까?

(3) 안전벨트를 매지 않고 차에 탄 사람을 단속하는 것은 어떻다고 생각하는가? 그리고 운전 중에 휴대폰을 사용하는 사람의 경우는 어떨까?

(3) 경쟁의 도입

민간부문의 기업들은 서로 더 많은 이윤을 얻으려고 치열한 경쟁을 벌인다. 그러나 정부는 대부분의 업무영역에서 거의 독점적인 위치를 차지하고 있어 경쟁을 해야 한다는 부담을 느끼지 않는다. 정부부문의 비효율성은 경쟁이 존재하지 않는다는 사실에 그 상당한 이유가 있다. 경쟁에서 오는 압력을 느끼지 않기 때문에 방만한 운영을 하게 될 가능성이 높은 것이다. 따라서 다른 부처와의, 또는 민간부문과의 경쟁체제를 도입함으로써 효율적인 운영을 하도록 유도하는 것이 필요하다.

지금까지 살펴본 것처럼, 정부가 실패할 가능성은 시장이 실패할 가능성 이상으로 더 클 수 있다. 그렇기 때문에 명백한 시장의 실패가 일어나고 있는 경우에도 정부의 개입은 신중한 고려를 거쳐 이루어져야만 한다. 현실적으로 시장의 실패와 정부의 실패 중 어느 쪽이 더욱 심각한 문제인지에 대한 사람들의 인식이 제각기 다른 것을 볼 수 있다. 예를 들어 보수적인 색채를 가진 자유론자(libertarian)들은 정부의 실패가 훨씬 더 심각한 문제라고 인식하는 경향이 있다. 그들과 달리 시장의 실패를 한층 더 심각한 문제로 보아 정부 개입을 지지하는 사람도 상당히 많다. 정부의 역할을 둘러싼 이 두 진영 사이의 열띤 논쟁은 앞으로도 끊임없이 계속될 것으로 보인다.

12.4 공공재의 문제

어떤 마을에서 주민들이 공동으로 비용을 부담해 공원을 만들자는 제안이 나왔다고 한다. 그런데 공원이 일단 만들어지면 누구든 이용할 수 있기 때문에, 비용 부담을 하지 않은 사람도 이를 즐길 수 있다. 이 사실을 아는 사람이 공동으로 비용을 부담해 공원을 만들자는 제안이 나왔을 때 어떤 태도를 취할지 짐작해 보자. 이기적인 사람이라면 자기는 공원이 필요 없다고 생각하기 때문에 비용을 부담할 뜻이 없다는 태도를 취할 가능성이 높다. 다른 사람들이 비용을 부담해 공원을 만들면 자신은 무임승차를 할 수 있음을 알기 때문이다.

앞에서 공공재의 경우에는 그 성격상 양(+)의 가격을 매기는 것이 가능하지 않을 뿐더러, 설사 가능하다 해도 그렇게 하는 것이 바람직하지도 않다고 말한 바 있다. 사람들은 이 사실을 인식하고 공공재 생산에 드는 비용을 부담하지 않으면서 소비에는 참여하려 드는 경향을 보이게 된다. 바로 이것을 가리켜 **무임승차자의 문제**(free-rider problem)라고 부르는데, 이 때문에 공공재의 공급을 시장기능에 내맡기면 사회적으로 적절한 수준에 훨씬 못 미치는 결과가 나타날 가능성이 크다.

무임승차자의 문제
사람들이 공공재가 배제불가능성을 가졌다는 사실을 알고 공공재 생산에 드는 비용을 부담하지 않으면서 소비에는 참여하려 드는 경향을 보이기 때문에 발생하는 문제

따라서 정부는 강제적 수단을 사용해 공공재를 직접 생산, 공급해야 할 필요를 느

끼게 된다. 국민에게 조세납부와 병역의무를 부과해 국방서비스를 생산, 공급하는 것이 그 좋은 예가 된다. 공원이나 도로 같은 공공재의 경우에도 시장기능에 전적으로 맡기기는 힘들어 정부의 개입이 어느 정도 불가피해진다. 현대 정부의 중요한 경제적 기능 중 하나가 바로 이 공공재를 생산, 공급하는 일이라고 말할 수 있다.

특전사 대원의 낙하 연습

'한국국방주식회사'란 민간기업이 국방서비스를 생산, 공급하는 일을 맡게 되면 어떤 일이 일어날까?

그러나 정부가 생산하는 것이 모두 공공재는 아니며, 정부만이 공공재를 생산하는 일을 맡는 것도 아니다. 앞 장에서 설명한 것처럼 정부가 생산하는 재화나 서비스에는 공공재가 아닌 것들도 많이 포함되어 있다. 또한 민간부문이 자발적으로 박물관이나 도서관처럼 공공재의 성격을 가진 것들을 생산할 수도 있다. 그렇지만 국방서비스나 경찰서비스 같은 공공재는 그 성격상 정부가 거의 전적으로 생산, 공급의 책임을 맡아야만 한다.

그런데 정부가 어떤 공공재의 생산, 공급을 맡기로 결정했을 때, 과연 얼마만큼을 생산하는 것이 적절한지가 문제로 등장하게 된다. 사회적으로 적합한 수준의 공공재를 생산하려면 무엇보다도 우선 국민이 이에 대해 어떤 선호를 갖고 있는지 정확하게 알아야 한다. 국민이 별로 원하지 않는 공공재를 많이 생산하는 것은 분명한 낭비일 뿐 아니라, 많이 소비하기를 원하는 공공재를 조금만 생산하는 것도 적절하지 않다. 그러므로 정부는 국민의 선호를 정확하게 파악해 어떤 공공재를 어느 수준만큼 생산할 것인지를 결정해야 한다.

그러나 문제는 공공재에 대한 국민의 선호를 정확하게 파악하는 일이 말처럼 쉽지 않다는 데 있다. 설문조사를 실시하든 혹은 다른 방법을 사용하든 간에 국민으로부터 진실한 대답을 듣기 힘들기 때문이다. 예컨대 주민들이 비용을 전혀 부담하지 않는다는 조건으로 도로나 공원을 만들어 주려는데 그것들이 필요하느냐고 물으면 하나같이 그렇다고 대답한다. 반면에 필요하다고 대답한 사람이 그것을 만드는 데 드는 비용의 일부를 부담해야 한다고 조건을 바꾸어 달면, 이제는 전혀 필요 없다고 말을 바꾸게 된다.[3]

만약 정부가 사람들의 선호를 정확하게 파악하지 못한다면 정부가 선택한 공공재의 생산수준은 비효율적일 수밖에 없다. 따라서 공공재에 대한 진정한 선호를 표출하게끔 유도하는 것이 중요한 과제로 등장하게 된다. 문제의 핵심은 사람들이 거짓된 대답을 함으로써 이득을 보기 때문에 그런 행동을 한다는 데 있다. 그러므로 진실한 대답을 얻으려면 적절한 유인을 부여해 거짓된 대답을 한다 해도 자신에게 오는 이득이 없도록 만들어야 한다. 그러나 구체적으로 어떤 방법을 써야 하는가에 대해 뾰족한 답을 찾기 힘들어 어려운 숙제로 남을 수밖에 없다.

3) 양심적으로 대답하는 사람도 분명 있을 것이나 그 수는 별로 많지 않은 것이 보통이다.

12.5 환경의 문제

공유지의 비극

미국의 미생물학자 하딘(G. Hardin)은 1968년 *Science*지에 실린 「공유지의 비극」(The Tragedy of the Commons)이란 논문에서 머지않은 장래에 닥칠 인구 폭발의 위험성을 경고한 바 있다. 그는 이 지구상의 유한한 공간에 사는 우리 인류가 지금과 같은 속도로 인구를 불려나가면 머지않아 포화상태에 이르러 비극적인 결과를 초래할 것이라고 예측했다. 이 지구라는 것이 모두가 함께 사용할 수 있는 공유지의 성격을 가져 아무도 아껴서 쓰려고 노력하지 않기 때문에 그와 같은 비극을 초래하게 된다는 의미였다. 그 이후 **공유지의 비극**이란 말은 우리의 환경이 감당해야 할 비극적인 운명을 대변하는 말로 널리 쓰이게 되었다.

공유지의 비극

모두가 함께 사용할 수 있는 공유지는 아무도 아껴 쓰려고 노력하지 않으므로 머지않아 황폐해지고 마는 현상을 가리키는 말

자기가 소유하는 목초지는 정성스럽게 가꾸지만, 마을 사람이 공동으로 소유하는 목초지는 나 몰라라 하고 방치하는 것이 인간사회의 모습이다. 그 결과 개인이 소유하는 땅에는 풀들이 무성한데 공유지는 죽어가는 풀들 사이로 누런 흙이 보기 싫게 드러나 있기 십상이다. 이집트나 수단 같은 나라는 그렇지 않아도 가난한 터에 목초지마저 사막으로 변해 사람들의 살림살이가 더욱 궁색해져 간다고 한다. 주인 없는 땅에 염소 한두 마리쯤 풀어놓으면 어떻겠느냐는 안일한 생각이 그런 비극을 초래하게 되는 것이다.

만약 한강에 주인이 있다면 자신의 물에 사람들이 마음대로 오염물질과 쓰레기를 던져 넣지 못하도록 말리고 다닐 것이다. 강물이 오염되어 물고기들이 죽고, 식수로 쓰기에도 적합하지 못하게 되면 자신에게 손해가 돌아올 것임을 잘 알기 때문이다. 그러나 한강은 모든 국민의 소유라는 막연한 개념만 있을 뿐 어느 누구도 소유권을 갖고 있지 않기 때문에 그렇게 마구잡이로 오염물질을 버리는데도 어느 누구 하나 말리려 들지 않는다. 설악산이나 지리산의 나무를 마구 베고 들짐승을 무자비하게 죽여 메마른 바위산으로 만들어 버리는 것도 공유지의 비극이 빚어낸 현상 중 하나라고 말할 수 있다.

경제발전과 환경문제

환경의 문제는 산업화(industrialization)가 본격적으로 진행되면서 나타나기 시작한 문제라고 생각하는 사람이 많다. 그러나 역사의 기록을 보면 이 문제는 근대의 산업사회가 등장하기 훨씬 이전부터 존재해 왔던 것으로 되어 있다. 예를 들어 기원전 1세기의 로마제국에서는 물이 너무나 오염되어 식수로 사용하기에 부적합할 정도였다고 한다. 이를 보면 인류가 문명사회를 이루어 주변의 환경을 이용할 줄 알게 되면서 바로 환경파괴의 문제가 등장했다는 것을 알 수 있다.

그러나 근대의 산업화와 더불어 이 문제가 더욱 심각해진 것이 사실이다. 우리나라

소리 없는 봄

1962년 해양생물학자 카슨(R. Carson) 여사가 펴낸 한 권의 책이 온 세계를 경악의 도가니로 몰아넣었다. 『소리 없는 봄』(*Silent Spring*)이라는 제목이 붙은 이 책은 DDT와 같은 살충제의 남용이 우리 주변의 환경에 미치는 엄청난 해독을 생생하게 증언하고 있다.

이 책의 첫 장에는 평화롭던 한 마을이 갑자기 죽음의 그림자로 뒤덮이기 시작하는 끔찍한 장면이 묘사되어 있다. 가축들이 별안간 쓰러지기 시작하고, 사람들도 어른이나 아이 할 것 없이 알 수 없는 이유로 죽기 시작한다. 새들도 모두 죽어버려 봄이 왔는데도 마을은 깊은 정적 속에 빠져 있다. 이 '소리 없는 봄'은 살충제의 남용으로 인해 극도로 황폐화된 생태계를 뜻하는 것이었다.

당시만 해도 환경오염이 얼마나 심각한 문제인지에 대한 올바른 인식이 자리 잡지 못했던 때였다. 그렇기 때문에 이 책이 사람들에게 주는 충격은 엄청나게 클 수밖에 없었다. 그러나 살충제 제조업체 등 그동안 환경을 오염시키면서 돈을 벌어온 기업들은 아무 문제가 없다는 태도를 버리지 않았다. 그들은 카슨 여사가 근거 없는 주장으로 공연히 사람들을 불안하게 만든다고 비난했다. 그러나 그 뒤의 역사는 환경오염에 대한 카슨 여사의 경고에 한 점의 과장도 없었음을 보여주고 있다. 이 책이 기폭제가 되어 1960년대에는 세계 각지에서 활발한 환경보호 운동이 일어나기 시작했다.

요즈음에는 북극에서 사는 흰곰의 몸에서도 살충제 성분이 검출된다고 한다. 깨끗하기 짝이 없을 것 같은 북극 주변의 물고기까지 살충제에 오염되어 있기 때문이다. 최근에는 사람의 젖에도 다이옥신 성분이 섞여 있는 것이 발견되어 우리에게 큰 충격을 주고 있다. 아기에게 모유를 먹이는 것이 바람직하다고 믿어 왔는데, 그렇게 하는 것이 과연 현명한 일인지 아무도 자신 있게 대답할 수 없게 되었다. 우리가 모르는 사이에 환경오염의 해독이 우리 몸속 깊숙이 스며든 상태가 되어 버린 것이다.

얼마나 많은 농약을 뿌려댔는지 우리 들판에서 그 흔하던 벼메뚜기조차 보기 힘들 정도가 되었다. 농약에 오염된 물고기를 잡아먹고 빈사상태에 빠져 허덕이고 있는 물새들의 모습도 별로 낯설지 않다. 이곳저곳에 들어선 골프장에서는 맹독성 농약을 마구 뿌려대 인근 주민의 식수원마저 위협하고 있다. 어리석은 우리들은 얼마나 끔찍한 일이 벌어져야 스스로 한 일들을 뉘우치게 될까? 새들의 지저귐이 모두 사라져 버린 죽음의 봄을 맞고 나서 때늦은 후회를 하지 않기를 바랄 뿐이다.

엄마, 나 먹이 줘요

너무 많은 살충제를 뿌려 곤충들이 모두 죽어버리면 이 개개비 가족 역시 굶어 죽는 운명에 처하게 된다. (사진 제공 : 황재웅)

얼음 위도 차갑지 않아

요즈음에는 북극에 사는 곰의 몸에서도 살충제 성분이 검출된다고 한다. 온 지구가 환경오염으로 몸살을 앓고 있는 것이다.

도 산업화가 활발하게 진행된 1970, 80년대에 이르러 환경파괴가 가속화되어 오늘의 지경에 이르게 되었다. 우리가 자랑하는 경제성장은 결국 푸른 하늘과 아름다운 산하를 그 대가로 지불하고 얻어낸 값비싼 성과였다. 제3세계가 차츰 산업화된 사회로 변모함에 따라 전 세계적으로 환경파괴가 더욱 가속화될지 모른다는 우려가 제기되고 있다. 이와 같은 우려는 환경을 구하기 위해 더 이상의 성장을 자제하자는 움직임을 낳게 되었다.

그러나 이 '0의 성장'(zero growth)이란 이념은 곧 제3세계의 강력한 반발에 직면하게 되었다. 더 이상의 성장을 자제하면 이미 산업화를 이룬 선진국에만 유리한 결과를 가져온다는 반론이 상당한 설득력을 갖는 것은 사실이다. 또한 너무나 빈곤해 환경을 보호할 수 없는 처지에 있는 나라가 있다는 것도 엄연한 사실이다. 세계를 돌아보면 산업화가 덜 된 가난한 나라일수록 환경파괴가 더욱 극심하게 일어나고 있는 것을 본다. 이처럼 경제성장과 환경 사이의 관계에는 일률적으로 말하기 힘든 복잡성이 있다.

그동안 세계 여러 나라에서 환경오염과 관련해 크고 작은 피해가 발생했다. 환경오염 피해사례 중 대표적인 것은 1952년에 일어난 '런던 대스모그 사건'이었다. 아황산가스와 매연이 주로 문제가 되어 발생한 사건이었는데, 발생 직후 총 1만 2천여 명에 이르는 사망자가 발생한 것으로 기록되어 있다. 사망자가 이런 정도니 죽지는 않았지만 호흡기질환 등으로 고생한 사람의 숫자는 이루 헤아리기 힘들 정도였을 것이다. 우리나라 대도시의 공기도 오존이나 미세분진 같은 각종 유해물질로 오염되어 있어 우리로 하여금 우려를 금치 못하게 만들고 있다.

문제 해결의 방안

이제 환경오염이 우리에게 심각한 위협이 될 수 있다는 사실을 모르는 사람은 거의 없다고 해도 과언이 아니다. 그럼에도 불구하고 우리나라뿐 아니라 다른 나라에서도 환경오염의 문제는 좀처럼 해결의 기미를 보이지 않고 있는 실정이다. 환경문제의 해결이 특히 어려운 데에는 이 문제에 다음과 같은 특징이 있기 때문이다.

첫째, 환경문제의 배후에는 외부성이 존재하고 있어 시장기구가 자발적으로 이 문제를 해결할 수 없다는 점을 들 수 있다. 앞 장에서 설명했던 것처럼 외부성이 존재할 때는 시장이 자원배분의 문제를 적절하게 해결하지 못하게 된다. 시장은 사람들이 오염물질을 대기나 강으로 배출하는 행위에 대해 아무런 통제를 가할 수 없다. 따라서 정부가 특별히 간섭하지 않는 한 문제는 점점 더 심각해질 수밖에 없게끔 되어 있다.

둘째, 환경문제는 갑자기 심각한 상황으로 바뀌는 속성이 있기 때문에 사람들이 이에 대해 경계를 게을리한다는 점도 있다. 환경오염의 초기 단계에서는 이로 인한 피해가 그저 약간의 불쾌감을 느낄 정도여서 사람들은 문제의 심각성을 깨닫지 못한다. 그

대악취 사건과 대스모그 사건

영국의 수도 런던(London)을 방문한 사람들은 그곳의 깨끗한 공기와 도시 중심을 관통하는 템스(Thames)강의 깨끗한 물에 감명을 받기 십상이다. 그러나 이 도시가 거의 재앙에 가까운 수준의 환경오염으로 인해 두 차례에 걸쳐 큰 피해를 입었다는 사실을 알고 있는 사람은 그리 많지 않다. 그런 환경재앙을 자초한 데 대한 뼈저린 반성과 이에 따른 대규모 환경투자 덕분에 지금의 깨끗한 공기와 물을 가질 수 있게 되었다.

1858년 여름 런던 시민들은 템스강으로부터 발생하는 극심한 악취 때문에 숨조차 제대로 쉴 수 없는 고통을 겪었다. 당시에는 하수시설이 없었기 때문에 인간과 동물의 분뇨, 그리고 온갖 쓰레기들이 모두 템스강으로 흘러들어 갔다. 인구가 급격히 불어나면서 강으로 흘러드는 오물의 양은 기하급수적으로 늘어났고, 그 결과 템스강은 전 세계에서 가장 더러운 강의 하나라는 오명을 얻게 되었다.

이미 1600년대부터 사람들은 템스강이 심각하게 오염되어 있다는 사실을 인식하고 있었지만, 별다른 조치를 취하지 않고 있었다. 1858년의 여름은 특히 더웠고, 내리쬐는 뜨거운 태양은 오물로 가득 찬 강물을 끓어오르게 만들었다. 뜨거운 열기로 인해 마치 오물이 발효되는 듯한 결과가 일어났고, 이로 인해 도저히 참을 수 없는 악취가 풍겨 나오게 되었다. 이것이 바로 그 유명한 런던의 '대악취 사건'(The Great Stink)인데, 악취를 못 이긴 사람들이 길가에 쓰러져 있다는 루머가 나돌 정도였다.

런던(London)의 템스(Thames)강

이렇게 깨끗하고 아름다운 도시가 한때 극심한 악취와 유독 스모그로 시달렸다는 사실을 선뜻 믿을 수 있을까?

런던 시민의 관점에서 볼 때 다행스러웠던 것은 의원 나리들도 그 악취를 피할 수 없었다는 사실이었다. 영국의 의사당은 템스강 바로 옆에 위치해 있어 특히 악취가 심했는데, 이에 놀란 의원들은 문제를 해결할 방법을 찾기 시작했다. 그러나 문제의 근본적 해결을 위해서는 템스강 주변의 대규모 토목공사가 불가피했고, 이에 드는 막대한 경비 때문에 대부분의 의원들이 주저하는 태도를 보이고 있었다. 악취를 제거하기 위해 의사당의 커튼을 화학물질에 담그는 정도의 미봉책이 그들이 취할 수 있는 유일한 조처였다.

대중의 압력과 악취를 견디지 못한 의회는 결국 근본적인 해결책을 모색하기로 결정했다. 18일이라는 기록적으로 짧은 기간 안에 법안이 만들어지고, 통과되고, 발효되는 과정이 모두 끝났다. 이에 따라 토목기술자 베이절겟(J. Bazalgette)의 주도하에 런던시 전체를 커버하는 대규모의 정교한 하수로망이 건설되기에 이른다. 뿐만 아니라 강으로 오물이 흘러드는 것을 막기 위해 템스강 연변에 높은 둑을 쌓았다. 이와 같은 대규모 투자 덕분에 템스강은 전 세계에서 가장 깨끗한 강의 하나로 변모하게 되었다.

대악취 사건이 일어난 지 거의 100년 후 런던은 또 한 번의 환경재앙으로 인해 심한 홍역을 앓게 되었다. 1952년 10월에 발생한 '대스모그 사건'(The Great Smog)이 바로 그것이다. 그해 겨울은 유난히 추웠고, 따라서 런던 시민들은 더 많은 석탄을 태워 집을 덥혔다. 제2차 세계대전 직후의 어려운 상황에서 영국은 질이 좋은 석탄을 대부분 수출하고 국내의 난방용으로는 유황이 많이 함유된 나쁜 질의 석탄이 주로 사용되었다. 따라서 난방용으로 사용된 석탄으로부터 많은 양의 유독가스가 배출되고 있었다.

게다가 런던 주변 지역에는 많은 화력발전소가 가동되고

있어 대기오염 문제를 더욱 심각하게 만들었다. 그리고 디젤기관의 버스를 위시한 수많은 자동차들이 내뿜는 배기가스도 상당히 심각한 수준이었다. 이렇게 나빠진 공기는 기상조건의 변화로 인해 짙은 안개로 응축되어 온 도시를 뒤덮기 시작했다. 때마침 불어온 역선풍(anticyclone)이 기온역전 현상을 일으켜 유독가스가 많이 포함된 찬 공기가 지표면에 달라붙게 만들었던 것이다.

짙은 안개로 인해 어떤 지역에서의 가시거리는 불과 30cm에 지나지 않았다. 자신의 발을 내려다볼 수 없었으며 손을 길게 내밀면 그 모습이 사라졌다고 한다. 사람들이 짙은 안개 때문에 길을 잃을까봐 두려워 외출을 삼갔다는 말도 있다. 그러나 안개에 워낙 익숙해 있던 런던 시민들은 그렇게 짙은 안개가 끼었는데도 별 걱정을 하지 않았다고 한다. 늘 보던 안개가 조금 더 짙게 낀 정도로만 인식했던 것이다.

짙은 유독 스모그 현상은 5일 동안 계속되었으며, 몇 주 후 집계된 통계를 보면 사건 발생 직후 4천 명 정도의 사람들이 이로 인해 때 이른 죽음을 맞이한 것으로 나타났다. 그 후로도 8천 명의 추가 사망자가 발생해 대스모그 사건의 총 희생자 수는 1만 2천여 명에 이르게 되었다. 주로 노약자나 이미 호흡기 질환을 갖고 있던 사람들이 사망했는데, 대부분이 저산소증으로 인한 호흡기 염증으로 인해 죽음을 맞이한 경우였다.

이 대스모그 사건은 환경오염의 문제가 얼마나 심각한 것인지를 알려 주는 계기가 되었다. 그 이전까지만 하더라도 사람들은 스모그가 도시생활의 일부라는 정도의 안이한 생각을 갖고 있었던 것이다. 경각심을 갖게 된 영국 정부는 일련의 환경 관련 규제법안을 마련해 대기오염 예방에 팔 걷고 나서기 시작했다. 그 결과 오늘날 우리가 보는 깨끗한 공기의 런던으로 다시 태어나게 되었다.

러다가 오염이 차츰 심해지면서 갑자기 위험스러운 사태에 직면할 수 있다. 앞에서 말한 런던 대스모그 사건의 경우에도 그런 정도의 피해가 발생하리라고는 어느 누구도 미리 예측하지 못했을 것이다.

마지막으로는 환경문제와 관련해 갖가지 집단의 이해가 상충하고 있기 때문에 합리적인 정책을 수립하기 어렵다는 점을 들 수 있다. 자원을 개발해 이익을 얻으려는 사람들에게는 환경을 보호해야 한다는 말이 성가시게 들릴 수밖에 없다. 이들은 갖은 수단을 다 동원해 환경규제의 속박을 풀려고 노력하는 반면, 환경보호단체들은 규제를 더욱 강화하라고 소리를 높인다. 우리 사회를 보면, 예컨대 그린벨트 문제 하나만을 가지고도 이해의 갈등이 보통 정도가 아니다. 이렇듯 복잡하게 얽힌 이해관계를 조정해 합리적인 환경정책을 수립하는 것은 결코 쉬운 일이 아니다.

우리는 환경문제의 해결방안으로 다음과 같은 것들을 생각해 볼 수 있다.

(1) 정부의 개입을 통한 해결

환경보존을 위한 정부 개입의 방식에는 크게 보아 다음 두 가지의 범주가 있다. 하나는 **직접통제**(command-and-control)로서, 오염물질 배출량에 대한 직접적 규제, 특정한 정화장치 사용의 의무화, 오염물질의 배출이 적은 생산기술의 채택을 요구하는 등의 방식으로 수행된다. 그런데 이 직접통제 방식은 그 본질상 경직성을 띨 수밖에 없어 정해진 목표를 달성하는 데 많은 비용이 소요된다는 문제점을 갖고 있다.

직접통제

오염물질 배출량에 대한 직접적 규제, 특정한 정화장치 사용의 의무화, 오염물질 배출량이 적은 생산기술의 채택을 요구하는 등의 방식으로 수행되는 환경보존정책

생각해 봅시다

1992년에 열린 리우환경회의에서 기후 변화 문제에 대한 국제 공조체제의 구축을 위해 「유엔기후협약」(United Nations Framework Convention on Climate Change; UNFCCC)을 채택했다. 그러나 이 협약만으로는 본격적인 국제 공조체제의 가동이 어렵다는 인식이 싹트기 시작했다. 이에 따라 구체적인 실천 지침을 마련하기 위해 만들어낸 것이 바로 「교토의정서」(Kyoto Protocol)다. 2005년 발효된 교토의정서에 따르면, 온실가스를 다량으로 배출하는 나라들은 2012년까지 배출량을 일정 수준으로 감축할 의무를 갖게 된다.

이와 같은 감축 의무에 반발해 부시 행정부의 미국은 교토의정서 비준을 거부함으로써 세계를 놀라게 했다. 의무 이행 과정에서 경제가 타격을 입고 수많은 일자리가 사라진다는 이유를 들었는데, 1990년 기준 전 세계 총배출량의 23.7%나 되는 비중을 차지하는 미국의 불참은 교토의정서의 효과를 심각하게 제약하는 요인으로 작용했다.

교토의정서 체제는 미국을 위시한 여러 나라들의 비협조로 인해 기대한 성과를 거두지 못했다. 기후변화 문제에 제대로 대응하기 위해서는 이전과 다른 새로운 체제가 필요하다는 것을 절감한 세계 여러 나라들은 2015년 12월 「파리협정」(Paris Agreement)를 체결하기에 이르렀다. 파리협정은 21세기 말까지 지구 평균온도의 상승폭을 산업화 이전 대비 2°C 선으로 제한하고, 한 걸음 더 나아가 1.5°C 선으로까지 낮추기 위해 노력한다는 점을 분명히 했다.

파리협정은 각 나라가 스스로 감축 목표를 설정할 수 있는 유연성을 도입함으로써 참여 국가 수를 크게 늘리는 데 성공했다. 협정이 체결된 이듬해인 2016년 4월까지 189개국이 이에 참여하도록 유도하는 성과를 거두었던 것이다. 그러나 이번에도 또 미국이 비협조적인 태도를 보여 앞날의 전망을 어둡게 만들었다. 2019년 트럼프(D. Trump) 행정부는 미국 경제에 과도한 부담을 준다는 이유로 돌연 이 협정에서 탈퇴할 것임을 선언했다. 다행히 그 뒤를 이은 바이든(J. Biden) 행정부가 복귀를 선언하기는 했지만, 국제 공조체제의 확립이 결코 쉽게 이루어질 수 있는 과제가 아님을 다시금 절감하게 되었다.

생각해 보기

(1) 교토의정서 비준을 거부하고 파리협정에서 탈퇴한 미국의 태도가 정당화될 수 있는 것이었는지에 대해 생각해 보자.
(2) 개발도상국에도 온실가스 감축 의무가 부과된다면 그 나라들은 어떤 어려움에 처하게 될지 생각해 보자.
(3) 우리나라도 온실가스 감축 대열에 적극적으로 합류해야 한다면 무슨 일부터 우선적으로 해야 할지 생각해 보자.

두 번째 범주는 **시장유인을 이용한 방법**(market-based approach)인데, 환경세를 부과하는 제도와 시장에서 거래가 가능한 배출권제도가 그 주축을 이룬다.[4] 이 두 제도는 오염물질로 인해 발생하는 사회적 비용을 오염자가 부담하게 함으로써 스스로 정화하게끔 유도하는 특징을 갖고 있다. 오염물질을 배출하고도 이에 대해 대가를 지불하지 않기 때문에 사람들은 이를 마구 내다버릴 유인을 갖게 되는 것이다. 기본적으로 환경오염의 문제는 유인구조가 잘못되어 있기 때문에 생긴 것이라고 볼 수 있다. 환경세 부과와 배출권제도의 실시는 오염물질을 배출할 때 일정한 대가를 치르게 함으로써 유인구조를 바로잡는 효과를 낼 수 있다.

시장유인을 이용한 방법
환경세나 시장에서 거래할 수 있는 배출권제도를 통해, 오염자가 오염물질로 인해 사회에 끼치는 비용을 부담하게 하는 방식으로 수행되는 환경보존 정책

4) 배출권제도하에서 배출권의 소유자는 일정한 양의 오염물질을 배출할 권리를 갖는다. 반면에 배출권을 소유하지 못한 경제주체는 오염물질을 전혀 배출할 수 없다.

날로 심각해지는 기후변화의 위협

1850년 이후 지표면 기온이 점차 상승해 2017년 말에는 평균기온이 그때에 비해 1℃ 이상 상승하기에 이르렀다. 전문가들의 예측에 따르면 온실가스 배출량을 대폭 줄이지 않을 경우 2100년의 지표면 평균온도는 1850년 대비 4℃에서 5℃에 이르는 범위까지 상승할 것이라고 한다. 지구온난화는 단순히 날씨를 덥게 만드는 데 그치지 않고, 최근 전 세계적으로 자주 발생하고 있는 태풍, 홍수, 폭설, 산불 등 각종 자연재해를 일으키는 원인으로 작용한다. 해수면 상승으로 인해 남태평양의 투발루와 인도양의 몰디브와 같은 섬나라는 심각한 수몰위기에까지 몰려 있는 상황이다.

[그림 12-1]은 2020년 현재 온실가스 배출량이 많은 10개 국가를 보여주고 있다. 인구가 많을 뿐 아니라 석탄발전소나 제철소 등 이산화탄소 배출이 많은 산업의 비중이 높은 중국의 배출량이 다른 나라에 비해 압도적으로 더 많은 것을 볼 수 있다. 그 뒤로 미국과 인도가 배출량 2, 3위를 차지하고 있는데, 우리나라도 세계 9위의 온실가스 배출국으로 순위에 올라 있는 것을 볼 수 있다. 이를 보면 인구나 경제규모에 비해 우리나라의 온실가스 배출량이 상대적으로 많은 편이라는 사실을 부정하기 어렵다.

중국과 인도 등의 신흥국들은 현재의 온실가스 배출량만을 가지고 감축 책임을 묻는 것은 불공평한 일이라고 주장한다. 지구상의 온실가스 농도가 높아진 것은 과거 산업화 과정에서 선진국들이 이미 엄청난 양을 배출했기 때문이며, 인구 대비 배출량을 보면 아직도 선진국들이 더 높은 수준에 머물고 있다는 것이다. 그렇기 때문에 산업화를 시작한 지 오래되지 않은 신흥국들에게 과도한 부담을 요구해서는 안 된다는 것이 그들의 입장이다.

기후변화에 대한 대응이 의미 있는 성과를 거두기 위해서는 여러 나라들의 적극적인 협조가 필요하다. 그러나 현실적으로 그와 같은 적극적 협조는 기대하기 힘든 것이 사실이다. 특히 중국이나 미국처럼 다량의 온실가스를 배출하면서 자기네 나라 이익을 앞세워 선뜻 협조하려 들지 않는 나라들 때문에 문제 해결이 더욱 어려운 상황이다. 미국의 경우 공화당 출신 대통령이 취임할 때마다 기후변화 대응을 위한 국제공조체제에 어깃장을 놓는 행태를 보이는 일을 반복하고 있다.

최근 국제통화기금(IMF)은 기후변화에 대한 대응책의 하나로 국제최저탄소세(international carbon price floor) 도입을 제안한 바 있다. 전 세계 탄소배출량의 상당 부분을 차지하는 몇몇 나라들이 우선 탄소세(carbon tax)제도를 도입하고, 그 세율을 전 세계 탄소배출감축목표를 달성할 수 있는 수준으로 점차 올려나가자는 구상이다. 그러나 이 제

그림 12-1
온실가스 최다배출국(2020년)

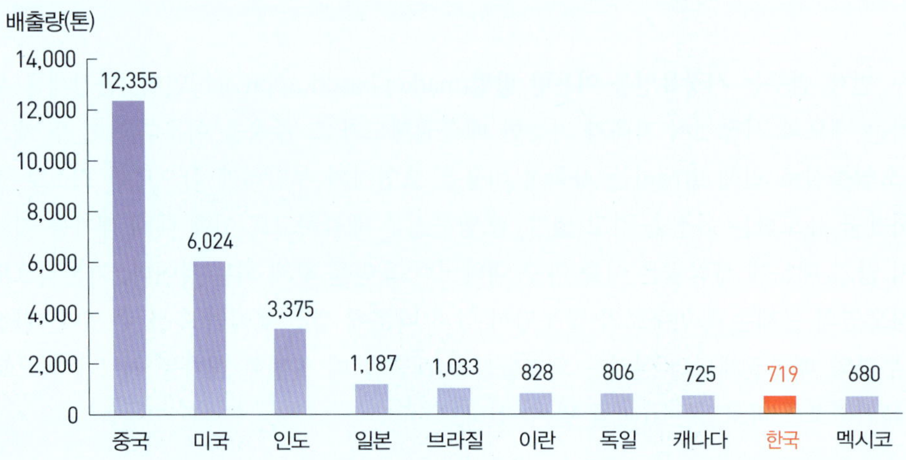

자료 : World Bank, *World Development Indicators*, 2021

안 역시 중국이나 인도 같은 신흥국들의 동의를 얻기는 쉽지 않으리라는 전망이 우세하다.

이미 탄소세와 배출권 거래 시스템을 도입, 운영하고 있는 유럽연합(EU)은 탄소세를 부과하지 않거나 그 세율이 상대적으로 낮은 나라들에 대해 탄소국경세(carbon border adjustment mechanism)를 부과할 것을 고려하고 있다. 그 나라들이 수출하는 상품들에 탄소세 부담의 차이만큼에 해당하는 관세를 부과한다는 것이다. 그러나 이와 같은 관세의 도입으로 인해 국제무역이 위축될 수 있다는 우려가 제기되어 새로운 무역분쟁의 씨앗이 될지도 모른다. 또한 각 나라가 스스로 결정한 감축책임을 인정해 준다는 원칙에도 위배된다는 점을 들어 다른 나라들이 반발하고 있어 순조로운 도입이 어려울 수도 있다.

우리나라 입장에서도 기후변화에 적극 대처해 나가는 노력을 기울이는 것은 피할 수 없는 선택이 되었다. 우리나라는 수출 의존도가 매우 높은 편인데, 고탄소배출 상품의 수출과 관련해 어려움을 겪게 될 가능성이 크기 때문이다. 저탄소기술 개발과 녹색기반시설 투자 확충을 새로운 성장동력과 고용 창출의 기회로 삼는 진취적인 태도를 취하는 것이 바람직하다. 다만 고탄소사회에서 저탄소사회로 옮겨가는 과정에서 탄소배출량이 많은 제조업이나 운송업 등의 피해가 클 수 있고 에너지 가격 상승으로 인해 저소득층의 어려움이 가중될 수 있으므로 이들을 보호하기 위한 정책적 노력도 함께 기울여야 한다.

자료 : IMF, "Proposal for an International Carbon Price Floor among Large Emitters," *Staff Climate Notes*, June 2021

현재 우리나라에서 채택되고 있는 환경보호정책의 기조는 직접통제 방식이다. 따라서 민간부문의 경제활동에 불필요한 간섭을 하게 될 때가 많고 실제로 환경을 보호하는 효과도 별로 거두지 못한다는 비판을 많이 받고 있다. 시장유인을 활용하는 정책을 과감하게 시도해 보는 것이 바람직하리라고 생각한다.

(2) 코우즈정리

코우즈(R. Coase)는 외부성과 관련된 문제에서 정부의 간섭은 오히려 바람직하지 않은 결과를 가져올 수 있다고 지적했다. 그렇기 때문에 정부가 직접 개입하지 않고, 이해당사자의 자유로운 협상에 의해 효율적인 결과를 찾도록 돕는 데 그쳐야 한다는 것이 그의 주장이다. 그는 앞에서 설명한 바와 같은 환경세의 부과가 별로 바람직하지 않다는 생각을 갖고 있다. 이해당사자의 자발적인 협상에 의해 환경문제를 포함한 외부성의 문제를 풀어가는 것이 바람직하다는 내용을 담고 있는 것이 바로 **코우즈정리**(Coase theorem)다.

코우즈정리

이해당사자의 자발적 협상에 의해 환경문제를 포함한 외부성의 문제를 풀 수 있다는 주장을 담고 있는 이론

그러나 실제로는 협상과정에서 엄청난 크기의 거래비용이 발생할 수 있는데, 만약 이것이 사실이라면 자발적 협상은 결코 좋은 해결책이 못 된다. 더군다나 오늘날의 환경문제에서는 이해당사자의 판별 그 자체가 어렵다는 문제가 있다. 예컨대 서울시의 대기오염 문제를 해결하기 위해 이해당사자들을 불러 모으려 한다고 하자. 자가용차를 보유하고 있는 어떤 시민은 환경오염을 일으키는 측에 참여해야 하는 동시에 이로 인해 피해를 받는 측에도 참여해야 될 것이다. 코우즈정리가 민간부문의 자발적인 노력에 의해 환경문제를 해결할 수 있는 길을 제시했다 해서 많은 관심을 끌고 있는 것은 사실이나, 실제로 활용될 가능성은 거의 없다고 해도 과언이 아니다.

요약

1. 어떤 배분상태가 주어져 있을 때, 아무에게도 손해가 가지 않으면서 어떤 사람에게 이득을 가져다주는 새로운 배분상태로 변화시키는 것이 불가능하면 그 배분상태는 파레토효율적이 된다.

2. 시장이 효율적인 자원배분을 가져다주지 못할 때 시장의 실패가 일어난다고 말하는데, 그 원인으로는 불완전경쟁, 공공재, 외부성 등을 들 수 있다.

3. 시장의 실패를 교정하기 위해 정부가 개입할 수도 있지만 그렇다고 해서 당연히 개입해야 한다고 말할 수는 없다. 개입을 하는 경우에는 직접적 행동을 취할 수 있고, 유인만을 제공할 수도 있으며, 민간부문의 행동을 규제하는 방식을 취할 수도 있다.

4. 시장이 실패할 수 있는 것처럼 정부도 실패할 가능성이 있다. 정부의 실패가 일어나는 원인에는 제한된 정보, 민간부문 반응의 통제 불가능성, 정치적 과정에서의 제약, 관료조직의 문제 등이 있다.

5. 정부의 실패는 제도개혁, 적절한 유인의 제공, 경쟁의 도입 등을 통해 그 대책을 마련할 수 있다.

6. 공공재는 무임승차자의 문제가 생기기 때문에 시장이 적절한 배분을 하지 못하게 된다. 따라서 정부는 강제적 수단을 사용해 공공재를 직접 생산, 배분해야 할 필요성을 느끼게 된다. 정부가 적정한 수준의 공공재를 생산하기 위해서는 우선 이에 대한 국민들의 선호를 정확하게 파악하고 있어야 한다.

7. 오늘날 환경이 날로 황폐해져 가는 현상은 공유지의 비극이란 현상과 직접 끈 닿아 있다고 말할 수 있다. 경제성장과 환경의 관계는 일률적으로 말하기 힘든 복잡성을 갖는다.

8. 환경오염의 문제를 해결하기 위해 정부가 개입하는 경우에는 직접통제의 방식을 채택할 수도 있고 시장유인을 통한 문제 해결의 방식을 취할 수도 있다. 코우즈정리는 외부성이 문제되고 있는 경우에도 이해당사자의 자유로운 협상에 의해 효율적인 결과를 찾을 수 있으므로 정부의 개입은 필요하지 않다는 내용을 담고 있다.

중요개념

파레토효율성	시장의 실패	공공재	외부성
가치재	정부의 실패	규제	지대추구행위
무임승차자의 문제	공유지의 비극	코우즈정리	

연습문제

01. 모든 일을 시장에 내맡기는 자유방임이 이상적인 사회를 실현시켜 주리라고 기대할 수 없는 이유는 무엇일까?

02. "각 개인은 자주적인 인격의 소유자이며 자신의 운명을 스스로 개척해 나갈 권리와 의무를 갖고 있다. 따라서 도박, 마약, 매춘, 무기 소지 등과 관련된 일이라 할지라도 모두 개인의 자유에 맡기고 정부는 전혀 간섭하지 말아야 한다."라는 주장에 대한 독자의 견해를 밝혀라.

03. 시장의 실패가 일어나게 만드는 요인들을 열거하고 각각에 대해 간략한 설명을 덧붙여라.

04. 시장의 실패가 분명히 일어나고 있는 경우에도 정부가 신중하게 고려해 개입 여부를 결정해야 하는 이유는 무엇인가?

05. 정부 규제가 가져올 수 있는 부작용에는 어떤 것들이 있는지 설명해 보라.

06. 정부의 실패가 발생하는 이유에 대해 설명하라.

07. 좀 더 효율적인 정부를 만들기 위한 방책에는 어떤 것이 있을까?

08. 공공재와 관련한 무임승차자의 문제는 무엇을 의미하는가?

09. "오늘날 우리 인류가 안고 있는 환경오염의 문제는 경제발전과 이에 수반되는 산업화에 전적인 책임이 있다."는 주장의 타당성에 대해 논의해 보라.

10. 우리 사회에서 환경오염의 문제가 날로 악화되고 있는데도 이에 대해 쉽게 해결책을 찾지 못하는 이유는 무엇인지 독자의 견해를 밝혀라.

11. 시장유인에 의해 환경오염의 문제를 해결하는 방식은 어떤 발상에 기초하고 있는지 설명하라.

12. 코우즈정리가 과연 현실에서 발생하는 환경문제의 합당한 해결책을 제시할 수 있을까?

제6편

거시경제이론 입문

| 제13장 |

거시경제이론의 기초

| 제14장 |

거시경제이론의 주요 변수

제13장

거시경제이론의 기초

13.1 거시경제이론의 기본 개념

13.2 총수요와 총공급

개별 경제주체와 개별 시장을 분석 대상으로 삼는 미시경제이론과 달리, 거시경제이론은 국민경제 전체를 분석 대상으로 삼고 있다. 따라서 국민소득, 물가, 고용수준, 이자율, 환율같이 경제 전체의 상황과 관련된 변수들과 이들 사이의 관계에 관심의 초점을 맞추게 된다. 거시경제이론에 대해 본격적으로 설명하기에 앞서, 이 장에서는 우선 여기에서 자주 등장하는 주요 개념과 연구과제들에 대해 설명하려고 한다.

13.1 거시경제이론의 기본 개념

신문을 읽다 보면 한국 경제가 잡아야 하는 '세 마리 토끼'라는 표현이 자주 등장한다. 그 세 마리 토끼란 경제성장, 물가 안정, 국제수지의 균형을 일컫는 말로, 경제를 바람직한 상태로 유지하기 위한 세 가지 기본 과제라는 뜻으로 사용되고 있다. 이 세 기본 과제가 구체적으로 어떤 내용을 담고 있는지를 이해하기 위해서는 우선 국민소득, 물가, 국제수지라는 거시경제이론의 중요 개념들에 대해 좀 더 자세히 살펴볼 필요가 있다.

국민소득

한 나라 전체에서 생산된 상품의 가치를 모두 더한 것은 그 나라 국민이 얻는 소득의 크기와 같다. 생산된 상품의 가치는 생산과정에 참여한 사람에게 여러 가지 형태의 소득으로 분배되기 때문이다. 다음 장에서 자세히 설명하겠지만, 1년 동안 한 나라에서 생산된 상품의 총 가치를 **국내총생산**(gross domestic product; GDP)이라고 부른다. 따라서 국내총생산은 그 나라 국민이 1년 동안 얻는 소득의 크기와 같고, 이 때문에 국내총생산을 국민소득이란 말로 바꿔 부르기도 한다.

그런데 최근에는 국내총생산을 경제의 전반적 생산수준을 나타내는 지표로만 사용하고, 소득수준을 나타내는 지표는 따로 만들어 쓰는 추세로 바뀌어가고 있다. 즉 한 나라 국민이 얻는 소득은 **국민총소득**(gross national income; GNI)이란 지표를 통해 나타내는 경향을 볼 수 있는 것이다.[1] 그러나 학계에서는 아직도 소득수준의 지표로 이것보다 국내총생산을 더 많이 쓰고 있어, 이 책에서도 그 관행을 따르려고 한다.

[그림 13-1]에서 보는 초록색 곡선은 지난 1970년부터 2020년까지의 기간 동안 우리나라의 국내총생산이 변화해 온 추이를 보여주고 있다. 이 그림으로부터 우리는 다음과 같은 두 가지 특징을 찾아볼 수 있다. 하나는 국내총생산이 그동안 지속적으로, 그리고 상당히 빠른 속도로 성장해 왔다는 사실이다. 이렇게 높은 성장률에 힘입어 2020년의 국내총생산은 1970년의 국내총생산에 비해 약 26배나 더 큰 수준으로 늘어났다.

다른 하나는 국내총생산이 매년 똑같은 비율로 성장해 온 것이 아니라, 해마다 조금씩 다른 비율로 성장했다는 사실이다. 한 해 동안 국내총생산이 커지는 비율을 성장률(growth rate)이라고 부르는데, 그림을 보면 어떤 해에는 성장률이 매우 높았던 반면 어떤 해에는 아주 낮은 수준으로 떨어지기도 했던 것을 볼 수 있다. 심지어 외환위기가 일어난 직후인 1998년에는 성장률이 −5.1%, 그리고 코로나19 팬데믹으로 인해 전 세

1) 국민총소득이 무엇을 뜻하며 어떻게 산출되는지는 제14장에서 자세하게 설명하려고 한다.

그림 13-1

우리나라 국내총생산의 변화추이

이 그림을 보면 우리나라 국내총생산이 그동안 지속적으로, 그리고 상당히 빠른 속도로 성장해 왔다는 것을 알 수 있다. 이와 동시에 국내총생산의 성장률이 해마다 조금씩 달라지는 양상을 보여 온 것도 발견할 수 있다.

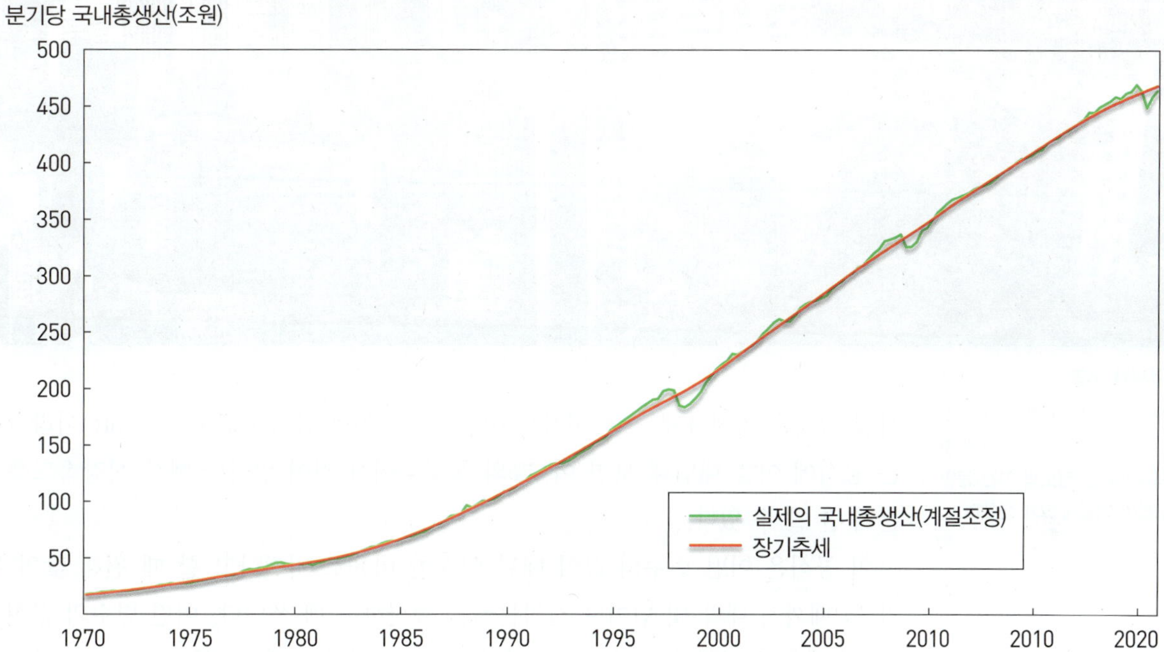

자료 : 한국은행, 「경제통계시스템」, 2021
* 이 그림에 나타난 수치는 2010년을 기준으로 한 분기당 실질국내총생산을 뜻함

계 경제가 타격을 입은 2020년에는 −1.0%의 수준으로 떨어지기도 했다. 이처럼 단기적으로 성장률이 상당한 변동성을 보인다는 것을 두 번째 특징으로 들 수 있다.

이 두 가지 특징은 각각 국내총생산의 장기적, 단기적 변화와 밀접한 관련을 갖는다. 첫 번째 특징은 국내총생산이 장기적으로 변화해 가는 추세에 관한 것으로, **경제성장**(economic growth)의 과정을 나타내고 있다. 두 번째 특징은 단기적인 시각에서 볼 때의 변화 양상과 관련되어 있는데, 이 단기적 동향을 **경기변동**(business fluctuations)이라고 부른다. [그림 13-1]을 보면 오른쪽으로 가면서 부드럽게 올라가는 붉은색 곡선을 볼 수 있는데, 이것이 바로 국내총생산의 장기추세, 즉 경제성장의 경로를 보여주고 있다. 이에 비해 단기적인 경기변동의 양상은 국내총생산이 실제로 변화해 온 경로를 나타내는 초록색 곡선과 장기추세를 나타내는 붉은색 곡선 사이의 차이로 나타낼 수 있다.

(1) 경제성장

1970년대 이래 고도성장기에 우리나라의 국내총생산은 연평균 7%에 가까운 빠른 속도로 성장해 왔다. 이 정도의 성장률을 거의 당연한 것처럼 여기는 사람이 많지만,

서울의 어제와 오늘

왼쪽 사진은 1972년에 찍은 서울 거리의 모습이다. 눈부신 경제성장에 힘입어 불과 40여 년 정도의 기간 동안 서울의 모습이 이렇게 크게 변했다.

사실 이것은 엄청나게 높은 성장률이다. 소위 '70의 법칙'(rule of seventy)이라고 불리는 공식에 이를 대입해 보면 이 7%의 성장률이란 것이 얼마나 빠른 성장속도를 뜻하는지 잘 알 수 있다.

이 공식은 어떤 변수의 값이 매년 일정한 비율로 커진다고 할 때 원래 값의 두 배가 될 때까지 대략 몇 년이나 걸리는지를 계산하는 데 쓰인다. 어떤 변수의 값이 매년 x%의 비율로 커진다고 할 때, 원래의 두 배로 커지는 데 걸리는 햇수 y는 다음과 같은 관계를 통해 구할 수 있다는 것이 이 공식의 내용이다.

$$y = 70 \div x \tag{13.1}$$

이 공식에 따르면, 우리나라처럼 국내총생산이 연간 7%의 비율로 성장하는 경우 약 10년이 지나면 원래의 두 배 수준에 이르게 된다. 2000년대 중반 이후 우리나라 성장률이 크게 떨어지기 시작했지만, 그 이전 40년 동안 우리 경제는 매 10년마다 그 규모를 두 배로 불릴 정도로 빠른 성장을 해왔다. 한편 미국은 그 기간 동안 연평균 3% 미만의 성장률을 기록했는데, 그렇다면 미국의 경제규모가 두 배로 커지기 위해서는 23년이란 긴 세월이 필요했다는 말이 된다.

한 세대(generation)에 해당하는 기간을 25년 정도로 잡을 수 있다. 그렇다면 이렇게 빠른 속도로 성장하고 있었던 시기에 한국의 젊은 세대는 부모 세대보다 대략 여섯 배나 더 높은 소득을 얻을 수 있었다는 말이다. 반면에 연평균 성장률이 3%였던 미국의 젊은 세대는 부모 세대에 비해 고작 두 배 정도 더 높은 소득을 얻을 수 있었을 뿐이다. 똑같은 소득 수준에서 출발한 두 나라라 해도 성장률에 1%만 차이가 나면 70년 후에는 거의 두 배에 달하는 경제규모의 차이로 이어지게 된다. 이를 보면 7%라는 성장률을 결코 만만하게 볼 것이 아님을 새삼 깨닫게 된다.

전 세계에서 우리나라에 견줄 만큼 높은 성장률을 기록한 나라는 손가락으로 겨우 꼽을 수 있을 정도다. 수많은 개발도상국들이 아직도 저성장과 빈곤의 수렁에서 빠져 나오지 못하고 있으며, 부유한 나라와 가난한 나라 사이의 엄청난 소득격차는 전혀 좁혀질 기미조차 보이지 않는 형편이다. 2020년도의 1인당 국내총생산은 인도가 1,877달러, 그리고 방글라데시의 경우에는 1,888달러에 지나지 않았다. 이에 비해 같은 해 일본의 1인당 국내총생산은 39,048달러, 미국은 63,051달러나 되어 그들과 몇십 배에 이르는 차이를 보였다.

(2) 경기변동

[그림 13-1]을 보면, 국내총생산의 실제 움직임을 나타내는 초록색 곡선이 장기추세를 뜻하는 붉은색 곡선보다 위쪽에 있을 때도 있고 아래쪽에 있을 때도 있다. 이 두 곡선 사이의 차이를 장기추세치의 비율로 나타낸 값을 **GDP갭**(GDP gap)이라고 부르는데, 실제의 국내총생산이 장기추세치보다 더 크면 이것이 양(+)의 값을 갖고, 반대로 더 작으면 음(−)의 값을 갖는다. 그림을 자세히 보면, GDP갭이 양의 값을 갖다가 음의 값을 갖고, 그러다가 다시 양의 값으로 돌아오는 일이 반복되고 있음을 알 수 있다.

GDP갭
국내총생산의 실제 움직임과 장기추세 사이의 차이를 비율로 나타낸 것을 뜻하며, 실제의 국내총생산이 장기추세치보다 더 클 때 이것이 양의 값을 가짐

이는 경제가 활발한 움직임을 보일 때와 침체된 상태에 있을 때가 주기적으로 반복되고 있음을 뜻한다. 이와 같은 현상을 가리켜 경기변동 또는 경기순환(business cycle)이라고 부른다.

생각해 봅시다

우리나라가 남과 북으로 나누어지던 시점에서 대부분의 산업시설은 북한쪽에 자리 잡고 있었다. 일본이 우리를 통치했던 시절 지하자원과 전력이 풍부한 북한 지역에 대부분의 공장들을 지었기 때문이다. 농업 위주의 남한 지역에는 이렇다 할 산업시설이 별로 없었고, 분단 직후에는 전력마저 북한에서 공급을 받아야 할 처지였다. 설상가상으로 그나마 존재하고 있던 산업시설은 1950년의 한국전쟁으로 인해 거의 모두 파괴되는 엄청난 피해를 입었다.

1950년대의 우리 경제는 전쟁으로 인한 피해를 복구하는 데만도 힘이 부치는 상황이었고 본격적인 성장은 감히 꿈조차 꾸지 못할 형편이었다. 외국의 원조에 의존해 간신히 의식주 문제를 해결하고 있던 상황에서 성장을 위한 대규모 투자는 엄두도 못 낼 일이었기 때문이다. 우리 경제가 본격적인 성장의 길로 들어서기 시작한 것은 1960년대 후반이었다. 그 후 우리 경제는 놀랄 만큼 빠른 속도로 성장해 전 세계의 이목을 끌게 되었다. 짧은 기간 동안 엄청나게 빠른 속도로 성장했다고 해서 '압축성장'을 이루었다고 말하는 사람도 있다.

생각해 보기

(1) 본격적인 경제성장이 이루어지기 전 우리나라 사람들의 평균적인 물질적 삶이 어떤 수준에 있었을지 짐작해 보자.
(2) 전 세계가 부러워하는 우리나라의 놀라운 경제성장의 비결이 어디에 있었는지 생각해 보자.

그림 13-2

경기순환의 여러 국면

호황기에는 실제의 국내총생산이 장기추세치보다 더 높은 수준으로 올라가는 반면, 불황기에는 장기추세치 아래로 떨어지는 것을 볼 수 있다.

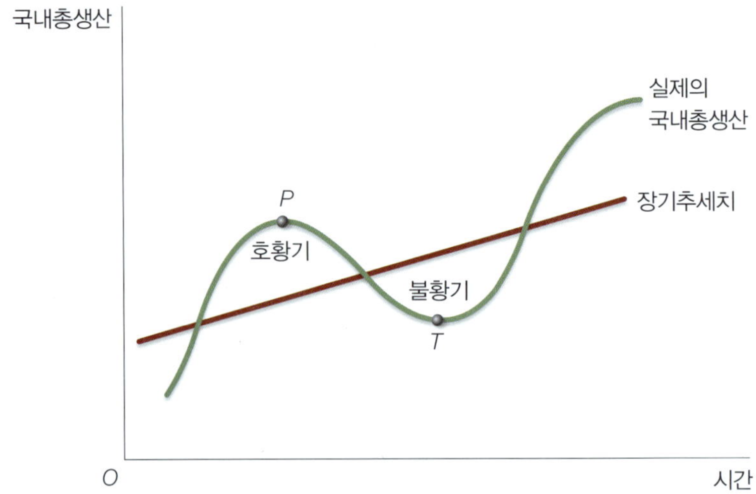

경기변동 : 실제의 국내총생산이 장기추세치 주위에서 더 높아지기도 하고 더 낮아지기도 하는 일이 반복되는 현상을 경기변동이라고 부른다.

호황기

실제의 국내총생산이 장기추세치보다 더 높아 GDP갭이 양의 값을 가질 때

불황기

실제의 국내총생산이 장기추세치보다 더 낮아 GDP갭이 음의 값을 가질 때

[그림 13-2]는 이와 같은 경기변동의 과정을 보여주고 있는데, 실제의 국내총생산이 장기추세치보다 더 높아 GDP갭이 양의 값을 가질 때 경제는 **호황기**(boom)에 있다고 말한다. 반면에 GDP갭이 음의 값을 가질 때는 경제가 **불황기**(recession)에 있다고 말한다. 특히 *P*점처럼 호황기에서 국내총생산이 가장 높아질 때를 경기의 **정점**(peak), 그리고 *T*점처럼 불황기에서 국내총생산이 가장 낮은 수준으로 떨어질 때를 **저점**(trough)이라고 부른다.

호황기에는 생산활동이 활발해지고 고용과 소비지출이 늘어나는 추세를 보인다. 반면에 불황기에는 생산활동이 침체상태에 빠지고 고용과 소비지출이 위축되는 현상이 나타난다. 이에 따라 불황기에는 실업이 늘어나는 문제가 생기는 반면, 호황기에는 물가가 불안해지는 문제가 생긴다. 경제가 호황기에 있을 때 사람들의 살림살이가 좀 더 나아지는 것은 사실이지만, 그렇다고 해서 걱정해야 할 일이 전혀 없는 것은 아니다.

'경기순환'이라는 표현에서 호황과 불황이 규칙적으로 반복되고 있다는 인상을 받기 쉽다. 그러나 현실에서 보는 경기변동은 상당히 불규칙한 변화의 양상을 보인다. 이는 1970년대 이래 우리나라에서 일어난 경기변동의 추이에서도 분명히 드러나고 있다. GDP갭의 변화 추이를 보여 주는 [그림 13-3]을 보면 호황과 불황의 지속기간이나 경기변동의 폭이 규칙적이지 않아 이를 예측하는 것이 결코 쉽지 않은 일임을 알 수 있다.

여기서 보는 여러 개의 *P*점은 각 호황기의 정점, 그리고 *T*점은 각 불황기의 저점을 뜻한다. 한 저점에서 다음 저점까지를 경기순환의 한 주기(cycle)로 정의한다고 할 때, 가장 긴 주기는 67개월이나 되는 반면 가장 짧은 주기는 35개월밖에 되지 않았다. 경기변동의 폭도 일정치 않아, 가장 가벼운 불황이었던 1989년의 경우에는 국내총생산

우리나라의 경기변동 추이를 보여 주는 이 그림을 보면 호황과 불황의 지속기간이나 경기변동의 폭이 규칙적이지 않았음을 한눈에 알아볼 수 있다.

그림 13-3
우리나라의 경기변동

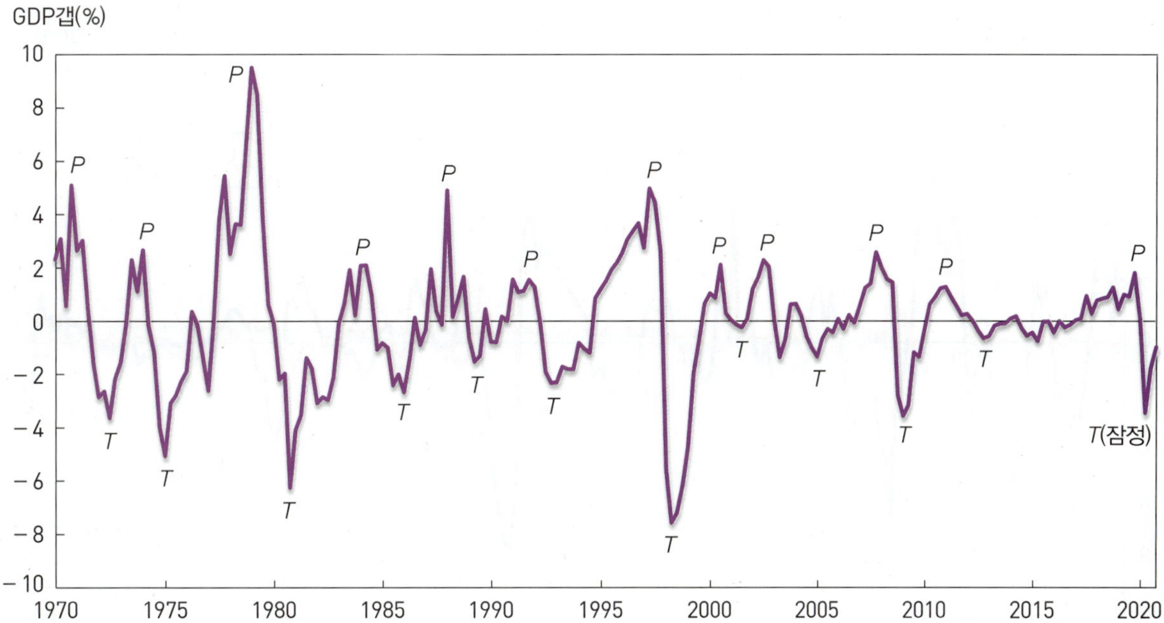

자료 : 한국은행, 「경제통계시스템」, 2021
* 「국민계정」의 자료를 사용하여 저자가 추정한 것이며, 장기추세치와의 차이를 백분비로 나타낸 것임

이 전해에 비해 7.1% 성장한 반면, 외환위기 직후의 1998년처럼 성장률이 −5.1%나 되는 수준으로 떨어진 극심한 불황도 있었다.

경기변동의 또 다른 특징으로는 변동의 과정에서 여러 변수가 일정한 관련을 갖고 함께 움직이게 된다는 점을 들 수 있다. 이를 가리켜 변수 사이에 **공행성**(co-movement)이 있다고 말하는데, 국내총생산과 실업률 사이의 관계가 그 좋은 예가 된다.[2)][그림 13-4]를 보면 GDP갭과 실업률갭 사이에 음(−)의 상관관계가 있음이 분명하게 드러나 있다.[3)] 예컨대 호황기에는 국내총생산이 크게 증가해 GDP갭의 변동을 나타내는 보라색 곡선이 위로 올라가는 한편, 실업률갭의 변동을 나타내는 주황색 곡선은 아래쪽으로 떨어지고 있다. 반면에 불황기에는 보라색 곡선이 아래로 떨어지면서 주황색 곡선은 위로 올라가는 양상이 나타나는 것을 볼 수 있다.

공행성
경기변동의 과정에서 여러 변수가 일정한 관련을 갖고 함께 움직이는 경향을 보이는 것을 가리키는 말

이런 상관관계는 비단 국내총생산과 실업률 사이의 관계에서뿐 아니라, 소비, 투

2) 공행성이 있다는 것은 여러 변수들의 움직임 사이에 체계적인 관계가 존재한다는 것을 뜻한다. 그런데 여러 변수들이 동시에 움직여 나가는 양상에서 체계적 관계를 관찰할 수 있는 경우에만 공행성이 있다고 말하는 것은 아니다. 예컨대 두 변수가 6개월의 시차를 두고 체계적 관계를 가지며 움직이는 양상을 보이는 경우에도 공행성이 있다고 말할 수 있다.

3) 실업률갭이란 것은 실제의 실업률과 그것의 장기추세치 사이의 차이를 나타낸 것이다.

그림 13-4

GDP갭과 실업률갭의 변화 추이

이 그림을 보면 GDP갭과 실업률갭 사이에 명백한 음(−)의 상관관계가 존재하는 것을 알 수 있다.

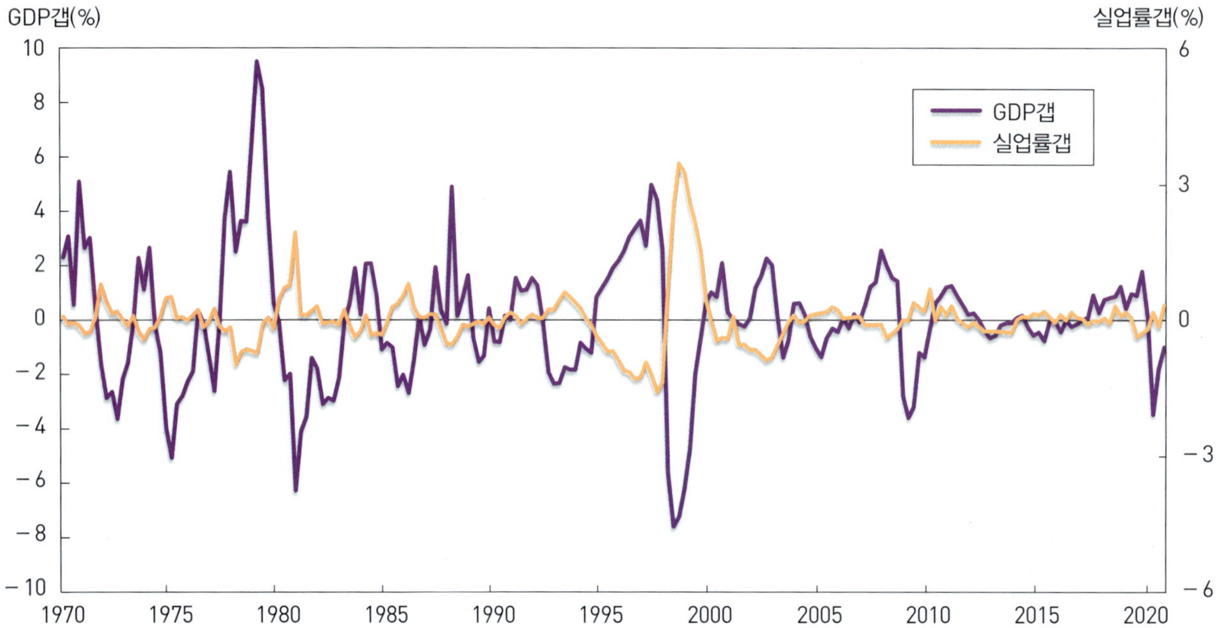

자료 : 한국은행, 「경제통계시스템」, 2021

자, 수출, 물가, 임금 등 여러 경제변수들 사이에서도 관찰될 수 있다. 이와 같은 공행성이 존재하기 때문에 경기변동이 우리 경제생활에 미치는 영향이 더욱 커지는 결과가 나타난다. 예컨대 불황기에는 생산활동이 부진해짐에 따라 고용과 (임금)소득이 떨어지고, 소비와 투자가 둔화되며, 주식가격이 떨어지고 실업률이 상승하는 등 여러 가지 문제가 한꺼번에 몰려 나타날 수 있는 것이다.

물가와 인플레이션

미시경제이론에서는 개별 상품의 가격에 대해 관심을 갖는 반면, 거시경제이론에서는 전반적인 가격수준, 즉 **물가**(price level)에 대해 관심을 갖는다. 거시경제이론에서 말하는 물가는 모든 상품 가격의 평균적인 수준을 뜻하며, 이것이 변화하는 비율을 물가변동률이라고 부른다. 물가가 떨어질 때도 있지만 올라가는 경우가 대부분인데, 물가가 지속적으로 올라가면 인플레이션(inflation)이 일어났다고 말한다.

물가

모든 상품 가격의 평균적인 수준을 뜻하는 말

인플레이션 : 물가가 지속적으로 올라가는 현상을 가리켜 인플레이션이라고 부른다.

비공식적 경기변동의 지표들

경기의 상황에 따라 거리에서 보는 옷들의 색깔이 달라진다는 말이 있다. 경기가 좋을 때는 밝고 화려한 색깔이 자주 눈에 띄지만, 경기가 나쁠 때는 어둡고 칙칙한 색깔이 주류를 이룬다는 것이다. 그 밖에도 경기의 상황에 따라 나타나는 독특한 현상들을 많이 발견할 수 있다. 예를 들어 불황이 심해지면 점을 치러 가는 사람이 부쩍 많아진다고 한다. 사람들이 길거리에 버리는 담배꽁초의 길이도 불황기에는 한층 더 짧아진다는 조사 결과도 나와 있다.

뿐만 아니라 주로 마시는 술이 위스키나 맥주 같은 것에서 값이 싼 소주 쪽으로 바뀌는 것도 불황기의 한 특징적 현상이다. 불황으로 구매력이 줄어드니 자연히 값싼 술을 찾게 되는 것이다. 그 결과 술 소비가 전반적으로 줄어드는 중에서도 소주만은 예전보다 더 많이 팔려 나가는 현상이 나타난다. 1997년 말 외환위기로 경제가 바닥에 떨어져 있을 때 유독 라면 산업만 유례없는 호황을 누린 것과 비슷한 성격의 현상이라고 말할 수 있다.

선뜻 믿기 힘들지 모르지만, 불황이 사람들의 입맛을 바꿔놓는다고 말하는 사람도 있다. 경제가 무척 어려웠던 2013년 2월에 나온 한 신문기사를 보면, 매운맛 음식들이 불티나게 팔려나갔다고 한다. 서울 여의도에서 조사한 바에 따르면, 매운 음식의 대명사인 불닭과 떡볶이 전문점 매출액이 전년 동기 대비 각각 58%와 73%나 급증했다고 한다. 그 틈을 타서 불닭 전문점은 1년 사이에 2배 이상 점포 수가 늘었고, 떡볶이 전문점 수도 18%나 증가했다.

봄을 재촉하는 화려한 색상의 드레스

경기가 좋을 때는 옷들의 색깔도 밝고 화려한 것으로 바뀐다고 한다.

전문가의 말에 따르면, 고추의 캡사이신 성분이 엔도르핀 분비를 촉진하기 때문에 우울하거나 기운이 없을 때는 매운맛 음식을 찾게 된다고 한다. 우리 몸 안에서 만들어지는 엔도르핀은 모르핀보다 200배나 진통작용이 더 강한 물질로 알려져 있다. 그렇기 때문에 불황에 지친 사람들에게는 매운 음식이 마치 마약과도 같은 진정효과를 가져다준다고 볼 수 있다.

또 한 가지 재미있는 것은 불황이 심해지면서 사탕과 초콜릿 같은 단 음식의 판매량이 늘어난다는 사실이다. 사람들이 이런저런 걱정을 달래기 위해 단것을 찾기 때문이 아닐까라고 짐작해 볼 수 있다. 경기침체가 상당히 심했던 2003년 초에는 초콜릿 매출이 그 전해의 같은 기간에 비해 14% 늘었고, 사탕의 매출은 40%나 늘었다고 한다. 매운 음식과 더불어 단 음식도 불황상품의 범주에 넣을 수 있다는 말이다.

병원의 경우에도 경기에 상당한 영향을 받는 것으로 알려져 있는데, 재미있는 것은 진료과목에 따라 각기 다른 영향을 받는다는 사실이다. 경기상황에 가장 민감하게 반응하는 것은 성형외과라고 한다. 단지 아름다워지기 위해 병원을 찾는 것이라면 경기가 좋고 나쁨에 따라 큰 차이가 날 것이 분명하다. 그리고 경기가 나쁠 때는 치과병원을 찾는 사람의 발길도 매우 드물어진다고 한다.

반면에 스트레스로 인한 소화불량이나 근육통 등으로 병원을 찾는 사람이 많아져 내과의 경우에는 불황의 영향을 그리 받지 않는 것으로 알려져 있다. 불황이 오면 신경정신과는 더욱 붐비게 되는데, 경제적 문제로 고민하다가 정신상담을 받으려 하는 사람이 더욱 늘어나기 때문이다.

공식적인 통계자료만 가지고 경기가 어떤 상황에 있는지 정확하게 판단하기 힘들 때가 많다. 이런 경우라면 위에서 설명한 현상들을 관찰한 결과에 의해 경기상황에 대해 나름대로 판단을 해볼 수 있다. 다시 말해 이런 현상들을 비공식적인 경기변동의 지표로 활용할 수 있다는 뜻이다. 제비가 돌아온 것을 보고 봄이 왔음을 짐작할 수 있듯, 사람들의 옷차림이 밝고 화려해지는 것에서 경기가 회복되는 기미를 느낄 수 있는 것이다.

그림 13-5
물가상승률 변화 추이

1980년대 이전에는 물가상승률이 상당히 큰 폭으로 변화했는데, 1980년대에 들어오면서 변동의 폭이 현저히 줄어들어 물가가 점차 안정되는 추세를 보이기 시작하고 있다.

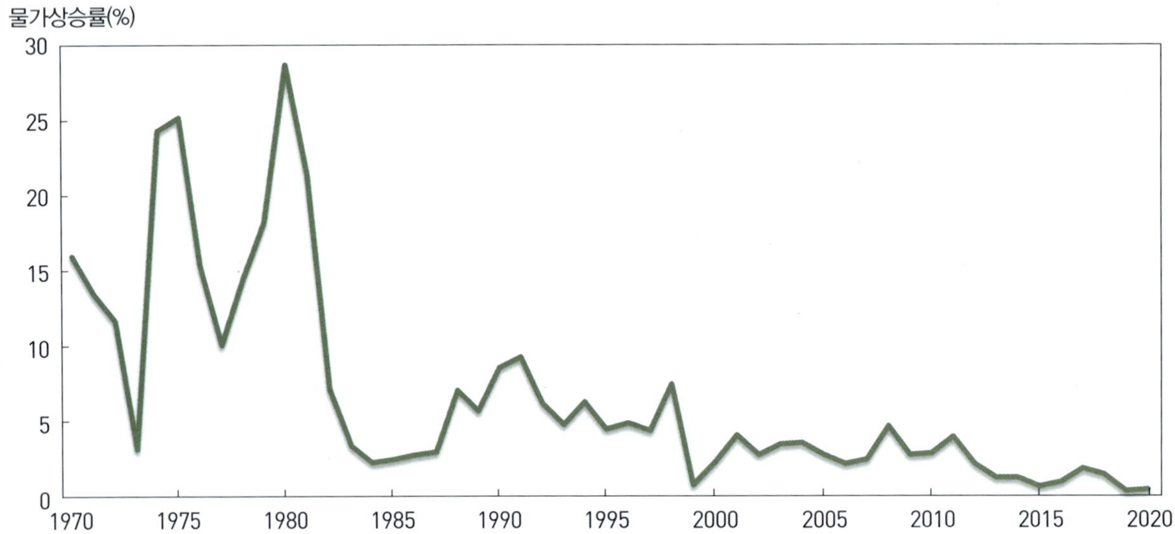

자료 : 한국은행, 「경제통계시스템」, 2021

[그림 13-5]는 1970년부터 2020년까지의 기간 동안 우리나라에서 물가상승률이 어떻게 변화해 왔는지를 보여 주고 있다.[4] 이 그림에 나타난 연간 물가상승률의 평균치를 구해 보면 약 6.7% 정도가 되는 것으로 나타난다. 이는 소비자물가가 지난 50년 동안 연평균 6.7%에 가까운 비율로 상승해 왔다는 뜻으로, 그 결과 2020년의 물가는 1970년에 비해 약 32배나 더 높은 수준으로 뛰어오르게 되었다.

그림을 자세히 보면, 1980년대에 들어오면서 소비자물가가 현저히 안정되는 추세를 보이기 시작했다는 사실을 발견할 수 있다. 1970년대에는 소비자물가의 연간 상승률이 15% 정도의 수준에 머물러 있었는데, 1980년대에 들어오면서 8%선까지 크게 떨어진 것으로 나타나 있다. 이와 동시에 변동의 폭도 종전보다 훨씬 더 작아져 뚜렷한

4) 이 그림이 보여주는 것은 소비자물가지수를 사용해 구한 물가상승률이다. 소비자물가지수가 무엇을 뜻하는지는 다음 장에서 자세히 설명하려고 한다.

지난 100년 동안의 인플레이션

여러 가지 경로를 통해 수집한 통계자료를 종합해 보면, 1900년에서 2000년에 이르는 100년의 기간 동안 미국의 물가는 전반적으로 20배 정도 오른 것으로 나타나 있다. 이는 그 기간 동안 매년 3%의 비율로 물가가 상승해 왔음을 뜻한다. 3%라는 비교적 낮은 물가상승률이라도 이것이 100년 동안 누적되면 20배 정도의 물가 상승을 가져오게 된다는 말이다.

그런데 그 내용을 자세히 들여다보면, 상품별로 가격 상승폭이 천차만별인 것을 알 수 있다. 예를 들어 호텔 숙박비는 75배나 더 높은 수준으로 상승했는데, 이는 다른 상품들의 평균 가격 상승폭의 3배가 넘는 수준이다. 반면에 전기나 자동차 같은 상품은 오히려 실질가격이 떨어져 온 것을 볼 수 있다.

누구나 짐작할 수 있듯이, 이렇게 상품별로 가격 상승폭이 다른 근본적 원인은 생산성 향상의 정도가 상품마다 다르다는 데서 찾을 수 있다. 예를 들어 기술혁신과 대량생산으로 인해 생산성 향상이 현저하게 나타나는 상품의 경우에는 실질가격이 현저한 하락 추세를 보인다.

반면에 호텔서비스처럼 생산성 향상이 일어나기 힘든 서비스의 경우에는 실질가격이 큰 폭으로 상승하는 경향을 보인다. 일반적으로 서비스산업에서는 생산성 향상이 일어나기 어려운 것으로 알려져 있다. 생산성 향상폭에 따라 가격의 상대적 상승폭이 달라지는 것은 미국뿐 아니라 모든 나라에서 공통적으로 일어나는 현상일 것이다.

이와 같이 인플레이션이 일어나는 과정에서 상품과 상품 사이의 상대가격에 변화가 일어나기 때문에, 어떤 상품을 주로 구입하는지에 따라 실질적 구매력의 감소폭이 달라지는 결과가 빚어진다. 다시 말해 인플레이션에서 오는 고통이 사람마다 다를 수 있다는 뜻이다. 아주 예외적인 경우지만, 가격이 떨어지는 상품을 주로 구입하는 사람의 경우에는 실질적 구매력의 감소를 거의 경험하지 않을 수도 있다.

일반적으로 인플레이션에 의한 실질적 구매력 감소는 노년층에서 더 큰 폭으로 일어나는 경향이 있다. 이는 의료서비스나 가사서비스처럼 그들이 주로 구입하는 상품의 실질가격 상승폭이 큰 것이라는 데에서 기인한다. 이에 비해 청년층은 실질가격이 떨어지는 경향이 있는 컴퓨터나 휴대폰에 대해 상대적으로 더 많은 지출을 하는 경향을 보인다. 나아가 청년층은 인터넷을 통해 더 낮은 가격을 쉽게 찾아낼 수 있어 인플레이션의 영향을 덜 받게 된다는 점도 지적할 수 있다.

와이키키 해변의 호텔들

지난 100년 동안 호텔 숙박비는 75배나 올라 가장 높은 상승률을 보였다.

자료 : *The Economist* 지, 2000년 12월 23일 자

안정화의 경향을 보이고 있다.

2008년의 글로벌 금융위기 이후에는 우리나라에서뿐 아니라 전 세계적으로 물가상승률이 크게 낮아지고 있는 추세를 발견할 수 있다. 특히 극심한 경기침체를 경험한 선진국들 중에는 물가가 올라가는 것이 아니라 오히려 떨어지는 디플레이션 현상이

생각해 봅시다

언제나 인플레이션의 위협 아래 살아온 우리로서는 물가가 올라가는 것보다 떨어지는 것이 더 좋다는 생각을 갖기 십상이다. 물론 물가가 안정된 수준에 계속 머물러 있는 것이 최선의 상태라는 데 이의가 있을 수 없다. 그러나 물가가 떨어지는 것이 과연 바람직한지는 다시 한번 생각해 볼 필요가 있다.

1930년대의 대공황처럼 경제가 극심한 불황의 상태에 빠졌을 때 물가가 떨어지는 현상이 나타날 수 있다. 2008년의 글로벌 금융위기 이후 극심한 불황을 겪은 유럽 선진국을 중심으로 물가가 하락하는 현상이 다시 나타나고 있다. 이와 같은 침체상황에서의 물가 하락은 불황의 극복을 한층 더 어렵게 만드는 결과를 가져올 수 있다. 나중에 자세하게 배우겠지만, 불황에서 벗어나기 위해서는 소비지출과 투자지출이 크게 늘어나야 한다. 그러나 물가가 떨어지는 디플레이션의 상황에서는 소비지출과 투자지출이 큰 폭으로 늘어나기 힘들기 때문에 불황의 골이 더욱 깊어지게 된다.

인플레이션이 문제가 되는 것은 물가상승의 속도가 점차 빨라져 걷잡을 수 없는 단계에 도달할 가능성이 있기 때문이다. 이렇게 가속화되지 않는다는 보장만 있다면, 사실 연간 몇 퍼센트 정도로 물가가 상승하는 것은 별 문제가 되지 않는다. 그러나 물가가 떨어지는 경우에는 단 몇 퍼센트 정도만 떨어져도 경제를 꽁꽁 얼어붙게 만들 수 있다. 인플레이션보다 디플레이션이 훨씬 더 무섭다고 말하는 이유가 바로 여기에 있다.

생각해 보기

(1) 독자가 어떤 물건을 사고 싶은데, 물가가 계속 떨어지고 있는 상황이라고 하자. 그 물건을 바로 사기로 결정할까 아니면 좀 더 기다려 보겠다는 태도를 취할까?
(2) 사람들이 소비지출을 좀처럼 늘리지 않는 상황에서 기업이 투자지출을 늘리기로 결정할 가능성이 높을까?

나타나기도 했다. 이와 같은 추세는 중국이 세계의 공장과 같은 역할을 하게 되면서 싼값의 공산품을 대량으로 공급하기 시작한 데 그 중요한 원인이 있었다. 이에 더해 전 세계가 경기침체 상태에 빠짐에 따라 원자재 가격이 크게 하락한 것도 한몫을 했다고 볼 수 있다.

다른 나라의 경우를 보면, 1990년부터 2020년까지의 기간 동안 미국은 2.4%, 일본은 0.4%의 연평균 물가상승률을 기록한 것으로 나타나 있다. 반면에 같은 기간 동안 러시아에서의 연평균 물가상승률은 151%, 브라질의 경우는 65%나 되어 좋은 대조를 이루고 있다. 이 기간 동안 우리나라의 연평균 물가상승률은 3.4% 정도의 수준에 머물고 있어, 미국이나 일본에 비해 약간 더 높기는 했지만 러시아나 브라질보다는 훨씬 더 안정된 양상을 보였다.

국제수지와 환율

"미국이 재채기를 하면 일본은 기침을 하고 한국은 독감으로 앓아눕는다."라는 말이 있다. 미국 경제에 약간의 문제가 생기면 일본 경제에 좀 더 큰 문제가 생기고, 한국 경제에는 이보다 한층 더 심각한 문제가 생긴다는 뜻이다. 이 말은 일본 경제가 미국 경제에, 그리고 우리 경제가 미국과 일본 경제에 상당한 의존성을 갖는다는 사실을 상징적으로 나타내 주고 있다. 좀 더 넓은 의미로 해석하면 우리나라, 일본, 미국의 경제가 아주 밀접한 상호연관 관계를 맺고 있다는 말이 된다.

지금 예로 들고 있는 세 나라뿐 아니라, 세계 여러 나라의 경제가 밀접한 상호연관 관계로 묶여 가고 있는 추세를 관찰할 수 있다. 이와 같은 추세는 2008년 미국에서 시작된 금융위기가 전 세계적으로 경기침체를 가져오고 이것이 다시 유럽 여러 나라들의 재정위기로 확산되는 과정에서 한층 더 분명하게 드러났다. 이제는 한 나라 경제에 일어난 변화가 전 세계경제에 크고 작은 영향을 주는 시대가 되었다. 그렇기 때문에 세계경제에 대한 이해 없이는 국내 경제의 움직임을 제대로 이해할 수 없다. 특히 경제규모가 비교적 작고 외국과의 무역이 큰 비중을 차지하는 우리나라의 경우, 세계경제에 대한 이해는 필수적이라 할 만큼 중요한 의미를 갖는다.

일반적으로 한 나라의 대외의존도는 아래 식에서 보는 것처럼 총수출액과 총수입액의 합을 국내총생산으로 나눈 비율로 나타낸다.

대외의존도
총수출액과 총수입액의 합을 국내총생산으로 나눈 비율

대외의존도 = (총수출액 + 총수입액) / 국내총생산

우리나라의 경우 1970년에 37% 수준이었던 대외의존도가 2010년 이후 줄곧 50%가 넘는 수준으로 유지될 정도로 크게 올라갔다. 이런 정도의 대외의존도는 미국이나 일본에 비해 거의 서너 배나 높은 수준이며, 캐나다와 비슷한 수준이라고 말할 수 있다. 국내시장의 개방이 가속화됨에 따라 앞으로 우리 경제의 대외의존도는 한층 더 높아질 수도 있다.

국제교역이라고 할 때, 나라와 나라 사이에서 상품이 교환되는 것만을 뜻하는 것이 아니다. 채권이나 주식 같은 금융자산의 이동도 국제교역의 범주 안에 포함될 수 있다. 그런데 상품이나 금융자산이 거래될 때는 그 결제대금으로 외화가 한 나라에서 다른 나라로 움직여가게 된다. 뿐만 아니라 투기 등의 목적으로 외화 그 자체가 한 나라를 떠나 다른 나라로 움직여 가는 경우도 있다.

한 나라에 들어오고 나가는 외화의 흐름을 함께 모아 정리해 놓은 것을 **국제수지**(balance of payments)라고 부른다. 국내로 들어오는 외화보다 해외로 나가는 외화가 더 많은 경우에는 국제수지에 적자(deficit)가 났다고 말한다. 어느 정도의 국제수지 적자는 별 문제가 아니지만 적자가 계속 누적되면 심각한 문제를 일으킬 수 있다. 반면에 국내로 들어오는 외화가 더 많은 경우에는 국제수지에 흑자(surplus)가 났다고 말한다. 국제수지에 흑자가 나는 것이 좋은 일이라고 생각하는 사람이 있으나, 사실 이것도 너무 크면 문제가 될 수 있다.[5)]

국제수지
한 나라에 들어오고 나가는 외화의 흐름을 함께 모아 정리해 놓은 것

5) 이와 같이 말할 수 있는 이유는 뒤에 자세하게 설명하려고 한다.

미국의 어떤 청바지 매장

환율이 떨어지면 종전에는 너무나 비싸 사기 힘들다고 느꼈던 이 매장의 청바지가 갑자기 싸게 느껴질 수 있다.

환율

한 나라의 화폐가 다른 나라의 화폐로 교환되는 비율

국제수지는 **환율**(exchange rate)의 동향과 밀접한 관련을 갖는다. 환율이란 쉽게 말해 한 나라의 화폐가 다른 나라의 화폐로 교환되는 비율을 뜻한다. 예를 들어 우리 원화의 대 달러 환율이 1,000 : 1이라는 것은 우리 화폐 1,000원이 미국 화폐 1달러와 교환될 수 있다는 것을 뜻한다. 이는 1달러의 가격이 1,000원이라는 뜻인데, 이처럼 환율은 바로 외국 화폐의 가격을 뜻한다고 말할 수 있다. 따라서 환율은 여느 상품의 가격과 마찬가지로 외국 화폐에 대한 수요와 공급에 의해 결정된다.

환율의 변화는 수출품과 수입품의 상대가격을 변화시켜 국제무역의 흐름에 영향을 준다. 예를 들어 환율이 1달러당 1,000원에서 900원으로 변화하면 가격이 200달러인 미국산 청바지의 원화 가격은 20만원에서 18만원으로 떨어져 우리나라는 더 많은 미국산 청바지를 수입하게 된다. 한편 그와 같은 환율 변화는 우리 수출품의 달러 가격을 높임으로써 수출이 줄어드는 결과를 가져오게 된다. 이처럼 환율의 변화가 한 나라의 수출과 수입에 직접적인 영향을 미치기 때문에, 국제수지의 관점에서 볼 때 환율의 동향은 매우 중요한 관심사가 아닐 수 없다.

13.2 총수요와 총공급

이제 우리는 거시경제이론에서 어떤 문제들을 주요한 관심의 대상으로 삼는지 알게 되었다. 이 문제들에 대한 답을 찾아내는 분석과정은 기본적으로 앞에서 본 미시경제이론의 경우와 크게 다를 바 없다. 즉 수요와 공급의 상호작용에 의해 상품의 가격과 거래량이 결정된다는 기본 골격은 거시경제이론에도 똑같이 적용될 수 있다는 말이다. 앞으로 보게 되겠지만, 거시경제이론이라 해서 미시경제이론과 다른 틀에 의해 분석이 이루어지는 것은 결코 아니다.

[그림 13-6]의 (i)은 아이스크림이라는 개별 상품의 가격과 거래량이 결정되는 과정을 보여주고 있다. 제3장에서 이미 보았던 것처럼, 이 시장은 수요곡선과 공급곡선이 교차하는 E점에서 균형을 이루게 된다. 다시 말해 아이스크림 가격이 P^*일 때 수요량과 공급량이 Q^*로 서로 같아 균형을 이룰 수 있게 된다는 뜻이다. 바로 이것이 미시경제이론에서 행해지는 분석의 기본틀이다.

거시경제이론은 개별 시장이 아니라 국민경제 전체에 대해 관심을 갖는다는 점에서 미시경제이론과 차이를 보인다. 다시 말해 국민경제 전체의 생산수준과 물가의 동향

그림 (i)은 아이스크림 시장에서 수요와 공급의 상호작용에 의해 균형가격과 균형거래량이 결정되는 것을 보여준다. 그림 (ii)는 국민경제 전체의 관점에서 본 총수요곡선과 총공급곡선을 보여주고 있는데, 이 두 곡선이 교차하는 점에서 균형물가와 균형생산량이 결정되고 있다.

그림 13-6
개별 상품의 시장과 대표상품의 시장

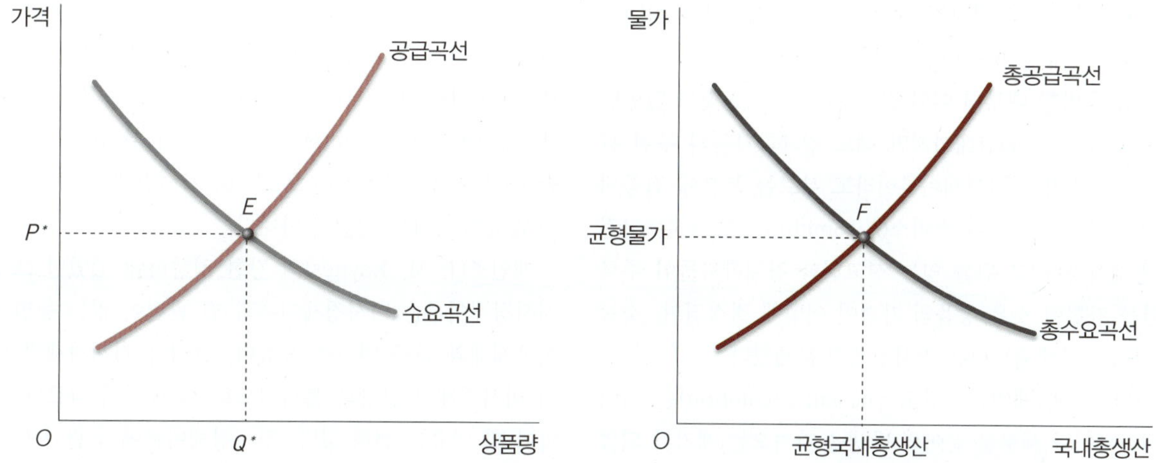

(i) 아이스크림 시장 (ii) 대표상품의 시장

에 관심의 초점을 맞추는 것이 거시경제이론의 중요한 특징이다. 그런데 수많은 상품을 함께 모아 전반적인 생산수준을 정의하는 것은 매우 어려운 일이다. 그러므로 하나의 '대표상품'(representative commodity)을 설정하고 이것이 모든 상품을 대표한다고 가정하는 방법을 채택하는 것이 보통이다. 물론 이런 상품을 현실에서 볼 수는 없겠지만, 거시경제이론의 분석을 위해서는 매우 유용한 가정이라고 할 수 있다.

[그림 13-6]의 (ii)에는 대표상품의 수요곡선과 공급곡선이 그림 (i)에서 본 아이스크림 시장의 경우와 비슷한 모양으로 그려져 있다. 그렇지만 이 그림의 수요곡선은 개별 상품에 대한 수요가 아니라 국민경제 전체에서 생산되는 상품들에 대한 총체적 수요를 나타내고 있다. 이 점을 강조하기 위해 이 수요곡선을 **총수요곡선**(aggregate demand curve; *AD*)이라고 부른다. 공급곡선의 경우도 국민경제 전체에서 생산되는 상품들의 총체적 공급을 뜻하기 때문에 **총공급곡선**(aggregate supply curve; *AS*)이라고 부른다.

총수요곡선과 총공급곡선
총수요곡선은 각 물가수준에서 국민경제 전체로 보아 얼마나 많은 상품이 수요되는지를 나타내는 한편, 총공급곡선은 얼마나 많은 상품이 공급되는지를 나타냄

사실은 그림 (ii)의 수평축과 수직축 그 자체도 그림 (i)과 약간 다른 의미를 갖고 있다. 이 그림의 수평축은 아이스크림처럼 현실에서 보는 구체적인 상품의 양이 아니라 앞에서 가정한 대표상품의 양을 나타내고 있다. 결국 수평축은 국민경제 전체에서 생산되는 상품들의 양을 모두 더한 것, 즉 국민경제의 총체적 생산량을 나타낸다고 말할 수 있다. 마찬가지로 그림의 수직축은 현실의 개별 상품 가격이 아니라 대표상품의 가격을 나타내고 있다. 이는 수직축이 모든 상품들의 전반적인 가격수준, 즉 물가를 대표하고 있다는 뜻이 된다.

미시경제이론과 거시경제이론

미시경제이론과 거시경제이론은 현대 경제학을 떠받치고 있는 두 개의 기둥이라고 말할 수 있다. 그런데 경제학이 처음 출발할 때부터 이와 같은 기본 구도를 갖고 있었던 것은 아니다. 1930년대까지만 해도 경제학자들의 주된 관심사는 우리가 미시경제이론이라고 부르는 부분에 집중되어 있었다. 예를 들어 스미스(A. Smith)로 대표되는 고전파 경제학자나 그 뒤를 잇는 신고전파 경제학자들이 주로 관심을 가졌던 것은 상품의 가격이 어떻게 결정되며, 소득이 어떻게 분배되느냐는 미시경제적 문제였다.

1930년대의 케인즈혁명(Keynesian revolution)은 거시경제이론이란 새로운 분야의 탄생을 가져오는 계기가 되었다. 물론 그 이전이라 해서 경제학자들이 거시경제적 현상에 대해 전혀 관심을 갖지 않았던 것은 아니다. 예를 들어 경제성장의 원동력이 무엇이냐에 대한 관심이 상당히 컸을 뿐 아니라, 비록 초보적이나마 오늘날의 거시경제이론에 해당하는 이론들이 제기되었던 것이 사실이다. 그렇지만 하나의 체계적인 이론으로서의 거시경제이론은 존재하지 않았다고 해도 과언이 아니다.

케임브리지대학교의 King's College – 케인즈혁명의 산실

1930년대의 케임브리지대학교는 '경제학의 메카'라고 불러도 좋을 만큼 케인즈를 위시한 수많은 경제학계 스타들의 활동무대였다. (사진 제공: 임은진)

케인즈(J. M. Keynes)의 강한 영향하에 있었던 초기의 거시경제이론은 미시경제이론과 별 관련이 없는 동떨어진 이론체계와 같은 인상을 풍겼다. 그러나 거시경제적 현상이 미시경제적 현상과 본질적으로 그 성격이 다르다고 보아야 할 이유는 전혀 없다. 거시경제이론에서 관심을 기울이는 국민소득과 물가 같은 것도 궁극적으로는 각 개별 경제주체가 내린 결정의 산물임이 분명하다. 이는 거시경제이론이 미시경제이론으로부터 거리를 두고 있다는 사실이 그리 바람직하지 못하다는 것을 뜻한다.

바로 이와 같은 반성에서 '거시경제이론의 미시경제적 기초'를 찾자는 주장이 제기되었다. 미시경제이론에 기초를 두지 않는 거시경제이론은 결코 엄밀한 이론이 될 수 없다는 생각이 그 밑에 깔려 있었다. 그 결과 거시경제이론과 미시경제이론 사이의 장벽은 점차 허물어져 갔고, 결국 하나의 일관된 이론체계로 통합되기에 이르렀다. 이제 거시경제이론에만 독특한 접근방식이나 분석방법이란 것은 전혀 생각할 수 없게 되었다. 바로 앞에서 본 총수요곡선과 총공급곡선은 거시경제이론과 미시경제이론의 통합을 상징적으로 나타내 주고 있다.

개별 상품시장의 균형과 마찬가지로, 국민경제에서의 균형도 총수요곡선과 총공급곡선이 교차되는 점에서 찾을 수 있다. 즉 이 두 곡선이 교차하는 F점이 의미하는 물가와 생산량이 각각 국민경제의 균형물가와 균형생산량이 되는 것이다. 바꿔 말하면, 한 국민경제가 균형에 이르렀을 때 바로 이 물가수준과 생산량을 관찰할 수 있게 된다는 뜻이다. 다음 장에서 자세하게 설명할 테지만, 국민경제 전체에서 생산되는 상품들의 총체적 생산량을 앞에서 본 국내총생산이란 개념으로 나타낼 수 있다. 따라서 국민경제의 균형생산량이란 말을 '균형국내총생산'이라는 말로 바꿔 써도 된다.

그림 13-7

총수요곡선과 총공급곡선의 이동

그림 (i)에서 보는 것처럼 총수요가 증가하면 국내총생산이 더 커지는 동시에 물가수준도 올라가게 된다. 한편 그림 (ii)에서 보는 것처럼 총공급이 감소하면 물가수준이 올라가면서 국내총생산은 줄어드는 스태그플레이션 현상이 나타난다.

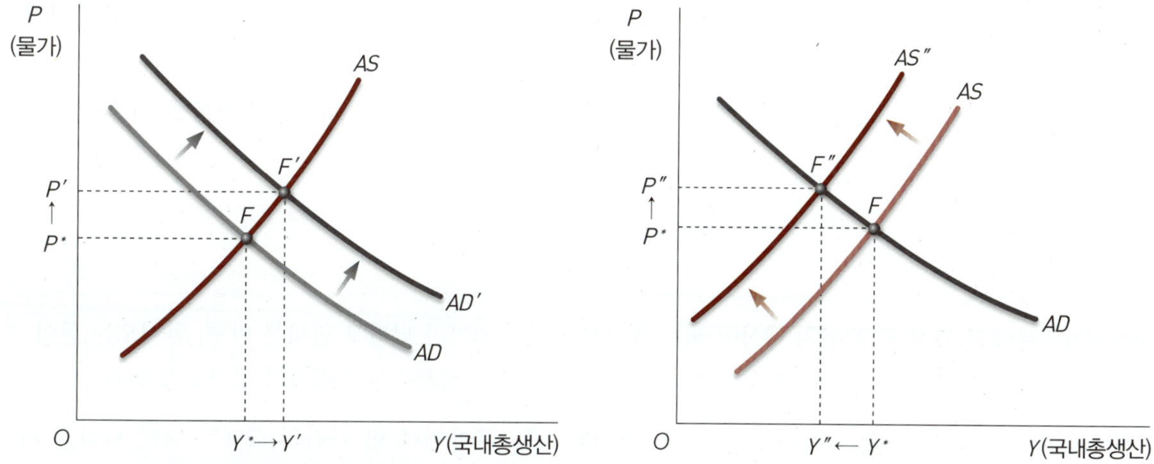

(i) 총수요 증가의 효과　　(ii) 총공급 감소의 효과

미시경제이론에서 수요곡선과 공급곡선이 매우 유용한 분석수단이 되었던 것처럼, 지금 보고 있는 총수요곡선과 총공급곡선은 거시경제이론에서 매우 유용한 분석수단이 될 수 있다. 다음의 예에서 볼 수 있는 것처럼, 이 두 곡선을 이용하면 주변 여건에 변화가 생겼을 때 국내총생산과 물가에 어떤 영향이 오는지 쉽게 알아낼 수 있다.

주변 여건에 변화가 생겨 총수요가 증가하고 이에 따라 총수요곡선이 [그림 13-7]의 (i)에서 보는 것처럼 오른쪽으로 이동해 AD'이 되었다고 하자. 이렇게 총수요곡선이 오른쪽으로 이동했다는 것은 경제 전체의 수요, 즉 총수요가 증가했음을 뜻한다. 그림을 보면 이와 같은 총수요곡선의 이동은 (균형)국내총생산을 Y^*에서 Y'으로 늘어나게 만드는 한편, (균형)물가수준을 P^*에서 P'으로 올라가게 만든다는 것을 알 수 있다. 지금 보는 것처럼 총수요곡선과 총공급곡선을 이용해 총수요가 증가한 결과 생산활동이 활발해지고 물가가 올라가는 결과가 나타난다는 사실을 간단하게 분석해낼 수 있는 것이다.

이번에는 총공급이 줄어들어 그림 (ii)에서 보는 것처럼 총공급곡선이 왼쪽으로 이동해 AS''이 된다면 경제에는 어떤 결과가 나타나게 될까? 그림을 보면 이 경우에는 물가가 P''으로 올라가면서 국내총생산은 Y''으로 줄어드는 결과가 나타난다는 것을 알 수 있다. 이처럼 인플레이션과 생산 감소, 즉 불황이 동시에 나타나는 현상을 **스태그플레이션**(stagflation)이라고 부른다. 1970~1980년대에 이런 현상이 여러 나라에서 빈번하게 나타난 바 있다.[6]

스태그플레이션

인플레이션과 불황이 동시에 나타나는 현상

6) 스태그플레이션(stagflation)이란 말은 불경기(stagnation)와 인플레이션(inflation)이란 두 단어의 앞부분과 뒷부분을 따서 새로 만들어낸 용어다.

총수요곡선과 총공급곡선의 모양을 결정하고 이동을 가져오는 요인이 무엇인지 알게 되면 경기변동, 인플레이션, 스태그플레이션 등의 현상을 쉽고 체계적으로 설명할 수 있는 길이 열리게 된다. 앞으로 보게 되겠지만, 국민경제를 대표하는 총수요곡선을 도출하기 위해서는 민간부문의 소비나 투자행위는 물론 정부의 지출행위에 이르기까지 다양한 측면을 고려해야 한다. 이에 비해 총공급곡선은 비교적 간단하게 도출할 수 있는데, 제17장의 첫 부분에서 이 두 곡선을 도출하는 과정을 보게 될 것이다.

요약

1. 거시경제이론에서 가장 큰 관심의 대상이 되는 것으로 국민소득, 물가, 국제수지 세 가지를 들 수 있다.
2. 국민소득은 한 나라 국민의 소득을 모두 합친 것이라는 의미를 가지며, 보통 국내총생산이란 변수로 대표되고 있다. 국내총생산의 장기적 변화 추세는 경제성장과 관련을 갖는 한편, 단기적 변화 추세는 경기변동이라는 현상과 관련을 갖고 있다.
3. 물가는 모든 상품 가격의 평균적인 수준을 뜻하며, 물가가 지속적으로 상승하는 현상을 인플레이션이라고 부른다.
4. 한 나라에 들어오고 나가는 외화의 흐름을 모두 합쳐 놓은 것을 국제수지라고 부른다. 어떤 나라로 흘러들어 오는 돈보다 나가는 돈이 더 많은 경우 국제수지에 적자가 났다고 말하는 반면, 들어오는 돈이 더 많은 경우 국제수지에 흑자가 났다고 말한다.
5. 환율이란 한 나라의 화폐가 다른 나라의 화폐로 교환되는 비율을 뜻한다. 환율의 변동은 상품의 수출입뿐 아니라 금융자산의 이동에도 영향을 준다.
6. 거시경제이론에서는 하나의 대표적 상품을 설정하고 이것이 한 국민경제에서 생산되는 모든 상품을 대표한다고 가정한다. 이 대표적 상품에 대한 수요를 나타내는 곡선을 총수요곡선, 그것의 공급을 나타내는 곡선을 총공급곡선이라고 부른다.
7. 총수요곡선과 총공급곡선을 이용한 분석을 통해 균형 국내총생산과 균형물가가 어느 수준에서 결정되는지 쉽게 알아낼 수 있다.

중요개념

국민소득	국내총생산	경제성장	경기변동
GDP갭	호황기	불황기	정점
저점	공행성	물가	인플레이션
대외의존도	국제수지	환율	총수요곡선
총공급곡선	스태그플레이션		

연습문제

01. 경제성장과 경기변동이 각각 무엇을 의미하는지 간략하게 설명해 보라.

02. 국내총생산의 성장률이 연평균 8%이고 인구 증가율이 연평균 1%라고 할 때, 1인당 국내총생산이 2배로 커지는 데는 얼마의 시간이 필요할까?

03. 본문의 [그림 13-3]을 보면 1970년 이후 2020년까지의 기간 동안 일어난 경기변동 중 GDP갭이 1980년, 1998년, 2009년, 2020년에 큰 음수값을 기록한 것을 볼 수 있다. 그렇게 심각한 불황이 일어나게 된 주요 원인은 무엇이었겠는가?

04. 경기변동의 특징 중 하나인 공행성이 무엇을 뜻하는지 예를 들어 설명해 보라.

05. 실업률이 상승하고 국민소득이 감소하는 불황기에 정부의 안정정책이 필요한 이유는 쉽게 이해할 수 있다. 그런데 국민소득이 증가하는 호황기에도 안정정책이 필요하게 될 수 있는 이유는 과연 무엇일까?

06. 인플레이션이란 무엇을 뜻하며, 인플레이션이 발생하면 사람들의 생활에 어떤 어려움이 생기는지 설명해 보라.

07. 한 나라의 대외의존도가 높다는 것은 무엇을 뜻하는가?

08. 환율의 변화가 어떤 경로를 통해 국제수지에 영향을 줄 수 있는지 간략하게 설명해 보라.

09. 미시경제이론에서 배운 수요·공급곡선과 거시경제이론에서 나오는 총수요·총공급곡선 사이의 차이점이 무엇인지 설명해 보라. "총수요곡선은 단순히 개별 수요곡선을 수평 방향으로 합친 것이다."라고 말할 수 없는 이유는 무엇인가? (도움말 : 미시경제이론에서 아이스크림의 수요·공급곡선을 그릴 때 우리는 아이스크림을 제외한 다른 상품의 가격은 변하지 않는 것으로 가정했음을 참고할 것)

10. 총수요곡선이 제자리에 머물러 있는 상황에서 총공급곡선만 계속 오른쪽으로 이동하면 물가, 국내총생산, 그리고 실업률은 각각 어떤 움직임을 보이게 될까? 또한 총공급곡선이 제자리에 머물러 있는 상황에서 총수요곡선만 계속 오른쪽으로 이동할 경우에는 이들의 움직임이 어떻게 달라질까?

11. 2020년 전 세계는 코로나19 팬데믹으로 인해 심각한 경기침체를 경험했다. 비경제적 요인 중 전염병의 대유행과 같이 전 세계적인 경기변동을 초래할 수 있는 가능성의 예를 몇 가지 들어보라.

제 **14** 장

거시경제이론의 주요 변수

14.1 국내총생산

14.2 국내총생산의 여러 측면

14.3 국민총소득과 처분가능소득

14.4 한국의 국민계정

14.5 국내총생산의 개념이 갖는 한계

14.6 물가지수

이 장에서는 주요 거시경제변수들이 어떻게 정의되고 측정되는지에 대해 설명하려고 한다. 경제이론을 제대로 이해하기 위해서는 그 안에 포함되어 있는 변수들의 성격에 대해 잘 알고 있어야 한다. 특히 거시경제이론에서는 여러 경제변수들의 동향을 관찰한 결과에 기초해 이론의 타당성을 검증하는 경우가 많기 때문에 이들을 어떻게 정의하고 측정하느냐가 매우 중요한 과제가 된다.

14.1 국내총생산

국내총생산의 정의

모든 거시경제변수들 중에서 가장 많이 논의될 뿐 아니라 일반 사람들에게도 가장 널리 알려진 것은 앞 장에서 말한 바 있는 국내총생산(gross domestic product; GDP)이다. 국내총생산은 그 이름이 뜻하는 것처럼, 일정 기간 동안 한 나라 안에서 생산되어 최종적인 용도로 사용되는 재화와 서비스의 (화폐)가치를 모두 더한 것을 뜻한다.

국내총생산 : 일정 기간 동안 한 나라 안에서 생산되어 최종적인 용도로 사용되는 재화와 서비스의 가치를 모두 더한 것이 국내총생산이다.

예를 들어 매크로랜드(Macroland)라는 나라에서 2021년 한 해 동안 밀 3천 톤, 옷 5백 벌, 그리고 신발 1천 켤레를 생산했다고 하자. 국내총생산은 이렇게 한 해 동안 생산된 모든 상품을 함께 묶어 총체적 생산수준이라는 의미로 표현한 지표다. 그런데 총체적 생산수준으로 표현하기 위해서는 서로 다른 갖가지 상품을 하나의 공통된 단위로 묶어야 하는 문제가 발생한다. 각 상품의 가격을 곱해 일단 화폐가치로 환산한 다음 서로 더하는 과정을 거쳐 그 문제를 해결한 것이 바로 국내총생산이라는 개념이다.

밀 1톤의 가격이 50달러, 옷 한 벌의 가격이 20달러, 그리고 신발 한 켤레의 가격이 10달러라고 하자. 그렇다면 다음과 같은 계산을 통해 매크로랜드의 2021년도 국내총생산은 17만 달러가 된다는 것을 알 수 있다.

$$(3,000 \times 50) + (500 \times 20) + (1,000 \times 10) = 170,000 \tag{14.1}$$

독자의 이해를 돕기 위해 이 계산과정을 〈표 14-1〉에 정리해 놓았으니 꼼꼼히 따져보기 바란다.

국내총생산의 개념에 대한 정확한 이해를 위해 몇 가지 보충설명이 필요하리라고 생각한다. 첫째로 국내총생산의 정의가 '일정 기간 동안'이라는 말로 시작하고 있는데, 이 일정한 기간이란 것은 대개 1년을 뜻한다. 어떤 한 해의 국내총생산에는 그해

표 14-1
매크로랜드의 국내총생산

	생산량	가격(달러)	화폐가치(달러)
밀	3,000톤	50	150,000
옷	500벌	20	10,000
신발	1,000켤레	10	10,000
	국내총생산(GDP)		170,000

에 새로 생산된 상품의 가치만이 포함되며, 그 이전에 만들어져 존재하는 상품의 가치는 포함되지 않는다.

둘째로 '한 나라 안에서'라는 표현은 생산의 주체가 누구인지에 관계없이 한 나라의 국경 안에서 생산된 재화와 서비스의 가치를 모두 국내총생산에 포함시킨다는 것을 뜻한다. 예를 들어 우리나라에 들어와 있는 미국 기업에 의해 생산된 상품의 가치도 우리나라의 국내총생산에 포함된다. 반면에 미국에 나가 있는 한국 기업에 의해 생산된 상품의 가치는 미국의 국내총생산에 포함되는 것이다.

마지막으로 지적해야 할 점은 '최종적인 용도로 사용되는' 재화와 서비스, 즉 **최종재**(final goods and services)만이 국내총생산에 포함된다는 사실이다. 즉 그 나라 안에서 생산된 것이라도 다른 상품을 생산하는 데 사용되는 중간투입물의 성격을 가진 것은 국내총생산을 계산하는 데서 빠진다는 뜻이다. 예를 들어 자동차를 생산하는 데 사용되는 타이어나 유리의 가치는 국내총생산에 포함되지 않는다. 타이어나 유리의 가치에 다시 자동차의 가치를 더해 국내총생산을 계산하면 타이어와 유리가 이중으로 계산되는 결과를 빚기 때문이다. 바로 다음 소절에서 이 점에 관해 더욱 자세히 설명하려고 한다.

최종재
다른 상품을 생산하는 과정에 중간투입물로 사용되는 것이 아니라 최종적인 용도로 사용되는 재화와 서비스

현실의 경제 분석에서 국내총생산이란 말은 일정 기간 동안 한 나라 안에서 생산된 상품의 총 화폐가치라는 것 이외의 여러 의미로 사용되고 있다. 예를 들어 국내총생산은 한 나라 국민이 얻는 총체적 소득의 지표로 사용되기도 한다. 앞 장에서 설명한 것처럼, 생산된 상품의 가치는 생산과정에 참여한 사람에게 여러 가지 형태의 소득으로 분배되기 때문이다. 나아가 국내총생산은 국민이 얼마나 높은 복지수준을 누리고 있는지를 나타내는 지표로 사용될 때도 있다. 소득이 높을수록 복지수준이 높아지는 경향이 있기 때문에 국내총생산을 복지수준의 지표로도 활용할 수 있는 것이다.

중간재와 부가가치

어떤 나라에서 생산된 상품 중에는 최종적인 용도로 쓰이는 것뿐 아니라 다른 상품의 생산과정에 사용되는 중간투입물의 성격을 가진 것도 포함되어 있다. 이 **중간재**(intermediate goods and services)의 가치를 국내총생산의 계산에 포함시키면 어떤 상품의 가치가 이중, 삼중으로 계산되는 문제가 발생한다. 다음의 예를 보면 이 말이 무엇을 의미하는지 쉽게 이해할 수 있을 것이다.

중간재
다른 상품의 생산과정에 사용되는 중간투입물의 성격을 가진 재화와 서비스

'대식국'이라는 나라에서는 오직 빵 한 가지만의 최종소비재를 생산하고 있는데, 지난해에 30억원어치의 빵을 생산했다고 한다. 빵 만드는 회사들은 밀가루 만드는 회사들로부터 24억원어치의 밀가루를 구입해 빵 생산에 사용했다.[1] 한편 밀가루 회사

1) 빵 만드는 데 다른 재료도 필요하겠지만, 편의상 밀가루 한 가지만 필요하다고 가정한다.

빵 가게가 만들어낸 부가가치는?

이 빵들을 팔아 얻은 수입에서 이들을 만드는 데 사용된 밀가루 같은 중간투입물 구입에 지출된 비용을 빼면 빵 제조 단계에서 만들어진 부가가치를 산출할 수 있다.

부가가치

각 생산단계에서 새로이 창출된 가치라고 볼 수 있는 부분을 뜻하는 말

들은 그만큼의 밀가루를 만들기 위해 농민들로부터 17억원어치의 밀을 사들였다고 한다. 그렇다면 이 나라의 국내총생산은 과연 얼마나 될 것인가?

만약 이 나라에서 작년에 생산되어 거래된 모든 상품의 가치로 국내총생산을 정의한다면 밀, 밀가루, 빵의 가치를 모두 합친 71억원이 될 것이다. 그러나 이렇게 계산하면 밀가루의 가치는 두 번, 그리고 밀의 가치는 세 번이나 겹쳐서 계산되는 결과가 빚어진다. 그러므로 대식국의 국내총생산은 중간재들을 모두 빼고 최종재인 빵의 가치만을 계산한 값, 즉 30억원이라고 해야 옳은 답이 된다.

어떤 상품이 원래부터 갖고 있는 고유한 특성에 따라 중간재 혹은 최종재로 구분되는 것은 아니다. 밥상에 올라온 쌀은 최종재인 반면, 떡이나 막걸리를 만드는 데 쓰이는 쌀은 중간재의 성격을 갖는다. 이처럼 한 상품이 최종재뿐 아니라 중간재의 성격도 가질 수 있어, 어떤 것이 최종재로 사용되었는지 아니면 중간재로 사용되었는지를 일일이 확인하는 것은 현실적으로 불가능한 일이다. 이런 문제 때문에 실제로 국내총생산을 계산할 때는 다른 방법을 쓰게 된다.

국내총생산은 각 생산단계에서 창출된 **부가가치**(value added)의 합으로 계산될 수도 있는데, 이 방법을 쓰면 어떤 상품이 최종재로 쓰였는지의 여부를 확인하는 번거로움을 피할 수 있다. 부가가치는 생산자가 생산과정에서 새로 창출한 가치를 뜻하며, 생산된 상품의 가치에서 사용된 중간투입물의 가치를 빼면 그 값을 얻을 수 있다. 각 생산단계에서 만들어진 부가가치를 구해 모두 더함으로써 국내총생산을 계산해낼 수 있는 것이다.

앞의 예에서 빵을 만드는 회사들이 만들어낸 부가가치는 6억원이 된다. 24억원어치의 밀가루를 중간투입물로 사용해 30억원어치의 빵을 만들었기 때문이다. 또한 같은 방법으로 밀가루를 만든 회사들이 만들어낸 부가가치는 7억원이 된다는 것을 알아낼 수 있다. 그런데 밀을 경작하는 농민들은 다른 중간투입물을 사용하지 않고 직접 밀을 생산해낸 것이므로 17억원 전체가 그들이 만들어낸 부가가치가 된다. [그림 14-1]의 아래쪽에서 보는 붉은색 숫자들은 각 생산단계에서 만들어낸 부가가치를 나타내고 있다.

이렇게 각 생산단계에서 만들어진 부가가치를 합쳐 경제 전체에서 만들어진 총 부가가치를 계산해 보면 다음과 같다.

$$\underset{(\text{밀})}{17\text{억원}} + \underset{(\text{밀가루})}{7\text{억원}} + \underset{(\text{빵})}{6\text{억원}} = \underset{(\text{총 부가가치})}{30\text{억원}} \tag{14.2}$$

그런데 각 생산단계에서의 부가가치를 모두 더해 얻은 이 30억원이라는 수치는 최종재인 빵의 가치와 일치하고 있다. 여러 종류의 최종재가 생산되고 있는 경우에도,

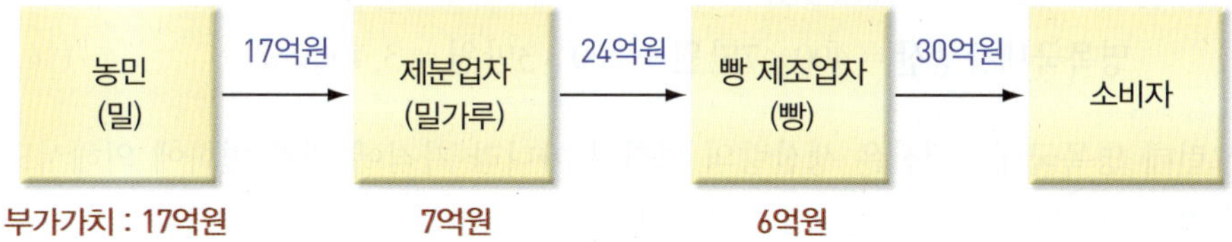

그림 14-1

각 생산단계에서의 부가가치

각 생산단계에서 만들어진 부가가치를 모두 합치면 30억원으로 최종재, 즉 빵의 가치와 일치하는 것을 볼 수 있다.

각 최종재의 가치는 그것과 관련된 각 생산단계에서의 부가가치를 모두 더한 것과 같다는 관계가 성립한다. 따라서 경제 전체에서 만들어진 부가가치의 합은 최종재 가치의 합과 같아지는 결과가 나타난다. 부가가치의 합이 최종재 가치의 합과 같다는 것은 언제나 성립하는 항등관계라는 점에 주의하기 바란다.

따라서 각 상품이 최종재로 사용되었는지의 여부를 일일이 따질 필요 없이, 각 생산단계에서의 부가가치를 모두 더함으로써 편리하게 국내총생산을 계산해낼 수 있다. 지금까지의 논의를 요약해 국내총생산과 최종재의 가치, 그리고 부가가치 사이의 관계를 다음과 같은 식으로 표현할 수 있다.

국내총생산 = 최종재 가치의 합 = 부가가치의 합 (14.3)

앞에서 설명한 것처럼, 어떤 기업이 최종재를 팔아 얻은 수입에서 중간투입물을 구입하기 위해 지출한 금액을 뺀 것이 바로 그 기업이 만들어낸 부가가치다. 이 중 일부는 노동이나 자본, 토지 같은 생산요소를 공급한 대가로 지불되며, 그 나머지가 기업의 이윤이 된다. 다시 말해 부가가치는 결국 각종 소득의 형태로 국민의 주머니에 들어가게 된다는 뜻이다.

명목국내총생산과 실질국내총생산

국내총생산을 구하기 위해서는 서로 다른 재화와 서비스를 하나의 단위로 통일시키는 과정을 거쳐야 한다. 이를 위해 각 상품(최종재)의 생산량에 가격을 곱해 그 화폐가치를 구하고 이를 모든 상품에 대해 더하게 된다. 예를 들어 2021년의 국내총생산을 구하려 한다면 이해의 각 상품의 생산량에 이해의 가격을 곱해 화폐가치를 구하는 방식으로 국내총생산을 계산할 수 있다. 이런 방법으로 얻은 국내총생산의 값을 **명목국내총생산**(nominal GDP)이라고 부르는데, 쌀과 옷 두 가지만 생산되는 단순한 경제라면 이를 다음과 같이 간단하게 계산해낼 수 있다.[2] 즉 2021년의 쌀과 옷 생산량이 각각 4백 가마와 2백 벌이고, 그해의 쌀과 옷 가격이 각각 7만원과 3만원이라고 하면,

명목국내총생산

국내총생산을 구하는 해의 상품 생산량에 그해의 가격을 곱해 각 상품의 화폐가치를 구한 다음 이를 모두 더한 것

2) 명목국내총생산을 '경상가격국내총생산'(current price GDP) 혹은 줄여서 '경상국내총생산'이라고 부르기도 한다. 어떤 해를 고려 대상으로 삼고 있을 때 바로 그해의 가격을 경상가격이라고 부르기 때문이다.

그해의 명목국내총생산은 다음과 같이 계산되어 나오는 것이다.

$$\textbf{명목국내총생산} = 400 \times 7\text{만원} + 200 \times 3\text{만원} = 3,400\text{만원} \qquad (14.4)$$

그런데 명목국내총생산은 생산량의 변화뿐 아니라 가격에 생긴 변화에 의해서도 영향을 받는다. 2020년과 2021년의 국내총생산을 비교한다고 할 때, 생산량에는 아무 변화가 없고 물가만 상승해도 명목국내총생산이 더 커지게 된다. 다시 말해 상품 생산량은 예전 그대로인데도 명목국내총생산이 더 큰 값으로 나와 전반적 생산활동이 더욱 활발해진 것으로 보일 수 있는 문제가 있는 것이다. 국내총생산이 생산활동의 추이를 정확하게 반영하도록 만들기 위해서는 물가 변동의 효과를 제거하고 이를 구해야 한다.

국내총생산이 물가 변동에 영향을 받지 않도록 만들려면 어떤 한 해를 기준으로 삼아 그해의 가격에 기초해 모든 해의 국내총생산을 계산해야 한다. 예를 들어 2015년을 기준이 되는 해로 삼는다면, 어느 해의 국내총생산을 구하든 그해의 생산량에 2015년의 가격을 곱해 각 상품의 화폐가치를 구하는 방법을 사용해야 한다는 말이다. 이렇게 2015년의 가격을 공통적으로 사용해 국내총생산을 계산함으로써 물가 변동의 효과를 제거할 수 있는 것이다.

실질국내총생산

국내총생산을 구하는 해의 상품 생산량에 기준이 되는 해의 가격을 곱해 각 상품의 화폐가치를 구한 다음 이를 모두 더한 것으로, 이렇게 구한 국내총생산 수치는 물가 변동의 효과를 제거하고 생산활동의 추이만을 반영하게 됨

예컨대 2021년의 상품 생산량에 2015년의 가격을 곱해 국내총생산을 구했다고 하자. 이런 방식으로 구한 것을 2021년의 **실질국내총생산**(real GDP)이라고 부르는데, 물가 변동의 효과를 제거한 국내총생산이라는 의미를 갖는다.[3] 예를 들어 2015년의 쌀과 옷 가격이 각각 5만원과 2만원이었다면, 2021년의 실질국내총생산을 다음과 같이 구할 수 있다.

$$\textbf{실질국내총생산} = 400 \times 5\text{만원} + 200 \times 2\text{만원} = 2,400\text{만원} \qquad (14.5)$$

실질국내총생산은 미리 정해진 기준연도의 가격을 기초로 하여 구해지기 때문에 생산량의 변화 추이만 반영하게 된다. 따라서 경제의 전반적 생산활동의 수준을 나타내는 지표로서 명목국내총생산보다 실질국내총생산이 더욱 적합하다고 말할 수 있다. 한 가지 주의할 것이 있는데, 실질국내총생산의 규모는 어느 해가 기준이 되는지에 따라 달라질 수 있다는 점이다. 만일 2015년이 아니라 이보다 물가수준이 더 낮았던 2010년도를 기준연도로 삼는다면, 실질국내총생산의 값은 한층 더 작아진다. 따라서 기준이 되는 해가 언제인지 고려하지 않고 단순히 실질국내총생산의 수치만을 비교하는 것은 잘못된 결론으로 이어질 가능성이 크다. 실질국내총생산의 크기를 비교할 때는 반드시 기준연도가 서로 같은지 확인할 필요가 있다.

3) 실질국내총생산을 '불변가격국내총생산'(constant price GDP) 혹은 줄여서 '불변국내총생산'이라고 부르기도 한다. 기준이 되는 해의 가격을 불변가격이라고 부르기 때문이다.

국내총생산의 경계문제

2013년 미국 정부는 국내총생산 추계방식을 바꿨는데, 이로 인해 공식통계에 나타난 국내총생산의 값이 3.6%나 늘어나는 결과가 빚어졌다. 사실 어떤 것을 국내총생산에 포함시킬지의 여부가 애매할 때가 많고, 따라서 어디까지 국내총생산에 포함시킬지 그 경계를 정확하게 설정하는 것은 매우 어려운 일이다. 미국 정부는 종전에는 국내총생산에 포함시키지 않던 기술개발투자(R&D)를 위한 지출을 새로이 국내총생산에 포함시킴으로써 그것의 값이 커지게 만들었던 것이다.

특허권 같은 기술개발투자의 성과는 오랫동안 활용할 수 있을뿐더러 미래에 소득을 가져다주는 성격을 갖고 있다. 또한 기술개발투자의 성과는 미래의 생산에 기여한다고 볼 수 있는데, 이와 같은 점에서 보면 일반적인 투자를 한 것이나 마찬가지라고 말할 수 있다. 그러나 1993년에 만들어진 국민계정체계(System of National Accounts; SNA)에서는 기술개발투자의 성과가 갖는 가치를 측정하기 어렵다는 이유에서 기술개발투자 관련 지출을 국내총생산 계산에서 제외한 바 있다.

2008년에 새로 만들어진 SNA는 기술개발투자와 관련된 행위를 국내총생산에 포함시키는 것으로 변경했다. 원칙적으로 말하면 기술개발투자의 가치는 이로 인해 발생하는 미래 수익의 현재가치를 구함으로써 계산될 수 있다. 그러나 미래 수익을 계산하는 것은 어렵기 때문에 기술개발투자를 위한 지출액 그 자체를 투자로 보는 편법을 사용하기로 결정했다. 민간 기업의 기술개발투자뿐 아니라 정부가 보건, 국방, 우주개발 등을 위해 지출한 연구비도 투자로 간주해 국내총생산에 포함시키기 시작했다. 미국의 국내총생산의 값이 3.6%나 늘어난 배경에는 바로 이와 같은 국내총생산 추계방식의 변화가 있었다.

가정 안에서 생산되고 소비되는 상품의 가치를 국내총생산에 포함시킬지의 여부도 쉽게 답하기 힘든 문제다. 현행 SNA에 따르면 가정 안에서 생산, 소비되는 모든 재화는 국내총생산에 포함된다. 예를 들어 집에서 기른 채소는 시장에서 거래될 수 있고 따라서 그 가치를 비교적 쉽게 측정할 수 있다. 그렇기 때문에 가정 안에서 생산, 소비되는 재화의 가치를 국내총생산에 포함시키는 데는 별 문제가 없었다.

반면에 청소라든가 간병 같은 서비스가 가정 안에서 생산되는 경우에는 국내총생산 계산에서 제외하기로 결정했다. 그것의 정확한 가치 측정이 어렵다는 이유에서 포함시키지 않기로 결정했던 것이다. 그러나 서비스 역시 재화와 마찬가지로 시장에서 거래되는 경우가 많기 때문에 그것의 가치를 측정하는 것이 어렵다는 말은 별 설득력이 없다. 따라서 머지않은 장래에 가정 안에서 생산되는 서비스의 가치도 국내총생산에 포함되기 시작할 것으로 예상할 수 있다.

지금까지 살펴본 것처럼, 어느 것까지 국내총생산에 포함시킬지의 경계(boundary)를 설정하는 것은 매우 어려운 문제다. 그런데 국내총생산이 어느 나라의 국경 안에서 이루어진 생산활동의 가치를 나타낸다고 할 때, 그 지리적 국경을 어디에 설정하느냐도 문제가 될 수 있다. 예를 들어 한 나라의 영해는 그 나라 국경 안에 존재하는 것이 분명하지만, 거기를 항해하는 배에서 일하는 외국 선원의 경우에는 문제가 복잡해진다. 또한 국경을 넘나들며 장사를 하는 밀수업자의 경우에도 골치 아픈 문제가 될 수 있다.

이와 같은 문제를 국내총생산의 '경계문제'(boundary problem)라고 부르는데, 이는 국내총생산의 값이 추계방식에 따라 크게 달라질 수 있음을 시사하고 있다. 사실 미국이 국내총생산 추계방식을 바꾼 첫 번째 나라는 아니었다. 오스트레일리아는 이미 2009년에 국내총생산 측정방식을 바꿨는데, 이로 인해 종전에 캐나다에 뒤지던 1인당 국내총생산이 더 앞서는 것으로 나타나게 되었다. 2012년에는 캐나다가 국내총생산 측정방식을 바꿨고, 그 결과 오스트레일리아와의 1인당 국내총생산 격차가 상당히 좁혀지게 되었다. 앞으로 더 많은 나라가 이 세 나라의 뒤를 이어 국내총생산 추계방식을 바꿀 것으로 예상되고 있다.

자료 : *The Economist* 지, 2013년 8월 3일 자

생각해 봅시다

한 경제에서 생산되는 모든 재화 혹은 서비스가 국내총생산 통계에 포함되는 것은 아니다. 따라서 어떤 것까지 포함시키느냐에 따라 산출되어 나온 국내총생산의 크기가 달라지는 일이 생길 수 있다. 다음의 신문기사를 보면 우리나라의 경우에도 이런 현상이 나타나고 있음을 알 수 있다.

"사교육비 4조원 통계에 첫 반영"

사상 처음으로 사교육비가 국내총생산 통계에 잡히기 시작했다. 한국은행이 추계한 지난해 사교육비는 4조 2천억원. 한국은행 관계자는 "사교육비가 국민경제 안에서 엄청난 비중을 차지함에도 불구하고 지금까지 마땅한 추정방법이 없어 국내총생산 통계에 넣지 못했다. 교육개발원 등의 추계금액을 토대로 국내총생산에 처음 산정하게 됐다."고 말했다. 다만 학원비나 교재비 등 이미 국내총생산에 반영되는 부분은 빼고, 개인그룹과외처럼 세금이 부과되지 않는 음성적 사교육비만을 추정해 4조 2천억원으로 책정했다는 것이다.

최근 새로운 산업으로 크게 부상한 초고속인터넷, 화물수송 브로커 등도 국내총생산 통계에 처음 반영되기 시작했다. 이처럼 종전에 없던 항목이 추가되면서 국내총생산 규모는 당초보다 늘어나게 되었다. 과거 기준으로는 596조원이던 2002년 국내총생산 총액이 새로운 기준에 따라 684조원으로 88조원이나 증가하게 된 것이다. 한국은행 관계자는 "기준 변경으로 국내총생산이 10% 늘어나는 효과가 생겼다."고 말했다.

(『한국일보』, 2004년 3월 24일 자)

날로 번성해 가는 사교육

사교육비 등이 국내총생산 통계에 잡히기 시작하면서 그 값이 10% 늘어나는 효과가 생겼다. 그러나 이런 학원과 관련되어 지출되는 사교육비는 벌써부터 국내총생산에 반영되어 왔다.

생각해 보기

(1) 위에서 본 것처럼 경제 상황의 변화에 따라 국내총생산 통계에 새로 추가되는 상품이 있을 수 있는 반면, 제외되어야 하는 항목도 있을 수 있다. 가까운 장래에 이와 같은 운명에 직면하게 될 상품으로 어떤 것이 있을지 생각해 보자.

(2) 우리나라에서 사교육비처럼 당연히 국내총생산 통계에 포함되어야 함에도 불구하고 아직 그렇게 되지 못하고 있는 재화나 서비스가 있는지 생각해 보자.

(3) 사교육비 지출이 늘어나면 국내총생산이 더 커지는 결과가 나타날 것이다. 이것이 국민의 경제적 복지수준 향상을 의미한다고 볼 수 있을까?

국내총생산의 여러 측면 14.2

앞 절에서 국내총생산의 개념을 대략 설명했지만 그것만으로 완전한 이해에 도달하리라고 기대하지 않는다. 거시경제학에서 국내총생산이란 개념이 차지하는 비중을 생각할 때 한층 더 자세한 설명이 필요할 것으로 생각한다. 이 절에서는 국내총생산과 관련해 반드시 설명하고 넘어가야 할 몇 가지 사항에 대해 논의하려고 한다.

국내총생산을 측정하는 여러 방법

앞에서 우리는 어떤 나라가 한 해 동안 생산해낸 최종재의 총 가치라는 의미로 국내총생산을 정의했다. 다시 말해 생산의 측면에 기초해 국내총생산을 정의한 것인데, 엄밀하게 표현한다면 **생산국민소득**의 관점에서 국내총생산을 정의한 것이라고 말할 수 있다. 바로 뒤에서 보게 되듯 국내총생산을 다른 관점에서 측정할 수도 있는데, 좁은 의미에서의 국내총생산이라고 할 때는 바로 이 생산국민소득을 의미하게 된다.

그런데 이 나라에서 생산된 최종재는 다음과 같은 여러 가지 용도 중 하나로 사용된다. 일부는 소비자들에 의해 직접 소비되는 한편, 기업이 건물을 짓거나 생산시설을 갖추는 등의 투자행위에 사용되기도 한다. 뿐만 아니라 정부가 여러 가지 활동을 하기 위해 그중 일부를 사용하기도 한다. 따라서 외국과 무역을 하지 않는 상황이라면, 소비자의 소비지출, 기업의 투자지출, 그리고 정부의 지출을 모두 합친 것은 생산된 최종재의 총 가치와 똑같게 된다. 최종재에 대한 지출을 모두 합친 것을 **지출국민소득**이라 부르는데, 이것은 바로 앞에서 말한 생산국민소득과 그 크기가 같다는 것을 알 수 있다.

바로 앞 절에서 국내총생산은 각 생산단계에서의 부가가치를 모두 더해 구할 수도 있음을 본 바 있다. 따라서 부가가치를 모두 더한 것은 생산국민소득과 그 값이 같다고 말할 수 있다. 그런데 기업의 부가가치 중 일부는 노동이나 자본, 토지 같은 생산요소에 대한 대가로 지불되며, 그 나머지가 이윤의 형태로 주주에게 돌아가게 된다. 결국 부가가치는 임금, 지대, 이자, 이윤 등 여러 가지 소득의 형태로 국민에게 분배된다는 것을 알 수 있다. 한 해 동안 국민이 얻은 소득의 합을 **분배국민소득**이라고 부른다면, 이것은 생산국민소득과 그 크기가 같게 된다.

지금까지 본 것처럼 국내총생산을 여러 가지 방법으로 측정할 수 있는데, 어떤 방법을 쓰든 모두 똑같은 값을 얻게 된다. 다시 말해 생산, 지출, 분배국민소득이 언제나 서로 같은 값을 갖는다는 뜻으로, 이와 같은 항등관계를 가리켜 **삼면등가의 법칙**이라고 부른다. 이 법칙은 생산된 최종재의 가치를 모두 더해 구한 국내총생산이 언제나 국민이 벌어들인 소득의 합과 같을 뿐 아니라, 국민이 상품 구입에 지출한 금액의 합

삼면등가의 법칙
생산, 지출, 분배국민소득이 언제나 서로 같은 값을 갖는 항등관계에 있다는 법칙

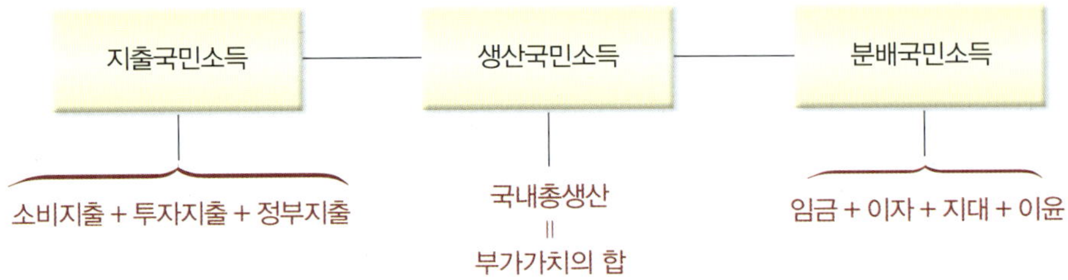

그림 14-2

국내총생산 삼면등가의 법칙

한 국민경제에서 생산, 지출, 분배국민소득은 언제나 서로 같은 값을 갖는 항등관계를 갖고 있다.

과도 같다는 것을 말해 준다.

기업은 상품을 생산하기 위해 각종 생산요소를 고용하고, 가계는 생산요소를 공급하고 받은 소득으로 필요한 상품을 구입한다. 또한 가계가 상품을 구입하기 위해 지불한 돈은 다시 기업의 판매수입으로 회수되어 결국 기업이 생산요소의 공급자에게 지급하는 보수가 된다. 삼면등가의 법칙은 바로 이와 같은 사실에 기초하고 있다. 결국 생산, 지출, 분배국민소득은 경제의 순환과정 중 어느 단계에서 국내총생산을 측정하느냐의 차이가 있을 뿐 본질적으로 서로 다른 개념은 아니다. 지금까지 논의한 내용을 [그림 14-2]에 정리해 놓았으니 자세히 살펴보기 바란다.

해외부문의 도입

지금까지는 외국과 무역을 하지 않는다는 암묵적인 가정하에서 논의를 진행시켜 왔다. 그러나 국민경제의 움직임을 제대로 이해하기 위해서는 거의 모든 나라가 다른 나라들과 교역관계를 맺고 있다는 사실을 고려해야 한다. 한 나라에서 생산된 최종재 중 일부는 국내에서 사용되는 한편, 일부는 외국으로 수출되어 나간다. 한편 국내의 가계, 기업, 정부가 사용하는 재화와 서비스 중에는 외국에서 수입된 것들이 포함되어 있게 마련이다. 우리는 **해외부문**(foreign sector)이라는 또 하나의 경제주체를 도입함으로써 이와 같은 사실을 모형에 반영할 수 있다.

바로 앞에서 국내총생산은 일정 기간 동안 생산된 최종재에 대해 지출한 금액을 모두 더해 구할 수도 있다고 설명한 바 있다. 다시 말해 지출국민소득의 관점에서 국내총생산을 구할 수도 있다는 뜻이다. 외국과 무역을 하지 않는다고 가정한 상태에서는 가계의 소비지출, 기업의 투자지출, 그리고 정부의 지출을 더하기만 하면 바로 국내총생산을 구할 수 있다.

그러나 무역을 하고 있는 경우에는 지출국민소득을 구할 때 해외로 수출한 상품의 가치를 더하고 해외에서 수입한 상품의 가치를 빼는 단계를 거쳐야 한다. 수입품에 대한 지출은 국내에서 생산된 상품에 대한 지출이 아니므로 지출국민소득을 측정할 때 제외되어야 한다. 반면에 국내에서 생산한 상품을 구입하기 위해 외국 사람이 지출한 금액은 지출국민소득에 포함시켜야 한다.

지금까지 설명한 것을 간단한 수식을 통해 다음과 같이 정리할 수 있다. 우선 소비지출을 C, 투자지출을 I, 정부지출을 G로 나타내고, 그 속에 포함된 수입품에 대한 지출을 각각 C_m, I_m, G_m으로 나타내기로 하자. 한편 국내에서 생산된 상품 중 수출된 것의 가치는 X로 나타내기로 한다. 그렇다면 국내총생산은 가계, 기업, 정부 그리고 해외부문이 국내에서 생산된 상품에 대해 지출한 금액의 합과 같다는 것을 다음과 같은 식으로 나타낼 수 있다.

$$GDP = (C - C_m) + (I - I_m) + (G - G_m) + X \tag{14.6}$$

C_m, I_m, G_m을 모두 더한 것, 즉 수입한 상품의 총 가치를 M으로 나타내면 위 식을 다음과 같이 바꿔 쓸 수 있다.

$$\begin{aligned} GDP &= C + I + G + (X - M) \\ &= C + I + G + X_n \end{aligned} \tag{14.7}$$

이 식에서 X_n은 수출액에서 수입액을 뺀 것, 즉 **순수출**(net export)을 뜻하는데, 이것을 경상수지(current account balance)라고 부르기도 한다.[4] 국내총생산이 소비(C), 투자(I), 정부지출(G), 그리고 순수출(X_n)의 합과 같다는 식 (14.7)은 앞으로 계속 보게 될 중요한 식이므로 잘 기억해 두기 바란다.

국민총생산

국내총생산과 함께 널리 쓰이는 국민소득의 개념으로 **국민총생산**(gross national product; GNP)이라는 것이 있다. 국내총생산은 한 나라의 '영토' 안에서 생산한 최종재의 가치를 뜻하는 데 비해, 국민총생산은 그 나라 '국민'이 생산한 최종재의 가치를 뜻한다는 차이를 갖고 있다. 국내총생산은 나라 안에서 생산된 것이면 누가 생산의 주체이든 관계없이 모두 포함시켜 계산한다. 반면에 국민총생산의 경우에는 어디에서 생산되었는지가 아니라 누가 생산의 주체인지가 포함 여부의 기준이 된다.

> **국민총생산**
> 일정한 기간 동안 한 나라 국민이 생산한 최종재의 가치로, 국내총생산에 국외순수취 요소소득을 더한 것과 같음

결국 누가 어디에서 소득을 얻느냐가 국민총생산과 국내총생산을 구분하는 기준이 된다. 국내총생산은 어느 나라 사람이 얻든 국내에서 발생된 소득이면 모두 포함시켜 계산한다. 이와 대조적으로 국민총생산의 경우에는 그 나라 국민이 벌어들이는 소득이면 그것이 어디에서 발생하든 모두 포함시키게 된다. 예를 들어 우리나라에 들어와 일하고 있는 인도네시아 근로자가 벌어들인 소득은 우리나라의 국민총생산에서 빠진다. 그렇지만 우리나라 안에서 발생한 것이기 때문에 우리나라의 국내총생산에는 포

4) 경상수지는 국제수지를 따지는 방식 중의 하나인데, 이것이 어떤 의미를 갖는 개념인지에 대해서는 뒤에 자세히 설명하게 될 것이다.

열심히 일하고 있는 외국인 근로자

이들이 벌어들인 소득이 우리나라의 국내총생산에 포함되지만, 국민총생산에는 포함되지 않는다.

함되어 계산된다.

이상의 논의를 종합해 보면, 국내총생산과 국민총생산의 차이는 자기 나라 국민이 해외에 나가 얻는 소득과 외국인이 자기 나라에 들어와 얻는 소득의 차이 때문에 생긴다는 것을 알 수 있다. 따라서 다음과 같이 국내총생산에 어떤 값을 더하고 빼는 과정을 통해 국민총생산을 구할 수 있다. 즉 국내총생산에 외국인이 자기 나라에 들어와 얻은 소득을 뺀 다음 자기 나라 국민이 해외에 나가 얻은 소득을 더하면 이것이 바로 국민총생산의 값이 되는 것이다.

외국인이 국내로 들어와 노동이나 자본 같은 생산요소를 공급한 대가로 얻는 소득을 '국외지급 요소소득'이라고 부른다. 한편 자기 나라 국민이 해외에 나가 얻는 소득은 '국외수취 요소소득'이라고 부른다. 국외수취 요소소득과 국외지급 요소소득의 차이를 **국외순수취 요소소득**(net factor income from the rest of the world)이라고 정의하는데, 이를 이용해 국민총생산과 국내총생산 사이의 관계를 다음과 같은 식으로 표현할 수 있다.

$$\textbf{국민총생산} = \text{국내총생산} + \text{국외순수취 요소소득} \qquad (14.8)$$

종전에는 한 나라의 총체적 생산수준을 나타내는 지표로 국민총생산을 많이 사용했지만, 최근에는 국내총생산을 더 많이 사용하고 있다. 세계화의 진전으로 인해 국내로 진출하는 해외기업이 많아지고 현지인을 고용하는 다국적기업(multinational corporations)의 수도 급격히 불어나고 있다. 이에 따라 한 나라의 생산활동이 얼마나 활발한지를 평가하는 기준으로 국민총생산보다 국내총생산이 더욱 적합하다는 쪽으로 인식이 바뀌게 되었다.

일반적으로 국내총생산과 국민총생산이 크게 다른 경우는 드물고, 따라서 둘 사이의 차이가 그리 크지 않은 것이 보통이다. 앞으로의 분석에서 국민소득을 대표하는 개념으로 국내총생산을 사용하겠지만, 둘 사이의 차이가 거의 없기 때문에 국민총생산으로 바꾸어 사용해도 무방하다.

자연재해의 경제학

2011년 3월 11일은 일본 국민에게 악몽의 날로 기록될 것이다. 일본의 동북지역을 강타한 진도 9.0의 지진은 순식간에 1만 5천명에 달하는 목숨을 앗아갔을 뿐 아니라 1.5조 엔에 이르는 직접적인 재산피해까지 입혔다. 설상가상으로 지진과 함께 들이닥친 쓰나미는 일본 동북지역뿐 아니라 도쿄까지 전기를 공급하는 후쿠시마 원전의 붕괴를 가져왔다. 이로 인해 심각한 전력난이 일어난 것은 물론, 일본과 이웃 나라들이 방사능 오염에 대한 공포에 휩싸이게 되었다.

이러한 자연재해는 경제에 과연 어떤 영향을 미치게 될까? 자연재해로 인해 생산시설과 경제 인프라가 파괴되고 일할 사람이 줄어들면 경제활동에 악영향이 올 것임은 두말할 나위도 없다. 그렇다면 최소한 어느 정도의 시간이 흘러야 경제가 다시 예전의 상태로 돌아올 수 있을까? 호기심 많은 경제학자들은 과거의 역사적 경험을 바탕으로 지진, 쓰나미, 허리케인, 홍수 같은 자연재해가 경제에 미치는 영향을 분석해 보았다.

쓰나미로 파괴된 후쿠시마 원자력 발전소

2011년 3월 일본 동북지역을 강타한 진도 9.0의 지진은 순식간에 1만 5천명에 달하는 목숨을 앗아갔을 뿐 아니라 1.5조 엔에 이르는 직접적인 재산피해까지 입혔다. 설상가상으로 지진과 함께 들이닥친 쓰나미는 일본 동북지역뿐 아니라 도쿄까지 전기를 공급하는 후쿠시마 원자력 발전소의 붕괴를 가져왔다.

그들의 연구에 따르면 자연재해가 경제에 미치는 영향이 충격의 정도와 지속기간에 따라 달라지는 것은 물론, 발생지역이 선진국인지 혹은 개발도상국인지에 따라 다르다고 한다. 그리고 재해가 발생하면 경제성장률이 급격히 하락하지만 곧 V자 형태로 신속히 회복하는 패턴을 보인다고 한다. 재해로 인해 생산시설이 파괴됨에 따라 생산성이 일시적으로 떨어지지만, 복구를 위한 자금이 투입되면서 투자수요가 확대되고 노동 공급량이 늘어나 생산이 급속히 늘어나기 때문이다.

1995년에 발생한 고베지진의 경우에는 지진이 발생한 1월의 산업생산이 2.6% 감소했지만 바로 그다음 달에는 2.2%의 증가세로 반전되었다고 한다. 그러나 2011년 일본이 겪은 재해는 지진과 쓰나미 외에도 방사능 위험까지 결부된 매우 독특한 양상을 띠고 있어서 피해의 규모도 컸고 회복도 쉽지 않았다. 가장 큰 문제는 원자력 발전소 폭발에 따른 전력부족 사태로 인해 산업 활동의 본격적인 회복이 지연된 데 있었다.

세계화의 영향으로 지구촌의 여러 나라가 유기적으로 연결되어 있는 점도 문제의 복잡성을 가중시키는 한 요인이 되고 있다. 예를 들어 일본은 자동차나 전자제품의 부품을 우리나라나 중국 같은 아시아 여러 나라에 공급하고 있는데, 일본의 생산에 차질이 생기면 이들 나라의 산업 활동에도 영향이 오게 된다. 또한 일본이 복구자금 확보를 위해 해외에 투자했던 자금을 회수하는 과정에서도 문제가 발생할 수 있다. 글로벌 유동성 위축을 가져와 국제금리가 상승하고 이에 따라 세계경제가 위축될 가능성이 있기 때문이다.[5]

5) 그 밖에도 일본인들의 해외여행 감소, 빈곤국들에 대한 원조 감소 등을 통해 다른 나라 경제에 영향을 미칠 수 있다.

생각해 봅시다

우리나라 근로자들이 해외에 나가 벌어오는 외화가 경제 발전에 큰 도움을 주었던 때가 있었다. 그때는 국내의 취업 기회가 매우 제한되어 있었기 때문에 많은 사람들이 일자리를 찾아 해외로 쏟아져 나갔다. 우리나라 근로자들의 해외 진출 역사상 가장 기억에 남는 것은 독일로 파견되어 간 광부와 간호사들이었다. 1963년부터 1977년까지 무려 7만 9천여 명에 이르는 광부와 1만여 명의 간호사들이 독일로 건너갔던 것이다.

그 당시 독일로 간 광부들 가운데 진짜 광부 출신은 아주 소수였던 것으로 알려져 있다. 수십 대 일의 경쟁을 뚫고 선발된 광부들 중에는 대학 출신자들이 많이 섞여 있었다고 한다. 1962년 우리 정부는 독일로부터 1억 5천만 마르크의 차관을 얻어 경제개발을 위한 자금으로 사용한 바 있는데, 이 차관은 이 광부들과 간호사들의 급여를 담보로 얻어온 것이었다. 낯선 타국 땅으로 가서 고생을 무릅쓴 그들 덕분에 천금 같은 해외자금을 확보할 수 있었던 것이다.

우리 근로자들은 중동지역의 건설 붐을 타고 뜨거운 사막의 건설현장에서 비지땀을 쏟기도 했다. 1973년 석유파동으로 막대한 재원을 확보한 중동 여러 나라들은 야심적인 개발사업에 착수했다. 그러나 개발사업의 추진에 필요한 인력도 부족하고 기술도 턱없이 부족한 상황이었다. 한편 그 당시 우리나라는 대형 건설공사의 경험도 어느 정도 축적되어 있었고, 넘치는 인력을 해외에서 활용할 방법을 찾던 시기였다.

한국의 이런 상황과 중동의 수요가 맞물리면서 국내 건설회사들이 중동으로 대거 진출했고 이에 따라 많은 건설 기능인력들이 중동으로 건너가게 되었다. 늘 국제수지 적자에 허덕이던 우리 경제로서 이들이 벌어온 외화가 큰 힘이 되었음은 두말할 나위가 없다.

생각해 보기

(1) 우리나라의 근로자들이 대거 해외로 진출해 있는 상황에서 국내총생산과 국민총생산을 비교하면 어느 쪽이 더 크게 될까?

(2) 국내총생산이 국민총생산에 비해 더 큰 값을 갖게 만드는 요인에 무엇들이 있을까?

14.3 국민총소득과 처분가능소득

국민총소득

국민총소득
한 나라 국민의 총 구매력을 나타내는 소득지표

최근 세계은행 같은 국제기관이 발표한 통계집을 보면 '1인당 국민총소득'을 이용해 국제비교를 하는 사례를 많이 관찰할 수 있다. 과거에는 1인당 국민총생산이나 국내총생산이 비교의 기준이 되는 경우가 많았는데, 최근 들어 1인당 국민총소득으로 바뀐 것이다. **국민총소득**(gross national income; GNI)은 한 나라 국민의 총 구매력을 측정하는 소득지표라는 의미를 갖는다. 앞에서 살펴본 국내총생산이나 국민총생산은 국민의 총 구매력을 나타내는 소득지표로서 약간의 문제를 갖고 있다.

한 나라 국민이 누릴 수 있는 경제복지의 수준을 측정한다는 관점에서 보면 국외순수취 요소소득을 포함하는 국민총생산이 국내총생산보다 상대적으로 더 나은 지표라고 말할 수 있다. 그런데 세계화로 인해 각국 경제의 대외의존도가 높아짐에 따라 국민총생산도 소득지표로서 만족스러운 것이 될 수 없다. 문제는 수출품과 수입품 가격 사이의 상대적 비율, 즉 **교역조건**(terms of trade)에 변화가 오면 그 나라 국민의 구매력에 변화가 온다는 데 있다. 따라서 이것까지 반영한 새로운 소득지표가 필요해지는 것이다.

교역조건
수출품과 수입품 사이의 상대적 가격 비율

예를 들어 어떤 나라가 2020년에 반도체를 20만 개 생산해 개당 10달러의 가격에 전량 수출하고, 톤당 50달러의 가격으로 쌀 4만 톤을 수입했다고 하자. 그런데 2021년에 들어오면서 반도체 수출가격이 5달러로 떨어진 반면, 쌀의 수입가격은 50달러에서 변화하지 않았다고 한다. 이렇게 되면 반도체 20만 개를 수출한 대금으로 수입할 수 있는 쌀이 2만 톤으로 줄어들게 된다. 즉 반도체 생산량에 아무 변화가 없어 국내총생산이나 국민총생산이 전혀 변화하지 않았어도, 교역조건이 변화함에 따라 그 나라 국민의 구매력이 줄어드는 결과가 나타난 것이다.

이는 국내총생산이나 국민총생산만을 갖고는 소득이나 복지수준의 변화를 정확하게 측정할 수 없고, 교역조건의 변화까지 반영한 새로운 지표가 필요하다는 것을 뜻한다. 바로 이와 같은 이유에서 새로이 관심의 대상으로 등장한 것이 바로 국민총소득이다. 국민총소득은 아래의 식에서 보는 것처럼 국민총생산에 교역조건 변화에 따른 무역 손익을 더함으로써 구할 수 있다.

국민총소득 = 국민총생산 + 교역조건 변화에 따른 무역 손익 (14.9)

그런데 앞에서 설명한 것처럼 국민총생산은 국내총생산에 국외순수취 요소소득을 더한 값과 같다. 따라서 국민총소득과 국내총생산 사이에는 다음과 같은 관계가 존재한다.

국민총소득 = 국내총생산 + 국외순수취 요소소득
+ 교역조건 변화에 따른 무역 손익 (14.10)

앞서 본 예에서와 같이 어떤 나라의 수출품 가격이 떨어지면 무역 손실이 발생한 셈이기 때문에 국민총소득은 국내총생산보다 그만큼 더 작아진다. 이 경우 국내총생산에 의해 그 나라 국민의 구매력을 평가하면 바로 그 차이만큼 과대평가하는 결과가 빚어진다. [그림 14-3]을 보면 2008년의 우리나라 국내총생산 성장률이 3.0%였는 데 비해, 국민총소득의 성장률은 0.4%에 지나지 않았던 것을 볼 수 있다. 이는 그해의 국내총생산의 성장률에 비해 실질적인 생활수준 향상폭은 상당히 작았음을 뜻한다. 이와 대조적으로 코로나19 팬데믹으로 인한 경제위기로 말미암아 국내총생산이 1.0% 하락했던 2020년에는 국민총소득이 0.3%만큼 하락하여 실질적인 생활수준 하락폭은 상대적으로 작았음을 볼 수 있다.

그림 14-3
우리나라의 GDP와 GNI의 성장률 비교

국외순수취 요소소득과 교역조건의 변화로 인해 GDP 성장률과 GNI의 성장률 사이에 약간의 격차가 있는 것을 볼 수 있다.

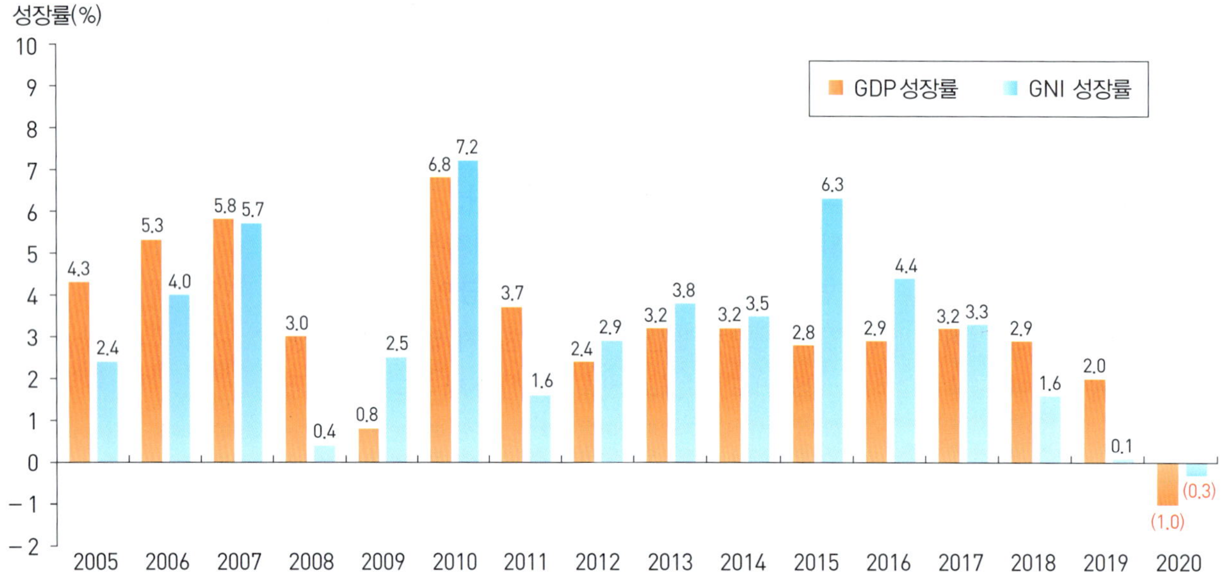

자료 : 한국은행, 「경제통계시스템」, 2021

구매력평가 환율 국민총소득

바로 앞에서 설명한 것처럼 국민총소득은 한 나라 국민의 총 구매력을 측정하는 소득지표라는 성격을 갖는다. 따라서 1인당 국민총소득이 더 높은 나라일수록 그 나라 국민이 상대적으로 더 큰 구매력을 갖는다고 볼 수 있다. 그러나 공식통계상의 1인당 국민총소득이 똑같은 두 나라라 할지라도 이 나라들의 국민이 정말로 똑같은 구매력을 갖는다고 단정할 수는 없다.

무엇보다 우선 지적할 수 있는 점은 나라마다 상품들의 가격이 서로 다르다는 사실이다. 특히 국제무역의 대상이 되지 않는 상품, 즉 비교역재(non-tradable goods)의 경우에는 나라마다 가격이 천차만별인 것을 볼 수 있다. 따라서 똑같은 100달러의 돈으로 살 수 있는 상품묶음은 나라마다 서로 다르게 마련이다. 이 점에서 볼 때 단순히 공식통계상에 나타난 1인당 국민총소득을 비교함으로써 여러 나라 국민의 구매력을 비교하는 것에는 문제가 있다고 말할 수 있다.

뿐만 아니라 공식통계상의 국민총소득은 일단 자기 나라 화폐단위로 측정한 다음 공식적 환율, 즉 명목환율에 기초해 달러 표시 국민총소득으로 전환된 수치라는 점도 문제가 된다. 제23장에서 자세히 설명하겠지만, 두 나라 화폐 사이의 명목환율이 이들 사이의 구매력 차이를 정확하게 반영하는 것은 아니다. 실제 구매력의 차이를 반영하는 환율을 **구매력평가 환율**(purchasing power parity; PPP)이라고 부르는데, 명목환율과 이것이 서로 다른 경우가 너무나 많다. 따라서 명목환율에 기초해 계산된 공식통계상의 국민총소득이 그 나라 국민의 구매력을 정확하게 반영하지 못할 수 있는 것이다.

구매력평가 환율

각 나라 화폐가 갖는 실제 구매력의 차이를 반영하는 환율

바로 이런 이유로 화폐의 구매력을 반영하는 구매력평가환율에 기초해 국민총소득을 달리 계산해볼 필요성이 있는 것이다. 이런 방식으로 계산된 국민총소득을 **구매력평가 환율 국민총소득**(PPP GNI)이라고 부르는데, 이 수치는 공식통계상에 나타난 국민총소득보다 한 나라 국민의 구매력을 더욱 충실하게 반영하는 지표가 될 수 있다. 여러 나라들을 대상으로 구매력평가 환율 국민총소득을 계산해 보면 거의 모든 경우에서 공식통계상의 국민총소득과 상당히 다른 것을 볼 수 있다.

국제통화기금(IMF)이 계산한 바에 따르면, 조사 대상 192개국 중 178개국에서 구매력평가 환율 국민총소득이 더 큰 것으로 나타난 반면, 그 반대로 나타난 경우는 13개국에 불과한 것으로 나타나 있다. 우리나라의 경우 2018년 공식통계상의 1인당 국민총소득이 3만 6백 달러인데 구매력평가 환율 국민총소득은 4만 9십 달러 수준에 이르렀다. 구매력평가 환율 국민총소득이 공식통계상의 국민총소득에 비해 1.3배 정도 더 큰 규모였다는 뜻이다.

처분가능소득

그렇다고 해서 지금까지 살펴본 국민총소득이 바로 국민이 실제로 쓸 수 있는 소득을 뜻하는 것은 아니다. 예를 들어 기업이 얻은 이윤 중 주주에게 배당하지 않고 남겨둔 부분, 즉 사내유보이윤(retained earnings)은 개인이 쓸 수 없는 소득의 성격을 갖는다. 또한 세금으로 납부한 부분 역시 쓸 수 없는 소득의 성격을 갖는다. 따라서 국민이 실제로 쓸 수 있는 소득, 즉 **처분가능소득**(disposable income; DI)이 얼마인지 알아내기 위해서는 국민총소득에 어떤 것은 더하고 어떤 것은 빼는 몇 가지 조정을 거쳐야 한다.

처분가능소득

가계가 마음대로 쓸 수 있는 소득을 뜻함

처분가능소득을 구하려면 무엇보다 우선 국민총소득에서 감가상각(depreciation)된 부분의 가치를 빼야 한다. 제9장에서 설명한 것처럼 자본재는 시간이 경과함에 따라 그 가치가 점차 떨어지는, 즉 감가상각이 일어나는 특성을 갖고 있다. 한 국민경제가 생산해낸 자본재의 일부는 감가상각이 된 부분을 보충하는 데 쓰여야 한다. 국민총소득에는 이 목적으로 쓰이는 자본재의 가치가 포함되어 있는데, 이 부분은 국민이 실제로 쓸 수 있는 소득이 아니다. 그렇기 때문에 처분가능소득을 구할 때는 우선 국민총소득에서 감가상각된 부분의 가치를 빼야 한다.

또한 국민이 실제로 쓸 수 있는 소득은 기업이 주주에게 분배하지 않고 남겨둔 이

윤, 즉 사내유보이윤만큼 줄어들게 된다. 따라서 국민총소득에서 사내유보이윤도 빼야 한다. 이와 동시에 정부의 주머니로 들어가는 각종 세금도 실제로 쓸 수 있는 소득이 아니므로 국민총소득에서 빼야 한다. 반면에 정부와 기업이 가계에 무상으로 제공하는 이전지출은 국민이 쓸 수 있는 소득을 더 크게 만든다. 따라서 처분가능소득을 구할 때 이 부분은 더해줘야 한다.

지금까지의 논의를 정리해 보면, 다음과 같은 식에 의해 처분가능소득을 구할 수 있다는 것이다.[6)]

처분가능소득(DI) = 국민총소득(GNI) − 감가상각
− 사내유보이윤 − 각종 세금 + 이전지출 (14.11)

독자의 편의를 위해 지금까지 설명한 내용을 [그림 14-4]에 정리해 놓았다. 여러 가지 국민소득의 개념이 서로 어떻게 다른지 알고 싶을 때 이 그림을 편리하게 이용할 수 있으리라고 생각한다.

그림 14-4

국민소득의 여러 개념

국민소득의 여러 개념 사이에 어떤 관계가 있는지를 한눈에 알 수 있다.

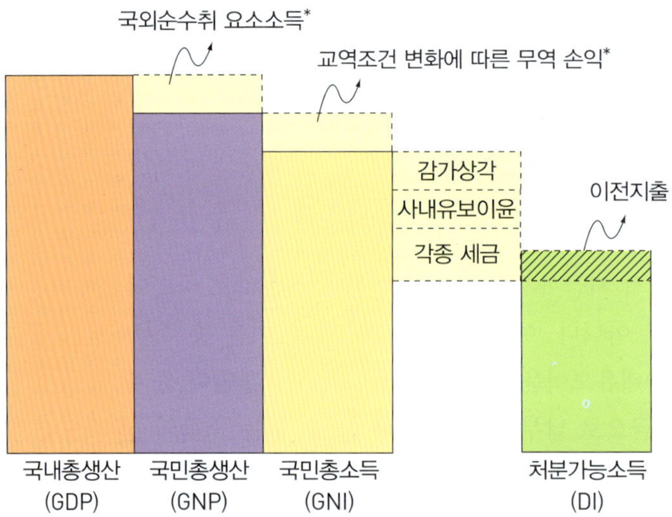

* 국외순수취 요소소득과 교역조건 변화에 따른 무역 손익이 모두 음(−)의 값을 갖는다고 가정

6) 'disposable income'이란 용어에 대해 우리 정부가 사용하는 공식적인 번역 명칭은 '국민처분가능소득'이다. 그러나 이 용어는 너무 긴 데다가, 또한 학술적인 논의에서까지 이 공식적인 명칭을 사용할 필요가 없기 때문에 이 책에서는 '처분가능소득'이라는 표현을 쓰려고 한다.

한국의 국민계정 14.4

국민경제 전체의 관점에서 재화와 서비스의 거래, 그리고 자금의 흐름을 체계적으로 연결해 기록한 통계체계를 **국민계정**(national account)이라고 부른다. 우리나라에서는 UN이 권고한 체계에 따라 한국은행이 이를 작성해 매년 『국민계정』이라는 책으로 발간하고 있다. 〈표 14-2〉는 『국민계정』 중의 일부를 옮긴 것인데, 2019년의 국내총생산을 삼면등가의 법칙에 따라 일목요연하게 정리해 놓은 것을 볼 수 있다.

국민계정

국민경제 전체의 관점에서 재화와 서비스의 거래, 그리고 자금의 흐름을 체계적으로 연결해 기록한 통계체계

표 14-2

한국의 국민계정(2019년)

(단위 : 조원)

항목	2018		2019	
	금액	구성비	금액	구성비
피용자보수	868,145.10	45.7	897,734.10	46.8
영업잉여	489,156.10	25.8	455,647.90	23.7
고정자본소모	359,140.00	18.9	381,482.30	19.9
생산 및 수입세	194,182.70	10.2	196,895.10	10.3
(공제) 보조금	12,431.30	0.7	12,719.60	0.7
국내총생산	1,898,192.60	100.0	1,919,039.90	100.0
민간최종소비지출	911,576.10	48.0	931,669.50	48.5
정부최종소비지출	304,692.70	16.1	329,295.50	17.2
총고정자본형성	576,587.20	30.4	575,070.50	30.0
재고증감 및 귀중품순취득	21,100.20	1.1	26,511.00	1.4
재화와 서비스의 수출	791,798.60	41.7	766,602.00	39.9
(공제) 재화와 서비스의 수입	707,562.20	37.3	710,990.20	37.0
통계상 불일치	0.00	0.0	881.50	0.0
국내총생산에 대한 지출	1,898,192.60	100.0	1,919,039.90	100.0
국외순수취 요소소득	7,644.90	0.4	16,675.30	0.9
국민총소득	1,905,837.50	100.4	1,935,715.10	100.9

자료 : 한국은행, 「경제통계시스템」, 2021

국내총생산의 지출과 분배

우선 〈표 14-2〉에 나와 있는 각 항목이 어떤 의미를 갖고 있는지 살펴보기로 하자. 첫째 줄의 피용자보수는 근로자의 임금소득을 뜻하는 한편, 둘째 줄의 영업잉여는 기업이 가계에게 지불한 이자, 지대, 이윤을 뜻한다. 따라서 피용자보수와 영업잉여를 합친 것, 즉 첫 두 줄의 합은 임금, 이자, 지대, 이윤의 형태로 가계에게 분배된 소득이라는 의미를 갖는다. 그런데 이것에는 우리 국민의 소득뿐 아니라 외국 사람이 얻는 소득까지 포함되어 있다.

여기에 고정자본소모, 즉 감가상각을 더한 다음 다시 간접세를 더하고 보조금을 빼면 국내총생산(GDP)이 된다. 국내총생산을 국민총생산으로 바꾸기 위해서는 외국인의 소득으로 될 부분을 빼고 우리 국민이 외국에서 벌어들인 소득을 더해야 한다. 밑에서 둘째 줄을 보면 두 해 모두 국외순수취 요소소득이 양(+)의 값을 갖는 것으로 나타나 있는데, 이는 우리나라 사람이 외국에서 번 소득이 외국 사람이 우리나라에서 번 소득보다 바로 그만큼 더 컸다는 뜻이다.

이 표의 첫째 줄부터 다섯째 줄까지는 국내총생산이 어떻게 분배되는지를 뜻하는 분배국민소득의 내용을 보여주고 있다. 그리고 여섯째 줄에 나타나 있는 국내총생산의 수치는 생산국민소득을 뜻한다고 말할 수 있다. 한편 일곱째 줄부터 열넷째 줄까지는 국내총생산이 어떤 용도로 지출되는지를 보여주고 있다. 이를 보면 국내에서 생산된 재화와 서비스가 민간부문과 정부부문의 소비지출과 투자지출, 그리고 외국으로의 (순)수출에 쓰이는 것으로 나타나 있다. 이와 같은 지출의 합을 지출국민소득이라고 부르는데, 이것이 앞에서 구한 분배국민소득, 생산국민소득과 똑같음을 확인할 수 있다.

생산, 지출, 분배국민소득의 구성

[그림 14-5]는 우리나라의 2019년도 국민소득에서 각 구성요소들이 차지하는 비중을 보여주고 있다. 우선 생산국민소득, 지출국민소득, 분배국민소득을 나타내는 세 막대의 높이가 똑같은 것을 볼 수 있는데, 이는 앞에서 설명한 국민소득 삼면등가의 법칙이 성립한다는 것을 보여주고 있다.

이제 [그림 14-5]의 각 구성요소들을 좀 더 자세히 살펴보도록 하자. 가장 오른쪽에 있는 막대, 즉 분배측면을 나타내는 막대를 자세히 살펴보면, 임금으로 지불된 피용자보수가 국내총생산의 46.8%나 되어 가장 큰 비중을 차지한다는 것을 알 수 있다. 한편 이자, 지대, 그리고 이윤의 합으로 볼 수 있는 영업잉여는 국내총생산의 23.7%에 해당하는 비중을 차지하는 것으로 나타나 있다. 노동을 공급한 대가로 얻는 소득이 다른 생산요소들을 공급한 대가로 받는 소득을 모두 합친 것보다 훨씬 더 큰 것을 볼 수 있다.

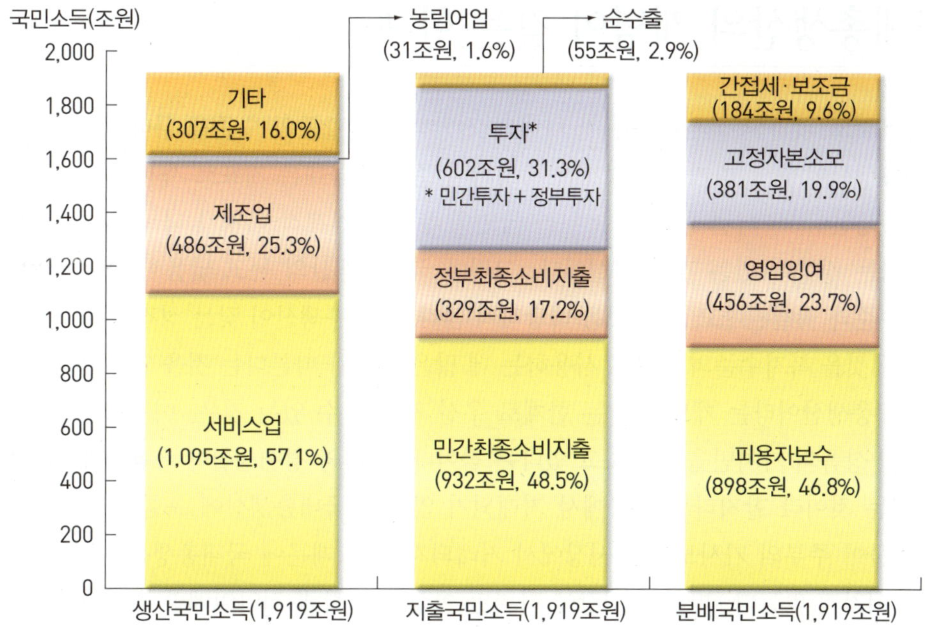

자료 : 한국은행, 「경제통계시스템」, 2021

그림 14-5

국민소득의 구성(2019년)

이 그림은 2019년도 국민소득에서 각 구성요소들이 차지하는 비중을 보여주고 있는데, 우선 분배측면을 살펴보면 피용자보수가 46.8%나 되어 가장 큰 비중을 차지하고 있는 것을 볼 수 있다. 지출측면에서는 민간부문의 소비지출이 48.5%를 차지해 가장 비중이 큰 한편, 생산 측면에서는 서비스업이 57.1%를 차지해 그 비중이 가장 크다.

지출측면의 구성을 나타내는 가운데 막대를 보면, 민간최종소비지출이 국내총생산의 48.5%나 되어 가장 큰 비중을 차지하고 있음을 알 수 있다. 〈표 14-2〉에 총고정자본형성으로 표시되어 있는 투자지출은 국내총생산의 31.3%에 해당하는 비중을 차지하고 있는데, 이는 다른 나라에 비해 매우 높은 수준이라고 말할 수 있다.[7] 한편 정부의 최종소비지출은 국내총생산의 17.2%를 차지하고 있다.

〈표 14-2〉에는 나와 있지 않지만, 국내총생산의 산업별 구성비율도 흥미로운 관찰 대상이 될 수 있다. [그림 14-5]에서 생산측면의 구성을 나타내는 맨 왼쪽의 막대는 국내총생산의 산업별 구성비율을 보여주고 있다. 국민계정상의 산업 분류는 매우 다양한 형태를 띠고 있으나, 편의상 농림어업, 제조업, 그리고 서비스업으로 분류해 그 구성비율을 살펴볼 수 있다. 이를 보면 우리나라의 국내총생산에서 농림어업이 차지하는 비중은 고작 1.6%밖에 되지 않는 것으로 드러난다. 1953년에 농림어업이 국내총생산의 47%나 차지했던 것을 생각하면 그동안 이 부문의 비중이 엄청나게 빠른 속도로 축소되어 온 것을 알 수 있다. 이에 비해 제조업은 25.3%, 그리고 서비스업은 57.1%를 차지해 그 비중에서 농림어업과 엄청난 차이를 보이고 있다.

농촌의 평화로운 풍경

국내총생산에서 농림어업이 차지하는 비중은 점차 줄어들어, 2019년에는 고작 1.6%에 지나지 않는 수준으로 떨어졌다.

7) 31.3%라는 투자지출의 비중은 민간부문과 정부부문 투자의 합이 차지하는 비중을 뜻한다.

14.5 국내총생산의 개념이 갖는 한계

앞에서도 설명한 바 있지만, 한 나라의 전반적 생산활동의 수준을 나타내는 지표인 국내총생산이 때에 따라서는 경제적 복지의 수준을 나타내는 지표로 사용되기도 한다. 국내총생산이 더 커짐에 따라 그 나라 국민이 누리는 경제적 복지가 더 높은 수준으로 올라가는 경향이 있는 것은 사실이다. 그러나 국내총생산의 높고 낮음이 바로 국민의 복지수준과 직결된다고 보는 것은 타당하지 않다. 국내총생산이 갖는 성격을 잘 생각해 보면 이것을 복지수준의 지표로 사용하는 데 많은 문제가 따른다는 것을 알 수 있다.

국내총생산이라는 개념이 갖는 한계로 우선 지적할 수 있는 것은, 이것이 시장에서 거래된 상품의 가치만을 포함하고 있다는 점이다. 우리의 경제생활에 유용하게 사용될 수 있는 것이라 할지라도 시장에서 거래되지 않으면 국내총생산에 포함되지 않는다. 예를 들어 주부의 가사노동은 시장에서 거래되지 않기 때문에 국내총생산을 계산하는 데 들어가지 않는다. 따라서 직장에 다니던 여성이 퇴직해 집안일에만 전념한다면 노동시간이 전에 비해 더 늘었다 하더라도 국내총생산은 줄어든 것으로 나타난다.[8)]

이와 같은 국내총생산의 성격 때문에 두 나라의 총체적 생산 수준이 거의 비슷해도 시장경제화의 정도에 따라 국내총생산의 값이 다르게 나오는 결과가 빚어질 수 있다. 시장경제가 덜 발달한 나라에서는 필요한 물건들을 시장에서 구입하는 것이 아니라 집 안에서 스스로 만들어 소비하는 경우가 많다. 따라서 실제의 생산 수준이 비슷하더라도 시장경제화가 덜 된 나라의 국내총생산이 더 작은 값으로 나오게 되는 것이다. 일반적으로 가난한 나라일수록 시장경제화의 정도가 낮은 편인데, 이런 나라의 국내총생산 수치는 과소평가되어 있을 가능성이 크다.

또한 국내총생산은 상품을 생산하는 데 쓰인 시간만을 가치 있는 것으로 파악할 뿐, 여가(leisure)로 소비되는 시간의 가치는 전혀 인정하지 않는다는 한계를 갖는다. 여가가 물질적 생산에 직접 기여하는 것은 아니지만, 이것을 소비함으로써 삶의 질이 향상된다는 것은 두말할 나위도 없다. 예컨대 유럽 사람들은 미국이나 일본 사람들에 비해 더 많은 여가를 즐기는 편인데, 그렇다면 소득수준이 똑같다 하더라도 유럽 사람들이 누리는 삶의 질이 더 좋은 셈이다. 이를 보면 1인당 국내총생산의 값만 비교해 삶의 질을 평가하는 것은 별 의미를 갖지 못한다는 것을 알 수 있다.

> 지하경제
>
> 밀수, 마약거래, 사채거래, 노점상 등 공식통계에 잡히지 않고 은밀하게 이루어지는 거래를 통틀어 가리키는 말

뿐만 아니라 밀수, 마약거래, 사채거래, 노점상 등 우리가 **지하경제**(underground economy)라고 부르는 부문에서 생산되는 것도 국내총생산을 계산하는 데 포함되지 않는다는 점도 문제가 된다. 지하경제란 어떤 경제에서 당사자들 사이에 은밀하게 거래가 이루어지는 부분을 가리키는 말이다. 거래가 불법적인 성격을 갖고 있어 정부의 눈을

8) 그러나 이 여성이 퇴직을 하지 않고 가사도우미를 고용해 집안일을 돌보게 한다면 국내총생산은 오히려 그에게 지급하는 급여만큼 증가하게 된다.

맛있는 먹을거리가 가득한 포장마차

'지하경제'라는 말은 뒷골목의 유흥가나 마약거래 현장 같은 것을 연상케 하지만, 사실 길거리에서 늘상 마주치는 이런 노점상들도 지하경제의 일부를 구성한다.

피하려 하거나, 세금 부담을 회피하려는 목적에서 그와 같은 방식으로 거래를 하는 경우가 많다. 은밀하게 거래가 이루어지기 때문에 과세당국이 거래 사실을 파악할 수 없게 되는데, 우리가 길거리에서 늘 마주치는 노점상들도 이와 같은 지하경제의 일부를 구성한다고 말할 수 있다.

따라서 공식적인 국내총생산의 수치와 그 경제 안에서 실제로 일어나고 있는 생산활동 사이에는 지하경제의 크기만큼 차이가 나게 된다. 그런데 지하경제에서 생산된 재화나 서비스도 여느 상품처럼 우리의 효용을 높여줄 수 있다. 이 부분이 빠져 있는 국내총생산은 실제의 복지수준을 과소평가해 보여줄 가능성이 크다.

시장에서 거래되는 상품이라 하더라도 시장가격이 그것의 진정한 가치를 제대로 반영하지 못할 경우에는 문제가 생길 수 있다. 앞에서 설명한 것처럼 국내총생산은 시장가격에 기준해 재화와 서비스의 화폐가치를 평가한다는 특징을 갖고 있다. 그런데 현실에서는 시장가격이 상품의 진정한 가치를 정확하게 반영하지 못할 경우가 많다. 정부 보조금에 의해 가격이 낮춰진 전기나 쌀이 그 좋은 예가 될 수 있다. 이렇게 시장가격이 왜곡되어 있는 경우에는 이에 기초해 계산되는 국내총생산도 현실을 정확히 반영하지 못하게 된다.

똑같은 상품이라 해도 미국이나 일본 같은 고소득국가에서는 비싼 가격에 거래되는 경우가 많다. 특히 교역의 대상이 되지 않는 서비스의 경우에서 그런 현상을 자주 관찰할 수 있다. 예를 들어 미국 이발사가 머리를 깎아주고 받는 돈이 우리나라 이발사가 받는 돈의 세 배라고 하자. 그렇다면 똑같은 이발서비스인데도 국내총생산을 계산할 때는 미국의 이발사가 만들어낸 가치가 우리나라 이발사의 세 배나 되는 것으로 기록되는 셈이다. 이 점을 생각한다면 미국의 1인당 국내총생산이 우리나라의 두 배라고 해서 그들이 소비할 수 있는 상품의 양도 우리의 두 배나 되는 것은 아님을 알 수 있다.

국내총생산의 개념이 갖는 또 다른 한계는 생산활동과 더불어 일어나는 부작용을 전혀 고려하지 않는다는 점이다. 예를 들어 기업들이 생산활동을 하는 과정에서 만들어진 갖가지 오염물질이 우리의 환경을 더럽히고 있다. 그러나 국내총생산을 계산할 때는 단지 생산된 상품의 가치만을 따질 뿐, 이와 같은 생산활동의 부정적 측면은 전혀 고려하지 않는다. 국민경제의 규모가 커지면서 환경오염뿐 아니라 교통 혼잡, 인구집중, 범죄의 증가 등과 같은 여러 가지 부작용이 생기게 마련이다. 경제복지에 부정적인 효과를 내는 이들의 존재를 전혀 고려하지 않고 얻은 국내총생산의 수치가 실제의 경제복지 수준을 과장해서 보여줄 가능성이 크다는 것은 두말할 나위도 없다.

NEW와 녹색 GDP

국민소득은 경제적 복지의 수준을 정확하게 반영하지 못한다. 몇몇 경제학자들은 국민소득의 개념이 갖고 있는 한계를 지적하고, 국민의 경제복지 수준을 좀 더 충실하게 반영하는 지표를 개발해야 할 필요성을 제기하였다. 이들이 제안한 지표의 한 예가 NEW(net economic welfare)라는 것인데, 국내총생산(GDP)을 다음과 같은 방향으로 수정하여 얻을 수 있다.

우선 여가의 가치를 계산해 더하고, 그다음 지하경제에서 생산, 거래된 상품의 가치를 추가적으로 더한다. 이들은 경제복지에 분명히 기여하는 바가 있는데도 국민소득의 계산에서 빠지는 대표적인 사례라고 할 수 있다. 그다음 단계에서는 경제복지에 부정적인 영향을 주는 환경오염 관련 비용을 계산하여 이를 국내총생산에서 뺀다.

국민의 경제복지 수준을 정확하게 반영하는 지표를 만들기 위해서는, 위에서 설명한 측면뿐 아니라 그 밖의 많은 측면에서 적절한 수정을 가해야 한다. 구체적으로 어떤 수정의 작업이 필요할 것인지에 대해서는 학자마다 견해가 조금씩 다를 수 있다. 사실 NEW 말고도 비슷한 이름을 가진 여러 가지 경제적 복지의 지표들이 제시된 바 있다.

그러나 어떤 지표라 할지라도 그 계산과정에서 엄청난 오차가 발생할 가능성이 크다는 문제점을 안고 있다. 예컨대 여가처럼 시장에서 전혀 거래되지 않는 것의 가치를 정확히 산정한다는 것은 매우 어려운 일이다. 지하경제의 경우에도 단지 추측만이 가능할 뿐 그 정확한 규모는 아무도 모른다.

이와 같은 문제점 때문에 NEW처럼 포괄적인 관점에서 기존의 국민소득 개념을 수정하려는 시도는 그다지 큰 진전을 보지 못하고 있다. 그 대신 단지 환경과 관련된 가치만을 반영하도록 제한적인 수정을 가하려는 시도가 근래에 들어오면서 점차 많은 관심을 끌고 있다. '녹색(green) GDP'의 아이디어가 바로 그 한 예인데, 여러 나라에서 이를 실제로 측정해 보려는 노력을 하고 있다.

녹색 GDP의 개념을 제안하는 사람들은 기존의 국민소득계정이 다음과 같은 결함을 갖는다고 지적한다. 첫째로 깨끗한 공기나 하천, 그리고 넓은 삼림 같은 것들은 국민의 복지와 밀접한 관련을 갖는다는 점에서 일종의 자산이라고 볼 수 있는데 이 점이 무시되었다고 한다. 둘째로는 삼림자원이나 어족자원 등이 고갈되면 그만큼 더 가난해질 수 밖에 없음에도 불구하고 이 사실이 제대로 반영되지 못하는 점을 지적한다. 마지막으로는 더러워진 환경을 정화하는 데 비용이 드는데도 오히려 이를 소득의 증가로 간주하는 문제점이 있다고 말한다.

그런데 환경의 가치를 정확하게 평가해 국민소득계정에 포함시키는 일이 말처럼 쉽지는 않다. 여기에는 많은 개념적 문제와 더불어 구체적인 측정의 문제가 따르기 때문이다. 이 이유 때문에 어떤 사람은 녹색 GDP의 개념에 냉담한 반응을 보이기도 한다.

프랑스 대통령이었던 사르코지(N. Sarkozy)는 5명의 노벨경제학상 수상자를 포함한 25명의 저명한 학자에게 경제적 복지 수준을 정확하게 나타낼 수 있는 지표를 개발하는 문제에 대해 논의해 주기를 요청한 바 있다. 스티글리츠(J. Stiglitz) 교수가 이끄는 이 위원회는 국내총생산에 대한 맹신을 버려야 한다는 결론을 내고 이보다 훨씬 더 광범한 대상을 포괄하는 지표의 개발을 촉구했다. 추가적으로 고려해야 할 대상으로 지적된 것은 앞에서 말한 NEW와 거의 비슷한 것을 볼 수 있다.

이 위원회가 제시하고 있는 좀 더 포괄적인 지표에 따른 국가 간 비교는 1인당 국내총생산의 비교 결과와 상당한 차이를 갖는 것으로 나타났다. 예를 들어 2005년 프랑스의 1인당 국내총생산은 미국의 73% 수준이었다. 그러나 좀 더 포괄적인 지표에 기초해 비교한 결과 두 나라 사이의 격차가 27%에서 13%로 줄어드는 것을 발견했다. 이는 현실의 경제적 복지 수준이 1인당 국내총생산의 수준과 상당한 차이를 가질 수 있음을 뜻한다.

지하경제

물건을 사고 신용카드로 결제하려 했는데 상인이 굳이 현금 결제를 요구하는 것을 자주 경험한다. 신용카드로 결제하면 상인의 입장에서 얼마간의 수수료를 지불해야 하는 불이익이 생기지만, 그것 때문에 막무가내로 현금 결제만을 고집하는 것으로 보이지는 않는다. 이것은 잘 알려진 비밀에 속하는데, 실제로는 상인들이 세금 부담을 피하려는 의도에서 현금 결제를 선호하는 경우가 많다. 현금 결제의 경우 국세청의 눈을 쉽게 피할 수 있기 때문이다.

상품의 거래행위 그 자체는 합법적이지만, 당국의 눈을 피해 거래가 이루어지고 있기 때문에 이런 행위는 국민소득 통계에서 빠지게 된다. 경제의 이런 부분을 가리켜 지하경제라고 부른다. 물론 밀수, 매춘이나 마약 거래 등 그 자체가 불법적인 거래행위 역시 국민소득 통계에서 빠지는데, 이와 같은 거래행위도 지하경제의 중요한 부분을 구성하고 있다.

이 지하경제가 과연 어떤 규모를 갖고 있는지를 정확하게 파악하는 것은 매우 어려운 일이다. 지하경제의 본질상 바깥으로 드러나기를 꺼려하는 성격을 갖고 있기 때문이다. 따라서 대략적인 추정만이 가능할 뿐인데, 이에 사용되는 방법으로는 다음과 같은 것들이 있다. 첫째로 직접적인 설문조사를 통해 사람들이 그런 행위를 얼마만큼 했는지를 알아보는 방법이 있다. 그러나 사람들이 자신의 떳떳하지 못한 행위를 얼마나 정직하게 밝힐 것인지가 의문이라 이 방법은 그리 신빙성 있는 것이 되지 못한다.

둘째로 현금에 대한 수요의 크기를 보고 지하경제의 규모를 추정하는 방법을 들 수 있다. 이 방식은 지하경제에서의 거래가 현금으로 결제될 것이기 때문에 지하경제 규모의 확대는 현금 수요의 증가를 가져올 것이라는 점에 착안하고 있다. 일반적으로 화폐에 대한 수요는 국민소득의 크기, 이자율, 지불 관행 등 여러 가지 변수에 의존하고 있다. 이런 변수들에 의해 설명될 수 있는 화폐수요를 초과하는 부분이 바로 지하경제와 관련을 가진다고 볼 수 있는 것이다.

이 두 가지 이외에도 많은 방법들이 사용되고 있는데, 어떤 하나가 특별하게 더 낫다고 말하기는 힘들다. 지하경제 연구의 최고 권위자 중 한 명인 슈나이더(F. Schneider) 교수는 장기간에 걸쳐 세계 각국의 지하경제 규모를 꾸준하게 측정해 오고 있다. 그의 연구 결과에 따르면, 심지어 선진국에서도 지하경제의 규모가 상당히 크다고 한다. 예를 들어 2010~2015년 OECD 국가들의 평균적인 지하경제 규모가 국내총생산(GDP)의 15.3%나 되는 것으로 나타나 있다.

충분히 예상할 수 있는 일이지만, 개발도상국들의 지하경제 규모는 이보다 훨씬 더 큰 것이 보통이다. 사하라 이남 아프리카 국가들의 평균적인 지하경제 규모는 36.2%, 중남미 국가들은 33.4%, 그리고 동아시아와 태평양 국가

표 14-3 여러 나라의 지하경제 규모(2015년)

나 라	지하경제의 대 GDP 비중(%)
태국	50.6
가나	42.9
브라질	37.6
케냐	33.2
말레이시아	31.5
아르헨티나	24.1
폴란드	25.1
한국	25.7
헝가리	25.2
인도	23.9
캐나다	13.9
프랑스	14.1
오스트레일리아	12.1
영국	11.1
일본	10.4
미국	8.3

자료 : L. Medina and F. Schneider, "Shadow Economies Around the World: What Did We Learn Over the Last 20 Years?" *IMF Working Papers*, 2018

들은 21.2%나 되는 것을 볼 수 있다. 이를 보면 지하경제의 만연이 후진성의 한 지표가 된다고 말할 수 있다. 경제학자들의 연구에 따르면 지하경제의 존재가 경제성장을 더디게 만드는 요인 중 하나라고 한다. 개발도상국의 경우 지하경제를 둘러싸고 일종의 악순환의 고리가 형성되어 있는 셈이다.

메디나-슈나이더(L. Medina and F. Schneider) 교수가 측정한 여러 나라의 2015년 지하경제 규모를 〈표 14-3〉에 정리해 보았다. 우리나라의 지하경제 규모는 25.7%인 것으로 나타나 있는데, 이는 비교적 높은 수준이라고 말할 수 있다. OECD 21개국 중 우리나라보다 지하경제의 규모가 더 큰 나라는 하나도 없는 것을 볼 수 있다. 1인당 국민소득은 개발도상국의 수준을 넘어섰지만, 지하경제의 만연이란 측면에서는 아직도 후진성을 벗어나지 못하고 있는 것이다.

14.6 물가지수

물가지수의 의미

물가가 상승하고 있을 때라 하더라도 가격이 상승하는 폭은 상품마다 다른 것이 보통이다. 심지어 다른 상품의 가격이 모두 오르는데 어떤 상품의 가격은 떨어지는 경우까지 있다. 컴퓨터나 휴대폰을 사본 사람은 잘 알겠지만, 이들의 가격은 일반 물가의 동향과 상관없이 계속 떨어져 왔다. 이렇게 각양각색으로 움직이는 개별 상품의 가격을 종합해 평균적인 가격수준을 구할 수 있는데, 이렇게 구한 평균적 가격수준을 '물가'라고 부른다.

물가지수

기준시점의 물가를 100으로 잡고 다른 시점의 물가를 이의 백분비로 표시한 지수

소비자물가지수

전국의 가구가 사용하는 대표적 소비재의 가격 동향을 보여주는 물가지수

생산자물가지수

기업 사이에서 거래되는 원자재와 자본재의 가격 동향을 보여주는 물가지수

GDP디플레이터

한 나라 안에서 생산되는 모든 상품의 가격을 고려 대상으로 삼아 산출한 물가지수

물가의 움직임은 **물가지수**(price index)라는 지표를 통해 구체적으로 파악할 수 있다. 물가지수란 기준시점의 물가를 100으로 잡고 다른 시점의 물가를 이의 백분비로 표시한 지수를 뜻한다. 예를 들어 2010년을 기준으로 삼고 있는데 2021년의 물가지수가 157인 것으로 나타났다고 하자. 이는 2010년의 평균적인 가격을 100원이라고 할 때 2021년에는 이것이 157원으로 뛰어올랐다는 것을 뜻하며, 바꾸어 표현하면 그 사이에 물가가 57%만큼 상승했다고 말할 수 있다.

우리가 현실에서 보는 물가지수에는 여러 가지가 있는데, 이들은 고려 대상에 포함하는 상품의 범위를 서로 다르게 설정한다는 차이를 갖고 있다. 예를 들어 **소비자물가지수**(consumer price index; CPI)는 1인 이상의 전국 가구가 사용하는 대표적 소비재 481개의 가격을 고려 대상에 포함하고 있다. 이에 비해 **생산자물가지수**(producer price index, PPI)는 기업 사이에서 거래되는 원자재 및 자본재 784개 품목과 서비스 102개 품목의 가격을 고려 대상으로 삼는다. 한편 **GDP디플레이터**(GDP deflator)라고 불리는 물가지수는 한 나라 안에서 생산된 모든 상품의 가격이 고려 대상에 포함된다.

표 14-4
생산량과 가격의 수치예

	2015년		2021년	
	생산량	가격(원)	생산량	가격(원)
쌀	200가마	50,000	400가마	70,000
옷	300벌	20,000	200벌	30,000

물가지수를 구할 때 모든 상품의 가격 동향을 동등하게 반영하는 것이 아니라 그 비중에 따라 차등을 두어 지수에 반영하게 된다. 예를 들어 양말의 가격 동향보다는 쌀의 가격 동향에 훨씬 더 큰 비중을 두어 물가지수를 구하는 것이 보통이다. 이렇게 상품의 비중에 따라 차등을 둔다는 것은 각 상품에 서로 다른 **가중치**(weights)를 적용해 물가지수를 구한다는 말인데, 일반적으로 말해 거래량이 많은 상품일수록 더 큰 가중치가 적용된다. 그런데 곧 보게 되듯, 여러 가지 물가지수는 가중치를 배정하는 구체적인 방식에서도 서로 차이를 보인다.

물가지수의 성격을 제대로 이해하기 위해서는 이것이 구체적으로 어떻게 구해지는지 잘 알아야 한다. 〈표 14-4〉에서 보는 것 같은 2015년과 2021년 두 해에 걸친 생산량, 가격의 수치예를 사용해 소비자물가지수와 GDP디플레이터를 직접 구해 보기로 하자. 이 표를 자세히 살펴보면 2015년의 가격, 그리고 2021년의 생산량과 가격은 제1절에서 본 바 있는 단순한 경제의 수치예와 똑같다는 것을 알 수 있다. 제1절에서 볼 수 없었던 2015년 생산량의 경우에는 쌀 2백 가마와 옷 3백 벌이 생산, 소비된 것으로 가정해 이 표를 만들었다.

소비자물가지수

지금 예로 들고 있는 단순한 경제에서는 쌀과 옷 두 가지 상품만이 생산, 소비되고 있다. 따라서 이 두 상품의 가격 동향에 의거해 다음과 같은 과정을 거쳐 소비자물가지수를 구할 수 있다. 표에 제시된 수치에 따르면, 기준이 되는 해인 2015년에는 소비자가 쌀 2백 가마와 옷 3백 벌을 사는 데 1,600만원(=200×5만원+300×2만원)이 들었다는 것을 알 수 있다. 그런데 2021년에는 똑같은 상품묶음을 사는 데 2,300만원(=200×7만원+300×3만원)이 들게 된다. 우리는 이 계산결과에 기초해 2021년의 소비자물가지수를 다음과 같이 구할 수 있다.

$$\text{2021년의 소비자물가지수} = \frac{200\times 7\text{만원}+300\times 3\text{만원}}{200\times 5\text{만원}+300\times 2\text{만원}}\times 100$$

$$= \frac{2{,}300\text{만원}}{1{,}600\text{만원}}\times 100 = 143.8 \qquad (14.12)$$

소비자 물가 – 어떻게 조사하나?

통계청이 소비자물가지수를 작성하기 위해 조사대상으로 삼는 품목은 총 481개에 이른다. 농촌을 포함한 전국 가구의 소비지출 비중이 높은 품목 순으로 뽑아 이 리스트를 만들었다.[9] 시간이 지나면 소비지출의 양상이 달라지게 마련이므로 이에 따라 조사대상 품목이 달라질 수 있다. 뿐만 아니라 조사대상 품목의 숫자 그 자체도 상황에 따라 조정될 수 있다.

예를 들어 2016년 12월 통계청은 소비자물가지수 산정 방식을 개편했는데, 커피 크림, 케첩 등이 조사대상에서 빠지는 한편 블루베리, 파스타면, 보청기, 도시락 등이 새로 조사대상에 추가되었다. 고령화와 건강식의 유행, 그리고 1인 가구의 증가 등 생활패턴의 변화를 반영하기 위한 조정이었다고 한다. 또한 조사대상 품목의 반영 비중에도 조정이 이루어졌는데, 자녀 교육비의 비중이 줄어들고 담배와 월세의 비중이 늘어난 것을 볼 수 있다.

조사대상 품목 중에는 교통 요금, 상하수도 요금처럼 현장에 나가 직접 조사하지 않아도 가격 동향을 쉽게 파악할 수 있는 것들이 포함되어 있다. 이런 품목의 숫자가 107개인데, 이 경우에는 통계청이 일괄해서 가격 자료를 모은다. 또한 영화 관람료나 학원비 등 51개 품목 역시 현장에 나가지 않고 전화 조사를 통해 가격 자료를 얻는다.

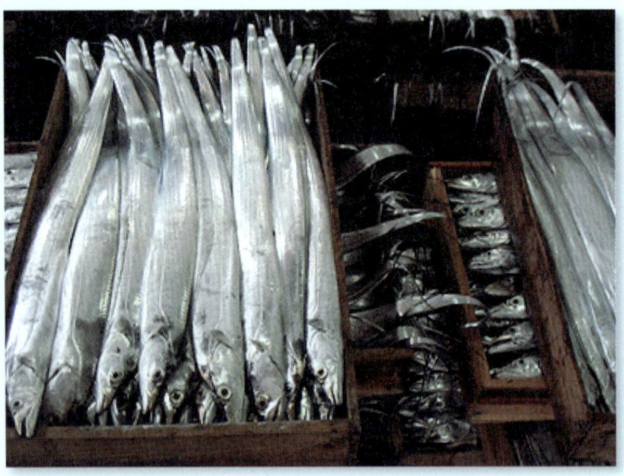

모든 갈치의 가격이 물가지수에 반영되는 것은 아니다

길이 60cm, 폭 6cm, 무게 250g 정도인 갈치의 가격만이 물가지수에 반영된다.

나머지 품목들은 현장에 나가 직접 조사해 가격 동향을 파악한다. 그런데 현장에 나가 가격을 조사한다는 것이 말처럼 쉬운 일은 아니다. 예를 들어 수없이 많은 종류의 라면이 있는데, 이들의 가격을 일일이 조사하는 것은 무척 어려운 일이다. 또한 똑같은 상품이라도 대형 마트, 재래시장, 동네 슈퍼가 제각기 다른 가격을 붙여놓고 있는 문제도 있다. 심지어 일과시간 끝 무렵의 땡처리처럼 같은 매장에서 시간대에 따라 다른 가격을 매기는 경우도 있다.

이처럼 어떤 상품의 가격은 언제, 어디서, 어떻게 조사했느냐에 따라 큰 차이가 있을 수 있다. 그렇기 때문에 조사대상, 시기, 방법을 미리 정해 놓아야 일관성을 유지할 수 있다. 조사대상이 되는 상품은 구체적으로 상표, 크기, 모양, 무게, 생산지 등이 사전에 모두 지정되어 있다. 예를 들어 우산은 '윗살의 길이가 55cm, 우산살이 8개인 단색의 3단 수동제품'이라는 식이다.

흥미로운 점은 농축수산물의 경우 조사 시간이 오전 11시에서 오후 3시 사이로 한정되어 있다는 사실이다. 그보다 늦은 시간에는 신선도가 떨어지는 상품을 떨이로 싸게 팔기 때문이다. 크기와 무게가 제각각인 농축수산물의 조사대상을 지정하는 방법도 재미있다. 갈치는 길이 60cm, 폭 6cm, 무게 250g 정도인 것이 조사대상으로 지정되어 있다. 또한 오이의 경우에는 길이 25cm, 무게 100g 정도인 것을 조사대상으로 삼고 있다.

소비자물가지수라고 해서 우리가 소비하는 모든 품목의 가격을 조사해 통계수치를 만드는 것은 아니다. 또한 똑같은 상품이라 해도 여러 종류가 있는데, 오직 한 종류의 가격만이 물가지수에 반영된다는 점도 있다. 그렇기 때문에 소비자물가지수가 현실의 물가 동향을 정확하게 반영하기를 기대하기는 어렵다. 소비자물가지수의 공식통계가 체감물가와 많이 다르다는 불평이 나오는 것은 전혀 이상한 일이 아니다.

자료 : 『조선일보』, 2006년 9월 18일 자, 2016년 12월 17일 자

9) 소비자물가지수는 가계의 소비지출에서 0.01% 이상의 비중을 차지하는 품목을 대상으로 산출된다.

장바구니 물가지수

정부 발표에 따르면 한 해 동안 소비자물가지수가 5% 상승했다고 하는데, 주부들이 실제로 느끼기에는 상승폭이 20%도 더 되는 것 같다는 불평을 들을 때가 많다. 즉 체감물가지수 혹은 '장바구니 물가지수'의 상승폭이 공식적인 물가지수의 상승폭보다 훨씬 더 크다는 불평이다. 이런 불평은 지난 수십 년 동안 들어온 바 있는데, 정부의 물가통계에 어떤 문제가 있기 때문에 그런 것은 아닐까?

솔직히 말해 정부로서는 물가상승률이 높게 나오는 것이 결코 반가울 리 없다. 현실은 어떤지 몰라도 일단 공식통계에서 물가상승률이 높은 것으로 드러나면 여론의 질타가 쏟아지기 때문이다. 그렇기 때문에 어떤 나라 정부든 물가상승률이 가능한 한 낮게 나오도록 여러 가지 방법을 동원하는 것으로 알려져 있다.

물가상승률이 낮게 나오도록 만드는 데 쓰는 고전적인 방법으로 다음과 같은 것이 있다. 예를 들어 소비자물가지수를 구하는 데 라면이 481개 대표 품목 중 하나로 포함되어 있다고 하자. 그런데 라면에는 수많은 종류가 있어 그중 하나의 대표적인 것을 선택해 그것의 가격 동향만을 물가지수 산정에 반영해야 한다.

채소 값이 많이 올랐네

정부가 발표한 소비자물가지수와 장바구니 물가지수가 크게 다른 경우가 많다.

A사가 만든 B라면이 바로 그것이라고 하면, 다른 라면들의 가격이 두 배로 올라도 이것의 가격이 그대로인 한 라면 가격은 오르지 않은 것으로 간주된다. 정부는 바로 그 라면 가격만 오르지 않도록 억제함으로써 라면 가격 상승이 물가지수에 반영될 수 없게 만들 수 있다. 물가당국은 여러 가지 방법을 동원해 B라면의 가격이 크게 오르지 않도록 유도하는 것이 보통이다.

그렇다고 해서 장바구니 물가지수가 진정한 물가의 추이를 반영한다고 말하기도 힘들다. 사람들은 자기에게 편리한 방향으로 주위 사물을 인식하는 경우가 많다. 적은 월급으로 빠듯한 살림을 하는 사람의 입장에서 보면 유독 가격이 크게 오른 상품들만 눈에 뜨일 가능성이 크다. 가격이 낮아진 상품도 분명 있을 텐데, 그런 것은 눈에 잘 들어오지 않는다. 그렇기 때문에 장바구니 물가지수는 언제나 매우 큰 폭으로 오르는 것처럼 보이게 마련이다.

정부가 발표한 소비자물가지수와 장바구니 물가지수 사이의 괴리가 크면 공식통계에 대한 불신이 싹틀 수 있다. 우리 정부도 이를 인식하고 여러 가지 방법으로 그 괴리를 해소하려고 노력하는 것으로 알려져 있다. 그러나 한 가지 분명한 것은, 정부가 아무리 양심적으로 물가통계를 작성해도 이 둘 사이의 괴리는 결코 해소되지 않으리라는 사실이다.

2011년 11월 정부는 조사 대상 품목을 재조정해 산출한 소비자물가지수를 발표했는데, 종전의 방식으로 산출한 물가상승률에 비해 0.4% 포인트가 낮은 것으로 나타났다. 이를 두고 혹시 정부가 물가상승률이 낮게 산출되어 나오도록 꼼수를 부린 것이 아니냐는 의혹이 제기되기도 했다. 그 당시 가격이 한창 오르던 금반지를 조사 대상에서 제외함으로써 그와 같은 결과를 얻은 것은 사실이었기 때문이다. 하여튼 통계수치 산출방법이 바뀜에 따라 성장률이 높아지고 물가상승률이 낮아지는 것은 세계 여러 나라에서 자주 관찰할 수 있는 현상이다.

2021년의 소비자물가지수가 143.8이라는 것은 쌀 2백 가마와 옷 3백 벌을 구입하는 데 드는 금액이 기준이 되는 해인 2015년에 비해 2021년에는 43.8%가 더 커졌음을 뜻한다. 쉽게 말해 그 기간 동안에 생계비가 43.8%의 폭으로 상승했다는 뜻이다. 만약 또 다른 해인 2022년의 소비자물가지수를 구하려 한다면 위의 식 분자에 포함된 쌀과 옷의 가격을 2021년 가격에서 2022년 가격으로 바꿔 주기만 하면 된다.

지금까지의 도출과정을 보면, 물가지수를 구하는 연도가 바뀌더라도 쌀과 옷 가격에 적용되는 가중치는 기준이 되는 해(2015년)의 거래량인 2백 가마와 3백 벌이 그대로 유지된다는 것을 알 수 있다. 다시 말해 소비자물가지수는 고정된 가중치를 적용해 물가지수를 구하는 특징을 갖는다는 뜻이다. 기업 사이에서 거래되는 원자재와 자본재를 조사 대상으로 삼는 생산자물가지수도 이와 같은 방식으로 구하는 것이 보통인데, 이런 방식으로 구한 물가지수를 **라스파이레스지수**(Laspeyres index)라고 부른다.

라스파이레스지수

고정된 가중치(기준이 되는 해의 상품 거래량)를 적용해 가격의 평균적 동향을 파악하는 방식으로 구한 물가지수

정부가 은퇴한 사람들에게 국민연금을 지급할 때나 가난한 사람들에게 생계보조를 해 줄 때 소비자물가지수의 변동에 따라 지급액을 조정해 주는 경우가 일반적이다. 따라서 소비자물가지수가 실제로 일어난 물가상승의 정도를 얼마나 정확하게 반영하고 있느냐는 이와 같은 지출프로그램의 운영과 관련해 매우 중요한 문제가 된다. 뿐만 아니라 민간부문의 임금조정 과정에서도 소비자물가지수를 참고할 때가 많다. 어떤 사람은 소비자물가지수가 그 성격상 실제의 물가상승 정도를 과장해 보여주는 경향이 있다고 말하는데, 만약 이것이 사실이라면 정책적인 측면에서 어떤 문제가 생길 수 있다.

GDP디플레이터

'GDP디플레이터'라는 이름은 조금 생소하게 들릴 뿐 아니라, 물가지수와 별 관련이 없다는 느낌을 줄 수 있다. 그러나 이것은 앞서 본 소비자물가지수 못지않게 중요한 물가지수 중의 하나인데, 아래 식에서 보는 것처럼 어떤 한 해의 명목국내총생산을 실질국내총생산으로 나눈 값에다 100을 곱함으로써 간단히 구할 수 있다.

$$\text{GDP디플레이터} = \frac{\text{명목국내총생산}}{\text{실질국내총생산}} \times 100 \quad (14.13)$$

생각해 봅시다

일정한 소득의 범위 안에서 효용을 극대화하기 위해서는 상품들의 가격 변화에 적절하게 대응해 소비를 조정해야 한다. 예컨대 가격이 오른 상품의 소비량은 줄이는 한편, 가격이 내린 상품의 소비량을 늘려야 똑같은 소득으로 더 큰 효용을 누릴 수 있다. 합리적인 소비자라면 가격 변화에 대해 이와 같은 방식으로 소비량을 조정할 것이 분명하다. 그러나 라스파이레스방식으로 산출되는 소비자물가지수는 가격 변화가 일어나기 이전의 거래량을 가중치로 삼는다.

모든 소비자들이 앞에서 말한 것과 같은 방식으로 소비량을 조정하면 가격이 오른 상품은 거래량이 줄어들고 가격이 내린 상품은 거래량이 늘어나게 된다. 그렇다면 가격이 오른 상품의 가중치는 작아지고 가격이 내린 상품의 가중치는 커져야 한다. 그렇지만 소비자물가지수를 구할 때는 가격 변화가 일어나기 이전의 가중치를 계속 사용하게 된다. 따라서 가격이 오른 상품에는 실제로 적용되어야 할 가중치보다 더 큰 가중치가 적용되는 결과가 빚어진다. 반대로 가격이 내려간 상품에는 실제로 적용되어야 할 가중치보다 더 작은 가중치가 적용된다.

소비자물가지수가 실제로 일어난 물가상승의 정도를 정확하게 반영하지 못한다고 생각하게 만드는 또 다른 요인도 있다. 전반적으로 물가가 상승하는 과정에서도 일부 상품의 가격은 오히려 내려가는 것을 관찰할 수 있다. 휴대폰, 컴퓨터, 디지털카메라, TV 같은 첨단제품들이 그 좋은 예인데, 이런 상품들은 시간이 흐르면서 거래량이 매우 빠른 속도로 늘어나는 특징을 갖는다.

그렇다면 이런 상품들에 적용되는 가중치는 계속 커져야 마땅한 일이다. 그러나 라스파이레스방식은 몇 년 전의 거래량을 가중치로 계속 사용하게 되므로 실제로 적용되어야 할 가중치보다 더 작은 가중치가 적용되는 결과가 빚어진다. 다시 말해 물가지수를 구할 때 이런 상품들의 가격 변화가 점차 더 높은 비중으로 반영되어야 하는데 언제나 똑같은 비중으로 반영되는 결과가 빚어진다는 뜻이다.

생각해 보기

(1) 가격이 오른 상품에는 실제로 적용되어야 할 가중치보다 더 큰 가중치가 적용되는 한편, 가격이 내려간 상품에는 실제로 적용되어야 할 가중치보다 더 작은 가중치가 적용되어 구해진 소비자물가지수는 실제의 물가 동향과 어떤 관계를 갖게 될까?

(2) 첨단제품들의 가격 변화는 점차 더 높은 비중으로 반영되어야 하는데 언제나 똑같은 비중으로 반영된다는 것은 소비자물가지수가 실제의 물가 동향과 어떤 관계를 갖는다는 뜻일까?

(3) 시간이 흐르면서 똑같은 제품이라도 그 성능이 점차 향상되어 가는 경향을 발견할 수 있다. 이 점을 생각하면 소비자물가지수가 실제의 물가 동향과 어떤 관계를 갖는다고 짐작할 수 있을까?

앞에서 설명한 것처럼, 실질국내총생산은 기준이 되는 해의 가격에 기초해 구해지는 반면, 명목국내총생산은 고려 대상이 되는 바로 그해의 가격에 기초해 구해진다. 예를 들어 기준이 되는 해가 2015년이고 고려 대상이 되는 해가 2021년이라면, 2021년의 명목국내총생산과 실질국내총생산 사이의 차이가 바로 2015년에서 2021년에 이르는 기간 동안의 물가 변화를 반영한다고 볼 수 있다. 바로 이 점에 착안해 만들어진 물가지수가 GDP디플레이터인 것이다.

제1절에서 2021년의 명목국내총생산과 실질국내총생산을 각각 3,400만원과 2,400만원으로 계산해낸 바 있다. 그러므로 다음에서 보는 바와 같이 2021년의 GDP디플레

이터는 141.7이라는 값으로 계산되어 나온다.

$$
\begin{aligned}
&\text{2021년의 GDP디플레이터} \\
&= \frac{400\times 7\text{만원} + 200\times 3\text{만원}}{400\times 5\text{만원} + 200\times 2\text{만원}} \times 100 \\
&= \frac{3,400\text{만원}}{2,400\text{만원}} \times 100 = 141.7 \qquad (14.14)
\end{aligned}
$$

2021년의 GDP디플레이터 값이 141.7이란 것은 그해에 생산된 모든 최종재를 바로 그해의 가격으로 구입하기 위해 필요한 지출이 2010년의 가격으로 구입할 때 필요한 지출보다 41.7% 더 크다는 것을 뜻한다. 즉 구입하려는 대상은 2021년에 생산된 모든 최종재로서 변함이 없는데, 단지 어떤 때의 가격으로 구입하느냐의 차이 때문에 필요한 금액이 41.7%만큼 달라지는 것이다.

만약 다른 해인 2022년의 GDP디플레이터를 구하려 한다면 위의 식에서 2021년의 쌀과 옷 생산량 대신에 2022년의 생산량을 각각 대입해야 한다.[10] 이를 보면 GDP디플레이터는 기본적으로 물가지수를 구하려는 바로 그해의 생산량을 가중치로 삼아 물가동향을 파악하는 성격을 갖는 지수임을 알 수 있다. 따라서 물가지수를 구하려는 해가

그림 14-6
물가상승률 변화 추이

이 그림은 지난 50년 동안 우리나라의 소비자물가지수, 생산자물가지수, GDP디플레이터에 따른 물가상승률을 보여주고 있는데, 지수마다 물가의 변화폭이 조금씩 다르게 나타나고 있는 것을 볼 수 있다.

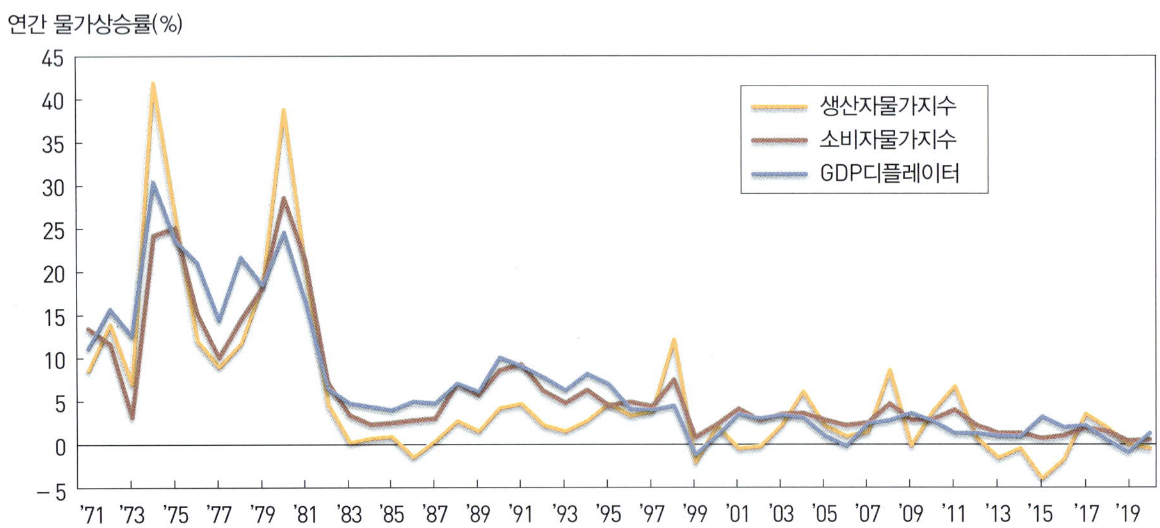

자료: 한국은행, 「경제통계시스템」, 2021

10) 가격의 경우에는, 분모의 2010년 가격을 그대로 사용하고 분자의 2021년 가격은 2022년 가격으로 바꿔야 한다.

바뀜에 따라 각 상품 가격에 적용되는 가중치가 변화하게 된다. 이와 같은 방식으로 구한 물가지수를 **파셰지수**(Paasche index)라고 부른다.

소비자물가지수는 생계비에 영향을 미치는 대표적 소비재만을 조사 대상으로 삼는 데 비해, GDP디플레이터는 국내에서 생산되는 모든 상품을 조사 대상으로 삼는다. 이 점에서 본다면 소비자물가지수보다 GDP디플레이터가 훨씬 더 포괄적인 성격을 갖는 물가지수라고 말할 수 있다. 그러나 GDP디플레이터는 국내에서 생산된 상품만을 조사 대상으로 삼기 때문에 수입 상품의 가격 동향을 전혀 반영하지 못하는 한계를 갖고 있다. 이에 비해 소비자물가지수의 경우에는 수입 상품의 가격 동향이 적절하게 반영될 수 있다.

파리 재래시장 안의 한 가게

이곳으로부터 수입되는 포도주나 치즈의 가격이 아무리 올라도 GDP디플레이터에는 아무런 영향이 오지 않는다.

파셰지수

해마다 다른 가중치(그해의 상품 거래량)를 적용해 가격의 평균적 동향을 파악하는 방식으로 구한 물가지수

이상에서 살펴본 것처럼 각 물가지수는 산출방식이 서로 다르기 때문에 물가의 동향에 대해 조금씩 다른 정보를 줄 때가 있다. 물가지수마다 물가의 변화폭이 달리 나타나는 것은 물론, 심지어 변화의 방향까지 다르게 나타나는 경우도 있다. [그림 14-6]은 지난 50년 동안 우리나라의 소비자물가지수, 생산자물가지수, GDP디플레이터에 따른 연간 물가상승률을 보여주고 있는데, 지수마다 물가의 변화폭이 조금씩 다르게 나타나고 있다.

요약

1. 국내총생산은 일정한 기간 동안 한 나라 안에서 생산하여 최종적인 용도로 사용되는 재화와 서비스의 가치를 모두 더한 것으로 정의된다.
2. 생산국민소득, 분배국민소득, 그리고 지출국민소득은 언제나 같은 값을 갖는데, 이와 같은 항등관계를 가리켜 국내총생산 삼면등가의 법칙이라고 부른다.
3. 국내총생산은 각 생산단계에서 창출된 부가가치의 합으로 측정할 수도 있다.
4. 국내총생산과 함께 널리 쓰이는 국민소득의 개념으로 국민총생산이라는 것이 있다. 국민총생산은 어떤 나라의 국민이 생산해낸 최종재의 가치를 뜻한다는 점에서 그 나라의 영토 안에서 생산한 최종재의 가치를 뜻하는 국내총생산과 차이를 갖고 있다. 국내총생산에 국외순수취 요소소득을 더하면 국민총생산이 된다.
5. 최근에는 국민 전체의 소득수준을 나타내는 지표로 국내총생산 대신 국민총소득을 더 자주 사용하는 경향이 나타나고 있다. 국민총소득은 교역조건 변화로 인한 실질무역손익을 반영한다는 특징을 갖고 있다.
6. 국내총생산은 국민 생활의 질이나 복지수준을 나타내는 지표로서 기본적인 한계를 갖고 있다. 우선 시장에서 거래되는 상품의 가치만이 포함된다는 점에서 현실을 적절히 반영하지 못하며, 시장가격의 왜곡 때문에 상품들의 진정한 가치가 반영되지 못하는 경우도 있고, 생산활동의 증가와 더불어 일어나는 환경오염 같은 부작용을 전혀 고려하지 않는다는 문제점을 갖고 있다.

7. 어떤 해의 국내총생산을 알고자 할 때 어느 해의 가격에 기초해 상품들의 화폐가치를 평가할 것인지의 문제가 제기된다. 바로 그해의 가격에 기초해 계산한 것을 명목국내총생산이라 하며, 기준이 되는 해의 가격에 기초해 계산한 것을 실질국내총생산이라고 한다. 명목국내총생산에는 생산량의 변화뿐 아니라 물가의 변화까지 반영되어 있다.

8. 물가지수는 가격들의 평균적인 동향을 알려 주는 지표다. 물가지수를 구할 때 각 상품의 거래량에 따라 다른 가중치를 적용해 평균적인 가격동향을 파악하게 된다. 그런데 가중치는 고정된 것일 수도 있고 변화하는 것일 수도 있다. 고정된 가중치를 적용해 구한 것을 라스파이레스지수라 하는데, 소비자물가지수와 생산자물가지수가 그 대표적인 예다. 반면에 변화하는 가중치를 적용하여 구한 것을 파셰지수라 하며, GDP디플레이터가 이것의 대표적 예다.

중요개념

국내총생산	최종재	중간재	부가가치
생산국민소득	분배국민소득	지출국민소득	삼면등가의 법칙
국민총생산	국민총소득	교역조건	지하경제
명목국내총생산	실질국내총생산	구매력평가 환율 국민총소득	처분가능소득
물가지수	소비자물가지수	생산자물가지수	라스파이레스지수
GDP디플레이터	파셰지수		

연습문제

01. 국내총생산 삼면등가의 법칙이 어떤 내용을 담고 있는지 설명하라.

02. 도서관에서 한국은행이 발간하는 『국민계정』과 『조사통계월보』를 찾아 참고하여 다음 물음에 답하라.

(1) 지난해 우리나라의 (명목)국내총생산과 1인당 (명목)국내총생산은 각각 얼마였는가? (원화와 달러화로 표시된 금액을 모두 답하라.) 우리나라의 국내총생산과 1인당 국내총생산을 미국, 일본의 통계수치와 비교해 보라.

(2) 지난해의 국내총생산에서 민간부문 소비지출, 투자지출, 정부소비지출, 순수출이 차지하는 비중은 각각 얼마였는가?

(3) 지난 한 해 동안의 물가상승률은 얼마였는가?

(4) 지난해의 실업률이 얼마였는가를 알아내고, 이를 미국, 프랑스, 일본의 실업률과 비교해 보라.

03. 다음에 설명된 사건들이 국민계정상의 국내총생산에 어떤 영향을 주게 되는지 설명하라.

(1) 어떤 사람이 자신의 은행 계좌에서 500만원을 찾아 그 돈으로 A회사 주식을 샀다.

(2) 이군은 고향의 향토장학회로부터 100만원의 장학금을 받았다.

(3) 관악구청에서 임시직으로 일하는 최군은 이번 달 월급으로 50만원을 받았다.

(4) 디자인회사에 다니던 어떤 여성은 육아에 전념하기 위해 직장에 사표를 제출했다.

(5) 그 여성은 아이가 두 살이 되자 가사도우미를 고용해 돌보게 만들고 새 직장을 찾아 일을 시작했다.

04. "국내총생산에는 최종재만이 포함되어야 하므로, 이를 측정하기 위해서는 어떤 상품이 최종재로 사용되었는지 아니면 중간재로 사용되었는지를 일일이 구별해 내는 작업이 필요하다."라는 말이 옳은 것인지의 여부를 판단하고, 그 이유를 간단히 설명하라.

05. 국내총생산(GDP)과 국민총소득(GNI) 사이의 차이점이 무엇인지 설명하라. 우리나라의 경우 이 둘 중 어느 쪽이 더 큰 경향이 있으며, 어떤 이유에서 그런 현상이 나타나는지 설명하라.

06. 국내총생산을 경제복지 수준의 척도로 사용하는 데에는 어떤 문제점이 있는가?

07. 동아시아 나라들의 근로시간은 일반적으로 긴 반면, 유럽 여러 나라들의 경우에는 근로시간이 비교적 짧다. 이 두 집단 사이의 1인당 국내총생산 격차를 통해 이들 사이의 경제적 복지수준의 차이를 비교할 때 어떤 문제가 발생할 수 있을까?

08. 실질국민소득을 구하는 기준연도를 2000년에서 2010년으로 바꾸면 최근 몇 년 동안의 실질국민소득 수치는 어떻게 변화할까? (물가가 일반적으로 상승하는 경우를 전제로 하고 대답할 것)

09. 어떤 사람이 경제문제를 토론하는 석상에서 "수출과 수입은 지출국민소득의 구성요소이기 때문에 이론적으로 보아 이들의 합이 국민소득을 초과할 수 없다."고 주장했다. 이 말이 맞는 것인지의 여부를 판단하고, 그 이유를 간단히 설명하라.

10. 자동차와 사과 두 가지 상품만을 생산, 소비하는 경제가 있다. 2015년과 2021년에 이 경제에서 생산해 낸 자동차, 사과의 양과 가격은 각각 다음과 같다.

		2015년	2021년
자동차	가격	300만원	600만원
	생산량	100대	150대
사과	가격	1,000원	1,500원
	생산량	20만 개	40만 개

(1) 2015년을 기준연도로 하여 2015년과 2021년의 명목국내총생산, 실질국내총생산, GDP디플레이터, 소비자물가지수를 각각 구하라.

(2) 2015년과 2021년 사이의 물가상승률은 얼마인가? GDP디플레이터와 소비자물가지수에 기초해 계산한 물가상승률을 제시하라.

(3) GDP디플레이터와 소비자물가지수는 각각 어떤 장단점을 갖고 있는지 간단히 설명해 보라.

11. "우리나라 수출품 가격이 수입품 가격에 비해 떨어지면 국민총소득(GNI)은 국내총생산(GDP)보다 더 커진다."라는 말이 적절한 것인지 판단해 보라.

12. 서민들은 물가가 너무 높아 살기 어렵다는 하소연을 하고 있는 가운데 "최근 수년간 우리나라의 물가상승률은 2% 이하의 낮은 수준에 머물러 있는 것을 보면 물가 통계에 심각한 문제가 있다."라는 말이 적절한 것인지 판단해 보라.

제7편

국민소득의 결정

| 제15장 |

소비, 투자, 정부지출, 순수출

| 제16장 |

소득－지출분석과 케인즈의 유효수요이론

| 제17장 |

국민소득과 물가 : 총수요－총공급모형

제15장

소비, 투자, 정부지출, 순수출

15.1 총수요의 구성요소들

15.2 소비지출

15.3 투자지출

15.4 정부지출과 순수출

이 장에서는 국민경제의 총수요를 구성하는 여러 요소들을 하나씩 차례로 살펴보려고 한다. 이 중 가장 큰 비중을 차지하고 있는 것은 소비지출인데, 소비수준을 결정하는 데 영향을 미치는 요인들이 무엇이며, 그 관계는 어떤 것인지에 관심의 초점을 맞추게 된다. 기업의 투자지출은 그 비중이 소비지출만큼 크지 않지만, 경기변동에 따라 상당히 심한 기복을 보이기 때문에 특별한 관심의 대상이 된다. 정부지출은 재정정책의 중요한 수단이 된다는 점에서, 그리고 순수출은 뒤에서 논의할 환율과 밀접한 관련이 있다는 점에서 우리의 관심을 끌고 있다.

15.1 총수요의 구성요소들

총수요-총공급모형

총수요곡선과 총공급곡선이 교차하는 점에서 국민경제가 균형을 이루고, 따라서 이 점이 국민소득과 물가의 수준을 결정한다고 보는 이론적 틀

제13장에서 설명한 바 있지만, 국민소득과 물가의 결정과정도 기본적으로 수요와 공급의 상호작용이라는 틀에 의해 분석할 수 있다. 다만 국민경제 전체에서 생산되는 상품을 고려 대상으로 삼는다는 의미에서 총수요(aggregate demand)와 총공급(aggregate supply)이라는 표현을 쓴다는 차이만 있을 뿐이다. 총수요곡선과 총공급곡선이 교차하는 점에서 국민경제가 균형을 이루고, 따라서 이 점이 국민소득과 물가의 수준을 결정하는 것으로 보는 이론적 틀을 **총수요-총공급모형**이라고 부른다. 앞으로 보게 되겠지만, 이 총수요-총공급모형은 우리가 국민경제를 분석하는 과정에서 매우 중요한 역할을 수행한다.

그런데 우리는 아직까지 총수요곡선과 총공급곡선을 어떻게 도출하는지 잘 모르기 때문에 이 모형을 통한 본격적인 분석 작업에 들어갈 수 없다. 총수요곡선과 총공급곡선을 어떻게 도출할 수 있는지는 제17장에서 설명하려 하는데, 그 단계에 이르기까지 약간의 사전 준비가 필요하다. 총수요와 총공급이 결정되는 과정은 미시경제이론에서 수요와 공급이 결정되는 과정보다 상대적으로 더 복잡한 성격을 갖고 있기 때문이다.

이 장에서는 그 준비 작업의 일환으로 우선 총수요를 구성하는 요소들에 대해 자세히 살펴보려고 한다. 앞에서 설명했던 것처럼, 한 국민경제는 가계, 기업, 정부, 해외부문으로 구성되어 있다. 이 네 경제주체가 수요하는 상품의 양을 모두 더한 것이 바로 총수요인데, 경제주체마다 수요의 성격이 서로 다른 것을 볼 수 있다. 좀 더 구체적으로 말하면, 경제주체마다 상품을 수요하는 목적이 다르고 따라서 수요를 결정하는 요인이 모두 다르다는 뜻이다. 그렇기 때문에 총수요의 구성요소들을 하나씩 따로 떼어 그 성격을 자세하게 살펴볼 필요가 있다.

국민경제의 총수요를 구성하는 첫 번째 요소는 가계의 소비지출(C)이다. 소비자들이 쌀이나 옷 같은 재화를 구입하기 위해, 그리고 이발서비스나 의료서비스를 받기 위해 지출하는 것이 모두 이에 포함된다. 두 번째 요소는 기업의 투자지출(I)로서, 기업이 자본재를 구입하는 데 사용한 지출을 뜻한다. 정부도 각종 사업과 관련해 재화와 서비스를 구입하고 있는데, 바로 이 정부지출(G)이 총수요의 세 번째 구성요소가 된다.

총수요의 마지막 구성요소는 해외부문에서 나오는 수요로서, 이것의 크기는 수출액에서 수입액을 뺀 것, 즉 순수출(X_n)로 나타낼 수 있다. 앞 장에서 설명했던 것처럼, 국내의 소비지출, 투자지출, 그리고 정부지출 중에는 수입품에 대한 지출이 포함되어 있다. 이것은 우리나라에서 생산한 상품에 대한 수요가 아니므로 총수요에서 제외되어야 한다. 반면에 수출은 외국 사람이 우리나라 상품에 대해 수요한 것을 뜻하므로 총수요에 포함되어야 한다. 따라서 수출액에서 수입액을 뺀 순수출이 총수요의 한 구성요소가 된다고 말할 수 있다.

지금 보는 것처럼 한 장을 따로 떼어 총수요의 구성요소들에 대해 논의할 정도로

총수요에 각별한 관심을 갖는 이유는 과연 무엇일까? 앞으로 보게 되겠지만, 우리가 배우고 있는 거시경제이론에서는 총수요가 매우 중요한 위치를 차지하고 있다.[1] 경제상황이 총수요에 의해 좌우될 때가 많고, 그렇기 때문에 총수요를 조절함으로써 경제를 안정시킬 수 있다고 보는 데서 이 이론의 가장 중요한 특징을 찾을 수 있다. 총수요를 그 정도로 중요시하기 때문에 이를 구성하는 요소들을 하나씩 살펴보는 수고를 마다하지 않는 것이다.

15.2 소비지출

가계의 **소비지출**(consumption expenditure)은 총수요의 50% 이상의 비중을 차지하고 있어 다른 총수요 구성요소보다 훨씬 더 비중이 크다. 소비지출의 결정요인 중 가장 중요한 것은 소득의 크기라고 말할 수 있다. 구태여 이론을 들먹이지 않더라도 소득이 많을수록 소비수준이 더 높아진다는 것은 누구나 다 상식으로 알고 있다. 경제 전체를 놓고 보아도 소득이 많을 때에는 적을 때에 비해 소비지출이 더 커지는 것을 볼 수 있다. 그런데 소비수준은 특히 조세를 납부한 후의 사용가능한 소득, 즉 **처분가능소득**(disposable income)과 밀접한 관계를 맺고 있다.[2] 아무리 소득이 많더라도 세금을 내고 난 후의 소득이 불과 얼마 되지 않는다면 소비수준은 결코 높을 수 없다.

그걸로 주세요

한 달 동안 쓸 수 있는 용돈, 즉 처분가능소득이 이 소녀들의 소비수준을 결정하는 주요인이다.

처분가능소득과 소비지출

[그림 15-1]은 1970년 이후 우리나라의 처분가능소득과 소비지출 사이의 관계를 보여주고 있다. 이 그림에서 우리는 다음과 같은 두 가지 중요한 특징을 관찰할 수 있다. 하나는 처분가능소득이 커짐에 따라 소비지출도 늘어나는 관계, 즉 이 두 변수 사이에 양(+)의 상관관계가 존재하고 있다는 점이다. 그림에 나와 있는 각 점들을 이어보면 양의 기울기를 갖는 곡선의 모양을 보게 될 텐데, 이는 처분가능소득과 소비지출 사이에 양의 상관관계가

1) 우리가 지금 공부하고 있는 거시경제이론이 수요측면을 강조하는 케인즈(J. M. Keynes)의 영향을 강하게 받고 있기 때문에 여기에서 총수요가 중요한 위치를 차지하게 되는 것이다.

2) 바로 앞 장에서 우리는 국민소득, 엄밀하게 말해 국민총소득에서 감가상각과 사내유보이윤 그리고 각종 세금을 뺀 다음 이전지출을 더함으로써 처분가능소득을 계산할 수 있음을 본 바 있다. 그러나 여기에서는 분석의 단순화를 위해 국민소득에서 납부한 세금만을 빼서 처분가능소득을 계산할 수 있다고 가정한다는 점에 주의하기 바란다.

그림 15-1

처분가능소득과 소비지출

처분가능소득과 소비지출의 변화 추이를 보여주는 이 그림을 보면 양자 사이에 뚜렷한 양(+)의 상관관계가 존재한다는 것을 알 수 있다.

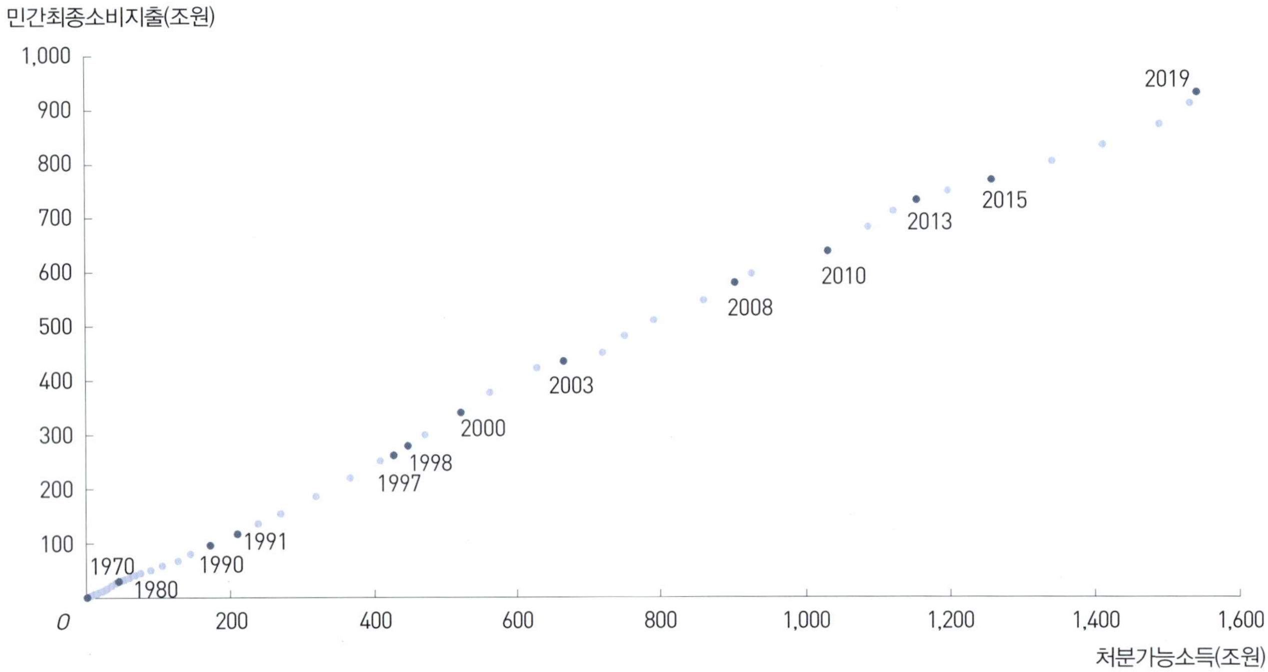

자료 : 한국은행, 「경제통계시스템」, 2021

* 처분가능소득은 명목처분가능소득을 GDP디플레이터로 나눈 실질처분가능소득이며, 소비는 정부 소비지출을 제외한 민간 소비지출을 나타냄

존재한다는 뜻이다.

다른 하나는 처분가능소득이 커질 때 소비지출도 따라서 늘어나지만 그 증가분은 처분가능소득의 증가분보다 더 작다는 사실이다. 예를 들어 1990년도와 1991년도를 대표하는 두 점은 처분가능소득이 176조원에서 213조원으로 커진 결과 소비지출이 101조원에서 122조원으로 늘어난 것을 보여주고 있다. 이를 보면 처분가능소득이 37조원 커진 데 비해 소비지출은 이보다 적은 21조원만큼만 늘어난 것을 알 수 있다. 소득 증가분을 전부 소비하는 것이 아니고 그중 일부를 저축하고 있기 때문이다.

이상의 논의를 종합해 보면, 어떤 국민경제의 처분가능소득이 Y_d, 그리고 소비지출이 C라고 할 때 다음과 같은 간단한 식으로 둘 사이의 관계를 나타낼 수 있음을 알 수 있다.

$$C = a + bY_d \tag{15.1}$$
$$(a>0,\ 0<b<1)$$

이와 같은 처분가능소득과 소비지출 사이의 관계에서 우리는 **한계소비성향**(margin-

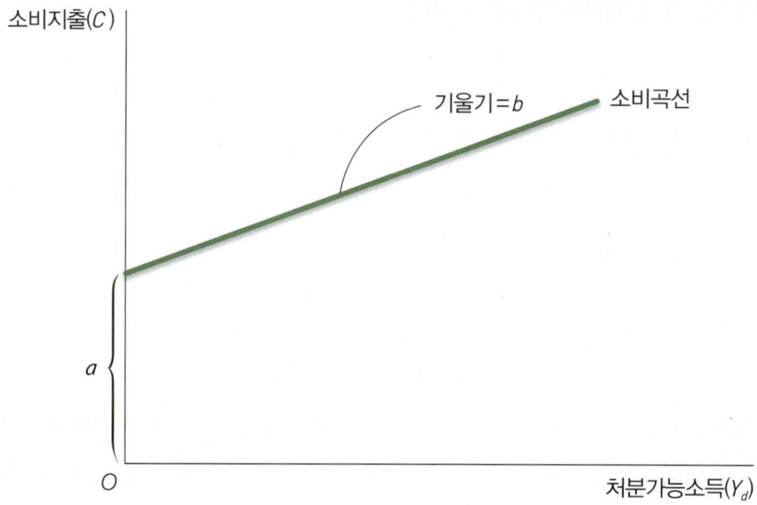

그림 15-2

소비곡선

이 소비곡선은 처분가능소득과 소비지출 사이의 관계를 보여주고 있는데, 소비곡선이 이렇게 선분의 모양을 가질 경우 한계소비성향은 어디에서나 선분의 기울기(b)와 같은 값을 갖는다.

al propensity to consume; MPC)이 얼마인지 알아낼 수 있다. 한계소비성향은 처분가능소득이 1원 증가할 때 소비지출이 얼마나 증가하는지를 나타내고 있는데, 다음과 같은 수식으로 간략하게 표현할 수 있다.

$$\text{한계소비성향} = \frac{\Delta C}{\Delta Y_d} \tag{15.2}$$

예를 들어 매크로랜드라는 나라의 2020년 처분가능소득이 100만 달러였는데 2021년에는 101만 달러로 커졌다고 하자. 이와 같은 소득 증가에 따라 소비지출도 70만 달러에서 70만 6천 달러로 늘어났다고 한다. 그렇다면 1만 달러의 처분가능소득 증가가 6천 달러의 소비지출 증가를 가져왔으므로, 그 나라의 한계소비성향은 0.6(= 6천/1만)이 된다는 것을 알 수 있다.[3)]

그림을 통해 한계소비성향이 무엇인지 알아낼 수도 있다. [그림 15-2]에는 식 (15.1)이 의미하는 처분가능소득과 소비지출 사이의 관계를 보여 주는 곡선, 즉 **소비곡선**(consumption curve)이 선분의 모양으로 그려져 있다. 한계소비성향은 $\frac{\Delta C}{\Delta Y_d}$로 정의되므로, 이 소비곡선의 기울기, 즉 b가 바로 그것과 같음을 알 수 있다. 식 (15.1)에서 b의 값을 0과 1 사이로 잡아 놓은 것은 한계소비성향이 0과 1 사이임을 가정했다는 뜻이다. 즉 가계는 늘어난 소득을 전부 소비하지 않고 그중 일부를 저축하려는 태도를 갖는다고 가정한 것이다. 앞에서 본 [그림 15-1]의 배경이 되는 자료를 사용해 한계소비성향을 추정해 보면 대략 0.6의 값을 얻게 된다.

3) 엄밀히 말해 한계소비성향을 측정할 때는 처분가능소득을 아주 작은 양만큼 증가시켰을 때 소비지출이 얼마나 증가하느냐를 보아야 한다. 여기서는 편의상 처분가능소득이 1만 달러나 증가하는 경우의 예를 들고 있으니 오해가 없기를 바란다.

소비지출을 결정하는 다른 요인들

소비지출을 결정하는 다른 요인들

소비수준에 영향을 주는 요인들로는 처분가능소득 말고도 재산, 물가수준, 이자율, 미래소득 등을 들 수 있음

앞에서 설명한 것처럼 처분가능소득의 크기는 소비지출을 결정하는 가장 중요한 요인이 된다. 그러나 처분가능소득 아닌 다른 요인들도 소비지출에 상당한 영향을 주고 있는데, 이들이 무엇인지 하나씩 설명해 보려고 한다.

(1) 재 산

재산효과

주택이나 주식 가격이 올라 재산이 늘어나면 소비지출도 늘어나는 것을 가리킴

실질자산효과

물가가 변동함에 따라 가계가 보유한 재산의 실질가치가 변해 소비지출에 영향을 미치는 것을 가리킴

소비지출에 영향을 주는 처분가능소득 이외의 변수로서 우선 소비자들이 갖고 있는 재산을 꼽을 수 있다. 소득은 그리 많지 않아도 상당한 재산을 갖고 있는 사람들을 종종 볼 수 있다. 이런 사람들은 재산의 일부를 현금화함으로써 소비지출에 충당할 수 있는 자금을 마련할 수 있고, 따라서 그들의 소비수준은 소득수준에 비해 상당히 높은 경향이 있다. 이로부터 소득뿐 아니라 재산도 소비수준을 결정하는 중요한 변수가 된다는 사실을 알 수 있다. 주택이나 주식의 가격이 올라 재산이 늘어나면 소비지출도 따라서 늘어나는 것을 관찰할 수 있는데, 이를 가리켜 **재산효과**(wealth effect)라고 부른다.

(2) 물가수준

물가가 오르면 갖고 있는 돈은 물론 모든 명목자산(nominal assets)의 실질가치가 줄어드는 결과가 빚어진다. 명목자산이란 예금이나 채권처럼 그 가치가 일정한 양의 화폐로 고정되어 있는 자산을 뜻한다. 물가가 오르면 재산의 일부를 구성하는 명목자산의 실질적 가치가 줄어들 것이기 때문에, 가계가 보유하는 재산 전체의 실질적 가치가 줄어들게 된다. 이와 같은 재산의 실질적 감소는 소비지출 감소로 이어질 것인데, 물가가 변동함에 따라 가계가 보유한 재산의 실질가치가 변화해 소비지출에 영향이 오는 것을 가리켜 **실질자산효과**(real balance effect)라고 부른다.

(3) 이자율

사람들이 저축에 대한 결정을 내릴 때는 이로부터 얻을 수 있는 이자소득이 얼마나 될지가 가장 중요한 고려 사항이 된다. 이자율이 높아지면 저축의 매력이 그만큼 커지기 때문에 사람들이 소비지출을 줄이고 저축을 늘리는 반응을 보일 것이라고 짐작할 수 있다. 이와 같이 이자율의 변화가 사람들의 소비지출에 어떤 영향을 주리라고 짐작할 만한 여지는 있다. 그러나 이자율이 높아짐에 따라 사람들이

재산효과의 크기는 얼마나 될까?

재산효과가 현실에 존재하고 있다는 사실에 대해 의문을 갖는 사람은 없다. 다만 그 효과의 크기가 얼마인지에 대해 여러 가지 다른 견해가 제시되어 의견의 통일을 보지 못하고 있는 상황이다.

한국은행의 분석 결과에 따르면, 우리나라 소비자들은 갖고 있는 재산의 가치가 100원 증가함에 따라 소비지출을 3.5원 정도 늘리는 반응을 보인다고 한다. 특히 부동산이나 주식의 가격 상승으로 인한 재산의 증가는 상대적으로 더 큰 폭의 소비지출 증가를 가져오는 것으로 나타났다. 구체적으로 말해 부동산이나 주식으로 매매차익을 거둔 사람은 그 가치가 100원 더 커졌을 때 소비지출을 4원 늘리는 반응을 보인다고 한다.

재산효과의 크기는 경제의 상황에 따라 달라지기 때문에 나라마다 그 값이 다르게 나타난다. 2004년에 행해진 OECD의 연구에 따르면, 금융자산의 경우 재산효과의 크기가 0.01에서 0.07 사이의 값이라고 한다. 즉 금융자산의 가치가 100원 더 커지면 소비지출이 1원에서 7원 사이의 크기로 늘어난다는 것이다. 물론 금융자산의 가치가 떨어지면 소비지출이 바로 그만큼의 폭으로 줄어들 것으로 짐작할 수 있다.

서울의 아파트촌

아파트의 가격이 오르면 이를 소유하고 있는 사람은 소비지출을 늘리게 된다.

일반적으로 금융자산보다 주택에서 나오는 재산효과가 더 큰 경향이 있는데, 그 이유로 다음과 같은 것들을 생각해 볼 수 있다. 우선 금융자산의 경우에는 일부 부유층이 주로 소유하고 있지만, 주택은 광범한 계층이 소유하고 있다는 점을 들 수 있다. 그렇기 때문에 주택가격의 변화가 경제 전체에 미치는 영향이 상대적으로 더 클 것이라고 짐작할 수 있다.

또한 주식가격 하락은 자주 발생하는 데 비해 주택가격 하락은 비교적 드물다는 점을 들 수도 있다. 따라서 주식가격이 떨어지면 일시적으로 재산이 줄어들었다고 인식하는 반면, 주택가격이 떨어지면 재산이 영구적으로 줄어들었다고 인식해 소비지출을 크게 줄인다는 것이다.

그러나 이와 정반대의 의견을 갖고 있는 사람도 있어 우리의 관심을 끈다. 뷔터(W. Buiter)는 주택가격 변화로 인한 재산효과가 거의 0에 가깝다는 흥미로운 분석 결과를 제시하고 있다. 그는 주택가격 하락이 주택 소유자의 재산을 줄어들게 하지만, 앞으로 주택을 살 사람에게는 그 반대의 효과를 낸다는 점을 지적했다. 더 적은 저축만으로도 집을 살 수 있기 때문에 실질적으로는 재산이 늘어난 것과 비슷한 효과가 생긴다는 말이다.

따라서 경제 전체로 볼 때는 주택가격 변화로 인한 재산효과가 거의 0에 가깝다는 것이 뷔터의 주장이다. 그러나 주택을 소유한 사람과 주택을 소유하지 않은 사람이 주택가격 변화에 대해 다른 방식으로 반응한다면 경제 전체로 볼 때 재산효과가 발생할 수 있다. 예컨대 주택가격이 떨어졌을 때 주택 소유자는 소비지출을 줄이는데, 주택을 소유하지 않은 사람은 소비지출을 늘리지 않는 반응이 나올 수 있다. 이런 경우라면 재산효과가 발생할 수 있다.

얼마 전 미국 경제에서 일어난 일을 보면 주택가격 변화로 인한 재산효과가 상당히 크다는 것을 알 수 있다. 거품 붕괴로 인한 주택가격 급락이 전반적 금융위기로 비화된 데는 재산효과가 결정적인 역할을 했다. 뷔터도 거품 붕괴로 인한 주택가격 하락의 경우에는 재산효과가 발생할 수 있음을 인정한 바 있다. 모든 나라들이 주택가격이 크게 떨어질까 봐 걱정하는 데는 나름대로 이유가 있다.

자료 : *The Economist*지, 2008년 8월 9일 자

생각해 봅시다

주택가격과 주식가격의 상승이 경제의 활력소가 되는 것은 사실이다. 주택과 주식을 갖고 있는 사람들이 소비를 늘리고 이에 따라 총수요가 증가하게 될 것이기 때문이다. 그러나 문제는 그것들의 가격이 너무나 높은 수준으로 올라 거품이 낄 수 있다는 데 있다. 거품은 언젠가 터지게 마련이고, 결국 거품이 터진다면 경제는 걷잡을 수 없는 충격에 휩싸이게 된다.

1990년대에 시작된 일본 경제의 '잃어버린 30년'이나 2008년 전 세계를 강타한 미국발 금융위기의 진원지가 모두 자산가격 거품에 있었다. 거품이 끼기 전에 적절한 대책을 세우면 될 테지만, 그것이 말처럼 쉬운 일은 아니다. 무엇보다 우선 문제가 되는 것은 현재 상황에서 주택이나 주식시장에 거품이 끼어 있는지의 여부를 판단하기 어렵다는 점이다. 거품이 꺼지기 시작할 시점이 되어서야 뒤늦게 거품이 끼어 있었음을 자각하게 되는 경우가 대부분이다.

뿐만 아니라 거품이 끼어 있는 것을 알면서도 정부가 이에 대한 대책을 소홀히 하는 경우도 많다. 거품으로 인해 경제가 일시적으로 활기를 띨 때 여간한 용기가 없고서는 여기에 찬물을 끼얹기가 힘들기 때문이다. 2008년 미국에서 발생한 금융위기도 주택시장에 거품이 끼어 있다는 지적이 많았음에도 불구하고 정부가 아무런 대책을 세우지 않아 문제를 키운 측면이 강하다.

생각해 보기

(1) 우리나라의 주택시장, 특히 수도권의 주택시장에 거품이 끼어 있다고 지적하는 사람들이 있다. 이런 지적이 타당성을 갖는지의 여부에 대해 생각해 보자.

(2) A라는 나라에서는 부유층이 주로 주식을 보유하고 있는 반면, B라는 나라에서는 모든 소득계층이 골고루 주식을 보유하고 있는 것으로 관찰되었다고 한다. 이 두 나라 중 어떤 나라에서 주식가격의 변동과 관련된 재산효과가 상대적으로 더 크게 나타날까? 그리고 그 이유는?

소비지출을 줄일 것이라고 예측할 수 있는 명확한 이론적 근거는 찾을 수 없다.[4] 또한 현실에서 이자율이 소비지출과 저축에 구체적으로 어떤 영향을 미치고 있는지에 대해서도 경제학자들 사이에 의견이 엇갈려 있는 실정이다.

(4) 미래의 소득

어떤 사람이 지금은 무일푼이지만 석 달 후부터 변호사로 일을 시작하면 월 1천만원의 소득을 얻을 수 있다고 한다. 지금 형편으로는 중고 소형차도 살 수 없지만, 그는 새로 나온 중형 자동차를 구입하기로 결정했다. 앞으로 얻게 될 소득으로 할부금을 내는 것은 그리 큰 부담이 되지 않을 것으로 예상했기 때문이다. 이 예에서 보는 것처럼 소비자는 미래에 얻을 소득을 예상하고 현재의 소득수준 이상으로 소비지출을 늘릴 가능성이 있다. 이를 보면 미래에 예상되는 소득이 (현재의) 소비지출에 영향을 주는 또 하나의 요인이 될 수 있음을 알 수 있다.

4) 미시경제이론에서 배운 바 있지만, 가격의 변화가 소비자의 선택에 주는 영향은 대체효과와 소득효과로 나누어 생각해 볼 수 있다. 이자율이 높아지는 데 따른 대체효과는 저축을 늘리는 방향으로 영향을 주지만, 소득효과는 저축을 줄이는 방향으로 영향을 준다. 따라서 이론적인 관점에서 보면 이자율의 상승이 저축에 어떤 영향을 미치는지를 분명하게 예측할 수 없다.

가계 저축률이 왜 급격히 떨어졌나?

우리나라는 저축률이 이례적으로 높은 나라로 알려져 있다. 가계, 기업, 정부의 저축을 모두 합친 총저축률은 1990년대 이후 완만한 하락세를 보이고 있지만, 아직도 35% 정도 수준에 유지되고 있어 다른 나라들에 비해 더 높은 것이 사실이다. 전 세계에서 이 정도의 높은 저축률을 꾸준하게 유지하고 있는 나라는 몇 되지 않는다.

그러나 주체별로 나누어 저축률을 살펴보면, 모든 주체가 꾸준하게 높은 저축률을 유지해 온 것은 아님을 알 수 있다. 예를 들어 1986~1995년의 기간 동안만 해도 16%가 넘는 수준을 보이던 가계 저축률은 1997년 말 외환위기 이후 10% 아래로 떨어졌다. 이후에도 지속적인 감소세를 보인 가계저축률은 코로나19 팬데믹으로 인해 일시적으로 상승하기 이전까지 6%대까지 떨어져 OECD 국가들 중에서도 하위권에 속하고 있는 실정이다.

그런데도 총저축률이 35% 정도를 유지할 수 있는 것은 높아진 기업의 저축률이 가계 저축률의 하락을 상쇄했기 때문이다. 그렇다면 외환위기 이후 우리나라의 가계 저축률이 왜 이처럼 큰 폭으로 떨어지게 되었는지가 의문이 아닐 수 없다. 이에 대해 다음과 같은 여러 가지 이유를 생각해 볼 수 있다.

무엇보다 우선 노년층 인구 비율의 증가가 가계 저축률 하락을 가져오는 중요한 원인이 되었을 가능성이 크다. 1990년에 5.1% 수준이었던 65세 이상 인구의 비율은 2000년에 7.2%로 올라가고, 2020년에는 15.7%로 올라가는 등 가파른 증가세를 보이고 있다. 소득이 아주 적거나 아예 없는 노년층 인구가 증가하게 되면서 가계 저축률이 떨어지는 것은 자연스러운 현상이다.

또한 근래에 가계의 실질소득 증가율이 급격하게 떨어진 데서 또 다른 원인을 찾을 수 있다. 외환위기 이전 10년 동안의 연평균 실질소득 증가율은 8.8% 수준이었다. 이에 비해 외환위기 이후에는 연평균 실질소득 증가율이 3%대로 크게 떨어졌다. 실질소득 증가율이 급격하게 떨어진 데서 압박을 느낀 가계들은 저축을 줄여야만 한다고 생각했을 것이다.

나아가 지출 측면에서도 가계 저축률 하락을 가져온 다양한 원인들을 찾을 수 있다. 우선 교육비 부담의 증가가 가계의 저축 능력을 줄이는 역할을 했을 것이라고 짐작할 수 있다. 가계소득 중 교육비가 차지하는 비율은 1990년대 초반만 해도 5% 수준에 머물러 있었다. 그런데 이 비율이 2019년에는 8.3%까지 뛰어오름에 따라 저축할 여력이 없어졌다고 느낀 사람이 많아졌을 것이 분명하다.

이와 더불어 국민연금 같은 가계의 사회보험 관련 지출이 증가하면서 자발적 저축을 줄였을 가능성도 있다. 외환위기 이전만 해도 평균 2%대에 머물고 있었던 가계의 사회보험 관련 지출 비중이 최근에는 9% 수준까지 높아지게 되었다. 개인의 입장에서 볼 때 사회보험 관련 지출은 일종의 강제적(공적) 저축이라고 할 수 있다. 이와 같은 공적 저축의 비중이 커짐에 따라 자발적 저축을 줄이기로 결정했을 것이라고 짐작할 수 있다.

마지막으로는 최근 가계부채가 빠르게 증가하면서 이자와 원금상환 부담이 늘어난 것을 또 다른 원인으로 들 수 있다. 현재 우리나라의 경제규모 대비 가계부채 비율은 다른 선진국과 비교해 상당히 높은 수준에 있다. 2020년의 GDP 대비 가계부채 비율은 99%로, OECD 여러 나라의 평균치보다 상당히 더 높은 수준이다. 개인의 처분가능소득 대비 부채비율은 무려 170%나 되어 가계부채가 높은 편인 미국과도 비슷한 수준이다. 가계부채에 허덕이는 사람들에게 저축은 '그림 속의 떡'일 수밖에 없다.

15.3 투자지출

투자지출의 성격

총수요의 구성요소로서 기업의 **투자지출**(investment expenditure)이 갖는 중요성은 가계의 소비지출 못지않게 크다. 그런데 투자지출이 갖는 중요성은 그것의 크기에서 나오는 것이 아니다. 사실 총수요에서 투자지출이 차지하는 비중은 대부분의 나라에서 소비지출에 비해 상당히 작은 것이 보통이다.[5] 우리가 투자지출에 대해 특히 많은 관심을 갖는 이유는 그것이 경기변동에 따라 큰 폭으로 변화하는 성격을 갖고 있기 때문이다.

투자라고 하면 사람들은 대개 주식투자, 채권투자, 부동산투자 따위를 머릿속에 떠올린다. 그러나 이런 행위들은 거시경제이론에서 말하는 투자와 그 성격이 완전히 다르다. 거시경제이론에서의 투자는 어떤 나라에서 한 해 동안 생산된 최종재 중 기업이 구입하는 자본재(capital goods)의 총 가치를 뜻한다. 주식, 채권, 부동산 등을 구입하는 행위는 이미 존재하고 있는 자산의 소유권이 이전되는 결과만을 가져온다는 점에 주의해야 한다. 따라서 이런 행위들은 거시경제학에서 말하는 투자행위의 일종이 될 수 없다.

투자란 새로 만들어진 자본재를 구입하는 것을 뜻하기 때문에 투자가 증가한 만큼 국민경제의 총 자본량이 증가하게 된다.[6] 그런데 투자는 어떤 성격의 자본재를 구입했느냐에 따라 **고정투자**(fixed investment)와 **재고투자**(inventory investment)로 나누어진다. 고정투자는 기계, 공구, 자동차 등의 설비를 구입하거나 공장, 도로, 다리 등을 건설하는 형태로 행해진다. 이에 비해 재고투자는 말 그대로 재고를 더 늘려 보유하는 형태로 이루어지는 투자를 뜻한다.

한 자동차회사의 차체 자동생산시설

이와 같은 생산시설을 갖추기 위한 투자가 고정투자의 좋은 예가 된다.

지금 우리는 총수요를 구성하는 한 요소가 된다는 점에서 투자에 관심의 초점을 맞추고 있다. 비교적 안정된 성향을 갖고 있는 소비지출과 달리, 투자지출은 경제의 상황에 따라 크게 늘기도 하고 줄기도 하는 특성을 갖고 있다. 이와 같은 투자의 움직임이 경기를 좌우할 때가 많기 때문에 투자지출의 추이가 특별한 관심의 대상이 되는 것이다. 앞에서 경기변동은 국민경제의 단기적인 움직임과 관련을 갖는 현상이라고 설명한 바 있다. 따라서 총수요의 한 구성요소로서의 투자는 단기적인 시각에서 보았을 때 그 의미가 큰 것이라고 말할 수 있다.

5) 예를 들어 1970년부터 2020년까지의 기간 동안 우리나라의 총수요에서 민간소비지출이 차지하는 비중이 평균 55.4% 수준이었던 데 비해, 투자지출의 비중은 32.4%에 지나지 않았다.

6) 이와 같이 투자행위를 통해 총 자본량이 증가하는 과정을 가리켜 '자본축적'이라고 부르기도 한다.

장기적인 시각에서 볼 때 투자는 다른 의미에서 중요성을 갖는다. 즉 투자행위를 통해 자본이 축적되고, 이렇게 축적된 자본이 경제성장의 밑바탕이 된다는 점에서 투자가 중요한 의미를 갖는 것이다. 투자가 순조롭게 이루어지지 못하면 자본이 제대로 축적되지 못해 경제성장이 더디어지는 결과가 빚어지게 된다. 이와 같이 경제에서 투자가 갖는 의미는 단기적인 경기변동의 측면에서뿐 아니라 장기적인 경제성장의 측면에서도 매우 크다고 할 수 있다.

투자 여부의 결정기준

아이스크림을 만드는 '어르미'사가 냉동기계 한 대를 새로 구입할 것일지의 여부에 대해 고려하고 있다고 하자. 그 기계를 구입해 생산과정에 투입하면 1년 후에는 R_1원, 2년 후에는 R_2원, 그리고 3년 후에는 R_3원의 수익을 가져다줄 것으로 예상되고 있다. 그리고 이 기계는 3년만 사용할 수 있고, 그 후에는 수명이 다해 아무 가치도 없는 고철 덩어리로 변해 버린다고 가정하기로 하자.[7)]

똑같은 1억원이라도 현재 그것을 얻는 것과 1년 후에 얻는 것 사이에는 분명한 차이가 있다. 어느 누구라도 이 둘 중 현재 얻는 쪽을 더 선호하리라는 것은 두말할 나위도 없다. 따라서 미래에 예상되는 수익은 **할인**(discounting)의 과정을 거쳐 **현재가치**(present value; PV)로 환산해야 비로소 그 의미를 정확하게 알 수 있다. 연간 이자율이 r이라고 할 때, 그 기계를 구입함으로써 기업이 얻게 되는 수익의 현재가치를 다음과 같은 식으로 나타낼 수 있다.[8)]

$$PV = \frac{R_1}{1+r} + \frac{R_2}{(1+r)^2} + \frac{R_3}{(1+r)^3} \tag{15.3}$$

기업은 이와 같이 미래에 예상되는 수익의 현재가치를 구한 다음, 그 기계를 구입하는 데 드는 비용과 비교해 투자 여부를 결정하게 된다. 구체적으로 말해 그 기계의 구입비용보다 수익의 현재가치가 더 크면 그 기계를 사기로 결정하는 것이다. 예를 들어 그 기계의 구입비용이 C라고 할 때, 다음과 같은 조건이 성립하면 그 기계를 사기로 결정하게 된다.

$$PV > C \tag{15.4}$$

7) 이 가정이 매우 극단적인 것은 사실이지만, 경제학에서는 편의를 위해 이런 극단적인 가정을 채택할 때가 종종 있다.

8) 미래에 예상되는 수익을 현재가치로 바꾸는 할인의 과정에서 적용되는 비율은 할인율(discount rate)이라 부른다. 엄밀하게 말해 할인율과 이자율은 서로 다른 개념이지만, 이자율을 할인율로 사용하는 경우가 많다.

우리나라의 투자지출

우리나라의 국민계정을 보면, 투자지출은 설비투자, 건설투자, 재고투자로 구성되어 있음을 알 수 있다. 설비투자는 생산설비를 확충하는 데 쓴 지출을 뜻하는데, 이는 다시 기계에 대한 투자와 운수장비에 대한 투자로 세분되어 있다. 운수장비에 대한 투자란 기업이 자동차, 선박, 항공기 등을 구입하는 데 쓴 지출을 뜻한다.[9)]

한편 건설투자는 건물에 대한 투자와 기타 구축물에 대한 투자로 나누어진다. 건물에 대한 투자는 주거용 건물에 대한 투자와 비주거용 건물에 대한 투자로 다시 나누어진다. 주거용 건물에 대한 투자는 가계가 새로 지은 집이나 아파트를 구입하기 위해 지출한 것을 뜻한다. 가계가 새로 건설된 주거용 건물을 구입할 경우, 이에 쓰인 지출은 국민계정상에 투자지출로 분류되어 기록되는 것이다.[10)]

기타 구축물에 대한 투자는 항만이나 도로 같은 사회간접자본(social overhead capital) 형성을 위해 지출된 토목건설투자를 뜻한다. [그림 15-3]은 1970년 이후 우리나라의 설비투자, 건설투자, 재고투자가 국내총생산에서 차지하는 비중의 변화 추이를 보여주고 있다. 그림을 보면 우리 경제에서의 총투자율은 2000년대 초반까지는 줄곧 30% 정도의 높은 수준을 유지해오다가 이후 점차적으로 낮아져

그림 15-3

우리나라의 투자지출 변화 추이

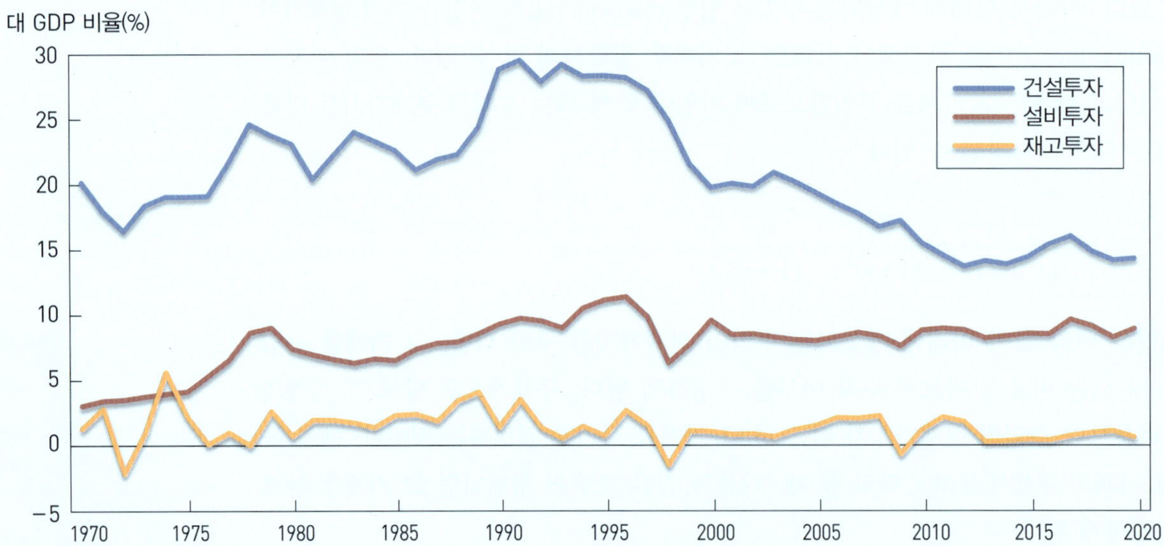

자료 : 한국은행, 「경제통계시스템」, 2021
* 각 자료는 명목가격 기준이며, 수치는 대 GDP 비율임

9) 그런데 같은 자동차라도 가계가 구입한 경우에는 투자로 간주되지 않는다. 가계가 자동차를 구입하기 위해 지출한 것은 투자가 아니고 내구재에 대한 소비지출로 간주된다.

10) 가계가 자동차를 구입하는 경우에는 그 지출을 내구재에 대한 소비지출로 분류하는 데 비해, 주거용 건물을 구입하는 경우에는 이를 투자지출로 분류한다.

최근에는 25%대 아래로 떨어진 것을 알 수 있다.

이와 같은 투자율은 다른 나라에 비해 상당히 높은 수준이라고 말할 수 있다. 그동안 우리 경제가 높은 성장률을 기록해 온 것은 바로 이 높은 투자율에 힘입은 바가 컸다.

분당 신도시 건설 현장

이와 같은 대규모 아파트단지 건설이 추진되면서 건설투자율이 큰 폭으로 솟아오르게 된다.

그러나 각 유형의 투자를 따로 떼어놓고 보면, 투자율이 상당히 큰 폭으로 변동해 왔다는 사실을 발견할 수 있다.

설비투자의 경우에는 1970년대 말경에 그 비율이 크게 뛰어오른 것이 특히 눈에 뜨인다. 그즈음 우리 정부는 적극적으로 중화학공업 육성정책을 추진하고 있었다. 설비투자율의 급격한 상승은 바로 이 정책의 추진과 밀접한 관련을 갖고 있다. 한편 1980년대 말경에는 주택 200만 호 건설계획에 따른 전국적인 건설 붐이 일어났는데, 그림을 보면 그즈음 건설투자율이 큰 폭으로 상승한 것을 알 수 있다.

외환위기가 일어난 1997년 말 이후에는 설비, 건설, 재고투자가 모두 큰 폭으로 줄어드는 양상을 보였다. 이와 같은 투자의 급격한 감소는 그때까지 양적 성장을 위해 무리하게 투자를 늘려 왔던 것에 대한 반작용이라는 성격도 일부 갖고 있었다. 그러나 2000년대 후반에 들어서면서부터 우리나라의 투자율은 빠른 속도로 낮아지고 있어 급격한 투자 위축이 장기적인 성장 동력의 약화라는 문제를 일으킬 수 있다는 점에서 우려를 자아내고 있다.

투자 대상이 되는 기계가 여러 대 있을 경우, 기업은 가장 큰 순수익을 가져다주는 기계에 우선 투자하고 그다음으로 순수익이 큰 기계 순으로 투자하게 된다. 결국 어떤 기계에서 나오는 수익의 현재가치(PV_i)가 그것의 가격(C_i)과 같아지는 수준, 즉 $PV_i = C_i$가 성립하는 수준에 도달하게 되는데, 여기서 그 기업은 투자를 멈추게 된다. 이것이 바로 그 기업의 관점에서 본 최적 투자수준이라고 말할 수 있다.

투자의 결정요인

지금까지의 논의로부터 투자를 결정하는 요인들에 어떤 것들이 있는지 알아낼 수 있다. 무엇보다 우선 투자는 고려 대상이 되는 자본재, 즉 기계에서 예상되는 수익에 영향을 받는다. 또한 이자율의 변화는 예상되는 수익의 현재가치에 변화를 가져옴으로써 투자에 영향을 미칠 수 있다. 그렇다면 예상수익이나 이자율이 투자에 구체적으로 어떤 영향을 미치는지, 그 외에 투자에 영향을 미치는 요인이 또 있는지 자세히 살펴보기로 하자.

투자의 결정요인

투자에 영향을 미치는 요인으로는 예상수익, 이자율, 자금 조달의 용이성 등을 들 수 있음

(1) 예상수익

어떤 자본재를 구입함으로써 예상할 수 있는 수익이 떨어지면 그것의 현재가치도

당연히 떨어지게 된다. 그렇다면 예상수익이 떨어짐에 따라 투자가 줄어들 것이 분명하다. 그런데 어떤 자본재로부터 미래에 얻을 수 있는 수익을 정확하게 예상한다는 것은 무척 어려운 일이다. 투자수익은 경기의 상황에 따라 크게 변화하기도 하고, 경기와 무관한 다른 여러 요인으로부터도 영향을 받기 때문이다.[11] 따라서 투자수익에 대한 예상은 상황의 변화에 따라 크게 바뀔 수 있고, 이에 따라 투자 역시 급격한 널뛰기를 보일 가능성이 크다. 예를 들어 경제의 앞날에 대한 전망이 어두워짐에 따라 투자가 급격히 줄어드는 결과가 빚어질 가능성이 큰 것이다.

(2) 이자율

앞에서 본 것처럼 이자율의 변화는 투자에서 예상되는 수익의 현재가치를 변화시킴으로써 투자에 영향을 준다. 예상수익의 흐름에는 아무 변화가 없어도 이자율이 올라가면 그 현재가치가 작아지는 한편, 이자율이 떨어지면 현재가치는 커지게 된다. 따라서 이자율이 올라가면 예전에는 투자할 가치가 있는 것으로 평가될 수 있었던 기계가 이제는 투자할 가치가 없는 것으로 평가되는 일이 일어날 수 있다. 이는 이자율이 올라감에 따라 기업의 투자가 줄어든다는 것을 뜻한다.

이로부터 이자율과 투자지출 사이에 역(−)의 관계가 성립한다는 것을 알 수 있는데, 이를 다른 각도에서 설명할 수도 있다. 기업의 입장에서 보면 이자율의 상승은 투자를 하는 데 드는 기회비용의 증가를 뜻한다. 빌린 자금으로 투자한 경우에는 더 많은 이자를 지급해야 하는 한편, 자신의 자금으로 투자한 경우에는 다른 금융자산에 투자함으로써 얻을 수 있는 이자소득을 더 많이 상실하게 되는 셈이기 때문이다. 이와 같이 투자의 기회비용이 커지면 아주 높은 수익을 보장할 수 있는 기계만 투자할 가치가 있는 것으로 남게 된다. 바로 이런 근거를 들어 이자율이 올라갈 때 기업이 투자를 줄이는 반응을 보인다고 설명할 수도 있다.

(3) 자금 조달의 용이성

투자를 하기 위해서는 자금이 필요한데, 얼마나 쉽게 그 자금을 조달할 수 있는지가 투자에 영향을 미칠 수 있다. 기업은 일반적으로 법인세를 납부하고 남은 이윤 전부를 주주에게 배당해 주지 않고 그중 일부를 기업 안에 남겨 둔다. 주주에게 분배되지 않은 이윤을 **사내유보**(retained earnings)라고 부르는데, 이것이 투자 재원으로 사용될 때가 많다. 그런데 사내에 유보해둔 돈만으로 충분하지 못할 경우, 기업은 밖에서 자금을 끌어와 투자 재원을 마련해야 한다. 예를 들어 주식이나 채권을 발행하거나 금융기관으로부터 대출을 받아 투자에 필요한 자금을 마련해야 하는 것이다.

> **사내유보**
> 기업은 이윤 전부를 배당해 주지 않고 일부를 기업 안에 남겨 두는데, 이를 사내유보라 부름

그러나 기업이 밖에서 자금을 끌어오는 것은 그리 쉬운 일이 아니다. 웬만한 기업

11) 예를 들어 사회적 혼란, 노사분규, 기후 변화 등 많은 요인들이 투자수익에 영향을 주고 있다.

생각해 봅시다

케인즈(J. M. Keynes)는 투자가 기업가의 합리적 계산에 의해서가 아니라 '동물적인 충동'(animal spirit)에 의해 결정된다고 말한 적이 있다. 합리적인 계산에 의해서 투자 여부를 결정한다는 것은 바로 앞에서 본 것처럼 투자에 드는 비용과 여기서 예상되는 수익을 비교해 판단을 내린다는 뜻이다. 즉 활용할 수 있는 모든 자료를 동원해 나름대로 계산을 해본 결과에 기초해 투자 여부를 결정한다는 말이다.

이에 비해 동물적인 충동에 의해 투자 여부를 결정한다는 것은 거의 전적으로 기업가의 육감에 의존한다는 것을 뜻한다. 기업가가 보기에 어떤 데 투자하면 큰 성공을 거둘 것 같을 때 투자하기로 결정하는 식이다. 우리말에 "느낌이 좋다."라는 표현이 있는데, 이처럼 기업가들은 막연한 기대에 의해 투자 여부를 결정하는 경우가 많다는 것이 케인즈의 지적이었다. 성공한 기업가들을 인터뷰한 기사 같은 것을 읽어 보면 케인즈의 말에 일리가 있다는 인상을 받는다.

이와 같은 방식으로 이루어지는 투자는 경제의 전반적 분위기에 상당한 영향을 받는다. 경제가 활기찬 양상을 보이면 낙관적인 분위기에 편승해 너도나도 투자에 나서게 된다. 반면에 경제가 침체의 조짐을 보이면 모두들 풀이 죽어 투자를 꺼리게 된다. 그 결과 투자가 갑자기 늘어났다 줄어드는 널뛰기 같은 양상을 보일 가능성이 큰데, 이런 투자의 불안정성이 경기변동의 주요한 원인이 되고 있다.

생각해 보기

(1) 기업들이 합리적 계산에 의해 투자 여부를 결정한다면 투자를 촉진시키기 위해 정부가 할 수 있는 일이 무엇일까?

(2) 그렇지 않고 동물적 충동에 의해 투자 여부를 결정한다면 투자를 촉진시키기 위해 정부가 할 수 있는 일이 무엇일까?

(3) 현실의 투자가 대부분 기업가의 동물적 충동에 의해 결정되는 상황에서는 경기변동의 폭이 더 커질 가능성이 있다. 왜 그렇게 되는지 그 이유를 생각해 보자.

이 아니고는 주식이나 채권을 발행한다 해도 사람들이 이를 선뜻 사려들지 않아 자금 조달에 애를 먹을 가능성이 크다. 뿐만 아니라 금융기관에서 돈을 꾸는 것도 말처럼 쉬운 일이 결코 아니다. 따라서 사내에 유보해둔 자금이 부족한 터에 밖에서 끌어오기도 힘든 상황에서는 아무리 높은 수익이 예상되는 투자계획이라 할지라도 이를 실행에 옮길 수 없다. 이를 보면 자금 조달이 용이한지의 여부도 투자에 적지 않은 영향을 미친다는 것을 알 수 있다.

정부지출과 순수출 15.4

정부지출

지금까지 살펴본 총수요의 두 구성요소, 즉 소비지출과 투자지출은 민간부문의 경제주체들에 의해 결정된다. 이 절에서 살펴보려 하는 세 번째 구성요소, 즉 정부지출은 이를 결정하는 주체가 정부라는 점에서 이들과 차이를 갖는다. 현대사회에서 정부는 치안, 국방, 일반 행정 등의 기본 임무 이외에도, 사회복지를 확충하고 경제성장이나 안정에 기여하는 등 다양한 역할을 수행하고 있다. 이런 여러 기능을 수행하기 위해 정부가 구입하는 재화와 서비스의 총 가치를 **정부지출**(government expenditure)이라고 부른다.

우리가 관심을 갖고 있는 것은 '정부지출'이지 '재정지출'이 아니라는 점에 주의해야 한다. 재정지출은 그 성격이 무엇이든 정부가 행한 모든 지출을 뜻하는 것으로, 쉽게 말해 정부가 쓴 돈 전체를 뜻한다. 반면에 정부지출은 어떤 한 해에 생산된 최종재에 대해 지출한 것만으로 한정된다는 점에서 차이가 난다. 예를 들어 정부가 지급한 실업수당, 각종 보조금 같은 이전지출(transfer payment)이 재정지출에 포함되지만 정부지출에는 포함되지 않는다. 이전지출은 아무 대가 없이 구매력을 이전한 것을 뜻하기 때문에 최종재에 대한 수요를 직접적으로 증가시키는 정부지출과 구분되어야 하기 때문이다.

앞에서 소비지출과 투자지출이 어떻게 결정되는지 분석해 본 것처럼, 정부지출이 어떻게 결정되는지 분석해 볼 수도 있다. 그러나 이 문제는 거시경제이론의 범위를 넘는 것이기 때문에 여기에서 자세히 논의하기는 힘들다. 정부의 의사결정이 어떻게 이루어지는지에 대한 분석이 필요한데, 이것은 거시경제이론에서 다루기 어려운 문제다. 따라서 거시경제이론에서는 정부지출을 하나의 **정책변수**(policy variable)로 간주하는 접근방법을 쓰고 있다. 즉 정부지출과 관련된 정부의 동기 혹은 의사결정과정에 대해서는 관심을 갖지 않고, 정부지출이 일단 어느 수준으로 결정되었다면 그것이 국민경제에 어떤 영향을 미치는지를 분석하는 데 주력하는 것이다.

순수출

(1) 순수출의 의미

우리나라에서 생산된 상품에 대한 수요는 우리 국민뿐 아니라 외국에 사는 사람들로부터도 나오고 있다. 그러므로 우리 경제의 총수요를 계산할 때는 국내의 총수요뿐 아니라 수출된 상품의 가치도 이에 포함시켜야 한다. 그러나 수출된 상품의 가치를 총수요에 포함시키는 것으로 조정이 끝나서는 안 되며, 수입된 상품의 가치에 대한 적절한 조정이 동시에 이루어져야 한다.

앞 장에서 설명한 것처럼, 국내에서 행해진 소비지출, 투자지출, 그리고 정부지출 안에는 수입된 상품에 대한 지출이 포함되어 있다. 총수요라고 할 때는 국내에서 생산된 상품에 대한 지출만을 뜻하므로, 수입된 상품에 대한 지출은 총수요를 계산하는 데 포함시키지 말아야 한다. 따라서 총수요를 계산할 때는 수입된 상품의 가치를 빼는 과정을 꼭 거쳐야 한다. 그렇기 때문에 엄밀히 말하면 수출 그 자체가 아니라 여기에서 수출과 수입이 각각 국내총생산에서 차지하는 비중은 30% 정도의 수준이지만, 양자의 차이를 뜻하는 순수출이 국내총생산에서 차지하는 비중은 상당히 작은 것을 볼 수 있다.

그림 15-4
우리나라의 수출, 수입, 순수출의 대 GDP 비율 변화 추이

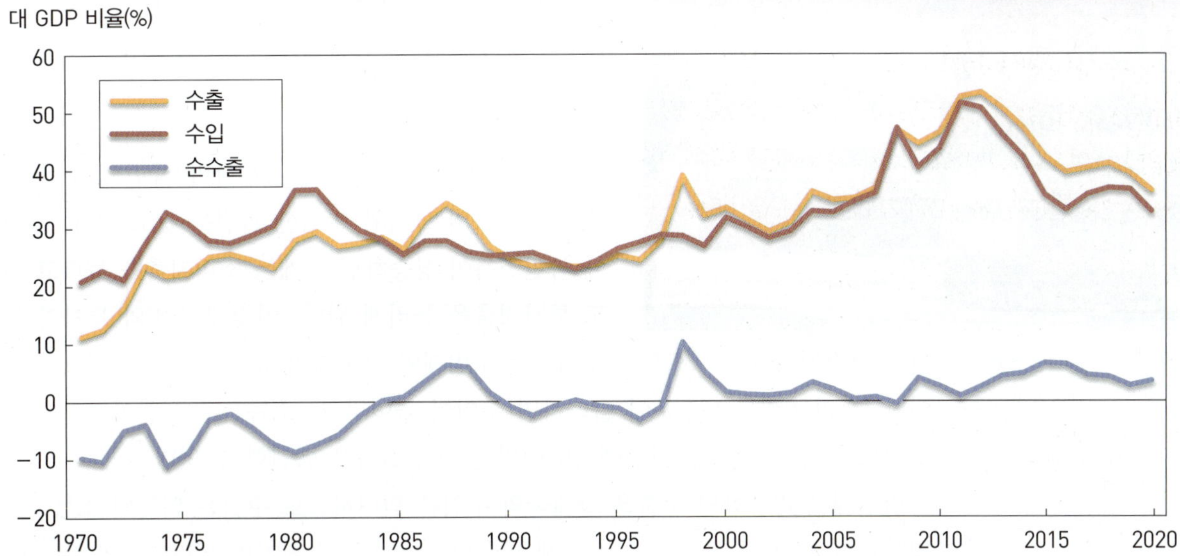

자료 : 한국은행, 「경제통계시스템」, 2021

수입을 뺀 것, 즉 **순수출**(net export)이 총수요의 한 구성요소가 되는 것이다.

순수출이 총수요에서 차지하는 비중 그 자체는 총수요의 다른 구성요소보다 작은 경우가 일반적이다. [그림 15-4]는 1970년 이후 우리 경제에서 수출, 수입, 그리고 순수출이 국내총생산에서 차지하는 비중이 변화해 온 양상을 보여주고 있다. 그림을 보면 1980년대 이전에는 수입이 수출보다 더 큰 추세가 일반적이었으나, 1997년 외환위기 이후에는 수출이 수입을 초과하는 추세로 반전되었다는 것을 알 수 있다. 순수출이 양의 값을 갖든 아니면 음의 값을 갖든, 그것이 국내총생산에서 차지하는 절대적 비중은 대략 10% 안쪽에 머물러 있는 것으로 나타나 있다.

총수요의 다른 구성요소에 비해 순수출의 비중이 상당히 작아 보이는 것은 사실이지만, 해외부문이 우리 경제에 미치는 영향이 미미하다고 속단해서는 안 된다. 순수출의 비중이 작은 것은 비슷한 규모의 수출과 수입이 상쇄되었기 때문이며, 수출과 수입 그 자체는 각각 총수요의 30% 이상이나 되는 비중을 차지하고 있다. 이를 보면 우리 경제에서 해외부문이 얼마나 큰 중요성을 갖고 있는지 능히 짐작할 수 있다.

(2) 순수출의 결정요인

이제는 순수출을 결정하는 요인에 어떤 것들이 있는지 알아보기로 하자. 수출과 수입에 영향을 주는 요인 중 가장 중요한 것으로는 각 나라의 국민소득 수준과 더불어

컨테이너선에 실리고 있는 수출품들

우리 경제의 총수요를 계산할 때는 국내의 총수요뿐 아니라 수출된 상품의 가치도 이에 포함시켜야 한다.

국내가격과 외국가격 사이의 상대적 비율을 꼽을 수 있다. 물론 각 나라가 채택하고 있는 관세나 수입할당제 같은 무역규제 조치도 수출과 수입에 영향을 주지만, 이 두 요인에 비하면 그 영향의 폭이 비교적 작다. 이와 더불어 환율도 순수출의 추이와 밀접한 관련을 갖고 있다.

(i) 국민소득

어떤 나라의 수입 규모는 그 나라 국민의 소득수준, 즉 국민소득의 크기와 밀접한 관련을 갖고 있다. 호황기에 국민소득이 상승하면 가계는 소비지출을 늘리고 기업도 투자지출을 늘리게 된다. 이렇게 소비와 투자가 늘어가는 과정에서 외국으로부터 수입되는 소비재와 자본재의 양도 따라서 늘어나게 마련이다. 그러므로 소득수준이 올라가면 수입이 늘어나고, 소득수준이 떨어지면 수입이 줄어드는 식으로 이 둘 사이에 정(+)의 관계가 있음을 발견할 수 있다.

반면에 우리나라의 수출은 상대국의 수입을 의미하므로 수출은 외국의 소득수준에 영향을 받게 된다. 구체적으로 말해 외국의 국민소득이 커지면 우리나라의 수출이 늘어나고, 외국의 국민소득이 작아지면 우리나라의 수출이 줄어드는 결과가 나타난다. 이와 같이 수출은 외국의 국민소득 수준에 주로 영향을 받는데, 우리나라의 국민소득 수준에는 별 영향을 받지 않는다.

다른 조건이 똑같은데 우리나라의 국민소득이 커지면 수입은 늘어나는 반면 수출에는 별 변화가 없을 것이다. 따라서 (우리나라의) 국민소득이 커짐에 따라 순수출이 줄어드는 반응이 나타날 것이라고 예상할 수 있다. 한편 다른 조건이 똑같은데 외국의 국민소득이 커지면 수입에는 변화가 없이 수출만 늘어나는 결과가 나타난다. 그러므로 외국의 소득수준이 올라가는 경우에는 순수출이 커지는 반응이 나타날 것으로 예상할 수 있다.

(ii) 국내가격과 외국가격 사이의 상대적 비율

국민소득뿐 아니라 국내가격과 외국가격 사이의 상대적 비율도 순수출의 중요한 결정요인이 된다. 다른 조건이 똑같을 때, 국내에서 생산된 상품의 가격이 외국에서 생산된 상품에 비해 상대적으로 더 비싸지면 수출이 줄어들고 수입은 늘어나게 된다. 그런데 나라마다 다른 화폐로 상품이 거래되고 있으므로, 나라와 나라 사이의 상대적 가격비율을 결정하는 데는 **환율**(exchange rate)도 중요한 역할을 한다. 즉 순수출은 각 나라의 물가수준에 생긴 변화뿐 아니라 환율의 변화에도 영향을 받는 것이다.

예를 들어 우리나라와 미국에서 생산된 스웨터의 품질에는 아무 차이가 없는데, 이것이 두 나라에서 각각 9만원과 95달러에 거래되고 있다 하자. 현재의 환율이 1달러

1997년의 외환위기와 2008년의 금융위기

1971년에서 1996년에 이르는 기간 동안 우리나라는 연평균 성장률이 7%가 넘을 정도로 빠른 경제성장을 지속해 왔다. 1980년에 정치적 혼란, 국제 석유가격 급등 그리고 농산물 흉작 등 여러 악재가 겹쳐 −1.6%의 성장률을 기록한 것이 거의 유일한 예외였다. 그러나 외환위기로 인해 1998년에는 경제성장률이 −5.1%로 크게 떨어졌다. 이런 심각한 위기상황은 전례가 드문 것이었기 때문에 충격이 그만큼 더 컸다.

외환위기를 겪은 지 약 10년이 지난 2008년 우리 경제는 또 한 번의 위기상황을 맞게 되었다. 미국발 글로벌 금융위기의 여파로 그해 4분기 이후 성장률이 또다시 마이너스 값으로 떨어지게 되었던 것이다. 표면적으로만 볼 때 이 두 번의 위기는 비슷한 점을 많이 갖고 있었다. 성장률이 급격히 떨어지고 실업자가 대량으로 발생하는 한편, 환율은 크게 뛰어오르는 등 비슷한 증상을 보였다.

그러나 이 두 위기 사이에는 근본적인 차이점이 있었음을 관찰할 수 있다. 1997년의 외환위기는 우리나라를 비롯한 일부 아시아 국가에 국한되어 발생했다. 또한 위기가 발생한 주요 원인도 아시아 국가 내부에서 찾을 수 있었다. 그렇기 때문에 일부 아시아 국가들이 외환위기를 겪고 있는 와중에서도 다른 나라들, 특히 선진국들은 평상시와 거의 다름없는 상황에 있었다.

뉴욕 맨해튼 전경

바로 여기가 전 세계를 뒤흔든 2008년 글로벌 금융위기의 진원지다. 여기서 발생한 금융위기의 여파가 우리 경제를 크게 뒤흔들었다.

반면에 2008년에는 미국의 서브프라임 모기지 사태가 전 세계적 차원의 금융위기로 확산되는 과정에서 우리 경제도 위기 상황에 빠져들게 되었다. 우리 경제의 내부적 원인이 위기 발생의 직접적 원인은 아니었고, 글로벌 금융위기의 불똥이 튀어 위기를 맞게 되었다는 점에서 외환위기 때와는 다른 상황이었다. 또한 외환위기 때는 별 영향을 받지 않았던 선진국들이 상대적으로 더 심각한 위기를 겪었다는 점에서도 차이가 있다.

이와 같은 차이 때문에 위기 발생시점에서의 수출 동향도 두 경우에서 매우 다른 양상을 보였다. 우선 외환위기의 경우에는 발생 직후 수출이 큰 폭으로 늘어났다는 점에 주목할 필요가 있다. 1998년에는 성장률이 마이너스 값으로 떨어졌는데도 총수출은 14.6%나 되는 폭으로 늘어났다. 선진국 경제에는 아무 문제가 없어 우리 수출품에 대한 수요가 줄어들지 않았기 때문이다. 또한 그즈음 환율이 급격하게 오른 것도 수출이 호조를 보이는 데 도움이 되었다.

그러나 글로벌 금융위기가 발생했을 때에는 환율이 올랐음에도 불구하고 수출이 감소세를 보였다. 2009년 1분기와 2분기의 수출 증가율은 각각 −15.4%와 −3.1%의 마이너스 값을 보인 바 있다. 해외 경제가 불황에 빠져 소비지출이 줄어들게 되면 우리나라 수출품에 대한 수요도 줄어들게끔 되어 있다. 이에 따라 일차적으로 수출산업이 타격을 받게 되었고, 그 충격은 경제 전체로 파급되어 나갔다.

외환위기가 일어났을 때는 위기의 충격이 매우 컸지만 수출이 호조를 보임에 따라 비교적 빠른 속도로 회복될 수 있었다. 그러나 글로벌 금융위기의 경우에는 수출의 부진으로 인해 회복속도가 상대적으로 느릴 수밖에 없었다. 선진국들의 경기회복이 늦어질수록 우리 경제의 회복도 그만큼 늦어질 것임은 두말할 나위도 없다.

당 1,000원이라고 할 때, 우리나라의 스웨터 값을 달러로 표시하면 90달러가 된다. 우리나라에서 스웨터 가격이 상대적으로 더 낮은 셈인데, 두 나라 사이에 자유로운 무역이 이루어진다면 미국이 우리나라로부터 스웨터를 수입하게 된다.

그런데 우리나라에 인플레이션이 발생해 스웨터 가격이 10만원으로 오르면 달러표시 가격은 100달러가 되어 이제는 우리가 미국으로부터 수입하는 것으로 무역의 흐름이 바뀐다. 이를 보면 환율이 그대로 유지되고 있는 상황에서 국내 물가가 외국의 물가에 비해 상대적으로 더 큰 폭으로 오를 경우 순수출이 줄어든다는 것을 알 수 있다.

한편 국내의 스웨터 가격이 9만원에 그대로 머물러 있다 해도 환율에 변화가 생기면 무역의 흐름에 변화가 생긴다. 예를 들어 환율이 1달러당 1,000원에서 900원으로 내린다면 우리나라 스웨터의 달러표시 가격은 90달러에서 100달러로 오르게 된다. 따라서 이 경우에도 우리가 미국에서 스웨터를 수입하는 것으로 무역의 흐름이 바뀔 것이다. 이로부터 국내와 외국의 물가에 아무 변화가 없다 해도 환율이 변화하기만 하면 순수출에 영향이 온다는 것을 알 수 있다.

순수출의 결정요인에 대한 이상에서의 논의를 종합해 보면, 순수출은 국내의 소득수준, 외국의 소득수준, 국내의 물가수준, 외국의 물가수준, 그리고 환율에 의해 결정된다. 이와 같은 관계도 그림으로 나타낼 수 있겠으나, 분석의 필요상 그다지 중요한 일이 아니므로 생략하기로 한다.

요약

1. 소비지출은 국민경제의 총수요를 결정하는 여러 요소 중 가장 비중이 크다. 소비지출을 결정하는 데 가장 큰 영향을 미치는 변수는 세금을 내고 난 후의 소득, 즉 처분가능소득이다.

2. 처분가능소득 이외에도 재산, 물가, 이자율, 미래소득 등이 소비지출에 영향을 준다.

3. 총수요의 구성요소로서 투자지출이 중요한 의미를 갖는 이유는 그것이 경기변동에 따라 큰 폭으로 변화하는 성격을 갖고 있기 때문이다. 투자는 증가된 자본재의 성격에 따라 고정투자와 재고투자로 구분된다.

4. 기업은 어떤 자본재에서 기대되는 수익의 현재가치를 구해 이것이 그 자본재의 구입비용보다 크면 투자하기로 결정하게 된다. 이에 따라 이자율, 예상수익, 자본재의 가격, 자금 조달의 용이성 등이 투자수준을 결정하는 요인이 된다. 이들 중 이자율이 투자수준을 결정하는 데 가장 큰 영향을 미친다.

5. 이자율이 높아지면 자본재에서 예상되는 수익의 현재가치가 작아지기 때문에 투자가 줄어들게 된다. 다시 말해 이자율과 투자지출 사이에는 역의 관계가 존재한다.

6. 정부지출은 올해에 생산된 최종재에 대해 정부가 지출한 것만을 포함하며, 경제주체들에게 구매력을 이전한 것을 의미하는 이전지출은 포함하지 않는다. 거시경제이론에서는 정부지출을 하나의 정책변수로 파악하는 접근법을 사용하고 있다.

7. 수출은 우리나라에서 생산된 상품을 외국 사람이 수요한 것을 뜻하므로 총수요를 계산할 때 당연히 포함되어야 한다. 반면에 수입은 외국에서 생산된 상품에 대한 수요를 뜻하므로 우리나라의 총수요 계산에서 제외

되어야 한다. 결국 수출액에서 수입액을 뺀 것, 즉 순수출이 총수요의 한 구성요소가 된다고 말할 수 있다.

8. 순수출을 결정하는 데는 각 나라의 국민소득 수준, 국내가격과 외국가격 사이의 상대적 비율이 중요한 역할을 한다. 그런데 상대가격을 결정하는 데 환율이 영향을 미치므로 국내외의 물가 수준에 변화가 없더라도 환율이 변화하면 순수출에 변화가 생긴다.

중요개념

소비지출	한계소비성향	재산효과	실질자산효과
투자지출	고정투자	재고투자	할인
현재가치	정부지출	이전지출	순수출

연습문제

01. "소비지출은 총수요의 구성요소 중 가장 큰 비중을 차지하고 있을 뿐만 아니라, 경기변동에 따라 그 변화가 가장 심한 구성요소다."라는 말이 적절한 것인지 판단해 보라.

02. 다음에 제시된 A국의 처분가능소득과 소비지출의 자료를 보고, 양자 사이의 관계를 나타내는 식을 도출하는 동시에 한계소비성향이 얼마인지 알아내 보라.

연 도	처분가능소득	소비지출
2016	200	180
2017	300	270
2018	400	360
2019	500	450
2020	600	540

03. 소비지출의 주요 결정요인을 들고, 이들과 소비지출이 정(+)의 관계에 있는지 아니면 역(−)의 관계에 있는지를 밝혀라.

04. 정년퇴임을 앞둔 사람은 소득에 별 변화가 없는데도 소비를 현저히 줄이는 경향을 보인다. 왜 그런 행동을 보이는지 설명해 보라.

05. 다음의 여러 행위 중 엄밀한 의미에서의 투자라고 볼 수 있는 것은 무엇인가?

(1) 어떤 사람이 주식시장에서 한 기업의 주식을 구입했다.

(2) A기업이 B기업을 인수했다.

(3) C기업이 사옥을 이전하기 위해 지은 지 3년 된 건물을 구입했다.

(4) D기업이 업무용으로 새 자동차를 10대 구입했다.

06. 투자의 주요 결정요인은 무엇이며, 이들은 각각 투자와 어떤 관계를 맺고 있는지 설명하라.

07. "외부에서 자금을 조달해야 하는 기업에게는 이자율이 투자의 주요 결정요인이 되나, 기업 내부의 자금을 사용해 투자재원을 마련하는 기업에게는 이자율이 투자의 주요 결정요인이 되지 못한다."라는 주장이 타당한지의 여부에 대해 논의하라.

08. 상아탑사는 다음 표에서 보는 것과 같은 세 가지 사업기회, 즉 투자기회를 갖고 있다. 표 안의 숫자는 각 사업을 선택했을 경우 매 기 발생하는 순수익을 억원의 단위로 나타낸 것이다. (모든 사업은 3기로 만료

되어 더 이상의 순수익이 없다고 가정한다.

투자기회	1기	2기	3기
사업 1	−1,800	1,600	1,200
사업 2	−2,600	2,500	1,200
사업 3	−2,200	900	2,400

(기간당) 이자율이 30%라면 이 기업은 어느 사업에 투자하기로 선택할 것인지 말해 보라. 이자율이 35%로 상승하면 그 기업의 선택이 어떻게 달라질지 말해 보라. (도움말 : 여러 가지 사업을 동시에 수행하기로 선택할 수도 있음에 유의할 것)

09. 다음 중 정부지출에 포함되지 않는 것은 무엇인가?
(1) 공무원에게 지급한 보수
(2) 실업보험의 지급
(3) 사무용 비품의 구입 비용
(4) 신공항 건설을 위한 지출

10. 수출이 아니라 순수출이 총수요의 구성요소가 되는 이유는 무엇인가?

11. 순수출의 결정요인이 무엇이며, 이들은 각각 순수출과 어떤 관계를 갖고 있는지 설명하라.

12. 한국경제는 수출지향적인 경제구조를 갖고 있다고 말한다. 내수지향적 경제구조에 비해 수출지향적 경제구조가 갖는 장단점을 생각해 보라.

13. 2020년 코로나19의 창궐로 인해 경기침체가 심화되자 정부는 소비진작을 위해 긴급 재난지원금을 지급한 바 있다. "긴급재난지원금으로 인한 소비증가 효과는 한계소비성향의 최근 평균치를 가지고 추정한 소비증가 효과보다 더욱 클 것이다."라는 주장이 타당한지의 여부에 대해 논의하라.

14. '정부지출'과 '재정지출' 사이의 차이점을 설명하라.

제16장

소득 – 지출분석과 케인즈의 유효수요이론

16.1 소득–지출분석의 기본 골격
16.2 균형국민소득의 도출
16.3 승수효과
16.4 케인즈의 유효수요이론
16.5 완전고용국민소득
16.6 수요 부족 현상이 발생하는 이유
16.7 승수효과와 재정정책
부록 재정수지와 국가부채

이 장에서는 물가가 일정한 수준으로 주어졌다고 가정한 상황에서 국민경제의 움직임을 분석하는 소득–지출분석에 대해 살펴보려고 한다. 물가가 고정된 상황에서의 총수요를 총지출이라고 부르는데, 이것이 국내총생산과 같을 때 국민경제는 균형을 이루게 된다. 이 상태에서의 국민소득이 바로 균형국민소득인데, 사실 이것은 수요측만 고려해 구한 균형국민소득이란 성격을 갖는다. 이 소득–지출분석은 그 자체로 하나의 이론체계를 구성하고 있는데, 이를 케인즈의 유효수요이론이라고 부른다. 유효수요이론은 총수요의 과부족에 의해 현실 경제의 단기적 움직임을 설명한다는 특징을 갖고 있다.

16.1 소득-지출분석의 기본 골격

배경 설명

국민소득과 물가가 어떤 수준에서 결정될 것인지는 거시경제이론의 주요한 관심사 중의 하나다. 이에 대한 답을 얻기 위해서는 총수요-총공급모형이 필요한데, 우리는 이 모형을 통한 본격적인 분석에 들어갈 준비가 되어 있지 못한 상태다. 따라서 본격적인 분석에 들어가기 전에 우선 '물가가 일정한 수준으로 주어졌다'고 가정한 상황에서 국민경제의 움직임을 분석해 보려고 한다. 물가가 고정되었다는 가정을 통해 분석이 훨씬 더 단순해질 수 있는 장점이 있기 때문이다.

이와 같이 일단 물가가 고정된 상황에서 국민경제를 분석한 다음, 물가의 변화를 허용하면 어떤 일이 일어날지 알아보게 될 것이다. 물가가 일정하게 주어졌다는 가정 하에서 국민소득이 결정되는 과정을 분석하는 것을 **소득-지출분석**(income-expenditure analysis)이라고 부른다. 소득-지출분석은 케인즈(J. M. Keynes)가 생각하고 있었던 국민소득 결정이론이라는 점에서 그 자체로도 관심의 대상이 될 수 있다. 그러나 뒤에 드러나게 되듯, 총수요곡선을 도출하기 위한 준비단계로서 이를 필요로 하는 측면도 있다.

소득-지출분석

물가가 일정하게 주어졌다는 가정하에서 국민소득이 결정되는 과정을 분석하는 이론틀

소득-지출분석에서 가장 핵심적인 가정은 물가가 일정한 수준에 고정되어 있다는 것이다. 그 이외에도 분석의 편의를 위해 다음과 같은 몇 가지 단순화 가정을 추가하기로 한다. 첫째로 가계의 소비지출은 처분가능소득(disposable income)의 크기에 의해서만 결정된다고 가정한다. 둘째로는 기업의 투자지출, 정부의 조세수입과 지출, 그리고 순수출이 모두 일정한 값으로 주어졌다고 가정한다.

이와 같은 가정들이 비현실적이라는 점을 부정하기 힘들다. 현실 경제를 보면 물가가 고정되어 있기는커녕 수시로 오르고 내리는 것이 보통이다. 심지어 몇십 퍼센트나 되는 높은 물가상승률 때문에 골머리를 앓는 나라까지 있을 정도다. 또한 앞 장에서 설명했던 것처럼, 소비는 처분가능소득뿐 아니라 재산, 이자율, 미래소득 등에도 영향을 받는다. 나아가 투자나 순수출이 일정한 수준으로 주어졌다는 가정도 현실과 매우 동떨어져 있음이 분명하다. 그럼에도 불구하고 분석의 단순화를 위해 일단 이 가정들을 채택하기로 한다.

총지출곡선의 도출

앞 장에서 설명한 것처럼, 한 국민경제의 총수요는 소비지출(C), 투자지출(I), 정부지출(G), 순수출(X_n)로 구성되어 있다. 그런데 지금 우리는 물가수준이 고정된 것으로 가정하고 있으므로, 소비지출, 투자지출, 정부지출, 그리고 순수출은 모두 주어진

물가수준을 전제로 하고 그 크기를 재게 된다. 이 사실을 강조하기 위해 이들의 합을 **총지출**(aggregate expenditure; AE)이라고 부르기로 한다. 다시 말해 주어진 물가수준 하에서의 총수요를 뜻하는 것으로 총지출이라는 표현을 사용하려는 것이다.

총지출
물가수준이 고정되어 있을 때의 총수요를 총지출이라고 부르기로 함

총수요는 소비지출, 투자지출, 정부지출, 순수출의 합과 같은데, 지금 우리는 그 총수요를 총지출이라는 이름으로 바꿔 부르고 있다. 따라서 어떤 국민경제의 총지출을 다음과 같은 간단한 식으로 나타낼 수 있다.

$$AE = C + I + G + X_n \tag{16.1}$$

우선 가계의 소비지출은 처분가능소득의 크기에 의해 결정된다고 가정하는데, 처분가능소득이란 국민소득, 즉 국내총생산(Y)에서 조세 납부액을 뺀 나머지를 뜻한다.[1] 또한 조세는 **정액세**(lump-sum tax)의 형태로 징수되고 있기 때문에 납부액이 국민소득의 수준과 관계없이 일정한 크기로 주어져 있다고 가정하기로 한다.[2] 국민소득을 Y, 주어진 것으로 가정된 조세 납부액을 $\bar{T}$라고 하면, 어떤 국민경제의 처분가능소득(Y_d)을 다음과 같이 나타낼 수 있다.

$$Y_d = Y - \bar{T} \tag{16.2}$$

바로 앞 장에서와 같이, 소비지출은 처분가능소득과 다음과 같은 단순한 관계를 갖는다고 가정한다.

$$C = a + bY_d = a + b(Y - \bar{T}) \tag{16.3}$$
$$(a>0,\ 0<b<1)$$

즉 소비지출을 처분가능소득의 1차함수로 표현할 수 있다고 가정한 것이다. 이 식에서 b는 한계소비성향을 뜻하는데, 이것은 일반적으로 0과 1 사이의 한 값을 갖는다.

투자지출, 정부지출, 그리고 순수출은 일정한 값으로 이미 주어졌다고 가정했으므로, 이들의 값을 각각 $\bar{I}$, $\bar{G}$, $\bar{X}_n$로 표현하기로 한다.[3] 이제 우리는 위의 식 (16.1)을 다음과 같이 고쳐 쓸 수 있다.

$$\begin{aligned} AE &= a + b(Y - \bar{T}) + \bar{I} + \bar{G} + \bar{X}_n \\ &= bY + a - b\bar{T} + \bar{I} + \bar{G} + \bar{X}_n \end{aligned} \tag{16.4}$$

---

1) 분석의 단순화를 위해 기업의 사내유보이윤과 가계에 무상으로 지급하는 이전지출은 모두 0이라고 가정하기로 한다.

2) 소득세(income tax)의 형태로 조세가 징수되는 경우에는 소득이 올라감에 따라 조세 납부액도 더 커진다.

3) 어떤 변수의 값이 일정하게 주어진 경우에는 지금 보는 것처럼 변수 위에 가로줄(bar)을 붙여 이 사실을 나타낼 때가 많다.

그림 16-1

총지출곡선

국민소득이 커짐에 따라 소비지출이 늘어나고 그 결과 총지출도 따라서 늘어나기 때문에 총지출곡선은 우상향하는 모양을 갖는다. 한계소비성향을 나타내는 계수 b가 바로 총지출곡선의 기울기가 된다.

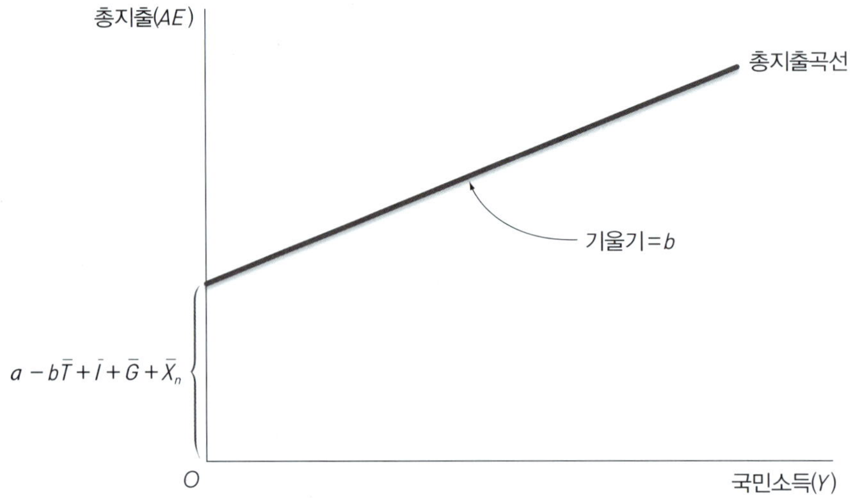

이 식을 그림으로 옮긴 것이 [그림 16-1]의 AE곡선인데, 이를 **총지출곡선**(aggregate expenditure curve)이라 부르기로 한다. 이 그림의 수평축은 국민소득(Y)의 크기를 나타내는 한편, 수직축은 총지출(AE)의 크기를 나타내고 있다. 그림을 보면 국민소득이 커짐에 따라 총지출도 따라서 늘어나 총지출곡선은 우상향하는 모양을 갖는다는 것을 알 수 있다. 국민소득이 커지면 소비지출이 늘어나기 때문에 총지출도 따라서 늘어나는 것인데, 구체적으로 말해 한계소비성향을 나타내는 계수 b가 바로 그 총지출곡선의 기울기가 된다.[4]

국민경제의 균형조건

제3장에서 설명한 바와 같이, 경제학에서 말하는 균형(equilibrium)이란 상반된 힘이 맞아떨어져 외부에서의 교란요인이 없는 한 그 상태가 그대로 유지되려는 경향이 있는 상황을 뜻한다. 예를 들어 어떤 상품시장에서 소비자들이 수요하려는 양과 기업들이 공급하려는 양이 맞아떨어지면 그 시장은 균형에 이르게 된다.

지금 우리가 고려 대상으로 삼고 있는 국민경제 전체의 균형도 이와 비슷하게 정의할 수 있다. 즉 어떤 국민경제의 총수요와 총공급이 서로 같을 때 그 국민경제가 균형 상태에 이른다고 말하는 것이다. 그런데 물가수준이 고정되었다는 가정하에서는 총수요를 총지출이라고 부르기로 했으므로, 지금 보는 상황에서의 균형조건을 엄밀하게 표현하면 '총지출이 총공급과 같아야 한다'는 것이 된다.

만약 총공급이 총지출보다 더 크다면 어떤 일이 일어나게 될까? 이 경우에는 팔리지

4) 총지출곡선의 수직축상 절편은 $(a - b\bar{T} + \bar{I} + \bar{G} + \bar{X}_n)$와 같다. 따라서 그 값이 주어졌다고 가정된 투자, 정부지출, 순수출 중 어느 것의 값이 더 커져도 총지출곡선은 위쪽으로 평행이동을 하게 된다.

깡통따개가 있다고 가정하자

지금 보는 소득-지출분석에서 비현실적인 것을 뻔히 알면서도 여러 가지 가정을 설정하고 있다. 분석의 단순화를 위해 어쩔 수 없는 일인데, 경제학의 다른 부분에서도 이와 같이 많은 가정에 의존하고 있는 것을 볼 수 있다. 현실의 경제현상이 너무나 복잡하기 때문에 불가피한 점이 있기는 하지만, 다른 학문을 연구하는 사람의 관점에서 볼 때 경제학자들은 가정을 특히 좋아한다는 인상을 받기 십상이다.

경제학자들이 가정을 즐겨 사용한다는 사실을 풍자하는 농담이 하나 있다. 난파한 배에 타고 있던 사람들 중 세 사람만이 간신히 무인도에 상륙하게 되었다고 한다. 그 세 사람은 화학자, 물리학자, 경제학자였는데, 먹을 것을 제대로 찾지 못해 엄청난 고생을 겪어야 했다. 그러던 차에 난파한 배에 실려 있던 상자 하나가 해안으로 떠밀려 왔는데, 그 안에는 갖가지 통조림이 가득 들어 있었다. 그러나 불행하게도 그들은 깡통따개를 갖고 있지 못했기 때문에 군침만 삼킬 수밖에 없었다.

어떻게 하면 깡통을 딸 수 있을까 궁리하던 차에, 먼저 화학자가 하나의 방법을 제시했다. 화학반응을 이용해 깡통을 부식시키면 그 안에 든 내용물을 꺼내 먹을 수 있으리라는 것이었다. 이를 들은 물리학자는 더 좋은 방법이 있다고 하면서 다음과 같은 방법을 제시했다. 즉 뾰족한 돌을 주워 높은 나무 위로 올라간 다음, 깡통을 향해 이를 떨어뜨림으로써 구멍을 뚫는 방법이었다.

이를 들은 경제학자는 더 간단하고 좋은 방법이 있는데 왜 그런 귀찮은 방법을 쓰려 하느냐고 말했다. 깡통따개가 있다고 가정하면 문제없이 깡통을 딸 수 있으리란 것이 그의 주장이었다. 그렇게 주장하는 경제학자는 가정만 하면 모든 문제가 해결될 줄 안다고 믿는다는 농담이다. 이 농담으로 인해 "깡통따개가 있다고 가정하자."라는 말은 경제학자를 비꼬는 말로 자주 사용되고 있다. 그날 밤 그 경제학자는 깡통에 든 맛있는 소시지를 먹은 것으로 가정하고 나뭇잎을 쌓아 만든 잠자리에 들었다고 한다.

남태평양의 어느 한 해변

무인도에 표류한 세 사람의 학자는 아마도 이런 해변에서 깡통따는 방법에 대해 논의하고 있었을 것이다.

못한 상품들이 생겨나고, 이로 인해 기업의 재고(inventory)가 점차 쌓이게 된다. 기업들은 원하지 않는 재고가 쌓이는 것을 보고 상품의 생산량을 줄여야 한다고 생각한다. 기업들이 실제로 상품의 생산량을 줄이기 시작하면 경제의 전반적 생산수준은 점차 떨어지게 된다. 이와 같이 총공급이 총지출보다 더 큰 경우에는 국민경제의 생산수준이 계속 떨어지는 불균형상태가 나타난다.

이와 반대로 총지출이 총공급보다 더 큰 경우에는 상품들이 날개 돋친 듯 팔려나갈 것이다. 소비자들이 생산된 것보다 더 많은 상품을 구입하려 하기 때문에 기업들이 보유하고 있는 재고가 차츰 줄어들게 된다. 재고가 줄어드는 것을 본 기업들은 상품의

표 16-1
국민경제의 균형조건

상 황	재 고	총생산량	균형 여부
총지출 < 총공급	증 가	감 소	불균형
총지출 = 총공급	변화 없음	변화 없음	균 형
총지출 > 총공급	감 소	증 가	불균형

생산량을 늘려야 한다고 느낀다. 기업들이 상품의 생산량을 늘리기 시작하면서 경제의 전반적 생산수준은 점차 올라간다. 따라서 총지출이 총공급보다 더 큰 경우에도 국민경제의 생산수준이 계속 올라가는 불균형상태가 나타난다. 결국 총지출이 총공급과 같아야만 국민경제가 균형을 이룰 수 있음을 알 수 있는데, 지금까지 설명한 것을 〈표 16-1〉에 정리해 놓았으니 다시 한번 살펴보기 바란다.

국민경제의 총지출은 앞에서 본 식 (16.4)에 의해 결정된다는 것을 이미 본 바 있다. 그렇다면 국민경제의 **총공급**(aggregate supply)이란 어떤 것을 뜻하는 것일까? 우선 답부터 말한다면 국내총생산(Y)이 바로 국민경제의 총공급을 뜻한다고 말할 수 있다. 앞에서 보았듯, 국내총생산은 일정한 기간 동안 어떤 나라에서 생산된 상품 — 좀 더 정확하게 말하면 최종재 — 의 총 가치를 뜻한다. 그렇기 때문에 이것이 한 국민경제에서 공급되는 상품의 총체적 공급, 즉 총공급을 뜻한다고 해석할 수 있는 것이다.

지금까지의 논의를 종합하면, 총지출이 국내총생산과 같을 때 국민경제가 균형을 이룬다고 말할 수 있다. 즉 국민경제의 균형조건을 다음과 같은 수식으로 나타낼 수 있다는 말이다.

$$Y = AE \qquad (16.5)$$

16.2 균형국민소득의 도출

이제는 물가가 일정하게 주어졌다고 가정한 상태에서 국민경제가 균형을 이루었을 때의 국민소득, 즉 균형국민소득을 도출할 차례가 되었다. 균형국민소득은 그림을 통해 구할 수도 있고 수식을 통해 계산해낼 수도 있다. 두 방법을 모두 알아둘 필요가 있기 때문에, 먼저 그림을 통해 균형국민소득을 알아내는 방법에 대해 설명한 후 수식을 통해 이를 계산하는 방법에 대해 설명하기로 하겠다.

그림을 통한 도출

[그림 16-2]의 수평축은 국내총생산, 즉 국민소득(Y)을 나타내는 한편, 수직축은

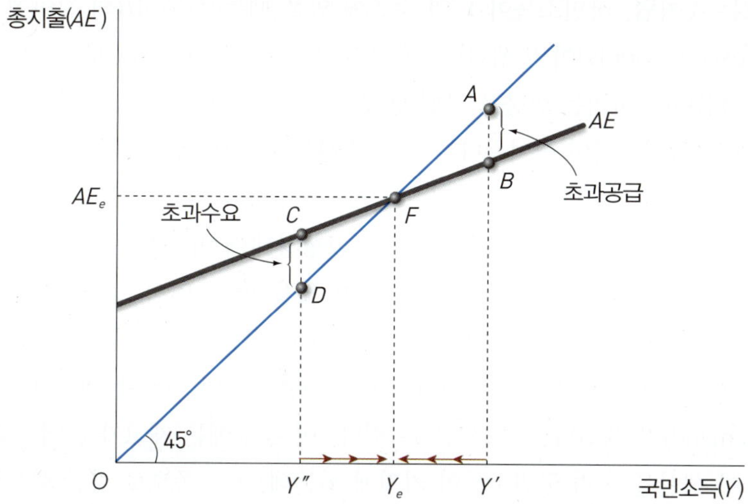

그림 16-2

소득-지출분석

45°선과 총지출곡선이 교차하는 F점에서 국민경제의 균형이 달성되는데, 이 점이 의미하는 국민소득 수준(Y_e)을 균형국민소득이라고 부른다.

총지출(AE)을 나타내고 있다.[5] 그림을 보면 원점을 지나면서 기울기가 1인 45°선이 푸른색으로 그려져 있는 것을 알 수 있다. 이 45°선 위의 어느 점이든 수평축상의 좌표와 수직축상의 좌표가 서로 같다. 이는 그 반직선상의 어느 점에서나 $Y=AE$의 관계가 성립한다는 뜻으로, 식 (16.5)로 주어진 국민경제의 균형조건이 충족된다는 것을 뜻한다.

그림에서 이보다 기울기가 완만한 또 하나의 반직선, 즉 AE를 볼 수 있는데, 이것은 [그림 16-1]에서 본 총지출곡선을 그대로 옮긴 것이다. 앞에서 말한 것처럼 이 총지출곡선의 기울기는 한계소비성향(b)과 같은데, 한계소비성향이 1보다 작기 때문에 이 곡선은 45°선보다 더 완만한 기울기를 갖는다.

국민경제의 균형은 이 두 반직선이 서로 교차하는 F점에서 이루어진다. 이 점이 45°선 위에 있다는 것은 국민소득과 총지출이 같아져 국민경제가 균형을 이루게 된다는 뜻이다. 앞에서 설명한 것처럼, 45°선 위에서는 어느 점에서나 $Y=AE$의 관계가 성립해 국민경제의 균형조건이 충족된다. 이 점이 의미하는 국민소득 수준 Y_e를 균형국민소득, 그리고 총지출수준 AE_e를 균형총지출이라고 부른다.[6]

국민소득이 Y_e보다 더 높아 예컨대 그림에서 보는 Y'의 수준에 있다고 하자. 이때의 총지출은 총지출곡선 위의 B점의 높이와 같게 된다. 한편 총공급은 국민소득의 크기와 같으므로, 45°선 위에 있는 A점의 높이와 같다.[7] 그림을 보면 B점이 A점의 아래에 위치해 있어, 총지출이 총공급보다 더 작은 것으로 나타나 있다.

5) 지금 우리는 국내총생산이라는 말과 국민소득이라는 말을 구별하지 않고 함께 섞어 쓰고 있다. 따라서 수평축은 국내총생산을 나타낸다고도 말할 수 있다.

6) 균형국민소득과 균형총지출이 언제나 서로 같음은 두말할 나위도 없다.

7) A점은 45°선 위에 있어 수평축상의 좌표와 수직축상의 좌표가 서로 같은데, 이 점의 수평축상 좌표가 바로 국민소득의 크기를 뜻한다.

지금 보는 것처럼, 국민소득이 Y'의 수준에 있을 때는 선분 AB의 길이에 해당하는 초과공급(excess supply)이 발생한다. 팔리지 않는 상품들이 재고로 쌓이는 것을 본 기업들은 생산량을 줄이는 반응을 보일 텐데, 그 결과 경제 전반의 생산수준이 떨어지게 된다. 이는 국민소득이 줄어든다는 것을 뜻하는데, 그림에서 왼쪽으로 향한 수평축 상의 화살표들이 바로 그와 같은 국민소득의 움직임을 나타내고 있다. 이렇게 국민소득이 계속 떨어지고 있다는 것은 국민경제가 균형상태에 이르지 못했음을 뜻한다.

국민소득이 Y_e보다 더 낮은 Y''으로 주어져 있을 때도 역시 불균형현상이 나타난다. 이때의 총지출은 C점의 높이와 같은 한편, 총공급은 D점의 높이와 같다. 그림을 보면 C점이 D점보다 더 높이 위치하고 있어, 선분 CD의 거리에 해당하는 초과수요(excess demand)가 생긴다는 것을 알 수 있다. 이 경우에는 재고가 줄어들고 이에 따라 기업들이 생산을 늘려 국민소득이 커지게 되는데, 오른쪽으로 향한 화살표들이 바로 그와 같은 국민소득의 움직임을 나타내고 있다.

수식을 통한 계산

그림을 통하지 않고, 균형조건을 뜻하는 식 (16.5)와 총지출을 나타내는 식 (16.4)를 이용해 균형국민소득을 바로 계산해낼 수도 있다. 우선 식 (16.5)에 식 (16.4)를 대입해 다음과 같은 식을 얻는다.

$$Y = bY + a - b\bar{T} + \bar{I} + \bar{G} + \bar{X}_n \tag{16.6}$$

이 식의 유일한 미지수인 국민소득 Y에 대해 풀어 얻은 결과가 바로 균형국민소득이 되는데, 이렇게 구한 균형국민소득(Y_e)은 아래와 같이 표현될 수 있다.

$$Y_e = \frac{1}{1-b}(a - b\bar{T} + \bar{I} + \bar{G} + \bar{X}_n) \tag{16.7}$$

우리는 소비지출이 앞서 본 식 (16.3)에 의해 결정된다는 것을 알고 있는데, 이는 a와 b의 값을 알고 있다는 것을 뜻한다. 또한 괄호 안의 다른 변수들, 즉 조세 납부액, 투자지출, 정부지출, 순수출은 일정한 크기로 주어져 있으며 그 값도 안다고 가정한 바 있다. 식 (16.7)의 우변에 이들의 구체적인 값을 대입하면 바로 균형국민소득을 구할 수 있게 된다.

소득-지출분석에서의 균형국민소득의 개념

지금까지의 소득-지출분석을 통해 도출한 균형국민소득의 의미를 다시 한번 음미해 볼 필요가 있다. 우선 결론부터 말하면, 이 균형국민소득은 사실 제한된 의미에서의 균형국민소득을 뜻하고 있다. 우리가 구한 균형은 주어진 물가수준에서 경제주체들이 의도하는 총지출과 총공급이 일치해 기업들이 생산량을 변화시킬 유인이 없는 상태를 뜻한다. 다시 한번 강조하지만, 국민소득이 Y_e의 수준에 있을 때 총지출이 총공급과 일치하게 된다는 것은 물가가 일정한 수준으로 주어져 있음을 전제로 하고 있다.

그렇지만 우리는 주어진 물가수준에서 기업들이 실제로 이 수준(Y_e)의 상품을 공급할 의사가 있는지 혹은 공급할 능력이 있는지에 대해서는 전혀 알지 못한다. 예컨대 주어진 물가가 너무 낮다고 생각하는 기업들이 그 수준의 상품을 공급하려 하지 않을 수 있다. 뿐만 아니라 그 국민경제에 부존된 자원과 기술수준으로는 그 수준의 상품을 생산, 공급할 수 없는 경우도 있다. 그런데도 우리는 이런 가능성을 전혀 고려하지 않고 균형국민소득을 구했던 것이다. 따라서 Y_e는 수요가 존재하기만 하면 공급은 언제나 이에 맞춰 조정될 수 있다는 가정하에 얻어진, 제한된 의미에서의 균형국민소득이라고 볼 수 있다.

만일 기업들이 실제로 공급하려고 하는 상품의 양, 즉 총공급이 Y_e를 초과하거나 이에 미치지 못할 경우에는 어떤 일이 일어날까? 그렇게 되면 주어진 것으로 가정했던 물가는 변화하게 되고, 이에 따라 국민소득은 새로운 조정 과정을 거치게 될 것이다. 이 점에 대해서는 뒤에서 총수요곡선과 총공급곡선을 도출할 때 좀 더 자세히 논의할 계획이다. 이 장에서는 소득-지출분석을 통해 구한 균형국민소득이 수요와 공급의 측면을 모두 고려해 도출한 것이 아니라, 오직 수요측면(demand side)만 고려해 도출한 제한된 의미에서의 균형국민소득이라는 사실을 강조하고 넘어가기로 하겠다. 이것은 매우 중요한 점이기 때문에 꼭 마음에 새겨 두고 있어야 한다.

생각해 봅시다

지금 우리는 분석의 편의를 위해 기업의 투자지출, 정부의 조세수입과 지출, 그리고 순수출이 모두 일정한 크기로 주어졌다는 가정을 채택하고 있다. 이와 더불어 조세는 정액세의 형태로 징수되고 있기 때문에 납부액이 소득수준과 관계없이 일정한 크기로 주어져 있다는 가정도 채택하고 있다.

만약 이와 같이 주어져 있는 것으로 가정된 어떤 것에 변화가 오면 총지출곡선은 위아래로 이동할 것이며, 이에 따라 균형국민소득도 더 커지든가 아니면 더 작아지는 변화가 생긴다. 예를 들어 어떤 이유로 기업들의 투자가 $\bar{I}$에서 $\hat{I}$으로 증가하면 총지출곡선이 위로 이동하고, 그 결과 균형국민소득이 더 커지게 된다.

생각해 보기

(1) 주어져 있는 것으로 가정된 정부지출이 $\hat{G}$으로 증가하면 총지출곡선과 균형국민소득에 어떤 변화가 올까?
(순수출이 $\hat{X}_n$으로 증가한 경우에도 이와 똑같은 변화가 온다는 것을 스스로 확인해 보라.)

(2) 주어져 있는 것으로 가정된 세금의 크기가 $\hat{T}$으로 증가하면 총지출곡선과 균형국민소득에 어떤 변화가 올까?

16.3 승수효과

정부지출승수

지금 보고 있는 소득-지출분석에서 정부지출이 일정한 크기로 늘어날 때 균형국민소득은 그 몇 배나 되는 크기로 커지는 결과가 나타난다. 균형국민소득이 어떤 수준에서 결정되는지를 보여주는 앞서의 식 (16.7)을 아래에 다시 써놓았는데, 이를 보면 실제로 그런 결과가 나온다는 것을 쉽게 확인할 수 있다

$$Y_e = \frac{1}{1-b}(a - b\bar{T} + \bar{I} + \bar{G} + \bar{X}_n) \tag{16.7}$$

이 식을 보면 우변 괄호 안의 정부지출($\bar{G}$)이 1원 늘어날 때 좌변의 균형국민소득은 $\frac{1}{1-b}$원만큼 늘어나는 것으로 나타난다. 여기에서 b는 한계소비성향을 뜻하는데, 예를 들어 이것의 값이 0.8이라면 $\frac{1}{1-b}$은 5의 값을 갖게 된다. 다시 말해 정부지출이 10억원만큼 늘어나면 균형국민소득은 그 다섯 배인 50억원이나 되는 크기로 늘어난다는 것이다.

이처럼 정부지출이 커질 때 (균형)국민소득은 그 몇 배의 크기로 늘어나게 되는데, 이를 승수효과(multiplier effect)라고 부른다. 지금은 정부지출이 늘어나는 경우를 예로 들고 있지만, 소비지출이나 투자지출이 늘어나는 경우에도 이와 같은 승수효과가 나타날 수 있다.

승수효과 : 어떤 이유로 인해 소비지출, 투자지출, 혹은 정부지출이 증가하면, 국민소득은 그 증가분의 몇 배에 이르는 크기로 증가하게 된다. 이와 같이 지출의 증가가 국민소득을 몇 배나 더 큰 폭으로 증가시키는 결과를 가져오는 것을 가리켜 승수효과라고 부른다.

정부지출승수

정부지출이 1원 증가했을 때 국민소득이 증가하는 배수를 뜻함

정부지출이 1원 늘어났을 때 국민소득이 더 커지는 배수를 나타내는 $\frac{1}{1-b}$을 **정부지출승수**(government expenditure multiplier)라고 부른다. 다음과 같은 구체적 예를 통해 정부지출승수가 1보다 더 큰 값을 갖게 되는 이유를 직관적으로 설명할 수 있다.

정부가 도로 건설을 위해 지출을 1억원 늘렸다고 할 때, 이로 인해 국민경제에 생기는 변화를 〈표 16-2〉에 요약해 보았다. 정부가 지출한 1억원이 건설현장에서 일한 근로자들에게 임금으로 지급되면 국민소득은 당장 이만큼 증가하게 된다. 표에서 1단계라고 표현된 것이 바로 이와 같은 변화를 말해 주고 있다. 근로자들은 늘어난 소득 중 일부를 소비지출에 쓰고 나머지는 저축해 둔다. 만일 이들의 평균적 한계소비성향이 b라고 하면, b억원이 소비지출에 쓰이고 그 나머지, 즉 $(1-b)$억원은 저축할 돈이 된다.

표 16-2
정부지출승수의 도출
(단위 : 억원)

	정부지출 증가분(ΔG)	소비지출 증가분(ΔC)	소득 증가분(ΔY)
1단계	1		1
2단계	0	b	b
3단계	0	b^2	b^2
⋮	⋮	⋮	⋮
n 단계	0	b^{n-1}	b^{n-1}
⋮	⋮	⋮	⋮
총계	1	$\frac{b}{1-b}$	$\frac{1}{1-b}$

그런데 근로자들이 소비재 구입을 위해 지출한 b억원은 소비재를 생산하는 데 참여한 사람의 소득이 되고, 따라서 2단계에서 국민소득은 다시 b억원만큼 증가하게 된다. 사람들은 이 추가적 소득의 일정 부분을 다시 소비지출을 늘리는 데 사용할 것인데, 그 소비지출의 증가폭은 소득 증가분(b억원)에 한계소비성향 b를 곱한 것, 즉 b^2억원이 된다. 그렇게 되면 소비재를 생산하는 데 참여한 사람들의 소득이 또다시 b^2억원만큼 증가하게 된다. 이와 같은 소득 증가는 표에 3단계의 변화로 나타나 있다.

정부가 지출을 늘려 재화와 서비스를 구입하면 국민소득이 즉각 증가할 뿐 아니라, 이 과정에서 소득이 증가한 사람들의 소비가 증가하고 이것이 다시 소득 증가로 이어지는 연쇄반응이 발생한다. 즉 정부지출의 증가가 소득 증가 → 소비 증가 → 소득 증가 → 소비 증가 → … 라는 연쇄반응을 일으켜, 국민소득에 미치는 최종적인 효과는 처음의 몇 배 크기로 불어나는 것이 바로 승수효과다.

그렇다면 국민소득이 눈덩이처럼 불어나는 이 연쇄반응은 언제까지 계속될 것인가? 한계소비성향 b는 1보다 작은 양수이므로 단계가 거듭되면서 추가적인 소비나 소득의 증가폭은 점차 감소해 0으로 수렴하게 된다. 표의 마지막 열에 나타난 숫자는 각 단계에서의 소득 증가폭을 의미하므로, 이들을 모두 더하면 이 연쇄반응이 끝났을 때의 국민소득 증가폭을 계산할 수 있다. 표의 맨 아래 줄을 보면 정부지출이 1억원 증가했을 때 결국 국민소득은 $\frac{1}{1-b}$억원만큼 증가하게 된다는 것을 알 수 있다.

일반적으로 정부지출이 ΔG원 늘어났다고 할 때, 이로 인한 균형국민소득 증가분 ΔY는 다음과 같이 계산할 수 있다.

물을 가득 담고 있는 댐

정부가 도로나 댐 건설 같은 공공사업에 돈을 쓰면 승수효과를 통해 몇 배나 더 큰 폭으로 국민소득 증가가 발생하게 된다.

$$\Delta Y = \Delta G + b\Delta G + b^2\Delta G + b^3\Delta G + \cdots\cdots \quad (16.8)$$
$$= (1 + b + b^2 + \cdots\cdots)\Delta G$$
$$= \frac{1}{1-b}\Delta G$$

정부지출승수는 우변에서 보는 ΔG 앞의 계수, 즉 $\frac{1}{1-b}$과 같다.

예컨대 한계소비성향(b)이 0.6이면 정부지출승수는 2.5의 크기를 갖는 한편, 한계소비성향이 0.8로 커지면 정부지출승수의 값도 5로 더 커지게 된다. 한계소비성향이 클수록 각 단계에서 소비가 더 큰 폭으로 증가하게 되므로 정부지출승수의 값도 더 커지는 것이다. 반면에 한계소비성향이 0이라면 정부지출이 증가할 때 정부가 추가적으로 구입한 재화와 서비스를 생산하는 과정에서만 소득이 창출될 뿐 그 이상의 연쇄효과는 없게 되므로 정부지출승수는 1이 된다. 일반적으로 한계소비성향은 0보다 크고 1보다 작으므로 정부지출승수는 1보다 더 큰 값을 갖는다.

투자승수와 조세승수

앞에서 말한 바 있지만, 승수효과는 정부지출뿐 아니라 소비지출이나 투자지출의 변화와 관련해서도 나타날 수 있다. 즉 이들 중 어떤 것에 변화가 생겨도 국민소득이 더 큰 폭으로 변화하는 결과가 나온다는 말이다. 앞의 식 (16.7)을 자세히 살펴보면 이와 같은 결과가 나온다는 것을 쉽게 확인할 수 있다. 이 식 우변에서 a라는 상수를 볼 수 있는데, 이것은 소득과 관련 없는 소비지출을 나타내고 있다. 이 식을 보면 여기에 변화가 생겨도 좌변의 (균형)국민소득은 $\frac{1}{1-b}$배나 되는 폭으로 변화하게 된다는 것을 알 수 있다.

투자승수

1원의 투자 증가가 가져오는 국민소득의 증가폭

고정된 것으로 가정된 투자지출($\bar{I}$)이 더 커지는 경우에도 마찬가지 결과가 나타난다. 1원의 투자 증가가 가져오는 국민소득의 증가폭을 **투자승수**(investment multiplier)라고 부르는데, 이를 다음과 같이 나타낼 수 있다.

$$\text{투자승수} = \frac{\Delta Y}{\Delta \bar{I}} = \frac{1}{1-b} \quad (16.9)$$

지금까지는 모두 지출이 늘어나는 경우를 예로 들어 승수효과를 설명했지만, 지출이 줄어드는 경우에도 역시 승수효과가 나타난다. 물론 이 경우에는 국민소득이 지출 감소폭보다 더 큰 폭으로 줄어든다는 의미에서의 승수효과다. 예를 들어 정부지출이나 투자지출이 1원 줄어들면 국민소득이 $\frac{1}{1-b}$원만큼 줄어들게 된다.

조세승수

1원의 조세 징수액 증가가 가져오는 국민소득의 감소폭

한편 조세 징수액 $\bar{T}$가 늘어나면 국민소득이 줄어들게 되는데, 이 경우에도 국민소득의 감소폭은 원래의 조세 증가폭보다 더 크다. 1원의 조세 징수액 증가가 가져오는 국민소득의 감소폭을 **조세승수**(tax multiplier)라고 부르는데, 식 (16.7)을 자세히 살펴보면 그것이 다음과 같은 크기를 갖는다는 것을 알 수 있다.

$$조세승수 = \frac{\Delta Y}{\Delta \bar{T}} = -\frac{b}{1-b} \qquad (16.10)$$

조세승수는 음(−)의 값을 가지며 그 절대값이 앞에서 본 정부지출승수나 투자승수보다 더 작다는 데 주의할 필요가 있다. 식 (16.7)에 의존하지 않고 다음과 같은 과정을 거쳐 조세승수를 구할 수도 있는데, 이 도출과정을 잘 살펴보면 어떤 이유로 그 절대값이 다른 유형의 승수들보다 더 작은지 이해할 수 있게 된다.

장 보러 온 사람들

어떤 이유로 사람들의 소비지출이 줄어들면 승수효과를 통해 국민소득이 매우 큰 폭으로 떨어질 수 있다. 소비심리가 얼어붙을까봐 걱정하는 이유가 바로 여기에 있다.

정부가 조세를 1원 더 거둬들이면 소비자들의 처분가능소득은 바로 그 1원만큼 줄어든다. 한계소비성향이 b라고 하면 1원의 처분가능소득 감소는 b원의 소비지출 감소를 가져온다. 이에 따라 소비재를 생산하는 데 참여하는 사람들의 소득이 b원만큼 줄어들게 되고, 이 b원의 소득 감소가 다시 소비지출을 b^2원만큼 감소시키는 식의 연쇄반응이 뒤따른다. 이와 같이 $-b$, $-b^2$, $-b^3$, …으로 이어지는 소득의 감소분을 모두 더한 것, 즉 $-\frac{b}{1-b}$가 바로 조세승수가 된다.

여기서 주의 깊게 살펴보아야 할 점은 무한등비급수의 첫 번째 항이 $-b$의 값을 갖는다는 사실이다. 이에 비해 앞서 본 정부지출승수나 투자승수의 경우에는 무한등비급수의 첫 번째 항이 1의 값을 갖고 있다. 바로 이 차이로 인해 조세승수의 절대적 크기가 정부지출승수나 투자승수에 비해 더 작은 결과가 빚어지는 것이다. 이와 같이 무한등비급수의 첫 번째 항에 차이가 생기는 이유를 다음과 같이 설명할 수 있다.

정부지출이나 투자가 1원 늘면 국민소득이 바로 그만큼, 즉 1원만큼 늘어나고 그 이후의 연쇄반응이 일어나게 된다.[8] 그러나 조세 징수액이 1원만큼 늘어난 경우에는 국민소득이 바로 1원만큼 줄어드는 반응이 나타나지 않는다. 다만 처분가능소득이 1원만큼 줄어드는데, 이는 국민소득이 줄어든다는 것과 다른 말이다. 처분가능소득이 1원 줄어든 결과 소비가 b원만큼 줄어들고 이에 따라 국민소득이 b원만큼 줄어드는 데서부터 연쇄효과가 시작되기 때문에 무한등비급수의 첫 번째 항이 $-b$의 값을 갖는 것이다.

승수효과 때문에 소비지출이나 투자지출이 조금만 줄어들어도 그로 인한 파장은 눈덩이처럼 커질 수 있다. 어떤 이유로 소비지출이나 투자지출이 약간만 떨어져도 국민소득이 매우 큰 폭으로 떨어지는 결과를 가져오게 된다. 케인즈는 경제가 근본적으로 불안정하다고 보았는데, 그 이유가 바로 이와 같은 현실 인식에 있었다.

8) 정부지출이나 투자지출이 1원 늘면 총지출이 1원 늘어나는 결과가 빚어진다. 그런데 지금 우리가 보는 모형에서 총지출의 증가는 바로 국민소득의 증가로 이어지게 된다. 그렇기 때문에 정부지출이나 투자지출이 1원 늘면 국민소득이 바로 1원만큼 늘어난다고 말하는 것이다.

마른 펌프에 물 붓기

케인즈는 경기침체의 상황에서 정부지출을 증가시키는 것이 마치 마른 펌프에 물을 붓는 것과 같은 효과를 낸다고 설명했다. 지금은 별로 보기 힘들게 되어 버렸지만, 얼마 전까지만 해도 펌프로 지하수를 퍼 올리는 광경을 심심치 않게 볼 수 있었다. 펌프에 달린 손잡이를 위아래로 흔들면 주둥이에서 깨끗한 물이 쉴 새 없이 쏟아져 나오는데, 보기만 해도 시원한 광경이었다.

그런데 펌프가 말라 있을 때는 손잡이를 아무리 움직여 봐도 전혀 소용이 없다. 이때는 물을 한 바가지 퍼 넣어 피스톤 밸브에 공기가 통하지 않게 만들어 주어야 비로소 물이 나오게 된다. 경제가 불황에 빠져 있을 때 정부지출을 늘리는 것은 마른 펌프에 물 한 바가지를 퍼 넣는 것이나 마찬가지 효과를 낸다는 것이 케인즈의 설명이다. 한 바가지의 물이 몇 통의 물로 불어나듯, 정부지출의 증가는 승수효과를 통해 몇 배나 더 큰 국민소득의 증가로 이어진다는 것이다.

바로 물을 쏟아낼 것 같은 펌프

이제는 거의 사라져가고 있지만, 예전에는 이런 펌프로 물 푸는 모습을 흔히 볼 수 있었다. 펌프에 물을 한 바가지 퍼 넣은 다음 손잡이를 위아래로 여러 차례 움직이면 시원한 물이 콸콸 쏟아져 나온다.

케인즈는 경기침체가 정말로 심각한 상황이라면 정부가 일부러 사업을 만들어서라도 지출을 늘리는 것이 바람직하다는 입장을 취했다. 그리 급하지 않은 사업에 돈을 퍼붓는 것은 낭비일 수 있다. 그러나 그의 시각에서 보면 경기침체로 인해 아까운 생산자원이 놀려둔 상태에 빠지는 것은 더 큰 낭비가 된다. 그렇기 때문에 재정적자를 감수하면서까지 지출을 늘릴 필요가 있다고 주장한 것이다.

이와 같은 케인즈의 주장은 재정의 건전성에 대한 전통적인 인식에 획기적인 변화를 가져다주었다. 전통적인 견해에 따르면, 정부가 세입의 범위 안에서만 지출하는 것이 건전한 재정운영의 원칙이다. 어떤 이유에서든 재정적자가 발생하면 그것은 재정을 방만하게 운영했다는 증거로 볼 수 있다는 것이다.

그러나 이제는 재정적자 그 자체가 문제되지는 않는 것으로 인식이 바뀌게 되었다. 경기침체가 심각해 반드시 정부지출을 늘려야 할 상황이라면 어느 정도의 적자는 감수할 수밖에 없다는 인식이 보편화된 것이다. 정부의 비대화를 반대하는 사람들은 이와 같은 인식이 매우 잘못된 것이라고 소리 높여 외친다. 그러나 경우에 따라서는 재정적자를 적절하게 활용할 필요가 있다는 주장에 공감하는 사람이 더 많은 편이다.

생각해 봅시다

지금 우리가 구한 정부지출승수나 투자승수 $\frac{1}{1-b}$은 현실에서 관찰할 수 있는 승수효과보다 더 큰 값을 갖는다. 왜냐하면 논의를 단순화하기 위해 설정한 비현실적인 가정이 승수효과의 크기를 부풀리는 결과를 가져왔기 때문이다.

무엇보다 우선 우리는 조세가 소득수준과 관련 없이 일정한 금액이 징수되는 정액세의 성격을 갖는다고 가정한 바 있다. 그러나 현실에서는 소득이 커짐에 따라 조세 징수액도 더 커지는 소득세가 부과되고 있는 것이 일반적이다.

만약 조세가 소득의 크기에 비례해서 더 커진다면 조세 징수액과 소득 사이에는 $T=tY$의 관계가 성립한다. 여기서 t는 소득세율을 뜻하며 0과 1 사이의 값을 갖는다. 본문에서 승수효과가 발생하는 과정을 설명할 때 정부가 지출한 1억원이 건설현장에서 일한 근로자들에게 임금으로 지급되는 예를 든 바 있다. 그 결과 국민소득이 당장 1억원만큼 증가하게 되는데, 소득세가 부과된다면 근로자들은 t억원만큼의 세금을 더 내야 된다. 따라서 그들의 처분가능소득은 $(1-t)$억원만큼만 늘어나고, 따라서 소비지출의 증가폭은 b억원이 아니라 $(1-t)b$억원이 된다.

소비지출이 $(1-t)b$억원 늘어나면 국민소득이 다시 바로 그 크기만큼 커진다. 이 소득 증가분에 대해 다시 세율 t의 소득세가 부과될 것이므로 세금을 내고 난 처분가능소득의 증가폭은 $(1-t)^2b$가 된다. 따라서 그다음 단계에서 소비지출 증가폭은 $[(1-t)b]^2$가 된다.

지금까지의 논의를 정리하면 정부지출을 1억원 늘렸을 때 1단계에서의 소득 증가폭은 $(1-t)b$억원, 그리고 2단계에서의 소득 증가폭은 $[(1-t)b]^2$이라는 말이다. 이를 보면 조세가 정액세의 형태로 부과되는 경우에 비해 각 단계에서의 소득 증가폭이 모두 더 작다는 것을 알 수 있다. 따라서 소득세가 부과되는 것으로 가정을 바꾸면 승수효과의 크기가 더 작아지게 되는 것이다.

생각해 보기

(1) 소득세가 부과된다고 가정했을 때의 승수효과의 크기를 도출해 보라.

(2) 우리가 순수출은 $\bar{X}_n$의 수준에 주어져 있다고 가정한 것도 승수효과의 크기를 더 크게 만드는 결과를 가져오고 있다. 그러나 현실에서는 소득수준이 올라가면 수입액도 늘어나게 마련이기 때문에 순수출의 크기가 일정하게 주어져 있다는 것은 비현실적인 가정이다. 만약 소득수준이 올라감에 따라 수입액이 늘어난다는 것으로 가정을 바꾸면 앞에서 설명한 소득의 증가과정에 대한 설명이 어떻게 달라져야 할까?

균형재정승수

지금까지 우리는 정부지출의 효과를 분석하면서 그 지출이 어떻게 조달되는지에는 관심을 갖지 않았다. 일반적으로 정부는 지출에 필요한 재정수입을 조세 징수, 국공채나 외채 발행, 통화 발행 등의 방법을 통해 얻는다. 정부지출(G)이 조세(T)로 충당되어 정부지출과 조세수입의 크기가 서로 같을 때 우리는 균형재정(balanced budget)을 이루었다고 말한다. 반면에 조세수입만으로는 정부지출을 충당할 수 없어 국공채나 외채로 자금을 조달하면 재정적자(budget deficit)가 발생했다고 말한다. 똑같은 크기로 정부지출이 증가하더라도 조세수입에 의해 재원이 마련되었는지 아니면 국공채를 발행해 재원이 마련되었는지에 따라 국민소득에 미치는 영향이 다를 수 있다.

앞에서 구한 정부지출승수는 조세 징수액을 포함한 다른 모든 조건에 변화가 없다는 가정하에서 도출한 것이었다. 그러므로 이 정부지출승수는 국공채의 발행을 통해 추가적인 지출의 재원을 마련했을 때 적용되는 승수라고 말할 수 있다. 그렇다면 조세를 더 거두어 정부지출을 늘린 경우 정부지출승수는 어떻게 변화하게 될까? 즉 균형재정을 유지하면서 정부지출을 늘린다면 국민소득은 얼마나 증가할 것인지 생각해 보자. 이에 대한 대답은 앞서 본 정부지출승수와 조세승수를 함께 모아 생각함으로써 손쉽게 얻을 수 있다.

정부지출의 증가를 ΔG, 그리고 조세수입의 증가를 ΔT라고 할 때, $\Delta G=\Delta T$의 관계를 유지하면서 정부지출을 그만큼 늘렸다고 해보자. 정부지출의 증가는 균형국민소득을 $\frac{1}{1-b}\Delta G$만큼 커지게 만드는 효과를 내는 반면, 조세 징수액의 증가는 균형국민소득을 $\frac{b}{1-b}\Delta T$만큼 줄어들게 만드는 효과를 낸다. 따라서 이 둘을 합쳤을 때의 효과, 즉 균형국민소득의 변화폭은 다음과 같게 된다.

$$\Delta Y=\frac{1}{1-b}\Delta G-\frac{b}{1-b}\Delta T=\Delta G \qquad (16.11)$$

이를 보면 정부지출과 조세 징수액을 같은 크기로 증가시키면 국민소득이 바로 그 크기로 증가한다는 것을 알 수 있다. 균형재정이 유지되면서 정부지출이 1원 증가했을 때 국민소득이 증가하는 폭을 **균형재정승수**(balanced budget multiplier)라고 부르는데, 이것이 1의 값을 갖는 것이다. 정부지출과 조세 징수액을 똑같은 크기로 늘릴 때 국민소득이 더 커지는 것은, 절대적 크기에서 정부지출 증가의 효과가 조세 징수액 증가의 효과보다 더 크기 때문이라고 해석할 수 있다.

균형재정승수

균형재정이 유지되면서 정부지출이 1원 증가했을 때 국민소득이 증가하는 폭

16.4 케인즈의 유효수요이론

지금까지 살펴본 소득-지출분석은 그 자체로 하나의 이론체계를 구성하고 있는데, 이를 케인즈(J. M. Keynes)의 **유효수요이론**(effective demand theory)이라고 부른다. 우리가 배우고 있는 현대적인 거시경제이론은 그가 1936년에 펴낸『일반이론』(*The General Theory of Employment, Interest, and Money*)으로부터 시작되었다고 해도 지나친 말이 아니다. 그가 이 책에서 설명하고 있는 국민소득의 결정과정은 바로 앞에서 본 소득-지출분석의 틀에 의해 설명할 수 있다.

어느 이론이나 마찬가지겠지만, 케인즈경제학도 그것이 태동했던 시대, 즉 1930년대 경제 상황의 산물이라고 말할 수 있다. 그 당시 세계는 **대공황**(Great Depression)이라고 부르는 사상 유례없는 극심한 경기침체 상태에 빠져 있었고, 정치가들이나 경제학자들은 그것에서 벗어날 길을 찾으려고 몸부림을 치고 있었다. 경기침체가 극도로

일본 경제의 잃어버린 30년

제2차 세계대전 이후 줄곧 호황을 구가하던 일본 경제가 1990년대 들어오면서 갑자기 불황의 나락으로 굴러떨어지기 시작했다. 이 갑작스러운 불황의 원인으로 여러 가지를 들 수 있지만, 가장 중요한 이유는 부동산이나 주식가격의 거품이 꺼지기 시작한 데 있었다. 일본의 땅값이 얼마나 비쌌는지, 일본 국토의 가치가 면적이 몇 배나 더 큰 미국 국토의 가치보다 훨씬 더 높은 기현상까지 나타났다. 또한 그동안의 호황에 힘입어 주식가격도 엄청나게 높은 수준으로 치솟았다.

그때까지 일본 경제가 구가해 오던 사상 초유의 호황은 이와 같은 자산가격 거품과 밀접한 관계를 갖고 있었다. 호황은 자산가격 상승을 가져오고, 자산가격 상승은 경제를 더욱 활성화시키는 상승작용이 일어났다. 앞에서 설명했던 것처럼 자산가격이 상승해 재산이 늘어나면 사람들은 소비지출을 늘리게 된다. 또한 주식가격이 높은 수준에 머물고 있는 상황에서는 기업들의 투자활동도 활발해진다.

문제는 자산가격 거품이 언젠가 꺼지기 시작할 수밖에 없다는 데 있다. 일단 거품이 꺼지기 시작하면 불황이 오게

"불황에 굴하지 않고 영업중"

일본 관광지의 한 해산물 가게에 이런 재미있는 말을 써놓은 팻말이 붙어 있다.

되고, 이 불황은 거품을 한층 더 빨리 꺼지게 만들어 경제는 빠른 속도로 추락하게 된다. 당연한 말이지만 거품이 심했을수록 그 추락의 속도도 빠르게 마련이다. 이렇게 거품이 꺼지는 것을 신호탄으로 하여 일본 경제의 '잃어버린 10년'이 시작되었다. 1990년대 내내 일본 경제는 제자리걸음을 계속해 그 기간을 잃어버린 10년이라고 부른다.

일본 정부는 불황에서 벗어나기 위해 공공사업을 통해 지출을 대폭 늘리는 전략을 채택했다. 시골의 작은 길까지 모두 아스팔트로 포장할 정도로 적극적인 지출 증대를 시도했으나 기다리던 경기회복 효과는 나타나지 않았다. 사람들이 늘어난 소득을 소비지출에 써야 하는데, 그렇게 하지 않고 대부분 저축을 늘리는 데 써버렸기 때문이다. 그 과정에서 재정적자가 눈덩이처럼 불어나 더 이상의 지출 증가를 시도하기도 어려운 형편에 처하게 되었다.

재정정책에 이어 통화정책마저 이렇다 할 효과를 내지 못해 경기회복은 더욱 어려운 과제가 되었다. 이자율이 0% 가까운 수준으로 떨어져 더 이상 내릴 수도 없는 상황이었기 때문에 통화정책을 통해 투자를 촉진한다는 것은 거의 불가능한 일이었다. 일본 경제의 불황은 2000년대로 이어지게 되었는데, 바로 이것이 일본 경제가 경험한 잃어버린 30년의 역사였다.

2010년대 들어서면서 일본정부와 중앙은행이 공격적인 재정정책과 통화정책을 통해 경기부양을 시도했지만, 지금 이 시점에서도 일본 경제는 정체상태를 좀처럼 벗어나지 못하고 있다. 과거 미국을 따라잡겠다고 기세등등했던 시절의 모습은 이제 찾아보기 힘들 정도다. 아직도 일본의 기업들은 세계 최고의 경쟁력을 갖고 있으나, 일본 경제가 예전의 활기를 되찾으려면 상당히 많은 시간이 걸릴 것 같다는 느낌이다. 과감한 구조개혁을 단행하지 않고 미봉책으로 일관해 온 것이 이처럼 회복을 더디게 만든 주요한 원인으로 꼽히고 있다.

심각한 상황으로 치닫고 있음에도 불구하고, 당시의 경제학자들은 이렇다 할 처방을 제시하지 못했다. 사실 그들은 문제의 핵심이 어디에 있는지조차 정확하게 알지 못한 상태에 있었다.

케인즈는 유효수요이론을 통해 문제의 핵심이 바로 '수요의 부족'에 있음을 밝혀냈다. 요즈음은 경제학을 배운 지 얼마 안 되는 사람조차 수요 부족으로 인해 경기침체가 발생한다는 것 정도는 알고 있다. 그러나 당시의 상황에서 문제의 핵심이 수요 부족에 있음을 밝혀내는 것은 혁명적인 발상의 전환을 필요로 하는 일이었다. 유효수요이론은 총수요의 과부족에 의해 현실 경제의 단기적 움직임을 설명한다는 특징을 갖고 있다. 이 이론에 따르면, 총수요가 부족할 때 경기가 침체상태에 빠지게 된다.

세이의 법칙
'공급은 스스로의 수요를 창조한다'는 고전파 경제학자들의 믿음을 가리키는 말

케인즈의 유효수요이론이 등장할 때까지 경제학계는 고전파이론이 주류를 이루고 있었다. 특히 많은 경제학자들이 "공급은 스스로의 수요를 창조한다."는 **세이의 법칙**(Say's law)을 거의 절대적으로 신봉하고 있었다. 세이(J. B. Say)는 모든 사람들이 생산자인 동시에 소비자이므로, 생산을 통해 벌어들인 소득은 결국 다른 상품의 구입에 쓰이기 마련이라는 점을 들어 공급이 스스로의 수요를 창조하게 된다고 말했다.

세이의 법칙에 따르면 만성적인 수요 부족이나 이에 따른 실업은 존재할 수 없다. 공급이 수요를 창조하기 때문에 시장 전체로 보아 수요와 공급은 항상 일치하게 되기 때문이다. 일시적으로 초과수요나 초과공급의 상태가 나타날 수 있으나, 물가와 임금이 신축성(flexibility)을 갖고 있기 때문에 이런 불균형은 곧바로 해소될 것이라고 믿었다.[9] 그렇지만 1930년대의 현실은 세이의 법칙이 말하고 있는 것과 판이하게 달랐다. 몇십 퍼센트나 되는 실업률이 지속되는 당시의 상황을 볼 때, 만성적인 수요 부족이 나타날 수 없다는 고전파의 주장에 무언가 잘못이 있다는 것은 너무나도 분명했다.

노사협상의 현장
노동조합이 상당한 영향력을 갖고 있는 상황에서는 임금의 신축성이 그리 클 수 없다.

케인즈는 물가와 임금이 신축적으로 조정되어 경기가 회복될 것이라고 믿는 사람들을 신랄하게 비판했다. 그는 물가와 임금이 여러 가지 제도적 요인으로 인해 상당한 경직성(rigidity)을 갖는다고 보았다. 현실을 보면 독점이나 장기계약의 존재, 그리고 노동조합의 영향력 등 여러 요인으로 인해 임금의 신축성이 제약을 받고 있어, 케인즈의 생각에 어느 정도 일리가 있음을 인정할 수 있다.[10] 케인즈의 말대로 물가와 임금이 신축적으로 움직이지 못한다면 총수요가 부족한 상황이 장기간 지속될

9) 예를 들어 초과수요가 존재하는 경우에는 물가가 오르게 되고, 그 결과 초과수요가 없어져 균형을 회복하게 된다.

10) 고용주와 근로자 사이에 장기계약이 맺어진 경우에는 여기에서 합의된 임금이 계속 지급되어야 한다. 그러므로 경제의 상황이 변해도 바로 임금을 올리거나 내릴 수 없게 된다.

수 있으며, 이에 따라 만성적인 경기침체가 나타날 가능성이 있다.

이와 같은 만성적 경기침체의 문제를 해결하기 위해서는 정부지출을 늘리거나 조세를 감면해 주는 등의 인위적인 **수요확장정책**을 쓸 필요가 있다는 것이 유효수요이론의 핵심이다. 오늘날의 경제학자들에게 불황의 원인이 수요 부족에 있다는 것은 전혀 새삼스러울 것 없는 설명이다. 이들은 알게 모르게 케인즈의 영향을 많이 받았기 때문에 이를 당연한 것으로 받아들이고 있는지 모른다. 그러나 공급 측면을 중시하는 경제이론이 풍미하고 있었던 당시의 분위기에서 케인즈의 이론은 가히 혁명적이라고 할 만큼 큰 충격을 가져다주었다.

완전고용국민소득 16.5

케인즈의 유효수요이론이 갖는 의미를 좀 더 완벽하게 이해하기 위해서는 우선 **완전고용국민소득**(full employment GDP)이라는 개념부터 잘 알아둘 필요가 있다. 한 국민경제에 부존되어 있는 생산자원 중 얼마만큼이 실제로 생산과정에 투입되느냐에 따라 국민소득의 크기가 달라진다. 경우에 따라 생산자원의 일부가 생산과정에 활용되지 못하고 놀려둔 상태에 놓일 수 있는데, 이때의 국민소득 수준은 생산자원이 모두 활용되고 있을 때에 비해 더 낮을 것이다. 만약 생산자원이 모두 활용된다면 국민소득은 어떤 특정한 수준에 이를 텐데, 바로 이 수준을 완전고용국민소득이라고 부른다.[11]

완전고용국민소득 : 한 국민경제에 존재하는 모든 생산자원이 정상적으로 생산과정에 투입될 때 얻을 수 있는 국민소득의 수준을 완전고용국민소득이라 부른다.

이 정의에서 '정상적'이라는 수식어를 사용하고 있음에 주의하기 바란다. 예를 들어 근로자가 평일에 8시간을 근무하는 것이 보통이라면, 정상적이라는 표현은 바로 그 정도로 일하는 것을 가리킨다. 반면에 근로자가 초과작업을 한다든가, 기계가 계속 가동되어 손볼 틈조차 없다는 것 등이 비정상적인 투입의 예라고 말할 수 있다.

완전고용국민소득을 그 경제가 생산할 수 있는 최대한의 생산량이라고 생각해서는 안 된다. 근로자들이 정상적인 근로시간을 넘겨 일할 경우 국민소득은 완전고용국민소득보다 일시적으로 더 커질 수 있다. 그리고 현실 경제에서 단기적으로 이런 현상이 나타나는 것은 그리 드문 일이 아니다.

11) 완전고용국민소득을 잠재국민소득(potential GDP)이라고 부르기도 한다. 완전고용국민소득은 여러 가지 방법으로 측정될 수 있으나, 제13장의 [그림 13-1]에서 본 국내총생산의 장기추세를 완전고용국민소득으로 간주하는 경우가 많다.

생각해 봅시다

세이의 법칙을 믿는 사람은 다음과 같은 예를 들어 현실에서 이 법칙이 성립하는 이유를 설명한다. 돼지를 키우는 어떤 사람이 있다고 하자. 그가 돼지 두 마리를 팔려고 장을 찾았다는 것은 바로 그 두 마리분의 돼지가 공급되었다는 것을 뜻한다. 그가 돼지를 팔려고 하는 이유는 그것을 팔아 얻은 돈으로 쌀도 사고 옷도 사고 싶기 때문이다. 만약 돼지를 50만원에 팔고 그 돈으로 쌀과 옷을 샀다고 하면 50만원에 해당하는 돼지의 공급이 바로 그만큼의 쌀과 옷에 대한 수요를 만들어 냈다는 것을 뜻한다.

만약 사람들이 자신이 가진 상품을 팔아 얻은 돈 전부를 다른 상품을 사는 데 쓴다면 세이의 법칙은 아무 문제없이 성립한다. 경제 전체의 공급을 모두 합친 것은 수요를 모두 합친 것과 똑같을 것이고, 따라서 만성적인 수요 부족 현상은 나타나지 않을 것이다. 그러나 어떤 상품을 팔아 얻은 돈을 전부 다른 상품을 사는 데 쓰지 않으면 문제가 생긴다. 예를 들어 돼지를 판 사람이 쌀과 옷을 30만원어치만 사고 나머지 20만원은 베개 밑에 숨겨 두었다고 하자. 말하자면 20만원을 쓰지 않고 저축해 두었다는 뜻인데, 사람들이 이렇게 저축을 하는 상황에서는 세이의 법칙이 성립할 수 없다.

생각해 보기

(1) 어떤 경제에서 세이의 법칙이 현실을 그럴듯하게 설명할 수 있을지 생각해 보자.
(2) 수요가 부족한 현상이 지속되면 왜 실업이 발생하게 되는지 그 이유를 생각해 보자.

단기에서 어떤 국민경제의 완전고용국민소득은 일정한 수준에 주어져 있다고 볼 수 있다. 주어진 생산자원과 기술하에서 정상적으로 생산해낼 수 있는 상품의 총량이 바로 그 수준이라고 말할 수 있다. [그림 16-3]에 이 완전고용국민소득의 수준이 Y_F로 주어져 있는 것으로 나타나 있다. 이 그림은 소득-지출분석을 통해 구한 균형국민소득(Y_e)이 완전고용국민소득보다 더 작은 경우를 보여주고 있다. 그 반대의 상황도 나타날 수 있으나, 유효수요이론이 주로 관심을 갖는 것은 바로 이 경우다.

균형국민소득이 완전고용국민소득보다 더 작다는 것은 생산자원 중 일부가 생산과정에 투입되지 못한 채 놀려지고 있음을 뜻한다. 예를 들어 일자리를 찾지 못해 실업상태에 있는 근로자가 있거나 가동되지 않고 있는 자본재가 존재한다는 것이다. 이런 상태를 가리켜 "경기가 침체되어 있다."라고 말하는데, Y_e와 Y_F 사이의 차이가 바로 경기침체의 정도를 나타내 주고 있다. 즉 이 차이가 클수록 경제가 한층 더 심각한 경기침체상태에 빠져 있다는 뜻이 된다.

고전파 경제학자들은 이와 같은 경기침체의 상황이 물가의 신축적인 조정을 통해 자동적으로 해소될 것이라고 믿었다. 그들은 경기가 침체되면 팔리지 못한 상품들이 쌓이면서 물가가 떨어지기 시작할 것이라고 말했다. 앞에서 본 것처럼 물가가 떨어지면 실질자산효과를 통해 소비지출이 늘어나 총지출이 더 커지게 되고, 그 결과 AE곡선은 위쪽으로 이동하기 시작한다.

물가가 충분히 떨어져 총지출곡선이 M점을 지나는 $\widehat{AE}$의 위치로 이동하면 새로운

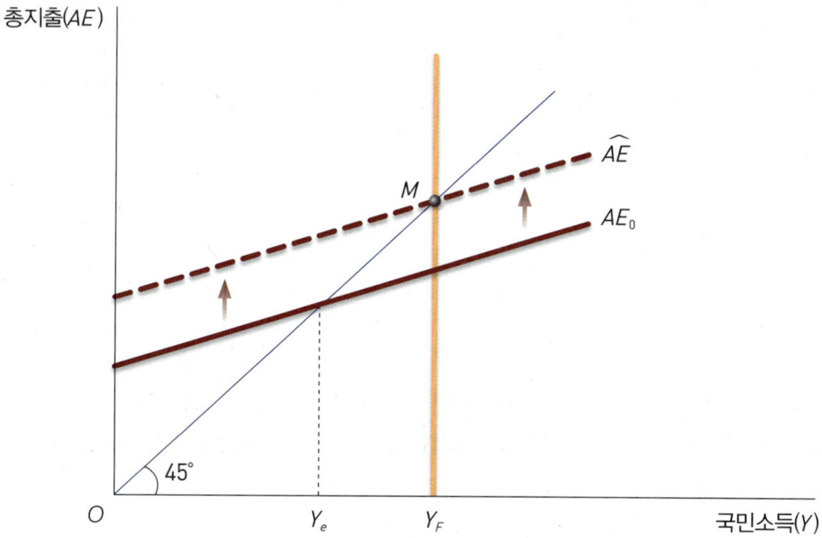

그림 16-3

총지출 증가의 필요성

총지출이 충분히 크지 못해 균형국민소득(Y_e)이 완전고용국민소득(Y_F)보다 더 작은 경우, 경제를 완전고용 수준으로 끌어올리기 위해서는 총지출곡선을 $\widehat{AE}$의 위치로 이동시켜 M점을 지나게 만들어야 한다.

균형국민소득은 완전고용국민소득 수준과 같아진다. 이는 어느 정도 시간이 흐르면 물가의 신축적 조정을 통해 자동적으로 경기가 회복되리라는 것을 뜻한다. 바로 이것이 그 당시 고전파 경제학자들이 가졌던 생각이었다고 해석할 수 있다.

그러나 케인즈는 "장기적으로는 우리 모두가 죽고 만다."(In the long-run, we are all dead.)라는 유명한 말로 고전파 경제학자들에게 야유를 보냈다. 얼마나 긴 시간이 걸릴지 모르는 물가의 신축적 조정에만 의존해 경기침체의 문제를 해결하려는 태도가 결코 합리적일 수 없다는 말이었다.

그는 불황이 스스로 치유되기를 기다리기에는 이로 인한 현실의 고통이 너무나도 크다는 점을 지적했다. 더군다나 물가의 신축성이 실제로는 그리 크지 못하기 때문에 그와 같은 조정이 그리 쉽게 이루어질 수도 없으리라고 생각했다. 따라서 경기침체에서 탈출할 수 있는 유일한 방법은 정부의 의도적인 수요확장정책밖에 없다는 것이 그의 결론이었다. 케인즈는 정부가 개입해 경제를 바람직한 방향으로 이끌어 가야 한다는 믿음을 갖고 있었던 것이다.

수요확장정책을 채택해 총수요가 증가하면 쌓여 있던 상품의 재고가 줄어들기 시작하고 기업은 생산을 늘려 이에 대처하게 된다. 특히 경기침체의 정도가 심한 때는 생산이 늘어나고 고용수준이 높아지더라도 임금이 상승할 가능성이 적고 따라서 물가도 별로 상승하지 않게 된다. 그러므로 수요확장정책은 물가상승을 유발하지 않고 생산, 즉 공급의

대공황의 교훈

제1차 세계대전 직후, 즉 1920년대의 미국 경제는 이례적인 호경기를 구가하고 있었다. 그러나 1920년대 말에 들어오면서 분위기는 반전되어, 1929년부터 1933년에 이르는 4년이란 짧은 기간 동안에 산업생산이 $\frac{1}{3}$ 정도나 감소하는 극심한 불황을 겪게 되었다.

이 불황의 여파는 다른 나라에도 미쳐, 영국, 독일, 프랑스 등 여러 나라에서 연쇄적인 불황이 일어나게 되었다. 이와 같은 세계적 규모의 불황이 가져온 고통은 이루 말할 수 없는 것이었다. 곳곳에서 일자리 찾기에 지친 실업자들이 줄을 잇고, 먹을 것과 입을 것 없이 떠도는 사람들이 거리를 메우게 되었다.

이와 같은 대공황(Great Depression)을 또다시 맞지 않기 위해서는 그때의 경험에서 무엇인가를 배워야 할 것이다. 대공황의 경험에서 교훈을 얻고자 한다면 무엇보다 우선 그것이 왜 발생하게 되었는지 그 원인을 알아내야 한다. 그런데 불행하게도 경제학자들 사이에는 대공황의 원인에 대해 아직도 의견이 분분한 상태다. 대공황의 원인에 대한 논쟁은 크게 보아 유효수요설과 통화설이라는 두 진영의 대결로 묘사할 수 있다.

대공황기의 후버빌(Hooverville)

대공황 때 미국 곳곳에 이런 빈민촌들이 생겨났는데, 후버 대통령이 대공황을 일으킨 장본인이라는 뜻에서 후버빌이란 별명을 붙였다.

유효수요설은 대공황이 총수요의 부족으로 인해 생긴 과잉 생산설비 때문에 일어났다고 설명한다. 그 당시 총수요가 현저하게 떨어지게 된 원인으로는 다음과 같은 점들을 든다. 첫째, 보호무역주의의 대두로 인해 미국 농업제품의 수출이 급격하게 감소되었다. 둘째, 소비성향이 낮은 부유층에 소득과 재산이 집중되면서 사회 전반의 소비수준이 떨어지게 되었다. 셋째, 부동산과 주식시장의 붕괴가 자산의 실질가치 하락을 가져와 소비수준을 떨어뜨리는 원인이 되었다. 마지막으로는 주택 건설과 내구소비재 수요가 포화상태에 이르러 더 이상의 총수요 증가가 어려웠다는 점을 들었다.

이에 맞서 프리드먼(M. Friedman)은 통화의 측면에서 대공황의 주된 원인을 찾아야 한다고 주장했다. 그는 금융공황이 대공황을 촉발하는 계기가 되었고, 정부의 부적절한 통화정책이 사태를 한층 더 악화시켰다고 지적했다. 금융공황은 Bank of United States라는 이름의 유태계 은행이 당시 뉴욕 금융계를 지배하고 있던 세력의 부당한 견제 때문에 파산하는 것으로부터 시작되었다고 한다. 상황을 잘못 판단한 통화당국이 통화의 공급을 줄임으로써 사태는 걷잡을 수 없이 악화될 수밖에 없었다는 것이 그의 주장이다.

우리는 이 두 가지 설명 중 어떤 것이 더 적절한지 아직 잘 모른다. 대공황의 경험에서 어떤 교훈을 찾아야 할지를 아직 모르고 있는 셈이다. 사실 학문으로서 역사가 갖는 매력은 바로 여기에 있는지 모른다. 과거의 모든 사건에 대해 각 사건이 어떤 이유로 인해 발생되었는지 정답을 모두 찾아낸다면 그것처럼 재미없는 일도 없으리라고 생각한다.

자료 : 이준구, 『이준구 교수의 열린경제학』, 문우사, 2017

증가를 가져올 수 있다. 공급이 수요를 창출한다는 세이의 법칙과 대조적으로, 케인즈의 유효수요이론에 따르면 수요가 공급을 창출하는 역할을 한다. 바로 이 특성 때문에 유효수요이론을 '국민소득의 수요결정이론'이라고 부르기도 한다.

케인즈의 유효수요이론은 경기침체의 상황을 설명하는 데 특히 적합한 이론이라고 말할 수 있다. 이제 독자들은 왜 케인즈이론이 '불황의 경제학'이란 별명을 갖고 있는지 이해할 수 있을 것이다. 세계경제가 불황을 벗어나 완전고용상태로 진입한 1960년대 후반 이후 케인즈이론이 현실과 점차 괴리된 모습을 보이기 시작한 것은 결코 우연이 아니다.

수요 부족 현상이 발생하는 이유 16.6

누출과 주입

지금까지의 논의를 통해 수요 부족으로 인해 만성적인 경기침체가 나타날 수 있음을 알게 되었다. 그렇다면 보이지 않는 손에 의해 조화롭게 움직여야 할 자본주의경제에서 그와 같은 현상이 나타나게 되는 이유는 무엇일까? 이와 같은 의문에 대한 케인즈의 대답을 간략하게 설명해 보면 다음과 같다.

우선 설명의 편의를 위해 [그림 16-4]에서 보는 것같이 가계와 기업으로만 구성된 단순한 경제를 상정하기로 한다. 기업은 상품 생산을 위해 생산요소를 구입하는데, 그 과정에서 소득이 가계로 흘러들어 간다. 이와 같은 국민소득의 흐름은 그림에 푸른색 화살표로 나타나 있다. 가계는 생산요소를 제공해 벌어들인 소득을 소비지출에 쓰게 되는데, 붉은색 화살표가 이를 나타내고 있다.

만일 가계가 벌어들인 소득을 전부 소비지출에 쓴다면 수요는 항상 공급과 일치하게 되고 따라서 수요 부족 현상은 나타나지 않는다. 예를 들어 신발을 만들어 팔아 3백만원의 소득을 얻은 사람이 그 소득을 모두 생활에 필요한 물건들을 사는 데 지출했다고 하자. 그렇다면 그는 3백만원어치의 신발을 공급하는 동시에 똑같은 금액의 다른 물건을 수요하게 되는 것이다. 이렇게 모든 사람이 생산활동을 통해 얻은 소득을 전부 다른 상품을 구입하는 데 지출한다면 경제 전체의 총 수요는 총 공급과 일치하게 된다.[12] 공급이 스스로 수요를 창조한다는 세이의 법칙은 바로 이를 두고 하는 말이다.

그러나 현실 세계에서 가계는 벌어들인 소득 전부를 즉각 소비하지 않는다. 가계의

12) 오늘날의 경제에서 개인이 생산활동의 주체가 되는 경우는 드물고 기업이 생산활동의 주체가 되는 경우가 대부분이다. 그러나 기업이 생산활동의 주체가 되는 경우에도 지금 설명하고 있는 기본 구도가 그대로 적용된다. 예를 들어 어떤 기업이 3억원어치의 목재를 생산했다면 그것을 팔아 얻은 수입은 이 기업과 관련된 사람들의 소득으로 그들의 주머니에 들어가게 된다.

그림 16-4

국민경제의 흐름

가계는 기업에 생산요소를 공급하고 소득을 얻은 다음, 이렇게 벌어들인 소득을 소비지출에 쓰게 된다. 이와 같은 순환과정을 국민소득의 흐름이라고 말할 수 있는데, 소비되지 않고 저축된 부분은 이 국민소득의 흐름에서 빠져나가게 된다. 저축된 돈은 금융시장을 통해 기업의 투자자금으로 연결됨으로써 다시 국민소득의 흐름에 들어온다.

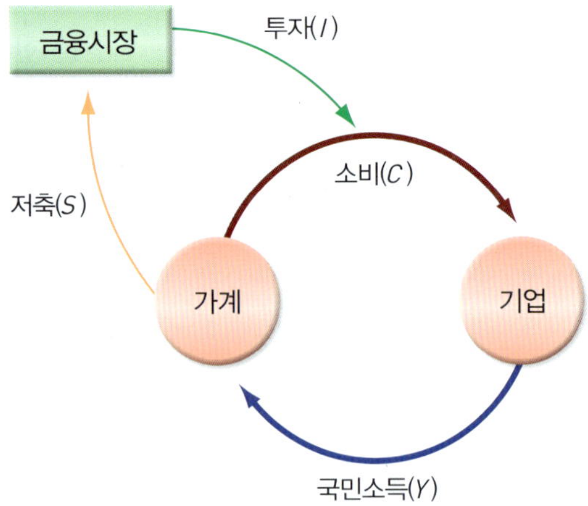

소득 가운데 일부는 저축되기 마련이며, 따라서 공급이 스스로 수요를 창조한다는 말은 타당성을 갖지 못한다. 소득 중 일부가 소비지출에 사용되지 않고 저축되면 국민소득의 흐름은 바로 그만큼 줄어들게 된다. 독자의 이해를 돕기 위해 다음과 같은 수치 예를 들어 보기로 하자.

예를 들어 일정 기간 동안 기업으로부터 가계로 흘러간 소득이 500조원인데 이 중 400조원만이 소비지출에 사용되었다고 하자. 그렇게 되면 다음 기의 국민소득은 400조원으로 줄어들게 된다. 기업이 400조원어치의 상품만을 팔 수 있으므로 가계로 분배되는 소득도 바로 그만큼밖에 되지 않을 것이기 때문이다. 이는 저축된 부분, 즉 100조원이 국민소득의 흐름에서 빠져나간다는 뜻인데, 바로 이런 뜻에서 저축이 **누출**(leakage)의 성격을 가졌다고 말한다.

누출

저축에 의해 소비가 줄어들면 국민소득이 줄어들게 되므로 저축된 부분만큼 국민소득의 흐름에서 빠져나간다는 뜻에서 누출이라고 부름

물론 저축되어 누출된 돈이 모두 가정의 이불이나 베개 안에 숨어 있게 되는 것은 아니다. 가계는 저축한 돈을 금융기관에 맡겨 두고, 기업은 이를 빌려 투자에 쓰는 자금, 즉 자본재를 구입하는 데 드는 자금으로 사용한다. 이와 같은 투자지출은 국민소득의 흐름을 증가시키는 역할을 한다. 예컨대 기업들이 90조원의 투자지출을 하면 자본재를 만드는 기업은 그만큼의 판매수입을 얻게 된다. 기업은 이를 가계의 소득으로 분배할 것이므로, 결국 국민소득이 90조원만큼 늘어나는 결과가 나타난다.

그렇기 때문에 기업들의 투자지출은 앞서 본 저축과 달리 국민소득의 흐름을 증가시키는 역할을 한다. 다시 말해 투자는 국민소득의 흐름에 새로이 흘러들어 오는 부분으로 볼 수 있다는 뜻인데, 바로 이런 뜻에서 투자는 **주입**(injection)의 성격을 가졌다고 말한다. 지금까지 설명한 누출과 주입은 [그림 16-4]에 각각 주황색과 초록색의 화살표로 나타나 있다.

주입

투자된 부분만큼 국민소득의 흐름에 새로이 흘러들어 오는 것으로 볼 수 있다는 뜻에서 주입이라고 부름

국민소득의 흐름을 연못 안 물의 순환에 비유한다고 할 때, 저축은 그 연못으로부터 흘러나가는 물, 그리고 투자는 연못으로 흘러드는 물과 같다고 말할 수 있다. 밖으로 흘러나가는 물의 양이 흘러드는 물의 양과 같을 때에는 그 연못의 수위에 아무 변

화도 생기지 않는다. 저축과 투자의 크기가 같다는 것은 흘러나가는 물과 흘러드는 물의 양이 서로 같다는 것이나 마찬가지다. 그렇기 때문에 저축과 투자가 서로 같으면 국민경제가 균형을 이루고, 따라서 국민소득의 흐름에 아무런 변화가 생기지 않는다.

만약 저축이 투자보다 크면 국민소득의 흐름에서 흘러나가는 부분이 흘러드는 부분보다 더 많게 된다. 흘러드는 물보다 흘러나가는 물이 더 많으면 연못의 수위가 낮아지게 되는데, 그 결과 보통 때 관찰할 수 있는 수위 이하로 낮아질 수 있다. 마찬가지로 저축이 투자보다 더 크면 국민소득의 수준도 떨어지고, 이에 따라 실제의 국민소득이 완전고용국민소득 수준 이하로 떨어질 수 있다. 바로 이것이 (총)수요가 부족해 경제가 침체상태에 빠진 경우라고 말할 수 있다.

따라서 총수요 부족으로 인해 경제가 침체상태에 빠질 수 있음을 설명하기 위해서는 저축이 투자보다 더 커질 수 있는 가능성이 있음을 보여야 한다. 공급이 스스로의 수요를 만들어낸다는 세이의 법칙은 저축과 투자가 언제나 같은 크기를 유지한다는 것을 뜻한다고 볼 수 있다. 만약 원시적인 자급자족경제라면 이와 같이 저축과 투자가 항상 같은 수준에 유지될 수 있을 것이다.

금융시장이 전혀 발달하지 않아 자금을 빌릴 수도 빌려줄 수도 없는 자급자족경제의 한 농부를 생각해 보자. 만일 그가 젖소에 투자를 하려고 마음먹었다면 그는 젖소의 값만큼 소비를 줄이고 이를 저축해 두어야만 한다. 이렇게 돈을 빌려주고 받을 수 없어 한 경제주체가 저축과 투자를 함께 결정하는 경제에서는 저축과 투자가 항상 일치하는 결과가 나타나게 된다. 따라서 저축이 투자보다 더 커 총수요가 부족해지고 그 결과 경기가 침체상태에 빠지는 일은 나타나지 않는다.

그런데 현대 경제에서는 이와 달리 저축과 투자가 서로 다른 경제주체에 의해 수행되고 있다. 가계가 주로 저축을 하는 한편, 투자는 주로 기업에 의해 수행되고 있는 것이다. 이들이 서로 다른 목적에서 나름대로 저축과 투자를 결정하는 상황에서 양자가 항상 같아지는 결과가 나타난다는 보장은 없다. 따라서 저축이 투자보다 더 커질 수 있고, 바로 여기에서 수요 부족의 문제가 발생할 소지가 있는 것이다.

그러나 고전파 경제학자들은 이런 경우에도 이자율(interest rate)이 신축적으로 조정되기만 한다면 아무 문제가 없을 것이라고 믿었다. 예를 들어 저축이 투자보다 더 큰 현상이 나타났다고 하자. 이는 빌려주려고 내놓은 자금이 빌리려는 자금의 규모보다 더 크다는 것을 뜻하고, 이런 상황에서는 이자율이 떨어지게 된다.[13] 앞에서

연못으로 흘러드는 물

이 연못의 다른 한쪽으로 물이 빠져나가는데, 이렇게 흘러드는 물보다 빠져 나가는 물의 양이 더 많으면 연못의 수위가 낮아지게 된다.

13) 제9장에서 이자율은 대부가능자금의 수요와 공급에 의해 결정되며 초과공급이 있을 때는 이자율이 떨어진다고 배운 바 있다.

불황산업

불황기에는 거의 모든 산업들이 침체상태에 빠지지만, 예외적으로 평소보다 더욱 활발한 움직임을 보이는 산업들도 있다. 그 대표적 예가 채권추심업, 대금업, 구직대행업 등인데, 이 산업들은 불황이 심해져 빚진 사람, 일자리 없는 사람이 늘어날수록 더욱 신이 날 수밖에 없다. 불황기에 제철을 만난 듯 활기를 띤다는 뜻에서 이런 산업들을 '불황산업'이라고 부를 수 있다.

서울 강남의 테헤란로

한때 벤처기업의 메카라고 불리던 이곳이 대표적 불황산업인 대금업 관련 업체들에 의해 점령당해 간 적이 있었다고 한다.

불황산업 중에서도 특히 좋은 시절을 만난 것은 대금업체들이라고 한다. 은행과 저축은행의 대출조건이 까다로워지면서 돈을 빌리려는 사람들이 대금업체로 몰려가기 때문이다. 한 일본계 대금업체는 2002년 1조 2천억원의 대출실적을 올렸는데, 이것은 그 전해에 비해 90.4%나 증가한 규모라고 한다. 이와 같은 매출 증가에 따라 당기순이익도 전해에 비해 두 배 수준으로 올라갔다고 한다.

경제의 상황이 매우 어려웠던 2003년의 언론 보도에 따르면, 한때 벤처기업의 메카라고 불렸던 서울 강남의 테헤란로 일대가 불황산업에 의해 속속 점령되어 가는 추세였다고 한다. 이 거리의 빌딩에는 한 달에 평균 2, 3개 정도의 대금업체가 입주해 들어와, 그 당시에는 이미 100여 개가 넘는 업체가 일종의 대금업거리를 조성한 상황이었다.

1997년 말의 외환위기로 가장 큰 반사이익을 얻은 계층이 있는데, 변호사들이 바로 그들이다. 당시의 극심한 위기상황에서 기업들이 줄줄이 쓰러져 갔고 이에 따른 법적 문제로 인해 법률서비스에 대한 수요가 폭발적으로 늘어났기 때문이다. 경제가 어렵다고 모든 산업이 똑같은 영향을 받는 것은 아니고, 오히려 제철을 만난 듯 활기를 띠는 산업도 있을 수 있다.

설명했던 것처럼, 이자율이 떨어지면 투자가 늘어나고 저축은 줄어들게 된다. 이와 같은 이자율의 신축적 조정에 힘입어 저축과 투자는 언제나 똑같은 수준으로 유지될 수 있다는 것이 고전파 경제학자들의 생각이었다.

그렇지만 케인즈는 저축과 투자 사이에 차이가 있을 때 이자율의 조정 하나만으로 그 차이가 없어지리라고 생각하지 않았다. 저축과 투자는 이자율뿐 아니라 다른 요인들에 의해서도 영향받고 있으며, 특히 투자는 합리적 계산보다 미래의 경기, 정치상황, 기술개발 등에 대한 기업가의 예상 등에 더욱 민감하게 반응한다는 점을 지적했다. 이런 상황에서 이자율이 내려간다고 해서 저축이 쉽사리 투자로 연결되리라고 기대하는 것은 순진한 생각이라고 고전파 경제학자들을 비판했다.

불황과 공황의 차이는?

어떤 상황을 '불황' 혹은 '경기침체'(recession)라고 부를 수 있을까? 이에 대해 엄밀한 정의를 내리는 것은 매우 어려운 일이다. 주먹구구식으로 정의하면, 두 개의 4분기(quarter)에 걸쳐 국내총생산이 줄어드는 것을 가리켜 불황이라고 부른다. 그러나 그 정도가 아주 심한 불황을 가리키는 말인 '공황'(depression)은 정의하기가 더욱 힘들다. 따라서 어떤 경제가 불황상태에 있는지 아니면 공황상태에 있는지 정확하게 구분하기가 매우 어려운 실정이다.

양자를 구분하는 정확한 기준이 확립되어 있는 것은 아닌데, 일반적으로 통용되는 것은 다음과 같은 두 가지 기준이다. 하나는 실질국내총생산이 10%를 넘는 큰 폭으로 줄어드는 것이고, 다른 하나는 불황이 3년을 넘는 오랜 기간 동안 지속되는 것이다. 1920년대 말에 시작된 미국의 대공황(Great Depression)은 이 두 가지 기준을 모두 충족한다. 1929년에서 1933년에 이르는 기간 동안 국내총생산은 무려 30%나 줄어들었다. 또한 불황이 지속된 기간도 43개월로 3년이 넘었다.

그러나 소위 '잃어버린 10년'이라고 부르는 1990년대 일본의 장기 불황은 이 두 가지 기준 중 어느 것도 충족시키지 못한다. 가장 큰 폭의 국내총생산 감소가 고작 3.4%에 그쳤을 뿐 아니라, 불황이 가장 길게 지속된 기간도 2년밖에 되지 않기 때문이다. 따라서 1990년대의 일본 경제가 공황 상태에 있었다고 말할 수 없다. 최근 선진국에서 공황이 나타난 경우는 거의 찾기 힘들다.

이에 비해 개발도상국에서는 공황이 자주 발생하고 있다. *The Economist*지가 지난 30년 동안 25개의 개발도상국에 대해 조사한 바에 따르면, 국내총생산이 10% 이상 줄어든 경우가 13번이나 있었다고 한다. 특히 아르헨티나와 폴란드는 그와 같은 경험을 두 번씩이나 겪었다. 가장 큰 폭의 국내총생산 감소를 경험한 것은 러시아로서 1990년에서 1998년에 이르는 기간 동안 무려 45%나 줄어들었다고 한다.

흥미로운 점은 1930년대 이전에는 모든 경기침체 상황을 'depression'이라고 표현했다는 사실이다. 'Great Depression'이란 말이 나온 이유가 바로 거기에 있었다. 아주 심각한 불황이라는 뜻에서 great라는 수식어를 붙였던 것이다. 그 이후에는 그때의 아픈 기억을 되살리지 않기 위해 'recession'이란 말을 쓰기 시작했다고 한다. 지금처럼 두 단어가 각각 다른 의미로 사용된 것은 최근에 들어서부터라는 말이다.

공황에 대해 지금까지 본 것과는 다른 정의를 제시한 사람도 있다. 그는 경기침체의 정도와 지속 기간으로 공황을 정의할 것이 아니라, 경기침체를 일으킨 원인이 무엇인지에 의해 정의해야 한다고 말했다. 일반적으로 불황은 통화정책의 고삐를 조인 결과로 일어나게 된다. 이와 달리 자산거품의 붕괴로 인해 불황이 발생하기도 하는데, 바로 이런 성격의 불황을 공황이라고 불러야 한다는 것이 그의 주장이다.

일반적 성격의 불황, 즉 통화정책의 고삐를 조인 결과 발생한 불황은 그 고삐를 풀어 대처하면 된다. 즉 통화량을 늘리고 이자율을 낮추면 경기가 바로 되살아날 수 있다. 그러나 자산시장 거품의 붕괴로 인해 발생한 공황의 경우에는 뾰족한 해결책이 없다. 2008년에 시작된 미국의 금융위기, 그리고 이에 따른 전 세계적인 불황에 대해 이렇다 할 대응책을 찾지 못하고 우왕좌왕할 수밖에 없었던 이유가 바로 여기에 있다.

자료 : *The Economist*지, 2009년 1월 3일 자

저축의 역설

사람들이 저축을 늘리려고 시도하면 사후적으로는 오히려 저축이 줄어드는 결과가 나타날 수 있다. 이와 같은 역설적 현상을 가리켜 **저축의 역설**(paradox of thrift)이라고 부른다. 사람들이 저축을 늘리기 위해 소비지출을 줄이면 총수요가 따라서 줄어들고,

저축의 역설
사람들이 저축을 늘리려고 시도하면 사후적으로는 오히려 저축이 줄어드는 결과가 나타날 수 있는 것을 가리킴

통장을 들고 즐거워하는 어린이들

어릴 때부터 저축하는 습관을 길러 주는 것이 바람직하겠지만, 경우에 따라서는 저축이 악덕이 될 수도 있다.

총수요가 줄어들면 생산활동이 위축되어 국민소득이 줄어드는 결과가 나타난다. 바꾸어 말하면 저축은 국민소득의 흐름에서 빠져나가는 누출의 성격을 갖기 때문에 이것이 늘어남에 따라 국민소득이 줄어들게 된다. 이렇게 소득이 줄어들면 저축은 오히려 더 낮은 수준으로 떨어질 수 있다.

개인적인 차원에서 볼 때 저축이 미덕이라는 것은 아무도 부정하지 않는다. 그러나 국민경제 전체의 관점에서 보면 저축은 총수요를 감소시켜 불황을 심화시키는 악영향을 가져올 수 있다. 케인즈는 이와 같은 관점에서 '소비는 미덕, 저축은 악덕'이라는 유명한 말을 남겼다.

경제가 불황에 빠져 있을 때는 사람들이 미래에 불안을 느낀 나머지 소비를 최대한 줄여 저축을 늘리려는 태도를 보인다. 그러나 사람들이 그와 같은 태도를 버리지 않는 한 불황에서 벗어나는 시점은 더욱 늦어질 수밖에 없다. 일본은 1990년대 초 이래 줄곧 경기침체에 시달린 경험을 갖고 있는데, 앞날의 일에 불안을 느낀 국민들이 소비지출을 늘리려 하지 않아 오랫동안 불황에서 벗어날 수 없었다. 일본 국민은 어릴 때부터 저축이 미덕이라는 믿음을 갖고 살아 왔을지 모른다. 그러나 심각한 불황의 상황에서 저축은 결코

생각해 봅시다

길을 가다 보면 사람들에게 저축을 많이 하도록 권하는 선전 문구에 자주 접하게 된다. 또한 신문이나 TV에서 우리 국민의 과소비가 심각한 수준으로 치닫고 있어 걱정이라는 식의 보도를 종종 볼 수 있다. 이는 아직도 우리 사회에 '소비는 악덕, 저축은 미덕'이라는 인식이 깊이 뿌리박혀 있음을 잘 보여주는 증거라고 할 수 있다.

케인즈는 불황이 발생하는 근본원인을 사람들의 심리상태에서 찾았다. 즉 부족(scarcity)의 시대에 갖고 있었던 심리상태로 풍요(abundance)의 시대를 살아가는 데서 불황이 발생한다고 본 것이다. 부족의 시대에 갖고 있었던 심리상태란 바로 소비는 악덕이며 저축이 미덕이라는 인식을 가리킨다.

물론 장기적인 관점에서 보면 저축은 분명 미덕이라고 말할 수 있다. 저축이 악덕이라는 것은 단기적인 관점에서 볼 때, 특히 경기침체가 우려되는 상황에서만 타당한 말이다. 그러나 이처럼 보는 관점에 따라 저축이 미덕도 될 수 있고 악덕도 될 수 있는 상황은 우리를 매우 혼란스럽게 만든다. 바로 이 순간 독자들 중 그와 같은 혼란을 느끼는 사람이 꽤 많으리라고 짐작한다.

생각해 보기

(1) 순수하게 개인적인 관점에서 볼 때 저축이 악덕일 수 있는지 생각해 보자.

(2) 케인즈가 말하는 풍요의 시대를 살아가는 데 적합한 심리상태가 과연 무엇을 뜻하는지 생각해 보자.

(3) 소비가 미덕일 수 있지만, 수입 명품만 찾는다든가 해외에 나가 흥청망청 돈을 쓰는 형태의 소비행위까지 미덕이 되기 힘든 이유는 무엇인가?

미덕이 될 수 없다.

그러나 저축이 악덕이라는 것은 단기적으로 총수요가 부족해 경제가 불황에 빠져 있는 경우에만 타당한 말이다. 장기적인 시각에서 경제를 보게 되면 저축은 전혀 다른 모습으로 우리 눈앞에 나타나게 된다. 경제가 순조롭게 성장해 나가려면 자본이 계속 축적되어야 하는데, 저축이 충분히 이루어져야 자본축적이 제대로 이루어질 수 있다. 그러므로 장기적인 관점에서 보면 저축은 역시 미덕이 되는 것이다.

제2차 세계대전 후 미국을 위시한 선진국들에서 생산성 증가가 크게 둔화되는 현상이 나타났는데, 그 이유를 케인즈이론의 영향으로 돌리는 사람들이 상당히 많다. 이들은 소비를 장려하고 저축을 경시한 케인즈이론의 영향 때문에 자본축적이 제대로 이루어지지 못해 생산성의 향상이 더디어졌다는 해석을 제시하고 있다. '불황의 경제학'이라고 부를 수 있는 케인즈이론을 모든 경제상황에 적용될 수 있는 만병통치약으로 사용한 데서 온 부작용이 바로 생산성 증가의 둔화로 나타났다고 보는 것이다.

승수효과와 재정정책 16.7

경기침체의 상황을 극복하기 위해 총지출 혹은 총수요를 늘려야 할 필요가 있다고 할 때, 어떻게 이를 실행에 옮길 수 있을까? 당연한 말이지만, 총지출의 중요 구성요소인 소비지출이나 투자지출이 늘어나면 총지출이 더 커지게 된다. 그러나 케인즈가 지적한 것처럼, 현실적으로 경기침체의 상황에서 그와 같은 일이 일어나기 힘들 가능성이 크다. 소득이 떨어져 있는 상황에서는 소비지출이 늘어나기 힘들뿐더러, 재고 처리에 골머리를 앓는 기업들이 투자를 대폭 늘릴 것이라고 기대할 수도 없는 형편이기 때문이다.

이처럼 민간부문으로부터의 자발적인 수요 증가를 기대할 수 없는 상황이라면 정부가 발 벗고 나설 수밖에 없다는 것이 케인즈의 생각이었다. 그런데 앞에서 설명한 승수효과 때문에 정부지출 증가는 그보다 몇 배나 더 큰 폭의 (균형)국민소득 증가를 가져오게 되어 있다. 또한 조세 징수액을 줄여 주는 경우에도 그보다 몇 배나 더 큰 폭으로 국민소득이 커지게 된다. 케인즈는 바로 이 승수효과를 최대한으로 이용해 경기침체의 상황에서 빠져나올 것을 주장한 것이다.

이와 같이 정부지출이나 조세 징수액을 변화시킴으로써 총수요에 영향을 주려는 정책을 **재정정책**(fiscal policy)이라고 부른다. 그렇다면 승수효과가 일정한 값으로 주어졌다고 할 때, 재정정책을 어떤 방식으로 수행해야 할까? 다시 말해 정부지출과 조세 징수액 중 어느 쪽을 변화시키며, 그 변화의 폭은 어느 정도로 잡아야 하는지가 문제라는 뜻이다. 다음과 같이 구체적인 상황을 설정해 이 의문에 대한 답을 얻어 보기로 하자.

어떤 국민경제의 한계소비성향이 0.6인데, 현재 균형국민소득이 완전고용국민소득보다 1천억원 더 낮은 수준에 있다고 하자. 균형국민소득을 완전고용국민소득 수준으로 올리기 위해 정부가 확장적(expansionary) 재정정책, 즉 총수요를 확장시키는 효과를 내는 재정정책을 사용하려고 한다. 이때 정부는 구체적으로 다음과 같은 세 가지 방법 중 하나를 사용할 수 있다.

첫 번째는 조세 징수액을 그대로 놓아둔 채 정부지출만 증가시키는 방법이다. 이 경우에는 국공채를 발행해 얻은 재원으로 정부지출을 증가시킬 것이므로 재정적자가 그만큼 늘어나게 된다. b가 0.6일 때 정부지출승수는 2.5의 값을 갖고, 따라서 국민소득을 1천억원 증가시키기 위해서는 정부지출을 4백$\left(=\frac{1,000}{2.5}\right)$억원만큼 증가시켜야 한다.

두 번째로 들 수 있는 것은 정부지출을 그대로 놓아둔 채 조세를 감면해 주는 방법이다. 식 (16.10)에 $b=0.6$을 대입해 조세승수의 값을 구해 보면 -1.5임을 알 수 있어, 국민소득을 1천억원 증가시키기 위해서는 667억원에 이르는 조세 감면이 필요하다는 결론이 나온다. 마지막으로는 균형재정을 유지하면서 정부지출을 늘리는 방법이 있는데, 균형재정승수의 값은 1이므로 정부지출과 조세 징수액을 동시에 1천억원만큼 늘리면 된다는 것을 알 수 있다.

이 세 가지 방법 중 어느 것을 선택하는 것이 좋을까? 우선 고려해야 할 것은 정책을 실행에 옮기는 데 어느 정도의 어려움이 따르냐는 점이다. 일반적으로 조세 감면은 조세법의 개정이 선행되어야 하기 때문에 준비 과정에서 상당히 많은 시간이 소요되는 것이 보통이다. 반면에 정부지출의 증가는 국회의 동의를 얻기만 하면 비교적 신속하게 실행에 옮길 수 있다. 이 점에서 본다면 정부지출 증가가 더 좋은 대안이 된다고 말할 수 있다.

그런데 경기침체에서 벗어나기 위해 정부지출을 계속 늘려가다 보면 의도하지 않게 정부부문의 규모가 커지는 결과가 나타날 수 있다. '작은 정부'가 바람직한 정부라고 생각하는 사람의 입장에서 보면 이것은 문제가 아닐 수 없다. 따라서 그런 생각을 갖는 사람이라면 정부지출 증가보다 조세 감면이 상대적으로 더 바람직한 총수요 확장정책이라고 평가할 가능성이 있다. 이렇게 정부부문의 크기라는 관점에서 두 정책을 평가해 볼 수도 있다.

또 한 가지 고려해야 할 점은 정부지출의 증가나 조세 감면이 모두 재정적자 발생의 원인이 될 수 있다는 사실이다. 많은 나라들이 방만한 재정 운영으로 인해 국가부채가 엄청난 수준으로 불어나는 문제 때문에 골머리를 앓고 있다. 경제를 안정시킨다는 명목으로 조세 감면을 남발하고 정부지출을 무절제하게 늘리다 보면 건전재정의 기조가 무너져 버리는 위기를 맞을 수 있다. 2008년의 글로벌 금융위기에 뒤이어 나타난 유로존의 재정위기는 방만한 재정운영이 얼마나 위험한 일인지를 생생하게 보여주고 있다. 이 점에서 본다면 정부지출과 조세 징수액을 동시에 늘리는 방법이 상대적으로 안전한 정책수단이라고 말할 수 있다.

존 메이너드 케인즈(John Maynard Keynes, 1883~1946)

●● 경제학계의 마지막 거인

1930년대의 세계경제는 종전에 볼 수 없었던 극심한 불황에 허덕이고 있었다. 어느 나라에서든 일거리를 찾지 못해 방황하는 사람들이 거리를 메웠고, 끼니조차 잇지 못하는 사람들이 줄지어 나타났다. 케인즈는 그 명석한 머리로 이 불행한 사태의 원인이 어디에 있는지를 열심히 파고들었다. 그의 노력은 1936년에 출판된『일반이론』으로 결실을 맺게 되었고, 사람들은 이 책 덕분에 경제가 돌아가는 원리에 대해 새로이 눈을 뜨게 되었다.

케인즈는 빅토리아시대 영국의 명문가정에서 태어나, 이튼(Eton)고등학교에서 케임브리지대학으로 이어지는 정통 엘리트 코스를 밟는 행운을 누렸다. 그의 아버지는 유명한 경제학자이자 논리학자였으며 어머니는 케임브리지시의 시장을 역임한 활동가였다. 이런 좋은 가정환경에 머리까지 남다르게 타고났으니 이 세상은 참으로 불공평하다는 한탄이 나올 만도 하다. (옥에도 티가 있듯, 용모만은 별로 행운을 타고나지 못했다.)

전문화가 지나친 나머지, 오늘날의 경제학자는 다른 학문분야는 물론 경제학 안의 모든 분야에 대해 잘 알기도 힘들다. 그런데 케인즈는 경제학에만 정통했던 것이 아니라, 철학, 문학, 예술 등 여러 분야에 대해 상식의 수준을 훨씬 뛰어넘는 전문가적 식견을 가지고 있었다. 이 만능 지식인은 돈 버는 데도 탁월한 재능을 갖고 있어, 주식투자를 통해 많은 돈을 끌어모았다. 주식투자의 비결이 무엇이냐는 물음에 대해, 템스 강변으로 나가 물결의 상태를 보고 어떻게 사고팔지를 결정했다고 대답했다는 일화가 전해진다.

지금까지 배운 것처럼 케인즈이론의 핵심은 수요가 부족할 때 불황이 발생한다는 것이다. 요즈음에는 경제학을 처음 배우는 사람조차 잘 아는 사실이지만, 경제의 수요 측면을 거의 무시하고 있었던 당시 경제학계의 풍토에서는 혁명적인 발상의 전환이 아닐 수 없었다. 불황의 원인이 수요의 부족에 있다는 이론적 인식은 수요를 촉진시킴으로써 불황의 수렁 속에서 빠져나올 수 있다는 처방으로 이어지게 된다.

고전파에서 신고전파경제학으로 면면히 이어져 온 경제학의 전통은 케인즈에 이르러 커다란 전환점을 맞게 된다. '케인즈혁명'(Keynesian revolution)이라는 표현에서 사람들이 1930년대의 이 이론적 변혁과정을 얼마나 중요하게 받아들이고 있었는지 알게 된다. 그에 의해 새로이 제시된 경제학이 이전의 경제학과 다른 점은 비단 수요측면을 중시한다는 데만 있는 것이 아니다. 거시경제이론이라고 부르는 하나의 거대한 분야가 그에 의해 새로이 만들어졌다고 해도 과언이 아니다.

케인즈는 상아탑만을 지키지 않고 언제라도 부름이 있으면 사회에 봉사하는 일을 서슴지 않았다. 그는 제1차 세계대전이 끝난 후의 수습과정을 논의하는 베르사유회의에 영국 재무성의 대표로 참석했다. 그뿐 아니라 제2차 세계대전이 끝날 무렵에는 전후의 국제금융질서 구축에 관해 논의하는 브레튼우즈회의에 영국 대표로 참석하여 커다란 활약을 보였다.

경제학에서 거인의 시대는 이미 지나갔고, 평범한 사람 중 조금 더 똑똑한 사람이 흐름을 주도하는 시대를 맞게 되었다. 경제학 연구의 성격이 날로 전문화되어 가다 보니 거인의 풍모를 가진 경제학자가 나오려야 나오기 힘든 상황이 되어 버렸다. 케인즈는 20세기 경제학계의 마지막 거인으로 뭇사람의 동경의 대상이 되고 있다. 이제 우리는 그와 같이 다재다능하고 멋진 경제학자를 다시 볼 수 없을지 모른다.

부록 재정수지와 국가부채

재정수지

우리가 **재정수지**(fiscal balance)라고 부르는 것은 재정수입과 재정지출 사이의 차이를 뜻한다. 재정지출이 재정수입보다 더 클 경우 재정적자(fiscal deficit), 그리고 그 반대의 경우 재정흑자(fiscal surplus)가 발생했다고 말한다. 현실을 보면 대부분의 나라에서 재정수지가 흑자일 때보다 적자인 경우를 더 많이 관찰할 수 있다. 그렇기 때문에 여러 나라에서 재정 건전성 회복의 문제가 중요한 화두로 등장하고 있다.

전통적 견해에 따르면, 건실한 정부는 가계와 마찬가지로 수입이 허용하는 범위 안에서 지출을 해야 한다. 재정적자는 특수한 상황에서만 허용될 수 있는 예외적 경우로 생각해야 한다는 뜻이다. 그러나 케인즈이론의 등장과 더불어 이와 같은 전통적 견해는 강한 도전을 받게 되었다. 경우에 따라서는 재정 건전성을 유지하려는 노력이 오히려 바람직하지 못한 결과를 가져올 수도 있다는 케인즈의 주장이 설득력을 얻게 되었기 때문이다. 이제는 맹목적으로 재정 건전성을 고집하기보다 재정적자를 적절히 활용해 경제를 안정시키는 것이 바람직하다는 생각이 주류를 이루고 있다.

그러나 중장기적 관점에서 재정적자의 문제를 보면 이와는 다른 결론에 도달할 수 있다. 재정적자가 장기간 지속되면 국가부채가 감당할 수 없는 수준으로 커질 가능성이 있기 때문이다. 수입보다 씀씀이가 더 큰 소비자가 남에게 돈을 빌려야 하는 것과 마찬가지로, 정부 역시 재정적자가 발생하면 부족분만큼의 채권을 발행해 자금을 조달해야 한다. 이렇게 자금 조달의 목적으로 정부가 발행한 채권이 바로 국채인데, 한 시점에서의 국채발행 총액은 과거의 재정적자가 누적된 결과로 볼 수 있다.[14)]

재정적자가 지속적으로 발생하고 그 결과 국가채무가 크게 늘어나면 이는 결국 미래세대의 부담이 될 수밖에 없다. 미래의 어느 시점에 새로운 국채발행이나 조세수입 증가를 통해 부채를 상환해야 하기 때문이다. 또한 국채발행 규모가 늘어나면 이자율이 높아지는 결과를 가져와 투자에 악영향을 미칠 수도 있다. 이를 재정적자의 구축효과(crowding out)라고 부르는데, 제20장에서 자세하게 설명하려고 한다.

재정수지를 따질 때 우선 고려해야 하는 것은 정부의 범위를 어디까지로 잡을 것인가의 문제다. 중앙정부만을 포함할지 아니면 지방정부나 공기업까지 포함할지의 여부에 따라 재정수지의 양상이 달라질 수 있다. 또한 정부의 범위를 명확히 규정해 놓지 않으면 정부부문의 내부거래를 통해 재정통계를 왜곡시킬 여지가 있다. 예를 들어 중앙정부는 사회보장지출의 일부를 지방정부의 책임으로 넘기거나 정부가 수행해야 할

14) 개인과 달리 정부는 국채를 발행하지 않고 중앙은행으로부터 직접 돈을 빌릴 수도 있다. 그러나 이 경우에는 물가 상승의 부작용이 커질 수 있기 때문에 대부분의 선진국은 중앙은행의 독립성을 보장함으로써 정부가 직접 중앙은행으로부터 돈을 빌리지 못하도록 하는 제도적 장치를 마련해 놓고 있다.

사업을 공기업에게 떠맡김으로써 자신의 재정적자 규모를 줄일 수 있는 것이다.[15)]

우리나라에서는 이러한 자의성을 피하고 정부 전체의 재정활동을 측정하기 위해 **통합재정수지**와 **관리재정수지**라는 두 지표를 만들어 사용하고 있다. 통합재정수지는 중앙정부뿐만 아니라 지방정부와 지방교육청에 의해 집행된 일반회계, 특별회계, 기금 등 모든 재정활동을 포괄한 결과를 보여주고 있다. 그리고 관리재정수지는 통합재정수지에서 국민연금, 건강보험, 고용보험 등 사회보장성기금의 수입과 지출을 제외한 나머지 부분만의 수지로 정의된다.

국가부채

한 나라의 정부가 안고 있는 부채, 즉 국가부채의 크기를 정확하게 측정하는 것은 매우 어려운 일이다. 정부의 범위를 어떻게 정의하는가에 따라 국가부채의 크기가 크게 달라질 수 있는데, 과연 그 범위를 어떻게 잡는 것이 적절한지에 대해 분명한 결론을 내리는 것이 어렵기 때문이다. 우리나라는 국제통화기금(IMF)이 제시한 지침에 따라 국가채무, 일반정부 부채, 공공부문 부채라는 세 종류의 국가부채 통계를 작성해 발표하고 있다.

우선 국가채무는 중앙정부와 지방정부가 상환의무를 지는 부채를 의미하며, 일반정부 부채는 여기에 비영리공공기관의 부채를 더한 것을 뜻한다. 이렇게 계산된 일반정부 부채에 다시 비금융공기업의 부채까지 더한 것이 바로 공공부문 부채다. 공기업을 통한 준재정활동이 확대되어 감에 따라 이들의 부실위험을 무시할 수 없는 상황이 되었다. 그렇기 때문에 공공부문 전체의 재정상태를 여러 각도에서 파악하기 위해 지금

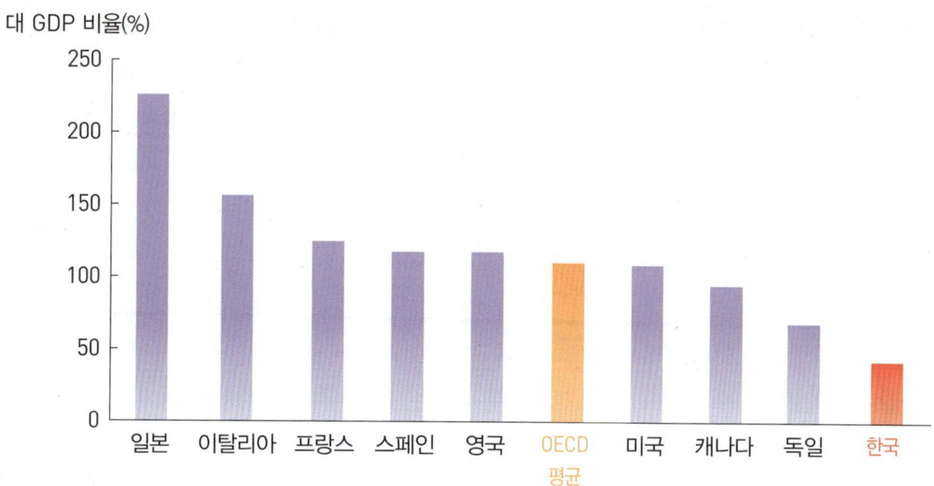

자료 : IMF, *World Economic Outlook Database*, 2021

그림 16A-1

국가부채의 국제비교 (2019년 기준)

우리나라 국가부채의 대국내총생산 비율은 다른 나라들보다 상당히 낮다. 일본은 225%나 되어 가장 높은 수준이다.

15) 실제로 국토가 넓고 공기업의 역할이 큰 사회주의 국가인 중국의 경우 지방정부와 공기업을 포함하는지의 여부에 따라 재정적자와 국가채무 발행잔액의 규모가 두세 배씩 차이가 난다.

보는 것과 같은 다양한 지표를 산출해볼 필요가 생겼다.

2019년 말 우리나라 국가채무의 대 국내총생산 비율은 38%이지만, 일반정부 부채, 공공부문 부채의 비율은 각각 42%, 59%로 상당한 차이를 보인다. 그러나 어느 지표를 보든 우리나라의 국가부채는 다른 나라에 비해 상당히 낮은 편에 속한다. [그림 16A-1]에서 볼 수 있듯, 2019년을 기준으로 할 때 미국을 포함한 대부분의 선진국에서 일반정부 부채는 GDP 대비 100%를 넘는 수준이다. 특히 일본의 경우에는 그 비율이 225%나 되어 국가부채가 위험 수준에 도달해 있다는 지적이 제기되고 있다.

요약

1. 물가수준이 고정되었다는 가정하에서 국민소득이 결정되는 과정을 분석하는 것을 소득-지출분석이라고 부른다.
2. 어떤 국민경제의 총지출이 총공급과 일치할 때 그 국민경제는 균형에 이르게 된다. 만약 총지출이 총공급보다 더 작으면 팔리지 못한 상품들이 생겨 기업의 재고가 점차 늘어나는 현상이 나타난다. 반면에 총지출이 총공급보다 더 크면 상품들이 날개 돋친 듯 팔려나가 재고가 줄어들게 된다.
3. 총지출곡선과 45°선의 교차점을 찾음으로써 균형국민소득을 구할 수 있는데, 이렇게 구한 균형국민소득은 공급측면의 상황을 전혀 고려하지 않고 구한 수요측면의 균형국민소득이란 성격을 갖고 있다.
4. 정부지출이 일정한 크기로 늘어나면 국민소득은 그 몇 배의 크기로 불어나게 된다. 그 배율을 정부지출승수라고 부르는데, 한계소비성향이 클수록 이것의 값이 더 커진다.
5. 케인즈의 유효수요이론은 만성적 경기침체에서 벗어나기 위해 정부지출을 늘리는 것 같은 인위적인 수요확장정책을 쓸 필요가 있음을 강조한다.
6. 완전고용국민소득은 한 국민경제에 존재하는 모든 생산자원을 정상적으로 생산과정에 투입할 때 얻을 수 있는 국민소득 수준을 뜻한다.
7. 균형국민소득이 완전고용국민소득보다 더 작은 상태에서는 경기가 침체되는 현상이 나타난다.
8. 저축은 국민소득의 흐름에서 빠져나가는 누출의 성격을 갖고 있는 반면, 투자는 흘러들어 오는 주입의 성격을 갖고 있다. 누출과 주입의 크기가 같을 때, 즉 저축과 투자의 크기가 같을 때 국민경제는 균형을 이루게 된다.
9. 정부지출이나 조세 징수액을 변화시킴으로써 총수요에 영향을 주려는 정책을 재정정책이라고 부른다.
10. 재정수지라고 부르는 것은 재정수입과 재정지출 사이의 차이를 뜻한다. 재정지출이 재정수입보다 더 클 경우 재정적자, 그리고 그 반대의 경우 재정흑자가 발생했다고 말한다.
11. 한 나라의 정부가 안고 있는 부채, 즉 국가부채의 크기는 정부의 범위를 어떻게 정의하는가에 따라 그 크기가 달라질 수 있다. 우리나라는 국제통화기금이 제시한 지침에 따라 국가채무, 일반정부 부채, 공공부문 부채라는 세 종류의 국가부채 통계를 작성하고 있다.

중요개념

소득-지출분석	총지출곡선	수요측 균형국민소득	승수효과
정부지출승수	투자승수	조세승수	균형재정승수
유효수요이론	세이의 법칙	수요확장정책	완전고용국민소득
누출	주입	저축의 역설	재정정책
재정적자	재정흑자	국가부채	

연습문제

01. 다음 자료를 사용하여 총지출곡선을 그린 후, 소득-지출분석을 통해 균형국민소득을 도출하라. (단위 : 억원)

소득	소비	투자	정부지출	순수출
360	322	24	12	4
370	331	24	12	4
380	340	24	12	4
390	349	24	12	4
400	358	24	12	4

02. 어떤 나라의 소비지출, 투자지출, 정부지출, 순수출, 조세 납부액이 다음과 같이 결정되거나 주어져 있다고 한다. (단위 : 억원)

$C = 200 + 0.8(Y - T)$,

$I = 600,\ G = 100,\ X_n = 100,\ T = 1{,}000$

(1) 물가가 고정되었다는 가정하에서 총지출곡선을 도출해 보라.

(2) 균형국민소득이 얼마인지 계산하라.

(3) 이렇게 구한 균형국민소득은 수요측면만을 고려한 제한된 의미의 균형국민소득이라고 말할 수 있는데, 이 말이 무엇을 뜻하는지 설명해 보라.

03. 정부가 조세 징수액을 100억원 늘렸을 때 제일 처음 단계에서 어떤 변화가 일어나는지 설명해 보라.

04. "균형재정을 유지한 채 정부지출을 늘리는 것은 효과적인 경기확장정책이 될 수 없다. 정부지출이 늘어난 만큼 조세부담이 늘어나 총수요에는 변화가 없기 때문이다."라고 주장하는 사람이 있다. 이 주장이 맞는 것인지의 여부를 말하고 그 이유를 설명하라.

05. 완전고용국민소득이 무엇을 의미하는지 설명하라. 현재의 국민소득이 완전고용국민소득 수준과 일치한다면 실업률은 0이 될까?

06. 케인즈의 유효수요이론을 '국민소득의 수요결정이론', 또는 '불황의 경제학'이라고 부르는 이유를 설명하라.

07. 어떤 경제학자가 "저축과 투자가 일치하는 수준에서 균형국민소득이 결정된다. 따라서 저축률이 올라가면 이것이 투자의 증가를 가져와 국민경제를 활성화시킨다."라고 설명했다. 이 설명이 과연 맞는 것인지 논의해 보라.

08. 어떤 나라의 완전고용국민소득이 380억원이며, 소비의 결정식은 $C = \frac{3}{4}Y_d + 35$(억원)로 주어져 있다고 한다. 투자는 소득수준과 관계없이 40억원으로 고정되어 있고, 초기의 정부지출, 조세, 순수출이 0으로 주어져 있다고 가정하자.

(1) 이 나라의 균형국민소득을 계산하라.

(2) 이 나라 경제가 어떤 상황에 있을지 짐작해 보라.

(3) 정부지출을 변화시켜 균형국민소득을 완전고용국민소득과 일치하게 만들려면 정부지출을 어떻게 변화시켜야 할까?

09. 어떤 나라의 소비지출, 투자지출, 정부지출, 조세 징수액이 다음과 같이 주어져 있다고 한다. (단위 : 억원)

$C = 900 + 0.7(Y - T)$,

$I = 1{,}200,\ G = 1{,}000,\ T = 1{,}000$

(1) 이 나라의 균형국민소득을 계산하라. 이 균형국민소득이 달성되었을 때 저축의 크기는 얼마일지 생각해 보라.

(2) 투자지출이 3,000억원으로 증가한다면 균형국민소득은 얼마가 될지 계산하고, 투자승수의 크기도 구해 보라.

(3) 저축추진운동에 힘입어 이 나라 국민의 한계소비성향이 0.7에서 0.5로 낮아졌다 하자. 이 변화가 일어난 후의 새로운 균형국민소득은 얼마인지 계산하라. 이렇게 한계소비성향이 작아진 결과 이 나라의 저축은 늘어나게 될까?

10. 재정정책이 어떤 정책을 의미하는지 설명하고, 재정정책의 구체적 예를 세 가지 이상 들어 보라.

11. "국가재정은 항상 적자나 흑자 없이 균형을 유지하는 것이 바람직하다."라는 주장이 타당한지에 대해 논의해 보라.

12. 국민소득 대비 국가부채 규모가 일정 수준 이상 높아지면 나타날 수 있는 위험에 대해 논의해 보라.

제**17**장

국민소득과 물가 : 총수요-총공급모형

17.1 총수요곡선

17.2 총공급곡선

17.3 국민경제의 균형

17.4 경제의 자동조정기능

17.5 모형의 응용 : 원유가격 상승의 효과

국민경제 전체의 물가와 총생산량이 어느 수준에서 결정되는지 알아내기 위해서는 우선 총수요곡선과 총공급곡선을 도출하는 과정을 거쳐야 한다. 이 두 곡선을 통해 국민경제의 움직임을 분석하는 이론의 틀을 총수요-총공급모형이라고 부른다. 이 모형은 총수요와 총공급이 서로 같아지는 상황에서 국민경제가 균형을 이룬다고 설명하는데, 이렇게 국민경제가 균형을 이루었을 때의 국민소득 수준을 균형국민소득이라고 부른다. 균형국민소득이 완전고용국민소득과 다를 때 실업이나 인플레이션의 문제가 발생하지만, 충분한 시간이 흐르면 경제가 스스로 안정된 모습을 되찾게 된다.

17.1 총수요곡선

이제는 물가가 일정한 수준으로 주어졌다고 가정하는 비현실적 세계를 떠나, 물가가 변화할 수 있는 현실적인 세계로 들어가 보기로 하자. 제13장에서 본 것처럼, 총수요곡선과 총공급곡선을 이용해 국민소득과 물가수준이 동시에 결정되는 과정을 설명할 수 있다. 이와 같은 분석방법을 **총수요 - 총공급모형**이라고 부르는데, 우선 총수요곡선과 총공급곡선을 도출하는 방법에 대해 자세히 살펴보기로 하자.

총수요곡선의 도출

지금까지의 논의는 물가가 일정한 수준에 고정되어 있다는 가정하에서 진행되어 왔다. 만약 고정되어 있다고 가정한 물가수준에 변화가 생기면 어떤 결과가 나타나게 될까? 곧 설명하게 되겠지만, 물가의 변화는 총지출곡선을 이동시켜 균형국민소득에 변화를 가져온다. 그런데 이 균형국민소득은 공급 조건을 고려하지 않은 채 수요측면만을 고려한 균형국민소득이란 성격을 갖는다. 따라서 여기에 변화가 생긴다는 것은 국민경제 전체의 수요, 즉 총수요에 변화가 생긴다는 것을 뜻한다.

서로 다른 물가수준에 대해 앞 장에서 본 소득-지출분석을 행하면 각 물가수준에서의 총수요를 알아낼 수 있다. 이를 통해 물가수준과 총수요 사이에 어떤 관계가 성립하는지 알 수 있는데, 이 관계를 그림으로 보여 주는 것이 바로 **총수요곡선**(aggregate demand curve)이다. 이 총수요곡선이 어떻게 도출될 수 있는지 좀 더 자세히 살펴보기로 하자.

다시 한번 강조하지만, 지금 보고 있는 총지출곡선은 물가가 일정한 수준으로 주어졌다는 전제하에서 구해진 것이다. 예컨대 [그림 17-1]에서 보는 AE_0곡선은 물가수준이 P_0로 주어졌다고 가정한 상태에서 도출한 총지출곡선이다. 그림에서 보듯, 총지출곡선이 AE_0인 경우에는 F_0점에서 국민경제의 균형이 이루어진다. 따라서 물가가 P_0의 수준으로 주어졌을 때의 (수요측) 균형국민소득 수준은 Y_0라는 것을 알 수 있다.

만약 물가가 P_1의 수준으로 올라간다면 균형국민소득에 어떤 변화가 올까? 앞 장에서 물가가 올라가면 실질자산효과가 발생해 소비지출이 줄어든다는 것을 배운 바 있다. 물가가 올라가면 소비자가 갖고 있는 명목자산의 실질가치가 떨어져 소비지출이 줄어드는데, 이를 실질자산효과라고 부른다. 물가수준이 P_0에서 P_1으로 올라가 소비지출이 줄어들면 총지출도 함께 줄어드는데, 이에 따라 그림 (i)에서 보듯 총지출곡선은 아래쪽으로 이동해 AE_1이 된다. 이제는 F_1이 새로운 균형점이 되고, 균형국민소득은 종전보다 더 낮은 수준인 Y_1으로 떨어지게 된다.

이와 반대로 물가수준이 떨어진 경우에는 명목자산의 실질가치가 증가해 소비지출이 늘어나고 총지출도 따라서 늘어나게 된다. 그러므로 물가수준의 하락은 총지출곡

그림 (i)은 물가의 상승이 총지출곡선을 아래쪽으로 이동하게 만들어 균형국민소득이 Y_1으로 떨어진 것을 보여 주고 있다. 한편 그림 (ii)는 물가가 떨어진 결과 총지출곡선이 위쪽으로 이동하고 이에 따라 균형국민소득이 Y_2로 올라간 것을 보여 주고 있다.

그림 17-1

물가의 변화와 균형국민소득

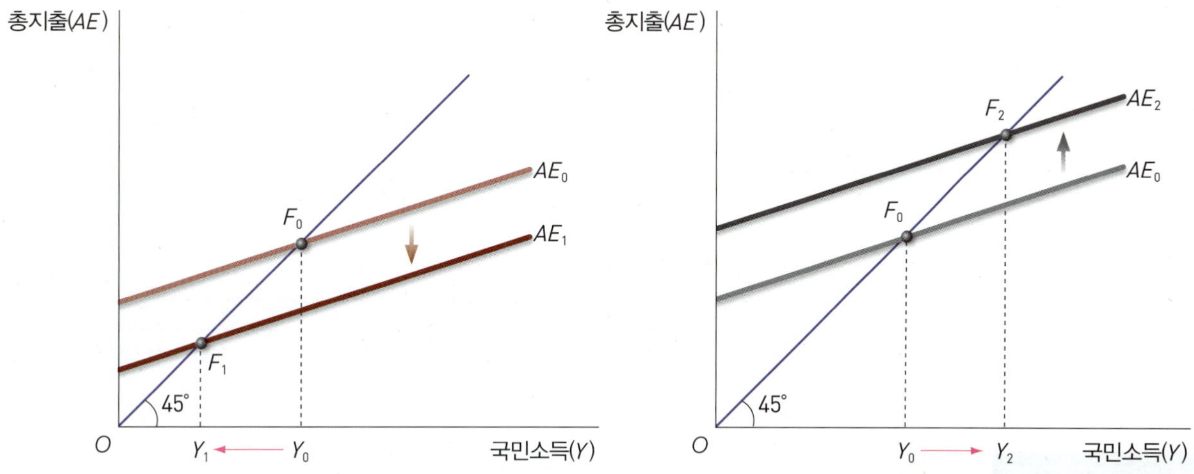

(i) 물가의 상승　　(ii) 물가의 하락

선을 위쪽으로 이동시키는 결과를 가져온다. 그림 (ii)에는 물가수준이 P_0에서 P_2로 떨어짐에 따라 총지출곡선이 위쪽으로 이동해 AE_2가 된 것으로 나타나 있다. 그 결과 F_2가 새로운 균형점이 되고, 균형국민소득은 Y_2의 수준으로 올라가게 된다.

지금까지 설명한 것처럼, 물가가 올라가면 균형국민소득이 줄어들고, 물가가 떨어지면 균형국민소득은 늘어나는 변화가 생긴다. 즉 물가수준과 균형국민소득 사이에 역(−)의 관계가 존재하는 것을 발견할 수 있다. 그런데 이렇게 소득-지출분석을 통해 결정되는 균형국민소득은 공급조건을 고려하지 않고 수요측면만을 고려해 구한 균형국민소득이란 의미를 갖는다.

따라서 지금 말하고 있는 균형국민소득이라는 것이 엄밀히 말하면 국민경제의 총수요를 뜻한다고 해석해야 한다. 예컨대 물가가 P_0로 주어졌을 때의 균형국민소득이 Y_0라는 것은 그 물가수준에서 경제주체들이 Y_0에 해당하는 만큼의 상품들을 수요하리라는 뜻으로 보아야 한다는 말이다. 다시 말해 물가가 P_0의 수준으로 주어졌을 때 총수요의 크기는 Y_0가 된다는 뜻이다. 바로 이 사실에 기초해 우리가 지금 구하려고 하는 총수요곡선을 도출할 수 있다.

지금까지의 논의를 종합해 보면 다음과 같다. 물가가 P_0로 주어졌을 때 총수요의 크기는 Y_0인데, 물가가 P_1으로 올라가면 총수요가 Y_1으로 줄어드는 한편, 물가가 P_2로 떨어지면 총수요는 Y_2로 늘어난다. 이와 같은 관계로부터 물가수준과 총수요 사이의 관계를 보여주는 총수요곡선을 도출할 수 있다.

[그림 17-2]의 수평축은 (실질)국민소득의 수준을 나타내고 있는 한편, 수직축은

그림 17-2

총수요곡선

소득-지출분석을 통해 결정되는 균형국민소득이 사실은 국민경제의 총수요를 의미한다는 사실을 활용해 그림에서 보는 것 같은 우하향하는 모양의 총수요곡선을 도출할 수 있다.

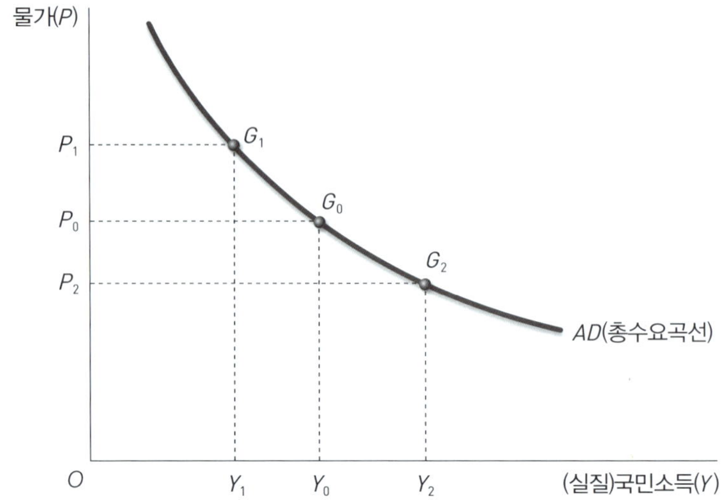

생각해 봅시다

지금 우리는 총수요곡선이 우하향하는 모양을 갖는 이유를 물가상승이 소비지출의 감소를 가져온다는 데서 찾고 있다. 그러나 총수요곡선이 우하향하는 모양을 갖는 데는 이것 말고도 다른 이유가 있다. 물가가 변화하면 소비지출 이외의 다른 총수요 구성요소에도 변화가 생기게 되는데, 이를 통해서도 총수요곡선이 우하향하는 모양을 갖는 이유를 설명할 수 있다.

예를 들어 (국내) 물가가 상승하면 외국 상품의 가격에 비해 국내에서 생산된 상품의 가격이 비싸져 수출이 줄어들고 수입은 늘어나는 결과가 나타난다. 다시 말해 물가가 상승하면 순수출이 줄어든다는 뜻이다. 순수출 감소는 곧바로 총지출의 감소로 이어지고, 이에 따라 균형국민소득도 떨어지게 된다. 이는 물가상승에 따른 순수출의 감소도 총수요곡선이 우하향하는 모양을 갖는 이유 중 하나가 된다는 것을 뜻한다.

선적을 기다리고 있는 수출용 자동차들

물가가 올라 이 자동차들의 가격도 올라가면 수출이 줄어드는 결과가 빚어진다.

생각해 보기

(1) 물가상승이 순수출의 감소를 가져오는 효과까지 고려한다고 하자. 그렇다면 물가가 일정한 폭으로 상승한 결과 총지출곡선이 아래쪽으로 이동하는 폭은 [그림 17-1]에서 본 것에 비해 더 클까 아니면 더 작을까?

(2) 이렇게 순수출의 감소를 가져오는 효과까지 고려한다면 총수요곡선의 기울기는 [그림 17-2]에서 본 것에 비해 더 가파를 것인가 아니면 더 완만할 것인가?

물가수준을 나타낸다. 수평축에 나타난 국민소득의 수준이 실제로는 총수요의 크기를 뜻한다는 점에 주의하기 바란다. 물가가 P_0로 주어졌을 때 총수요의 크기가 Y_0라는 사실은 그림에서 G_0점으로 대표될 수 있다. 같은 방법으로 G_1, G_2점을 구해 이들을 모두 이으면 그림에서 보는 것과 같은 우하향하는 모양의 곡선을 얻을 수 있다. 이것이 바로 우리가 구하려고 하는 총수요곡선이다.

총수요곡선의 이동

앞에서 본 것처럼 물가의 변화에 따라 총수요의 크기가 달라지는데, 이것은 주어진 총수요곡선 위의 한 점에서 다른 점으로 움직여 가는 것을 뜻한다. 그런데 물가 이외의 다른 요인에 변화가 생기면 총수요곡선이 다른 위치로 이동해 가게 된다. 앞으로의 논의를 위해 무엇이 총수요곡선의 이동을 일으키는지 잘 알아둘 필요가 있다.

예를 들어 해외시장에서 우리나라 상품에 대한 평판이 좋아져 수출이 갑자기 늘어났다고 하자. 이렇게 순수출이 늘어나면 [그림 17-3]의 (i)에서 보는 것처럼 AE_0였던 총지출곡선은 위로 이동해 $\widehat{AE}$이 된다. 그 결과 균형국민소득은 Y_0에서 $\hat{Y}$으로 커지는데, 이는 물가가 P_0일 때의 총수요가 Y_0에서 $\hat{Y}$으로 커진다는 것을 뜻한다. 그 결과 그림 (ii)에서 보는 것처럼 AD였던 총수요곡선은 오른쪽으로 이동해 $\widehat{AD}$이 된다. 그림의 $\hat{G}$점은 물가수준이 P_0일 때 총수요의 크기가 $\hat{Y}$이 된다는 것을 보여주고 있다.

뿐만 아니라 물가 변동과 관련 없이 소비지출, 투자지출, 혹은 정부지출 중 어느 하나가 늘어나는 경우에도 총수요곡선은 오른쪽으로 이동한다. 이와 반대로 이들 중 어

그림 17-3
총수요곡선의 이동

그림 (i)은 해외에서 우리나라 상품에 대한 평판이 좋아져 순수출이 증가한 결과 총지출곡선이 위쪽으로 이동해 $\widehat{AE}$이 된 것을 보여 주고 있다. 이에 따라 총수요곡선은 그림 (ii)에서 보는 것처럼 오른쪽으로 이동해 $\widehat{AD}$이 된다.

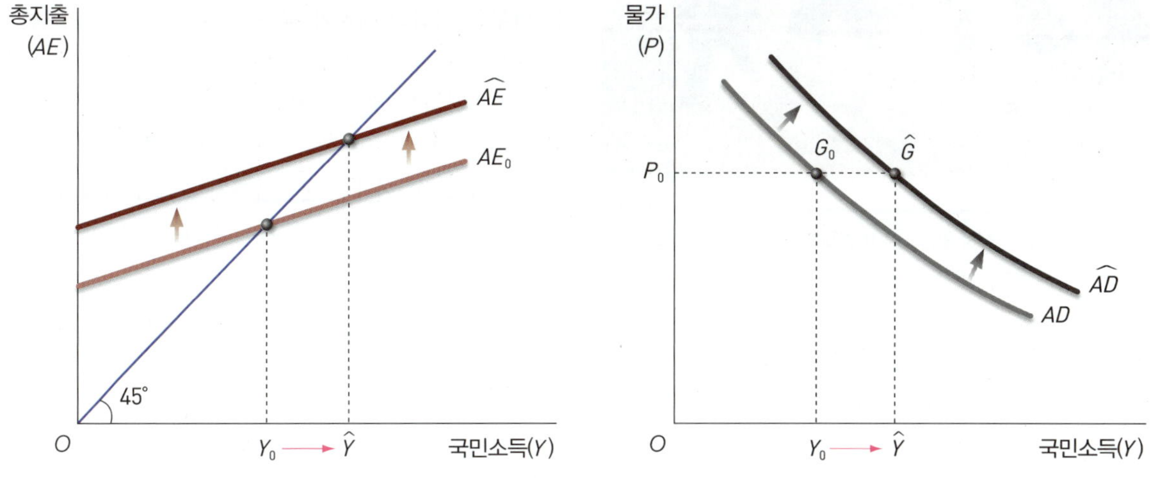

(i) 총지출곡선 (ii) 총수요곡선

느 하나가 줄어들면 총수요곡선은 왼쪽으로 이동할 것이다. 앞으로는 총수요곡선이 어느 방향으로 이동하는지 알아내기 위해 지금까지 한 것처럼 일일이 소득-지출분석을 반복하지 않아도 된다. 어떤 이유에서든 총지출이 늘어나면 총수요곡선은 오른쪽으로 이동하며, 총지출이 줄어들면 총수요곡선은 왼쪽으로 이동한다. 바로 이 사실만 알아두면 된다.

놀아야 경기가 살아난다

한때 일본 정부는 봉급생활자들이 유급 휴가를 전부 사용해야 경기가 활성화될 수 있다는 보고서를 발표해 사람들의 관심을 끈 바 있다. 이 보고서는 봉급생활자들이 유급 휴가를 모두 사용할 경우, 레저 지출 등으로 인한 경제 파급효과가 11조 8천억엔에 이를 것으로 추산했다. 다시 말해 국내총생산이 바로 그 크기로 증가할 것으로 예상된다는 뜻이다. 또한 고용창출 효과도 대단해 모두 148만 개에 달하는 일자리가 새로 마련될 수 있다고 한다.

발 디딜 틈도 없는 해수욕장

모든 사람이 개미처럼 열심히 일한다 해서 경제가 번성하는 것은 아니다. 때로는 적당히 즐길 줄도 알아야 경제가 활기를 띨 수 있다.

'일벌레'라는 말까지 듣던 일본 사람들답게, 유급 휴가를 제대로 활용하지 않는 사람들이 많다고 한다. 2000년 기준으로 정규직 근로자의 연간 평균 휴가일수는 9.1일로, 허용된 휴가일수 18일의 반 정도밖에 사용하지 않은 것이다. 일본의 정규직 근로자 수가 4천 7백만 명이므로 모두 4억 일분의 유급 휴가를 활용하지 않은 셈이다.

그 보고서는 만약 사용되지 않고 있는 유급 휴가를 전부 활용한다면 일본 경제에 다음과 같은 파급 효과가 발생할 것이라고 예측했다. 즉 여행과 레저 관련 산업의 생산유발 효과가 7조 4천억엔, 신규고용 창출(56만 명)에 따른 파급 효과가 1조 9천억엔, 그리고 휴가 인력의 대체고용 창출(92만 명)에 따른 파급 효과가 2조 5천억엔이 되리라는 것이었다.

결론적으로 말해 "놀아야 경기가 살아난다."는 것인데, 휴가의 활용이 총수요를 늘리는 결과를 가져온다는 사실에는 아무런 의심의 여지가 없다. 그렇지만 근면성을 중시하는 전통적인 사고방식의 관점에서 볼 때 게으름이 좋은 결과를 가져온다는 것은 좀처럼 납득하기 어려운 말일 수 있다. 앞에서 저축을 반드시 미덕이라고 볼 수 없다는 점을 설명한 바 있다. 이제는 근면함까지도 도마 위에 오르게 된 셈이니, 전통적인 가치관을 가진 사람은 상당한 혼란을 겪을지 모른다.

총공급곡선 17.2

총공급곡선의 도출

거시경제이론에서 말하는 '총공급'은 한 국민경제 안에 존재하는 모든 기업의 상품 공급량을 더한 것이라는 뜻을 갖는다. 이를 그림으로 나타낸 것이 바로 **총공급곡선**(aggregate supply curve)인데, 각 기업이 공급하려고 하는 상품의 양을 모두 더해 구한 것이라고 말할 수 있다. 그렇다고 해서 총공급곡선이 실제로 개별 기업의 공급곡선을 단순하게 더해 구해지는 것은 아니다. 단지 개념적으로 그렇게 생각할 수 있다는 것일 뿐이며, 곧 보게 되겠지만 실제로 총공급곡선이 도출되는 과정은 이와 다르다.

총공급곡선은 각 물가수준에서 기업들이 생산하는 상품들의 총체적 공급량, 다시 말해 국내총생산이 얼마인지를 보여주는 곡선이다. 미시경제이론에서 공급곡선을 도출할 때, 가격 이외의 다른 요인들에는 변화가 없다고 가정한 것을 기억할 것이다. 이와 마찬가지로 물가 이외의 다른 요인들에는 아무 변화가 없다는 가정하에서 총공급곡선을 도출하게 된다.

[그림 17-4]에서 보는 총공급곡선은 보통의 공급곡선과 같이 우상향하는 모양을 갖고 있다. 물가가 올라가면 기업들이 상품 생산량을 늘릴 것이라고 짐작할 수는 있지만, 좀 더 엄밀한 논리를 통해 총공급곡선이 이런 모양을 갖게 되는 이유를 살펴보기로 하자. 우선 완전경쟁시장에서 기업이 상품 한 단위를 추가적으로 생산함으로써 얻는 이윤(profit)은 상품 가격과 추가 생산에 필요한 비용 사이의 차이가 된다는 점에 주목할 필요가 있다.[1]

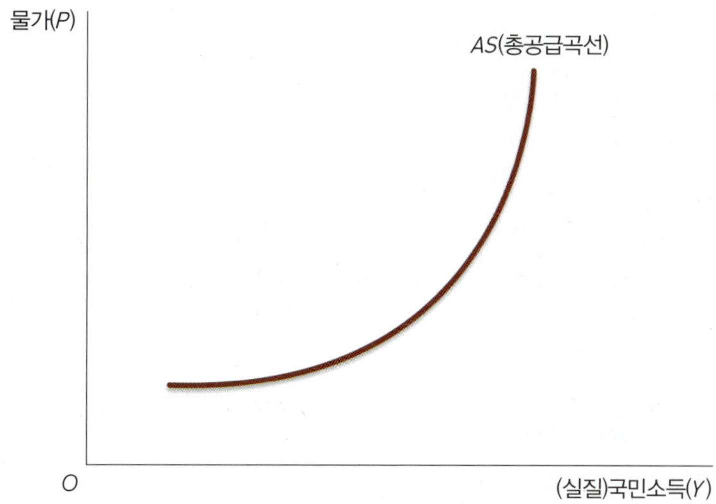

그림 17-4

총공급곡선

물가가 올라가면 기업들이 상품 생산량을 늘릴 것이므로 총공급곡선은 우상향하는 모양을 갖는데, 국민소득이 낮은 수준에 있을 때는 매우 완만한 기울기를 갖다가 국민소득 수준이 올라가면서 점차 가파른 기울기를 갖는 것을 볼 수 있다.

1) 여기서 보는 상품이란 말이 실제로는 '대표상품'을 뜻한다. 편의상 앞으로도 '대표'라는 말을 붙이지 않고 그냥 상품이라는 표현을 쓸 테니 오해 없기를 바란다.

상품 한 단위를 더 생산해 얻는 이윤
= 상품 가격 – 추가 생산에 필요한 비용 (17.1)

총공급곡선을 도출할 때 '다른 요인들에 아무 변화가 없다'라고 가정한다는 것은 생산비용에 영향을 주는 모든 요인, 즉 임금, 지대, 원자재 가격, 기술수준 등에 아무 변화가 없다는 말이다. 다시 말해 상품 한 단위를 추가로 생산하기 위해 필요한 비용이 항상 일정한 수준에 머물러 있다고 가정하는 것을 뜻한다.[2] 그러므로 상품 가격이 올라가면 상품 한 단위를 더 생산함으로써 얻는 이윤이 더욱 커지고, 이는 기업으로 하여금 상품 생산량을 늘리게 만드는 유인이 된다. 이처럼 상품 가격의 전반적인 상승, 즉 물가상승이 일어날 때 기업들은 생산량을 증가시키는 반응을 보일 것이므로 총공급곡선은 우상향하는 모양을 갖게 된다.

그러나 상품 가격이 올라갈 때 생산요소 가격도 따라서 올라간다면 이윤에 아무 변화가 없을 것이고, 따라서 기업은 생산을 증가시키려 하지 않을 것이다. 이를 보면 상품 가격이 올라갈 때 생산요소 가격은 종전의 수준에 그대로 머물러 있어야만 총공급곡선이 우상향하는 모양을 갖게 된다는 것을 알 수 있다.[3] 상품 가격이 올라간 것만큼 생산비용도 늘어나 이윤에 아무 변화가 없다면 기업들은 굳이 생산량을 늘릴 필요를 느끼지 않을 것이고, 이 경우 물가가 상승해도 공급량이 늘어나지 않기 때문에 총공급곡선은 수직선의 모양을 갖게 된다.

[그림 17-4]를 자세히 살펴보면 총공급곡선의 모양에 관한 또 하나의 특징을 발견할 수 있다. 그것은 국민소득이 낮은 수준에 있을 때는 이 곡선이 매우 완만한 기울기를 갖다가, 국민소득 수준이 올라가면서 점차 가파른 모양으로 변화한다는 사실이다. 국민소득이 낮은 수준에 있을 때 그 국민경제에는 상당한 잉여설비와 유휴노동력이 존재하기 마련이다. 이런 상태에서 상품 가격이 상승하면 기업들은 생산요소의 추가 고용을 통해 생산량을 비교적 쉽게 늘릴 수 있다. 따라서 물가가 조금만 올라도 기업들은 공급량을 크게 늘릴 수 있는데, 바로 이 때문에 낮은 국민소득 수준에서 총공급곡선은 완만한 기울기를 갖는다.

그러나 국민소득이 높은 수준으로 올라가면서 기업들은 생산량을 예전처럼 쉽게 늘리기 어려운 상황에 처하게 된다. 생산요소의 고용을 계속 늘려가다 보면 잉여설비와 유휴노동력이 점차 줄어들어 추가적인 고용이 점차 어려워질 것이기 때문이다. 바로

2) 생산비용에 영향을 주는 요인 중 가장 중요한 것은 임금이다. 그런데 임금은 단기에서 경직성을 갖는 경향이 있기 때문에, 생산에 필요한 비용이 일정한 수준에 머물러 있다는 가정은 현실과 그리 동떨어져 있지 않다고 말할 수 있다.

3) 사실 상품 가격이 오를 때 생산요소의 가격이 따라서 올라도 총공급곡선은 우상향하는 모양을 가질 수 있다. 엄밀하게 말해 총곡급곡선이 우상향하는 모양을 갖기 위해 필요한 조건은 생산요소의 가격 상승폭이 상품의 가격 상승폭보다 더 작아야 한다는 것이다. 이 조건이 충족되면 상품 가격이 오름에 따라 기업의 이윤이 더 커지고, 따라서 상품 공급량도 늘어날 것이기 때문이다.

앞 장에서 한 국민경제에 존재하는 생산자원이 정상적으로 생산과정에 투입될 때 얻을 수 있는 국민소득의 수준을 완전고용국민소득이라고 부른다는 것을 설명한 바 있다. 국민소득이 이 수준이나 그 이상까지 올라가면서 생산요소의 추가적 고용이 점차 더 어려워지는 현상이 나타날 것이다. 이 상황에서 생산량을 더 높은 수준으로 늘리려면 근로자들에게 초과근무를 시키거나 생산설비를 비정상적으로 강도 높게 가동시킬 수밖에 없는데, 그렇게 되면 근로자와 생산설비의 생산성이 떨어지게 된다. 이처럼 생산성이 점차 떨어짐에 따라 물가가 오르더라도 공급량이 큰 폭으로 늘어나지 못하는 결과가 나타난다. 이것은 총공급곡선이 가파른 기울기를 가질 것임을 뜻한다.

어느 단계에 이르면 근로자들의 초과근무나 생산설비의 비정상적 가동을 통해서 생산량을 더 이상 늘리는 것조차 불가능한 상황이 된다. 아무리 해도 근로자와 생산설비가 하루에 일정 시간 이상 생산활동에 투입될 수 없는 일이기 때문이다. 이와 같은 물리적 한계에 도달하면 기업들은 물가가 아무리 높은 수준으로 올라간다 하더라도 더 이상 생산량을 늘리지 못한다. 이는 국민소득이 바로 이 수준에 이르면 국민경제의 공급량이 더 이상 늘어날 수 없다는 뜻으로, 따라서 총공급곡선은 수직선의 모양을 갖는다.

총공급곡선의 이동

지금까지 일정한 값으로 주어졌다고 가정된 생산요소 가격에 변화가 생기면 총공급곡선은 좌우로 이동하게 된다. 이것은 미시경제이론에서 일정한 값으로 주어졌다고 가정된 공급의 결정요인에 변화가 생기면 공급곡선이 이동하는 결과가 나타나는 것과 마찬가지 이치다. [그림 17-5]에서 AS_0곡선은 임금이 w_0의 수준으로 주어진 경우의 총공급곡선을 나타내고 있다. 그런데 임금이 w_0에서 w_1으로 올라가면 총공급곡선은 왼쪽으로 이동해 AS_1이 된다. 총공급곡선이 왼쪽으로 이동한다는 것은 총공급이 줄어든다는 것을 뜻하는데, 임금의 상승이 왜 그런 결과를 가져오게 되는지 그 이유를 알아보기로 하자.

임금 인상을 부르짖는 근로자들

임금의 상승은 총공급곡선을 왼쪽으로 이동시키는 결과를 가져온다.

임금이 w_0로 주어졌을 때의 총공급곡선(AS_0) 위에 있는 G점은 물가가 P_0일 때 기업들이 공급하려고 하는 총 생산량이 Y_0임을 의미하고 있다. 그런데 물가가 P_0의 수준에 그대로 머물러 있는데 임금이 w_1으로 올라 생산비용이 더 커지면 기업들의 이윤은 종전보다 더 작아진다. 그렇게 되면 기업들은 생산량을 줄이는 반응을 보일 텐데, 이에 따라 총 생산량이 Y_1의 수준으로 떨어졌다고 하자. 그렇다면 H점을 지나는 AS_1곡선이 새로운 총공급곡선이 되는 셈이다. 이와 같이 임금의 상승은 기업의 이윤을 줄여 총공급곡선을 왼쪽으로 이동시키

그림 17-5

총공급곡선의 이동

임금이 w_0에서 w_1으로 올라가면 기업들이 공급하려는 총 생산량이 Y_0에서 Y_1으로 줄어들기 때문에 총공급곡선은 왼쪽으로 이동해 AS_1이 된다.

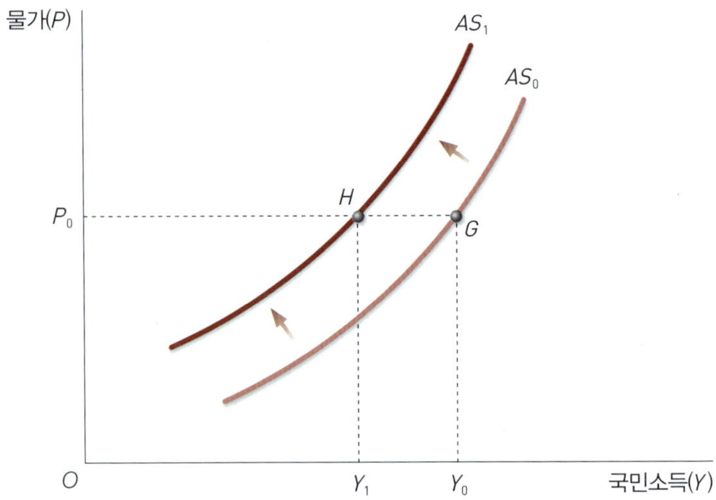

는 결과를 가져오는 것이다.

임금의 변화뿐 아니라 불변으로 가정된 다른 것들의 변화 역시 총공급곡선의 이동을 가져온다. 예를 들어 원자재 가격의 상승도 임금 상승의 경우와 마찬가지로 총공급곡선을 왼쪽으로 이동하게 만든다. 생산성에 생긴 변화 역시 총공급곡선을 이동시키는 역할을 하는데, 생산성의 향상은 총공급곡선을 오른쪽으로 이동하게 만든다. 기술진보를 통해 생산성이 향상되면 상품을 한 단위 더 생산하기 위해 투입해야 하는 생산요소의 양이 줄어들어 생산비용이 절감될 수 있다. 상품의 가격이 종전의 수준에 머물러 있다면 이윤은 더 커질 것이고, 기업들이 생산량을 늘림에 따라 총공급곡선은 오른쪽으로 이동하게 된다.[4]

뿐만 아니라 노동이나 자본 같은 생산요소 투입량의 증가도 총공급곡선을 오른쪽으로 이동하게 만드는 또 다른 요인이 된다. 종전보다 더 많은 노동과 자본이 생산과정에 투입되면 주어진 물가수준에서 생산·공급되는 상품의 양이 더 많아질 것이기 때문이다. 이와 같은 이유에서 생긴 총공급곡선의 우측 이동은 장기간에 걸쳐 나타난다는 특징을 갖고 있다. 저축과 투자를 통해 자본축적이 이루어지고 인구가 증가해 가용노동력이 더 커지는 데는 오랜 시간이 필요하기 때문이다. 바로 앞에서 말한 생산성의 향상에 따른 총공급곡선의 우측 이동도 이에 못지않게 긴 시간을 필요로 한다.

4) 생산성의 변화가 기술진보, 혁신, 신상품의 개발 등 우리가 흔히 생각하는 원인에 의해서만 발생하는 것은 아니다. 예기치 않은 기후 변동에 따른 농업생산성의 변화, 노동조합의 파업이나 태업 등으로 인한 노동생산성의 변화, 정책으로 인한 경영환경의 변화 등도 생산성 변화의 좋은 예가 될 수 있다.

생각해 봅시다

앞으로 보게 되겠지만, 경제안정을 위해 정부가 어떤 정책을 쓸 때 총공급에 영향을 주는 성격의 정책을 사용하는 경우는 무척 드물다. 경제안정을 위한 정책의 거의 전부가 총수요에 영향을 주는 성격을 갖고 있는 것이다. 이는 수요 측면을 중시하는 케인즈이론의 영향 때문일 수 있다. 그러나 더욱 중요한 원인은 총공급에 영향을 주어 경제를 원하는 방향으로 이끌어가는 것이 현실적으로 매우 힘들다는 데 있다.

어느 제철소의 기공식

새로이 공장을 지어 생산능력이 커지면 총공급곡선은 오른쪽으로 이동하게 된다. 자본축적을 한다는 것은 이처럼 새 공장을 짓거나 기존의 공장에 새 생산설비를 갖추는 것을 뜻한다.

일반적으로 어떤 상품의 공급이 늘어나면 가격이 떨어지기 마련이다. 따라서 물가가 너무 높아 걱정이 되는 경우에는 총공급을 늘림으로써 물가를 안정시킬 수 있다. 앞에서의 설명에 따르면, 임금이나 원자재 가격이 떨어질 때 총공급이 늘어나게 된다. 그렇지만 정부가 무슨 수를 써서 임금이나 원자재 가격을 떨어뜨린다는 말인가? 장기적으로는 자본축적과 인구 증가, 혹은 생산성 향상에 힘입어 총공급곡선이 오른쪽으로 이동할 수 있다. 그러나 이것 역시 정부가 마음대로 좌우할 수 없는 일이다.

비록 극소수에 지나지 않지만, 적절한 정책을 통해 총공급을 늘릴 수 있다고 주장하는 사람이 있다. 뒤에 좀 더 자세하게 설명하겠지만, 이들은 조세 감면, 연구개발투자 지원, 투자촉진정책 등을 통해 총공급곡선이 오른쪽으로 이동하게 만들 수 있다고 주장한다. 그러나 이들의 처방에 따라 정책을 운영해 본 결과는 그다지 인상적이지 않았다. 이는 정부가 총공급을 조절하는 일이 그리 쉽지 않다는 것을 단적으로 보여주는 사례라고 말할 수 있다.

생각해 보기

(1) 어떤 경제의 생산능력이 더 커지면 총공급곡선은 오른쪽으로 이동하게 된다. 경제의 생산능력이 더 커지게 만드는 요인에 무엇들이 있는지 생각해 보자.

(2) 조세 감면을 통해 경제의 생산능력이 더 커지게 만들 수 있는 구체적인 예를 몇 가지 생각해 보자.

국민경제의 균형 17.3

이제는 총수요와 총공급의 상호작용에 의해 국민경제 전체의 생산수준과 물가가 결정되는 과정에 대해 살펴볼 차례가 되었다. 이와 같이 총수요곡선과 총공급곡선을 이용해 국민소득과 물가의 움직임을 분석하는 이론틀을 총수요-총공급모형이라고 부른다.

균형국민소득과 균형물가

어떤 개별 상품시장에서의 균형은 수요곡선과 공급곡선이 교차하는 점에서 찾을 수 있다. 마찬가지로 지금 우리가 관심을 갖고 있는 국민경제의 균형 역시 총수요곡선과 총공급곡선의 교차점에서 찾을 수 있다. [그림 17-6]에서 총수요곡선(AD)과 총공급곡선(AS)이 E점에서 교차하고 있는데, 바로 이 점이 의미하는 국민소득과 물가수준, 즉 Y^*와 P^*가 그 경제의 **균형국민소득**과 **균형물가수준**이 된다. 그림을 보면 물가가 P^*의 수준으로 주어졌을 때 총수요와 총공급의 크기가 Y^*로 서로 같아 국민경제가 균형을 이룬다는 것을 알 수 있다.

P^*보다 높은 P_1의 물가수준하에서는 총공급량이 총수요량을 초과해 판매되지 않은 상품이 재고로 쌓이게 된다. 이렇게 초과공급이 일어나 재고가 쌓이기 시작하면 기업은 이를 처분하기 위해 가격을 낮추는 동시에 생산량을 줄여 나간다. 반면에 P^*보다 낮은 P_2의 물가수준하에서는 초과수요가 발생해 재고가 점차 줄어드는 현상이 나타난다. 이때는 기업들이 상품의 가격을 올리는 동시에 생산량을 늘리게 된다. 이처럼 물가가 균형수준에서 벗어난 경우에는 기업들이 생산량을 줄이거나 늘려 국민소득이 변화하게 되는데, 이는 국민경제가 불균형상태에 있다는 것을 뜻한다.

여기서 반드시 지적해 두어야 할 한 가지 중요한 사항이 있다. 앞서의 소득-지출분석에서 도출한 균형국민소득과 지금 보고 있는 균형국민소득이 개념적으로 판이하게 다르다는 사실이 바로 그것이다. 소득-지출분석에서의 균형국민소득은 상품에 대한 수요만 있으면 그것이 공급되는 데는 아무 문제가 없다고 가정한 상태에서 도출한 것이었다. 다시 말해 수요측 사정만을 고려해 구한 제한된 의미에서의 균형국민소득이었다. 반면에 지금 말하고 있는 균형국민소득은 국민경제의 총수요와 총공급이 균형을 이룰 때의 국민소득 수준으로, 바로 이것이 진정한 의미에서의 균형국민소득이라

그림 17-6

단기 균형국민소득과 균형물가의 결정

총수요곡선과 총공급곡선이 교차하는 E점에서 국민경제의 균형이 이루어진다. 바로 이 점이 의미하는 국민소득(Y^*)과 물가(P^*)가 그 경제의 균형국민소득과 균형물가가 된다.

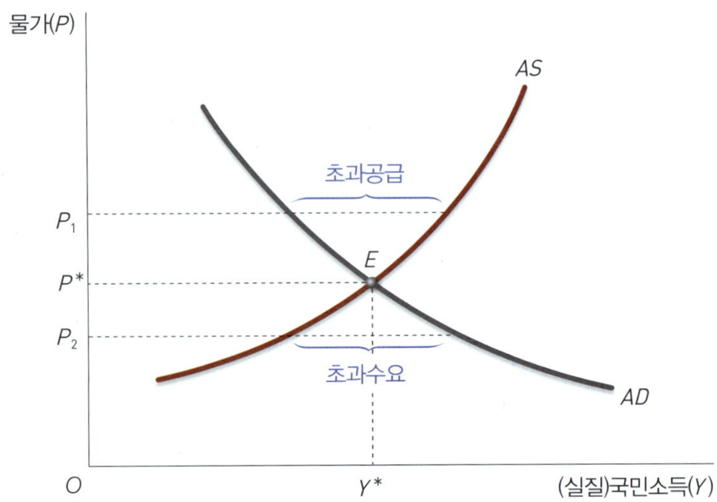

고 말할 수 있다.

이상에서 우리는 한 국민경제의 균형물가와 균형국민소득이 결정되는 과정을 살펴보았다. 그러나 지금까지의 분석은 생산요소의 가격, 특히 임금이 단기적으로 고정되어 있다는 가정하에서 진행되어 왔다. 따라서 [그림 17-6]의 E점이 뜻하는 균형은 생산요소의 가격이 고정되었다고 볼 수 있는 단기(short-run)에서만 유효한 균형이라는 성격을 갖는다고 말할 수 있다. 장기(long-run)에서는 생산요소 가격이 변화할 수 있고, 그렇게 되면 총공급곡선이 이동해 균형국민소득과 균형물가에 변화가 생긴다. 곧 보게 될 테지만, (단기) 균형국민소득이 완전고용국민소득과 다를 경우에 그와 같은 변화가 나타나게 된다. 이에 따라 장기에서의 균형은 지금까지 본 것과 상당히 다른 양상을 띠게 되는 것이다.

경기침체갭과 인플레이션갭

앞 장에서 완전고용국민소득(Y_F)이란 한 국민경제에 존재하는 모든 생산요소를 정상적으로 생산활동에 투입할 때 달성할 수 있는 국민소득 수준이라고 정의한 바 있다. 지금 보는 균형국민소득(Y^*)이 그 완전고용국민소득과 언제나 똑같아야 할 이유가 전혀 없다. 경제의 상황에 따라 어떤 경우에는 균형국민소득이 더 클 수도 있고 그 반대로 더 작을 수도 있다.

경기침체갭

균형국민소득이 완전고용국민소득보다 더 낮은 수준에 있을 때 양자 사이의 차이를 경기침체갭이라고 부름

인플레이션갭

균형국민소득이 완전고용국민소득보다 더 높은 수준에 있을 때 양자 사이의 차이를 인플레이션갭이라고 부름

[그림 17-7]의 (i)은 균형국민소득이 완전고용국민소득보다 더 작은 경우를 보여주고 있다. 둘 사이의 차이를 **경기침체갭**(recessionary gap)이라고 부르는데, 이런 상황에서는 경제가 침체상태에 빠지고 실업이 늘어나는 현상이 나타난다는 뜻에서 그 이름이 붙었다. 이와 같은 경기침체갭이 발생한 것은 총수요 부족에 그 원인이 있는데, 이것이 클수록 경기침체의 정도가 더 심하다고 말할 수 있다.

이렇게 총수요가 부족한 상황에서 경제는 침체된 양상을 보이지만 물가는 비교적 안정된 상태를 유지한다. 팔리지 않는 상품들이 쌓여가는 형편인지라, 가격이 떨어지는 상품까지 생길 수 있다. 그리고 생산활동이 둔화됨에 따라 임금을 비롯한 여러 생산요소들의 가격이 떨어지기 시작한다. 실업상태에 빠진 사람들이 늘어나고, 다른 생산요소들 중에도 활용되지 못하고 놀려둔 상태에 있는 부분이 늘어나기 때문이다.

길거리에 나앉은 실업자

경기침체갭이 존재할 때는 실업률이 높아지고 생산활동이 침체되는 결과가 나타난다.

한편 [그림 17-7]의 (ii)에서 보는 것처럼 균형국민소득이 완전고용국민소득보다 더 큰 경우, 둘 사이의 차이에 해당하는 **인플레이션갭**(inflationary gap)이 존재한다고 말한다. 이런 상황에서는 물가가 불안한 현상이 나타난다는 뜻에서 그 이름이 붙었는데, 이것이 클수록 물가

그림 17-7

경기침체갭과 인플레이션갭

그림 (i)은 단기 균형국민소득이 완전고용국민소득보다 더 낮은 수준에 있어 경기침체갭이 존재하고 있는 상황을 나타내고 있다. 그림 (ii)에서 보는 상황에서는 단기 균형국민소득이 완전고용국민소득보다 더 높아 인플레이션갭이 존재하고 있다.

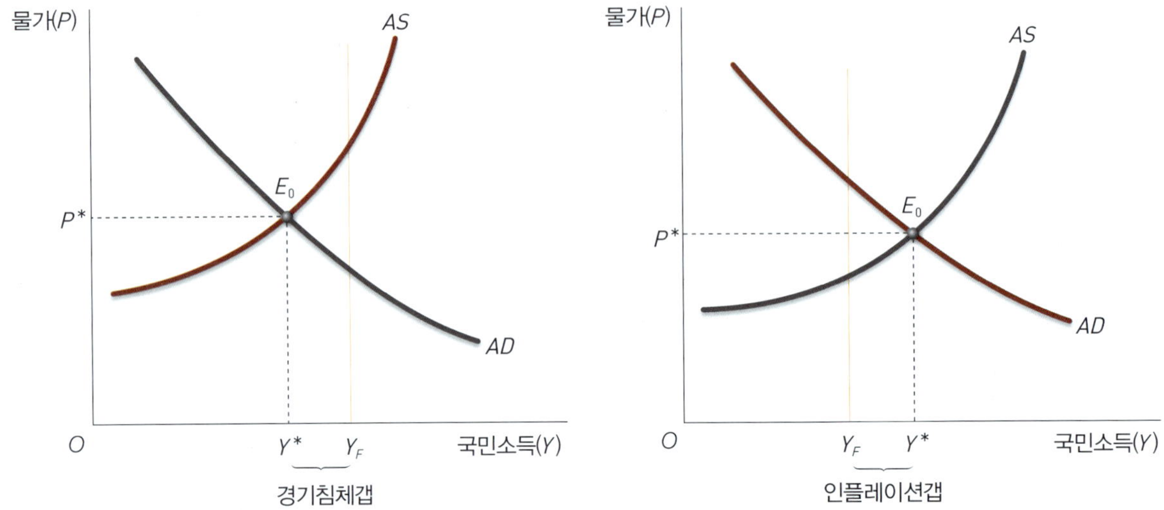

(i) 경기침체갭　　(ii) 인플레이션갭

상승의 압력이 더 커진다. 균형국민소득이 완전고용국민소득보다 더 크다는 것은 총수요가 너무 크다는 것을 뜻한다. 이와 같은 초과수요의 상황은 물가상승의 압력으로 이어져 인플레이션이 일어날 가능성이 크다.

이처럼 인플레이션갭이 존재하는 경우에는 물가가 불안해지는 반면, 생산활동이 매우 활발해져 실업의 문제는 발생하지 않는다. 노동이 정상적인 수준 이상으로 고용되어 있는 상황이기 때문에 오히려 기업들이 사람 구하는 데 애를 먹을 가능성이 크다. 사람 구하기가 어려워짐에 따라 임금이 올라가고 다른 생산요소들의 가격도 전반적으로 올라가게 된다.

지금까지의 논의를 종합해 보면, 경기변동의 상황에서 경제는 다음과 같은 특징을 보일 것임을 알 수 있다. 즉 총수요가 부족해 경기침체갭이 존재할 때는 실업이 늘어나는 대신 물가는 안정된 상황을 보이게 된다. 반면에 총수요가 너무 커 인플레이션갭이 존재할 때는 물가가 불안해지는 대신 고용은 안정된 상황을 보일 것이다. 다시 말해 총수요가 부족하면 실업의 문제가 발생하는 한편, 총수요가 너무 크면 물가 불안의 문제가 발생한다는 뜻이다.

불황의 진단과 예측

어떤 경제가 현재 불황 혹은 경기침체에 빠져 있는지의 여부를 판정하는 일은 그리 쉽지 않다. 심지어 이 문제를 전문적으로 다루는 경제학자들 사이에서도 매우 큰 견해차가 존재하는 경우를 자주 관찰할 수 있다. 공식적으로는 2개의 4분기(quarter)에 걸쳐 연속적으로 국내총생산이 감소했을 때 경제가 불황에 빠져 있다고 판정한다. 그러나 이것이 그리 좋은 불황의 판정기준은 아니라고 생각하는 사람들이 있다.

예를 들어 미국의 민간 연구단체인 NBER(National Bureau of Economic Research)은 불황인지의 여부를 판정할 때 국내총생산의 변화에만 초점을 맞추지 않는다. 국내총생산에 대한 통계는 1년에 4번만 발표될 뿐 아니라 사후에 큰 폭으로 수정될 수도 있어 다른 보조지표의 사용이 불가피하다고 보기 때문이다. 따라서 이 단체는 전 경제에 걸쳐 몇 달 동안 생산활동이 현저히 감소된 것을 발견했을 때 불황이라고 판정하는 방법을 사용한다. 이와 더불어 산업생산, 고용, 실질소득, 소매업 등에서 뚜렷한 경기침체의 징후가 나타나는지 여부를 살펴본다고 한다.

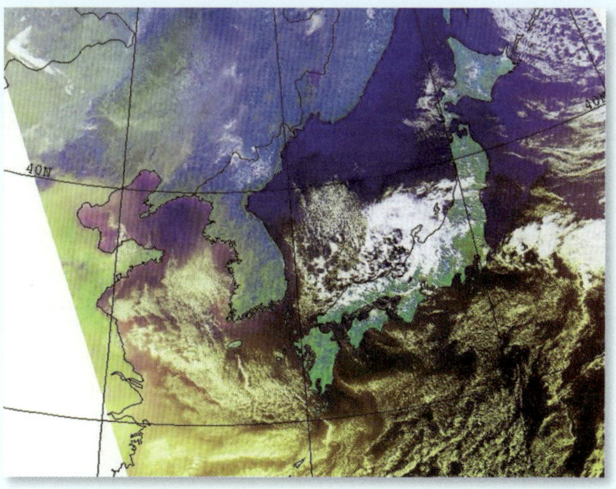

"전국이 구름 한 점 없이 맑음"

불황의 진단과 예측에 이런 기상위성 사진 같은 것을 활용할 수 있으면 얼마나 좋을까?

또한 중국이나 인도처럼 일반적으로 높은 경제성장률을 기록하고 있는 나라들의 경우에는 통상적인 불황의 정의가 더욱 큰 문제를 일으킬 수 있다. 이런 나라들에서는 성장률이 양(+)의 값을 갖더라도 그 수준이 보통 때보다 더 낮아진 것만으로도 불황이 왔다고 판정할 수 있기 때문이다. 국내총생산이 줄어들어야 불황이 왔다고 판정하는 기준을 이런 나라에 적용하는 것은 적절하지 않다.

이런 나라의 경우라면 잠재성장률(potential growth rate)이란 것을 계산해 불황인지의 여부를 판정하는 데 활용하는 것이 바람직할지 모른다. 잠재성장률이란 경제가 완전고용 상태를 유지하면서 정상적으로 성장하는 과정에서 관찰할 수 있는 성장률을 뜻한다. 현실의 성장률이 이 잠재성장률보다 현저히 더 낮을 경우 불황이라고 판정하는 방법을 사용할 수 있는 것이다. 그러나 문제는 잠재성장률을 정확하게 파악하는 것이 그리 쉽지는 않다는 데 있다.

*The Economist*지는 불황인지의 여부를 판정하는 문제와 관련해 하나의 재미있는 방법을 제시하고 있는데, 이는 사람들이 불황이란 말을 많이 쓰면 정말로 불황이 왔을 가능성이 크다는 생각에 기초를 두고 있다. 좀 더 구체적으로 말해 신문지상에 불황(recession)이란 단어가 몇 번 등장했는지에 따라 'R-단어지수'(R-word index)를 만들어 이것의 값이 클수록 정말로 불황이 왔을 가능성이 크다고 판정하는 방법을 제시하고 있는 것이다.

하여튼 현실에서 불황인지의 여부를 판정하는 것과 곧 불황이 닥쳐올 것인지를 예측하는 일은 매우 어려운 일임이 분명하다. 국제통화기금(IMF)은 1990년에 일어난 각국의 불황 사례 60건을 대상으로 해 그 나라 정부가 불황이 발생했거나 곧 발생할 것임을 인식하고 있었는지의 여부를 조사한 바 있다. 조사 결과를 보면, 그해 4월이 되어서도 불황이 발생했거나 곧 발생할 것이라는 사실을 인식하지 못한 경우가 $\frac{3}{4}$이나 되었다고 한다.

자료 : *The Economist*지, 2001년 12월 1일 자

17.4 경제의 자동조정기능

경기침체갭이나 인플레이션갭이 발생했을 때 시간이 흐름에 따라 그 크기가 점차 커질까 아니면 작아질까? 만약 이 둘 중 어느 것이라도 시간이 흐름에 따라 점차 커진다면 경제는 더욱 불안정한 상황으로 치닫게 될 것이다. 그러나 다행히도 시장의 조정에 의해 그 크기가 점차 줄어드는 특성이 있어, 충분한 시간이 흐른 후에는 경제가 안정된 모습을 되찾게 된다.

자동조정기능

경제가 완전고용 상태에 있지 못할 때 임금의 조정을 통해 완전고용 상태로 회귀하는 움직임이 나타나는데 이를 경제의 자동조정기능이라고 부름

말하자면 경제가 **자동조정기능**(self-correcting mechanism)을 갖고 있다는 뜻인데, 여기에서 조정의 핵심적 역할을 하는 것은 임금과 다른 생산요소들의 가격이다. 앞에서 경기침체갭이 존재할 때는 임금과 다른 생산요소들의 가격이 떨어진다고 설명한 바 있다. 그렇게 되면 [그림 17-8]의 (i)에서 보는 것처럼 총공급곡선이 오른쪽으로 이동하기 시작하는데, 이로 인해 경기침체갭은 점차 작아지게 된다. 경기침체갭이 완전히 없어지지 않는 한 이와 같은 총공급곡선의 이동은 계속되고, 결국 총공급곡선은 균형국민소득이 완전고용국민소득과 같아지는 상태에 이를 때까지 계속 이동해 간다.

한편 인플레이션갭이 존재할 때는 임금과 다른 생산요소들의 가격이 점차 올라가고, 이에 따라 총공급곡선이 왼쪽으로 이동해 간다. 인플레이션갭이 완전히 없어지지 않는 한 이와 같은 총공급곡선의 이동은 계속되고, 결국 총공급곡선은 이번에도 균형국민소득과 완전고용국민소득이 같아지는 상태에 이를 때까지 계속 이동해 간다.

그림 17-8
경제의 자동조정기능

그림 (i)은 경기침체갭이 존재하고 있을 때, 장기에서 임금과 다른 생산요소들의 가격이 떨어져 총공급곡선이 오른쪽으로 이동해 가고, 이에 따라 경기침체갭이 없어지는 것을 보여주고 있다. 반면에 그림 (ii)는 인플레이션갭이 존재하고 있을 때, 장기에서 임금과 다른 생산요소들의 가격이 올라가 총공급곡선이 왼쪽으로 이동해 가고, 이에 따라 인플레이션갭이 없어지는 것을 보여준다.

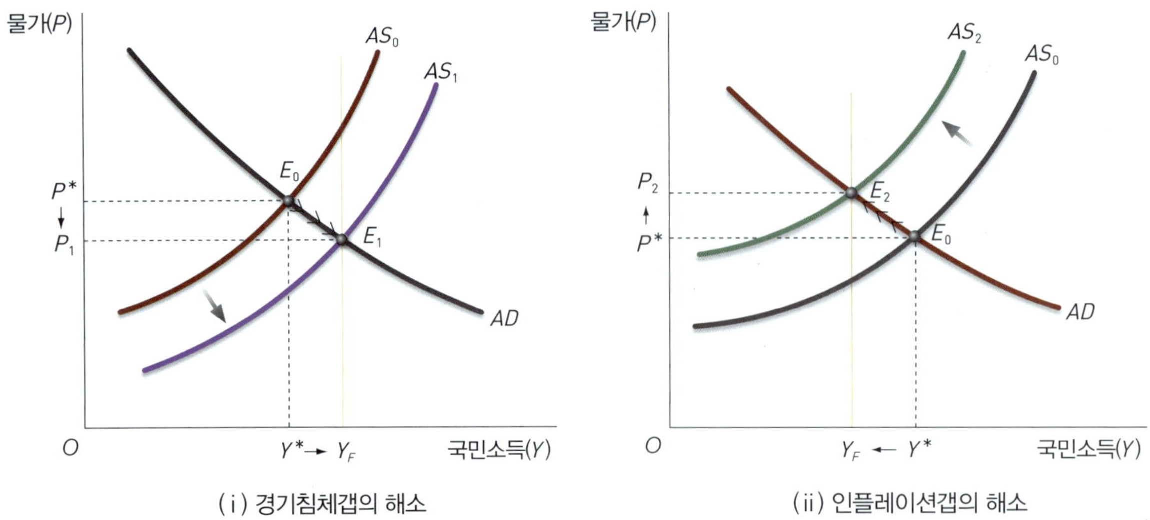

시카고학파

숫자로만 볼 때 소위 시카고학파에 속하는 경제학자들은 경제학계의 소수파라고 할 수 있다. 그러나 이들의 영향력은 대단해서 수적인 열세는 전혀 문제가 되지 않는 듯한 느낌을 준다. 그들을 보면 거구의 골리앗을 상대로 싸움을 벌이는 다윗을 연상하게 된다. 그동안 이들 중에서 배출된 수많은 노벨상 수상자의 면면을 보면 이들의 영향력이 얼마나 큰지 잘 알 수 있다.

시카고학파 경제학자들의 공통적인 특징은 시장기구에 대한 신뢰에서 찾을 수 있다. 그들은 어떤 개별 상품시장 혹은 경제 전체에서 일시적인 불균형상태가 나타나더라도 시장기구의 힘에 의해 곧바로 균형을 회복할 수 있다는 믿음을 갖고 있다. 충분한 시간이 흐르면 시장기구의 자동조정기능에 의해 완전고용 상태를 회복할 수 있다고 믿는 것이 그 좋은 예다.

시장기구에 대한 신뢰는 자연히 정부 개입이 바람직하지 않다는 입장으로 이어진다. 이 점에서 정부의 적극적인 개입을 주장하는 케인즈경제학자들과 좋은 대조를 이루고 있다.

시카고대학교

시카고학파는 경제학계의 소수파지만 그들의 영향력은 매우 크다.

시카고학파 경제학자들은 경제안정 이외의 목적으로 정부가 개입하는 데 대해서도 곱지 않은 시선을 보인다. 예를 들어 공정거래를 확립하려 한다는 명목으로 정부가 개입하는 경우에도 가능한 한 개입을 최소화하는 것이 바람직하다는 태도를 취한다.

또한 시카고학파 경제학자들은 인간의 합리성에 대해서도 강한 신뢰를 갖고 있다. 인간은 언제나 자신의 효용을 극대화한다는 관점에서 합리적인 선택을 한다고 믿는다. 조금 극단적으로 말하면 범죄를 저지르는 행위 역시 합리적 선택의 일종이라는 것이 그들의 해석이다. 그들은 인간의 모든 행동을 바로 이런 관점에서 바라보고 있다.

인간의 모든 행동이 합리적 선택의 결과라고 한다면, 전통적으로 다른 학문의 영역에 속해 온 현상도 경제적 분석의 대상이 될 수 있다. 경제학은 선택의 문제를 주요한 연구 대상으로 삼는 학문이기 때문이다. 요즈음의 경제학은 가족, 종교, 범죄, 예술, 스포츠 등 다양한 분야에서 일어나는 현상을 연구 대상으로 삼는 '학문적 제국주의'(disciplinary imperialism)의 성향을 보인다. 시카고학파 경제학자들은 바로 이 학문적 제국주의의 주역을 담당하고 있다는 말을 자주 듣는다.

지난 반세기 동안 경제학계를 주도해왔던 시카고학파 경제학자들은 최근 호된 시련을 맞게 되었다. 2008년 리먼브라더스의 파산을 계기로 시작된 글로벌 금융위기가 대공황 이래 가장 심각한 전 세계적 불황으로 확산되면서 시장의 효율성, 특히 금융시장의 효율성을 주장해왔던 시카고학파의 믿음이 도마 위에 오르게 되었기 때문이다. 1930년대 대공황으로 인해 고전학파가 물러나고 케인즈경제학이 화려하게 등장하게 되었던 것처럼, 경제이론도 경제상황의 변화에 따라 유행을 타기 마련인 듯하다.

이상의 논의를 통해 경제가 완전고용 상태에 있지 못할 때는 임금과 다른 생산요소 가격의 조정을 통해 완전고용 상태로 회귀하는 자동조정기능을 갖고 있다는 사실을 알 수 있다. 즉 경제에 경기침체갭이 존재하든 아니면 인플레이션갭이 존재하든, 임금과 다른 생산요소 가격의 조정에 의해 이것들이 자동적으로 해소되는 결과가 나타나게 된다는 뜻이다. 따라서 이와 같은 자동조정기능이 충분히 발휘될 기회를 갖는 장기에서 경제는 완전고용 상태에 도달할 수 있다.

그러나 현실 경제에서 이 자동조정기능이 얼마나 효과적으로 발휘될 수 있는지에 대해서는 경제학자들 사이에 의견이 엇갈려 있다. 예를 들어 시장기구를 신뢰하는 시카고학파(Chicago School) 경제학자들은 그와 같은 조정이 상당히 빠른 시간 안에 효과적으로 이루어질 수 있다고 믿는다. 이들은 경기변동이 생기더라도 경제가 자동조정기능을 통해 스스로 안정상태를 회복할 수 있도록 놓아두어야 한다고 주장한다.

반면에 케인즈경제학자(Keynesian)들은 자동조정기능이 불완전할뿐더러 이것이 효과를 발휘하는 데 많은 시간이 소요된다고 본다. 이들은 경제가 스스로 안정상태를 회복하기까지 기다리는 과정에서 발생하는 경제적 비용이 너무나 크기 때문에 정부가 경기안정을 위해 적극적으로 개입해야 한다고 주장한다.[5)]

그러나 이 두 학파가 조정이 이루어지는 기본 골격에 대해서까지 생각을 달리할 정도로 심한 견해차를 갖고 있는 것은 아니다. 케인즈경제학자들 역시 경제에 자동조정기능이 존재한다는 사실을 인정하고 있으며, 이 점에서 본다면 두 학파의 생각은 기본적으로 별로 다를 바 없다고 말할 수 있다. 다만 케인즈경제학자들이 자동조정기능에 대해 거는 기대가 시카고학파 경제학자들보다 훨씬 더 작다는 점에서만 차이를 보이고 있는 것이다.

17.5 모형의 응용 : 원유가격 상승의 효과

공급충격
임금이나 원자재 가격의 변화, 기술진보, 노사분규, 기후변동 등 총공급에 영향을 주는 갖가지 변화

이 절에서는 총수요-총공급모형을 이용해 임금이나 원자재 가격의 변화, 기술진보, 노사분규, 기후변동 등의 **공급충격**(supply shocks)이 경제에 어떤 영향을 가져다주는지 살펴보기로 하자. 그 한 예로서 원유가격 변화의 효과를 분석해 보려 하는데, 이것의 변화는 우리나라뿐 아니라 전 세계에서 경기변동을 일으키는 중요한 요인으로 작용해 왔다.

특히 우리나라는 원유수입 의존도가 높아 대부분의 경기 변동이 원유가격 변화와 밀

5) 이들은 특히 경기침체갭이 존재할 때 자동조정기능이 제대로 작용하게 될지에 의문을 갖고 있다. 현실에서 임금이 상승하는 예를 자주 찾아볼 수 있지만, 하락하는 예는 찾아보기가 지극히 힘들기 때문이다.

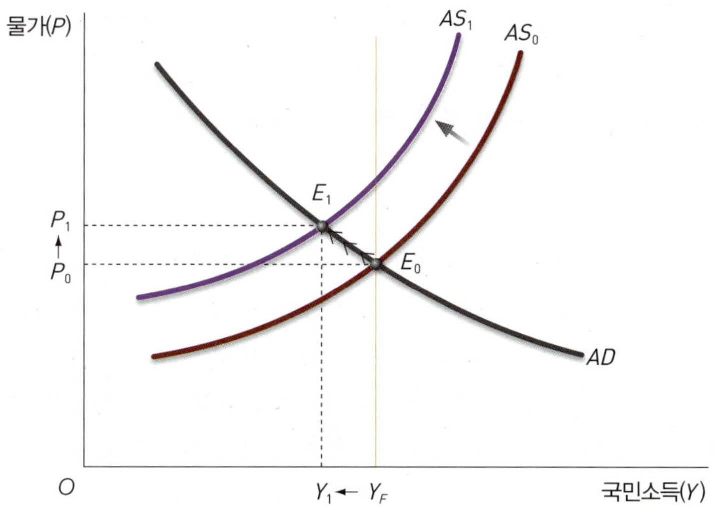

그림 17-9

원유가격 상승의 효과

원유가격이 올라가면 총공급곡선이 왼쪽으로 이동해 AS_1이 된다. 그 결과 물가가 P_1으로 올라가는 한편, 균형국민소득은 Y_1으로 떨어지는 스태그플레이션이 나타나게 된다.

접한 관계를 갖고 있었다. 우리 경제는 1973~1974년과 1979~1980년의 두 차례에 걸쳐 원유가격이 급등함에 따라 심각한 경기침체를 경험했을 뿐만 아니라, 2000년대 들어 글로벌 금융위기 발생 직전까지 지속적으로 상승한 원유가격도 우리 경제에 큰 부담으로 작용한 바 있다.[6]

[그림 17-9]에서 보는 것처럼, 애당초 총공급곡선이 AS_0로 주어져 있고 따라서 E_0 점에서 균형을 이루고 있었다고 하자. 다시 말해 균형국민소득이 완전고용국민소득(Y_F)과 똑같은 수준에 있는 상황에서 출발하기로 한다는 뜻이다.[7] 이 상황에서 원유가격이 오르면 기업의 생산비용이 더 커져 총공급곡선은 왼쪽으로 이동하게 된다. 그림을 보면 AS_0였던 총공급곡선이 왼쪽으로 이동해 AS_1이 되고, 그 결과 E_1점에서 새로운 균형이 이루어지는 것으로 나타나 있다.

이와 같은 변화로 인해 물가가 P_0에서 P_1으로 올라가는 한편 국민소득은 Y_F에서 Y_1으로 떨어진다. 즉 원유가격 상승의 결과 국민소득이 떨어지는 경기침체와 인플레이션이 동시에 발생하는 현상이 나타난 것이다. 이처럼 경기가 침체된 상황에서 물가가 올라가는 현상이 종종 발생하는데, 이를 가리켜 스태그플레이션(stagflation)이라고 부른다.

스태그플레이션 : 국민소득이 줄어들고 실업이 늘어나는 동시에 물가가 올라가는 현상이 나타날 때 스태그플레이션이 일어났다고 말한다.

6) 반면에 원유가격의 변화가 우리 경제에 긍정적인 영향을 미쳤던 때도 있었다. 1980년대 중반 석유수출기구(OPEC) 카르텔의 영향력 감소로 인해 원유가격이 큰 폭으로 떨어졌는데, 이것이 그 당시 우리 경제가 유례없는 호황을 누릴 수 있었던 이유 중 하나가 되었다.

7) 분석의 편의를 위해서 이와 같은 상황을 출발점으로 삼고 있다는 것을 이해하기 바란다.

수요충격

투자지출, 소비지출, 혹은 순수출의 변화처럼 총수요곡선을 이동시키는 원인이 되는 것을 가리키는 말

지금 보는 것처럼, 공급충격 때문에 경기침체가 발생할 때 스태그플레이션 현상이 나타날 가능성이 크다. 스태그플레이션은 여러 가지 원인에 의해 일어날 수 있는데, 그중 공급충격을 가장 중요한 것으로 꼽을 수 있다. 일반적으로 총수요의 변화, 즉 **수요충격**(demand shocks)으로 인해 발생한 경기침체의 경우에는 물가가 떨어지는 것이 보통이다. 이에 비해 공급충격으로 인해 경기침체가 일어날 때는 물가가 올라가는 경향을 보이게 된다.

그렇다면 현실 경제에서 수요충격과 공급충격 중 어느 것이 더욱 중요한 경기변동의 원인이었을까? 자본주의 경제의 역사를 돌아보면, 제2차 세계대전 이전의 경기침체는 물가 하락을 수반하는 경우가 대부분이었던 것을 볼 수 있다. 반면에 전후의 경기침체는 스태그플레이션의 성격을 갖는 경우가 비교적 많았다. 이로부터 세계대전 이전에는 수요충격이, 그 이후에는 공급충격이 상대적으로 더욱 중요한 경기변동의 원인이 되고 있었음을 짐작할 수 있다.

그런데 우리 경제를 두 번이나 크게 뒤흔든 위기상황, 즉 1997년 말의 외환위기나 2008년의 글로벌 금융위기는 공급충격이 아닌 수요충격의 성격을 갖고 있었다. 우선 외환위기 직후의 상황을 보면, 실업률이 큰 폭으로 뛰어올랐지만 물가상승률은 그다지 높지 않은 수준에 머물고 있었다. 또한 글로벌 금융위기의 경우에도 경제성장률이 크게 떨어지고 실업률이 높아진 반면에 물가상승률은 매우 낮은 수준에 머물러 있었다. 이는 두 위기가 모두 수요충격의 성격을 갖고 있었음을 뜻한다.

그런데 국제 원유가격 급등이 경제에 미치는 영향에 관해 한 가지 생각해 볼 점이 있다. 그것은 오랜 시간이 흘러도 앞에서 말한 스태그플레이션의 상황이 그대로 지속될 것이냐는 점이다. 이 물음에 대한 답은 '아니요'인데, 바로 앞 절에서 본 바 있는 경제의 자동조정기능이 발휘될 것이기 때문이다. 따라서 지금 보는 상황에서도 임금과 다른 생산요소 가격의 조정을 통해 총공급곡선이 원래의 위치(AS_0)로 돌아오는 결과가 나타날 것이다.

망망대해 속의 해상유전

원유가격의 변화는 우리나라뿐 아니라 전 세계의 경기변동을 일으키는 중요한 요인으로 작용해 왔다.

결론적으로 말해, 임금과 다른 생산요소의 가격이 신축성을 갖는 경우 충분한 시간이 흐르면 국민소득과 물가가 원래의 수준으로 돌아오게 된다. 장기에서는 원유가격 급등에 의해 생긴 스태그플레이션이 자동적으로 해소되는 경향을 볼 수 있을 것이라는 말이다. 그러나 이것은 이론적인 예상일 뿐, 현실에서 자동조정기능이 과연 제대로 효과를 발휘할지는 아무도 자신 있게 말하기 힘들다.

전염병의 경제학

2000년대 초 중국에서 중증급성호흡기증후군(SARS)이라는 무서운 전염병이 급속히 확산되면서 전 세계를 긴장하게 만든 적이 있다. 그 당시 이 전염병의 확산으로 인해 동아시아의 경제가 상당한 어려움을 겪을지도 모른다는 우려가 제기된 바 있다. 무엇보다 우선 발병지역의 관광수입이 급격히 감소할 것이고, 사람들이 가능한 한 외출을 삼가려 하기 때문에 백화점이나 음식점의 매출에도 상당한 영향이 올 것으로 예상되었다.

이 전염병은 예상외로 쉽게 수그러들었고 경제에 미친 파급효과도 당초 우려했던 것보다 훨씬 더 작았다. 그런데 역사적 맥락에서 보면, SARS는 심각성의 정도에서 다른 전염병에 비해 경량급에 속하는 것이라고 말할 수 있다. 예를 들어 14세기 초에 창궐한 흑사병은 당시 유럽 인구의 $\frac{1}{4}$을 죽음으로 몰아넣을 정도로 큰 피해를 입혔다. 오늘날의 AIDS 역시 전 세계에서 엄청나게 많은 희생자를 내고 있으면서도 좀체 통제될 기미를 보이지 않고 있다.

그렇다면 대규모의 전염병이 경제에 미치는 영향은 과연 무엇일까? 흥미로운 점은 대규모의 전염병으로 인한 경제활동의 위축이 생각만큼 크지는 않았다는 사실이다. 흑사병이 노동력을 희소하게 만듦으로써 중세 봉건체제의 붕괴를 재촉했던 것은 사실이다. 그러나 흑사병으로 인해 경제성장의 속도가 엄청나게 느려졌다는 확증은 아직 찾지 못하고 있다.

흑사병의 참상

마르첼로(Marcello)가 그린 이 그림은 14세기 초 유럽 전역을 휩쓸었던 흑사병의 참상을 생생히 보여주고 있다.

경제 관련 통계를 작성하는 방법의 성격 때문에 대규모의 전염병이 휩쓸고 간 후 경제상황이 오히려 더 좋아진 것으로 나타날 가능성까지 있다. 예컨대 전염병으로 인해 노약자들이 주로 희생된다면, 그 결과 1인당 국내총생산이 더 높아지는 이상한 현상이 나타날 수 있다. 생산 활동에 참여하는 사람의 숫자는 예전과 비슷해 생산량이 크게 줄어들지 않는데 인구가 줄어들기 때문에 그런 현상이 나타나는 것이다.

심지어 한창 나이의 사람들이 대거 죽어도 경제상황에 그리 큰 악영향이 오지 않는 것으로 나타나는 경우도 있다. 1918년 전 세계를 휩쓴 독감으로 4천만 명이 죽었고, 미국만 하더라도 67만 5천 명이 죽었던 것으로 기록되어 있다. 그런데 1919년부터 1930년에 이르는 기간 동안 미국 각 주의 경제성장률을 비교해 본 결과, 이상하게도 사망률이 높은 주들에서 오히려 성장률이 더 높았던 것으로 드러났다.

지금까지의 경험으로만 보면 대규모의 전염병이 경제에 미치는 영향은 생각만큼 크지 않은 것처럼 보인다. 그러나 2020년 초부터 전 세계를 강타한 코로나19 팬데믹의 경우는 지금까지의 사례와 다른 양상을 보이고 있다. 바이러스 확산을 막기 위해 대부분의 국가들이 봉쇄정책을 2년 넘게 지속하면서 유통업, 요식업, 여행업, 오락산업 등 서비스산업뿐 아니라 전반적인 경제활동이 큰 타격을 입게 되었다. 그 결과 2020년 전 세계는 1930년대 대공황 이후 가장 심각한 경기침체를 경험하였고, 백신 개발에도 불구하고 변이종의 출연으로 인해 본격적인 경기회복이 불확실한 상황이다. 코로나19 팬데믹으로 인한 세계 경제 변화에 대해서는 제24장에서 좀 더 자세히 설명해 보기로 하겠다.

요약

1. 물가가 올라가면 총지출이 줄어들어 (수요측) 균형국민소득이 떨어진다는 사실에서 우하향하는 모양을 갖는 총수요곡선을 도출할 수 있다. 총지출을 구성하는 요소 중 어느 하나의 값이 더 커지면 총수요곡선은 오른쪽으로 이동한다.

2. 다른 요인들에는 변화가 없다고 가정할 때, 각 물가수준에서 기업들이 생산하는 상품의 총 공급량을 나타내는 곡선이 총공급곡선이다. 물가가 올라감에 따라 총공급량이 늘어나기 때문에 총공급곡선은 우상향하는 모양을 갖는다. 임금이나 다른 생산요소의 가격이 올라가면 총공급곡선은 왼쪽으로 이동한다.

3. 총수요곡선과 총공급곡선이 교차하는 점에서 균형국민소득과 균형물가가 결정된다. 그런데 이 균형국민소득은 완전고용국민소득과 다를 수 있어 인플레이션갭이나 경기침체갭이 생길 수 있다.

4. 경제는 장기에서 완전고용 수준으로 돌아오는 자동조정기능을 갖고 있다. 시카고학파 경제학자들은 이와 같은 경제의 자동조정기능을 신봉하는 데 비해, 케인즈경제학자들은 이 기능이 매우 불완전하다고 생각한다.

5. 석유파동 같은 공급충격 때문에 경기침체가 발생하는 경우에는 물가가 상승하는 스태그플레이션 현상이 나타날 가능성이 크다.

중요개념

총수요곡선 총공급곡선 경기침체갭 인플레이션갭
경제의 자동조정기능 공급충격 스태그플레이션

연습문제

01. 총수요곡선이 우하향하는 모양을 갖는 이유를 설명하라.

02. 총수요곡선이 오른쪽으로 이동하게 만드는 사례를 세 가지 이상 들어 보라.

03. "정부지출이 증가할 때, 한계소비성향이 클수록 총수요곡선은 더욱 큰 폭으로 오른쪽 방향을 향해 이동한다."라는 말이 타당한지에 대해 논의하라.

04. 투자가 200억원, 정부지출이 100억원, 순수출이 −50억원으로 고정된 어떤 국민경제를 가정하자. 이 경제의 소비가 물가에 따라 다음과 같이 변화한다고 할 때 이 경제의 총수요곡선은 어떤 모양을 갖는지 알아내라. (단위 : 억원)

물 가	소 비
10	800
20	780
30	760
40	740
50	720

05. 총공급곡선이 우상향하는 모양을 갖는 이유를 간략하게 설명하라.

06. 다음과 같은 일이 발생하면 총공급곡선에 어떤 변화가 오는가?

(1) 임금 상승

(2) 원유가격 하락

(3) 노동쟁의 발생
(4) 신기술 개발
(5) 자본축적
(6) 법인세 징수액 증가

07. 총수요–총공급모형을 사용하여 소득세 징수액을 줄이면 국민소득이 커지고 실업률이 떨어지는 결과가 나온다는 것을 간략하게 설명하라.

08. 어떤 나라의 총수요곡선이 $Y=35-\frac{1}{2}P$, 총공급곡선이 $Y=5+P$로 주어져 있다고 한다.
(1) 이 나라의 균형국민소득과 균형물가수준을 구하라.
(2) 완전고용국민소득이 30이라고 할 때, 이 나라의 인플레이션갭 혹은 경기침체갭을 구하라.
(3) 명목임금은 앞으로 어떻게 변화하게 될지 예측해 보라.

09. "경제가 문제를 스스로 해결하는 기능을 갖고 있기 때문에 정부는 경기침체갭이나 인플레이션갭을 없애기 위해 노력할 필요가 없다."고 말하는 사람이 있는데, 이 말에 대해 어떻게 생각하는지 독자의 의견을 말하라.

10. 스태그플레이션이 무엇인지 설명하고, 수요충격과 공급충격 중 어느 쪽이 경기변동의 주요 원인이었을 때 이 현상이 나타나는지 설명하라.

11. 국제 원유가격 상승이 단기에서 총공급곡선에 어떤 영향을 미치는지 설명하라. 국제 원유가격 상승이 총수요곡선에도 영향을 줄 수 있을까?

12. 정부지출 증가가 국민소득과 물가에 대해 미치는 영향을 설명하라. 총공급곡선의 기울기가 급할 경우에는 완만한 경우에 비해 정부지출 증가의 영향이 어떻게 달라지는가?

13. 글로벌 금융위기 이후 대부분의 선진국들은 경제성장률 둔화와 함께 물가상승률이 크게 낮아지는 현상을 경험했다. 총수요–총공급모형을 사용해 이러한 현상이 나타날 수 있는 이유를 설명해 보라.

제8편

화폐와 국민경제

| 제18장 |

화폐와 은행제도

제 18 장

화폐와 은행제도

18.1 화폐의 성격

18.2 통화량의 측정

18.3 화폐의 수요와 공급

18.4 은행제도의 발전

18.5 예금창조와 통화승수

현대의 경제를 화폐경제라고 일컬을 만큼 화폐는 경제의 여러 측면에서 중요한 역할을 수행하고 있다. 화폐가 국민경제에 미치는 영향은 주로 이자율을 통해서 실현되는데, 이자율은 화폐에 대한 수요와 공급에 의해 결정된다. 이 장에서는 화폐와 더불어 은행의 역할에 대해서도 살펴보려고 하는데, 은행은 금융중개 기능과 예금창조 기능이란 두 가지 중요한 기능을 수행하고 있다. 중앙은행이 일정액의 본원통화를 발행하면 이는 은행의 예금창조 기능에 의해 몇 배나 더 큰 통화량의 증가로 이어진다.

18.1 화폐의 성격

화폐의 의미

'화폐'라는 말을 들으면 대부분의 사람들이 자연스럽게 '돈'을 연상하게 된다. 그런데 우리의 일상생활에서 돈이라는 말은 매우 다양한 의미로 사용되고 있다. 예를 들어 "그는 돈을 많이 번다."라는 표현에서의 돈은 소득(income)을 뜻한다. 한편 "돈 많은 투자가를 잡으려 한다."는 경우에서의 돈은 실제로 재산이나 부(wealth)를 뜻할 것이다. 그러나 경제학에서 화폐라는 용어는 소득이나 재산까지 포괄하는 광범한 의미가 아니라, 교환의 매개물 또는 거래의 지불수단이라는 좁은 의미로 사용되고 있다.

교환의 매개물이나 거래의 지불수단이라고 할 때 우선 만원짜리 지폐나 5백원짜리 주화 같은 것들, 즉 정부가 발행한 화폐를 머릿속에 떠올리는 사람이 많다. 그러나 오늘날의 경제에서 지폐나 주화를 매개로 하는 거래보다는 수표나 어음 등을 이용한 거래의 비중이 훨씬 더 큰 것을 볼 수 있다. 따라서 화폐의 범주 안에는 우리가 보통 화폐라고 생각하는 것뿐 아니라 수표, 어음, 신용카드처럼 교환의 매개물이나 거래의 지불수단이 될 수 있는 것 모두가 포함될 수 있다. 최근에는 심지어 전자화폐(digital currency), 가상화폐(virtual currency), 암호화폐(cryptocurrency)라는 것까지 등장해 화폐의 범주가 한층 더 넓어져 가고 있다.[1)]

경제학이 본격적으로 연구되기 시작한 이래, "화폐란 무엇인가?"라는 의문은 많은 논의의 대상이 되어 왔다. 경제학자들은 편의상 화폐가 담당해야 할 기능을 먼저 정의하고, 그 기능을 수행하는 것을 화폐라고 정의하는 방식을 취하고 있다. 그러므로 우선 경제학자들이 중요하게 생각하는 화폐의 기능에는 어떤 것이 있는지 알아보도록 하자.

화폐의 세 가지 기능
- 교환매개의 기능
- 가치척도의 기능
- 가치저장의 기능

화폐의 세 가지 기능

(1) 교환매개의 기능

교환매개(medium of exchange)의 기능이란, 거래과정에서 화폐가 일반적인 지불수단으로 사용된다는 것을 뜻한다. 교환매개 기능의 중요성은 화폐가 존재하지 않는 물물교환 경제를 상상해 보면 쉽게 알 수 있다. 예를 들어 옥수수를 생산하는 김씨는 사과를 필요로 하는데, 사과를 생산하는 이씨는 옥수수를 필요로 한다고 하자. 만약

1) 전자화폐란 기존 화폐의 금전적 가치 정보를 전자적 방법으로 저장해 발행된 지급수단을 의미한다. 교통카드나 핸드폰을 이용한 전자지갑(digital wallet) 서비스 등을 그 예로 들 수 있다. 가상화폐는 지폐나 동전 같은 실물을 통하지 않고 네트워크로 연결된 가상공간에서 거래되는 결제수단이다. 암호화폐는 블록체인과 같은 특별한 기술을 기반으로 디지털 자산을 암호화해 거래의 안전을 확보하려는 지급수단이다. 대표적인 암호화폐로는 비트코인, 이더리움 등이 있으나 이들을 화폐라고 불러야 하는지에 대해서는 아직 의견이 분분한 상태다.

김씨와 이씨가 운 좋게 서로 만날 수 있다면 옥수수와 사과를 교환함으로써 각자가 원하는 것을 손에 넣을 수 있다. 그러나 현실에서 이와 같은 '욕망의 상호일치'(double coincidence of wants)를 기대하기는 무척 힘들다. 서로 원하는 물건을 갖고 있는 사람을 찾으려면 엄청난 시간과 노력을 들여야만 하는 것이 일반적이다.

화폐가 존재하는 경우에는 모든 경제주체가 그것을 교환의 매개물로 인정해 자신이 보유하고 있는 물건과 기꺼이 교환하려고 한다. 그러므로 화폐가 존재하면 적합한 거래 상대방을 찾기 위해 아까운 시간과 노력을 써야 할 필요가 없어진다. 이제는 그 시간과 노력을 상품 생산에 투입할 수 있게 되므로 경제의 생산성이 현저하게 향상될 수 있다.

(2) 가치척도의 기능

가치척도(unit of account)의 기능은 각 상품의 가치가 화폐의 단위로 측정될 수 있다는 것을 뜻한다. 만약 화폐가 존재하지 않는다면 어떤 특정한 상품을 기준으로 가치를 나타내야 한다. 예를 들어 토끼가 가치척도의 기준이 된다면, 운동화의 가치는 토끼 세 마리, 휴대폰의 가치는 토끼 스무 마리 등으로 표현해야 한다. 또한 어떤 사람은 토끼를 가치척도의 기준으로 삼는데 다른 사람은 배추를 가치척도의 기준으로 삼는다면 매우 큰 혼란이 일어날 수 있다. 이렇게 화폐가 아닌 상품으로 가치를 나타내는 방식에 여러 가지 불편이 따를 것임은 두말할 나위도 없다.

(3) 가치저장의 기능

어떤 농민이 가을에 거둔 과일을 저장해 두었다가 다음 해 봄에 팔아 자녀들의 등록금을 마련하려 한다고 하자. 그렇게 하는 것보다는 과일을 그해 가을에 팔아 버리고 그 돈을 금고에 보관해 두었다 쓰는 것이 더욱 편리하다.[2] 화폐는 한 시점에서 다른 시점까지 구매력을 보관해 주는 역할을 하는데, 이를 가리켜 **가치저장**(store of value)의 기능이라고 부른다. 과일을 저장해 두는 것은 성가신 일이고 비용도 들지만, 돈으로 보관해 두는 경우에는 조그만 금고 하나만 있으면 된다.[3] 이를 보면 화폐가 가치저장의 수단으로 얼마나 우월한지 잘 알 수 있다.

2) 더 높은 가격을 받기 위해 다음 해 봄까지 기다렸다 팔려는 것은 아니라고 가정하자.

3) 과일을 팔아 얻은 돈을 은행에 예금해 두면 금고조차 필요 없게 된다.

조개껍질 화폐

B.C. 2350년에서 2050년 사이의 것으로 추정되는 이 조개껍질은 그 당시 화폐로 사용되었다고 한다. (중국 란저우시 부근 출토)

화폐의 간략한 역사

화폐라는 말에서 바로 지폐나 주화를 연상하는 사람이 많은데, 인류 역사에서 이것들이 사용되기 시작한 것은 그리 오래전의 일이 아니다. 비교적 오래전부터 사용되어온 주화의 경우에도 고작 몇천 년 정도의 역사를 갖고 있을 뿐이며, 지폐는 18세기에 이르러서야 본격적으로 유통되기 시작했다. 사람들이 처음에 교환의 매개물로 사용하기 시작한 것은 쌀, 밀, 베, 소금, 가축 등의 상품이었다. 이를 **상품화폐**(commodity money)라고 부르는데, 이들을 화폐로 사용하는 데는 여러 가지 불편함이 뒤따랐다.

경제생활의 진화와 더불어 쌀이나 베 같은 상품화폐를 대신해 등장한 것이 바로 금, 은, 구리 등의 금속화폐다. 무게로 달아 쓸 수 있는 금속은 다른 물건보다 화폐로 기능하기에 훨씬 더 유리한 조건을 갖추고 있어 급속히 상품화폐를 대체하기에 이르렀다. 특히 금이나 은 같은 귀금속을 주화의 형태로 만들면 운반하기 편리할 뿐 아니라 위조가 어려우며 변질되지도 않기 때문에 한동안 널리 쓰이게 되었다. 영국의 화폐 단위인 파운드(pound)의 어원이 무게 단위라는 사실은 바로 이와 같은 화폐의 역사를 말해 주고 있다.

그렇지만 금속화폐는 다음과 같은 측면에서 몇 가지 문제점을 안고 있었다. 우선 경제규모가 확대되면서 화폐에 대한 수요가 증가하는데, 금속화폐는 그 공급이 한정되어 실물경제를 충분히 뒷받침할 수 없다는 문제점이 있었다. 귀금속의 공급을 확보하기 위해서는 새로운 광산을 개발해야만 했는데, 이에 상당한 비용 부담이 뒤따른다는 애로가 있었다. 또한 금화에서 조금씩 금을 긁어내 이득을 취하는 사람까지 등장하면서 시중에는 조악한 주화만이 유통되는 결과가 빚어지게 되었다.[4]

태환성

요구가 있으면 지폐를 즉각 미리 예치된 금이나 은으로 바꾸어 줄 수 있음을 의미

금속화폐에 불편을 느낀 사람들은 18세기에 접어들면서 본격적으로 지폐를 사용하기 시작했다. 지폐는 주화의 여러 가지 장점을 그대로 갖고 있을 뿐 아니라, 만드는 데 드는 비용이 매우 낮아 공급량을 쉽게 조절할 수 있다는 장점까지 갖추고 있다. 지폐가 그 자체로 아무 가치가 없는 종잇조각에 불과하다는 문제점은 **태환성**(convertibility)을 통해 해결할 수 있다. 태환성이란 요구만 있으면 지폐를 즉각 미리 예치된 금과 은으로 바꾸어 준다는 것을 뜻하는데, 이 성격을 갖는 지폐를 태환지폐라고 부른다.

일반적 지불수단으로서 태환지폐의 위치가 공고해지면서 실제로 태환을 요구하는 사람은 극히 드물어졌다. 이에 따라 금이나 은으로 교환해 준다는 약속이 딸리지 않은 불환지폐가 등장하게 되었다. 한낱 종잇조각에 불과한 불환지폐가 화폐로

4) "악화가 양화를 구축한다."는 그레셤의 법칙(Gresham's law)은 바로 이 현상을 두고 한 말이었다.

얍섬의 돈 이야기

캐나다의 태평양 연안에 사는 인디언 부족들은 최근까지 조개껍질을 돈으로 사용했다. 그런가 하면 우리가 어렸을 때 본 만화에 나오는 것처럼 돌을 깎은 것을 돈으로 사용하는 사람들도 있다. 석기시대도 아닌 현대에 사는 사람들이 돌을 깎아 돈을 만들어 쓴다는 이야기를 선뜻 믿으려 하지 않으리라고 생각한다. 그러나 이것은 꾸며낸 이야기가 결코 아니다. 마이크로네시아연방의 일원인 남태평양의 얍(Yap)섬에 사는 사람들이 바로 그들이다. 이들은 최근까지도 석회석을 둥그런 모양으로 깎은 것을 화폐로 사용해 왔다.

여러 개의 돌 중 큰 돌일수록 더 큰 액면을 의미하는 것은 두말할 나위도 없다. 이 섬은 미국의 보호령이었기 때문에 일상적인 물건을 사고파는 데 달러가 통용되고 있으나, 큰돈이 오가는 재산의 거래에는 돌돈을 사용하는 경우가 더 흔하다고 한다. 몇 년 전에 어떤 미국인은 지름이 80센티미터 정도 되는 돌돈을 지불하고 자그마한 빌딩을 하나 구입했다고 한다.

우리가 가장 호기심을 갖고 있는 부분은 그 무거운 돌돈을 어떻게 주고받았을까라는 점이다. 그들은 현명하게도 아주 큰 돌돈의 경우에는 말로만 주고받는 것으로 거래를 끝낸다고 한다. 예컨대 교회 앞마당에 놓여 있는 지름 1미터의 돌을 소유하고 있는 사람이 있다고 하자. 그가 이웃으로부터 집과 카누를 산 대가로 그 돌돈을 주기로 했다면 이제부터 그 돌돈이 너의 것이라고 말함으로써 모든 거래가 끝난다. 그 말 한마디로 이제 그 돌돈은 새 주인의 소유가 된 것이다.

얍섬 해변의 돌돈

얍섬에서는 아직도 이와 같은 둥근 돌들이 돈으로 통용된다고 한다. 해변 모래에 아무렇게나 꽂혀 있는 것 같지만, 제각각 주인이 따로 있을 것임에 틀림없다.

언젠가 그 섬을 방문한 외지인은 우리로 치면 재벌에 해당하는 큰 부자의 소문을 듣게 되었다. 실제로 그의 돈을 본 적이 있는 사람은 아무도 없다는데, 이상하게 어느 누구도 그가 큰 부자라는 사실에 의심을 갖지 않고 있었다. 이 사실에 흥미를 느껴 그 연유를 수소문해 물은 결과 한 재미있는 이야기를 듣게 되었다. 이 이야기에 따르면 그의 먼 할아버지 때로 거슬러 올라가야 비로소 그가 부자가 된 이유를 알 수 있다는 것이다. 즉 그의 할아버지가 그 옛날에 한 일 때문에 오늘날 그가 부자로서 행세할 수 있다는 설명이다.

어느 날 그의 할아버지는 동네 사람들과 함께 그 섬에서 상당히 멀리 떨어진 한 무인도로 돌돈을 만드는 여행을 떠났다. 아무 돌이나 둥글게만 깎으면 모두 돈이 되는 것이 아니고 바로 그 섬에서 나는 석회석만이 돈이 될 수 있었기 때문이다. 그의 할아버지는 엄청나게 큰 돌을 다듬어 모두가 부러워하는 커다란 돌돈으로 만들었다. 그런데 너무 큰 탓에 집으로 돌아오는 도중 카누가 뒤집어져 물속에 빠지고 말았다.

비록 그 돌돈이 물속으로 가라앉았지만 같이 간 사람들은 그것이 얼마나 컸던지 다 알고 있었다. 그리고 큰 돌은 어차피 한곳에 놓아두고 말로만 주고받는 것이기 때문에 그 돌이 바다 밑에 누워 있다 한들 아무 문제가 없다는 데 모두들 의견을 같이 했다. 이것이 바로 그가 큰 부자가 된 연유이며, 그로부터 상속을 받은 후손들도 대대로 부자가 될 수 있었다고 한다. 어느 날 그 돌을 소유하고 있는 사람이 얍섬 번화가의 빌딩 하나를 사고 바다 밑의 그 돌돈은 네 것이라고 말하면 새 주인이 그것을 차지하게 될 것이다.

자료 : 이준구, 『이준구 교수의 열린 경제학』, 문우사, 2017

아타왈파의 복수

피사로(F. Pizarro)가 이끄는 스페인 정복군은 순식간에 잉카제국을 무너뜨리고 제국의 황제 아타왈파(Atahualpa)를 포로로 잡았다. 아타왈파는 스페인 사람들이 금을 엄청나게 좋아한다는 사실을 발견하고 원하는 대로 금을 줄 테니 자신을 풀어달라고 간청했다.

얼마만큼의 금을 원하느냐고 묻자 피사로는 이렇게 대답했다. “지금 당신이 감금되어 있는 방을 당신의 키가 닿을 수 있는 높이만큼 가득 채울 수 있어야 하오.” 그 방은 가로, 세로가 각각 5미터와 7미터 정도 되는 크기였다. 아타왈파는 발 뒤꿈치를 들고 팔을 뻗어 그 끝을 붉은 선으로 표시했다. 그리고 바로 그 높이까지 두 달 안에 금을 가득 채워놓겠다고 약속했다. 아타왈파의 명령을 받은 잉카인들은 방방곡곡에서 온갖 종류의 금붙이를 모아와 스페인 사람에게 넘겨주었다. 그러나 아타왈파는 어처구니없는 죄명으로 처형되기에 이른다.

스페인 사람들의 탐욕은 여기에 그치지 않았다. 그들은 신전에 장식된 금이든 왕궁 바닥에 깔려 있는 금이든 닥치는 대로 약탈해 갔다. 이렇게 해서 실로 엄청난 양의 금과 은이 스페인으로 흘러들어 갔다. 이와 같은 귀금속의 유입을 통해 축적된 부를 기반으로 하여 16세기의 스페인 왕국은 유럽 전체를 호령하는 위치로 올라서게 되었다.

아타왈파의 후예들

안데스 산기슭에 살고 있는 원주민들의 어려운 삶에서 옛 잉카제국이 누리던 영화의 흔적을 찾기 힘들다. (사진 제공 : Lisa Garrigues)

그러나 스페인 왕국의 번영은 잠시에 그치고 말았다. 정복 전쟁을 수행하기 위해 귀금속을 대량으로 사용한 결과 전대미문의 인플레이션이 발생했고, 그 결과 경제가 극도로 혼란해졌기 때문이다. 당시에는 귀금속이 바로 화폐의 역할을 했기 때문에 귀금속 유통량의 증가는 곧바로 물가상승으로 이어지게 되었다. 신대륙에서 흘러들어온 엄청난 양의 귀금속은 축복이 아니라 재앙이었던 것으로 드러났다.

스페인에서 시작된 인플레이션은 유럽 전역으로 퍼져나갔다. 1540년부터 1640년까지의 백 년 동안 ‘가격 혁명’(price revolution)이라고 불리는 인플레이션의 파도가 유럽 전체를 휩쓸었다. 그전 몇백 년 동안 가격이 거의 오르지 않았던 식료품의 가격이 몇 배로 뛰어오르는 이변이 연출되었다.

영국의 경우 그 기간 동안 생계비가 7배나 더 높은 수준으로 뛰어오른 것을 볼 수 있다. 백 년 동안 그 정도로 뛰어올랐다는 것은 연평균 2%의 비율로 물가가 상승했다는 것을 뜻한다. 오늘날의 관점에서 보면 별게 아닌 것처럼 보일지 몰라도 당시의 기준으로 보면 엄청나게 높은 물가 상승률이었다.

귀금속의 대량 유입으로 인해 스페인이 겪은 어려움은 인플레이션뿐만이 아니었다. 아랍 여러 나라들, 나이지리아, 러시아 같은 현대의 자원 부국들이 겪는 어려움, 즉 ‘자원의 저주’(resource curse)가 당시의 스페인에 그대로 나타났다. 자원의 저주란 풍부한 자원에 안주해 경제의 생산성을 높이려는 노력을 게을리하는 현상을 뜻한다.

찬란한 문명을 자랑하던 잉카와 마야제국은 스페인 정복군에 의해 허무하게 무너져 내렸다. 그런데 스페인 사람들이 약탈해 간 금과 은이 스페인 왕국의 몰락을 가져왔다는 것은 역사의 아이러니가 아닐 수 없다. 약속대로 엄청난 양의 금을 넘겨주고도 억울하게 처형된 아타왈파의 통쾌한 복수가 이루어진 셈인지도 모른다.

자료 : N. Ferguson, *The Ascent of Money : A Financial History of the World*, The Penguin Press, 2008

사용될 수 있는 것은 정부가 이것의 가치를 보증하고 있기 때문이다. 오늘날 우리가 사용하는 화폐는 정부가 법적으로 그 가치를 보증한다는 뜻에서 **법화**(legal tender)라고 부른다. 결국 법화는 모든 사람들이 가치가 있다고 믿기로 약속했기 때문에 가치를 가진다고 볼 수 있는데, 그렇다면 이것은 사회적 약속의 산물인 것이다.

법화
정부가 법적으로 그 가치를 보증하기 때문에 화폐로 사용될 수 있는 것

근래에 오면서 금융제도가 점차 발전함에 따라 법화뿐 아니라 수표도 교환의 매개물로 널리 사용되기 시작했다. 그 뒤를 이어 신용카드가 등장해 법화나 수표를 대신하는 편리한 지불수단으로 자리 잡아 가고 있다. 최근에는 전자화폐, 가상화폐, 암호화폐 등 다양한 형태의 지불수단이 등장해 실제로 거래에 사용되고 있다.

통화량의 측정 18.2

화폐의 기능을 하는 것이 점차 다양해짐에 따라 이제는 어떤 것까지 화폐의 범주 안에 포함시켜야 할지 망설여야 할 정도가 되었다. 범위를 극단적으로 좁혀 주화와 지폐만을 화폐라고 정의할 수도 있는 한편, 이보다 범위를 넓혀 각종 예금까지 포함한 것으로 화폐를 정의할 수도 있다. 어떤 것까지 화폐의 범주 안에 포함시켜야 하는지는 화폐의 양, 즉 통화량 조절을 주요한 수단으로 삼는 통화정책의 측면에서도 매우 큰 중요성을 갖는다.

주요 통화지표

통화지표(measures of money)란 한 경제에 유통되는 화폐의 양을 나타내는 지표인데, 무엇까지 화폐의 범주 안에 포함시키는지에 따라 여러 가지 통화지표가 나올 수 있다. 그렇다면 현실에서 사용되고 있는 통화지표에는 어떤 것들이 있을까? 나라마다 조금씩 다른 통화지표들을 사용하고 있기 때문에 우리나라의 경우를 예로 들어 설명해 보기로 하겠다.

〈표 18-1〉은 현재 한국은행이 작성하고 있는 통화지표의 구체적 내용을 보여주고 있다. 이 표를 보면 어떤 것까지 화폐로 포함되었느냐에 따라 현금통화, 협의의 통화(M1), 광의의 통화(M2), 그리고 금융기관유동성(Lf) 같은 여러 가지 통화지표가 만들어진다는 것을 알 수 있다 그런데 이와 같은 통화지표의 구분은 절대적인 것이 아니고, 상황에 따라 변화될 수 있다.

이 표를 자세히 살펴보면 얼마나 큰 **유동성**(liquidity)을 가진 금융자산을 화폐의 범주 안에 포함시키느냐에 따라 각기 다른 통화지표가 만들어진다는 것을 알 수 있다. 일반적으로 자산의 유동성이란 그것을 얼마나 쉽고 빠르게 현금으로 전환할 수 있느냐는 정도를 뜻한다. 가장 유동성이 큰 자산은 물론 현금이고, 당좌예금 같은 요구불

표 18-1
우리나라의 통화지표
(2020년 12월 기준)

구 분	구성내역	총량(조원)	GDP 대비(%)
현금통화	민간이 보유하는 지폐 및 주화	147.6	7.7
M1 (협의의 통화)	현금통화+요구불예금+수시입출식 저축성예금	1,197.8	62.2
M2 (광의의 통화)	M1+정기예적금 및 부금*+시장형 상품 +실적배당형 상품*+금융채* 및 기타	3,199.80	166.3
Lf (금융기관유동성)	M2+만기 2년 이상 정기예적금 및 금융채 +한국증권금융의 예수금+생명보험회사의 보험 계약준비금 및 기타	4,477.50	232.7
L (광의유동성)	Lf+정부 및 기업 등이 발행한 유동성 시장금융상품 (국채, 지방채, 기업어음, 회사채 등)	5,678.70	295.1

자료 : 한국은행, 「경제통계시스템」, 2021
* 만기 2년 이상은 제외

예금이 그 뒤를 따른다. 정기예금 같은 저축성예금의 경우에도 약간의 비용만 지불하면 현금화하는 데 큰 어려움이 없으므로 상당한 유동성을 갖는다고 볼 수 있다.[5] 반면에 채권이나 주식을 급히 현금화하기는 힘들기 때문에 이런 자산의 경우에는 유동성이 상대적으로 떨어진다고 말할 수 있다.

현금통화
민간이 보유하고 있는 지폐와 주화의 합

이 표의 맨 윗줄에 있는 **현금통화**라는 통화지표는 민간이 보유하고 있는 지폐와 주화를 뜻한다. 이 현금통화는 유동성이 가장 큰 현금만을 화폐의 범주에 넣는 통화지표라는 특징을 갖는다. 그다음으로 유동성이 큰 금융자산을 순차적으로 화폐의 범주에 포함시킴으로써 그 아래에 나오는 M1, M2, Lf, L과 같은 여러 가지 통화지표를 만들고 있다.

협의의 통화라고 불리는 M1은 앞에서 설명한 현금통화에 당좌예금, 보통예금 같은 은행의 각종 요구불예금, 은행의 MMDA(money market demand account)나 투자신탁회사의 MMF(money market fund) 같은 수시입출식 저축성 예금을 더해 만들어진다.[6] 이와 같은 형태의 예금은 즉각 현금화할 수 있는 것이 보통이므로 실질적으로는 현금과 거의 같다고 말할 수 있다. 이 점에 착안해 현금통화에 이들을 추가해 화폐로 정의하는 것이 바로 M1이란 통화지표다.

M2는 **광의의 통화**라고 불리는데, M1에 정기예금이나 정기적금 같은 은행의 각종 저축성예금, 양도성 예금증서(CD)나 환매채(RP) 같은 시장형 금융상품, 그리고 수익

5) 요구불예금의 경우 현금화를 위해서는 은행에 가는 수고를 들여야 하고, 저축성예금의 경우는 은행에 가는 비용뿐 아니라 이자의 손실까지 감수해야 한다.

6) MMDA와 MMF는 저축성예금의 성격을 갖고 있지만, 수시로 입출금이 가능하다는 점에서 M1에 포함시키고 있다.

증권과 금전신탁 같은 실적배당형 금융상품 등을 더한 것을 뜻한다. M1에 포함되는 예금상품에 비해 이들의 유동성이 떨어지는 것은 사실이지만, 약간의 이자소득만 포기하면 언제든지 현금화가 가능하다는 특징이 있다. 바로 이 점에 착안해 저축성예금도 화폐의 일종으로 포함시켜 만든 통화지표가 바로 M2다.

금융기관유동성이란 이름을 가진 Lf는 M2에 상업어음매출, 표지어음매출 등과 같이 유동성이 상대적으로 크게 떨어지는 금융자산을 추가해 만든 통화지표다. 과거에는 M3(총유동성)라고 불리기도 하였으나 M1이나 M2에 비해 유동성이 크게 떨어지는 점을 강조하기 위해 화폐(money)를 상징하는 영문자 'M'을 사용하지 않고 유동성(liquidity)을 뜻하는 영문자 'L'을 사용하여 'Lf'라고 부르고 있다.

우리가 일상생활에서 필요한 돈을 마련하기 위해서 보험을 해약하고 계약금을 돌려받아 사용하는 경우는 극히 드물다. 마찬가지로 만기가 2년 이상인 장기 금융상품에 투자한 돈을 당장의 필요에 충당하기 위해 사용하는 일 역시 거의 없을 것이다. 이처럼 Lf에 속하는 금융자산들은 어느 정도의 유동성을 가지고는 있지만 화폐라고 불릴 만큼 충분한 유동성을 갖지는 못한다. 이 사실을 반영하기 위해 M3 대신 Lf라는 이름을 붙인 것이다.

끝으로 **광의유동성**(L)이란 바로 앞에서 본 금융기관유동성에 정부, 지방자치단체, 기업 등과 같은 비금융기관이 발행한 금융상품을 추가해 만든 통화지표다. 유동성을 갖고 있기는 하나 아주 작아 M1, M2, Lf에 포함될 정도는 아닌 모든 종류의 금융자산들을 아우르는 가장 포괄적인 통화지표라고 말할 수 있다.

통화지표 선택의 기준

우리나라의 경우 1979년까지는 주로 M1을 목표치에 접근시키려 하는 방식으로 통화를 관리해 왔다. M1은 중앙은행, 즉 한국은행이 통제하기 쉬울 뿐 아니라 실물경제와 밀접한 관계를 갖는다고 생각했기 때문이다. 그러나 경제 규모가 커지고 다양한 금융기관이 출현하면서, M1이 실물경제의 동향을 제대로 반영하지 못한다는 생각이 고개를 들기 시작했다. 이에 따라 1979년부터는 M1 대신 M2를 통화 관리의 중심지표로 사용하기 시작했다.

최근에는 금융자유화, 자본자유화의 진전으로 인해 금융자산이 무척 다양해지고 있을 뿐 아니라 금융시장 구조가 급격히 변화해 가는 추세를 보이고 있다. 이런 환경에서는 M2도 더 이상 적절한 통화지표가 될 수 없어 한층 더 포괄적인 통화지표를 사용해야 할 필요성을 느끼게 되었다. 2006년의 통화지표 체제 개편을 통해 유동성을 갖고 있는 대부분의 금융자산을 포괄하는 Lf(금융기관유동성)를 도입한 배경에는 바로 이와 같은 요구에 부응하려는 의도가 깔려 있었다.

그렇다면 지금까지 살펴본 여러 통화지표 중 어떤 것을 선택해 이를 통화 관리의

비트코인

2009년 사토시 나카모토(Satoshi Nakamoto)라는 가명을 쓰는 프로그래머 혹은 프로그래머의 집단이 '비트코인'(bitcoin)이라는 이름의 가상화폐를 처음 세상에 내놓았다. 그 이전에 가상화폐가 존재하지 않았던 것은 아니지만, 비트코인은 다른 가상화폐에서 찾아볼 수 없는 독특한 성격을 갖고 있다. 그 독특한 성격 때문에 많은 사람의 주목을 받게 되고, 이와 동시에 실용화의 급물살을 타게 되었다.

비트코인은 수학을 기반으로 운영되는 화폐 시스템이라는 점에서 독특한 성격을 갖는다. 비트코인을 통한 거래가 발생했을 때 그 거래 내용이 자동적으로 암호화되는데, 이를 풀어내는 과정에서 복잡한 수학적 기법이 사용된다. 이 문제를 풀려면 수많은 계산과 검토과정을 거쳐야 하는데, 이에 성공한 사람에게 상금으로 일정액의 비트코인이 지급된다. 이런 과정을 거쳐 비트코인을 얻는 것이 마치 광석을 캐내는 과정과 비슷하다 하여 이 행위를 '채굴'(mining)이라고 부른다.

시중에 유통되는 비트코인의 양은 이렇게 상금으로 지급된 비트코인의 총합과 같다. 매 10분마다 일정한 금액의 비트코인이 상금으로 지급되기 때문에 시중에 유통되는 비트코인의 양 그 자체가 사전에 수학적으로 설계되어 있는 셈이다.[7] 중앙은행이 경제상황을 보아가며 화폐 발행량을 조절하는 일반적인 화폐 시스템과는 아주 다른 방식으로 운영되고 있는 것이다.

비트코인은 P2P(peer-to-peer)방식으로 운영되는 시스템이기 때문에 은행 같은 중개기관이 거래에 개입하지 않는다. 그렇기 때문에 비트코인을 사용하는 거래를 통해 비용을 절감할 수 있는 이점이 있다. 예를 들어 신용카드를 사용하는 거래의 경우에는 상인이 카드회사에게 2~3%에 이르는 서비스요금을 지불해야 한다. 그러나 비트코인을 사용한 거래에 대해 지불되는 서비스요금은 0~2%의 범위에 있어 상대적으로 저렴한 편이다.

비트코인의 경우에는 익명성이 보장되며 거래 내용을 감시하는 감독기관도 존재하지 않는 특성이 있다. 어떤 사람에게는 이런 특성이 아주 큰 매력이 될 수 있다. 특히 마약, 도박, 돈 세탁 같은 불법적인 행위를 하는 사람에게는 안성맞춤 격인 수단으로 활용될 수 있다. 2016년 국내 한 인터넷몰의 개인정보가 대량으로 유출되었을 때 그 일을 저지른 해커들이 돈이 아닌 비트코인을 요구했던 것이 그 좋은 예다.

일반 사람들이 채굴 행위를 통해 비트코인을 손에 넣을 확률은 지극히 작다. 웬만한 슈퍼컴퓨터가 아니면 문제 풀이에 소요되는 엄청난 계산을 감당해낼 수 없기 때문이다. 따라서 거의 모든 사람들이 거래소에서 돈을 주고 비트코인을 사는 방법으로 그것을 손에 넣고 있다. 그런데 비트코인의 가격은 매우 큰 폭으로 널뛰기를 하는 특성을 보여 왔다. 비트코인이 처음 등장했을 때의 가격은 코인당 1달러 정도에 불과했는데 여러 차례의 급등락을 거듭해 2022년 1월 25일 현재 가격은 36,000달러 수준이다.

일본에서는 비트코인을 사용할 수 있는 가게의 숫자가 급속하게 늘어 2016년 10월에는 2,500개에 이르렀다고 한다. 일본 정부는 비트코인을 화폐로 인정해 2017년부터는 이를 구입할 때 내야 했던 8%의 세금을 내지 않아도 좋게 만들었다. 전기차 업체 테슬라(Tesla)의 창업자 일론 머스크(Elon Misk)는 자신들의 전기차를 비트코인으로 구입할 수 있게 하겠다는 계획을 발표하기도 하였다.

비트코인 가격의 큰 변동성을 볼 때 비트코인이 안정적 결제수단이 될 것이라 보는 사람은 많지 않다. 하지만 지난 몇 년간 유례없는 가격상승으로 인해 인기 있는 투자 또는 투기대상으로 자리 잡은 것은 부정할 수 없는 사실이다. 비트코인의 큰 가격변동성을 고려할 때 투자자 보호를 위해 이를 어느 정도 규제해야 하는지가 각국 정부의 고민거리가 되었다.

7) 상금으로 지급되는 비트코인의 금액은 점차 줄어들도록 설계되어 있어 2140년에 이르면 0으로 줄어드는데, 이 시점에서의 비트코인 총 발행량은 2천 1백만 단위가 된다. 이는 비트코인을 만든 사람이 이것의 출범 당시 이미 일정한 성격의 통화정책을 수립했다는 뜻이 된다.

중심지표로 사용해야 할까? 이 점과 관련해 우리는 다음과 같은 두 가지 선택기준을 생각해 볼 수 있다. 하나는 통화지표와 실물경제 사이에 존재하는 **관계의 밀접성**(closeness)이다. 다시 말해 실물경제와 밀접한 관련을 갖는 통화지표일수록 더욱 바람직하다는 관점에서 선택이 이루어져야 한다는 뜻이다. 통화정책의 목적은 경제에 유통되는 화폐의 양을 조절함으로써 실물경제를 바람직한 방향으로 이끌어 가는 데 있다. 따라서 실물경제와 밀접한 관련이 있는 통화지표에 기초해 통화정책을 수행해야 더 큰 정책효과를 얻을 수 있다.

다른 하나의 선택기준으로는 통화지표의 **통제가능성**(controllability)을 들 수 있다. 화폐가 실물경제와 밀접한 관계를 갖더라도 통화당국이 이를 통제할 수 없다면 정책수단으로서의 역할을 제대로 수행할 수 없다. 예를 들어 요구불예금뿐 아니라 각종 장단기 저축성예금 등을 모두 포함하는 통화지표는 통제가능성이란 측면에서 문제를 가질 수 있다. 이런 예금들은 그것을 갖고 있는 사람들의 개인적인 성향에 강하게 영향을 받기 때문에 정책당국이 원하는 방향으로 통제하기 어렵기 때문이다. 반면에 지폐와 주화만으로 한정하는 경우에는 정부가 쉽게 그 양을 조절할 수 있으므로 통제가능성의 측면에서 좋은 평가를 받을 수 있다.

이상의 예에서 볼 수 있듯, 현실에서 실물부문과의 관련성과 통제가능성이란 두 기준은 일종의 상충관계(trade-off)를 갖는다. 화폐의 범위를 넓게 잡으면 실물부문과의 관련성이 더 커지는 반면 통제가능성은 더욱 작아진다. 그렇지만 화폐의 범위를 좁게 잡으면 통제가능성이 더 커지지만 실물부문과의 관련성이 떨어지는 문제가 생긴다. 결국 두 가지 기준 모두에서 높은 점수를 받을 수 있는 통화지표는 없다는 말이 된다. 따라서 각 나라의 통화당국은 일단 다양한 통화지표를 만든 다음, 필요에 따라 적절하다고 생각하는 몇 가지를 골라 정책의 기초 자료로 사용하는 방법을 쓰고 있다.

18.3 화폐의 수요와 공급

우리가 화폐시장에 관심을 갖는 이유는, 바로 여기에서 우리가 아주 중요하다고 생각하는 거시경제변수인 **이자율**(interest rate)이 결정되기 때문이다. 이자율은 화폐의 수요와 공급의 상호작용에 의해 결정되는데, 그 결정과정을 논의하기 위해서는 우선 화폐의 수요와 공급이 어떻게 결정되는지 알아야 한다. 여기에서 말하는 화폐는 협의의 화폐, 즉 M1을 뜻하는데, 분석의 편의를 위해 이것에는 전혀 이자가 붙지 않는다고 가정할 것이다.[8)]

8) 물론 M1에 포함된 요구불예금이나 수시입출금식 저축성예금에 약간의 이자가 지급되는 것은 사실이지만, 다른 수익성 금융자산에 비해 미미한 수준이므로 이 가정은 크게 비현실적이지 않다.

화폐에 대한 수요

일반적으로 사람들은 현금, 주식, 채권, 부동산, 예금 등 여러 형태의 자산을 섞어서 보유하는 경향이 있다. 그렇다면 사람들이 구태여 아무 수익도 없는 현금, 즉 화폐를 갖고 있으려는 이유는 무엇인가? 화폐를 갖고 있음으로써 어떤 이득 혹은 편리함이 있기 때문일 텐데, 사람들이 화폐를 가지려 하는 구체적인 동기를 다음과 같이 정리해 볼 수 있다.

거래적 동기

일상생활의 거래에 사용하기 위해 화폐를 보유하려는 동기

(1) 거래적 동기

우리는 일상생활에서 이런저런 물건들을 구입하게 되는데, 이를 위해서는 어느 정도의 화폐를 수중에 갖고 있어야 한다. 현금은 전혀 없고 오직 2억원어치의 주식만 갖고 있는 사람이라면 아무리 배가 고파도 국수 한 그릇조차 사먹을 수 없는 불편을 겪어야 한다. 얼마간의 현금을 갖고 있어야 지하철을 타고, 점심을 사먹고, 책을 사 보는 등의 일상생활을 영위하는 데 불편을 겪지 않을 수 있다.

이와 같은 이유로 화폐를 보유하려는 것을 **거래적 동기**(transactions motive)에 의한 화폐수요라고 부른다. 어떤 사람의 소득이 클수록 씀씀이가 그만큼 커질 것이므로 거래적 동기에 의한 화폐수요도 따라서 커지게 된다. 한 달 소득이 불과 백만원밖에 되지 않는 일용직 근로자의 수중에는 단돈 몇천원도 없는 경우가 많을 것이다. 그렇지만 한 달에 3천만원을 버는 변호사라면 늘 몇십만원 정도의 현금을 주머니에 넣어 가지고 다닐 것이 분명하다.

또한 물가수준이 높아질수록 거래적 동기에 의한 화폐수요가 더 커질 것으로 예상할 수 있다. 버스요금이 오르고 짜장면 값이 오르면 사람들은 주머니에 더 많은 돈을 넣어 가지고 다녀야만 한다. 만약 모든 물건의 값이 두 배로 오른다면 평소 주머니에 넣고 다니던 돈도 두 배로 늘어나야 일상생활에서 불편을 겪지 않을 수 있다. 그렇기 때문에 물가수준이 높아지면 자연히 거래적 동기에 의한 화폐수요가 커지기 마련이다.

멧시스(Q. Metsys)의 「화폐교환사와 부인」(1514)

사람들이 화폐를 갖고 있으려는 이유는 과연 무엇일까?

(2) 예비적 동기

예기치 않게 돈을 써야 할 필요가 생기는 경우에 대비해 화폐를 수중에 갖고 있는 경우도 있다. 같은 학과 여학생에게 몇 달 동안이나 데이트를 신청해 왔는데 아무 응답이 없어 실망에 빠져 있는 한 남학생이 있다고 하자. 어느 날 그 여학생이 뜻하지 않게 데이트 신청을 받아줄 의사를 보였는데, 그날따라 주머니가 텅텅 비어 있다면 얼마나 큰 낭패일 것인가? 우리가 살다 보면 이처럼 뜻하지 않게 돈을 필요로

하는 일이 생기게 마련이다. 이런 일에 대비하려는 목적에서 화폐를 보유하려고 하는 것을 가리켜 **예비적 동기**(precautionary motive)에 의한 화폐수요라고 부른다.

예비적 동기
예기치 않게 일어날 일에 대비하려는 목적으로 화폐를 보유하려는 동기

(3) 투기적 동기

수익성이나 안정성의 측면에서 화폐가 다른 자산보다 더 낫다는 생각에서 화폐를 보유하는 경우도 있다. 예를 들어 모든 사람이 앞으로 채권이나 주식의 수익률이 엄청나게 떨어질 것으로 예상하고 있다 하자. 이 상황에서 그런 금융자산을 샀다가는 큰 손해를 볼 것이 뻔하므로 아예 현금으로 갖고 있으면서 때를 기다리는 편이 낫다.

이와 같이 자산의 보유형태로서 상대적으로 유리하다는 관점에서 화폐를 수요하는 것을 가리켜 **투기적 동기**(speculative motive)에 의한 화폐수요라고 부른다. 화폐가 아닌 다른 금융자산들의 수익률은 이자율과 밀접한 관련을 갖고 있으므로 투기적 동기에 의한 화폐수요는 이자율의 변화에 민감한 반응을 보이게 된다.

투기적 동기
자산의 보유형태로서 화폐가 상대적으로 유리하다는 관점에서 화폐를 보유하려는 동기

화폐수요곡선

지금까지의 논의를 종합해 보면, 화폐에 대한 수요가 다음과 같은 여러 요인들에 의해 결정된다는 것을 알 수 있다. 즉 어느 한 경제에서 관찰할 수 있는 화폐 수요량은 물가수준, 물가상승률, 이자율, 국민소득 등의 여러 변수에 의해 결정되는 것이다. 화폐 수요량이 각 결정요인과 어떤 관계를 갖는지 다시 한번 정리해 보기로 하자.

우선 물가는 이것의 수준과 상승률이 화폐 수요량에 상반된 방향으로 영향을 준다. 즉 물가수준 그 자체가 높을수록 화폐 수요량이 더 커지는 반면, 물가상승률의 경우에는 이것이 클수록 화폐 수요량이 더 작아지는 것이다. 물가수준이 높아지면 거래적 동기에 의한 수요가 그만큼 더 커져 화폐 수요량이 늘어난다. 그렇지만 물가가 빨리 오르는 상황에서는 화폐가 상대적으로 더 나쁜 가치저장의 수단이 되기 때문에, 물가상승률이 커지면 화폐 수요량이 줄어들게 된다.

한편 이자율이 올라가면 투기적 동기에 의한 화폐수요가 줄어드는 결과가 나타난다. 다른 금융자산과 달리 현금에는 이자가 붙지 않기 때문에 이자율이 올라간다는 것은 현금 보유의 기회비용이 더 커진다는 것을 뜻한다. 따라서 이자율이 높을수록 화폐가 상대적으로 더 나쁜 가치저장의 수단이 되고, 이에 따라 투기적 동기에 의한 수요가 줄어드는 것이다. 마지막으로 국민소득의 증가는 거래적 동기에 의한 수요를 늘려 화폐 수요량이 더욱 커지는 결과를 가져오게 된다.

화폐에 대한 수요에 영향을 미치는 여러 요인들 중 가장 큰 관심의 대상이 되는 것은 이자율(r)이다. 이자율과 화폐 수요량(M^d) 사이의 관계에 관심의 초점을 맞추기 위해, 이자율을 제외한 다른 모든 변수들은 현재 상태에서 변화하지 않는다고 가정하기로 하자. 이와 같은 가정하에서 이자율과 화폐 수요량 사이의 관계를 그림으로 나타

그림 18-1
화폐수요곡선

그림 (i)에는 화폐수요곡선이 우하향하는 모양을 갖는 것으로 그려져 있는데, 이자율과 화폐 수요량 사이에 역(−)의 관계가 있음을 뜻한다. 화폐수요곡선을 그릴 때 이자율을 제외한 다른 화폐수요의 결정요인은 불변으로 가정하는데, 이것 중 어느 것에 변화가 생기면 그림 (ii)에서 보는 것처럼 화폐수요곡선이 이동하게 된다.

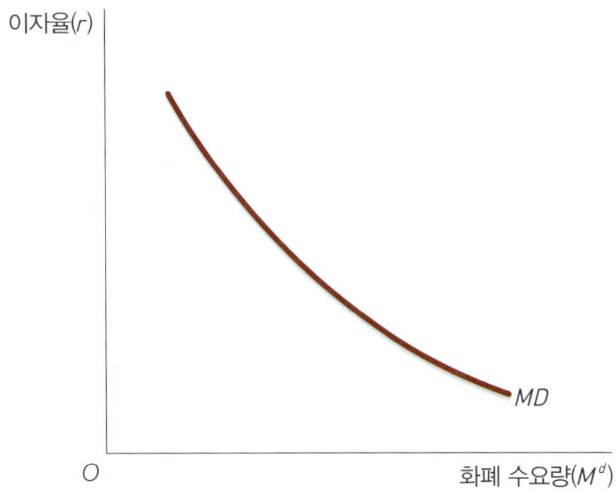

(i) 화폐수요곡선

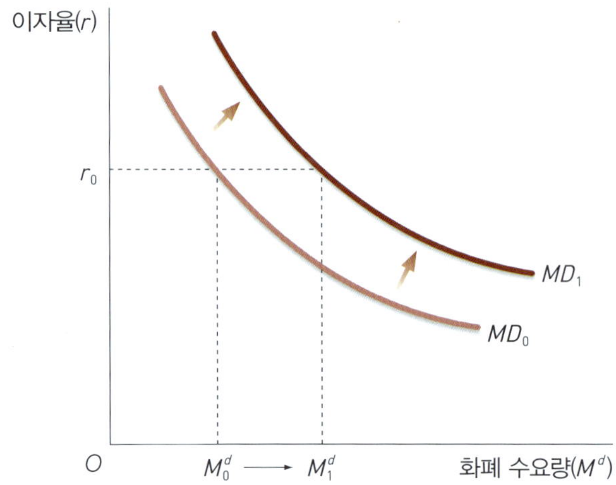

(ii) 화폐수요곡선의 이동

화폐수요곡선
화폐수요에 영향을 주는 다른 요인들은 불변임을 가정하고 이자율과 화폐 수요량 사이의 관계를 그림으로 나타낸 것

낸 것이 바로 **화폐수요곡선**(money demand curve; *MD*)인데, [그림 18-1]의 (i)에서 보는 것처럼 우하향하는 모양을 갖고 있다. 앞에서 설명한 것처럼 이자율과 화폐 수요량 사이에 역(−)의 관계가 있기 때문에 화폐수요곡선이 이런 모양을 갖는 것이다.

한편 불변이라고 가정한 다른 요인에 변화가 생기면 화폐수요곡선 그 자체가 이동하는 결과가 나타난다. 예를 들어 국민소득 수준이 Y_0에서 Y_1으로 상승하면 거래적 동기에 의한 화폐수요가 늘어날 것이므로, [그림 18-1]의 (ii)에서 보는 것처럼 MD_0였던 화폐수요곡선은 오른쪽으로 이동해 MD_1이 된다. 그림을 보면 이자율이 r_0일 때 종전에는 M_0^d만큼의 화폐를 수요했으나, 국민소득이 상승한 후에는 수요량이 M_1^d으로 증가한 것을 알 수 있다.

화폐공급곡선

화폐의 공급이 중앙은행에 의해 독점적으로 결정된다고 생각하는 사람이 많다. 그러나 화폐의 범위를 M1으로 좁게 정의하더라도 그 안에는 요구불예금처럼 중앙은행이 마음대로 그 크기를 조절할 수 없는 부분이 포함되어 있음을 잊어서는 안 된다. 설사 중앙은행이 현금통화의 공급을 늘린다 해도 이를 현금으로 보유할 것인가 아니면 요구불예금으로 은행에 예금할 것인가는 결국 개인의 결정에 달려있다. 또한 은행이 얼마나 적극적으로 개인이나 기업에 대출을 해주려 하느냐에 따라 시중에 유통되는 자금의 양이 달라진다.

그림 18-2
화폐공급곡선

그림 (i)에서 화폐공급곡선이 수직선의 모양을 갖는 것은 화폐 공급량이 이자율과 관계없이 정부의 정책에 의해 결정된다는 가정을 반영한다. 중앙은행이 화폐 공급량을 늘리면 그림 (ii)에서 보는 것처럼 화폐공급곡선이 오른쪽으로 이동하게 된다.

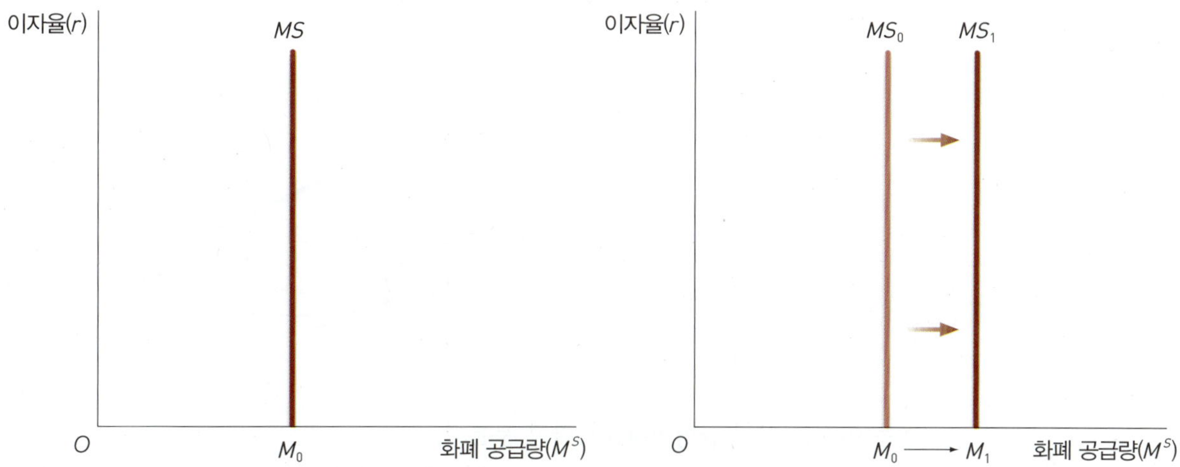

(i) 화폐공급곡선 (ii) 화폐공급곡선의 이동

결론적으로 말해 중앙은행뿐 아니라 개인과 일반 금융기관도 화폐의 공급에 영향을 줄 수 있다. 그러나 한 가지 분명한 것은 중앙은행이 화폐의 공급에 매우 중요한 영향을 미칠 수 있다는 사실이다. 이 장에서는 분석의 편의를 위해 중앙은행이 다양한 정책을 통해 화폐 공급량을 완벽하게 조절할 수 있다고 가정하기로 한다. 중앙은행이 어떤 방법을 통해 화폐 공급량을 조절할 수 있는지에 대해서는 제20장에서 자세히 설명하기로 하겠다.

중앙은행이 화폐 공급량을 M_0로 결정했다면 **화폐공급곡선**(money supply curve; *MS*)은 [그림 18-2]의 (i)에서 보는 것처럼 수평축상의 M_0 위로 그린 수직선이 된다. 화폐공급곡선이 수직선의 모양을 갖는 것은 화폐 공급량이 이자율과 관계없이 중앙은행의 정책에 의해 결정된다는 가정을 반영하고 있다. 만일 중앙은행의 화폐 공급량이 M_0에서 M_1으로 증가한다면 MS_0였던 화폐공급곡선은 그림 (ii)에서 보는 것처럼 오른쪽으로 이동해 MS_1이 된다. 이와 반대로 중앙은행이 화폐 공급량을 줄인다면 화폐공급곡선은 왼쪽으로 이동하게 될 것이다.

화폐시장의 균형

화폐의 수요곡선과 공급곡선을 모두 도출했으므로 이제 화폐시장에서 어떻게 균형이 이루어지는지 살펴볼 차례가 되었다. [그림 18-3]을 보면 수요곡선과 공급곡선이 교차하는 *F*점에서 화폐시장의 균형이 이루어지는 것을 알 수 있는데, 이 점이 의미하

그림 18-3

화폐시장의 균형

수요곡선과 공급곡선이 교차하는 F점에서 화폐시장이 균형을 이루어 r^*가 균형이자율이 된다. 이것과 다른 이자율 수준에서는 화폐의 초과공급이나 초과수요가 발생하게 된다.

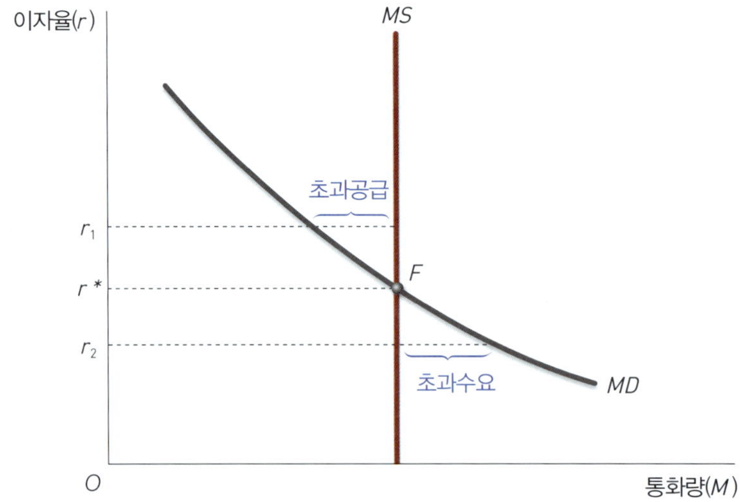

는 이자율 r^*를 **균형이자율**이라고 부른다.

만약 이자율이 이보다 더 높아 r_1의 수준에 있다면 화폐의 초과공급이 생겨 화폐시장은 균형을 이루지 못한다. 화폐의 초과공급이 존재한다는 것은 사람들이 원하는 양보다 더 많은 양의 화폐가 공급되고 있음을 뜻한다. 따라서 사람들은 원치 않는 화폐를 채권 같은 다른 자산으로 바꾸려는 움직임을 보일 것이라고 예상할 수 있다. 이렇게 사람들이 채권을 사려고 하는 태도를 보이면 채권 가격은 자연히 올라가게 된다.[9]

화폐의 초과공급이 채권에 대한 수요의 증가로 이어져 이것의 가격이 상승하는 결과가 빚어진 것이다. 그런데 이와 같은 채권 가격의 상승은 이자율의 하락으로 곧장 이어지게 된다. 채권 가격과 이자율 사이에 역(−)의 관계, 즉 채권 가격이 올라가면 이자율이 떨어지는 관계가 성립하고 있기 때문이다. 그렇다면 이 둘 사이에는 왜 그런 관계가 성립하고 있을까? 구체적인 예를 통해 이 점에 대해 자세히 살펴보기로 하자.

지금 우리가 말하고 있는 이자율이라는 것이 사실은 채권의 수익률을 뜻하고 있다는 점을 우선 알아 두어야 한다. 다른 것으로 이자율을 대표할 수도 있지만, 채권 수익률로 이자율을 대표하는 것이 일반적인 관행이다. 그런데 모든 채권에는 연간 몇 퍼센트의 이자를 지급하고 몇 년 후에 갚겠다는 약속이 명기되어 있다. 이 약속된 이자율을 표면이자율(coupon rate)이라고 부르는데, 예를 들어 액면이 1억원인 채권의 표면이자율이 5%라면 매년 5백만원의 이자가 지급될 것임을 뜻한다. 사람들은 그 채권을 구입하면 바로 이 이자 수입을 얻게 될 것이라는 사실을 알고 그것의 구입 여부를 결정한다.

그러나 채권의 표면이자율이 그 채권을 갖고 있는 사람이 얻는 (실제의) 수익률과

9) 채권이 모든 금융자산을 대표한다는 가정하에서 논의를 전개하려고 한다. 정기예금에 가입한 경우도 은행이 발행한 채권을 구입한 것으로 생각할 수 있으므로 이 가정은 별 문제를 일으키지 않는다.

돈의 의미[10)]

판 헤메센(J. S. van Hemessen)의 「예수께서 마태에게 세무서를 떠나라고 이르다」(1536)

우리 인생에서 돈은 어떤 의미를 갖는가?

우리 인생에서 돈은 과연 어떤 의미를 갖고 있을까? 사람마다 생각이 다를 텐데, 다음에 대표적인 몇 사람의 견해를 인용해 보기로 하자.

교회 : 돈에 대한 사랑은 모든 악의 근원이다.
베이컨(F. Bacon) : 돈이란 널리 뿌려야만 쓸모가 있는 거름과 같은 것이다.
밀튼(J. Milton) : 부는 지옥에서 커나간다.
프루동(P-J. Proudhon) : 재산은 도둑질의 결과다.
톨스토이(L. Tolstoy) : 돈은 새로운 형태의 노예제도다.
간디(M. Gandhi) : 정직하면 많은 재산을 모을 수 없다.

모두가 부정적인 평가 일색인데, 현대인의 시각에서 보면 고리타분하기 짝이 없는 말일지도 모른다. 그러나 이 사람들의 말을 액면 그대로 받아들일 필요는 없다고 생각한다. 아무리 과격한 표현을 쓰고 있다 하더라도, 정직하게 번 돈까지 비판의 대상으로 삼을 리 없기 때문이다.

자료 : *The Economist*지, 1999년 12월 31일 자

같은 것은 아니다. 예컨대 어떤 채권의 액면이 1억원이라 해도 실제로 시장에서 거래되는 가격은 이와 다른 것이 보통이다. 그 채권을 갖고 있는 사람이 얻는 수익률은 표면이자 5백만원을 채권의 구입 가격으로 나눈 값과 같기 때문에 이것이 표면이자율과 똑같을 가능성은 거의 없다. 만약 그 채권의 구입 가격이 8천만원이라면 그것을 갖고 있는 사람이 얻는 (연간) 수익률은 6.25%가 된다.

지금 예로 들고 있는 채권의 가격이 8천만원에서 9천만원으로 오른다면 그것의 수익률에는 어떤 변화가 오게 될까? 그렇다면 9천만원을 내고 그 채권을 사서 매년 5백만원의 이자를 지급받는 사람이 얻는 수익률은 5.56%로 떨어지게 된다. 이 예에서 보듯이 채권 가격이 올라가면 그것에서 나오는 수익률이 떨어지고, 채권 가격이 내려가면 수익률이 올라가는 결과가 빚어진다. 그런데 이 채권 수익률이 바로 이자율을 뜻하므로, 채권 가격과 이자율 사이에는 역의 관계가 성립한다고 말할 수 있다.

지금까지의 논의를 종합해 다음과 같이 정리할 수 있다. 이자율이 균형이자율보

10) 엄밀히 말해 여기서의 돈은 실제로 소득 혹은 재산을 뜻하는 말이다. 따라서 화폐라는 의미에서의 돈과는 다른 개념이다.

생각해 봅시다

지금 설명하고 있는 것처럼 화폐의 수요와 공급에 의해 이자율이 결정된다면, 수요곡선이나 공급곡선이 이동할 때 이자율에 변화가 생길 것이다. 앞에서 국민소득이 커지면 거래적 동기에 의한 화폐수요가 증가해 화폐수요곡선은 오른쪽으로 이동한다고 설명한 바 있다. 이렇게 화폐수요곡선이 오른쪽으로 이동하면 이자율은 종전보다 더 높은 수준으로 올라간다. 다시 말해 다른 조건에 변화가 없다면, 국민소득의 증가는 이자율의 상승을 가져온다는 뜻이다.

화폐에 대한 수요를 중앙은행이 마음대로 좌우하기 힘들지만, 공급의 경우에는 상당한 영향력을 행사할 수 있다. 현실에서 중앙은행은 다양한 정책을 동원해 화폐 공급량을 원하는 방향으로 이끌어 갈 수 있는 것이다. 이자율을 내려야 할 필요성이 있다고 판단될 경우 중앙은행은 화폐 공급량을 늘리게 된다. 그 결과 화폐공급곡선이 오른쪽으로 이동하고, 이자율은 종전보다 더 낮은 수준으로 떨어진다. 곧 보게 되듯, 이처럼 화폐 공급량을 조절해 이자율에 영향을 주는 것이 통화정책의 핵심을 이루고 있다.

생각해 보기

(1) 물가수준이 올라가면 이자율에 어떤 영향이 올까?

(2) 물가상승률이 더 커지면 이번에는 이자율에 어떤 영향이 올까?

(3) 모든 국민이 예전보다 더 조심스러워져 만일의 경우에 대비하려는 의도로 준비해 놓고 있는 현금을 더 늘린다면 이자율에 어떤 영향이 올지 생각해 보자.

다 더 높은 r_1의 수준에 있으면, 화폐의 초과공급이 생겨 사람들이 채권을 사려고 한 결과 채권 가격이 올라가게 된다. 그 결과 채권의 수익률, 즉 이자율이 떨어지는데, 이와 같은 과정은 이자율이 균형이자율 수준으로 떨어질 때까지 계속된다. 이자율이 균형이자율보다 더 높은 수준에 있는 한 화폐의 초과공급 현상이 지속될 것이기 때문이다.

반면에 이자율이 균형이자율보다 더 낮은 r_2의 수준에 있을 경우에는 화폐에 대한 초과수요가 나타나게 된다. 화폐에 대한 초과수요가 있다는 것은 사람들이 지금보다 화폐를 더 많이 보유하기를 원한다는 뜻이다. 화폐를 더 많이 보유하기 위해서는 채권을 팔아야 하고, 이 과정에서 채권 가격이 떨어지는 결과가 빚어진다. 채권 가격이 떨어진다는 것은 이자율이 올라간다는 것을 뜻하는데, 이 과정은 이자율이 균형이자율 수준으로 올라갈 때까지 계속된다.

지금 보고 있는 것처럼 화폐시장이 균형을 이루는 과정에서 이자율이 결정된다고 설명하는 이론을 케인즈의 **유동성선호이론**(liquidity preference theory)이라고 부른다. 여기서 유동성이란 화폐를 뜻하는 말로 유동성선호라는 것은 화폐수요와 같은 뜻으로 해석될 수 있다. 화폐를 얼마나 수요하고 있는지가 이자율의 결정에 중요한 역할을 하는 것으로 본다는 뜻에서 바로 이 유동성선호이론이라는 이름이 붙은 것이다.

> **유동성선호이론**
> 화폐의 수요와 공급에 의해 이자율이 결정된다고 설명하는 이론

그런데 제9장에서 설명한 이자율 결정 이론은 지금 보는 유동성선호이론과 약간 차

이를 갖고 있었다. 그때는 이자율이 대부가능자금의 수요와 공급에 의해 결정된다고 설명한 바 있다. 그러나 이 두 이론이 서로 상충되는 것은 아니며, 오히려 보완적인 관계에 있는 것으로 보아야 한다.

바로 앞에서 채권의 가격을 통해 이자율의 결정과정을 설명한 바 있는데, 채권에 대한 수요와 공급이 실제로는 대부가능자금에 대한 수요와 공급을 뜻한다고 볼 수 있다. 채권을 산다는 것은 채권 발행자에게 (대부가능)자금을 빌려준다는 것을 뜻하는 한편, 채권을 발행한다는 것은 자금을 빌리려고 한다는 것을 뜻하기 때문이다. 그렇다면 이 두 이론은 표현하는 방법에만 차이가 있을 뿐 실질적으로는 거의 비슷한 내용을 갖는다고 볼 수 있다.

은행제도의 발전 18.4

은행의 기원

은행의 첫 장을 연 사람은 다름 아닌 금세공업자(goldsmith)들이었다. 귀중한 금을 스스로 보관하기가 어렵다고 생각한 사람들은 튼튼한 금고를 가진 금세공업자에게 맡겨두고 그 증거로 보관증을 받았다. 처음에는 물건을 사고파는 사람들 사이에 직접 금이 오갔을 터이나, 머지않아 금 대신 보관증만을 주고받으면 훨씬 더 편리하다는 사실을 알고 이 거래방식을 채택하게 되었다. 금 보관증이 마치 오늘날의 지폐나 수표와 같은 역할을 하기 시작한 것이다.

금세공업자의 금고 속에는 언제나 상당히 많은 양의 금이 쌓여 있었다. 금을 맡긴 사람들이 가끔씩 도로 찾아가기는 하지만 모두 일시에 몰려와 찾아가지는 않았기 때문이다. 그러자 금세공업자는 점차 자신이 발행한 보관증만큼의 금을 반드시 보유하고 있을 필요가 없음을 깨닫게 되었다. 그리고 어차피 금고 속에 보관되어 있을 금이라면, 원하는 사람에게 빌려주고 수수료를 받아도 좋을 것이라는 생각이 들었다. 더군다나 금을 빌리려는 사람에게 직접 금으로 꾸어줄 필요조차 없었다. 금을 보관하고 있다는 증서만 만들어 주면 실제로 금을 꾸어준 것과 똑같은 효과를 낼 수 있었기 때문이다.

금세공업자들은 이 새로운 사업에서 상당한 이득을 얻었으며, 본업인 금세공을 통해 버는 수입보다 금을 빌려주고 받는 수수료 수입이 더 큰 경우도 있었다. 나중에는 아예 금세공이 아니라 금을 빌려주는 것을 본업으로 하는 사람까지 나타나게 되었다. 더욱 많은 수수료 수입을 얻으려면 우선 금을 많이 맡아두고 있어야 한다.

크리스터스(P. Christus)의 「금세공 공방의 성 엘리지어스」(1449)

성 엘리지어스는 금세공업자의 수호 성자인데, 그 자신이 뛰어난 능력의 금세공 기술자였던 것으로 알려져 있다. 이 그림은 금세공업자의 공방을 사실적으로 묘사하고 있다.

그래서 예전에는 금을 보관해 주는 대가로 요금을 받았는데, 이제는 오히려 금을 맡기는 사람에게 약간의 사례를 해주는 것으로 바뀌게 되었다.

이 단계까지 오게 되면 금세공업자는 오늘날의 은행가(banker)와 조금도 다를 바 없다. 그 사례금은 현대의 은행이 예금에 대해 지급하는 이자에 해당한다고 말할 수 있다. 그뿐 아니라 예금 전체에 대해 지급준비를 해두지 않고 부분적으로만 지급준비를 한 뒤 나머지를 대출자금으로 사용하는 현대 은행업의 관행도 이미 금세공업자들이 실천하고 있던 바였다. 은행이라고 하면 세련된 옷차림을 한 사람들이 고도로 복잡한 업무에 종사하고 있는 기업의 이미지를 떠올리는 사람이 많을 것이다. 그러나 여러 가지 도구들과 금 조각들이 어지럽게 흩어져 있는 금세공업자의 어두운 작업실이 초창기 은행의 모습이었던 것이다.

은행의 기능

금세공업자가 은행가로 변신하는 과정에서 우리는 은행의 두 가지 중요한 기능을 알아낼 수 있다. 하나는 **금융중개**(financial intermediation) 기능이며, 또 하나는 **예금창조**(deposit creation) 기능이다. 돈의 여유가 있는 사람으로부터 자금을 조성해 이를 필요로 하는 사람에게 융통해 주는 기능이 바로 금융중개 기능이다. 은행 같은 금융중개 기관이 존재하지 않는다면 자금의 수요자와 공급자는 서로 만나기 위해 직접 찾아다녀야 한다. 그 과정에서 높은 거래비용이 발생하는데, 이 때문에 여유 자금이 있어도 빌려주지 못한 사람과 좋은 투자기회가 있어도 자금을 얻지 못하는 사람이 생겨날 수 있다.

은행은 금융중개 업무에 특화함으로써 대규모로 자금을 조성해 이를 필요로 하는 수요자에게 공급해 주는 역할을 담당한다. 은행에 자금을 맡기는 것은 주로 가계, 즉 소비자들인 한편, 자금을 빌려가는 것은 주로 기업들이다. 소비자들이 저축한 돈을 맡겨두면 은행은 이를 기업에 빌려줘 투자에 쓸 수 있게 만들어주는 것이다. 이렇게 돈을 빌려주려고 하는 측과 돈을 빌리려고 하는 측 사이에 다리를 놓아주는 것이 바로 금융중개 기능이다.

이와 같은 은행의 금융중개 기능은 금융시장의 거래비용을 낮춤으로써 국민경제의 저축과 투자를 증대시키는 데 도움을 준다. 또한 은행은 단순히 자금을 중개하는 역할뿐 아니라 조성된 자금이 효율적으로 활용되도록 자금의 흐름을 조정하는 역할도 수행한다. 은행은 자금 수요자의 수익성과 안전성을 정확하게 평가할 수 있는 안목과 정보를 갖고 있어, 조성된 자금이 한층 더 건전하고 수익성 높은 곳으로 투자되도록 유도할 수 있는 것이다.[11)]

11) 이런 금융중개 기능이 은행만의 고유한 기능은 아니다. 은행뿐 아니라 투자증권회사, 상호신용금고, 보험회사 등도 금융중개 기능을 수행하고 있다.

뱅크런과 예금보험제도

예금자들이 은행에 대해 정확한 정보를 가지고 있지 않은 상황에서는 은행이 파산할지도 모른다는 막연한 불안감만으로도 예금을 모두 인출해 가려는 태도가 나타난다. 그렇기 때문에 예금자들이 일시에 예금을 인출하려고 몰려드는 현상, 즉 뱅크런(bank run)은 일단 시작되면 막기가 어렵고 계속 확산일로의 길을 걷기 십상이다.

예금을 찾기 위해 몰려든 사람들(과거와 현재)

부실화의 소문이 돌고 있는 은행에서 보는 광경과 똑같은 광경을 100년 전에도 볼 수 있었다.

뱅크런이 모든 은행으로 확산되면 나라 전체의 금융시스템을 마비시키는 단계에까지 이를 수 있다. 이를 예방하기 위해 도입된 것이 바로 예금보험(deposit insurance)제도다. 예금보험제도는 1933년 미국에서 처음으로 도입되었는데, 은행이 인출 요구에 응할 수 없을 경우 예금보험기구가 일정 한도 안에서 대신 지급하도록 만든 제도다.[12] 예금보험은 막연한 불안심리나 잘못된 정보로 인해 뱅크런이 발생하지 않도록 방지하는 기능을 수행한다.

그렇지만 예금보험제도가 금융안정을 완전히 보장해주는 것은 아니다. 무엇보다 우선 지적해야 할 점은 우리나라의 경우 5천만원 이하의 예금에 대해서만 보장을 해준다는 사실이다. 따라서 5천만원이 넘는 예금의 경우에는 인출 요구가 빗발치는 것을 막을 수 없다. 저축은행 사태가 발생했을 때 5천만원 이상의 예금을 가진 사람들이 불법적인 수단을 동원해 사전에 인출을 시도한 것을 보면 그런 사정을 어느 정도 짐작할 수 있다.

예금보험이 적용되면 예금자들이 은행의 건전성에 대해 관심을 덜 갖게 된다는 점도 문제가 될 수 있다. 예금자의 견제가 소홀한 틈을 타 은행들은 위험성이 큰 투자대상에 돈을 쏟아부을 가능성이 있다. 일반적으로 위험성이 클수록 수익도 비례해 커지므로 은행들은 예금보험제도를 미끼로 높은 이자를 주어 예금을 유치한 다음 위험성이 큰 대출에 활용할 유인을 갖게 된다.

이 고수익-고위험 대출이 성공을 거두면 은행의 수익이 증가하는 한편, 실패로 돌아가면 예금보험기구가 책임을 져야 하는 상황이 된다. 흔히 말하는 '이득의 사유화, 손실의 사회화'라는 구도하에서 은행이 마구잡이로 위험스러운 대출을 늘리는 도덕적 해이 현상이 나타날 수 있다.

12) 우리나라에서는 1997년에 예금보험제도가 도입되었다. 공기업인 예금보험공사가 그 일을 맡고 있으며 5천만원의 한도 안에서 보험이 제공되고 있다.

뿐만 아니라 은행은 화폐를 창조하는 독특한 기능을 수행하는데, 이것이 바로 예금 창조 기능이다. 중앙은행이 아닌 시중은행이 화폐를 창조한다면 의아하게 생각되겠지만 금세공업자의 예를 생각하면 이를 쉽게 이해할 수 있다. 만일 금세공업자가 맡겨진 금 전체를 지급준비용으로 보유한다면 그 경제의 화폐 유통량에는 아무런 변화가 일어나지 않는다. 금세공업자가 발행한 보관증의 양은 그가 맡아놓은 금의 양과 똑같을 것이기 때문이다.

그러나 맡아놓은 금의 일부만을 지급준비용으로 보유하고 나머지를 다른 사람에게 대출해 준다면 사정은 달라진다. 예를 들어 맡겨진 금이 1만 파운드인데 그중 30%만 금고에 남겨 놓고 나머지는 대출해 주기로 결정했다고 하자. 그렇게 되면 금을 필요로 하는 사람들이 7천 파운드의 금을 꾸어다 필요한 곳에 쓸 수 있다. 이것은 실질적으로 유통되는 금의 양, 즉 통화량이 바로 그만큼 더 커진 것을 뜻한다.

만약 금을 대출받은 사람이 그것을 다른 금세공업자에게 맡긴다고 하면 통화량은 한층 더 늘어난다. 그 금세공업자가 또다시 일부만을 금고에 남겨 놓고 나머지를 다른 사람에게 대출해 줄 것이기 때문이다. 이런 일이 반복되면 그 경제의 통화량은 처음의 몇 배 크기로 늘어난다.

잘 생각해 보면 이 과정에서 서류상으로 금세공업자들이 맡아 놓았다고 기록된 금의 양도 늘어난다는 것을 알 수 있다. 말하자면 새로운 예금이 만들어진 셈인데, 바로 이 의미에서 예금창조 또는 신용창조(credit creation)가 이루어졌다고 말한다. 지금까지 설명한 예에서 은행의 예금창조 기능은 결국 예금의 일부만을 지급준비금으로 보유하는 **부분준비제도**(fractional reserve banking)에서 나온다는 사실을 이해할 수 있다.[13] 지금 예로 들고 있는 금세공업자는 후일 정부가 부분준비제도를 도입하기 훨씬 이전에 이 제도를 스스로 실천에 옮기고 있었던 셈이다. 다음 절에서 이 과정을 좀 더 자세히 분석해 보기로 한다.

부분준비제도
예금의 일부만을 지급준비금으로 보유하도록 허용하는 제도

18.5 예금창조와 통화승수

예금창조

어떤 사람(최씨)이 미국에 인형을 수출하고 받은 달러화를 원화로 바꾸어 달라고 요구하자 한국은행은 1억원을 새로 찍어내 그에게 지급했다고 한다. 그는 필요하면 꺼내 쓸 생각으로 이 돈을 거래은행(A은행)의 요구불예금 계좌에 입금했다. 그 결과 이 은행의 보유 현금이 1억원만큼 늘어나는데, 이것은 은행의 입장에서 볼 때 지급준

13) 예금 전액을 지급준비용으로 보유하고 있어야 하는 제도를 가리켜 '전액준비제도'라고 부른다.

비금이 바로 그 크기로 늘어났음을 뜻한다. 그런데 이 은행은 늘어난 지급준비금을 그대로 보유하려 들지 않을 것이다. 이를 대출해 주거나 다른 곳에 투자함으로써 수익을 얻을 수 있기 때문이다.

설명의 편의를 위해 그 은행은 법률로 정한 최소한의 지급준비금, 즉 **법정지급준비금**(required reserve)만을 보유하고 나머지는 모두 대출해 준다고 가정하기로 한다.[14] 예를 들어 요구불예금에 대한 법정지급준비율이 20%라고 하자. A은행은 예금액 1억원의 20%에 해당하는 2천만원을 지급준비금으로 남기고 나머지 8천만원을 어떤 고객(박씨)에게 빌려주었다고 한다.

박씨는 8천만원의 대출을 받아 필요한 데 쓰거나 나중에 꺼내 쓰기 위해 은행에 예금해 둔다. 설명의 편의를 위해 그는 대출받은 돈을 모두 거래은행(B은행)의 요구불예금 계좌에 입금한다고 가정하기로 한다. 그렇게 되면 B은행은 예금액 8천만원 중 20%에 해당하는 1천 6백만원만을 지급준비금으로 남겨 두고, 나머지 6천 4백만원을 또 다른 고객(정씨)에게 대출해 준다.

이번에는 정씨가 대출받은 6천 4백만원을 자신의 거래은행(C은행)에 예금함으로써 지금까지 보아왔던 과정이 또 한 번 반복된다. 이렇게 은행이 예금의 일부만을 지급준비금으로 남겨 놓고 나머지를 대출해 줌으로써 또 다른 예금이 창출되는 과정은 끝없이 계속될 수 있다. 애당초 1억원의 예금으로 시작했는데, 은행들에 의해 예금이 눈덩이처럼 불어나는 결과가 빚어졌다. 바로 이와 같은 은행의 역할을 가리켜 예금창조 기능이라고 부른다. 이렇게 예금창조가 일어난다는 것은 통화량이 바로 그만큼 늘어난다는 뜻이 된다.

통화승수

이런 과정을 통한 각 은행의 (요구불)예금 증가분은 A은행이 1억원, B은행이 8천만원, 그리고 C은행이 6천 4백만원임을 알 수 있다. 그 뒤로도 예금창조 과정이 계속되고, 이에 따라 다른 은행들의 예금도 증가하게 된다. 다음과 같은 간단한 계산을 통해 예금창조 과정이 모두 끝났을 때 은행 전체의 총 예금액 증가분이 얼마나 되는지 알아낼 수 있다.

$$
\begin{aligned}
\text{총 예금액 증가분} &= 1\text{억원} + 8{,}000\text{만원} + 6{,}400\text{만원} + 5{,}120\text{만원} + \cdots \\
&= 1\text{억원} \times [1 + 0.8 + (0.8)^2 + (0.8)^3 + \cdots] \\
&= 1\text{억원} \times \frac{1}{1-0.8} = 5\text{억원} \qquad (18.1)
\end{aligned}
$$

애당초 수출업자 최씨가 벌어온 달러를 원화로 바꾸는 과정에서 한국은행이 1억원

14) 법정지급준비금을 초과해 보유하고 있는 준비금을 '초과준비금'(excess reserve)이라고 부른다.

어치의 화폐를 발행했다. 그런데 결과적으로 보면 은행에 예금된 돈이 이것의 다섯 배인 5억원의 규모로 불어난 것을 볼 수 있다. 요구불예금은 통화량(M1)의 일부를 구성하므로, 이것이 5억원 증가했다는 것은 통화량이 바로 그 크기로 증가했다는 것을 뜻한다. 애당초 한국은행이 화폐 공급량을 1억원만큼 늘렸는데, 예금창조의 결과 통화량은 궁극적으로 그 다섯 배인 5억원만큼 더 커진 것이다. 우리는 이 배율을 **통화승수**(money multiplier)라고 부른다.

통화승수

은행에 의한 예금창조의 결과 통화량은 당초의 화폐 공급량 증가폭보다 훨씬 더 큰 폭으로 증가하는데, 이 배율을 말함

통화승수 : 중앙은행이 애당초 늘려 공급한 화폐의 양과 은행의 예금창조 과정을 거쳐 궁극적으로 증가한 통화량 사이의 비율을 통화승수라고 부른다.

앞의 식 (18.1)에서 $\frac{1}{1-0.8}$이라는 분수가 통화승수를 뜻하고 있는데, 이것은 법정지급준비율과 밀접한 관련을 갖고 있다. 구체적으로 말하면 분모의 값, 0.2가 바로 법정지급준비율을 나타내고 있다. 즉 법정지급준비율이 z로 주어져 있을 때, 통화승수는 $\frac{1}{z}$의 값을 갖는다는 뜻이다. 법정지급준비율에 의해 통화승수의 크기가 결정되기 때문에, 이것이 조금만 변화해도 통화량에 상당한 변화가 올 수 있다. 예를 들어 법정지급준비율이 20%에서 10%로 줄어들면 통화승수가 5에서 10으로 커지는 결과가 빚어진다.

본원통화와 통화량

앞의 예에서 수출업자 최씨가 벌어온 달러를 원화로 바꾸는 과정에서 한국은행이 1억원의 화폐를 발행했음을 기억할 것이다. 그런데 은행의 예금창조 기능에 의해 승수효과가 발생해 결과적으로 보면 통화량이 5억원만큼 증가하게 되었다. 애당초 한국은행이 1억원의 화폐를 발행했다는 것은 엄밀하게 말해 바로 그만큼의 **본원통화**(monetary base or high-powered money)를 발행했다는 것을 뜻한다.

본원통화

중앙은행의 창구를 통해 풀려나가는 일차적인 화폐공급을 뜻하는 것으로, 민간이 보유하는 현금과 은행의 지급준비금을 합친 것과 같음

본원통화는 중앙은행의 창구를 통해 풀려나가는 일차적인 화폐 공급을 뜻하는 것으로, 한 경제의 통화량을 결정하는 데 매우 중요한 역할을 한다. 일반적으로 중앙은행이 통화량에 결정적인 영향을 미칠 수 있는 것은 바로 이 본원통화의 공급량을 조절할 수 있는 능력을 갖기 때문이다.[15)]

중앙은행은 본원통화의 공급량을 조절함으로써 통화량을 원하는 방향으로 이끌어 나갈 수 있다. 중앙은행이 본원통화를 일정한 크기로 증가시키면 앞서 설명한 예금창조 과정을 거쳐 통화량은 그 몇 배나 되는 크기로 늘어나게 된다. 예를 들어 통화승수의 크기가 m이라고 하면, 본원통화가 1원 늘어날 때 통화량은 궁극적으로 m원만큼

15) 발행된 본원통화의 양은 민간이 보유하는 현금과 은행의 지급준비금을 합친 것과 같다.

늘어난다. 이처럼 본원통화 공급량의 변화는 통화승수에 의해 증폭되어 통화량에 더 큰 폭의 영향을 미치게 된다.

통화승수에 의한 증폭과정은 본원통화가 줄어들어 통화량이 줄어들 때도 그대로 적용될 수 있다. 즉 본원통화가 줄어들면 예금파괴(deposit destruction) 과정을 거쳐 통화량이 더 큰 폭으로 줄어들게 되는 것이다. 따라서 중앙은행이 통화량을 줄이기를 원할 때는 통화승수의 크기를 감안해 본원통화를 적절한 폭으로 줄이면 되는 것이다.

생각해 봅시다

바로 앞에서 본 도출과정을 통해 법정지급준비율이 20%일 경우 통화승수는 5의 값을 갖는다는 것을 밝혀냈는데, 현실에서의 통화승수는 이것보다 더 작을 가능성이 크다. 그 5라는 숫자는 아주 비현실적인 가정하에서 생각할 수 있는 가장 큰 값을 구한 것이기 때문이다. 예금이 늘어가는 과정에서 곁으로 새나가는 부분이 있을 수 있는데도, 그런 부분이 전혀 없다는 가정을 하고 통화승수의 값을 계산했던 것이다.

우선 인형제조업자 최씨는 물론, 은행에서 대출받은 다른 사람들도 그 돈을 모두 은행에 예금한다고 가정한 데 주의할 필요가 있다. 그러나 실제로는 이 가정과 달리, 누구든 갖고 있는 돈을 모두 은행에 예금해 두지는 않고 얼마간의 현금을 수중에 남겨 두는 것이 보통이다.

두 번째로 생각해 보아야 할 것은 은행이 법정지급준비금을 뺀 나머지를 전부 대출해 준다는 가정이다. 현실에서 정확하게 법정지급준비금만 남기고 모두 대출해 주는 것은 거의 불가능에 가까운 일이다. 그렇기 때문에 대부분의 은행이 여유분의 지급준비금, 즉 초과지급준비금을 갖고 있는 것이 일반적이다. 만약 이것이 사실이라면 통화승수의 크기는 앞에서 구한 것보다 작아지게 된다.

생각해 보기

(1) 은행이 법정지급준비금(법정지급준비율 20%)만 남기고 모두 대출해 준다는 가정은 그대로 유지하고, 사람들이 갖고 있는 돈 중 60%만 예금하는 것으로 가정을 바꾸기로 하자. 이 경우의 예금창조 과정은 앞에서 본 것과 어떻게 다를까?

(2) 사람들이 갖고 있는 돈을 모두 은행에 예금해 둔다는 가정은 그대로 유지하고, 은행이 실제로 예금액의 30%를 지급준비금으로 보유한다는 것으로 가정을 바꾸기로 하자. 이 경우의 예금창조 과정은 앞에서 본 것과 어떻게 다를까?

전자화폐가 중앙은행을 몰아내게 될까?

덴마크 중앙은행은 2017년 1월 1일부로 지폐와 동전 생산을 전격 중단한다고 발표했다. 필요한 만큼의 화폐를 다른 나라에 위탁 생산해 들여오는 한편, 장기적으로는 전자화폐인 e-크로네(e-krone)의 전면적 도입을 추진하려는 의도에서 그런 결정을 내렸다는 것이다. 모바일결제의 비중이 급격히 늘어난 결과 거래에서 화폐를 사용하는 경우가 크게 줄어든 데 따른 결정이라고 한다.

덴마크 중앙은행에 따르면 국내 전체 거래에서 현금거래가 차지하는 비중은 고작 20% 내외에 불과하다고 한다. 반면에 덴마크 최대의 상업은행인 단스케뱅크(Danske Bank)의 모바일결제 시스템인 '모바일페이' 이용자는 2015년 현재 전체 인구의 절반을 훨씬 넘는 수준이라고 한다.

전자화폐가 보편화되어 감에 따라 이제 '화폐 없는 사회'(cashless society)의 도래가 눈앞의 일로 다가왔다. 몇몇 경제학자들은 전자화폐의 보편화와 더불어 중앙은행의 본원통화가 점차 사라져갈 것이라고 예측한다. 앞에서 설명한 것처럼, 본원통화는 민간이 보유하는 현금과 은행의 지급준비금으로 구성되어 있다. 전자화폐가 점차 널리 유통되면서 이 둘이 모두 사라지게 된다는 것이 그들의 지적이다.

'화폐 없는 사회'의 시대가 열린다

이런 모바일페이 같은 전자화폐의 보편화와 더불어 중앙은행의 위상에 큰 변화가 올 것으로 예상되고 있다.

전자화폐를 사용하게 됨에 따라 사람들이 현금을 보유하지 않으려는 경향이 나타나리라는 것은 충분히 예측할 수 있는 일이다. 그런데 은행의 지급준비금도 사라질 것이라는 예측은 과연 어디에 그 근거를 두고 있는 것일까? 전자화폐의 경우에는 은행에 예금하지 않고 컴퓨터 관련 회사 같은 곳에 맡겨 놓을 것이고, 따라서 은행이 자취를 감추게 된다는 것이 그 예측의 근거다. 은행이 사라지면 당연히 은행의 지급준비금도 없어질 것이다.

그러나 이에 대한 반론도 만만치 않다. 반론을 펴는 사람들은 전자화폐가 널리 유통된다 하더라도 전통적인 화폐를 완전히 대체할 수는 없다는 점을 지적한다. 그들에 따르면 전통적인 화폐는 전자화폐가 갖지 못한 두 가지 중요한 장점을 갖는데, 그것은 단순성과 익명성이라고 한다. 특히 중요한 것은 익명성인데, 전자화폐는 그 본질상 익명성의 보장이 힘들다는 단점을 갖고 있다는 주장이다. 그러나 최근 등장한 비트코인 같은 가상화폐는 블록체인(blockchain) 기술을 통해 익명성을 보장하고 있어 이와 같은 반론은 설득력을 잃어가고 있다.

만일 전통적인 화폐가 계속 남아 있다면 은행이 사라지는 일은 일어나지 않을 것이며, 본원통화가 사라지는 일도 일어나지 않을 것이다. 그렇기 때문에 본원통화를 관리하는 중앙은행의 역할도 그대로 남게 된다고 말할 수 있다. 설사 전통적인 화폐와 은행이 모두 사라지는 극단적인 경우에도, 중앙은행은 단기 이자율에 영향을 미칠 수 있는 능력을 계속 유지할 수 있다.

어찌 되었든 전자화폐의 보편화와 더불어 중앙은행의 위상에 큰 변화가 오리라는 것은 부정하기 힘들다. 기술적인 측면에서만 본다면 중앙은행이 없어져도 무방한 상태가 올 수도 있다. 이 경우 중앙은행은 자신의 존재가치를 입증해야 정부로부터 존속해도 좋다는 허가를 받게 된다. 전자화폐의 등장이 중앙은행을 매우 어려운 처지로 몰아넣게 될 것임이 분명하다.

자료 : *The Economist*지, 2000년 7월 22일 자;
『조선일보』, 2017년 1월 13일 자

요약

1. 화폐가 수행하는 주요 기능으로는 교환매개의 기능, 가치척도의 기능, 가치저장의 기능 세 가지를 들 수 있다.

2. 2006년 우리나라의 통화지표 체계가 개편됨에 따라, 종전의 M1, M2 이외에 Lf와 L이라는 새로운 통화지표가 추가되었다. 통화 관리의 중심지표로 어떤 것을 선택할지 결정할 때, 실물경제와의 사이에 존재하는 관계의 밀접성과 통제가능성을 고려해야 한다.

3. 화폐를 보유하려는 주요 동기로는 거래적 동기, 예비적 동기, 투기적 동기의 세 가지를 들 수 있다.

4. 화폐수요의 결정요인으로 물가수준, 국민소득수준, 이자율 등이 있다.

5. 은행이 수행하는 주요 기능으로 금융중개 기능과 예금창조 기능을 들 수 있다.

6. 어떤 한 은행에 예금이 증가하면 예금창조의 과정을 거쳐 결국 몇 배나 큰 예금의 증가로 이어지게 되는데, 그 배율을 통화승수라고 부른다.

7. 본원통화는 중앙은행이 일차적으로 공급한 화폐라는 의미를 갖는다. 본원통화가 일정한 크기로 증가할 때 그 결과로 나타나는 통화량의 증가폭은 여기에 통화승수를 곱한 것과 같다.

중요개념

교환매개의 기능	가치척도의 기능	가치저장의 기능	태환성
법화	전자화폐	통화량	통화지표
현금통화	협의의 통화	광의의 통화	금융기관유동성
광의유동성	거래적 동기	예비적 동기	투기적 동기
화폐수요곡선	유동성선호이론	금융중개 기능	예금창조 기능
지급준비금	법정지급준비금	통화승수	본원통화

연습문제

01. 화폐가 수행하는 주요 기능이 무엇인지 설명하라. 이 중 가장 본원적인 기능은 무엇이라고 생각하는가?

02. 사용가치를 갖고 있는 상품화폐와 달리 단지 종잇조각에 불과한 지폐가 교환가치를 갖는 이유를 설명해 보라.

03. "돈이야 많을수록 좋으니 화폐수요는 무한대임이 틀림없다."라고 말하는 사람은 어떤 점에서 틀린 말을 하고 있을까?

04. 화폐에 대한 수요를 결정하는 요인들은 무엇이며, 이들과 화폐수요 사이에는 어떤 관계가 있는지 설명하라.

05. 인플레이션율에 대한 기대치가 높아지면 화폐에 대한 수요는 어떻게 변화하게 될까?

06. 화폐수요곡선의 기울기를 결정하는 요인이 무엇인지 설명하고, 화폐수요곡선이 오른쪽으로 이동하게 만드는 원인의 예를 세 가지 이상 들어 보라.

07. 이자율의 결정과 관련한 '유동성선호이론'은 어떤 내용을 갖고 있으며, 제9장에서 배운 바 있는 이자율 결정 이론과 어떤 차이를 갖는지 설명하라.

08. 24시간 현금자동인출기의 등장이 화폐수요곡선과 이자율에 어떤 영향을 미칠지 설명하라.

09. 화폐 공급량이 증가하면 이자율이 하락하는 이유를 직관적으로 설명해 보라.

10. 은행의 금융중개 기능에 대해 간략하게 설명해 보라.

11. 구씨는 벽장 속에 감춰 두었던 현금 3백만원을 은행에 요구불예금으로 예치했다.
    (1) 법정지급준비율이 25%라면 통화량은 최대한 어느 정도까지 증가할 수 있는가?
    (2) 실제의 통화량 증가폭이 위에서 구한 최대치에 못 미치는 이유는 무엇인가?

12. 본원통화와 통화승수가 각각 무엇을 의미하는지 설명하라.

13. 화폐의 정의와 기능을 생각할 때 비트코인이 화폐가 되기 어려운 이유를 설명해 보라.

14. 이자율과 채권 가격 사이에 역(−)의 관계가 존재하는 이유는 무엇인가?

제9편

경제안정의 문제

| 제19장 |

실업과 인플레이션

| 제20장 |

경제안정정책

제19장

실업과 인플레이션

19.1 국민경제의 두 가지 숙제

19.2 실업의 정의와 측정

19.3 실업의 성격

19.4 인플레이션의 사회적 비용

19.5 인플레이션의 발생 원인

어느 경제든 공통적으로 안고 있는 두 가지 중요한 과제가 있는데, 그것은 고용과 물가의 안정이다. 실업은 여러 가지 사회문제를 일으키는 원인이 될 뿐 아니라, 귀중한 생산자원이 낭비되는 결과까지 가져오게 된다. 이 장에서는 우선 실업이 과연 무엇을 뜻하는지에 대해 논의한 후, 실업의 여러 형태에 대해 설명하려고 한다. 사람들은 인플레이션을 매우 두려워하고 있지만, 실제로 예상된 인플레이션의 경우에는 별 문제가 되지 않는다. 우리는 어떤 이유에서 인플레이션이 발생하는지에 대해 관심을 갖고 있는데, 단기에서와 장기에서 인플레이션의 발생 원인을 달리 설명할 수 있음을 보게 될 것이다.

19.1 국민경제의 두 가지 숙제

어느 국민경제든 공통적으로 갖고 있는 두 가지 중요한 숙제가 있다. 하나는 일하기를 원하는 모든 사람에게 일자리를 제공해 주는 일이고, 다른 하나는 물가를 안정시켜 사람들로 하여금 안심하고 경제생활을 영위할 수 있게 만들어 주는 일이다. 그 밖에도 여러 가지 다른 숙제들이 있지만, 국민의 경제적 복지라는 측면에서 볼 때 이 둘만큼 큰 중요성을 갖는 것을 찾아보기는 힘들다. 고용과 물가의 안정 — 이 두 가지는 모든 국민경제가 가장 높은 우선순위를 두어 추구하는 목표라고 말할 수 있다.

일하기를 원하는 모든 사람에게 일자리를 제공해 주는 것이 왜 중요한 숙제가 되는지는 자세한 설명이 필요 없으리라고 생각한다. 허기진 배를 달래면서 일자리를 찾아 거리를 헤매야 하는 사람이 느낄 고통을 상상해 보면 실업이라는 것이 얼마나 심각한 문제인지 바로 알 수 있다. 실업은 개인적인 관점에서 볼 때만 심각한 문제인 것이 아니라, 사회적인 관점에서 볼 때도 심각한 문제가 된다. 사회적인 관점에서 볼 때 실업은 아까운 자원이 생산활동에 활용되지 못하고 낭비되는 것을 뜻한다. 이와 같은 낭비를 막을 수 있다면 경제적 복지는 훨씬 더 높은 수준으로 올라갈 수 있다.

사람들에게 인플레이션이 왜 문제가 되느냐고 물으면 봉급생활자들이 생계에 압박을 받게 되기 때문이라는 대답이 가장 많이 나온다. 이것이 틀린 대답은 아니나, 인플레이션이 진행되는 과정에서 일반 상품들의 가격이 오르는 것과 동시에 임금도 오르기 마련이다. 만약 임금의 상승률이 상대적으로 더 높다면 앞에서 말한 것 같은 문제는 생기지 않는다. 이처럼 하나하나 따져 보면 인플레이션이 생각처럼 많은 문제점을 갖고 있지는 않다는 것을 발견하게 된다. 물론 물가가 안정된 상황이 가장 이상적이라는 데는 의문의 여지가 없다.

만약 고용 안정과 물가 안정이라는 두 목표 중 어느 한쪽에 우선순위를 둔다면 그것은 무엇이 되어야 할까? 이 의문에 대한 답은 사람마다 다른 것이 보통이다. 어느 쪽에 더 높은 우선순위를 두어야 하는지를 둘러싸고 경제학자들 사이에 열띤 논쟁이 벌어지는 경우가 많다. 그리고 어떤 사회에서는 고용 안정을 특히 중시하는 반면, 다른 사회에서는 물가 안정을 더욱 중시하는 등 사회마다 다른 경향을 보이기도 한다. 예를 들어 독일처럼 과거 극심한 인플레이션에 시달렸던 경험을 갖고 있는 사회에서는 물가 안정을 다른 무엇보다 더 중요하게 생각하는 것을 볼 수 있다.

실업이나 인플레이션의 문제가 발생하면 여론의 화살은 으레 정부로 향해지기 일쑤다. 이런 문제가 발생할 것을 미리 예측하고 적절한 대비책을 세워 놓아야 하는데도 그렇지 못했다는 비난이다. 사실 고용과 물가의 안정은 현대 정부가 당연히 떠맡아야 하는 중요한 책임 중 하나다. 그와 같이 국민의 경제적 복지와 밀접한 관련을 갖는 문제에 대해 정부가 팔짱만 끼고 바라보아서는 안 된다는 데 이의가 있을 수 없다.

그렇지만 이 문제와 관련해 정부가 적극적으로 개입하는 것은 바람직하지 않다고 생각하는 경제학자들이 있다. 그들에 따르면, 정부의 개입이 오히려 문제를 더욱 악화시킬 가능성이 있다고 한다. 이와 같은 생각을 가진 경제학자들의 숫자가 그리 많지 않은 것은 사실이다. 훨씬 더 많은 수의 경제학자들이 정부 개입에 대해 긍정적인 태도를 갖고 있는 것을 볼 수 있다. 그러나 정부가 자의적인 개입을 일삼아서는 안 된다는 그들의 지적에 분명 귀담아들어야 할 부분이 있다.

이 장에서는 실업과 인플레이션에 관심의 초점을 맞추고, 이들의 성격을 여러 각도에서 살펴보려고 한다. 실업과 인플레이션은 국민경제가 맞서 싸워야 하는 가장 중요한 두 적이라고 말할 수 있다. 『손자병법』에 "너를 알고 나를 알면 백 번 싸워도 위태롭지 않다."(知彼知己 百戰不殆)라는 말이 있다. 이 두 적과 싸워 이기려면 우선 그것들의 성격에 대해 정확하게 알아둘 필요가 있는 것이다.

실업의 정의와 측정 19.2

1997년 말 갑자기 들이닥친 외환위기로 인해 우리나라에서는 실업이 매우 심각한 사회적 문제로 대두되기 시작했다. 거의 2백만 명에 가까운 실직자들이 생겨 끼니조차 잇기 힘든 가정이 많아지는 한편, 대도시의 이곳저곳에 하늘을 지붕 삼아 잠을 청하는 노숙자들의 무리가 나타나기도 했다. 지난 20여 년 동안 3~4% 정도의 낮은 실업률에 익숙해 왔던 우리에게 7% 수준의 실업률은 큰 충격이 아닐 수 없었다.

다행히 우리 경제는 외환위기의 충격에서 바로 벗어났고, 실업률도 예전의 수준으로 돌아오게 되었다. 그런데 최근에는 청년 실업이 새로운 사회 문제로 대두되기 시작했다. 고속성장의 시대가 끝나고 저성장의 시대로 접어들면서 고용의 증가속도도 급속하게 떨어지는 현상이 나타났다. 더군다나 요즈음은 성장이 이루어져도 고용은 그다지 늘지 않는 '고용 없는 성장'의 성격이 점차 강해져 고용이 늘어나는 것이 더욱 어려운 형편이다. 이런 상황에서는 새로 일자리를 찾아야 하는 청년들의 어려움이 특히 클 수밖에 없다. 이 문제를 해결할 수 있는 뾰족한 방법이 없다는 사실이 우리를 더욱 안타깝게 만든다.

스페인의 한 과일가게

대부분의 유럽 국가들에서 높은 실업률이 거의 체질처럼 되어 있는 것을 볼 수 있다.

그런데 한 가지 흥미로운 사실은 프랑스와 스페인을 위시한 대부분의 유럽 국가들에서 높은 실업률이 거의 체질처럼 되어 있는 것을 볼 수 있다는 점이다. 이 나라들은 경기가 그리 나쁘지 않을 때에도 10% 내외의 실업

생각해 봅시다

통계청의 발표에 따르면 2019년 3.8이었던 **경제고통지수**(misery index)가 2020년 4.0으로 상승했다고 한다. 경제고통지수란 실업률과 소비자물가지수 상승률을 더한 값으로, 오컨(A. Okun)이란 경제학자가 고안해낸 개념이다. 이 두 수치를 합친 값이 경제적 고통의 지표가 된다는 엄밀한 근거는 없지만, 사람들의 느낌을 그런대로 충실하게 반영해 주는 지표라고 할 수 있다.

[그림 19-1]은 그동안 우리나라의 경제고통지수가 변화해 온 추이를 보여주고 있다. 외환위기로 온 나라가 시끄럽던 1998년에는 높은 실업률 때문에 경제고통지수가 14.5라는 높은 값을 보였다. 그 뒤로는 계속 하락하는 추세를 보여 2007년에는 5.7까지 내려간 것을 볼 수 있다. 그러나 글로벌 금융위기가 발생하였던 2008년에는 다시 7.9로 상승하게 되었다. 이를 보면 외환위기와 글로벌 금융위기로 인해 우리 국민이 매우 큰 경제적 고통을 짊어지게 되었다는 것을 알 수 있다.

그러나 경제고통지수가 경제생활의 어려움을 객관적으로 나타내는 절대적인 지표가 되지는 못한다. 예를 들어 최근에 볼 수 있는 5~6%대의 경제고통지수는 1980년대나 1990년대 중반과 비교해 상대적으로 낮은 수준임이 분명하다. 그런데도 적지 않은 사람들이 요즘의 경제상황이 그때보다 훨씬 더 어렵다는 생각을 갖고 있는 것처럼 보인다. 이를 보면 우리나라의 경우에는 경제고통지수보다 경제성장률의 높고 낮음이 피부로 느끼는 경제상황을 더 잘 반영한다는 느낌이 든다.

그림 19-1

우리나라 경제고통지수의 변화 추이

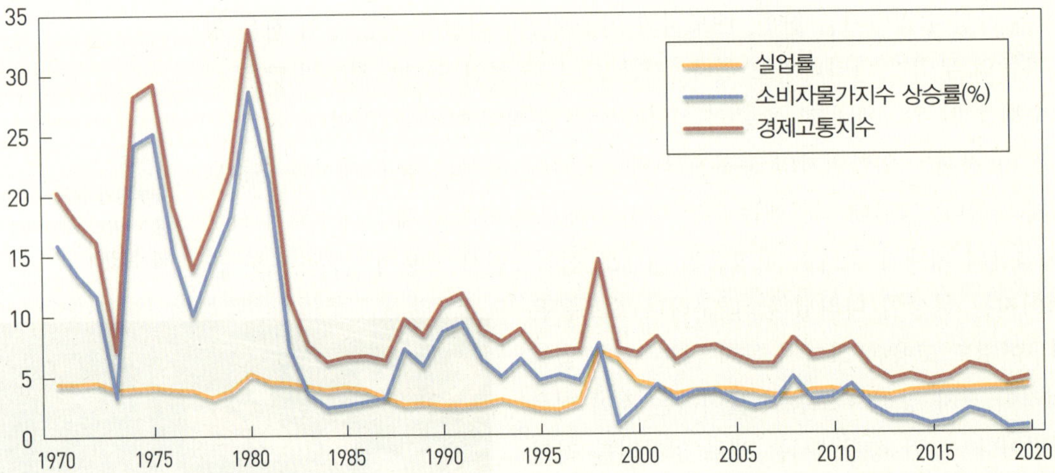

자료 : 한국은행, 「경제통계시스템」, 2021

생각해 보기

(1) 소비자물가지수 상승률이 1% 포인트 더 커지는 것과 실업률이 1% 포인트 늘어나는 것이 우리에게 주는 고통이 똑같을 것인지 생각해 보자.

(2) 1970년대 후반에서 1980년대 전반에 이르기까지의 기간 동안 경제고통지수가 비교적 높은 수준에 머물러 있는 것을 볼 수 있는데, 그 원인이 어디에 있었는지 짐작해 보자.

률을 기록할 정도로 높은 실업률이 일상화되어 있는 실정이다. 그 반면 일본의 경우에는 지난 30여 년 동안의 불황으로 인해 실업이 늘어나기는 했으나 전통적으로 3%도 채 안 되는 매우 낮은 실업률을 기록해 왔다. 미국만 하더라도 일본보다 높지만 유럽 여러 나라들보다는 훨씬 더 낮은 실업률을 유지해 왔다.

실업의 정의

그렇다면 이와 같이 나라에 따라 실업률의 전반적 수준에 큰 차이가 나는 데는 어떤 이유가 있는 것일까? 이 사실에 근거해 유럽 여러 나라의 노동시장이 미국이나 일본에 비해 현저하게 더 비효율적으로 운영되고 있다는 결론을 내릴 수 있을까? 좀 더 본질적인 문제로서, 과연 통계에 나타나는 실업률이 낮을수록 더욱 바람직한 것인가라는 의문도 제기해 볼 수 있다. 이런 의문들에 대한 해답을 찾기 위해서는, 우선 **실업**(unemployment)이 정확하게 무엇을 뜻하며 현실에서 실업률이 어떻게 측정되고 있는지 알아볼 필요가 있다.

경제학에서 말하는 실업자의 개념은 일반인이 생각하는 것과 상당한 차이가 있다. 실업자라고 하면 대부분의 사람들은 우선 직장을 갖고 있지 않은 모든 사람을 머릿속에 떠올린다. 그렇다면 대학생, 가정주부, 물려받은 재산이 많아 놀고먹는 사람이 모두 실업자라고 말할 수 있을까? 경제학에서의 정의에 따르면 이들 중 어느 누구도 실업자라고 말할 수 없다. 경제학에서 '실업자'라는 말은 단순히 직업이 없는 사람을 뜻하는 것이 아니라 일할 의사가 있는데도 직장을 얻지 못한 사람을 뜻하기 때문이다.

한 나라 안의 사람들을 경제적 특성에 따라 다음과 같이 구분할 수 있는데, 이 구분 과정을 자세히 살펴보면 정확하게 어떤 사람을 실업자로 분류할 수 있는지 알 수 있다. 우선 첫 단계로 전 인구를 나이가 너무 어려 일할 능력이 없는 사람과 충분히 일할 수 있는 나이에 이른 사람으로 구분할 수 있다. 우리나라에서는 15세 이상이 되면 일할 능력을 갖춘다고 보아, 이들을 **생산가능인구** 또는 **노동가능인구**로 분류하고 있다.[1] 그다음 단계에서는 [그림 19-2]에서 볼 수 있는 것처럼, 생산가능인구를 일하려는 의사가 있는 **경제활동인구**와 그 의사가 없는 비경제활동인구로 다시 나누어 볼 수 있다.[2]

생산가능인구
일할 능력을 갖추었다고 볼 수 있는 사람들을 생산가능인구로 분류하는데, 우리나라에서는 15세 이상의 사람들을 그 범주에 넣고 있음

경제활동인구
생산가능인구 중 일하려는 의사가 있는 사람들

경제활동인구로 분류되는 사람들 중 대부분은 일자리를 갖고 있을 것이고, 소수의

1) 2020년의 경우, 15세 이상의 생산가능인구는 총 인구의 86% 수준이었다. 고령화 추세 등을 분석할 때는 생산가능인구 중 15세부터 64세까지의 인구만을 생산가능인구라고 좁게 정의하고, 65세 이상 인구는 고령인구라고 구분하기도 한다. 다만 이 경우에는 "15~64세 생산가능인구"라고 명시하는 것이 필요하다.

2) 예를 들어 연로자, 전업주부, 학생처럼 애당초 일할 의사를 갖지 않은 사람들이 비경제활동인구로 분류된다.

그림 19-2

우리나라의 노동시장

생산가능인구는 일할 의사가 있는지의 여부에 따라 경제활동인구와 비경제활동인구로 나누어지며, 경제활동인구는 다시 취업자와 실업자로 나누어진다.

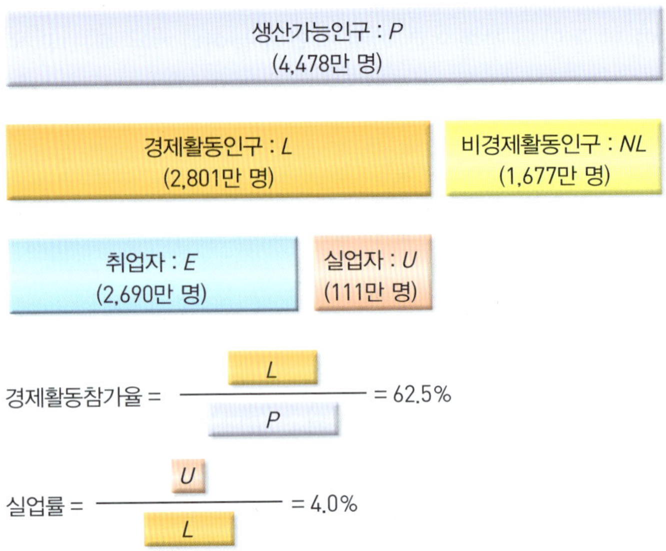

자료 : 한국은행, 「경제통계시스템」, 2021
* 괄호 안 숫자는 2021년의 수치임

사람들만이 일자리를 얻지 못해 쉬고 있을 것이다. 경제학에서 말하는 **실업자**란 바로 이처럼 일하려는 의사가 있는데도 일자리를 찾지 못한 사람을 뜻한다. 그러므로 어떤 사람이 단지 일을 하지 않고 있다 해서 그가 실업자로 분류되는 것은 아니다. '나이가 15세를 넘고 분명히 일하려는 의사가 있는데도 일자리를 얻지 못한 사람'만이 실업자로 분류되는 것이다.

실업률의 측정

한 경제에 존재하는 실업을 비율로 나타낸 것이 바로 **실업률**(unemployment rate)인데, 이는 다음의 식에서 보는 것처럼 실업자 수를 경제활동인구로 나눈 비율로 정의된다.

$$\text{실업률} = \frac{\text{실업자 수}}{\text{경제활동인구}} \tag{19.1}$$

여기에서 한 가지 눈여겨보아야 할 점이 있는데, 그것은 이 식의 분모가 생산가능인구(P)가 아니고 취업할 의사가 있는 경제활동인구(L)라는 사실이다. 그렇기 때문에 일하려는 의사가 없는 학생이나 주부, 즉 비경제활동인구는 실업률을 계산하는 과정에서 원천적으로 빠져버리는 결과가 나타나는 것이다.

실업률을 이와 같이 개념적으로 정의하는 데는 별 문제가 없지만, 현실에서는 어떤 사람이 실업자인지의 여부를 판단하기 힘든 경우를 종종 보게 된다. 예를 들어 어떤 대학 졸업생이 일을 함으로써 한 달에 3백만원 이상을 벌 수 없다면 대학원에 진학하겠다는 생각을 갖고 있다 하자. 그가 과연 일하려는 의사를 갖고 있는지 아닌지를 판단하는 것은 그리 쉬운 일이 아니다. 또한 일주일에 겨우 2시간만 일하는 사람을 취업자로 볼 수 있을 것인지도 선뜻 대답하기 힘든 문제다.

현실에서 실업률을 측정할 때는 우선 어떤 특성을 갖는 사람을 실업자로 볼 것인가에 대한 구체적이고 객관적인 기준을 마련해 놓아야 한다. 정부는 매달 표본조사의 결과에 기초해 실업률을 측정하고 있다. 어떤 사람에게 "조사대상 기간 동안 한 주일에 수입을 얻기 위해 1시간 넘게 일한 적이 있습니까?"라고 묻고, 이 질문에 대해 "그렇다."라고 대답하면 그 사람은 취업자로 분류한다.

그 질문에 대해 "아니다."라고 대답하는 사람에게는 "지난 4주일 동안 적극적으로 일자리를 찾아본 적이 있습니까?"라고 다시 묻는다. 이에 대해 "아니다."라고 대답하는 사람은 비경제활동인구로 분류하게 되는데, 이런 사람은 실업률을 계산하는 과정에서 원천적으로 제외된다. "그렇다."라고 대답하는 사람에게는 다시 "지난주에 일자

고용 없는 성장

경제성장이 비교적 순조롭게 이루어지는 상황에서도 고용은 별로 늘어나지 않는 현상을 종종 관찰할 수 있다. 이런 '고용 없는 성장'(jobless growth)이라는 현상이 나타나게 된 원인으로 몇 가지가 지적되고 있다. 무엇보다 우선 비용 절감을 위해 기업들이 생산기지를 외국으로 옮겨간 것이 고용 증가를 막은 주요 원인으로 꼽히고 있다. 또한 활발한 투자활동과 정보기술(IT) 확산의 결과 생산과정에 투입되는 인력을 대폭 절약할 수 있게 된 것도 중요한 역할을 했다. 나아가 구조적으로 고용 감소의 경향을 보이는 산업의 비중이 점차 늘어나고 있는 것도 또 하나의 이유가 될 수 있다.

흥미로운 점은 이런 고용 없는 성장의 현상이 세계 여러 나라에서 나타나고 있다는 사실이다. 미국 등 선진국들에서는 물론 아시아의 여러 나라, 그리고 우리나라에서도 이런 현상이 나타나고 있는 것을 볼 수 있다. 경제성장에 따른 취업자 증가율을 '고용탄성치'라는 개념으로 나타낼 수 있는데, 우리 경제에서는 이 수치가 최근 들어 급격히 떨어지고 있다.

좀 더 구체적으로 말해, 1997년까지는 고용탄성치가 평균적으로 0.33의 수준을 유지했는데, 외환위기 이후 10년간 0.31 수준으로 떨어졌고, 글로벌 금융위기 이후에는 다시 0.29로 떨어졌다. 많은 사람들이 이제는 우리 경제에서도 고용 없는 성장이 정착된 것이 아니냐는 우려를 하고 있다. 2001년만 해도 경제성장률이 1% 포인트 올라갈 때마다 13만 3,390개의 일자리가 창출될 수 있었다. 그런데 2002년에는 9만 4,460개로 줄어들고, 2003년에는 다시 3만 6,450개로 줄어들었다고 한다.

한 전문가의 해석에 따르면, 우리 노동시장의 경직성과 높은 임금 상승률이 고용 없는 성장을 가져온 주요 원인이었다고 한다. 이와 같은 해석에 일리가 없는 것은 아니나, 전 세계적으로 이와 비슷한 현상이 일어나고 있음을 생각하면 그것만으로는 충분한 설명이 될 수 없다는 느낌을 받는다. 모든 나라에서 공통적으로 일어나고 있는 산업구조나 생산방식의 변화도 매우 중요한 역할을 하고 있으리라는 짐작을 해 볼 수 있다.

열심히 강의를 듣는 학생들

이 학생들이 일하지 않는 것은 사실이지만 실업자로 간주되는 것은 아니다. 이들은 아예 일자리를 찾을 생각이 없기 때문에 비경제활동인구에 포함된다.

리를 제안받았으면 응했을 것입니까?"라고 묻는다. 이 질문에 "그렇다."라고 대답한 사람만 실업자로 분류하게 된다. 이와 같은 실업자의 판정 기준을 [그림 19-3]에 정리해 놓았으니 잘 살펴보기 바란다.

이를 보면 실업통계를 작성할 때 매우 객관적인 기준에 의해 실업 여부를 파악하고 있는 것 같지만, 실제로는 상당한 정도의 자의성이 끼어들 수 있음을 알 수 있다. 예컨대 일자리를 찾으려고 노력해 오다가 결국 포기하고 만 사람들은 실질적으로 실업상태에 있는데도 통계에서는 그렇지 않은 것으로 처리되고 있다. 어떤 여성이 아무리 노력해도 학력에 걸맞은 직장을 찾을 수 없어 취직을 포기하고 집에서 가사에 전념하기로 했다고 하자. 이런 사람의 경우에는 일할 의사가 없는 것으로 간주되어 실업자가 아닌 비경제활동인구로 분류된다. 그렇지만 사실은 실망한 나머지 일자리 찾기를 단념한 것이지 정말로 일할 의사가 전혀 없는 것은 아니다.

이와 같이 실질적으로는 실업자와 다를 바 없으나 단지 구직활동을 포기했기 때문에 비경제활동인구로 분류되어 실업 통계에서 빠진 사람들을 **구직단념자**(discouraged worker)라고 부른다. 우리나라에서 가사에 전념하는 여성 중 상당히 많은 사람들이 이 구직단념자의 범주에 속한다고 볼 수 있다. 이런 사람들까지 실업자로 분류해 실업률을 구해 보면 공식통계에 나타난 실업률보다 훨씬 더 높을 것이 분명하다.

구직단념자

아무리 노력해도 일자리를 찾을 수 없어 실망한 나머지 일자리 찾기를 포기한 사람들. 이들은 비경제활동인구로 분류되어 실업 통계에서 빠짐

그림 19-3

실업자의 판정 기준

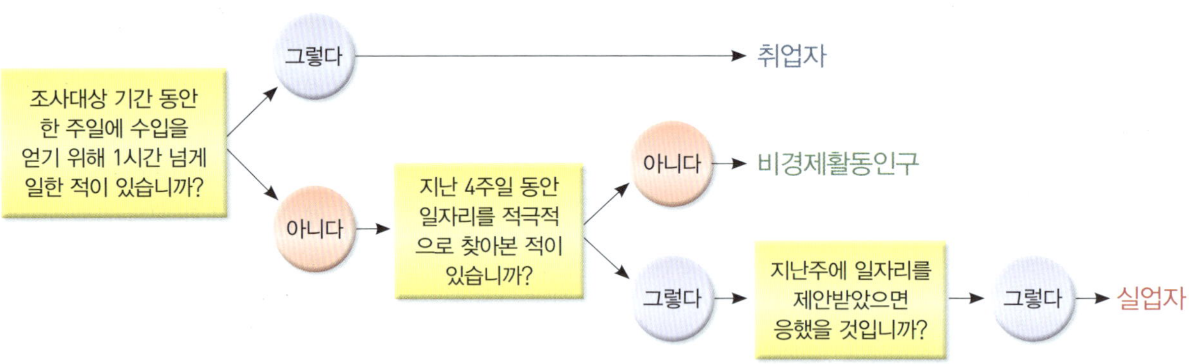

실업의 성격 19.3

실업의 기본 유형

예를 들어 어떤 나라의 실업률이 4.5%라고 할 때, 그중에는 여러 가지 유형의 실업이 섞여 있기 마련이다. 경기가 나빠져 기업들이 해고를 하는 바람에 실업자가 된 사람이 있는 반면, 좀 더 나은 직장을 찾기 위해 자발적으로 실업상태를 선택한 사람도 있을 것이다. 또한 어떤 산업이 사양화함에 따라 그 산업에서 일하고 있던 사람들이 대거 실업자의 무리에 합류하게 되는 경우도 있다. 실업은 발생 원인이 무엇인지에 따라 그 유형이 달라지는데, 다음과 같은 세 가지 기본 유형이 존재한다.

(1) 경기적 실업

불황기에 실업이 늘어나는 한편 호황기에는 줄어드는 것처럼, 경기의 상황에 따라 실업이 늘어나기도 하고 줄어들기도 한다. 이와 같이 경기변동 때문에 발생하는 실업을 **경기적 실업**(cyclical unemployment)이라고 부른다. 지금까지 우리가 논의해 왔던 실업은 엄밀하게 말해 불황이 원인이 되어 발생하는 경기적 실업의 성격을 갖는 것이었다. 예컨대 경기침체갭이 존재해 자원의 일부가 실업상태에 빠지게 된다는 표현은 바로 이 경기적 실업이 발생한 것이라는 의미를 갖고 있었다. 일반적으로 정부의 경제안정정책은 경기적 실업을 줄이는 데 주요한 목표를 두고 있다.

경기적 실업
불황이 원인이 되어 발생하는 실업

마찰적 실업
이사를 가야 한다거나 더 좋은 직장을 찾아 나서는 과정에서 일시적으로 발생하는 실업

(2) 마찰적 실업

아무리 경제상황이 좋다 해도 어느 누군가는 피치 못할 사정으로 잠시 실업의 상태에 빠지기 마련이다. 우리 주위에서 이사를 가야 한다든가 혹은 더 좋은 직장을 찾으려 한다는 등의 이유로 잠시 직장을 그만둔 사람을 자주 볼 수 있다. 이와 같은 유형의 실업을 **마찰적 실업**(frictional unemployment)이라고 부르는데, 이를 완전히 없애기 힘들 뿐 아니라 그렇게 하는 것이 바람직하지도 않다. 마찰적 실업을 없애려면 모든 사람을 특정한 일자리에 강제로 배치해야 하는데 이렇게 하는 것이 바람직하다고 생각하는 사람은 아무도 없으리라고 생각한다.

마찰적 실업은 개인의 선택에 의한 것이라는 뜻에서 자발적 실업의 성격을 갖는다. 한 경제에 마찰적 실업만이 존재하고 있다면 완전고용이 이루어진 상태라고 보아도 무방하다. 경제학에서 말하는 완전고용의 상태는 실업자가 하나도 없는 상태를 뜻하는 것이 아니고, 마찰적 실업 정도는 존재하는 상태를 뜻하는 것이다. 이 상태에서의 실

어느 은행의 광고
실업률을 0%로 떨어뜨리는 것은 이루어질 수도 없고 바람직하지도 않다. 마찰적 실업까지 없애려면 더 좋은 직장을 찾기 위해 일시적으로 현재의 직장을 그만두는 것조차 허용하지 말아야 한다.

업률을 **완전고용실업률**(full employment unemployment rate)이나 **자연실업률**(natural rate of unemployment)이라고 부르기도 한다.

(3) 구조적 실업

구조적 실업

자동화라든지 산업구조 재편 등 경제구조의 변화 때문에 발생하는 실업

자동화라든지 산업구조 재편 등 경제구조의 변화 때문에 발생하는 실업을 **구조적 실업**(structural unemployment)이라고 부른다. 예를 들어 석탄산업이 사양화하면 탄광에서 일하던 사람들이 갈 곳을 잃게 되는데, 이런 이유로 발생하는 실업이 바로 구조적 실업이다.

경제구조가 급속히 변화하고 있는 사회에서는 구조적 실업의 발생이 어느 정도 불가피하다고 볼 수 있다. 경쟁력 없는 산업이 더 큰 경쟁력을 갖춘 산업으로 대체되는 과정에서 구조적 실업이 발생하게 되는데, 이는 마치 필요악과도 같은 성격을 지닌 실업이라고 말할 수 있다. 그러나 구조적 실업은 경제구조의 변화에 따른 비자발적 실업이라는 점에서 상당히 큰 사회적 비용을 초래하고 있다.

만약 새로이 부상하는 산업들이 사양산업으로부터 방출된 근로자를 모두 흡수할 수 있다면 대규모의 구조적 실업은 발생하지 않는다. 그러나 산업구조의 변화에 발맞춰 새로운 기술을 습득한다는 일이 말처럼 쉽지 않다는 데 문제가 있다. 일생 동안 석탄을 캐는 일만 해 온 사람이 단기간에 컴퓨터 프로그래머로 변신하는 것은 결코 쉬운 일이 아니다. 사양산업에서 일하다가 일자리를 잃은 근로자들은 숙련도가 떨어질 뿐 아니라 적응력도 그리 크지 않은 것이 일반적이다.

그렇기 때문에 구조적 실업은 이로 인해 일자리를 잃은 사람에게 매우 큰 어려움을 가져다준다. 경제의 동적 발전을 위해서는 산업구조가 새로운 상황에 맞춰 신속하게 재편되는 것이 바람직하고, 이런 관점에서 보면 구조적 실업의 발생을 한사코 막으려고 노력할 필요는 없다. 그러나 개인적 관점에서 보면 지금까지 살펴본 세 가지 유형의 실업 중 가장 큰 어려움을 가져다주기 때문에 심각한 문제가 아닐 수 없다.

자연실업

자연실업

근로자들이 마음에 드는 일자리를 얻기 위해 옮겨 다니는 과정에서 발생하는 실업

자연실업(natural unemployment)이란 앞에서 설명한 것처럼 근로자들이 마음에 드는 일자리를 얻기 위해 옮겨 다니는 과정에서 발생하는 (마찰적) 실업을 뜻한다. 어떤 경제를 들여다보면, 매 순간마다 실업자 중 일부가 새 일자리를 찾아가는 한편 취업자 중에서 누구인가는 일자리를 잃고 실업상태로 빠져드는 것을 발견할 수 있다. 이처럼 사람들이 일자리를 얻고 잃는 과정이 반복되는 동적(dynamic) 과정에서 발생하는 실업이 바로 자연실업이라고 해석할 수 있다.

대학 캠퍼스에서는 점심시간마다 학생식당 앞으로 긴 줄이 만들어지는데, 이에 비유해 자연실업을 설명할 수 있다. 이 줄을 자세히 관찰해 보면 언제나 같은 사람이 줄

우리나라의 실업 통계

[그림 19-4]는 과거 50년 동안 우리나라의 실업률이 변화해 온 추이를 보여주고 있다. 그림에서 실업률의 실제 움직임은 주황색 곡선으로 나타나 있는 한편, 실업률의 장기추세는 붉은색 곡선으로 나타나 있다.

이 그림으로부터 우리는 실업률에 관한 다음과 같은 특징을 찾아볼 수 있다. 우선 제일 처음 눈에 띄는 것은 1970년대 초만 해도 4%를 넘던 실업률이 이후 점차 낮아져서 1990년대 초반에는 2~3%대에서 안정화된 양상이다. 이 정도의 실업률은 선진국에 비해 매우 낮은 것으로, 심지어 불경기가 상당히 심했던 1980년에도 우리나라의 실업률은 호황기의 선진국 실업률보다 더 낮은 5.2%를 기록했다.

그러나 이와 같은 상황은 1997년 말의 외환위기 발생과 더불어 크게 달라졌다. 그림에서 볼 수 있듯 외환위기와 더불어 실업률이 크게 치솟아 1998년의 실업률은 한때 8% 수준을 넘어서게 되었다. 이에 따라 1970년대 이래 계속 아래쪽으로 내려오던 실업률의 장기추세선도 위쪽으로 반전되는 양상을 보였다.

외환위기가 닥쳐오기 전까지 우리나라의 실업률이 다른 나라에 비해 상당히 낮은 수준에 머물러 왔던 것은 사실이다. 이처럼 실업률이 낮았던 데는 일자리를 구하기가 힘들어 아예 포기해버린 사람, 즉 구직단념자가 많다는 사실이 한몫을 했다. 여성 중에는 고등교육을 받고서도 전업주부의 길을 택하는 사람이 꽤 많은데, 이들이 적극적으로 일자리를 찾아 나선다면 실업률은 갑자기 치솟게 될 것이 분명하다.

모든 통계가 그렇지만, 공식적인 실업 통계란 것도 그 내막을 보면 많은 허점을 발견할 수 있다. 그 밖에도 우리 사회에는 아직 고용보험제도가 정착되지 못했고, 직업 소개가 제대로 이루어지지 못하는 데다가, 직장을 떠나는 데 대한 사회적 편견이 존재한다는 등의 여러 가지 이유가 실업률을 낮추는 원인으로 작용하고 있다.

우리나라의 실업 통계가 현실을 제대로 반영하지 못하는

그림 19-4

우리나라 실업률의 변화 추이

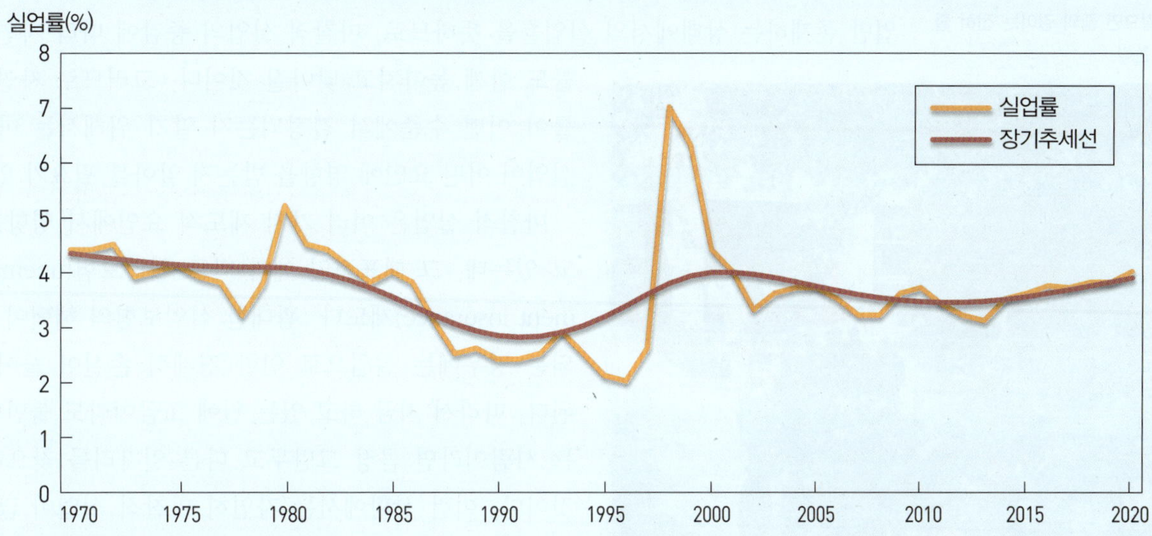

자료 : 한국은행, 「경제통계시스템」, 2021

또 하나의 이유는 최근 들어 급격히 증가한 비정규직 취업자와 관련해 찾아볼 수 있다. 공식통계에서는 비록 비정규직이라 할지라도 일자리를 갖고 있으면 실업자가 아닌 것으로 분류된다. 따라서 실업률에 아무 변화가 없는 것으로 나타난다 해도 비정규직이 증가하면 고용의 질이 그만큼 나빠진 셈이 된다. 이 점이 우리 사회의 심각한 문제로 등장하고 있지만, 실업 통계는 이에 대해 아무것도 말해주지 못한다.

안에 머물고 있는 것이 아님을 알게 된다. 점심을 받아들고 줄을 떠나는 사람이 있는가 하면, 새로 들어와 줄의 맨 뒤에 서는 사람도 있다. 새로 줄에 들어오는 사람이 줄을 떠나는 사람보다 많으면 줄이 더 길어지지만, 그 반대의 경우에는 줄이 더 짧아지게 된다.

줄의 길이가 바로 실업자의 수를 뜻한다면, 실업상태에 있다가 새 일자리를 얻은 사람을 줄에서 떠나는 사람에, 그리고 일자리를 잃게 된 사람을 새로 줄에 들어오는 사람에 비유할 수 있다. 줄에 새로 들어오는 사람이 줄을 떠나는 사람보다 더 많으면 줄이 길어지는 것처럼, 일자리를 잃은 사람이 새로 일자리를 얻은 사람보다 더 많으면 실업자 수는 불어나게 된다.

자연실업률

실업자 수가 안정적인 수준에 도달했을 때 나타나는 실업률

그러나 일자리를 잃은 사람과 얻은 사람의 숫자가 서로 같으면 실업자 수에 아무런 변화가 일어나지 않는다. 이렇게 실업자의 수가 안정적인 수준에 도달했을 때 나타나는 실업률을 **자연실업률**이라고 부른다. 이때의 실업률이 0%가 되어야 할 이유가 없다는 점에 주의해야 한다. 식당 앞의 줄로 들어오고 나가는 사람 수가 같을 때 그 줄의 길이가 변화하지 않을 뿐 줄 자체가 없어지는 것은 아니라는 사실을 생각해 보면 잘 알 수 있는 일이다.

그렇다면 자연실업률은 어떤 수준에서 결정되는 것일까? 자연실업률은 마찰적 실업만 존재하는 상태에서의 실업률을 뜻하므로, 마찰적 실업의 증감에 따라 자연실업률도 함께 높아지고 낮아질 것이다. 그러므로 자연실업률이 어떤 수준에서 결정되는지 알기 위해서는 마찰적 실업이 어떤 요인에 영향을 받는지 알아볼 필요가 있다.

점심을 기다리는 학생들

다른 대학도 비슷하리라 생각하지만, 이 대학에서는 점심시간마다 식당 앞에 이런 긴 줄이 만들어진다. 줄을 떠나는 사람과 새로 줄에 들어오는 사람의 수가 같으면 줄의 길이는 전혀 줄어들지 않는다.

마찰적 실업은 여러 가지 제도적 요인에서 영향을 받고 있는데, 그 대표적인 예가 바로 실업보험(unemployment insurance)제도다. 관대한 실업보험의 혜택이 제공되는 경우에는 실업으로 인한 경제적 손실이 줄어들게 된다. 따라서 지금 하고 있는 일에 조금이라도 불만이 있는 사람이라면 곧장 그만두고 다른 일자리를 찾으려 할 것이다. 이런 상황에서는 자연히 마찰적 실업이 많아지고, 이에 따라 자연실업률이 더 높아지는 결과가 나타난

다. 지난 20여 년 동안 유럽 여러 나라의 자연실업률이 크게 상승한 것을 볼 수 있는데, 이에는 실업보험제도의 확충이 중요한 역할을 한 것으로 알려져 있다.

바로 이런 맥락에서 우리나라의 자연실업률이 선진국에 비해 비교적 낮은 수준에 머물러 있는 이유를 짐작해 볼 수 있다. 즉 우리나라의 경우에는 실업보험제도가 그리 잘 갖춰지지 못해 실업으로 인한 경제적 손실이 크기 때문에 자연실업률이 낮아지게 되었다고 해석할 여지가 있는 것이다. 뿐만 아니라 우리 사회에는 직업소개기관이 잘 발달되어 있지 못해 다른 일자리를 찾기가 쉽지 않다는 사실도 마찰적 실업을 줄이는 데 한몫을 했으리라고 짐작할 수 있다.

역설적으로 들릴지 모르지만, 우리 경제의 자연실업률이 낮다는 사실은 근로자들이 처해 있는 여건이 그만큼 나쁘다는 뜻으로 해석될 수 있다. 어떤 나라의 자연실업률이 낮다는 사실이 반드시 바람직한 것만은 아니라고 말하는 이유가 바로 여기에 있다.

비자발적 실업

자연실업이란 개념을 너무 강조하다 보면 실업이 초래하는 비용의 심각성을 경시하기 쉽다. 자연실업은 사람들이 일시적으로, 그리고 자발적으로 실업상태에 빠지는 것을 뜻하기 때문에 실업이 사회적으로 별 문제가 될 것이 없다는 오해가 생길 수 있다. 그러나 실업자 중에는 전혀 원하지 않는데 실업상태에 빠진 사람도 많이 섞여 있다는 사실을 잊어서는 안 된다. 한 경제 안에 존재하는 실업 중에는 경기적 실업이나 구조적 실업 같은 **비자발적 실업**(involuntary unemployment)이 차지하는 비중이 무시하지 못할 만큼 큰 것이 보통이다.

비자발적 실업

경기적 실업이나 구조적 실업처럼 근로자가 원치 않는데도 경제의 상황 때문에 어쩔 수 없이 경험해야 하는 실업

현실에서 자발적 실업과 비자발적 실업을 구분하는 것은 생각보다 쉽지 않다. 비자발적 실업은 현재의 임금하에서 노동 공급량이 수요량을 초과하기 때문에 발생한다고 볼 수 있다. 즉 어떤 사람이 현재의 임금을 받고 일할 의사가 있는데도 일자리를 얻지 못했을 때 그는 비자발적 실업상태에 빠진 것이다. 만약 임금이 너무 높아 비자발적 실업자가 생겼다면 임금이 떨어져야 할 텐데, 현실에서 임금은 그리 쉽게 떨어지지 않는 경향이 있다. 이와 같은 경향이 나타나는 이유로 많은 사람들이 최저임금제도나 노동조합의 존재와 같은 제도적 요인을 들고 있다.

지하도에서 잠을 청하는 노숙자들

이런 상태를 자발적으로 선택할 사람이 이 세상에 단 한 명이라도 있을까?

생각해 봅시다

우리나라의 경제발전 초기에는 섬유, 가발, 운동화 같은 노동집약적 경공업 제품이 수출을 주도했다. 그러나 1990년대에 들어오면서 반도체, 자동차, 휴대전화 같은 첨단제품으로 주력상품의 판도가 달라졌다. 이것은 지난 30~40년의 기간 동안 우리나라 산업구조에 커다란 변화가 일어났다는 것을 뜻한다. 우리나라 같은 수출주도형 경제에서는 무엇이 수출의 주력상품이냐에 따라 산업구조가 달라지기 때문이다.

이와 같은 산업구조의 변화는 노동집약적 경공업에서 상당히 많은 구조적 실업자가 만들어졌음을 뜻한다. 예컨대 한때 잘나가던 재단사, 재봉사 등의 의류 관련 기술자들이 일자리를 잃고 다른 직종으로 전환해야 하는 처지에 빠졌을 것임을 짐작할 수 있다. 더군다나 우리 경제의 새로운 주력으로 떠오른 산업들은 노동집약적 경공업에 비해 고용창출 능력이 상대적으로 떨어지기 때문에 이들의 어려움이 더욱 컸을 것으로 짐작한다.

생각해 보기

(1) 의류산업을 단순히 사양산업으로 보아 무시할 것이 아니라 적극적으로 육성해 부가가치를 높일 필요가 있다고 주장하는 사람들이 있다. 이런 주장을 하는 사람들은 무엇에 근거해 의류산업의 전망이 좋다고 말하는 것인지 생각해 보자.

(2) 앞으로 20년 정도의 시간이 흘렀다고 할 때 어떤 산업이 사양화의 대열에 합류하게 될 것인지 예측해 보자.

기술진보가 일자리를 사라지게 만들까?

2016년 인공지능(Artificial Intelligence; AI) 바둑 프로그램인 알파고(AlphaGo)가 이세돌 9단에 압승을 거둬 세상을 놀라게 했다. 이제 아마존 같은 온라인 쇼핑몰 기업들은 노동자 대신 인공지능이 장착된 로봇에게 재고관리나 배송처리 같은 일을 대부분 맡기고 있다. 뿐만 아니라 비서, 운전기사, 신문기자, 간호사, 투자상담사는 말할 것 없고, 심지어 예술가의 영역에까지 인공지능이 침투해 있는 것을 볼 수 있다. 예컨대 우리 집 앞 경치를 마티스풍으로 그려달라고 하면 순식간에 그 그림을 컴퓨터 화면에 보여주는 시대가 되었다.

그렇다면 인공지능의 진보와 함께 인간의 일자리에는 앞으로 어떤 변화가 생길까? 기술진보로 인해 일자리가 없어질 것이라는 우려는 적어도 두 세기 전부터 존재해 왔다. 산업혁명이 한창이던 19세기 초 방직기 도입이 일자리를 줄인다는 이유로 기계를 파괴하는 '러다이트운동'(Luddite movement)이 영국에서 일어났다. 그로부터 150년 정도가 지난 1961년 *Time*지는 "일자리 전문가들은 자동화 때문에 일자리가 충분히 만들어지지 못할 것을 걱정한다. 과거에는 새로운 산업이 등장해서 없어진 일자리보다 훨씬 많은 수의 일자리를 창출했지만 이제는 그렇지 않다."는 내용의 기사를 실었다. 이 기사의 날짜만 바꾸면 그로부터 60년이 지난 지금 새로이 올린 것이라 해도 전혀 이상하지 않을 정도다.

그러나 인공지능의 등장이 일자리에 미칠 영향은 지금까지의 기술진보와는 차원이 다를 가능성이 크다. 이미 1980년대부터 판매직, 사무행정직, 생산직, 기술직, 수리직 등 반복적(routine) 직무를 수행하는 중숙련 일자리는 지속적으로 기계에 의해 대체되어 왔다. 오직 지식집약적인 고숙련 일자리나 비반복적 육체노동이 필요한 저숙련 일자리만이 이 흐름에서 제외되어 있었다. 지금까지의 추세를 정리해 보면, '일자리 파괴'에까지는 이르지 못한 상황에서 '일자리 양극화'로 귀결된 상황이라고 말할 수 있다.

그러나 인공지능의 등장은 지금까지 비교적 안전하다고 여겨졌던 고숙련 일자리까지 위협할지 모른다. 예를 들어 변호사나 의사 혹은 경제학자 같은 전문직 종사자들까지 인공지능의 도전에 직면하게 될 수 있는 것이다. 이와 더불어 청소나 간병 같은 비반복적 육체노동 역시 로봇이 대신 그 일을 맡게 될 가능성도 있다.

반면에 아무리 기술이 발전해도 인공지능이 인간 노동을 완전하게 대체하는 것은 그리 쉽지 않으리라는 반론도 있다. 인공지능이 과거의 판례를 학습해 피고에게 어떤 형량을 구형할 수 있지만, 왜 그 형량이 적절한지 설명하고 납득시키는 일은 전혀 다른 차원의 문제가 된다. 기계학습이란 블랙박스를 통해 얻어진 통계적 정답만으로 개별 사례의 특이성과 인간만이 갖는 감성을 충분히 반영하기 어렵기 때문이다. 예컨대 어떤 피고가 인공지능 판사에게 유죄를 선고받았다고 할 때 이를 쉽게 받아들일 수 있을까?[3]

인공지능이 구체적으로 어디까지 인간의 일자리를 잠식할지는 앞으로 더 지켜보아야 할 문제다. 그러나 앞으로 노동시장의 판도에 충격적인 변화가 오리라는 점에 대해서만은 별 이견이 없다. 〈표 19-1〉은 기술진보로 인해 사라질 가능성을 직종별로 계산한 분석결과를 요약해 보여주고 있다. 이를 보면 레크리에이션 치료 전문가, 치과 의사, 헬스 트레이너, 성직자 등은 기계로의 대체가 거의 불가능한 직종임을 알 수 있다. 반면에 텔레마케터, 회계 담당자, 점원 등의 직무는 거의 전부가 기계로 대체가 가능하다. 한 가지 흥미로운 점은 경제학자 혹은 경제분석가의 직무가 기계에 의해 대체될 확률이 무려 43%나 된다는 사실이다.

이 표에 제시된 수치는 단지 추정에 불과할 뿐 아니라, 하나의 직종 안에도 그 역할이 천차만별로 다른 사람들이 포함되어 있게 마련이다. 그렇기 때문에 미리 안전한 직종을 찾는다는 생각에서 자신의 꿈을 버릴 필요까지는 없다.

표 19-1 일자리가 기계로 대체될 확률(단위 : %)

직종	대체 확률
레크리에이션 치료 전문가	0.3
치과 의사	0.4
헬스 트레이너	0.7
성직자	0.8
화학 엔지니어	2
편집자	6
소방관	17
배우	37
보건의료 종사자	40
경제학자	43
비행기 조종사	55
기계공	65
타자수	81
부동산 중개인	86
전문 저술가	89
점원	92
회계 담당자	94
텔레마케터	99

다만 데이터 관리 등 새로운 기술에 대해 최소한의 지식을 쌓고, 기계가 대체하기 어려운 인간적인 측면, 예컨대 상황 판단, 협상, 이해 조정 등과 관련된 능력의 개발에 힘쓰는 것은 미래를 위한 좋은 투자가 될 수 있을 것이다.

자료 : C. Frey and M. Osborne, "The Future of Employment: How Susceptible are Jobs to Computerisation?" *Technological Forecasting and Social Change*, January, 2017

3) 채점이 공정하지 않았다는 항의를 받은 어느 대학 교수가 인공지능으로 채점을 대신했더니 학생들의 불만이 더 커졌다고 한다.

19.4 인플레이션의 사회적 비용

인플레이션이 초래하는 사회적 비용에 대해 본격적으로 논의하기에 앞서, 우선 예상된 인플레이션과 예상되지 못한 인플레이션 사이의 차이에 대해 살펴볼 필요가 있다. 현실에서 발생하는 인플레이션이 이 둘 중 어느 쪽의 성격을 갖고 있느냐에 따라 사회적 비용이 매우 다르게 나타나기 때문이다.

예상된 인플레이션의 경우

조금 비현실적이기는 하지만 분석의 편의를 위해 완벽하게 예상된 상태에서 인플레이션이 일어난 경우를 생각해 보기로 하자. 다음에 설명할 피셔가설(Fisher hypothesis)에 따르면, 이와 같이 완벽하게 예상된 인플레이션의 경우에 발생하는 사회적 비용은 지극히 미미하다고 한다. 그러나 현실 경제는 피셔가설이 상정하는 바와 매우 다르기 때문에, 인플레이션은 상당한 사회적 비용을 초래하는 것이 보통이다.

(1) 피셔가설

완벽하게 예상된 인플레이션의 경우, 앞으로 물가가 오를 것을 예상하는 근로자들은 실질임금의 하락을 막기 위해 임금 인상을 요구하게 된다. 그런데 기업이 (명목)임금을 올려준다 해도 상품의 가격을 똑같은 비율로 올려 받을 수 있다면 (실질)이윤에는 아무런 변화가 생기지 않을 것이다. 따라서 기업은 이와 같은 요구를 그대로 받아들여 임금을 올려줄 것이라고 짐작할 수 있다. 만약 이것이 사실이라면 확실하게 예상할 수 있는 인플레이션은 기업이나 근로자 어느 누구에게도 별다른 비용을 초래하지 않는다.

완벽하게 예상된 인플레이션의 경우에는 돈을 빌려주고 받을 때에도 이와 비슷한 현상이 일어난다. 즉 채권자는 실질이자율이 떨어지는 것을 막기 위해 더 높은 (명목)이자율을 요구하고, 채무자는 이에 순순히 응할 것이다. 이 때문에 명목이자율은 실질이자율에 예상된 물가상승률을 더한 값과 같아지는 경향이 나타난다. 피셔(I. Fisher)는 이와 같은 관계를 다음과 같은 피셔가설로 정식화했다.

피셔가설 : 완벽하게 예상된 인플레이션하에서 명목이자율은 실질이자율에 예상된 물가상승률을 더한 것과 같아지는 경향이 나타난다.

피셔가설이 성립한다는 것은 대차계약에 예상된 인플레이션이 미리 반영된다는 것을 뜻한다. 따라서 돈을 빌려주는 사람이 인플레이션 때문에 손해를 보는 일은 일어나지 않는다. 만약 경제의 모든 부분에서 예상된 인플레이션에 대한 조정이 행해지고 있다면, 인플레이션은 경제에 아무런 실질적 변화를 가져다주지 않는다. 따라서 예상된 인플레이션의 사회적 비용은 별로 크지 않을 것이라고 말할 수 있다.

(2) 피셔가설의 한계

그렇지만 완벽하게 예상된 인플레이션의 경우라 하더라도 이로부터 어떤 형태의 사회적 비용이 발생할 수 있다. 그와 같은 사회적 비용의 예로 메뉴비용(menu cost), 구두창비용(shoe leather cost), 그리고 계산단위비용(unit-of-account cost)을 들 수 있다. 예상할 수 있는지와 관계없이 인플레이션은 이와 같은 여러 가지 비용을 유발하는 원인이 될 수 있는 것이다.

메뉴비용이란 가격을 변경하는 것과 관련되어 발생하는 모든 비용을 통틀어 가리키는 말이다. 기업이 가격을 변경하는 데는 여러 가지 형태의 비용이 뒤따르기 마련이다. 무엇보다 우선 가격을 어느 정도로 조정할 것인지를 결정하는 과정에서 비용이 발생할 수 있다. 또한 가격이 인쇄된 상품포장이나 카탈로그를 새것으로 바꾸는 데 비용이 들기도 하고, 새 가격을 고객들에게 알리는 데도 비용이 든다. 심지어는 가격 변경에 불만을 품은 단골손님이 거래를 중단할 위험까지 감수해야 한다. 완벽하게 예상된 인플레이션의 경우에도 이런 메뉴비용은 불가피하게 발생하기 마련이다.

메뉴비용
가격을 변경하는 것과 관련되어 발생하는 모든 비용

구두창비용은 인플레이션이 예상되고 있을 때 사람들이 금융자산이나 실물자산을 현금화하기 위해 더욱 잦은 발걸음을 하게 되는 데서 나오는 거래비용을 뜻한다. 물가가 뛸 것이라고 예상하는 사람들은 되도록 현금 보유를 줄이고 금융자산이나 실물자산으로 바꿔 보유하려는 태도를 보인다. 인플레이션이 발생할 경우 주머니 속의 현금은 실질가치가 줄어들지만, 이런 자산들은 실질가치가 상대적으로 더 잘 유지되기 때문이다.

구두창비용
인플레이션이 예상되는 상황에서는 사람들이 되도록 현금 보유를 줄이고 다른 자산으로 바꿔 두려는 태도를 보이게 됨. 이에 따라 현금화를 위해 금융기관에 더욱 잦은 발걸음을 하게 되는 것과 관련된 비용을 구두창비용이라 부름

인플레이션이 발생하면 사람들은 이런 자산을 한꺼번에 현금화하지 않고 필요할 때마다 조금씩 현금화하는 방식을 선택하게 된다. 필요 없이 현금을 많이 갖고 있을 이유가 없다고 생각하기 때문이다. 따라서 현금화를 위해 이곳저곳을 더욱 자주 찾아가야 하는데, 이 과정에서 시간이라든가 교통비 같은 비용이 발생하게 된다. 이곳저곳을 자주 찾아다니면 구두창이 빨리 닳는다는 데 비유해 이를 구두창비용이라고 부르는 것이다.

마지막으로 **계산단위비용**이란 것은 인플레이션으로 인해 화폐가 계산단위의 역할을 제대로 할 수 없게 되는 것과 관련을 갖는다. 시장경제체제에서는 모든 상품의 가격이 화폐의 단위로 표시되어 있다. 예를 들어 쌀 1kg의 가격이 3천원이고 옷 한 벌의 가격이 5만원이라는 식으로 화폐가 기본적인 계산단위의 역할을 하고 있다는 말이다. 그런데 인플레이션이 진행되고 있는 상황에서는 그 3천원과 5만원이라는 가격이 전달하는 의미가 계속 달라진다. 이렇게 계산단위인 화폐의 실질가치가 계속 변화함으로 인

계산단위비용
인플레이션으로 인해 화폐가 계산단위의 역할을 제대로 할 수 없는 데서 나오는 비용

인플레이션과 실업－어느 쪽이 더 심각한 문제인가?

물가상승률이 1% 포인트 더 커지는 것과 실업률이 1% 포인트 더 커지는 것 중 어느 쪽이 사람들의 행복감을 더 큰 폭으로 떨어뜨리게 될까? 이와 같은 질문은 정부가 경제안정을 추구하는 정책을 수행할 때 고용 안정과 물가 안정의 두 목표 중 어느 쪽에 더 높은 우선순위를 두어야 하는지의 선택과 관련해 매우 중요한 의미를 갖는다. 당연한 말이지만, 사람들의 행복감을 더 크게 만드는 쪽으로 정책의 우선순위를 매겨야 할 것이기 때문이다.

만약 1% 포인트의 물가상승률과 실업률의 증가가 행복감에 각각 다른 정도의 영향을 미친다면 우리는 다음과 같은 질문을 제기해볼 수 있다. 실업률이 1% 포인트 더 커진다고 할 때 물가상승률을 몇 퍼센트 포인트 더 작게 만들어야 사람들의 행복감에 아무런 변화가 일어나지 않을까? 다시 말해 물가상승률과 실업률 사이에 구체적으로 어떤 교환관계가 있는지를 알아내고 싶은 것이다.

이 문제와 관련되어 수행된 많은 연구는 한 가지 점에서 일관된 결과를 내놓고 있다. 그것은 실업률이 1% 포인트 더 커지는 것이 물가상승률이 1% 포인트 더 커지는 것보다 행복감을 더 큰 폭으로 떨어뜨리는 결과를 가져온다는 사실이다. 따라서 바로 위에서 본 질문에 대한 답은 1보다 큰 어떤 값이 될 것이 분명한데, 문제는 연구마다 그 값이 크게 다르다는 데 있다.

독일의 대학도시 하이델베르크

1940년 이전에 태어난 독일 사람들은 인플레이션에 대해 특히 민감한 반응을 보인다고 한다.

예를 들어 월퍼스(J. Wolfers)라는 경제학자가 2003년에 쓴 논문에 따르면, 실업률 1% 포인트의 증가를 상쇄하기 위해서는 물가상승률이 무려 4.7% 포인트나 떨어져야 한다. 다시 말해 실업률 1% 포인트가 행복감에 미치는 영향은 물가상승률 1% 포인트의 영향에 비해 무려 4배 이상 크다는 뜻이다.

반면에 디 텔러-매컬록(R. Di Tella and R. MacCulloch)의 연구 결과를 보면 실업률 1% 포인트의 증가를 상쇄하기 위해 물가상승률이 1.7% 포인트 떨어져야 하는 것으로 나타나 있다. 위에서 본 월퍼스의 연구 결과와 두 배 이상의 차이를 보이고 있는 것이다. 따라서 사람들이 느끼는 행복감과 관련한 실업률과 물가상승률 사이의 구체적인 교환관계에 대해 어떤 확정적인 답을 기대하기는 힘든 형편이다.

이 문제와 관련된 여론을 조사한 결과 한 가지 재미있는 사실이 발견되었는데, 인플레이션을 더욱 심각한 문제로 보는 데 세대차가 존재한다는 점이다. 독일 사람의 경우, 1940년 이전에 태어난 사람 중 거의 90%가 인플레이션을 억제하는 것이 경제 측면에서 가장 중요한 현안문제라는 말에 완전히 동의하고 있는 것을 볼 수 있다. 그 반면 1950년 이후에 태어난 독일 사람 중 그런 의견을 갖고 있는 사람의 비율은 고작 51%밖에 되지 않는다고 한다.

나이가 많은 사람일수록 인플레이션을 더욱 심각한 문제로 인식하리라는 것은 충분히 기대할 수 있는 일이다. 그들은 연금 같은 고정소득으로 살아가고 있으므로 물가상승으로 인한 구매력 감소에 매우 민감한 반응을 보일 수밖에 없다. 인플레이션과 실업에 대한 인식에서 세대차가 존재하는 것은 자연스러운 현상이라고 말할 수 있다.

자료 : R. Di Tella and R. MacCulloch, "Some Uses of Happiness Data in Economics," *Journal of Economic Perspectives*, Winter 2006, pp. 25~46

해 불확실성이 발생하게 되는데, 이것은 의사결정에 혼란을 가져와 사회적 비용을 초래하는 원인이 된다. 바로 이를 가리켜 계산단위비용이라고 부르는 것이다.

이와 같은 여러 가지 비용이 실제로 얼마나 큰 규모로 발생하는지에 관해서는 의견이 분분하다. 그러나 단지 금융기관에 자주 가야 하는 불편함이나, 메뉴를 바꾸기 위해 들여야 하는 비용, 혹은 계산단위로서의 화폐가 갖는 불확실성 때문에 사람들이 인플레이션을 그토록 싫어하고 두려워한다고 생각하기는 힘든 것이 사실이다. 구두창비용, 메뉴비용, 계산단위비용 같은 것은 오히려 예상된 인플레이션의 사회적 비용이 별로 크지 않다는 증거가 될지 모른다. 그러나 한 달 동안의 물가상승률이 50%를 넘는 초인플레이션(hyperinflation)의 경우에는 이런 비용이 매우 클 수 있는 것 또한 사실이다.

예상되지 못한 인플레이션의 경우

현실적으로 인플레이션을 완벽하게 예측하는 것은 불가능에 가까운 일이다. 우리가 현실에서 보는 대부분의 인플레이션은 예상치 못한 것이라는 성격을 갖는데, 이와 같은 유형의 인플레이션은 여러 가지 경로를 통해 사회에 부정적인 영향을 미치게 된다. 그것들이 무엇인지 하나씩 설명해 보기로 하겠다.

(1) 소득재분배 효과

예상되지 못한 인플레이션은 사람들 사이에서 뜻하지 않게 소득이 재분배되게 만드는 결과를 빚는다. 그 좋은 예가 채권자와 채무자 사이의 소득재분배 효과다. 물가상승률을 제대로 예측하지 못한 경우 대차계약을 맺을 때 이자율을 적절하게 조정하지 못하고, 이에 따라 채무자는 이득을 보고 채권자는 손해를 보는 결과가 나타나게 된다. 또한 고정된 명목임금을 받고 있는 노동자와 기업 사이의 관계에서도 이와 비슷한 소득재분배 효과가 나타날 수 있다. 뿐만 아니라 고정된 연금을 받아 생활하는 사람, 명목가치가 고정된 금융자산을 보유하고 있는 사람 등에게도 실질소득이 줄어드는 손해가 발생할 수 있다.

(2) 장기계약의 문제

앞으로 인플레이션이 어떤 속도로 진전될지 예측할 수 없다는 것은 채권자와 채무자 사이에서 어떤 방향으로 소득의 재분배가 일어날지 모른다는 것을 뜻한다. 이 불확실성 때문에 채권자와 채무자 사이에 장기계약(long-term contract)이 맺어지기 어려워진다. 장기계약을 통해 돈을 빌려주고 받은 경우에는 물가상승률이 조금만 달라져도 매우 큰 폭의 소득재분배 효과가 발생한다. 말하자면 장기계약에 따른 위험이 상당히 크다는 것인데, 이런 이유 때문에 채권자와 채무자가 장기계약을 회피하는 경향이

휘황찬란한 빛을 발하는 금괴

인플레이션이 심화되면 투기 목적으로 이런 금괴를 사재기하는 사람들이 생긴다.

생길 수 있다. 금융기관과 기업이 모두 단기계약을 선호해 단기대출만 이루어지고 장기대출은 전혀 이루어지지 못한다면 경제 전반의 효율성에 문제가 발생하게 된다. 때로는 기업이 긴 안목에서 장기 투자계획을 실행에 옮길 필요가 있을 텐데, 장기대출이 불가능해 자금을 조달할 수 없다면 기업들은 머지않아 경쟁력을 상실하고 말 것이다.

(3) 투기의 성행

인플레이션하에서 모든 재화와 서비스의 가격이 똑같은 비율로 상승하는 것은 결코 아니다. 경험적으로 보면 예상치 못한 인플레이션이 빠른 속도로 진행할수록 각 상품 사이의 가격 상승률 격차가 더욱 커지는 경향을 발견할 수 있다. 다시 말해 예상치 못한 데다가 빠르게 진행하는 인플레이션하에서는 상대가격(relative price)에 매우 큰 변화가 생긴다는 말이다.

상대가격에 변화가 오면 이로부터 어떤 사람은 이득을 보는 한편 어떤 사람은 손해를 보는 소득재분배 효과가 발생한다. 예를 들어 금값이 유독 엄청나게 뛰면 금을 갖고 있는 사람은 이득을 보지만 금을 사서 써야 하는 사람은 손해를 보게 된다. 상대가격 변화가 어느 방향으로 일어날지 예측하기 힘들기 때문에 이로 인한 소득재분배 효과가 어느 방향으로 작용할지도 예측하기 힘들다. 즉 예상치 못한 인플레이션의 소득재분배 효과는 본질적으로 불확실하다는 뜻이다. 인플레이션의 진행 속도가 빠를수록 상대가격의 변화폭도 큰 것이 일반적인데, 이에 따라 소득재분배 효과가 더 커질 뿐 아니라 그 효과의 불확실성도 커진다.

나아가 상대가격의 변화가 심해지면 가격이 더 많이 오를 것이라고 생각되는 상품, 예컨대 부동산, 골동품, 금, 외환 등에 대한 투기(speculation)가 성행하게 된다. 사회 전체에 투기가 만연하게 되면 건전한 성격의 투자는 이루어지기 힘들어지고, 이에 따라 매우 큰 사회적 비용이 발생할 것이다.

상대가격의 변화와 관련해 한 가지 더 생각해야 할 점이 있다. 인플레이션이 진행되는 과정에서 각 상품의 가격이 똑같은 비율로 올라 국내의 상품들 사이에서 상대가격이 일정하게 유지된다 하더라도 문제가 발생할 수 있다는 사실이다. 즉 인플레이션이 발생하면 외국 상품에 비해 국내 상품이 상대적으로 더 비싸지기 때문에 수출의 감소와 수입의 증가를 유발하게 된다. 다시 말해 인플레이션이 단기적인 국제수지 적자의 요인이 된다는 것인데, 이와 같은 문제는 예측된 인플레이션의 경우에도 역시 발생하게 된다.

인플레이션의 사회적 편익

일반적으로 인플레이션은 실업과 더불어 국민경제가 안고 있는 심각한 골칫거리로 인식되고 있다. 이 절에서의 논의도 인플레이션이 초래하는 사회적 비용에 관심의 초점을 맞추고 있다. 그러나 사회적 관점에서 볼 때 인플레이션이 언제나 부정적 효과만 내는 것은 아니다. 역설적으로 들릴지 몰라도 인플레이션에서 나오는 사회적 비용과 더불어 사회적 편익도 분명 존재하고 있다.

인플레이션에서 나오는 사회적 편익의 첫 번째 예는 이를 통해 정부의 수입이 늘어날 수 있다는 점이다. 세금을 징수해 정부의 사업 수행에 필요한 자금을 조달하는 것이 원칙이지만, 때로는 화폐를 발행해 자금을 조달할 수도 있다. 이를 가리켜 인플레이션세(inflation tax)를 거둔다고 말하는데, 만일 정부가 적절한 수준에서 화폐 발행을 늘리고 이를 통해 조달한 자금으로 유용한 사업에 활용한다면 인플레이션은 오히려 사회에 편익을 가져다주는 셈이다. 다만 정부의 과욕으로 인해 너무 많은 화폐를 발행해 물가를 극도로 불안하게 만든다면 이로 인한 사회적 비용이 무척 클 것임은 두말할 나위도 없다.

뿐만 아니라 완만하게 진행되는 인플레이션은 경제가 부드럽게 돌아가게 만드는 윤활유의 역할을 한다는 점에서 사회적 편익이 발생한다고 말할 수 있다. 임금 계약이나 다른 제도적 요인 때문에 명목임금(nominal wage)은 단기적으로 고정되어 있을 때가 많다. 이 상황에서 물가가 올라가면 실질임금(real wage)이 떨어지는 결과가 빚어진다. 기업은 실질임금을 보고 노동의 고용수준을 결정하는데, 실질임금이 떨어지면 고용을 늘리게 된다. 그렇기 때문에 인플레이션은 고용을 늘리고 실업을 줄이는 역할을 할 수 있다.

인플레이션은 실질이자율(real interest rate)이 떨어지게 만든다는 점에서도 긍정적 효과를 낸다. 앞에서 설명했듯 완벽하게 예상된 인플레이션의 경우에는 명목이자율(nominal interest rate)이 예상된 물가상승률만큼 올라가 조정이 이루어지기 때문에 실질이자율에 아무 변화가 생기지 않는다. 그러나 현실에서 발생하는 인플레이션은 예상하기가 힘들고 따라서 명목이자율의 조정이 그런 정도로 완벽하게 이루어지기 힘들다. 만약 이자율이 물가상승률보다 더 작은 폭으로 조정된다면 인플레이션의 결과 실질이자율이 떨어지는 결과가 나타난다. 실질이자율이 떨어져 자금 조달의 기회비용이 줄어들면 기업의 투자행위가 더욱 활발하게 이루어지는 동시에 소비자들도 소비지출을 늘릴 것으로 예상할 수 있다.

2008년 글로벌 금융위기가 발생한 이후 인플레이션에 대한 사람들의 태도가 예전과 매우 다른 것을 볼 수 있다. 위기 발생 전에는 인플레이션이 무슨 수를 써서라도 억제해야 할 대상으로 인식되어 왔던 데 비해, 발생 후에는 은근히 인플레이션이 발생하기를 기대하는 태도로 바뀐 것이다. 극심한 경기침체로 인해 물가상승의 압력이 크

애그플레이션

2000년대 들어 농산물 가격이 유달리 크게 오르고 있다. 2010년에는 배추 값이 천정부지로 뛰어올라 난리가 난 적도 있었고, 돼지고기가 너무 비싸져 삼겹살을 금겹살이라고 부른 적도 있었다. 그런데 이런 현상은 우리나라뿐 아니라 전 세계에 걸쳐 나타나고 있다. World Bank가 발표하는 국제식량가격지수를 보면 2010년 7월부터 2011년 1월 사이에 지수가 40%를 넘는 폭으로 상승했다.

최근 들어 농산물 가격이 크게 오르고 있는 이유는 과연 무엇일까? 무엇보다 우선 신흥국의 경제성장으로 인해 농산물 수요가 크게 증가했다는 점을 들 수 있다. 중국과 인도의 인구를 합치면 무려 25억 명이나 되는데, 이들의 소득 증가가 농산물 수요를 크게 늘리는 결과를 가져왔다. 또한 종전에는 거의 전적으로 식용으로만 쓰이던 옥수수가 바이오 연료 생산에 사용되기 시작한 것도 농산물 가격을 부추기는 한 원인이 되었다.

이와 더불어 개발도상국을 중심으로 산업화, 도시화가 진전되면서 경작지 면적이 크게 줄어든 것도 중요한 원인으로 꼽을 수 있다. 게다가 세계 각지에서 가뭄과 홍수 같은 자연재해가 빈번하게 발생하면서 농산물 생산의 변동성이 무척 커졌다. 이와 같은 변동성의 증대는 가격 상승으로 이어지기 일쑤였다. 마지막으로는 농산물 가격의 가파른 상승과 더불어 투기 목적의 자금이 농산물 파생금융시장에 유입되면서 가격 상승을 부채질한 측면도 있었다.

자연재해에 따른 공급 차질은 단기적인 현상일 수 있지만, 위에서 언급한 대부분의 요인들은 앞으로도 상당 기간 동안 지속될 가능성이 크다. 따라서 경제학자들은 새로운 농업 기술이 개발되지 않는 한 농산물 가격 상승 추세가 당분간 지속될 것으로 전망하고 있다. 특히 농산물 수출국들이 국내시장의 사정을 구실로 수출을 규제하기 시작한다면 상황은 더욱 심각한 국면으로 치달을 수 있다.

농산물 가격의 상승으로 인한 물가상승을 **애그플레이션**(agflation)이라고 부른다. 농업을 뜻하는 agriculture와 물가상승을 뜻하는 inflation을 합성해 만든 용어다. 일반적으로 소득수준이 낮은 나라일수록 소비자물가 산정의 대상이 되는 상품 중에서 농산물이 차지하는 비중이 큰 경향이 있다. 따라서 이런 나라에서는 농산물 가격의 상승이 전체 소비자물가 상승을 주도할 가능성이 크다. 아시아 개발도상국의 경우에는 농산물 소비 비중이 특히 높아 농산물 가격 상승에 더욱 민감하게 반응하는 구조를 갖고 있다.

물가지수 산정의 대상이 되는 상품 중 농산물이 차지하는 비중을 보면 선진국의 경우에는 대개 15% 정도에 머물고 있다. 반면에 아시아 개발도상국의 경우에는 그 비중이 50%를 넘는 나라도 있다. 그렇기 때문에 개발도상국에 사는 가난한 사람들의 입장에서는 농산물 가격의 상승이 더욱 고통스럽게 느껴질 수밖에 없다.

뿐만 아니라 농산물 가격 상승은 가계의 실질소득을 줄여 빈곤층을 양산하는 문제를 일으키기도 한다. 아시아개발은행(Asian Development Bank)의 연구에 따르면, 농산물 가격이 평균적으로 10% 올라갈 경우 아시아의 빈곤인구는 6천 5백만 명이나 되는 크기로 늘어난다고 한다. 아시아 개발도상국의 경우 농산물 가격 상승이 단순한 거시경제문제에 그치는 것이 아니라, 사회나 정치의 측면에서도 중요한 의미를 갖는 문제일 수 있음을 뜻한다.

자료 : Asian Development Bank, "Global Food Price Inflation and Developing Asia," March 2011

게 줄어든 나머지 이제는 오히려 디플레이션(deflation)이 더 큰 걱정거리로 등장했기 때문이다. 실제로 디플레이션이 발생한다면 경기침체는 한층 더 심각한 양상으로 치달을 수 있어 걱정을 금치 못하는 것이다.

한때 미국과 유럽의 중앙은행들은 오히려 (제한된 범위 안에서) 인플레이션을 일으키겠다고 국민에게 약속을 하는 이상한 광경을 연출하기까지 했다. 물론 완만한 인플레이션을 뜻하는 것이었기는 하지만, 거의 신경질적으로 인플레이션의 발생 가능성에 대처하던 과거의 모습과는 판이하게 다르다. 경제 여건이 바뀜에 따라 인플레이션에 대한 인식도 크게 달라지고 있는 것이다.

인플레이션의 발생 원인 19.5

그렇다면 인플레이션은 어떤 원인에 의해 발생하는 것일까? 앞에서 배운 총수요-총공급모형은 인플레이션이 발생하는 원인을 설명하는 데 매우 적합한 분석틀이 될 수 있다. 총수요-총공급모형에서 총수요곡선이 오른쪽으로 이동하거나 총공급곡선이 왼쪽으로 이동하면 물가가 올라가는 결과가 나온다. 다시 말해 총수요 증가나 총공급 감소가 물가상승의 원인이 된다는 뜻이다. 이 둘 중 어느 쪽이 물가상승의 주요한 원인이 되느냐에 따라 **수요견인**(demand-pull) **인플레이션**과 **비용상승**(cost-push) **인플레이션**으로 나누어 볼 수 있다.

수요견인 인플레이션
총수요의 증가가 주요한 원인이 되어 발생하는 인플레이션

비용상승 인플레이션
총공급의 감소가 주요한 원인이 되어 발생하는 인플레이션

단기 인플레이션

총수요의 증가가 물가상승의 주요한 원인이 되는 경우를 수요견인 인플레이션이라고 부른다. 총수요의 증가가 물가를 끌어올리는 역할을 했다는 뜻에서 그런 이름이 붙었다. [그림 19-5]의 (i)에서 AD_0였던 총수요곡선이 오른쪽으로 이동해 AD_1이 된 결과 물가가 P_0에서 P_1으로 올라간 것을 볼 수 있는데, 이와 같은 과정에서 발생하는 물가상승이 바로 수요견인 인플레이션이다.[4]

반면에 총공급이 줄어들어 물가상승이 일어나는 경우는 비용상승 인플레이션이라고 부른다. 비용의 상승이 물가를 밀어올리는 결과를 가져왔다는 뜻에서 그렇게 부르는 것이다. 예를 들어 국제석유가격이 올라 비용이 상승하면 [그림 19-5]의 (ii)에서 보는 것처럼 AS_0였던 총공급곡선이 왼쪽으로 이동해 AS_1이 된다. 그 결과 물가가 P_2로 올라간 것을 알 수 있는데, 이것이 바로 비용상승 인플레이션이다.[5]

수요견인 인플레이션과 비용상승 인플레이션은 국민소득에 미치는 영향의 측면에서 상반된 성격을 갖고 있다. 그림 (i)에서 보듯 수요견인 인플레이션이 발생하면 국민소득이 Y_1으로 늘어난다. 반면에 그림 (ii)를 보면 비용상승 인플레이션이 국민소득

4) 어떤 이유에서 소비지출이나 투자지출이 늘어나면 총수요곡선은 오른쪽으로 이동하게 된다. 또한 순수출이 증가하는 경우에도 총수요곡선이 오른쪽으로 이동한다.

5) 총공급곡선이 왼쪽으로 움직이게 만드는 요인의 예로는 원자재 가격이나 임금의 상승, 흉작에 의한 곡물가격 상승 등을 들 수 있다.

그림 19-5

수요견인 인플레이션과 비용상승 인플레이션

그림 (i)은 총수요 증가가 물가를 끌어올리는 역할을 하는 수요견인 인플레이션, 그리고 그림 (ii)는 총공급 감소가 물가를 밀어올리는 역할을 하는 비용상승 인플레이션이 발생하는 과정을 보여주고 있다.

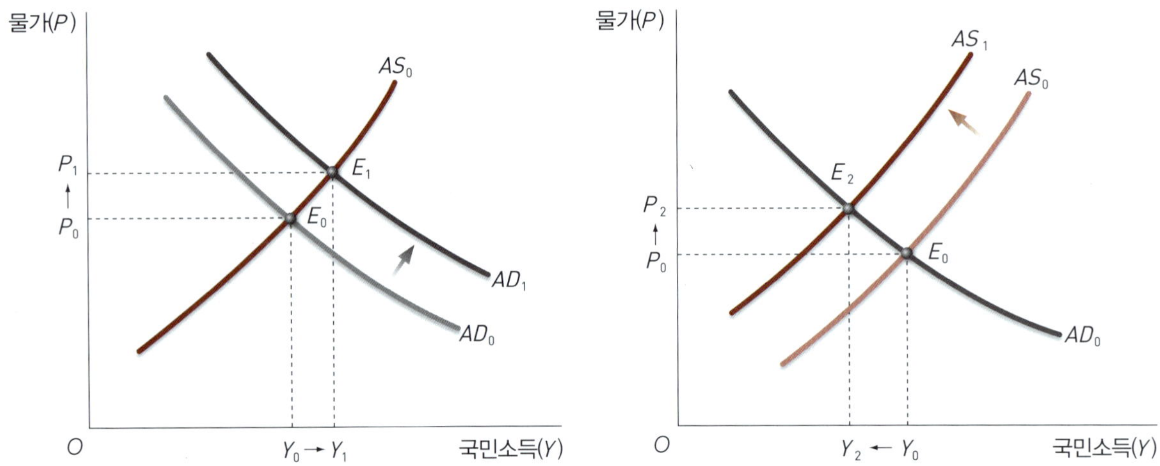

(i) 수요견인 인플레이션　　(ii) 비용상승 인플레이션

을 Y_2로 줄여 경기침체를 가져온다는 것을 알 수 있다. 앞에서 설명한 바 있지만, 이처럼 물가상승과 경기침체가 동시에 발생하는 경우를 스태그플레이션이라고 부른다.

수요견인 인플레이션이 발생했을 때는 총수요를 줄임으로써 물가 안정을 되찾을 수 있다. 총수요곡선을 AD_0의 위치로 되돌아오게 하면 물가가 원래의 P_0수준에서 안정될 수 있는 것이다. 그러나 비용상승 인플레이션이 발생했을 때는 총수요를 억제하는 정책이 효과적인 대응책이 되지 못한다. 이 상황에서 총수요를 줄이면 국민소득이 떨어짐과 동시에 실업이 한층 더 늘어나는 부작용이 생기기 때문이다.

애당초 총공급곡선이 왼쪽으로 이동해 문제가 생겼으므로 이를 다시 원래의 위치(AS_0)로 이동시키면 되지 않겠느냐고 생각하는 사람이 있을지 모른다. 만약 총공급곡선을 다시 오른쪽으로 움직여 가게 할 수 있다면 물가상승과 실업의 문제가 동시에 해결될 수 있는 것은 사실이다. 그러나 활용할 수 있는 생산자원의 크기나 생산성 등에 의해 결정되는 총공급곡선을 단기적 성격을 가진 정책에 의해 조절하는 것은 매우 어려운 일이다.

안정된 물가란 무엇을 뜻하는 것일까?

물가상승률이 너무 낮으면 경제성장에 오히려 해가 된다고 주장하는 사람들이 있다. 사실 물가가 떨어지는 디플레이션의 상황은 인플레이션의 상황보다 경제에 훨씬 더 심각한 문제를 가져다준다. 현실을 보면 물가가 적절한 수준으로 올라갈 때 경제가 원활하게 움직여 간다는 것을 실감할 수 있다. 따라서 물가 안정을 추구한다고 해서 0%의 물가상승률을 정책의 목표로 삼는다는 뜻은 아니다.

어떤 수준의 물가상승률이 안정된 물가를 뜻하는지의 문제는 다음 장에서 좀 더 자세하게 설명될 **물가안정목표제**(inflation targeting)의 실시와 관련해 특별히 큰 중요성을 갖는다. 물가안정목표제하에서는 일정한 물가상승률의 목표치를 정해 놓고 이것의 달성에 전력을 기울이게 된다. 따라서 애당초 합리적인 수준의 물가상승률 목표치를 설정하는 것이 매우 중요한 과제가 된다. 그것이 너무 높거나 낮게 설정되어 있는 경우에는 물가안정목표제의 실시가 경제를 오히려 바람직하지 않은 방향으로 이끌어갈 가능성이 있다.

그렇다면 구체적으로 물가상승률이 몇 퍼센트인 경우에 물가가 안정되었다고 말할 수 있을까? 이에 대한 전문가들의 의견은 매우 다양한 것을 볼 수 있다. 예를 들어 유럽중앙은행(ECB)은 소비자물가지수가 2% 이내로 상승하는 것을 안정된 물가로 정의하고 있다. 한편 오스트레일리아, 영국, 캐나다, 스웨덴의 중앙은행은 1.5%에서 2.5% 사이의 물가상승률을 목표로 삼는 것을 볼 수 있다. 미국의 경우에는 유럽 여러 나라들보다 상대적으로 더 높은 물가상승률을 용인하는 분위기다.

그런데 ECB의 2%보다 더 높은 3~4%의 물가상승률을 목표로 삼는 것이 적절하다고 주장하는 사람들이 있다. 그와 같은 주장의 근거로 명목임금이 하방경직성을 갖기 때문에 물가상승률이 너무 낮으면 실질임금이 떨어지기 어렵다는 점을 들고 있다. 경제가 침체된 경우에는 실질임금이 떨어져야 고용이 늘어날 수 있는데, 물가상승률이 너무 낮으면 그렇게 되기가 힘들다는 주장이다.

물론 물가상승률이 너무 높으면 근로자들이 임금 인상을 요구할 것이기 때문에 실질임금도 따라서 올라가는 역효과가 날 수 있다. 그런데 일반적으로 물가상승률이 3% 정도일 때는 임금 인상 요구를 하지 않는 경향이 있다고 한다. 그렇다면 이 수준의 물가상승률이 고용 증대에 기여할 수 있다는 뜻인데, 비유를 들어 말하면 적절한 물가상승이 노동시장의 바퀴가 부드럽게 돌아가게 하는 윤활유의 역할을 한다는 것이다.

어떤 경제학자의 연구 결과에 따르면, 미국의 경우 3%의 물가상승률이 고용 안정의 측면에서 가장 바람직하다고 한다. 유럽의 경우에는 노동시장이 상대적으로 더 경직적이기 때문에 더 높은 물가상승률이 바람직할지도 모른다. 노동시장이 경직적일수록 명목임금의 하방경직성이 더 크고, 따라서 물가상승을 통한 실질임금 하락이 더 큰 효과를 발휘할 수 있기 때문이다.

너무 낮은 물가상승률이 바람직하지 않은 또 다른 이유를 통화정책의 효과가 떨어진다는 데서 찾을 수 있다. 경기침체가 아주 심각한 상황에서는 실질이자율을 마이너스(−)로 만들 필요가 있을 수도 있다.[6] 그렇지 않으면 기업들이 좀처럼 투자를 하려 들지 않기 때문이다. 예를 들어 심각한 불황에 시달리던 1990년대의 일본 경제에서 바로 그와 같은 필요성이 제기된 바 있다.

그런데 명목이자율을 0% 아래로 떨어뜨릴 수는 없기 때문에 물가가 어느 정도 올라야 실질이자율이 마이너스 값을 가질 수 있다. 이 점에서 본다면 적절한 정도의 물가상승은 통화정책의 효율성을 높여주는 역할도 한다고 말할 수 있다. 그런데 문제는 과연 어느 수준의 물가상승률이 적절한 것인지 정확히 알 수 없다는 데 있다. 이 문제를 둘러싸고 여러 가지 다른 견해가 제시되고 있는 이유가 바로 여기에 있다.

자료 : *The Economist*지, 2000년 11월 11일 자

6) 실질이자율은 명목이자율에서 기대인플레이션율을 뺀 것과 같아진다.

장기 인플레이션

장기적인 관점에서 볼 때 물가와 가장 밀접한 관련을 갖는 것은 화폐공급 증가율이다. 경제 규모가 커져 거래액이 커짐에 따라 화폐 공급량도 늘어나는 것이 일반적인 경향이다. 화폐는 거래를 매개하는 역할을 하기 때문에 거래 규모가 커지면 통화량도 함께 늘어나야 원활한 거래가 이루어질 수 있다. 그런데 때로는 거래 규모가 커지는 속도에 비해 화폐 공급량이 늘어나는 속도가 너무 빠를 수 있고, 이런 경우에는 물가 불안의 문제가 발생하게 된다.

앞에서 설명한 것처럼, 단기적으로는 총수요와 총공급이 조화를 이루지 못해 인플레이션이 발생한다고 말할 수 있다. 그런데 장기적 관점에서 보면 경제의 자동조정기능을 통해 총수요와 총공급이 일치할 것이기 때문에 장기 인플레이션은 정부가 화폐를 너무 많이 발행하는 것이 궁극적 원인이라고 말할 수 있다. "인플레이션은 언제나 그리고 어디에서나 화폐적 현상이다."(Inflation is always and everywhere a monetary phenomenon.)라는 프리드먼(M. Friedman)의 말은 이를 압축해서 표현하고 있다.

이와 같은 화폐공급 증가율과 인플레이션 사이의 관계는 통계자료를 통해서도 입증되고 있다. [그림 19-6]은 1991년부터 2019년까지 각국의 평균 물가상승률과 평균 화폐공급 증가율 사이의 관계를 보여주고 있는데, 이를 보면 양자 사이에 뚜렷한 양(+)의 상관관계가 존재하는 것을 알 수 있다.

그렇다면 정부가 화폐 공급량을 적절히 통제하면 인플레이션을 예방할 수 있을까? 이는 어느 정도 맞는 말이지만, 문제는 현실에서 정부가 화폐를 많이 발행할 수밖에

그림 19-6

화폐공급 증가율과 장기인플레이션 (1991~2019년 평균)

이 그림을 보면 물가상승률과 화폐공급 증가율 사이에 뚜렷한 양(+)의 상관관계가 존재하는 것을 알 수 있다.

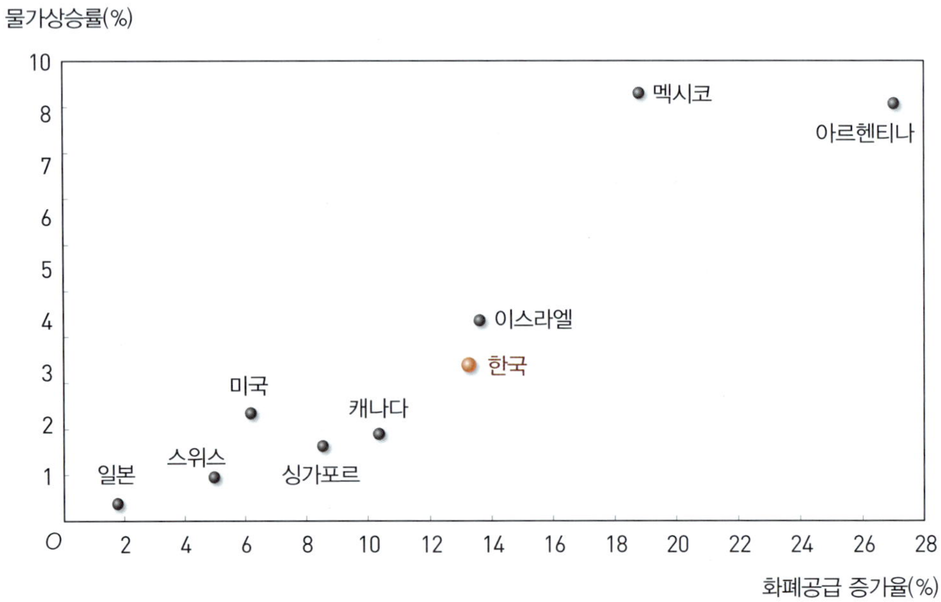

자료 : IMF, *International Financial Statistics*, 2021

없는 입장에 처해 있을 경우가 많다는 데 있다. 현대의 정부는 국방이나 치안 같은 기본 임무 이외에도 경제, 사회, 문화 등 여러 방면에 걸쳐 적극적인 활동을 벌이고 있다. 이에 따라 막대한 규모의 재정지출이 필요하게 되어, 그 재원을 어떻게 조달하느냐가 중요한 문제로 대두한다. 세금을 더 이상 거둘 수 없고 국채를 발행해 빌려 쓰기도 힘들다고 느낄 때 정부는 화폐를 더 발행하는 손쉬운 방법에 의존하게 된다.

이처럼 재정 수요를 충당하기 위해 화폐를 더 찍어내 인플레이션이 발생했다면 과연 이것을 순수한 화폐적 현상이라고 볼 수 있을까? 결과만 놓고 말한다면, 프리드먼의 말대로 모든 인플레이션을 화폐적 현상으로 볼 수 있을지 모른다. 그러나 무리하게 화폐를 발행하려는 목적이 재정 수요를 충당하는 데 있다면, 인플레이션의 근본원인은 과다한 재정지출에 있다고 말해야 할 것이다. 이런 의미에서 본다면 인플레이션이 화폐적 현상이라기보다는 '재정적 현상'(fiscal phenomenon)이라 해야 옳을지 모른다. 실제로 여러 나라에서 방만한 재정 운영이 인플레이션을 일으키는 주요인으로 작용한 사례를 자주 발견할 수 있다. 그 결과 여러 나라에서 법적, 제도적 장치를 마련해 중앙은행의 독립성을 높임으로써 정부가 중앙은행으로부터의 차입을 통해 화폐 발행량이 과도하게 늘어나는 결과를 빚지 못하도록 막아야 한다는 주장이 제기되어 왔다.

초인플레이션의 역사

초인플레이션(hyperinflation)의 역사는 멀리 3세기의 로마시대까지 거슬러 올라간다. 당시의 로마제국 정부는 군비 확장과 공공사업 수행을 위해 막대한 재정자금을 필요로 하고 있었는데, 조세수입만으로는 감당할 수 없게 되자 주화 발행량을 대폭 늘려 자금을 충당하는 방법을 채택했다. 218년으로부터 268년 사이의 기간 동안 주화의 은 함유량이 5천분의 1로 떨어진 것을 보면 당시의 상황을 충분히 짐작할 수 있다. 이와 같은 주화 발행량의 급증은 가격 폭등으로 이어졌는데, 그럼에도 불구하고 당시의 황제들은 상인들의 탐욕에 그 원인을 돌렸다.

근대에 들어와서 발생한 초인플레이션의 대표적 예로는 대혁명기의 프랑스를 꼽을 수 있다. 1789년 봄 프랑스 의회는 혁명기간 동안 교회에서 몰수한 재산을 기초로 4억 리브르의 지폐를 발행했다. 그 후 자금이 궁색한 혁명정부는 계속 지폐 발행량을 늘려가 1794년에는 70억 리브르 수

파리의 콩코드 광장

프랑스 대혁명의 열기가 최고조에 달했을 때 바로 여기서 루이 16세 부부가 단두대의 이슬로 사라졌다. 혁명 기념일인 바스티유데이(Bastille Day)가 되면 해마다 이 광장에서 성대한 기념식이 열린다.

준에 이르게 되었다. 지폐 발행량이 400억 리브르에 이르러 도저히 수습할 수 없는 단계에 이르자 혁명정부는 만다(mandat)라는 새로운 지폐를 발행했다. 그러나 이것의 가치도 2년 만에 97%나 상실되고 마는 극심한 인플레이션의 상황이 빚어졌다.

남북전쟁 기간 동안 미국 남부에서도 엄청난 규모의 인플레이션이 일어났다. 조세수입과 국채 발행을 통해 전비를 마련하기 힘들게 되자 남부 정부는 화폐 발행량을 늘리는 최후 수단을 선택했다. 그 결과 전쟁이 끝난 1865년 남부 지역의 생계비는 전쟁이 일어나기 직전의 92배 수준으로 뛰어오르게 되었다. 흥미로운 점은 너무나도 많은 돈을 찍어내다 보니 종이나 인쇄공을 구하기도 힘든 형편이 되었다는 사실이다. 막판에는 정부가 위조지폐에 'valid'라는 도장을 찍어 유통시키기까지 했다고 한다.

이처럼 초인플레이션은 주로 전쟁 중에 자주 발생했다. 제1차 세계대전 때 독일을 위시해 러시아, 오스트리아, 폴란드, 헝가리 등에서 극심한 인플레이션이 발생했다. 그리고 제2차 세계대전 때에는 그리스와 헝가리에서 살인적인 규모의 인플레이션이 발생한 바 있다.

그리스(1943~1944)의 경우 한 달 동안의 물가상승률이 85억 5천만%에 이른 적이 있으며, 헝가리(1945~1946)의 경우는 한 달 동안의 물가상승률이 무려 4.19×10^{18}%에 이르기도 했다. 물가상승률이 가장 높았던 시점에는 15시간 만에 물가가 두 배씩 뛰어오를 정도였다고 한다.

최근의 예로 2000년대 초부터 짐바브웨(Zimbabwe)에서 일어났던 초인플레이션이 가장 그 정도가 심했다. 인플레이션이 얼마나 극심했는지 물가상승률을 계산하기조차 힘들 정도였다. 한 경제학자가 계산한 바에 따르면, 2008년 11월 14일 현재 연간 물가상승률은 무려 89.7×10^{21}%에 이르렀다. 2008년 어느 날 오후 맥주 한 병의 가격이 1천억 짐바브웨 달러였는데, 1시간 후에는 1천 5백억 짐바브웨 달러로 뛰어올랐다고 한다.

짐바브웨 정부는 인플레이션을 억제하기 위해 별의별 조치를 다 취해 보았으나 아무 효과가 없었다. 그 좋은 예가 2007년 2월에 발표한 인플레이션의 불법화 조치였다. 이 조치는 일부 상품에 대해 3월 1일부터 6월 30일까지 가격 인상을 불법화한 것이었는데, 위반자를 체포하는 일도 불사했다. 초인플레이션이 진행되는 과정에서 정부는 몇 차례에 걸쳐 화폐개혁(redenomination)을 단행했는데, 이로 인해 화폐단위에서 빠지게 된 0의 숫자가 무려 25개나 되었다.

어느 시점에 이르러 짐바브웨 달러는 거의 통용되지 않고 대부분의 거래가 물물교환의 형식으로 이루어졌다. 2015년 6월 더 이상 버티기가 힘들다고 판단한 중앙은행은 짐바브웨 달러의 사용 포기를 선언했다. 짐바브웨 달러 대신 미국 달러화나 다른 나라의 화폐를 공식 화폐로 사용하는 것이 바람직하다는 이유에서였다. 이 선언이 나온 시점에서 미화 1달러를 얻으려면 무려 3경 5천조 짐바브웨 달러를 지불해야 했다. 경은 조보다 한 단계 더 높은 숫자 단위로 0이 무려 16개나 붙어있는 엄청난 크기의 값이다. 이 환율에 따르면 최고액권인 100조 짐바브웨 달러의 가치가 미화 1센트에도 미치지 못하는 수준이다. 이것이 화폐가 아닌 기념품으로 팔릴 때 더 비싼 값을 받을 수 있을지 모른다.

인플레이션의 강도가 이 정도라면 그것을 예상했는지의 여부와 관계없이 엄청난 사회적 비용을 야기하게 된다. 이와 같은 상황에서 경제가 어떻게 돌아갈 것인지는 구태여 설명할 필요조차 없다. 경제는 거의 물물교환에 가까운 상태로 퇴화할 것이고, 이에 따른 경제적 손실은 이루 말할 수 없을 만큼 클 것이 분명하다. 사람들이 인플레이션에 대해 걱정하는 배경을 살펴보면, 인플레이션이 점차 증폭되어 이렇게 건잡을 수 없는 상황으로 발전할지도 모른다는 두려움이 자리 잡고 있는 것을 발견할 수 있다.

인플레이션이 극성일 때의 짐바브웨 지폐

0이 무려 14개나 달려 있는 100조 달러짜리 지폐다. 발행 당시 이 지폐는 미화 3백 달러 정도의 가치를 가졌다고 한다. 그러나 2015년 6월에는 미화 1센트에도 미치지 못하는 수준으로 가치가 폭락했다.

요약

1. 경제학에서 말하는 실업자는 일할 의사가 있는데도 일자리를 찾지 못한 사람을 뜻한다. 따라서 경제활동 능력을 갖고 있더라도 아예 일할 의사가 없어 놀고 있는 사람은 실업자로 분류되지 않는다.

2. 일반적으로 실업에는 경기적 실업, 마찰적 실업, 구조적 실업의 세 가지 유형이 있다. 이 중 마찰적 실업은 자발적 실업의 성격을 갖는 반면, 경기적 실업과 구조적 실업은 비자발적 실업의 성격을 갖는다.

3. 한 경제에 마찰적 실업만이 존재하고 있을 때의 실업률을 자연실업률이라고 부른다.

4. 비자발적 실업자란 주어진 임금을 받고 일할 의사가 있음에도 불구하고 일자리를 얻지 못한 사람을 뜻한다. 그런데 현실에서는 비자발적 실업이 존재하고 있는데도 임금이 잘 떨어지지 않는 현상, 즉 임금의 하방경직성이 종종 나타나고 있다.

5. 예상된 인플레이션에 관한 피셔가설에 따르면, 완전하게 예상된 인플레이션은 계약에 미리 반영되기 때문에 경제에 아무런 실질적 영향을 미치지 않는다. 그러나 실제로는 제도상의 특성과 구두창비용, 메뉴비용 등의 존재로 인해 예상된 인플레이션이라 할지라도 어느 정도의 사회적 비용이 발생하게 된다.

6. 예상하지 못한 인플레이션은 소득재분배 효과를 낼 뿐 아니라, 장기계약이 성립하기 어렵게 만들고 투기를 성행하게 만드는 등의 부정적 효과를 낸다.

7. 인플레이션에는 총수요가 과다해 물가가 상승하는 수요견인 인플레이션과 비용이 상승해 물가가 상승하는 비용상승 인플레이션의 두 가지가 있다. 수요견인 인플레이션의 경우에는 물가가 올라가면서 국민소득이 커지지만, 비용상승 인플레이션의 경우에는 국민소득이 줄어들어 스태그플레이션 현상이 나타난다.

중요개념

실업	경제활동인구	구직단념자	경기적 실업
마찰적 실업	구조적 실업	자연실업	비자발적 실업
인플레이션	피셔가설	메뉴비용	구두창비용
계산단위비용	수요견인 인플레이션	비용상승 인플레이션	초인플레이션
디플레이션			

연습문제

01. 통계청에서 발간하는『경제활동인구연보』를 찾아 최근 몇 년 동안 25세부터 29세까지의 남녀 대학졸업자들의 실업률이 각각 얼마였는지 계산해 보라. 국민경제 전체의 실업률을 찾아 그 수치와 비교해 보라.

02. 다음 사람들을 실업자, 취업자, 비경제활동인구로 구별해 보라.
   (1) 대학을 졸업한 김양은 유학 준비를 하고 있다.
   (2) 김씨는 노동쟁의 발생으로 벌써 2개월째 직장에 나가지 못하고 있다.
   (3) 명예퇴직을 한 김씨는 하루에 5시간씩 부인이 경영하는 식당에서 일을 돕고 있다.
   (4) 직장을 잃은 김씨는 3개월 동안의 구직활동에도 불구하고 새 직장을 찾지 못하자 지난달부터 술로 나날을 보내고 있다.

03. 실업의 종류에는 무엇이 있으며, 이 중 가장 심각한 문제가 되는 것은 어느 경우인지 설명하라.

04. 자연실업률이 낮은 것을 바람직한 현상이라고 볼 수 있는가?

05. 구직단념자란 무엇을 의미하며, 이들의 존재가 실업률에 어떤 영향을 미치는지 설명하라.

06. 비자발적 실업이란 무엇을 뜻하는가?

07. 신문, 잡지 등을 참고해 내년도 우리나라 물가상승률을 나름대로 예측해 보라. 그리고 이러한 예상의 근거는 무엇인지 설명해 보라.

08. "인플레이션은 노동자들의 실질소득을 낮추어 사회적 문제를 야기한다."거나 "인플레이션은 생활필수품의 가격을 높여 사회에 큰 악영향을 미친다."라고 말하는 사람이 있다. 이런 말에 타당성이 있는지 자신의 의견을 말해 보라.

09. 인플레이션의 사회적 비용에 관해 설명하라. 예상된 인플레이션과 예상치 못한 인플레이션 중 어느 쪽의 사회적 비용이 더 큰가?

10. 총수요·총공급곡선을 사용하여 수요견인 인플레이션과 비용상승 인플레이션에 대해 설명하라.

11. "인플레이션은 화폐적 현상이다."라는 견해와 "인플레이션은 재정적 현상이다."라는 견해가 서로 모순되지 않음을 설명하라.

12. "인플레이션이 언제나 사회적 비용을 초래하는 것은 아니며 거기에 긍적적인 측면도 있다."는 견해가 옳은지 판단해 보라.

13. 인플레이션보다 디플레이션의 사회적 비용이 더 클 수 있는 이유는 무엇인가?

제20장

경제안정정책

20.1 경제안정정책의 성격

20.2 재정정책

20.3 통화정책

20.4 통화정책과 관련된 몇 가지 문제

20.5 재정정책이냐, 통화정책이냐?

20.6 미세조정의 시도는 바람직한가?

부록 자동안정장치

이 장에서는 우선 상품시장과 화폐시장을 통합한 이론적 틀에 의해 재정정책과 통화정책의 효과를 논의하게 된다. 재정정책과 통화정책을 통해 총수요를 조절하는 것은 케인즈경제이론에 그 뿌리를 두고 있는데, 이런 경제안정정책을 둘러싸고 경제학자들 사이에 많은 이견이 존재하는 것을 볼 수 있다. 재정정책과 통화정책 중 어느 것이 더 좋은 경제안정정책이 될 수 있는지에 대해 이견이 있을 뿐 아니라, 심지어는 경제안정정책 그 자체가 바람직한 것인지에 대해서도 의견이 대립되고 있다. 경제안정정책에 부정적인 견해를 갖고 있는 경제학자들은 과연 어떤 근거에서 그와 같은 생각을 하고 있는지 알아보려고 한다.

20.1 경제안정정책의 성격

경제가 항상 안정되어 있어 사람들이 실업이나 물가 불안 같은 문제를 걱정하지 않고 살 수 있다면 얼마나 좋을까? 그러나 경제는 이런저런 이유로 불안정한 양상을 보여, 그 와중에서 수많은 사람들이 고통에 시달리게 된다. 경제가 너무 불안정한 상황으로 치닫는다고 판단될 경우, 정부는 여러 가지 정책수단을 동원해 경제를 안정시키려고 노력한다. 이런 의도에서 실시되는 정책을 **경제안정정책**(stabilization policy)이라고 부르는데, 현대 정부에서 이 정책이 차지하는 비중은 상당히 높은 수준에 있다.

경제가 불안정한 양상을 보이는 것은 수요 측면에 문제가 있어 그런 경우도 있고, 공급 측면에 문제가 있어 그런 경우도 있다. 어떤 이유로 인해 총수요가 줄어들면 생산활동이 위축되고 이에 따라 고용이 줄어드는 문제가 발생하게 된다. 반면에 총수요가 너무 커지면 물가가 불안해지기 시작하는 문제가 발생한다. 다시 말해 총수요가 부족하면 불황과 실업의 문제가 발생하는 한편, 총수요가 너무 크면 인플레이션의 문제가 발생하는 것이다. 현실에서 발생하는 문제들을 보면, 이렇게 수요 측면에서 그 원인을 찾을 수 있는 경우가 많은 편이다.

총수요가 부족해서 문제가 생긴 경우, 경제안정정책은 총수요를 충분히 크게 만드는 데 초점이 맞춰진다. 반면에 총수요가 너무 커서 문제가 생긴 경우에는 이를 적절한 수준으로 줄이는 데 정책의 초점이 맞춰진다. 경제안정정책은 거의 모두 이와 같이 총수요를 조절하는 정책의 성격을 갖고 있다. 심지어 공급측면에 문제가 발생한 경우에도 단기적으로 총공급을 조절하는 정책을 통해 대응하는 경우는 별로 보기 힘들다. 부존자원의 크기나 생산성 등에 의해 결정되는 총공급을 단기적 성격을 가진 정책에 의해 조절하는 것은 매우 어려운 일이기 때문이다.

그렇다면 정부는 어떻게 총수요를 늘리기도 하고 줄이기도 하는가? 우선 들 수 있는 것은 직접적 방법인데, 정부지출을 늘리거나 줄이는 것이 이에 해당한다. 앞에서 본 것처럼 정부지출은 총수요의 구성요소 중 하나이기 때문에 정부지출을 늘리면 총수요가 바로 늘어나게 된다. 또한 간접적인 방법으로 총수요를 조절하기도 하는데, 조세 징수액, 화폐 공급량 혹은 이자율 등을 변화시킴으로써 총수요를 적절한 수준으로 관리하게 된다. 예를 들어 정부가 조세 징수액을 줄이면, 국민의 처분가능소득이 늘어나 소비지출이 늘어나고, 이는 바로 총수요 증가로 이어진다.

경제안정정책은 어떤 수단을 사용하느냐에 따라 통화정책과 재정정책의 두 범주로 구분할 수 있다. 제16장에서 설명한 바 있지만, **재정정책**(fiscal policy)은 정부지출이나 조세 징수액 같은 재정수단을 통해 총수요를 조절하는 정책을 뜻한다. 경기침체에서 벗어나기 위해 총수요를 늘릴 필요가 있을 때는 정부지출을 직접 늘리거나 조세 징수액을 줄이는 조처를 취한다. 이와 반대로 경제가 너무 과열된 경우에는 정부지출을 줄이거나 조세 징수액을 늘려 총수요를 줄이려고 노력하게 된다.

이에 비해 **통화정책**(monetary policy)은 화폐 공급량이나 이자율을 조절함으로써 총수요를 관리하는 정책이다. 예를 들어 경제가 불황에 빠져 있을 때, 중앙은행은 화폐 공급량을 늘려 시중에 풍부한 자금을 공급하는 동시에 이자율이 낮아지도록 만든다. 그렇게 되면 소비자들의 소비지출이 늘어나는 동시에 기업들의 투자지출이 늘어 총수요가 더 커지게 된다. 경우에 따라서는 좀 더 직접적인 방법으로 이자율이 떨어지도록 유도함으로써 소비지출과 투자지출을 촉진시키려 하기도 한다.

재정정책 20.2

정부지출을 똑같은 폭으로 변화시킨다 하더라도 이것이 어떻게 조달되었는지에 따라 정책의 효과가 달라질 수 있다. 예컨대 조세 징수액을 늘려 정부지출을 늘린 경우와 국채를 발행해 얻은 수입으로 정부지출을 늘린 경우의 경제적 효과가 서로 다르다는 말이다. 이런 점에서 보면 정부지출과 수입의 규모뿐 아니라 그 구성(composition)도 중요한 의미를 갖는다. 그러나 여기서는 편의상 국채 발행을 통해 조달한 자금으로 재정지출을 늘리는 경우만 논의해 보기로 하겠다.

정부지출 증가의 효과

(1) 상품시장에 미치는 영향

[그림 20-1]은 상품시장의 상황을 보여주고 있는데, 정부지출이 늘어나기 전의 총수요곡선과 총공급곡선이 각각 AD_0와 AS_0로 나타나 있다. 이 두 곡선이 교차하는 E_0점에서 상품시장의 균형이 이루어져, Y_0와 P_0가 각각 균형국민소득과 균형물가수준이 된다는 것을 볼 수 있다.

이 상태에서 정부지출이 일정한 크기로 늘어났다고 하자. 정부지출은 총수요를 구성하는 요소 중 하나이므로, 이것이 늘어나면 총수요가 바로 그만큼 커지게 된다. 이에 따라 총수요곡선이 오른쪽으로 이동하게 되는데, 푸른색의 AD_1곡선이 새로운 총수요곡선을 나타내고 있다. 그림을 보면 이와 같은 총수요곡선의 이동에 따라 물가는 P_0에서 P_1의 수준으로 올라가는 한편, 국민소득은 Y_0에서 Y_1의 수준으로 커진다는 것을 알 수 있다.

그러나 이것은 정부지출 증가가 경제에 미치는 영향을 부분적으로 설명한 데 불과하다. 정부지출 증가의 효과를 완전하게 파악하기 위해서는, 이것이 화폐시장에 미치는 영향은 물론, 화폐시장에서 생긴 변화가 다시 기업들의 투자지출에 미치는 영향까지 모두 살펴보아야 한다. 곧 보게 되겠지만, 정부지출 증가는 이자율의 상승을 가져오고, 이자율의 상승으로 인해 기업들의 투자지출이 줄어드는 결과가 나타난다. 이것까지 고

그림 20-1

상품시장에 미치는 영향

정부지출이 증가하면 총수요곡선이 오른쪽으로 이동해 AD_1이 된다. 그 결과 국민소득이 Y_1으로 커지게 되는데, 이로 인해 화폐에 대한 수요가 종전보다 더 커져 이자율이 올라가게 된다. 이자율의 상승은 투자지출의 감소를 가져올 것이므로 AD_1의 위치에 있던 총수요곡선은 왼쪽으로 이동해 AD_2가 된다. 결국 정부지출이 증가한 결과 국민소득은 Y_2로 커지고 물가는 P_2의 수준으로 올라간 것을 볼 수 있다.

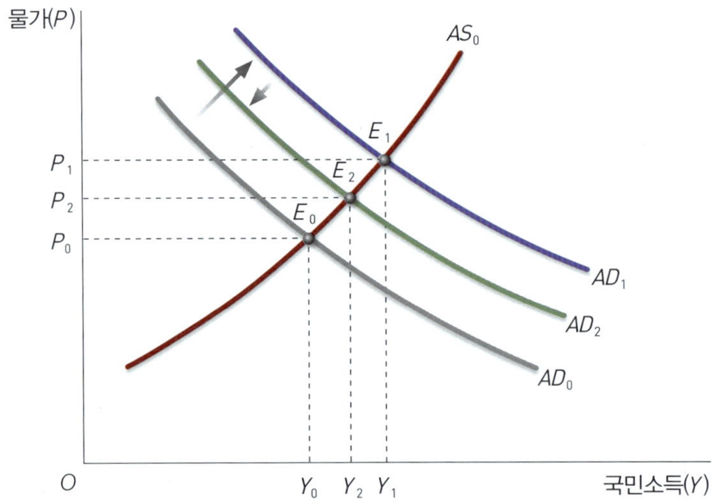

려해야 정부지출 증가가 경제에 미치는 영향을 완전하게 파악할 수 있는 것이다.

(2) 화폐시장에 미치는 영향

화폐시장의 상황은 [그림 20-2]에서 볼 수 있는데, 정부지출이 늘어나기 전의 화폐수요곡선과 화폐공급곡선이 각각 MD_0와 MS_0로 나타나 있다. 그림을 보면 이 두 곡선이 교차하는 점에서 균형이 이루어져 r_0가 균형이자율이 된다는 것을 알 수 있다. 화폐공급곡선이 수평축 위의 M_0를 지나는 수직선으로 나타나 있는 것은 화폐 공급량이 M_0로 주어졌다는 가정을 반영하고 있다.

그렇다면 정부지출의 증가가 화폐시장에 어떤 영향을 미치게 될까? 앞에서 본 것처럼 정부지출의 증가는 상품시장에서 국민소득의 증가와 물가의 상승을 가져오게 된다. 그런데 이와 같은 변화는 화폐시장에서 거래적 동기에 의한 화폐수요가 더 커지게 만드는 원인이 된다. 따라서 화폐수요곡선이 그림에서 보는 것처럼 오른쪽으로 이동해 MD_1이 되고, 그 결과 이자율은 r_1으로 올라가게 된다. 정부지출이 증가하면 화폐시장에 바로 이와 같은 변화가 일어나 이자율이 올라가는 결과가 빚어지는 것이다.

(3) 최종적인 영향

이와 같은 이자율 상승이 기업들의 투자지출 감소를 가져올 것임은 두말할 나위도 없다. 투자지출의 감소는 곧바로 총수요 감소로 이어지게 되는데, 이는 [그림 20-1]에서 AD_1의 위치에 있던 총수요곡선이 다시 왼쪽으로 움직여 AD_2(초록색)의 위치로 옮겨온 것으로 나타나 있다. 이에 따라 E_2점에서 새로운 균형이 이루어지는데, 이때의 국민소득과 물가는 각각 Y_2, P_2의 수준인 것을 볼 수 있다. 결론적으로 말해, 정부지출의 증가가 국민소득의 증가와 물가의 상승이라는 효과를 낸 것이다.

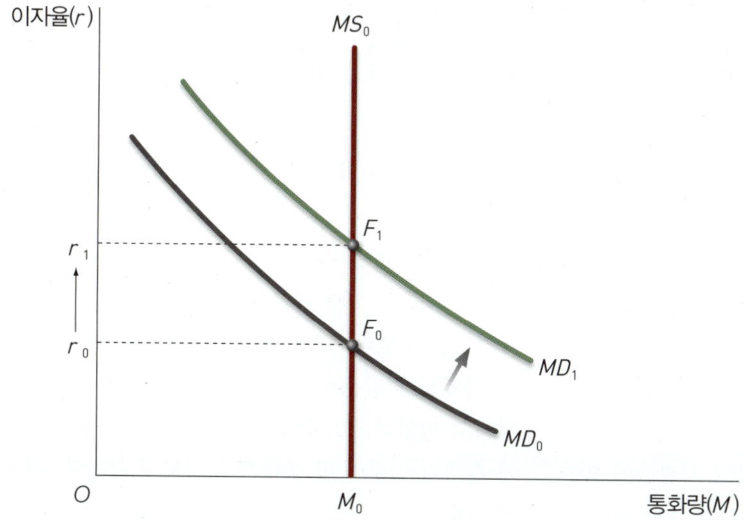

그림 20-2

화폐시장에 미치는 영향

국민소득의 증가와 물가의 상승은 화폐수요를 더 크게 만들기 때문에 이자율은 r_1으로 올라가게 된다.

지금까지의 설명에서 한 가지 주의할 점이 있다. 정부지출 증가가 상품시장과 화폐시장에 영향을 미치는 실제의 과정은 이와 약간 다를 수 있다는 점이다. 다시 말해 정부지출 증가가 일단 상품시장에 영향을 주고, 이로 인해 생긴 변화가 화폐시장에 영향을 준 다음, 화폐시장에서 생긴 변화가 다시 상품시장에 영향을 준다는 식의 설명이 현실과 다소 다를 수 있다는 뜻이다.

실제로는 정부지출 증가에 대해 상품시장과 화폐시장이 동시에 반응을 보여 그 결과로 국민소득과 물가가 각각 Y_2, P_2로 변화하게 된다. 이 과정에서 이자율이 r_1의 수준으로 올라가는 현상도 동시에 나타나게 된다. 이 모든 변화가 한꺼번에 일어난다는 것이 좀 더 정확한 표현이라고 할 수 있다. 그러나 독자의 이해를 돕기 위해 두 시장이 순차적으로 반응을 보인다는 식으로 설명한 것이니 이 점에 대해 오해 없기를 바란다.

구축효과

지금까지의 논의를 정리해 보면, 국채 발행을 통해 정부지출을 증가시킨 결과 이자율이 올라가고 투자지출이 줄어드는 현상이 나타났다. 다시 말해 투자지출이 줄어들어 정부지출 증가로 인한 총수요 증가의 효과를 부분적으로 상쇄하는 결과가 나타난 것이다. 말하자면 '정부지출이 투자지출을 구축한 결과'가 빚어진 것인데, 이런 뜻에서 **구축효과**(crowding-out effect)가 발생했다고 말한다.

국채 발행에 의한 정부지출 증가가 구축효과를 일으키는 과정을 이와 다른 각도에서 설명할 수도 있다. 정부가 발행한 국채는 채권시장에서 판매될 때 기업이 발행한 채권, 즉 회사채와 경쟁하게 된다. 채권을 사려고 하는 사람들이 회사채 대신 국채를 사게 되면 회사채를 발행해 자금을 조달하려 하는 기업은 그 목적을 달성할 수 없게

구축효과

국채 발행을 통해 정부지출을 증가시키면 이자율이 상승하고 투자지출이 줄어드는 결과가 나타날 수 있는데, 정부지출이 투자지출을 구축한 결과를 빚었다는 뜻에서 구축효과가 발생했다고 말함

불황을 너무 무서워할 필요는 없다

"모든 구름에 은빛 가장자리가 있다."(Every cloud has its silver lining.)라는 서양 속담이 있다. 시커먼 구름에도 주위에 은빛으로 반짝거리는 가장자리가 있듯, 인생의 궂은일에도 긍정적 측면이 있기 마련이라는 뜻을 가진 속담이다. 불황(recession)이라면 어떻게든 피해야 할 것으로 생각하는 사람이 많지만, 실제로는 경제에 긍정적인 효과를 미치는 측면도 있다.

오랫동안 호황이 계속되어 온 것을 보고 사람들이 앞으로도 호황이 지속될 것으로 기대한다고 하자. 앞으로 소득이 계속 늘어날 것을 예상하는 개인들은 구태여 절약하고 저축할 필요를 느끼지 못한다. 그렇기 때문에 돈을 빌려 흥청망청 쓰면서도 별 걱정을 하지 않는다. 또한 앞날을 낙관적으로 내다보는 기업들은 별로 이득이 나지 않을 사업에도 과감하게 투자한다.

말하자면 오랫동안 지속된 호황이 개인과 기업의 방심을 불러온다는 뜻이다. 그 결과 경제의 곳곳에 군살이 끼어 체질이 약해지기 십상이다. 그렇기 때문에 정부가 호황을 계속 유지하기 위해 무리하게 개입하는 것은 바람직하지 않다. 미국 경제가 쓰라리게 경험한 바 있는 글로벌 금융위기의 먼 원인을 이와 같은 무리한 개입에서 찾을 수 있다. 즉 그 위기의 뿌리가 호황을 지속시키기 위해 채택한 저금리 정책에 있다고 볼 수 있다는 말이다.

하늘을 찌를 듯 높이 자란 세쿼이아 나무

세쿼이아 숲은 가끔씩 불이 나야 건강을 유지할 수 있기 때문에 공원관리 당국은 일부러 작은 규모의 불이 나게끔 만든다고 한다.

미국 경제는 1990년대 내내 보는 사람을 놀라게 할 만큼 호경기를 누렸다. 닷컴 거품의 붕괴로 인해 촉발된 2001년의 불황도 연방준비은행의 신속한 개입으로 인해 바로 진정되고 말았다. 그 뒤로는 서브프라임 금융위기가 시작되기 전까지 이렇다 할 불황을 경험하지 않았다. 미국 경제가 이렇게 오랜 기간에 걸쳐 호황을 누려온 데는 저금리정책이 단단히 한몫을 했다.

미국 국민은 저금리정책으로 호황을 이끌어온 연방준비제도 그린스펀(A. Greenspan) 의장의 마술사 같은 능력에 갈채를 보냈다. 그러나 바로 그 저금리정책이 서브프라임 금융위기를 일으키는 불씨가 되었다는 것이 학계의 일반적 평가다. 사후적으로 평가해 볼 때, 불황을 각오하고 이자율을 적정한 선에 유지하는 것이 미국 경제에 더 바람직했다고 말할 수 있다.

슘페터(J. Schumpeter)는 불황이 비효율적인 기업을 도태시키는 '창조적 파괴'(creative destruction)의 역할을 한다고 말했다. 호황기에는 비효율적 기업도 도태되지 않고 살아남을 수 있다. 따라서 호황이 오랫동안 계속되면 경제의 체질이 점차 약화될 수밖에 없다. 가끔 불황이란 창조적 파괴의 바람이 불어 비효율적 기업을 솎아내야만 경제가 건강해질 수 있다. 바로 이런 의미에서 불황은 필요악의 성격을 갖는다.

미국 캘리포니아의 세쿼이아 숲은 가끔씩 불이 나야 건강을 유지할 수 있다고 한다. 그래서 공원관리 당국은 일부러 작은 규모의 불이 나게 만들어 세쿼이아 숲을 건강하게 만든다고 한다. 때때로 찾아오는 불황은 숲을 건강하게 만드는 불과 같은 역할을 한다. 물론 일부러 불황이 오게끔 만들 필요까지는 없다. 그러나 일단 불황이 발생하면 경제가 더욱 튼튼한 체질로 거듭날 수 있는 기회로 이를 이용할 수 있다. 불황을 너무 무서워할 필요는 없는 것이다.

자료 : *The Economist* 지, 2007년 8월 25일 자

생각해 봅시다

시카고학파 경제학자들은 재정정책이 구축효과를 발생시키기 때문에 바람직하지 않다는 입장을 취하고 있다. 그들은 구축효과가 재정정책이 갖는 확장효과를 부분적으로 상쇄시키기 때문에 정책으로서 효과가 크지 않다고 지적한다. 또한 이 과정에서 민간부문의 투자가 줄어들면 경제의 생산성 향상이 더디어지는 문제도 생긴다고 말한다.

이에 대해 케인즈경제학자들은 실제로 구축효과가 그리 크지 않다고 반박한다. 일부 케인즈경제학자들은 확장적 재정정책이 민간부문의 투자를 더 크게 만드는 유도효과(crowding-in effect)를 낼 수 있다고 주장하기까지 한다. 기업들이 투자를 꺼리는 것은 앞으로의 경제전망이 어둡기 때문이다. 경기가 극도로 침체해 있는 상황에서는 곧 회복될 것이라고 기대하기 힘들고 따라서 기업들이 투자를 꺼리게 된다. 이 상황에서 정부지출 증가를 통해 경제에 활력을 불어넣어 주면 앞날의 전망이 밝아지고 따라서 적극적인 투자에 나서게 된다는 것이 그들의 주장이다.

생각해 보기

(1) 민간부문의 투자가 줄어들면 왜 경제의 생산성 향상이 더디어질까?

(2) 유도효과를 이끌어낸다는 관점에서 보면 정부지출을 늘리는 것과 조세 징수액을 줄여주는 것 중 어느 쪽이 더 효과적일 것이라고 생각하는가?

된다. 기업은 투자하기 위해 자금을 조달하려 했을 것이므로, 자금 조달이 불가능해지면 투자를 할 수 없게 된다. 이와 같은 방식으로 국채 발행을 통한 정부지출 증가가 투자지출을 구축하게 되는 것을 설명할 수도 있다.[1]

현실에서 구축효과가 어느 정도로 발생하는지에 대해서는 경제학자들 사이에 상당한 이견이 있다. 일부 경제학자는 구축효과가 거의 완벽하게 작용해 정부지출 증가가 총수요 증가를 가져오지 못한다고 말한다. 반면에 실제의 구축효과는 그리 크지 않다고 믿는 경제학자들도 상당히 많다. 그러나 이론적인 관점에서 볼 때 정부지출의 증가가 투자지출의 감소를 가져올 가능성이 있다는 사실만은 어느 누구도 부정하지 않는다.

주말을 맞아 거리로 쏟아져 나온 사람들

이렇게 많은 사람들이 쏟아져 들어오면 원래 이 거리에 있던 사람들은 떠밀려 다른 곳으로 옮겨가야 한다. 원래 있던 사람들을 민간부문의 투자에, 그리고 새로 쏟아져 들어온 사람들은 추가적인 정부지출에 비유해 구축효과를 설명할 수 있다.

1) 이렇게 설명하는 경우에는 채권시장에서 국채가 회사채를 몰아내는 결과를 가져온다는 의미로 구축효과를 해석할 수 있다.

20.3 통화정책

통화정책의 전달경로

거의 연례행사처럼 반복되는 일이지만, 연말연시 혹은 명절이 가까워 오면서 돈이 너무 많이 풀려 물가 동향이 심상치 않다는 말을 자주 듣는다. 한편 경제가 침체되어 있을 때에는 경기부양을 위해 돈을 더 많이 풀어야 한다는 주장이 여기저기서 쏟아져 나온다. 이는 화폐 공급량의 변화가 실물경제에 상당한 영향을 미치고 있음을 단적으로 입증해 주고 있다. 그렇다면 화폐 공급량의 변화는 어떤 경로를 통해 국민경제에 영향을 주게 될까?

화폐시장 상황을 보여 주는 [그림 20-3]을 보면, 화폐 공급량이 늘어나기 전의 화폐수요곡선과 화폐공급곡선이 각각 MD_0와 MS_0로 나타나 있다. 한편 [그림 20-4]는 상품시장의 상황을 보여주고 있는데, 화폐 공급량이 늘어나기 전의 총수요곡선과 총공급곡선이 각각 AD_0와 AS_0로 나타나 있다. 이 경제의 상품시장과 화폐시장이 각각 E_0점과 F_0점에서 균형을 이루고 있는 상황을 출발점으로 삼고 있는 것이다.

만약 중앙은행이 화폐 공급량을 M_1으로 늘린다면 이 국민경제에는 어떤 변화가 나타나게 될까? 이렇게 화폐 공급량이 늘면 화폐공급곡선은 오른쪽으로 이동하는데, [그림 20-3]에서 짙은 붉은색의 MS_1곡선이 이동 후의 새로운 화폐공급곡선을 나타내고 있다. 이에 따라 화폐시장의 균형점은 F_1으로 이동해 균형이자율이 r_0에서 r_1으로 떨어지는 결과가 나타난다.

이자율이 떨어지면 기업들이 투자지출을 늘릴 것이고, 이는 승수효과를 통해 더 큰 폭의 총수요 증가로 이어지게 된다. 그 결과 [그림 20-4]에서 보는 것처럼 총수요곡선은 오른쪽으로 이동해 AD_1이 된다. 이제는 E_1점이 상품시장의 새로운 균형을 나타내는

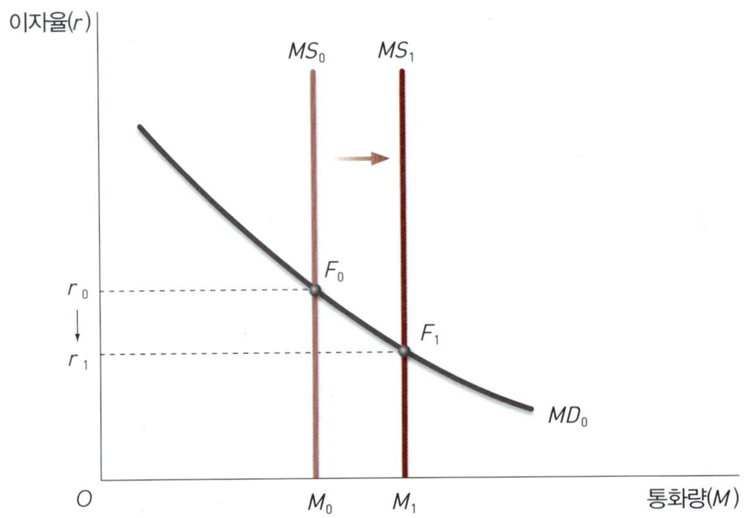

그림 20-3

화폐시장에 미치는 영향

중앙은행이 화폐 공급량을 M_1으로 늘리면 화폐공급곡선이 오른쪽으로 이동해 MS_1이 된다. 그 결과 이자율이 r_1으로 떨어지게 된다.

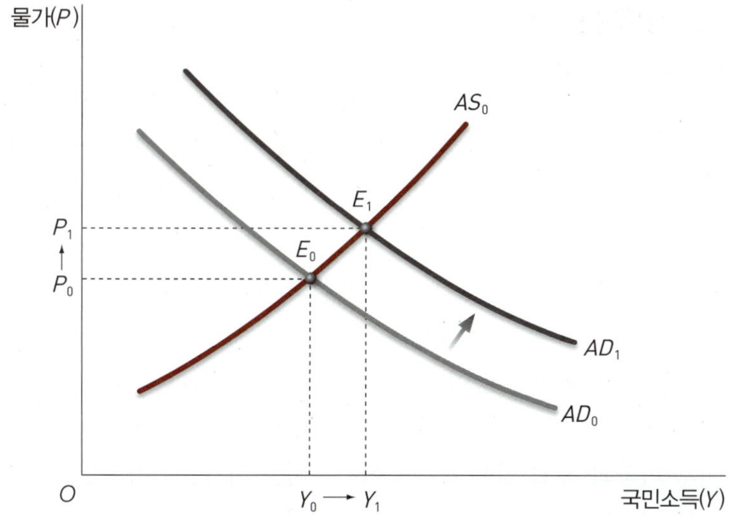

그림 20-4

상품시장에 미치는 영향

이자율이 떨어지면 기업들이 투자지출을 늘릴 것이므로 총수요곡선이 오른쪽으로 이동해 AD_1이 된다. 결국 이와 같은 일련의 변화를 통해 국민소득이 Y_1으로 더 커지게 된다.

데, 국민소득이 Y_1으로 커지는 동시에 물가도 P_1으로 올라가는 것을 볼 수 있다.

결론적으로 말해, 화폐 공급량의 증가는 국민소득의 증가를 가져와 경기를 부양시키는 효과를 갖는다. 이렇게 화폐 공급량의 변화가 이자율의 변화를 가져와 상품시장에 영향을 미치는 과정을 **통화정책의 전달경로**(transmission mechanism)라고 부른다. [그림 20-5]에서 보는 도표는 이와 같은 통화정책의 전달경로를 요약해 보여주고 있다.

통화정책의 전달경로
화폐 공급량의 변화가 이자율의 변화를 가져오고, 이것이 다시 투자에 영향을 미쳐 상품시장에 영향을 미치는 과정

지금까지의 논의로부터 우리는 정부지출 증가나 화폐 공급량 증가가 모두 (단기적으로) 국민소득을 증가시키고 물가를 상승시키는 경기부양 효과가 있음을 알았다.[2] 그러나 두 정책이 국민소득의 구성에 미치는 효과에는 큰 차이가 있다는 점에 주의해야 한다. 바로 앞에서 본 것처럼, 화폐 공급량이 증가하면 이자율이 떨어져 투자지출이 늘어나게 된다. 반면에 정부지출이 증가하면 이자율이 상승해 투자지출이 줄어드는 결과가 나타난다. 따라서 정부가 두 정책 중 어느 쪽을 선택하느냐에 따라 국민소득에서 투자지출이 차지하는 비중이 달라진다.

일반적으로 기업들은 경기부양책으로 재정정책보다 통화정책을 더욱 선호하는 경향을 보인다. 돈을 빌려 투자자금을 조달해야 하는 기업의 입장에서 볼 때, 이자율이 오르는 결과를 가져오는 재정정책이 별로 달가울 리 없는 것이다.

화폐 공급량 증가 ⇒ 이자율 하락 ⇒ 투자 증가 ⇒ (승수효과) ⇒ 총수요 증가 ⇒ 국민소득 증가

〈제1단계〉 〈제2단계〉 〈제3단계〉

화폐 공급량 감소 ⇒ 이자율 상승 ⇒ 투자 감소 ⇒ (승수효과) ⇒ 총수요 감소 ⇒ 국민소득 감소

그림 20-5

통화정책의 전달경로

2) 지금 우리는 재정정책이나 통화정책의 단기효과만을 논의하고 있다는 점에 주의하기 바란다. 이들의 장기효과는 지금 보고 있는 것과 다를 수 있으나, 논의가 너무 복잡해지는 것을 피하기 위해 고려 대상으로 삼지 않으려고 한다.

통화정책의 효율성

지금까지의 논의에서 드러났듯, 통화정책이 상품시장에 효과적으로 영향을 미치기 위해서는 여러 가지 조건이 동시에 충족되어야 한다. [그림 20-5]에서 보는 것처럼, 통화정책 전달경로의 제1단계는 화폐 공급량의 변화가 이자율에 변화를 가져오는 것을 뜻한다. 통화정책이 총수요를 변화시키는 데 효과를 발휘하기 위해서는 우선 이 첫 단계에서 이자율이 민감하게 반응해야만 한다. 화폐 공급량이 변화하는데도 이자율이 별 반응을 보이지 않으면 투자지출에 큰 영향을 줄 수 없기 때문이다.

어떤 상황에서는 화폐 공급량이 크게 늘어나도 이자율이 전혀 떨어지지 않는 현상이 나타날 수 있다. 예를 들어 1990년대 이후 장기침체에 빠진 일본과 2008년 글로벌 금융위기 이후 미국과 유럽 일부 선진국에서는 명목이자율이 0% 또는 그 이하로 떨어져 더 이상 이자율을 낮추기 어려운 상황에 직면하게 되었다. 이와 같은 현상이 나타날 때 경제가 **유동성함정**(liquidity trap)에 빠졌다고 말한다. 경제가 유동성함정에 빠져 있는 경우에는 통화정책 전달경로의 제1단계에서부터 문제가 생기게 된다. 즉 화폐 공급량을 아무리 변화시켜도 이자율에 어떤 변화도 생기지 않으므로 투자지출, 나아가 총수요에 전혀 영향을 주지 못하는 결과가 빚어지는 것이다.

> **유동성함정**
> 화폐 공급량이 아무리 크게 변화하더라도 이자율에는 별 변화가 나타나지 않을 때 경제가 유동성함정에 빠졌다고 말함

전달경로의 제2단계에서는 투자지출이 이자율 변화에 얼마나 민감하게 반응하는지가 통화정책의 효율성을 좌우하게 된다. 화폐 공급량을 늘린 결과 이자율이 큰 폭으로 떨어진다 해도 투자지출이 이에 민감하게 반응하지 않으면 총수요는 그리 크게 늘어나지 못한다. 투자지출이 이자율에 민감한 반응을 보여야, 즉 이자율이 떨어질 때 투자지출이 큰 폭으로 늘어나야 통화정책이 총수요에 미치는 영향이 클 수 있다.

케인즈는 투자가 기업가의 동물적 충동(animal spirit)에 의해 결정되는 측면이 강하다는 말을 한 적이 있다. 만약 이것이 사실이라면 이자율이 떨어진다 해도 투자가 기대한 만큼 늘어나기 힘들 수 있다. 교과서에서는 이자율이 떨어지면 투자가 늘어난다고 설명하지만, 현실에서는 이자율의 하락이 곧바로 투자 증가로 이어진다는 보장이 없는 것이다.

전달경로의 마지막 단계는 투자지출의 변화가 승수효과를 통해 더 큰 폭의 총수요 변화로 이어지는 과정이다. 투자지출이 일정한 폭으로 증가한다고 할 때, 투자승수가 클수록 총수요가 한층 더 큰 폭으로 늘어나게 된다. 그러므로 통화정책의 효과가 크게 나타나기 위해서는 투자승수가 커야 한다는 조건도 함께 충족되어야 한다.

결론적으로 말해, 화폐 공급량을 늘렸을 때 이자율이 큰 폭으로 떨어지고, 이에 따라 투자가 큰 폭으로 늘어나는 한편, 투자승수도 큰 값을 가지면 통화정책은 경제를 안정시키는 데 효과를 발휘할 수 있다. 다시 말해 이 조건들이 모두 충족되어 있어야 화폐 공급량을 늘렸을 때 국민소득이 큰 폭으로 늘어나 경기침체 상태에서 벗어날 수 있는 것이다. 그러나 현실에서 이 조건들이 동시에 충족된다는 보장이 없고, 바로 이 점에서 통화정책의 효율성에 대해 의문을 제기할 여지가 있다.

통화정책과 관련된 몇 가지 문제 20.4

중앙은행의 통화관리방식

지금까지 본 것처럼, 통화정책의 핵심은 화폐 공급량, 즉 통화량을 적절한 수준으로 조절하는 데 있다. 중앙은행 혼자서 화폐 공급량을 결정할 수 있는 것은 아니지만, 거의 지배적인 영향을 미칠 수 있는 것만은 사실이다. 그렇다면 중앙은행은 어떤 경로를 통해 화폐 공급량을 조절할 수 있을까? 두 가지 기본 경로를 들 수 있는데, 하나는 본원통화의 공급량을 조절하는 것이고, 다른 하나는 통화승수의 크기를 조절하는 것이다.

(1) 재할인율정책

중앙은행을 '은행의 은행'이라고 말하기도 하는데, 시중은행들에 자금을 빌려주는 역할을 한다는 뜻에서 이렇게 부른다. **재할인율정책**은 중앙은행이 시중은행에 빌려주는 자금에 적용되는 금리인 재할인율(discount rate)을 높이거나 낮춤으로써 통화량을 조절하는 정책을 뜻한다. 예를 들어 통화량을 늘릴 필요가 있을 때 중앙은행은 재할인율을 낮추어 시중은행이 중앙은행으로부터 더 많은 자금을 빌려가도록 유도한다. 그렇게 되면 자금이 풍부해진 시중은행이 대출을 늘릴 수 있어 화폐 공급량이 늘어나는 결과가 나타나게 된다.[3)]

재할인율정책
중앙은행이 시중은행에 빌려주는 자금에 적용되는 금리인 재할인율을 높이거나 낮춤으로써 통화량을 조절하는 정책

중앙은행이 시중은행에 자금을 빌려주는 과정에서 본원통화의 공급량이 늘어나게 된다. 중앙은행이 '돈을 풀었다'는 말을 자주 쓰는데, 중앙은행이 정말로 돈을 찍어 시중에 유통시켰다는 뜻에서 그렇게 말하는 것은 아니다. 돈을 푼다는 것이 실제로는 시중은행이 중앙은행에서 빌려 예치해둔 자금, 즉 중앙은행 예치금을 늘려주는 것 같은 장부상의 변화를 의미할 때가 훨씬 더 많다.

한국은행
우리나라에서는 1950년 활동을 시작한 한국은행이 중앙은행의 역할을 수행하고 있다.

(2) 지급준비율정책

중앙은행이 법정지급준비율을 올리면 통화승수의 값이 작아져 본원통화의 공급량이 그대로 있어도 통화량이 줄어들게 된다. 반대로 법정지급준비율을 내리면 통화승수의 값이 커져 통화량이 늘어나게 된다. 은행이 예금액의 일정 비율 이상을 준비금의 형식으로 보유하게끔 규

3) 반대로 중앙은행이 재할인율을 높이면 시중은행이 빌려가는 자금이 줄어들어 화폐 공급량이 감소하는 결과가 나타난다.

정한 지급준비제도는 원래 예금자를 보호하려는 취지에서 도입된 제도였다. 이런 취지에서 출발한 제도를 통화관리의 수단으로 사용하는 것이 바로 **지급준비율정책**이다.

지급준비율정책

법정지급준비율을 올리거나 낮춤으로써 통화승수의 크기에 변화를 가져오는 것을 통해 통화량을 조절하는 정책

그런데 대부분의 선진국이 유사시에 예금자를 보호해 주는 예금보험제도를 도입하고 있어 지급준비제도의 예금자보호 기능은 그 의미가 크게 퇴색하게 되었다. 또한 금융산업의 발달에 따라 비은행 금융기관을 중심으로 지급준비의 의무가 없는 금융상품이 많이 개발됨에 따라 지급준비제도의 적용을 받는 은행의 수익성이 상대적으로 떨어진다는 형평성의 문제가 대두되었다. 이에 따라 1980년대 이후 주요 선진국에서는 지급준비율을 크게 내리거나 아예 폐지하는 추세에 있어 실제로 통화관리정책으로서의 지급준비율정책의 의미는 크게 줄어든 상황이다. 그러나 금융시장이 크게 발전하지 않아 이자율 조정만으로는 통화정책의 효과를 기대하기 어려운 개발도상국의 경우에는 아직도 지급준비율정책이 통화관리정책으로 자주 사용되고 있다.

(3) 공개시장운영

공개시장운영

중앙은행이 공개시장에서 국공채나 기타 유가증권을 사고파는 것을 통해 통화량을 조절하는 정책

공개시장운영(open market operation)이란 중앙은행이 공개시장에서 국공채나 기타 유가증권을 사고팔아 본원통화의 양을 조절하는 정책이다. 금융시장이 발달한 선진국에서는 여러 통화관리 수단 중 공개시장운영을 가장 많이 이용하고 있다. 예를 들어 중앙은행이 은행이나 민간으로부터 국채를 사들이면 그 대가로 은행의 중앙은행 예치금을 늘려주거나 민간에게 현금을 지급해야 한다. 그 결과 본원통화의 양이 늘어나고, 이에 따라 통화량도 늘어나게 된다. 반면에 중앙은행이 국채를 팔면 본원통화의 양이 줄어들고 통화량도 줄어들게 된다.

공개시장운영은 본원통화의 양을 조절하는 효과뿐 아니라 이자율을 변화시키는 효과도 갖고 있다. 중앙은행이 국채를 사들이기 시작하면 국채에 대한 수요가 커져 국채 가격이 올라가게 된다. 그런데 액면이 고정된 국채의 가격이 상승한다는 것은 국채의 수익률, 즉 이자율이 떨어진다는 것을 뜻한다.[4] 마찬가지로 중앙은행이 국채를 팔면, 유통시장에서 국채의 공급이 늘어나 국채 가격이 떨어지고 이에 따라 이자율이 상승하게 된다. 이와 같이 공개시장운영을 통해 통화량을 조절하는 동시에 이자율에 영향을 주는 이중의 효과를 거둘 수 있다.

(4) 직접규제방식

이상에서 설명한 세 가지 통화관리방식은 중앙은행이 시중은행의 행동에 직접 제약을 가하지 않는다는 점에서 간접규제방식이라고 부를 수 있다. 이에 비해 **직접규제**(direct control)**방식**은 은행별로 여신한도를 정하는 등, 은행이 제공하는 대출의 양뿐

직접규제방식

통화량을 바람직한 수준으로 유지하기 위해 중앙은행이 시중은행의 행동에 직접 제약을 가하는 것을 통틀어 일컫는 말

4) 제18장에서 설명한 것처럼, 채권 가격과 이자율 사이에는 역(−)의 관계가 존재한다. 예를 들어 채권 가격이 떨어지면 이자율이 올라가고 채권 가격이 올라가면 이자율이 떨어지는 것을 관찰할 수 있다.

중앙은행의 역사

중앙은행이라고 하면 우리나라의 한국은행, 미국의 연방준비제도(Federal Reserve System), 그리고 유로존의 유럽중앙은행(European Central Bank) 등이 우선 머리에 떠오른다. 중앙은행은 경기침체나 금융위기의 상황에서 자금난에 허덕이는 은행을 안정시키기 위해 화폐 공급량을 늘리거나 이자율을 낮추어 주는 정책을 채택한다. 반대로 경기 과열의 상황에서는 물가 안정을 위해 화폐 공급량을 줄이고 이자율을 높이는 정책을 채택한다. 그러나 중앙은행의 역사를 보면 이런 통화정책이 중앙은행의 주요 업무가 된 것은 생각보다 오래전의 일이 아니다.

세계 최초의 중앙은행은 영국의 잉글랜드은행(Bank of England)이라고 알려져 있다. 잉글랜드은행은 1694년에 처음 설립되었는데 당시에는 보통의 상업은행 중 하나일 뿐이었다. 영국 왕실은 잉글랜드은행을 통해 해군을 재건하는 데 필요한 자금을 조달했고, 이에 따라 잉글랜드은행은 왕실의 은행이 되었다. 그때는 왕실이 바로 정부를 뜻했으므로 정부의 은행이 되었던 셈이다.

그 이후 잉글랜드은행은 왕실의 은행으로서 점차 신뢰를 쌓아가게 되었다. 이에 따라 다른 은행들이 여유자금을 잉글랜드은행에 맡기기 시작하면서 '은행의 은행'이란 기능을 수행하게 되었다. 현대에는 오직 중앙은행만이 화폐를 발행할 수 있는 데 비해, 그 당시에는 어느 은행이나 마음대로 화폐를 발행할 수 있었다. 잉글랜드은행은 1844년 독점적인 화폐의 발행권을 얻게 되고, 국유화의 과정을 거쳐 오늘날의 중앙은행으로 변신하게 되었다.

미국에서도 19세기에 중앙은행을 설립하자는 말이 나오기는 했으나 그 시도는 실패로 돌아갔다. 현재 미국의 중앙은행 역할을 하고 있는 연방준비제도가 설립된 것은 1913년에 이르러서였다. 미국의 경우에도 현대적인 의미에서의 통화정책을 수행하기 위해 연방준비제도가 만들어진 것은 아니었다. 빈번하게 발생하는 은행의 파산사태로 인해 금융 불안이 커지자 이에 대처하기 위해 은행의 은행을 만들 필요에서 설립되었던 것이다.

우리나라의 한국은행은 1950년 6월 12일에 처음 그 문을 열었다. 한국은행은 영국처럼 경제적 필요에 의해 장기적으로 진화해 온 것이 아니라, 독립 후 국가제도의 정비 차원에서 정부 주도로 설립되었다는 특징을 갖는다. 현재 한국은행은 통화정책의 수립과 집행 이외에도 화폐의 발행과 유통, 최종대부자 기능을 비롯한 금융 안정 기능을 수행하고 있다. 또한 지급결제제도의 운영과 관리, 은행의 은행, 정부의 은행, 외국환의 관리, 경제조사와 통계작성 등의 다양한 역할을 맡고 있다.

영국의 Bank of England

미국의 Federal Reserve System

아니라 그 용도까지 직접 통제한다는 점에서 대조를 이룬다. 통화량을 줄이기 위해 시중은행에 앞으로 일정 기간 동안 대출을 자제하라는 지침을 내리는 것이 직접규제의 한 예가 된다. 어떤 산업에는 대출을 많이 해주고 다른 산업에는 대출을 많이 해주지 말라는 식으로 간섭하는 경우도 있다. 이 방식은 '창구지도'라는 말로 더욱 널리 알려져 있는데, 실제로 우리나라에서는 1997년 말의 외환위기 이전까지만 해도 앞에서 설명한 세 방식보다 이 방식이 더 많이 사용되었다.

금융통화위원회

우리나라에서 통화정책 수행의 핵심적 역할을 담당하는 것은 금융통화위원회라고 불리는 기구다. 한국은행의 최고 의사결정기구라고 할 수 있는 이 위원회는 통화신용정책의 기본 골격을 만드는 동시에 한국은행의 운영에 관한 주요 사항을 결정하는 역할을 한다. 한국은행 총재, 부총재에 경제의 각 분야를 대표하는 5명을 합친 총 7명의 위원이 이 위원회를 구성하고 있다.

한국은행 총재가 금융통화위원회 의장을 겸임하며, 부총재 이외의 다른 5명의 위원은 각계의 상이한 관점을 반영하기 위해 여러 기관의 추천을 받아 대통령이 임명한다. 5명의 임명직 위원들의 임기는 4년인데, 특수한 경우를 제외하고는 그 의사에 반해 해임되지 않도록 신분 보장이 되어 있다. 이는 통화정책의 독립성을 보장하기 위해 만들어 놓은 장치라고 말할 수 있다.

금융통화위원회의 회의 모습

통화량이나 기준금리 조정과 같은 통화정책상의 중요한 결정은 바로 이 금융통화위원회에서 내려지게 된다. (사진 제공 : 한국은행)

금융통화위원회의 정기회의는 매달 둘째 주, 넷째 주 목요일에 개최되는데, 특히 통화정책의 기본 방향에 대한 심의, 의결은 매달 첫 번째 정기회의에서 이루어진다. 금융통화위원회의 결정사항이 정부의 경제정책과 상충된다고 판단되는 경우에는 기획재정부장관이 재의를 요구할 수 있다. 기획재정부장관이 재의를 요구했으나 금융통화위원회가 위원 5명 이상의 찬성으로 종전과 같은 내용의 의결을 한 경우에는 대통령이 이에 대한 최종결정을 내린다.

누구든 신문에서 한 번쯤 미국 연방준비제도 이사회의 전 의장이었던 버냉키(B. Bernanke)나 옐런(J. Yellen) 혹은 현 의장인 파월(J.Powell)에 대한 기사를 읽어본 적이 있을 것이다. 이 이사회는 미국의 중앙은행에 해당하는 12개의 연방준비은행을 연결하고 통괄하는 중앙기구다. 연방준비제도의 의장은 사실상 미국의 통화정책을 좌우하고 있기 때문에, 경제 분야의 대통령이라고 불릴 정도로 엄청난 영향력을 행사하고 있다.

솔직히 말해 우리나라 금융통화위원회의 위상은 연방준비제도 이사회에 비해 훨씬 떨어진다. 그렇기 때문에 이 위원회의 의장인 한국은행 총재가 발휘할 수 있는 영향력도 그리 크다고 볼 수 없다. 그러나 한국은행의 독립성이 점차 강해지면서 금융통화위원회와 의장의 영향력이 한층 더 커질 것으로 예상할 수 있다.

이자율이 우선이냐, 통화량이 우선이냐?

앞에서 설명한 통화정책의 전달경로를 보면, 화폐 공급량의 변화가 이자율의 변화를 가져오고, 이것이 투자지출에 영향을 줌으로써 정책의 효과가 나오게 된다. 이와 같은 설명에서 독자들은 화폐 공급량을 변화시키는 주목적이 이자율을 변화시키는 데 있다는 인상을 받을 것이다. 또한 화폐 공급량을 일정한 양만큼 변화시킴으로써 이자율을 정확하게 원하는 수준으로 조정할 수 있다는 인상을 받을 수도 있다.

화폐 공급량을 변화시킴으로써 이자율을 원하는 방향으로 움직일 수 있으며, 그것이 통화정책의 중요한 부분이라는 데는 이론의 여지가 없다. 그러나 현실에서 중앙은행이 화폐 공급량을 변화시킬 때, 오직 이자율을 어떤 수준으로 조절하는 것만 목적으로 삼는 것은 아니다. 통화정책의 주목적이 통화량 그 자체를 조절하는 데 있는 경우도 상당히 많은 것을 볼 수 있다. 통화량의 많고 적음이 경제에 미치는 영향도 크기 때문에 이것을 적절한 수준으로 통제하는 것은 매우 중요한 일이다.

"시중에 돈이 말랐다."라는 말이 있는데, 이는 화폐 공급량이 충분하지 못해 자금을 얻기가 힘들다는 뜻이다. 이렇게 자금 얻기가 힘든 상황에서 가계의 소비지출은 물론 기업의 투자지출도 위축되기 마련이다. 그렇기 때문에 경기가 침체되어 있는 상황에서는 통화량 그 자체를 늘리는 것이 중요한 목표가 될 수 있다. 실제로 중앙은행이 통화정책을 수행할 때는 이자율만이 아니라 통화량의 추이에도 매우 큰 관심을 기울이는 것이 보통이다.

뿐만 아니라 정부가 이자율을 어떤 수준으로 조정하고 싶을 때, 목표로 삼고 있는 이자율을 직접적으로 발표하는 수단을 쓰는 경우가 있다. 그 좋은 예가 '기준금리'를 올리거나 내리는 방법인데, 이는 앞에서 설명한 것과는 다른 경로를 통해 이자율에 영향을 미친다. 기준금리라는 것은 한국은행과 시중은행 사이에서 짧은 기간 동안 자금이 오갈 때 적용되는 금리를 뜻한다.[5]

우리가 '이자율'이라고 부르는 것은 개인이나 기업이 자금을 빌릴 때 적용되는 금리를 뜻하는데, 이것은 기준금리와 같은 방향으로 움직이는 것이 보통이다. 즉 기준금리가 오르면 이자율도 따라 오르고, 기준금리가 떨어지면 이자율도 함께 떨어지는 것이 일반적이라는 말이다. 따라서 한국은행이 기준금리를 올리거나 내리면 이자율도 같은 방향으로 움직이게 되는 것이다. 실제로 한국은행이 이자율에 영향을 주고 싶을 때 이렇게 기준금리를 조정하는 방법을 쓰는 사례가 많다.

이자율과 통화량을 적절한 수준으로 관리하는 것이 중요하다는 점에 대해서는 경제

5) 한국은행과 시중은행들 사이에서 자금이 오고 가는 수단으로 사용되는 금융상품은 '7일물 환매조건부채권(RP)'이다. 이 채권에는 7일이 지난 후 일정한 이자를 덧붙여 이를 매각한 금융기관이 되산다는 조건이 붙어 있다. 그렇기 때문에 환매조건부채권이라는 이름이 붙여진 것인데, 한국은행은 이때 적용되는 이자율을 기준금리로 채택하고 있다.

학자들 사이에 이견이 없다. 그러나 이 둘 중 어느 것이 상대적으로 더 중요한지에 대해서는 의견이 엇갈려 있다. 어떤 경제학자는 이자율의 추이가 경제의 움직임과 더욱 밀접한 관련을 갖기 때문에 이자율을 바람직한 수준으로 유지하는 것이 중요한 과제라고 주장한다. 반면에 통화량이 더욱 중요한 변수이며, 따라서 통화량을 적절하게 관리하는 데 더 높은 우선순위를 두어야 한다고 주장하는 사람도 있다.

생각해 봅시다

신문을 보면 한국은행이 기준금리를 올려야 된다느니 그대로 두어야 한다느니 여러 가지로 논의가 무성한 것을 볼 수 있다. 기준금리를 약간만 조정해도 경제에 상당한 파급효과가 발생하기 때문에 그와 같은 격론이 벌어지는 것이다. 아래의 한국은행 보도자료를 보면, 다양한 경제상황을 고려해 결정되어야 하는 기준금리를 적절한 수준에 유지하는 것이 얼마나 어려운 일인지를 잘 알 수 있다.

> 금융통화위원회는 다음 통화정책 방향을 결정할 때까지 한국은행 기준금리를 현 수준(0.75%)에서 유지하여 통화정책을 운용하기로 했다.
>
> 세계 경제는 변이 바이러스 확산에도 불구하고 주요국의 백신 접종 확대, 경제활동 제약 완화 등으로 회복 흐름을 이어갔다. 앞으로 세계경제와 국제금융시장은 코로나19의 재확산 정도와 백신 보급 상황, 글로벌 인플레이션 움직임, 그리고 주요국의 통화정책 변화 등에 영향을 받을 것으로 보인다.
>
> 국내 경제는 양호한 회복세를 이어갔다. 수출이 호조를 지속하고 설비투자도 견조한 흐름을 이어갔으며, 코로나19 재확산 영향으로 둔화되었던 민간소비도 최근 다시 회복되는 모습을 나타냈다. 고용 상황은 취업자수 증가가 지속되는 등 개선세를 이어갔다. 금년 중 GDP성장률은 지난 8월에 전망한 대로 4% 수준을 나타낼 것으로 예상된다.
>
> 소비자물가 상승률은 석유류 및 서비스 가격 상승폭 확대 등으로 2%대 중반의 높은 수준을 이어갔다. 앞으로 소비자물가 상승률은 당분간 2%대 중반 수준을 유지하다가 다소 낮아질 것으로 보인다.
>
> 금융시장에서는 국제금융시장 움직임 등에 영향을 받아 장기시장금리와 원/달러 환율이 큰 폭으로 상승하고 주가는 상당한 폭으로 하락했다. 가계대출 증가규모는 높은 수준을 이어갔으며, 주택가격은 수도권과 지방 모두에서 높은 오름세를 지속했다.
>
> 코로나19 관련 불확실성이 이어지고 있으나 국내경제가 양호한 성장세를 지속하고 물가가 당분간 2%를 상회하는 오름세를 나타낼 것으로 예상되므로, 앞으로 통화정책의 완화 정도를 적절히 조정해 나갈 것이다.
>
> (한국은행 보도자료, 「통화정책방향」, 2021년 10월 2일 자)

생각해 보기

(1) 현재 경기가 침체되어 있다고 생각하는 사람들은 기준금리 인상에 대해 어떤 태도를 취했을까? 그리고 그 이유는 무엇일까?

(2) 기준금리를 올리면 물가상승 압력을 완화시킬 수 있다는 것은 어떤 근거에서 그렇게 말할 수 있는 것인지 생각해 보자.

(3) 부동산시장 과열을 막기 위해 기준금리를 인상해야 한다는 주장이 있는데 그 이유가 무엇일지 생각해 보자.

우리나라의 통화정책

1997년 말 외환위기 발생과 더불어 우리나라 통화정책 기조에 두 가지 커다란 변화가 생겼다. 하나는 통화정책의 중간목표가 통화량(주로 M2)에서 이자율로 바뀐 것이다. 이와 같은 변화의 배경에는 통화량과 최종목표인 물가 사이의 관계가 더 이상 안정적이지 않다는 인식이 깔려 있었다. 뿐만 아니라 위기가 날로 심화되어 가고 있던 그 당시의 특수한 상황도 한몫을 했다.

그때 우리 경제는 환율이 급격하게 치솟으면서 경제성장률은 곤두박질치는 상황에 직면해 있었다. 이로 인해 정부는 심각한 딜레마에 빠지게 되었다. 환율을 안정시키기 위해서는 통화 긴축을 통해 이자율이 올라가게 만들 필요가 있었다. 이자율이 올라야 외국 자본의 국내 유입이 늘어나 환율이 안정될 수 있기 때문이었다.[6] 그러나 통화 긴축을 해 이자율이 올라가면 경제성장률을 높이는 일이 한층 더 어려워지는 문제가 있었다.

이 상황에서 정부는 IMF와의 협의를 통해 환율 안정을 최우선 정책과제로 선택했다. 그런데 통화량을 중간목표로 사용하고 있는 상황에서는 환율을 안정시키려 한다는 정부의 의도를 시장에 알리기가 어려웠다. 정부가 통화 긴축을 한다 해도 M2의 집계에는 상당한 시간이 걸리므로 시장은 이를 바로 인식하지 못하기 때문이다. 정부가 통화 긴축을 한다고 말하면서도 실제로는 경제성장률을 높이기 위해 통화 팽창을 하고 있는 것은 아닐까라는 의심을 받을 가능성까지 있었다.

말하자면 통화량을 중간목표로 사용하는 경우에는 통화정책의 투명성과 신뢰성에 문제가 생길 수 있다는 뜻이다. 바로 이 상황이 정부로 하여금 중간목표를 이자율로 바꾸게 만든 주요한 이유가 되었다. 이자율의 변동 상황은 즉각 관찰할 수 있기 때문에 이를 통해 정부의 환율 안정 의지를 시장에 전달하는 것이 바람직하다는 판단을 한 것이다. 이에 따라 한국은행은 콜금리를 적절한 수준에 유지하는 방향으로 통화정책을 운영하기 시작했다.[7]

외환위기를 즈음해 일어난 두 번째 커다란 변화는 **물가안정목표제**(inflation targeting)를 도입한 일이었다. 1998년 4월 「한국은행법」이 개정되면서 이와 같은 변화가 생겼는데, 통화정책의 목표를 물가의 안정에만 맞춘다는 것은 획기적인 정책기조의 변화였다. 처음에는 소비자물가지수를 기준으로 물가안정 목표를 설정했으나, 2000년에는 근원인플레이션으로 그 기준을 바꿨다.

근원인플레이션이란 (곡물 이외의) 농산물과 석유류 제품들을 제외하고 계산된 소비자물가지수의 상승률을 뜻한다. 농산물 가격은 태풍이나 가뭄 같은 외부적, 자연적 요인에 크게 영향을 받을 수 있으며, 석유류 가격도 여건 변화에 따라 크게 요동치는 성격을 갖고 있다. 이런 상품들의 가격 상승까지 막으려 들면 심각한 불경기를 초래할 가능성이 있다는 생각에서 고려 대상에서 제외하기로 한 것이다.

물가안정목표제를 실시하는 이유는 사전에 물가상승 목표치를 공표함으로써 인플레이션에 대한 기대심리를 통제하는 데 있다. 이런 목적을 달성하기 위해서는 일반 사람들에게 좀 더 친숙한 소비자물가지수를 기준으로 사용하는 것이 바람직할지 모른다. 이런 문제점이 지적됨에 따라 2006년 한국은행은 다시 소비자물가지수에 기초한 물가안정목표제로 그 기조를 바꿨다. 현재 한국은행은 소비자물가상승률 2%를 물가상승률의 목표로 삼고 있다.

2008년 글로벌 금융위기가 발생하면서 중앙은행의 임무가 물가의 안정에 국한되어서는 안 된다는 지적이 제기되기 시작했다. 금융 안정(financial stability)이 갖는 중요성을 생각할 때, 중앙은행의 임무가 여기까지 확대되는 것이 바람직하다는 논리다. 이에 따라 물가 안정에 더하여 금융안정도 통화정책의 목표로 더해지게 되었다.

6) 통화 긴축을 한다는 것은 통화량의 증가 속도를 늦추거나 통화량을 줄인다는 것을 뜻한다.

7) 2008년부터는 중간목표를 콜금리에서 한국은행 기준금리로 바꾸기로 결정했다.

만약 이자율과 통화량을 동시에 바람직한 수준으로 통제하는 것이 가능하다면 별 문제가 없을 것이다. 그러나 현실에서는 이 둘을 동시에 통제하는 것이 불가능하기 때문에 어떤 것에 더 높은 우선순위를 부여해야 하는지가 문제가 된다. 다시 말해 중앙은행의 입장에서 볼 때, 어느 쪽에 관심의 초점을 맞추어 통화정책을 운영할 것인지가 중요한 선택문제로 제기되는 것이다.

20.5 재정정책이냐, 통화정책이냐?

앞에서 본 것처럼 실업이나 인플레이션의 문제가 있을 때 통화정책이나 재정정책을 통해 경제를 안정된 상태로 이끌어 갈 수 있다. 그렇다면 이 둘 중 어느 쪽을 선택하는 것이 더욱 바람직한지의 문제가 남는다. 일반적으로 **케인즈경제학자**(Keynesian)들은 재정정책을 선호하는 반면, **통화주의자**(monetarist)라고 불리는 시카고학파 경제학자들은 통화정책이 좀 더 바람직하다고 생각하는 경향이 있다.[8] 재정정책과 통화정책에 대한 두 학파의 견해차는 통화정책의 전달경로와 정책시차에 대한 견해차로 요약될 수 있다.

통화정책의 전달경로에 대한 견해차

(1) 케인즈경제학자의 견해

케인즈경제학자들은 통화정책의 전달경로가 너무나도 길고 불확실해 별로 믿을 만하지 못하다고 생각한다. 따라서 이들은 경기가 침체되었을 때 화폐 공급량을 늘리는 것이 그리 큰 효과를 내지 못할 것이라고 말한다. 화폐 공급량을 늘려도 이자율이 큰 폭으로 떨어지기 힘들 뿐 아니라, 설사 이자율이 충분히 떨어진다 해도 기업의 투자지출이 쉽게 늘어나지 않는다는 것이 그들의 지적이다. 투자가 기업가의 동물적 충동에 의해 주로 결정된다는 말은 바로 그와 같은 비관적 견해를 시사하고 있다.

케인즈경제학자들은 통화정책에 비해 재정정책의 효과가 한층 더 직접적이고 확실하다고 믿는다. 정부지출의 증가는 곧바로 총수요의 증가로 이어지며, 조세 감면 역시 처분가능소득을 늘려 확실하게 소비지출을 늘리는 효과를 내기 때문이라는 것이다. 그렇기 때문에 침체된 경기를 부양시키기 위해서는, 그 효과가 불확실한 통화정책보다 직접적으로 총수요에 영향을 줄 수 있는 재정정책을 쓰는 편이 훨씬 더 낫다고 생각한다.

8) 통화주의(monetarism)라고 불리는 학파는 1960년대와 1970년대의 시카고학파를 일컫는 말인데, 통화주의자를 대표하는 경제학자로 프리드먼(M. Friedman)을 꼽을 수 있다.

(2) 통화주의자의 견해

통화주의자들은 화폐 공급량의 변화가 이자율의 변화를 통해 투자에 영향을 주는 것으로 보는 케인즈경제학자들의 견해 그 자체를 수용하지 않는다. 이들은 케인즈경제학자들이 말하는 통화정책의 전달경로라는 것이 실제로 통화정책이 실물경제에 영향을 미치는 과정을 너무 좁게 한정해서 보는 것이라고 반박한다.[9] 화폐 공급량의 변화가 이자율 변화를 거치지 않고도 직접적으로 총수요에 영향을 미칠 수 있다는 것이 그들의 주장이다.

통화주의자의 견해에 따르면, 재정지출을 늘리는 것은 구축효과 때문에 경기를 활성화하는 데 별 효과를 거두지 못한다. 설사 정부지출 증가가 약간의 경기부양 효과를 갖더라도, 투자지출을 감소시키는 결과를 가져오기 때문에 바람직하지 않다고 지적한다. 투자가 위축되면 자본축적이 제대로 이루어지지 못해 경제가 순조롭게 성장해갈 수 없다는 것이다. 반면에 화폐 공급량을 늘리면 이자율이 떨어져 투자가 촉진될 수 있기 때문에 통화정책이 상대적으로 더 낫다는 것이 그들의 주장이다.[10]

정책시차에 대한 견해차

정책이 수립·집행되어 실제로 효과가 나타날 때까지는 어느 정도 시간이 흘러야 하는 것이 보통이다. 즉 정책의 효과는 다소간의 시차(time lag)를 두고 나타난다는 말인데, 이와 같은 시차를 가리켜 **정책시차**(policy lag)라고 부른다. 예를 들어 경제가 침체된 상황에 있을 때 우선 어떤 정책을 어떤 방식에 의해 추진해야 할지 고려하는 과정에서 상당한 시간이 걸리는 것이 보통이다. 뿐만 아니라 그 정책이 실행에 옮겨져 실제로 경제의 총수요에 변화가 올 때까지도 상당한 시간이 걸리게 된다.

> **정책시차**
> 정책이 수립·집행되어 실제로 효과가 나타날 때까지는 어느 정도 시간이 흘러야 하는 것이 보통인데, 이와 같은 시차를 가리켜 정책시차라고 부름

이와 같은 정책시차의 존재는 경제안정정책을 수행하는 데 중대한 걸림돌이 된다. 정책시차가 아주 긴 경우에는 경제의 안정을 위해 실시된 정책이 오히려 경제를 한층 더 불안하게 만드는 결과까지 가져올 수 있다. 예를 들어 어느 해 3월 갑작스럽게 원유 가격이 뛰어올라 경기가 현저히 위축되기 시작했다고 하자. 이에 대한 대책을 둘러싸고 정책담당자들 사이에 격론이 벌어진 끝에 9월이 되어서야 화폐 공급량을 일정한 크기로 늘리는 구체적인 정책을 실행에 옮길 수 있었다. 그런데 화폐 공급량 증가의 효과는 이로부터 7개월이 지난 그다음 해 4월에 가서야 서서히 나타나기 시작했다고 한다.

---

9) 사실 통화정책의 전달경로는 케인즈경제학자들이 주로 논의하고 있는 개념이다.

10) 그렇다고 해서 통화주의자들이 통화정책을 적극적으로 활용해야 한다고 주장하는 것은 아니다. 바로 뒤에 설명하겠지만 통화주의자들은 경제안정을 위한 정부의 적극적 개입에 대해 반대하고 있다. 이와 같은 태도는 통화정책의 경우에도 예외가 아니라고 말할 수 있다.

문제는 정책의 효과가 나타나기 시작한 다음 해 4월의 경제상황이 그 전해 3월과 상당히 달라져 있을 가능성이 크다는 데 있다. 예컨대 이때 예기치 않은 수출 호조로 경제가 서서히 과열의 조짐을 보인다고 하자. 이 상황에서 1년여 전에 실시한 확장적 통화정책의 효과가 나타나기 시작한다면 이것은 심각한 일이 아닐 수 없다. 그렇지 않아도 경기 과열이 문제되는 터에 확장적 통화정책의 효과까지 가세하면 경제의 상황은 한층 더 불안해질 것이기 때문이다. 이는 정책시차의 존재로 인해 경제의 안정을 위해 실시된 정책이 오히려 경제를 더욱 불안하게 만드는 결과를 가져온다는 것을 뜻한다.

일반적으로 재정정책은 통화정책에 비해 정책의 수립, 집행에 걸리는 시간이 더 긴 것으로 알려져 있다. 예를 들어 조세 감면을 구체화시키기 위해서는 복잡한 입법과정을 거쳐야 하기 때문에 상당히 긴 시간이 소요되는 것이 보통이다. 반면에 통화정책은 국회 동의와 같은 법적 절차를 거칠 필요 없이 통화당국의 의지 하나만으로 신속히 수립·집행될 수 있다. 통화주의자들은 이 점을 들어 재정정책보다 통화정책이 한층 더 효과적인 경제안정정책이라고 주장한다.

반면에 재정정책을 옹호하는 케인즈경제학자들은 통화정책이 실제로 효과를 발휘할 때까지 걸리는 시간이 길다는 점을 강조한다. 정부지출의 증가는 곧바로 상품시장의 총수요 증가로 이어질 뿐 아니라, 조세 감면도 처분가능소득을 증가시켜 짧은 시간 안에 소비지출을 증가시키는 효과를 낸다고 말한다. 반면에 통화정책이 이자율 변화를 통해 투자지출을 변화시키는 데는 상당히 오랜 시간이 필요하다는 것이 그들의 주장이다. 가계의 소비지출이나 정부지출의 결정과 달리, 투자지출의 결정은 오래전부터 계획되는 것이 보통이어서 단기적인 이자율 변화에 둔감한 경향이 있기 때문이라고 한다.

20.6 미세조정의 시도는 바람직한가?

1970년대를 전후해 경제안정정책의 문제를 둘러싸고 케인즈경제학자들과 이에 반대하는 시카고학파 경제학자들 사이에 격렬한 논쟁이 벌어진 바 있다. 문제의 핵심은 경제안정정책을 통해 경제를 우리가 원하는 방향으로 이끌어 갈 수 있느냐에 대한 견해차에 있었다. 케인즈경제학자들은 그렇게 할 수 있다고 믿었던 반면, 이에 반대하는 입장에 선 사람들은 그렇게 할 수 없다고 믿었던 것이다. 이와 같은 견해차는 결국 경제안정을 위한 정부 개입이 바람직한지의 여부에 대한 견해차로 이어졌다.

필립스곡선과 경기의 미세조정

케인즈는 적절한 통화정책이나 재정정책을 통해 불황을 극복해낼 수 있다고 믿었으며, 이와 같은 믿음은 케인즈경제학자들의 한 특성이 되었다. 그들은 경기가 침체되었을 때 정부지출이나 화폐 공급량을 늘려 총수요를 증가시키고, 경기가 과열되면 그 반대 방향으로 정책을 운영하는 **총수요 조절정책**을 통해 경제를 원하는 방향으로 이끌어 갈 수 있다고 믿었다. 이처럼 통화정책이나 재정정책의 방향과 강도를 조절함으로써 경제를 안정된 상태에 유지시키려는 정책을 경기의 **미세조정**(fine-tuning)이라고 부른다.

그런데 정부가 아무런 제약도 받지 않고 미세조정 정책을 수행할 수 있는 것은 아니다. 현실에서 총수요 조절정책을 통해 경기를 미세조정해 나가는 과정에서 실업과 물가 사이의 상충관계(trade-off)라는 제약에 직면하게 되기 때문이다. 예컨대 정책당국이 실업을 줄이기 위해 총수요 확장정책을 쓸 경우에는 물가가 오르는 것을 감수해야 한다.[11] 다시 말해 총수요 조절정책을 통해 고용 안정과 물가 안정이라는 두 마리 토끼를 동시에 잡을 수는 없다는 뜻이다.

만약 우리가 실업률과 물가상승률 사이의 상충관계를 정확하게 알고 있다면, 이 둘의 적절한 조합을 선택함으로써 경제를 바람직한 방향으로 이끌어 갈 수 있을 것이다. **필립스곡선**(Phillips curve)이라고 불리는 곡선은 이 문제와 관련해 우리에게 중요한 시사점을 던져주고 있다. 필립스(W. Phillips)는 영국의 통계자료에서 19세기 중반부터 20세기 중반에 이르는 기간 동안 실업률과 물가상승률 사이에 안정적인 음(−)의 상관관계가 존재했다는 사실을 발견했다. 다시 말해 실업률이 높을 때는 물가상승률이 비교적 낮은 한편, 실업률이 낮을 때는 물가상승률이 비교적 높은 경향이 있음을 발견했던 것이다.

그 뒤를 이어 다른 나라에서도 이와 비슷한 관계가 발견되어 그것이 상당히 보편적인 현상임이 확인되었다. 이와 같은 실업률과 물가상승률 사이의 상관관계를 그림으로 보여주는 것이 바로 필립스곡선이다. [그림 20-6]은 1960년대의 미국 경제에서 도출한 필립스곡선을 보여주고 있는데, 실업률과 물가상승률 사이에 뚜렷한 음(−)의 상관관계가 존재하는 것을 볼 수 있다.[12]

총수요 조절정책

경기가 침체되었을 때 정부지출이나 화폐 공급량을 늘려 총수요를 증가시키고, 경기가 과열되면 그 반대 방향으로 정책을 운영하는 것을 가리킴

미세조정

통화정책이나 재정정책의 방향과 강도를 조절함으로써 경제를 안정된 상태에 유지시키려는 정책

필립스곡선

실업률과 물가상승률 사이의 관계를 보여주는 그림으로, 이것이 우하향하는 기울기를 갖는 것은 양자 사이에 음(−)의 상관관계가 존재하는 것을 뜻함

경제도 이 자동차와 같을까?

초기의 케인즈경제학자들은 운전자가 자신이 원하는 방향으로 자동차를 운전해 가듯, 경제를 우리가 원하는 방향으로 움직여가게 만들 수 있다고 생각했다.

11) 반면에 물가 안정을 위해 총수요를 줄이는 정책을 쓰게 되면 어느 정도의 경기침체를 감수해야 한다.

12) 우리나라의 통계자료에서는 실업률과 물가상승률 사이의 뚜렷한 상관관계를 찾기 힘들기 때문에 부득이 미국을 예로 들고 있다. 미국의 경우에도 1970년대 이후에는 이렇게 우하향하는 모양을 갖는 필립스곡선을 찾기 힘들어지게 된다. 특히 글로벌 금융위기 이후 10여 년 동안 미국을 비롯한 여러 선진국들의 필립스곡선은 기울기가 거의 수평선에 가까운 모습을 보이고 있어 물가상승률과 실업률 사이에 음(−)의 상관관계가 존재한다고 믿어온 많은 경제학자들을 당황스럽게 만들고 있다.

그림 20-6

미국의 필립스곡선 (1960~1969년)

이 그림은 1960년대의 미국 경제에서 도출한 필립스곡선인데, 실업률과 물가상승률 사이에 뚜렷한 음(−)의 상관관계가 존재하는 것을 볼 수 있다.

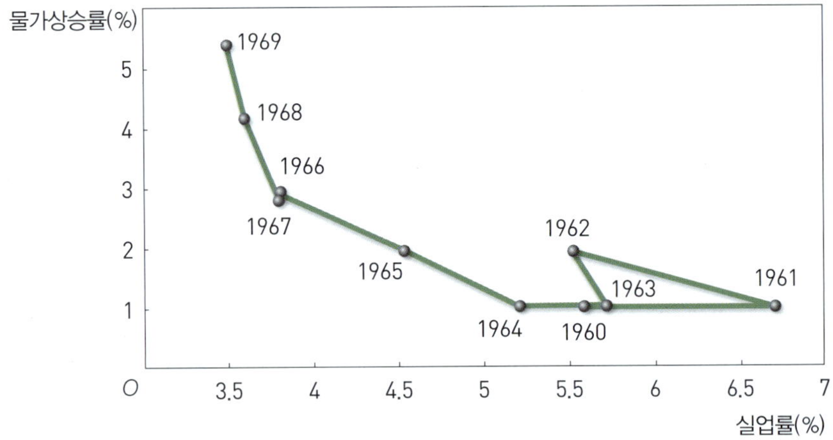

초기의 케인즈경제학자들은 필립스곡선이 단순히 실업률과 물가상승률 사이에서 관찰할 수 있는 통계적인 상관관계를 보여주는 데 그친다고 보지 않았다. 그들은 이 곡선을 통해 실업률과 물가상승률 사이에 어떤 구체적인 관계가 있는지 알아내 이를 정책수립에 활용할 수 있다고 생각했다. 예컨대 필립스곡선의 모양을 알고 있으면, 미세조정 정책을 통해 그 위의 어떤 한 점을 선택할 수 있다고 믿었던 것이다.[13] 이처럼 당시의 케인즈경제학자들은 필립스곡선에 대한 지식이 경제안정정책을 수립하는 데 매우 유용하게 활용될 수 있다고 보았다.

통화주의자의 등장

케인즈경제학이 한창 전성기를 구가하던 때, 경제학계 일각에서는 이에 회의적인 태도를 갖는 학자들이 점차 목소리를 높여가고 있었다. 프리드먼(M. Friedman)을 중심으로 한 통화주의자들이 바로 그들이었다. 그들은 경제를 미세조정할 수 있다는 케인즈경제학자들의 낙관론을 믿지 않았으며, 정부의 개입이 경제에 오히려 더 나쁜 결과를 가져올 수 있다고 경고했다. 경제안정정책은 물가에만 영향을 줄 뿐 실업률을 낮추는 데는 아무런 도움도 되지 않는다는 것이 그들의 믿음이었다.

재량적 정책

정책당국이 경제 상황에 따라 적절한 정책을 선택해 대응하는 방식

준칙

사전에 정책 운영방식을 정해 놓고 상황이 변화하더라도 그 방식을 고수할 경우 준칙에 의해 정책을 운영한다고 말함

정부가 총수요를 늘리거나 줄임으로써 경제안정을 위해 적극적으로 개입하는 정책을 적극적 정책(active policy), 그리고 소극적으로 대처해 가는 정책을 소극적 정책(passive policy)이라고 부른다. 또한 정책당국이 경제 상황에 따라 적절한 정책을 선택해 대응하는 방식을 **재량적 정책**(discretionary policy)이라고 부른다. 그 반면 사전에 정책 운영방식을 정해 놓고 상황이 변화하더라도 그 방식을 고수하는 경우는 **준칙**(rule)에 의해 정책을 운영한다고 말한다. 케인즈경제학자들이 지지하는 미세조정 정

13) 이것은 바로 그 점이 뜻하는 실업률과 물가상승률을 실현시킬 수 있다는 뜻이며, 마치 메뉴에 나와 있는 음식 중 하나를 고르듯 필립스곡선 위의 한 점을 원하는 대로 선택할 수 있다고 보았음을 뜻한다.

책은 적극적인 동시에 재량적인 정책의 성격을 갖고 있다.

통화주의자들은 미세조정 정책이 오히려 경제를 불안정하게 만들 수 있음을 지적하고, 소극적이며 준칙에 의거한 정책을 사용하는 것이 바람직하다고 주장했다. 그들이 소극적인 경제정책을 옹호하는 이유는 경제를 바라보는 시각이 케인즈경제학자들과 다르기 때문이다.

통화주의자들은 경제가 상당히 안정적인 성향을 갖고 있으며, 스스로 균형을 회복할 수 있는 능력을 갖고 있는 것으로 본다. 정부의 개입이 불필요하다는 생각은 바로 이와 같은 현실 인식에서 나오고 있다. 그들은 경제안정정책에 따르는 정책시차가 길고 가변적인데 이에 대한 정책당국의 지식은 보잘것없기 때문에, 미세조정 정책은 오히려 경제를 한층 더 불안한 상태로 만들 수 있다고 말한다.

바로 앞 절에서 통화주의자들은 재정정책보다 통화정책이 상대적으로 더 효과적이라는 생각을 가졌다고 설명한 바 있다. 그렇다고 해서 그들이 적극적이고 재량적인 통화정책을 지지한 것은 결코 아니었다. 경제 상황이 매우 심각해 불가피하게 개입을 하게 되는 경우라도 소극적인 대응에 그쳐야 하며, 일반적인 상황에서는 미리 정해 놓은 준칙에 의해 통화정책을 운영해야 한다는 것이 그들의 기본 입장이었다.

그렇다면 준칙에 의해 경제를 운영해 나간다는 것은 구체적으로 무엇을 의미하는 것일까? 프리드먼을 중심으로 한 통화주의자들은 소위 '*k*% 준칙'(*k*% rule)이라고 불리는 통화정책을 사용해야 한다고 주장한다. 이는 정부가 화폐 공급량을 매년 일정한 비율로, 예컨대 *k*%씩 증가시켜 나갈 것이라고 미리 밝혀 놓은 후 경제 상황에 관계없이 이를 계속 유지해 나가는 정책을 뜻한다. 이 정책을 채택하면 미세조정에 따른 부작용을 피할 수 있을 뿐 아니라 정책의 투명성이 보장되어 민간부문의 경제주체들이 장기계획을 세우는 데 도움이 될 수 있다는 것이다.

합리적기대이론과 경제안정정책의 무력성

1970년대에 접어들면서 루카스(R. Lucas)를 중심으로 한 시카고학파 경제학자들이 **합리적기대이론**(rational expectation hypothesis)을 제기해 경제학계에 새로운 바람을 일으키기 시작했다. 이들은 합리적인 사람이라면 미래에 대한 예측을 할 때 사용할 수 있는 모든 정보를 적절한 방법으로 활용할 것이라고 설명한다. 이와 같은 방식으로 미래에 대한 기대를 형성하는 것을 가리켜 **합리적기대**(rational expectation)라고 부르는데, 합리적기대이론의 핵심은 사람들이 바로 이런 방식으로 미래에 대한 기대를 형성한다고 보는 데 있다.

합리적기대
사용할 수 있는 모든 정보를 적절한 방식으로 활용해 미래에 대한 기대를 형성하는 것

합리적기대이론은 경제안정정책이 실물경제에 아무 효과도 가져다주지 못한다는 주장으로 이어져 경제학계에 큰 충격을 불러일으켰다.[14] 이 이론에 따르면 총수요 확

14) 여기에는 사람들이 정책의 변화를 미리 예상할 수 있다는 전제가 붙어 있음에 주의해야 한다. 따라서

정책무력성의 명제

총수요 확장정책이 단기에서도 물가만 상승시키는 결과를 가져올 뿐 실업률에는 아무 영향을 주지 못한다고 보는 견해

장정책은 단기에서도 물가만 상승시킬 뿐 실업률을 줄이는 데는 아무런 효과도 내지 못한다는 것인데, 이를 **정책무력성**(policy ineffectiveness)**의 명제**라고 부른다.

모든 사람들이 미래의 일에 대해 합리적으로 기대를 형성하고 있다면 왜 경제안정 정책이 아무 성과도 거두지 못하게 되는 것일까? 예컨대 경기침체로 인해 실업률이 상당히 높아진 상황에서 정부가 화폐 공급량을 늘려 경기부양을 시도한다고 하자. 말하자면 약간의 인플레이션을 감수하고 실업률을 줄이려는 정책처방을 쓰기로 한 셈이다.

정부가 돈을 더 찍어내면 상품 가격이 일반적으로 상승할 텐데, 웬일인지 임금은 오르지 않는다고 가정해 보자. 이렇게 되면 근로자들에게 지급되는 실질임금이 떨어지는 결과가 빚어진다. 실질임금이라는 것은 물가의 변동 추이를 감안한 임금인데, 명목상의 임금이 그대로인 상황에서 물가가 상승하면 실질임금은 당연히 떨어지게 된다. 기업은 실질임금을 보고 얼마만큼의 노동을 고용할 것인지 결정하기 때문에, 실질임금이 떨어지면 기업은 종전보다 더 많은 노동을 고용하게 된다.[15)]

지금 보는 것처럼, 화폐 공급량 증가가 실질임금 하락으로 이어지면 고용이 늘어나는 효과가 나타난다. 다시 말해 물가가 상승하는 분위기하에서도 명목임금이 예전의 수준에 머물러 있어 실질임금이 떨어질 때 고용이 늘어나고 실업률이 떨어지는 결과가

생각해 봅시다

경제안정정책이 단기에서도 실업률을 줄이지 못하는 결과가 나온다면 그것은 '예상된 정책'의 경우에 한정된다. 사람들이 합리적으로 기대를 형성한다 해도 정책의 변화를 미리 예상하지 못하면 위에서 말한 논리가 성립하지 않을 것이기 때문이다. 따라서 이 경우에는 미세조정 정책이 단기에서 실업률을 줄이는 데 어느 정도 효과를 가질 수 있다.

예컨대 근로자들이 전혀 눈치채지 못한 상황에서 정부가 화폐 공급량을 늘렸다고 하자. 그렇게 되면 물가가 올라갈 텐데, 이를 예상하지 못한 근로자들은 임금 인상을 요구하지 않는다. 물가가 오르기 시작함에 따라 실질임금이 하락하고, 그 결과 실업률이 줄어들게 된다. 즉 사람들이 합리적으로 기대를 형성한다 해도, 예상하지 못한 정책은 단기적으로 실업률에 영향을 줄 수 있는 것이다.

생각해 보기

(1) 만약 정부가 일관성이 전혀 없는 방식으로 정책을 수행하면 사람들은 어떤 정책이 사용될지 예상할 수 없게 된다. 이런 방식으로 경제를 운영해 나가는 것이 바람직한 일일까?

(2) 임금이 장기계약으로 묶여 있는 상황에서 화폐 공급량을 늘리게 되면 어떤 일이 일어나게 될까?

엄밀하게 말하자면 "사람들에 의해 예상된 경제안정정책이 실물경제에 아무 효과를 가져다주지 못한다."라고 표현해야 한다.

15) 이는 가격이 떨어질 때 소비자들이 더 많은 양의 상품을 수요하는 것과 같은 이치다.

나타날 수 있는 것이다. 경제안정정책이 효과를 발휘할 수 있으려면, 정부가 돈을 더 찍어내 물가가 오르는데도 근로자들이 현재의 임금에 만족하고 있어야 하는 것이다.

그런데 모든 사람들이 합리적으로 기대를 형성한다면 화폐 공급량의 증가가 물가 상승을 가져올 것을 정확히 예측하게 된다. 물가가 뛰어오를 것을 예상하는 근로자들은 당연히 임금을 올려달라고 요구하게 된다. 그렇게 되면 실질임금은 떨어지지 않고 기업은 고용을 증가시킬 이유를 전혀 발견하지 못한다. 결국 화폐 공급량의 증가는 실업률을 떨어뜨리지 못하고 물가만 상승시키는 결과를 가져오게 된다. 사람들이 합리적으로 기대를 형성하는 상황에서는 경제안정정책이 실업률을 줄이는 데 아무런 효과를 내지 못하는 것이다.

순수하게 이론적 관점에서 본다면, 정책무력성의 명제는 거의 흠잡을 데 없는 완벽한 논리를 갖추고 있다. 그러나 현실의 경험에 비추어 볼 때 경제안정정책이 그런 정도로 무력하다는 주장은 선뜻 받아들이기 힘들다. 현실 경제의 상황은 합리적기대이론에서 상정하는 이상적인 상황과 상당한 거리를 갖고 있는 것이 사실이다. 예컨대 모든 경제주체들이 정책으로부터 나오는 효과에 대해 합리적으로 기대를 형성하고 있다는 가정은 현실과 다를 수 있다. 그렇기 때문에 현실에서 경제안정정책은 실업률을 낮추는 데 어느 정도 효과를 발휘할 것으로 기대할 수 있다.

공급중시 경제학

지금까지 우리는 지난 반세기 동안 거시경제학을 이끌어온 여러 학파의 이론을 두루 살펴보았는데, 한 가지 빠진 것이 있다. 독자적인 이론체계를 가진 학파라고 부르기는 어렵지만, 1970년대 후반부터 1980년대 초반까지 일부 정치인들의 후원에 힘입어 학계보다는 일반대중에게 더욱 널리 알려지게 된 **공급중시 경제학**(supply-side economics)이 바로 그것이다.

정부가 총수요를 조절해 경기를 조정할 때 실업과 인플레이션 사이의 상충이라는 현실적 제약에 직면하게 된다. 1970년대 말 일군의 경제학자들은 적절한 정책을 통해 실업과 인플레이션의 문제를 동시에 해결할 수 있는 방법이 있다고 주장했다. 이 달콤한 말은 당연히 정치인들의 관심을 끌게 되었고, 이들의 처방은 곧바로 미국 레이건(R. Reagan) 행정부의 정책기조로 자리 잡기에 이르렀다.

그들은 정부의 정책이 수요를 조절하는 것보다 공급능력을 확충하는 데 더 큰 비중을 두어야 한다는 점을 강조했다. 이 때문에 그들을 공급중시 경제학자라고 부르게 되었는데, 그들이 제시한 정책대안에서 핵심을 이루고 있는 것은 조세 감면(tax cut)이었다. 조세를 감면해 주면 총수요곡선이 오른쪽으로 이동할 뿐 아니라, 총공급곡선도 오른쪽으로 이동하는 결과를 가져와 물가 안정과 경기 활성화를 동시에 달성할 수 있다는 것이다.

소득세를 감면해 주면 세후(after-tax) 실질임금이 증가하므로 근로자들은 예전보다 더욱 열심히 일하게 될 뿐 아니라 더욱 많은 저축을 하게 된다고 설명한다. 이와 더불어 법인세의 감면은 기업들로 하여금 더욱 많은 투자를 하게 만드는 유인이 될 수 있다고 한다. 이렇게 조세 감면의 결과 노동의 공급이 늘고 자본축적이 더 빨라지게 되면 총공

그림 20-7

공급중시 경제학자의 주장

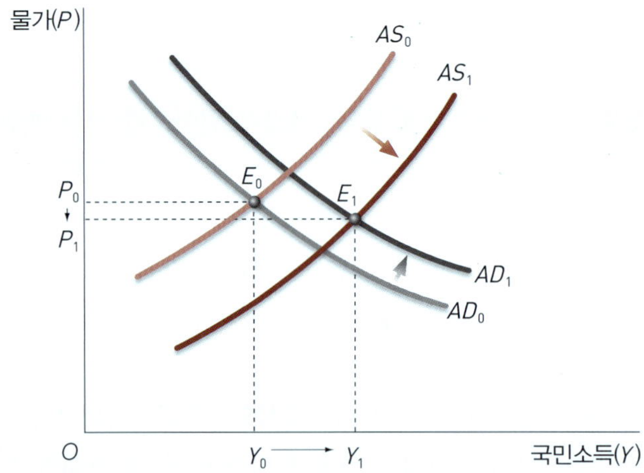

급곡선은 오른쪽으로 크게 이동할 것이라고 주장한다.

[그림 20-7]에는 조세 감면의 결과 총수요곡선과 총공급곡선이 모두 오른쪽으로 이동해 각각 AD_1과 AS_1이 된 것으로 나타나 있다. 새로운 균형점 E_1에서 국민소득이 예전보다 더 높은 수준으로 올라가 있을 뿐 아니라 물가도 더 낮아져 있는 것을 볼 수 있다. 만약 조세 감면이 그림에서 보는 바와 같은 효과를 낸다면 실업과 인플레이션이라는 두 마리 토끼를 모두 잡은 셈이 된다. 조세 감면을 통해 실업과 인플레이션의 문제를 모두 해결할 수 있다니 이는 정말로 멋진 일이 아닐 수 없다.

공급중시 경제학자들은 이에서 그치지 않고, 세율을 낮춰 주면 조세수입이 오히려 증가할 것이라는 믿기 힘든 약속까지 했다. 세율을 낮춘 결과 사람들이 더 열심히 일해 소득이 큰 폭으로 증가하면 세율이 낮아져도 조세수입은 더 커질 수 있다는 말이었다. 그들은 래퍼곡선(Laffer curve)이란 그림까지 그려가며 이와 같은 결과가 나타날 수 있음을 역설했다. 이 곡선은 세율과 조세수입 사이의 관계를 그림으로 나타낸 것인데, 높은 수준의 세율에서는 세율의 상승이 오히려 조세수입을 감소시킨다는 것을 보이고 있다.

이것이 사실이라면 세율을 낮춰 주는 정책은 조세수입까지 더 크게 만들어, 그야말로 '꿩 먹고 알 먹는' 결과를 가져다줄 수 있을 것이다. 그러나 공급중시 경제학자들의 약속은 모두 헛된 것으로 드러났다. 1980년대 초반 미국의 레이건 행정부는 이들의 처방에 따라 소득세와 법인세를 대폭 인하했다. 그러나 기다리던 좋은 소식은 오지 않고, 물가상승과 함께 폭발적인 재정적자 증가라는 나쁜 소식에 접하게 되었다. 래퍼곡선의 약속을 믿었던 사람들은 그것이 헛된 꿈이었다는 냉엄한 현실에 눈떠야 했다.

노동공급과 저축은 단기에서 매우 비탄력적일 뿐 아니라, 투자 증가를 통해 자본이 축적되기까지는 오랜 시간이 필요하다. 공급중시 경제학자들은 이와 같은 엄연한 현실을 무시하고 정책처방을 내리는 치명적인 잘못을 범했던 것이다. 그뿐 아니라 공급중시 경제학의 정책처방은 소득분배를 악화시키는 부작용까지 가져왔다. 소득세나 법인세 감면의 혜택은 주로 부유층에게 돌아가 빈부격차가 더욱 벌어지게 만들었기 때문이다.

경제학에는 "이 세상에 공짜 점심은 없다."(There is no free lunch.)라는 유명한 경구가 있다. 이 평범한 진리를 무시하고 조세 감면 하나로 두 마리 토끼를 잡을 수 있다는 감언이설을 믿었던 대가로 레이건 행정부는 미국 경제에 재정적자와 소득분배 악화라는 두 가지 불행한 유산을 남기게 되었다. 이와 같은 실패의 역사는 잘못된 경제이론이 우리에게 얼마나 큰 손실을 가져다줄 수 있는지를 생생하게 말해 주고 있다.

자동안정장치

부록

본문에서 설명한 재정정책은 정부가 경제를 바람직한 방향으로 이끌기 위해 의도적으로 재정지출이나 조세 징수액을 변화시킨다는 성격을 갖고 있다. 따라서 경제가 현재 어떤 상황에 있는지에 대한 평가가 이루어져야만 비로소 어떤 구체적인 정책수단을 사용할 것인지의 결정이 내려지게 된다.

그런데 재정제도 그 자체가 갖는 특성 때문에 경기의 상황에 따라 재정지출이나 조세 징수액이 자동적으로 조절되는 결과가 나타날 수 있다. 예를 들어 경제가 불황에 빠져 있을 때는 저절로 재정지출을 늘리고 조세 징수액을 줄여 경기부양 효과를 내는 한편, 호황기에는 그 반대의 움직임을 보여 경기를 진정시키는 효과를 내는 장치가 재정제도 안에 이미 마련되어 있다고 볼 수 있는 것이다.

이와 같은 장치를 가리켜 재정의 **자동안정장치**(automatic stabilizer)라고 부르는데, 그 대표적인 예로 누진적 소득세제와 실업보험제도를 들 수 있다. 경기가 활성화되어 국민소득이 커지면 누진적 소득세제하에서는 자동적으로 조세 징수액이 더 많아지게 된다. 소득수준이 높을수록 더 높은 세율을 적용받게 되므로 전반적 소득 증가와 더불어 조세수입이 자동적으로 늘어나는 결과가 나타나는 것이다. 이처럼 호황기에는 조세 징수액이 저절로 증가해 경기가 너무 심하게 과열되지 않도록 진정하는 효과가 나온다. 평소보다 더 많은 세금을 납부하게 되는 소비자들은 누가 시키지 않아도 자발적으로 소비지출을 억제할 것이기 때문이다.

누진적 소득세제뿐 아니라 실업보험제도 역시 경기를 자동적으로 안정시켜 주는 효과를 갖는다. 경제가 불황에 빠져 있을 때 평소보다 더 많은 사람들이 실업상태에 빠질 것이고 따라서 정부가 지급하는 실업수당의 규모도 더 커진다. 반면에 호황기에는 실업자가 별로 없어 실업수당으로 지급되는 금액이 저절로 줄어든다. 실업보험제도 이외의 다른 사회복지 프로그램도 불황기에는 평상시보다 더 많은 보조금을 지불하도록 되어 있어 경제를 자동적으로 안정시키는 데 한몫을 하고 있다.

누진적 소득세제와 실업보험제도를 중심으로 한 자동안정장치는 일일이 경제의 상황을 평가해 정책을 결정해야 하는 번거로움에서 벗어날 수 있게 만들어 준다. 예컨대 경제가 불황에 있을 때는 자동적으로 재정지출을 늘리고 조세 징수액을 줄여주기 때문에 경제가 현재 어떤 상황에 있는지 구태여 알아야 할 필요가 없다. 그렇기 때문에 현재의 상황이 어떤 정책을 필요로 하느냐를 논의하는 데 귀중한 시간을 낭비하지 않아도 되게 만들어 주는 장점이 있다.

그러나 다른 한편으로는 경기가 불황에서 벗어나 회복국면에 들어서 있을 때 오히려 경기회복을 더디게 만들 수도 있다는 단점을 갖고 있다. 경제가 회복기에 들어갔을 때는 총수요가 빠른 속도로 확장되어야 짧은 기간 안에 정상적인 상태로 돌아올 수 있다. 그럼에도 불구하고 이 상황에서 자동안정장치는 조세 징수액을 늘리고 재정지출을 줄여 총수요 확장이 더디어지게 만드는 역할을 한다. 말하자면 자동안정장치가 회복과정에 불필요한 제동을 가하는 셈이 되는 것이다.

요약

1. 경제가 불안정한 상황에 있을 때 정부는 여러 정책수단을 동원해 안정시키려고 노력하는데, 이런 의도에서 실시되는 정책을 경제안정정책이라고 부른다. 경제안정정책은 어떤 수단을 사용하느냐에 따라 재정정책과 통화정책으로 구분된다.

2. 정부지출을 증가시키면 국민소득이 늘어나고 물가가 더 높은 수준으로 올라간다. 그런데 이 과정에서 이자율이 올라가 투자지출이 줄어드는 구축효과가 발생한다.

3. 화폐 공급량의 변화가 이자율을 변화시켜 상품시장에 영향을 미치는 과정을 통화정책의 전달경로라고 부른다. 화폐 공급량을 늘려도 이자율이 떨어지지 않는 경우 통화정책은 총수요에 아무 영향을 주지 못하는데, 이때 경제가 유동성함정에 빠져 있다고 말한다.

4. 중앙은행은 본원통화의 양이나 통화승수의 크기를 조절함으로써 통화량을 관리한다. 중앙은행이 사용하는 구체적인 통화관리방식에는 지급준비율정책, 재할인율정책, 공개시장운영, 그리고 직접규제방식이 있다.

5. 케인즈경제학자들은 통화정책의 전달경로가 간접적이고 불확실한 반면, 재정정책의 효과는 직접적이고 확실하다고 생각한다.

6. 통화주의자들은 재정정책이 구축효과를 내기 때문에 그 효과가 불분명한 반면, 통화정책은 그 효과가 직접적이고 분명하다고 믿는다. 또한 정책시차란 측면에서도 재정정책보다 통화정책이 한층 더 효과적인 정책이라고 말한다.

7. 통화정책과 재정정책의 방향과 강도를 조절해 경기를 원하는 방향으로 이끌어 가는 것을 경기의 미세조정이라고 부른다. 케인즈경제학자들은 경제를 미세조정해 나갈 수 있다고 믿었다.

8. 필립스곡선은 실업률과 물가상승률 사이의 경험적인 관계를 그림으로 나타낸 것이다. 이 곡선이 우하향하는 모양을 갖고 있는 것은 실업과 인플레이션 사이에 상충관계가 존재하는 것을 뜻하고 있다.

9. 통화주의자들은 정책시차가 길고 가변적이기 때문에 케인즈경제학자들이 지지하는 재량적 정책이 더 나쁜 결과를 초래할 것임을 경고하고, 사전에 정해진 준칙에 따라 경제정책을 운영해 나가야 한다고 주장했다.

10. 합리적기대이론은 사람들이 합리적인 방법으로 기대를 형성할 때 경제안정정책은 실업을 줄이는 데 아무런 효과도 내지 못한다는 정책무력성의 명제를 제시하고 있다.

중요개념

경제안정정책	재정정책	통화정책	구축효과
통화정책의 전달경로	유동성함정	재할인율정책	지급준비율정책
공개시장운영	통화주의자	정책시차	미세조정
필립스곡선	재량적 정책	준칙	합리적기대
정책무력성의 명제			

연습문제

01. 경제안정정책이 거의 모두 총수요를 조절하는 정책의 성격을 갖는 이유를 간략하게 설명하라.

02. 구축효과가 무엇을 의미하는지 설명하라.

03. 통화정책의 전달경로란 무엇이며, 유동성함정의 존재가 전달경로에 어떤 영향을 미치는지 설명하라.

04. 중앙은행이 전통적으로 사용해 온 통화량 조절수단에는 어떤 것이 있는지 설명하라. 이 중 어떤 것이 본원통화를 조절하는 정책이며 어떤 것이 통화승수의 크기를 조절하는 정책인가?

05. 중앙은행이 화폐 공급량을 줄이기 위해 공개시장운영을 통해 10억원어치의 국채를 민간에게 팔았다. 이를 산 사람들은 수표로 그 대금을 지급했다고 한다. 법정지급준비율이 15%일 때, 화폐 공급량은 최대한 어느 정도까지 줄어들까?

06. 경제학원론을 배운 김군은 "정부가 국채를 팔아 조성한 자금으로 정부지출을 늘리면 총수요가 증가한다. 그러나 중앙은행이 국채를 민간에게 팔면 총수요가 감소한다. 따라서 국채의 판매는 어떤 정책주체가 담당하느냐에 따라 총수요에 상이한 영향을 미친다."라는 결론에 도달했다. 그의 생각이 옳은지의 여부를 알아보기 위해 다음 세 가지 정책을 비교해 보기로 하자.

정책 A : 정부가 10억원어치의 국채를 발행하고 정부지출을 그만큼 증가시킴

정책 B : 한국은행이 10억원어치의 국채를 민간으로부터 사들임

정책 C : 정부가 한국은행으로부터 10억원을 차입해 조성한 자금으로 정부지출을 늘림

(1) 위의 세 가지 정책 중 화폐 공급량이 증가한 것은 어느 경우인가?

(2) 순수한 의미의 통화정책, 순수한 의미의 재정정책, 재정정책과 통화정책이 혼합된 경우로 위의 세 가지 정책을 구별해 보라.

(3) 단기적으로 경기부양 효과가 가장 큰 정책은 어느 것인가?

(4) 이상의 답에 기초해 김군의 생각에 잘못된 점이 무엇인지 설명해 보라.

07. 재정정책과 통화정책의 전달경로에 대한 케인즈경제학자들과 통화주의자들의 견해 차이를 요약해 설명하라.

08. 미세조정하는 과정에서 정책당국이 실업과 인플레이션 사이의 상충관계라는 현실적 제약에 직면하는 이유가 무엇인지 설명하라. 실업과 인플레이션 중 정부가 어느 쪽에 더 큰 비중을 두어 정책을 수행해야 하는지에 대한 독자의 생각을 밝혀라.

09. "준칙에 의한 경제정책이 경기안정화에 관해서는 소극적인 경제정책이라고 볼 수 있다."라는 말이 옳은 것인지 논의하라.

10. 정책시차가 무엇을 의미하며, 이것이 길고 불안정할수록 경제안정정책의 유효성이 줄어드는 이유가 무엇인지 설명하라.

11. 경제학원론을 배운 최군은 "합리적기대이론의 정책무력성 명제에 따르면 모든 총수요 확장정책은 물가만 상승시킬 뿐 실물경제에 아무런 영향도 주지 못한다."는 결론을 내렸다. 이 생각이 옳은 것인지의 여부에 대해 논의하라.

12. 자동안정장치의 예를 들고, 자동안정장치가 정책시차를 줄이는 역할을 하게 되는 이유를 설명하라.

제10편

경제성장의 문제

| 제21장 |

경제성장과 발전

제**21**장

경제성장과 발전

21.1 배경 설명

21.2 지속적 경제성장의 문제

21.3 성장회계 : 양적 성장과 질적 성장

21.4 개발도상국의 경제발전

앞에서 경제성장이라는 것은 국민소득의 장기적 추세 변화를 뜻해, 이 추세로부터의 단기적인 일탈 현상을 의미하는 경기변동과 구별된다고 설명한 바 있다. 이 장에서는 이와 같은 국민소득의 장기추세가 어떤 요인에 의해 결정되는지 알아보기로 한다. 경제성장은 물질생활의 풍요를 가져다줄 뿐만 아니라, 평균수명의 연장, 문화수준의 향상, 정치적 자유의 신장 등 '삶의 질'이란 측면에서도 큰 영향을 미친다. 그렇기 때문에 경제성장의 문제는 다른 어떤 경제문제보다 더 큰 중요성을 갖는 것이다.

21.1 배경 설명

산업혁명과 경제성장

경제성장

엄밀하게 말해 1인당 국민소득이 증가해 가는 과정을 경제성장이라고 부름

넓은 의미에서 보면 국민소득의 전체 규모가 커지는 것을 가리켜 **경제성장**(economic growth)이라고 부를 수 있다. 그러나 국민소득이 더 커졌다 해도 단지 인구가 급격히 늘어 그렇게 된 경우에는 1인당 국민소득이 오히려 줄어들 수도 있다. 그렇다면 국민의 경제적 복지는 예전보다 더 낮은 수준으로 떨어질 것이고, 따라서 이와 같은 변화는 진정한 의미에서의 경제성장이 될 수 없다. 국민의 경제적 복지를 향상시킬 수 있는 변화만이 진정한 경제성장이라고 부를 수 있으므로, 엄밀하게 말해 경제성장은 '1인당 국민소득이 증가한 것'으로 정의되어야 한다.

인류 역사에서 경제성장이라는 개념이 사람들의 본격적인 관심을 끌기 시작한 것은 불과 2백여 년밖에 되지 않는다. 지난날의 역사를 보면 국민소득의 전체 규모가 지속적으로 증가해 왔지만, 인구 1인당 국민소득은 오랫동안 답보상태를 면치 못해 왔다. 1인당 국민소득이 눈에 띄게 성장하기 시작한 것은 18세기 중반 산업혁명이 일어난 이후의 일이었으며, 그나마 오늘날의 시각에서 보면 그 성장속도가 별로 빠른 것도 아니었다.

〈표 21-1〉에서 볼 수 있듯, 서기 1700년까지의 1인당 국민소득은 문자 그대로 답보상태에 머물고 있었다. 총 생산이 고작 연간 0.1%의 비율로 성장했지만 인구가 바로 그 비율로 증가해 상쇄해 버렸기 때문이다. 산업혁명이 일어난 후의 전 세계 1인당 국민소득의 평균 성장률도 고작 0.8%에 지나지 않는다. 이 표를 보면 경제성장이 본격적으로 가속화하기 시작한 것은 산업혁명이 거의 완성 단계에 이른 1820년대 이후의 시기였음을 알 수 있다. 20세기에 들어와서야 1인당 국민소득 성장률은 1.6%라는 비교적 높은 수준으로 뛰어오르게 되었다.

〈표 21-2〉를 보면 각 시대에서 세계를 주름잡던 선진국들의 경우에도 1인당 국민소득의 성장률이 그다지 높지 않았음을 볼 수 있다.[1] 예컨대 영국의 경우 산업혁명이

표 21-1
세계적 경제성장의 장기 추이
(단위 : %)

기 간	총 생산 증가율	인구 증가율	1인당 국민소득 성장률
0~1700년	0.1	0.1	0.0
1700~2012년	1.6	0.8	0.8
1700~1820년	0.5	0.4	0.1
1820~1913년	1.5	0.6	0.9
1913~2012년	3.0	1.4	1.6

자료 : T. Piketty, *Capital in the Twenty-First Century*, Belknap, 2014

1) 이 표에서 볼 수 있듯, 18세기 중반 세계 무역을 선도하던 네덜란드의 경우는 음(−)의 성장률을 기록

나 라	기 간	연평균 성장률
네덜란드	1700~1785년	-0.07
영 국	1785~1820년	0.5
	1820~1890년	1.4
미 국	1890~1979년	2.3

자료 : A. Maddison, *Phases of Capitalist Development*, Oxford University Press, 1982

표 21-2
여러 나라의 1인당 국민소득 성장률(단위 : %)

일어난 18세기 후반에서 19세기 초반에 이르는 기간 동안 연평균 성장률이 고작 0.5%에 불과했으며, 19세기 중반 이후에 가서야 비로소 1% 수준을 넘게 되었다. 이 나라들 중 미국이 비교적 높은 성장률을 이룩한 것으로 나타나 있는데, 그것도 2.3%에 불과해 오늘날의 몇몇 개발도상국들이 이룩한 높은 성장률과 큰 격차를 보이고 있다.

남북문제

지난날의 경제성장 과정에서 모든 나라가 성장의 혜택을 고르게 누려 오지는 못했다. 지속적 성장의 결과 높은 소득수준을 이룩한 나라가 있는 반면, 정체상태에 빠져 아직도 극심한 빈곤에 허덕이는 나라들도 무척 많다. 〈표 21-3〉을 보면 1인당 국민총소득(GNI)이 나라에 따라 얼마나 큰 차이를 보이는지 잘 알 수 있다. 예를 들어 2019년에 스위스의 1인당 국민총소득이 85,500달러, 그리고 미국은 65,850달러인 데 비해, 인도는 2,120달러, 에티오피아는 850달러로 엄청난 격차를 보이고 있다.

경제성장이 늦어 1인당 국민소득이 매우 낮은 국가들을 **저소득국**(low-income countries) 또는 **개발도상국**(developing countries)이라고 부른다.[2] 세계은행이 파악한 바에 따르면, 저소득국들은 전 세계 인구의 8.7%를 차지하고 있으면서도 소득은 0.6%밖에 차지하지 못하고 있다. 그 반면 고소득국들은 인구의 비중이 16%에 불과한 반면, 소득의 비중은 63%나 되어 그들과 좋은 대조를 이루고 있다. 개발도상국들이 아시아, 아프리카, 남아메리카의 낮은 위도 지역에 집중되어 있는 데 비해 선진국들은 주로 높은 위도 지역에 위치하고 있어, 국가 간의 소득분배 문제를 **남북문제**(North-South problem)라고 부르기도 한다.

경제성장과 발전의 이론에서 가장 중요한 관심사 중 하나는 과연 가난한 나라들이 부유한 나라들의 소득수준을 따라잡을 수 있는지의 여부다. 좀 더 구체적으로 말해 가

할 정도였다.

2) 가난한 나라를 '저개발국'(less developed countries)이라 부르기도 하지만, 이 이름에는 가난한 나라를 깔보는 의미가 담겨 있다 해서 요즈음은 잘 쓰이지 않는다.

표 21-3
각국의 1인당 GNI와 경제성장률(2019년)

국 가	1인당 GNI($)	경제성장률(%)	국 가	1인당 GNI($)	경제성장률(%)
고소득국가	그룹 평균 45,348	그룹 평균 1.6	중하소득국가	그룹 평균 2,176	그룹 평균 4.0
스위스	85,500	0.9	인도네시아	4,050	5.0
미국	65,850	2.2	필리핀	3,850	6.0
독일	48,580	0.6	몽골	3,790	5.2
영국	42,220	1.5	이집트	2,690	5.6
일본	41,710	0.7	베트남	2,590	7.0
한국	**33,790**	**2.0**	인도	2,120	4.2
중상소득국가	그룹 평균 9,050	그룹 평균 3.5	저소득국가	그룹 평균 820	그룹 평균 4.0
헝가리	16,500	4.6	케냐	1,750	5.4
중국	10,390	5.9	캄보디아	1,530	7.1
멕시코	9,480	−0.1	에티오피아	850	8.4
브라질	9,130	1.1	부룬디	280	1.8

자료 : The World Bank, *World Development Indicators*, 2021

난한 나라가 부유한 나라의 수준으로 수렴해 가는 것이 가능한지의 여부, 그리고 가능하다면 완전한 수렴에 얼마나 긴 시간이 걸릴지가 중요한 관심사가 되고 있다. 그러나 현실적 여건에 비추어 볼 때 이와 같은 **수렴**(convergence)은 결코 쉽게 이루어질 수 없다는 느낌을 강하게 받는다. 몇몇 개발도상국은 선진국 수준으로 수렴해 가기는커녕 오히려 뒷걸음질 치는 모습을 보이기도 한다. 빠른 시일 안에 남북문제의 해소를 기대하는 것은 매우 어려운 일일 것임이 분명하다.

이스털린의 역설

너무나도 가난해 기본적인 생활필수품조차 제대로 사 쓰지 못하는 사람이라면 소득의 증가가 곧바로 행복감의 증가로 이어질 것이 분명하다. 맛있는 반찬으로 밥을 배불리 먹을 수 있고 좀 더 좋은 옷을 입을 수 있으니 당연히 더욱 행복하다고 느낄 테니까 말이다. 그러나 주체할 수 없이 많은 돈을 갖고 있는 사람의 경우에는 소득의 증가가 반드시 행복감의 증가로 이어진다는 보장이 없다.

[그림 21-1]은 여러 나라들의 1인당 국민소득과 그 나라 사람들이 느끼는 행복감의 수준 사이의 관계를 보여주고 있다. 낮은 소득수준에서는 소득의 증가가 행복감의 증

가를 가져온다는 사실이 의심의 여지없이 분명하게 드러나 있다. 그러나 소득수준이 어느 정도 이상으로 올라가면 소득이 더 커져도 행복감의 수준은 별로 높아지지 않는 것을 볼 수 있다.

어떤 나라에서 경제성장과 더불어 국민소득이 커지는 과정에서도 이와 비슷한 양상을 발견할 수 있다. 즉 성장의 초기 단계에서 1인당 국민소득이 커짐에 따라 행복감도 빠르게 증가하지만, 일단 어느 단계에 이르면 행복감의 수준은 더 이상 올라가지 않는 현상이 나타난다는 뜻이다. 이와 같은 현상은 미국이나 유럽 여러 나라들에서 공통적으로 발견할 수 있는 현상이다.

1974년 이스털린(R. Easterlin)은 우리의 행복감이 소득수준과 비례해서 커지지는 않는다는 연구 결과를 발표해 사람들의 관심을 끌었다. 그의 이름을 따서 **'이스털린의 역설'**(Easterlin paradox)이라고 불리는 이 명제는 많은 논란을 불러일으켰는데, 그 이후 행복에 대한 많은 연구를 촉발하는 계기가 되었다. 이 방면의 연구업적이 축적됨에 따라 '행복의 경제학'(economics of happiness)이라는 새로운 연구 분야가 탄생하게 되었다.

행복의 경제학은 사람들의 행복감이 소득 이외의 많은 다른 요인들의 영향을 받는다는 것을 밝혀냈다. 따라서 행복의 경제학의 관점에서 보면 경제성장으로 인한 1인당 국민소득의 증가는 행복이 증진되기 위한 필요조건에 지나지 않을 뿐 충분조건은 될 수 없다. 다시 말해 1인당 국민소득의 증가가 사람들을 더욱 행복하게 만든다는 보장이 없다는 뜻이다. 그렇다면 무조건 성장률을 높이는 데만 집착할 것이 아니라 사람들이 좀 더 행복해질 수 있도록 만드는 방법을 찾는 데 정책의 초점을 맞춰야 한다는 결론이 나온다.

그림 21-1

1인당 국민소득과 행복

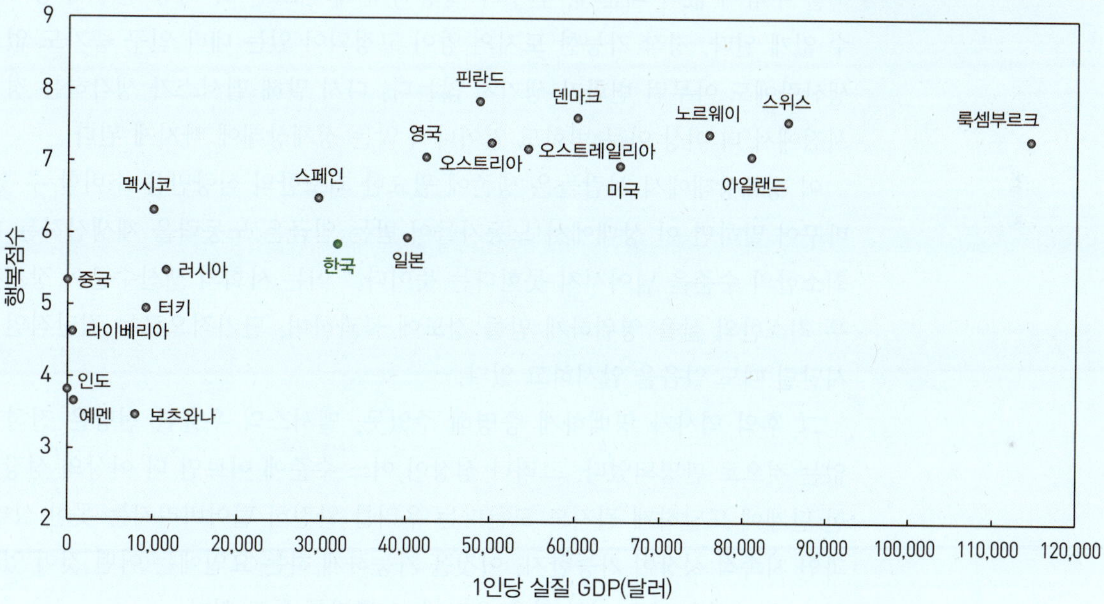

자료 : Helliwell, J. R. Layard, and J. Sachs, *World Happiness Report 2021*, 2021, Update(Vol. I); New York : Sustainable Development Solutions Network; IMF World Economic Outlook

21.2 지속적 경제성장의 문제

끝없는 경제성장을 통해 생활수준이 지속적으로 향상되어 가는 것은 우리 모두의 공통된 꿈이다. 그러나 경제성장이 끝없이 지속될 수 있는지는 아무도 자신 있게 말할 수 없다. 오히려 그 반대로 인간사회는 영원히 빈곤의 수렁에서 빠져나올 수 없다는 우울한 전망을 제시한 사람도 있다. 『인구론』의 저자 맬서스(T. Malthus)가 바로 그인데, 그는 인간이 언제나 빈곤의 상태에서 허덕일 수밖에 없는 이유를 다음과 같이 설명하고 있다.

맬서스는 인구가 매우 빠른 속도로 증가하는 반면, 식량 생산의 증가 속도는 무척 느리다는 사실로부터 출발하고 있다. 그는 식량 생산에 **수확체감의 법칙**(law of diminishing returns)이 적용된다고 보았다. 즉 일정한 양의 토지에 노동력을 더 많이 투입함으로써 얻을 수 있는 식량은 점차 줄어드는 현상이 나타난다고 보았던 것이다. 그렇기 때문에 인구가 크게 늘어나도 식량 생산의 증가 속도는 매우 느릴 수밖에 없다는 것이 그의 해석이다.

따라서 인구가 어느 수준 이상으로 늘어나면 이들이 추가적으로 생산해낸 식량이 그들을 먹여 살리기에 충분치 못한 상황이 발생한다. 식량을 얻지 못한 사람들은 굶어 죽을 수밖에 없기 때문에, 인구가 일정 수준에 이르면 더 이상 인구의 증가가 일어날 수 없게 된다. 경작 가능한 토지의 양이 고정되어 있는 데다 인구 증가도 없으니 식량 생산량에도 아무런 변화가 생기지 않는다. 다시 말해 맬서스가 생각하는 경제는 어느 시점에서 더 이상 아무 변화도 일어나지 않는 정체상태에 빠지게 된다.

이 정체상태에서 사람들은 생존에 필요한 최소한의 식량만을 소비할 수 있게 된다. 바꾸어 말하면 이 상태에서 노동자들이 받는 임금은 노동력을 재생산하는 데 필요한 최소한의 수준을 넘어서지 못한다는 뜻이다.[3] 이는 사회의 생산수준이 장기적으로 겨우 최소한의 삶을 영위하게 만들 정도에 불과하며, 단기적으로는 집단적인 굶주림에 시달릴 때도 있음을 암시하고 있다.

그 후의 역사가 명백하게 증명해 주었듯, 맬서스의 우울한 전망은 전혀 현실성이 없는 것으로 판명되었다. 그러나 성장이 어느 수준에 이르면 더 이상의 성장이 불가능한 단계에 도달하게 될지도 모른다는 우려를 완전히 털어버리지는 못한 상태에 있다. 과연 지속적 성장이 가능한지, 이것을 가능하게 하는 요인에는 어떤 것이 있는지에 대한 높은 관심은 바로 이와 같은 우려에 그 뿌리를 두고 있다.

현실을 보면 이미 성숙단계에 들어선 선진국들도 꾸준한 성장을 계속하고 있는 것을 발견할 수 있다. 그렇다면 이 나라들이 지속적으로 성장해 나갈 수 있는 비결은 과

3) 맬서스는 이렇게 임금이 최소한의 생존수준과 같아지는 현상을 가리켜 '임금철칙'(iron law of wages)이라고 불렀다.

우울한 학문

맬서스(T. Malthus, 1766~1834)가 쓴 『인구론』(*An Essay on the Principle of Population*)은 경제학의 역사에서 가장 영향력이 컸던 몇 개의 글 중 하나다. 그 당시 빈곤이 가장 큰 사회문제로 대두되었는데, 맬서스는 이 문제가 단지 정책의 잘못에 의해 빚어진 것은 아니라고 보았다. 그는 이 글을 통해 빈곤은 정부의 힘으로도 어쩔 수 없는 좀 더 큰 힘에 의해 발생한다는 것을 입증하려 했다.

맬서스는 다음과 같은 두 가지 명제에 기초해 인간사회에서 빈곤은 결코 해결될 수 없는 숙제일 수밖에 없다는 결론을 도출하고 있다. 첫 번째 명제는 인구가 매 25년마다 두 배로 불어날 만큼 급격한 증가세를 보인다는 것이다. 두 번째 명제는 가장 좋은 조건하에서도 식량 생산의 증가 속도가 매우 느리다는 것이다. 이 두 가지 명제가 엄밀한 통계자료의 뒷받침을 받고 있었던 것은 아니나, 당시의 사람들은 상당한 현실성을 갖는 것으로 생각했다.

우울한 학문의 눈에 비친 세상

맬서스는 인간사회에서 빈곤이란 결코 해결될 수 없는 숙제일 수밖에 없다는 생각을 갖고 있었다.

이와 같이 인구는 엄청나게 빠른 속도로 증가하는데 식량 생산의 증가 속도는 매우 느리기 때문에 인간은 빈곤한 상태를 결코 벗어날 수 없다는 것이 맬서스의 결론이었다. 그는 이와 같은 구도에 본질적 변화가 없는 한 빈곤은 사라지지 않으며, 구제를 베푸는 것은 문제를 더욱 악화시킬 뿐이라고 주장했다. 오히려 구제를 베푸는 데 쓸 돈을 더 많은 부를 창출하는 데 투자하는 게 바람직하다는 것이 그의 생각이었다.

만약 맬서스의 결론이 맞는 것이라면 인류는 미래에 대해 아무런 희망을 가질 수 없다. 때때로 일어나는 전쟁이나 전염병 때문에 수많은 사람들이 죽어가고, 그렇지 않으면 굶주림으로 인해 더 많은 사람들이 죽어가는 일이 끝없이 반복된다. 역사학자 칼라일(T. Carlyle)이 경제학을 가리켜 '우울한 학문'(dismal science)이라고 부른 것은 바로 이와 같은 우울한 전망 때문이었다.

맬서스는 수요의 부족으로 인한 불황의 발생 가능성을 두고 리카도(D. Ricardo)와 치열한 논쟁을 벌인 것으로도 유명하다. 앞에서 설명한 것처럼 세이(J. B. Say)는 공급이 스스로의 수요를 창조하기 때문에 수요가 부족한 현상은 나타나지 않는다고 주장했다. 소위 '세이의 법칙'으로 알려진 이 주장이 옳다고 본 리카도와 틀리다고 본 맬서스 사이에 치열한 논쟁이 벌어진 것이다.

둘 사이의 논쟁은 날카롭고 명쾌한 논리를 앞세운 리카도의 승리로 끝났다. 본업이 성직자였던 맬서스가 당대 최고의 경제이론가였던 리카도를 상대로 논쟁을 벌인다는 것은 힘에 부치는 일이었다. 그 후 케인즈(J. M. Keynes)는 수요 부족의 상태가 종종 나타날 수 있음을 입증함으로써 그때 리카도가 거둔 승리가 단지 뛰어난 논쟁술에 의한 승리에 지나지 않았음을 밝혀냈다. 전해오는 말에 따르면, 케인즈는 "그때의 논쟁에서 맬서스가 승리했다면 경제학의 이론적 발전이 훨씬 더 앞당겨졌을 텐데."라고 말하면서 무척 아쉬워했다고 한다.

연 어디에 있는 것일까? 우리는 이 의문에 대한 해답을 바로 **기술진보**(technological progress)에서 찾을 수 있다. 다시 말해 끊임없는 기술진보에 힘입어 그들이 지속적인 경제성장을 이룩할 수 있었다는 뜻이다. 맬서스가 그처럼 우울한 전망을 하게 된 이유는 그 후에 일어난 놀라운 기술진보를 예측하지 못한 데서 찾을 수 있다.

21.3 성장회계 : 양적 성장과 질적 성장

경제성장은 생산활동에 투입될 수 있는 노동과 자본의 양이 증가되거나 기술진보가 일어남으로써 가능해진다. 그러므로 한 경제에서 이룩된 경제성장에는 노동이나 자본의 투입량이 늘어났기 때문이라고 볼 수 있는 부분과 기술진보 때문이라고 볼 수 있는 부분이 섞여 있게 마련이다. 현실에서 이룩된 경제성장을 각 요인별로 분해해 보는 작업을 **성장회계**(growth accounting)라고 부르는데, 이를 통해 각 요인의 기여도가 어떤 수준이었는지 알아낼 수 있다.

성장회계를 통해 각 나라가 성장해 온 과정을 분석해 보면 여러 가지 재미있는 사실들을 발견할 수 있다. 동아시아의 '네 마리 용'이라고 불리는 우리나라, 홍콩, 싱가포르, 대만은 지난날 눈부신 경제성장을 이룩해 다른 나라들의 부러움과 경계의 대상이 되어 왔다. 경제학자들은 이들이 그와 같은 성공을 거둔 데 과연 어떤 비결이 있었는지에 대해 많은 관심을 가져왔다. 그 결과 이들의 성장과정을 분석한 많은 연구들이 쏟아져 나오게 되었는데, 그중 가장 대표적이라고 할 만한 분석 결과를 〈표 21-4〉에 요약해 놓았다.

활기가 넘치는 홍콩의 거리

동아시아의 '네 마리 용'이 이룩한 눈부신 경제성장의 비결은 과연 어디에 있었을까? 어떤 경제학자는 그것이 남보다 더 많은 땀을 흘린 결과에 불과하다는 평가를 내리고 있다.

이 표에는 이 네 나라와 미국이 이룩한 경제성장을 양적 성장과 질적 성장에 해당하는 부분으로 분해한 결과가 제시되어 있다.[4] 우리나라의 경우 자본 기여분이 4.1%의 값을 갖는 것으로 나타났는데, 이것은 10.3%라는 연평균 국내총생산 성장률 중 4.1% 포인트에 해당하는 부분이 자본축적에 의해 달성된 것으로 볼 수 있다는 뜻이다. 여기에 노동 기여분 4.5% 포인트를 더해 얻은 8.6%라는 수치가 바로 양적 성장에 해당하는 부분을 나타내고 있다. 그 나머지 1.7% 포인트만이 기술진보에 의한 질적 성장을 뜻해, 양적 성장에 비해 매우 미미한 크기인 것을 볼 수 있다.[5]

4) 이 네 나라에 대한 분석기간인 1966년부터 1990년까지의 기간은 이들이 아주 빠른 성장을 이룩한 시기다.

5) 괄호 안의 숫자들은 각 요인이 차지하는 비중을 퍼센트(%)로 나타내고 있다.

표 21-4

성장요인 분석결과 [괄호 안의 숫자는 경제성장률에 대한 백분율] (단위 : %)

국 가	분석 기간	(연평균) 경제성장률	양적 성장		질적 성장
			자본 기여분	노동 기여분	생산성 증가율
한 국	1966~1990년	10.3 (100)	4.1 (40)	4.5 (44)	1.7 (16)
싱가포르	1966~1990년	8.7 (100)	5.6 (65)	2.9 (33)	0.2 (2)
대 만	1966~1990년	9.4 (100)	3.2 (34)	3.6 (39)	2.6 (27)
홍 콩	1966~1991년	7.3 (100)	3.0 (41)	2.0 (27)	2.3 (32)
미 국	1948~1972년	3.6 (100)	0.7 (19)	1.4 (39)	1.5 (42)

자료 : 아시아 4개국 자료는 A. Young, "The Tyranny of Numbers : Confronting the Statistical Realities of the East Asian Growth Experience," *Quarterly Journal of Economics*, 1995에서 발췌. 미국 자료는 E. Denison, *Accounting for Slower Economic Growth : The United States in the 1970s*, Brookings Institution, 1979의 자료를 A. Young의 추정방식에 부합하게 재구성한 것임.

다른 동아시아 국가도 이처럼 거의 전적으로 양적인 성장에 의존해 빠른 경제성장을 이룩한 것을 볼 수 있다. 가장 극단적인 예가 싱가포르로서, 양적인 성장을 의미한다고 볼 수 있는 부분이 무려 98%나 차지하는 것을 볼 수 있다. 반면에 미국의 경우에는 연평균 성장률이 3.6%에 지나지 않지만, 이 중 질적 성장이 차지하는 비중이 42%나 되어 좋은 대조를 이루고 있다. 만약 이 분석 결과가 사실이라면 '아시아의 기적'(Asian miracle)을 가능하게 했던 숨은 비결은 높은 저축률과 노동시간의 연장에 불과했다는 결론에 이르게 된다.[6)]

우리가 주로 양적인 성장에 의존해 눈부신 경제성장을 이룩했다고 부끄러워해야 할 이유는 하나도 없다. 기술과 고급인력이 부족한 경제발전의 초기 단계에서는 당연히 양적 성장에 의존할 수밖에 없는 것이 사실이다. 또한 전 세계의 수많은 개발도상국 중 양적 성장조차 제대로 이루지 못한 나라가 한둘이 아니다. 일단 양적 성장에 성공한 만큼 앞으로 질적인 성장에서도 성공할 가능성이 클 것으로 기대할 수 있다.

그러나 양적 성장에는 기본적으로 한계가 있어 그 자체로는 언젠가 더 이상의 성장이 불가능해진다는 문제가 있다. 자본과 노동 투입량이 계속 증가하면 수확체감의 법칙에 따라 결국 한계생산이 감소하게 된다. 뿐만 아니라 자본이나 노동의 양을 한없이 늘려 나가기도 힘든 일이라는 사실을 생각하면 양적 성장에 명백한 한계가 있음을 잘 알 수 있다.

6) 이를 두고 크루그먼(P. Krugman)은 동아시아의 기적이 사실은 영감(inspiration)에 의한 것이 아니라 땀(perspiration)에 의한 결과라고 말한 바 있다.

반면에 기술진보의 경우에는 수확체감의 법칙이 적용되지 않기 때문에 이에 기초한 질적 성장은 끝없이 지속될 수 있다. 만일 기술진보의 경우에도 수확체감의 법칙이 적용된다면 발명의 양이 더 많아질수록 새로운 발명이 한층 더 어려워져야 한다. 그러나 현실을 보면 이와 반대로 한 부문에서의 발명이 다른 부문으로 파급되고 이들이 서로 상승작용을 일으켜 더욱 빠른 속도로 기술진보가 일어나게 만드는 것이 보통이다. 지속적 성장은 오직 질적 성장을 통해서만 가능하다는 점을 생각할 때, 가능한 한 최대한의 질적 성장을 추구해야 한다는 것은 너무나도 당연한 일이다.

기술진보라 하면 흔히 전기나 반도체의 발명처럼 새로운 상품을 만들어 내거나 새로운 기술을 개발하는 것만을 생각하기 쉽다. 그러나 이미 존재하는 기술을 응용해 새로운 상품을 개발하는 **혁신**(innovation) 또한 기술진보의 한 예가 될 수 있다. 뿐만 아니라 재고를 획기적으로 줄이는 방법을 고안해 낸다거나, 노동 생산성을 향상시키는

생각해 봅시다

경제성장의 초기 단계에서는 양적 성장이 매우 중요한 의미를 갖는다. 사실 이 단계에 있는 나라는 질적 성장을 추구하고 싶어도 그렇게 할 수 없다. 질적 성장을 위해서는 과학기술의 뒷받침이 있어야 하는 것은 물론, 비교적 발전된 경제구조를 갖고 있어야 하기 때문이다. 따라서 본격적인 경제성장이 시작되는 단계에서는 양적 성장이 거의 유일한 방법이라고 말할 수 있다.

초기 단계의 양적 성장은 놀려둔 상태에 있던 노동력을 생산활동에 동원하는 것으로부터 시작된다. 일반적으로 발전이 덜 된 나라의 농촌지역에는 남아도는 노동력이 풍부하게 존재하고 있다. 이들은 적당한 일자리만 있다면 언제든 도시로 떠날 준비가 되어 있는 사람들이다. 때로는 일자리를 얻지도 못한 채 막연한 기대를 품고 무조건 도시로 떠나가기도 한다. 이처럼 풍부한 노동공급에 힘입어 기업들은 높은 수익을 올리게 된다.

높은 수익은 국내의 자본축적을 촉진하는 역할을 할 뿐 아니라, 해외자본을 끌어들이는 유인으로 작용하기도 한다. 자본은 그 속성상 조금이라도 더 높은 수익을 얻을 수 있는 곳으로 몰려들게 되어 있다. 해외자본의 유입은 선진기술도 함께 들여올 수 있는 부수적인 이득을 가져다준다. 직접투자의 경우가 특히 그렇지만, 해외자본이 들어올 때 선진기술을 그 속에 담고 있는 자본재가 함께 들어오기 때문이다.

성공적으로 경제성장을 이룩한 것으로 평가되는 동아시아의 여러 나라들은 바로 이런 과정을 통해 성장의 기반을 닦았다. 그러나 이런 양적 성장이 끝없이 계속될 수는 없고, 언젠가는 한계에 도달하게 된다. 바로 이런 맥락에서 1997년 말 아시아지역을 강타한 경제위기의 성격을 이해할 수 있다. 즉 그 경제위기는 양적 성장이 이미 한계에 도달했음을 단적으로 보여주는 징표라고 말할 수 있는 것이다.

생각해 보기

(1) 경제성장의 관점에서 볼 때, 우리 사회의 높은 교육열이 어떤 의미를 갖는지 생각해 보자.

(2) 우리 경제가 양적 성장의 단계를 넘어 본격적인 질적 성장의 단계로 진입하기 위해서는 어떤 전제조건이 충족되어야 하는지 생각해 보자.

빨리 먹어야 성장률이 높아진다?

경제·경영부문 베스트셀러 리스트에 올랐던『일본전산 이야기』라는 책이 있다. 이 책은 1973년 작은 시골 창고에서 출발해 계열사 140개에 직원 3만 명을 거느린 대기업으로 성장한 일본전산의 성공신화를 소개하고 있다. 이 기업의 CEO 나가모리 씨는 신입사원을 뽑을 때 밥을 빨리 먹는 사람을 우대하는 독특한 정책을 썼다고 기록되어 있다.

우스꽝스럽게 들릴지 모르지만, 나가모리 씨는 나름대로 이유가 있어 그런 정책을 썼다고 한다. 그에 따르면 밥을 빨리 먹는 사람이 다른 행동도 재빠르다고 한다. 뿐만 아니라 밥을 빨리 먹는다는 것은 그만큼 건강이 좋다는 뜻이기도 하다는 것이 그의 지론이다. 소화능력이 떨어지는 사람이라면 애당초 밥을 빨리 먹을 수 없기 때문이라는 것이다.

밥을 빨리 먹는 사람이 유능한 사원이라는 그의 말을 믿거나 말거나 아무 상관이 없다. 그가 큰 성공을 거두었다고 해서 그의 생각 모두가 맞을 리 없기 때문이다. 그러나 구체적인 통계자료를 들이대면서 밥을 빨리 먹는 국민을 가진 나라가 높은 경제성장률을 달성했다고 주장하면 조금 난처해진다. 통계자료 그 자체에 틀림이 없다면 그대로 무시해 버릴 수도 없는 일이기 때문이다.

파리지앵의 즐거운 식사 시간

하루 중 먹고 마시는 데 쓰는 시간이 가장 긴 것은 프랑스 사람들이라고 한다. 그들은 하루 평균 135분을 식사 시간에 쓴다고 하는데, 프랑스의 성장률이 상대적으로 낮은 것은 우연의 일치일까?

OECD는 회원국 국민의 생활 여건에 대한 조사의 일환으로 하루 중 먹고 마시는 데 쓰는 시간이 나라별로 얼마나 다른지 조사해 보았다. 조사대상이 된 17개 나라 중 식사 시간이 가장 긴 나라는 예상대로 프랑스였다. 프랑스 사람들은 하루 평균 135분을 식사 시간에 쓰고 있는 것으로 드러났다. 포도주 마시고 대화를 즐기면서 느긋하게 식사를 하는 프랑스 사람의 모습이 눈에 보이는 듯하다.

반면에 식사 시간이 가장 짧은 나라는 북아메리카의 세 나라, 즉 미국, 캐나다, 멕시코인 것으로 나타났다. 이 세 나라 사람들이 식사에 쓰는 시간은 하루 75분에 지나지 않아 프랑스 사람의 절반 수준이었다. 우리나라의 경우에는 100분이 약간 못 되는 시간을 식사에 써서 짧은 순으로 따질 때 10위의 자리를 차지하고 있다.

그런데 한 가지 흥미로운 사실은 식사 시간이 짧은 나라들의 경제성장률이 상대적으로 더 높다는 것이다. 식사 시간이 100분 미만인 10개국의 2008년 평균 성장률을 계산해 보면 −1.2%였다. 이에 비해 식사 시간이 100분을 넘는 7개국의 그해 평균 성장률은 −2%로 상당한 격차를 보이고 있다. 이와 같은 차이는 2001년부터 2008년에 이르는 기간 동안 매년 비슷하게 나타났다.

유럽지역만 국한해서 볼 때도 이와 비슷한 양상이 나타났다. 이들 중 식사 시간이 상대적으로 짧은 네 나라(영국, 핀란드, 노르웨이, 스웨덴)의 2001~2008년 평균 성장률은 2%였다. 반면에 식사 시간이 긴 네 나라(프랑스, 독일, 이탈리아, 벨기에)의 같은 기간 평균 성장률은 1.5%에 지나지 않았다. 유일한 예외는 식사 시간이 여섯 번째로 긴 스페인이 비교적 높은 성장률을 보인 경우였다.

이 통계자료를 보고 짧은 식사 시간이 경제성장을 촉진시키는 요인이라고 생각하면 큰 오해다. 식사 시간과 경제성장률 사이에는 단순한 상관관계 이상의 것이 존재하지 않을 가능성이 크다. 상관관계를 인과관계로 오인해 '밥 빨리 먹기' 캠페인을 벌이는 것만큼 우스운 일은 없을 것이다.

자료 : *New York Times*, 2009년 5월 9일 자

효율적인 조직관리 방법을 찾아내는 것 역시 넓은 의미의 기술진보에 포함될 수 있다. 한마디로 말해 기술진보라는 것은 생산성 향상에 기여하는 모든 변화를 포괄하는 개념이다.

기술진보를 가능하게 하는 요인에 여러 가지가 있지만, 가장 중요한 것으로 연구개발(R&D)투자와 인적투자(human investment)를 꼽을 수 있다. 긴 안목에서 이와 같은 투자에 아낌없이 자원을 쏟아부을 수 있는 나라만이 지속적 성장을 달성할 수 있음은 두말할 나위도 없다.

21.4 개발도상국의 경제발전

앞에서 설명한 것처럼 경제성장이란 1인당 국민소득이 증가하는 것을 뜻한다. 이에 비해 **경제발전**(economic development)은 1인당 국민소득의 증가뿐 아니라 경제 전반의 효율성과 합리성의 증대까지 뜻하는 포괄적 개념이다. 개발도상국이 선진국 대열에 합류하기 위해서는 경제발전이란 구조적 변혁을 성공적으로 수행해야 한다. 그렇지만 현실적인 관점에서 볼 때 경제성장과 경제발전을 엄밀하게 구분하는 것은 그다지 큰 의미가 없다. 개발도상국의 경우 경제성장과 더불어 경제발전이 함께 이루어지는 것이 일반적인 경향이기 때문이다.

경제발전

1인당 국민소득이 더 커질 뿐 아니라 경제 전반의 합리성과 효율성이 증대해 가는 과정

1970년만 하더라도 우리나라의 1인당 국민소득은 1천 달러 수준에도 미치지 못했다. 해마다 늦은 봄이 오면 먹을 것이 떨어진 사람들이 풀과 나무로 연명하던 때가 있었는데, 이제는 오히려 살을 빼려고 먹을 것을 줄이는 시대가 되었다. 그러나 아직도 이 지구상에는 1인당 국민소득이 수백 달러 정도에 지나지 않는 가난한 나라가 수없이 많은 실정이다. 이들이 경제발전을 이룩하지 못하는 이유가 어디에 있으며, 경제발전을 촉진하기 위해 어떤 전략을 채택해야 하는지에 대해 생각해 보기로 하자.

왜 나라마다 발전의 정도가 다른가?

지금은 유럽과 북아메리카가 세계에서 제일 잘사는 지역이지만 아주 오래전부터 그랬던 것은 아니다. 13세기 몽골제국이 유럽 대륙을 휩쓸 때만 해도 세계의 중심은 아시아였고 유럽은 변방에 지나지 않았다. 유럽이 세계경제의 중심으로 부상하기 시작한 계기가 된 것은 18세기 영국에서 일어난 산업혁명(industrial revolution)이었다. 산업혁명이 일어나고 그 여파가 유럽 대륙으로 확산되기 전만 해도 유럽의 생산력 수준이 압도적으로 우월한 것은 아니었다. 그리고 잘 아는 것처럼 북아메리카가 부유한 나라의 반열에 끼어들기 시작한 것도 그리 오래전의 일이 아니다.

한편 세계에서 가장 못사는 나라들은 거의 대부분이 아프리카에 모여 있는 것을 볼

수 있다. 아시아에도 가난한 나라들이 많지만 그래도 아프리카의 여러 나라들보다는 사정이 좀 더 나은 편이다. 이미 많은 아시아 국가들이 빈곤의 늪에서 빠져나와 본격적인 성장의 대열에 합류해 있는 것을 볼 수 있다. 그러나 아프리카 대륙에는 아직도 정체의 깊은 잠에서 깨어나지 못한 나라들이 거의 대부분이다. 그렇다면 그 나라들의 발전 정도가 상대적으로 뒤떨어지고 빈곤의 늪에서 쉽게 빠져나오지 못하는 이유는 과연 무엇일까?

애스모글루(D. Acemoglu) 등의 『경제학원론』 책은 이 의문에 대한 답으로 제시된 세 가지 가설을 설명하고 있다.[7] 이 가설들이 가난한 나라에 사는 사람들로 하여금 불쾌감을 갖게 만들 소지가 있는 것은 사실이다. 미국처럼 부유한 나라에 사는 사람들의 시각에서 보았을 때 그런 설명이 가능하다는 비판에서 자유롭지 못하다는 점도 부정하기 힘들다. 그러나 나라마다 발전의 정도가 다른 이유로서 고개를 끄덕이게 만드는 점이 분명 있기 때문에 여기서 간략하게 소개해 보려고 한다.

이 책에서 제시된 첫 번째 설명은 나라마다 다른 지리적 여건으로 발전 정도의 차이를 설명하는 **지리가설**(geography hypothesis)이다. 어떤 나라는 그 나라가 위치해 있는 지역의 특성상 불리한 토질, 기후, 생태 등의 조건을 안고 있어 발전이 어렵다는 것이 이 가설의 내용이다. 이 가설은 열대지역의 아프리카 국가들이 안고 있는 불리한 지리적 여건에 관심의 초점을 맞추고 있다. 만약 이 가설이 맞는다면 그 나라들은 앞으로도 상당 기간 동안 빈곤의 늪에서 빠져나오기 힘들 것이라는 우울한 전망이 나오게 된다. 시간이 많이 흐른다 해도 그런 불리한 지리적 여건이 크게 달라질 리 없기 때문이다.

두 번째로 제시된 것은 각 나라의 상이한 문화적 배경이 발전 정도의 차이를 가져온다는 **문화가설**(culture hypothesis)이다. 서로 다른 문화적 배경 때문에 가치관이라든가 선호 혹은 믿음에 차이가 생기고 이런 차이로 인해 경제적 성과에 격차가 발생한다는 주장이다. 예를 들어 어떤 문화에서는 교육과 근면성을 특히 중시하는 반면 그렇지 않은 문화도 존재할 수 있다. 혹은 위험한 투자나 혁신을 중시하는 문화가 있을 수 있고 그렇지 않은 문화가 있을 수도 있다.

슬픈 열대

열대지역의 아프리카 국가들은 발전에 불리한 여건을 안고 있다.

문화가설을 주장하는 사람들이 가장 자주 드는 예는 독일의 사회학자 베버(M. Weber)가 쓴 『프로테스탄트 윤리와 자본주의 정신』이라는 책이다. 이 책에서 베버는 서유럽에서 이루어진 산업화의 뿌리를 근면과 저축을 중시하는 개신교의 윤리관에서 찾을 수 있다고 주장했다. 많

7) Acemoglu, D., D. Laibson and J. List, *Economics*, Pearson, 2016

은 사람들이 들고 있는 또 다른 예는 동아시아의 네 마리 용의 눈부신 성장과 이 지역에 보편적으로 존재하는 유교적 윤리 사이의 관계다. 즉 교육과 근면성을 중시하는 유교적 윤리 덕분에 이 나라들이 눈부신 성장을 이룰 수 있었다는 주장이다.

세 번째로 제시된 설명은 사회의 기반이 되는 제도적 측면에서의 차이가 발전 정도의 차이를 가져왔다는 **제도가설**(institutions hypothesis)이다. 이 제도에는 법률과 규정처럼 경제적 거래를 통제하는 공식적 규율과 더불어 통념이라든가 관행 같은 비공식적 규율도 포함될 수 있다. 어떤 사회의 제도적 특성에 따라 사람들이 경제활동을 할 때 직면하는 제약(constraint)이 달라지고 유인구조(incentive structure)도 달라질 수 있다. 바로 이 차이가 얼마나 열심히 일하고 저축하며 또한 새로운 기술에 대해 어떤 태도를 취할 것인지의 차이로 이어진다는 것이 제도가설의 주장이다. 예를 들어 소유권이 잘 보호되고 계약이 잘 이행되는 사회와 그렇지 못한 사회 사이에 현저한 경제적 성과의 차이가 존재할 것임은 두말할 나위도 없다.

수렴 – 어렵고도 먼 길

가난한 나라들이 부유한 나라들의 소득수준에 수렴해 가는 것은 어렵고도 먼 길이다. 우리나라를 위시해 대만, 싱가포르, 홍콩, 중국 등 몇 나라가 그것이 가능함을 보여 주기는 했지만, 아직도 수많은 나라가 그런 희망조차 가질 수 없는 상황에서 허덕이고 있다. 개발도상국들 중 비교적 빠른 성장세를 보이는 나라들을 신흥국(emerging economies)이라고 부르는데, 이들이 과연 수렴에 성공할 것인지의 여부가 세계의 관심을 끌고 있다.

중국, 인도, 인도네시아, 브라질, 러시아 등의 신흥국들은 2000년대에 접어들면서 비약적인 성장을 기록했다. 이 나라들의 국내총생산은 2000년에서 2017년에 이르는 기간 동안 2.6배 수준으로 뛰어올랐다. 그 기간 동안 이들의 평균 경제성장률은 5.7%나 되어 같은 기간 동안 부유한 나라들의 평균 경제성장률보다 3.9% 포인트나 더 높은 수준이었다.

이와 같은 비약적 성장 덕분에 빈곤도 크게 줄어들게 되었다. 국제기준에 따르면 하루 1달러 90센트 이하의 소득으로 연명하는 사람들을 빈곤층으로 간주하는데, 2000년에는 개발도상국 인구의 30%가 이 범주에 속했던 것이 2015년에는 10% 이하의 수준으로 떨어졌다. 이와 같은 눈부신 성과는 사람들로 하여금 머지않은 장래에 수렴이 현실화될 수 있을 것이라고 기대하게 만들었다.

만약 신흥국들이 지금과 같은 3.9% 포인트의 경제성장률 우위를 계속 유지할 수 있다면 18년 만에 부유한 나라들과의 소득격차 비율을 절반으로 줄일 수 있다는 계산이 나온다. 즉 한 세대 정도만 기다리면 상당한 정도로 수렴에 성공할 것이라는 말이다. 그러나 문제는 최근 들어 신흥국들의 성장세가 눈에 띄게 둔화되기 시작했고, 이에 따라 빠른 수렴에 대한 기대를 접어야 할 상황이 되었다는 데 있다.

2019년 4월 국제통화기금(IMF)이 발표한 자료에 따르면, 2008년 이후 신흥국들과 부유한 나라들 사이의 경제성장률 차이가 크게 줄어들었다고 한다. 2017년 신흥국들의 평균 경제성장률은 미국에 비해 2.6% 포인트 더 높았을 뿐인데, 그나마 중국을 제외하고 다시 계산해 보면 그 격차가 1.7% 포인트로 줄어든다. 이런 상황이 계속된다면 소득격차 비율을 절반으로 줄이는 데 걸리는 시간은 한 세대가 아닌 두 세대 정도가 될 가능성이 크다. 중국을 제외한 신흥국들의 경제성장률에 기초해 이를 계산해 보면 41년이 걸린다는 결론이 나오기 때문이다. 수렴이란 것이 정말로 어렵고도 먼 길이라는 사실을 새삼 절감하게 된다.

자료 : *The Economist*지, 2019년 8월 1일 자

경제발전의 장애요인

(1) 투자재원의 부족

경제성장이 가능하기 위해서는 자본축적을 위한 지속적인 투자가 이루어져야 한다. 특히 경제발전의 근간이 되는 도로, 항만, 발전소 등의 **사회간접자본**(social overhead capital)을 구축하려면 대규모의 투자재원이 필요하다. 이를 위해서는 충분한 저축이 이루어져야 하지만 당장 먹고살기도 바쁜 터에 저축할 여유가 있을 리 만무하다. 지지부진한 자본축적으로 인해 소득수준이 상승하지 못하고, 이는 또다시 저축과 투자의 부진으로 이어져 빈곤의 악순환을 초래하게 된다.

사회간접자본
도로, 항만, 발전소 등 여러 경제주체들이 공동으로 사용할 수 있는 기본 시설

국내 저축이 충분하지 못할 경우, 해외로부터 자금을 끌어옴으로써 투자재원을 마련할 수는 있다. 그러나 개발도상국들의 국제신용등급이 형편없이 낮은 데다가 고질적인 정치 불안까지 겹쳐 해외자본의 유치도 그리 쉬운 일이 아니다. 더군다나 해외자본의 유입이 자주성의 상실로 이어질지도 모른다는 의구심 때문에 개발도상국 스스로가 해외자본을 끌어오는 데 적극적이지 않은 경우도 많다.

(2) 높은 인구 증가율과 인적자본의 부족

글로벌 인사이트(Global Insight) 통계에 따르면 2000년부터 2013년까지 개발도상국의 연평균 인구 증가율은 2.0%에 달해 선진국의 0.6%를 크게 웃돌고 있다. 인구 증가율이 높으면 총 인구 중 경제활동에 참여하지 않는 미성년 인구의 비중이 높아질 수밖에 없다. 이렇게 부양의 대상이 되는 미성년자의 비중이 높아질수록 소비가 증가하고 저축은 감소하게 된다. 결국 높은 인구 증가율은 자본축적 속도를 떨어뜨리는 원인이 되고, 이에 따라 경제성장이 제대로 이루어지기 힘들어진다.

남아메리카의 한 가난한 가족
개발도상국들은 일반적으로 인구 증가율이 높아 그렇지 않아도 어려운 살림을 더욱 어렵게 만든다. 이렇게 그날그날 먹고살기도 어려운 터에 경제성장을 위한 충분한 저축이 이루어질 수 있을까?

개발도상국에서는 사람이 넘쳐나면서도 막상 숙련된 노동의 공급은 형편없이 부족한 현상이 자주 나타난다. 극심한 가난 때문에 대부분의 사람들이 고등교육은 고사하고 초중등교육의 혜택조차 제대로 받지 못하는 형편이다. 산업화가 제대로 이루어지지 못했기 때문에 현장에서 기술을 습득할 기회도 극히 제한되어 있다. 그나마 몇 안 되는 고급인력이 더 나은 삶을 찾아 해외로 빠져나가는 **두뇌유출**(brain drain) 현상까지 겹쳐져 인적자원 부족의 문제는 한층 더 심각해진다.[8)]

8) 개발도상국의 문제는 아니지만 너무 낮은 인구 증가율 역시 노동력 감소를 통해 경제성장을 방해하는 요인이 된다. 일본의 경우 2000년대 중반 이후 인구 감소 및 노동력 부족으로 인해 잠재성장률이 계속 낮아지고 있다.

라이베리아의 비극

아프리카 서부에 위치한 라이베리아(Liberia)는 1847년 미국의 해방노예들이 세운 아프리카 최초의 공화국이다. 미국에서 민주적인 정치를 경험한 바 있었던 그들은 나름대로 이상적인 정치체제를 확립하려는 의욕에 불타고 있었다. 당시만 해도 아프리카의 거의 전 지역이 서구 열강의 식민지배하에 있었는데, 오직 라이베리아만이 어둠 속의 횃불처럼 홀로 빛나고 있었다.

그 후 라이베리아는 경제적으로도 상당한 성공을 거두었지만, 한 가지 매우 심각한 잠재적 불안요소를 안고 있었다. 그것은 전 인구의 5%에 불과한 미국 해방노예 후손들이 사회의 모든 측면에서 지도층으로 군림하고 있었다는 문제였다. 나머지 95%의 토착민들은 사회의 하층민으로 천대받는 처지를 면치 못하고 있었는데, 이들의 불만이 커지면서 극심한 사회적 혼란에 휩싸이게 되었다.

결국 1980년 도우(S. Doe) 상사가 군사쿠데타를 일으켜 전권을 장악하고, 해방노예의 후손들에 대한 대대적 숙청을 단행하기에 이르렀다. 그러나 도우정권은 잔인한 행태를 보였을 뿐 아니라, 극심한 부패상까지 보여 민심을 얻는 데 실패했다. 이로 인한 극도의 정치적 혼란은 내전으로 이어져 1997년까지 끔찍한 동족상잔의 비극이 계속되었다.

1997년 실시된 선거에서 테일러(C. Taylor)가 대통령으로 당선되었으나, 오랜 내전이 남긴 상처는 너무나 깊었다. 의료시설은 거의 모두 파괴되었고, 수도인 몬로비아에서조차 전기와 수도 공급이 완전히 끊긴 상태였다. 테일러는 집권 후 국내외에서 많은 문제를 일으켰고, 그 결과 내전은 다시 격화되는 양상을 보이기 시작했다. 2003년 반란군이 국토의 대부분을 점령하게 되자 테일러는 대통령직에서 물러나 망명의 길을 떠나게 되었다.

[그림 21-2]를 보면 1970년대 초만 하더라도 라이베리아의 1인당 국민소득이 250달러 수준에 이르렀다는 것을 알 수 있다. 이는 그때 우리나라 1인당 국민소득과 거의 비슷한 수준으로, 당시의 아프리카에서는 예외적으로 높은 것이었다. 그러나 계속되는 정치적 불안으로 인해 곤두박질친 결과, 1990년대 중반에는 1백 달러에도 못 미치는 수준으로 떨어지게 되었다. 2019년 기준으로 보아도 700달러 정도밖에 되지 않아 전 세계에서 최하위 수준에 머물고 있다.

그림 21-2

라이베리아의 1인당 GDP 변화 추이(단위 : 달러)

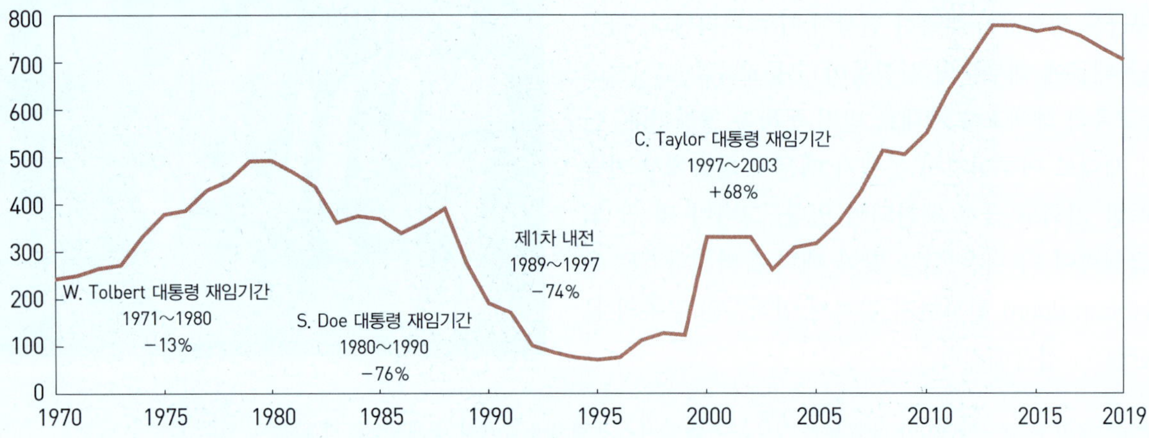

자료 : World Bank, *Economist Intelligence Unit*, 2019

한때 아프리카에서 가장 앞선 나라로 꼽히던 라이베리아가 지금과 같은 비참한 상태로 추락한 것을 보면 정치적 안정이 얼마나 중요한 것인지를 새삼 깨닫게 된다. 정치적 혼란으로 인해 경제발전은커녕 오히려 경제가 몇십 년 전으로 뒷걸음질 친 사례가 비단 라이베리아에 그치지 않는다. 모잠비크, 우간다, 콩고, 소말리아, 수단 등 수많은 나라들에서 이와 비슷한 일이 일어났다. 지금 이 순간에도 세계 여러 나라에서 이와 똑같은 일이 되풀이되고 있는 것은 엄청난 비극이 아닐 수 없다.

(3) 시장실패

시장경제의 미성숙으로 인한 시장실패가 경제성장에 걸림돌이 되는 경우도 매우 흔하다. 예를 들어 자본시장이 제대로 발달하지 못해 자금의 효율적 배분이 이루어지기 힘든 상황이 자주 발생하고 있다. 그렇지 않아도 투자재원이 부족한 터에 그것의 배분마저 비효율적으로 이루어진다면 경제발전은 더욱 어려워질 수밖에 없다.

노동시장이 제대로 발달하지 못했다는 사실도 이에 못지않은 어려움을 가져다준다. 개발도상국에서는 일반적으로 필요 이상의 많은 노동력이 농업부문에 취업해 있는 것을 볼 수 있다. 말하자면 이런 나라들의 농업부문에는 많은 잠재실업자들이 존재하고 있는 것이다. 노동시장이 발달하지 못한 상태에서는 이와 같은 잠재실업자가 다른 부문으로 이동해 가는 것이 그리 쉽지 않다. 또한 개발도상국에서 흔히 볼 수 있는 인종, 언어, 종교를 둘러싼 갈등이 노동시장을 더욱 비효율적으로 만드는 원인이 되고 있다.

(4) 정치적 불안

대부분의 개발도상국은 경제적인 측면에서뿐 아니라 정치적인 측면에서도 많은 문제점을 안고 있다. 정치적 혼란 때문에 사유재산권까지 위협받는 상황에서는 이윤추구에 기초한 자본주의적 경제의 발전을 기대하기 어렵다. 이런 나라들에서 자주 발생하는 쿠데타나 내전은 그나마 있었던 발전 기반을 모두 파괴해 버리고 마는 결과를 가져오기도 한다. 현실을 보면 극심한 정치적 혼란을 겪은 끝에 오히려 몇십 년 전의 상황으로 후퇴하는 나라도 그리 드물지 않다.

정처 없이 길을 떠난 콩고 피난민들

개발도상국에서 자주 발생하는 내전은 그나마의 발전 기반을 모두 파괴해 버리고 만다.

발전전략의 문제

이와 같은 경제발전의 장애요인을 효과적으로 극복하기 위해 어떤 **발전전략**(development strategy)을 채택해야 할까? 나라마다 다른 조건을 갖고 있기 때문에 한 나라에서 성과를 거둔 발전전략이라 해서 반드시 다른 나라에서도 좋은 결과를 가져오리라는 보장이 없다. 그렇지만 지금까지의 경험을 통해 드러난 여러 가지 발전전략의 장단점에 기초해 어느 정도의 일반성을 갖는 논의를 시도해 볼 수 있다. 이 절에서는 산업정책을 채택하는 것이 바람직한지의 여부와 수출주도전략과 수입대체전략 사이에서의 선택 문제를 중심으로 발전전략에 관해 논의해 보기로 하겠다.

(1) 산업정책

산업정책

정부가 성장가능성이 큰 특정 산업을 지정해 이를 우선적으로 지원하는 정책

정부가 특정 산업을 지정해 이를 우선적으로 지원하는 정책을 **산업정책**(industrial policy)이라고 부른다. 1970년대 말 우리나라에서 중화학공업을 중점적으로 육성하는 정책을 썼는데, 이것이 산업정책의 대표적 사례다. 구체적인 산업정책의 수단으로는 각종 세제지원, 보조금 지급, 정책금융의 제공 등을 들 수 있다. 산업정책이 바람직한 발전전략이 될 수 있는지에 대해서는 경제학자들 사이에 상당한 견해 차이가 존재하고 있다. 현실을 보면 산업정책이 성공한 사례와 더불어 실패한 사례도 만만치 않게 있어 어느 한쪽으로 결론을 내리기 힘들다.[9]

불균형성장이론

경제발전 과정에서 다른 산업으로의 파급효과가 큰 산업에 우선적으로 집중투자하는 전략을 채택해야 한다고 주장하는 이론

산업정책을 옹호하는 이론적 근거로서 가장 대표적인 것은 허쉬만(A. Hirschman)이 제기한 **불균형성장**(unbalanced growth)**이론**이다. 그는 투자재원이 부족한 개발도상국이 모든 산업을 균형 있게 발전시키려 하다가는 한 산업도 제대로 발전시키지 못하는 결과를 가져올 수 있음을 지적했다. 따라서 다른 산업으로의 파급효과, 즉 연쇄효과(linkage effect)가 큰 산업에 우선적으로 집중투자하는 전략을 추구해야 한다고 말했다.[10] 예를 들어 제철산업에 집중투자하면 이와 밀접한 연관을 맺고 있는 기계산업이나 자동차산업의 발전도 함께 촉진된다는 것이다.

산업정책을 옹호하는 또 다른 이론적 근거로 리스트(F. List)에 의해 대표되는 **유치산업보호론**(infant industry argument)을 들 수 있다. 자기 나라의 산업이 국제경쟁력을 확보할 때까지 일시적으로 해외 경쟁으로부터 보호해 주어야 한다는 것이 이 논리의 핵심이라고 할 수 있다. 제22장에서 보게 되겠지만, 이 유치산업보호론은 보호무역정책이 필요하다는 주장의 근거로도 자주 활용되고 있다.

반면에 산업정책에 비판적인 태도를 갖고 있는 경제학자들도 상당히 많다. 이들은 성장가능성이 큰 산업이라면 기업가가 스스로 알아서 투자하게 될 것이므로 정부가 직접 개입해야 할 필요가 없다고 말한다. 또한 산업정책은 다음과 같은 여러 가지 문제점을 갖고 있기 때문에 오히려 이로 인한 부작용이 더 클 가능성이 있음을 경고하고 있다.

9) 우리나라와 일본은 산업정책이 성공을 거둔 사례로 자주 인용되는 한편, 과거의 인도는 산업정책이 실패로 돌아간 대표적 사례로 꼽힌다.

10) 이에 반해 넉시(R. Nurkse)의 균형성장이론은 모든 산업을 균형 있게 발전시켜야 한다고 주장한다. 균형성장이론에 따르면 국내의 모든 산업 분야가 균형 있게 발전해야 상호보완적으로 수요를 창출해 빠른 경제성장이 가능해진다고 한다.

그들은 우선 정부가 과연 지원 대상 산업을 제대로 고를 능력이 있는지 분명하지 않다는 문제점을 지적하고 있다. 정부는 연쇄효과가 크거나 성장가능성이 큰 산업을 골라 이들을 지원 대상으로 삼으려 할 테지만, 복잡한 현실 경제에서 적절한 지원 대상 산업을 골라내는 것은 결코 쉬운 일이 아니다. 뿐만 아니라 지원 대상 산업을 선정하는 과정에서 순수한 경제논리보다 이익집단의 압력, 정치적인 배려 등이 더 큰 역할을 하게 될 가능성도 크다. 이렇게 운영되는 산업정책이 경제발전에 전혀 도움이 되지 않을 것임은 두말할 나위도 없다.

설사 성장가능성이 높은 산업을 제대로 골랐다 하더라도 일단 지원을 시작하면 이를 중지하기가 어렵다는 점도 문제가 된다. 원칙적으로 말해 특정 산업에 대한 지원은 그 산업이 경쟁력을 갖출 때까지로 제한되어야 한다. 그러나 더 이상의 지원이 필요 없는 경우에도 기업들은 이를 계속 받으려고 온갖 수단을 동원하는 것이 보통이다. 그

생각해 봅시다

경제발전의 정도가 상대적으로 뒤떨어진 나라의 관점에서 보면, 자기 나라 산업이 국제경쟁력을 확보할 때까지 일시적으로 해외 경쟁으로부터 보호해 주어야 한다는 논리가 매우 큰 설득력을 갖는다. 우리나라 역시 경제발전 초기단계에 있을 때 이 유치산업보호론의 영향을 많이 받았던 것이 사실이다.

그런데 사회는 미숙한 상태에 있는 국내 기업들을 보호해 주기 위해 상당한 비용을 치러야 한다. 이들에 대한 보호가 정당화되기 위해서는 사회가 들인 비용 이상의 이득을 얻을 수 있음을 보여야 한다. 다시 말해 그 기업들이 사회로부터 받은 것 이상을 돌려줄 수 있어야만 그와 같은 보호가 정당성을 갖는다는 뜻이다.

자식을 키우는 부모 입장에서 보면 자식이 훌륭하게 성장하는 것 그 자체가 충분한 보상이 될지 모른다. 그러나 기업과 사회 사이의 관계는 자식과 부모 사이의 관계와 전혀 다르다. 미숙한 상태에 있던 기업이 성장해 국제경쟁력을 갖춘다고 해서 그것 자체로 사회에 대한 보답을 했다고 말할 수는 없는 것이다.

우리 자동차회사의 인도 공장

우리나라의 자동차산업도 초기 단계에서 정부의 적극적 보호가 없었다면 이처럼 해외로까지 진출할 수 있는 경쟁력을 갖지 못했을지 모른다.

생각해 보기

(1) 미숙한 상태에 있는 기업들을 보호하기 위해 사회가 치러야 하는 비용은 구체적으로 어떤 형태의 것일지 생각해 보자.

(2) 미숙한 상태에 있는 기업들을 보호해 주면 곧 국제경쟁력을 확보할 수 있다고 자신 있게 말할 수 있을까?

(3) 정부의 보호에 힘입어 성장한 기업이라면 특별한 사회적 의무가 부여된다고 말할 수 있을까? 만약 그렇다면 구체적으로 어떤 방식에 의해 그 보호에 대한 보답을 해야 할까?

수출품을 가득 싣고 떠나는 컨테이너선

우리나라, 대만, 싱가포르 등의 기적적인 경제성장은 이들이 공통적으로 채택해 온 수출주도전략에 힘입은 바 크다.

렇기 때문에 일단 지원이 시작되면 이를 중단하기가 매우 어렵게 된다.

나아가 특정 산업을 지원하는 산업정책이 다른 산업의 희생을 수반하게 된다는 사실도 문제점으로 지적되고 있다. 설사 그 산업의 발전에서 오는 사회적 이득이 다른 산업의 희생을 상쇄하고 남음이 있다 하더라도, 그 과정에서 발생하는 자의적인 부의 재분배는 심각한 사회문제가 될 수 있다.

(2) 수출주도전략과 수입대체전략

경제발전을 추구해 나갈 때 수출산업 육성에 더 큰 비중을 두는 나라가 있는 반면, 수입대체산업의 육성에 더 큰 비중을 두는 나라도 있다. 이것은 **수출주도**(export-led)와 **수입대체**(import substitution) 발전전략 중 어느 한쪽을 선택한 결과라고 볼 수 있다. 경제발전의 초기 단계에서 이 두 발전전략 중 어느 쪽을 선택하느냐에 따라 발전의 경로가 달라진다.

수출주도전략은 수출산업을 우선적으로 육성하고 이로부터의 파급효과를 통해 내수산업도 함께 발전할 수 있게 만든다는 구상에 기초하고 있다. 반면에 수입대체전략은 경제의 자립도를 높이기 위해 수입을 대체할 산업을 집중적으로 육성하는 데 주안점을 둔다. 수출주도전략은 해외시장의 개발에 역점을 두는 데 비해 수입대체전략은 내수시장의 발전에 주안점을 두는 차이가 있다고 말할 수 있다.

수출주도전략은 국내시장의 규모가 협소해 규모의 경제를 제대로 활용하지 못하는 산업을 육성하는 데 큰 효과를 발휘할 수 있다. 또한 국내 기업들이 선진국 기업들과의 경쟁을 통해 더욱 효율적이 될 수 있도록 만든다는 점에서도 긍정적인 평가를 해줄 수 있다. 그러나 이 전략이 단기적인 수출 성과에 너무 큰 비중을 둠으로써 장기적인 성장가능성을 경시하게 만들 가능성이 있다고 지적하는 사람들이 있다. 또한 수출산업의 집중 육성은 국내 산업 사이의 불균형발전을 초래할 수 있을 뿐 아니라, 경제자립도를 한층 더 떨어뜨리는 부작용을 가져올 수도 있다.[11)]

이와 같이 수출주도전략과 수입대체전략은 나름대로 장단점을 갖고 있어 어느 쪽이 더 바람직한지 잘라 말하기 힘들다. 그러나 여러 나라의 발전 경험을 종합해 보면, 일반적으로 수출주도전략이 수입대체전략보다 더 나은 성과를 가져왔다는 결론에 이르게 된다. 경제발전과 관련한 대부분의 연구 결과들은 **개방화**(openness)의 정도가 큰 나라일수록 더 빠른 경제성장을 달성했음을 입증해 주고 있다. 수입대체전략을 채택

11) 이상에서 설명한 수출주도전략의 장점과 단점이 각각 수입대체전략의 단점과 장점이 된다고 말할 수 있다.

해 온 나라들에 비해 수출주도전략을 채택해 온 한국, 일본, 대만, 홍콩, 싱가포르 등의 경제성장이 엄청나게 더 빨랐다는 사실은 새삼 강조할 필요가 없다.

자원의 저주

석유뿐 아니라 다른 원자재의 가격이 치솟을 때마다 자원이 부족한 우리가 겪는 어려움은 그만큼 커진다. 원자재 가격의 폭등 소식을 들을 때마다 자원을 풍부하게 갖고 있는 나라는 얼마나 좋을까라는 생각을 하게 된다. 그러나 경제학자들의 연구 결과에 비추어 보면 그런 나라를 부러워할 필요가 별로 없을 것 같다. 풍부한 자원을 갖고 있는 나라들의 경제성장 속도가 오히려 상대적으로 더 느린 것으로 나타나기 때문이다. 풍부한 자원의 존재가 경제성장에 해로울 수 있다는 뜻에서 '자원의 저주'(resource curse)라는 말까지 나오고 있다.

그렇다면 자원의 저주가 발생하는 이유는 과연 무엇일까? 우선 자원의 새로운 발견이나 가격 상승으로 인한 일시적 소득 증가가 과도한 소비로 이어질 수 있다는 점을 들 수 있다. 자원을 팔아 부자가 된 사람들이 흥청망청 써버리고 미래를 위한 저축과 투자를 소홀히 할 가능성이 큰 것이다. 정말로 이런 일이 일어난다면 풍부한 자원의 존재가 경제성장에 도움이 되기 힘들다. 그 후 자원이 고갈되거나 가격이 크게 떨어지면 경제는 오히려 크게 뒷걸음질 칠 수도 있다.

남태평양의 작은 섬나라인 나우루(Nauru)는 비료 원료인 인광석이 발견되면서 돈벼락을 맞게 되었다. 그 결과 이 나라는 1980년대 초 1인당 국민소득이 세계에서 가장 높은 나라 중 하나가 되었다. 그러나 그 나라 사람들은 벌어들인 돈을 수입 사치품에 모두 탕진해 버렸다. 결국 1990년대 인광석 매장량이 바닥나면서 잔치는 끝나고 말았다. 나우루 사람들은 비만과 당뇨에 시달리면서 물고기를 잡아 끼니를 해결할 수밖에 없는 처지에 빠져버렸다.

풍부한 자원이 장기적으로 경제성장에 나쁜 영향을 줄 수 있는 또 다른 이유는 자원의 개발과 수출 과정에서 산업구조가 왜곡될 수 있다는 데서 찾을 수 있다. 천연자원을 개발하기 위해 외국자본을 들여오고 자원을 수출해 외화를 벌어들이다 보면 국내에 외화가 넘쳐나는 현상이 나타나기 마련이다. 그렇게 되면 환율이 하락하게 되는데, 환율의 하락은 국내 산업의 가격경쟁력 약화로 이어지게 된다.

환율 하락으로 인해 특히 타격을 받는 것은 제조업 분야다. 서비스업의 경우에는 국제교역이 그리 활발하게 이루어지지 않기 때문에 환율의 영향을 비교적 적게 받는다. 그러나 국제교역이 아주 활발하게 이루어지는 제조업의 경우에는 환율의 변화가 중대한 영향을 미친다. 1959년 천연가스 개발로 큰돈을 벌게 된 네덜란드에서 바로 이와 같은 현상이 나타났다. 즉 환율 하락이 제조업의 위축을 초래했고, 그 결과 성장속도가 현저하게 느려지는 현상이 나타난 것이다. 사람들은 이런 현상을 가리켜 '네덜란드병'(Dutch disease)이라고 부른다.

주로 개발도상국에서 발생하는 문제지만, 천연자원을 둘러싼 부정부패, 내전, 그리고 정책실패가 자원의 저주를 초래하는 또 다른 원인이 될 수 있다. 반면에 노르웨이의 경우에는 대규모 천연자원 개발의 덕을 톡톡히 본 경우라고 할 수 있다. 노르웨이는 북해유전에서 나온 원유를 수출해 많은 외화를 벌어들였지만 이로 인해 경제성장에 전혀 지장을 받지 않은 사례로 자주 인용되고 있다.

결론적으로 말해 풍부한 천연자원의 존재 그 자체가 축복일 수도 없고 저주일 수도 없다. 문제의 핵심은 이를 어떻게 활용하고 관리하는지에 있는 것이다. 또한 자원이 풍부하지 못하다 해서 크게 실망할 필요도 없다. 잘사는 나라들의 면면을 보면 자원이 별로 풍부하지 못한 나라들이 많이 포함되어 있는 것을 볼 수 있다.

요약

1. 경제성장이란 1인당 국민소득이 지속적으로 증가하는 현상을 뜻한다.

2. 경제가 지속적으로 성장할 수 있기 위해서는 끊임없이 기술진보가 일어나야 한다.

3. 성장회계는 일정한 기간 동안 달성된 경제성장을 놓고 어떤 요인이 얼마나 큰 기여를 했는지 알아보는 분석 방법을 의미한다. 성장회계를 통한 분석의 결과를 보면 아시아의 네 마리 용이 이룩한 눈부신 경제성장은 주로 양적 성장에 힘입은 바가 컸다.

4. 노동공급의 확충이나 자본의 축적을 통해 이루어진 성장을 양적 성장이라고 부르는 한편, 기술진보를 통한 성장을 질적 성장이라고 부른다.

5. 가난한 나라들의 경제발전에 장애요인으로 작용하는 것으로는 투자재원의 부족, 높은 인구 증가율과 인적 자본의 부족, 시장실패, 정치적 요인 등을 들 수 있다.

6. 산업정책은 특정산업을 선정해 이들을 우선적으로 지원하는 정책을 뜻한다. 이 정책이 과연 바람직한지에 대해서는 경제학자들의 의견이 크게 엇갈려 있다.

7. 국제무역과 관련한 경제발전 전략에는 수출산업을 우선적으로 육성하려는 수출주도전략과 내수시장의 발전에 주력하는 수입대체전략이 있다. 이 두 전략 중 어느 것이 더 우월한지 한마디로 말하기는 힘들지만, 대체로 수출주도전략을 채택한 나라가 좀 더 좋은 성과를 거둔 것같이 보인다.

중요개념

경제성장	개발도상국	남북문제	수렴
수확체감의 법칙	지속적 성장	기술진보	성장회계
양적 성장	질적 성장	경제발전	발전전략
산업정책	불균형성장이론	유치산업보호론	수출주도전략
수입대체전략			

연습문제

01. 경제성장이 삶의 질에 미치는 긍정적인 효과와 부정적인 효과에 대해 논하라.

02. 남북문제란 무엇을 의미하는가?

03. 수확체감의 법칙이 무엇을 의미하는지 설명하라.

04. 각국의 경험을 보면 과거 200여 년간 경제성장률이 높은 나라일수록 인구 증가율이 낮은 경향을 보이고 있다. 이렇게 맬서스의 예측과 다른 현상이 일어나게 된 이유는 무엇이었을까?

05. 어떤 사람이 "자본과 노동의 축적만으로는 지속적인 경제성장을 설명할 수 없다. 지속적인 경제성장이 가능하기 위해서는 기술진보가 반드시 필요하다."라고 말했다. 수확체감의 법칙을 고려해 이 말의 타당성에 대해 논의해 보라.

06. 양적 성장과 질적 성장의 장단점에 대해 설명하라. 고도성장기 우리나라 경제의 성장은 이 둘 중 주로 어느 쪽에 의한 것이었다고 생각하는가?

07. "기술진보에 힘입어 똑같은 양의 노동력으로부터 더 많은 상품을 생산해낼 수 있게 되었다. 따라서 기술진보는 노동에 대한 수요를 줄여 심각한 실업문제가 발생하게 될 것이다."라고 말하는 사람이 있다. 이 말에 대한 독자의 생각을 밝혀 보라.

08. 개발도상국의 경제발전에 걸림돌이 되는 요인들이 무엇인지 요약해 설명하라.

09. 산업정책이 무엇인지 설명하고, 이 정책의 장단점에 대해 논하라.

10. 경험적으로 보아 수출주도전략과 수입대체전략 중 어느 쪽이 경제발전에 더욱 효과적인 전략이었는가? 그 이유는 무엇이었다고 생각하는지 독자의 의견을 말하라.

11. 전체 인구의 변화가 없는 상황에서 고령화가 경제성장률에 어떻게 영향을 미칠지 성장회계 개념을 통해 설명해 보라.

12. 경제성장을 위해서는 은행산업과 같은 최소한의 금융시장 발전이 전제되어야 한다는 견해가 있다. 그 이유를 설명해 보라.

제11편

국제경제

| 제22장 |

국제무역의 이론

| 제23장 |

국제수지와 환율

제22장

국제무역의 이론

22.1 국제무역의 현실

22.2 교역의 이득과 비교우위이론

22.3 비교우위와 국제무역

22.4 무역에서 나오는 이득

22.5 보호무역론의 근거

22.6 무역규제의 구체적 방식

22.7 자유로운 무역을 추구하는 움직임

나라와 나라 사이의 상호의존관계는 나날이 더 긴밀해져, 오늘날 경제적인 측면에서는 세계가 마치 한 나라처럼 되어가고 있다. 이 장에서는 우선 어떤 이유에서 국제무역이 일어나게 되며, 무역이 이에 참여하는 나라들의 경제적 복지에 어떤 영향을 주게 되는지 살펴보려고 한다. 일반적으로 자유로운 무역이 이루어질 때는 그렇지 못한 경우에 비해 이에 참여하는 모든 나라가 더욱 풍요로운 소비생활을 누릴 수 있게 된다. 그러나 현실에서 자유무역에 대한 신뢰는 그다지 크지 못한 것을 볼 수 있다. 국내 산업을 보호해 주어야 한다는 주장이 심심치 않게 제기되고, 정부가 이 압력에 굴복해 자유무역을 포기하는 경우가 매우 흔하다. 보호무역을 정당화시킬 수 있는 근거가 무엇이며, 현실의 보호무역정책이 경제에 어떤 효과를 가져오게 되는지 자세히 살펴볼 필요가 있다.

22.1 국제무역의 현실

세계 여러 나라들의 2020년도 수출, 수입 통계를 모아 놓은 〈표 22-1〉을 보면 거의 모든 나라에서 해외부문이 상당히 큰 비중을 차지하고 있음을 발견할 수 있다. 수출액이나 수입액의 대 국내총생산(GDP) 비중을 각각 수출의존도와 수입의존도라고 부르는데, 대부분의 나라에서 이것이 20% 수준을 넘고 있는 것으로 나타나 있다. 이를 보면 오늘날 각 나라가 다른 나라들과 얼마나 긴밀한 교역관계를 맺으면서 살아가고 있는지 잘 알 수 있다.

[그림 22-1]은 세계적 차원에서 파악한 무역의 흐름을 보여주고 있는데, 이를 보

표 22-1
각국의 2020년도 수출입 실적
(단위 : 십억 달러)

국 가	수 출		수 입	
	수출액	GDP 대비(%)	수입액	GDP 대비(%)
세계 전체	17,343	20.5	17,627	20.9
중국	2,598	17.6	2,060	14.0
미국	1,432	6.8	2,337	11.2
독일	1,380	36.3	1,171	30.8
네덜란드	675	74.2	596	65.5
일본	641	12.7	661	13.1
홍콩	553	158.2	574	164.2
한국	518	31.8	458	28.1
이탈리아	496	26.3	423	22.4
프랑스	488	18.8	582	22.4
멕시코	418	38.8	406	37.7
영국	395	14.6	628	23.2
캐나다	390	23.7	428	26.1
싱가포르	357	104.9	345	101.6
러시아	318	21.6	222	15.1
스위스	314	42.0	290	38.8
스페인	307	24.0	325	25.4
벨기에	296	57.7	303	59.0
베트남	276	81.1	259	76.0
인도	275	10.2	372	13.7
폴란드	271	45.6	257	43.3

자료 : IMF, *International Financial Statistics*, 2021

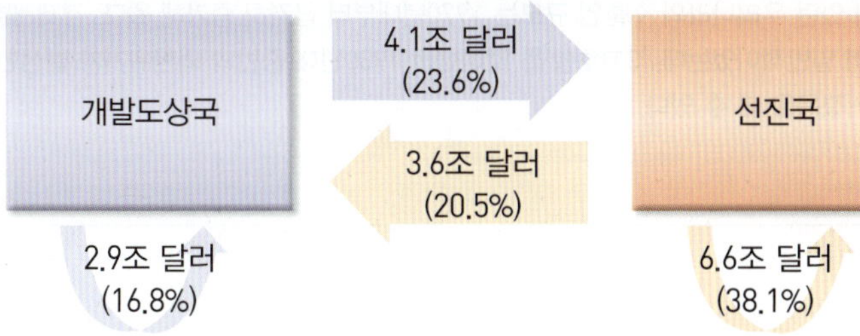

자료 : IMF, *International Financial Statistics*, 2021

그림 22-1

세계 무역의 흐름(2020년도 수출액 기준)

선진국 상호 간의 무역이 세계 무역에서 차지하는 비중이 매우 크다.

면 선진국 상호 간의 무역이 전 세계 무역의 38.1%를 차지할 정도로 높은 비중을 차지하고 있음을 알 수 있다. 그다음으로 개발도상국의 대 선진국 수출이 전체 무역의 23.6%를 차지해 그 뒤를 잇고 있다. 선진국의 대 개발도상국 수출은 20.5%를 차지하고 있으며, 개발도상국 상호 간의 무역은 20%가 채 안 되는 수준에 있다. 이를 보면 오늘날의 세계 무역이 선진국들에 의해 주도되고 있는 현실을 잘 알 수 있다.

〈표 22-1〉에는 2020년도 우리나라 수출액과 수입액의 대 국내총생산 비중이 각각 31.8%와 28.1%인 것으로 나타나 있다.[1] 이는 우리 국민경제에서 수출입이 차지하는 비중이 60%에 가까운 수준이라는 말로, 개방화의 정도가 상당히 높다는 것을 뜻한다. 이는 지난 몇십 년 동안 수출주도형의 개발전략을 추구해 온 결과라고 볼 수 있다. 이 때문에 우리 경제는 해외경제의 동향에 매우 민감한 반응을 보이는 체질을 갖게 되었다. 예를 들어 1980년대의 소위 '3저호황' 때 우리 경제는 해외부문의 호조에 힘입어 엄청난 호경기를 누릴 수 있었다.[2] 반면에 1970년대 두 번에 걸쳐 일어난 석유파동과 1997년 아시아 외환위기, 그리고 2008년 글로벌 금융위기는 우리 경제에 뜻하지 않은 모진 시련을 가져다주었다.

우리 경제의 높은 대외의존도가 문제라는 사실은 2008년 전 세계를 휩쓴 글로벌 금융위기의 경우에서도 분명하게 드러났다. 글로벌 금융위기는 미국의 서브프라임 주택담보대출사태에 의해 빚어진 것으로 우리 경제와는 직접적 관련이 없었다. 그런데도 이로부터 심각한 영향을 받을 수밖에 없었던 것은 우리 경제의 높은 대외의존도 때문이었다. 미국과 유럽 여러 나라들이 극심한 불황을 겪게 되면서 그 여파가 우리 경제에도 미치게 되었던 것이다. 차제에 우리 경제의 내수기반을 튼튼하게 만들어야 한다는 주장이 제기되었지만, 이를 실천에 옮기는 것이 말처럼 쉬운 일은 아니다.

[그림 22-2]는 지난 60여 년에 걸친 기간 동안 우리나라의 수출액과 수입액이 변화해 온 양상을 보여주고 있다. 1960년대 초까지만 해도 연간 수출액이 고작 1억 달러에

1) 〈표 22-1〉의 수출과 수입은 재화와 서비스를 모두 포함한 수치이다.

2) '3저'란 저달러, 저유가, 저(국제)금리를 뜻하는 말로, 대외의존도가 높은 우리 경제로 보아서는 이 세 가지가 한꺼번에 나타났다는 것이 둘도 없는 행운이었다.

그림 22-2

우리나라의 수출과 수입

(단위: 십억 달러)

미미한 수준에 머물러 있던 우리나라의 수출입 규모는 1970년대부터 급격히 증가해 왔다. 경제개발 시기에는 수입이 수출보다 컸던 것이 일반적이었는데, '3저호황'을 맞이했던 1980년대 중반과 외환위기가 발생한 1997년 이후부터 수출이 수입보다 커졌음을 볼 수 있다.

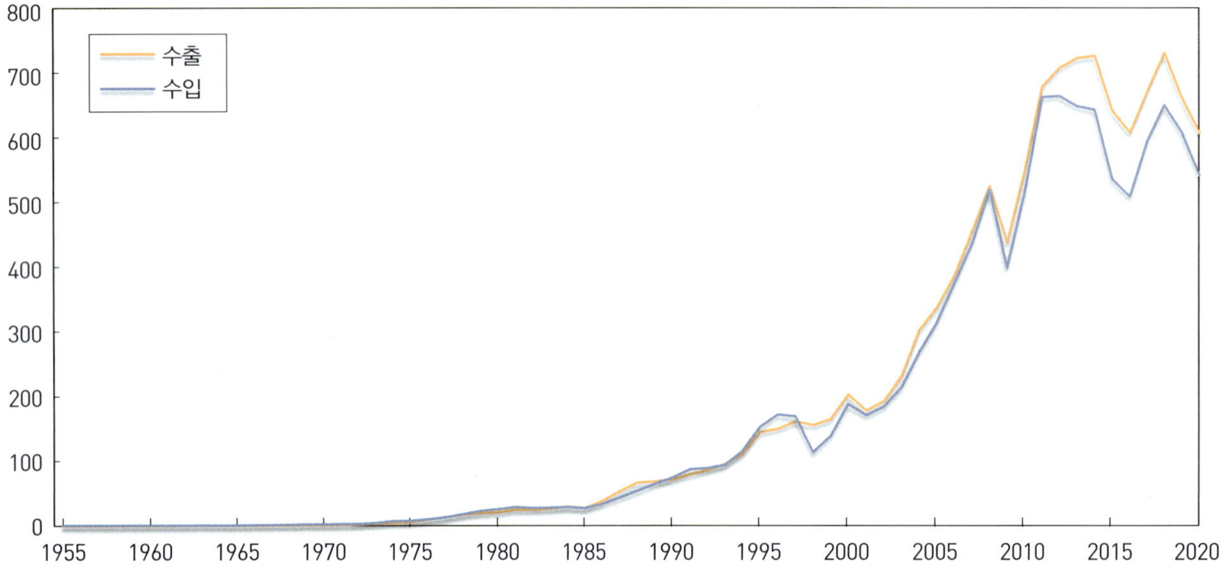

자료 : 한국은행, 「경제통계시스템」, 2020

도 미치지 못했는데, 60년이 지난 2020년의 수출액은 무려 6,000억 달러에 이를 정도로 비약적인 성장을 거듭해 세계 7위 수출국의 지위에 오르게 되었다.

수출의 내용을 보아도, 1950년대에는 농수산물이나 광물이 주종을 이루고 있었는데, 이제는 선박, 석유제품, 휴대전화, 자동차, 그리고 반도체 등의 중화학공업 및 첨단산업 관련 제품이 수출의 대부분을 차지할 정도로 큰 변화가 일어났다. 과거 외국의 중간재를 수입해 가공한 것을 수출하는 단계를 벗어나, 이제는 전 세계 시장에서 독자적인 브랜드 가치를 추구하는 성숙한 단계로 진입하기에 이르렀다.

22.2 교역의 이득과 비교우위이론

교역의 이득

제1장에서 로빈슨 크루소와 프라이데이 사이의 교환이 두 사람 모두에게 이득을 가져다준다는 것을 설명한 바 있다. 이와 마찬가지로, 나라와 나라 사이의 무역 역시 이에 참여하는 모든 나라 사람들에게 이득을 가져다줄 수 있다. 무역이 이루어지면 각

수출 6,000억 달러 시대의 도래

2011년 우리 경제의 수출액이 처음으로 6천억 달러 수준을 넘어섰다. 수출액이 1억 달러의 고개를 간신히 넘은 것이 1964년이었으니, 약 47년 만에 무려 6천 배의 규모로 급성장한 것이다. 우리나라 수출액이 1억 달러에서 10억 달러가 되는 데 7년, 10억 달러에서 100억 달러가 되는 데 6년, 그리고 100억 달러에서 1천억 달러가 되는 데 18년이 걸렸다. 그런데 1천억 달러에서 6천억 달러가 되는 데는 불과 16년밖에 걸리지 않았다. 이렇게 높은 수출 증가세는 세계 20대 수출국 중 가장 두드러지는 수준이었으며, 이에 따라 우리나라는 2020년 세계 7위의 수출대국으로 올라서게 되었다.

이와 같은 외형적 성장과 더불어 수출의 내용에도 큰 변화가 일어났다. 우선 수출상품의 구성이 크게 달라진 것을 볼 수 있다. 1960년대와 1970년대에는 섬유나 가발 같은 노동집약적 경공업 제품이 주요 수출 품목이었다. 그러나 1990년대에 들어오면서 반도체, 자동차, 휴대전화 같은 첨단제품으로 주력상품의 판도가 달라졌다. 2020년의 전체 수출액 중 비중을 보면, 반도체 19.4%, 석유제품 4.7%, 자동차 7.3%, 석유화학 6.9%, 그리고 일반기계 9.3%였다.

반도체 공장의 작업장면

최근에 들어와 반도체는 우리나라의 주력 수출품목으로 자리를 잡았다.

수출 상대국 역시 지난 60년 동안 엄청나게 넓은 범위로 확대되었는데, 1964년에는 41개국에 지나지 않았던 것이 최근에는 세계의 거의 모든 나라에 수출을 하는 상황이 되었다. 1960년대와 1970년대에는 미국과 일본에 대한 수출이 전체 수출의 절반 이상의 비중을 차지하고 있었다. 그러나 최근에는 중국이 미국과 일본을 제치고 우리나라의 가장 중요한 수출 상대국으로 부상했다. 2020년 전체 수출액 중 중국에 대한 수출이 25.9%를 차지한 반면 미국과 일본에 대한 수출 비중은 각각 14.5%와 4.9%에 불과했다.

그동안 수출이 우리 경제의 성장을 주도하는 견인차 노릇을 해 왔다는 데 아무런 의문이 없다. 지난 몇 년 동안 극도의 내수 침체에도 불구하고 우리 경제가 최악의 상황을 피할 수 있었던 것도 활발한 수출에 힘입은 바 크다. 그러나 최근에는 수출 주력상품이 고용효과가 낮은 산업으로 바뀜에 따라, 수출이 늘면서도 고용이 별로 늘어나지 않는 '고용 없는 수출' 현상이 나타나기 시작해 우려를 자아내고 있다.

또한 대기업은 활기를 띠는 데 비해 중소기업은 침체를 면치 못하는 양극화 현상도 점차 심화되어 가고 있다. 대기업은 수출을 위주로 하는 데 비해, 중소기업은 내수에 치중해 있기 때문에 생긴 현상이다. 우리 경제의 수출 의존도가 워낙 높기 때문에 이로 인해 많은 문제가 생겨나고 있는 것이 사실이다. 수출이 늘어난다고 해서 그저 좋아만 하고 있을 수 없는 이유가 바로 여기에 있다.

나라 국민이 소비할 수 있는 상품의 양이 더 커질 수 있는데, 우리는 이를 **교역의 이득**(gains from trade)이라고 부른다. 무역이 이루어진다 해서 각 나라가 갖고 있는 생산자원의 양이 늘어나는 것은 아니다. 그렇다면 똑같은 생산자원을 가지고도 무역이 이루어지면서 사람들이 더 많은 상품을 소비할 수 있게 되는 이유는 무엇일까?

교역의 이득

무역이 이루어지면서 각 나라 국민이 소비할 수 있는 상품의 양이 더욱 커지는 것을 가리킴 완벽한 자급자족 경제에서는 어느 한 가지 일에 특출한 재능을 갖고 있는 사람이라 할지라도 그 재능을 살릴 방도가 없다. 예를 들어 어떤 사람이 구두 만드는 데 소질이 있다 해서 매일 구두만 만들며 살지 못한다. 먹을 것이나 입을 것도 없이 구두만 신고 살아갈 수는 없는 일이기 때문이다. 서투른 솜씨로 농사도 지어야 하고 옷도 만들어야 할 테니 경제 전체의 생산성은 매우 낮을 것이 뻔하다. 이에 비해 각자 소질에 맞는 일에 전념하고 이렇게 생산된 상품을 서로 교환하는 체제에서는 훨씬 더 풍부한 상품들을 소비할 수 있게 된다.

특화

각자가 소질을 가지고 있는 분야에 전념하는 것을 의미

교환은 각자가 소질을 갖고 있는 분야에 전념한다는 의미에서의 전문화 혹은 **특화**(specialization)를 가능하게 만든다. 특화는 경제 전반의 생산성을 높여주는 역할을 하는데, 바로 이것이 교환에서 나오는 이득의 근본적인 원천이라고 말할 수 있다. 나라와 나라 사이의 자유로운 교역은 각 나라가 다른 나라에 비해 상대적으로 더 효율적으로 생산할 수 있는 상품에 특화할 수 있게 만들어 줌으로써 전반적 생산성의 향상을 가져온다.

비교우위이론의 의미

비교우위이론

어떤 나라라도 최소한 하나 이상의 산업에서 비교우위를 갖는다는 내용을 담고 있음

우리나라가 오스트레일리아에 전자제품을 수출하고 그 나라로부터 쇠고기를 수입하게 되는 이유는 무엇일까? 간단히 말해 우리나라가 전자제품을 생산하는 데 상대적으로 더 효율적인 한편, 오스트레일리아는 쇠고기를 생산하는 데 상대적으로 더 효율적이기 때문이라고 할 수 있다. 그렇다면 '상대적으로 더 효율적'이라는 말은 구체적으로 무엇을 의미하는 것일까? 이 의문은 지금 설명하려고 하는 **비교우위의 원칙**(principle of comparative advantage)에 의해 바로 풀릴 수 있다.

어떤 회사의 사장은 학생시절에 워드프로세서로 논문을 작성해 본 경험을 갖고 있어 지금도 이를 능숙하게 다룰 줄 안다고 한다. 그가 마음만 먹으면 비서보다 오히려 더 빨리 작업을 끝낼 수 있을 정도라고 한다. 그렇다고 해서 그가 모든 서류를 직접 작성하려 든다면 그것은 무척 바보 같은 짓이다. 그의 시간은 한정되어 있으므로 경영상의 결정을 내리는 데 전념하는 것이 한층 더 바람직하기 때문이다. 인건비 몇 푼을 절약하기 위해 아까운 시간을 서류 작성에 허비하고, 그 결과 회사의 경영상태를 엉망으로 만드는 것은 결코 현명한 처사가 아니다.

오스트레일리아의 한 목장

우리나라가 오스트레일리아에서 쇠고기를 수입하는 것은 그 나라가 쇠고기를 생산하는 데 상대적으로 더 효율적이기 때문이다.

절대적인 차원에서 보면 사장이 경영상의 결정을 내리는 일과 서류를 작성하는 일 모두에서 그의 비서보다 더욱 능률적일 수 있다. 말하자면 두 가지 일 모두에서 사장이 절대우위(absolute advantage)를 갖는다는 뜻이다. 그렇지

만 비서가 서류를 작성하는 일을 맡아야 하는 이유는 그가 이 일에 대해 **비교우위**(comparative advantage)를 갖고 있기 때문이다. 그 비서가 서류를 작성하는 일에서는 상대적으로 더 효율적이라는 뜻에서 비교우위가 있다고 말하는 것이다. 경영상의 결정을 내리는 일에서는 사장에 비해 능률이 크게 뒤떨어지지만, 서류 작성의 경우에는 능률의 격차가 그리 크지 않다는 점에서 상대적으로 더 효율적이라는 평가가 나오게 된다.

영국의 경제학자 리카도(D. Ricardo)는 나라와 나라 사이의 무역에도 이 비교우위의 원칙이 적용될 수 있다고 설명했다. 즉 각 나라가 비교우위를 갖고 있는 상품의 생산에 특화하는 국제분업 체제가 전반적 효율성을 향상시키는 결과를 가져다준다는 것이다.[3] 비교우위이론에 따르면, 아무리 산업이 낙후된 나라라 해도 최소한 하나 이상의 산업에서 비교우위를 갖는다. 절대적 차원에서 보면 한 나라가 다른 나라보다 모든 상품을 생산하는 데서 더욱 효율적일 수 있다. 그렇다고 해서 한 나라가 모든 산업에서 비교우위를 가질 수는 없다는 것이 그의 지적이다.

생각해 봅시다

각 나라가 자신이 비교우위를 갖는 산업에 특화를 한 다음 교역을 하게 된다면 아주 다른 경제적 여건을 갖고 있는 나라들 사이에서 교역이 이루어질 가능성이 크다. 예를 들어 농업이 주축을 이루고 있는 나라는 농산품을 수출하고 제조업이 발달한 나라는 공산품을 수출하는 방식으로 국제분업이 이루어질 가능성이 높은 것이다. 반면에 경제적 여건이 비슷한 나라들 사이에서는 이렇다 할 교역이 이루어지지 못할 것으로 짐작할 수 있다.

그러나 실제로 이루어지고 있는 국제무역의 양상을 조사해 보면 비슷한 경제적 여건을 갖고 있는 나라들 사이에서 이루어지는 교역의 규모가 더 큰 것을 볼 수 있다. 부유한 나라와 가난한 나라 사이에서 이루어지는 교역보다 부유한 나라 사이에서 이루어지는 교역의 규모가 훨씬 더 큰 것이다. 또한 부유한 나라들끼리 교역을 할 때 똑같은 상품을 서로 사고파는 경우도 많이 관찰되고 있다. 즉 미국, 독일, 일본이 상대방에게 자동차를 수출하는 동시에 수입하기도 하는 사례를 많이 볼 수 있다는 뜻이다.

그렇다고 해서 비교우위이론이 현실과 동떨어져 있다는 뜻은 아니다. 한 나라가 자동차를 수출하는 동시에 수입하는 것 역시 비교우위의 원칙에 따라 일어나고 있는 현상이다. 자동차에는 승용차, SUV, 스포츠카, 상용차 등 여러 가지 종류가 있고 각 나라가 비교우위를 갖고 있는 차종이 따로 있기 때문에 서로 간에 자동차를 사고파는 일이 일어나는 것이다. 비슷한 나라 사이에서 많은 교역이 이루어지고 있는 현상 역시 비교우위이론의 틀로 설명할 수 있다.

생각해 보기

(1) 부유한 나라들이 서로 사고파는 상품의 예로서 자동차 이외에 무엇이 있을지 생각해 보자.
(2) 가난한 나라의 경우 상대적으로 더 활발하게 교역하는 상대는 똑같이 가난한 나라일까 아니면 부유한 나라일까?

3) 한 나라가 어떤 상품의 생산에 특화한다는 것을 극단적으로 해석하면 보유하고 있는 모든 생산자원을 그 상품의 생산에 투입한다는 의미를 갖는다. 그러나 현실에서 이와 같은 극단적인 특화가 일어나는 경우를 보기는 어렵고, 대개 부존자원의 상당 부분을 그 산업에 투입하는 선에서 특화를 하는 것이 일반적이다.

비교우위이론은 자유로운 무역이 이루어질 때 각 나라가 비교우위를 갖는 상품에 특화해 수출하고, 비교우위가 없는 상품은 해외로부터 수입하게 될 것이라고 예측한다. 어떤 사람은 이와 같은 국제분업 체제가 힘 있는 소수의 나라에게만 이득을 가져다주고 다른 나라들은 손해를 보게 만든다고 주장하기도 한다. 그렇지만 어떤 나라가 강압에 의해서가 아니라 자발적으로 무역에 참여하는 것이라면 무역이 그 나라에게 손해를 가져다주는 일은 결코 일어나지 않는다. 국제분업 체제에 참여하는 나라는 아무리 작은 몫이라 할지라도 거기에서 나오는 이득의 일부분을 차지하게 된다.[4]

22.3 비교우위와 국제무역

비교우위의 실례

〈표 22-2〉에서 보는 것처럼, 우리나라에서는 노동자가 한 주일을 일하면 쌀을 5섬 생산할 수도 있고 옷을 5벌 생산할 수도 있다고 한다. 한편 인도네시아의 노동자가 한 주일을 일하면 쌀 4섬을 생산할 수도 있고 옷 2벌을 생산할 수도 있다.[5] 이 수치들을 비교해 보면 우리나라 노동자가 쌀과 옷 생산 모두에서 더욱 효율적임을 알 수 있다. 똑같은 양의 노동을 투입해 더 많은 쌀이나 옷을 생산해낼 수 있다는 점에서 더욱 효율적이라고 말할 수 있는 것이다.

그럼에도 불구하고 이 두 나라 사이에는 서로에게 이득이 되는 무역이 이루어질 수 있다. 왜냐하면 절대적으로는 인도네시아가 쌀과 옷 생산 모두에서 더 비효율적이라 하더라도, 이 중 한 상품과 관련해서는 비교우위를 갖고 있기 때문이다. 바로 이것이 비교우위이론의 핵심적인 내용이다. 그렇다면 우리나라는 어떤 상품을 수출하고 어떤 상품을 수입하게 될 것인가? 이 물음에 답을 얻기 위해서는 각 나라가 어떤 상품에 비교우위를 갖고 있는지 알아내야 한다.

지금 보고 있는 예에 따르면, 우리나라에서 쌀 1섬을 더 생산하기 위해서는 옷 생산을 1벌 줄여야 한다. 이것은 우리나라에서 쌀 1섬을 생산하는 데 드는 기회비용이 옷 1벌에 해당한다는 의미를 갖는다. 반면에 인도네시아에서는 쌀 1섬을 더 생산하기 위해 옷 생산을 $\frac{1}{2}$벌만큼 줄여야 한다. 이는 인도네시아에서 쌀 1섬을 생산하는 데 드는 기회비용이 $\frac{1}{2}$벌의 옷이라는 뜻이다.

이 두 나라에서 쌀 1섬을 생산하는 데 드는 기회비용을 비교해 보면, 인도네시아에

4) 현실적으로 보아 경제가 발전되어 있고 힘이 센 나라가 좀 더 큰 몫의 이득을 가져갈 가능성이 크다. 그렇다고 해서 국제분업 체제가 발전이 덜 되고 힘이 약한 나라에게 손실을 강요하는 것은 아니라는 점이 중요하다.

5) 다시 말해 우리나라가 이 두 산업 모두에서 절대우위를 갖고 있다는 뜻이다.

표 22-2
한 주일분의 노동이 생산할 수 있는 상품의 양

	한 국	인도네시아
쌀(섬)	5	4
옷(벌)	5	2

서의 기회비용이 더 작다는 것을 발견하게 된다. 이는 인도네시아가 쌀 생산에서 우리나라보다 상대적으로 더 효율적이라는 것을 뜻한다. 다시 말해 인도네시아가 쌀을 생산하는 데 비교우위를 갖는다는 것이다. 절대적인 관점에서 보면 우리나라가 쌀 생산에서도 인도네시아보다 더 효율적이지만, 상대적인 관점에서 보면 인도네시아가 더 효율적이라고 말할 수 있다.

한편 옷 1벌을 생산하는 데 드는 기회비용을 계산해 보면, 우리나라에서는 쌀 1섬인데 인도네시아에서는 쌀 2섬임을 알 수 있다. 옷을 생산하는 데 드는 기회비용이 우리나라에서 더 적게 든다는 뜻이다. 그러므로 옷 생산의 경우에는 우리나라가 상대적으로 더 효율적이고, 따라서 이를 생산하는 데 비교우위를 갖는다고 말할 수 있다.

두 나라 사이에 무역이 이루어진다면, 우리나라가 옷 생산에 특화해 인도네시아에 수출하는 한편, 인도네시아는 쌀 생산에 특화해 우리나라에 수출하게 된다. 우리나라는 쌀뿐 아니라 옷 생산에서도 인도네시아에 비해 절대우위를 갖고 있지만, 이 사실은 별로 중요하지 않다. 여기서 중요한 사실은 인도네시아가 쌀을 생산하는 데 비교우위를 갖는다는 점 하나뿐이다.

지금까지는 설명의 편의상 우리나라가 옷 생산에 비교우위를 갖는 반면 인도네시아는 쌀 생산에 비교우위를 갖는다는 가정하에서 논의를 전개해 왔다. 그렇다면 현실에서 각 나라가 특정한 상품에 비교우위를 갖는 것은 어떤 이유에서일까? 즉 비교우위의 결정요인이 무엇인지를 묻고 있는 것인데, 이는 매우 중요한 문제이므로 다음 소절에서 자세히 논의해 보기로 하자.

비교우위의 결정요인

어떤 나라가 특정한 상품의 생산에 비교우위를 갖게 되는 데는 여러 가지 이유가 있다. 그중 중요한 것만을 추려보면 다음과 같다.

(1) 상이한 부존자원

쿠웨이트가 석유를 수출하고 인도네시아가 목재를 수출하는 것은 이 나라들이 그와 같은 자원을 풍부하게 갖고 있기 때문이다. 브라질이 커피를 수출하고 말레이시아가 생고무를 수출하는 것도 이 나라들의 기후가 그런 상품들을 생산하기에 적합하기 때문이다. 또한 가축 기르기에 적합한 넓은 국토를 갖고 있는 캐나다와 오스트레일리아는 자연스럽게 목축업에 비교우위를 갖게 된다. 이와 같이 원래부터 갖고 있는 부존자원의 차이가 비교우위의 주요 결정요인 중 하나다.

바로 앞에서 든 예만큼 분명하지는 않아도, 부존자원의 차이가 비교우위의 분포를 결정하는 또 다른 예를 생각할 수 있다. 예를 들어 베트남이나 방글라데시 같은 나라는 다른 생산요소에 비해 노동을 풍부하게 갖고 있다. 그러므로 이 나라들은 노동을 집약적으로 사용해 생산하는 상품에 비교우위를 가질 수 있는 것이다. 생산과정에서 비교적 사람의 손이 많이 가는 의류나 운동화 같은 상품에 이 나라들이 압도적인 비교우위를 갖는 것은 전혀 이상한 일이 아니다.

(2) 상이한 기술

아무리 자원을 풍부하게 갖고 있다 하더라도 그것을 활용할 기술을 갖지 못하면 별 소용이 없다. 어떤 상품을 생산하는 데 어느 나라가 비교우위를 갖게 되는지를 결정하는 과정에서 기술을 갖고 있는지의 여부가 자원의 부존 못지않게 중요한 역할을 한다. 미국이 컴퓨터 소프트웨어나 오락산업에서 다른 나라가 감히 넘볼 수 없는 우위를 점하고 있는 것은 오랜 기간에 걸친 기술축적 때문이라고 말할 수 있다.

농사를 짓거나 고기를 잡는 데도 기술의 차이가 중요한 요소가 되겠지만, 첨단제품을 만드는 데는 기술이 어느 무엇보다 중요한 관건이 된다. 오늘날 제3세계 국가들이 경제적 종속상태를 벗어나려고 몸부림치지만 쉽게 그 꿈을 실현시키지 못하는 결정적인 이유 역시 낙후된 기술에서 찾을 수 있다. 그들은 기술이 부족하기 때문에 자원을

생각해 봅시다

본문에서의 설명에 따르면 비교우위의 분포에 따라 우리나라는 옷에 특화하는 한편 인도네시아는 쌀에 특화하게 된다. 어떤 상품에 특화를 한다는 것은 그 경제에 존재하고 있는 자원을 모두 그 상품의 생산에 투입한다는 것을 뜻한다. 그렇다면 우리나라는 옷만 생산하고 인도네시아는 쌀만 생산하게 된다. 그러나 현실에서 자신이 비교우위를 갖는 상품에 완전히 특화하는 나라의 예는 전혀 찾아볼 수 없다. 어떤 상품에 비교우위를 갖는다 해서 그 상품만을 생산하는 것은 바람직하지 않은 측면이 있기 때문이다.

따라서 비교우위를 갖지 않는 상품이라도 얼마간은 국내에서 생산하는 것이 보통이다. 또한 어떤 상품은 그 성격상 애당초 국제교역의 대상에서 제외되기 때문에 비교우위의 원칙이 적용되지 않을 수 있다. 국내에서 소비되는 서비스 상품이 그 좋은 예인데, 이 경우에는 비교우위의 원칙과 아무 관련이 없다. 모든 나라들이 다양한 상품을 국내에서 생산하고 있는 것은 전혀 이상한 일이 아니다.

생각해 보기

(1) 우리나라가 반도체산업에 비교우위를 갖는다 해서 이 산업만 너무 크게 키웠을 때 어떤 문제점에 직면하게 될까?
(2) 우리가 비교우위를 갖지 않는데도 국내에서 생산되는 상품들의 예를 생각해 보자.
(3) 요식업이나 이발업의 경우에 비교우위의 원칙을 적용할 수 있는지 생각해 보자.

데이빗 리카도(David Ricardo, 1772~1823)

●● 갑부 과격분자

경제학자가 입을 열었다 하면 으레 돈에 관한 얘기들이지만, 경제학자 치고 자신이 큰돈을 번 사람은 별로 없다. 이 세상에는 돈을 많이 번 경제학자 말고도 또 한 가지 드문 것이 있는데, 그것은 열심히 사회개혁을 부르짖고 다니는 백만장자다. 백만장자는 자기를 부자로 만든 사회질서가 아름답기 그지없다고 찬탄할 뿐이지, 거기에 뜯어고쳐야 할 측면이 있다고는 꿈에도 생각하지 않는다.

리카도는 이 두 가지 모두에서 예외라는 점에서 우리의 관심을 끈다. 그는 주식, 채권, 부동산 투자를 통해 20대의 젊은 나이에 대단히 큰 재산을 모았다. 큰돈을 번 그는 정치인으로 변신하여 의회로 진출하게 된다. 의원으로서의 그는 금융개혁, 빈민 구제, 관세 철폐, 언론자유 등 당시의 사회분위기로 보아서는 과격하다 할 만한 개혁안을 열렬히 지지했다. 그래서 사람들은 그를 '갑부 과격분자'(millionaire radical)라고 불렀다. 동서고금의 어느 사회를 막론하고 어떤 한 사람에게 갑부라는 말과 과격분자라는 수식어를 동시에 붙이기는 어려운 법인데, 하여튼 재미있는 일이었다. (그러나 갑부이면서 보수주의자인 것보다는 과격분자인 쪽이 훨씬 더 멋져 보인다.)

리카도는 여느 경제학자와 달리, 대학 같은 곳에서 경제학 강의를 한 번도 들을 기회가 없었다. 그는 열네 살의 어린 나이에 아버지의 사업을 돕기 위해 학교를 중도에 포기하고 금융시장의 실무로 뛰어들어야만 했다. 그렇지만 그는 날카로운 머리와 훌륭한 말재주로 당대의 내로라하는 경제학자들을 오히려 압도하고 있었다.

일생 동안 학술적 저서라고는 『정치경제와 조세의 원리』(*Principles of Political Economy and Taxation*) 한 권밖에 쓰지 않았지만, 리카도는 경제학의 여러 분야에서 빛나는 업적을 남겼다. 그중 가장 중요한 것의 하나는 자유무역이 바람직하다는 사실을 이론적으로 입증한 일이다. 그는 비교우위이론을 통해 자유로운 교역이 이에 참여하는 모든 나라에게 이득을 가져다줄 수 있음을 명쾌하게 설명했다.

그 당시 영국 사회는 곡물법(Corn Law)의 폐지 여부를 둘러싸고 심각한 대립 양상을 보이고 있었다. 곡물법은 수입 곡물에 대해 높은 관세를 부과함으로써 기득권층인 지주들의 이익을 보호해 주는 역할을 하고 있었다. 곡물법 유지를 주장하는 사람들은 곡물 가격이 너무 높다는 불평에 대해 지대가 높기 때문에 어쩔 수 없다는 논리로 맞섰다. 리카도는 지대가 높기 때문에 곡물이 비싼 것이 아니라, 곡물법으로 인해 곡물이 비싸졌기 때문에 지대가 높아진 것이라고 반박했다. 곡물법은 1846년 폐지되기에 이르렀는데, 여기에는 리카도의 공이 컸다고 볼 수 있다.

오늘날의 경제학도들에게 리카도의 자유무역 옹호 논리는 별로 새삼스러울 것이 없다. 그러나 어떻게 해서든 수출을 늘리고 수입을 줄여 금이나 은 같은 귀금속을 끌어모아야 한다고 주장하던 중상주의(mercantilism)의 잔재가 아직도 남아 있던 당시의 풍토에서 그의 주장은 혁명적인 것으로 받아들여졌다.

경제학 교육은 물론 변변한 정규교육조차 받지 못한 리카도가 치밀한 논리 하나로 당대의 지식사회를 풍미했다는 사실은 무척 흥미로운 일이다. 더군다나 그는 상아탑의 창백한 지성과는 거리가 먼, 현실 경제에 굳센 뿌리를 박고 있었던 뛰어난 활동가였다.

남부럽지 않은 사회적 지위를 획득하고서도 앞장서 사회개혁을 부르짖은 배경에는, 유태인의 혈통을 타고나 보수적인 영국 사회에서 여러 가지로 서러움을 겪어야 했던 어린 시절의 경험이 작용했을지 모른다. 그러나 그 심리적 배경이야 어찌 되었든 간에 좀 더 살기 좋은 사회를 건설하고자 하는 그의 열정은 높은 평가를 받아 마땅하다. 모은 돈이 조금 있다고 '개혁'이란 말만 나와도 진저리를 치는 사람은 그의 삶에서 뼈저린 교훈을 얻어야 한다.

프랑스 패션 브랜드의 매장

프랑스나 이탈리아의 패션산업이 세계를 지배하는 것은 오랜 기간 동안 이 방면으로 특화해 온 결과라고 볼 수 있다.

미가공상태로 수출하고 완제품을 수입하는 종속상태를 아직도 청산하지 못하고 있는 것이다.

(3) 특화의 역사

어떤 나라가 한 상품에 오랫동안 특화해 온 역사 때문에 비교우위가 생기는 경우도 있다. 예를 들어 스위스가 시계산업에서 비교우위를 갖는 것은 이 나라가 오랜 기간에 걸쳐 시계 제조에 특화해 온 역사와 무관하지 않다. 사실 미국이나 일본 같은 나라가 시계를 만드는 데 필요한 핵심기술이 없어 스위스처럼 세계적으로 정평이 나있는 시계를 만들지 못하는 것은 아니다. 프랑스나 이탈리아의 패션산업이 세계를 지배하는 것 역시 오랜 기간 이 방면으로 특화해 온 결과라고 말할 수 있다.

특화의 역사가 길기 때문에 비교우위를 갖게 되는 이유 중 가장 중요한 것으로 **학습효과**(learning by doing)를 들 수 있다. 학습효과란 생산의 경험이 쌓이면서 효율적으로 생산하는 방법을 배우게 되고 이에 따라 생산비용이 점차 낮아지는 현상이 나타나는 것을 뜻한다. 생산 경험의 축적을 통해 비용이 절감될 수 있다면 오랜 생산 경험을 갖고 있는 기업일수록 더 큰 가격경쟁력을 갖게 된다. 그뿐 아니라 겉으로 잘 드러나지 않는 여러 가지 요령을 터득해 효율적인 생산 · 유통체계를 갖출 수 있는 이점도 생긴다.

학습효과

생산의 경험이 쌓이면서 효율적으로 생산하는 방법을 배우게 되고 이에 따라 생산비용이 점차 낮아지는 현상이 나타나는 것을 가리킴

22.4 무역에서 나오는 이득

앞에서 무역에 참여하는 나라는 모두가 이에서 이득을 얻을 수 있다고 말한 바 있다. 이 절에서는 어떻게 해서 그와 같은 결과가 나올 수 있는지를 엄밀하게 분석해 보기로 한다.

무역을 통한 소비가능성의 증대

우리나라에 부존되어 있는 노동의 총량이 6만 주일분이며, 인도네시아에 부존되어 있는 노동은 8만 주일분이라고 한다. 이 두 나라가 무역을 하지 않고 자기네 나라에서 생산한 것만 소비하는 자급자족체제를 유지한다고 해 보자. 우리나라는 2만 주일분의 노동을 쌀 생산에 투입하고 4만 주일분의 노동을 옷 생산에 투입해, 쌀 10만 섬과 옷 20만 벌을 생산, 소비하고 있다. 인도네시아는 5만 주일분의 노동을 쌀 생산에 투입하고 3만 주일분의 노동을 옷 생산에 투입해, 쌀 20만 섬과 옷 6만 벌을 생산, 소비한다

세계화는 소득분배 양극화를 가져오는가?

자유로운 무역은 상품의 가격을 전 세계적으로 비슷하게 만드는 효과를 낸다. 국제무역이론에 따르면, 자유로운 무역은 이에서 한 걸음 더 나아가 임금 수준도 비슷하게 만드는 효과를 낸다고 한다. 이런 결과가 나오는 이유를 직관적으로 설명해 보면 다음과 같다.

중국보다 미국의 임금이 상대적으로 더 높기 때문에 미국 내의 운동화나 장난감 가격이 더 비싸다. 따라서 그 상품들을 중국에서 수입해 오게 되고, 그 결과 두 나라의 가격이 비슷한 수준으로 수렴한다. 이는 미국에서 생산된 운동화나 장난감의 가격이 내려감을 뜻하는데, 이 과정에서 그 상품들을 만드는 일에 종사하는 사람의 임금이 내려가게 된다.

중국에서 수입하는 상품들 중에는 미숙련 노동이 집중적으로 사용되어 생산된 것들이 많다. 따라서 자유로운 무역의 결과 임금 하락의 피해를 입게 되는 계층은 주로 미숙련 노동자들이다. 이론적으로만 따지면 궁극적으로 미국과 중국 미숙련 노동자의 임금 격차가 사라지게 된다. 세계화(globalization)가 미국 소득분배의 양극화를 가져온다는 논리의 근거가 바로 여기에 있다. 정도의 차이는 있을 테지만, 우리나라에서도 이와 비슷한 현상이 나타날 수 있다.

그런데 현실에서 자유로운 무역이 소득분배 양극화에 어느 정도의 책임이 있는지에 대해서는 의견이 분분하다. 주어진 통계자료만 갖고는 이 문제에 대해 결정적인 답을 얻어내기가 어렵기 때문이다. 양극화에 기여하는 요인들이 많기 때문에 무역 자유화의 영향만을 따로 분리해 내려면 아주 자세한 통계자료가 필요하다. 그러나 그 정도로 자세한 통계자료는 어느 나라에서든 구할 수 없는 실정이다.

크루그먼(P. Krugman)은 1995년에 발표한 논문에서 가난한 나라와의 무역이 미국 소득분배 양극화의 주요 원인은 결코 아니라고 주장했다. 그에 따르면 1980년대에 진행된 숙련 노동자와 미숙련 노동자 사이의 임금 격차 증대폭 중 무역의 탓으로 돌릴 수 있는 부분은 겨우 $\frac{1}{10}$ 정도에 불과했다고 한다. 그는 기술진보 같은 다른 요인들로 설명할 수 있는 부분이 훨씬 더 크다고 말했다.

그러나 크루그먼은 최근 발표한 논문에서 태도를 바꿔 무역이 소득분배 양극화에 미치는 영향이 결코 작지 않다고 말했다. 그 영향이 이미 상당히 큰 상태일 뿐 아니라 나날이 더욱 커지고 있다는 것이 그의 지적이다. 그는 우선 중국 같은 가난한 나라와의 무역이 종전보다 크게 늘었다는 점을 주요한 이유로 꼽았다. 뿐만 아니라 생산 공정이 세분화되어 단순 부품들을 이런 나라들에서 수입해 오게 됨에 따라 미국 미숙련 노동자들의 처지가 더욱 열악해졌다는 점도 들었다.

이에 대한 반론도 만만치 않다. 카츠(L. Katz)는 중국의 수출품 중 컴퓨터나 전자제품 같은 기술집약적 상품의 비중이 점차 커진다는 점을 지적했다. 이는 중국과의 무역이 미국 미숙련 노동자들에게 미치는 악영향이 상대적으로 작아질 것임을 뜻한다. 이 사실을 감안해 소득분배 양극화 중 자유로운 무역 탓으로 돌릴 수 있는 부분을 다시 계산해 보면 불과 5%에 지나지 않는다는 것이 카츠의 결론이다.

우리 사회에서도 소득분배의 양극화가 심각한 문제로 제기되고 있다. 많은 사람들이 이를 세계화의 탓으로 돌리고 있지만, 그렇다고 단정 짓기에는 증거가 너무나도 부족한 상황이다.

자료 : *The Economist*지, 2008년 4월 19일 자

출근길의 중국 근로자들

이들이 싼 임금을 받고 생산해 수출한 상품으로 인해 선진국 미숙련 노동자들의 처지가 더욱 열악해진다고 주장하는 사람이 있다.

고 한다.

이제 두 나라 사이에 무역이 시작되어 각 나라는 자신이 비교우위를 갖는 상품의 생산에 특화하기 시작했다고 한다. 우리나라는 6만 주일분의 노동을 모두 옷 생산에 투입해 30만 벌을 생산하게 되는 한편, 인도네시아는 8만 주일분의 노동을 모두 쌀 생산에 투입해 32만 섬을 생산하게 된다. 현실에서는 비교우위를 갖는 상품의 생산에 특화한다고 해서 모든 생산자원을 거기에 쏟아붓지는 않는다. 여기서는 편의상 그런 방식으로 특화한다고 가정하고 있으니 오해 없기를 바란다.

교역조건

국제무역에서 통용되는 상품과 상품 사이의 가격비율

그렇다면 두 상품이 교환되는 비율은 어느 수준에서 결정될 것인가? 이 교환비율을 **교역조건**(terms of trade)이라고 부르는데, 이것이 어느 수준일 것이라고 정확하게 예측할 수는 없지만 일정한 범위 안에 있을 것임은 분명하게 말할 수 있다. 즉 교역조건이 각 나라가 자급자족체제를 유지하고 있을 때의 국내 가격비율 사이에 있는 한 값이 되리라고 예측할 수 있는 것이다. 곧 보게 되겠지만, 그렇지 않다면 구태여 무역을 할 필요가 없는 상황이 조성될 것이기 때문이다.

자급자족이 이루어지는 경우, 우리나라에서의 쌀 가격과 옷 가격 사이의 비율은 1 : 1이 된다. 한 주일분의 노동으로 쌀 5섬 혹은 옷 5벌을 생산할 수 있으므로, 쌀 1섬의 가격은 옷 1벌의 가격과 같아지게 된다. 한편 인도네시아에서는 옷 가격이 쌀 가격의 두 배가 된다는 것을 알 수 있다. 한 주일분의 노동으로 쌀 4섬을 생산할 수 있는 반면, 옷은 2벌밖에 생산할 수 없다. 그렇기 때문에 쌀 가격과 옷 가격 사이의 비율은 1 : 2가 된다.

따라서 교역조건, 즉 무역에서 적용될 쌀 가격과 옷 가격 사이의 비율은 1 : 1과 1 : 2 사이의 한 값으로 결정되어야 한다. 그렇지 않고 교역조건이 이 범위 밖의 값인 1 : 3으로 결정되었다고 하자. 이 경우에는 인도네시아가 쌀 1섬을 수출한 대가로 받는 옷의 양이 $\frac{1}{3}$벌밖에 되지 않는 결과가 빚어진다. 인도네시아 국내에서 쌀 1섬을 주면 받을 수 있는 옷의 양이 $\frac{1}{2}$벌이므로, 무역을 함으로써 오히려 손해를 보게 되는 셈이다. 이는 교역조건이 앞에서 말한 범위를 벗어나면 무역이 이루어지지 못할 것임을 뜻한다.

현실에서 교역조건은 여러 요인에 영향을 받기 때문에 이것이 정확하게 어느 수준에서 결정될지 미리 예측하기는 힘들다. 편의상 쌀 가격과 옷 가격 사이의 비율이 3 : 4가 되는 수준에서 결정되었다고 하자. 다시 말해 교역조건이 다음과 같이 결정되었다고 가정하는데, 이는 우리나라가 옷을 3벌 주면 인도네시아는 그 대가로 쌀을 4섬 주는 방식으로 무역이 이루어진다는 뜻이다.

$$\frac{P_{쌀}}{P_{옷}} = \frac{3}{4}$$

예를 들어 우리나라가 옷을 8만 4천 벌 수출하고 그 대신 인도네시아로부터 쌀을 11만 2천 섬 수입한다고 하자. 이렇게 무역이 이루어진 후, 우리나라 사람들은 쌀과 옷을 각각 11만 2천 섬, 21만 6천 벌 소비할 수 있게 된다. 한편 인도네시아 사람들이

	자급자족체제		무역이 이루어진 후	
	쌀	옷	쌀	옷
한 국	10만 섬	20만 벌	11만 2천 섬	21만 6천 벌
인도네시아	20만 섬	6만 벌	20만 8천 섬	8만 4천 벌

표 22-3
무역이 이루어지기 전후의 상품 소비량

무역이 이루어진 후 각 나라 사람들은 쌀과 옷 모두를 종전보다 더 많이 소비할 수 있다.

소비할 수 있는 쌀과 옷의 양은 각각 20만 8천 섬, 8만 4천 벌이 된다. 지금까지 계산한 결과를 〈표 22-3〉에 정리해 놓았는데, 이를 보면 무역이 이루어진 후 각 나라 사람들은 쌀과 옷 모두를 종전보다 더 많이 소비할 수 있게 된다는 것을 알 수 있다.[6)]

각 나라가 갖고 있는 생산자원과 생산기술에 아무런 변화가 없어도, 무역을 통해 종전에 비해 더 많은 쌀과 옷을 소비할 수 있게 된다. 이는 무역이 각 나라 국민의 경제적 복지를 향상시켜 주는 역할을 한다는 것을 뜻한다. 바로 이것이 교역에서 나오는 이득인데, 두 나라 모두가 이런 이득을 얻을 수 있다는 사실이 중요하다.

무역에서 나오는 추가적 이득

지금까지의 설명에 따르면, 교역의 이득은 각 나라가 상대적으로 더 효율적으로 생산할 수 있는 상품에 특화한다는 데서 나오고 있다. 그런데 현실에서는 특화하는 과정 그 자체에서 생산성이 증대될 가능성이 있고, 바로 이것이 무역에서 나오는 추가적 이득이 될 수 있다. 그렇다면 특화하는 과정에서 생산성 증대를 기대할 수 있는 이유는 과연 무엇일까? 가장 중요한 이유로 다음 네 가지를 들 수 있다.

(1) 규모의 경제

현대의 생산기술에서는 생산규모가 커질수록 평균비용이 더 낮아지는 규모의 경제가 존재하는 경우가 많다. 한 나라가 기본적인 의식주에 충당될 상품들은 물론, 자동차, TV, 냉장고, 약품, 선박 등 모든 상품을 전부 생산해 자급자족해야 한다면 규모의 경제를 충분하게 활용할 수 없다. 더군다나 미국같이 큰 나라라면 몰라도, 벨기에나 부탄 같은 조그만 나라에서는 규모의 경제를 활용할 여지가 한층 더 제한되어 있을 것이 분명하다.

무역이 이루어지면 아무리 작은 나라라 하더라도 세계시장을 상대로 대규모 생산을 할 수 있기 때문에 국내시장의 협소함에 제약을 받지 않게 된다. 우리나라도 수출주도형 발전전략을 추진해 가는 과정에서 규모의 경제를 아주 유용하게 활용한 경우에 해당된다. 우리 기업들이 자동차, 조선, 전자산업 등에서 세계 유수의 기업들과 당당히

6) 지금 보고 있는 예 말고도 다른 예들을 통해 무역을 함으로써 두 나라 모두 이득을 볼 수 있음을 보일 수 있다.

겨룰 수 있게 된 것은 수출시장을 통해 규모의 경제를 충분히 누릴 수 있었기 때문이라고 말할 수 있다. 국내시장만을 상대로 생산하는 체제였다면 이미 오래전에 해외의 거대기업에 의해 도태되고 말았을 것이다.

(2) 학습효과

특화하는 과정에서 생산성의 향상을 기대할 수 있는 또 다른 이유로 생산의 경험이 쌓이면서 생산비용이 더 낮아지는 학습효과를 들 수 있다. 학습효과가 존재할 때 충분한 생산 경험을 쌓은 기업은 새로 시작하는 기업에 비해 비용상의 우위를 점하게 되며 그 격차는 시간이 흐름에 따라 점차 커지게 된다. 그러므로 한 나라가 어떤 산업에 특화해 생산의 경험을 축적해 가는 과정에서 학습효과에 의해 추가적인 생산성 향상을 기대할 수 있다.

만약 어떤 산업에 이 학습효과가 현저히 존재한다면, 비록 현재의 상태로는 비교우위가 없더라도 그 산업을 적극적으로 육성할 필요가 있다. 학습효과를 통해 앞으로 그 산업에 비교우위를 갖게 될 가능성이 있기 때문이다. 사실 현재 우리가 보고 있는 비교우위의 분포는 영구불변의 성격을 갖는 것이 아니고, 시간이 흐름에 따라 바뀌어 나갈 수 있는 여지가 충분히 있다. 예컨대 첨단산업에서는 기술의 축적이 매우 중요한 역할을 하고 있기 때문에 학습효과가 특히 현저하게 나타날 가능성이 높다.

(3) 경쟁의 압력

국내시장의 규모가 그리 크지 않은 경우 많은 산업이 독과점의 성격을 가져 충분한 경쟁이 이루어지지 못하는 문제가 발생한다. 이런 경우라도 무역이 이루어지면 외국의 기업이 경쟁자의 역할을 하기 때문에 독과점으로 인한 문제의 발생을 막을 수 있다. 독과점이 주로 문제되는 이유는 생산을 제한해 가격을 높임으로써 소비자의 이익에 반하는 결과를 가져온다는 데 있다. 외국의 기업들이 낮은 가격에 무한정 많은 양의 상품을 수출하겠다고 팔을 걷고 나서는 상황에서는 독과점자들도 이런 경쟁의 압력에서 자유로울 수 없다.

(4) 다양한 소비의 기회

국내에서 생산된 상품만 소비하는 상황이라면 소비하는 상품의 수도 제한되어 있을 뿐 아니라 특색 있는 상품을 소비할 기회도 제한될 수밖에 없다. 예컨대 우리나라 사람들이 열대 과일을 사 먹는 것은 불가능한 일이며, 프랑스나 이탈리아에서 생산된 패션 상품을 사서 쓸 수도 없다. 이 세상에 존재하는 모든 상품을 국내에서 생산한다는 것은 불가능할 것이므로 무역이 이루어지지 않는 상황에서의 소비생활은 매우 단조로울 것이 분명하다. 무역은 구태여 외국에 가지 않고도 다양한 종류의 상품들을 소비할 수 있는 기회를 제공한다는 점에서도 우리에게 큰 이득을 가져다준다.

보호무역론의 근거

22.5

보호무역론의 근거

- 실업의 방지
- 생산 다변화의 이득
- 국방상의 이유
- 외국의 불공정한 정책에 대한 대응
- 환경과 자원 보존의 문제
- 유치산업 보호

지금까지의 설명에 따르면, 자유로운 무역이 이루어질 때 국민의 경제적 복지가 가장 높은 수준에 이르게 된다. 그런데 현실을 보면 정부든 개인이든 자유로운 무역을 그리 반기지 않는 경우가 상당히 많다. 우리 사회도 마찬가지지만, 국내 산업을 보호하기 위해 자유로운 무역을 규제해야 한다는 주장이 끊이지 않는다. 그렇다면 자유무역을 규제해 자기 나라 기업을 보호해야 할 이유는 도대체 어디에 있는 것일까? 보호무역의 필요성을 주장하는 사람들이 들고 있는 이유를 정리해 보면 대략 다음과 같다.

(1) 실업의 방지

보호무역의 당위성을 주장하는 사람들이 내거는 이유 중 가장 흔하게 듣는 것 중 하나는 자유로운 무역이 국내의 실업을 증가시키는 원인이 된다는 것이다. 그렇지만 이것이 자유로운 무역을 막아야 할 정당한 논리적 근거로 사용되기는 힘들다. 앞 장에서 설명한 비교우위의 원칙은 생산성이 낮은 부문을 축소하고 여기에서 나온 자원을 비교우위가 있는 부문에 재배분해야 함을 요구하고 있다. 바로 이와 같은 자원의 재배분 과정에서 효율성의 향상을 기대할 수 있는 것이다. 그렇다면 생산성이 낮은 부문에서 예전의 고용수준이 계속 유지된다는 것은 오히려 바람직한 일이 아니다.

보호무역을 통해 실업이 발생하는 것을 억지로 막을 수는 있겠지만, 그것을 위해 비싼 대가를 치러야 한다는 것이 문제다. 외국에서 값싸게 수입할 수 있는데도 국내에서 높은 비용을 들여 생산하는 것은 비효율적인데, 이 비효율성에서 나오는 비용은 온 사회가 부담해야 한다. 한 실증연구 결과에 따르면, 일본으로부터 자동차 수입을 억제해 미국 자동차회사에서 일하는 근로자들의 일자리가 보장되게 만드는 데 드는 사회적 비용이 일자리 하나당 무려 10만 달러나 된다고 한다. 고작 3, 4만 달러를 벌 수 있는 일자리 하나를 지키기 위해 온 사회가 그렇게 높은 비용을 지불해야 한다는 것은 큰 낭비가 아닐 수 없다.

그렇지만 자유로운 무역으로 인해 위축되는 산업이 주로 사양산업이라는 점은 문제가 될 수 있다. 사양산업에서 직장을 잃은 근로자가 다른 산업, 특히 첨단산업에 다시 취업하는 것은 그리 쉬운 일이 아니다. 자유무역이 경제의 생산성을 향상시킨다고는 하지만, 그 과정에서 매우 딱한 처지에 놓이는 사람들이 반드시 생겨나게 마련이다. 자유로운 무역이 언제나, 그리고 누구에게나 명백한 이득을 가져다주지는 못하는 것이다.

(2) 생산 다변화의 이득

한 나라가 다양한 산업을 균형 있게 발전시켜 놓고 있는 것은 그 자체로 바람직한

동남아시아의 어떤 농부

쌀농사에 매우 적당한 기후와 토질을 갖고 있다 해도 이것에만 특화를 하는 것은 그리 바람직하지 않다.

일일 수 있다. 예를 들어 쌀농사에 매우 적당한 기후와 토질을 갖고 있어 여기에 엄청난 비교우위를 갖고 있는 나라가 있다고 하자. 비교우위의 원칙에 따르면, 이 나라 사람들은 모두 쌀농사에 전념하고 쌀을 수출해 번 돈으로 그 밖의 여러 상품을 수입해 소비하는 것이 바람직하다. 그렇지만 이 나라에 사는 모든 사람이 쌀농사만 지어야 한다면 그 사회는 단조롭기 짝이 없는 따분한 사회가 될 수밖에 없다. 다양한 직업에 종사하는 사람들이 어울려 사는 사회가 문화적으로도 훨씬 더 풍요로울 수 있다.

뿐만 아니라 다양한 산업을 균형 있게 발전시키지 못하고 소수의 상품 생산에만 특화하는 것은 위험한 발전 전략일 수 있다. 어떤 나라가 소수의 상품 생산에만 주력하고 있는데 주변 여건이 갑자기 변화하면 예기치 못한 위험에 직면하게 되는 경우가 있다. 기술진보로 인해 이 나라가 주로 생산하는 상품이 쓸모없게 되어 버리는 경우가 그 좋은 예다. 한때 요긴하게 사용되었던 자원이 생산기술의 변화 혹은 대체물질의 개발로 인해 쓸모가 없어지는 경우를 자주 본다. 이런 일이 생길 때 그 자원의 수출에 주로 의존해 오던 나라가 큰 타격을 입게 된다는 것은 두말할 나위도 없다.

(3) 국방상의 이유

요즈음 신문을 펴면 '식량의 무기화'라는 표현을 종종 보게 된다. 식량을 수출하는 나라들이 유사시에 수출을 전면 중단함으로써 이것의 수입에 의존하던 나라들에게 타격을 입힐 수 있음을 두고 하는 말이다. 만약 이와 같은 일이 실제로 벌어질 가능성이 있다면, 식량 생산에 비교우위가 없는 나라라 할지라도 만일의 사태에 대비하기 위해 어느 정도의 식량은 스스로 생산하는 체제를 갖출 필요가 있다. 물론 수입해 소비하는 쪽이 훨씬 더 싸게 먹힐 테지만, 불의의 위협에 대비하기 위해 비용이 좀 들더라도 식량을 국내에서 생산하는 쪽을 선택할 수 있는 것이다.

또한 국방의 관점에서 볼 때, 어떤 나라가 비교우위를 좇아 서비스산업이나 오락산업에 특화하고 제조업, 특히 중공업을 등한시하는 것에도 문제가 있다. 그렇지만 이유야 어찌 되었든 자유로운 무역을 방해하면 경제적 복지의 희생이 불가피하게 일어날 수밖에 없다. 국방상의 이유 때문에 비교우위의 원칙을 무시하고 농업이나 중화학공업을 지원한다면 이에 따르는 비용이 만만치 않을 것이다. 어떤 나라가 국방의 문제를 더 중시하여 비교우위의 원칙이 요구하는 바를 무시한다면 그것 나름대로 의미 있는 선택일 수 있다. 다만 그 선택에는 적잖은 대가가 따른다는 사실을 명백하게 인식할 필요가 있다.

2021년의 요소수 대란

2021년 후반 그렇지 않아도 코로나19 팬데믹에 시달리고 있던 우리 사회는 '요소수 대란'이라는 초유의 사태에 직면하게 되었다. 요소수는 디젤 차량이 배출하는 질소산화물(NOx)을 질소와 물로 분해시켜 환경오염을 완화시켜주는 역할을 한다. 디젤 차량을 운행할 때 주기적으로 이를 채워 넣어야 하는데, 갑자기 품귀현상이 발생해 문제가 된 것이다. 평소에는 아무 주유소에서든 살 수 있었는데 한순간 보기조차 힘들어지자 디젤 차량을 운행하는 사람들은 큰 어려움을 겪게 되었다.

문제의 발단은 요소수의 원료인 요소(암모니아)를 대부분 중국으로부터의 수입에 의존하는 상황에서 중국이 돌연 수출에 브레이크를 건 데 있었다. 요소에 대한 수출 전 검사를 의무화한 결과 수출량이 크게 줄어들면서 중국으로부터의 요소 수입이 어려워졌던 것이다. 핵심 원자재인 요소를 확보하지 못하니 자연히 요소수 생산량이 급격히 줄어들 수밖에 없었고, 이에 따라 요소수가 갑자기 시중에서 자취를 감추는 일이 벌어졌다.

우리나라는 다른 나라에 비해 디젤 차량의 비중이 높은 편이다. 정부가 의도적으로 디젤 차량의 연료인 경유 값을 낮은 수준에 유지해 왔기 때문에 승용차까지도 디젤 차량의 비중이 높은 것을 볼 수 있다. 특히 트럭이나 버스 등 대형 운송수단의 경우에는 디젤 차량의 비중이 압도적으로 높아 요소수의 안정적 공급은 매우 중요한 과제가 아닐 수 없다. 요소수 공급이 끊어지면 물류대란이 일어나 우리 경제 전체가 멈춰 서게 될 정도의 충격이 발생할 수 있다.

흥미로운 것은 중국의 석탄 수입량 급감이 우리의 요소수 대란을 불러온 근본 원인이었다는 사실이다. 중국은 석탄 수입량의 20% 정도를 오스트레일리아에 의존하고 있는데, 두 나라 사이의 관계가 악화되면서 오스트레일리아산 석탄의 수입을 금지하는 조처를 취했다. 요소는 석탄에서 추출하는 물질로서 오스트레일리아산 석탄 수입이 끊기면서 요소 생산에도 차질이 생기기 시작했다. 중국이 자국의 수요를 우선적으로 충족시킨다는 목적에서 요소 수출을 제한하고 나서는 바람에 우리의 요소수 대란이 벌어졌던 것이다.

우리 스스로 요소를 거의 생산하지 않고 중국으로부터의 수입에 주로 의존해 온 것은 생산기술이 없거나 중국산의 품질이 특히 좋아서가 아니었다. 요소 생산에 특별한 기술이 필요한 것도 아니고 꼭 써야 할 만큼 중국산의 품질이 뛰어나게 좋은 것도 아니다. 단지 중국에서 싼값에 수입해 올 수 있기 때문에 우리 스스로 생산할 생각을 하지 않았을 뿐이다. 중국산을 수입해서 쓰면 훨씬 더 돈이 덜 드는데 구태여 국내에서 생산할 필요가 없었던 것이다.

몇 년 전에는 우리와 외교마찰을 빚은 일본정부가 반도체의 핵심소재 몇 가지의 수출을 제한한 일로 어려움을 겪은 바도 있다. 다행히 수입선을 다변화하고 국내 생산을 적극적으로 추진한 덕분에 큰 피해를 입지는 않았지만, 그 조치가 처음 발표되었을 때는 매우 곤혹스러운 상황이었다. 우리 경제의 소재나 부품 수입의존도는 전 부문에 걸쳐 매우 높은 편이라 어느 쪽에서든 그와 비슷하게 곤란한 상황이 발생할 소지가 있다.

모든 일이 잘 돌아가고 있을 때는 높은 수입의존도가 별 문제가 되지 않는다. 어떤 것을 외국에서 값싸게 수입해 사용할 수 있는데 구태여 비싼 비용을 들여가며 국내에서 생산할 필요가 없다. 그러나 요소수 대란의 예에서 보듯, 때로는 뜻밖의 상황 때문에 높은 수입의존도가 경제에 위험요인으로 작용할 수 있다. 장기적 관점에서 보면 자유로운 무역에 무작정 의존하는 것이 문제가 될 수 있다는 말이다.

경제의 관점에서 볼 때 공급의 안정적 확보가 필수적인 상품의 경우에는 어느 정도 비용상의 불리함이 있더라도 일정 부분은 국내 생산분으로 충당할 필요가 있다. 우리는 2021년의 요소수 대란을 통해 이와 같은 사실을 뼈저리게 절감하게 되었다. 요소수 같은 평범하기 짝이 없는 물건 하나 때문에 우리 경제 전체가 꽁꽁 얼어붙을 수도 있었다는 사실은 우리에게 좋은 교훈이 되었다고 볼 수 있다.

(4) 외국의 불공정한 정책에 대한 대응

외국 정부가 그 나라 기업들을 음으로 양으로 도와주고 있기 때문에 이들과 공정한 경쟁을 벌이는 것은 거의 불가능한 일이라고 불평하는 기업들이 많다. 사실 정도의 차이가 있을망정 어느 나라든 국내 기업들을 보호하기 위해 조세를 감면해 준다든지 보조금을 지급해 주는 등의 정책을 쓰고 있다. 외국 정부가 이와 같이 불공정한 정책을 쓴다면 자기네 정부도 마땅히 이에 상응하는 정책을 써야 한다는 것이 이들의 주장이다.

그런데 외국 정부의 불공정한 정책을 비판하는 나라의 국민이 실제로는 이 정책의 수혜자라는 사실이 매우 역설적이다. 예를 들어 중국이나 우리나라 정부가 수출기업에 대해 정말로 지원을 해주고 있으며, 이로 인해 상품이 싼 가격에 미국으로 수출될 수 있다고 하자. 이렇게 상품의 가격을 낮추는 데 드는 비용은 중국이나 우리 국민이 낸 세금으로 충당되는 것이고, 이를 통해 미국 소비자들은 싼 값에 옷과 TV를 살 수 있는 이득을 얻게 되는 셈이다. 외국의 불공정한 정책을 주로 비판하는 것은 기업들인데, 이들의 영향력이 워낙 크다 보니 자신의 이익을 마치 나라 전체의 이익처럼 만들어 버린 것이다.

다만 외국의 기업들이 일단 싼값에 상품을 수출해 국내 기업들을 도태시킨 다음 값을 올려 받기 시작한다면 그것은 문제가 될 수 있다. 그리고 현실에서 이와 같은 사례가 전혀 없다고 말하기는 힘들다.

(5) 환경과 자원 보존의 문제

외국 정부가 취하고 있는 정책이 자유로운 무역에 대해 부정적 입장을 취하도록 만드는 또 하나의 근거로 환경과 자원의 보존 문제를 들 수 있다. 일반적으로 선진국의 기업들은 환경규제가 느슨한 개발도상국의 기업들에 비해 상대적으로 더 엄격한 환경규제하에서 생산활동을 수행하고 있다. 그렇기 때문에 비용 부담이 상대적으로 더 크고, 따라서 가격경쟁력이 떨어질 수밖에 없다. 선진국의 기업들이 경험하는 이와 같은 비용상의 불리점을 상쇄하려면 개발도상국으로부터의 수입품에 관세를 매겨야 한다는 주장이 제기되고 있다. 느슨한 환경규제 덕분에 얻을 수 있는 비용 절약분을 관세를 통해 상쇄해야 한다는 주장이다.

또한 개발도상국으로부터 수출된 상품을 많이 수입해 주는 것이 그 나라에서의 환경의 질 악화를 조장하는 결과를 빚는다는 지적도 있다. 오직 수출을 늘리는 데 집착하는 개발도상국 정부는 기업의 생산활동으로 인해 발생하는 환경의 질 악화에 별 관심을 기울이지 않을 가능성이 크다. 어떤 기업의 경우에는 생산과정의 특성상 상대적으로 더 큰 폭의 환경의 질 악화를 초래할 수 있다. 이런 기업이 생산해 수출하는 상품에는 높은 관세를 매김으로써 환경의 질 악화를 막아야 한다는 것이다.

농산물시장 개방의 문제

세계무역의 자유화 추세에 따라 우리나라 농산물시장의 전면 개방이 불가피하게 되었다. 값싼 외국산 농산물의 수입이 물가 안정과 생활수준 향상에 도움이 되기는 하지만, 상대적으로 생산성이 낮은 우리 농민들의 생존에 큰 위협이 되는 것 또한 사실이다. 그렇지 않아도 어려움이 많은 우리 농민들이 농산물시장 개방과 더불어 삶의 기반마저 빼앗기게 될지도 모른다. 더군다나 식량안보라는 측면을 고려하면 농산물시장의 개방에 대한 염려가 한층 더 커질 수밖에 없다.

지금의 상황은 외국의 압력 때문에 할 수 없이 농산물시장을 개방해 나가고 있는 추세다. 그렇다면 농산물시장을 개방하지 않을 때 우리가 분명히 더 큰 이득을 얻을 수 있을까? 이 물음에 대한 답을 한마디로 잘라서 말하기는 무척 어렵다. 개방을 거부하고 버틸 때 우리에게 가해질 각종 압력은 논외로 하더라도, 농산물시장 개방 그 자체가 우리 경제 전체로 보아 손해가 된다고 분명하게 말할 근거가 없기 때문이다.

제3장에서 배운 소비자잉여와 생산자잉여의 개념을 통해 농산물시장의 개방이 우리 사회의 후생에 어떤 영향을 미칠지 분석해 보기로 하자. [그림 22-3]의 두 그림은 쌀시장이 개방되기 전과 개방된 후의 상황을 보여주고 있다.

그림 (i)은 개방되기 전 국내 쌀시장의 상황을 보여주고 있는데, P_d의 가격에서 Q_d만큼의 쌀이 거래되고 있는 것으로 나타나 있다. 이때 소비자는 분홍색으로 표시한 삼각형의 면적(α)에 해당하는 소비자잉여를 얻는 한편, 농민들은 그 아래쪽에 하늘색으로 표시한 삼각형의 면적(β)에 해당하는 생산자잉여를 얻는다.

그런데 쌀의 국제가격(P_I)은 국내가격보다 더 낮고 이 가격에서 얼마든지 많은 양의 쌀을 수입해 올 수 있다고 하자. 그림 (ii)는 쌀시장이 개방된 후의 상황을 보여주고 있는데, P_I로부터 시작하는 주황색의 수평선은 국제시장에서의 쌀 공급곡선을 뜻하고 있다. 수평선의 모양은 정해진 가격(P_I)에 얼마든지 많은 양의 쌀을 공급할 수 있다는 가정을 반영하고 있다.

그림을 보면 국제시장에서 쌀을 공급받게 되면서 쌀 소비량은 Q''으로 늘어나는 한편, 국내의 농민들이 생산해 공급하는 쌀의 양은 Q'으로 줄어든다는 것을 알 수 있다. 국내의 쌀 가격이 P_d에서 P_I로 떨어짐에 따라 이와 같은 변

그림 22-3 농산물시장 개방의 효과

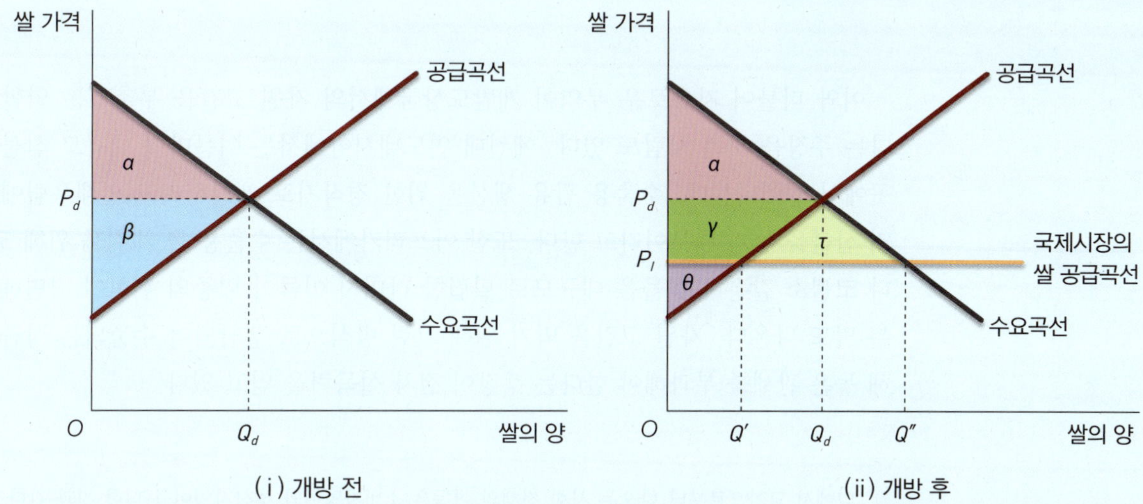

화가 나타나는 것이며, 이때 쌀 수입량은 선분 $Q'Q''$의 길이와 같게 된다.

그렇다면 이와 같은 쌀시장 개방이 우리나라의 사회후생에 어떤 영향을 미칠 것인가? 그림을 보면 개방과 함께 소비자잉여는 종전의 α에서 $[\alpha+\gamma+\tau]$로 늘어나게 된다는 것을 알 수 있다. 반면에 생산자잉여는 종전의 β, 즉 $[\gamma+\theta]$에서 θ로 줄어든 것으로 나타나 있다. 다시 말해 쌀시장 개방으로 인해 소비자들이 이득을 보지만 농민들은 손해를 입는다는 뜻이다. 그런데 소비자들이 보는 이득$(\gamma+\tau)$은 농민들이 입는 손해(γ)를 상쇄하고도 남아 사회 전체의 후생은 개방 전에 비해 τ만큼 더 커진다.[7]

이상의 논의를 통해 농산물시장의 개방이 우리에게 분명히 손해가 된다고 말할 수는 없음을 알 수 있다. 비록 이론적인 결론에 지나지 않지만 개방이 오히려 우리 사회의 후생을 종전보다 더 크게 만들어 줄 수 있다. 그러나 현실에서 개방으로 인해 이득을 본 소비자들이 농민들이 입은 손실을 보상해 주는 것은 결코 아니다. 그렇기 때문에 농산물시장의 개방이 모든 사람에게 이득이 된다고 말할 수 없는 것이다. 개방이 바람직한지에 대한 최종적인 판단은 이로 인한 손실을 그대로 떠안을 수밖에 없는 농민의 입장을 충분히 고려해 내려져야 한다.

지금까지 우리는 농산물시장을 예로 들어 시장 개방이 사회후생에 어떤 영향을 미치는지 분석해 보았다. 이 분석의 기본 골격은 농산물이 아닌 다른 시장의 경우에도 그대로 적용될 수 있다. 다시 말해 자동차든 가전제품이든 국내시장을 개방하면 소비자들이 이득을 보고 생산자들이 손해를 보는 결과가 똑같이 나타난다는 뜻이다. 시장 개방의 문제가 대두될 때마다 개방을 하면 큰일이라도 날 듯 시끄러워지는 것은 생산자들이 조직된 힘을 발휘해 여론을 그 방향으로 끌고 나가기 때문이다.

농산물시장 개방 반대 시위

이 농민들의 성난 표정을 보면 그들이 농산물시장 개방에 대해 얼마나 심각하게 걱정하고 있는지 잘 알 수 있다.

이와 더불어 자유로운 무역이 개발도상국에서의 자원 고갈을 부추기는 역할을 한다는 주장을 하는 사람도 있다. 예컨대 인도네시아에서는 여름마다 대규모 산불이 곳곳에서 일어나는데, 수출용 팜유 생산을 위한 경작지로 개간하려고 열대우림에 일부러 산불을 놓기 때문이라고 한다. 또한 아프리카에서는 수출용 뿔 채취를 위해 코끼리나 코뿔소 같은 동물들을 대규모로 밀렵한 나머지 이들이 멸종의 위협에 직면해 있다는 말도 나온다. 자원 고갈을 막기 위해 그런 방식으로 생산되어 수출되는 상품에 대해 높은 관세를 부과해야 한다는 주장이 점차 설득력을 얻고 있다.

7) 앞에서 교환으로부터 나오는 사회 전체의 이득은 소비자잉여와 생산자잉여를 더한 것과 같다고 설명한 바 있다.

(6) 유치산업 보호

국내 산업이 아직 미숙한 단계에 있을 때 외국의 경쟁 압력으로부터 보호할 필요가 있다는 **유치산업보호론**은 보호무역 정책을 정당화하는 근거로 자주 거론되고 있다. 아직 충분히 발전하지 못한 산업이 정부의 일시적 보호를 통해 경쟁력 있는 산업으로 탈바꿈할 수 있기를 기대할 수 있는 근거는 무엇일까? 여러 가지가 있겠지만, 그중 가장 중요한 것으로 학습효과와 규모의 경제를 들 수 있다. 앞 절에서 자유무역으로부터 나오는 이득의 근거로 이 두 가지를 들었는데, 여기서 보호무역의 논리적 근거로 이 두 가지를 다시 든다는 점이 매우 흥미롭다.

유치산업보호론
미숙한 단계에 있는 산업을 외국의 경쟁 압력으로부터 보호할 필요가 있다고 주장하는 논리

그러나 유치산업보호론이 국내의 모든 산업을 보호해 달라는 요구의 논리적 근거가 되어서는 안 된다. 어떤 산업은 정부가 보호해 주어도 끝내 국제경쟁력을 얻지 못할 수도 있다. 유치산업보호론이 이런 산업까지 보호해 주기를 요구하는 것은 결코 아니다. 정부가 일시적으로 보호해 주면 가까운 장래에 자생력이 있는 산업으로 성장할 가능성이 엿보일 때만 보호가 정당화될 수 있다. 현실에서 이 논리가 정부의 무조건적인 보호를 요구하는 사람들의 입장을 정당화시켜 주는 근거로 사용되지 않도록 조심할 필요가 있다.

무역규제의 구체적 방식 22.6

자기 나라 산업을 보호하려는 의도에서 부과되는 무역규제는 기본적으로 수입품의 가격을 올리고 수입량을 줄이는 효과를 노린다. 여러 나라에서 채택되고 있는 무역규제의 구체적인 방법과 이로부터 나오는 효과는 다음과 같다.

관세 부과

관세(tariff)는 수입품에 일정 비율의 세금을 부과하는 것으로, 무역규제의 여러 방식 중 가장 흔하게 사용되고 있다. 관세의 부과는 수입품의 가격이 올라가게 만드는 효과를 통해 수입을 줄이는 결과를 가져온다. 예를 들어 미국산 자동차의 수출가격이 3만 달러이고, 원화의 대 달러 환율이 1,000 : 1이라고 하자. 그리고 자동차를 수입하는 업자는 수입원가에 10%의 마진을 붙여 국내 판매가격을 결정한다고 하자. 만약 아무런 관세가 붙지 않는다면 이 자동차의 국내 판매가격은 3,300만원이 된다.

관세
수입품에 일정 비율의 세금을 부과하는 것

그런데 미국산 자동차의 진출로 인해 국내 자동차산업에 막대한 손해가 발생하고, 이것이 심각한 사회적 문제로 떠올랐다고 한다. 여론의 압력에 밀려 정부는 미국산 자동차에 대해 20%의 관세를 부과하기로 결정했다. 그렇게 되면 자동차의 수입원가는

관세 6천 달러를 포함해 3만 6천 달러가 된다. 여기에 10%의 마진을 더해 원화로 환산한 국내 판매가격은 3,960만원이 된다. 종전에 비해 660만원이나 더 비싸진 가격 때문에 소비자들은 미국산 자동차 구입을 꺼리게 된다. 정부가 관세 부과를 결정할 때 바로 이런 효과를 노리고 그와 같은 결정을 내리게 되는 것이다.

반덤핑관세

외국 기업이 덤핑을 하고 있다는 의심이 가는 경우, 이로 인해 국내 기업에게 돌아가는 피해를 막기 위해 부과되는 관세

이와는 조금 다른 이유에서 부과되고, 따라서 그 효과도 조금 다른 관세가 몇 가지 있다. 하나는 **반덤핑관세**(antidumping duties)로, 외국 기업이 고의로 싼 가격에 수출하고 있다는 의심, 즉 덤핑을 하고 있다는 의심이 가는 경우 부과되는 관세다. 덤핑으로 인해 국내 기업들이 받는 피해를 우려해 이를 부과하게 되는데, 실제로 덤핑을 하고 있는지를 판단하는 것은 그리 쉬운 일이 아니어서 이 문제를 둘러싼 국제분쟁이 자주 일어나고 있다.

또 다른 유형의 관세는 다른 나라 정부가 자기네 수출기업들에게 지급하는 보조금

양초 제조업자의 청원서

자유무역 옹호자들의 대표적 인물로 바스티아(F. Bastiat, 1801~1850)를 꼽는 사람이 많다. 그는 풍자적인 「양초 제조업자의 청원서」라는 글을 통해 보호무역을 주장하는 논리를 비웃고 있다. 그가 쓴 청원서의 핵심 부분을 뽑아 옮겨 보면 다음과 같다.

"존경하는 국회의원님들께,

· · · · · · · · ·

저희들은 엄청나게 유리한 조건에서 빛을 생산하기 때문에 아주 낮은 가격에 국내시장을 휩쓸고 있는 경쟁자와 피나는 경쟁을 벌이고 있습니다. 그가 나타나는 순간 모든 소비자들이 그에게로 쏠려가 저희들은 아무것도 팔 수 없게 됩니다. 그 결과 상당히 중요한 프랑스 산업의 한 분야가 한순간에 완전한 정체상태에 빠져버립니다. 이 경쟁자는 다름 아닌 해(sun)인데, 우리와 너무나 잔인한 싸움을 벌이고 있어 마치 영국의 사주를 받고 있는 것처럼 보입니다. 특히 해가 우리에게는 보이지 않는 존경심을 그 건방진 섬나라에게 보이는 것을 보면 더욱 그렇다는 생각이 듭니다.[8)]

저희들은 모든 창문, 지붕창, 채광창, 안팎의 덧문, 커튼, 여닫이 창, 둥근 창, 현창, 덧문 – 짧게 말해 햇빛이 집안으로 들어오는 모든 창, 구멍, 틈새, 터진 자리를 막는 것을 의무화하는 법률을 통과시켜 주시기를 간청합니다.

· · · · · · · · ·

양초, 등불, 가로등, 그리고 조명과 관계된 모든 것의 제조업자 드림"

이 청원서의 요지는 햇빛 때문에 자기네들 장사가 잘 되지 않으니 법률을 제정해 집 안에 전혀 햇빛이 들지 못하도록 만들어 달라는 것이다. 이 우스꽝스러운 요청에 일고의 가치가 없음은 두말할 나위도 없다. 바스티아는 일반적으로 보호무역을 주장하는 논리가 이 수준을 넘지 못한다는 것을 보이기 위해 이 풍자적인 청원서를 쓴 것이다. 보호무역을 배격하고 자유무역을 옹호하는 글로 이것보다 더 통렬한 것은 찾아보기 힘들 것이라고 생각한다.

8) 이것은 영국에 안개가 많이 끼는 것을 빗대어 한 말이라고 한다.

의 효과를 상쇄하려는 목적으로 부과되는 **상계관세**(countervailing duties)다. 정부의 보조를 받는 외국 기업은 그만큼 국제경쟁에서 유리한 위치를 차지하게 된다. 그런 기업의 가격경쟁력을 약화시키려는 의도에서 부과되는 것이 바로 상계관세다. 그러나 겉으로 표방하는 것과 달리 실제로는 자유로운 무역을 방해하려는 목적으로 공연히 트집을 잡아 상계관세를 부과하는 경우도 꽤 많다.

상계관세
다른 나라 정부가 자기네 수출기업들에게 지급하는 보조금의 효과를 상쇄하려는 목적에서 부과되는 관세

지금까지 설명한 반덤핑관세나 상계관세는 소위 **무역구제**(trade remedies)**제도**라고 불리는 자국 기업 보호조치의 구체적인 시행수단이다. 이 제도는 외국 제품의 수입이 급증해 자국 기업에 피해가 발생했을 때, 피해의 원인을 조사해 외국 제품의 수입을 제한하려는 목적에서 운영되고 있다. 이 제도의 주요한 시행 수단이 바로 반덤핑관세와 상계관세인데, 미국 정부가 자기 나라의 철강산업, 자동차산업 등을 보호하기 위해 주로 사용해 왔다. 그러나 무역장벽을 구축하려는 목적으로 이 제도를 악용한다는 의혹이 자주 제기되어 국제적인 갈등의 원인이 되고 있다.

수입할당제

관세의 부과는 수입품의 가격을 올려 수입량이 줄어들게 하는 데 비해, **수입할당제**(import quota)는 수입량을 직접 줄이는 효과를 낸다. 수입할당제란 어떤 상품에 대해 수입할 수 있는 최대한의 양을 정해 놓고 그 이하로 수입하는 것만을 허락하는 제도다. 수입할당량을 적절하게 결정하면 수입량이나 가격의 측면에서 관세를 부과하는 경우와 똑같은 결과를 가져올 수 있다. 다시 말해 수입품의 가격을 상승하게 만들고 국내 기업의 생산량을 증가시킨다는 점에서 보면 수입할당제와 관세 사이에 근본적인 차이는 없다고 볼 수 있는 것이다.

수입할당제
어떤 상품에 대해 수입할 수 있는 최대한의 양을 정해 놓고 그 이하로 수입하는 것만을 허락하는 제도

그렇지만 다른 측면에서 보면 두 정책의 효과가 다를 수 있다. 우선 수입할당제하에서는 관세를 부과할 때 생기는 정부의 수입이 없어진다는 점에서 차이가 난다. 관세를 수입할당제로 대체하면 정부의 관세 수입은 자동차 수입업자의 이득으로 바뀐다. 뿐만 아니라 효율적인 생산자로부터 상품을 수입하게 되는지의 여부에서도 이 두 정책은 차이를 갖는다. 관세를 부과하면 모든 외국 생산자에게 똑같은 부담을 안기는 결과를 가져오기 때문에, 효율적으로 생산해 가장 싼값에 상품을 수출할 수 있는 생산자로부터 수입을 하게 된다. 그러나 수입할당제하에서는 수입면장(import license)이 자의적으로 배분되기 때문에 반드시 가장 효율적인 생산자로부터 상품을 수입하게 된다는 보장이 없다.[9] 장기적으로 보면, 수입할당제로 인해 나쁜 품질의 상품을 더 비싼 가격에 수입해 쓰게 될 가능성이 있다.

9) 현실에서 수입면장은 선착순이나 과거의 수입실적, 혹은 로비의 결과로서 배분되는 경우가 많기 때문에 효율성에 대한 고려는 뒷전으로 밀리는 경향이 있다.

수출자율규제

수출자율규제

수출기업이 자율적으로 수출물량을 줄이도록 유도하는 정책

수입할당제와 아주 비슷한 효과를 내는 다른 정책으로 **수출자율규제**(voluntary export restriction)정책이 있다. 이 정책은 수입하는 나라의 정부가 수출하는 나라의 기업에게 압력을 가해 자율적으로 수출물량을 줄이도록 유도하는 정책이다. 앞에서 설명한 수입할당제는 일정량 이상을 수입할 수 없다고 공식적으로 상한선을 설정해 놓는 데 비해, 수출자율규제정책은 수출하는 나라의 기업에 압력을 가해 스스로 수출을 억제하게끔 유도하는 특징을 갖고 있다.

수입할당제와 비슷한 효과를 내는데 구태여 이 방식을 채택하는 이유는 표면적으로 수출국의 기업이 자율적으로 수출을 억제하는 형식을 취하기 때문이다. 자유무역의 실현을 위해 노력하는 세계무역기구(WTO) 같은 국제기구는 관세의 부과나 수입할당제의 실시에 대해 매우 신경질적인 반응을 보이고 있다. 따라서 이런 국제기구의 간섭을 피할 수 있는 수단으로 수출자율규제가 종종 사용되고 있는 것이다.

그런데 수출자율규제가 실시되면 수출하는 나라의 기업들이 가격을 올려 받을 수 있는 길이 열린다. 조금만 수출하는 대신에 상품의 가격을 올릴 수 있어 경우에 따라 이들은 짭짤한 재미를 볼 수도 있다. 일본의 자동차회사들이 수출자율규제를 실시한 결과 수출물량은 줄었으나 수익성은 오히려 호전된 경험을 갖고 있다는 말도 들린다. 그런데 수출자율규제로 인해 상품의 수입가격이 상승하면 국내의 생산자도 이득을 얻게 된다. 이 점에서는 관세를 부과하거나 수입할당제를 실시하는 경우와 비슷하다고 할 수 있다.

비관세 무역장벽

비관세 무역장벽

관세 이외의 수단을 통해 비공식적이고 은밀한 방법으로 무역을 규제하는 조치를 통틀어 일컫는 말

넓은 의미에서의 **비관세 무역장벽**(non-tariff barriers)에는 앞에서 설명한 수입할당제나 수출자율규제정책 등이 모두 포함될 수 있다. 그러나 좁은 의미에서의 비관세 무역장벽에는 비공식적이고 은밀한 방법으로 무역을 규제하는 조치들이 주로 포함된다. 예를 들어 외국에서 수입되는 자동차에 대해 배기가스 저감장치나 안전장치 등과 관련된 까다로운 기준을 설정하고 이를 충족시킬 경우에만 수입을 허가하는 것이 그 좋은 예다. 표면적으로는 환경보호나 사용자의 안전을 위해 이 정책을 쓴다고 말하지만, 실질적으로는 자동차의 수입을 억제하기 위한 목적으로 이 정책을 채택했을 가능성이 있다.

그런데 어떤 정책이 실제로 비관세 무역장벽의 역할을 하고 있는지 여부를 엄밀하게 구별해내는 것은 무척 어려운 일이다. 예를 들어 1990년대에 유럽연합(EU)의 여러 나라들은 자기네 국민의 건강을 보호한다는 명분으로 성장촉진 호르몬을 사용해 생산된 고기의 금수조치를 취한 바 있다. 성장촉진 호르몬을 사용해 생산된 고기가 건강에

해로울 가능성이 있다면 이 정책은 나름대로 정당성을 가질 수도 있다.

그러나 미국 정부는 이 조치가 미국으로부터의 고기 수입을 억제하기 위해 취한 것이 아니냐고 강력히 이의를 제기했다. 유럽연합 측이 이 조치를 철회하지 않자 미국 정부는 유럽에서 수입되는 식료품에 무거운 보복관세를 부과하기에 이르렀다. 현실에는 이처럼 어떤 정책이 순수한 의도로 시행되고 있는지 아니면 은밀하게 수입을 억제하기 위해 시행되고 있는지 분간하기 힘든 사례가 무수히 많다.

생각해 봅시다

지금까지 배운 바에 따르면 자유로운 무역을 통해 모든 나라가 이득을 볼 수 있으며, 특별한 경우를 제외하고는 보호무역의 논리가 별 타당성을 갖지 못한다. 그런데도 사람들은 국내시장을 개방하면 무슨 큰일이라도 나는 것처럼 호들갑을 떤다. 자유로운 무역이 가져다주는 이득에 대해 잘 모르기 때문에 그런 일이 벌어지는데, 여기에는 부실한 경제학 교육도 큰 몫을 하고 있다.

자유로운 무역에서 국민 모두가 이득을 보는 것은 결코 아니다. 이득을 보는 사람들과 함께 손해를 보는 사람들도 반드시 생기게 마련인데, 이것은 자유무역뿐 아니라 모든 것에 적용될 수 있는 말이다. 다시 말해 어떤 변화 혹은 어떤 정책이든 간에 이로 인해 손해를 보는 사람이 반드시 생겨나게 마련이라는 뜻이다. 어떤 정책이 바람직하다는 것은 그것으로부터 나오는 이득이 상대적으로 더 크다는 것을 뜻할 따름이다.

국내시장을 개방하는 데 대해 반대하는 목소리가 더 크게 들리는 것은 이로부터 손해를 보는 사람들이 유독 큰소리를 내기 때문이다. 개방으로 인해 손해를 보는 특정 산업은 개방의 낌새가 보이기만 해도 온갖 수단을 동원해 이를 막으려고 한다. 개방을 하면 하루아침에 전체 산업이 무너지고, 이에 따라 우리 경제도 무너지기라도 하는 듯 야단을 쳐댄다.

이에 비해 개방으로부터 이득을 보는 사람들은 숫자가 너무 많기 때문에 오히려 한목소리를 내기 힘든 상황이다. 국내시장을 개방하면 질 좋은 상품을 싸게 살 수 있기 때문에 모든 소비자들이 이득을 얻는다. 그러나 이들은 조직화될 수 없어 개방을 요구하는 목소리를 내지 못한다. 선정성에 휘둘리는 언론은 이 말 없는 다수의 이익을 대변하는 것이 아니라, 아우성을 치는 소수의 이익을 대변하는 경우가 많다.

소비자의 입장에서 보면 심지어 외국 기업의 덤핑공세도 그리 나쁜 것이 아니다. 미국 정부는 언제나 외국 기업들의 덤핑에 대해 불만을 터뜨리지만, 사실 미국 국민이 이로부터 얻는 이득이 만만치 않다. 경쟁이 워낙 심한 탓도 있겠지만, 모든 나라 기업들이 미국 시장에서만은 가격을 낮춰 받는다. 미국 국민이 소득 이상으로 풍부한 소비생활을 누릴 수 있는 비결이 바로 여기에 있는지 모른다.

생각해 보기

(1) 어떤 산업을 개방하지 않고 수입의 문을 꼭 닫아 두면 상품의 가격이 비싸진다는 것 이외에 어떤 문제점이 생기게 되는가?

(2) 1997년 말의 외환위기 직후, 어떤 주유소에서는 외국산 자동차 운전자에게 휘발유를 팔지 않겠다는 광고를 써 붙인 적이 있다. 이것이 정말로 애국적인 행동이었는지 생각해 보자.

(3) 소비자들에게는 이득이 될 수 있는데도 미국 정부가 외국 기업의 덤핑에 대해 상당히 신경질적으로 반응하는 이유가 무엇일지 생각해 보자.

22.7 자유로운 무역을 추구하는 움직임

아주 예외적인 경우를 제외하고는 보호무역보다 자유무역에서 나오는 이득이 더 큰 것이 보통이다. 각 나라가 이 점을 잘 인식하고 있기 때문에 보호무역으로 가려는 움직임 못지않게 자유무역을 추구하는 움직임도 강하게 나타나고 있다. 자유무역을 추구하는 움직임에는 지역적 차원에서 자유무역을 실현하려는 움직임과 범세계적 차원에서 자유무역을 실현하려는 움직임의 두 유형이 있다.

지역적 차원에서의 자유무역

인접해 있는 나라들끼리 자유무역협정을 맺어 최소한 그 지역 안에서만은 자유로운 무역이 이루어질 수 있도록 노력하는 경우가 있다. 유럽연합(European Union, EU)이라고 불리는 유럽 여러 나라의 모임이 이와 같은 자유무역협정의 대표적인 사례이며, 그 밖의 지역에서도 이와 비슷한 협정이 여러 가지 존재하고 있다. 그런데 지역적 차원에서 자유무역을 추진하려는 협정에는 다음과 같은 세 가지의 구체적 유형이 존재한다. 이에 참여하는 나라들 상호 간의 무역을 어느 정도로 자유롭게 만들 것이며, 참여하지 않은 나라와의 무역에 대해 어느 선까지 공동보조를 취할 것인지에 따라 그 유형을 구분할 수 있는 것이다.

자유무역지역

이에 참가하는 나라 사이에서는 모든 관세가 철폐되지만, 이에 속하지 않는 나라에서 들어오는 상품에 대해서는 각 나라가 원하는 대로 무역규제를 가할 수 있음

첫 번째 유형은 **자유무역지역**(free trade area)으로, 참가국 사이의 결속력이 가장 약한 형태라고 할 수 있다. 여러 나라가 모여 자유무역지역을 결성하게 되면 참가국들 사이에는 모든 관세가 철폐되어 자유로운 무역이 이루어지게 된다. 그러나 이에 참가하지 않은 다른 나라들과의 무역에 대해서는 각 나라가 원하는 대로 관세나 기타의 무역규제를 가할 수 있다. 다시 말해 다른 나라들에 대해서는 각 나라가 독자적인 정책을 사용할 수 있게끔 허용되어 있는 것이다. 자유무역지역의 대표적 사례로 1992년 미국, 캐나다, 멕시코 3개국 사이에 협정이 체결된 북미자유무역지역(North American Free Trade Area, NAFTA)을 들 수 있다.[10)]

최근 우리나라도 여러 나라들과 자유무역협정을 체결했거나 협상 중에 있어 이 문제에 대한 사회적 관심이 부쩍 높아진 상황이다. 우리나라가 맺은 자유무역협정 중 가장 앞선 것은 칠레와의 협정으로 2004년 4월 1일부터 효력을 발휘하고 있다. 그 외에 미국, 유럽연합, 중국, 싱가포르, 아세안, 인도, 터키 등의 17개 국가들과 자유무역협정이 발효되었고 2020년에는 아세안 10개국과, 한국, 중국, 일본, 오스트레일리아 그

10) 미국 트럼프 대통령은 북미자유무역지역이 불공정한 협정이라고 규정하고 대통령이 되면 이를 폐기할 것을 선거공약으로 내세웠다. 2017년 취임 후 재협상을 통해 이를 미국-멕시코-캐나다협정(USMCA)으로 변경시켰다.

리고 뉴질랜드 15개국이 참여하는 역내포괄적동반자협정(RCEP, Regional Comprehensive Economic Partnership)이 타결되었다.

두 번째 유형은 **관세동맹**(customs union)으로, 참가국들 사이에서 모든 관세가 철폐되는 것은 물론 다른 데서 들어오는 상품에 대해 동일한 관세를 부과한다는 점에서 자유무역지역보다 한층 더 강한 결속력을 보이는 조직이다. 이보다 결속력이 더 강한 세 번째 유형은 **공동시장**(common market)으로, 이에 속하는 나라들 사이에서 상품뿐 아니라 노동이나 자본 같은 생산요소도 자유롭게 움직일 수 있다. 공동시장의 대표적인 예로는 1957년 프랑스와 독일을 위시한 여섯 나라가 결성한 유럽공동시장(European Common Market, ECM)을 들 수 있다.[11)]

관세동맹
참가국 사이에 모든 관세가 철폐되는 것은 물론, 이에 속하지 않는 나라에서 들어오는 상품에 대해 동일한 관세를 부과

공동시장
이에 속하는 나라들 사이에서는 상품뿐 아니라 노동이나 자본 같은 생산요소도 자유롭게 움직일 수 있다는 점에서 가장 결속력이 강함

이렇게 인접한 나라들 사이에서 무역장벽을 철폐해 나가려는 움직임, 즉 **지역주의**(regionalism)의 움직임이 전 세계적인 차원에서의 자유무역에 반드시 도움이 된다는 보장은 없다. 이들이 자기들끼리 주고받는 자유무역의 혜택을 다른 나라들에게는 제공하지 않기 때문이다. 따라서 지역주의를 추구하는 나라들이 세계적 차원에서의 무역자유화에 적극적으로 협력하지 않는 한, 지역 밖의 나라에 아무런 혜택을 가져다주지 못한다.

범세계적 차원에서의 자유무역

제2차 세계대전이 끝난 후 국제적 협력을 통해 세계의 경제질서를 바람직한 방향으로 이끌어 가기 위해 몇 개의 국제기구가 설립되기에 이르렀다. 그중 하나가 **관세 및 무역에 관한 일반협정**(General Agreement on Tariffs and Trade, GATT)으로, 1947년에 창설되어 1995년 발전적 해체를 통해 **세계무역기구**(World Trade Organization, WTO)라는 공식기구로 변신할 때까지 각종 무역장벽 제거를 통한 국제교역 증진에 커다란 기여를 해왔다.

그러나 세계무역의 문제를 전담하는 기구로서 GATT는 명백한 한계를 안고 있었다. 제2차 세계대전 직후 세계 여러 나라는 국제무역기구(International Trade Organization, ITO)의 창설을 추진했으나 여의치 않자 무역장벽의 제거를 위해 급한 대로 GATT라는 대안을 찾았다. 그런데 GATT라는 이름이 시사하듯 그것은 여러 나라 사이에 맺어진 '일반협정'에 불과했으며, 사무국을 제외하고는 상설기구조차 제대로 갖추지 못한 조직이었다. 그럼에도 불구하고 국제무역을 관장하는 사실상의(*de facto*) 국제기구로 존재해오던 터였다.

11) 이 조직은 지금 우리가 보는 유럽연합(EU)으로 발전하여, 이제는 경제적인 측면뿐 아니라 정치적인 측면에 이르기까지 포괄적인 통합을 모색하고 있다.

세계무역기구의 위기

미국과 중국 사이의 무역갈등이 고조되는 과정에서 2017년 취임한 미국 트럼프 대통령은 세계무역기구가 중국 등 개발도상국의 불공정 무역행위에 대해 너무 관대한 태도를 취해왔다는 비판을 제기했다. 그는 미국이 중국에 대해 막대한 무역수지 적자를 기록하는 이유가 불합리한 세계무역질서에 있다고 주장했다. 만약 이 문제를 해결하지 못한다면 세계무역기구를 탈퇴하는 방안을 고려해 보겠다는 발언까지 서슴지 않았다. 지난 반세기 동안 다자주의(multilateralism)와 세계화(globalization)를 강조하면서 세계무역기구를 주도해온 미국이 자국의 이익을 위해 양자주의(bilateralism)로 회귀하려 한다는 의미였다.

그 결과 다자주의의 상징이라고 할 수 있는 세계무역기구는 존립 기반 그 자체가 흔들리는 위기를 맞게 되었다. 1995년 출범한 이후 세계무역기구는 무역 자유화를 통해 전 세계 경제 발전에 기여했을 뿐 아니라, 국가 간 무역분쟁을 합의된 규범에 따라 해결하는 등 국제경제질서 확립에 적지 않은 역할을 해왔다. 그러나 최근 들어 국제무역에서 상품거래보다 서비스거래의 중요성이 커지고 전자상거래 등 과거에 볼 수 없었던 교역방식이 등장하면서 세계무역기구는 새로운 도전에 직면하게 되었다.

또한 중국 경제가 급성장하면서 세계무역기구가 과연 중국과 같은 국가주도 경제에 적절히 대응할 수 있는지에 대한 선진국들의 의구심이 커졌다. 현재 세계무역기구는 수출장려보조금 지급과 같은 불공정 무역정책을 금지하는 규정을 엄격하게 적용하고 있다. 그러나 국가주도 경제에서 다양한 산업보조금이나 다른 형태의 암묵적 정부지원을 통해 특정 산업을 지원할 경우 이를 불공정 무역행위로 볼 수 있는지의 여부에 대한 규정은 아직 불분명한 상태인 것이 사실이다.

뿐만 아니라 중국의 미흡한 지적재산권 보호와 해외 기업에 대한 기술이전 강제 조처도 논란의 대상이 되어 왔다. 중국은 이에 대해 산업정책은 다른 나라에서도 쉽게 찾아볼 수 있고, 미국이나 서유럽의 여러 나라들도 농업부문 등에 상당한 보조금을 지급하고 있음을 지적했다. 세계무역기구는 자유롭고 차별이 없는 무역체제를 지향해야 할 뿐 아니라, 개발도상국의 발전에 호의적인 분위기를 조성해야 마땅하다는 것이 중국의 주장이다. 세계무역기구를 통해 중국에 압박을 가하려는 미국의 시도는 공정무역에 그 목적이 있는 것이 아니라 개발도상국인 중국의 발전을 막으려는 음모라는 것이다.[12)]

새로운 경제 환경에서 한층 더 복잡해진 무역질서를 다루려면 세계무역기구의 역할과 운영방식이 바뀌어야 한다는 점에 대해서는 별 이견이 없는 상황이다. 그러나 각국의 이해관계가 첨예하게 대립하고 있어 합의에 이르기가 결코 쉽지 않다는 문제가 있다. 특히 다자간 규범의 제정이나 개정과 같은 문제에 관해서는 전원합의의 의사결정 과정을 따르는 것이 일반적이기 때문에 이 문제가 단기간에 해결될 전망은 무척 어둡다.

이런 상황에서 트럼프 대통령은 국제무역기구의 무용론을 제기하며 이를 의도적으로 무력화시키려는 시도를 했다. 세계무역기구 안에는 분쟁해결을 위해 7명의 전문가로 구성된 상소기구(Appellate Body)가 설치되어 각국이 제기하는 분쟁사항을 심리한다. 그런데 미국이 임기가 끝난 전문가들의 후임을 지명하는 절차에 동의하지 않으면서, 2019년 12월 현재 세계무역기구의 분쟁해소 절차는 실질적으로 그 역할이 중지되는 결과가 빚어졌다.

이 상황에서 다자주의의 원칙을 중시하는 몇몇 나라들이 미국과 중국 사이에서 절충안을 만들어 보려고 노력하고 있다. 그리고 일부 규정에 대해서는 모든 국가가 합의하지 않더라도 다수 국가 간의 합의를 통해 새로운 질서를 만들어가야 한다고 말한다. 그러나 전 세계적으로 확산되어 가고 있는 보호무역주의의 물결과 국제화에 대한 반감을 고려할 때, 세계무역기구의 앞날이 그리 순탄치는 않을 것임을 쉽게 점칠 수 있다.

12) 이와 같은 주장에 대해 트럼프 대통령은 중국뿐 아니라 인도, 한국, 싱가포르 등에도 개발도상국 지위를 인정하고 있는 세계무역기구의 현 규범은 시대착오적인 것이기 때문에 바뀌어야 마땅하다고 응수했다. 이에 한국 정부는 2019년 10월 스스로 개발도상국 지위를 포기한다고 선언한 바 있다.

1990년대에 이르러 세계경제의 흐름은 급격히 변화하기에 이르렀고, 이제 GATT체제로는 더 이상 국제무역의 문제를 만족스럽게 해결할 수 없다는 데 모든 나라의 의견이 모아졌다. 나라와 나라 사이의 상호의존관계가 더욱 커짐에 따라 모든 나라가 국제무역과 관련한 게임의 규칙을 확립해야 할 필요를 강하게 느꼈기 때문이다. 세계무역기구는 단지 협정체제에 불과했던 GATT체제와 달리 실존하는 다자간 무역기구로서 1995년 정식으로 출범했다. 세계무역기구는 자유무역을 확대하기 위한 노력을 기울여온 동시에 국가 간 무역분쟁을 조정하는 역할을 수행해 왔다. 그러나 글로벌 금융위기 발생 이후 전 세계적으로 보호무역주의 성향이 강해짐에 따라 그 존재 자체가 크게 위협받는 상황이 되었다.

요약

1. 무역이 이루어지면 각 나라 국민이 소비할 수 있는 상품의 양이 더 커질 수 있음을 들어 교역의 이득이 있다고 말한다. 자유로운 교역은 각 나라가 다른 나라에 비해 더 효율적으로 생산할 수 있는 상품의 생산에 특화할 수 있게 만들어 줌으로써 전반적 생산성의 향상을 가져온다.
2. 비교우위이론은 아무리 생산성이 떨어지는 나라라도 최소한 하나 이상의 산업에서 비교우위를 가질 수 있다고 말한다. 또한 이 이론은 자유로운 무역이 이루어지면 각 나라가 비교우위를 갖는 상품에 특화해 수출하고, 비교우위가 없는 상품은 해외로부터 수입할 것이라고 예측한다.
3. 비교우위를 결정하는 요인으로 상이한 부존자원, 상이한 기술, 특화의 역사 등을 들 수 있다.
4. 무역이 이루어지면 자급자족체제를 채택할 때에 비해 모든 상품을 더 많이 소비할 수 있게 된다는 것을 보임으로써 교역의 이득이 존재함을 입증할 수 있다. 무역에서 나오는 이득에는 다른 것도 있는데, 규모의 경제를 활용할 수 있다는 것과 학습효과를 통해 추가적인 생산성 향상을 기대할 수 있다는 것을 꼽을 수 있다.
5. 자유무역을 규제해 자기 나라 기업을 보호해야 한다고 말하는 사람들은 실업의 방지, 생산 다변화의 이득, 국방상의 이유, 외국의 불공정한 정책에 대한 대응, 환경과 자원의 보존, 유치산업의 보호 등 다양한 이유를 들어 그 당위성을 주장하고 있다.
6. 관세는 수입품의 가격을 올림으로써 수입량이 줄고 국내 생산량이 증가하게 만드는 효과를 낸다. 이에 비해 수입할당제는 상품의 수입량을 직접 줄이는 효과를 내게 된다. 수입할당제와 아주 비슷한 효과를 내는 다른 정책으로 수출자율규제정책이 있다.
7. 지역적 차원에서 자유무역을 추진하는 움직임의 구체적 유형으로는 자유무역지역, 관세동맹, 공동시장 등이 있다. 이 지역주의의 움직임이 세계적인 차원에서의 자유무역에 반드시 도움이 된다는 보장은 없다.
8. 관세 및 무역에 관한 일반협정(GATT)은 1995년 발전적 해체를 통해 세계 무역의 문제를 전담하는 공식기구인 세계무역기구(WTO)로 변신하게 되었다. 세계무역기구는 범세계적 차원에서의 자유무역을 강력하게 추진해 왔다.

중요개념

교역의 이득	특화	비교우위	학습효과
교역조건	보호무역	유치산업보호론	관세
반덤핑관세	상계관세	수입할당제	수출자율규제
비관세 무역장벽	자유무역지역	관세동맹	공동시장
지역주의	관세 및 무역에 관한 일반협정	세계무역기구	

연습문제

01. 영국의 근로자가 하루 동안 일하면 밀 3kg을 생산할 수도 있고 모자 4개를 생산할 수도 있다. 한편 스페인의 근로자가 하루를 일하면 밀 1kg을 생산할 수도 있고 모자 2개를 생산할 수도 있다. 아래의 물음에 답하라.
(1) 밀과 모자를 생산하는 데 각각 어느 나라가 절대우위를 갖고 있는가?
(2) 비교우위의 경우는 어떤가?
(3) 이 두 나라 사이에 무역이 이루어진다면 밀과 모자의 가격비율, 즉 교역조건은 어떤 수준에서 결정될 것인가?

02. 필리핀에서는 감자를 1kg 생산하는 데 2시간의 노동이 필요하고 장갑을 한 켤레 만드는 데는 5시간의 노동이 필요하다. 한편 탄자니아에서는 감자를 1kg 생산하는 데 3시간의 노동이 필요하고 장갑을 한 켤레 만드는 데는 12시간의 노동이 필요하다.
(1) 감자와 장갑을 생산하는 데 각각 어느 나라가 절대우위를 갖고 있는가?
(2) 비교우위의 경우는 어떤가?
(3) 각 나라가 자급자족체제를 유지한다면 국내의 가격비율은 각각 얼마가 될 것인가?

03. 비교우위의 결정요인에는 어떤 것들이 있는지 간략하게 설명하라.

04. 국제무역이 네덜란드나 스위스같이 작은 나라에서 특히 큰 중요성을 갖게 되는 이유를 설명하라.

05. 자유무역을 규제해 자기 나라 기업을 보호해야 할 이유로 드는 것들을 열거하고 간략한 설명을 덧붙여라.

06. 실업 발생을 막기 위해 보호무역을 채택한다고 할 때 이에는 어떤 사회적 비용이 뒤따르게 될까?

07. 유치산업을 보호하기 위해 수입규제를 해야 한다는 요구에 어떤 위험이 도사리고 있는지 설명하라.

08. 우리나라가 일체의 관세 및 비관세 무역장벽을 철폐하고 완전한 자유무역체제를 채택하는 것이 바람직하다고 생각하는가? 이와 같은 정책의 채택이 가져올 이득과 손실이 무엇인지 예상해 보라.

09. 우리나라 기업들이 상품을 해외에 수출할 때 국내에서 받는 가격보다 낮추어서 받는다는 지적을 받을 때가 종종 있다. 자동차의 예만 보더라도 미국시장에서의 한국산 자동차 가격은 국내시장에서의 가격보다 상대적으로 싼 것이 사실이다. 이것이 그 자체로서 우리 기업들이 해외에서 덤핑을 하고 있다는 증거가 될 수 있는가? 만약 우리나라의 어떤 기업이 정말로 해외시장에서 덤핑을 하고 있다면 왜 그렇게 하고 있을지 그 이유를 생각해 보라.

10. 우리나라에서는 어떤 상품의 제조업자가 그 상품의 수입권을 갖는 현상을 자주 발견할 수 있다. 이와 같은 구조가 우리 산업의 장래에 부정적인 효과를 낸다는 지적이 있는데 그 근거가 무엇인지 생각해 보라.

11. 관세와 수입할당제는 어떤 측면에서 비슷한 효과를 내며 어떤 측면에서 상이한 효과를 내게 될까?

12. 미국과 유럽연합이 우리나라 전자제품 수출업체들에 대해 수출자율규제를 요구해 왔다고 하자. 우리나라 기업들은 이 조치로 말미암아 어떤 영향을 받게 될까?

13. 신문보도에 따르면 미국에서 100달러밖에 안되는 청바지가 우리나라에서는 30만원이 넘는 가격에 팔린다고 한다. 그뿐 아니라 이탈리아에서 우리 돈으로 2,3백만원이면 살 수 있는 가구가 우리나라에 들어오면 몇천만원의 가격에 팔린다고 한다. 왜 이와 같은 현상이 일어나는지 생각해 보고, 수입가격과 판매가격의 차이가 누구의 수중에 어떤 성격의 소득으로 귀속될지도 동시에 생각해 보라.

제23장

국제수지와 환율

23.1 국제수지표와 국제수지

23.2 환 율

23.3 환율과 경상수지

23.4 환율에 관한 여러 가지 이론

23.5 변동환율제도와 고정환율제도

대외거래의 결과 발생하는 적자와 흑자를 측정하기 위해 고안된 것이 국제수지라는 개념인데, 그 내용을 국제수지표에 정리해 나타낼 수 있다. 나라와 나라 사이의 거래에서는 어느 나라 화폐로 대금을 지불하며, 어떤 비율로 한 화폐를 다른 화폐로 바꿔야 하는지의 문제가 생긴다. 한 화폐와 다른 화폐가 교환되는 비율을 환율이라고 부르는데, 환율은 상품과 자본의 국제거래에 매우 큰 영향을 미친다. 이 장에서는 환율이 어떻게 결정되며, 이것의 움직임이 구체적으로 국민경제에 어떤 영향을 주는지에 대해 자세하게 논의해 보려고 한다.

23.1 국제수지표와 국제수지

국제수지표 작성의 원칙

국제수지표
일정한 기간 동안에 일어난 한 나라의 모든 대외거래를 요약해 놓은 통계표

경상계정
나라와 나라 사이의 경상거래, 즉 재화와 서비스의 거래를 기록하는 부분

자본계정
나라와 나라 사이의 무상 자본이전과 비생산-비금융자산 거래를 기록하는 부분

금융계정
나라와 나라 사이의 금융자산 거래를 기록하는 부분

국제수지표(balance of payment accounts)는 일정한 기간 동안에 일어난 한 나라의 모든 대외거래를 요약해 놓은 통계표를 가리킨다. 이 표는 외국의 여러 나라들과 다양한 형태의 경제적 관계를 맺고 있는 국민경제의 움직임을 이해하는 데 필수적인 도구라고 할 수 있다.

국제수지표는 다음과 같은 두 가지 원칙에 기초해 작성하는 것이 일반적이다. 첫 번째 원칙은 〈표 23-1〉에서 보는 것처럼 국제수지표가 크게 보아 세 가지 계정으로 나누어진다는 것이다. 첫 번째는 **경상계정**(current accounts)으로서, 나라와 나라 사이의 재화나 서비스의 교역 그리고 임금, 이자, 배당 등과 관련된 경상거래를 기록한다. 두 번째는 **자본계정**(capital accounts)인데, 채무 탕감과 같은 무상의 자본이전 거래 또는 상표권과 같은 양도 가능한 무형의 비생산-비금융자산의 거래를 여기에 기록한다. 마지막 세 번째 **금융계정**(financial accounts)에는 다른 나라에서 빚을 얻어 오거나 돈을 빌려주는 과정에서 일어나는 모든 금융자산의 거래를 기록한다.

경상계정에서 가장 큰 비중을 차지하는 것은 재화와 서비스의 교역이다.[1)] 경상계정

표 23-1
국제수지표

상위계정	하위계정	예
경상계정	상품	일반상품의 수출과 수입, 중개무역 순수출
	서비스	가공서비스, 운송, 여행, 건설, 통신, 지적재산권 사용료
	본원소득	급료 및 임금, 배당 및 이자 등의 투자소득
	이전소득	무상원조, 증여성 송금
자본계정	자본이전	자산 소유권의 무상이전, 채권자에 의한 채무 면제
	비생산-비금융자산	상표권과 같은 무형자산의 취득과 처분
금융계정	직접투자	경영참여를 통해 지속적인 이익을 얻으려는 목적의 직접투자
	증권투자	주식 및 채권
	파생상품투자	선도형, 옵션형 파생상품
	기타 투자	무역신용, 장단기 대출 및 차입, 현금 및 예금 등
	준비자산 증감	거래적 요인에 의한 외환보유액의 변화

1) 〈표 23-1〉의 경상계정 맨 위 항목이 '상품'으로 표시되어 있는 점에 주의하기 바란다. 제1장에서 상품에는 눈에 보이는 재화와 보이지 않는 서비스의 두 종류가 포함되어 있다고 설명한 바 있다. 이런 의미에서 보면 이 표에서의 상품이란 말은 엄밀하게 말해 '재화'로 표현되어야 한다. 그러나 우리나라의 공식 국제수지표에 '상품'으로 표현되어 있기 때문에 혼란을 피하기 위해서 그대로 따랐다.

에는 그 외에도 우리나라에서 일하는 외국인 노동자에게 지급하는 임금이나 우리 근로자가 해외에서 얻는 임금, 해외금융자산과 부채로부터 발생하는 이자, 배당 등의 투자소득, 그리고 해외교포로부터의 송금이나 정부 사이의 무상원조처럼 아무 대가 없이 주고받는 등의 대외거래가 기록된다.

자본계정에는 채권자가 채무를 면제해 주는 것과 같은 무상의 자본이전 그리고 상표권과 같은 비생산-비금융자산의 취득과 처분이 기록된다. 마지막으로 금융계정에는 직접투자, 증권투자, 파생상품투자뿐 아니라 나라와 나라 사이의 대출과 차입, 무역신용의 제공, 외환보유액의 변동분 중 이자수익, 운용수수료 등 거래적 요인에 의해 발생한 금액도 함께 기록된다.

최근 국제수지표가 〈표 23-1〉에서 보는 것과 같은 형식으로 개정되었는데, 그 이전에는 자본계정과 금융계정을 합해 이를 넓은 의미의 '자본계정'이라고 불러왔다. 따라서 일반적으로 자본계정이라고 말할 때 그것이 금융계정을 포함한 넓은 의미에서의 자본계정을 뜻하는지, 아니면 금융계정을 제외한 좁은 의미의 자본계정을 뜻하는지 분명하지 않아 혼란을 일으킬 수 있다.

새 국제수지표의 형식이 완전히 정착될 때까지는 그와 같은 혼란이 어느 정도 불가피해 보인다. 그런데 현실을 보면 우리나라를 위시한 대부분의 나라에서 좁은 의미의 자본계정은 금융계정에 비해 그 크기가 매우 작은 것을 관찰할 수 있다. 엄밀하게 말하자면 금융계정과 자본계정을 구별해 사용해야 혼란을 피할 수 있다. 그러나 앞으로 우리는 편의상 특별한 경우를 제외하고 '금융계정'이라는 표현을 좁은 의미의 자본계정을 포함한 개념으로 사용하려고 한다.

두 번째 원칙은 국제수지표가 좌우로 나누어져, 왼쪽은 **수취란**이 되는 한편 오른쪽은 **지급란**이 된다는 것이다. 경상거래든 금융거래든 외국으로부터의 수취(receipt)를 발생하는 모든 거래는 수취란(+)에 기록된다. "수취를 발생한다."는 표현을 쉬운 말로 바꾸면 "외환을 받는다."가 된다. 예를 들어 상품을 수출하면 외화로 수출대금을 받게 되므로 이런 거래는 경상계정의 수취란에 기록된다. 또한 외국 사람이 우리나라 주식을 살 경우 역시 외환으로 그 구입대금을 받게 되므로 이것도 금융계정의 수취란에 기록된다.

반면에 외환을 지불해야 하는 거래, 즉 지급(payment)을 일으키는 모든 거래는 지급란(−)에 기록된다. 외국으로부터 상품을 수입하면 외화로 수입대금을 지불하게 되므로 이런 거래는 경상계정의 지급란에 기록된다. 우리나라 사람이 외국의 채권을 구입하는 경우에도 이를 금융계정의 지급란에 기록해야 한다.

이와 같은 분류 방법을 좀 더 쉽게 기억할 수 있는 방법

하와이의 한 해변

이런 해변에 누워 머리를 식힐 수 있으면 얼마나 좋을까? 이렇게 해외여행을 가서 쓴 돈은 경상계정 중 서비스계정의 지급란에 기록된다.

이 있다. 즉 상품이든 자산이든 우리가 외국으로 수출했다고 볼 수 있는 것은 모두 수취란에 기록되는 한편, 수입했다고 볼 수 있는 것은 모두 지급란에 기록된다고 보면 되는 것이다.[2] 독자들의 이해를 돕기 위해 몇 가지 대외거래의 사례를 들어보기로 한다.

사례 1 : 우리나라의 한 전자회사가 미국에 TV를 수출하고 5천만 달러를 수출대금으로 받았다. 이 경우 TV의 수출은 상품의 수출에 해당되므로 경상계정, 그중에서도 특히 상품계정의 수취란에 기록된다.

사례 2 : 우리나라의 한 신혼부부가 하와이로 여행을 가서 3천 달러를 사용했다. 이것은 그 나라에서 제공한 서비스를 구입한 것으로 간주되어 경상계정 중 서비스계정의 지급란에 기록된다.

사례 3 : 국내 주식시장에서 일본 사람이 2억원어치의 주식을 구입했다. 이는 주식을 일본에 수출한 셈이므로 금융계정 중 증권투자계정의 수취란에 이 금액이 기록된다.

국제수지의 의미

개인이나 기업의 경우 수입과 지출이 일치하지 않으면 적자나 흑자가 나타나게 된다. 나라와 나라 사이의 거래에서도 수취와 지급이 일치하지 않으면 적자나 흑자가 발생할 수 있다. 대외거래의 결과 발생하는 적자와 흑자를 측정하기 위해 고안된 개념이 바로 **국제수지**(balance of payments)다. 대외거래의 수취와 지급이 일치하면 국제수지가 균형을 이루었다고 말한다. 만약 대외거래의 수취가 지급을 초과하면 국제수지 흑자(surplus), 그리고 지급이 수취를 초과하면 국제수지 적자(deficit)가 발생했다고 한다.

국제수지
대외거래의 결과 발생하는 적자와 흑자를 측정하기 위해 고안된 개념

그런데 국제수지표를 보고 단순히 수취란의 총합과 지급란의 총합이 똑같게 나왔다해서 국제수지가 균형을 이루었다고 말해서는 안 된다. 국제수지표는 복식부기의 원리에 의해 기록되기 때문에 수취란의 총합과 지급란의 총합은 언제나 사후적으로 일치하게끔 되어 있다. 실질적인 의미를 갖는 국제수지를 측정하기 위해서는, 국제수지표의 중간 부분에 가상적인 선을 긋고 그 위쪽의 거래만을 대상으로 수지를 따져야 한다.

예를 들어 경상계정과 금융계정 사이에 가상적인 선을 긋고, 그 윗부분에 있는 경상거래만의 수지를 따지는 방식으로 국제수지를 측정할 수 있다. 이것을 **경상수지**(current account balance)라고 부르는데, 여러 국제수지의 개념 중 가장 많이 쓰이고

경상수지
재화와 서비스의 수출액과 수입액을 비교한 결과

2) 예를 들어 우리 주식이나 채권을 외국 사람이 구입했다면 이를 수출한 셈이니 수취란에 기록하고, 우리나라 사람이 외국의 주식이나 채권을 구입했다면 이를 수입한 셈이니 지급란에 기록한다고 생각하면 된다.

외환보유액이 클수록 좋을까?

어떤 나라의 국제수지 흑자가 지속되면 그 나라의 외환보유액은 계속 커지게 된다. 외국으로 흘러나가는 외환보다 흘러들어 오는 외환이 더 많아지기 때문이다. 국제수지 흑자를 많이 낼수록 좋은 것이라고 오해하는 사람들이 있는데, 이와 같은 오해는 외환보유액이 클수록 더 좋은 것이라는 오해로 이어진다. 외환보유액이 크다는 것이 마치 그 나라 경제가 건강하다는 신호라도 되는 것처럼 생각하는 사람들이 있는데, 이것은 매우 큰 오해다.

물론 외환보유액이 너무 작은 것보다는 너무 큰 쪽이 훨씬 더 낫다. 외환보유액이 불충분하면 대외채무를 이행하기 힘들어져 심지어 국가부도 사태까지 불러올 수 있기 때문이다. 잘 알다시피 우리나라는 1997년 말 외환위기 때 외환보유액이 거의 바닥나 버린 경험을 갖고 있다. 한때 외환보유액이 30억 달러 수준으로까지 떨어진 적도 있었는데, 우리의 대외거래 규모에 비추어 볼 때 이는 거의 빈털터리에 가까운 상태라고 말할 수 있다.

그 후 우리나라의 외환보유액은 점차 늘어 2020년 말에는 4,431억 달러에 이르게 되었다. 2008년 9월 글로벌 금융위기가 발생하자 외국인 투자자의 신뢰 상실로 인해 우리나라가 또다시 외환위기의 위험에 내몰린 적이 있다. 그러나 다행스럽게도 이 경우에는 충분한 외환보유고 덕에 큰 어려움 없이 고비를 넘길 수 있었다. 이런 경험에 비추어 보면, 외환보유고가 많은 쪽이 좋다는 것을 알 수 있다.

그러나 너무 많은 외환을 보유한다는 것은 아까운 자원을 낭비하는 셈이 되어 이것 역시 그리 바람직한 일이 아니다. 가정이나 기업의 경우도 마찬가지지만, 급히 쓸 곳도 없는데 너무 많은 돈을 끌어안고 있는 것은 현명한 선택이 되지 못한다.

외환보유고가 큰 규모로 불어나게 되는 주요 원인 중 하나가 환율 방어를 위한 시장 개입이라는 사실이 문제가 될 수도 있다. 2000년대 중반 이후 우리 정부는 원화 가치의 상승을 막기 위해 시장에서 달러를 사들인 바 있다.[3] 달러를 많이 사들임으로써 달러 가치가 떨어지지 않게 만들어 원화 가치 상승을 막아왔던 것이다. 바로 이 점을 들어 일부 선진국들이 우리나라의 외환보유고가 너무 많다는 사실에 문제를 제기하고 있다.

환율 방어를 위한 시장 개입은 상당한 비용이 따르기 때문에 매우 신중하게 결정해야 할 일이다. 예를 들어 달러를 사들이기 위한 자금을 마련하기 위해 본원통화 공급량을 늘리면 통화량이 늘어나 물가가 불안해지는 문제가 발생할 수 있다. 이때 채권(외국환평형기금채권)을 발행함으로써 통화량 증가를 억제할 수 있지만, 여기에도 나름대로 문제가 따른다. 채권 발행액이 늘어남에 따라 이자 지급액이 늘어나고 이에 따라 한국은행의 재정에 적자가 발생할 수 있기 때문이다.

더 큰 문제는 외국환평형기금채권의 조달비용은 높고 이것의 운용수익률은 낮다는 사실에 있다. 이 채권을 발행해 사들인 달러는 주로 미국 국채를 사는 데 쓰이는데, 일반적으로 국내의 이자율이 미국의 이자율보다 더 높기 때문에 손해 보는 장사를 하게 되는 결과가 빚어진다. 높은 이자를 지급하고 조달한 자금을 낮은 이자를 받고 빌려주는 셈이 되기 때문이다. 하여튼 어느 수준의 외환보유액이 적절한 수준인지의 문제는 쉽게 답할 수 있는 성격의 것이 아니다.

있는 것이 바로 이 경상수지다. 신문을 펴들면 이번 달의 국제수지에 얼마만큼의 흑자 혹은 적자가 났다는 기사를 볼 때가 많은데, 그 내용을 자세히 들여다보면 경상수지가 그렇게 되었음을 뜻하는 경우가 대부분이다.

3) 원화 가치의 상승을 막으려고 한 것은 수출 기업들의 가격 경쟁력이 떨어지지 않게 만들려는 동기가 그 밑에 깔려 있다.

이와 같은 방식으로 국제수지를 측정하는 것은 경상거래만이 나름대로의 목적을 갖고 행해지는 거래라고 본다는 것을 뜻한다. 그런데 오늘날처럼 국제적으로 자본이 활발하게 교류되고 있는 상황에서는 차관, 직접투자, 증권투자 같은 금융거래도 나름대로 목적을 갖고 행해지는 거래라고 볼 수 있다. 이는 경상거래뿐 아니라 금융거래도 포함시켜 국제수지를 측정해야 한다는 것을 뜻한다.

따라서 국제수지표의 어디에 가상적인 선을 그어야 한다고 잘라 말하는 것은 어려운 일이다. 경우에 따라 그 가상적인 선의 위치를 위로 올리는 것이 필요할 때도 있고 아래로 내리는 것이 필요할 때도 있다. 바로 이 때문에 현실에서 경상수지 말고도 무역수지라든가 기초수지 같은 다양한 국제수지의 개념이 활용되고 있는 것이다.

저축, 투자와 경상수지

여러 국제수지의 개념 중 대외거래의 건전성을 평가하는 기준으로 가장 주목을 받고 있는 것은 경상수지다. [그림 23-1]은 1980년부터 2020년까지 우리나라의 경상수지 적자가 국내총생산에서 차지하는 비중이 변화해 온 추이를 보여 주고 있다. 외환위기 이전에는 1980년대 후반기의 몇 년을 제외하고는 계속 경상수지 적자를 기록하고 있었는데, 그 적자의 대 국내총생산 비율은 연평균 2.3%의 수준에 달했다. 그런데

그림 23-1
우리나라의 경상수지 변화추이

과거 우리나라의 경상수지는 적자를 기록하고 있을 때가 많았는데, 예외적으로 '3저호황'의 덕을 본 1980년대 중반 몇 년 동안 흑자를 기록했고 1997년 말 외환위기 이후부터는 지속적으로 흑자를 기록하고 있다.

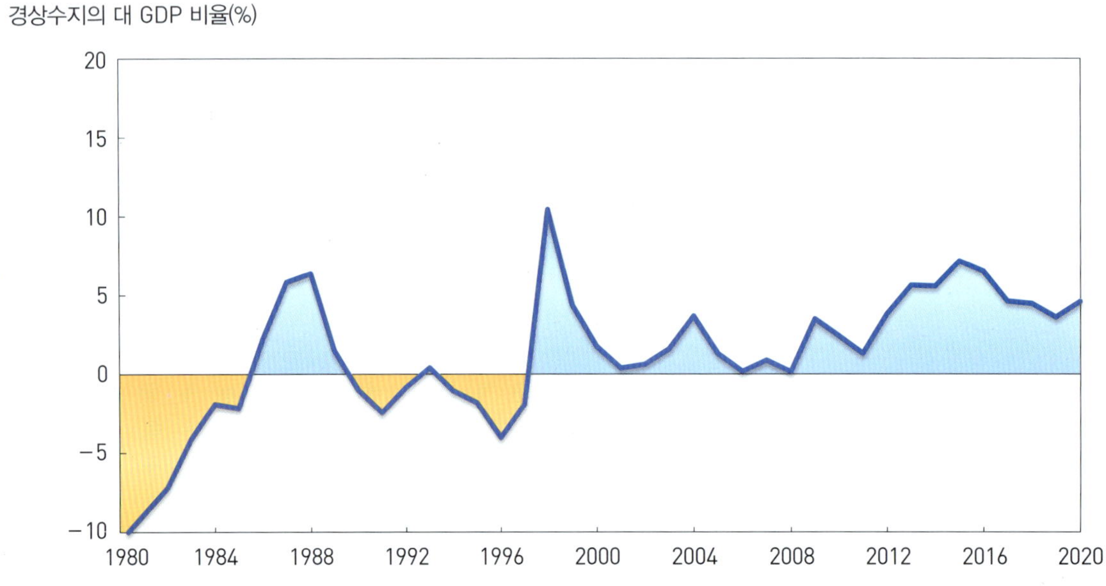

자료 : 한국은행, 「경제통계시스템」, 2021

1997년 말 외환위기가 일어난 후부터는 상황이 크게 바뀌기 시작했다. 외환위기 발생 직후 국민소득이 큰 폭으로 떨어지면서 수입 수요가 격감하는 반면, 수출은 급격한 증가세를 보였다. 이에 따라 경상수지가 흑자로 반전되기에 이르렀는데, 그 후 '중국 특수'와 맞물려 수출이 전례 없는 활기를 보임에 따라 최근까지도 계속 큰 폭의 흑자를 기록하고 있다.

많은 사람들이 경상수지 흑자는 건실한 대외거래 상태를 반영하기 때문에 그 값이 클수록 더 바람직한 반면, 경상수지 적자는 대외경쟁력 상실을 뜻하기 때문에 그 값이 작을수록 더 바람직하다고 생각한다. 경상수지 적자의 증가가 수출산업의 침체를 뜻할 수 있고 국민소득과 고용의 감소를 수반하는 경우가 많기 때문에 이런 믿음이 생긴 듯하다. 그렇지만 경우에 따라 경상수지 적자는 국민경제가 건실하게 성장하고 있음을 알리는 징표가 될 수도 있다.

어떤 이유에서 그와 같은 해석이 가능한지를 이해하려면 경상수지가 저축과 투자 사이의 차이와 밀접한 관계를 갖는다는 사실에 주목해야 한다. 우리는 다음과 같은 도출과정을 통해 경제 전체의 저축(S)이 투자(I)보다 더 크면 경상수지 흑자가 생기는 한편, 저축이 투자보다 작으면 경상수지 적자가 생긴다는 사실을 알아낼 수 있다. 이 사실을 잘 이해하고 있어야 국제수지 흑자와 적자가 갖는 의미를 정확하게 파악할 수 있다.

제14장에서 국민소득, 즉 국내총생산은 소비지출, 투자지출, 정부지출, 그리고 순수출의 합과 같다는 것을 설명한 바 있다. 이 사실을 다음과 같은 식으로 표현했던 것을 기억할 것이다.[4]

$$Y = C + I + G + X_n \qquad (14.7)$$

이 식을 순수출(X_n)에 대해 정리하면 아래와 같은 식으로 쓸 수 있다. 순수출은 재화와 서비스의 수출액에서 수입액을 뺀 것이므로, 이것이 바로 경상수지를 뜻한다는 점에 주의하기 바란다.

$$X_n = Y - C - I - G \qquad (23.1)$$

그다음 이 식의 우변에 조세수입을 나타내는 T를 한 번 더하고 뺌으로써 아래와 같이 바꿔 쓸 수 있다.

$$X_n = [Y - T - C] + [T - G] - I \qquad (23.2)$$

이 식 우변의 $[Y - T - C]$라는 항은 처분가능소득에서 소비를 뺀 것으로 민간저축(S_p)에 해당한다. 또한 두 번째 항 $[T - G]$는 조세수입에서 정부지출을 뺀 나머지를

4) 여기서는 국민소득을 Y라는 변수로 대표하고 있는 것을 눈여겨보기 바란다.

뜻하므로 이를 정부저축(S_g)이라고 부를 수 있다. 민간저축과 정부저축의 합을 국민경제 전체의 저축이라고 정의하고 S로 표시하면, 식 (23.2)는 다음과 같이 간략하게 표현될 수 있다.

$$X_n = S - I \tag{23.3}$$

우리는 이 식을 통해 경상수지가 저축과 투자 사이의 차이와 같은 값을 갖는다는 것을 알 수 있다. 만약 저축이 투자보다 더 크다면 X_n이 양(+)의 값을 가져 경상수지는 흑자가 된다. 반면에 저축이 투자보다 더 작은 경우에는 경상수지가 적자로 나타나게 된다. 다시 말해 저축, 투자, 그리고 경상수지 사이에 다음과 같은 관계가 성립한다는 뜻이다.

$$S > I \iff X_n > 0 \text{ (경상수지 흑자)} \tag{23.4}$$
$$S < I \iff X_n < 0 \text{ (경상수지 적자)}$$

이로부터 경상수지 적자가 다음과 같은 여러 이유에 의해 발생할 수 있음을 알 수 있다. 우선 과소비 풍조로 인해 민간의 저축이 감소하면 경상수지 적자가 발생하게 된다. 또한 정부의 방만한 재정운영으로 인해 정부저축이 줄어들어도 경상수지 적자가 발생할 수 있다. 물론 수출산업의 생산성이 떨어져 대외경쟁력을 잃는 경우에도 경상수지 적자가 발생할 것이다. 지금까지 든 이유에서 발생한 경상수지 적자는 모두 부정적인 성격을 갖는다고 볼 수 있다.

그런데 투자지출이 큰 폭으로 늘어나는 경우에도 경상수지 적자가 발생할 수 있다. 활발한 투자의 결과로 발생한 경상수지 적자라면, 그 적자는 건실한 성장이 이루어지고 있다는 증거가 될 수 있다. 또한 투자에 충당될 자금이 해외로부터 유입되는 과정에서 경상수지 적자가 발생했다고 볼 수 있는데, 이는 외국 사람들이 우리 경제의 미래를 낙관적으로 평가하고 있음을 뜻한다. 그들이 우리 경제의 미래를 낙관적으로 평가하지 않는다면 기꺼이 자금을 제공할 리 없기 때문이다.

결론적으로 말해 경상수지 흑자는 좋은 것이며 경상수지 적자는 나쁜 것이라는 흑백논리에 아무런 정당성이 없다. 경상수지에 적자가 났다는 사실 그 자체는 그리 큰 중요성을 갖지 못한다. 정말로 중요한 것은 적자를 가져온 원인이 무엇인지, 그리고 적자의 결과 해외로부터 유입된 자본이 과연 효율적으로 투자되고 있는지의 여부가 된다.

그렇다고 해서 경상수지 적자에 전혀 신경을 쓸 필요가 없다고 말하는 것은 아니다. 어떤 나라가 지속적으로 경상수지 적자를 내고 있다면 이것은 우려할 만한 일이 될 수 있다. 경상수지 적자를 해외로부터의 차입으로 메워야 하므로, 적자가 계속 누적되면 심각한 외채위기(debt crisis)를 불러올 가능성이 있기 때문이다. 우리가 1997년 말의 외환위기를 통해 뼈저리게 경험한 바지만, 경상수지 적자를 대수롭지 않게 여

우리나라의 외환위기

1997년 7월, 얼마 전까지만 해도 순항을 거듭해 오던 태국 경제에 이상한 조짐이 보이기 시작했다. 바트(baht)화 가치가 크게 떨어지고, 전례 없이 심각한 외환위기로 온 경제가 거의 마비상태에 빠지게 되었다. 혹시 우리에게도 이 불똥이 튀지 않을까 염려하는 소리가 나오기도 했지만, 대부분의 사람들은 강 건너 불 보듯 하는 태도를 취했다. 특히 정부는 우리 경제의 기초(fundamentals)가 튼튼하기 때문에 아무 문제가 없을 것이라는 말만 앵무새처럼 되풀이 했다.

그러나 얼마 지나지 않아 외환위기의 불길은 우리 경제로 옮겨붙기 시작했다. 그해 11월에 들어서면서 환율이 크게 불안해지기 시작했고, 이에 위기감을 느낀 정부가 외환시장에 엄청난 양의 달러를 풀었지만 환율은 하루가 다르게 치솟기만 했다. 그 이전까지 줄곧 900원대를 유지하던 대 달러 환율이 12월에는 종전의 두 배가 넘는 2,000원 수준까지 뛰어올랐다. 정부는 상황을 제대로 판단하지 못한 채 계속 달러를 시장에 내다 팔았고, 그 결과 외환보유고가 거의 바닥으로 떨어져 국가부도 직전의 위급한 상황을 초래하고 말았다.

이 외환위기는 우리 경제에 큰 충격을 가져다주었다. 지난 20여 년 동안 7%에 가까운 수준을 유지해 온 경제성장률은 1998년에 이르러 −6.8%로 곤두박질치고 말았다. 경제성장률이 마이너스로 떨어진 것은 근 20년 만에 처음 겪는 일이었기에 충격이 그만큼 클 수밖에 없었다. 실업률도 8%를 넘는 수준으로 치솟아 대도시의 이곳저곳에서 노숙자들의 무리가 등장하게 되었다.

우리나라와 동남아의 외환위기는 해외투자자들이 갑작스레 투자자금을 회수해 가기 시작한 데서 촉발되었다. 문제는 이들이 왜 갑자기 투자자금을 회수하기로 마음먹게 되었느냐에 있다. 그 이유는 다른 데 있었던 것이 아니라, 해외투자자들이 이 지역 기업들과 금융기관들의 채무변제 능력에 의심을 품기 시작했기 때문이다. 이들은 한시라도 더 늦기 전에 돈을 빼내가려 했고, 그 결과 해외자본은 썰물처럼 빠져나가기 시작했다. 금융기관이 부실의 기미를

보일 때 예금자들이 일시에 몰려와 예금을 모두 인출해 가는 것과 비슷한 현상이 이 지역에서 나타났던 것이다.

동아시아의 여러 나라들은 그동안 짧은 시간 안에 성장을 극대화하는 전략을 채택해 왔다. 기업들은 그 전략에 편승해 무조건 돈을 빌려 일을 벌이고 보는 경영전략을 채택했다. 일을 벌여 성공하면 기업이 그만큼 이득을 보는 한편, 운이 나빠 실패로 돌아갈 경우에는 금융기관과 정부가 알아서 뒤처리를 해주었기 때문이다. 그 결과 수익성이 바닥으로 떨어지는 상황에서도 계속 투자가 행해지는 과잉투자의 문제가 심각하게 나타나기 시작했다. 특히 자본자유

화에 따라 낮은 이자율의 해외자금이 대거 유입되면서 과잉투자의 문제는 점차 더 심각해져 갔다.

급기야 해외투자자들은 이와 같은 과잉투자가 기업 그 자체는 물론 금융기관까지 부실하게 만드는 결과를 빚게 될 것이라고 판단했다. 바로 이와 같은 판단이 그들로 하여금 서둘러 투자자금을 회수해 가는 행동을 취하게 만든 원인이 되었다. 결국 우리나라와 동남아의 몇 나라에서는 관치금융과 과도한 차입경영, 그리고 이에 따른 과잉투자 등 여러 가지 요인이 복합적으로 작용해 외환위기가 발생했다고 말할 수 있다.

특히 우리 경제는 그렇지 않아도 1997년 초부터 몇 가지 사건들이 한꺼번에 터져 나와 이미 상당히 불안한 조짐을 보이기 시작했던 터였다. 예상 밖으로 큰 경상수지 적자, 한보그룹 부도 등으로 매우 어수선한 분위기가 조성되었던 것이다. 그동안 우리 경제에 대해 낙관적 견해를 견지해 오던 해외투자자들은 사태의 추이를 조심스럽게 관망하기 시작했다. 그렇지만 1997년 상반기만 하더라도 외환위기가 곧 닥쳐오리라는 구체적인 징후들은 나타나지 않고 있었다.

이와 같은 유동적 상황은 그해 7월 태국에서 갑작스레 터져 나온 외환위기로 급격한 반전을 맞게 된다. 불안감을 느낀 해외투자자들은 동남아뿐 아니라 아시아 전역에서 투자자금을 회수하기 시작했고, 이에 따라 우리나라의 기업과 금융기관도 만기가 된 해외차입금을 즉각 변제하라는 압력을 받게 되었다.

이런 맥락에서 본다면 동남아에서 일어난 외환위기 때문에 우리도 외환위기를 겪게 되었다고 생각할 여지가 있다. 그러나 우리가 외환위기를 맞게 된 데는 나름대로 분명한 이유가 있었다. 그동안 우리 경제에 많은 문제점들이 누적되어 왔지만 고도성장의 그늘에 가려 잘 보이지 않았을 뿐이다.

외환위기와 그 뒤를 이은 극심한 불황 때문에 많은 사람들이 고통을 받아야 했으나, 이런 문제점들을 한꺼번에 바로잡을 기회를 맞은 것은 불행 중 다행이라고 말할 수 있다. 다만 철저한 구조개혁을 통해 우리 경제가 튼튼한 체질로 거듭나는 데 성공했어야 하는데, 이 점에서 약간 미진했다는 느낌을 받는다.

기고 차입한 투자자금을 방만하게 운용하면 나라 전체가 부도상태에 빠지는 심각한 위기에 직면하게 될 수도 있다. 더군다나 요즈음처럼 국제적인 자본이동이 활발한 시대에는 사소한 위기의 징후만 보여도 해외자본이 썰물처럼 빠져나가기 일쑤여서 한층 더 조심해야 할 필요가 있다.

23.2 환 율

환율의 의미

환율
두 나라 화폐 사이의 교환비율

환율(exchange rate)은 두 나라 화폐 사이의 교환비율을 가리키는 말이다. 예를 들어 원화의 대 달러 환율이 1,000 : 1이라는 것은 우리 돈 1,000원과 미국의 1달러가 맞바뀌진다는 것을 뜻한다. 환율은 어느 쪽 화폐를 기준으로 그 교환비율을 표시하느냐에 따라 두 가지 방식으로 표현할 수 있는데, 미국의 1달러에 대해 자기 나라 화폐 얼마와 교환된다는 방식에 의해 표현하는 것이 일반적이다. 미국의 달러화가 세계의 중

심 화폐, 즉 기축통화(vehicle currency)로 사용되고 있기 때문이다.[5)]

환율이 1달러당 1,100원에서 1,200원으로 오르면 1달러를 구입하기 위해 더 많은 원화를 지불해야 한다. 이는 달러화에 비해 원화의 가치가 상대적으로 떨어졌다는 것을 뜻한다. 이 상황을 쉬운 말로 표현하면 "원화의 가치가 떨어졌다."가 된다. 환율의 변화는 여러 가지 경로를 통해 경제에 영향을 미치게 된다. 우선 상품의 수출과 수입이 영향을 받게 되는데, 환율 변화가 수출품과 수입품의 가격 변화를 가져오기 때문이다. 또한 한 나라로 들어오는 자본의 양이나 다른 나라로 나가는 자본의 양에도 영향을 준다. 따라서 환율의 움직임은 국제수지와 밀접한 관련을 갖는다.

[그림 23-2]는 1970년 이후 현재까지 원화의 대 달러 환율과 대 엔 환율이 변화해 온 양상을 보여주고 있다. 1977년에는 1달러당 연말 480원의 수준이었던 대 달러 환율이 2019년 1,160원 수준까지 올라갔다. 그림에는 연말 자료만 나와 볼 수 없지만 1997년 말 외환위기가 시작되면서 대 달러 환율이 한때 2,000원에 이르는 수준까지 치솟았던 적도 있었다. 우리나라 정부는 환율의 움직임에 영향을 주기 위해 여러 가지 경로로 깊숙이 개입해 왔다. 그러나 2000년대 들어 외환시장에 대한 개입을 점차 줄여옴에 따라 시장 상황에 따른 환율 변동폭이 눈에 띄게 확대되기 시작했다.

그림 23-2
환율의 변화 추이

1977년에는 1달러당 연말 기준 480원 수준이었던 대 달러 환율이 2019년에는 1달러당 1,160원 수준까지 올라갔고, 1997년 말 외환위기가 시작되면서 한때 2,000원에 이르는 수준까지 치솟았던 적도 있다.

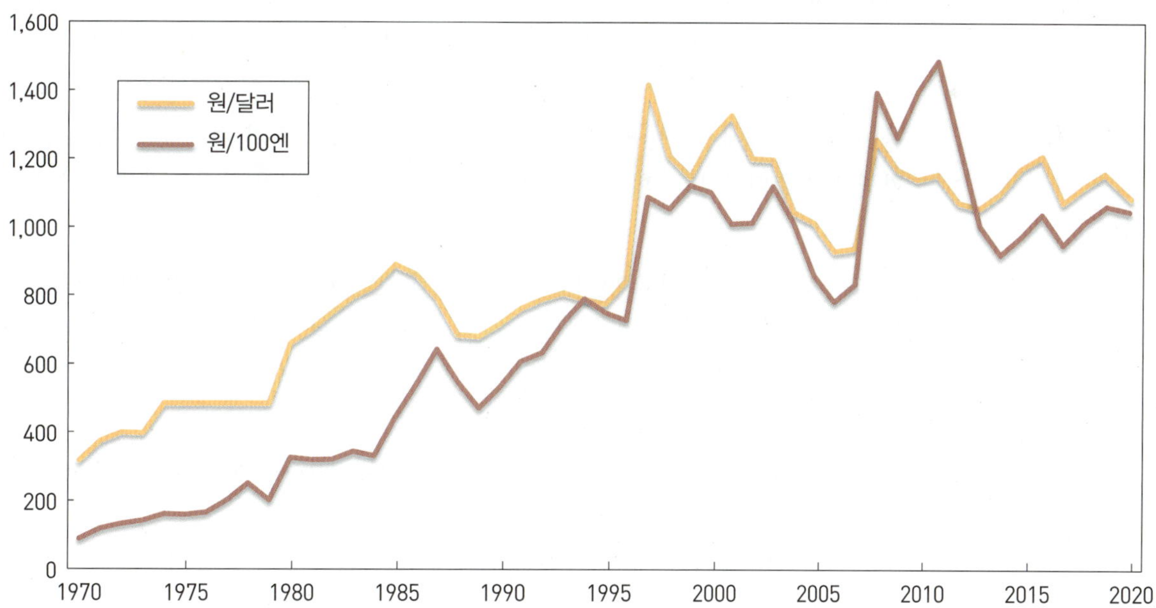

자료 : 한국은행, 「경제통계시스템」, 2021

5) 단 영국의 파운드화와 관련해서는 예외적으로 1파운드당 몇 달러라는 방식으로 표현하는 관행을 사용하고 있다.

환율의 결정과정

쉽게 말해 환율은 외국의 화폐, 즉 **외환**(foreign exchange)이라는 상품에 붙여진 가격을 뜻한다. 일반 상품의 가격이 수요와 공급에 의해 결정되는 것처럼, 환율 역시 외환의 수요와 공급에 의해 결정된다. 외환의 수요와 공급이 만나 환율이 결정되는 곳을 외환시장(foreign exchange market)이라고 부른다.[6)]

외국으로부터 상품을 수입하거나 자산을 취득하기 위해서는 그 나라 화폐로 대가를 지불해야 한다. 따라서 우리나라 사람이 외국으로부터 상품이나 자산을 사들이려 할 때는 외환에 대한 수요가 발생하게 된다. 반면에 외국 사람이 우리나라로부터 상품이나 자산을 사들이려 할 때는 원화로 지급해야 하기 때문에 이를 얻기 위해 외화를 공급하게 된다. 이와 같이 외환에 대한 수요와 공급은 나라와 나라 사이에서 상품이나 자산이 이동해 가는 것과 밀접한 관련을 갖고 있다.

[그림 23-3]은 달러화에 대한 수요곡선과 공급곡선을 보여주고 있다. 그림의 수평축은 달러화의 거래량, 그리고 수직축은 원화의 대 달러 환율(₩/$)을 나타내고 있다. 환율은 1달러와 교환될 수 있는 원화의 크기를 뜻하므로, 이는 곧 달러화의 가격이라고 볼 수 있다. 지금 보는 그림은 달러라는 상품이 거래되는 시장을 묘사하고 있는데, 앞에서 본 바 있는 여느 상품시장의 그림과 전혀 다를 바 없다.

그렇다면 수요곡선과 공급곡선이 그림에서 보는 것과 같은 모양을 갖는 것은 어떤 이유에서일까? 우선 공급곡선의 모양에 대해 알아보기 위해, 원화의 대 달러 환율이 1,000 : 1에서 1,200 : 1로 올랐다고 하자. 그렇게 되면 우리 기업이 수출하는 상품의 달러표시 가격이 내려가게 되고, 이에 따라 우리나라의 수출은 늘어나게 된다. 예를 들어 우리나라에서 1천 8백만원의 가격표가 붙은 자동차가 종전에는 1만 8천 달러의 가격에 수출되었지만, 환율이 오르고 난 다음에는 1만 5천 달러로 수출가격이 낮아지는 것이다.

이와 동시에 환율이 올라가면 우리나라 주식이나 채권 같은 자산의 달러표시 가격이 떨어져 이들에 대한 외국인의 투자도 늘어나게 될 것이다. 똑같은 가치를 갖는 자산을 더 싼 가격에 살 수 있다면 투자자들은 당연히 투자대상으로서 더 매력적이라고 인식하게 된다. 지금까지의 논의를 종합해 보면 환율이 올라감에 따라 달러화, 즉 외환의 공급량이 증가할 것이라는 결론에 도달한다. 따라서 외환의 공급곡선은 그림에서 보는 것처럼 우상향하는 모양을 갖는다.

이번에는 환율이 오를 때 외환에 대한 수요가 어떤 영향을 받게 되는지 살펴보기로 하자. 환율이 오르면 외국 상품의 원화표시 가격이 오를 것이므로 우리나라의 수입은 줄어들 것이다. 예를 들어 미국에서 8백 달러에 팔리는 아이폰의 국내가격이 1,000 :

6) 외환시장이란 증권거래소 같은 특정 거래소를 뜻하는 것이 아니라, 외환 거래가 일어나는 모든 장소를 뜻하는 추상적인 개념이다. 예를 들어 시중은행의 외환 창구가 외환시장의 일부를 구성하고 있다.

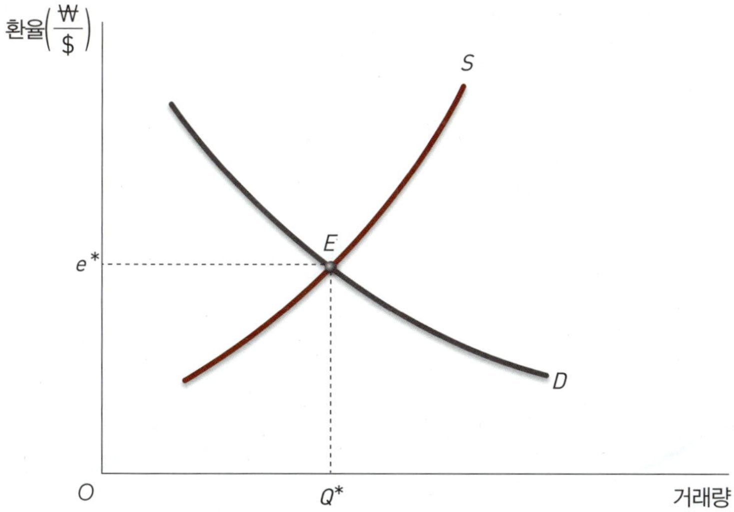

그림 23-3

외환시장의 균형

환율은 외환의 가격이라고 볼 수 있는데, 여느 상품의 가격과 마찬가지로 수요와 공급의 상호작용에 의해 결정된다.

1의 환율하에서는 80만원이지만, 환율이 1,200 : 1로 오르면 96만원이 된다. 또한 외국 자산의 원화표시 가격도 올라갈 것이기 때문에 우리나라 사람들이 사들이는 외국 자산의 규모도 줄어들게 된다. 이는 환율이 올라감에 따라 달러화에 대한 수요량이 줄어들 것임을 뜻한다. 따라서 외환에 대한 수요곡선은 그림에서 보는 것처럼 우하향하는 모양을 갖는다.

외환시장의 균형은 여느 상품시장의 경우와 마찬가지로 수요곡선과 공급곡선이 교차하는 점에서 이루어진다. 즉 E점에서 균형이 이루어지는데, 이 점이 의미하는 환율 e^*가 바로 **균형환율**(equilibrium exchange rate)이 된다.

환율의 변화

예컨대 경기가 좋아져 국민소득이 더 커지면 환율에는 어떤 변화가 오게 될까? 국민소득이 커지면 소비지출도 함께 늘어날 것이고, 이에 따라 외국 상품의 수입도 늘어나게 된다. 따라서 외환에 대한 수요가 더 커지는데, [그림 23-4]의 (i)을 보면 D_0였던 수요곡선이 오른쪽으로 이동해 D_1이 되는 것으로 나타나 있다. 수요곡선이 이렇게 이동함에 따라 환율은 e'으로 올라가게 된다.

지금 보고 있는 것처럼, 경기가 좋아져 국민소득이 커지면 환율이 올라가게 된다. 이를 보면 환율의 상승을 반드시 부정적으로만 볼 필요는 없다는 것을 알 수 있다. 환율 상승이 우리 원화의 상대적 가치 하락을 의미한다

인천공항의 환전 창구

사람들이 여기서 외환을 사고팔기 때문에 이곳도 외환시장의 한 부분이라고 말할 수 있다.

그림 23-4

외환 수요곡선과 공급곡선의 이동

국민소득이 커지면 외환에 대한 수요가 늘어나는데, 그림 (i)에서 보는 것처럼 이 경우에는 환율이 e'으로 올라간다. 한편 국내 이자율이 상승하면 외환의 공급이 늘어나게 되는데, 그림 (ii)는 이 경우 환율이 $\hat{e}$으로 떨어지는 것을 보여주고 있다.

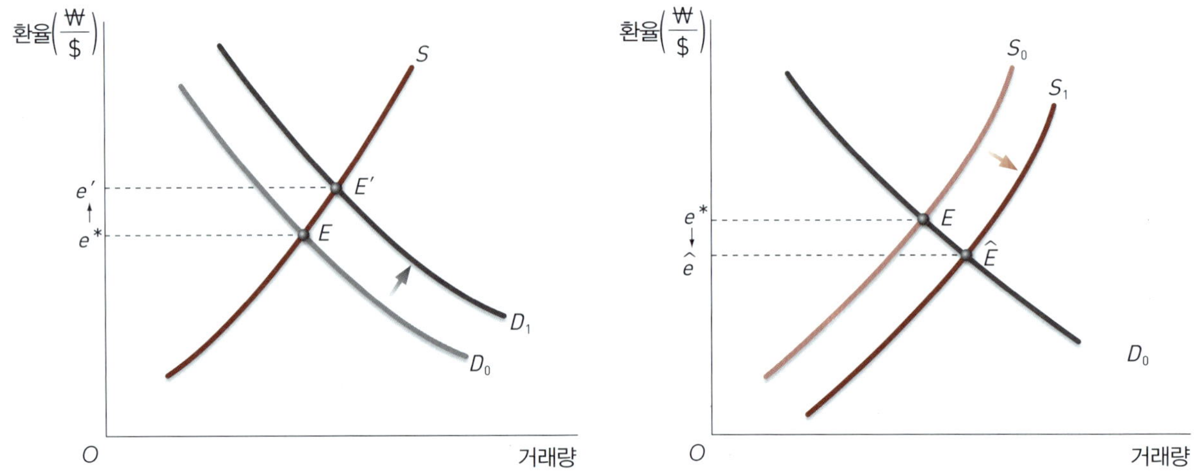

(i) 수요곡선의 이동 (ii) 공급곡선의 이동

는 것 그 자체는 맞는 말이다. 그리고 우리 기업의 국제경쟁력이 약화되거나, 우리나라의 물가상승률이 상대적으로 더 높아지면 환율이 올라가는 것 또한 사실이다. 그렇지만 반드시 우리 경제에 문제가 생겼기 때문에 환율이 올라가는 것만은 아니다. 우리 경제가 다른 나라 경제보다 상대적으로 더 빨리 성장하는 경우에도 환율이 올라가게 된다.

이번에는 국내 이자율이 상승한 경우를 생각해 보기로 하자. 국내 이자율이 상승하면 외국 사람들은 우리나라의 금융자산을 더 많이 구입하려고 할 것이다. 국내 이자율이 상승한다는 것은 우리나라 금융자산의 수익률이 더 커진다는 것을 뜻하기 때문이다. 그 결과 외환의 공급이 늘어, [그림 23-4]의 (ii)에서 보는 것처럼 S_0였던 공급곡선은 오른쪽으로 이동해 S_1이 된다. 그림을 보면 이렇게 국내 이자율이 상승하는 경우에는 환율이 $\hat{e}$으로 떨어지는 것으로 나타나 있다.

그 밖에도 외환의 수요곡선과 공급곡선은 수입성향의 변화, 국내 물가의 변화, 정치적 상황 등 여러 가지 이유에서 이동할 수 있다. 연습 삼아 독자들 스스로 이와 같은 변화들이 환율에 어떤 변화를 가져오게 될지 분석해 보기 바란다.

환율과 경상수지 23.3

대부분의 사람들이 환율이 올라가면 순수출이 증가한다는 것을 거의 당연하게 받아들이고 있다. 다시 말해 환율이 올라가면 경상수지 적자폭이 줄어들거나 흑자폭이 늘어나는 것을 당연하다고 믿는다는 뜻이다. 그러나 환율과 경상수지 사이의 관계가 그렇게 단순한 것만은 아니어서 좀 더 자세히 살펴볼 필요가 있다. 다음에 보게 될 마셜-러너 조건과 J-곡선효과는 환율과 경상수지 사이의 관계에 대한 상식적 견해가 틀릴 수도 있음을 말해 주고 있다.

마셜-러너조건

다른 조건이 똑같을 때, 우리 상품의 가격이 외국 상품에 비해 상대적으로 더 낮아지면 수출이 늘어나고 수입은 줄어든다. 그런데 수출품과 수입품 사이의 상대가격은 각 나라의 물가수준과 환율에 의해 결정된다. 우리나라와 다른 나라의 물가수준이 주어진 상태에서 환율(e)이 올라가면 우리나라의 순수출이 늘어날 것으로 예상할 수 있다. 환율 상승으로 인해 우리나라 상품의 가격이 외국 상품에 비해 상대적으로 더 낮아져 수출이 늘어나고 수입은 줄어드는 결과가 나타나기 때문이다.

예를 들어 종전에는 원화의 대 달러 환율이 1,000 : 1이었는데 1,200 : 1로 올랐다고 하자. 자동차의 국내가격이 대당 1천 8백만원이라고 할 때, 이와 같은 환율 변화는 자동차의 수출가격을 1만 8천 달러에서 1만 5천 달러로 낮추는 효과를 낸다. 한편 대당 가격이 8백 달러인 미국산 아이폰의 국내가격은 80만원에서 96만원으로 오르게 된다. 환율의 상승은 바로 이와 같은 상대가격의 변화를 통해 수출을 늘리고 수입을 줄이는 결과를 가져온다.

그런데 엄밀하게 말해 수출이 늘고 수입이 줄어든다는 것은 물량(quantity)이 그와 같이 변화한다는 것을 뜻한다. 환율의 상승이 금액(value)으로 따진 수출과 수입에 미치는 영향은 이와 다를 수 있다. 예컨대 환율이 올라가 수출 물량이 더 커져도 경우에 따라서는 (달러로 표시한) 수출액이 종전보다 더 작아질 수 있는 것이다. 따라서 환율이 올라가면 순수출이 늘어날 것이라는 예상은 현실과 다른 것일 수 있다.

앞에서 본 것처럼 환율 상승으로 인해 우리 자동차의 수출가격이 1만 8천 달러에서 1만 5천 달러로 떨어졌다고 하자. 그 결과 수출되는 물량이 20만 대에서 22만 대로 늘어났다면, 수출액은 36억 달러에서 33억 달러로 줄어들게 된다. 수출가격이 17%나 떨어졌는데 수출물량은 10%밖에 늘어나지 않았기 때문이다. 해외시장에서 우리 수출품에 대한 수요의 가격탄력성이 작을 때 이런 결과가 나타나기 쉽다.

한편 수입의 경우에는 환율이 올라감에 따라 (달러로 표시한) 수입액이 반드시 줄어들게 된다. 환율이 올라가도 수입품의 달러표시 가격에는 변화가 없는 반면 국내 가격이 올라가 수입 물량이 줄어들 것이기 때문에 수입액은 분명히 줄어드는 것이다. 그런데 수입액이 얼마나 줄어드는지는 국내 가격 변화에 대해 수입 물량이 얼마나 민감한 반응을 보이는지에 달려 있다. 예컨대 수입품의 국내가격이 올라가는데도 수입 물량이 그리 민감한 반응을 보이지 않으면 수입액은 별로 줄어들지 않는다.

앞에서 말한 것처럼 경상수지는 수출액에서 수입액을 뺀 나머지, 즉 순수출(X_n)과 같다. 순수출이 양(+)의 값을 갖는다는 것은 경상수지 흑자를 뜻하는 한편, 음(−)의 값을 갖는다는 것은 경상수지 적자를 뜻한다. 지금까지의 논의에서 환율 상승의 결과 경상수지 적자폭이 줄어들거나 흑자폭이 늘어난다는 보장이 없다는 것을 알 수 있다.

생각해 봅시다

환율이 떨어진다는 것은 원화가 그만큼 강세로 돌아섰다는 것을 뜻하는데, 이를 반기는 사람이 있는 반면 울상을 짓는 사람도 있다. 이와 같은 환율 변화를 반기는 사람의 대표적 예로 가족들을 외국에 보낸 기러기 아빠를 들 수 있다. 어느 한 기러기 아빠는 미국에 있는 가족에게 월 3천 달러를 송금하고 남은 돈으로 빠듯한 살림을 하고 있다. 환율이 1,100 : 1일 때는 330만원을 내야 그만큼의 달러를 살 수 있지만, 1,000 : 1로 떨어지면 300만원만 내도 된다. 그와 같은 환율 변화로 인해 그의 한 달 용돈에 30만원의 여유가 생기게 된 것이다.

그 사람과 비슷한 처지에 있는 다른 사람들의 예를 생각해 보는 것은 과히 어렵지 않다. 유학이나 해외 연수, 혹은 관광 등 이런저런 이유로 해외에 나가는 사람들이 원화 강세를 반기게 될 것이다. 또한 해외에 나가는 사람들뿐 아니라 국내에 머물고 있는 사람들도 환율 하락에서 이득을 얻을 수 있다. 예를 들어 자동차를 운전하고 다니는 수많은 사람들에게 환율 하락은 반가운 소식이 아닐 수 없다. 환율이 떨어지면 휘발유 가격도 따라서 떨어질 것이기 때문이다.

반면에 환율이 떨어질 때 울상을 짓는 사람들도 많다. 외국에 나가 일을 해 달러로 보수를 받는 사람들이나 달러로 표시된 외국 자산에 투자한 사람들이 바로 그런 부류에 속한다. 그런데 환율 하락으로 인해 가장 큰 타격을 받는 것은 개인들이 아니고 수출을 많이 하는 기업들이다. 경쟁력이 상대적으로 떨어지는 중소기업은 물론, 대기업까지도 환율 하락에 울상을 짓게 된다.

당연한 말이지만, 기업이라고 해서 모두가 환율 하락 때문에 손해를 보는 것은 아니다. 기업들 중에도 상황에 따라 환율 하락을 반기는 경우가 얼마든지 있을 수 있다. 환율 하락의 혜택을 톡톡히 누리고 있는 산업의 대표적 사례로 항공운수업을 들 수 있다. 이 산업 안 기업들의 채산성에 가장 큰 영향을 미치는 것은 연료비일 텐데, 환율 하락은 수입 연료의 원화 가격을 떨어뜨려 엄청난 비용절감 효과를 가져다주기 때문이다.

환율 하락으로 인해 이득을 보는 기업들이 적지 않은데도 모든 기업들이 환율 하락을 싫어하는 것 같은 인상을 받는 것은 우리나라 기업들의 수출의존도가 워낙 높기 때문이다. 기업 하면 우선 수출을 떠올릴 정도로 수출의존도가 높다 보니 환율이 조금만 떨어져도 여기저기서 못 살겠다는 아우성이 나오는 것이다.

생각해 보기

(1) 구체적인 예를 들어 환율이 떨어지면 달러로 표시된 외국 자산에 투자한 사람들이 왜 울상을 짓게 되는지 생각해 보자.

(2) 해외에서 상품을 수입해 판매하는 사람의 입장에서 보면 환율 하락이 반가울 것인지 그렇지 않을 것인지 생각해 보자.

(3) 환율이 떨어지면 소비자물가지수와 GDP디플레이터에 각각 어떤 직접적 영향이 올까?

환율 상승이 순수출을 증가시키는 결과를 가져오기 위해서는 수출 물량이 비교적 큰 폭으로 늘어나는 동시에 수입 물량이 비교적 큰 폭으로 떨어져야 한다.

이를 바꾸어 표현하면 우리 수출품에 대한 외국의 수요가 상당히 큰 가격탄력성을 갖는 동시에, 수입품에 대한 우리의 수요도 상당히 큰 가격탄력성을 가져야 한다는 것이 된다. 이를 좀 더 엄밀하게 표현한 것이 바로 **마셜-러너조건**(Marshall-Lerner condition)인데, 앞에서 말한 두 탄력성의 합이 1보다 더 커야 한다는 것을 그 내용으로 하고 있다. 이 조건이 충족되어야만 환율 상승이 경상수지 적자폭을 줄이거나 흑자폭을 늘리는 효과를 내게 된다.

마셜-러너조건

환율 상승이 순수출을 증가시키는 효과를 가져오기 위해서는 우리 수출품에 대한 외국 수요의 가격탄력성과 수입품에 대한 우리 수요의 가격탄력성의 합이 1보다 더 커야 한다는 조건

J-곡선효과

현실의 경험에 비추어 보면, 환율이 올라간 직후에는 순수출이 오히려 줄어들고 상당한 시간이 지나고 나서야 늘어나기 시작하는 경우가 대부분이다. 다시 말해 t_0의 시점에서 환율이 올라갔을 때 순수출은 [그림 23-5]에서 보는 것처럼 뉘어놓은 J자 모양의 경로를 따라 변화해 가는 것이 일반적 현상이다. 이와 같은 현상을 가리켜 환율 변화와 관련한 **J-곡선효과**(J-curve effect)라고 부른다.

J-곡선효과

환율이 올라간 직후에는 순수출이 줄어들고 상당한 시간이 지나고 나서야 늘어나기 시작하는 현상을 가리키는 말

현실에서 이 효과가 나타날 가능성이 높은 이유로 다음 두 가지를 들 수 있다. 우선 국제무역의 양상이 환율 변화에 반응하는 데는 상당한 시간이 소요된다는 점을 들 수 있다. 환율이 변화해 상대가격이 변화하더라도 수출, 수입 물량이 즉각 이에 맞춰 변화하리라고 기대하기는 힘들다. 소비자들이 가격 변화에 따라 소비습관을 바꾸는 데는 상당한 시간이 걸리기 마련이다. 이에 따라 환율 상승이 일어난 직후에는 앞에서 본 마셜-러너조건이 충족되지 못할 가능성이 매우 높다.

또 다른 이유로는 환율 변화가 수입품의 국내가격에 즉각 반영되지는 않는다는 점을 들 수 있다. 앞에서 본 것처럼 환율이 1,000 : 1에서 1,200 : 1로 올라도 수출가격

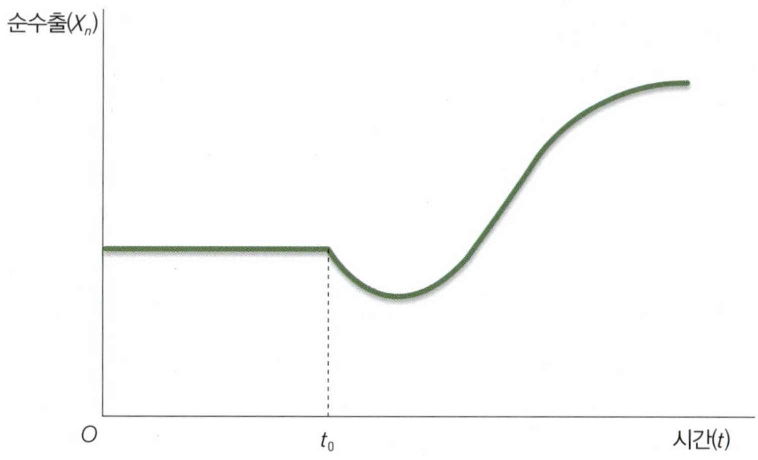

그림 23-5

J-곡선효과

t_0의 시점에서 환율이 올라갔을 때, 그 직후에는 순수출이 줄어들었다가 상당한 시간이 지나고 나서야 다시 늘어나기 시작하는 것을 볼 수 있다.

이 8백 달러인 미국산 아이폰의 국내가격이 즉각 96만원으로 오를 가능성은 그리 크지 않다. 수출업자가 아이폰 매출이 급격히 줄어들 것을 우려해 일단 (달러 표시) 수출가격을 내리고 보는 경우가 대부분이기 때문이다. 이런 상황이 한동안 계속되어 어쩔 수 없이 수출가격을 원래의 수준으로 다시 올려야 한다고 느끼게 될 때 비로소 수입품의 국내가격 상승이 본격화되기 시작하는 것이다.

23.4 환율에 관한 여러 가지 이론

환율이 구체적으로 어떻게 결정되느냐에 대한 여러 가지 이론이 존재하는데, 외환의 수요와 공급에 영향을 주는 여러 요인 중 어느 것에 중점을 두느냐에 따라 이론이 달라진다. 예를 들어 재화와 서비스의 거래, 즉 경상거래(current transactions)가 환율 결정에 가장 중요한 역할을 한다고 보는 이론이 있는가 하면, 금융거래(financial transactions)를 더욱 중요하게 고려하는 이론도 있다.

구매력평가설

환율은 두 나라 화폐 사이의 구매력 차이를 반영해 똑같은 상품에 대해 똑같은 가격이 형성되는 수준에서 결정된다고 설명하는 이론

구매력평가설

'일물일가의 법칙'은 똑같은 상품이라면 모든 시장에서 똑같은 가격에 거래되어야 함을 요구한다. 만일 똑같은 상품이 여러 가지 다른 가격으로 거래된다면 누구라도 손쉽게 큰돈을 벌 수 있다. 그 상품을 싸게 파는 곳에서 산 후 비싸게 파는 곳에 가져가 팔면 아무런 위험을 부담하지 않고 쉽게 이익을 볼 수 있기 때문이다. 따라서 가격이 낮았던 곳에서는 차츰 올라가는 반면 높았던 곳에서는 내려가, 결국 똑같은 상품이라면 어디에서나 가격이 같아지는 '일물일가의 법칙'이 성립하게 된다.

나라와 나라 사이에서도 이와 비슷한 일이 일어나, 각 상품의 가격이 모든 나라에서 서로 같아지는 결과가 나타날 수 있다. 바로 이런 결과가 나오도록 환율이 결정된다고 보는 것이 **구매력평가설**(purchasing power parity)의 요지다. 예를 들어 쌀 5kg, 양말 두 켤레, 그리고 사과 20개로 구성된 상품묶음이 있다고 하자. 2022년 1월 1일 현재의 가격으로 이를 산다고 할 때, 우리나라에서는 12만원, 그리고 미국에서는 120달러의 가격을 지불해야 한다. 그 상품묶음의 가격이 두 나라에서 똑같아지려면 환율이 1달러당 1,000원의 수준에 형성되어야 한다. 이렇게 나라와 나라 사이에서도 일물일가의 법칙이 성립할 수 있게끔 환율이 결정된다고 보는 것이 바로 구매력평가설이다.

나라와 나라 사이에서 일물일가의 법칙이 성립하고 있다면 구매력평가설은 현실의 환율 동향을 잘 설명해 줄 수 있다. 그렇지만 나라와 나라 사이에서 상품이 이동하는 데는 운임 같은 여러 가지 거래비용이 들 뿐 아니라, 시간도 많이 소요되는 것이 보통이다. 그러므로 현실에서는 나라와 나라 사이에 언제나 일물일가의 법칙이 성립하기를

기대하기 힘들다. 그렇기 때문에 구매력평가설은 환율의 장기추세를 설명하는 데 적합할 뿐, 단기적인 변동을 설명하는 데는 적합하지 못하다는 평가를 받는다.

또한 비교역재(non-tradable goods)라고 부르는 상품의 존재가 구매력평가설의 현실설명력을 떨어뜨리는 요인이 된다. 한 나라에서 거래되는 상품 중에는 국제무역의 대상이 되기에 부적합한 상품들이 많이 포함되어 있는데 이들을 비교역재라고 부른다.[7] 상품의 성격상 그 나라 사람들만 소비하는 것이라든지, 운송이 힘들거나 이에 많은 비용이 드는 상품이 비교역재의 범주에 속한다.[8] 당연한 말이지만 이런 상품의 경우에는 구매력평가설이 적용될 여지가 없다.

도쿄 아사쿠사의 전통거리

이 거리에서 파는 물건들은 비교역재의 성격을 가져 구매력평가설의 현실설명력을 떨어뜨리는 요인이 된다.

이자율평가설

실제로는 경상거래뿐 아니라 금융거래 역시 환율에 큰 영향을 미친다. 외국의 부동산이나 주식 같은 자산을 구입하게 되면 외환에 대한 수요가 늘어난다. 이와 반대로 외국 사람이 우리 자산을 구입할 때는 외환의 공급이 늘어나게 된다. 국제자본시장이 날로 커져 가고 있어, 요즈음 금융거래는 그 절대적 규모나 성장률에서 경상거래를 압도하고 있다. 단기적인 환율 변동은 주로 이와 같은 금융거래에 의해 결정된다고 보는 것이 경제학자들의 일반적 견해다.

투자자들은 해외 투자로부터 얻을 수 있는 기대 수익률을 계산한 다음, 이를 국내 자산의 수익률과 비교해 어느 쪽에 투자할 것인지 결정한다. 다른 조건이 일정하다면, 외국의 이자율이 높을수록 해외 투자의 기대 수익률이 더 높아진다고 말할 수 있다. 따라서 국내 이자율에 비해 외국의 이자율이 상대적으로 더 높을수록 해외 투자의 매력은 더욱 커지게 된다. 이는 국내 이자율의 하락이 해외 투자의 상대적 매력을 더 크게 만든다는 것을 뜻한다.

그러므로 국내 이자율이 떨어지면 우리나라 사람들이 더 많은 해외 투자를 하게 되고, 이에 따라 외환에 대한 수요가 늘어나 환율이 올라가게 된다. 반면에 국내 이자율이 올라가면 우리나라 자산의 상대적 매력이 더 커져 외국 사람들의 투자가 늘어나고, 그 결과 외환의 공급이 늘어나 환율이 내려가게 될 것이다.[9] 지금 설명하고 있는 것처

7) 이와 대조적으로 교역 대상이 되기에 아무런 문제가 없는 상품을 '교역재'(tradable goods)라고 부른다.

8) 전통의상이나 음식, 또는 이발서비스나 세차서비스 같은 서비스 상품이 비교역재의 대표적 예가 된다.

9) 우선 외환을 원화로 바꿔야 우리나라의 금융자산을 구입할 수 있기 때문에 외환을 더 많이 공급하게 되는 것이다.

이자율평가설

국내 이자율의 움직임을 통해 환율 변동을 설명하는 이론

럼 국내 이자율의 움직임을 통해 환율 변동을 설명하는 이론을 **이자율평가설**(interest rate parity)이라고 부른다. 이와 같은 국내 이자율의 움직임과 환율 사이의 관계를 요약하면 아래와 같다.

국내 이자율 하락 ⇒ 환율 상승
국내 이자율 상승 ⇒ 환율 하락

이처럼 이자율의 변화는 금융거래에 영향을 주어 환율의 변화를 일으키게 된다. 따라서 한 나라의 이자율 정책은 모든 나라의 공동관심사가 될 수밖에 없다. 독일이 통일 직후 인플레이션 위협에 대처하기 위해 고금리정책을 채택하자 다른 유럽 국가들이 이에 대해 노골적인 불만을 표시한 것이 그 좋은 예다. 특히 요즈음처럼 국가 간의

생각해 봅시다

환율이 너무 큰 폭으로 떨어지면 환율을 방어하기 위해 무언가 조치를 취해야 한다고 요구하는 목소리가 높아진다. 대부분의 나라가 명목상으로는 외환에 대한 수요와 공급에 의해 환율이 결정되는 변동환율제도를 채택하고 있지만, 환율을 원하는 방향으로 이끌기 위해 정부가 외환시장에 종종 개입하는 것이 사실이다. 아래의 신문기사는 엔화 가치의 상승으로 어려움을 겪고 있는 일본 정부가 실제로 환율 방어를 위해 외환시장에 개입하고 있는 사례를 생생하게 보여주고 있다.

일본이 지난달 31일 단행한 외환시장 개입 규모가 10조 엔(약 140조원)에 달했다고 아사히신문이 1일 보도했다. 이 신문에 따르면 일본 재무성과 일본은행의 이번 외환시장 개입 규모는 10조 엔으로 종전 사상 최대 규모였던 지난 8월 4일의 4조 5천억 엔을 크게 상회했다. 재무성과 일본은행은 2003년 1월부터 2004년 3월에 걸쳐 모두 35조 엔의 시장 개입을 한 적이 있지만 이번엔 단 한 차례에 천문학적인 규모의 엔화를 투입해 달러를 사들였다.

……………………………

일본 정부의 시장 개입으로 이날 오전 7시 40분 현재 국제 외환시장에서 엔화는 달러당 78.25엔대에서 거래되고 있다. 시장 개입이 이뤄지기 직전인 지난달 31일 오전 한때 75.32엔까지 치솟았던 데 비하면 3엔 정도 엔화 값이 떨어졌다.

(『연합뉴스』, 2011년 11월 2일 자)

생각해 보기

(1) 환율이 너무 떨어지면 경제에 어떤 문제가 생기게 될까?
(2) 정부가 외환시장에 너무 자주 개입하면 어떤 문제가 생길 수 있을까?
(3) 환율을 방어하기 위한 개입의 결과 우리나라의 외환보유액에 어떤 변화가 올 것인지 예상해 보자.

빅맥지수(Big Mac index)

구매력평가설과 관련해 *The Economist*지는 1986년부터 한 가지 재미있는 조사를 실시해 오고 있다. 전 세계 120여 개국에서 공통된 규격과 품질로 팔리고 있는 맥도날드사의 빅맥(Big Mac) 햄버거의 각 나라 현지 가격을 조사해 현실의 환율이 구매력평가 환율과 얼마나 차이가 나는지 조사해 온 것이다.

이 조사에 따르면 2021년 1월 현재 한국에서의 빅맥 가격은 4,500원으로, 당시의 환율(1,139 : 1)로 계산해 보면 4.1달러에 해당한다. 바로 그때 미국 내 빅맥의 가격이 5.66달러였으므로 서울에 온 미국인들은 미국에서보다 28%나 싼 가격에 사먹을 수 있다고 느꼈을 것이다.

〈표 23-2〉를 보면, 조사대상이 된 나라 중 스위스가 7.29달러로 가장 비쌌던 반면, 러시아가 1.81달러로 가장 쌌다는 것을 알 수 있다. 이는 그 당시 스위스 프랑화가 달러화에 대해 29%나 고평가되어 있는 한편, 러시아의 루블화는 68%만큼 저평가되어 있었다는 것을 뜻한다. 다른 나라들로부터 많은 지적을 받고 있는 중국의 위안화도 39%나 저평가되어 있다는 것을 알 수 있다.

빅맥지수는 현실의 환율이 구매력평가 환율과 얼마나 차이가 나는지를 알아보기 위하여 고안되었다. 그러나 바꾸어 생각해 보면 빅맥지수는 구매력평가설이 현실의 환율 동향을 설명하는 데 얼마나 유용한 이론인지를 알아보는 기준으로 사용될 수도 있다. 빅맥지수의 변화 추이를 살펴보면 실제 환율은 구매력평가 환율과 상당한 차이를 보이고 있음을 발견하게 된다.

중국의 한 맥도날드점

여기서 햄버거를 사먹으면 다른 나라들에서보다 더 적은 돈이 든다.

최근 *The Economist*지는 스타벅스지수(Starbucks index)를 계산해 빅맥지수와 비교해 보는 흥미로운 작업에 착수했다. 스타벅스사의 커피가 각국에서 얼마의 가격에 팔리는지를 조사해 지수화한 것이 스타벅스지수다. 좀 더 구체적으로 말해 이 회사의 대표적 상품이라고 할 수 있는 작은 크기 카페 라테(caffe latte)의 가격을 비교해 이 지수를 만들었던 것이다.

빅맥지수에 따르면 큰 폭으로 고평가되어 있는 스위스의 프랑화가 스타벅스지수상으로도 역시 크게 고평가되어 있는 것으로 나타난다. 그러나 중국 위안화의 경우에는 두 지수가 상반된 정보를 제공해 관심을 끌고 있다. 앞에서 말한 것처럼, 빅맥지수를 보면 위안화가 큰 폭으로 저평가된 화폐로 나타난다. 그러나 스타벅스지수를 보면 위안화를 결코 저평가된 화폐로 볼 수 없다는 결론이 나온다는 것이다.

표 23-2 빅맥지수

나 라	국내 가격	달러 가격	고평가(+) 정도(%)
미국	$5.66	5.66	0
노르웨이	KR52.00	6.09	8
스위스	SF6.50	7.29	29
브라질	R$21.90	3.98	−30
캐나다	C$6.77	5.29	−7
유로지역	€4.25	5.16	−9
영국	£3.29	4.44	−22
오스트레일리아	A$6.48	4.98	−12
한국	₩4,500	4.10	−28
필리핀	PHP142.00	2.95	−48
일본	¥390.00	3.74	−34
멕시코	MXN54.00	2.68	−53
중국	Yuan22.40	3.46	−39
러시아	Rouble135.00	1.81	−68
인도	INR190.00	2.59	−54
우크라이나	UAH62.00	2.20	−61

자료 : *The Economist*지, 2021년 1월 13일 자

상호의존(interdependence)이 더 커져 가는 상황에서는 한 나라의 이자율 정책뿐 아니라 모든 경제정책이 다른 나라에 적지 않은 영향을 주게 된다. 그러므로 정책 선택의 문제와 관련해 국제적 협력의 필요성이 점차 높아지고 있다.

23.5 변동환율제도와 고정환율제도

변동환율제도
외환의 수요와 공급에 의해 환율이 자유롭게 결정되는 제도

고정환율제도
정부가 환율을 일정한 수준에 정해 놓고 외환시장 개입을 통해 이를 유지하는 제도

앞에서 환율은 여느 상품과 마찬가지로 외환의 수요와 공급에 의해 결정된다고 설명한 바 있다. 이렇게 환율이 외환의 수요와 공급에 의해 자유롭게 결정되도록 만든 제도가 바로 **변동환율제도**(floating exchange rate system)다. 그러나 현실에서는 환율이 이와 다른 방식으로 결정되는 경우도 흔하다. 예를 들어 **고정환율제도**(fixed exchange rate system)를 채택하는 경우에는 정부가 환율 결정에 직간접적으로 영향을 미치게 된다. 고정환율제도하에서는 환율이 외환시장에서 결정되도록 놓아두지 않고 정부가 이를 결정해 그 수준을 계속 유지하도록 노력한다.[10] 이 절에서는 우선 환율제도의 역사적 변천과정을 살펴보고, 변동환율제도와 고정환율제도가 갖는 장단점을 비교해 보기로 한다.

금본위제도와 브레튼우즈체제

금본위제도
화폐의 가치가 금의 무게와 일정한 관계를 갖도록 만들어 놓은 제도

화폐의 가치가 금의 무게와 일정한 관계를 유지하도록 만들어 놓은 **금본위제도**(gold standard)는 고정환율제도의 대표적인 예라고 말할 수 있다. 이 제도를 채택하는 나라의 정부는 일정한 무게의 금으로 화폐를 주조하거나, 금이 아닌 다른 재료로 화폐를 만들 경우에는 일정한 무게의 금으로 바꿔 주는 것을 보장한다. 이렇게 화폐와 금의 교환비율이 일정하게 주어져 있는 금본위제도의 성격 때문에 이 제도를 선택하는 나라는 자동적으로 고정환율제도를 선택한 결과가 나타난다.

예를 들어 금과 달러화 사이의 교환비율이 금 1온스당 35달러인 한편, 파운드화와의 교환비율은 금 1온스당 7파운드라고 하자. 금 가격은 어디에서나 똑같을 것이므로 35달러와 7파운드가 같은 가치를 가져야 하는데, 이는 달러의 대 파운드 환율이 1파운드당 5달러에 고정될 것임을 뜻한다. 이 예에서 보는 바와 같이 금본위제도하에서는 금을 매개로 하여 자동적으로 환율이 고정되는 결과가 나타난다.

브레튼우즈체제
제2차 세계대전이 끝난 직후 형성되어 1970년대 초반에 이르는 기간 동안 세계경제질서를 주도한 체제로 고정환율제도에 기초를 두고 있었음

고정환율제도의 또 다른 예로는 **브레튼우즈체제**(Bretton Woods system)하의 세계경제질서를 들 수 있다. 제2차 세계대전이 끝나갈 무렵인 1944년 연합국의 대표들은

10) 그렇다고 해서 환율이 언제나 똑같은 수준에 머물러 있는 것도 아니고 외환시장의 상황을 완전히 무시하는 것도 아니다. 외환시장의 상황을 보아 가면서 수시로 환율을 적절하다고 생각되는 수준으로 조정해 나가기 때문이다.

미국의 브레튼우즈에 모여 전후의 세계경제질서에 대해 논의하게 되었다. 이 회의에서 합의된 바에 따라 형성된 체제가 바로 브레튼우즈체제인데, 이것이 1970년대 초반까지 세계경제질서를 주도하고 있었다.

브레튼우즈 회의의 두 주역

미국 재무부 차관보였던 화이트(H. White, 왼쪽)와 영국 재무부의 고문이었던 케인즈(J. M. Keynes, 오른쪽)가 브레튼우즈 회의의 흐름을 이끌었다.

각 나라의 화폐 가치가 금의 무게에 고정된 금본위제도와 달리, 브레튼우즈체제하에서는 미국 달러화의 가치만이 금 1온스당 35달러의 수준에 고정되었다. 그리고 다른 나라의 화폐는 미국 달러화에 그 가치를 고정시켜 양자 사이에 일정한 교환비율을 유지하게 만들었다. 그 결과 상이한 화폐 사이의 교환비율, 즉 환율이 자동적으로 고정되는 결과가 나타났다. 예를 들어 브레튼우즈체제의 출범 당시 영국 파운드화의 가치는 1파운드당 4.8달러로 고정되었으며, 일본 엔화는 1달러당 360엔의 수준에 고정되었다. 이것은 엔화의 대 파운드화 환율이 1파운드당 1,728엔의 수준에 고정되었다는 것을 뜻한다.

그런데 브레튼우즈체제는 1960년대 중반 이후 미국의 만성적 국제수지 적자 때문에 점차 불안한 양상을 보이기 시작했다. 설상가상으로 달러화의 가치 하락을 예상한 환투기자들이 달러화를 대량으로 팔기 시작함에 따라 불안은 더욱 가중되기에 이르렀다. 그 결과 미국의 금 보유량은 급격하게 줄기 시작했고, 보유하던 금의 반 이상을 잃게 된 미국의 닉슨(R. Nixon) 대통령은 1971년 8월 달러화의 평가절하와 함께 금 태환의 정지를 선언했다.[11] 이것은 고정환율제도를 의미했던 브레튼우즈체제가 그 종말을 맞게 되었음을 의미했다. 1973년 미국의 달러화가 또다시 평가절하된 것을 계기로 이제 세계경제질서는 변동환율제도로 옮겨가게 되었다.[12]

변동환율제도와 고정환율제도의 장단점

고정환율제도의 가장 큰 장점으로는 환율 변화와 관련한 불확실성이 없어 국제거래가 촉진될 수 있다는 점을 들 수 있다. 환율이 일정한 수준에 유지되면 교역당사자가 예기치 않은 환율 변동으로 인한 위험을 부담하지 않아도 되며, 환율 변동을 예측하기 위해 지출하는 비용도 절감할 수 있다. 반면에 변동환율제도하에서는 환율과 관련한 불확실성이 국제거래를 위축시키는 결과를 가져올 뿐 아니라, 환율 변화를 통해 이득을 얻으려는 투기가 성행하게 된다는 문제점도 발생할 수 있다.

11) 금 태환의 정지를 선언했다는 것은 달러를 금으로 바꿔 주지 않겠다는 것을 뜻한다.

12) 현재의 환율제도는 각국 정부가 필요에 따라 외환시장에 개입한다는 점에서 순수한 의미의 변동환율제도와 약간 다르다. 이런 환율제도를 관리변동환율제도(managed floating exchange rate system)라고 부른다.

생각해 봅시다

고정환율제도가 바람직하다고 생각하는 사람들은 환율을 안정적으로 유지함으로써 외환투기를 막을 수 있는 장점이 있다고 말한다. 이들의 말에 따르면, 변동환율제도하에서는 투기행위가 많이 일어남에 따라 환율이 극도로 불안해지는 결과가 빚어질 가능성이 있다. 상식적으로 생각할 때 투기의 만연은 가격의 불안정성을 가져오기 십상이다.

그러나 투기행위가 오히려 환율의 안정에 기여하는 결과를 가져온다는 반론을 펴는 경제학자도 있다. 그들은 외환투기를 하는 사람이 어떤 상황에서 어떤 행동을 하는지를 잘 생각해 보라고 말한다. 예를 들어 달러의 가치가 너무 높다고 생각하면 달러를 내다 파는 반면, 너무 낮다고 생각하면 사들이는 전략을 채택한다는 것이다. 그렇게 함으로써 달러의 가격이 큰 폭으로 요동치는 것을 막는 역할을 한다는 것이 그들의 주장이다.

고정환율제도를 채택한다 해서 언제나 환율이 일정 수준에 고정되어 있는 것은 아니다. 상황에 따라 환율을 재조정해 나가는 것이 보통인데, 환율 재조정이 임박한 시점이 되면 많은 사람들이 이를 예측하게 된다. 그 결과 극심한 외환투기가 일어날 가능성이 있는데, 그렇다면 고정환율제도하에서 투기가 더욱 성행하게 될지도 모른다.

생각해 보기

(1) 예를 들어 중국 위안화의 대 달러 환율이 7 : 1인데 중국과 미국 정부의 개입으로 인해 곧 5 : 1로 재조정될 가능성이 매우 높은 것으로 점쳐진다고 하자. 이 상황에서 외환투기를 하는 사람은 달러화와 위안화 중 어느 쪽을 팔고 어느 쪽을 사려고 할까?

(2) 만약 많은 사람이 그와 같은 방향으로 투기를 한다면 양국 정부가 개입을 하지 않아도 위안화의 대 달러 환율이 내려갈 가능성이 커진다. 왜 그렇게 되는지 그 이유를 생각해 보자.

그러나 이와 같은 설명이 전혀 설득력을 갖지 못한다고 생각하는 경제학자들도 많다. 그들은 우선 고정환율제도라고 해서 환율이 항상 고정되어 있는 것은 아니라는 점을 지적한다. 이 제도하에서도 외환시장에 구조적 불균형이 발생하면 환율은 결국 재조정되어야 한다. 이 경우 환율을 대폭적으로 조정해야 할 필요가 생기기 때문에, 어떤 의미에서 보면 변동환율제도보다 환율의 불안정성이 더욱 크다고 볼 수도 있다.[13)]

또한 환율 재조정이 임박했을 때 외환투기를 하는 사람들이 이를 쉽게 예측할 수 있어 극심한 투기를 불러일으킬 소지를 안고 있다는 문제점도 있다. 변동환율제도를 지지하는 학자들은 1973년에 변동환율제도로 이행한 후 과거에 비해 세계 교역량이 줄어들었거나 외환과 관련한 위험이 더 커졌다는 증거가 없다는 사실을 강조하고 있다.

나아가 고정환율제도하에서는 해외의 경기변동이 곧바로 국내의 경기변동으로 파급되는 결과가 빚어진다는 문제점을 지적하는 사람도 있다. 예를 들어 다른 나라에 불황이 발생하면 우리나라의 수출이 줄어드는 결과가 빚어진다. 수출이 줄어든다는 것

13) 결국 두 환율제도 중에서 어느 쪽이 더욱 안정적인가는 조금씩 자주 변화하는 환율과 가끔씩 큰 폭으로 변화하는 환율 중 어느 쪽을 더욱 안정적인 것으로 보는지에 대한 견해 차이에 달려 있다고 말할 수 있다.

은 외환의 공급량이 줄어든다는 것을 뜻하므로, 환율이 고정된 상태에서는 외환에 대한 초과수요가 발생하게 된다. 원래 주어진 환율에서 외환의 수요량은 종전과 다름이 없는데 공급량이 줄어들기 때문에 초과수요가 발생하는 것이다.

이렇게 외환에 대한 초과수요가 발생한 상황에서 환율을 일정한 수준에 유지하려면 긴축정책을 채택해 외환에 대한 초과수요를 줄여야 한다. 이 초과수요를 그대로 놓아두면 환율 상승의 압박이 발생하기 때문이다. 그런데 긴축정책을 쓰면 국내 경제에 불황이 발생하고 실업이 늘어나는 결과가 나타나게 된다. 이는 고정환율제도하에서 해외의 불황이 국내로 파급되는 결과가 빚어진다는 것을 뜻한다.

반면에 변동환율제도하에서는 외환시장의 수급 불균형이 환율 변동을 통해 자동적으로 조정되기 때문에 해외의 경기변동이 국내로 파급되는 일은 나타나지 않는다. 앞서 든 예에서처럼 다른 나라에서 불황이 발생해 외환에 대한 초과수요가 발생하면 환율이 즉각 변화해 균형을 회복할 수 있다. 따라서 긴축정책을 쓸 필요가 없는데, 이처럼 변동환율제도하에서는 국내의 경제 상황만 고려해 통화·재정정책을 자유롭게 운영할 수 있다.

이것을 변동환율제도가 갖는 하나의 장점으로 볼 수 있겠지만, 오히려 단점으로 보아야 한다는 생각을 갖고 있는 사람들도 있다. 예컨대 정부가 환율에 주는 영향을 무시하고 국내 경기부양에만 집착한다면 경기확장 정책을 너무 자주 채택해 물가 불안을 일으킬 가능성이 있기 때문이다. 방만한 통화정책으로 인해 초인플레이션을 경험한 나라들일수록 고정환율제도로 복귀하는 것을 강력하게 희망하는 이유가 바로 여기에 있다.

날 위해 울지 마세요, 아르헨티나

(Don't cry for me, Argentina)

제1차 세계대전 전후만 하더라도 아르헨티나는 세계 10대 부국에 속할 만큼 부유한 나라였다. 드넓은 땅에 각종 자원도 풍부해 미국에 버금가는 잠재력을 갖고 있는 나라로 인정받고 있었다. 그 뒤 정치적 불안이 지속되면서 경제도 차츰 활력을 잃어 갔는데, 대중의 인기에 영합하는 페론(J. Peron) 대통령의 포퓰리즘 정책이 특히 큰 타격을 준 것으로 알려져 있다.

지난 몇십 년 동안 물가가 천정부지로 솟아오르는 등 아르헨티나 경제는 계속 위기상태를 벗어나지 못하고 있다. 정치불안과 경제위기가 함께 발생하는 소위 '남미병'(Latin American disease)의 원조라는 말까지 들을 정도다. 수도 부에노스아이레스에는 유럽풍의 멋진 건물들이 옛날의 영화를 말해 주고 있지만, 그 뒷골목에는 생필품조차 구하기 힘들어 고생하는 빈민들이 넘쳐나고 있다.

한때 아르헨티나의 경제는 상당히 안정된 양상을 보여 이제 최악의 고비는 넘기지 않았느냐는 희망적인 관측이 나돌기도 했다. 특히 통화위원회제도(currency board system)라는 극단적 형태의 고정환율제도를 채택한 이래 걷잡을 수 없이 치솟던 물가가 현저히 안정되기에 이르렀다. 통화위원회제도라는 것은 그 나라가 보유하고 있는 달러화의 가치만큼만 화폐를 발행하는 제도를 뜻하는데, 바로 이 성격 때문에 극단적인 고정환율제도를 채택한 효과가 나오게 된다.

그러나 물가 안정의 일등공신으로 여겨졌던 통화위원회제도가 2000년대에 들어오면서 국가부도까지 일으킬 수 있는 위험요인으로 바뀌게 되었다. 통화위원회제도하에서 아르헨티나의 페소화는 달러화와 똑같은 방향으로 그 가치가 변화하게 된다. 예컨대 달러화가 강세를 보이면 페소화도 함께 강세를 보이게 되는 것이다. 바로 여기에 아르헨티나 경제가 맞게 된 위기의 본질이 있다.

부에노스아이레스의 마요광장(Plaza de Mayo)

광장의 우아한 건물들이 그 옛날의 영화를 말해주고 있는 듯하다.

1990년 이래 달러화는 계속 강세를 보여 왔고, 이에 따라 페소화도 계속 강세를 유지해 왔다. 그 당시 아르헨티나는 수출경쟁력의 약화로 국제수지 적자가 누적되고 있는 상황이었기 때문에 페소화가 약세로 반전되어야만 하는 상황이었다. 그런데도 달러화와 연동된 페소화가 계속 강세에 머물러 있었기 때문에 국제수지 적자가 걷잡을 수 없이 커져 갔던 것이다. 게다가 정부의 재정운영도 방만하기 짝이 없어 위기는 더욱 가속화될 수밖에 없었다.

지금도 기억에 생생하지만, 2002년 월드컵 경기는 이변의 연속이었다. 경기가 열리기 전 우승후보 1순위에 올라 있던 아르헨티나가 예선에서 탈락한 것도 그 이변 중 하나였다. 예선 탈락이 확정된 순간 선수들은 물론 응원하던 아르헨티나인들까지 모두 눈물을 감추지 못했다. 경제위기 때문에 쪼그라질 대로 쪼그라든 그들이었기에 축구에서나마 조그만 위안을 찾으려 했을 것임에 틀림없다. 그들의 얼굴에서 한때 10대 부국에 속했던 나라의 자랑스러운 모습은 찾아보기 힘들었다.

2002년 이후에도 경제가 어려워질수록 대중 인기에 영합하려는 포퓰리즘 정책이 한층 더 만연하는 현상이 나타났다. 그 결과 재정적자와 국가부채가 크게 늘어나 2018년에는 국제통화기금(IMF)에 570억 달러 규모의 구제금융을 요청하기에 이르게 되었다.

요약

1. 국제수지표는 일정한 기간 동안 한 나라가 수행한 모든 대외거래를 요약한 표다. 국제수지표를 상・하단으로 나누어, 상단에는 재화와 서비스의 거래인 경상거래를 기록하고 하단에는 국가 간 자산의 거래를 뜻하는 자본거래와 금융거래를 기록한다. 그리고 외국으로부터 수취를 발생하는 모든 거래를 수취란에, 그리고 지급을 발생하는 모든 거래를 지급란에 기록한다.

2. 경상거래만의 수지를 따지는 방식으로 국제수지를 측정하는 것을 경상수지라고 부른다.

3. 경상수지는 저축과 투자의 차이와 일치한다. 저축이 투자보다 더 크면 경상수지 흑자가 나타나고, 이와 반대의 경우에는 경상수지 적자가 나타난다. 그런데 경상수지의 적자가 반드시 경제 상황의 악화를 의미하는 것은 아니다.

4. 두 나라 화폐 사이의 교환비율을 환율이라 부르는데, 이에 생긴 변화는 상품과 자본의 국제거래에 큰 영향을 미친다. 일반적으로 상품의 가격이 수요와 공급에 의해 결정되는 것과 마찬가지로 환율 역시 외환의 수요와 공급에 의해 결정된다.

5. 환율 상승이 경상수지 적자폭을 줄이거나 흑자폭을 늘리는 효과를 내기 위해서는 우리 수출품에 대한 외국의 수요 탄력성과 수입품에 대한 우리의 수요 탄력성의 합이 1보다 커야 한다는 마셜-러너조건이 충족되어야 한다.

6. 환율이 올라갈 때 순수출은 J자 모양의 경로를 따라 변화해 가는 것이 일반적인데, 이와 같은 현상을 가리켜 J-곡선효과라고 부른다.

7. 구매력평가설은 나라와 나라 사이에도 일물일가의 법칙이 적용되도록 환율이 결정된다는 이론이다. 이 이론에 따르면 두 나라 사이의 물가상승률이 달라 화폐의 상대적 구매력에 변화가 생기면 환율은 이를 반영하여 변화하게 된다고 한다. 이 이론은 환율의 장기 동향을 설명하는 데 적합할 뿐, 단기 동향은 제대로 설명해 주지 못한다.

8. 단기적인 환율 변동은 주로 국가 간의 자본거래에 의해 설명될 수 있다. 어느 한 나라의 이자율이 상승하면 그 나라 화폐 가치는 상대적으로 올라가게 된다.

9. 고정환율제도의 대표적인 예로는 금본위제도와 브레튼우즈체제를 들 수 있다. 브레튼우즈체제는 제2차 세계대전 이후부터 1970년대 초까지 세계경제질서를 지배하였다.

10. 고정환율제도가 갖는 가장 중요한 장점으로는 환율 변동과 관련한 불확실성을 제거해 국제거래를 촉진시킨다는 것을 들 수 있다. 그렇지만 해외의 경기 상황이 국내 경기에 직접적인 파급효과를 미치게 된다는 문제점을 안고 있다.

중요개념

국제수지표	국제수지	경상계정	자본계정
금융계정	경상수지	환율	외환
마셜-러너조건	J-곡선효과	구매력평가설	이자율평가설
고정환율제도	금본위제도	브레튼우즈체제	변동환율제도

연습문제

01. 다음의 거래가 국제수지표에 어떻게 기록되는지 설명하라.
   (1) S전자가 홍콩에 TV를 수출하고 3천만 달러를 2년 만기 채권으로 받았다.
   (2) 김씨가 5천 달러를 환전한 다음 뉴욕 주식시장에서 애플(Apple)사의 주식을 구입했다.
   (3) 신라여행사가 태국의 B호텔에 단체관광객의 숙박비로 7천 달러를 지급했다.
   (4) D기업은 외채에 대한 이자로 일본의 한 은행에 10만 달러를 지급했다.

02. 국제수지가 적자라는 것은 무엇을 뜻하는가? 국제수지 적자와 외채 사이의 관계에 대해 설명하라.

03. "경상수지 흑자가 크면 클수록 바람직하다."는 말이 옳은지의 여부에 대해 논의하라.

04. 어떤 이유 때문에 마셜-러너조건의 충족 여부가 중요성을 갖는지 간략하게 설명해 보라.

05. J-곡선효과가 무엇을 뜻하며, 이 효과가 존재하면 환율 상승이 총수요곡선에 미치는 영향이 어떻게 달라질까?

06. 외환의 수요·공급곡선을 사용해 다음과 같은 현상이 환율에 미치는 영향을 분석하라.
   (1) 수입품에 대한 수요의 증가
   (2) 국내 이자율의 하락
   (3) 국내 물가의 상승
   (4) 국내 정치의 불안
   (5) 외국인 주식투자 한도액의 확대
   (6) 해외 경기의 회복

07. 똑같은 질의 컴퓨터가 한국에서는 294만원, 미국에서는 3,500달러에 팔리고 있다면 구매력평가설에 따른 환율은 얼마가 되어야 하는가? 구매력평가설이 환율의 현실적인 움직임을 잘 설명하지 못하는 이유는 무엇인가?

08. 과거 한국의 인플레이션율은 미국과 일본에 비해 상당히 높은 수준을 유지해 왔다. 구매력평가설이 맞다면 원화의 대 달러, 대 엔 환율은 어떻게 변화해 왔겠는가?

09. 경제학원론 강의를 듣고 있는 진양은 수출업에 종사하고 있는 아저씨를 만나 현실 경제에 대해 이야기를 나누었다. 진양이 아저씨에게 최근 환율이 상승하는 경향이 있어 사업이 잘되겠다고 말했더니, 아저씨는 환율 상승으로 인해 오히려 손해를 보고 있다고 대꾸했다. 아저씨는 괜히 엄살을 피우고 있는 것일까, 아니면 정말로 손해를 보고 있을 가능성이 있을까? 만약 손해를 보고 있을 가능성이 있다면 그 이유는 무엇일지 짐작해 보라. (도움말 : 아저씨가 해외에서 많은 자금을 빌려 썼을 경우를 생각해 볼 것)

10. 어떤 경제학자가 은행원을 대상으로 한 강연에서 다음과 같이 말했다고 한다. "앞으로 환율이 오를 것이라 예상되면 환율은 지금 당장 올라 버린다. 주식시장에 거품현상이 존재할 수 있는 것과 마찬가지로 환율 역시 아무런 이유 없이 기대심리에 의해 큰 폭으로 변동할 수 있다." 이 말이 의미하는 바를 외환의 수요·공급곡선을 사용해 설명하라.

11. 브레튼우즈체제라는 것이 국제경제질서에서 어떤 의미를 갖고 있었는지 간단히 설명하라.

12. 해외 요인으로 인한 경기변동을 피하기 위해서는 변동환율제도와 고정환율제도 중 어느 제도를 선택해야 하며 그 이유는 무엇일까?

13. "외환보유액은 클수록 바람직하다."는 말의 타당성을 논의하라.

14. "경상수지는 경제주체들이 국내에서 생산한 금액과 국내에서 지출한 금액의 차이를 보여준다."는 말을 수식으로 보이라.

제12편

세계경제의 현황

| 제24장 |

위기의 경제학

제24장

위기의 경제학

24.1 배경 설명

24.2 글로벌 금융위기의 발생과 전개 과정

24.3 유로존의 재정위기

24.4 글로벌 금융위기에 대한 정책대응

24.5 코로나19의 대유행

2008년 미국 월스트리트에서 점화된 글로벌 금융위기 이후 10여 년간 지지부진한 성장에 고통받던 세계경제에 또 다른 위기가 찾아왔다. 코로나19 바이러스가 전 세계로 퍼져 나가면서 세계경제는 1930년대의 대공황 이후 가장 심각한 경기침체를 경험하게 된다. 이 장에서는 이와 같은 위기가 어떤 원인에 의해 발생하게 되었으며, 위기를 수습하기 위해 어떤 정책수단이 동원되었는지에 대해 살펴보려고 한다. 이 장은 최근 세계경제에서 무슨 일이 일어나고 있는지에 대한 이해의 폭을 넓혀주는 데 그 주안점이 있다.

24.1 배경 설명

글로벌 금융위기

2008년 미국의 월스트리트에서 촉발된 금융위기가 전 세계 금융부문의 위기로 확산되어 심각한 경기침체로 이어짐

2008년 9월 세계 굴지의 투자은행 리먼브라더스(Lehman Brothers)가 파산하면서 전 세계를 충격의 도가니로 밀어 넣은 **글로벌 금융위기**(global financial crisis)의 첫 막이 올랐다. 글로벌 금융위기는 우리에게 금융시스템의 안정이 얼마나 중요한지를 새삼 일깨워 주었다. 많은 사람들이 금융위기라고 하면 금융감독 기능이 미비한 개발도상국에서나 일어나는 일이라고 생각해 왔다. 그러나 이런 예상을 깨고 금융선진국인 미국에서 발생했기 때문에 전 세계에 미친 충격이 한층 더 컸다. 이로 인해 세계경제는 1930년대의 대공황 이후 처음 보는 심각한 경기침체의 국면에 빠져들게 되었다.

글로벌 금융위기의 발생과 더불어 세계경제질서의 대대적 변화가 예고되고 있다. 전 세계의 총 국내총생산(GDP)에서 신흥국(emerging economies)과 개발도상국이 차지하는 비중이 1990년에는 15% 수준에 불과했으나 2010년에 이르러서는 27% 수준으로 커졌다.[1] 그렇기 때문에 이제는 선진국에 밀어닥친 심각한 경기침체 문제를 선진국들만의 정책공조로는 해결할 수 없게 되었다. 신흥국과 개발도상국의 비중이 급격하게 커짐에 따라 이들의 긴밀한 협력이 절실하게 요구되는 상황이 되었기 때문이다. 위기대응 과정에서 선진국만의 클럽이었던 G7을 대신해 G20가 발족되어 주요한 역할을 수행하기 시작한 것은 다원화해 가는 세계경제질서의 현실을 뒤늦게나마 반영한 결과라고 볼 수 있다.[2]

엠파이어스테이트 빌딩에서 내려다본 맨해튼

여기서 점화된 금융위기가 전 세계의 금융시장을 충격의 도가니로 몰아넣었다.

글로벌 금융위기는 전 세계경제의 지역통합(regional integration) 추세에도 큰 변화를 가져왔다. 글로벌 금융위기가 유럽 여러 나라의 재정위기로 번지면서 유럽연합(EU) 국가들 사이에서는 충분한 사전 준비 없이 성급하게 화폐 통합을 추진함으로써 극심한 불황을 자초하게 되었다는 반성이 싹트기 시작했다. 미국과 함께 전 세계 경제의 중심축 역할을 할 것으로 기대되었던 유럽연합의 미래가 불확실해지면서, 아시아지역의 역내 경제통합 움직임에도 갑작스럽게 제동이 걸리게 되었다.

그런데 글로벌 금융위기가 전 세계를 휩쓸고 간 후 10여 년 동안 극심한 어려움을 겪어오던 세계 경제가 간신히 안정을 되찾으려 하는 순간 또 다른 위기가 찾아와 다시 혼돈의 늪에 빠져들게 되었다. 2019년 말 중국에서 처음 발견된 코로나19 바이러스가 전 세계로 빠르게 확산

1) 구매력평가기준으로 환산해보면 개발도상국의 비중이 한층 더 커져 전 세계 생산량의 $\frac{2}{5}$ 정도에 이른다.

2) G7은 미국, 독일, 일본, 프랑스, 영국, 캐나다, 이탈리아의 7개국을 뜻하며, G20는 G7 외에 아르헨티나, 오스트레일리아, 브라질, 중국, 인도, 인도네시아, 한국, 멕시코, 러시아, 사우디아라비아, 남아공, 터키, 그리고 유럽연합(EU)으로 구성되어 있다.

되면서 세계경제가 글로벌 금융위기 직후보다 더욱 심각한 경기침체 상태로 빠져든 것이다. 코로나19 팬데믹이 가져온 위기는 전 세계의 거의 모든 나라가 그 영향에서 자유롭지 못하다는 점에서 글로벌 금융위기보다 한층 더 심각한 성격의 것이라고 볼 수 있다. 각국 정부가 이에 대응하기 위해 갖가지 방역대책을 실시하고 전대미문의 부양정책을 실시함에 따라 경제와 사회가 크게 요동치는 모습을 보이고 있다.

이 장에서는 대공황 이후 가장 심각한 경기침체를 가져온 글로벌 금융위기와 코로나19 팬데믹의 발생과 진전 과정에 대해 살펴보려고 한다. 또한 각국 정부가 이 위기에 대응하기 위해 어떤 정책을 썼으며 그 귀결이 어떤 것이었는지에 대해서도 살펴보게 된다. 위기의 발생과 진전, 그리고 이에 대한 대응을 우리가 지금까지 배워온 거시경제이론의 틀에 기초해 살펴봄으로써 매우 유익한 교훈을 얻을 수 있으리라고 생각한다.

24.2 글로벌 금융위기의 발생과 전개 과정

글로벌 금융위기는 경제사에서 1930년대의 대공황 이후 가장 중요한 사건으로 기록될 만한 중대사였다. [그림 24-1]에서 볼 수 있는 것처럼, 위기 발발 직후인 2009년 미국의 경제성장률은 −2.5%로 곤두박질쳤다. 미국뿐 아니라 일본과 유럽 여러 나라들이 대부분 음(−)의 성장률을 기록함으로써 대공황 이후 처음으로 선진국들이 동시다발적인 경기침체를 경험하게 되었다. 실업률도 급격히 높아져 2009년의 미국 실업률이 10%에 가까운 수준으로 올라가는 한편, 스페인 등 일부 유럽국가의 실업률은 15%대를 뛰어넘는 수준까지 치솟게 되었다.[3)]

위기 발생 이전의 상황 – 대안정의 시대

역설적이게도 글로벌 금융위기가 발발하기 이전 10여 년 동안 선진국 경제, 특히 미국 경제는 지속적인 호황을 경험했다. 1970년대 이후 제조업 분야에서 독일과 일본의 추격을 받아 한동안 무기력한 상태를 벗어나지 못했던 미국 경제는 정보기술에 기반을 둔 최첨단산업을 앞세워 새로운 활기를 되찾게 되었다. 때마침 불어닥친 세계화(globalization)의 바람은 서비스와 금융산업에서 우월적 지위를 가진 미국 경제의 경쟁력을 크게 강화시키는 결과를 가져왔다. 2000년대 초반과 중반에 걸쳐 미국 경제는 평균 4%대에 이르는 높은 경제성장률을 기록해 유례없는 호황을 구가하고 있었다.

미국뿐 아니라 유럽 여러 나라 역시 유로화 도입 이후 순조롭게 성장하고 있었으

3) 1930년대의 '대공황'(Great Depression)에 견주어 이 시기를 가리켜 '대침체'(Great Recession)라고 부르는 사람도 있다.

그림 24-1

글로벌 금융위기 전후 각국의 경제성장률과 실업률 변화 추이

(i) 경제성장률 변화 추이 | 2000년부터 최근까지 미국, 영국, 일본, 유로존의 경제성장률 변화 추이를 보여주고 있는데, 이 나라들이 동시다발적으로 심각한 경기침체를 경험하고 있다는 사실이 뚜렷하게 드러나고 있다.

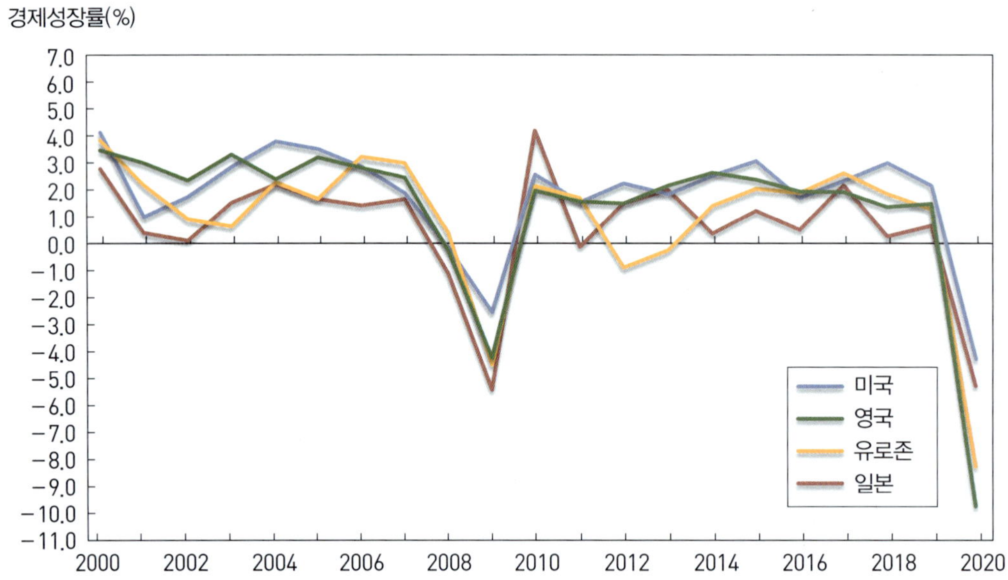

자료 : IMF, *International Financial Statistics*, 2021

(ii) 실업률 변화 추이 | 2000년부터 최근까지 미국, 영국, 일본, 유로존의 실업률 변화 추이를 보여주고 있는데, 이 나라들이 동시다발적으로 실업률의 급등을 경험하고 있음을 알 수 있다.

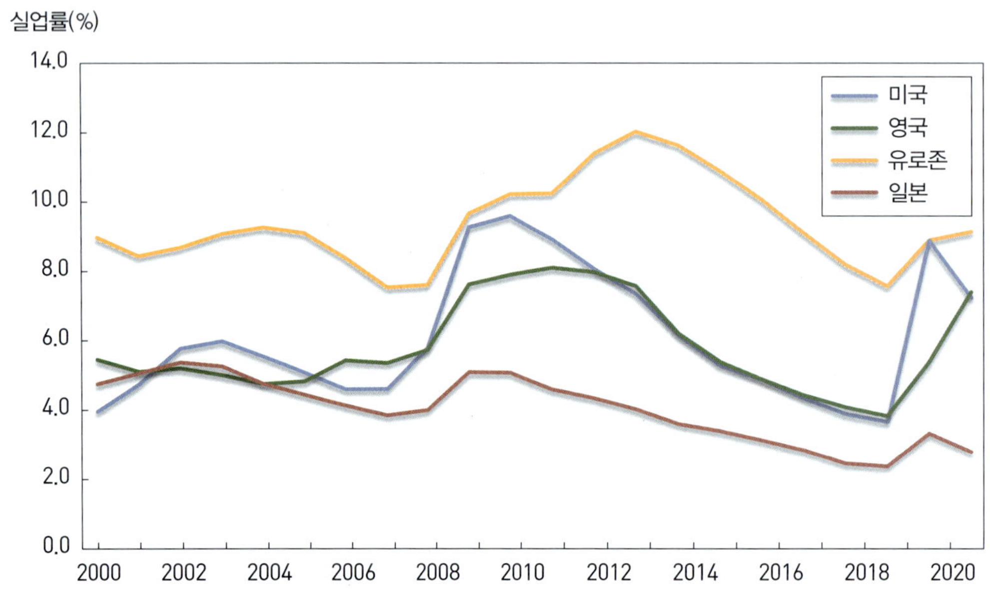

자료 : IMF, *International Financial Statistics*, 2021

며, 신흥국들도 선진국으로의 수출 증대에 힘입어 빠른 성장을 지속하고 있었다. 특히 전 세계의 공장이라고 할 수 있는 중국이 낮은 가격의 공산품을 대량으로 생산, 수출함에 따라 전 세계는 지속된 호황에도 불구하고 비교적 안정된 물가를 유지할 수 있었다. 물가상승에 대한 우려가 없었기 때문에 각국의 중앙은행은 확장적 통화정책의 기조를 계속 유지했고, 그 결과 전 세계 금융시장은 풍부한 유동성과 낮은 이자율의 혜택을 누릴 수 있었다.

글로벌 금융위기가 발생하기 이전 10여 년의 기간 동안 세계경제는 장기침체 상태에 빠져 있던 일본을 제외하면 별다른 문제 없이 순항을 계속하고 있었다. 높은 생산성, 낮은 물가상승률, 풍부한 유동성, 낮은 이자율을 기반으로 세계경제는 장기성장 국면에 진입한 것처럼 보였다. 일부 경제학자들은 세계경제가 경기변동의 폭이 크게 줄어든 **'대안정**(Great Moderation)**의 시대'**에 접어들었다는 주장을 펴기도 했다. 돌이켜보면 이는 다가올 글로벌 금융위기를 전혀 예측하지 못한 성급한 결론이었다.[4]

대안정의 시대

글로벌 금융위기가 발생하기 직전 세계경제는 별다른 경기침체를 겪지 않고 순항해 이를 '대안정의 시대'라고 부름

그 당시 미국의 주택가격은 지속적인 경기호황과 풍부한 유동성에 힘입어 가파른 상승세를 보였다. 2000년에서 2008년에 이르는 기간 동안 주택가격은 엄청나게 뛰어올랐는데, 이는 이자율이 낮은 상태에서 주택담보대출이 폭발적으로 증가했기 때문이었다. 과거에는 신용도가 좋은 사람만 금융기관 대출로 주택을 구입할 수 있어 우량주택담보대출(prime mortgage)이 부동산 관련 대출의 주종을 이루고 있었다. 그러나 2000년대에 접어들면서 유동성이 풍부해지고 이자율이 낮아지자 신용도가 낮은 저소득층도 주택담보대출을 통해 집을 살 수 있게 되었다.

이처럼 신용도가 낮은 저소득층에게 제공된 주택대출을 '비우량주택담보대출' 혹은 **'서브프라임 모기지'**(sub-prime mortgage)라고 부른다. 서브프라임 모기지 덕분에 저소득 가구들도 쉽게 집을 구입할 수 있게 되면서 주택 수요가 증가하고 이로 인해 주택가격이 빠르게 뛰어오르기 시작했다. 주택담보대출 규모가 급증하면서 거품 붕괴의 위험성이 커지고 있었으나, 주택가격이 계속 오르고 있어 대부분의 사람들이 문제의 심각성을 눈치채지 못하고 있었다. 당시에는 주택가격이 계속 상승할 것이라는 예상이 지배적이었는데, 바로 이런 근거 없는 낙관적 견해가 위기를 불러오는 결정적 원인이 되었다.

서브프라임 모기지

신용도가 낮은 저소득층에게 제공된 주택대출을 뜻하는 말

거품의 붕괴–서브프라임 위기의 발생

과거의 역사가 분명히 보여주듯, 주택이든 무엇이든 어떤 상품의 가격이 무한정 계속해서 올라갈 수는 없다. 짧은 기간 동안에 미국의 주택가격이 과도하게 올라갔다는 것은 거품이 끼어 있었다는 것을 뜻했다. 거품은 언젠가 꺼지기 마련이기 때문에

4) 이는 위기가 사라졌다는 주장이 나올 때가 바로 위기를 염려하기 시작해야 할 때임을 다시 한번 상기시켜 주는 좋은 사례로 기억될 것이다.

자산가격 거품과 금융위기

'거품'(bubble)이란 것이 경제학적으로 명확하게 정의된 용어는 아니다. 어떤 자산의 가격이 그것의 진정한 가치보다 더 높을 때, 가격과 진정한 가치 사이의 차이를 뜻하는 말로 거품이란 표현을 쓰는 때가 많다. 그러나 어떤 자산이든 진정한 가치가 무엇인지 알아내기가 쉽지 않기 때문에 실제로 거품이 끼어 있는지의 여부를 판단하는 것은 결코 쉬운 일이 아니다.

가격이 빠르게 올라갔다 내려가면 가격이 잠시 비정상적 수준으로 올라갔던 것으로 보고 '거품이 끼었다'라는 말을 하는 경우도 있다. 그러나 이것은 사후적 판단에 불과할 뿐, 현재 가격이 상승하는 국면에서 거품이 끼었는지의 여부를 판단한다는 것은 지극히 어려운 일이다.

그렇다면 거품은 경제에서 왜 중요한 의미를 가질까? 우선 거품은 언젠가 꺼지기 마련인데, 그렇게 되면 가계와 기업의 자산이 급속도로 줄어들어 소비와 투자가 크게 줄어들 가능성이 있다는 점을 들 수 있다. 또한 거품이 꺼지면 은행 같은 금융기관이 보유한 자산의 가치가 줄어들고, 이에 따라 가계나 기업에 대출해줄 능력이 줄어든다는 점도 문제가 된다. 특히 거품이 꺼지는 과정에서 자산 가치 하락을 경험한 채무자들이 빚을 갚지 못하는 사례가 많아지면 금융기관의 손실이 커지게 되고 심지어는 부실의 위험에까지 직면할 수 있다.

2008년 글로벌 금융위기를 겪으면서 주택가격에 낀 거품이 위기 발생의 직접적인 원인으로 인식되면서 이에 대한 관심이 더욱 커졌다. 이와 같은 인식으로부터 거품 붕괴의 조짐이 보이면 정책당국이 적극적으로 개입해 위기 발생을 사전에 막아야 한다는 주장이 나오게 되었다. 특히 중앙은행이 통화정책을 수행할 때 자산 가격의 변화를 중요 지표로 삼아야 한다는 주장이 강하게 제기되었다. 종전에는 중앙은행이 물가 안정에 주안점을 두어야 하며 자산 가격 변화에는 소극적으로 대응해야 한다는 것이 지배적 견해였으나, 글로벌 금융위기 발생 이후 분위기가 급격하게 바뀐 것이다.

앞에서 말한 것처럼 자산시장에 거품이 끼었는지의 여부를 알아내는 것은 기본적으로 매우 어려운 일이다. 그러나 몇 가지 간단한 지표를 통해 거품의 존재 여부를 대략적으로 판단해 볼 수는 있다. 우선 평균적 주택의 가격을 그것과 비슷한 주택의 월세로 나눈 지표를 사용하는 방법이 있다. 주택의 월세는 거주자가 주택서비스로부터 얻는 편익과 같다고 해석할 수 있다. 그러므로 이 지표의 값이 커진다는 것은 주택가격이 그 편익에 비해 상대적으로 더 빠르게 올라간다는 것을 뜻하고, 따라서 이를 거품의 징후라고 해석할 수 있는 것이다.

또한 주택가격을 가계소득으로 나눈 지표를 통해서도 거품의 존재 여부를 판단해 볼 수 있다. 이 지표의 값이 빠르게 올라간다는 것은 가계의 '주머니 사정'이 주택가격의 상승폭을 감당하기 어려워진다는 것을 뜻하고, 따라서 이것 역시 거품의 또 다른 징후로 볼 수 있다. 주식가격을 배당금이나 기업의 영업이익으로 나눈 비율이 지나치게 높아지면 거품을 의심하는 것과 비슷한 방법이다. 그러나 이들은 단편적인 파악만을 가능하게 해주는 지표에 불과하며, 거품이 끼었는지를 제대로 알아내려면 여러 가지 정보를 종합적으로 분석해 보아야 한다.

그 시점이 언제일지 몰라도 주택가격의 하락은 불가피한 일이었다. 결국 주택가격은 2007년 이후 급격히 떨어지기 시작해 위기가 절정을 이룬 2009년까지 40% 이상의 엄청난 폭으로 떨어지게 되었다.

거품이 꺼지면서 주택가격이 주택담보대출의 원금보다 더 낮아지자 주택을 팔아도 대출금을 갚지 못하는 가계가 속출했다. 가계의 대출금 미상환은 곧바로 금융기관의 수익에 큰 타격을 가져다주었다. 그 결과 대규모 금융기관들이 유동성 위기를 맞거나 심지어 파산에 이르게 되어 미국의 금융부문은 심각한 위험에 처하게 되었다.

이 미국발 금융위기는 곧바로 다른 나라들의 금융시장을 공황상태로 내몰았고, 급기야 전 세계적인 차원의 금융위기로 확산되기에 이르렀다. 이와 같은 금융위기는 서브프라임 모기지에 그 근본적 원인이 있다는 뜻에서 **서브프라임 위기**(Sub-prime Crisis)라는 이름으로 불리기도 한다.

이렇게 짧은 시간 안에 위기가 여러 개의 금융기관으로 확산된 데는 **증권화**(securitization)라는 금융기법의 혁신이 중요한 역할을 수행했다. 증권화란 부동산, 대출채권, 외상매출금 등 유동성이 낮은 자산(기초자산)을 주식이나 채권같이 매매가 용이한 유가증권으로 전환하여 자산의 유동성을 크게 만드는 방식을 뜻한다.[5] 이런 과정을 가리켜 자산 유동화라고 부르는데, 바로 이것의 유행이 위기의 확산에 중요한 역할을 담당했다.

증권화
유동성이 낮은 기초자산을 주식이나 채권같이 매매가 용이한 유가증권으로 전환하여 자산의 유동성을 크게 만드는 방식

2000년대 들면서 주택담보대출이 늘어나자 은행들은 보유하고 있던 주택담보대출을 투자은행과 유동화 전문기관에 팔아넘겼다.[6] 이렇게 주택담보대출을 사들인 투자은행과 유동화 전문기관은 주택담보대출을 기초로 한 다양한 증권을 발행하여 투자자들에게 판매했다.[7] 만일 은행이 주택담보대출을 팔지 않고 계속 갖고 있다면 만기가 되어야만 원금을 회수해 이를 다른 대출에 사용할 수 있다. 그러나 그것을 투자은행과 유동화 전문기관에 팔아넘기면 만기가 되기 전에도 새로운 대출에 쓸 자금을 조달할 수 있다. 은행은 바로 그런 이점 때문에 만기가 되지 않은 주택담보대출을 투자은행과 유동화 전문기관에 팔아넘겨 증권화 과정을 거치도록 만들었던 것이다.

이와 같이 주택담보대출을 증권화하는 과정에서 만들어진 증권을 **주택담보대출유동화증권**(mortgage-backed security; MBS)이라고 부른다. 금융기관들은 MBS를 발행, 판매함으로써 주택담보대출의 만기 상환 이전에 자금을 확보할 수 있었고, 이렇게 확보된 자금을 다시 대출재원으로 활용함으로써 주택담보대출을 한층 더 늘릴 수 있었다. 글로벌 금융위기 발생의 원초적 이유는 주택담보대출이 크게 늘어나 단기간에 부동산 가격이 폭등한 데 있었다. 그런데 증권화라는 혁신을 통해 주택담보대출이 크게 늘어나게 되었으므로, 글로벌 금융위기의 발원지는 바로 이 증권화였다고 말할 수 있는 것이다.

이 증권화가 위험을 분산하는 효과와 더불어 투자 수익률을 올려주는 효과도 가져다준 것은 사실이었다. 높은 수익에 매력을 느낀 투자은행들은 앞다투어 주택담보대출의 증권화 관련 업무에 뛰어들기 시작했다. 그러나 그 정도가 지나침에 따라 부작용

5) 자산의 유동성(liquidity)이란 그것이 얼마나 쉽게 현금화될 수 있는지의 정도를 가리키는 말이다.

6) 일정한 돈을 받고 주택담보대출의 원리금을 회수할 권리를 투자은행이나 유동화 전문기관에게 팔아넘겼다는 뜻이다.

7) 그 채권의 원금과 이자는 미래에 상환될 주택담보대출의 원금과 이자를 이용해 갚기로 되어 있다.

우리 경제를 강타한 글로벌 금융위기의 충격

글로벌 금융위기의 여파는 진원지에서 멀리 떨어져 있는 우리 경제에도 큰 충격을 가져다주었다. 전 세계를 휩쓴 극심한 경기침체의 영향으로 인해 우리나라의 경제성장률도 2009년 1분기에는 전년 동기 대비 −4.2% 선까지 크게 떨어졌다. 뿐만 아니라 그 이전까지만 해도 2,000 고지를 넘보고 있던 종합주가지수도 2008년 10월 24일에는 938.75로 크게 떨어졌다. 그렇다면 선진국의 금융기관들이 일으킨 불이었는데 우리 경제가 그 불똥을 맞을 수밖에 없었던 이유는 과연 무엇일까?

첫 번째 이유로 선진국의 금융기관들과 투자자들이 생존을 위해 부채를 급격하게 줄이는 부채감축(deleveraging)의 시도를 들 수 있다. 그들은 이 과정에서 우리나라에 투자되었던 자금을 회수해 가기 시작했다. 누가 언제 파산할지 모르는 긴박한 상황에서 우리나라에 대한 투자는 상대적으로 더 위험한 것으로 인식되었다. 따라서 우리나라로부터 투자자금을 회수해 좀 더 안전한 나라 혹은 안전한 자산에 투자하려는 발 빠른 행보를 보였다.[8]

이렇게 해외 자금이 썰물처럼 빠져나감에 따라 주가가 폭락하고 환율이 급등하는 결과가 빚어졌다. 해외투자자들이 우리나라 주식시장에서 보유 주식을 대량으로 팔아 달러로 바꿔 본국으로 송금하는 과정에서 달러에 대한 수요가 급등했기 때문이다. 국내 금융기관과 기업들은 달러 부족 사태에 직면하게 되고, 심지어 외환위기가 재발되는 것이 아니냐는 우려가 제기되기까지 했다. 그러나 다행스럽게 우리나라는 그 당시 비교적 충분한 외환보유고를 유지하고 있었다. 미국과의 통화스왑 협정을 체결하면서 금융시장이 진정되기 시작해 외환위기라는 극단적인 상황은 피할 수 있었다.

두 번째 이유는 우리나라가 다른 나라에 비해 대외의존도가 상대적으로 더 높다는 점에서 찾을 수 있다. 즉 수출이 성장 동력의 주요 원천이며 외국인 투자비율도 높다는 특성 때문에 위기를 겪게 되었던 점도 있었다. 세계경제가 침체되면 수출이 타격을 받게 되고, 이는 바로 경기침체로 이어지게 되는 것이 우리 경제의 특성이다. 또한 외국인 투자비율이 높은 만큼 해외투자자들이 자금을 회수해 갈 때 받는 충격이 그만큼 클 수밖에 없다.

우리와 직접적 관련이 없는 미국발 금융위기가 우리 경제에도 큰 충격을 가져다주었다는 것은 걱정스러운 대목이 아닐 수 없다. 우리 경제가 건실하게 운영되고 있다 해서 안심하고 있을 수 없음을 뜻하기 때문이다. 언제 어디서 예기치 않은 사태가 발생해 순항하던 우리 경제를 휘청거리게 만들지 모르는 상황이다. 과감한 대외개방을 통해 빠른 성장을 이루기는 했지만, 이로 인해 잠재적 위험성이 더 커지는 부담을 안게 된 것도 사실이다.

이 현저하게 나타나기 시작했다. 무엇보다 심각한 부작용은 위험성의 정도를 제대로 인식하지 못한 투자은행들이 과도하게 부채를 증가시키는 결과를 초래한 것이었다.

결국 주택가격 하락과 더불어 주택담보대출이 대량으로 부실화되면서 여러 단계에 걸쳐 발행된 관련 증권들이 한꺼번에 부실화되는 사태가 발생했다. 부실화된 주택담보대출이 늘어나면서 이에 기초해 만들어진 증권들의 가격이 폭락하기 시작했고, 이에 따라 여기에 투자한 금융기관들은 큰 손실을 입게 되었다. 한때 '마법의 손'이라고 여겨졌던 증권화는 이제 악순환의 고리로 작동하기 시작했다.

과거에는 주택담보대출이 부실화되면 대출을 해준 은행만 위험에 노출되는 것으로

8) 이와 같은 행보를 '안전자산으로의 회귀'(flight to quality)이라고 부르기도 한다.

끝났다. 그러나 증권화와 더불어 이제는 투자은행, 증권사, 보험사, 연기금 등 모든 금융기관들이 함께 위험에 노출되는 상황이 되었다. 금융기관들 사이에서 자금 대차 계약이 복잡하게 얽혀 있었기 때문에 한 금융기관이 파산하면 다른 금융기관까지 파산하는 연쇄파산 사태가 일어났다.

연이은 대형 금융기관의 파산으로 인해 다음에는 어느 금융기관이 파산할지 모르는 극도의 불안 상태에서 은행을 포함한 모든 금융기관들 사이의 거래가 중단되었다. 주택담보대출에 관한 거래뿐만 아니라 은행들 사이에서 일상적 업무를 위해 주고받던 단기 유동성 거래마저도 실종되는 상황이 빚어졌다. 금융기관들 사이의 불신으로 인해 전 세계 금융시장에 1930년대의 대공황 이후 가장 심각한 신용경색(credit crunch) 사태가 발생했다.

금융부문의 위기는 일반 기업들과 가계에도 심각한 영향을 미쳤다. 기업들이 금융시장에서 자금을 빌릴 수 없게 되면서 투자가 대폭 줄어들었고, 주택가격 하락으로 인해 가계의 소비지출도 큰 폭으로 줄어들었다.[9] 경제 전반의 불확실성이 커지면서 기업 활동이 위축되고 실업률이 증가함에 따라 소비심리는 한층 더 위축될 수밖에 없었고, 이로 인해 미국 경제는 극심한 경기침체 상태에 빠져들게 되었다. 금융의 중심지인 월스트리트(Wall Street)에서 실물경제(Main Street)로 위기가 확산된 것이다.

이 미국발 금융위기는 전 세계의 금융시장과 실물시장으로 전파되어 나가기 시작했다. 그 불똥은 우리나라에도 튀어 1997년 말의 외환위기 이래 가장 심각한 위기상황을 맞게 되었다. 2008년 미국 금융기관들이 유동성 확보를 위해 투자했던 자금을 회수해 가기 시작하면서 우리나라에서도 주식가격이 폭락하고 환율이 급등하는 사태가 벌어졌다. 미국과 유럽 여러 나라들의 극심한 경기침체로 인해 수출마저 크게 줄어들면서 위기 상황을 맞게 된 것이다. 2008년 위기 발발 이후 급락하던 세계경제는 2009년 초 각국 정부가 전례 없이 강력한 확장적 재정, 통화정책을 추진함에 따라 간신히 진정되는 양상을 보이기 시작했다.

유로존의 재정위기 24.3

글로벌 금융위기의 여진이 채 가시기도 전에 세계경제는 남유럽 국가들로부터 시작된 재정위기로 또 한 번의 큰 진통을 겪게 된다. 각국에서 발생한 문제를 모두 재정위기라는 똑같은 말로 표현하고 있지만, 국가채무가 눈덩이처럼 불어나 위기를 가져오게 된 원인은 나라마다 조금씩 다른 것을 볼 수 있다.

9) 제15장에서 설명한 것처럼 주택가격의 하락은 재산효과를 통해 소비지출의 감소로 이어지게 된다.

정부의 처사에 항의하는 아테네 시민

그리스는 국가채무 위기로 인해 1,100억 유로의 긴급 구제금융을 받았는데, 그 대가로 세금을 올리는 한편 재정지출을 큰 폭으로 삭감할 수밖에 없었다. 2010년에서 2012년에 이르는 기간 동안 이와 같은 정부의 처사에 항의하는 시위와 총파업이 줄을 이었다.

각국의 재정위기 발생원인

2008년 후반 유럽에서 처음으로 위기의 징후를 보이기 시작한 나라는 아일랜드였다. 1990년대 중반 이후 아일랜드는 빠르게 성장하면서 유럽의 부유국 대열에 동참하게 되었다. 그러나 그 화려한 성장의 이면에서는 머지않아 터져 나올 금융·재정위기의 싹이 조금씩 자라고 있었다. 미국의 경우와 비슷하게 아일랜드에서도 은행이 대출기준을 대폭 완화하면서 주택 건설 붐이 일어나고 주택가격이 폭발적으로 상승하는 현상이 나타났다.[10)]

2008년 글로벌 금융위기가 시작되면서 아일랜드의 주택가격은 폭락하기 시작했고, 주택대출을 갚지 못하는 가계가 늘어나면서 은행의 부실로 이어지게 되었다. 결국 아일랜드 정부는 3대 은행 중 하나를 국유화하는 동시에 나머지 2개 은행에도 공적자금을 투입하는 비상조치를 취해야만 했다. 이 과정에서 정부의 부채가 크게 증가했는데, 설상가상으로 글로벌 금융위기의 영향을 받아 실업률이 위기 발생 전 4.5%에서 12.5%로 치솟는 한편 국내총생산은 10% 이상 줄어드는 악재까지 발생했다.

공적자금 투입 등의 필요로 인해 정부지출이 큰 폭으로 늘어난 데 비해 경기침체 때문에 조세수입은 크게 줄어들었다. 그 결과 2010년 아일랜드는 재정적자 규모가 국내총생산의 30% 수준을 초과해 결국 유럽연합(EU)과 국제통화기금으로부터 구제금융을 받아야 하는 처지가 되었다.

비록 아일랜드보다 그 정도는 덜했지만, 스페인 역시 금융 부실이 재정 부실로 이어져 재정위기가 발생한 경우였다. 스페인에서도 1996년부터 2007년까지 200%나 상승한 부동산 가격의 거품이 꺼지면서 은행의 부실이 발생했다. 스페인은 원래 재정에 큰 문제가 없는 나라였으나 은행 부실에 대처하는 과정에서 막대한 공적자금이 투입되는 바람에 재정에 문제가 발생하기 시작했다.

반면에 그리스와 포르투갈의 경우는 은행 부실과 관계없이 과도한 재정지출로 인해 발생한 전형적 재정위기의 성격을 갖고 있다. 두 나라는 위기 전부터 지나친 사회보장정책, 방만한 재정지출 등으로 인해 이미 국가채무가 심각한 수준으로 치닫고 있었다.[11)] 여기에 글로벌 금융위기로 인한 경기침체까지 겹쳐 조세수입이 급격하게 줄어들면서 재정적자는 천문학적 수준으로 커지게 되었다. 이렇게 재정적자가 크게 늘어

10) 당시 주택 건설이 국내총생산에서 차지하는 비중이 13%나 되었는데 이는 다른 선진국의 거의 두 배에 이르는 높은 수준이었다.

11) 국내총생산 대비 국가채무의 수준은 그리스의 경우 110%, 포르투갈의 경우에는 70%를 넘는 수준이었다.

국가채무가 눈덩이처럼 불어나는 상황에서 국채를 발행하려면 더 높은 이자지급을 약속할 수밖에 없었다.

위기 발생 전 5% 수준에 머물러 있었던 그리스 국채 이자율은 2011년 중반 26%로 뛰어올랐고, 11월에는 잠시 100%를 넘는 수준으로 다시 뛰어올랐다. 이렇게 국채 이자율이 올라가면서 이자지급 부담이 늘어났고 이를 충당하기 위해 국채를 더 발행해야 하는 악순환이 시작되었다. 특히 그리스는 국가채무와 관련해 통계를 조작해 왔음이 알려지면서 국제사회와 투자자의 신뢰가 땅에 떨어지게 되어 상황이 더욱 심각한 양상으로 치닫게 되었다.

위기의 확산을 가져온 제도적, 정치적 제약

국가부도의 위기에 빠진 이들 남유럽 국가들은 유로화 사용지역, 즉 유로존(Eurozone)이 갖는 제도적 제한 때문에 미국과 같은 신속한 위기대응이 불가능했다. 따라서 부득이 유럽연합과 국제통화기금에 긴급 구제금융을 신청하는 수순을 밟을 수밖에 없었다. 이처럼 정책대응이 늦어지게 된 결과, 2011년 중순부터 유럽의 재정위기는 이탈리아, 프랑스 등 유럽의 심장부로도 그 불똥이 튀기 시작했다. 이 과정에서 충분한 사전 준비 없이 너무 성급하게 정치적, 경제적 통합을 추진한 나머지 심각한 문제가 발생했다는 견해가 유럽 여러 나라들 사이에서 대두되기 시작했다.

무엇보다 우선 그리스, 포르투갈 등 남유럽의 재정적자는 유로 단일통화체제 도입과 무관하지 않다는 점이 지적되었다. 1999년 유로가 도입되기 이전만 해도 이 나라들의 이자율은 유럽 중심국의 이자율에 비해 크게 높은 편이었다.[12] 물가상승률도 높고 국가채무 규모도 컸기 때문에 당연히 이자율이 높을 수밖에 없었다. 그러나 단일통화 도입 이후 남유럽 국가들의 물가상승률이 유럽의 평균 수준으로 낮아지고 이들이 발행한 국채가 국제기준상 무위험 자산으로 취급되면서 이자율이 독일에 근접한 수준으로 낮아지게 되었다.

이에 더해 유럽 금융시장이 통합되면서 남유럽 국가들은 중심부로부터 쉽게 차입을 늘릴 수 있었다. 단일통화 출범 이후 경제성장에 대한 낙관적 기대가 커지고 유동성이 풍부해지면서 이 나라들은 큰 폭으로 재정지출을 늘리기 시작했다. 단일통화 도입의 전제조건으로 각국이 재정적자를 일정 규모 이하로 유지하기로 합의했음에도 불구하고 이에 대한 감독은 유명무실한 상태였다. 결과적으로 이와 같은 감독의 부실이 남유럽 국가들의 과도한 사회보장정책, 방만한 재정지출, 그리고 부동산 거품을 일으킨 원인으로 작용하게 되었다.

12) 예를 들어 10년 만기 독일 국채의 이자율이 8% 수준이었을 때 그리스 국채의 이자율은 24%에 가까웠다.

독일 프랑크푸르트시의 중앙 광장

독일같이 여유 있는 중심부 국가들이 재정지원을 제공했어야 하나 납세자들을 설득할 수 없었다.

또한 성급한 통화통합 때문에 정책대응 수단이 제한되었다는 점도 위기의 확산에 한몫을 했다. 유럽연합의 각 회원국이 통화주권을 포기했기 때문에 자기 나라의 상황에 맞는 개별적 통화정책을 통해 경기침체에 대응할 수 없는 상황이었다. 뿐만 아니라 환율을 조정해 국제수지 적자를 해소하는 것 역시 불가능해졌다.[13] 유로존에 가입되어 있는 남유럽 국가의 경우에는 오로지 재정정책만으로 경기침체에 대응할 수밖에 없었는데, 이미 국가채무가 높은 수준으로 치솟았기 때문에 더 이상 재정적자를 늘리기도 힘든 실정이었다.

유럽연합 차원에서 공적자금을 동원하는 것 역시 정치적으로 쉽지 않은 일이었다. 남유럽 국가들의 부도를 막으려면 독일같이 여유 있는 중심부 국가들이 재정지원을 제공했어야 하나 그 필요성을 자국의 납세자들에게 납득시키기 어려웠다. 예컨대 독일 국민의 관점에서 볼 때 흥청망청 씀씀이를 늘려 문제를 일으킨 남유럽 사람들을 위해 왜 자신들이 허리띠를 졸라매야 하는지를 납득할 수 없었다. 유럽연합의 출범 덕분에 독일도 큰 혜택을 받았고 유럽연합을 유지하려면 부분적으로 희생을 감수할 수밖에 없다는 논리로 설득을 시도했지만 큰 효과를 보지는 못했다.

이러한 제도적, 정치적 제약으로 인해 위기 대응이 지연된 결과 유럽의 경기회복은 미국에 비해 상대적으로 더딜 수밖에 없었다. 이로 인해 1999년 유로의 출범과 함께 미국에 이어 전 세계경제의 한 축을 형성할 것으로 기대되었던 유럽연합의 미래가 불투명해지는 결과가 빚어졌다. 몇몇 나라들에서는 성급한 경제통합을 비판하고 유럽연합을 해체해야 한다고까지 주장하는 극단주의 정당들이 지지기반을 넓혀가고 있어 우려를 자아내고 있다.

24.4 글로벌 금융위기에 대한 정책대응

글로벌 금융위기 발발 직후 각국 정부는 금융시스템의 붕괴를 막기 위해 유례없이 적극적인 재정정책과 통화정책 실행에 팔 걷고 나섰다. 그러나 전통적인 방법만으로 위기를 극복하기에는 명백한 한계가 있었다. 선진국들은 이미 국가채무가 높은 수준으로 올라 있는 상황이었기 때문에 정부지출을 더 이상 늘리기 어려운 실정이었다.

13) 이는 1997년 동아시아 외환위기 발발 직후 큰 폭의 환율 조정에 힘입어 수출이 늘어나 위기에서 빨리 벗어났던 것과 좋은 대조를 이룬다.

또한 통화정책의 경우에도 명목 금리가 0%대에 가까워지면서 추가적인 금리 인하가 불가능한 상황이었다. 이에 따라 선진국 중앙은행들은 **양적완화**(Quantitative Easing)라는 이름의 비전통적 정책 수단을 동원하기 시작했다. 이는 기존 거시경제이론의 분석틀로는 설명하기 어려운 새로운 시도였으며, 남미나 동아시아 금융위기 수습과정에서 과거 선진국과 국제통화기금이 처방한 정책과도 달라 형평성 논란을 불러 일으켰다.

재정정책

글로벌 금융위기가 시작된 직후 각국이 추구한 재정정책의 목표는 총수요 확장에 국한되지 않았다. 곧 발생할지도 모르는 금융시장의 붕괴를 막고 금융시스템을 정상화시키는 것도 중요한 과제였기 때문이다. 미국 재무부는 2008년 10월 구제금융법안(Troubled Asset Relief Plan, TARP)을 통해 무려 7천억 달러에 이르는 공적자금을 조성해 금융기관의 부실자산 매입과 자본 확충에 투입했다. 금융기관이 정상화되어야만 기업대출이 다시 가능해질 뿐 아니라 주택 압류의 압력이 줄어들어 빚에 쫓기는 서민들을 구제할 수 있다고 판단했기 때문이다.

과감한 재정지원이 금융시장의 급한 불을 끄는 데는 효과가 있었지만 그 부작용도 만만치 않았다. 대규모 공적자금의 투입은 이미 높은 수준에 있던 선진국의 국가채무를 크게 늘리는 결과를 가져왔다. 경기침체로 인해 조세수입이 줄어들면서 2007년 61.8% 수준이던 미국의 국내총생산 대비 중앙정부 부채 비율이 2010년에는 90.4%로 급격히 높아지게 되었다. 아일랜드, 스페인, 프랑스, 이탈리아 등 유럽국가도 이에서 예외가 아니었다. 금융위기가 재정위기로 전이될 가능성이 커짐에 따라 재정을 긴축기조로 전환해야 할지의 여부를 두고 격렬한 논쟁이 벌어졌다.

크루그먼(P. Krugman)이나 서머즈(L. Summers) 같은 케인즈경제학자들은 경기침체가 계속되는 상황에서 긴축정책을 강요하는 것은 바람직하지 않다는 입장을 고수했다. 그들은 경기침체가 계속되어 조세수입이 줄어들면 국가채무 문제가 한층 더 악화될 수 있다고 경고했다. 특히 금융위기 직후의 상황이 정부지출의 승수효과를 평소보다 더 크게 만들었기 때문에 긴축재정이 총수요를 큰 폭으로 위축시킬 가능성이 있다는 주장을 제기했다. 이와 같은 견해를 반영해 미국 정부는 재정건전성 개선 노력을 중장기 과제로 삼되, 단기적으로는 재정긴축을 서두르지 않는 방향으로 나아가기로 결정했다.

그러나 유럽의 분위기는 미국과 사뭇 달랐던 것을 볼 수 있다. 유럽의 경제정책을 주도해 온 독일은 남유럽 국가들이 위기에 빠진 것은 재정을 방만하게 운영해 왔기 때문이라고 보았다. 따라서 위기를 극복하려면 절약과 긴축을 통해 뼈아픈 구조개혁을 수행해야 한다는 것이 독일의 일관된 입장이었다. 또한 몇몇 경제학자들은 국가부도를 걱정할 정도로 부채 규모가 큰 경우라면 재정적자의 축소가 시장의 불확실성을 줄이기 때문에 오히려 소비와 투자가 늘어날 수 있다는 견해를 내놓기도 했다. 이렇게 재정긴축이 경기회복에 도움이 될 수 있다는 견해를 '확장적 긴축'(expansionary austerity)의 이론이라고 부른다.[14)]

이런 상황에서 유럽 각국의 재정정책은 재빠르게 긴축기조로 전환되었다. 특히 유럽연합과 국제통화기금으로부터 긴급 구제금융을 받은 그리스, 포르투갈 등 남유럽 국가들은 훨씬 더 큰 폭의 긴축을 강요받았다. 그런데 지금까지 나타난 결과를 보면, 긴축기조로 전환한 유럽의 경기회복이 미국보다 더디고 실업률도 상대적으로 더 높은 수준에 있다. 이는 재정긴축이 경기회복에 도움이 된다는 확장적 긴축 이론이 현실을 제대로 설명해주지 못한다는 것을 뜻한다. 그러나 중장기적인 관점에서 볼 때 재정긴축이 이루어지지 않았다면 재정위기가 한층 더 악화되어 유럽연합 자체의 유지가 어려웠을지도 모른다.

통화정책 – 양적완화 정책

글로벌 금융위기 이후의 통화정책은 우리가 종전에 보지 못했던 새로운 모습을 띠고 있었다. 위기 발발 직후 미국의 연방준비제도는 최종대부자 기능을 통해 금융시장 붕괴를 막는 데 정책의 최우선순위를 두었다. 연방준비제도는 2007년 9월 5.25%였던 정책금리를 2008년 12월에는 0% 수준까지 급격히 떨어뜨리면서 시장에 대규모의 유동성, 즉 통화를 공급하기 시작했다. 이는 미국의 금융기관뿐 아니라 서브프라임 모기지 관련 투자로 인해 달러 자금이 부족해진 유럽 은행까지 염두에 두고 취해진 조치였다.

이런 전방위적 통화 공급은 금융위기가 발생했을 때 중앙은행이 지켜야 할 원칙으로 널리 알려진 '배저트의 명언'(Bagehot's dictum)과는 거리가 먼 정책이었다.[15)] 배저트에 따르면, 중앙은행은 위기가 발생했을 때 충분한 자금을 공급하되 엄격한 규칙에 따라 이 일을 수행해야 한다. 즉 구제 가능한 은행만을 선별해 충분한 담보를 확보한 다음 높은 이자율로 자금을 공급해야 한다는 것이었다. 그렇지 않으면 무모하게 '묻지 마 투자'를 한 은행들이 생명을 연명해가는 부작용이 발생한다는 것이 그의 주장이었다.

그러나 대공황의 재발을 우려한 연방준비제도 이사회의 버냉키(B. Bernanke) 의장은 그 원칙을 지킬 여유가 없다고 느꼈다. 금융시장의 붕괴를 막기 위해 예금은행뿐 아니라 투자은행, 보험사, 증권사, 펀드, 기업에게까지 담보의 질과 관계없이 낮은 이자율로 막대한 자금을 공급하기로 결정했다. 연쇄부도가 발생하는 것을 막기 위해 신용위

14) 이 이론에 따르면 국가부채가 과도하게 큰 국가의 경우 정부지출의 승수효과는 음(−)의 값을 갖는 셈이다.

15) 배저트(W. Bagehot)는 *The Economist* 지의 전설적인 편집장으로 『롬바드 스트리트』(*Lombard Street*, 1873)라는 주요 저서를 남겼다.

험이 있는 자산까지 직접 매입하는 과감한 조처를 취했던 것이다. 그런데 이와 같은 정책은 과거 남미와 동아시아에서 금융위기가 발생했을 때 선진국과 국제통화기금이 권고한 고금리 정책과 사뭇 다른 것이어서 형평성에 어긋난다는 논란을 불러일으켰다.

이처럼 과감한 통화정책을 쓴 결과 금융시장의 붕괴는 피할 수 있었지만, 실물경제의 회복을 가져오기에는 역부족이었다. 추가적인 경기부양이 필요해졌지만 마땅한 정책수단을 찾기 힘들어 미국 정부는 큰 고민에 빠졌다. 기존의 경제이론에 따르면, 이자율이 0%로 떨어진 유동성함정의 상황에서는 더 이상의 금리 인하가 어렵기 때문에 불가피하게 확장적 재정정책에 의존할 수밖에 없다. 그러나 대규모 공적자금 투하로 인해 큰 폭의 재정적자가 발생했기 때문에 과감한 확장적 재정정책은 쓸 수 없는 상황이었다. 바로 이와 같은 상황이 연방준비제도로 하여금 '양적완화'라는 비전통적 통화정책 수단을 동원하게 만든 배경이 되었다.

양적완화 정책은 경기회복의 조짐이 분명해질 때까지 이자율을 0%대로 유지하면서 대규모 자산 매입을 통해 시장에 무한정으로 유동성을 공급한다는 내용을 갖고 있다. 그 이론적 배경에 대해서는 아직도 논쟁이 계속되고 있지만, 양적완화 정책은 이자율이 0%인 상황에서도 다음과 같은 전달경로(transmission mechanism)를 통해 경기부양 효과를 낼 수 있을 것으로 기대된다.

양적완화 정책
경기회복의 조짐이 분명해질 때까지 이자율을 0%대로 유지하면서 대규모 자산 매입을 통해 시장에 무한정으로 유동성을 공급하는 정책

첫째로 들 수 있는 것은 중앙은행이 중장기 국채를 매입함으로써 중장기 이자율에 직접 영향을 줄 수 있다는 사실이다. 단기 이자율은 이미 0%대로 떨어져 있기 때문에 더 이상 낮추기 어렵지만, 중장기 이자율을 낮춤으로써 기업의 투자를 촉진하는 효과를 기대할 수 있다. 기업의 투자는 단기 이자율보다 중장기 이자율에 더 큰 영향을 받는 것으로 알려져 있다.

둘째로는 은행이 보유하고 있던 국채를 대량으로 매입하면 지급준비금이 늘어난 은행들이 기업에게 더 많은 대출을 해줄 것이라는 사실을 들 수 있다.[16] 대출이 늘어난다는 것은 기업의 자금 조달이 그만큼 쉬워진다는 뜻이고, 따라서 투자가 늘어날 것을 기대할 수 있다.

셋째로는 제15장에서 배운 바 있는 재산효과(wealth effect)를 통한 소비촉진 효과도 기대해 볼 수 있다. 중앙은행이 중장기 국채를 대량으로 매입해 채권 가격이 올라가면 보유 자산의 가치가 더 커졌다고 느끼는 가계는 소비지출을 증가시킬 것이다. 바로 이 재산효과를 통한 소비지출의 증가도 양적완화 정책이 경기부양에 도움을 줄 수 있다고 보는 또 하나의 근거가 된다.

그런데 양적완화 같은 극약처방의 성격을 갖는 강력한 정책이 무한정 지속될 수는 없다. 급박한 상황에서 한시적으로 이 정책을 쓸 수는 있지만, 경제가 어느 정도 안정을 되찾으면 곧 평상시의 정책기조로 돌아갈 수밖에 없기 때문이다. 이와 같은 사실은 양적완화 정책의 효과를 제한하는 원인이 될 수 있다. 양적완화 정책이 종료됨에 따라

16) 이것을 가리켜 '포트폴리오 재조정 효과'(portfolio rebalancing effect)라고 부른다.

이자율이 곧 오를 것이며 유동성도 줄어들 것이라고 예상하는 기업이 투자에 소극적인 태도를 보일 가능성이 있기 때문이다.[17]

사전고지 정책

분명한 경기회복이 이루어질 때까지 양적완화 정책의 기조를 유지할 것이며 출구전략이 시작될 때에도 시장의 불확실성을 줄여주겠다고 약속하는 정책

이에 대한 대응책으로 등장한 것이 **사전고지**(forward guidance)라는 정책이다. 양적완화라는 비전통적인 통화정책이 사전고지라는 또 다른 비전통적 통화정책의 등장을 가져오게 만들었던 것이다. 이름조차 낯선 사전고지 정책은 다음과 같은 내용을 갖고 있다. 중앙은행은 우선 경기가 회복되었다고 판단할 수 있는 일정한 기준을 제시한다. 예를 들어 물가상승률이나 실업률이 몇 퍼센트 수준에 이르면 경기가 회복되었다고 판단할 수 있다는 식이다.[18] 그리고 물가상승률이나 실업률이 그 기준에 도달하기 전까지는 양적완화 기조를 계속 유지할 것이며, 그 이후의 출구전략(exit policy) 방향도 사전에 알려줄 것을 약속한다. 분명한 경기회복이 이루어질 때까지 계속해서 유동성을 대량으로 공급함으로써 이자율이 뛰어오르지 않게 만들 뿐 아니라, 출구전략이 시작될 때에도 시장의 불확실성을 줄여준다는 데 이 정책의 목표가 있다.

양적완화 정책의 문제점

6년 정도의 기간에 걸친 양적완화 정책의 실험이 과연 어떤 성과를 거두었는지를 정확하게 평가하려면 좀 더 긴 시간이 필요하다. 구제금융과 양적완화를 주도한 버냉키 의장을 대공황이 재발할 수 있는 위기에서 미국 경제를 구해낸 영웅으로 보는 견해도 있지만, 이로 인해 발생한 여러 가지 부작용 때문에 곱지 않은 시선을 보내는 사람도 많다. 기본적으로 양적완화 정책은 극약 처방의 성격을 갖고 있기 때문에 긍정적 효과 못지않게 부작용 또한 클 수밖에 없다. 시간이 흐르면서 지금까지는 미처 인식하지 못했던 수많은 부작용들이 그 모습을 드러낼 가능성이 있다.

양적완화 정책으로 크게 늘어난 유동성은 높은 수익률을 찾아 신흥국에 대거 유입된 것으로 드러났다.[19] 이에 따라 신흥국에서는 자산시장에서 거품의 징후가 나타나고 환율이 떨어지는 현상도 나타났다.[20] 신흥국은 선진국이 수출을 늘려 불황에서 벗어나기 위해 자기들과 화폐전쟁(currency war)을 벌인 게 아니냐는 불만을 쏟아냈다. 양적완화 정책이 선진국과 신흥국 사이의 갈등을 일으키는 원인으로 등장하게 된 것이다.

17) 실제로 2013년 5월 버냉키 의장이 양적완화 정책의 축소(tapering) 가능성을 언급하자 국제금리가 급상승하고 자본유출로 인해 인도, 인도네시아, 브라질, 남아공, 터키와 같은 신흥국 외환시장이 한바탕 요동을 친 바 있다.

18) 예를 들어 2014년 2월 현재 미국의 경우에는 실업률이 6.5%대로 떨어졌을 때, 그리고 영국의 경우에는 7%대로 떨어졌을 때를 기준으로 삼고 있었다.

19) 양적완화 정책 채택 이후 미국인이 우리나라의 상장주식을 사는 데 투자한 금액이 무려 36조원에 달하는 것으로 나타났다. 이는 전체 외국인이 국내 증시에 투자한 자금의 절반이 넘는 규모다.

20) 환율이 떨어진다는 것은 자기 나라 화폐의 가치가 올라간다는 뜻인데, 이와 같은 변화는 수출산업의 경쟁력 저하로 이어지기 때문에 우려의 대상이 된다.

헬리콥터 벤

불과 얼마 전만 해도 중앙은행이 경기회복을 위해 엄청난 양의 돈을 시중에 뿌린다는 것은 거의 '미친 짓'에 가까운 일이라는 인식이 보편적이었다. 그러나 글로벌 금융위기의 광풍이 한바탕 휩쓸고 지나간 이후 그런 미친 짓은 양적완화 정책이라는 어엿한 이름을 얻게 되었으며, 그 정책을 주도한 미국 연방준비제도 이사회의 버냉키(B. Bernanke) 의장은 미국 경제를 위기에서 구해낸 영웅으로 칭송을 받기도 한다. 역사를 보면 이처럼 한때는 생각조차 힘들었던 일이 상황의 변화에 따라 일상적인 일로 바뀌는 경우가 그리 드물지 않다.

양적완화 정책을 통해 시중에 엄청난 돈을 풀어내는 모습이 마치 헬리콥터에서 돈을 뿌리는 모습과 비슷하다 해서 버냉키는 '헬리콥터 벤'(Helicopter Ben)이라는 별명을 얻었다. 그런데 헬리콥터에서 돈을 뿌린다는 비유를 처음 만들어낸 것은 프리드먼(M. Friedman)이었다. 1969년에 쓴 책에서 그는 중앙은행의 통화 팽창과 관련해 다음과 같은 말을 하고 있다.[21] "어느 날 헬리콥터가 우리 도시의 상공을 날아다니며 1천 달러의 돈을 뿌렸다고 가정하자. 그리고 모든 사람이 이것은 단 한 번만 나타날 수 있는 독특한 사건임을 확신한다고 가정하자."

벤 버냉키 연방준비제도 이사회 전 의장

양적완화 정책을 통해 시중에 무제한으로 유동성을 공급하는 것은 마치 헬리콥터에서 돈을 뿌려대는 것과 비슷하다 하여 이 정책을 주도한 버냉키는 '헬리콥터 벤'이라는 별명을 얻었다.

프리드먼이 이렇게 헬리콥터로 돈을 뿌리는 비유를 만들어낸 이유는 중앙은행이 새로 돈을 찍어내 시중에 풀면 어떤 결과가 나타나는지 설명하기 위함이었다. 그 돈을 주운 사람은 소비지출을 늘릴 것이며 이에 따라 경제에 모종의 변화가 오리라는 것이 그의 설명이다. 만약 경제에 총수요가 부족한 상황이라면 추가적인 소비지출이 생산의 증가를 가져오게 될 것이다. 반면에 총수요가 부족하지 않은 상황이라면 생산은 늘어나지 않고 물가만 올라가는 결과가 나오리라는 것이 그의 설명이다.

버냉키는 연방준비제도 이사직을 맡고 있던 2002년 "여기서 디플레이션이 일어나지 않게 만들려면"(Deflation : Making Sure It Doesn't Happen Here)이란 제목의 연설에서 프리드먼의 이 비유를 인용했다. 디플레이션에 대한 가장 효과적인 대응은 시중에 직접 유동성을 대량으로 공급하는 것이라는 아이디어를 빌리려는 목적에서 그 비유를 인용한 것이다. 그가 연방준비제도 의장으로서 양적완화 정책을 주도하기 이전에 이미 그런 별명을 얻을 자격을 갖추고 있었던 셈이다.

시중에 무제한으로 유동성을 공급하는 것을 주 내용으로 하는 양적완화 정책은 심각한 인플레이션과 자산가격 거품을 촉발할 수 있는 위험성을 안고 있다. 그러나 다행스럽게도 양적완화 정책을 몇 년 동안이나 썼는데도 그런 일은 일어나지 않았다. 그리고 미국 경제는 또 한 번의 심각한 경기침체 상태에 빠져들 뻔한 위험한 고비를 넘길 수 있었다. 그렇기 때문에 2014년 2월 옐런(J. Yellen)에게 의장직을 넘기고 학계로 돌아갈 때 그에 대한 평가는 대체로 긍정적이었다.

그러나 버냉키와 그가 주도한 양적완화 정책에 대한 정확한 평가는 아직 더 기다려 봐야 한다. 그의 전임자 그린

21) M. Friedman, *The Optimum Quantity of Money and Other Essays*, Chicago : Aldine Publishing Company, 1969

스펀(A. Greenspan) 의장의 경우에도 자리를 떠날 때 받았던 좋은 평가가 그 후에 일어난 일에 의해 뒤집힌 사례가 있었다. 1990년대와 2000년대 초의 대안정기를 이끌어낸 공로로 그린스펀에게는 '거장'(Maestro)이라는 별명이 붙여졌다. 그러나 2008년 금융위기의 원인이 너무 오랫동안 확장적 통화정책 기조를 유지함으로써 자산가격 거품을 일으켰다는 데 있었다는 지적이 제기되면서 그에 대한 평가도 바뀌게 되었다.

어떤 경제학자는 양적완화 정책을 장기간에 걸쳐 피부를 햇볕에 노출시키는 일에 비유해 그것이 갖는 위험성을 지적했다. 피부를 약간만 햇볕에 태울 수 있으면 좋을 테지만, 자칫하면 피부암이 생길 정도로 너무 많이 태울 가능성이 있다는 것이다. 양적완화 정책 같은 극약처방은 언제 그것을 끝내야 하느냐는 본질적 문제를 안고 있다. 생명을 구하기 위한 극약처방이지만, 조금만 그 정도가 지나쳐도 오히려 생명을 위협할 수 있는 위험성을 안고 있기 때문이다.

버냉키에 대한 평가는 일단 좀 더 시간이 지난 후에야 가능할 것 같다. 그의 후임자들인 옐런 의장과 파월(J. Powell) 의장이 점진적으로 양적완화 정책의 뒷마무리를 시작하였으나, 코로나19 바이러스의 대유행에 따른 경제위기로 인해 연방준비은행이 다시 공격적인 양적완화 정책에 나섰기 때문이다.

미국 경제가 인플레이션이나 자산가격 거품 없이 회복기조로 순조롭게 돌아오고 양적완화 정책도 적절하게 마무리된다면 버냉키와 양적완화 정책에 대한 긍정적 평가는 계속 유지될 수 있을 것이다. 그러나 그렇지 못할 경우에는 사후적으로 평가가 뒤집어진 그린스펀의 전철을 밟을 수밖에 없다. 헬리콥터 벤 그리고 그 후임자들이 뿌린 엄청난 돈이 미국 경제에 가져온 귀결이 무엇일지는 좀 더 시간을 두고 지켜볼 일이다.

선진국에서도 낮은 이자율이 오랫동안 지속되면서 실물경제는 계속 침체상태에 있는데도 주식가격과 주택가격만 회복되는 기현상이 나타났다. 이는 양적완화 정책이 거품을 만들어내 또 다른 금융위기를 불러올 수도 있음을 시사하고 있다. 또한 양적완화 정책으로 인한 자산가격의 상승이 월스트리트의 큰손들에게 막대한 이득을 가져다 주었다는 점도 비판의 대상이 되고 있다.

장기적 관점에서 볼 때 크게 늘어난 유동성이 본격적으로 시장에 풀리면서 인플레이션의 위협이 커질 수 있다. 다행스럽게 아직은 인플레이션의 징후가 보이지 않고 있지만, 대량으로 풀려나간 유동성으로 인해 언젠가 인플레이션의 불길이 갑자기 치솟을 수도 있다. 또한 양적완화 정책의 종료와 함께 그동안 크게 증가한 중앙은행의 자산을 정리하기 위해 채권을 대량으로 팔기 시작하면서 생겨날 부작용도 큰 걱정거리가 아닐 수 없다.

양적완화 정책 그리고 이와 동시에 수행된 금융구제 정책에 대한 가장 뼈아픈 비판은 금융중심지인 월스트리트를 구제하는 데 그쳤을 뿐 일반 국민을 구제하는 데는 실패했다는 지적이다. 위기의 주범인 금융기관을 구제해 금융시장을 정상화시켰지만, 서민의 생활은 전혀 나아지지 않았고 분배상의 불평등만 더욱 심화되는 결과가 빚어졌다고 생각하는 사람들이 많다. 금융기관을 구제하기 위해 투입된 자금으로 차라리 가계 부채를 탕감해 주거나 소비자에게 직접 돈을 나누어 주었으면 더 좋았을 것이라는 극단적인 견해로까지 발전했다.[22] 정책담당자로서는 금융시장을 정상화시키지 않

22) 이러한 견해는 '일반인을 위한 양적완화'(people's quantitative easing)라고 불린다.

일본의 장기불황과 아베노믹스

미국 연방준비제도가 글로벌 금융위기 직후 양적완화라는 비전통적인 통화정책을 채택했지만, 사실 이보다 앞서 그 정책을 실험에 옮겼던 나라는 일본이었다.[23] 1980년대까지 연평균 4.5%가 넘는 높은 성장률을 유지해 왔던 일본은 1990년대 초 자산가격 거품이 터지면서 장기불황 국면에 접어들었다. 일본 정부는 공공투자를 늘리는 등 확장적 재정정책을 펴고 중앙은행 역시 금리를 0%에 가까운 수준으로 인하해 경기를 되살리려 했으나 별 효과를 보지 못했다.

상황이 급박함을 느낀 일본 중앙은행은 2001년 3월 이자율 조정을 통해 통화량을 조절하는 전통적 통화정책의 포기를 선언했다. 그 대신 민간 금융기관들로부터 국채와 자산유동화증권 등을 직접 매입함으로써 시장에 유동성을 대규모로 공급하는 양적완화 정책을 시행하기 시작했다. 이 양적완화 정책과 세계적인 경기호황에 힘입어 일본 경기는 조금씩 회복세를 보이기 시작했다. 이런 회복세를 본 일본 중앙은행은 2006년 3월 양적완화 정책을 종료하기에 이른다.

그러나 2008년 글로벌 금융위기가 시작되면서 일본 경제는 다시 저성장, 디플레이션, 그리고 과도한 정부 부채의 악순환에 빠지게 된다. 설상가상으로 2011년에는 동일본대지진이라는 자연재해까지 겹치면서 명목국내총생산이 두 해에 걸쳐 2% 가까이 줄어드는 심각한 불황국면에 접어들었다.

2012년 말 집권한 아베 총리는 일본 경제가 직면한 저성장과 디플레이션이라는 문제를 해결하기 위해 통화, 재정, 구조조정의 세 가지 영역에서 과감한 정책을 추진했다. 이를 계기로 '세 개의 화살을 가진 아베노믹스'(three-arrow Abenomics)가 그 모습을 드러냈다. 첫 번째 화살은 중앙은행의 양적완화 정책으로, 물가상승률이 2% 수준에 이를 때까지 통화량을 무제한 늘려 나가겠다는 정책을 뜻했다. 두 번째 화살은 재정정책으로, 과도한 정부 부채에도 불구하고 단기적으로는 확장적인 재정정책을 추구하겠다는 의지의 표현이었다. 세 번째 화살은 구조조정 정책으로, 오랜 기간 민간투자가 위축되고 노령화로 인해 경제 전반의 성장동력이 떨어진 데 대한 대응이었다.

아베노믹스가 실천에 옮겨지기 시작한 2013년 주가지수가 50% 이상 급등하고 엔화의 가치가 20% 이상 떨어지는 효과가 나타났다. 소비심리도 되살아나 국내총생산이 1.5%의 성장률을 기록하기도 했다. 그러나 2014년 4월 소비세의 세율이 5%에서 8%로 인상됨에 따라 소비심리가 급속히 위축되기 시작해 아베노믹스의 약효가 크게 떨어지는 결과가 빚어졌다. 2014년 10월 미국의 연방준비은행이 양적완화 정책의 종료를 선언한 시점에서 일본 중앙은행이 오히려 양적완화 기조의 강화를 결정한 것은 아베노믹스에도 불구하고 일본 경제가 '잃어버린 20년'의 충격에서 완전히 빠져나오지 못했다는 것을 시사하고 있다.

자료 : IMF, *International Financial Statistics*, 2021

으면 신용경색에 따른 경기침체로 서민들의 피해가 더 컸을 것이라 반박할 수 있을지 모른다. 그러나 높은 실업률로 고생하고 있는 대중을 이런 논리로 설득하기는 어려운 것이 사실이다.

미국 경제가 회복세를 보임에 따라 연방준비은행은 2014년 양적완화 정책의 종결을 선언하고 0% 가까이로 유지했던 정책금리를 2016년부터 점진적으로 인상하기 시작했다. 흥미로운 점은 미국이 양적완화 정책의 종결을 선언한 직후 일본 중앙은행이 오히려 양적완

23) 미국의 연방준비은행은 대공황이 일어나고 있던 1932년에서 1936년 사이의 기간에 양적완화 정책을 실험한 바 있다. 아마 이것이 양적완화 정책을 처음 채택한 사례가 될 것이다.

화 정책을 한층 더 강화하겠다는 의사를 표명했다는 사실이다. 디플레이션으로부터 탈출하려 한다는 확고한 의지를 표명하기 위해 그와 같은 조치가 필요하다는 이유에서였다.[24]

24.5 코로나19의 대유행

글로벌 금융위기가 발생한 지 10년이 지나면서 본격적인 회복을 기대하던 세계경제에 예상치 못한 시련이 찾아왔다. 2019년 말 중국에서 처음 발견된 코로나 바이러스 감염증이 전 세계로 빠르게 확산되면서 세계경제는 2020년 평균 −3.2%의 마이너스 성장을 기록해 대공황 발생 이래 가장 심각한 경기침체 상태에 빠지게 되었다. 거의 모든 나라가 영향을 받았다는 점에서 보면 선진국 중심으로 진행된 글로벌 금융위기보다 그 피해가 더욱 광범위하다고 볼 수 있다. 이 절에서는 코로나19 팬데믹의 진전과정과 이에 대한 정책대응에 관해 살펴보려고 한다.

코로나19 팬데믹의 경제적 충격

2020년 초만 해도 코로나19는 중국과 주변 국가에서 국지적으로 번지다 수개월 안에 사라질 것으로 예상되었으나 현실은 그 예상과 크게 달랐다. 코로나19는 중국과 동남아를 넘어 이탈리아, 스페인을 비롯한 유럽으로 확산되었고, 그 후 미국, 남아메리카, 아프리카 등지로 빠르게 퍼져나갔다. 각국이 강력한 방역정책을 펼치면서 확산세가 잠시 주춤하기도 하였으나, 다시 모든 지역에서 폭발적 확산세가 나타나 2020년 말에는 하루 감염자 수가 70만 명에 이르기도 했다.

코로나19로 인한 확진자와 사망자 수가 급증하자 각국 정부는 바이러스의 전파속도를 늦추기 위해 강력한 방역정책을 실시했다. 이와 같은 방역정책이 바이러스의 확산에 어느 정도 제동을 걸기는 했지만, 경제에는 부정적인 영향을 미칠 수밖에 없었다. 각국 정부의 방역정책은 보건위기(health crisis) 극복을 위해 어느 정도의 경제위기(economic crisis)를 용인한 것으로 해석할 수 있다. 코로나19에 대응하기 위한 방역정책과 사회적 거리 두기는 다음과 같은 경로를 통해 심각한 경제적 피해를 초래했다.

우선 방역정책은 총공급을 급격히 감소시키는 결과를 가져왔다. 일정 공간에 상주하는 인원을 줄이기 위해 교대근무가 확대되고, 확진자가 발생한 경우 방역작업을 위해 작업장이 폐쇄되면서 생산시설을 완전가동하기 어려워졌다. 이런 상황이 발생하면 해당 기업의 생산량이 줄어들 뿐 아니라 이들이 생산한 원자재와 중간재를 납품받아 생산을 해 온 다른 기업들의 생산에도 차질이 생겼다. 국내뿐 아니라 전 세계가 공급

24) 유럽중앙은행도 계속해서 통화 확장의 기조를 유지할 것이라는 의사를 밝힌 바 있다.

연결망(supply chain)으로 이어진 상황에서 개별 국가의 생산 차질은 다른 나라의 생산활동에도 즉각적인 영향을 주게 된다.[25]

경제에 더욱 큰 충격을 가져다준 것은 총수요의 급격한 감소였다. 사회적 거리 두기의 실시와 감염에 대한 두려움으로 인해 관광, 숙박, 항공, 공연, 음식, 도소매 등 대면 서비스업에 대한 수요가 크게 위축되었다. 기업의 생산활동이 위축되어 실업자가 증가하고 임금소득이 감소해 가계소비가 크게 줄어드는 결과가 빚어졌다. 뿐만 아니라 경기회복에 대한 불확실성이 커짐에 따라 투자지출 역시 큰 폭으로 줄어들게 되었다.

이처럼 총수요와 총공급 감소가 서로 맞물려 악순환의 고리가 만들어지면서 세계경제는 심각한 불황국면에 빠져들었다. 실물시장에서 발생한 충격은 금융시장을 통해 확대 재생산되는 현상을 관찰할 수 있었다. 불확실성이 증가하면서 안전자산 선호 현상이 나타나고, 이로 인해 투자자금이 신흥국에서 선진국으로 대거 빠져나가는 결과가 빚어졌다. 또한 전 세계적 불황으로 인해 석유와 광물자원 같은 원자재에 대한 수요가 줄어들면서 2019년 말 배럴당 60달러대였던 원유가격이 2020년 3월에는 20달러대로 폭락했다. 이로 인해 중동, 남아메리카, 아프리카의 원자재 수출국들이 큰 어려움을 겪었다.

[그림 24-2]는 코로나19 팬데믹이 경제에 미친 충격의 크기를 글로벌 금융위기가 있었던 2009년과 비교해 보여주고 있다. 글로벌 금융위기 당시 −0.1%의 평균성장률을 기록했던 세계경제는 2020년 무려 −3.2%나 되는 역성장을 경험하며 1930년대 대공황 이후 가장 심각한 경기침체 상태에 빠져들었다. 위기에 대응하는 과정에서 전대미문의 경기부양 정책을 동원했던 미국이나 유로존 국가들마저 2020년 경제성장률이 각각 −3.5%와 −6.6%까지 떨어진 것을 보면 그 충격이 얼마나 컸는지 능히 짐작할 수 있다. 대표적 산유국인 사우디아라비아는 −4.1%, 관광업 비중이 높은 몰디브는 무려 −32.2%의 성장률을 기록한 것을 볼 수 있다. 우리나라는 상대적으로 성공적인 방역정책 덕분에 −1.0%의 경제성장률을 기록하는 선에서 막을 수 있었다.

코로나19 팬데믹은 경제의 전반적 침체뿐 아니라, 산업 간, 직종 간, 성별 간 불평등 심화라는 또 다른 문제를 일으켰다. 예를 들어 대면활동이 요구되는 관광, 레저, 스포츠, 요식업 등은 상대적으로 더 큰 타격을 입었다. 반면에 자동화와 디지털화 추세가 더욱 빨라지면서 정보통신산업, 각종 온라인 비즈니스, 배달업체 등은 오히려 반짝 특수를 누릴 수 있었다. 재택근무가 비교적 수월한 고숙련 근로자는 고용 유지가 수월했던 반면, 저숙련 근로자는 대면 서비스 수요가 줄어들고 사업장이 폐쇄되면서 대거 일자리를 잃는 어려움에 처하게 되었다. 또한 여성 근로자들의 경우에는 휴교나 원격 수업으로 집에 머무르는 아동을 돌보느라 일을 그만두는 경우가 많아졌다.

25) 그 한 예로 중국 후베이성이 봉쇄되었던 2020년 초 그곳에서 생산된 자동차 부품을 수입하던 우리나라 완성차 업체들도 한동안 조업을 중단할 수밖에 없었다.

그림 24-2

코로나19의 경제적 충격

그림은 글로벌 금융위기 때인 2009년과 코로나19 사태 때인 2020년의 실질 GDP 성장률을 보여준다. 전 세계에 걸쳐 코로나19의 충격이 글로벌 금융위기의 충격을 능가했음을 알 수 있다.

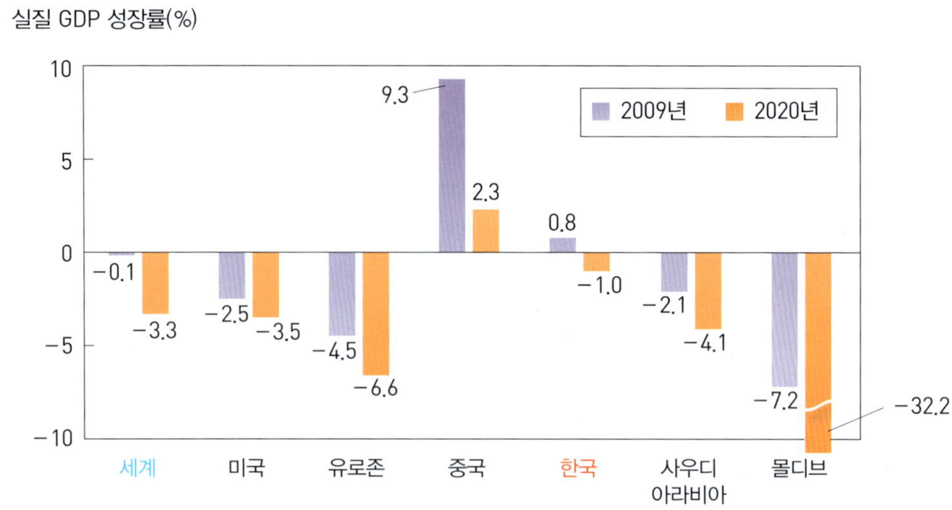

자료 : IMF, *International Financial Statistics*, 2021

각국의 정책 대응

바이러스의 빠른 확산으로 인해 경기가 얼어붙자 각국 정부는 전대미문의 대규모 부양정책을 실시했다. 글로벌 금융위기에 대처하는 과정에서 재정과 통화정책의 여력이 많이 소진된 상태였지만, 대공황 이후 가장 심각한 경기침체를 그대로 놓아둘 수는 없다고 판단했기 때문이다. [그림 24-3]은 2021년 3월까지 각국 정부가 위기에 대응하기 위해 집행했거나 집행계획을 발표한 재정지출 규모를 보여주고 있다. 조세 감면, 임금 보조, 실업수당 지급, 재난지원금 지급 등을 통해 가계와 기업을 직접 지원했을 뿐 아니라, 자금난에 처한 기업을 위한 각종 금융지원도 대폭 확대했다.

그림을 보면 상대적으로 재정여력이 있고 달러나 유로처럼 국제적으로 통용되는 화폐를 발행할 수 있는 선진국의 경우에는 직간접 지원을 합친 부양규모가 GDP 대비 25% 선을 넘었다는 것을 알 수 있다. 우리나라도 GDP 대비 15%가 넘는 적극적인 부양정책을 쓴 것을 볼 수 있다. 이에 비해 재정여력이 상대적으로 부족한 저소득국의 경우에는 부양정책의 규모가 GDP 대비 5% 정도에 지나지 않았다. 그 결과 선진국에 비해 더 큰 경제적 충격을 경험한 것은 물론 경기회복에 걸리는 시간도 그만큼 더 길 수밖에 없었다.

과감한 부양정책은 세계경제가 더 심한 경기침체에 빠지는 것을 막아 2021년부터 경기회복세로 돌아서는 데 큰 기여를 했다. 그러나 중장기적으로 그 부작용이 그리 만만치 않을 것 같다는 우려가 제기되고 있다. 이미 각국의 국가부채 규모가 크게 늘어난 상황에서 또다시 재정지출이 확대되어 전 세계의 국가부채 규모는 2019년 GDP 대비 80% 수준이었던 것이 2021년에는 100% 수준으로 급격하게 커졌다. 신흥국이나 저

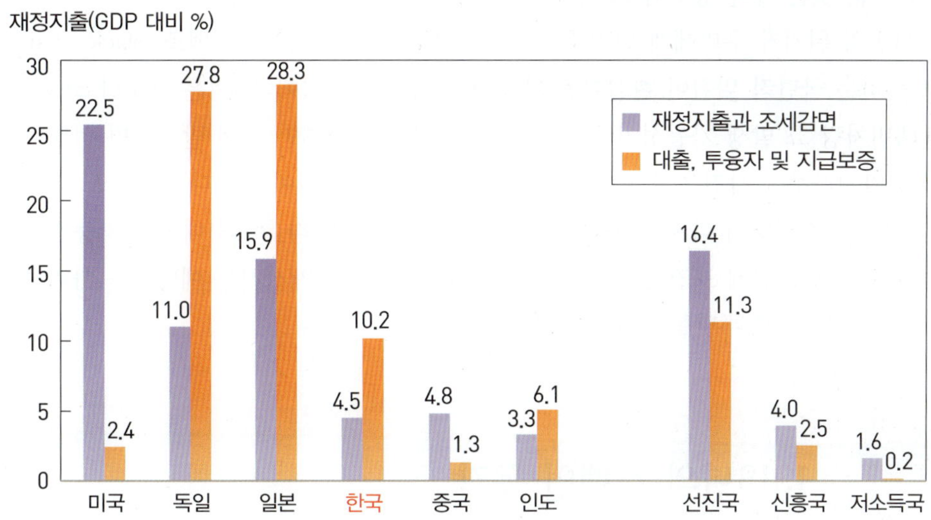

자료 : IMF, *Fiscal Monitor*, April 2021

그림 24-3

코로나19 위기에 대응한 재정지출(2020년)

위기 초기 재정지출은 우선적으로 바이러스 확산을 방지하기 위한 보건정책 지원에 사용되었다. 바이러스의 빠른 확산으로 경기가 급락하자 각국은 대규모 부양정책을 시행했다.

소득국의 국가부도 위험이 커진 것은 물론, 또다시 위기가 찾아왔을 때 사용할 수 있는 재정정책의 여력이 매우 제한적일 수밖에 없는 결과가 빚어졌다.

통화정책 역시 경기부양을 위해 크게 완화될 수밖에 없었다. 글로벌 금융위기가 발생하자 선진국 중앙은행들은 기준금리를 0% 수준으로 떨어뜨리고 양적완화와 같은 비전통적 통화정책을 동원해 적극적으로 경기부양에 나섰다. 경제가 회복세로 돌아설 것으로 기대되자 2019년 초부터 양적완화 정책을 통해 매입했던 자산들을 매각하고 기준금리 인상도 준비하기 시작했다. 통화정책을 다시 정상적인 궤도로 돌려놓을 준비 작업을 하고 있었던 것이다.

그러나 코로나19 팬데믹으로 인해 더 큰 경제위기가 닥쳐오자 각국의 중앙은행은 자산매입 규모를 더욱 늘리고 기준금리도 한층 더 내려야 하는 압력에 직면하게 되었다. 이와 같은 과감한 통화정책 역시 거시경제에 대한 충격을 줄이는 데 큰 역할을 했으나, 이 과정에서 공급된 막대한 유동성으로 인해 실물경기 침체에도 불구하고 전 세계적으로 주식, 부동산 가격 등 자산 가격이 급등하는 부작용을 초래했다. 자산 가격의 급등으로 인한 거품의 발생은 경제에 예상치 못한 위기를 가져올 수 있어 심각한 문제가 아닐 수 없다.

코로나19 팬데믹 이전부터 논란이 되어 왔던 소득분배의 불평등은 앞으로 더욱 심화될 가능성이 크다. 특히 급속한 디지털화 과정에 얼마나 빠르게 적응하는지에 따라 계층, 산업, 직종에 따른 불평등의 심화가 현저하게 나타날 수 있다. 뿐만 아니라 불평등 심화의 추세는 나라들 사이에서도 나타날 것으로 예상된다. 불평등의 심화로 인한 사회적 갈등을 완화하고 장기적으로 지속가능한 성장을 이루기 위해서는 사회안전망 확대 등 다양한 포용적 정책이 필요하다. 이에 필요한 대규모 재정지출의 재원을 마련하는 것은 각국 정부의 또 다른 숙제가 될 수 있다.

이번의 위기가 우리에게 던져준 가장 큰 교훈 중 하나는 '검은 백조'(black swan)라고 불리는 극단적 위험이 현실화될 가능성이 커졌다는 점이다. 검은 백조란 코로나19 팬데믹처럼 그 발생 가능성이 극히 작고 예측하기 어렵지만 한번 발생하면 엄청난 충격을 가져다주는 사건을 뜻한다. 운 좋게 코로나19 팬데믹이 끝난다 하더라도 더 무서운 새로운 전염병이 다시 나타날 가능성을 배제할 수 없다. 이에 대한 대처능력을 배양하기 위해 사전에 보건정책을 강화하고 의료시스템을 개선하는 예방책을 마련해 놓아야 한다는 것은 두말할 나위도 없다.

1918년의 스페인 독감

근래에 발생한 여러 가지 전염병 중 그 피해의 정도에서 코로나19에 비견할 만한 것은 수천만 명의 목숨을 앗아간 스페인 독감(Spanish flu)을 들 수 있다. 스페인 독감은 제1차 세계대전이 한창이던 1918년 유럽의 전장에서 발생해 군인들 사이에서 널리 퍼져 나가기 시작했다. 전쟁 기간 동안 관련국들은 보도검열을 통해 바이러스가 전장에서 퍼지고 있다는 사실을 숨긴 반면, 중립국이었던 스페인의 언론은 이 사실을 집중 보도하고 있었다. 많은 사람들이 스페인 언론을 통해 이 소식을 접하면서 '스페인 독감'이라는 이름이 붙게 되었다.

스페인 독감은 1918에서 1920년에 이르는 기간에 걸쳐 서너 차례의 큰 유행을 반복했다. 전쟁이 끝난 후 군인들이 각자 고향으로 돌아가면서 1918년 북아메리카와 유럽 지역에서 대유행이 시작되었다. 그 후 전 세계에 걸친 여러 차례의 대유행을 통해 인도와 아프리카로까지 확산되기에 이른다. 일제통치하의 우리나라에서도 1918년 9월부터 '무오년 독감'이 널리 퍼지기 시작해 상당한 피해가 발생한 것으로 알려져 있다.

당시의 세계 인구는 20억 명이 채 되지 않았는데, 누적 감염자 수는 약 5억 명에 이른 것으로 추산되고 있다. 2년 동안의 기간에 전 세계 인구의 1/4에서 1/3에 이르는 사람들이 감염되었다는 말이다. 이로 인한 사망자 수의 정확한 통계는 존재하지 않지만, 대략 감염자의 3%에서 9%에 이르는 수준으로 추정하고 있다. 가장 보수적인 사망자 수 추정치는 1천 7백만 명이며, 심지어는 1억 명이 사망했다고 추정하는 경우도 있다. 4년에 걸친 제1차 세계대전으로 인한 사망자 수보다 더 많아 인류 역사상 가장 극심한 피해를 입힌 전염병 중 하나가 되었다.

스페인 독감의 치사율이 다른 바이러스에 비해 크게 높은 것은 아니었다. 그러나 전염력이 워낙 강해 몇 차례 유행을 거쳐 삽시간에 전 세계로 퍼져 나갔다. 이 점에서 보면 코로나19의 사례와 닮은 점이 있다고 볼 수 있다. 코로나19의 트레이드마크처럼 되어 버린 마스크 착용과 사회적 거리 두기, 그리고 사전 격리와 같은 방역대책들이 스페인 독감이 유행하던 당시 세계 여러 곳에서 시행된 바 있다.

1918년 미국 필라델피아와 세인트루이스에서 비슷한 시기에 최초 감염자가 보고된 바 있다. 그런데 세인트루이스시는 즉시 사회적 거리 두기를 실시한 데 비해, 필라델피아시는 그 위험성을 과소평가해 대규모의 퍼레이드를 예정대로 치렀다고 한다. 그 결과 한동안 필라델피아시의 확진율이 세인트루이스시의 몇 배에 이르는 일이 벌어지기도 했다. 마스크 착용의 효과가 알려지면서 미국 일부 지역에서는 마스크 착용을 강제해 미착용자를 감옥에 넣기까지 했다고 한다. 이런 경험을 갖고 있는 미국에서 코로나19가 한창 기승을 부리는데도 마스크 착용을 거부하는 사람들이 많다는 것은 흥미로운 일이 아닐 수 없다.

자료: J. Taubenberger and D. Morens, "1918 Influenza : the Mother of All Pandemics," *Emerging Infectious Diseases*, 2006

요약

1. 미국 주택시장의 거품이 꺼지면서 대형 금융기관들이 파산하거나 정부의 구제금융을 받게 되었다. 단기간에 다수의 금융기관으로 위기가 파급된 데는 증권화라는 금융혁신이 중요한 역할을 했다.

2. 기업들이 금융시장에서 자금을 빌릴 수 없게 되면서 투자가 줄어들고 주택가격이 떨어지면서 가계의 소비도 급격히 줄어들었다. 이로 인해 기업 활동이 위축되고 실업률이 증가하면서 극심한 경기침체가 발생했다. 금융의 중심지인 월스트리트에서 실물경제로 위기가 파급된 것이다. 이 미국발 금융위기는 전 세계의 금융시장과 실물시장으로 전파되어 나가기 시작했다.

3. 글로벌 금융위기의 여진이 채 가시기도 전에 세계경제는 남유럽 국가들로부터 시작된 재정위기로 인해 또 한 번의 큰 위기를 맞게 된다. 충분한 사전 준비 없이 너무 성급하게 정치적, 경제적 통합을 추진한 나머지 심각한 문제가 발생했다는 견해가 유럽 여러 나라들 사이에서 싹트기 시작했다.

4. 글로벌 금융위기 발발 직후 각국 정부는 금융시스템 붕괴를 막기 위해 유례없이 적극적인 재정정책과 통화정책을 수행했다. 그러나 선진국들은 이미 국가채무가 높은 수준에 이르러 있었기 때문에 재정 확대를 지속하기 어려웠으며, 통화정책도 명목 금리가 0%에 가까워지면서 더 이상의 금리 인하가 불가능한 상황이 되었다.

5. 상황이 급박함을 느낀 선진국 중앙은행들은 양적완화 정책이라는 비전통적 통화정책 수단을 동원하기 시작했다. 이는 경기회복의 조짐이 확실해질 때까지 이자율을 0%대로 유지하면서 대규모 자산 매입을 통해 시장에 무제한으로 유동성을 공급하는 정책을 말한다.

6. 과감한 재정지원이 금융시장의 급한 불을 끄는 데는 효과가 있었지만 이 과정에서 선진국의 국가채무가 크게 증가했다.

7. 글로벌 금융위기 이후 10년간 지지부진한 성장에 고통받던 세계경제에 또 다른 시련이 찾아왔다. 2019년 중국에서 처음 발견된 코로나19 바이러스가 전 세계로 퍼져 나가면서 세계경제는 1930년대의 대공황 이후 가장 심각한 경기침체를 경험하게 된다.

중요개념

글로벌 금융위기	비우량주택담보대출	대안정	금융혁신
서브프라임 위기	증권화	주택담보대출유동화증권	금융감독
유로존 재정위기	통화통합	양적완화	사전고지
코로나19 팬데믹			

연습문제

01. "국제자본은 선진국에서 개발도상국으로 이동하는 것이 일반적이다."라는 말의 적절성에 대한 자신의 의견을 말해 보라.

02. 다음은 미국에서 금융위기가 발생한 데 대해 책임이 있는 경제주체들을 열거한 것이다. 이들은 금융위기 발생과 관련해 어떤 잘못을 저질렀는가?
(1) 연방준비은행
(2) 주택을 구입한 가계
(3) 주택담보대출을 시행한 은행
(4) 투자은행
(5) 금융감독기관

03. "대형금융기관은 망하지 않는다."는 대마불사(too big to fail)의 논리를 도덕적 해이라는 개념을 이용해 설명해 보라.

04. 전통적인 통화정책과 양적완화 정책의 공통점과 차이점은 무엇인가?

05. "남유럽 재정위기의 근본원인은 유로화로의 통화통합에 있다."라는 견해에 동의하는지의 여부를 말해 보라.

06. 2008년의 글로벌 금융위기에서는 1930년대의 대공황과는 달리 물가가 하락하는 디플레이션이 발생하지 않았으나 회복과정이 더디어지면서 디플레이션에 대한 우려가 커졌다. 디플레이션이 발생하면 왜 위기가 더욱 심화될 수 있는가?

07. "정부지출승수의 크기는 아무리 작더라도 음(−)이 될 수는 없다."라는 견해에 동의하는지의 여부를 말해 보라.

08. 증권화를 통해 얻을 수 있는 이익과 그로 인한 위험은 무엇인지 설명해 보라. 특히 증권화가 금융위기의 확산에 중요한 역할을 할 수 있는 이유를 설명해 보라.

09. 글로벌 금융위기 이후 재정 및 통화정책 여력이 많이 소진된 상황에서 코로나19 팬데믹으로 인한 경기침체에 대응하기 위해 각국은 또다시 대규모 경기부양정책을 추진하게 되었다. 이로 인해 중장기적으로 어떤 부작용이 발생할 수 있는지 생각해 보라.

10. 코로나19 팬데믹에 대응하기 위해 도입된 방역정책이 총공급과 총수요에 어떠한 경로를 통해 영향을 줄 수 있는지 설명해 보라.

제13편

경제의 역사

| 제25장 |

인간의 경제생활이 발전해 온 발자취

제**25**장

인간의 경제생활이 발전해 온 발자취

25.1 고대사회의 경제

25.2 중세 봉건사회의 경제

25.3 유럽의 팽창과 중상주의 정책

25.4 산업혁명과 세계자본주의의 발전

25.5 1930년대의 세계 대공황

25.6 세계경제의 재건과 성장

25.7 불확실성의 시대

이 장에서는 원시시대로부터 현대에 이르기까지 인간의 경제생활이 어떤 과정을 거쳐 발전해 왔는지를 간략하게 설명해 보려고 한다. 오늘의 우리를 좀 더 잘 이해하기 위해서는 지나온 발자취를 자세히 살펴볼 필요가 있기 때문에 역사에 대해 관심을 갖는 것이다. 그런데 한 가지 아쉬운 점은 거의 모든 설명을 서양 중심으로 하고 있다는 사실이다. 학문의 현실이 그렇기 때문에 어쩔 수 없는 일이지만, 하여튼 서양이 전 세계를 대표하고 있는 듯한 인상을 줄 것 같아 걱정이 앞선다.

25.1 고대사회의 경제

원시시대의 인간들은 먹을 것을 얻기 위해 끊임없이 이동하는 생활을 하고 있었다. 그들은 주로 사냥과 열매 채집을 통해 먹을 것을 얻었기 때문에 끊임없이 옮겨 다니며 살 수밖에 없었다. 인류의 긴 역사에서 요즈음처럼 한곳에 정착해 경제활동을 하는 생활방식이 시작된 것은 극히 최근의 일이었다. 즉 신석기 시대에 들어와서야 비로소 한곳에 정착해 농사를 짓고 가축을 키우는 경제생활 방식이 자리를 잡기 시작했던 것이다. 이렇게 농경과 목축 생활이 시작되면서 초보적이나마 사회적 분업이 이루어지기 시작하고, 이에 따라 물품의 교환이 발생하게 되었다.

고대 그리스 경제에서는 노예노동을 활용한 대규모 농장들이 매우 중요한 위치를 차지하고 있었다. 이 농장들은 영리를 목적으로 운영되고 있었다는 점에서 오늘날의 기업농과 비슷한 성격을 갖고 있었다. 당시의 그리스 사회에서는 노예들이 농사짓는 일 이외에도 가사노동, 수공업, 그리고 채광 등에 광범하게 활용되고 있었다. 말하자면 노예들이 경제활동의 핵심적 역할을 담당하는 체제를 유지하고 있었던 것이다. 그리스는 지중해 연안의 다른 나라들과 활발하게 교역하고 있었기 때문에 일찍부터 상업이 크게 발전해 있었다. 이처럼 활발한 상업활동은 화폐의 유통을 촉진시켰으며, 초보적 형태의 은행업도 등장하게 만들었다.

기원전 7세기 도시국가로 출발한 로마는 기원전 3세기에 이르러 이탈리아 반도를 통일함으로써 문명화된 유럽의 거의 전 지역을 아우르는 제국 건설의 기초를 닦았다. 기원전 31년에는 지중해권 전역을 포괄하는 대제국으로 성장해, 그 후 2세기 동안 소위 '로마의 평화'(*Pax Romana*)로 일컬어지는 대번영의 시기를 맞게 되었다. 지금도 그 화려했던 시절의 흔적이 곳곳에 남아 있지만, 그 시기 로마의 경제적 번영은 매우 눈부신 것이었다. 그런데 이 경제적 번영은 주로 정복전쟁으로부터 얻어진 토지, 전리품, 노예, 각종 공납에 그 기초를 두고 있었다. 다시 말해 제국 건설 과정에서 끊임없이 이어지던 정복전쟁이 경제성장의 원동력이 되었던 것이다.

제정시대 로마의 농업생산은 **라티푼디움**(latifundium)이라고 불리는 노예노동에 의한 대토지 경영이 근간을 이루고 있었다. 당시의 규칙은 정복된 땅의 $\frac{2}{3}$를 공유지로 편입하게 되어 있었는데, 이 공유지는 황무지로 취급되어 먼저 개간하는 사람에게 우선적인 점유권이 인정되었다. 이에 따라 귀족과 권력자들에 의한 공유지의 사유화가 급속히 진전되고, 이들은 대토지를 소유하는 지주로 변신하게 되었다. 넓은 토지를 경작하기 위해서는 노예들의 노동력을 동원할 수밖에 없었으며, 바로 이와 같은 과정을 거쳐 라티푼디움체제가 성립하게 된 것이다.

제국의 확장과 더불어 수많은 도시와 도로가 건설되는 과정에서 상품 생산이 한층 더 활발해지고 화폐의 유통도 보편화되어 갔다. 통일적인 화폐제도가 도입되어 금화인 솔

리두스(solidus)와 은화인 데나리우스(denarius)가 광범하게 유통되기 시작한 것도 그즈음이었다. 이와 더불어 통일적인 도량형의 도입은 상품화폐경제의 발달에 더욱 박차를 가하는 계기가 되었다. 나아가 제국의 전 영역에 로마법이 보급되어 보편적인 법률적 기준이 확립된 것 역시 상품화폐경제의 발달을 가져오는 한 요인이 되었다.

그러나 로마의 번영은 그 내부에 생산기반의 한계라는 근본적 문제를 안고 있었다. 로마 경제가 안고 있는 근본적인 문제는 노예가 지속적으로 공급되어야만 번영이 계속 유지될 수 있다는 데 있었다. 다시 말해 경제성장이 내적인 힘에 의해 유지될 수 없는 성격을 갖고 있었던 것이다. 그런데 2세기에 이르러 더 이상의 정복전쟁을 벌이기 힘들어지면서 노예의 추가적 공급을 확보하기가 어려운 상황이 조성되었다.[1] 이에 따라 노예노동에 기초를

로마의 판테온(Pantheon)
로마 시내 한가운데 남아 있는 이 유적은 한때 세계를 주름잡던 로마제국의 영화를 생생하게 증언해 주고 있다.

생각해 봅시다

예나 지금이나 전쟁을 하는 나라는 모든 자원을 동원해 전쟁에 매달려야 하기 때문에 경제적인 타격이 이만저만 심한 것이 아니다. 전쟁에서 진 나라는 말할 것도 없거니와, 이긴 나라 역시 전쟁으로 인해 경제력이 고갈되어 엄청난 고통을 겪는 것이 보통이다. 동서고금의 역사를 보면 전쟁으로 인해 국력이 피폐해져 결국 멸망에까지 이른 나라들의 사례가 한둘이 아니다.

아주 예외적이기는 하지만, 전쟁을 통해 경제적 이득을 본 나라들이 몇몇 있다. 로마제국이나 몽골제국을 그 대표적 예로 들 수 있는데, 이들은 정복전쟁을 통해 경제적 번영의 기틀을 닦을 수 있었다. 최근의 예로는 제2차 세계대전이 극심한 불황의 늪에서 허덕이던 미국 경제의 회복에 상당한 도움을 준 것을 들 수 있다. 뿐만 아니라 전쟁의 피해가 상대적으로 작았던 미국 경제는 전쟁이 끝난 후 세계 경제의 명실상부한 패권자로 군림하게 되었다.

어느 사회든 전쟁으로부터 경제적 이득을 얻는 계층이 존재하기 마련이고, 이들이 전쟁을 부추기는 역할을 하는 경우가 많다. 예컨대 군수산업의 경우에는 전쟁이 자주 일어날수록 더 많은 이윤을 얻을 수 있어 내심 전쟁이 일어나기를 바랄지도 모른다. 군사세력과 군수산업 사이의 상호의존체제를 가리키는 군산복합체(military-industrial complex)의 사회적 영향력이 늘어남에 따라 전쟁의 위협이 점차 커지는 것은 전혀 이상한 일이 아니다.

생각해 보기

(1) 초기 단계의 로마제국이 끊임없는 정복전쟁을 통해 구체적으로 어떤 경제적 이득을 얻었을지 생각해 보자.
(2) 제2차 세계대전은 어떤 점에서 불황의 늪에서 허덕이던 미국 경제의 회복에 큰 도움이 될 수 있었는지 생각해 보자.

1) 짧은 기간 동안에 노예 가격이 엄청나게 높은 수준으로 뛰어오른 것을 보면 당시의 상황을 잘 알 수 있다. 기원전 1~2세기에서 기원후 1~2세기에 이르는 기간 동안 노예의 가격은 8~10배나 높은 수준으로 뛰어올랐다.

둔 라티푼디움 경영방식을 더 이상 유지하기 어렵게 되었다. 그 대안으로 등장한 것이 바로 **콜로나투스**(colonatus)제도였는데, 이는 라티푼디움에 속했던 넓은 토지를 나누어 여러 소작인에게 빌려주는 제도였다.

로마제국의 힘이 쇠퇴해 가면서 사회, 경제적인 혼란이 극심해지고, 이에 따라 조세 징수가 더욱 어려워져 갔다. 정부는 조세수입 확보를 위해 상공업자들에게 더욱 무거운 조세부담을 안겼고, 이를 견디지 못한 상공업자들은 대거 도시를 탈출해 농촌으로 도망하는 길을 선택했다. 그 결과 한때 번성했던 도시들이 줄지어 몰락하고, 도시를 중심으로 활동하던 상공업도 급속하게 위축되기 시작했다. 로마제국의 몰락과 함께 상품화폐경제는 그 힘을 잃어버리고, 결국 물물교환에 의존하는 자연경제적인 수준으로 퇴행하는 단계에까지 이르게 되었다.

25.2 중세 봉건사회의 경제

봉건제는 5~6세기 게르만 민족의 이동과 정착이 이루어진 때부터 시작되었다. 그때부터 오랜 기간 동안 중세 유럽사회를 지배하던 봉건제는 14~16세기에 이르러 서서히 해체되기 시작하는 운명을 맞게 된다. 봉건제는 가신제와 장원제를 기본 골격으로 하는 중세 유럽의 사회경제체제를 의미한다. 가신제하에서 주군과 가신은 충성의 서약을 통해 인격적인 주종관계를 맺게 된다. 이 서약에서 주군은 가신에 대한 보호를 약속하는 한편, 가신은 주군에 대한 충성을 맹세한다.

이와 같은 인격적 주종관계는 봉건사회가 시작되기 훨씬 이전부터 존재해 온 것으로, 오직 봉건제에서만 나타나는 특성은 아니었다. 그러나 이 인격적 주종관계가 일종의 법률적 제도로 정착되었다는 데서 중세 봉건제의 특징을 찾을 수 있다. 충성의 서약에 의해 가신은 복종과 봉사, 특히 군사적인 봉사의 의무를 지는 한편, 주군에 의한 보호와 물질적인 반대급부를 얻는다. 물질적 반대급부로서 대표적인 것은 토지로, 이렇게 주어진 토지를 **봉토**(feudum)라고 부른다. 애당초 이 봉토는 봉사를 제공하는 개인에게 지급되었지만, 나중에는 그 후손에게 세습될 수 있게 되었다.

가신들이 얻은 봉토는 장원제에 의해 운영되었는데, 이 제도는 신분적으로 자유롭지 못한 농노와 영주 사이의 관계에 기초하고 있다. 농노는 조세와 부역을 비롯한 각종 경제적 부담을 지고, 그 대신 영주는 이들의 안전을 지켜줄 군사적 의무를 지게 된다. 이와 같은 관계를 맺고 있는 영주와 농노들로 구성되어 있는 **장원**(manor)은 중세의 경제, 사회활동의 기본 단위를 구성하고 있었다. 한 장원이 하나의 촌락을 구성하는 경우도 있었으나, 장원과 촌락의 경계가 언제나 일치하는 것은 아니었다. 하나의 큰 장원이 여러 개의 촌락을 포함하는 경우도 있었고, 하나의 촌락에 여러 개의 장원

몽골의 평화

통치한 면적의 넓이로만 치면 인류 역사상 어떤 제국도 13세기의 몽골제국을 능가하지 못한다. 그 당시 몽골제국의 통치영역은 아시아의 거의 대부분과 유럽 일부를 포함할 정도로 드넓었다. 알렉산더대왕이 건설한 제국은 물론, 전성기의 로마제국도 이에 비하면 불과 몇 분의 일에 지나지 않을 정도다. 몽골 정복자들은 넓고 다양한 제국의 여러 지역을 비교적 효율적으로 통치했고, 이에 따라 '몽골의 평화'(*Pax Mongolica*)라고 불리는 시기가 한동안 지속되었다.

몽골 정복자들은 유럽의 상인들과 선교사들이 자신의 영역 안에 들어와 활동하는 것을 환영했다. 이들의 활동으로 인해 아시아와 유럽 사이의 문화적, 물질적 교류가 한층 더 활발해졌다. 특히 중근동 지방에 건설되어 있던 이탈리아 식민지들이 동방과의 교류에 활발히 참여해 유럽인에 의한 동방진출의 교두보 역할을 했다. 이탈리아의 상인들이 동방무역에서 거의 독점적 지위를 차지하게 된 데는 바로 이런 배경이 깔려 있다.

당시 유럽 상인들이 원나라 수도에까지 이르는 경로에는 다음과 같은 세 가지가 있었다. 가장 북쪽의 경로는 러시아를 횡단해 투르키스탄을 거쳐 베이징으로 가는 것으로, 대체로 안전하며 대략 9개월이 걸렸다고 한다. 두 번째는 페르시아와 아프가니스탄을 거쳐 베이징에 이르는 길인데, 앞의 것보다 거리는 짧지만 더 힘든 코스라고 한다. 세 번째 경로는 가장 긴 바닷길인데, 페르시아만과 인도, 인도차이나를 거쳐 중국에 도달하게 된다. 약 2년이 걸렸지만, 해로이기 때문에 여행 경비는 가장 싸게 들었다고 한다.

1274년 아버지를 따라 원나라 수도를 방문한 베네치아 사람 마르코 폴로(Marco Polo)는 쿠빌라이 황제를 알현할 기회를 얻었다. 그는 그동안 여행한 여러 나라들의 얘기를 재미있게 해 줌으로써 황제의 총애를 받았다고 한다. 17년 동안이나 원나라에 머물면서 관직까지 역임하는 등 다양한 경험을 한 그는 천신만고 끝에 베네치아로 돌아왔다. 그는 주위 사람들에게 자신의 경험담을 들려주었으나 잘 믿으려 들지 않았고, 오히려 거짓말쟁이로 몰렸다. 당시의 유럽인들이 아시아의 상황에 대해 얼마나 무지했는지를 잘 말해 주는 일화라고 할 수 있다.

베네치아와 제노아 사이의 전쟁에 참가해 포로로 잡힌 마르코 폴로는 감옥 안에서 동방여행에서의 경험을 서술한 『동방견문록』이란 책을 썼다. 다양한 나라와 민족들의 삶에 대한 생생한 묘사는 사람들의 호기심을 불러일으켜, 성서 다음으로 널리 읽힌 책이 되었다고 한다. 무엇보다 더 강하게 호기심을 자극한 것은, 그 귀한 향료와 금이 동방에는 지천으로 널려 있다는 주장이었다. 콜럼버스가 황금의 나라 지팡구(오늘날의 일본)를 찾아 항해를 떠나게 만든 동기가 된 것도 바로 이 책이었다고 한다.

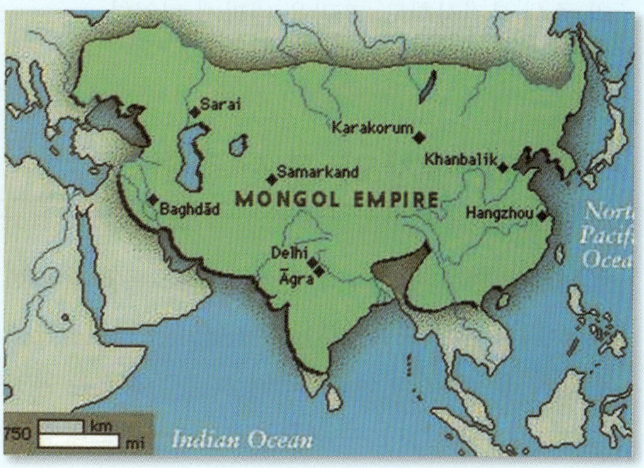

쿠빌라이 황제와 몽골제국

쿠빌라이 황제의 치하에서 몽골은 아시아와 유럽을 아우르는 대제국의 기틀을 완전히 확립했는데, 오른쪽의 지도는 몽골제국이 영토를 최대한으로 확장했을 때를 보여주고 있다.

이 존재하는 경우도 있었다.

곡물 생산을 중심으로 한 중세의 농업은 경작방식과 농기구의 후진성으로 인해 생산성이 매우 낮았다. 곡물 생산이 풍부하지 못해 가축을 기르기가 힘들었고, 이에 따라 퇴비를 충분하게 얻을 수 없어 곡물 생산이 풍부해질 수 없는 악순환이 지속되었다. 그러나 긴 시간을 거치면서 완만하게나마 농업생산기술의 진보가 이루어진 것을 관찰할 수 있다. 기술진보의 대표적인 예가 바퀴 달린 무거운 쟁기의 도입과 새로운 윤작방식인 삼포제(three-field system)의 보급이었는데, 이를 통해 중세 농업의 생산성이 어느 정도 향상될 수 있었다.

중세의 도시들은 상공업의 중심지로서 주변에 있는 농촌과 분업체제를 형성하고 있었다. 그런데 이 도시들은 봉건권력으로부터 자유로운 시민들의 공동체라는 점에서 농촌과 다른 성격을 갖고 있었다. 도시의 길드(guild)는 일종의 동업조합으로, 구성원들의 상호부조와 더불어 경제활동을 조정, 통제하는 기능을 담당했다. 중세의 도시들은 멀리 떨어진 지역과 활발한 무역활동을 하고 있었는데, 그중에서 특히 이탈리아 도시들의 활동이 두드러졌다. 무역의 성장과 함께 한자(Hansa)동맹과 같은 상인조합들이 형성되었으며, 복식부기가 개발되고 신용거래가 확대되는 등 중세 후반에 들어오면서 상거래 기법이 크게 향상되었다.

13~14세기에 걸쳐 일어난 백년전쟁, 흑사병 등 일련의 사건으로 인해 유럽의 인구는 크게 줄어들었다. 영주는 노동력을 확보하기 위해 농민 부담을 감소시켜 주는 등 유리한 조건을 제시해 주어야만 했다. 상품화폐경제가 확산되면서 영주들의 화폐에 대한 욕구가 점차 커지고, 이에 따라 부역을 화폐로 대체해 납부하는 체제가 점차 확산되어 갔다. 그런데 화폐가치 하락으로 인해 지대수입의 실질가치가 감소해 영주들은 재정적 위기에 직면하게 되었다. 이를 해소하기 위해 영주들은 해방금을 받고 농노를 해방시키기 시작했다. 일부에서는 농노제를 더욱 강화하는 반동적인 움직임도 있었으나, 시민혁명을 거치면서 서유럽의 농노제는 서서히 붕괴되기 시작했고 이에 따라 중세 봉건사회도 그 막을 내리게 되었다.

25.3 유럽의 팽창과 중상주의 정책

15세기 말을 전후해 유럽 여러 나라들은 동방과 직접적으로 교역할 수 있는 길을 찾고 많은 금과 은을 얻기 위해 활발한 탐험활동을 벌이기 시작했다. 선박, 항해술의 발달과 절대주의적 국민국가의 재정적 지원은 **원양항해**를 가능하게 하는 원동력이 되었다. 이처럼 활발한 탐험활동의 결과, 아프리카 희망봉을 경유한 인도항로의 개척과 아메리카 대륙의 발견이라는 획기적인 결실을 얻게 되었다.

이와 같은 지리상의 발견은 유럽 상업활동의 판도에 큰 변화를 가져오게 되었다. 종전에는 이탈리아 상인들에 의한 지중해 중심의 동방교역이 상업활동의 주축을 이루고 있었다. 그러나 이제는 포르투갈의 리스본을 중심축으로 하는 대서양무역이 주역의 자리를 대신 차지하게 되었다. 지리상의 발견과 함께 유럽 상인들의 중심 무대가 지중해에서 대서양으로 옮겨가게 된 것이다. 이제 유럽의 교역 대상은 전 세계로 확대되고, 교역품과 교역량이 큰 폭으로 확대되기에 이르렀다.

그런데 16세기 이후 남아메리카로부터 대량의 은이 스페인으로 유입되면서 스페인뿐 아니라 주변 유럽 국가들의 물가가 크게 뛰어오르는 현상이 나타났다. 16세기의 백년 동안 스페인의 물가는 약 세 배나 올랐으며, 전 유럽의 평균적인 물가도 두 배에서 세 배에 이르는 수준으로 오르게 되었다.[2] 지속적인 귀금속 유입으로 인해 화폐 유통량이 빠르게 늘어났고, 이는 바로 급격한 물가상승으로 이어졌던 것이다.

이처럼 신대륙에서 귀금속이 대량으로 유입된 배경에는 당시를 풍미하던 **중상주의**(mercantilism)의 영향이 매우 컸다. 중상주의적 사고방식에 따르면, 한 나라의 부는 그 나라가 갖고 있는 화폐 혹은 귀금속의 양과 비례한다. 바로 이런 생각에서 유럽의 여러 나라들은 귀금속을 찾아 국내외로 경쟁적인 탐험활동에 나섰던 것이다. 그들은 유럽 내부의 광산 개발만으로는 한계가 있다는 것을 발견하고 곧바로 신대륙 쪽으로 눈을 돌렸다. 스페인의 경우 아메리카 대륙 진출의 가장 중요한 목표가 귀금속의 확보였고, 그 노력이 결실을 맺어 대량의 귀금속이 유럽으로 흘러들게 되었다.

귀금속을 직접 획득하기 어려운 경우에는 무역수지 흑자를 통해 귀금속을 더 많이 국내로 끌어들이려고 노력했다. 그리고 무역수지 흑자를 달성하려는 노력의 일환으로 국내 산업을 적극적으로 보호·육성하는 정책을 채택했다. 이와 같은 중상주의적 경제정책은 16~18세기 절대주의 국가의 한 특징을 이루고 있었는데, 정책의 구체적 형태는 나라마다 다른 다양한 형태를 보였다. 예를 들어 영국은 산업 진흥과 해외무역의 확장에 정책의 우선순위를 둔 반면, 프랑스의 경우에는 비단, 포도주, 가구 등 주요 수출품의 품질관리를 위한 규제가 정책의 핵심을 이루고 있었다.

그러나 경제가 성장하고 다양화함에 따라 한때 전 유럽을 풍미하던 중상주의적 사고는 점차 영향력을 잃어갔다. 한 나라의 부는 얼마나 많은 귀금속을 갖고 있느냐가 아니라 얼마나 큰 생산력을 갖고 있느냐에 의해 결정된다는 생각이 자리를 잡게 되었다. 또한 규제와 통제 위주의 중상주의적 정책이 경제성장을 촉진하는 것이 아니라 오히려 방해하는 역할을 한다는 인식이 널리 확산되어 갔다. 특히 대기업에 갖가지 특혜를 부여하는 방식으로 운영되는 중상주의적 정책은 각계각층의 거센 반발에 직면하게 되었다.

2) 같은 기간 동안 프랑스의 물가는 2.2배, 그리고 영국의 물가는 2.6배의 수준으로 오른 것으로 알려져 있다.

경도 이야기

누구나 잘 아는 일이지만, 항해를 하는 선박은 지금 자신의 위치가 어디에 있는지 정확하게 알고 있어야 한다. 그래야만 어느 방향으로 얼마만큼을 더 항해해 가야 목적지에 도달하게 되는지 알 수 있기 때문이다. 연근해를 항해하는 선박들은 낯익은 해안선의 모습을 관찰함으로써 이 문제를 쉽게 해결할 수 있다. 그러나 망망대해에 나온 선박은 오직 경도(longitude)와 위도(latitude)에 의해 자신의 현재 위치를 파악할 수밖에 없다.

원양항해가 점차 활발해지고 있던 시절이었던 1714년, 영국의 앤 여왕은 경도를 정확하게 측정할 수 있는 방법을 알아내는 사람에게 2만 파운드에 달하는 거액의 상금을 주겠다고 약속했다.[3] 이 현상금을 타기 위해 수많은 사람들이 이 일에 매달렸는데, 이들이 제시한 방법 중에는 기상천외한 것들이 무척 많았다. 어떤 한 무명 시계공이 일생을 바쳐 그 방법을 찾아냈지만, 음모에 휘말려 정식으로 그 상금을 받지 못하고 세상을 떠나는 불운을 맞고 말았다.

연극 'Longitude'의 초연을 알리는 포스터

2005년은 경도 측정과 관련한 해리슨(J. Harrison)의 위대한 업적이 나온 지 250년이 되는 해다. 이를 기념하기 위해 영국의 Greenwich Theatre 극단은 그의 생애를 그린 'Longitude'라는 연극을 제작했다. 이 포스터는 정확한 경도의 측정이 항해에서 얼마나 중요한 의미를 가지며, 경도 측정의 핵심은 정확한 시계의 개발에 있음을 상징적으로 보여주고 있다.

경도를 정확하게 측정하는 방법이 얼마나 중요하기에 그렇게 거액의 현상금까지 내걸었는지 의아해하는 사람이 있을 것이다. 그러나 원양항해에서 경도 측정이 갖는 중요성은 거액의 현상금을 충분히 정당화하고도 남음이 있다. 그 당시 유럽 사람들에게 원양항해를 통한 신항로 개척은 엄청난 부를 가져다주는 중요한 사업이었다. 정확한 경도 측정은 성공적인 원양항해의 전제조건이었기 때문에 경도 측정방법의 경제적 가치는 매우 클 수밖에 없었다.

전통적으로 원양항해를 하는 선박들은 해, 달, 그리고 별들의 위치를 세밀하게 관찰함으로써 경도와 위도를 측정하는 방법을 썼다. 소설이나 영화에 '애꾸눈 선장'의 얘기가 자주 나오는데, 육안으로 태양의 위치를 측정하는 과정에서 한쪽 눈의 시력을 잃어버린 경우가 많았다. 그러나 이 방법의 더 큰 문제는 경도를 정확하게 측정할 수 없다는 데 있었다. 위도는 어느 정도 정확하게 측정할 수 있었지만, 경도의 경우에는 그렇지 못했던 것이다.

그러나 사람들은 이 방법에 대한 미련을 버리지 못하고, 좀 더 정밀한 측정방법을 개발함으로써 문제를 해결할 수 있다고 믿었다. 이때 문제 해결의 열쇠는 시간을 정확하게 측정할 수 있는 시계에 있다는 주장을 하고 나선 사람이 있었다. 지금의 관점에서 보면 너무나 당연한 생각이었는지 모르지만, 그 당시 상황에서는 매우 혁명적인 발상이었다. 어떤 사람의 말대로, 더 옛날에 그런 아이디어를 냈다면 마법사로 몰릴 수도 있었을 것이다.

시간을 정확하게 측정할 수 있는 시계를 통해 현 위치의 경도를 알아낼 수 있다는 아이디어는 다음과 같은 단순한 원리에 그 기초를 두고 있다. 경도는 지구의 둘레를 360°로 나눈 것이고, 태양은 이 둘레를 하루에 한 바퀴씩 돌게 된다. 다시 말해 태양이 24시간 동안 경도 360°의 거리만큼 움직여 간다는 뜻이고, 이는 경도가 시간과 밀접한 관련을 맺고 있음을 말해 준다.

3) 그 당시의 2만 파운드라면 지금의 가치로 따질 때, 수백만 파운드가 넘는 어마어마한 금액이다.

런던을 떠날 때 그리니치(Greenwich) 표준시에 시간을 맞춘 시계를 싣고 대서양을 건너는 선박의 경우를 생각해 보자. 이 시계가 정오를 가리킬 때 그리니치 지역에서 태양이 남중할 텐데, 현재 위치에서 태양이 남중하는 시각은 오후 1시로 측정되었다고 하자. 이는 그 배가 서쪽을 향해 지구 둘레의 $\frac{1}{24}$에 해당하는 거리를 항해해 왔음을 뜻한다. 다시 말해 지금 그 선박은 서경 15°상에 위치해 있다는 뜻이다.

문제는 그 당시의 기술로 항해 중에도 시간의 흐름을 정확하게 측정할 수 있는 시계를 만들기 어렵다는 데 있었다. 심한 흔들림과 변덕스러운 온도라는 열악한 조건하에서도 정확성을 유지하는 시계를 만들려면 엄청난 기술적 장벽을 극복해야만 했던 것이다. 소벨(D. Sobel)이란 사람이 쓴 『경도』라는 책에는 그런 시계를 만들어내기 위해 일생을 바친 시계공 해리슨(J. Harrison)의 일대기가 흥미진진하게 그려져 있다. 현상금을 정식으로 받지 못하고 장려금이란 명목으로 일부분만 받게 되지만, 현상금이 그의 차지가 되었어야 한다는 데는 아무 이견이 없다.

생산활동의 측면에서는 중세적인 도시공업이 쇠퇴해 간 반면, **선대제**(putting-out system)를 기초로 한 농촌수공업이 활발한 움직임을 보이기 시작했다. 선대제란 상인이 여러 단계의 독립 수공업자에게 원료나 도구를 제공하여 상품을 생산하게 만든 다음, 생산된 제품을 인수·판매하는 방식의 생산조직을 뜻한다. 또한 16~18세기를 통해 금융·보험업이 크게 발전하였고, 주식회사 형태의 기업들이 점차 보편화되어 갔다. 이를 통해 곧바로 나타날 산업혁명을 위한 제도적 기초가 점차 다져지고 있었던 것이다.

산업혁명과 세계자본주의의 발전 25.4

영국의 **산업혁명**(industrial revolution)은 1760년경 시작되어 1860년경에 완성 단계에 이르게 되었다. 19세기 초까지 생산성의 비약적 발전은 주로 면직물산업을 중심으로 한 경제의 일부분에 국한되어 일어났으나, 그 이후에는 광범한 산업 분야로 확산되어 나타났다. 특히 1840년 이후에는 석탄산업, 제철산업, 철도산업 등 자본재 산업을 중심으로 한 급격한 발전이 산업혁명을 주도하기 시작했다.

산업혁명이 정확하게 무엇을 뜻하는지에 대해서는 사람마다 강조하는 바가 약간씩 다른 것을 볼 수 있다. 어떤 학자들은 사회적 변화를 중시하고 있는데, 중세적인 관습과 규율의 통제에서 벗어나 새로운 거래방식을 채택하기 시작한 데 산업혁명의 주요한 특징이 있다고 본다. 그들은 특히 상품과 생산요소의 경쟁적인 시장이 등장하기 시작했다는 점을 매우 중요한 변화로 간주하고 있다.

이에 비해 산업조직상의 변화를 강조하는 사람들도 있다. 그들은 가내수공업 단계를 벗어나 공장생산이 주류를 이루게 되고, 산업노동자라는 새로운 계급이 출현했다는 점에서 산업혁명의 주된 의미를 찾는다. 또한 거시경제적 변화에 주목하는 사람들

산업혁명의 영웅들

산업혁명의 중심지였던 영국 버밍엄(Birmingham)시의 중심가에 세워진 이 황금빛 동상은 산업혁명을 앞에서 이끈 와트(J. Watt)를 위시한 세 명의 지도자들을 기리고 있다.

도 있는데, 이들은 국민소득과 생산성이 전례 없이 빠른 속도로 증가한 점을 중시하고 있다. 나아가 석탄을 비롯한 에너지 사용에서의 혁신, 각종 기계의 발달 등을 포함한 생산기술의 급격한 변화가 산업혁명의 핵심이라고 생각하는 사람들도 있다.

이처럼 다양한 견해가 존재한다는 사실은 산업혁명이 경제, 사회의 여러 측면에 걸친 포괄적인 변화과정이었음을 시사하고 있다. 뿐만 아니라 산업혁명이 과연 얼마만큼 혁명적인 변화를 뜻했는지에 대해서도 여러 가지 견해가 제시되어 있는 것을 볼 수 있다. 짧은 기간 동안 사회와 경제를 혁명적으로 변화시킨 계기가 되었다는 견해가 있는가 하면, 오래전부터 진행되어 온 변화의 속도가 다소 빨라진 데 불과했다는 견해도 있다. 그러나 이 시기를 전후해 인류의 경제생활에 획기적인 변화가 발생했다는 데는 모두가 의견을 같이하고 있다.

산업혁명을 통한 생산력의 눈부신 발전은 사람들의 생활수준에 현저한 개선을 가져왔다. 그러나 모든 사람이 산업혁명의 영향에 대해 긍정적 평가를 내리고 있는 것은 아니다. 예컨대 노동시간이 연장되었을 뿐 아니라, 노동 강도도 강화되어 노동계층의 생활수준이 전보다 더 악화되었다고 평가하는 사람도 있다. 산업혁명의 초기 단계에서는 이와 같은 부정적 평가가 어느 정도 타당성을 가질 수도 있다. 그러나 산업혁명이 무르익은 단계인 1840년대에 들어오면서 생활수준의 현저한 향상은 어느 누구도 의심할 수 없는 분명한 추세가 되었다.

19세기 중반 일단 완성 단계에 이른 산업혁명은 19세기 후반에 접어들면서 다시 새로운 전기를 맞게 되었다. 과학적 지식이 산업기술에 본격적으로 응용되면서, 전기, 화학, 기계 산업 등에서 수많은 신상품이 출현하고 생산기술에도 획기적인 진보가 일어나기 시작했던 것이다. 바로 이런 뜻에서 19세기 말에서 20세기 초에 이르는 기간의 경제적 변화를 '제2차 산업혁명'이라고 부르기도 한다. 최초의 산업혁명은 체계적인 과학지식보다는 기술자들의 시행착오를 통한 기술진보가 그 바탕을 이루고 있었다. 이에 비해 제2차 산업혁명은 과학지식이 산업기술에 본격적으로 응용되기 시작했다는 점에서 그 성격을 달리하고 있다.

그즈음 기업구조의 측면에서도 복잡한 관료제적 조직을 갖추고 소유와 경영이 분리된 근대적 대기업이 출현하는 대변혁이 일어났다. 종래에는 소규모의 가족경영이 주류를 이루고 있었지만, 이제는 근대적 대기업들이 이들을 대신해 생산활동을 주도하게 되었다. 이 대기업들은 자동화된 대량생산체제의 도입, 기계와 노동의 과학적인 관리를 통해 획기적인 생산성의 향상을 이룩했다.

산업혁명이 완성된 19세기 중엽, 영국은 전 세계 공업생산의 $\frac{1}{3}$을 차지하는 '세계의 공장'으로 자리 잡게 되었다. 세계 총생산에서 영국이 차지하는 비중은 석탄이 $\frac{2}{3}$, 철강이 $\frac{1}{2}$, 그리고 면포가 $\frac{1}{2}$에 달할 정도로 영국의 우위가 두드러졌다. 그러나 19세기 말에 오면서 뒤늦게 산업화의 대열에 합류한 미국과 독일이 영국을 추월할 낌새를 보이기 시작했다. 특히 전기, 화학, 기계 등 신산업 분야에서 이들은 영국보다 훨씬 더 빠른 발전속도를 보였다. 그들의 뒤를 이어 러시아, 이탈리아, 일본 등 다른 후발국에서도 산업화가 시작되어 영국의 우월적 지위는 점차 사라지게 되었다.

산업혁명과 더불어 산업생산이 크게 증가하고 교통수단이 발달함에 따라, 영국을 중심으로 한 상품의 국제무역이 전례 없는 규모로 확대되기 시작했다. 아울러 1870년대 이후에는 자본의 국제이동도 크게 늘어나는 추세를 보였다. 이처럼 상품의 교역과 자본의 국제이동이 급증하게 된 주요한 이유로 금본위제가 국제통화체제로 정립된 것을 꼽을 수 있다. 모든 나라가 금본위제를 채택한 결과 실질적으로 통일된 화폐제도를 갖는 효과가 나타나, 상품과 자본의 국제이동이 활발하게 이루어질 수 있었다.

거의 1세기에 걸친 산업화 과정을 통해 유럽 여러 나라들의 경제는 엄청난 발전을 거듭했다.[4] 그 결과 강대국과 약소국 사이에는 엄청난 격차가 생겨나기 시작하고, 강대국이 약소국을 경제적·정치적으로 지배하려고 하는 **제국주의**(imperialism)가 태동하기 시작했다. 유럽 열강들은 식민지를 얻기 위해 아시아, 아프리카에 경쟁적으로 진출했다. 식민지는 자기네 상품에 대한 시장을 제공하는 동시에 자원을 값싸게 공급하는 기지로서 매우 중요한 의미를 가졌다. 이와 같은 제국주의적 팽창은 1870년부터 1914년에 이르는 기간에 그 절정을 이루었는데, 1914년에는 전 지구의 85%가 식민지, 보호령, 신탁통치, 연방 등의 형태로 서구열강에 의해 지배되는 체제가 구축되었다.

부의 탄생

매디슨(A. Maddison)이란 경제학자는 지난 몇천 년 동안 인간의 경제적 생활이 어떤 경로를 거쳐 오늘에 이르게 되었는지를 분석해 보았다. 그의 분석 결과를 [그림 25-1]로 나타낼 수 있는데, 이를 보면 기원후 1년부터 1000년에 이를 때까지 인간의 경제적 복지는 내내 제자리걸음을 해 왔다는 것을 알 수 있다.

그가 추정한 각 시기의 평균적 1인당 국민소득은 천 년이란 긴 기간 동안 최소한의 생존만 가능케 하는 수준인 400달러 정도에 줄곧 머물러 있었던 것으로 나타나 있다. 1000년 이후에는 약간의 성장세를 볼 수 있었지만, 그 성장속도가 그리 괄목할 만한 것은 결코 아니었다.

1800년대에 들어와서야 1인당 국민소득이 겨우 두 배 정도의 수준으로 올라갔지만, 이것도 오늘날의 기준으로 보면 엄청나게 느린 성장속도다. 이는 연간 0.1%에도 미치지

4) 유럽을 제외한 지역에서는 일본만이 유일하게 산업화의 대열에 합류할 수 있었다.

그림 25-1

세계의 평균적 1인당 국민소득(인플레이션 조정치)

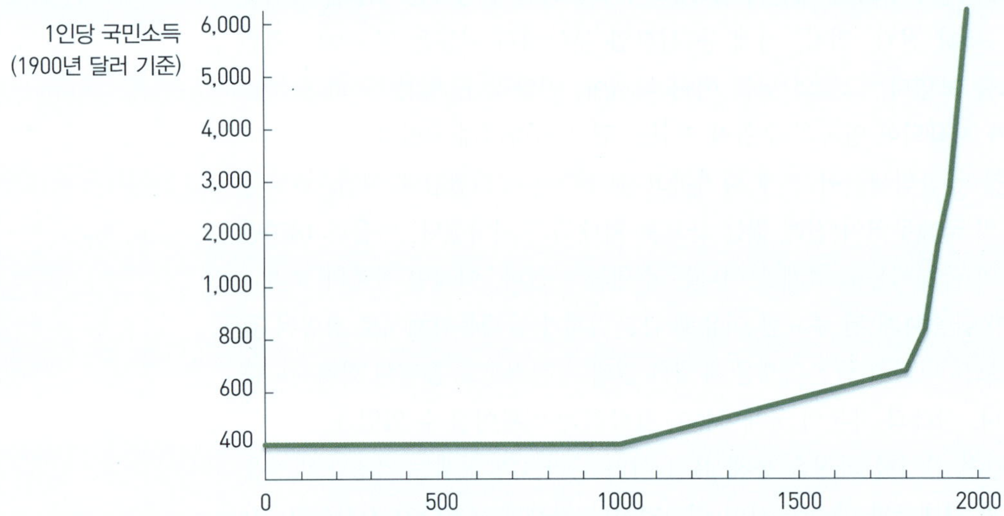

자료 : A. Maddison, *The World Economy : A Millennial Perspective*, OECD, 2001, p. 264

못하는 성장률을 뜻하는데, 요즈음에는 성장이 무척 더딘 나라라도 1%의 성장률 정도는 쉽게 이룰 수 있다.

인류 역사에서 오늘날과 같은 본격적인 성장이 시작된 것은 1820년 정도로, 이때에 이르러서야 연간 성장률이 2%대에서 안정되는 추세를 보이기 시작했다. 그렇다면 그리도 오랜 기간 동안 정체상태를 벗어나지 못하던 경제가 그즈음 갑자기 활발한 성장세로 바뀌게 된 이유가 과연 무엇일까라는 의문이 제기될 수 있다.

『부의 탄생』(*The Birth of Plenty*)이라는 흥미로운 책을 쓴 번스틴(W. Bernstein)은 그 이유를 다음과 같은 네 가지로 요약하고 있다. 그가 첫 번째로 들고 있는 이유는 '재산권의 확립'이다. 자신의 재산을 국가나 범죄자에게 빼기지 않는다는 보장이 있을 때만 부를 창출하기 위해 열심히 노력하게 된다는 점을 생각하면 당연한 지적이라고 말할 수 있다.

그가 드는 두 번째 이유는 '과학적 합리주의의 보급'이다. 그는 합리적 사고가 경제적 진보를 뒷받침하는 하나의 하부구조의 역할을 하는데, 서구에서도 비교적 최근에 와서야 이런 합리적 사고가 자리를 잡아가기 시작했다고 말한다. 또한 그는 오늘날에도 개발도상국에서는 합리적 사고가 제대로 자리를 잡지 못하고 있는 현실을 지적하고 있다.

세 번째 이유로 들고 있는 것은 '자본시장의 발전'이다. 기업 활동을 위해서는 다른 사람들로부터 방대한 금액의 돈, 즉 자본을 끌어들여야 한다. 이와 같은 자본의 뒷받침이 없다면 아무리 능력 있는 기업가라 할지라도 그 능력을 발휘할 기회를 갖지 못한다. 따라서 자본시장의 발전이 없이는 본격적인 경제성장이 이루어지기 어렵다.

마지막으로 드는 이유는 '빠르고 효율적인 통신과 수송 체제의 확립'이다. 앞에서 말한 조건들이 모두 충족되었다 해도 생산된 제품을 소비자들에게 신속하고 값싸게 전달할 수 없다면 활발한 경제활동이 이루어질 수 없다. 증기 엔진의 발명으로부터 시작된 수송, 통신 수단의 눈부신 발전이 경제성장을 촉진한 또 하나의 이유가 되었음이 분명하다.

번스틴은 이 네 가지 조건이 모두 충족되어 가는 징조가 처음 나타난 것이 16세기의 네덜란드였다고 한다. 그리고 1820년대에 들어오면서 영국을 중심으로 하여 서유럽 여러 나라에서 확고하게 자리 잡기 시작했다는 것이다. 지구상의 다른 지역에서 이런 조건들이 동시에 충족되기 시작한 것은 이보다 한참 더 뒤의 일이라는 것이 그의 설명이다.

자료 : W. Bernstein, *The Birth of Plenty*, McGraw-Hill, 2004

1930년대의 세계 대공황 25.5

산업혁명 이래 전성기를 구가하던 세계경제는 1930년대 갑자기 불어닥친 **대공황**(Great Depression)의 폭풍에 휘말려 최대의 위기를 맞게 되었다. 대공황의 신호탄이 된 것은 1929년 별다른 예고 없이 갑자기 발생한 미국 주식시장의 붕괴였다. 주식시장 붕괴의 여파로 금융기관들의 연쇄부도가 일어나고, 실물경제도 급격한 속도로 추락하기 시작했다. 1929년에서 1933년에 이르는 4년 동안, 실질 국내총생산이 29% 감소하고 실업률은 3.2%에서 25% 수준으로 뛰어올랐다. 미국의 불황이 다른 나라들로 확산되면서 전 세계가 끝 모를 대공황의 나락에 빠져들게 되었다.

그와 같은 대공황이 과연 어떤 이유에서 일어나게 되었는지에 대해서는 여러 가지 견해가 존재하고 있다. 전통적 견해는 자본주의 경제의 구조적 취약성으로 인한 유효수요의 부족을 주요한 원인으로 꼽고 있다. 그러나 최근의 연구들은 제1차 세계대전의 결과로 나타난 세계경제질서의 불안정성이 더 큰 역할을 했다는 결론을 내고 있다. 이와 더불어 1920년대 말 미국이 채택한 긴축정책이 채무국들에게 엄청난 재정압박을 가져온 것도 또 하나의 주요한 이유로 꼽을 수 있다. 게다가 각국이 금본위제를 고수하기 위해 긴축정책을 채택하는 정책상의 실수를 저지르는 바람에 불황이 한층 더 확산, 심화되기에 이르렀다.

세계경제는 1930년대 내내 극심한 불황에 시달렸고, 1940년대에 와서야 비로소 회복의 기미를 보이기 시작했다. 그렇다면 세계 여러 나라들은 과연 무엇을 통해 대공황의 나락에서 빠져나올 수 있었을까? 이 점에 대해서도 다양한 견해가 존재하고 있는데, 최근의 연구들은 금본위제를 포기함으로써 본격적인 확장정책을 채택할 수 있게 된 것에 주목하고 있다. 또한 미국의 뉴딜(New Deal)정책이나 독일의 히틀러 집권과 같은 정책체제의 변화로 인해 사람들의 기대에 변화가 생긴 것을 주요한 이유로 꼽는 사람들도 있다. 나아가 어떤 사람들은 제2차 세계대전으로 인한 재무장이 경기회복에 상당한 도움을 주었다고 말하기도 한다.

사상 초유의 대규모 경제적 재난을 경험하고 이에 맞서 싸우는 과정에서 사람들은 정부의 역할에 대한 새로운 인식을 갖게 되었다. 자유방임적인 자본주의의 실패를 경험하게 되면서, 정부가 경제를 어느 정도 규제하고 조정할 필요가 있다는 생각이 싹트기 시작한 것이다. 이와 같은 생각은 그 이후 상당 기간 동안 매우 큰 영향력을 발휘했고, 이에 힘입어 각국 정부는 그 규모와 권한을 크게 확대해 나갈 수 있게 되었다. 이런저런 이유로 각종 정부규제가 속속 도입되었고, 실업자와 빈민을 돕기 위한 각종 사회보장 프로그램이 대폭 확충되었던 것을 볼 수 있다.

배고픈 것은 참을 수 없어

공짜로 나눠 주는 수프를 타 먹기 위해 줄지어 서있는 실업자들의 행렬은 당시의 불황이 어느 정도로 그 골이 깊었는지 잘 말해주고 있다.

25.6 세계경제의 재건과 성장

앞에서 설명한 바 있지만, 제2차 세계대전이 거의 끝나갈 무렵 미국을 위시한 44개 연합국 대표들은 전후의 세계경제질서에 대해 논의하기 시작했다. 그들은 전후의 경제 재건과 성장을 위해서는 무엇보다도 우선 무역통제와 외환관리로 인해 붕괴된 세계경제질서를 정상화해야 한다는 데 의견을 같이 했다. 이와 같은 목적을 달성하기 위해 연합국 대표들은 무역, 외환거래의 장벽들을 제거하는 데 주안점을 둔 **브레튼우즈(Bretton Woods)협정**을 체결했다.

이 협정을 통해 브레튼우즈체제가 출범하게 되었는데, 이 체제는 1970년대까지 세계경제질서의 기본 골격을 구성하고 있었다. 이 체제하에서 나라와 나라 사이의 경제관계를 조정하는 역할은 국제통화기금(IMF), 세계은행(IBRD), 그리고 관세와 무역에 관한 일반협정(GATT)의 세 국제기구에 맡겨졌다.[5] 이들 사이에서 국제통화기금은 단기적인 유동성의 문제 해결에 주력하는 한편, 세계은행은 전후 복구와 경제개발을 위한 장기적 금융지원의 제공, 그리고 관세와 무역에 관한 일반협정은 각종 무역장벽의 제거에 주력하는 방식으로 역할분담이 이루어졌다.

제2차 세계대전 직후 유럽 여러 나라들은 극심한 식량과 원자재 부족 때문에 매우 큰 어려움을 겪었다. 뿐만 아니라 전후 재건을 위한 재정지출 부담 때문에 화폐를 남발할 수밖에 없었고, 이는 매우 가파른 물가상승으로 이어졌다. 전쟁 중 비교적 피해를 적게 입은 미국은 마셜플랜(Marshall Plan)이라는 경제원조 프로그램을 통해 유럽 재건에 도움을 주었다. 위기를 넘긴 유럽 여러 나라들은 적극적인 재건 노력을 통해 기적적으로 빠른 회복을 달성했다. 일본 역시 미국의 적극적 지원과 한국전쟁 특수에 힘입어 짧은 시간 내에 전쟁 전 수준을 회복하게 되었다.

1950년에서 1970년대 초 사이의 기간 동안 선진국을 중심으로 한 자본주의경제는 장기 호황을 경험하며 크게 성장했다. 이 시기는 세계경제의 황금기이자, 동시에 케인즈경제학의 전성기였다. 당시의 경제상황은 적절한 경제안정정책을 통해 경제를 언제나 안정적인 상태에 유지시킬 수 있다는 낙관론을 정당화시켜 주기에 충분한 것처럼 보였다. 물가가 안정된 수준에 머물러 있으면서 경제는 순조로운 성장을 계속하고 있었기 때문이다.

그러나 1970년대 중반에 들어오면서 경제상황은 크게 달라진 모습을 보이게 된다. 장기 호황이 끝나고 경기침체가 자주 나타나는 데다가, 물가까지 불안한 상황을 보이기 시작했던 것이다. 실업과 물가불안의 문제가 동시에 발생하는 스태그플레이션(stagflation) 현상은 케인즈경제학적 처방에 익숙해 있던 경제정책 담당자에게 풀기 어려운 숙제가 아닐 수 없었다. 총수요를 조절하는 방식으로는 실업과 물가불안의 문

5) 제22장에서 설명한 것처럼 GATT는 공식기구가 아니고 다만 하나의 협정에 불과할 뿐이다.

실리콘 밸리의 한 기업

미국 경제는 1990년대에 들어오면서 갑자기 활기를 띠게 되었는데, 실리콘 밸리로 대표되는 첨단산업 개발과 정보기술 도입에 따른 투자열기가 그와 같은 활력의 주요 원천이었다.

제를 동시에 해결할 수 없기 때문이었다.

이와 동시에 제2차 세계대전 이후 세계경제질서에서 주도적 역할을 담당해 오던 미국 경제의 위상이 현저히 떨어지기 시작했다. 미국의 국제수지 적자가 계속 쌓여 감에 따라 달러화에 대한 신뢰가 떨어지고, 이는 급기야 브레튼우즈체제의 몰락으로 이어졌다. 만성적인 재정적자와 국제수지 적자에 허덕이는 미국을 대신해, 이제는 패전국이었던 독일과 일본이 세계경제의 새로운 강자로 부상했다.

한동안 무기력한 상태를 벗어나지 못하던 미국 경제는 1990년대에 들어오면서 갑자기 활기를 띠게 되었다. 그와 같은 활력의 주요 원천은 첨단산업의 개발, 정보기술(information technology)의 도입에 따른 투자열기였다. 막대한 규모의 투자는 단기적으로 경기를 활성화시키는 효과를 가져왔을 뿐 아니라, 생산성을 높여 경쟁력을 강화시켜 주는 효과도 가져왔다. 불과 얼마 전까지만 해도 경쟁력을 잃고 허덕이던 미국 기업들은 각종 첨단산업 분야에서 절대적인 강자의 위치를 차지하기 시작했다.

때마침 불어닥친 **세계화**(globalization)의 바람은 미국 경제의 우월적 지위를 더욱 강화시켜 주는 계기가 되었다. 세계화는 여러 가지 형태로 진행되지만, 가장 중요한 것 중 하나가 국제자본시장의 통합이라고 말할 수 있다. 세계의 자본시장이 하나로 통합되어 가면서 엄청난 자본동원 능력을 가진 미국의 영향력이 빠르게 커져 갔다. 미국은 국제자본시장에서의 압도적 우위를 발판으로 삼아 세계경제의 방향에까지 영향을 미칠 수 있는 힘을 갖게 되었다. 사회주의 국가들이 모두 몰락해 정치적 패권까지 수중에 넣은 상황이기 때문에 그 영향력은 더욱 클 수밖에 없었다. 말하자면 '미국의 평화'(*Pax Americana*)가 이루어진 셈인데, 과연 이것이 언제까지 지속될 것인지는 아무도 자신 있게 말하지 못한다.

최근 정보기술의 눈부신 발전에 힘입어 세계화의 흐름은 더욱 급한 물살을 타고 있다. 이 급격한 세계화의 추세에 어떻게 대처해 나가야 하는지는 현시점에서 세계경제가 안고 있는 최대의 과제라고 말할 수 있다. 동아시아의 기적적 성장과 최근의 경제위기가 모두 세계화와 긴밀하게 끈 닿아 있다는 사실은 세계화가 약이 될 수도 있고 독이 될 수도 있음을 시사하고 있다. 세계화의 흐름을 적절히 활용함으로써 생활수준의 현저한 향상을 이룩할 수 있는 반면, 이에 어설프게 뛰어들어 파국의 위기를 맞게 될 수도 있다. 앞에서 본 것처럼, 19세기에는 산업화에 성공했는지의 여부가 나라의 운명을 좌우했다. 이제는 세계화가 제공하는 기회를 얼마나 현명하게 활용했는지의 여부에 따라 나라의 운명이 엇갈리게 될지도 모른다.

생각해 봅시다

세계화의 진전과 더불어 국경의 의미가 점차 퇴색해 가고 있다. 상품과 자본은 물론, 이제는 노동력까지 이 나라 저 나라로 자유로이 이동해 가는 세상이 되었다. 우리 사회만 하더라도 세계화와 더불어 매우 급격한 변화가 일어나고 있다. 얼마 전까지만 해도 우리 근로자가 해외로 진출하는 사례만 있었지 외국 근로자가 우리나라에 들어와 일하는 경우는 보기 힘들었다. 그러나 이제는 상황이 달라져, 외국 근로자들이 주로 모여 사는 동네까지 등장하게 되었다.

기업의 경우도 이제는 어느 나라의 기업인지가 별로 문제되지 않는 상황이 되었다. 조금 더 낮은 임금, 조금 더 가벼운 세금부담을 찾아 세계 각국으로 생산활동의 영역을 넓혀가고 있기 때문이다. 우리 기업들의 경우에도 임금이 낮은 중국이나 동남아를 생산기지로 삼고 있는 사례가 무척 많다. 지금이 다국적기업(multinational corporation)의 시대라고 한다면, 이제 곧 초국적기업(transnational corporation)의 시대가 올 것이다. 국경이라는 것이 전혀 의미가 없는, 진정한 의미에서 세계화된 초국적기업들이 세계를 주름잡을 날이 곧 오게 된다.

생각해 보기

(1) 우리나라에 들어와 있는 외국 근로자들이 어떤 측면에서 우리 경제에 도움을 주고 있는지 생각해 보자.
(2) 세계 각국이 경쟁적으로 해외투자를 유치하려고 노력하는 이유는 무엇일지 생각해 보자.
(3) 초국적기업이 지배하는 시대가 오면 어떤 계층이 상대적으로 이득을 보며 어떤 계층이 상대적으로 손해를 보게 될지 생각해 보자.

25.7 불확실성의 시대

제2차 세계대전이 끝난 후 50여 년 동안 세계경제는 비교적 순탄한 성장의 길을 걷고 있었다. 세계화의 진전으로 인해 나라와 나라 사이의 거리는 점차 좁혀지고 있었으며, 세계경제가 거대한 공급연결망(supply-chain)으로 연결되어 가는 추세를 볼 수 있었다. 그 결과 여러 나라가 생산과정의 각 단계에서 분업체제를 이루는 공급연결망무역이 급속한 성장세를 보였다. 전 세계의 교역량 중 소재나 부품 같은 중간재의 비중이 빠르게 커진 것이 그 좋은 증거라고 말할 수 있다.

공급연결망무역의 확대는 국제무역의 자유화를 촉진하는 부수적 효과를 가져왔다. 종전에는 개발도상국들이 무역자유화에 대해 미온적인 태도를 취하고 있었다. 산업화가 먼저 이루어진 선진국과의 자유로운 무역이 국내 산업에 부정적 효과를 미치는 것을 두려워했기 때문이다. 그러나 공급연결망무역이 점차 확대됨에 따라 개발도상국들의 태도에 변화가 일어나기 시작했다. 공급연결망무역에 적극 참여함으로써 여러 가지 형태의 이득을 얻을 수 있음을 깨닫게 되면서 무역자유화를 지지하는 것으로 태도가 바뀐 것이다.

이와 같은 순조로운 성장세하에서도 일부 개발도상국들은 이런저런 이유로 경제위기를 겪기도 했다. 그러나 선진국이 위기의 진원지가 되는 경우는 거의 없었으며, 위기가 전 세계적 차원에서 발생한 적도 없었다. 1930년대에 발생한 대공황의 기억이 점차 희미해져 가면서, 이제는 국제적인 협력체제를 통해 세계경제가 큰 위기를 겪지 않고 순조롭게 성장해 갈 수 있는 토대가 마련되었다는 낙관론이 지배하게 되었다. 때때로 발생하는 국지적인 경제위기가 전 세계 차원의 위기로 확산되는 것을 성공적으로 막은 실제 사례도 적지 않았다.

세계 금융의 중심 – 월스트리트

이곳이 바로 2008년 전 세계경제를 뒤흔든 글로벌 금융위기의 진원지이다.

그러나 2008년 미국 월스트리트에서 점화된 불길이 전 세계로 번져 발생한 글로벌 금융위기는 이와 같은 낙관론에 찬물을 끼얹었다. 세계의 금융시스템이 붕괴 직전의 위험한 상황으로 치닫는 충격적인 상황에 직면하게 되었기 때문이다. 미국과 유럽 여러 나라 정부는 부도위기에 처한 대형 금융기관들을 구제하기 위해 국내총생산의 25%가 넘는 수준의 엄청난 공적 자금을 퍼부어 넣었다. 그런데도 금융위기의 전개과정에서 발생한 신용경색으로 인해 전 세계경제가 1930년대의 대공황에 버금가는 경기침체의 늪에 빠져들게 되었다.

이 글로벌 금융위기의 여진이 채 가시기도 전에 세계경제는 남유럽 국가들로부터 시작된 재정위기로 또 한 차례의 큰 위기를 맞게 되었다. 세계경제는 글로벌 금융위기와 유로존 재정위기라는 원투 펀치를 맞고 비틀거리는 모습을 보였다. 이와 같은 충격에서 간신히 벗어날 즈음인 2020년 세계경제는 다시 코로나19 팬데믹이란 충격파에 다시 한번 크게 휘청거리는 모습을 보였다. 각국 정부가 전례 없이 적극적인 통화, 재정정책을 총동원했음에도 불구하고 경기회복의 발걸음은 아직도 더디기만 하다.

이와 같은 위기의 빈번한 발생과 세계경제의 더디기 짝이 없는 회복세는 우리에게 하나의 의문을 던져주는 계기가 되었다. 그것은 세계경제가 '구조적 장기침체'(secular stagnation)의 단계에 진입한 것이 아닌가라는 의문이다. 한센(A. Hansen)에 의해 1930년대에 처음 제기된 구조적 장기침체의 가설은 산업사회가 발전해 감에 따라 저축률이 높아지는 한편 투자율은 낮아진다는 데 주목한다. 그 결과 총수요 부족으로 인해 경제가 침체하고 물가상승률이 낮아지는 현상이 계속된다는 것이 이 가설의 내용이다.

구조적 장기침체의 가설이 현재의 세계경제 상황을 설명하는 데 얼마나 큰 설득력을 갖는지에 대해서는 많은 논란이 있다. 그러나 세계경제의 평균적 성장률이 예전의 수준으로 다시 높아지기를 기대하는 것은 아무래도 어려울 것이라는 전망이 우세한 상황이다. 장기적 관점에서 보면 1950년대부터 2000년대 초반까지는 세계경제가 유례없는 호황을 누려온 시기였다. 제2차 세계대전의 복구작업에 힘입어 대량으로 수요가 창출되고 그 결과 세계경제는 힘찬 성장세를 지속할 수 있었다. 이처럼 좋은 여건

런던의 금융중심지

세계화 덕분에 번영을 누리던 영국 국민은 스스로 문을 걸어 잠그는 선택을 했다.

을 다시 기대하기 힘든 것이 사실이라면, 세계경제의 평균적 성장률은 어차피 떨어질 수밖에 없을지 모른다.

세계경제의 최근 흐름에서 또 하나 감지할 수 있는 주요한 변화는 여러 곳에서 자유무역과 세계화에 대한 반감이 점차 높아져 가고 있다는 것이다. 2016년 미국 대통령 선거에서 트럼프(D. Trump) 후보는 바로 이런 반감을 이용해 예상외의 승리를 거두었다. 소위 '러스트 벨트'(rust belt)라고 불리는 미국 중부의 공업지대 주민들 사이에서 당신들을 가난의 구렁텅이로 몰아넣은 자유무역과 맞서 싸우겠다는 그의 선동적 연설이 열광적인 환영을 받은 것을 보면 그 반감의 정도를 능히 짐작할 수 있다.

그동안 전 세계적 자유무역 기조의 확대과정에서 주역을 담당해 온 것은 바로 미국이었다. 이런 미국이 자국의 이익을 앞세워 보호무역 정책으로 회귀한다면 그동안 계속 유지되어 오던 자유무역의 기조는 크게 흔들릴 수밖에 없다. 트럼프 대통령의 취임과 더불어 촉발된 미중 무역전쟁은 이와 같은 불길한 예감이 현실화될지도 모른다는 우려를 자아내기에 충분한 사건이었다, 바이든(J. Biden) 행정부가 들어서고 나서 다시 예전의 자유무역 기조로 돌아갈 조짐을 보이고 있지만, 트럼프 행정부의 유산을 한꺼번에 털어내는 것은 어려운 일이 될지 모른다.

영국이 2016년 6월 국민투표를 통해 유럽연합 탈퇴, 즉 브렉시트(Brexit)를 결정하게 된 것도 세계화의 앞날에 어두운 그림자를 던져 주고 있다. 유로존의 재정위기를 계기로 영국 국민 사이에서는 과연 유럽연합에 잔류하는 것이 바람직한지에 대한 회의론이 고개를 들기 시작했다. 유럽연합 탈퇴파들이 득세하게 된 결정적 계기는 유럽연합 회원국 사이에서 자유로운 이주가 보장되는 데 대한 불만이었다. 중동지역의 많은 난민들이 영국으로 흘러들어와 일자리를 빼앗고 테러 위험을 더 크게 만들지도 모른다는 우려가 사람들을 동요하게 만들었다. 바로 이런 우려가 다수의 영국 국민들로 하여금 유럽연합 회원국과의 자유로운 교역의 기회를 잃게 만드는 브렉시트에 찬성표를 던지게 만든 원인이 되었다.

어찌 되었든 이제 세계경제는 바로 몇 년 후의 앞날도 쉽게 예상하기 힘든 불확실성의 시대에 접어들었다. 세계경제가 글로벌 금융위기와 유로존 재정위기 그리고 코로나19 팬데믹의 충격에서 완전히 회복되어 1950년대에서 2000년대 초까지 지속되어 오던 순조로운 성장의 추세를 계속 이어갈 것인지는 큰 의문이 아닐 수 없다. 글로벌 금융위기를 계기로 선진국과 신흥국 사이에 정립된 새로운 경제질서의 향방도 우리가 궁금하게 생각하는 점이다. 뿐만 아니라 세계 여러 곳에서 분출되고 있는 자유무역과 세계화에 대한 반감이 구체적으로 어떤 귀결을 가져올 것인지도 관심을 갖고 지켜보아야 할 문제다.

브렉시트의 충격

2010년대에 들어서면서 시리아, 이라크, 리비아, 예멘 등 수많은 중동지역에서 동시다발적으로 내전이 일어났다. 이로 인해 엄청난 인명 피해가 발생했음은 물론, 많은 생산시설이 파괴되어 커다란 경제적 손실이 발생했다. 그 결과 제2차 세계대전 이후 최대 규모인 1천만 명 이상의 난민이 발생해 이웃 나라들로 이주해 감에 따라 지리적으로 가까운 위치에 있는 유럽연합(EU)도 그 영향을 피해갈 수 없었다.

인도적 차원에서 볼 때는 밀려들어 오는 난민을 수용하지 않을 수 없는 입장이었다. 그러나 단기간에 엄청난 숫자의 난민이 유입되면서 유럽연합 국가들의 부담이 급격하게 커졌다. 난민들이 직장을 잡고 정착할 때까지 생활을 지원해야 하는 경제적 부담을 져야 하는 것은 물론, 기존 주민들과의 사회적 갈등을 해결하는 문제로 골머리를 앓을 수밖에 없었다. 이 과정에서 각국이 난민을 얼마만큼씩 수용해야 하는지를 둘러싸고 회원국들 사이에 극심한 의견대립이 발생하게 되었다.

영국이 2016년 6월 국민투표를 통해 유럽연합 탈퇴, 즉 브렉시트(Brexit)를 결정하게 된 주요한 원인도 바로 이 난민사태에 있다고 볼 수 있다. 당시는 유로존 재정위기의 여파로 영국 국민 사이에서 유럽연합 잔류에 대한 회의감이 퍼져 가고 있던 상황이었다. 여기에 유럽연합 회원국 사이의 자유로운 이주를 보장하게 되면 유럽지역으로 들어온 난민들이 영국으로 쏟아져 들어올지 모른다는 우려가 기름을 붓는 역할을 했다.

브렉시트는 지난 수십 년간 추진되어온 자유무역과 세계화 추세에 대한 반감이 난민사태를 계기로 표면화되어 나타난 결과라고 볼 수 있다. 브렉시트는 전 세계 금융시장에 큰 충격을 주었으나 각 나라 정책당국의 적극적 대응 덕분에 곧 안정을 되찾게 되었다. 다만 [그림 25-2]에서 보는 것처럼 영국의 파운드화 가치는 그 이후에도 지속적인 하락세를 보였다. 이와 같은 파운드화 가치의 폭락은 앞으로 영국이 유럽연합 회원국들과 새로운 무역협정을 맺어 나가

그림 25-2

파운드-달러 환율 변화 추이

그림에서 환율은 1달러당의 파운드화라는 방식으로 표현되어 있다. 2016년 7월 환율이 갑자기 위로 치솟은 것은 유럽연합 탈퇴 결정 이후 파운드화의 가치가 폭락한 것을 보여주고 있다.

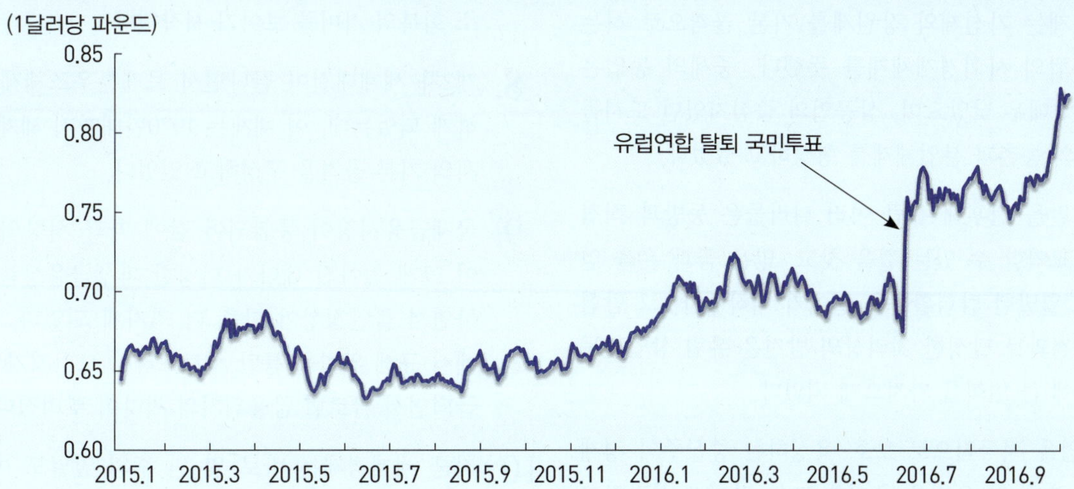

자료 : 한국은행, 「경제통계시스템」, 2017

는 과정에 많은 불확실성이 있음을 시사하고 있다.

뿐만 아니라 많은 금융기관들이 영국을 떠나 다른 나라로 옮겨갈지도 모른다는 우려가 제기되고 있다. 종전에는 유럽연합 시장에 대한 접근성이나 발달된 영국 금융시장의 인프라 활용가능성이란 장점 때문에 영국에 본부를 두고 영업활동을 하는 금융기관들이 많았다. 그러나 브렉시트로 인해 유럽연합 시장에 대한 접근성이 크게 떨어진 상황에서는 영국에 계속 남아 있을 이유를 찾기 힘들게 된 것이다.

자유무역과 세계화는 그동안 세계적 차원에서의 번영을 가져왔다. 그러나 그 혜택을 사회 구성원 모두가 골고루 누리지 못하는 문제가 발생함에 따라 이에 대한 심각한 회의가 일어나게 되었다. 앞으로도 이와 같은 추세가 계속된다면 세계 곳곳에서 브렉시트와 같은 충격이 계속해서 발생할 가능성이 있다.

요약

1. 원시시대의 인간들은 이동하는 생활을 하고 있었으나, 한곳에 정착해 농경과 목축을 시작하면서 사회적 분업이 이루어지고 물품의 교환이 발생하게 되었다.
2. 도시국가로 출발한 로마는 지중해권 전역을 포괄하는 대제국으로 성장해 2세기 동안 로마의 평화로 일컬어지는 대번영의 시기를 맞았다. 그러나 로마의 번영은 생산기반의 한계라는 근본적 문제를 안고 있었고, 노예의 추가적 공급이 중단됨에 따라 서서히 쇠퇴의 길을 걸었다.
3. 5~6세기에 시작되어 15세기를 전후한 시기까지 지속된 봉건제는 가신제와 장원제를 기본 골격으로 하는 중세 유럽의 사회경제체제를 뜻했다. 중세의 농업은 생산성이 매우 낮았으며, 상공업의 중심지였던 도시들은 주변의 농촌과 분업체제를 형성하고 있었다.
4. 15세기 말을 전후해 유럽 여러 나라들은 동방과 직접적으로 교역할 수 있는 길을 찾고, 많은 금과 은을 얻기 위해 활발한 탐험활동을 벌이기 시작했다. 그 탐험활동의 결과로 달성한 지리상의 발견은 유럽 상업활동의 판도에 큰 변화를 가져오게 되었다.
5. 국내산업을 적극적으로 보호·육성하는 중상주의 경제정책은 한때 전 유럽을 풍미했으나, 경제가 성장하고 다양화함에 따라 점차 영향력을 잃어갔다. 또한 중상주의적 정책이 경제성장을 촉진하는 것이 아니라 오히려 방해하는 역할을 한다는 인식이 확산되어 갔다.
6. 1760년경에 시작된 산업혁명은 생산력을 크게 높였고, 이는 사람들의 생활수준에 현저한 개선을 가져왔다. 산업생산이 크게 증가하고 교통수단이 발달함에 따라 상품의 국제무역이 전례 없는 규모로 확대되기 시작했다.
7. 세계경제는 1930년대 갑자기 불어닥친 대공황의 폭풍에 휘말려 최대의 위기를 맞게 되었다. 극심한 불황에 시달리던 세계경제는 1940년대에 와서야 비로소 회복의 기미를 보이기 시작했다.
8. 제2차 세계대전이 끝나면서 브레튼우즈체제가 출범하게 되었는데, 이 체제는 1970년대까지 세계경제 질서의 기본 골격을 구성하고 있었다.
9. 국제금융시장이 통합되어 감에 따라 시장의 위험성이 크게 높아진 데다가 다양한 파생금융상품이 등장하면서 불안정성이 한층 더 커지게 되었다. 이 상황에서 규제 완화를 틈탄 서브프라임 모기지가 대량 공급되면서 글로벌 금융위기의 씨앗이 뿌려졌다.
10. 최근 세계경제는 바로 몇 년 후의 앞날도 예상하기 힘든 불확실성의 시대에 접어들었다.

중요개념

로마의 평화	라티푼디움	콜로나투스	봉건제
장원	원양항해	중상주의	선대제
산업혁명	제국주의	대공황	브레튼우즈협정
세계화	구조적 장기침체		

연습문제

01. 원시시대의 인간들이 떠돌이 생활을 청산하고 한곳에 정착하게 된 동기는 무엇이었는가?

02. 로마의 평화를 이룩할 수 있는 원동력은 무엇이었으며, 이것이 계속 유지되지 못한 주된 이유는 무엇이었는가?

03. 로마시대의 농업경영방식으로서 라티푼디움제도와 콜로나투스제도 사이의 차이를 비교해 보라.

04. 중세 봉건사회의 가장 중요한 특징은 무엇이었는가?

05. 어떤 사건들이 일어나면서 중세 봉건사회가 퇴조해 가기 시작했는가?

06. 15세기를 전후한 지리상의 발견이 유럽의 경제에 어떤 변화를 가져다주었는가?

07. 중상주의적 사고방식의 특징에 대해 간략하게 설명하라.

08. 산업혁명이 정확하게 무엇을 뜻하는지에 대해 제기된 여러 견해들을 설명해 보라.

09. 유럽 열강들은 어떤 목적에서 식민지를 얻기 위해 치열한 경쟁을 벌였는가?

10. 대공황의 경험을 통해 정부의 역할에 대한 인식이 어떻게 바뀌게 되었는가?

11. 1970년대에 오면서 세계경제의 상황은 어떤 방향으로 바뀌어 갔는가?

12. 2008년 글로벌 금융위기 발생의 배경은 무엇이었으며, 직접적 원인이라고 할 수 있는 것은 무엇이었는가?

연습문제 해답

제1장 경제학이란?

02. 샘물, 깨끗한 공기, 자갈 등.

04. 실내 코트를 예약하는 데 지출된 12만원은 매몰비용이기 때문에 고려에서 제외되어야 함. 만약 야외 코트에서 경기하는 것이 더욱 쾌적하다면 당연히 그쪽을 선택해야 할 것임.

05.

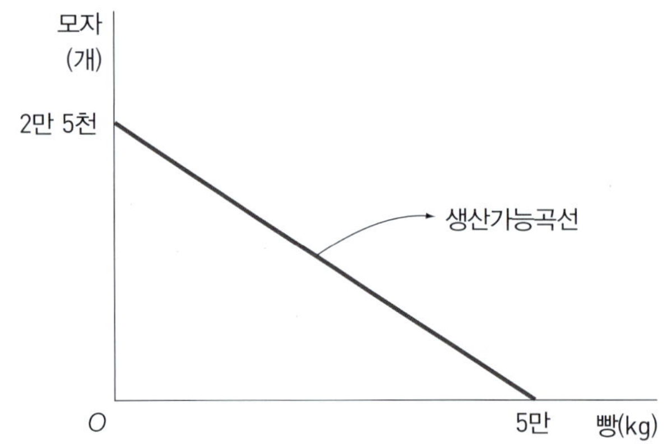

08. 상품의 소비자이자 동시에 생산요소의 공급자.

09. 어떤 사람이 원하지도 않는데 강압에 의해 교환에 참여하게 된 경우.

제2장 경제학 연구의 방법

02. 특정한 개인은 뜻밖의 반응을 보이더라도 집단의 반응은 상당히 안정적일 수 있다는 사실에 의존.

04. 난로 판매량과 오리털 점퍼 판매량, 에어컨 사용량과 해수욕장 방문객 수, (나라별) 평균수명과 도로 포장률.

05. (1) 미시경제이론 (2) 거시경제이론 (3) 거시경제이론 (4) 미시경제이론
(5) 미시경제이론

06. (1) 실증경제이론 (2) 규범경제이론 (3) 실증경제이론 (4) 규범경제이론
(5) 실증경제이론

제3장 수요, 공급 그리고 시장의 균형

01. (1) 수요의 변화 (증가)
(2) 수요의 변화 (감소)
(3) 수요량의 변화 (감소)

03. (1) 초과수요(150만kg) 발생
(2) 균형가격 : 900(원)
균형거래량 : 500(만kg)

04. 균형가격 : 200(백만원)
균형거래량 : 100(대)

07. (1) 균형가격 : 하락, 균형거래량 : 감소
(2) 균형가격 : 하락, 균형거래량 : 감소
(3) 균형가격 : 상승, 균형거래량 : 감소

09. 2.5

10. $Q_s = 100$일 때의 공급탄력성은 1.25
$Q_s = 200$일 때의 공급탄력성은 1.125

제4장 소비자의 선택

02.

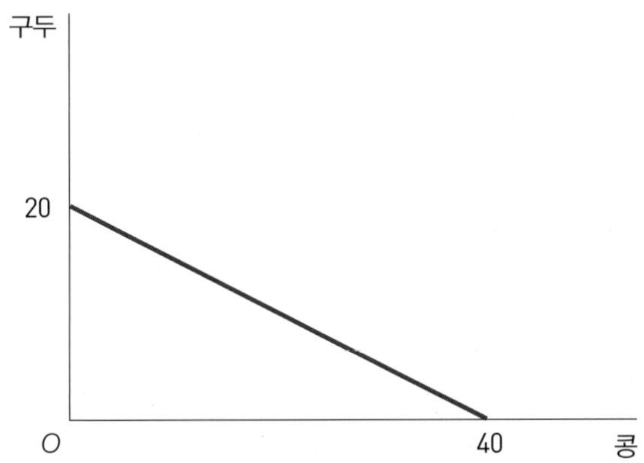

03. 아니요. 구두가 콩 가격의 두 배이므로 효용이 극대화되려면 구두의 한계효용이 두 배가 더 크도록 만들어야 함.

05. 없음.

06. 대중교통수단에 대한 수요를 줄이는 방향으로 작용.

09. 기픈재의 경우에는 수요의 가격탄력성과 소득탄력성이 모두 음(−)의 값을 가짐.

10. 더욱 평평하게 됨. (가격이 내려 수요량이 늘어날 때 유행효과에 의해 수요량이 더욱 큰 폭으로 늘어나게 되기 때문)

제5장 기업의 생산활동

02. (1) 가변투입요소 (2) 가변투입요소 (3) 고정투입요소 (4) 고정투입요소 (5) 가변투입요소

03. (1) 장기 (2) 단기 (3) 단기 (4) 장기

04. 산업마다 서로 다름. 자동차나 철강산업 등이 비교적 긴 반면, 의류산업이나 신발산업 등은 비교적 짧을 것임.

06. 매몰비용의 성격을 갖는 것은 (2), (4)임.

07. 고정비용의 성격을 갖는 것은 (2), (3), (4)임.

08. (1) 5백만원

(2)

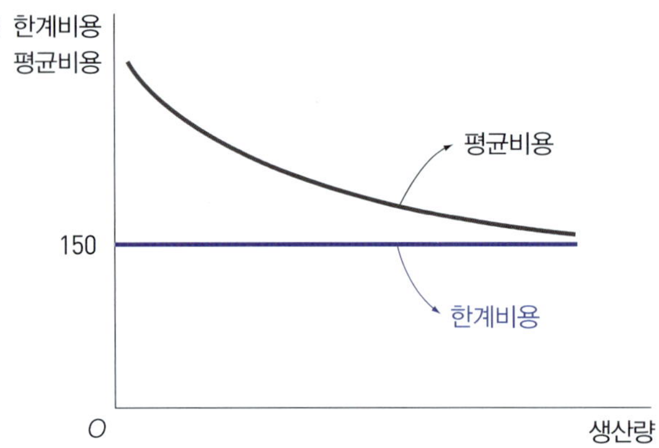

09. (1) 한계비용곡선, 평균비용곡선

(2) 아무것도 아님.

(3) 한계비용곡선, 평균비용곡선

(4) 평균비용곡선

11. 이 기업의 이윤은 Q^*의 산출량 수준에서 극대화. 이윤의 95%를 거둬가는 세금을 부과하면 세후 이윤을 나타내는 곡선은 그 높이가 95%만큼 줄어든 회색의 곡선. 세후 이윤이 극대화되는 산출량의 수준은 여전히 Q^*임을 볼 수 있는데, 이는 이윤세의 부과가 기업의 산출량 선택에 아무런 영향을 미치지 않음을 뜻함.

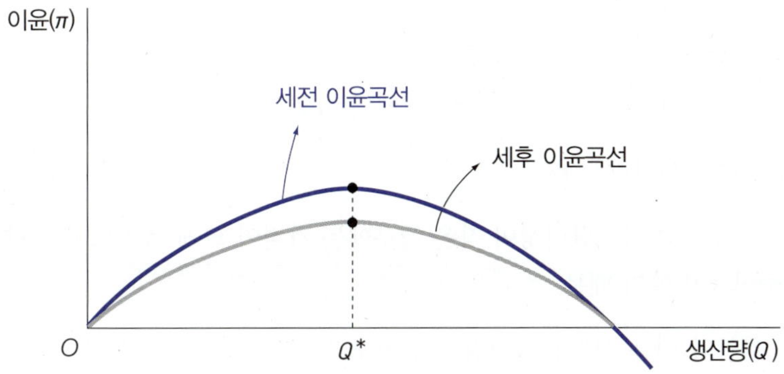

12. 이 제약을 충족시키면서 수입이 극대화되는 생산량은 $\tilde{Q}$. 그 전문경영인은 이 생산량을 선택하리라고 기대할 수 있음.

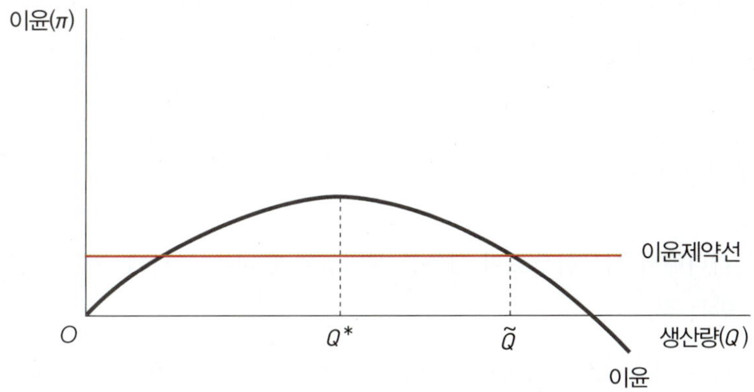

제6장 완전경쟁시장

02. 만약 고정비용 전체가 매몰비용이 아니라면 경우에 따라서는 손실을 보면서도 생산을 계속하는 편이 더 유리할 수도 있음. 매몰비용은 어떻게 하든 회수할 수 없기 때문에 생산을 중단하면 그 부분은 바로 손실로 이어짐. 만약 생산을 계속할 때 생기는 손실이 이 매몰비용의 크기보다 작다면 생산을 계속하는 쪽이 더 유리하게 됨.

04. (1) 3대 혹은 4대. 이 중 어느 경우라도 이윤은 12만원.

(2) 31만원 (컴퓨터 생산량이 하루 3대일 때 평균비용이 31만원으로 최저가 되는데 이것이 바로 생산중단가격임)

(3) 생략

06. (i) 시장 안의 모든 기업이 이윤을 극대화하고 있어야 함.
(ii) 그 이윤이 0이어야 함.
(iii) 수요량과 공급량이 서로 같아야 함.

제7장 불완전경쟁시장

02. (1) 생략 (2) 2마리 혹은 3마리 (이때의 이윤은 5만원)

03. 이윤극대화 생산량 = 45

06. A그룹. 수요의 가격탄력성이 작은 경우에는 가격이 크게 올라도 수요량은 그다지 크게 줄어들지 않기 때문.

08. 독점기업의 이윤극대화 생산량은 종전보다 더 작아지고 상품의 가격은 더 높아짐. 효율적인 생산수준에서 좀 더 멀어진 것임. (도움말 : 조세 부과의 결과 한계비용곡선이 α원만큼 위쪽으로 이동하게 됨)

09. 아무런 변화도 가져오지 않음.

11. 이 시장에서의 기업은 상대방의 반응을 고려하여 자신의 행동을 결정해야 하는 전략적 상황에 처해 있기 때문. 전략적 대응에 대한 가정에 따라 다양한 이론이 존재.

제8장 게임과 전략

03. 서로 격리해서 심문함으로써 협조를 불가능하게 하는 동시에, 게임을 단 한 번만 하도록 만든 점.

04. 두 나라는 핵무기를 개발하는 전략과 개발하지 않는 전략 사이에서 하나를 선택해야 하는 상황이었음. 그런데 이 상황은 전형적인 용의자 딜레마 게임의 성격을 갖고 있었으며, 핵무기를 개발하는 것이 우월전략. 결국 두 나라 모두 핵무기를 개발하는 우월전략균형이 현실로 나타날 수밖에 없는 구조였다고 볼 수 있음.

05. (1)

		스펙스틸사	
		이행	위반
강우사	이행	(150, 150)	(50, 200)
	위반	(200, 50)	(80, 80)

(2) 두 기업이 모두 위반하는 결과가 나타날 것임.

06. 공공재를 생산, 공급하는 일을 사람들의 자발적 결정에 내맡기면 그것을 생산하는 데 드는 비용을 부담하지 않으려는 태도가 나타나 적절한 수준에서 공급될 수 없기 때문.

09. 상대방의 동의도 받지 않고 야구 입장권이나 음악회 표를 미리 사 두는 전략을 사용. (환불을 해 주지 않는 경우라면 더욱 효율적인 전략)

12. 경매에 참여한 사람들이 승자의 불행을 우려해 크게 깎은 금액을 적어내는 현상이 나타날 수 있는데, 이를 막기 위해 이런 독특한 경매방식을 사용하는 것임.

제9장 생산요소시장의 이론

01. 천주민 씨는 더 많은 근로자를 고용함으로써 이윤을 늘릴 수 있는 기회를 활용하지 못하고 있음.

02. (1) 노동의 한계생산에 아무 영향을 주지 않음.
(2) 노동의 한계생산가치를 하락시킴.
(3) 노동 고용량을 감소시킴.

03. (1) 하락 (2) 하락

12. 자본재를 오래 사용하면 성능이 떨어질 뿐 아니라, 남은 수명도 더 짧아짐. 나아가 자본재 속에 담겨진 기술이 낡아져 자본재의 가치가 떨어지기도 함.

제10장 소득분배의 현실

03. (1) 0.357 (2) 생략

06. 로렌츠곡선에 의한 평가 : 판단 불가능. (두 곡선이 서로 교차하므로)
지니계수에 의한 평가 : 독일의 소득분배가 좀 더 평등함.

09.

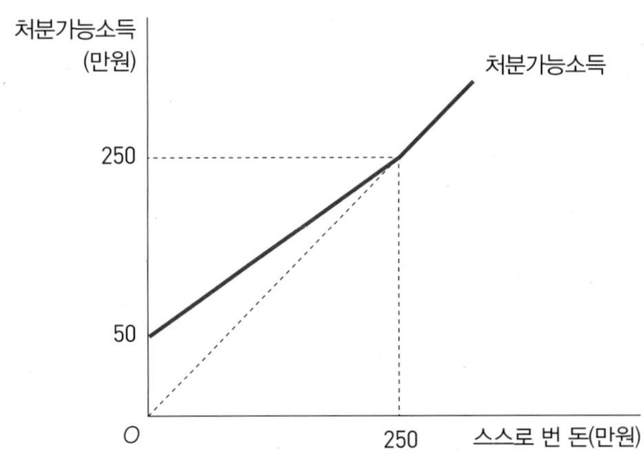

10. 빈곤의 근본적 퇴치에 이르지는 못한다는 한계를 갖고 있을 뿐 아니라 효율성에 부정적 영향 미침.

제11장 정보경제이론

01. 가사에 전념하고 있는 주부. (탐색행위에 소요되는 한계비용이 더 낮을 것이기 때문)

03. 정보 부족으로 인해 거래 상대방이 어떤 유형의 경제주체인지 잘 알 수 없어야 함.

05. 상품의 질이 나쁘다는 신호로 작용할 수 있음.

08. 자신의 현재 건강상태로 보아 선수로서의 생명이 그다지 길지 않을 것이라고 생각한다는 사실.

10. 능력이 없는 사람이 대학교육을 받는 데 드는 비용이 1억원을 넘는다는 조건이 충족되어야 함. 이 경우 졸업장을 따서 5억원의 보수를 받더라도 이득이 되지 못하고, 따라서 아예 졸업장 없이 4억원을 받는 것이 더 유리.

11. 성공보수금제도가 변호사의 도덕적 해이를 막는 장치의 역할을 하고 있기 때문.

제12장 시장과 정부

04. 정부의 개입이 더 큰 비효율성을 가져올 수 있어 반드시 더욱 바람직한 결과를 가져온다는 보장이 없기 때문.

06. 제한된 정보, 민간부문 반응의 통제불가능성, 정치적 과정에서의 제약, 관료조직의 문제.

11. 오염물질로 인해 발생하는 사회적 비용을 오염자가 부담하게 함으로써 스스로 정화하게끔 유도한다는 생각.

제13장 거시경제이론의 기초

02. 1인당 국내총생산의 성장률은 7%. 따라서 1인당 국내총생산이 2배로 커지기 위해서는 10년이 필요.

03. (i) 1980년 : 제2차 유류파동, 농산물 흉작, 대통령 암살로 인한 정치적 혼란 등.
(ii) 1998년 : 외환위기의 여파.
(iii) 2009년 : 글로벌 금융위기 여파.
(iv) 2020년 : 코로나 바이러스로 인한 전 세계 경제봉쇄의 여파.

10. (i) 총공급곡선의 이동 — 물가 하락, 실업률 감소
(ii) 총수요곡선의 이동 — 물가 상승, 실업률 감소

11. 전염병 대유행, 기후변화로 인한 자연재해, 전쟁과 같은 지정학적 갈등, 해킹 등으로 인한 전 세계 IT 시스템의 마비 등.

제14장 거시경제이론의 주요 변수

03. (1) 부의 이전에 해당하므로 국내총생산은 변화하지 않음.
(2) 장학금을 받는 것 자체는 부의 이전에 해당하므로 국내총생산에 영향 주지 못함.
(3) 국내총생산 50만원 증가.
(4) 국내총생산 감소. (가사노동의 가치는 국내총생산 측정에 포함되지 않음)
(5) 가사도우미와 그 여성의 경제활동 재개로 인해 국내총생산 증가.

04. 옳지 않음. 부가가치의 개념을 사용하면 중간재인지의 여부를 구별할 필요 없음.

10. (1) 2015년의 명목국내총생산 = 5억원, 2021년의 명목국내총생산 = 15억원
2015년의 실질국내총생산 = 5억원, 2021년의 실질국내총생산 = 8억 5천만원
2015년의 GDP디플레이터 = 100, 2021년의 GDP디플레이터 = 176.5
2015년의 소비자물가지수 = 100, 2021년의 소비자물가지수 = 180
(2) GDP디플레이터에 근거한 물가상승률 = 76.5%
소비자물가지수에 기초한 물가상승률 = 80%
(3) 생략

11. 교역조건 악화로 인해 국민총소득이 국내총생산보다 더 작아짐.

제15장 소비, 투자, 정부지출, 순수출

02. 소비지출이 C, 처분가능소득이 Y_d일 때, $C = 0.9Y_d$로 나타낼 수 있으며 한계소비성향은 0.9임.

05. (4)번

08. 이자율이 30%일 경우 — 사업 1과 2를 선택
이자율이 35%일 경우 — 사업 1만 선택

09. (2)번

14. 재정지출은 그 성격이 무엇이든 정부가 쓴 지출 전체를 의미함. 반면 정부지출은 어떤 한 해에 생산된 최종재에 대해 지출한 것만으로 한정됨.

제16장 소득-지출분석과 케인즈의 유효수요이론

01. (그림 생략) 380억원

02. (1) $AE = 200 + 0.8Y$

(2) 1,000(억원)

(3) 생략

04. 틀림. 균형재정을 유지하면서 정부지출을 늘려도 총수요가 증가함. (균형재정승수는 1의 값을 가짐)

07. 저축률이 올라간다고 해서 균형상태의 저축과 투자가 반드시 증가하는 것은 아님. (저축의 역설을 상기해 볼 것)

08. (1) 300억원

(2) 80억원의 경기침체갭이 발생.

(3) 정부지출이 20억원 증가해야 함.

09. (1) 균형국민소득은 8,000억원이며, 저축은 1,200억원.

(2) 균형국민소득은 1조 4,000억원으로 늘어나며, 투자승수의 크기는 $\frac{10}{3}$.

(3) 균형국민소득은 5,200억원으로 줄어들며, 이때의 저축은 1,200억원으로 전혀 늘어나지 않음.

제17장 국민소득과 물가 : 총수요-총공급모형

06. (1) 총공급곡선을 왼쪽으로 이동시키는 경우 : (1), (3), (6)

(2) 총공급곡선을 오른쪽으로 이동시키는 경우 : (2), (4), (5)

08. (1) 균형국민소득 = 25, 균형물가 = 20

(2) 경기침체갭 = 5

(3) 떨어질 것임.

11. 단기에서 원유가격 상승은 총공급곡선을 왼쪽으로 이동시킴. 원유가격 상승으로 인해 자본의 생산성이 낮아지면 투자가 줄어들고 이에 따라 총수요곡선이 왼쪽으로 이동하는 결과가 나타날 수 있음.

12. 정부지출 증가는 총수요곡선을 오른쪽으로 이동시켜 국민소득이 더 커지고 물가가 상승함. 총공급곡선의 기울기가 급할수록 소득증가 효과는 작고 물가상승 효과가 커짐.

제18장 화폐와 은행제도

03. 화폐의 개념을 소득, 부의 개념과 동일시한 오류를 범하고 있음.

05. 기대되는 인플레이션율이 높아지면 화폐 수요는 줄어들 것임. 인플레이션율이 높아진다는 것은 화폐 보유의 기회비용 상승을 의미하기 때문.

11. (1) 통화승수의 값이 4이므로, 화폐 공급량은 최대한 1천 2백만원의 폭으로 증가할 수 있음.

(2) 사람들이 은행에서 대출받은 돈을 모두 은행에 예금하지 않을 뿐 아니라, 은행이 초과지급준비금을 갖고 있는 것이 일반적이기 때문.

제19장 실업과 인플레이션

02. (1) 비경제활동인구

(2) 취업자 (노동쟁의에 따른 일시 휴직자는 취업자로 분류)

(3) 취업자 (가구단위 사업장에서 1주 18시간 이상 종사하는 가족 종사자는 취업자로 분류)

(4) 비경제활동인구 (구직단념자에 해당)

04. 일반적으로 자연실업률이 낮은 것을 긍정적으로 평가할 수 있으나, 언제나 그렇게 말할 수 있는 것은 아님. 낮은 자연실업률이 때로는 노동조건이 열악하다는 것을 의미할 수도 있기 때문.

11. 통화 증발이 인플레이션의 원인이 된다는 점에서 보면 화폐적 현상이라고 말할 수 있으나, 그와 같은 통화 증발의 목적이 재정수요를 충당하는 데 있다는 점에서 보면 재정적 현상이라고 말할 수도 있기 때문.

12. 완만하게 진행되는 인플레이션은 경제가 부드럽게 돌아가는 윤활유 역할을 할 수 있음. 실질임금과 실질이자율을 낮추어 고용과 투자를 늘리는 효과가 있기 때문임.

제20장 경제안정정책

04. 본원통화 조절 — 재할인율정책, 공개시장운영

통화승수 조절 — 지급준비율정책

05. 통화승수 $= \dfrac{1}{0.15} = 6.67$. 신용파괴 과정을 거쳐 화폐 공급량은 최대한 66.7억원의 폭으로 줄어들 것임.

06. (1) B와 C

(2) A : 재정정책, B : 통화정책, C : 재정정책과 통화정책의 혼합

(3) C

(4) 생략

제21장 경제성장과 발전

02. 부유한 선진국들과 가난한 개발도상국 사이의 소득 격차가 좀처럼 좁혀지지 않을 뿐 아니라 오히려 더욱 벌어지고 있는 현실에 기초한 국가 간의 소득분배 문제.

05. 이 말은 기본적으로 타당하다고 볼 수 있음. 수확체감의 법칙 때문에 자본과 노동의 축적에 의한 생산 증가는 한계가 있을 수밖에 없음.

08. 투자재원의 부족, 높은 인구증가율과 인적자본의 부족, 시장 실패, 정치적 요인 등.

11. 고령화는 생산활동에 투입되는 노동의 양을 감소시킴. 따라서 자본과 생산성에 변화가 없는 상황에서 경제성장률의 하락을 초래함.

제22장 국제무역의 이론

01. (1) 밀과 모자 모두에서 영국이 절대우위 보유

(2) 밀 – 영국, 모자 – 스페인

(3) 교역조건$\left(\frac{P_{모자}}{P_{밀}}\right)$은 $\frac{1}{2}$과 $\frac{3}{4}$ 사이의 한 값으로 결정될 것임.

02. (1) 감자와 장갑 모두에서 필리핀이 절대우위 보유.

(2) 감자 – 탄자니아, 장갑 – 필리핀

(3) 국내가격비율$\left(\frac{P_{감자}}{P_{장갑}}\right)$이 필리핀에서는 $\frac{2}{5}$, 탄자니아에서는 $\frac{1}{4}$이 될 것임.

05. 실업의 방지, 생산다변화의 이득, 국방상의 이유, 외국의 불공정한 정책에 대한 대응, 환경과 자원 보존의 문제, 유치산업 보호.

11. 교역량이나 가격에 미치는 영향이 같아 수입규제 효과의 측면에서 비슷하다고 할 수 있음. 반면에 관세 부과의 경우 정부가 관세 수입을 얻지만, 수입할당제의 경우에는 수입업자가 이득을 얻는다는 차이 있음. 또한 수입할당제를 실시하면 나쁜 품질의 상품을 더 비싼 가격에 수입해 소비하는 결과가 나타날 수 있음.

제23장 국제수지와 환율

01. (1) 경상계정(상품)의 수취란
(2) 금융계정의 지급란
(3) 경상계정(서비스)의 지급란
(4) 자본서비스를 수입한 것에 해당하므로 경상계정(서비스)의 지급란

06. 환율 상승 : (1), (2), (3), (4)
환율 하락 : (5), (6)

07. 구매력평가 환율 = 1달러당 840원 (이유는 생략)

08. 대 달러, 대 엔 환율이 계속 높아져 왔을 것임.

14. $X_n = Y - (C + I + G)$이므로 경상수지는 국내생산(Y)에서 국내지출($C + I + G$)을 뺀 준 것임.

제24장 위기의 경제학

02. (1) 2000년대 미국의 연방준비은행은 이자율을 계속 낮은 수준에 유지했는데, 이에 따라 가계가 대출을 통해 주택을 구입하기 용이해졌으며 결국 주택가격의 거품을 초래하는 결과를 빚었음.
(2) 일부 가계는 자신의 상환능력을 고려하지 않고 막연히 주택가격이 오를 것이라는 기대만으로 대출을 통해 주택을 구입했는데, 주택가격이 급격히 하락하면서 대출을 갚지 못하는 경우가 발생했음.
(3) 대출을 받는 가계의 상환능력을 엄밀히 검증하지 않은 채 대출을 시행했음. 대출을 돌려받을 권리를 투자은행 등에 팔아버릴 수 있어 엄밀한 검증을 할 유인이 줄어든 도덕적 해이 현상이 발생했기 때문임.
(4) 투자은행들은 높은 수익을 올리기 위해 주택담보대출을 이용한 증권화 과정을 통해 복잡한 파생금융상품을 만들어 투자자에게 판매함. 그 결과 소수 금융기관의 파산이 금융시장 전체로 파급되는 결과를 가져옴.
(5) 당면한 위험에 대한 인식이 부족했으며, 금융기관과 금융상품에 대해 철저한 감독이 이루어지지 않았음.

06. 물가하락 심리가 자리 잡으면 기업의 투자 의욕이 줄어들고 소비자도 소비를 지연시킬 것이기 때문에 경기침체가 더욱 심화되는 문제가 발생. 부동산, 주식 등 자산가격의 하락이 동반되면 소비와 투자가 한층 더 위축될 수 있음. 그 결과 고용이 줄어들고 성장동력이 떨어지는 결과가 발생할 수 있음. 이와 함께 명목부채의 실질가치가 커짐에 따라 채무자의 상환부담이 커져 파산위험도 증가.

07. 몇몇 경제학자들은 국가부도를 걱정할 정도로 부채 규모가 큰 경우라면 재정적자의 축소가 국가부도 위험을 감소시켜 시장의 불확실성을 줄일 뿐 아니라, 미래의 조세 징수 증가에 대한 우려도 감소하기 때문에 오히려 소비와 투자가 늘어날 수 있다고 주장. 이처럼 재정긴축이 경기회복에 도움이 될 수 있다는 견해를 '확장적 긴축의 이론'이라 부름. 이 이론에 따르면 정부지출의 승수효과는 음(−)의 값을 갖는 셈이나 현실적으로는 이런 경우를 찾기 어렵다는 것이 중론임.

09. 국가부채의 증가로 중장기적으로 이자율이 상승하고 투자를 위축시킬 수 있으며, 기축통화국이 아닌 경우 국가부도의 위험이 커질 수 있음. 또한 과잉 유동성으로 인해 주식, 부동산 등 자산가격 상승과 투기를 유발할 수 있으며, 정책여력 소진으로 미래 위기에 대응하기 어려운 것도 위험요인임.

제25장 인간의 경제생활이 발전해 온 발자취

03. 라티푼디움 — 노예노동에 의한 대토지 경영
콜로나투스 — 라티푼디움에 속했던 토지를 나누어 여러 소작인에게 임대

04. 가신제와 장원제

07. 한 나라의 부는 그 나라가 갖고 있는 귀금속의 양과 비례한다고 봄. 따라서 가능한 모든 수단을 동원해 무역수지 흑자를 내도록 노력해야 하며, 국내산업을 적극 보호, 육성할 필요가 있다고 생각.

10. 정부가 경제를 어느 정도 규제하고 조정할 필요가 있다는 생각이 싹트기 시작. 이에 따라 각국 정부는 그 규모와 권한을 크게 확대.

찾아보기

ㄱ

가격규제(price regulation) 178
가격기구(price mechanism) 24
가격상한제(price ceiling) 78~79
가격선도의 모형(price leadership model) 186
가격차별(price discrimination) 180~184
가격하한제(price floor) 80
가계(household) 17~18
가변비용(variable cost) 126
가변투입요소(variable input) 120
가설(hypothesis) 35~36
가정(assumption) 35
가정의 경제학(economics of family) 7
가중치(weights) 381
가치재(merit goods) 315
감가상각(depreciation) 245
감추어진 특성(hidden characteristics) 286~289
감추어진 행동(hidden actions) 286~288
개발도상국(developing countries) 571, 580~589
개살구시장(market for lemon) 289, 295~296
거래비용(transaction costs) 116
거시경제이론(macroeconomics) 39
게임이론(game theory) 196~206
  경기자(player) 197
  반복게임(repeated game) 200
  보수(payoff) 197
  보수행렬(payoff matrix) 198
  영합게임(zero-sum game) 197
  용의자의 딜레마(prisoner's dilemma) 198
  우월전략(dominant strategy) 199
  우월전략균형(dominant strategy equilibrium) 200
  전략(strategy) 197
결합생산물(joint products) 132
경기변동(business fluctuations) 337, 339~342
  불황기(recession) 340
  저점(trough) 340
  정점(peak) 340
  호황기(boom) 340
경기적 실업(cyclical unemployment) 515
경기침체갭(recessionary gap) 463~464
경매이론(auction theory) 211~216
  공개경매(open-outcry bidding) 212
  네덜란드식 경매(Dutch auction) 213
  승자의 불행(winner's curse) 214
  영국식 경매(English auction) 212
  제2가격입찰제(second-price sealed-bid auction) 213, 216
  최고가격입찰제(first-price sealed-bid auction) 213
경상수지(current account balance) 632~638, 643~646
경제고통지수(misery index) 510
경제모형(economic model) 34~36
경제발전(economic development) 580~589
경제발전의 장애요인 583
경제성장(economic growth) 16, 337~339, 570~580
경제안정정책(stabilization policy) 538~539
경제인(*homo economicus*) 6
경제재(economic goods) 13
경제적 이윤(economic profit) 124
경제적 자원(economic resources) 13
경제적 지대(economic rent) 230~231
경제주체(economic agent) 16~18
경제학(economics) 4~5
경제학적 사고 42~49
경제활동인구 511
경합시장(contestable market)의 이론 164
계산단위비용(unit-of-account cost) 523

고정비용(fixed cost) 126
고정투입요소(fixed input) 120
고정투자(fixed investment) 402
고정환율제도(fixed exchange rate system) 650~653
공공부조(public assistance)정책 273~274
공공재(public goods) 204, 311~312, 320~321
공급(supply) 68~73
공급곡선(supply curve) 68
공급의 법칙(law of supply) 68
공급의 탄력성 71~73
공급중시 경제학(supply-side economics) 561~562
공급충격(supply shocks) 468
공동시장(common market) 623
공약(commitment) 207
공유지의 비극(The Tragedy of the Commons) 322
공정거래위원회 191
공평성(equity) 260
공평한 분배(equitable distribution) 256
공행성(co-movement) 341
과점(oligopoly)시장 184
관리재정수지 447
관세동맹(customs union) 623
관세 및 무역에 관한 일반협정(General Agreement on Tariffs and Trade) 623
교역의 이득(gains from trade) 598~600
교역조건(terms of trade) 369, 608
교환의 이득(gains from exchange) 20~22
구두창비용(shoe leather cost) 523
구매력평가설(purchasing power parity) 646~647
구매력평가 환율(purchasing power parity) 371
구매력평가 환율 국민총소득(PPP GNI) 371
구조물(structure) 245
구조적 실업(structural unemployment) 516
구직단념자(discouraged worker) 514
구축효과(crowding-out effect) 541~543
국가부채 447~448
국내총생산(gross domestic product) 336, 356~365
국민경제(national economy) 16~20
국민경제의 균형 461~464
균형국민소득 462
균형물가수준 462
국민계정(national account) 373
국민기초생활보장제도 278
국민소득 336
국민총생산(gross national product) 365~366
국민총소득(gross national income) 336, 368~371
국외순수취 요소소득(net factor income from the rest of the world) 366
국유화(nationalization) 177
국제무역(international trade) 596~598
국제수지(balance of payments) 347, 632~634
국제수지표(balance of payment accounts) 630~632
경상계정(current accounts) 630
금융계정(financial accounts) 630
자본계정(capital accounts) 630
굴절수요곡선의 모형(kinked demand curve model) 185~186
규모의 경제(economies of scale) 117, 131~132
규모의 불경제(diseconomies of scale) 131
규범경제이론(normative economics) 40
규제(regulation) 316
균형(equilibrium) 73~75
균형가격(equilibrium price) 74
균형거래량(equilibrium quantity) 74
균형의 변화 75~76
균형이자율 492
균형재정승수(balanced budget multiplier) 429~430
균형환율(equilibrium exchange rate) 641
글로벌 금융위기(global financial crisis) 660~667
금본위제도(gold standard) 650
금융통화위원회 550
기술진보(technological progress) 576
기업(firm) 17~18, 116~119
기업가적 노력(entrepreneurial efforts) 249~250
기업의 사회적 책임(corporate social responsibility) 142
기업의 선택 134
기픈의 역설(Giffen's paradox) 106
기픈재(Giffen goods) 105
기회비용(opportunity cost) 9~11

ㄴ

남북문제(North-South problem) 571~572
네트워크효과(network effects) 108~110
노동시장(labor market) 232~240
녹색 GDP 378
누진성(progressivity) 273
누출(leakage) 438~439

ㄷ

단기(short-run) 121
단순화(simplification) 32
담합(collusion) 185
대공황(Great Depression) 430, 699
대부가능자금(loanable funds) 246
대수의 법칙(law of large numbers) 33
대스모그 사건(The Great Smog) 325
대악취 사건(The Great Stink) 325
대안정(Great Moderation)의 시대 663
대외의존도 347
대체효과(substitution effect) 104
대표상품(representative commodity) 349
도금시대(Gilded Age) 267
도덕적 해이(moral hazard) 298~300
독점(monopoly)시장 171~180
독점경쟁(monopolistic competition)시장 188~190
독점경쟁시장 188
독점에 대한 정부의 정책 177~180
독점의 경제적 효과 175~177
두뇌유출(brain drain) 583

ㄹ

라스파이레스지수(Laspeyres index) 384
라운트리(Rowntree)방식 269
라이덴(Leyden)방식 269
라티푼디움(latifundium) 688
로렌츠곡선(Lorenz curve) 263~265

ㅁ

마셜 – 러너조건(Marshall-Lerner condition) 643~645
마찰적 실업(frictional unemployment) 515
매몰비용(sunk cost) 11
매출액극대화(sales maximization)모형 143
메뉴비용(menu cost) 523
명목국내총생산(nominal GDP) 359~360
몫 나누기 게임 208~209
무역규제 617~620
  관세(tariff) 617
  무역구제(trade remedies)제도 619
  반덤핑관세(antidumping duties) 618
  비관세 무역장벽(non-tariff barriers) 620
  상계관세(countervailing duties) 619
  수입할당제(import quota) 619
  수출자율규제(voluntary export restriction)정책 620
무역에서 나오는 이득 606~610
무임승차자의 문제(free-rider problem) 320
문화가설(culture hypothesis) 581
물가(price level) 342~346
물가안정목표제(inflation targeting) 553
물가지수(price index) 380~387
미국의 평화(Pax Americana) 701
미세조정(fine-tuning) 556~558
미시경제이론(microeconomics) 39

ㅂ

발전전략(development strategy) 585~589
배저트의 명언(Bagehot's dictum) 672
배제불가능성(non-excludability) 311
범위의 경제(economies of scope) 132~133
법정지급준비금(required reserve) 499
법화(legal tender) 483
베르트랑모형(Bertrand model) 185~186
변동환율제도(floating exchange rate system) 650~653
변수(variable) 34~35
보상격차(compensating differential) 237

보이지 않는 손(invisible hand) 24
보호무역론의 근거 611~617
국방상의 이유 612
생산 다변화의 이득 611
실업의 방지 611
외국의 불공정한 정책에 대한 대응 614
유치산업 보호 617
환경과 자원 보존의 문제 614
복지병(welfare disease) 276
본원통화(monetary base or high-powered money) 500~501
본인 - 대리인의 관계(principal-agent relationship) 297~300
봉토(feudum) 690
부가가치(value added) 358~359
부당염매행위(predatory pricing) 169
부분준비제도(fractional reserve banking) 498
부의 소득세(negative income tax) 273~274
분배국민소득 363
불균형성장(unbalanced growth)이론 586
불완전경쟁의 혁명(revolution of imperfect competition) 188
불평등도지수(inequality index) 262~266
브레튼우즈(Bretton Woods)협정 700
브레튼우즈체제(Bretton Woods system) 650~651
브렉시트(Brexit) 705~706
비가격경쟁(non-price competition) 152
비경합성(non-rivalry) 311
비교역재(non-tradable goods) 647
비교우위(comparative advantage) 602~606
비교우위의 원칙(principle of comparative advantage) 600~601
비대칭정보(asymmetric information) 286
비용(cost) 123~131
비용 - 편익분석(cost-benefit analysis) 6
비자발적 실업(involuntary unemployment) 519
비트코인 486
빅맥지수(Big Mac index) 649
빈곤(poverty) 268~272
빈곤격차(poverty gap) 272
빈곤도 270~272
빈곤선(poverty line) 268~270
빈곤지수(poverty index) 272

ㅅ

사내유보(retained earnings) 406
사적정보(private information) 286
사전고지(forward guidance) 674
사치재(luxuries) 68
사회간접자본(social overhead capital) 583~585
사회보험(social insurance)제도 273~274
사회복지제도 273~274
산업정책(industrial policy) 586~588
산업혁명(industrial revolution) 580, 695~697
삼면등가의 법칙 363~364
상관관계(correlation) 36~38
상품(commodities) 13
상품묶음(commodity bundle) 96
상품차별화(product differentiation) 151
상품화폐(commodity money) 480
생산가능곡선(production possibilities frontier) 15~16
생산가능인구 511
생산국민소득 363
생산요소(factors of production) 13, 120
생산요소시장 222~228
생산요소시장의 균형 228~230
생산자물가지수(producer price index) 380
생산자잉여(producer surplus) 82
생산중단가격(shutdown price) 156
서브프라임 모기지(sub-prime mortgage) 663
서브프라임 위기(Sub-prime Crisis) 663~667
서비스(services) 13
선대제(putting-out system) 695
선별(screening) 291~295
설비(equipment) 245
성장회계(growth accounting) 576~580
세계무역기구(World Trade Organization) 623~624
세계화(globalization) 607, 701
세이의 법칙(Say's law) 432
소득분배(distribution of income) 256~277

계층별 소득분배(size distribution of income) 257
기능별 소득분배(functional distribution of income) 257
소득 – 지출분석(income-expenditure analysis) 416~420
소득효과(income effect) 105
소비곡선(consumption curve) 397
소비자(consumer) 92
소비자물가지수(consumer price index) 380~384
소비자의 최적선택 97~101
소비자잉여(consumer surplus) 81~82
소비지출(consumption expenditure) 395~400
속물효과(snob effect) 109~110
수렴(convergence) 572, 582
수요(demand) 54~68
수요곡선(demand curve) 54~58
수요곡선 위의 운동(movement along the demand curve) 57
수요곡선의 이동(shift of the demand curve) 58
수요 부족 현상 437~440
수요의 가격탄력성(price elasticity of demand) 61~66
수요의 법칙(law of demand) 54
수요의 소득탄력성(income elasticity of demand) 66
수요의 탄력성 61
수요충격(demand shocks) 470
수요표(demand schedule) 54
수입대체(import substitution)전략 588
수출주도(export-led)전략 588
수확체감의 법칙(law of diminishing returns) 123, 574
순사회편익(net social benefit) 83~85
순수출(net export) 365, 408~412
슈퍼스타의 경제학 261
스태그플레이션(stagflation) 351, 469~470
승수효과(multiplier effect) 424~430, 444
시장(market) 20
시장경제(market economy) 22
시장의 균형 73~80
시장의 실패(market failure) 311~313
시장의 형태 150~152
신호발송(signaling) 291~295
신호의 전달 25
실업(unemployment) 509~519
실업률(unemployment rate) 512
실업자 512~514
실증경제이론(positive economics) 40
실질국내총생산(real GDP) 360
실질자산효과(real balance effect) 398
십분위분배율(decile distribution ratio) 260

ㅇ

아베노믹스(Abenomics) 677
아시아의 기적(Asian miracle) 577
악덕 자본가(robber baron) 267
암묵적 비용(implicit cost) 124
앞선 자의 이득(first-mover advantage) 207
애그플레이션(agflation) 528
양적완화(Quantitative Easing) 671~678
역선택(adverse selection) 289~291
열등재(inferior goods) 68, 105
예산제약(budget constraint) 97
완전경쟁(perfect competition)시장 153~154
장기균형(long-run equilibrium) 160
장기조정(long-run adjustment) 159
완전고용국민소득(full employment GDP) 433~434
완전고용실업률(full employment unemployment rate) 516
외부성(externalities) 312~313
외환(foreign exchange) 640
위험부담(risk bearing) 249
유동성(liquidity) 483
유동성선호이론(liquidity preference theory) 494
유동성함정(liquidity trap) 546
유로존의 재정위기 667~670
유인의 제공 25
유치산업보호론(infant industry argument) 586
유행효과(bandwagon effect) 109
유효수요이론(effective demand theory) 430
은행의 기능 496~498
금융중개(financial intermediation) 496
예금창조(deposit creation) 496, 498~501
은행의 기원 495~496

은행제도 495
이론(theory) 32
이스털린의 역설(Easterlin paradox) 573
이윤(profit) 119, 249~250
이윤극대화 생산량 136
이윤극대화의 조건 140~141
이자율(interest rate) 246~249, 487
이자율평가설(interest rate parity) 647~650
이탈(exit) 153
인과관계(causation) 36~38
인적자본이론(human capital theory) 238
인적투자(human investment) 235, 237~238
인플레이션(inflation) 342, 522~533
 비용상승(cost-push) 529
 수요견인(demand-pull) 529
인플레이션갭(inflationary gap) 463~464
임금격차 235~237
임대가격(rental price) 246

ㅈ

자동조정기능(self-correcting mechanism) 466~468
자본(capital) 242~246
 자본서비스 245~246
 자본재 245~246
자본스톡(capital stock) 244
자연독점(natural monopoly) 168
자연실업(natural unemployment) 516~519
자연실업률(natural rate of unemployment) 516, 518
자원배분(resource allocation) 19
자원의 저주(resource curse) 589
자유무역지역(free trade area) 622
자유재(free goods) 13
자중손실(deadweight loss) 176
작업감독제도 302
장기(long-run) 121
장바구니 물가지수 383
장원(manor) 690
재고(inventory) 245
재고투자(inventory investment) 402
재량적 정책(discretionary policy) 558
재분배정책 273~277
재산효과(wealth effect) 398, 399
재정수지(fiscal balance) 446~447
재정정책(fiscal policy) 443~444, 538~543
재화(goods) 13
저소득국(low-income countries) 571
저축의 역설(paradox of thrift) 441~443
전략적 상황(strategic situation) 184
전용수입(transfer earnings) 230
정보경제이론(economics of information) 284~304
정부(government) 17~18
정부 개입 315~316
정부의 실패(government failure) 314, 316~319
정부지출(government expenditure) 408
정부지출승수(government expenditure multiplier) 424~426
정상재(normal goods) 68
정액세(lump-sum tax) 417
정책무력성(policy ineffectiveness)의 명제 560
정책변수(policy variable) 408
정책시차(policy lag) 555
제국주의(imperialism) 697
제도가설(institutions hypothesis) 582
J-곡선효과(J-curve effect) 645~646
조세승수(tax multiplier) 426~427
주입(injection) 438~439
주택담보대출유동화증권(mortgage-backed securities) 665
준칙(rule) 558~559
중간재(intermediate goods and services) 357
중상주의(mercantilism) 693
중세 봉건사회 690~692
중앙은행의 통화관리방식 547~550
 공개시장운영(open market operation) 548
 재할인율정책 547
 지급준비율정책 548
 직접규제(direct control) 548
증권화(securitization) 665
지니계수(Gini coefficient) 265~266

지대(rent) 230
지대추구행위(rent seeking activities) 316
GDP갭(GDP gap) 339
GDP디플레이터(GDP deflator) 380, 384~387
지리가설(geography hypothesis) 581
지역주의(regionalism) 623
지출국민소득 363
지하경제(underground economy) 376~377, 379~380
진입(entry) 153
진입장벽(entry barrier) 151~152

ㅊ

차별(discrimination) 238~240
차별독점(discriminating monopoly) 180
처분가능소득(disposable income) 371~372, 395~397
초인플레이션(hyperinflation) 533~534
총공급곡선(aggregate supply curve) 348~352, 457~460
총비용(total cost) 126
총생산곡선(total product curve) 121
총수요곡선(aggregate demand curve) 348~352, 452~456
총수요 조절정책 557
총수요－총공급모형 394, 452
총수입(total revenue) 136
총지출(aggregate expenditure) 417
총지출곡선(aggregate expenditure curve) 418
총효용(total utility) 93
최소효율규모(minimum efficient scale) 168
최적화(optimization) 8
최종재(final goods and services) 357
추상화(abstraction) 32

ㅋ

카르텔(cartel) 186, 201
케인즈경제학자(Keynesian) 554~556
케인즈혁명(Keynesian revolution) 445
코로나19 팬데믹 678~682
코우즈정리(Coase theorem) 329
코카콜라지수(Coca-Cola index) 38
콜로나투스(colonatus) 690
콩코드의 오류(Concorde fallacy) 11
쿠르노모형(Cournot model) 185~186

ㅌ

탐색행위(search activities) 284
태환성(convertibility) 480
통계적 차별(statistical discrimination) 239
통제경제(command economy) 22
통합재정수지 447
통화량 483
통화승수(money multiplier) 499~500
통화정책(monetary policy) 539, 544~554
통화정책의 전달경로(transmission mechanism) 544~545
통화주의자(monetarist) 554~556
통화지표(measures of money) 483~487
  관계의 밀접성(closeness) 487
  광의유동성(L) 485
  광의의 통화 484
  금융기관유동성 485
  통제가능성(controllability) 487
  현금통화 484
  협의의 통화 484
투입요소(inputs) 120
투자승수(investment multiplier) 426
투자지출(investment expenditure) 402~407
특화(specialization) 123, 600
팀에 의한 생산(team production) 117

ㅍ

파레토효율성(Pareto efficiency) 310~311
파생수요(derived demand) 222
파셰지수(Paasche index) 387
평균비용(average cost) 127
평균비용곡선 127~129
평판지대(reputation rent) 296

피셔가설 522~523
필립스곡선(Phillips curve) 557
필수재(necessities) 68

ㅎ

학습효과(learning by doing) 606, 610
한계비용(marginal cost) 69, 127
한계비용곡선 127~129
한계생산(marginal product) 121
한계생산가치(value of marginal product) 223
한계생산체감의 법칙(law of decreasing marginal product) 123
한계소비성향(marginal propensity to consume) 396
한계수입(marginal revenue) 136
한계편익(marginal benefit) 55
한계효용(marginal utility) 94
한계효용체감의 법칙(law of diminishing marginal utility) 94
할인(discounting) 403
합리성(rationality) 6~8
합리적기대(rational expectation) 559
합리적기대이론(rational expectation hypothesis) 559~561
해외부문(foreign sector) 364
행복의 경제학(economics of happiness) 573
혁신(innovation) 249, 578
현재가치(present value) 403
혼합경제(mixed economy) 24
화폐(money) 478~483
  가치저장(store of value) 479
  가치척도(unit of account) 479
  교환매개(medium of exchange) 478
화폐공급곡선(money supply curve) 490~491
화폐수요곡선(money demand curve) 489~490
화폐시장의 균형 491~495
화폐에 대한 수요 488~490
  거래적 동기(transactions motive) 488
  예비적 동기(precautionary motive) 489
  투기적 동기(speculative motive) 489
확장적 긴축(expansionary austerity) 672
환경의 문제 322~329
  시장유인을 이용한 방법(market-based approach) 327
  직접통제(command-and-control) 326
환율(exchange rate) 348, 410, 638~642
회계비용(accounting cost) 8, 123~124
회계상 이윤(accounting profit) 124
효용(utility) 92~95
효율임금이론(efficiency wage theory) 301
효율적 자원배분(efficient allocation of resources) 25
후생삼각형(welfare triangle) 176

인명 찾아보기

Acemoglu, D. 581

Bacon, F. 493
Bagehot, W. 672
Bastiat, F. 618
Bazalgette, J. 325
Becker, G. 7, 158
Bernanke, B. 675
Bernstein, W. 698
Biden, J. 704
Brin, S. 251
Buffett, W. 46
Buiter, W. 399
Bush, G. 179

Carlyle, T. 575
Carson, R. 323
Chamberlin, E. 188
Coase, R. 329
Cutler, D. 103

Davis, I. 142
Denison, E. 577
Di Tella, R. 524
Doe, S. 584
Dubner, S. 26

Easterlin, R. 573
Einstein, A. 309

Ferguson, N. 482
Fisher, F. 179
Fisher, I. 522
Ford, H. 267, 302
Frey, C. 521
Friedman, M. 142, 436, 532, 558, 675

Gandhi, M. 493
Gates, B. 46, 179, 251
Giffen, R. 106
Greenspan, A. 542, 676

Hansen, A. 703
Hardin, G. 322
Harrison, J. 694, 695
Helliwell, J. 573
Hirschman, A. 586

Jackson, T. 179
Josephson, M. 267

Katz, L. 607
Keynes, J. M. 84, 350, 395, 416, 430, 445, 575
Kramer, M. 142
Krugman, P. 258, 577, 607, 671

Layard, R. 573
Levitt, S. 26
List, F. 586
Lucas, R. 559

MacCulloch, R. 524
Maddison, A. 571, 697
Malseed, M. 251
Malthus, T. 124, 574, 575
Marshall, A. 84
McMillan, J. 309
Medina, L. 379
Milton, J. 493
Morens, D. 682
Morgan, J. P. 267
Morhenn, V. 210

Okun, A. 510
Osborne, M. 521

Page, L. 251
Phillips, W. 557
Pigou, A. 84
Piketty, T. 258, 570
Pizarro, F. 482
Porter, M. 142
Poundstone, W. 206
Proudhon, P-J. 493

Raff, D. 302
Ricardo, D. 575, 601, 605
Robertson, D. 84
Robinson, J. 84, 188
Rockefeller, J. 267
Rowntree, S. 268

Sachs, J. 573
Sarkozy, N. 378
Say, J. B. 432
Schmalensee, R. 179
Schneider, F. 379
Schumpeter, J. 177, 542
Sen, A. 272
Smith, A. 24, 28, 85, 158, 299, 311, 350
Sobel, D. 695
Stanford, L. 267
Stiglitz, J. 378
Summers, L. 302, 671

Taubenberger, J. *682*
Taylor, C. *584*
Tolstoy, L. *493*
Trump, D. *704*
Twain, M. *267*

Vanderbilt, C. *267*
Veblen, T. *227*
Vise, D. A. *251*

Watkins, T. *79*
Weber, M. *581*
Wolfers, J. *524*

Yellen, J. *675*
Young, A. *577*

경제학 들어가기 제5판

제1판 발행 2003년 1월 15일
제2판 발행 2007년 2월 15일
제3판 발행 2012년 2월 10일
제4판 발행 2017년 2월 22일
제5판 발행 2022년 3월 2일
제5판 2쇄 발행 2023년 5월 1일

지은이 이준구 · 이창용
펴낸이 김영훈
편집인 전영완
펴낸곳 도서출판 문우사 MoonWoo
주소 경기도 고양시 일산서구 킨텍스로 255 일산대방디엠시티 오피스동 1304호
전화 031) 901-6542, 070) 4200-6542 **팩스** 031) 906-6542
홈페이지 www.munu.co.kr **대표메일** moonwoosa@hanmail.net
출판신고번호 제396-2013-000113호

ISBN 979-11-85994-93-2 93320

값 35,000원